गवेषितम्

(शोधलेखसंग्रह)

गवेषितम्
(शोधलेखसंग्रह)

लेखिका

डॉ० किरण टण्डन

एम० ए०, पी-एच० डी०, डी० लिट्०, साहित्याचार्य,
रीडर, संस्कृत विभाग,
कुमाऊँ विश्वविद्यालय, नैनीताल (उत्तराञ्चल)

ईस्टर्न बुक लिंकर्स

दिल्ली : : (भारत)

प्रकाशक :
ईस्टर्न बुक लिंकर्स
५८२५, न्यू चन्द्रावल, जवाहरनगर, दिल्ली-७
फोन : २३८५०२८७, ३०९१९८६९
e-mail : ebl@vsnl.net

प्रथम संस्करण : ईशवीय सन् २००५

मूल्य : 850.00

आइ.एस्.बी.एन्. : ८१-७८५४-०७२-X

टाईप सेटिंग : **क्रियेटिव ग्राफिक्स**, दिल्ली
मुद्रक : **आर०के० ऑफसेट**, दिल्ली

GAVEṢITAM

(A Collection of Research Papers)

By

DR. KIRAN TANDON

M.A., Ph. D., D. Litt., Sahityacharya
Reader in Sanskrit Department,
Kumaun University, Nainital (Uttaranchal).

Eastern Book Linkers

DELHI : : (INDIA)

Publishers :
EASTERN BOOK LINKERS
5825, New Chandrawal, Jawahar Nagar, Delhi-7
Ph. : 23850287, 30919869
e-mail : ebl@vsnl.net

First Edition : 2005

Price : 850.00

ISBN : 81-7854-072-X

Type Setting : **Creative Graphics**, Delhi
Printed at : **R.K. Offset**, Delhi

समर्पण

निःशेषजाड्यापहा भगवती सरस्वती
के चरणकमलों में
सादर सविनय समर्पित
पुष्पाञ्जलि।

–किरण टण्डन

भूमिका

साहित्य की अध्येत्री होने के कारण आलोचना, समालोचना, समीक्षा, वर्णन आदि शब्दों से मैं हाईस्कूल तथा इण्टरमीडिएट कक्षाओं में अध्ययन करते समय ही परिचित हो गई थी। उस समय वाल्मीकि, व्यास, भास, कालिदास, बाण आदि संस्कृत कवियों एवं कबीर, सूर, तुलसी, मीरा, बिहारी, भूषण, रत्नाकर, भारतेन्दु हरिश्चन्द्र, मैथिलीशरण गुप्त, जयशंकर प्रसाद, माखनलाल चतुर्वेदी, सुमित्रानन्दन पन्त आदि हिन्दी कवियों की काव्यकृतियों के चयनित अंशों का अर्थ एवं काव्यकृतियों के आधार पर समालोचनात्मक प्रश्न पाठ्यक्रम में निर्धारित थे। बी०ए० कक्षा में भी उपर्युक्त प्रकार से साहित्यालोचन का थोड़ा और प्रौढ़ रूप देखने को मिला। एम०ए० संस्कृत कक्षा में अध्ययन करते हुए कालिदास, बाणभट्ट, श्रीहर्ष, भवभूति, पण्डितराज जगन्नाथ आदि महान् कवियों के काव्य ग्रन्थों एवं मम्मट के काव्यप्रकाश के रूप में काव्यशास्त्रीय ग्रन्थ के भी अध्ययन का अवसर मिला। साथ ही साथ यह भी जानकारी मिली कि काव्यशास्त्र तथा नाट्यशास्त्र कवियों तथा रूपककारों की रचनाओं के मूल्याङ्कन का मानदण्ड हैं। साहित्याचार्य परीक्षा में काव्यप्रकाश के अतिरिक्त, काव्यसमीक्षा के निकषस्वरूप ध्वन्यालोक, चित्रमीमांसा, कुवलयानन्द, रसगंगाधर, वक्रोक्तिजीवित आदि लक्षणग्रन्थों से परिचय हुआ।

सौभाग्य से संस्कृत विषय से ही पी-एच०डी० उपाधि प्राप्त करने हेतु शोधप्रबन्ध लिखने में प्रवृत्त हुई तो ज्ञात हुआ कि वेदों, स्मृतियों, पुराणों, रामायण, महाभारत आदि की रचना से प्राचीन काल में समृद्ध हुई संस्कृत भाषा इस आधुनिक काल में समृद्धतर हो गई है। क्योंकि इस भाषा के साहित्य की रचना आज भी हो रही है; और आज के संस्कृत कवि भी काव्य की प्रत्येक विधा में रचना करने में लगे हुए हैं। इतना ही नहीं, साहित्य के अतिरिक्त काव्यशास्त्र, दर्शनशास्त्र, राजनीतिशास्त्र, युद्धनीति, ललितकला आदि से सम्बद्ध विषयों पर भी संस्कृत भाषा के माध्यम से अनेक ग्रन्थ लिखे गए हैं और आज भी लिखे जा रहे हैं। इसी प्रकार यह सुखद तथ्य भी उद्घाटित हुआ कि मौलिक रचनाओं के समानान्तर उनकी समीक्षा भी आदिकाल से चल रही है। इसका प्रमाण तत्कालीन विद्वानों के परस्पर शास्त्रार्थ एवं पूर्ववर्ती और समकालीन रचनाकारों की रचनाओं की समालोचना की दृष्टि से लिखे गए परवर्ती रचनाकारों के ग्रन्थ हैं, जिनमें समीक्षाशील रचनाकार अपने पूर्ववर्ती और समकालीन रचनाकार की रचना के गुण-दोष की विवेचना करते हुए अपना मत भी व्यक्त करता है। यह गुण-दोष विवेचना, समीक्षा या समालोचना ही 'शोध' है और इस शोधरूप वृक्ष का बीजारोपण प्रारम्भिक कक्षाओं में साहित्यकारों की रचनाओं के परिचयादि के द्वारा (जिसका उल्लेख प्रारम्भ में हो चुका है) छात्र के हृदय में पहले ही से कर दिया जाता है।

किन्तु यह भी सत्य है कि ई० सन १९७८ में पी-एच०डी० की शोधोपाधि प्राप्त कर लेने के बाद भी मैं 'शोधलेख' नामक लेखनविधा से परिचित नहीं हो पाई थी। इसी समय शोधलेख लिखने के विषय में अपने गुरुजनों के सुझाव मिले तो ज्ञात हुआ कि समीक्षापरक लेख एवं पुस्तकें,

उपाधि प्राप्त करने के लिए ही नहीं, अपितु स्वतन्त्र रूप से भी लिखे जा सकते हैं। सौभाग्य से मेरी मित्रता विज्ञानसंकाय के कुछ अनुसन्धित्सुओं से हुई जो शोधकार्य में पञ्जीयन के पूर्व, पञ्जीयन के बाद और यहाँ तक कि शोधोपाधि प्राप्त करने के बाद भी अपने शोधनिर्देशक के साथ, विभाग के किसी प्राध्यापक अथवा अपने साथी शोधार्थी के साथ, अथवा स्वतन्त्ररूप से ही शोधलेख लिखते थे और इन्हें विभिन्न शोध-पत्र पत्रिकाओं में प्रकाशित कराते थे। उन शोधच्छात्रों के शोधलेख, उनके वैज्ञानिक अनुसन्धानों और प्रयोगों के गवेषणाप्रसूत निष्कर्षों का मूर्त्तिमान् रूप होते थे। उन्हीं दिनों में मैंने अनुभव किया कि काव्य के दो भेदों–प्रबन्ध तथा मुक्तक की तरह शोधकार्य के भी दो भेद हैं–प्रबन्ध (शोध प्रबन्ध) तथा मुक्तक (शोधलेख)। इसके साथ ही यह भी अनुभव हुआ कि साहित्य के शिक्षकों तथा शोधार्थियों का यह भी कर्त्तव्य है कि वे अपने विषय से सम्बद्ध प्रकाशित ग्रन्थों एवं पाण्डुलिपियों का स्वाध्याय करके उन पर समीक्षापरक लेख लिखते हुए अपनी रचनाधर्मिता को अक्षुण्ण रखें। इन्हीं तथ्यों को ध्यान में रखते हुए मैंने भी यथामति एवं यथाशक्ति अनेक शोधलेख लिखे। मेरे सौभाग्य से ये लेख समय-समय पर या तो देश की प्रतिष्ठित विभिन्न पत्र-पत्रिकाओं में प्रकाशित हुए हैं या शोधसंगोष्ठियों में स्वीकृत हुए हैं या सेमिनारों में प्रस्तुत हुए हैं।

इधर कुछ समय पूर्व मैंने यह अनुभव किया कि मेरे ये शोधलेख इधर-उधर बिखरे हुए हैं, अव्यवस्थित हैं, फलस्वरूप विस्मृत से हो रहे हैं। चूँकि संगठित व्यवस्था ही सुन्दरता एवं उपयोगिता को जन्म देती है। इसीलिए इनको एकत्र करके इन्हें पुस्तकाकार में पुनः प्रकाशित कराना ही मुझे श्रेयस्कर प्रतीत हुआ।

आज मैं अपने शोधलेखों के समूह को 'गवेषितम्' शीर्षकित पुस्तक के रूप में प्रकाशित हुआ देखकर अपने मन में उल्लास तथा उत्साह का अनुभव कर रही हूँ और इस अवसर पर सर्वप्रथम मैं कवियों को नवरसरूचिरा, मनोहारिणी कविता की प्रेरणा देने वाली एवं समीक्षकों को समीक्षाशील सूक्ष्मेक्षिका प्रदान करने वाली वीणापुस्तकधारिणी माँ सरस्वती को सादर प्रणाम करती हूँ। क्योंकि इस तथ्य से मैं सुपरिचित हूँ कि इनके कृपाकटाक्ष के विना मैं लेखनकार्य में कदापि समर्थ नहीं हो पाती।

गुरुजनों के शुभाशीर्वादरूप पाथेय ने सारस्वत यात्रा का मेरा पथ सदैव ही सुगम बनाया है। एतदर्थ मैं अपने गुरुजनों के प्रति हार्दिक कृतज्ञता ज्ञापित करती हूँ।

मेरे मनोरथ को पुस्तक का रूप देने वाले श्री श्यामलाल मल्होत्रा, प्रोपराइटर, ईस्टर्न बुक लिंकर्स, न्यू चन्द्रावल, जवाहरनगर, दिल्ली-७ के प्रति भी मैं हृदय से आभारी हूँ।

माँ सरस्वती के चरणों में समर्पित पुष्पाञ्जलि रूप 'गवेषितम्' नामक अपने शोधलेखों के समूह को सहृदय, सुविज्ञ मनीषियों के कर-कमलों में इस निवेदन के साथ सौंप रही हूँ कि वे इसमें प्रयत्नपूर्वक प्रूफरीडिंग करने के पश्चात् भी रह जाने वाली मुद्रण सम्बन्धिनी अशुद्धियों तथा मेरी अज्ञानतावश रह जाने वाली विसंगतियों के लिए मुझे उदारतापूर्वक क्षमा कर देंगे। मुझे आशा-विश्वास है कि मेरे ये शोधलेख छात्रों एवं अनुसन्धित्सुओं के लिए उपयोगी होंगे।

दीपावली
२५ अक्टूबर, २००३ ई०

किरण टण्डन

शोधलेखसूची

मुनिश्री ज्ञानसागर के समग्र काव्यपात्रों का वर्गीकरण एवं सामाजिक उपयोग*

मुनिश्री ज्ञानसागर का अति संक्षिप्त परिचय

आचार्य मुनिश्री १०८ ज्ञानसागर का जन्म राजस्थान के राणौली नामक ग्राम में एक जैन परिवार में हुआ था। मुनिश्री के बाल्यकाल में ही इनके पिता की मृत्यु हो गई थी। फलस्वरूप इनके परिवार को महान् आर्थिक संकट का सामना करना पड़ा। परिवार की इस दशा एवं समाज की कुरीतियों ने इनको इतना अधिक प्रभावित किया कि भोगविलास से विरक्त होकर इन्होंने आजीवन ब्रह्मचर्य का पालन किया। इनका सम्पूर्ण जीवन अध्ययन-अध्यापन, ग्रन्थलेखन, जैनधर्म के प्रचार-प्रसार, मार्गदर्शन, परोपकार एवं अध्यात्मचिन्तन में ही बीता।

मुनिश्री के उक्त परिश्रमपूर्ण जीवन का ही सुफल हुईं–उनकी २२ कृतियाँ। इन कृतियों में ८ कृतियाँ संस्कृत भाषा में और १४ हिन्दी भाषा में हैं। संस्कृत भाषा में रची गई कृतियों में–जयोदय, वीरोदय, सुदर्शनोदय एवं श्रीसमुद्रदत्तचरित्र नामक चार महाकाव्य, दयोदयचम्पू नामक एक चम्पूकाव्य एवं मुनिमनोरंजनशतक नामक एक मुक्तक–छः काव्यकृतियाँ हैं और प्रवचनसार एवं सम्यक्त्वसारशतक नामक दो दार्शनिक कृतियाँ हैं।

हिन्दी भाषा में–ऋषभावतार, गुणसुन्दरवृत्तान्त एवं भाग्योदय–तीन साहित्यिक कृतियाँ हैं और जैन विवाह विधि, तत्त्वार्थसूत्रटीका, कर्त्तव्यपथप्रदर्शन, विवेकोदय, सचित्तविवेचन, देवागमस्त्रोत का हिन्दी पद्यानुवाद, नियमसार का पद्यानुवाद, अष्टपाहुह का पद्यानुवाद, मानवजीवन, स्वामीकुन्दकुन्द और सनातन जैनधर्म एवं समयसार–ग्यारह जैन दार्शनिक कृतियाँ हैं। मुनिश्री के ये सभी ग्रन्थ न केवल जैनधर्म एवं दर्शन से ही सम्बद्ध हैं, अपितु संस्कृत वाङ्मय रूपी उपवन को अपनी काव्यात्मक एवं दार्शनिक सुरभि से सुरभित करने वाले पुष्प भी हैं, ये विद्वज्जनों के बुद्धिविलास के साधन ही नहीं हैं, अपितु जनमानस को स्वस्थ करने वाली औषधि भी हैं। अतः इनकी कृतियों का स्वाध्याय एवं परिशीलन मानवता के लिए परमोपयोगी होगा, ऐसा लेखिका का विश्वास है।

---

* प्रस्तुत शोध-लेख की लेखिका 'मुनिश्रीज्ञानसागर का व्यक्तित्व एवं उनके संस्कृत काव्यग्रन्थों का साहित्यिक मूल्यांकन, विषय पर कुमाऊँ विश्वविद्यालय से संस्कृत में पी-एच०डी० की उपाधि प्राप्त कर चुकीं हैं।

काव्य में पात्रों का महत्त्व

'पात्र' शब्द का तात्पर्य है–रक्षा करने वाला। इस दृष्टि से यदि हम काव्य में 'पात्र' की परिभाषा करें, तो 'काव्य में कथानक की रक्षा करने वाले व्यक्तियों को पात्र कहा जाता है।'

किसी भी काव्य के लिए कथानक तत्त्व बहुत आवश्यक है, किन्तु इस तत्त्व की महत्ता, उस काव्य में प्रयुक्त पात्रों पर आधारित होती है। भोजन की महत्ता भोक्ता पर, सृष्टि रूपी रंगमंच की महत्ता जीवधारी रूप कलाकार पर शरीर की महत्ता उस शरीर में रहने वाली शक्ति पर निर्भर है, इसी प्रकार काव्य के कथानक की महत्ता पात्रों पर आधारित है। पात्रों को कथानक रूपी शरीर की शक्ति माना जा सकता है। शक्ति के विना शरीर शव ही होता है, इसी प्रकार पात्रों के विना कथानक की सत्ता नहीं मानी जा सकती है। जिस प्रकार किसी सुरभित कुसुम के चारों ओर भ्रमर मँडराते हैं, उसी प्रकार कथानक के चारों ओर पात्र घूमते रहते हैं। अत: काव्य के कथानक और पात्रों के सम्बन्ध को अस्वीकृत नहीं किया जा सकता। एक पाचक अपने भोजन की प्रशंसा भोक्ता के माध्यम से सुन सकता है, इसी प्रकार कवि अपने कथानक का प्रशंसनीय प्रस्तुतीकरण पात्रों की समुचित योजना से ही कर पाता है। पात्र ही कवि के मानदण्डों को सामाजिकों तक पहुँचाते हैं। जिस प्रकार यज्ञ में अग्नि ही यजमान की आहुति देवगणों तक पहुँचाता है, उसी प्रकार कवि इन पात्रों के माध्यम से स्वयं को समाज के बीच पहुँचाने में समर्थ होता है। पात्रों के माध्यम से ही कवि अपने साहित्य को समाज का दर्पण बना पाता है। नाटककार की तो सारी सफलता पात्रों के ही प्रस्तुतीकरण पर निर्भर करती है। नाटक के अतिरिक्त उपन्यास, महाकाव्य और खण्डकाव्यों के लिए भी काव्यशास्त्री पात्रयोजना के महत्त्व का उद्घोष करते प्रतीत होते हैं, तभी तो वे कहते हैं कि काव्य की कथा किसी सज्जन के जीवनवृत्त पर आधारित होनी चाहिए। काव्य का नायक उदात्त होना चाहिए और काव्य में उसकी विजय भी दिखाई जानी चाहिए। अतएव किसी भी कवि को काव्य के कथानक के ही समान पात्रों की योजना का भी ध्यान रखना चाहिए। काव्य में पात्रों की संख्या ऐसी हो कि पाठक पूरा काव्य पढ़ते समय उन सभी से परिचित रहे; और प्रमुख पात्रों का सम्पूर्ण व्यक्तित्व हमारे समक्ष प्रस्तुत हो जाय।

मुनिश्री ज्ञानसागर के पात्रों का आकलन एवं वर्गीकरण

मुनिश्री ज्ञानसागर ने पाँच संस्कृत काव्य-ग्रन्थों की रचना की है–जयोदय, वीरोदय, सुदर्शनोदय, श्रीसमुद्रदत्तचरित्र और दयोदय चम्पू। सर्वप्रथम 'जयोदय' के पात्र आपके समक्ष प्रस्तुत हैं। 'जयोदय' काव्य में कथा को पाठकों तक पहुँचाने वाले पात्रों की संख्या सत्रह है। उनका परिचयात्मक रेखाचित्र इस प्रकार है–

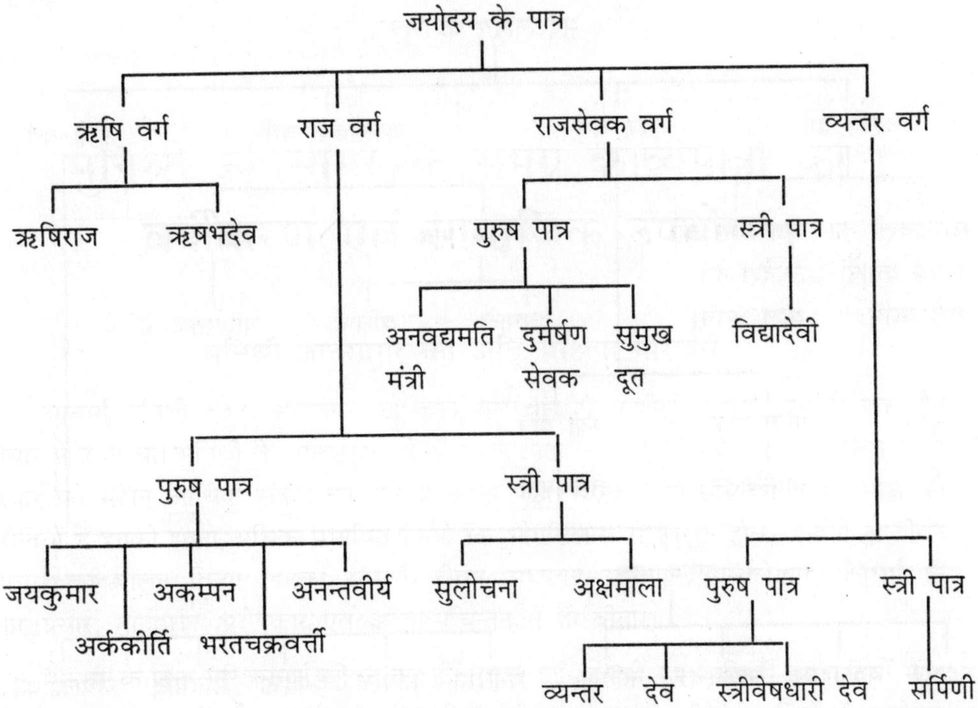

'वीरोदय' में कवि ने जिन पात्रों का अवलम्बन लेकर कथानक को गति प्रदान की है, वे सात प्रकार के हैं। उनका परिचय निम्नलिखित रेखाचित्र से किया जा सकता है–

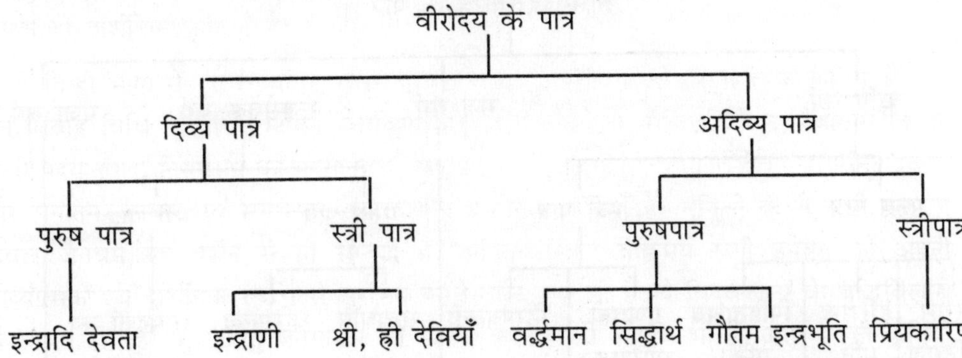

'सुदर्शनोदय' काव्य की कथा कवि ने सोलह पात्रों द्वारा उपस्थित की है। इस काव्य के पात्रों का रेखाचित्र इस प्रकार है–

सुदर्शनोदय के पात्र

- ऋषि वर्ग
  - स्वप्नावली का तात्पर्य बताने वाले ऋषि।
  - वृषभदास को उपदेश देने वाले ऋषि।
- राज वर्ग
  - पुरुष पात्र
    - धात्रीवाहन
  - स्त्री पात्र
    - अभयमती
- राजसेवक वर्ग
  - पुरुष पात्र
    - द्वारपाल
    - वधिक
  - स्त्री पात्र
    - पण्डितादासी
- प्रजा वर्ग
  - पुरुष पात्र
    - सुदर्शन
    - वृषभदास
    - सागर दत्त
    - कपिल
  - स्त्रीपात्र
    - मनोरमा
    - कपिला
    - देवदत्ता वेश्या
    - जिनमति
    - कपिला की दासी

अब प्रस्तुत है श्रीसमुद्रदत्तचरित्र के बीस पात्रों का परिचयात्मक रेखाचित्र–

श्रीसमुद्रदत्तचरित्र के पात्र

- ऋषि वर्ग
  - पुरुष पात्र
    - वरधर्म मुनिराज
    - हरिश्चन्द्र मुनि
    - पिहिताश्रव मुनि
    - पूर्णमुनिविधु
    - भद्रबाहु
  - स्त्री पात्र
    - गुणवती आर्यिका
    - हिरण्यवती
    - दान्तमति
- राज वर्ग
  - पुरुष पात्र
    - सिंहसेन
    - पूर्णचन्द्र
    - राजा अपराजित
  - स्त्री पात्र
    - रामदत्ता
    - सुन्दरी
    - चित्रमाला
- राजसेवक वर्ग
  - पुरुष पात्र
    - सत्यघोष
    - धम्मिल्ल
  - स्त्री पात्र
    - रामदत्ता की सेविका
- प्रजा वर्ग
  - पुरुष पात्र
    - भद्रमित्र
    - सुदत्त
  - स्त्री पात्र
    - सुमित्रा

'दयोदयचम्पू' में कवि ने कथानक निर्वाह के लिए पन्द्रह पात्रों की परिकल्पना की है, जिनका परिचयात्मक रेखाचित्र इस प्रकार है–

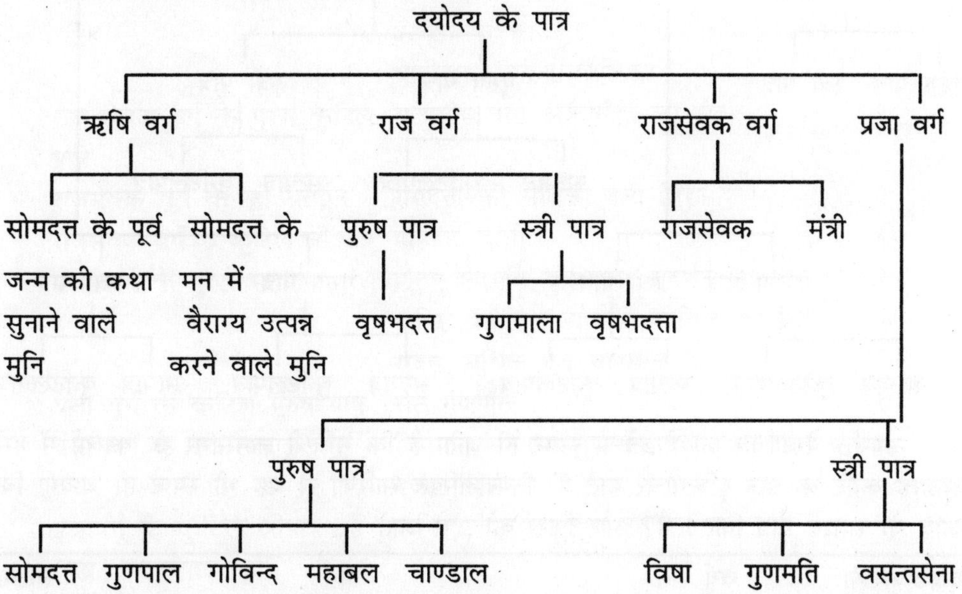

मुनिश्री ज्ञानसागर के काव्य-ग्रन्थों का अनुशीलन करने से यह ज्ञात होता है कि उन्होंने अपने काव्यों में समाज के प्रायः प्रत्येक वर्ग के पात्रों को लिया है। जहाँ एक ओर उनके काव्यों में इन्द्रादि देवताओं को लिया गया है, वहाँ दूसरी ओर चाण्डाल, वधिक और पिशाच योनि वाले प्राणियों को भी लिया है। एक ओर अपने पति सिद्धार्थ से प्रेम करने वाली रानी प्रियकारिणी है, तो दूसरी ओर वासना से अन्धी रानी अभयमती भी है। इस प्रकार उनके पात्रों में कौतुकजनक विविधता विद्यमान है।

अब मुनिश्री ज्ञानसागर के सभी पात्रों का उनकी कोटि के आधार पर, निम्नलिखित रेखाचित्र प्रस्तुत किया जा सकता है–

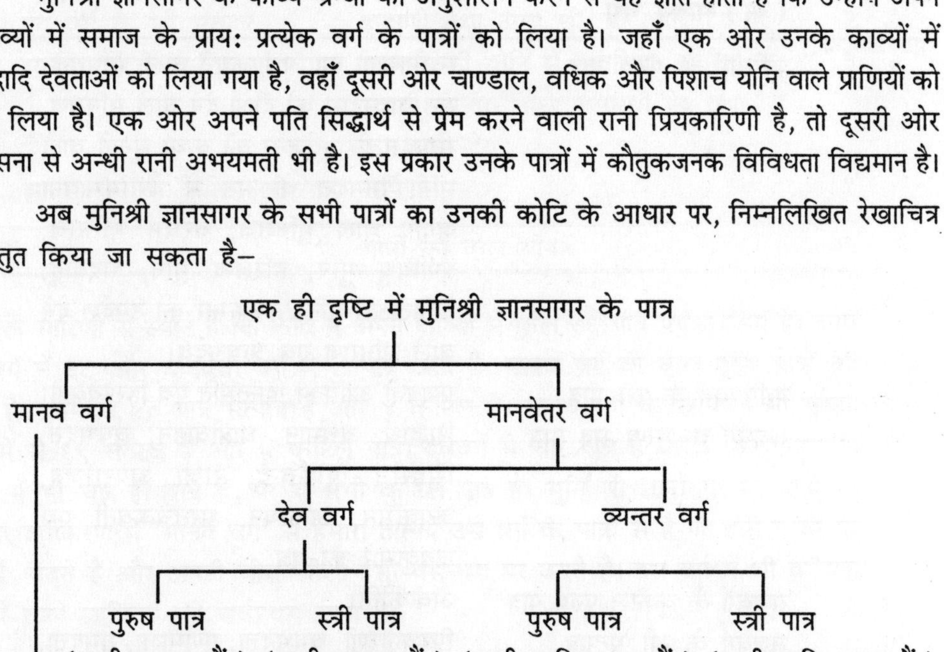

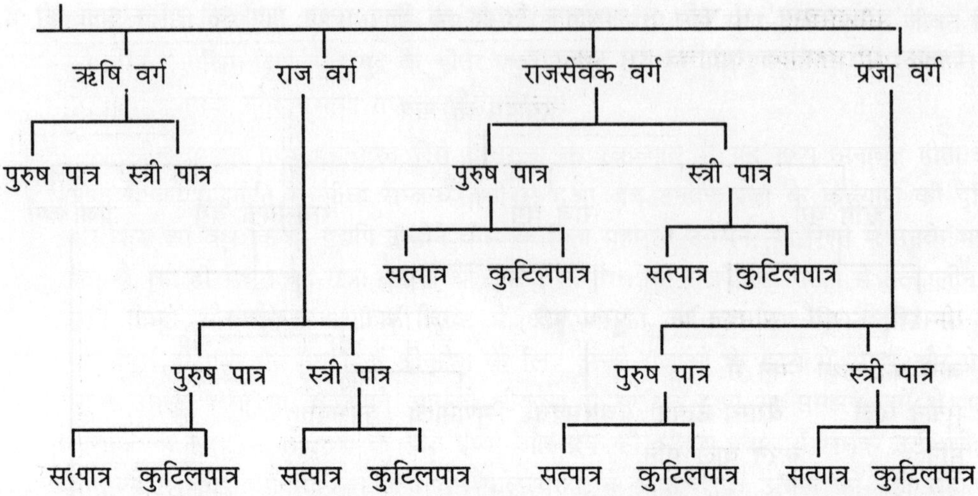

उपर्युक्त रेखाचित्र को देखने से स्पष्ट हो जाता है कि मुनिश्री ज्ञानसागर के काव्यों में हमें अठारह कोटि के पात्र दृष्टिगोचर होते हैं। निम्नलिखित सारिणी से यह भी स्पष्ट हो जायगा कि कवि के समस्त पात्र कितने हैं? और किस कोटि में आते हैं:–

कोटि संख्या	वर्ग	नाम	संख्या
	(क) मानव वर्ग		
१.	ऋषिवर्ग के पुरुष पात्र	स्वप्नावली का अर्थ बताने वाले ऋषिराज, सेठ वृषभदास को दीक्षा देने वाले मुनिराज, सोमदत्त के पूर्वजन्म की कथा सुनाने वाले मुनि, सोमदत्त के मन में वैराग्यभावना जगाने वाले मुनिराज, वरधर्म मुनिराज, पूर्णविधु मुनि, हरिश्चन्द्र मुनि, भद्रबाहु, पिहिताश्रव मुनि, जयकुमार को उपदेश देने वाले मुनिराज एवं ऋषभदेव।	११
२.	ऋषि वर्ग के स्त्री पात्र	गुणवती आर्यिका, दान्तमति एवं हिरण्यवती।	३
३.	राजवर्ग के पुरुष सत् पात्र	सिद्धार्थ, वर्धमान, धात्रीवाहन, वृषभदत्त, सिंहसेन, पूर्णचन्द्र, राजा अपराजित, जयकुमार, अकम्पन, भरतचक्रवर्ती एवं जयकुमार का ,पुत्र	११
४.	राजवर्ग के कुटिल पुरुष पात्र	अर्ककीर्ति।	१
५.	राजवर्ग के स्त्री सत्पात्र	प्रियकारिणी, वृषभदत्ता, गुणमाला, रामदत्ता, सुन्दरी, चित्रमाला, सुलोचना और अक्षमाला	८
६.	राज वर्ग के स्त्री कुटिल पात्र	रानी अभयमती।	१

कोटि संख्या	वर्ग	नाम	संख्या
७.	राजसेवक वर्ग के पुरुष सत्पात्र	धम्मिल्ल, द्वारपाल, वृषभदत्त का सेवक, काशीनरेश का दूत, अनवद्यमति मंत्री एवं धात्रीवाहन का राजवधिक।	६
८.	राज सेवक वर्ग के पुरुष कुटिल पात्र	सत्यघोष तथा अर्ककीर्ति का सेवक	२
९.	राजसेवक वर्ग के स्त्री सत्पात्र	रामदत्ता की सेविका तथा विद्या देवी	२
१०.	राजसेवक वर्ग के कुटिल स्त्री पात्र	पण्डिता दासी	१
११.	प्रजा वर्ग के पुरुष सत्पात्र	गौतम इन्द्रभूति, वृषभदास, सुदर्शन, सागरदत्त, कपिल, महाबल, सोमदत्त, गोविन्द, भद्रमित्र, सुदत्त, बधिक एवं चाण्डाल	१२
१२.	प्रजा वर्ग के कुटिल पुरुष पात्र	सेठ गुणपाल	१
१३.	प्रजा वर्ग के स्त्री सत्पात्र	जिनमति, मनोरमा, गुणमति, विषा, वसन्तसेना एवं सुमित्रा	६
१४.	प्रजावर्ग के कुटिल स्त्रीपात्र	कपिला, देवदत्ता तथा कपिला की दासी	३
	(ख) मानवेतर वर्ग		
१५.	देव वर्ग के पुरुष सत्पात्र	इन्द्र तथा अन्य देवगण	२
१६.	देव वर्ग के स्त्री सत्पात्र	इन्द्राणी तथा अन्य श्री, ह्री आदि देवीगण	२
१७.	व्यन्तर वर्ग के कुटिल पुरुष पात्र	व्यन्तरी की योनि में अवस्थित सर्पिणी का स्वामी व्यन्तर, मकर रूपधारी देव तथा स्त्री रूप धारी देव	३
१८.	व्यन्तर वर्ग के कुटिल स्त्री पात्र	सर्पिणी	१
		पात्रों का कुल योग	७६

उपर्युक्त सारिणी से स्पष्ट है कि कवि ने अपने काव्यों में कुल ७६ पात्र प्रयुक्त किये हैं। इनमें से मानव वर्ग में ६८ और मानवेतर वर्ग में ८ पात्र आते हैं। मानव वर्ग के कुल पुरुष पात्रों की संख्या ४४ है। इनमें से ४० पात्र सत्पात्र हैं और ४ कुटिल हैं। मानव वर्ग के स्त्रीपात्रों की संख्या २४ है। इनमें से १९ सत्पात्र हैं और ५ कुटिल पात्र। देववर्ग में चार पात्र हैं, पर हैं सभी सत्पात्र। व्यन्तर वर्ग में भी चार ही पात्र हैं, पर ये सभी कुटिल पात्र हैं। मुनि श्री ज्ञानसागर के पात्रों के उपरिलिखित वर्गीकरण में 'मानव वर्ग' से हमारा तात्पर्य उस वर्ग के पात्रों से है जो इसी पृथ्वी पर जन्म लेते हैं, बढ़ते हैं और अपनी जीवनलीला इसी वसुन्धरा पर करते हैं। इस वर्ग में भी वरीयता की दृष्टि से हमने ऋषिवर्ग को सर्वप्रथम माना है।

(क) ऋषिवर्ग

मुनिश्री ज्ञानसागर के काव्यों में ऋषिवर्ग के पात्रों में हमने उन्हें माना है जो मोक्ष की ओर

अग्रसर हैं, पूर्णतया सत्त्वगुणोपेत हैं, सांसारिक भोगविलास से निर्लिप्त हैं, अज्ञानान्धकार में निमग्न जनता के प्रबोधक हैं, अपने देवोपम व्यवहार से मानवलोक एवं देवलोक के मध्य में स्थित रहते हैं और मनुष्य जैसे होते हुये भी अपने दिव्य गुणों के कारण सर्ववन्द्य हैं।

मुनिश्री ज्ञानसागर ने अपने काव्यों में ऋषिवर्ग के चौदह (पुरुष और स्त्री) पात्रों का उल्लेख किया है। उनके ये पात्र व्यक्तिगत परिचय से हीन होकर हमारे सामने आते हैं। इसमें इनकी ऐतिहासिकता एवं वास्तविकता सन्दिग्ध हो जाती है। अतः ये हमें काल्पनिक पात्र से प्रतीत होने लगते हैं। किन्तु ये पात्र हमारे लिए वन्द्य भी हो जाते हैं, क्योंकि जब पुरुष मुनि बनता है, तब सांसारिक नाम का भी त्याग कर देता है, उसके लिए आत्मा का कोई महत्त्व नहीं रहता, परमात्मा ही उसके लिए सर्वस्व होता है। ऐसी स्थिति में जनता को प्रबुद्ध करना ही उसका नाम और काम होता है। फिर समाज उनके नाम को नहीं, काम को पूजता है। समाज को जागरित करने वाली ऐसी ही दिव्यविभूतियों का वर्णन कवि ने ऋषिवर्ग के पात्रों के रूप में किया है।

(ख) राजवर्ग

मुनिश्री द्वारा प्रयुक्त राजवर्ग के पात्रों से हमारा तात्पर्य उन पात्रों से है, जो किसी देश के राजा हैं, राजा की स्त्रियाँ हैं, राजकुमार हैं और राजकुमारियाँ हैं। अतः राजवर्ग के पात्रों से तात्पर्य है राजपरिवार के पात्र। कवि ने राजवर्ग के २१ पात्रों को प्रयुक्त किया है। इस वर्ग के पात्र अच्छी से अच्छी प्रकृति वाले हैं और दुष्ट से दुष्ट प्रकृति वाले भी। जहाँ मुनि अपनी दिव्य वाणी से जनता पर शासन करते हैं, वहाँ इस वर्ग के पात्र अपने भुजबल से जनता पर शासन करते हैं। अतः वरीयता की दृष्टि से इनका स्थान द्वितीय है।

(ग) राजसेवक वर्ग

इस वर्ग में राजवर्ग की सेवा करने वाले पात्र आते हैं। इनको तीन श्रेणियों में बाँटा जा सकता है। मंत्री, सभासद् इत्यादि राजकर्मचारी प्रथम श्रेणी के पात्र हैं। द्वारपाल, दूत इत्यादि द्वितीय श्रेणी के पात्र हैं और वधिक, चाण्डाल इत्यादि तृतीय श्रेणी के पात्र हैं। हम देखते हैं कि हमारे आलोच्य महाकवि मुनिश्री ज्ञानसागर ने इन तीनों ही श्रेणियों के पात्रों को अपने काव्यों में आवश्यकतानुसार प्रयुक्त किया है। इन पात्रों की कुल संख्या १२ है। इस संख्या में पुरुष पात्र एवं स्त्री पात्र दोनों ही सम्मिलित हैं।

(घ) प्रजावर्ग

उपर्युक्त पात्रों के अतिरिक्त नागरिक पात्र 'प्रजावर्ग' के अन्तर्गत आते हैं। इन पात्रों को राजकीय कर्मचारियों के अधीन रहना पड़ता है, इसलिए वरीयता की दृष्टि से इनका चतुर्थ स्थान है। आर्थिक दृष्टि से इन पात्रों को तीन भागों में विभक्त किया जा सकता है, उच्चवर्गीय पात्र जैसे–सेठ वृषभदास, सेठ गुणपाल, सेठ सागरदत्त आदि, मध्यमवर्गीय पात्र जैसे–गोविन्द ग्वाला, कपिल आदि और निम्नवर्गीय पात्र जैसे–वधिक, चाण्डाल आदि। कवि ने अपने काव्यों में तीनों ही श्रेणी के पात्रों को प्रयुक्त किया है। कवि के काव्यों में इन पात्रों की संख्या २२ है।

मानवेतर वर्ग

इस वर्ग में वे पात्र आते हैं जिनका पृथ्वी से सम्बन्ध नहीं होता, और यदि होता भी है तो

बहुत ही कम। ये पृथ्वीलोक के अतिरिक्त अन्य लोकों में भी विचरते रहते हैं। इस वर्ग के पात्रों के भी दो विभाग किये गये हैं, देववर्ग और व्यन्तर वर्ग।

(क) देववर्ग

स्वर्गलोक में रहने वाले, अलौकिक गुणों और समृद्धि से युक्त पात्र इस वर्ग के अन्तर्गत आते हैं। कवि के काव्य में इस वर्ग के ४ पात्र प्रयुक्त किये गये हैं—इन्द्र, देवगण, इन्द्राणी और श्री, ह्री देवियाँ। ये सभी पात्र मनुष्यलोक के प्राणियों का कल्याण करने के कारण सत्पात्रों की कोटि में आते हैं।

(ख) व्यन्तर वर्ग

इस वर्ग में पिशाच और यक्ष योनि के पात्र आते हैं, जिनमें मनुष्यों में प्राप्त होने वाली सामान्य विशेषताओं का अभाव होता है (१)। प्रायः इस वर्ग के पात्र मायाचारी होते हैं और अपनी माया से जनसामान्य को कष्ट देते हैं। मुनिश्री ज्ञानसागर के काव्यों में इन कुटिल पात्रों की संख्या चार है।

मुनि श्री ज्ञानसागर के पात्रों की सामाजिक उपयोगिता

उपर्युक्त विवेचन से यह स्पष्ट हो जाता है कि मुनि श्री ज्ञानसागर ने समाज में प्राप्त होने वाले और सभी व्यक्तियों के स्वभाव के अनुसार ही भिन्न-भिन्न स्वभाव वाले पात्रों को अपने काव्यों में लिया है। मुनिश्री ने लगभग ७६ पात्रों का नियोजन अपने काव्यों में किया है। ये सभी पात्र काव्य में पात्रों की संख्या बढ़ाने के लिए प्रयुक्त नहीं किये गये हैं अपितु इनके द्वारा समाज को कुछ न कुछ देने के लिए ही इनका प्रयोग किया गया है। कवि के काव्यों के परिशीलन से स्पष्ट है कि कवि के सभी काव्य शिक्षाप्रद हैं। यह शिक्षा हमें पात्रों के माध्यम से मिलती है।

'जयोदय' काव्य के नायक जयकुमार पराक्रम, निश्छलप्रेम, कर्त्तव्यपरायणता, न्यायप्रियता और नम्रता की शिक्षा देते हैं। 'वीरोदय' महाकाव्य के नायक भगवान् महावीर हमें ब्रह्मचर्य, त्याग, तपस्या और सहिष्णुता की शिक्षा देते हैं। 'सुदर्शनोदय' के नायक सुदर्शन समाज को एक पत्नीव्रत, भगवान् के प्रति आस्था, दृढ़ता और त्याग की शिक्षा देते हैं। 'श्रीसमुद्रदत्तचरित्र' के नायक भद्रमित्र हमें सत्य, अस्तेय और धर्म की शिक्षा देते हैं। 'दयोदयचम्पू' के नायक सोमदत्त विनम्रता, आज्ञाकारिता, अहिंसा, सरलहृदयता और अतिथि-वत्सलता की शिक्षा देते हैं।

सुलोचना, मनोरमा, विषा ('जयोदय', 'सुदर्शनोदय' और 'दयोदयचम्पू' की नायिकायें) भारतीय स्त्रियों के लिए आदर्श हैं। ये सभी स्त्रियाँ हमें एक ओर एकनिष्ठ प्रेम की शिक्षा देती हैं; तो दूसरी ओर पातिव्रत्य, पतिमार्गानुसरण, त्याग और जिनेन्द्रभक्ति की भी शिक्षा देती हैं।

हमारे समाज में कुछ जनसुधारक लोग होते हैं, उनका जीवन त्याग, तपस्या, नम्रता और जनहित इत्यादि श्रेष्ठ भावनाओं से परिपूर्ण होता है, ऐसे ही लोकनायकों के रूप में कवि ने ऋषि-मुनियों का उल्लेख किया है। ये तपस्वी महापुरुष प्रतिक्षण हमें संसार की क्षणभंगुरता का ज्ञान कराते रहते हैं; और मानव का वास्तविक गन्तव्य क्या है? इसकी शिक्षा देते हैं।

अर्ककीर्ति, अभयमती, सत्यघोष और गुणपाल इत्यादि के चरित्र हमें बुराई का स्वरूप बताते हुए उससे बचने की प्रेरणा देते हैं। पाठक इनके विषय में पढ़ते हुए ऐसे दुष्ट व्यक्तियों से दूर रहने को सचेष्ट हो जाता है। पण्डिता दासी, चाण्डाल इत्यादि हमें आज्ञाकारिता और स्वामी के हितचिन्तन की ओर प्रेरित करते हैं। इन पात्रों के अनुसार अपने स्वामी की हर इच्छा पूर्ण करना उसके सेवक का कर्त्तव्य है।

अतएव कवि के काव्यों के सभी पात्र सामाजिक दृष्टि से उपयोगी हैं। किसी भी पात्र को कवि ने पात्रों की संख्या बढ़ाने के लिए प्रयुक्त नहीं किया है। उनके काव्य का राजा यदि समाज को कुछ दे सकता है तो सेवक वर्ग भी इसमें पीछे नहीं है।

सारांश

उपर्युक्त विवेचन से स्पष्ट है कि हमारे आलोच्य महाकवि मुनिश्री ज्ञानसागर व्यक्ति-मनोविज्ञान के अच्छे जानकार हैं। व्यक्तियों की रूचि और स्वभाव भिन्न-भिन्न होते हैं, इसका भी पूरा-पूरा ध्यान उनको है। एक अनाथ बालक को देखकर एक पुरुष तो उसका भविष्य अपनी पुत्री से जुड़ता हुआ जानकर उससे द्वेष करने लगता है; इसके विपरीत दूसरे पुरुष के हृदय में वात्सल्य का स्रोत उमड़ पड़ता है। एक स्त्री पति पर अत्यधिक भक्ति रखती है, दूसरी स्त्री अन्य पुरुषों पर कुदृष्टि रखती है। एक सेवक राजा को उचित मन्त्रणा देता है, तो दूसरा कुटिल पुरुष उसे युद्ध के लिए प्रेरित करता है। मद्यपान के पश्चात् व्यक्ति का मस्तिष्क कैसा विकृत हो जाता है, इसका चित्रण भी कवि ने बड़ी सूझ-बूझ के साथ किया है। एक राजा पराक्रमी, आत्मविश्वासी और प्रजावत्सल है तो दूसरा राजा भीरू प्रकृति का है। वह प्रजा की बात नहीं सुनता, अपितु स्त्री के झूठे प्रपञ्च पर विश्वास कर लेता है। कवि ने हर वर्ग के पात्रों को अपने काव्यों में स्थान दिया है। राजमहलों में रहने वाले राजा-रानी अपने वैभव से आकर्षित करते हैं, तो सामान्य वस्ती में रहने वाले ग्वाल इत्यादि का सरल जीवन भी स्पृहणीय है। राजकर्मचारियों में उच्चस्तर के मंत्री भी हैं, और निम्न स्तर के सेवक भी। राजकुमारियों की सखियाँ भी हैं और रानियों की दासियाँ भी। जिनमति जैसी कुलवधू है तो वसन्तसेना जैसी वाराङ्गना भी।

सब कुछ मिलाकर कवि की पात्रयोजना प्रशंसनीय है। काव्यों में चित्रित पात्रों की मनोदशा उनकी सूक्ष्म निरीक्षण शक्ति का परिचायक है। काव्य में कोई भी व्यक्ति अपने पूर्वजन्म से कितना प्रभावित रहता है, इसका चित्रण करने में भी कवि ने अपनी सूझ-बूझ का परिचय दिया है।*

सन्दर्भ

१. व्यन्तरः (विशिष्टः अन्तरोयस्य-प्रा०ब०)। पिशाच यक्ष आदि एक प्रकार का अतिप्राकृतिक प्राणी। वामन शिवराम आप्टे, संस्कृत-हिन्दी-कोश (प्रकाशक-मोतीलाल, बनारसीदास) पृ०सं० ९८५.

* यह शोधलेख मेरठ विश्वविद्यालय, संस्कृत शोध पत्रिका (मेरठ) १९७९ में प्रकाशित है।

मोक्षस्वरूपम्

भारतीयदर्शनशास्त्रिणां मते जीवनस्य सार्थकता जन्ममरणयोः दुःखे दूरीभूते एवास्ति। विविध दर्शनेषु विषयेऽस्मिन् अनेके उपायाः कथिताः सन्ति। प्रत्येकदर्शनं स्वकीयान् तर्कान् पुरस्कृत्य विषयेऽस्मिन् अग्रेसरति। प्रत्येकदर्शनस्य एका पृष्ठभूमिर्वर्तते। स्वानुभूत्याधारे दार्शनिकाः मोक्षविषये स्वकीयान् विचारान् प्रस्तुतवन्तः। भारतीयसंस्कृतौ पुरुषार्थचतुष्टयस्य मान्यताऽस्ति। इमे पुरुषार्थाः सन्ति धर्मार्थकाममोक्षाः। एतेषु मोक्ष एव परमपुरुषार्थोऽस्ति। मोक्षस्य प्रतिपादनमेव भारतीयदर्शनस्य प्रधानविषयोऽस्ति। धर्मार्थकामपुरुषार्थानां प्राप्तिरपि मोक्षस्य साधनरूपिणी वर्तते।

सांख्यमते मोक्षस्वरूपम्

दुःखत्रयस्य आत्यन्तिकमेकान्तिकञ्च निवारणमेव मोक्षोऽस्ति। दुःखोत्पादनसम्बन्धे सांख्याचार्याणां विचारोऽस्ति यत् प्रकृतिजन्यदुःखे पुरुषे प्रतिबिम्बते सति भोगात्मकेऽस्मिन् संसारे दुःखोत्पत्तिर्जायते। संसारस्य मूलकारणे स्तः अविवेकमज्ञानञ्च। अज्ञानं ज्ञानेनैव दूरीकर्तुं शक्यते। सांख्यमतानुसारेण प्रकृतिपुरुषयोः भेदप्रतीतिरेव विवेकोऽस्ति। अतएव पुरुषस्य प्रकृतेः पृथक् स्थितिरेव 'कैवल्यम्' इति उच्यते–

द्वयो एकतरस्य वा औदासीन्यम् अपवर्गः।

अतएव बन्धनमोक्षौ च प्रकृतेरेव धर्मौ वर्तेते, पुरुषस्य न। पुरुषस्तदा मुक्तो भवति यदा सः निःसङ्गां स्वतन्त्रां केवलां दशां प्राप्नोति। एतादृशी अवस्था व्यक्ताव्यक्तज्ञतत्त्वज्ञानेन भवति। यस्य फलमस्ति निःशेषदुःखनिवृत्तिः। दशायामस्यां पुरुषः कृतकृत्यो भवति यतोहि समयेऽस्मिन् प्रकृतिः स्वव्यापारात् निवृत्ता वर्तते। प्रत्येकपुरुषस्य अपवर्गसिद्धिकृते अयं प्रकृतेः व्यापारोऽस्ति–

प्रतिपुरुषविमोक्षार्थं स्वार्थ इव परार्थारम्भः।

सुकुमारा लज्जाशीला प्रकृतिरेकवारं पुरुषेण अनुभूता पुनः उपस्थिता न वर्तते–

रङ्गस्य दर्शयित्वा निवर्तते नर्तकी यथा नृत्यात्।
पुरुषस्य तथात्मानं प्रकाश्य विनिवर्तते प्रकृतिः॥

अतः विवेकिनं पुरुषं प्रति प्रकृतिव्यापारः पुनः न भवति। पुरुषे इदं कैवल्यज्ञानं तत्त्वाभ्यासेन प्रादुर्भूयते। तदानीं पुरुषः 'नास्मि' अर्थात् निष्क्रियत्वं 'नाहम्' अर्थात् कर्तृत्वराहित्यं, 'न मे' अर्थात् निःसङ्गत्वम् इति अनुभवति। प्रकृतौ निवृत्तायां सत्यां प्रत्येकपुरुषः अस्मिन्नेव जन्मे इमामवस्थां लब्धुं समर्थो भवति।

सांख्यमते मुक्तिः द्विविधाऽस्ति–जीवन्मुक्तिर्विदेहमुक्तिश्च। विवेकजन्या अस्मिन्नेव जन्मे उपलब्धा मुक्तिः जीवन्मुक्तिरित्युच्यते। जीवन्मुक्तः तावद् देहं धारयति यावत् प्रारब्धकर्माणि न बाधन्ते। अस्यामवस्थायां

ज्ञानात् कर्मबन्धनानि न संभवन्ति। जीवस्य स्थितिः कुम्भकारस्य घटनिर्माणोपरान्तं भ्रमच्चक्रवद् भवति–

तिष्ठति संस्कारवशाच्चक्रभ्रमिवद् धृतशरीरः।

प्रारब्धकर्मसु भुक्तवत्सु शरीरमिदं विनश्यति; पुरुषः दुःखत्रयस्य आत्यन्तिकमेकान्तिकञ्च द्विविधं विघातं प्राप्नोति–

प्राप्ते शरीरभेदे चरितार्थत्वात् प्रधानविनिवृत्तौ।
एकान्तिकमात्यन्तिकमुभयं कैवल्यमाप्नोति॥

तात्पर्यमिदमस्ति यत् ज्ञानप्राप्ते सति पुरुषः अविहितकर्माणि न करोति। प्रारब्धकर्मणां शरीरेण भोगमाप्नोति। अतः संस्कारे विनष्टे सति पुनः शरीरधारणस्य सम्भावना न वर्तते। सांख्यमते दुःखं सुखाभावः न कथ्यते। सः सापेक्षिकभावरूपोऽस्ति। अतः दुःखाभावे सुखस्य स्वरूपं न सिद्ध्यति। अतएव दुःखस्य आत्यन्तिकनिवृत्तिरेव अपवर्गोऽस्ति।

न्यायमते मोक्षस्वरूपम्

नैयायिकानुसारेण मुक्तिः षोडशपदार्थानां तत्त्वज्ञानात् संभवति। गौतमस्य प्रथमसूत्रे एव प्रमाणादीनां षोडशपदार्थानां व्रास्तविकज्ञानात् निःश्रेयसप्राप्तिः सम्भवति। तत्त्वज्ञानाद् दुःखनाशः सम्भवति। न्यायसूत्रे गौतमोऽपि उक्तवान्–

'तदत्यन्तविमोक्षः अपवर्गः'

'दुःखजन्मप्रवृत्तिदोष-मिथ्याज्ञानानामुत्तरोत्तरापाये तदनन्तरापायादपवर्गः।'

अत्यन्तशब्देनाभिव्यज्यते वर्त्तमानजन्मनः समाप्तिरन्यजन्मनश्चासंभावना। अस्यामेव स्थितौ आत्मनः दुःखनिवृत्तिः भवितुं शक्यते। एतत्कृते आत्मनः नव विशेषगुणां–बुद्धिसुखदुःखेच्छाद्वेषप्रयत्नधर्माधर्म संसारमूलोच्छेदाः परमावश्यकाः सन्ति। सुखदुःखोत्पत्तिः धर्माधर्मद्वयात् सम्भवति। अतः संसारस्य इदमेव कारणद्वयमस्ति। एतत् कारणद्वयाभावात् शरीराभावः सम्भवति। शरीराभावे इच्छाद्वेषप्रयत्नैः सह आत्मसम्बन्धं न सम्भवति। अतएव न्यायानुसारेण मुक्तावस्थायाम् आत्मनः विशेषगुणानाम् अत्यन्ताभावः स्वीक्रियते। इतरशब्दावल्याम् आत्मनः विशुद्धस्वरूपे एव स्थितिः मोक्षोऽस्ति। तदानीमात्मनि क्षुत्पिपासालोभमोहशीतातपानां षट्क्लेशानां प्रभावो न जायते। मुक्तात्मनि सुखाभावे सति आनन्दोपलब्धिरपि न सम्भवति। सुखेन सहैव रागसम्बन्धेन बन्धनं सम्भवति। अतएव सम्बन्धेऽस्मिन् नैयायिकाः वेदान्तिनाम् 'आनन्दं ब्रह्म' इदं वाक्यं न स्वीकृतवन्तः। न्यायानुसारेणापि मुक्तिः द्विविधा भवति–अपरनिःश्रेयसजीवन्मुक्तिः परनिःश्रेयसविदेहमुक्तिश्च।

वेदान्तमते मोक्षस्वरूपम्

अद्वैतवेदान्तानुसारेण जीवब्रह्मैक्यमेव मोक्षोऽस्ति। जीवो वस्तुतः सच्चिदानन्दं ब्रह्मस्वरूपमेवास्ति। सः स्वकीययथार्थस्वरूपम् आत्मतत्त्वम् अज्ञानवशाद् विस्मृतवान् अस्ति। आत्मतत्त्वब्रह्मणैक्यमस्ति। नानात्वज्ञानात् संसारः संभवतिः, एकत्वज्ञानात् च मुक्तिः सम्भवति। जीवब्रह्मैक्ये सति तज्जीवस्यकृते अविद्यायां विलीनायां सत्याम्–

एकमेवाद्वितीयं ब्रह्म, नेह नानास्ति किञ्चन।

इदं श्रुतिवाक्यं प्रमाणितं भवति। अद्वैततत्त्वे साक्षात्कृते सति साधकः स्वकीयं लक्ष्यमाप्नोति दुःखाच्च पूर्णरूपेण विमुक्तो भवति। अतोऽद्वैतवेदान्तानुसारेण मोक्षस्य स्वरूपम् आनन्दस्वरूपे ब्रह्मणि विलीनीकरणमस्ति। आनन्दोपलब्धेः शोकः निवृत्तः भवति। तत्त्वदृशां मते ब्रह्म आनन्दस्वरूपमस्ति। श्रुतिवाक्येषु अपि उक्तम्–

आनन्दं ब्रह्मणो विद्वान्; सच्चिदानन्दं ब्रह्म;, आनन्दो ब्रह्मेति व्यजानात्; विज्ञानमानन्द ब्रह्म।

एतादृशमानन्दं लब्ध्वा साधकः आनन्दमयो भवति। आनन्दस्य एतत्साक्षात्कारः नित्योऽस्ति। अतएव मुक्तावस्थायाम् उपाध्यनुपहितो भूत्वा जीवः ब्रह्मत्वं प्राप्नोति। जीवब्रह्मणोः तादात्म्यमिदम्–'अहं ब्रह्मास्मि'–इत्येव वास्तविक मोक्षोऽस्ति।

अनुभूतायाम् अस्याम् अवस्थायां ज्ञानमेव मोक्षस्य प्रमुखसाधनं भवति–ऋते ज्ञानान्न मुक्तिः।

शङ्कराचार्यानुसारेण आत्मनः परमात्मरूपेणावगतिः ज्ञानानुष्ठानेनैव सम्भवति। साधनचतुष्टयसम्पन्नः साधकः शमदमोपरति तितिक्षासम्पन्नेन अध्यारोपापवादन्यायेन पञ्चकोषव्यतिरिक्तेन स्थूल-सूक्ष्मकारणशरीरत्रयेण पृथग् आत्मस्वरूपं जानाति। अनेनैव प्रकारेण ब्रह्मजीवयोः मूलरूपस्य शोधनोपरान्तं गुरुः 'तत्त्वमसि' इति महावाक्यमुपदिशति। वाक्येनानेन 'भागत्यागलक्षणया' 'तत्' पदवाच्यस्य चोपहितचैतन्यस्य विरूद्धांशान् परित्यज्य चैतन्यांशेन ब्रह्मात्मनोः ऐक्यं बोधयति। तत्पश्चात् निरन्तरतत्त्वाभ्यासेन साधकस्य हृदये 'अहं ब्रह्मास्मि' इति वृत्तिरुदेति। परोक्षानुभवरूपतत्त्वाभ्यासोऽयं मोक्षप्राप्तौ अत्यावश्यकोऽस्ति। परोक्षानुभवजन्या 'अहं ब्रह्मास्मि' इति अन्तःकरणवृत्तिः हृदयस्थामविद्यां तज्जन्यप्रपञ्चं च बाधयति। येन स्वयंप्रकाशमानब्रह्मस्वरूपम् उद्भासते। ब्रह्मणि उद्भासिते सति वृत्तिस्तथैव अभिभूता भवति यथा सूर्यसमक्षे दीपकस्य कान्तिः।

एतादृशीमवस्थां प्राप्तुं योगसाधना अपेक्षते। श्रवणमनननिदिध्यासनसम्पन्नसमाधिना चित्तवृत्तिः शोधयितुं शक्यते। शुद्धचित्तवृत्तिरेव ब्रह्मगताज्ञानं दूरीकरोति। समाधिः द्विविधो वर्तते–सविकल्पकसमाधिः निर्विकल्पसमाधिश्च। निर्विकल्पसमाधौ ज्ञातृ-ज्ञेय-ज्ञानमभेदः सञ्जायते। यम-नियमासन-प्राणायाम-प्रत्याहार-धारणा-ध्यान-समाधयः अस्याः अष्ट अङ्गानि वर्तन्ते।

अखण्डब्रह्मज्ञानेन अज्ञानतज्जन्यकार्येषु बाधितेषु सांसारिकबन्धनानि बाधन्ते। जीवश्च स्वकीये वास्तविकस्वरूपे अवस्थीयते। तस्य सञ्चितानि कर्माणि ज्ञानाग्निना भस्मीभवन्ति। प्रारब्धकर्माणि कुर्वन् जीवः निष्क्रिय एव वर्तते। इयमेव जीवन्मुक्तस्य दशाऽस्ति–

भिद्यते हृदयग्रन्थिश्छिद्यन्ते सर्वसंशयाः।
क्षीयन्ते चाऽस्यकर्माणि तस्मिन् दृष्टे परावरे॥

अनुभूयमानकर्मसु क्षीणेषु सत्सु जीवस्य शरीरपातः वर्तते। तस्य प्राणाः ब्रह्मणि लीयन्ते। सोऽद्वैत-निरतिशयानन्देन पूर्णाखण्डब्रह्ममात्रमेवावतिष्ठते-ब्रह्मैव ब्रह्मविद् भवति, विमुक्तमत्र विमुच्यते, तरति शोकमात्मवित् इत्यादीनां श्रुतीनामपि अयमेव अभिप्रायो वर्तते।

समालोचना

उपर्युक्तदर्शनत्रये प्रतिपादितस्य मोक्षस्य स्वरूपविवेचने स्पष्टमिदं भवति यत् त्रिषु एव दर्शनेषु

दुःखाभावरूपे एव मोक्षस्य प्रतिष्ठा वर्तते। अखण्डानन्द एव मोक्षेऽस्ति। न्यायसांख्यानुसारेण प्रतिपादिते मोक्षस्वरूपे इतरदार्शनिकाः कटाक्षपतितवन्तः आसन्। वेदान्तसम्मतां नित्यानन्दस्वरूपां मुक्तिं मन्यमानः श्रीहर्षः नैषधीयचरिते नैयायिकमतस्य कृते अतीवपरिहासं कृतवान्–

मुक्तये यः शिलात्वाय शास्त्रमूचे सचेतसाम्।
गोतमं तमवेतैव यथा वित्थ तथैव सः।

तस्य मतमिदमस्ति यत् सुखादिविरहितमुक्तिपक्षधरः स्वनाम्नः सार्थकतां सिद्धां कृतवान् (गोतमअतिशयेन मूर्खः)। वैष्णवदार्शनिकाः अपि नैयायिकमतं खण्डितवान्, ते नैयायिकमतं नीरसमिति मत्वा तिरस्कृतवन्तः, तेषां मते तु–

वरं वृन्दावने रम्ये श्रृगालत्वं वृणोम्यहम्।
वैशेषिकोक्तमोक्षान्तु सुखलेशविवर्जितान्॥

सांख्यसम्मतमोक्षोऽपि न अनेकविद्वद्भ्यः रोचते। अतएव वेदान्तसम्मतमोक्षस्यैव स्वरूपं विद्वत्समुदाये प्रतिष्ठां प्राप्तवदस्ति।*

सन्दर्भ

* यह शोधलेख डी०एस०बी० परिसर, नैनीताल की पत्रिका उपलब्धि १९७९–८० में प्रकाशित है।

महाकविमुनिश्रीज्ञानसागरकृतिषु समाजो राजनीतिरर्थश्च

महाकविः मुनिश्रीज्ञानसागरः दिगम्बरजैनधर्मावलम्बी, हिन्दी-संस्कृत-पालि-प्राकृतभाषासु समानाधिकारं धाता, महान् दार्शनिकः, साहित्यकारश्चासीत्। अयं संस्कृतमाश्रित्य जयोदय-वीरोदय-सुदर्शनोदय-समुद्रदत्तचरित्रानि चत्वारि महाकाव्यानि, दयोदयचम्पूः इत्यभिधानमेकं चम्पूकाव्यम्, विहाय उपर्युक्तानि पंचकाव्यानि प्रकाशितानि सन्ति। प्रस्तुत शोधलेखः इमान्येव पंचकाव्यानि आश्रित्य प्रस्तूयते।

संसारेऽस्मिन् यावन्तोऽपि प्राणिनः जीवनं धारयन्ति ते सर्वे पूर्णतया आत्मनिर्भराः न भवन्ति। तेषां जीवने समाजराजनीत्यर्थव्यवस्थासंस्कृतिधर्मदर्शनादीनां संसारे उपलब्धानां तत्त्वानां प्रभावः अवश्यमेव पतति। अतः तैः एषां नियन्त्रणे स्वक्रियाकलापाः क्रियन्ते। एषां तत्त्वानां कानिचित्तु अनुकूलानि भवन्ति कानिचित् प्रतिकूलानि। जनाः स्वकीयं जीवनं सफलयितुं प्रतिकूलानि तत्त्वानि परिवर्त्य तानि अनुकूलयितुं वांछन्ति। ते विशिष्टं समाजं, विशिष्टां राजनीतिं, विशिष्टामर्थव्यवस्थां, विशिष्टां संस्कृतिं, विशिष्टं धर्मं च वांछन्ति। जीवनस्य प्रभावयितृणां समाजराजनीत्यादीनां तत्त्वानां विषये व्यक्तेः एतादृशी धारणा एव जीवनदर्शनमुच्यते। कः कीदृशं जीवनमिच्छति, एतदेव तस्य जीवनदर्शनम् अस्ति। कस्यापि कवेः जीवनं प्रति किं दृष्टिकोणं वर्तते? कीदृशी धारणा वर्तते? सर्वमिदं तत्काव्यानुशीलनेन सुष्ठु ज्ञातुं शक्यते। अत्र महाकवेः मुनिश्रीज्ञानसागरस्य समाजराजनीत्यर्थसम्बद्धं दृष्टिकोणं तस्य काव्यानि आश्रित्य प्रस्तूयतेः-

कवेः समाजिकी विचारधारा

मुनिश्रीज्ञानसागरस्य काव्यानामनुशीलनेन ज्ञायते यत् तस्मै एतादृशः समाजो रोचते यस्मिन् जनाः धर्मं मानवतां च प्रति आस्थावन्तो भवन्तु, भारतीय संस्कृतेश्च मूलतत्त्वानि अतिशयेन सन्तु। जनेषु धर्मं प्रति जागरणानयनं मुनीनां कर्त्तव्यं स्यात्; शासकाः प्रजारंजनेन सह शासनं कुर्वन्तु; वणिग्जनाः अर्थव्यवस्थां संरक्षन्तु; सेवकाश्चोपर्युक्तान् जनान् सेवन्ताम्। स्पष्टमस्ति यत् मुनिश्रीज्ञानसागरः भारतवर्षे प्रचलितां वर्णव्यवस्थां स्वीकरोति[1] परन्तु सः वर्णव्यवस्थां जन्मानुसारिणीं नैव, अपितु कर्मानुसारिणीं स्वीकरोति। अतएव तस्य मते ब्राह्मणानां कानिचिद् आवश्यकानि लक्षणानि अधोलिखितानि सन्तिः-

ब्राह्मणः सत्याहिंसास्तेयब्रह्मचर्यापरिग्रहान् पालयेत्; तपश्चरणेन्द्रियसंयमशोकराहित्येषु प्रवर्तेत छलप्रपंचादिभ्यः दूरे वर्तेत तस्मिन् शान्तिसंयमशुद्धतानाम् आधिक्यं भवेत्; प्राणिमात्रं प्रति दया भवेत्; सः आत्मचिन्तनं कुर्यात्; परनिन्दां च न कुर्यात्। निःस्पृहमनोवाक्कायैः शुद्धाद्वैतभाव प्रापयिता, रात्रिभोजनं त्यक्त्वा, दिने एकवारं खादिता, निर्जन्तुकं जलं पाता पुरुष एव ब्राह्मणः कथ्यते। समाजे ये ब्राह्मणाः कथ्यन्ते वस्तुतस्ते ब्राह्मणाः न सन्ति। वास्तविकब्राह्मणस्तु उपर्युक्तगुणसम्पन्नो मानव एव भवति।[2]

कविमतानुसारेण जनैः साधुषु विश्वसितव्यम्; तेषु श्रद्धा कर्त्तव्या; अतः सः स्वकीये काव्ये स्वप्नफलं ज्ञातुं सम्भ्रान्तं श्रेष्ठिवृषभदासं जिनमन्दिरे मुनेः समीपं प्रेषितवान् अस्ति।[३] सः वांछति यत् सामाजिकाः स्वकीयेषु पूज्यजनेषु आदरभावं रक्षेयुः, तेषांच वचनं विनम्रभावेन शृणुयुः। श्रेष्ठिवृषभदासस्य पुत्रः सुदर्शनः अस्य भावस्य उदाहरणमस्ति। सः चम्पाधिपतेः उच्चपदं विचार्य तेन स्वोपरिकृतं दुर्व्यवहारं न ध्यायति।[४] श्रेष्ठिवृषभदासे दीक्षिते सति सोऽपि दीक्षां ग्रहीतुं विचारयति।[५] एवमेव वीरोदयमहाकाव्यस्य नायकः भगवान् महावीरोऽपि जनकेन प्रस्तावितं स्वकीयविवाहप्रस्तावं विनम्रभावेन अस्वीकरोति।[६]

महाकवेः हृदये शिक्षितसमाजस्य चित्रं वर्तते; देशात् निरक्षरतावारणाय प्रबला इच्छास्ति। तस्य धारणास्ति यत् सर्वेषाम् अभिभावकानां कर्त्तव्यमस्ति यत् ते स्वकीयाः सन्ततीः शिक्षासम्पन्नाः कर्त्तुं यतेरन्। इदमेव कारणमस्ति यद् दयोदयचम्पूकाव्ये वर्णितमस्ति यत् ग्रामनिवासिना गोविन्दाभिधानेन गोपालकेन स्वकीयस्य पालितस्य पुत्रस्य सोमदत्तस्य कृते यथाशक्ति शिक्षायाः प्रबन्धः कृतः।[८]

मुनिश्रीज्ञानसागरः नागरिकसमाजापेक्षया ग्रामीणसमाजे सारल्यं सौहार्दं चाधिकं पश्यति। यस्य अनाथबालकस्य विषये ज्ञात्वा श्रेष्ठिगुणपालः तं मारयितुं प्रयतते। तमेव दृष्ट्वा गोपालघोषस्य निवासी गोविन्दः करुणया वात्सल्येन च अभिभूतो भवति।[९]

मुनिश्रीज्ञानसागरः वर्णव्यवस्थानुसारेणैव विवाहसंस्काराय मान्यतां दत्तवान् अस्ति। युवराज्ञी सुलोचनाजयकुमारयोः विवाहस्तथा श्रेष्ठिसागरदत्तस्य पुत्र्या मनोरमया सह श्रेष्ठिवृषभदासपुत्रस्य सुदर्शनस्य विवाहोऽस्य तथ्यस्य उदाहरणे स्तः।[१०]

सम्भवतः मुनिश्रीज्ञानसागरः पुत्राय पुत्र्यपेक्षया महन्महत्त्वं ददाति, अतएव तस्य साहित्ये पुत्रजन्मोत्सवस्तु[११] वर्णितोऽस्ति किन्तु पुत्रीजन्मोत्सवस्य उल्लेखोऽपि न दृग्गोचरीभवति। परन्तु विवाहे सः पुत्रस्य इच्छया सहैव पुत्रीच्छामपि महत्त्वपूर्णामेव मन्यते। सुलोचनास्वयंवरः[१२] मनोरमासुदर्शनविवाहश्च[१३] अस्य तथ्यस्य उदाहरणे स्तः।

पत्नीपत्योः दाम्पत्यजीवनं सुखमयं स्यात्, अस्य कृते कवेः मान्यतास्ति यत् पुरुषः एकपत्नीव्रतं धारयेत्[१४] आम्, यदि राजनीत्याः दृष्ट्या अनेकान् विवाहान् कर्त्तुमावश्यकता समातेत् तर्हि न काऽपि हानिः[१५]। एवमेव पत्नी स्वपतिं प्रति निष्ठावती भवेत्, अन्यथा तस्याः दशा राज्ञी अभयमतीवद् भविष्यति।[१६]

कवेः अयमपि विश्वासोऽस्ति यत् नारीणां स्वतन्त्रताधिक्यं नोचितमस्ति। पत्युः पत्न्यां नियन्त्रणम् आवश्यकमस्ति। अन्यथा सा स्वकीयायाः स्वतन्त्रतायाः दुरूपयोगं कर्त्तुं शक्नोति। सहैव कविना नार्याः दासीरूपापेक्षया सहचरीरूपायाधिकं महत्त्वं दत्तमस्ति।[१७] यदि पतिगृहीतो मार्गः समुचितोऽस्ति, तर्हि पत्न्यापि स एव अनुसरणीयः।

कवेः मान्यतास्ति यत् पुत्रीपुत्रैः पित्रोः आज्ञा अवश्यमेव पालनीया अस्ति किन्तु मातापितृभ्यामपि स्वकीयं स्वार्थं साधयितुमीदृशं किमपि कार्यं न कर्त्तव्यम्, यत् तयोः सन्तानहिते बाधकं स्यात्, यथा गुणमतीगुणपालाभ्यां कृतम्।[१८] कविमतानुसारेण सन्तत्या मातापित्रोः अनुचिताज्ञायाः उल्लंघनं निःसंकोचं कर्त्तव्यम्।[१९]

मुनिश्रीज्ञानसागराय स्त्रियाः वेश्यारूपं न रोचते। अतएव तस्य काव्यस्य एका गणिका तु उद्याने शयानं सोमदत्तं दृष्ट्वा वात्सल्याभिभूता भवति,[२०] अन्या च गणिका तपस्विनः दृढव्यक्तित्वसम्पन्नस्य सुदर्शनस्य सम्मुखे नतमस्तका भवति।[२१] स्पष्टमस्ति यत् कविना नारीणां स्वाभाविकगुणानां वेश्यानामस्वाभाविकेषु दुर्गुणेषु जयः कारितोऽस्ति यः वस्तुतः अद्यतनस्य वेश्यावृत्त्युन्मूलनस्यैव प्रतीकोऽस्ति।

उपर्युक्तविवेचनेन स्पष्टमस्ति यत् मुनिश्रीज्ञानसागराय ईदृशः समाजो रोचते, यस्मिन् पूर्णस्वस्थाः, कर्त्तव्यपरायणाः, सदाचारिणः, धर्मात्मानश्च मनुष्याः निवसेयुः।

कवेः राजनैतिकी विचारधारा

राज्यसंचालनस्य रीतिरेव राजनीतिः कथ्यते। प्रत्येकशासकस्य राजनीतिः पृथक्-पृथक् भवति। कस्यचिद् राज्ञः नीतिः सफला भवति, कस्यचिच्च असफला भवति। सफला राजनीतिः सास्ति यस्याः अनुसारेण राजा प्रजानाम् उपरि नियन्त्रणं कर्तुं शक्नुयात्। ईदृश्या नीत्या प्रजासु विद्रोहस्य सम्भावना अपि भवितुं न शक्नोति।

मुनिश्रीज्ञानसागरस्य काव्यानां परिशीलनेन ज्ञायते यत् कविः जानाति यद् राज्ञः प्रजाः प्रति प्रजानां च राजानं प्रति कानि कानि कर्त्तव्यानि भवेयुः? मुनिना राजकुमाराय जयाय दत्ते उपदेशे कवेः एतादृश्याः राजनीत्याः ज्ञानं भवति। तदनुसारेण राज्ञा स्वसेवकान् प्रति समुचितं व्यवहर्त्तव्यम्, दानसम्मानादिभिः शत्रवः वशीकर्त्तव्याः।[२२] यः नृपः प्रजाहितं चिन्तयति तस्यैव राज्ये प्रजाः सुखिताः भवन्ति, तं प्रति च भक्तिभावनासमन्विताः भवन्ति। सिद्धार्थ[२३] –भरत[२४]–वृषभदत्ताः[२५] एतादृशाः एव प्रजापालकाः शासकाः सन्ति। सम्राट् भरतस्तु राजनीत्यां महान्निपुणोऽस्ति। अधीनस्थैःनृपैः सह तस्य एतादृशाः पारिवारिकसम्बन्धाः सन्ति यत् ते सर्वे तस्य विरोधे विद्रोहं कर्त्तुं तु दूरे वर्तेत, विचारयितुमपि न शक्नुवन्ति। राज्ञि प्रजावत्सलताराजनीतिनिपुणतादिभिः गुणैः सहैव दूरदर्शितापि भवेत्। सः न केवलं बाह्यजनानामपितु अन्तःपुरवासिनामपि वृत्तान्तस्य ज्ञाता भवेत्। सः व्यक्तेः सूक्ष्मनिरीक्षणकर्त्ता भवेद्, अन्यथा अन्तःपुरे घटितानां भ्रष्टाचाराणां दोषः सुदर्शनसदृशानां निरपराधप्रजाजनानामुपरि आरोप्यते।[२६] राज्ञः इदं परमकर्त्तव्यमस्ति यत् सः वास्तविकमपराधिनमन्विष्य एव न्यायपूर्वकदण्डस्य व्यवस्थां कुर्यात्।[२७]

राज्यसंचालनस्य सर्वप्रमुखोऽधिकारी राजा भवति। कविः न्यायाधीशरूपेऽपि राजानं स्वीकृतवान्।[२८] राजानं शास्तुमेकं मन्त्रिमण्डलमपि भवेत्।[२९] राज्यस्यार्थव्यवस्थां परिचालयितुम् एकस्य राजश्रेष्ठिनः पदमपि कविः स्वीकरोति। राज्यस्य सुरक्षाहेतवे कविना सेनापतिपदमपि स्वीकार्यमस्ति।[३१] नृपाणां संदेशान् प्रेषयितुं दूतानामपि सुव्यवस्था भवेत्।[३२]

प्रजाजनैः राज्ञो नियन्त्रणे भवितव्यम्। राज्ञा दत्ताज्ञा प्रत्येकप्रजाजनेन पालनीया। कविः आज्ञाकारिप्रजाजनरूपे सोमदत्तं प्रस्तुतवान्, यः राजकीयाज्ञां प्राप्य राजकुमार्या सह विवाहं विनम्रतया स्वीकृतवान्।[३३]

युद्धविषयेऽपि कवेः सुनिश्चितधारणास्ति यत् यदा प्रतिपक्षी राजा युद्धं कर्त्तुमेव इच्छेत् तदा पृष्ठं दर्शयित्वा पलायनापेक्षया युद्धं कर्त्तुमेव समीचीनमस्ति।[३४] योद्धारः परस्परं समशस्त्रधारिणः समवाहनयुताश्च भवेयुः।[३५] युद्धसमाप्तौ मृतपुरुषाणाम् अन्त्येष्टिसंस्कारः शस्त्रक्षतानामुपचारश्चावश्यमेव करणीयौ।[३६]

स्पष्टमस्ति यत् कविः एतादृशीं राजनैतिकव्यवस्थाममिच्छति, यस्यां प्रजाजनानां हर्षेण सह अधीनस्थराजसु मधुरनियन्त्रणं च भवेत्।

कवेः आर्थिकी विचारधारा

कवेः हार्दिकी इच्छास्ति यत् प्रत्येकमनुष्यः आर्थिकदृष्ट्या स्वावलम्बी भवेत्। स्वकीयामिमामिच्छां सः वणिक्पुत्रभद्रमित्रस्य रूपेऽभिव्यक्तवान् अस्ति।[३७]

व्यक्तिः स्ववर्णव्यवस्थानुसारेणैव आजीविकोपार्जनं कुर्यात्। समाजेऽर्थोपार्जनस्य कार्यं वणिक्जनानां कृते निर्धारितमस्ति,[३८] वधादीनि च निन्दनीयानि कर्माणि चाण्डालानामेव पैतृकव्यवसायोऽस्ति।[३९]

कविः स्वकीयेषु काव्येषु समुद्रीयव्यापार[४०] पशुपालन[४१] कृषि[४२] मृण्मयपात्रनिर्माणा[४३] दीनां व्यवसायानामुल्लेखं कृतवानस्ति।[४४]

जयकुमाराय उपदेशदानसमयेऽपि मुनिः स्वयोग्यतानुसारेण प्रत्येकपुरुषाय अर्थोपार्जनाय मन्त्रणां दत्तवानस्ति। स्पष्टमस्ति यत् कवेः दृष्टौ प्रत्येकगृहस्थपुरुषेण स्वावश्यकतापूर्त्तिकृते धनोपार्जनमवश्यमेव करणीयमिति।[४५]

उपर्युक्तविवेचनेन इदं सुष्ठुतया ज्ञायते यत् कविना स्वकीयेषु काव्येषु कीदृशाय समाजाय, कीदृश्यै राजनीत्यै, कीदृशाय च अर्थोपार्जनाय मान्यता प्रदत्तास्ति। अहं विश्वसिमि यत् कवेः समाजसम्बन्धे, राजनीतिविषये, अर्थविषये च प्रस्तुतो दृष्टिकोणो वर्त्तमानकाले देशस्यकृते अतीव लाभदायको भविष्यति।*

सन्दर्भ

१. वीक्ष्येदृशीमङ्गभृतामवस्थां तेषां महात्मा कृतव्यवस्थाम्।
विभज्य तान् क्षत्रिय-वैश्य-शूद्र-भेदेन मेधा-सरितां समुद्रः।।
यस्यानुकम्पा हृदि तूदियाया स शिल्पकल्पं वृषलोत्सवाय।
निगद्य विड्भ्यः कृषिकर्म चायमिहार्थशास्त्रं नृपसंस्तवाय।।
वीरोदयम्, १८/१३-१४

२. वीरोद्यम्, १४/३५-४३

३. सुदर्शनोदयम्, २/२२-२४

४. तदेव, २/२२-२४

५. तदेव, ४/१५

६. वीरोदयम्, ८/२३, २८-४५

७. दयोदयचम्पूः, चतुर्थलम्बः, षष्ठश्लोकस्य पूर्वपश्चाद्वर्तिनी गद्यभागौ।

८. सैव, तृतीयलम्बः, तृतीयश्लोकस्य पश्चाद्वर्त्ती गद्यभागः।

९. सैव, चतुर्थलम्बः, नवमश्लोकस्य पश्चाद्वर्त्ती गद्यभागः दशमश्लोकश्च।

१०. (क) जयोदयम, द्वादशसर्गः।
(ख) सुदर्शनोदयम्, ३/४-१४

११. (क) वीरोदयम्, ८/१-६
(ख) सुदर्शनोदयम्, ३/४-१४

१२. जयोदयम, ६/११९-१२१
१३. सुदर्शनोदयम्, ३/४२-४८
१४. तदेव, ६/षड्विंशतितमश्लोकस्य पूर्ववर्त्ति गीतम्।
१५. दयोदयचम्पूः, सप्तमलम्बः, द्वादशश्लोकस्य पश्चाद्वर्त्ती गद्यभागः।
१६. सुदर्शनोदयम्, ८/३५
१७. (क) जयोदयम्, २८/६९
(ख) सुदर्शनोदयम्, ८/२७, ३३ तथा ३४
१८. दयोदयचम्पूः षष्ठलम्बः।
१९. श्रीसमुद्रदत्तचरित्रम्, ४/७, ८
२०. दयोदयचम्पूः, चतुर्थलम्बः, एकादशद्वादशश्लोकयोः पश्चाद्वर्त्तिनौ गद्यभागौ।
२१. सुदर्शनोदयम्, ९/श्लोकः ३१, तस्य पूर्ववर्त्ति गीतं च।
२२. जयोदयम, २/७०-७२
२३. वीरोदयम्, ३/३
२४. जयोदयम्, ७/३३
२५. दयोदयचम्पूः, १/१२
२६. सुदर्शनोदयम्, ७/३५-३६
२७. तदेव, ८/१०
२८. श्रीसमुद्रदत्तचरित्रम्, ४/४
२९. जयोदयम्, ३/८
३०. दयोदयचम्पूः, १/१४
३१. जयोदयम्, ६/१४
३२. तदेव, ९/५८
३३. दयोदयचम्पूः, ७/द्वादशत्रयोदशश्लोकयोः मध्यवर्त्ती गद्यभागः।
३४. जयोदयम्, ७/८२-८५
३५. तदेव, ८/६४-६५
३६. तदेव, ८/८५
३७. श्रीसमुद्रदत्तचरित्रम्, ३/१-१६
३८. सुदर्शनोदयम्, २/१-३
३९. तदेव, ७/३६
४०. श्रीसमुद्रदतचरित्रम्, ३/१७
४१. दयोदयचम्पूः, ३/नवमश्लोकस्य पश्चाद्वर्त्तिगद्यभागः।
४२. सुदर्शनोदयम्, १/२१
४३. तदेव, ७/१
४४. दयोदयचम्पूः, प्रथमद्वितीयलम्बो।
४५. जयोदयम्, २/१११-११६

* यह शोधलेख सारस्वती सुषमा, सम्पूर्णानन्द संस्कृत विश्वविद्यालय वाराणसी १९८०/३-४ तथा अर्वाचीन संस्कृतम्, देववाणी परिषद्, दिल्ली १९८२/४/२ में प्रकाशित है।

मुनिश्री ज्ञानसागर का जीवन दर्शन

राजस्थान प्रदेश के प्रसिद्ध नगर जयपुर के समीप विद्यमान सीकर जिले के राणौली ग्राम में मुनि श्री ज्ञानसागर का जन्म हुआ। मुनिश्री ज्ञानसागर ने लगभग २२ ग्रन्थों की रचना की है, जिसमें संस्कृत भाषा में रचित जयोदय, वीरोदय, सुदर्शनोदय, भद्रोदय–चार महाकाव्य और दयोदयचम्पू नामक काव्य विशेष रूप से उल्लेखनीय हैं।

संसार में सभी लोग समाज, राजनीति, अर्थव्यवस्था, संस्कृति, धर्म और दर्शन से प्रभावित होते हैं। जीवन को प्रभावित करने वाले इन तत्त्वों के विषय में व्यक्ति की निश्चित अवधारणा को ही जीवन दर्शन कहा जाता है। मुनि श्री ज्ञानसागर का जीवन के प्रति क्या दृष्टिकोण है इसे मैं अति संक्षेप में आपके सामने प्रस्तुत कर रही हूँ।

मुनिश्री ज्ञानसागर भारतीय संस्कृति के मूल तत्त्वों से युक्त, धार्मिक और मानवतावादी समाज को पसन्द करते हैं। उनके अनुसार वर्णव्यवस्था जन्मानुसार नहीं कर्मानुसार होनी चाहिए। कवि ने अपनी कृतियों में हार्दिक अभिलाषा व्यक्त की है कि लोग साधुजनों पर विश्वास रखें, पूज्य जनों के प्रति आदरभाव धारण करें, उनकी बात को विनम्र होकर सुनें, सभी व्यक्ति शिक्षित हों, विवाह संस्कार वर्ण व्यवस्था के अनुसार हो, इसमें पुत्र-पुत्री को समान महत्त्व दिया जाय, पति-पत्नी परस्पर निष्ठा युक्त हों, दासी प्रथा और वेश्यावृत्ति का उन्मूलन हो। इस प्रकार कवि स्वस्थ, कर्त्तव्यपरायण, सदाचारी और धर्मात्मा व्यक्तियों से युक्त समाज चाहते हैं।

राज्य संचालन की रीति को ही राजनीति कहते हैं। अच्छी राजनीति वह है जिसमें राजा का प्रजा पर वात्सल्यपूर्ण नियन्त्रण रहे। कवि ने अपने काव्यों में राजा के प्रजा के प्रति और प्रजा के राजा के प्रति कर्त्तव्यों का विवेचन किया है। कवि के अनुसार राजा के कर्त्तव्य हैं–सेवकों से उचित व्यवहार करना, शत्रुओं को वश में रखना, प्रजाहित को ध्यान में रखना, अधीनस्थ शासकों को प्रसन्न रखना, अन्दर और बाहर घटने वाली घटनाओं की पूरी जानकारी होना आदि। राज्य व्यवस्था को अच्छी प्रकार चलाने के लिए एक योग्य मन्त्रिमण्डल, राजसेठ, सेनापति, दूत आदि की नियुक्ति होनी चाहिए। प्रजाजनों का कर्त्तव्य है कि वह राजा के नियन्त्रण में रहें और राज्य से निकली प्रत्येक आज्ञा का पालन करें। युद्ध में कायरता कवि को अच्छी नहीं लगती। साथ ही उनका कहना है कि दोनों पक्ष के सैनिकों को समान अस्त्र-शस्त्र एवं वाहनों का प्रयोग करना चाहिए। मृत व्यक्तियों का अन्तिम संस्कार एवं घायलों का उपचार करना चाहिए। अतः कवि ऐसी राजनैतिक व्यवस्था चाहता है, जिसमें प्रजा की खुशहाली और अधीनस्थ राजाओं पर मधुर नियन्त्रण रह सके।

कवि का आर्थिक दृष्टिकोण यह है कि प्रत्येक व्यक्ति स्वावलम्बी हों, वर्णव्यवस्था के अनुसार जीविकोपार्जन करे। कवि ने अपने काव्य में समुद्रीय व्यापार, पशुपालन, कृषि, मिट्टी के बर्तन बनाना आदि व्यवसायों का उल्लेख किया है और आखेट वृत्ति की निन्दा की है।

हमारे कवि की भारतीय संस्कृति पर गहन आस्था है, किन्तु उन्होंने कर्मकाण्ड में की जाने वाली हिंसा की कठोर निन्दा की है। कवि का पुर्नजन्म और कर्मफल पर दृढ़विश्वास है। उनकी जिनेन्द्र देव के प्रति अगाध भक्ति है। साथ ही जिनेन्द्र देव की मूर्तियों और जिनालयों के प्रति भी उनकी आस्था है। कवि मन्त्रशक्ति पर भी विश्वास करते हैं। कवि ने इन्द्रादि देवताओं को जिनेन्द्रदेव का दास बताया है। उन्होंने मानव जाति के अतिरिक्त व्यन्तर जाति का भी उल्लेख किया है। उनका ज्योतिर्विद और ज्योतिष दोनों पर ही विश्वास है। उन्होंने अपने काव्यों में सोलह संस्कारों के प्रति अपनी आस्था व्यक्त की है। स्वप्नदर्शन पर भी कवि को विश्वास है। ऋषिमुनियों को कवि ने सभी का पूज्य माना है। उनका त्यागोन्मुख भोग पर विश्वास है। वह अतिथि वत्सल भी हैं। इसके साथ ही जलक्रीडा, पतंगक्रीडा और शतरंजक्रीडा के सन्दर्भ में भी कवि ने अपने ज्ञान का परिचय दिया है। कवि के मतानुसार विवाह के समय कन्या को सुन्दर वस्त्रों से सजाना चाहिए और विवाहादि के समय मंगलगीतों का आयोजन होना चाहिए।

कवि भारतीय त्यौहारों के प्रति भी आस्थावान् है। इसीलिए उसने अपने काव्यों में झूला झूलना और वसन्तोत्सव में वन विहार का वर्णन किया है। मुनिश्री संगीत को भारतीय संस्कृति का अंग मानते हैं, इसीलिए उनके पात्र संगीतमय भजनों से अपने इष्टदेव को प्रसन्न करते हैं।

अहिंसादि पंच महाव्रत, श्रावक के कर्त्तव्य, जैनी महात्माओं के क्रमिक विकास के सोपान, श्रावकों के अणुव्रत, दिग्व्रत, देशव्रत आदि बारह व्रत, ज्ञानपंचक, ईश्वर, कर्मकाण्ड आदि का विस्तृत विवेचन करके कवि ने अपने धार्मिक दृष्टिकोण को अभिव्यक्त किया है। उन्होंने साधु-संन्यासियों के उन कर्त्तव्यों का वर्णन किया है जिनसे वे देश का हित कर सकें।

कवि ने अपने काव्यों में साहित्य के साथ दर्शन का अद्भुत समन्वय किया है। इसीलिए उनके काव्यों में स्याद्वाद सिद्धान्त, द्रव्यस्वरूप एवं उसके भेद, ध्यान एवं उसके भेद, कर्म और उसके भेद, गुप्ति और उसके भेद समिति और उसके भेद तथा प्रमाणों की संख्या का विस्तृत विवेचन मिलता है।

इस प्रकार कवि को धर्मप्रधान समाज, राज्य, अर्थव्यवस्था, संस्कृति प्रिय हैं। यद्यपि इन चारों तत्त्वों की अपेक्षा उन्होंने अपने काव्यों में जैन धर्म और दर्शन को ज्यादा विस्तार दिया है*।

सन्दर्भ

* प्रस्तुत शोधलेख अखिल भारतीय प्राच्य विद्या सम्मेलन के जयपुर अधिवेशन १९८२ में स्वीकृत एवं पठित है।

महाकवि मुनिश्रीज्ञानसागरस्य संस्कृतकाव्येषु गीतानि

मुनिश्रीज्ञानसागरस्य अतिसंक्षिप्तपरिचयः

महाकवि मुनिश्रीज्ञानसागरस्य जन्म राजस्थानप्रान्तस्य राणौलीनामके ग्रामे एकस्मिन् जैनपरिवारे नयन-ग्रह-वसु-भू (१८९२) संज्ञके ईशवीये वत्सरे जातमासीत्। अस्य बाल्ये एव एतदीयस्य पितुर्मृत्युर्बभूव। येन एतदीयेन परिवारेण महतः आर्थिकसंकटस्य साम्मुख्यं कर्त्तव्यं समापतत्। स्वीयं तदेव पारिवारिकं कष्टं तथा सामाजिकीः कुरीतीः समनुभूय अनेन भोगविलासाभ्यां तिलाञ्जलिर्दत्तः, तथा आजीवनं ब्रह्मचर्यव्रतं परिपालितम्। अनेन स्वकीयं समग्रमेव जीवनम् अध्ययनम्, अध्यापनं, ग्रन्थलेखनं, जैनधर्मस्य प्रचार-प्रसारौ, परोपकारम्, आध्यात्मिकचिन्तनं च कुर्वता एव व्यतीतम्।

अनेन महाकविना स्वीये परिश्रमपूर्णे जीवने द्वाविंशतिकृतीनां प्रणयनं कृतमस्ति। आसु कृतिषु अष्ट कृतयः संस्कृतभाषायां सन्ति तथा चतुर्दश कृतयो हिन्दीभाषायां वर्तन्ते। संस्कृतभाषायां प्रणीतासु कृतिषु जयोदय-वीरोदय-सुदर्शनोदय-श्रीसमुद्रदत्तचरित्रनामकानि चत्वारि महाकाव्यानि सन्ति, दयोदयचम्पूनामकमेकं चम्पूकाव्यमस्तिः, तथा मुनिमनोरञ्जनाशीतिर्नामकमेकं मुक्तककाव्यं विद्यते, एवञ्च प्रवचनसार-सम्यक्त्वसार-शतकनामिके द्वे दार्शनिक्यौ कृती वर्त्तेते।

हिन्दीभाषायाम् ऋषभावतार-गुणसुन्दरवृत्तान्त-भाग्योदयनामिकाः तिस्रः साहित्यिकाः कृतयो वर्तन्ते, एवमेव जैनविवाहविधि-तत्त्वार्थसूत्रटीका-कर्त्तव्यपथप्रदर्शन-विवेकोदय-सचित्तविवेचन-देवागमस्त्रोतो हिन्दीपद्यानुवाद-नियमसारपद्यानुवाद-अष्टपाहुडपद्यानुवाद-मानवजीवन-स्वामी कुन्द-कुन्द और सनातन जैनधर्म-समयसारनामिकाः एकादश जैनदार्शनिक्यः कृतयः सन्ति। महाकवेरिमे सर्वे एव ग्रन्थाः न केवलं जैनेन धर्मेण दर्शनेन च सम्बद्धाः सन्ति, अपितु इमे संस्कृत-हिन्दी-वाङ्मयोपवनयोः स्वीयस्य काव्यात्मकस्य सौरभस्यापि प्रसारकाणि पुष्पाणि सन्ति। इमे विद्वज्जनानां न केवलं बुद्धिविलाससाधनानि सन्ति, अपितु जनमानसस्य कृते स्वास्थ्यदायकं परमौषधमपि सन्ति। अतः एतदीयकृतीनां स्वाध्यायः परिशीलनं च मानवतायाः कृते परमोपयोगितां धारयिष्यतीति मामकीनो विश्वासः।

गीतम् (रागो रागिणी)

तालेन रागेण च निबद्धा कविता गानविषयीभूय गीतसंज्ञां धारयति। लयबद्धता, काव्यचारुता, रागात्मकता च संगीतस्य गुणाः सन्ति। साहित्य-संगीतयोः परस्परं महान् सम्बन्धोऽस्ति। अनयोरेकत्र संस्थितिः सहृदयाय आह्लाददाने सहायिका भवति। अतो यदि कश्चित् कविः स्वीये काव्ये संगीतमपि सम्मेलयति, तर्हि तस्य काव्यं मनोरमं बोभूयते।

मुनिश्रीज्ञानसागरकाव्येषु गीतानि

मुनिश्रीज्ञानसागरेण स्वीयेषु संस्कृतकाव्येषु स्थाने-स्थाने स्वकीयसंगीतप्रियतायाः परिचयो दत्तोऽस्ति। कदाचिद् वसन्तशोभया आकृष्टो भूत्वा, कदाचिद् निशानिविडभयदायकान्धकाराद् भीत्वा, कदाचित् प्राभातिकसौन्दर्येण प्रभावितो भूत्वा, कदाचिच्च भक्तिवशो भूत्वा तेन गीतरूपेणापि स्वहृदयोद्गाराः प्रकटिताः सन्ति। तदीयकाव्येषु गीतानि गीतानि प्रभातीकाफीहोलिका-सारङ्ग-श्यामकल्याण-सौराष्ट्रीयनामकेषु रागेषु निबद्धानि सन्ति। कतिपयानि गीतानि कब्बालीशैल्यामपि समुपलभ्यन्ते।

अस्य महाकवेः काव्येषु प्राप्तानां गीतानां संख्या सप्तत्रिंशद् वर्तते। एषु चत्वारि गीतानि जयोदय महाकाव्यस्य त्रयोविंशे सर्गे सन्ति एकञ्च पञ्चविंशे सर्गे अस्ति। अष्ट गीतानि सुदर्शनोदयस्य पञ्चमे सर्गे सन्ति, नव गीतानि षष्ठ सर्गे सन्ति, अष्ट गीतानि सप्तमे सर्गे सन्ति, त्रीणि गीतानि अष्टमे सर्गे सन्ति, त्रीणि च गीतानि नवमे सर्गे विद्यन्ते। एकं च गीतं दयोदयचम्पूकाव्ये सप्तमे लम्बे लभ्यते।

जयोदयमहाकाव्ये दयोदयचम्पूकाव्ये च लभ्यमानानि गीतानि केषु रागेषु सन्तीति समुल्लेखो न लभ्यते। तेषु रागनिवेशकारणं गायकाधीनं संगीतकाराधीनं च कृतमस्ति। सुदर्शनोदयकाव्ये द्वे गीते प्रभातरागभैरवे, द्वे गीते काफीहोलिकारागे, षड्गीतानि सारङ्गरागे, द्वे गीते श्यामकल्याणरागे, एकादश गीतानि दैशिकसौराष्ट्रीयरागे, षड्गीतानि कब्बालीशैल्याम्, एकं गीतं छन्दचालशैल्यां तथा एकं गीतं रसिकरागे निबद्धमस्ति। प्रभाती-काफी होलिका-सारङ्ग-श्यामकल्याणनामानश्चत्वारो रागास्तु संगीतक्षेत्रस्य बहुचर्चिताः रागाः सन्ति; दैशिकरागः सौराष्ट्रीयक्षेत्रविशेषस्य रागोऽस्ति; कब्बालीशैली च अद्यतनस्य उर्दूप्रियस्य सहृदयसमाजस्य अतिप्रसिद्धा गायनशैली वर्तते; रसिकरागो ब्रजप्रदेशे लब्धप्रसरस्य रसिया नामकस्य रागस्यैव नामान्तरं प्रतिभाति; किन्तु छन्दचालनामिकायाः गायनशैल्याः परिचयोऽधुनापि मम गवेषणाविषयो विद्यते।

अथ कतिपयगीतानां रागसहितानि उदाहरणानि प्रस्तूयन्ते-

(क) प्रभाती (भैरवरागः)

अस्य रागस्य संक्षिप्तः परिचयः इत्थमस्ति-

रागः	भैरवः,
थाटः	भैरवः,
जातिः	सम्पूर्णा,
वादी	धैवतः,
संवादी	ऋषभः,
स्वरः	रे-धौ कोमलौ, अन्ये शुद्धाः,
गायनसमयः	प्रभातम्, तथा
गेयवस्तु	भक्तिगीतम्।[१]

महाकविना मुनिश्रीज्ञानसागरेण अस्मिन् रागे निबद्धं गीतद्वयमित्थमस्ति-

(अ) **अहो प्रभातो जातो भ्रातो भवभयहरजिनभास्करतः॥ स्थायी ॥**

पापप्राया निशा पलायामास शुभायाद्भूतलतः।

नक्षत्रता दृष्टिपथमपि नाञ्चति सितद्युतेर्निगमनमतः ॥ स्थायी ॥
खगभावस्य च पुनः प्रचारो भवति दृष्टिपथमेष गतः।
क्रियते विप्रवरैरिहादरो जडजातस्य समुत्सवतः ॥ स्थायी॥

—सुदर्शनोदयम्, ५/प्रथमगीतम्।

(ब) आगच्छताऽऽगच्छत भो जिनार्चनार्थं याम।
जिनमूर्त्तिमात्मस्फूर्तिं स्वदृशा निभालयाम॥ स्थायी १॥
जलचन्दन तण्डुलपुष्पादिकमविकलतया नयाम।
जिनमभ्यर्च्य निजं जनुरेतत्साफल्यं प्रणयाम॥ स्थायी २॥
श्रीजिनगन्धोदकं समन्ताच्छिरसा स्वयं वहाम।
कलिमलधावनमतिशयपावनमन्यत्किं निगदाम॥ स्थायी ३॥

—सुदर्शनोदयम्, ५ / द्वितीयगीतम्।

(ख) काफी होलिकारागः

अस्य रागस्य संक्षिप्तः परिचयः एवम्भूतो विद्यते—

रागः	काफी,
थाटः	काफी,
जातिः	सम्पूर्णा,
वादी	पः,
संवादी	सः,
स्वरः	ग-नी कोमलौ, अन्ये शुद्धाः,
गायनसमयः	रात्रिमध्यकालः, तथा
गेयवस्तु	होली-भजनादीनि।[2]

अस्मिन् रागे मुनिश्रीज्ञानसागरेण निबद्धे द्वे गीते अत्र उदाह्रियेते—

(अ) कदा समयः स समायादिह जिनपूजायाः॥ स्थायी॥
कञ्चनकलशे निर्मलजलमधिकृत्य मञ्जु गङ्गायाः।
वाराधारा विसर्जनेन तु पदयोर्जिनमुद्रायाः,
लयोऽस्तु कलङ्ककलायाः॥ स्थायी १॥
मलयगिरेश्चन्दनमथ नन्दनमपि लात्वा रम्भायाः।
केशरेण सार्धं विसृजेयं पदयोर्जिनमुद्रायाः,
न सन्तु कुतश्चापायाः॥ स्थायी २॥

सुदर्शनोदयम्, ५ / चतुर्थगीतस्य प्रथमौ द्वौ भागौ

(ब) तव देवांघ्रिसेवां सदा यामि त्विति कर्तव्यता भव्यताकामी॥ स्थायी॥
अघहरणी सुखपूरणी वृत्तिस्तव सज्ज्ञान।
श्रृणु विनतिं मम दुःखिनः श्रीजिनकृपानिधान॥
कुरू तृप्तिं प्रक्लृप्तिं हर स्वामिन्! तव देवांघ्रिसेवां सदायामि॥१॥

अभिलाषितं वरमाप्तवान् लोकः किन्न विमान।
वेलेयं हतभागिनो मम भो गुणसन्धान॥
किमिदानीं न दानिन् रसं यामि। तव देवांघ्रिसेवां....॥२॥

सुदर्शनोदयम्, ५/पञ्चमगीतस्य प्रथमौ द्वौ भागौ।

(ग) श्यामकल्याणरागः

अस्य परिचयः संक्षेपेण अनेन प्रकारेण अस्ति–

रागः	श्यामकल्याणः,
थाटः	काफी,
जातिः	षाडवी सम्पूर्णा,
वादी	पञ्चमः,
संवादी	षड्जः
स्वरः	निः कोमलः, मः तीव्रः तथा गायनकालः रात्रिप्रथमयामः।[3]

अस्मिन् रागे मुनिश्रीनिबद्धं गीतद्वयं दीयते–

(अ) **जिनप परियामो मोदं तव मुखभासा॥स्थायी॥**
खिन्ना यदिव सहजकद्भिर्धिना, निःस्वजनी निधिना सा॥१॥
सुरसनमशनं लब्ध्वा रूचिरं सुचिरक्षुधितजनाशा॥२॥
केकिकुलं तु लपत्यतिमधुरं जलदस्तनितसकाशात्॥३॥
किन्न चकोरदृशोः शान्तिमयी प्रभवति चन्द्रकला सा॥४॥

–सुदर्शनोदयम्, ५/षष्ठ गीतम्।

(ब) **अयि जिनप, तेच्छविरविकलभावा॥स्थायी॥**
पक्षकक्षमिति, कस्य दहन्ति श्रीवर, न मदनदावाः॥१॥
कस्य करेऽसिररेरिति सम्प्रति, अमर-प्रवर, भिया वा॥२॥
वाञ्छति वसनं स च पुनरशनं कस्य न धनतृष्णा वा॥३॥
भूरागस्य न वा रोषस्य न, शान्तिमयी सहजा वा॥४॥

–सुदर्शनोदयम्, ५/सप्तमं गीतम्।

(घ) सारङ्गरागः

सारङ्गरागस्य संक्षिप्तः परिचयः इत्थमस्ति–

रागः	शुद्धसारङ्गः,
थाटः	काफी,
जातिः	षाडवी,
वादी	रेः,
संवादी	पः,
स्वरः	उभौ मौ उभौ च नी, तथा गायनसमयः दिनस्य द्वितीयं प्रहरम्।[4]

अस्मिन् रागे मुनिश्रीविरचितं गीतद्वयमत्र समुदाह्रियते–

(अ) **स वसन्त आगतो हे सन्तः, स वसन्तः॥** स्थायी॥
परपुष्टा विप्रवराः सन्तः सन्ति सपदि सूक्तमुदन्तः॥१॥
लताजातिरूपयाति प्रसरं कौतुकसान्मधुवरं तत्॥२॥
लसति सुमनसामेष समूहः किमुत न सखि विस्फुरदन्तः॥३॥
भूरानन्दमयीयं सकला प्रचरति शान्तेः प्रभवं तत्॥४॥

–सुदर्शनोदयम्, ६/प्रथमगीतम्।

(ब) **स वसन्तः स्वीक्रियतां सन्तः सवसन्तः॥स्थायी॥**
सहजा स्फुरति यतः सुमनस्ता जड़तायाश्च भवत्यन्तः॥१॥
वसनेभ्यश्च तिलाञ्जलिमुक्त्वाऽऽह्वयति तु दैगम्बर्यन्तत्॥२॥
सहकारतरोः सहसा गन्धः प्रसरति किन्नहि जगदन्तः॥३॥
परमारामे पिकरवश्रिया भूरानन्दस्य भवन्तः॥४॥

–सुदर्शनोदयम्, ६/द्वितीयं गीतम्।

(ङ) सौराष्ट्रीयरागः

अस्य रागस्य संक्षिप्तः परिचयः इत्थमस्ति–

रागः	सौराष्ट्रीयः,
थाटः	भैरवः,
वादी	मध्यमः,
संवादी	षड्जः,
स्वरः	उभौ धौ, तथा
गायनसमयः	प्रभातकालः।[5]

अस्मिन् रागे मुनिश्रीनिबद्धं गीतद्वयमित्थमस्ति–

(अ) **न हि परतल्पमेति स ना तु॥** स्थायी॥
किन्नु भूरागस्य भूयाद बुधो विपदे जातु,
क्षणिकनर्मणि निजयशोमणिमसुलभं च जहातु।
न हि परतल्पमेति स ना तु॥१॥
भोजने भुक्तोज्झिते भुवि भो जनेश्वरि,
भातु, रूक्करोऽपि स कुक्करो न हि परो दृशमपि यातु॥
न हि परतल्पमेति स ना तु॥२॥

–सुदर्शनोदयम्, ६/सप्तमगीतस्य प्रथमौद्वौभागौ॥

(ब) **किन्नु परोपरोधकरणेन कर्त्तव्याऽध्वनि किमु न सरामि॥** स्थायी॥
शशकृतसिंहाकर्षणविषयेऽप्यत्र किलापदेशकरणेन।
गुरुतरकार्येऽहं विचरामि, कर्त्तव्याध्वनि किमु न सरामि॥१॥

दासस्यास्ति सदाज्ञस्यासौ स्वामिजनान्वितिरिति चरणेन तद्वाञ्छापूर्त्तिं वितरामि,
कर्त्तव्याध्वनि किमु न सरामि॥२॥
पुत्तलमुत्तलमित्यथ कृत्वा द्वाःस्थ जनस्याप्यपहरणेन।
कृच्छ्रकार्यजलधेर्नु तरामि, कर्त्तव्याध्वनि किमु न सरामि॥३॥

—सुदर्शनोदयम्, ६/नवमस्य गीतस्य प्रथमे त्रयो भागाः।

(च) कब्बाली

संगीते द्वे गायनशैल्यौ स्तः—'बड़ा ख्याल' नाम्नी 'छोटा ख्याल' नाम्नी च। कब्बाली 'छोटा ख्याल' नामिकायाः गायनशैल्याः भेदो विद्यते। सर्वप्रथमम् अस्याः आविष्कारः ईशवीये चतुर्दशशतके अलाउद्दीनखिलजी सभायाः सुप्रसिद्धेन संगीतज्ञेन कविना राजमन्त्रिणा श्रीमता हजरत अमीरखुसरूणा कृत आसीत्। अस्मिन् गीतविशेषे कविता लघीयसी भवति। अत्र श्रृङ्गारः करुणो वा रसः प्रधानो भवति। उर्दू—पारसीभाषयोः प्रयोगो भवति। मुसलिम समाजे तदतिरिक्ते च हिन्दुसमाजेऽपि अस्याः शैल्याः प्रचारः प्राप्यते। अस्याः गायकाः 'कब्बालाः' कथ्यन्ते। कब्बाली गायनकाले ढोलकाख्यो मृदङ्गविशेषः करतालाश्च वाद्यन्ते। इयं द्रुतलये गीयते। अस्याम् एकताल-त्रिताल-झपताल-रूपक-पश्तो प्रभृतीनां तालविशेषाणां विशिष्टः प्रयोगो भवति।[६]

प्रथममुदाहरणम्—

समस्ति यताऽऽत्मनोनूनं कोऽपि महिमूर्ध्न्यहो महिमा॥ स्थायी॥
न स विलापी न मुद्वापी दृश्यवस्तुनि किल कदापि।
समन्तात्तत्र विधिशापिन्यदृश्ये स्वात्मनीव हि या॥ समस्ति० १॥
नरोत्तमवीनता यस्मान्न भोगाधीनता स्वस्मात्।
सुभगतमपक्षिणस्तस्मात् किं करोत्येव साप्यहिना॥ समस्ति० २॥
न दृक् खलु दोषमायाता सदानन्दा समा याता।
क्वापि बाधा समायाता द्रुमालीवेष्यते सहिमा॥ समस्ति० ३॥

—सुदर्शनोदयम्, ८/प्रथमगीतस्य प्रथमे त्रयो भागाः।

द्वितीयमुदाहरणम्—

जिनयज्ञमहिमा ख्यातः॥ स्थायी॥
मनोवचनकायैर्जिनपूजां प्रकुरु ज्ञानि भ्रातः॥१॥
मुदाऽऽदाय भेकोऽम्बुजकलिकां पूजनार्थमायातः॥२॥
गजपादेनाध्वनि मृत्वाऽसौ स्वर्गसम्पदां यातः॥३॥
भूरानन्दस्य यथाविधि तत्कर्ता स्यात्किमु नातः॥४॥

—सुदर्शनोदयम्, ८/तृतीयगीतम्।

(छ) छन्दचालगायनशैल्याः उदाहरणम्

छविरविकलरूपा पायात् साऽऽर्हतीति नः स्विदपायात्॥ स्थायी॥

वसनाभरणैरादरणीयाः सन्तु मूर्त्तयः किन्तु न हीयान्।
तासु गुणः सुगुणायाश्छविरविकलरूपा पायात्॥१॥
धरा तु धरणीभूषणताया नैव जात्वापि स दूषणतायाः।
सहजमञ्जुलप्राया छविरविकलरूपा पायात्॥२॥
यत्र वञ्चना भवेद्रमायाः किङ्करिणी सा जगतो माया।
ऐमि तमां सदुपायान् छविरविकलरूपा पायात्॥३॥
यत्र मनाङ् न कलाऽऽकुलताया विकसति किन्तु कला कुलतायाः।
भूरानन्दस्याऽऽयाच्छविरविकलरूपा पायात्॥४॥

—सुदर्शनोदयम्, ५/अष्टमं गीतम्।

(ज) रसिकरागोदाहरणम्

भो सखि जिनवरमुद्रां पश्य नय दृशमाशु सफलतां स्वस्य॥ स्थायी॥
राग-रोषरहिता सती सा छविरविरुद्धा यस्य,
तुला त्विलायां किं भवेदपि दृगपि न सुलभा तस्य॥ नय दृश० १॥
पुरा तु राज्यमितो भुवः पुनरञ्चति चैक्यं स्वस्य।
योग-भोगयोरन्तरं खलु नासा दृशा समस्य॥ नय दृश० २॥
कल इति कल एवाऽऽगतो वा पल्यङ्कासनमस्य।
बलमखिलं निष्फलं च तच्चेदात्मबलं न हि यस्य॥ नय दृश० ३॥
यद्यसि शान्ति समिच्छकम्त्वं सम्भज सन्निधिमस्य।
भूरामादिभ्यस्तिलाञ्जलिमर्पय नर्मोदस्य॥ नय दृश० ४॥

—सुदर्शनोदयम्, ५/तृतीयं गीतम्।

संगीतशास्त्रिभिः यस्य रागस्य गानाय यः समयो निर्धारितोऽस्ति, मुनिश्रीज्ञानसागरेण स्वगीतेषु तस्य रागस्य गानार्थं स एव गृहीतोऽस्ति। काफी होलिकारागस्य श्यामकल्याणरागस्य च गायनसमयो रात्रेः प्रथमं प्रहरमस्ति। अतएव सुदर्शनेन स्वक्रियमाणे सन्ध्याकालीने पूजने एव एतौ रागौ गीतौ स्तः। सारङ्गरागस्य गायनसमयो दिवसस्य द्वितीयं प्रहरमस्ति। अतएव महाकविना अस्मिन् रागे निबद्धस्य गीतस्य विषयवस्तुरूपेण वसन्तवेलावर्णनस्य चयनं कृतमस्ति। चम्पापुरवासिभिः सर्वैः मध्याह्नसमये एव वसन्तोत्सवो वनविहारश्च विहितोऽस्ति।

संगीतं नाम भावपक्षं द्रढयितुं मधुरतमं साधनं विद्यते। स्वीयेषु काव्येषु कविना यत्र-यत्र कवेः संगीतप्रियतायाः परिचयस्तु लभ्यते एव, सहैव तस्य तस्य स्थलविशेषस्य काव्यसौन्दर्यमपि वृद्धिं यातमस्तीति काव्ये संगीतमहत्त्वं सिद्ध्यतितमामिति सारः*।

सन्दर्भ

१. पं० विनायकरावपटवर्धनविरचितं रागविज्ञानम्, तृतीयभागः, सप्तमं संस्करणम्, पृ०सं० १०९
२. (क) वसन्तः, संगीतविशारदम् (प्रकाशकः – संगीतकार्यालयः, हाथरसः), पृ०सं० १८१
(ख) पं० विनायकरावपटवर्धनः, रागविज्ञानम्, तृतीय भागः, पृ०सं० १८४
३. पं० नारायणलक्ष्मण गुणे कृता संगीतप्रवीणप्रदर्शिका (प्र०भा०), द्वितीयसंस्करणम्, पृ० सं० ५८

४. संगीतविशारदम्, पृ०सं० १८२

५. पं० विष्णुनारायणभातखण्डेकृत हिन्दुस्तानी संगीत पद्धतिः, पृ०सं० ३४१

६. (क) विक्रमादित्यसिंह निगमः, संगीतकौमुदी, पृ०सं० ११३-११४

(ख) शान्तिगोवर्धनः, संगीतशास्त्रदर्पणः, पृ०सं० ६६-६७

(ग) वसन्तः, संगीतविशारदम्, पृ०सं० १५४

* प्रस्तुत शोधलेख अर्वाचीन संस्कृतम्, देववाणी परिषद्, दिल्ली, १९८४/६-२ तथा सागरिका, संस्कृत शोधपत्रिका, सागर में प्रकाशित है।

देशभक्ति के संदर्भ में संस्कृत के आधुनिक काव्यकार

संस्कृतसाहित्यजगत् में ईशु की सत्रहवीं शताब्दी से लेकर आज तक रचे जा रहे संस्कृत साहित्य को आधुनिक संस्कृत-साहित्य की कोटि में रखा जाता है। जहाँ तक मात्रा का प्रश्न है, इसके अन्तर्गत आने वाली प्रकाशित अथवा अप्रकाशित कृतियों और कृतियों के निर्माताओं की भूयसी संख्या है। इनमें लगभग "एक सौ आठ" ऐसे काव्यकार हैं, जो देशभक्तिपरक काव्यकारों की श्रेणी में आते हैं और इनके द्वारा देशभक्तिभाव से भरपूर लगभग २३० काव्यकृतियों की संरचना की गई है। इन काव्यकारों में कतिपय निम्नलिखित काव्यकारों के नाम हमारी दृष्टि में विशेष रूप से उल्लेखनीय हैं :-

सर्वश्री अम्बिका दत्त व्यास, अखिलानन्द शर्मा, श्रीपाद शास्त्री हसूरकर, मूलशंकर माणिक लाल याज्ञिक, पण्डिता क्षमाराव, श्री निवास शास्त्री, मथुरा प्रसाद दीक्षित, आचार्य मेधाव्रत, हरिदास सिद्धान्त वागीश, श्री निवास ताडपत्रीकर, बालकृष्ण भट्ट, स्वामिश्रीभगवदाचार्य, विश्वनाथ केशव क्षत्रे, महादेव पाण्डेय, नीरपाजे भीमभट्ट, प्रो० रामनिरीक्षण सिंह, श्रीधर भास्कर वर्णेकर, गोपालकृष्ण भट्ट, सुबोधचन्द्र पन्त, यतीन्द्र विमल चौधुरौ, श्रीमती रमा चौधुरी, शिवप्रसाद भारद्वाज, शशिधर शर्मा, एस०के० रामचन्द्र राव, के०एन० एलुतच्छनु, श्रीराम वेलणकर, ब्रह्मानन्द शुक्ल, श्यामवर्ण द्विवेदी, गोपाल शास्त्री दर्शनकेशरी, गजानन बालकृष्ण पलसुले, त्र्यम्बक शर्मा, माधव राव श्रीहरिअणे, वी०के० भट्टाचार्य, रमेशचन्द्र शुक्ल, रामकृष्ण शर्मा, बलभद्र प्रसाद गोस्वामी, के०एस० नागराजन्, सत्यव्रत शास्त्री, चूनीलाल सूदन, कपिलदेव द्विवेदी, यज्ञेश्वर शास्त्री, स्वयम्प्रकाश शर्मा, मुतुकुलम् श्रीधर, राजेन्द्र मिश्र, रमाकान्त शुक्ल आदि।

इन उपर्युक्त आधुनिक संस्कृत काव्यकारों की कृतियों में प्राचीन लौकिक संस्कृत साहित्यकारों की भी कृतियों की अपेक्षा देशभक्ति की मात्रा अधिक है। इसका कारण है कि हमारा भारतवर्ष बहुत समय तक यवनों और अंग्रेजों के अधीन रहा, फलस्वरूप देश की संस्कृति, सभ्यता, जीवन आदि विपन्न दशा में थे। भारत की यह दुर्दशा यहाँ के भावुक साहित्यकारों से न देखी गई। अतः उन्होंने उचित समझा कि भारतीयों में काव्य के माध्यम से देशभक्ति की भावना जगाई जाये। फलस्वरूप उनकी लेखनी अब नारी के सौन्दर्य, प्रकृति के सौंदर्य, शृंगार रस, हास्य रस और करुण रस को अपना लक्ष्य न मानकर देशभक्त महापुरुषों के यशोगान, देश के वैभव के स्मरण, स्वातन्त्र्य के गीतों के गायन, देशमुक्ति के लिए किए गये युद्ध, भारतीय भाषा के महत्त्व के उद्घोषण, नारी-जागरण, सत्याग्रह आदि को ही अपना वर्ण्य विषय बनाने लगी।

सन १९४७ ई० में जब भारतवर्ष अंग्रेजों की दासता से मुक्त हो गया तब तो देशभक्तिभावपरक साहित्य की सर्जना में और भी वृद्धि हो गई। इस साहित्य को देखने से हमें ज्ञात हुआ कि इन काव्यकारों ने ५२ ऐसे देशभक्त महापुरुषों के जीवन को अपनी कृतियों का वर्ण्य-विषय बनाया,

जिनके कार्यकलाप देशानुरागजनक थे। इन महापुरुषों में मर्यादापालक, देश के रक्षक, समाज-सुधारक, लेखक, लोकनायक, सन्त, ऋषि, क्रांतिकारी और देशभक्त वीरांगनायें सम्मिलित हैं। उल्लेखनीय है कि आधुनिक संस्कृत काव्यकारों ने राष्ट्रपिता महात्मा गाँधी और उनके देशभक्ति-भावनापरक कार्यकलापों का वर्णन सर्वाधिक किया है। तेरह काव्यकारों ने महात्मा गाँधी को ही अपनी कृतियों का विषय बनाया है। इस क्रम में दूसरा स्थान राष्ट्रनायक पं० जवाहर लाल नेहरू को प्राप्त है। इनके जीवन का अंकन दस कवियों ने किया है। तीसरा स्थान छत्रपति शिवाजी का है। इनको सात कवियों ने काव्यों क्रा विषय बनाया है। पाँच कवियों ने राणा प्रताप के पराक्रमपूर्ण कार्यकलापों का वर्णन करके वर्णन वरीयता में उनको चतुर्थ स्थान का अधिकारी बनाया है। इसके बाद चार कवियों ने महारानी लक्ष्मीबाई को और चार ही कवियों ने हमारी प्रधान मंत्री श्रीमती इन्दिरा गाँधी को अपने काव्यों का वर्ण्य विषय बनाया है। महर्षि दयानन्द और स्वामी विवेकानन्द को क्रमशः तीन-तीन कवियों ने अपनी रचनाओं का केन्द्र बनाया है। पृथ्वीराज चौहान, श्री सुभाष चन्द्र बोस, लाल बहादुर शास्त्री, सरदार भगत सिंह, लोकमान्य बालगंगाधर तिलक, योगिराज अरविन्द-इन छः देशभक्त वीर महापुरुषों को गौरव प्रदान करने वाले काव्यकारों की संख्या दो-दो है, जबकि शंकर पाण्डुरंग, संत तुकाराम, डॉ० राजेन्द्र प्रसाद, रामचन्द्र, भरत, महर्षि विश्वामित्र, श्री ब्रह्मानन्द शुक्ल, समर्थगुरु रामदास, हेमवती नन्दन बहुगुणा, ब्रिटिश सम्राट् महामहिम जार्ज पंचम, चन्द्रमहीपति (काल्पनिक), अमर सिंह, वीरप्रतापादित्य, कनकपाल, नागराज, लाला लाजपत राय, वीर पोरस, महात्मा दधीचि, महारानी दुर्गावती, क्षत्रशाल, महर्षि पाणिनि, गुरुगोविन्द सिंह, विनायक दामोदर सावरकर, सीता, देशबन्धु चित्तरञ्जनदास, रवीन्द्र नाथ टैगोर, राजा राममोहन राय और भगिनी निवेदिता-इन २८ महापुरुषों के देशभक्ति से आप्लावित जीवन, क्रमशः एक-एक ही कवि के काव्य का वर्ण्य विषय बने हैं। श्री यज्ञेश्वर शास्त्री ने झाँसी की रानी लक्ष्मी बाई, महर्षि दयानन्द, लोकमान्य बाल गंगाधर तिलक, राष्ट्रपिता महात्मा गाँधी, लाला लाजपत राय, पं० जवाहर लाल नेहरू, सुभाषचन्द्र बोस, राजेन्द्र प्रसाद, सरदार भगत सिंह, लाल बहादुर शास्त्री और श्रीमती इन्दिरा गाँधी के अतिरिक्त महामना पं० मदनमोहन मालवीय, सरदार वल्लभ भाई पटेल, आचार्य बिनोबा भावे, सर्वपल्ली राधाकृष्णन्, चन्द्रशेखर आजाद, सीमांत गाँधी, खान अब्दुल गफ्फार, रफी अहमद किदवई, सरोजिनी नायडू, वी०वी० गिरि और युवराज कर्ण सिंह को भी अपने भारतराष्ट्ररत्न नामक काव्यसंग्रह में बड़े गौरव के साथ वर्णित किया है।

यह हमारे और हमारे देश के लिए बड़े गौरव का विषय है कि ३६ काव्यकारों ने अपनी कृतियों में जिन विषयों को लिया है, वे हैं-(१) भारत के पुरातन और अधुनातन वैभव का गौरवपूर्ण स्मरण (२) यवनों और अंग्रेजों की दासता की श्रृंखला में आबद्ध भारतमाता को देखकर जननायकों के समान ही सामान्य जनता का भी दुःखी और क्रोधाविष्ट होकर स्वतन्त्रता प्राप्ति के लिए किए गए प्रयत्न, (३) स्वराज्यप्राप्ति और (४) स्वतन्त्र भारत की स्थिति। दो साहित्यकारों ने बंगलादेश नामक नवोदित राष्ट्र के जन्म के समय भारतीय नेताओं की सूझ-बूझ और भारतीय सैनिकों के वीरतापूर्ण कार्यकलापों का वर्णन किया है। एक कवि (डॉ० सत्यव्रत शास्त्री) द्वारा प्रणीत, थाईलैण्ड नामक देश पर आधारित, "थाईदेशविलासम्" नामक काव्य को हमने देशभक्तिपरक इसलिए मान लिया है, क्योंकि इस काव्य के कवि ने थाईलैण्ड में हमारे देश की ही संस्कृति और सभ्यता के पल्लवित होने का वर्णन किया है।

भारतवर्ष के अंगरूप कश्मीर को अपने काव्य का विषय दो कवियों ने बनाया है। इसके अतिरिक्त हैदराबाद और केरल नामक देश के दक्षिण दिशा में अवस्थित दो प्रदेशों का क्रमशः एक-एक कवि द्वारा किया गया वर्णन भी हमारी देशभक्ति को जगाता है।

स्वदेशरक्षापरक युद्ध का वर्णन मुख्यतः श्रीमती लीलाराव, श्री सुरेश चन्द त्रिपाठी और आचार्य श्रीधर शर्मा ने अपनी कृतियों में किया है।

श्रीधर भास्कर वर्णेकर ने संस्कृत भाषा को अनिवार्य बताकर अपनी स्वदेश प्रियता को हम सब के समक्ष अभिव्यक्त किया है। इसी तरह शठकोप विद्यालंकार ने भी अपनी कृति में संस्कृत आदि भारतीय भाषाओं की महत्ता को सिद्ध किया है।

इसके अतिरिक्त यदि एक ओर श्रीधर भास्कर वर्णेकर ने अपनी दो कृतियों में क्रमशः श्रम और श्री गाँधी जी के सत्याग्रह आंदोलन को ही प्रमुख विषय के रूप में चुना है, तो दूसरी ओर गोपाल शास्त्री दर्शन केशरी ने देश की प्रमुख आवश्यकता नारी-जागरण पर काव्य की सर्जना की है।

उपर्युक्त विवेचन के आधार पर हमने वर्णन के वरीयता क्रम को ध्यान में रखते हुए सरलता बोध हेतु चार सारणियाँ तैयार की हैं, जो इस प्रकार हैं :-

(क) प्रथम सारणी

क्र०सं०	वर्णित व्यक्ति	कवियों के नाम	कवि सं०
१.	महात्मा गाँधी	पं० क्षमाराव, पं० मथुरा प्रसाद दीक्षित, श्री निवास ताडपत्रीकर, पं० जयराम शास्त्री, स्वामिश्रीभगवदाचार्य, श्री विश्वनाथकेशवक्षत्रे, श्री यतीन्द्र विमल चौधुरी, श्रीमती रमा चौधुरी, श्री ब्रह्मानन्द शुक्ल, डॉ० रमेश चन्द्र शुक्ल, श्री शिवगोविन्द त्रिपाठी, श्री द्वारका प्रसाद त्रिपाठी, श्री किशोरनाथझा।	१३
२.	पं० जवाहर लाल नेहरू	पं० जयराम शास्त्री, डॉ० श्रीधर भास्कर वर्णेकर, श्री श्रीराम भि० वेलणकर, ज्वालापतिलिंग शास्त्री, श्री ब्रह्मानन्द शुक्ल, श्री श्यामवर्ण द्विवेदी, श्री रमाकांत मिश्र, श्री द्वारकाप्रसादत्रिपाठी, पं० रघुनाथप्रसादचतुर्वेदी, श्री बलभद्र प्रसादगोस्वामी।	१०
३.	क्षत्रपति शिवाजी	अम्बिकादत्तव्यास, पं० मूलशंकर याज्ञिक, श्री हरिदास सिद्धान्त वागीश, डॉ० श्रीधर भास्कर वर्णेकर, श्रीमती रमा चौधुरी, श्री उमा शंकर त्रिपाठी, श्री श्रीराम वेलणकर।	७

४. महाराणा प्रताप	मूलशंकरयाज्ञिक, पं० मथुराप्रसाद दीक्षित, श्री हरिदास सिद्धान्त वागीश, श्री विश्वनाथ केशव क्षत्रे, श्री श्रीराम वेलणकर।	५
५. महारानी लक्ष्मी बाई	श्री गोपालकृष्ण भट्ट, श्री सुबोध चन्द्र पन्त, श्री यतीन्द्र विमल चौधुरी, श्री श्रीरामवेलणकर।	४
६. श्रीमती इन्दिरा गाँधी	डॉ० सत्यव्रत शास्त्री, डॉ० रमेश चन्द्र शुक्ल, श्री द्वारका प्रसाद त्रिपाठी, श्री कृष्ण सेमवाल।	४
७. स्वामी दयानन्द	श्री अखिलानन्द शर्मा, आचार्य मेधाव्रत, श्री रमाकांत शर्मा।	३
८. स्वामी विवेकानन्द	डॉ० श्रीधरभास्कर वर्णेकर, श्रीयतीन्द्रविमल चौधुरी, पं० त्र्यम्बकशर्मा।	३
९. पृथ्वीराज चौहान	श्रीपादशास्त्री हसूरकर, पं० मथुराप्रसाद दीक्षित।	२
१०. श्री सुभाष चन्द्र बोस	श्री विश्वनाथकेशव क्षत्रे, श्री यतीन्द्र विमल चौधुरी।	२
११. श्री लाल बहादुर शास्त्री	श्री रमेश चन्द्र शुक्ल, श्री द्वारका प्रसाद त्रिपाठी।	२
१२. सरदार भगत सिंह	श्री चूनीलालसूदन, श्री स्वयम्प्रकाश शर्मा।	२
१३. लोकमान्य बालगंगाधर तिलक	श्री हरि अणे, श्री श्रीराम भि० वेलणकर।	२
१४. योगिराज अरविन्द	यतीन्द्र विमल चौधुरी, ब्रह्मश्रीकपाली शास्त्री।	२
१५. शंकर पाण्डुरंग	पं० क्षमाराव	१
१६. सन्त तुकाराम	पं० क्षमाराव	१
१७. समर्थ गुरु रामदास	पं० क्षमाराव	१
१८. राजेन्द्र प्रसाद	यतीन्द्र विमल चौधुरी	१
१९. देशबन्धु चित्तरञ्जन दास	यतीन्द्र विमल चौधुरी	१
२०. रवीन्द्रनाथ टैगोर	यतीन्द्र विमल चौधुरी	१
२१. राजा राममोहन राय	श्रीमती रमा चौधुरी	१
२२. भगिनी निवेदिता	श्रीमती रमा चौधुरी	१
२३. भरत	श्री रमेश चन्द्र शुक्ल	१
२४. रामचन्द्र	श्री रमेश चन्द्र शुक्ल	१
२५. आचार्य ब्रह्मानन्द शुक्ल	श्री रमेश शुक्ल	१
२६. महर्षि विश्वामित्र	श्रीकृष्ण जोशी	१
२७. श्री हेमवती नन्दन बहुगुणा	श्रीकृष्ण सेमवाल	१
२८. ब्रिटिश सम्राट् महामहिम जार्ज पंचम	श्री हरिनन्दन भट्ट	१
२९. चन्द्रमहीपति (काल्पनिक)	श्री श्रीनिवास शास्त्री	१
३०. अमर सिंह	पंचानन तर्करत्न	१
३१. वीरप्रतापादित्य	श्री हरिदास सिद्धान्त वागीश	१
३२. कनकपाल एवं उनका वंश	बालकृष्ण भट्ट	१

३३. नागराज	डॉ० हरिहर त्रिवेदी	१
३४. लाला लाजपतराय	शिवप्रसाद भारद्वाज	१
३५. पोरस	रामचन्द्र राव	१
३६. महात्मा दधीचि	श्री श्रीराम भि० वेलणकर	१
३७. महारानी दुर्गावती	श्री श्रीराम भि० वेलणकर	१
३८. क्षत्रशाल	श्री श्रीराम भि० वेलणकर	१
३९. महर्षि पाणिनि	गोपाल शास्त्री दर्शनकेसरी	१
४०. गुरु गोविन्द सिंह	श्री श्रुतिकांत शर्मा	१
४१. विनायकदामोदर सावरकर	गजानन बालकृष्ण पलसुले	१
४२. सीता	डॉ० रेवाप्रसाद द्विवेदी	१
४३. मदनमोहन मालवीय	श्री यज्ञेश्वर शास्त्री	१
४४. सरदार वल्लभ भाई पटेल	श्री यज्ञेश्वर शास्त्री	१
४५. डॉ० राधाकृष्णन्	श्री यज्ञेश्वर शास्त्री	१
४६. चन्द्रशेखर आजाद	श्री यज्ञेश्वर शास्त्री	१
४७. आचार्य विनोबा भावे	श्री यज्ञेश्वर शास्त्री	१
४८. सीमांत गांधी अब्दुलगफ्फारखॉन	श्री यज्ञेश्वर शास्त्री	१
४९. रफी अहमद किदवई	श्री यज्ञेश्वर शास्त्री	१
५०. वी०वी० गिरी	श्री यज्ञेश्वर शास्त्री	१
५१. सरोजिनी नायडू	श्री यज्ञेश्वर शास्त्री	१
५२. युवराज कर्णसिंह	श्री यज्ञेश्वर शास्त्री	१

(ख) द्वितीय सारणी

क्र०सं० वर्णित देश	कवियों के नाम	कवि सं०
१. भारतवर्ष	गंगा प्रसाद उपाध्याय, महामहोपाध्याय पं० रामावतार शर्मा, श्री हरिनन्दन भट्ट, श्री नारायणपतित्रिपाठी, श्री चिट्टिगुटूर वरदाचारियर, श्री महादेव पाण्डेय, डॉ० श्रीधर भास्कर वर्णेकर, श्री विश्वनाथ केशवक्षत्रे, श्री कपिलदेव द्विवेदी, यतीन्द्रविमल चौधुरी, पं० क्षमाराव, पं० मथुरा प्रसाद दीक्षित, श्री बाल कृष्ण भट्ट, श्री रामकृष्ण भट्ट, प्रो० रामनिरीक्षण सिंह, श्री द्विजेन्द्रनाथ विद्यामार्त्तण्ड, श्रीमती लीलाराव, श्री वासुदेव शास्त्री, श्रीराम कैलाश पाण्डे, श्री रूद्रदत्त पाठक, डॉ० शिवप्रसाद भारद्वाज, श्रीमती रमा चौधुरी, गजानन बालकृष्ण पलसुले, डॉ० कृष्ण लाल, श्री कृ०वा० चितले, श्री हरिदत्त वेदालंकार, वेंकटराधवाचार्य, डॉ० वी०के० भट्टाचार्य, श्री प्रभुदत्त	३७

	स्वामी, श्री द्वारका प्रसाद त्रिपाठी, डॉ० के०एस० नागराजन, डॉ० शिवसागर त्रिपाठी, डॉ० कपिलदेव द्विवेदी, श्री रामनाथ पाठक, श्री मुतुकुलम् श्रीधर, अभिराज डॉ० राजेन्द्र मिश्र, डॉ० रमाकांत शुक्ल।	
२. बंगलादेश	डॉ० रामकृष्ण शर्मा, डॉ० रमेश चन्द्र शुक्ल।	२
३. थाईदेश	डॉ० सत्यव्रत शास्त्री	१

(ग) तृतीय सारणी

क्रमसं० वर्णित प्रान्त	कवियों के नाम	कवि सं०
१. कश्मीर	चुनी लाल सूदन, नीरपाजे भीमभट्ट।	२
२. हैदराबाद	नीरपाजे भीमभट्ट	१
३. केरल	के०एन० एलूत्तच्छन्	१

(घ) चतुर्थ सारणी

क्र०सं० वर्णित विविध विषय	कवियों के नाम	कवि संख्या
१. युद्ध-वर्णन	श्रीमती लीलाराव, श्री सुरेशचन्द्र त्रिपाठी, नीरपाजे भीमभट्ट, आचार्य श्री शशिधरं शर्मा, डॉ० शिवसागर त्रिपाठी, डॉ० राम कृष्ण शर्मा, डॉ० रमेश चन्द्र शुक्ल।	७
२. भारतीय भाषा (संस्कृत)	डॉ० श्रीधर भास्कर वर्णेकर, श्री शठकोप विद्यालंकार।	२
३. श्रम	डॉ० श्रीधर भास्कर वर्णेकर	१
४. सत्याग्रह	डॉ० श्रीधर भास्कर वर्णेकर	१
५. नारी-जागरण	श्री गोपाल शास्त्री दर्शनकेसरी	१

कतिपय, काव्यकारों ने उपर्युक्त वर्ण्य विषयों के साथ ही साथ अपनी कृतियों में देश की धार्मिक, सांस्कृतिक, आर्थिक और सामाजिक दुर्दशा पर दुःख प्रकट किया है; भारत और भारतीयता का विनाश चाहने और करने वाले सभी विदेशी आक्रामकों के रोमांचकारी काले कारनामों का पर्दाफाश किया है; इनके लोभदायक कपटकूट में फँसकर अथवा अपने निजी किसी ईर्ष्या-द्वेष से वशीभूत होकर देशद्रोह करने वाले और अपने देश को विदेशियों के अधीन करने वाले भारतीय नराधमों की भी जी खोलकर निन्दा करके उनके प्रति अन्य भारतीयों में घृणाभाव जगाया है; इसके विपरीत अपनी मातृभूमि, अपनी संस्कृति और अपनी सभ्यता की गरिमा की तन, मन और धन से रक्षा-सुरक्षा करने वाले भारतीय देशभक्त शूर-वीरों की अथक प्रशंसा करके उनके प्रति अन्य भारतीयों में आत्मीयता और श्रद्धा के भाव प्रोद्दीप्त किए हैं; भारतीय समाज का सर्वतोमुखी विकास करने वाले राष्ट्रीय नेताओं की प्रशंसा की है; यहाँ के समाज में व्याप्त कुरीतियों को दूर करके जन-मानस में देश-प्रेम जगाने वाले संत-महात्माओं के प्रति श्रद्धाभाव दर्शाया है; और भारतवर्ष के आदर्शपूर्ण शौर्य की शान बढ़ाने वाली भारतीय सेनाओं के प्रति प्रशंसापूर्वक हार्दिक कृतज्ञता प्रकट

की है। हमें इसमें कोई संदेह नहीं है कि इन कवियों के ये काव्य हम सभी भारतीयों की देशभक्ति को जगाते हैं।

हर्ष का विषय है कि सन् १९४७ ई० में भारतवर्ष के स्वतन्त्र हो जाने के पश्चात् भी हमारे अधिसंख्य संस्कृतकाव्यकारों ने अपने देश की एकता और सम्प्रभुता को सुदृढ़ बनाने और बनाए रखने के उद्देश्य से देशभक्तिमूलक साहित्य की विपुल मात्रा में सर्जना की है और आज भी कर रहे हैं। उल्लेखनीय है कि इन काव्यों में देश की एकता और सम्प्रभुता की रक्षा-सुरक्षा करते रहने के संदेश के साथ ही साथ अपने देश का सर्वाङ्गीण विकास करने का भी उपदेश मिलता है, जो भारत और भारतीयता की गौरववृद्धि के लिए परम उपादेय है। विश्वास है कि संस्कृत काव्यकारों में देशभक्ति की यह परम्परा भी अधिकाधिक समृद्ध होगी*।

सन्दर्भ

*१. यह शोधलेख मेरठ विश्वविद्यालय, संस्कृत शोधपत्रिका, १९८४/१ में प्रकाशित है।

२. यह शोधलेख डॉ० हरिनारायण दीक्षित, रीडर एवं अध्यक्ष, संस्कृत विभाग, कुमाऊँ विश्वविद्यालय, नैनीताल के संयुक्त लेखकत्व में लिखा गया है।

श्रीकृष्ण का राजनैतिक परिवेश

अपने प्राचीनतम भारतवर्ष का इतिहास जानने के लिए संस्कृत वाङ्मय के पुराण साहित्य का अनुशीलन परमोपयोगी है। क्योंकि पुरातन भारतीय नरेशों के आचार-विचार एवं चरितों का साङ्गोपाङ्ग विवरण हमें अपने पुराणों में ही प्राप्त होता है। इतना ही नहीं, बल्कि भारतवर्ष की मौलिक संस्कृति एवं मौलिक सभ्यता की निर्मल गङ्गा-यमुना भी हमें पुराणों में ही प्रवाहित होती हुई अक्षिगोचर होती हैं। पुराण-साहित्य के रत्नभूत श्रीमद्भागवत तथा महाभारत के स्वाध्यायशील मनीषी हमारी इस विचारधारा से असहमत नहीं होंगे, ऐसा हमारा विश्वास है। चूँकि हमारे श्रीकृष्ण प्राचीनतम भारतवर्ष के लोकनायक एवं राजनायक हैं, अतः उनके राजनैतिक परिवेश की प्रस्तुति के लिए तत्कालीन वेदव्यासप्रणीत श्रीमद्भागवत तथा महाभारत जैसे ग्रन्थरत्नों के सहारे ही हम भी यहाँ यथामति प्रयास कर रहे हैं।

वेदव्यासप्रणीत पुराण साक्षी हैं, भारतवर्ष की धरती पर जब श्रीकृष्ण का जन्म हुआ, उन दिनों यह विशाल भारतदेश अनेक प्रजापीडक राजाओं के दुर्भर भार से बुरी तरह दबा हुआ था। क्योंकि ऐसे राजाओं में दानवीय वासनायें घर किये हुए थीं और तदनुरूप उनमें कुछ अतिमानवीय शक्तियाँ भी थीं। फलस्वरूप सत्पुरुषों, सत्प्रजाओं और सद्-राजाओं की प्रतिष्ठा और जीवन, दोनों ही सदा संकटग्रस्त हो गए थे।[१]

तत्कालीन प्रजापीडक, लोकभक्षक, साधुशोषक राजाओं में मथुरापति कंस, मगधनरेश जरासन्ध, प्राग्ज्योतिषेश्वर भौमासुर आदि मूर्धन्य माने जाते थे।

अपनी किशोरावस्था में ही जब श्रीकृष्ण अपने माता-पिता को मर्मान्तक पीडा पहुँचाने वाले पापात्मा कंस को मारकर और अपने माता-पिता देवकी-वसुदेव को कंस की कारा से मुक्त करके कंस के पिता उग्रसेन को, जिन्हें कंस ने बन्दी बना लिया था, पुनः मूर्धाभिषिक्त राजा बनाकर मथुरा की प्रजा का पालन करने लगे,[२] तो कंस के श्वसुर मगधनरेश जरासन्ध ने उनसे बुरी तरह वैर बढ़ा लिया और अपने जामाता कंस की मृत्यु का बदला लेने के लिए श्रीकृष्ण को मारने की इच्छा से तेईस अक्षौहिणी सेना लेकर उसने मथुरा पर आक्रमण कर दिया। किन्तु युद्ध में उसकी सारी सेना मारी गई और उसकी बुरी हार हुई। वह श्रीकृष्ण के बड़े भाई बलराम जी द्वारा पकड़ लिया गया, पर श्रीकृष्ण ने उसे इस आशय से छोड़ दिया कि यह अपनी दुष्ट विशाल सेना को ला-लाकर पौनःपुन्येन आक्रमण करे, ताकि इसकी उस विशाल सेना का संहार करने का अवसर सरलतया सुलभ हो सके। हुआ भी ऐसा ही, उसने इसी प्रकार सत्रह वार श्रीकृष्ण पर आक्रमण किया और हर वार वह तेईस अक्षौहिणी सेना लेकर आया, किन्तु हर वार हारा; हर वार उसकी समस्त सेना मारी गई; हर वार वह पकड़ा गया; और हर वार वह छोड़ा गया।[३]

मगधनरेश जरासंध बड़ा ही शक्तिशाली और असीमसैन्यसाधनसम्पन्न राजा था। श्रीकृष्ण ने

अपनी यादवी प्रजा को जरासन्ध के भय से रहित करने तथा उसे सुख-शान्तिपूर्वक जीवन विताने की दृष्टि से पश्चिम दिशा में समुद्र के भीतर एक नितान्त सुरक्षित और शत्रुओं के लिए नितान्त दुर्गम द्वारकापुरी नामक नगर बसाया तथा वहाँ रहने लगे।[४]

श्रीमद्भागवत तथा महाभारत जैसे ग्रन्थरत्नों के स्वाध्याय से यह तथ्य अनावृत होता है कि श्रीकृष्ण का राजनीति से सीधा सम्बन्ध तभी से हुआ जब उन्होंने प्रजा के कल्याण की दृष्टि से क्रूर कंस का वध किया। यद्यपि उन्होंने कंस के पिता महाराज उग्रसेन, जो रिश्ते में उनके मातामह होते थे, को ही मथुरा का राजा बनाया था, किन्तु कंसवध की राजनैतिक घटना से तत्कालीन अन्य सभी अच्छे और बुरे राजाओं की दृष्टि में श्रीकृष्ण का व्यक्तित्व राजनैतिक दृष्टि से अतीव महत्त्वपूर्ण हो गया था। उन दिनों श्रीकृष्ण के लिए अच्छे राजाओं के हृदय में आदर और प्रेम का सागर उमड़ने लगा था, वे अपने आपको श्रीकृष्ण से सुरक्षित हुआ सा समझने लगे थे, पर बुरे राजाओं के हृदय में श्रीकृष्ण के प्रति ईर्ष्या और द्वेष की भीषण ज्वालायें धधक उठी थीं, उन्हें श्रीकृष्ण से कुछ भय भी होने लगा था। फलस्वरूप वे श्रीकृष्ण के उत्कर्ष को नहीं सह पा रहे थे और उनके विनाश के लिए सचेष्ट होने लगे थे। ऐसे राजाओं में मगधनरेश जरासन्ध प्रमुख था, तथा जरासन्ध का ही वशवर्त्ती होने के कारण चेदिननरेश शिशुपाल भी श्रीकृष्ण का वैरी बन गया था। किन्तु श्रीकृष्ण ने अपने पराक्रम और नीति के सहारे तत्कालीन इन सभी कुराजाओं की कुचेष्टाओं को विफल कर रखा था। फलस्वरूप वह भारतवर्ष के राजसमूह में अपनी महिमा एवं गरिमा को स्थापित करते हुए द्वारकापुरी में रह रहे थे।

जिन दिनों भारतवर्ष की राजनीति के क्षितिज पर श्रीकृष्ण उदीयमान सूर्य के समान क्रमशः देदीप्यमान हो रहे थे, उन दिनों यह भारतदेश गान्धार, केकय, काम्बोज, मद्र, बाह्लीक, मत्स्य, कुरू, पांचाल, शूरसेन, कोसल, विदेह, कामरूप, अङ्ग, बङ्ग, मगध, चेदि, वत्स, आनर्त, अवन्ती, विदर्भ, कलिङ्ग, चोल, पाण्ड्य आदि अनेक प्रादेशिक राज्यों में विभक्त था एवं इन सभी राज्यों में पराक्रमी राजा राज्य कर रहे थे।[५]

चेदिनरेश शिशुपाल यद्यपि श्रीकृष्ण का रिश्ते में फुफेरा भाई होता था, किन्तु वह श्रीकृष्ण के उत्कर्ष को प्रतिदिन बढ़ता हुआ देखकर उनसे ईर्ष्या करता था और सदैव कुद्ध रहता था। वह दानवीय वासना से तो वासित था ही, अतः वह महापुरुष श्रीकृष्ण से घोर वैर रखता था। इसी बीच विदर्भराज भीष्मक की पुत्री रुक्मिणी ने श्रीकृष्ण के पास गोपनीय रीति से एक ब्राह्मण द्वारा प्रार्थनापूर्वक यह संदेश भेजा कि अनन्यभाव से श्रीकृष्ण को ही पति बनाने की कामना रखने वाली रुक्मिणी का विवाह उसके भाई रुक्मी की इच्छा से उसके पिता भीष्मक चेदिराज शिशुपाल के साथ कर रहे हैं। इस कार्य के लिए तिथि भी निर्धारित हो गई है। अतः रुक्मिणी की रक्षा हेतु श्रीकृष्ण यथासमय वहाँ पहुँचकर सभी राजाओं को पराजित करके रुक्मिणी को अपनी धर्मपत्नी बनाने की दया करें। इस प्रार्थना के अनुरूप ही श्रीकृष्ण जब रुक्मी, शिशुपाल, जरासन्ध आदि राजाओं को परास्त करते हुए रुक्मिणी को अपने रथ पर बैठाकर द्वारकापुरी ले आये और उसके साथ विधिपूर्वक विवाह कर लिया, तब तो चेदिराज शिशुपाल ने श्रीकृष्ण के साथ पूरी तौर से शत्रुता ठान ली। फलस्वरूप वह श्रीकृष्ण को सदैव नीचा दिखाने के लिए तथा राजकुल की परम्परा से उन्हें अपदस्थ करने के लिए कटिबद्ध हो गया था।[६]

इधर श्रीकृष्ण ने अपने शील, पराक्रम और अपनी राजनीति के अनुरूप जाम्बवती, राजा सत्यजित् की पुत्री सत्यभामा, अवन्तिनरेशकुमारी मित्रविन्दा, कोसलेशसुता सत्या (नाग्नजिती), केकयनरेशपुत्री भद्रा, मद्रनरेशकुमारी लक्ष्मणा आदि के साथ अपना विवाह करके तत्कालीन राजाओं में अपना एक अतिविशिष्ट स्थान बना लिया था।[७] इतना ही नहीं, बल्कि प्राज्योतिषपुरेश्वर महाबली भौमासुर (नरकासुर) को युद्ध में मारकर उसके द्वारा बन्दी बनाई गई सोलह हजार विविध राजकुमारियों को मुक्त किया तथा उन सभी राजकुमारियों की हार्दिक अभिलाषा जानकर उन सभी को अपनी धर्मपत्नी बनाया।[८] फलस्वरूप भारतवर्ष तत्कालीन राजसमूहरूपी आकाश में श्रीकृष्ण मध्याह्नकालीन सूर्य की भाँति देदीप्यमान हो उठे थे।

श्रीकृष्ण के पिता वासुदेव की एक सगी बहन थीं, जिनका नाम पृथा था। उन्हें बचपन में ही उनके पिता शूरसेन ने अपनी प्रतिज्ञा के अनुसार अपने मित्र राजा कुन्तिभोज को पुत्री के रूप में सौंप दिया था। क्योंकि एक प्रसंग में शूरसेन ने अपने मित्र को यह वचन दिया था कि 'मैं अपनी पहली सन्तान तुम्हें दे दूँगा' अत: पृथा का पालन-पोषण राजा कुन्तिभोज ने ही किया था, तथा वहाँ पृथा का कुन्ती नाम भी कर दिया गया था, जो आगे चलकर विख्यात भी हुआ। स्पष्ट है कि कुन्ती श्रीकृष्ण की सगी बुआ थीं।

जब कुन्ती विवाह योग्य हुई तो कुन्तिभोज ने स्वयंवर की व्यवस्था की, जिसमें कुन्ती ने कुरुवंशीय राजा पाण्डु का पति के रूप में वरण किया। उन कुन्तीदेवी ने युधिष्ठिर, भीमसेन और अर्जुन को जन्म दिया। अत: ये तीनों ही पाण्डव वीर रिश्ते में श्रीकृष्ण के फुफेरे भाई होते थे।[९]

चूँकि कुन्तीपुत्र युधिष्ठिर, भीमसेन और अर्जुन श्रीकृष्ण के फुफेरे भाई थे, इस नाते युधिष्ठिर के नकुल और सहदेव नामक दो और दूसरे भाई जो युधिष्ठिर की दूसरी छोटी माता, पाण्डुनरेश की द्वितीय पत्नी माद्री के पुत्र थे, भी श्रीकृष्ण के फुफेरे भाई हुए। ये सभी पाँचों भाई श्रीकृष्ण पर असीम आदर और स्नेह रखते थे। इसके साथ ही साथ, श्रीकृष्ण और अर्जुन में क्रमश: साले-बहनोई का भी रिश्ता हो गया था। क्योंकि अर्जुन ने श्रीकृष्ण, देवकी, वसुदेव एवं युधिष्ठिर की इच्छा तथा आज्ञा से श्रीकृष्ण की बहन सुभद्रा, जो उन पर आसक्त भी थी, से विवाह किया था।[१०] किन्तु युधिष्ठिर का चचेरा भाई दुर्योधन युधिष्ठिर, भीम, अर्जुन, नकुल और सहदेव के साथ वैरभाव रखने के कारण श्रीकृष्ण का भी विरोधी हो गया था। उसका पिता धृतराष्ट्र भी अपने पुत्रों के प्रति व्यामोह से युधिष्ठिर आदि अपने भतीजों के साथ भेदपूर्ण व्यवहार करता था। धीरे-धीरे धृतराष्ट्र तथा उसके दुर्योधन आदि सौ पुत्रों का युधिष्ठिर आदि पाण्डवों के साथ पारिवारिक कलह बढ़ता गया। यहाँ तक कि पाण्डवों की राज्यश्री कौरवों के लिए असह्य हो गई और कपटपूर्वक द्यूतक्रीडा करके कौरवों ने पाण्डवों को अकिंचन बनाकर जंगल की खाक छानने के लिए विवश कर दिया; द्रौपदी जो सुभद्रा के सम्बन्ध से श्रीकृष्ण की बहन होती थी, को राजसभा में अपमानित किया; और अपनी प्रतिज्ञानुसार द्रौपदीसहित युधिष्ठिर, भीम, अर्जुन, नकुल और सहदेव जब वनवास की अवधि समाप्त करके वापस आये और अपना राज्य माँगा तो दुर्योधन ने साफ मना कर दिया। श्रीकृष्ण के भी सन्धिहेतु किए गये दौत्यकर्म की अवहेलना करके उन्हें उसने बन्दी भी बनाना चाहा। इन परिस्थितियों में कुरुराज क्रूर दुर्योधन भी पूर्णतया श्रीकृष्ण की प्रतिद्वन्द्विता में आ

गया था। उसे भीष्मपितामह, द्रोणाचार्य, कृपाचार्य, अश्वत्थामा, अपने और सबसे अधिक कर्ण के पराक्रम का पूरा-पूरा भरोसा था, जिसके बल पर वह भीम और अर्जुन सहित श्रीकृष्ण की भी अधर्म और अन्यायपूर्वक अवमानना करने लगा था।[११]

यद्यपि भीष्मपितामह और द्रोणाचार्य सत्पुरुष थे, श्रीकृष्ण के महत्त्व को भी भलीभाँति जानते और मानते थे, किन्तु दुष्ट दुर्योधन के अर्थदास की भाँति आचरण करते थे और सामर्थ्य रखकर भी उसके अन्यायपूर्ण पापाचरणों का सक्रिय विरोध नहीं करते थे। बल्कि युद्ध के अवसर पर उसी का साथ देते थे।[१२] अतः श्रीकृष्ण इस तथ्यपूर्ण भविष्य के प्रति असावधान नहीं थे कि कौरव-पाण्डव युद्ध में जब वह पाण्डवों के सहायक होंगे, तब उन्हें भीष्मपितामह और द्रोणाचार्य को भी परास्त कराना पड़ेगा। इतना ही नहीं, बल्कि उन्हें यह तथ्य भी विदित था कि दुष्ट दुर्योधन के अनन्य मित्र और उसके सभी दुष्टतापूर्ण कार्यों में सर्वात्मना साथ देने वाले कर्ण, जो अर्जुन का प्रवृद्धवैर वैरी था, को भी इस युद्ध में समाप्त कराना होगा। किन्तु अप्रतिम वीर तथा अप्रतिम राजनीतिज्ञ श्रीकृष्ण ने अपने प्राणोपम प्रिय पाण्डव बन्धुओं के धर्मपूर्ण और न्यायसंगत कल्याण के लिए इन सभी चुनौतियों को स्वीकार किया और उस महाभीषण युद्ध में पाण्डवों के निःशस्त्र सहायक रहकर भी अपने नीतिबल से मनोवांछित सफलता भी प्राप्त कर दिखाई।[१३]

इन उपर्युक्त प्रसंगों के परिप्रेक्ष में यह तथ्य स्पष्ट हो उठता है कि श्रीकृष्ण का समग्र जीवन तत्कालीन अनेक राजा-महाराजाओं के राजनैतिक घात-प्रतिघातों से सतत संकुल रहा है। उनके प्रमुख विरोधी राजाओं में मथुरापति कंस, मगधनरेश जरासन्ध, चेदिराज शिशुपाल और कुरुराज दुर्योधन के नाम अग्रगण्य हैं। श्रीकृष्ण ने अपने नीतिबल से इन चारों ही दुर्दान्त राजाओं का यथासमय और यथा विधि डटकर मुकाबला किया। उनके इस अध्यवसाय को पढ़कर पाठक की बुद्धि में यह तथ्य घर कर लेता हे कि श्रीकृष्ण निश्चय ही एक महासत्त्वसम्पन्न, अप्रतिमनीतिनिष्णात, अनुपम महापुरुष थे। वह जीवनभर क्रूर एवं कुटिल राजाओं से जूझते रहे। बचपन में कंस को मारकर अपने माता-पिता की तथा सत्पुरुषों की रक्षा की; [१४] किशोरावस्था में जरासन्ध को सत्रह बार पराजित किया; उसकी सुविशाल सेना का संहार किया; [१५] फिर एक दिन उसे भी भीमसेन के हाथों मल्लयुद्ध में यमराज का अतिथि बनाया; और उसकी कैद में पड़े हुए अनेक भगवद्भक्त, सदाचारी राजाओं को मुक्त किया।[१६] शिशुपाल का सफाया स्वयं किया,[१७] और कुन्ती, युधिष्ठिर, भीमसेन, अर्जुन, नकुल, सहदेव, द्रौपदी, सुभद्रा आदि अपने प्रिय एवं सदाचारसम्पन्न सम्बन्धियों के धर्म-न्यायसंगत हित की दृष्टि से महाभारत की उस महाभीषण समरभूमि में अपने प्राणाधिकप्रिय सखा अर्जुन के रथ की बागडोर स्वयं सम्हाली तथा पृथ्वी के भारभूत दुर्योधन आदि सभी दुर्दमनीय दुष्ट राजाओं का, पाण्डवों के माध्यम से, संहार किया।[१८]

इस प्रकार हम देखते हैं कि श्रीकृष्ण का जीवन सदैव राजनैतिक परिवेश से घिरा रहा, कभी अपने लिए तो, कभी अपने सद्भक्तों के लिए, इस प्रकार वह आजीवन राजनीति के रङ्गमंच पर अपना स्पृहणीय और सफल अभिनय करते रहे। उनका जिस प्रकार जन्म कंस के राजनैतिक परिवेश में हुआ था, उसी प्रकार उनकी मृत्यु भी दुर्योधन की माता गान्धारी के अविवेकपूर्ण शाप के कारण हुई जो श्रीकृष्ण को केवल इसलिए दिया गया कि उन्होंने वह कौरव-पाण्डव युद्ध क्यों होने दिया; वह तो सब प्रकार से समर्थ थे; अतः इस कुरुकुलनाशक राजनैतिक युद्ध को वह रोक

सकते थे; फिर भी उन्होंने नहीं रोका; अतः वह गान्धारी की अन्धदृष्टि से अपराधी मान लिए गये, जबकि वह अपराधी नहीं थे; बल्कि तत्कालीन राजनीति के न्यायालय के न्यायाधीश थे; और इसीलिए गान्धारी के दुर्योधन आदि दुष्ट पुत्रों को उनके दुष्कर्मों के ही अनुरूप उन्हें उस युद्धभूमि में पाण्डवों के हाथों मृत्युदण्ड देने वाले उच्चतम न्यायमूर्त्ति थे।[१९] उन्होंने धर्म, न्याय, अधिकार और प्रजाकल्याण के लिए तत्कालीन राजाओं की राजनीति के मुकाबले में अपनी राजनीति का स्वयं निर्धारण किया था, जो नितान्त उपादेय, लाभप्रद, जयप्रद, सारगर्भित एवं परम व्यावहारिक थी, फलस्वरूप उसके सहारे वह जीवन भर तत्कालीन राजनीति के परिवेश में स्पृहणीय सफलतापूर्वक अपनी बेजोड़ अहमियत सिद्ध करते रहे हैं, इसमें जरा भी सन्देह नहीं है*।

सन्दर्भ

१. (क) श्रीमद्भागवत १०/१
(ख) महाभारत, आदिपर्व, अध्याय ६४-६७
२. (क) श्रीमद्भागवत, १०/४४-४५
(ख) महाभारत, सभापर्व, अध्याय ३८
३. (क) श्रीमद्भागवत, १०/५०
(ख) महाभारत, सभापर्व, अध्याय १४
४. श्रीमद्भागवत, १०/५०-५२
५. (क) श्रीमद्भागवत, १०/८२
(ख) महाभारत, सभापर्व, अध्याय १४, २६-३२ तथा ५१-५२
६. (क) श्रीमद्भागवत, १०/५२-५४ तथा ७४
(ख) महाभारत, सभापर्व, अध्याय ३६-४५
७. श्रीमद्भागवत, १०/५६-५८
८. (क) श्रीमद्भागवत, १०/५९
(ख) महाभारत, सभापर्व, अध्याय ३८
९. (क) श्रीमद्भागवत, १०/४८-४९
(ख) महाभारत, आदिपर्व, अध्याय ११०-१११, ११९-१२२
१०. (क) श्रीमद्भागवत, १०/८६
(ख) महाभारत, आदिपर्व, अध्याय २१८-२२०
११. महाभारत, आदिपर्व, अध्याय १३८-१४७, १९९-२०६; सभापर्व, अध्याय ४७-८१; वनपर्व; विराटपर्व तथा उद्योगपर्व।
१२. महाभारत, विराटपर्व, अध्याय २५-६७
१३. महाभारत, भीष्मपर्व, द्रोणपर्व, कर्णपर्व, शल्यपर्व तथा सौप्तिकपर्व।
१४. (क) श्रीमद्भागवत, १०/४४-४५
(ख) महाभारत, सभापर्व, अध्याय ३८
१५. (क) श्रीमद्भागवत, १०/५०
(ख) महाभारत, सभापर्व, अध्याय १४

१६. (क) श्रीमद्भागवत, १०/७२

(ख) महाभारत, सभापर्व, अध्याय १४-२४

१७. (क) श्रीमद्भागवत, १०/७४

(ख) महाभारत, सभापर्व, अध्याय ३६-४५

१८. महाभारत, भीष्मपर्व से सौप्तिक पर्व तक।

१९. महाभारत, स्त्रीपर्व, अध्याय २५-२६

* यह शोधलेख उदीची, संस्कृत शोधपत्रिका, कुमाऊँ विश्वविद्यालय नैनीताल १९८५/१ में प्रकाशित है।

विदुर के राजनैतिक विचार

विदुर महर्षि वेदव्यास से उत्पन्न दासी के पुत्र थे। वह बड़े धार्मिक विचारों वाले, पाण्डवों से प्रेम करने वाले एवं श्रीकृष्ण के परमभक्त थे। महाभारतकालीन समाज, धर्म, दर्शन, राजनीति आदि को इन्होंने अत्यधिक प्रभावित किया था। विदुरनीति महाभारत का वह भाग है, जहाँ महाराज धृतराष्ट्र के पूछने पर विदुर ने उनको धर्म एवं कल्याण का उपदेश दिया और इसी उपदेश में राजा के कर्त्तव्यों का वर्णन भी यत्र-तत्र किया है।

राजा

राजा को लोकप्रिय, क्रूरतारहित, दयावान्, धार्मिक, सत्यपरायण, पराक्रमी एवं पूज्य व्यक्तियों के प्रति आदरभाव से युक्त होना चाहिए। उसे अनुरक्तों को अपनाना चाहिए और विरक्तों को त्याग देना चाहिए। बलवान् व्यक्ति से शत्रुता नहीं करनी चाहिए। उसे कार्याकार्य का विवेक रखना चाहिए; उपायचतुष्टय से मित्र-शत्रु एवं उदासीनों को वश में करना चाहिए; अपनी इद्रियों को भी वश में रखना चाहिए; सन्धि, विग्रह, यान, आसन, द्वैधीभाव और संश्रय–इन छः गुणों का ज्ञान प्राप्त कर लेना चाहिए; स्त्रीसंग, द्यूतक्रीड़ा, आखेट, मद्यपान, कठोरवचन, कठोरदण्ड तथा अन्याय से बचना चाहिए; तथा राष्ट्ररक्षा के लिए मन्त्र को गुप्त रखने का प्रयत्न करना चाहिए। अकेले भोजन, विचारविमर्श, मार्ग-भ्रमण एवं सोते हुए लोगों के बीच में जाने का कार्य न करे; वह क्षमाशील तो बने, किन्तु शत्रुओं के प्रति क्षमाशील न बने; भक्तों, आश्रितों एवं शरणागतों को अपने संकट के समय भी नहीं त्यागे; मन्दबुद्धि, दीर्घसूत्री, व्यर्थ ही शीघ्रता करने वाले मंत्रियों और चारणों के साथ सलाह नहीं करें; मित्र, शत्रु, उदासीन, आश्रित और आश्रय देने वाले इन पाँच व्यक्तियों को पहचाने; निद्रा, तन्द्रा, भय, क्रोध, आलस्य और दीर्घसूत्रता को छोड़ दें; प्रजा की रक्षा करे; झगड़ा करने वालों से सावधान रहे; काम-क्रोध छोड़कर, सुपात्र को दान देकर, विशेषज्ञ, शास्त्रज्ञ बनकर, कर्त्तव्य को शीघ्र पूरा करके आदर्श राजा बने; अपराधियों को दण्ड दे; शत्रु के साथ बुद्धिपूर्वक व्यवहार करे; बलवानों के साथ युद्ध न करे; आपत्ति पड़ने पर दु:खी न हो; सहिष्णु हो; धर्म-अर्थ-काम का सेवन विना क्रोध के करे; सत्य बोले; मित्र के कारण झगड़ा न करे, आदर न पाने पर क्रोध न करे; मोह में न पड़े; बढ़कर न बोले; विवाद शान्त कर दे; और इस प्रकार उपर्युक्त रीति से सर्वश्रेष्ठ बने।[1]

राजा को चाहिए कि वह प्रजा को पीड़ा पहुँचाए विना ही कर ले। उसे कार्य को परिणाम के अनुसार ही करना चाहिए; व्यर्थ ही क्रोध नहीं करना चाहिए; प्रजा के प्रति वात्सल्यभाव रखना चाहिए; प्रसन्न होते ही किसी को धनादि नहीं देना चाहिए; निर्बल होने पर भी शक्तियुक्त की तरह अपने को प्रकट करना चाहिए; प्रजा को भयभीत नहीं करना चाहिए; उसे अनीति का आचरण नहीं करना चाहिए; प्रयत्नपूर्वक शत्रु राज्य को विनष्ट करना चाहिए; और अपने राज्य की रक्षा करनी

चाहिए; धर्म से राज्य प्राप्त करके, धर्म से ही उसका पालन करना चाहिए; दूतों से लोगों का वृत्तान्त जानना चाहिए; मंत्रियों से कार्य में सहायता लेनी चाहिए; आत्मा को वश में करके मंत्रियों को जीतना चाहिए; मंत्रियों की सहायता से शत्रुओं पर विजय प्राप्त करनी चाहिए; राजा को न्याय करने के लिए पुत्र के प्रति पक्षपात करके असत्य आचरण नहीं करना चाहिए; राजा को ब्राह्मणों की पूजा करनी चाहिए और उन्हें दान देना चाहिए; अपने सम्बन्धियों से सरलता का व्यवहार करना चाहिए; और उन्हें विद्रोही बनने का मौका नहीं देना चाहिए, ब्राह्मणों, स्त्रियों, बान्धवों और गायों पर पराक्रम नहीं दिखलाना चाहिए, अकेले किसी कार्य को नहीं करना चाहिए; ब्राह्मण, गौ, सम्बन्धी, शिशु, स्त्री और अन्न देने वाला–इन सभी का वध नहीं करना चाहिए; रोग से सावधान रहना चाहिए; द्यूतक्रीड़ा में आसक्ति नहीं रखनी चाहिए; कपटियों के साथ कपट का ही आचरण करना चाहिए; हितकारी वचन, चाहे वह अप्रिय क्यों न हो, कहने वाले को ही सच्चा सहायक समझना चाहिए, सेवकों और राजकर्मचारियों का वेतन नहीं रोकना चाहिए; अनुरक्त सेवकों पर क्रोध नहीं करना चाहिए; उन पर विश्वास करना चाहिए; आय-व्यय के अनुकूल जीविका का प्रबन्ध करके सहायकों का संग्रह करना चाहिए; बहुत से पुरुषों के साथ मन्त्रणा करते समय दुर्जनों की मन्त्रणा से यथासम्भव बचना चाहिए; शक्तिशाली मित्रों वाले शत्रु राजा से युद्ध नहीं करना चाहिए; बाहुबल, मन्त्रियों की प्राप्ति का बल, धन प्राप्ति का बल, कुलीनता का बल और बुद्धिबल–इन पाँच बलों को जानना चाहिए; उसे सफल, क्रोध और सफल हर्ष वाला होना चाहिए; राजकीय आय को अकेले नहीं हड़पना चाहिए; वध के योग्य शत्रु को नहीं छोड़ना चाहिए; धैर्य, मन की शान्ति, इन्द्रियों का दमन, पवित्रता, करुणा, उदारवचन और मित्रों से द्रोह न करना–इन गुणों से अपना ऐश्वर्य बढ़ाना चाहिए।[२]

सेवक (राजकर्मचारियों) के गुण एवं कर्त्तव्य

स्वामी के अभिप्राय को जानना, आलस्य-रहित होकर स्वामी के कार्य को करना, हितकारी वचनों को कहना, स्वामी के प्रति अनुरागयुक्त होना सेवक के आवश्यक गुण हैं। स्वामी की आज्ञा का उल्लंघन, नियुक्ति के समय जवाब-तलब करना, अपनी बुद्धि का घमण्ड करना, प्रतिकूल वचन कहना–ये सेवक के दुर्गुण हैं। ऐसे सेवक को हटा देना चाहिए।[३]

दूत

दर्पशून्यता, सामर्थ्य, कार्य को शीघ्र करना, दया, सौन्दर्य, दूसरों के बहकावे में न आना, नीरोग रहना और उदार वचन बोलना–ये सभी दूत के आवश्यक गुण हैं।[४]

मंत्र

मंत्र की गोपनीयता की रक्षा के लिए दुर्जनों के साथ मंत्रणा नहीं करनी चाहिए।[५] राजा को ऐसा प्रयत्न करना चाहिए कि उसके रहस्य को कोई भी भीतरी या बाहरी व्यक्ति न जाने जबकि वह सबके रहस्य को जान ले; मंत्र को तभी प्रकट करे जब कार्यसिद्धि हो जाय; मंत्रणा पर्वत के शिखर, महल के ऊपर, निर्जन वन में, तृणरहित, गुप्त स्थान में करनी चाहिए; मैत्री से रहित, मूर्ख मित्र, बुद्धिमान् होते हुये भी वश में न रहने वाले व्यक्ति को गुप्त रहस्य नहीं बताना चाहिए; मंत्र

की रक्षा के लिये सुपरीक्षित व्यक्ति को ही मंत्री बनाना चाहिए; क्योंकि मंत्र की गोपनीयता ही राजा की सिद्धि में सहायक है; और मंत्रणा के लिये षाड्गुण्य का ज्ञान परमावश्यक है, मंत्रणा को गुप्त रखने के लिये आवश्यक है कि मद, निद्रा, अज्ञान, नेत्र–भ्रूविकार के प्रदर्शन, दुष्टमन्त्री एवं मूर्ख दूत पर विश्वास–इनसे बचा जाय।[६]

उपसंहार

राजा एवं राजनीति के सम्बन्ध में विदुर के विचारों, को पढ़ने से ज्ञात हो जाता है कि विदुर महाभारत कालीन राजनीति में न केवल व्यावहारिक रूप से सक्रिय थे अपितु सैद्धान्तिक रूप से भी सक्रिय थे। उन्होंने अपने विचारों के द्वारा राजा का जो स्वरूप हमारे सामने प्रस्तुत किया है; उसके व्यक्तित्व का जो चित्र बनाया है वह एक अच्छे शासक के लिये अनुकरणीय है। कोई भी शासक उनकी बताई हुई बातों को अपने व्यवहार में लाकर अपने परिवार का और अपने देश का हित कर सकता है। इस प्रकार आज भी राजनीति की दृष्टि से विदुर के विचार महत्त्वपूर्ण हैं और राजनीतिज्ञों के बीच में उनको योग्य स्थान दिलाने में समर्थ हैं*।

सन्दर्भ

१. विदुरनीति, १/१६, १८, ३७, ५२–५४, ५८, ७०, ७१, ७३, ७४, ८३, ८४, ८६–९०, ९६, ९७, १०९–११५
२. वही, २/१०–३४, ३८, ५६–५७, ३/३९, ४/६०–७०, ५/१५–२४, २९, ४२–४३, ५२–५५, ६/२६–२७, २९, ३७–३९
३. वही, ५/२५–२६
४. वही, ५/२७
५. वही, ५/२९
६. वही, ६/१५–२५, ७/३६–३८

* यह शोध लेख उदीची संस्कृत शोध पत्रिका, कुमाऊँ विश्वविद्यालय, नैनीताल, १९८५/२ में प्रकाशित है।

चन्द्रप्रभचरित में वर्णित दार्शनिकता पर तत्त्वार्थसूत्र का प्रभाव

कालिदास, भारवि, माघ आदि की भाँति ही जैन कवियों ने भी संस्कृत साहित्य भण्डार को प्रभूत साहित्य सम्पदा प्रदान की है। विशेषकर त्रिषष्ठीशलाका पुरुषों के जीवन-वृत्त के आधार पर चरितकाव्यों का प्रचुर मात्रा में सृजन कर इन जैन कवियों ने संस्कृत साहित्य के भण्डार को अधिक समृद्ध बनाया है, महाकवि वीरनन्दी द्वारा विरचित 'चन्द्रप्रभचरित' नामक महाकाव्य भी इसी चरितकाव्यमाला की एक बहुमूल्य मुक्ता और संस्कृत साहित्य की अमूल्य निधि है।

महाकवि वीरनन्दिविरचितचन्द्रप्रभचरित महाकाव्य अष्टम तीर्थंकर चन्द्रप्रभ के जीवन वृत्त को लेकर लिखा गया अत्यन्त महान् काव्य है। चन्द्रप्रभ के सात जन्मों का क्रमिक वर्णन इसमें किया गया है। इस महाकाव्य का रसास्वादन करते ही वीरनन्दी के प्रौढ़ कवित्व एवं उनकी साहित्याराधना का उज्ज्वल प्रतिबिम्ब इस काव्य में दिखाई देने लगता है। महाकवि वीरनन्दी की कवित्व शक्ति एवं कला कुशलता तो 'चन्द्रप्रभचरित' में अथ से इति तक प्रस्फुटित हुई ही है, साथ ही कवि की अनुपम दार्शनिक विद्वत्ता भी उनकी इस कृति में स्पष्ट झलकती दिखाई देती है, इस काव्य में स्थान-स्थान में जैन-धर्म, दर्शन एवं सैद्धान्तिक तत्त्वों की त्रिवेणी को प्रवाहित करते हुए कवि ने अपनी अद्भुत कुशलता का परिचय दिया है।

चन्द्रप्रभचरित के रचयिता ने सैद्धान्तिक तत्त्वों का विवेचन जिस कुशलता के साथ किया है, वह वास्तव में स्तुत्य है। जिन सैद्धान्तिक तत्त्वों का ज्ञान हमें जिनागमों, पुराणों एवं दार्शनिक ग्रन्थों के अध्ययन द्वारा अतएव अत्यधिक प्रयास से प्राप्त हो पाता, वह ज्ञान हमें इस काव्य में विना कठोर प्रयास के सहज ही हो जाता है, अतः इस काव्य का केवल काव्यशास्त्रीय अथवा साहित्यिक महत्त्व ही नहीं है, वरन् धार्मिक, दार्शनिक एवं सैद्धाान्तिक दृष्टि से भी इसका अत्यधिक महत्त्व है।

महाकवि वीरनन्दी जैन दर्शन के सर्वप्रसिद्ध ग्रन्थ आचार्य उमास्वातिकृत 'तत्त्वार्थसूत्र' से अत्यधिक प्रभावित हैं। विशेषतः चन्द्रप्रभचरित का अष्टादश सर्ग कवि की दार्शनिकता का उत्कृष्ट निदर्शन है। चन्द्रप्रभचरित के इस अन्तिम सर्ग में जैन धर्म-दर्शन सम्बन्धी तत्त्वों का विवेचन 'तत्त्वार्थसूत्र' के आधार पर किया गया है। जीव, अजीव आदि सातों तत्त्वों का विवेचन जिस क्रम से उमास्वाति ने किया है, ठीक उसी क्रम से वीरनन्दी ने भी। इन तत्त्वों का विवेचन करते हुए प्रसंगानुरूप जिन अन्यान्य विविध प्रसंगों यथा-नरक आदि चार गतियाँ, अधोलोक की सात पृथिवियाँ, नारकियों की आयु, नरक में बिलों की संख्या, देवों के चार निकाय, उत्सर्पिणी-अवसर्पिणी काल भेद इत्यादि का उल्लेख 'तत्त्वार्थसूत्र' में सूत्र रूप में किया गया है, वे सभी प्रसंग चन्द्रप्रभचरित में उसी क्रम से अनुष्टुप् छन्द में निबद्ध करके वर्णित किये गये हैं। तुलना के लिए कुछ उद्धरण आपके समक्ष प्रस्तुत हैं-

विषय—जीव, अजीव, आस्रव, बन्ध, संवर, निर्जरा एवं मोक्ष नामक सात तत्त्वों की परिगणना—

तत्त्वार्थसूत्र—

'जीवाजीवास्रवबन्धसंवरनिर्जरामोक्षास्तत्त्वम्' १/४

चन्द्रप्रभचरित—

जीवाजीवास्रवा बन्धसंवरावथ निर्जरा।
मोक्षाश्चेति जिनेन्द्राणां सप्त तत्त्वानि शासने॥ १८/२

विषय—तिर्यंच जीव-भेद निरूपण—

तत्त्वार्थसूत्र—संसारिणस्त्रसस्थावराः। पृथिव्यप्तेजोवायुवनस्पतयः स्थावराः द्वीन्द्रियादयस्त्रसाः। २/१२-१४

चन्द्रप्रभचरित—

त्रसस्थावरभेदेन तिर्यग्जीवो द्विधा स्मृतः।
तत्र द्वीन्द्रियमारभ्य त्रसः पञ्चेन्द्रियावधि॥
स्थावराः कायभेदेन पञ्चधा परिकीर्तिताः।
पृथिवीकायिकाः केचित्केचिदप्यकायिकाः स्मृताः॥
तेजः कायभृतः केचिदपरे वायुकायिकाः।
स्युर्वनस्पतिकायाश्च सर्वेऽप्येकेन्द्रियाः स्मृताः॥ १८/१७-१९

विषय—अधोलोक की रत्नप्रभा, शर्कराप्रभा आदि सात पृथिवियाँ

तत्त्वार्थसूत्र—रत्नशर्करा बालुकापङ्क धूमतमोमहातमः प्रभा भूमयो घनाम्बुवाताकारा प्रतिष्ठाः सप्ताधोऽधः। ३/१

चन्द्रप्रभचरित—

आद्या रत्नप्रभा नाम द्वितीया शर्कराप्रभा।
सिकतादिप्रभान्या च परा पङ्कप्रभा मता॥
धूमप्रभा ततो ज्ञेया परा तस्यास्तमः प्रभा।
महातमः प्रभा चेति तासां नामान्यनुक्रमात्॥ १८/७-८

विषय—नरक पृथिवियों के बिलों की संख्या—

तत्त्वार्थसूत्र—तासु त्रिंशत्पञ्चविंशतिपञ्चदशदशत्रिपञ्चानैक नरकशतसहस्राणि पञ्च चैव यथाक्रमम्। ३/२

चन्द्रप्रभचरित—

त्रिंशन्नरकलक्षाणि प्रथमायां ततः परम्।
पञ्चविंशतिरुद्दिष्टास्ततः पञ्चदश क्रमात्॥
दश त्रीणि ततो हीनं पञ्चभिर्लक्षमीरितम्।
ततः पञ्चैव नरकाश्चरमायां प्रकीर्तिताः॥ १८/१३-१४

विषय–नारकियों की आयु–

तत्त्वार्थसूत्र–तेष्वेकत्रिसप्तदशद्वाविंशतिस्त्रयस्त्रिंशत्सागरोपमा सत्त्वानां परा स्थितिः। ३/६

चन्द्रप्रभचरित–

एकस्त्रयस्ततः सप्त दश सप्तदश क्रमात्।
द्वाविंशतिस्त्रयस्त्रिंशत्तासु स्युः सागरोपमाः॥ १८/११

विषय–भरत और ऐरावत क्षेत्रों में उत्सर्पिणी-अवसर्पिणी इन दो काल भेदों के कारण वृद्धि और ह्रास होता हैं किन्तु भरत तथा ऐरावत के अतिरिक्त विदेह क्षेत्र में यह परिवर्तन नहीं होता–

तत्त्वार्थसूत्र–भरतैरावतयोर्वृद्धिह्रासौ षट्समयाभ्यामुत्सर्पिव्यवसर्पिणीभ्याम्। ताभ्यामपरा भूमयोऽवस्थिताः। ३/२७-२८

चन्द्रप्रभचरित–

वृद्धिह्रासौ विदेहे न भरतैरावतेष्विव॥
भरतैरावते वृद्धिह्रासिनी कालभेदतः।
उत्सर्पिण्यवसर्पिण्यौ कालभेदावुदाहृतौ॥ १८/३४-३५

विषय–उत्तम, मध्यम एवं जघन्य भोगभूमियों के मनुष्यों की आयु क्रमशः तीन, दो एवं एक पल्य–

तत्त्वार्थसूत्र–एक द्वित्रिपल्योपमस्थितयो हैमवतक-हारिवर्षक-देवकुरुवकाः।[1]

चन्द्रप्रभचरित–

...त्रीणि पल्योपमान्यायुर्द्वे चैकं तास्वनुक्रमात्॥ १८/३० का उत्तरार्ध

विषय–निकायों के भेद की दृष्टि से देवों के प्रकार[2]–

तत्त्वार्थसूत्र–देवाश्चतुर्णिकायाः। ...दशाष्टपञ्चद्वादशविकल्पाः कल्पोपपन्नपर्यन्ताः। ...भवनवासिनोऽसुरनागविद्युत्-सुपर्णाग्निवातस्तनितोदधिद्वीपदिक्कुमाराः। व्यन्तराः किन्नरकिम्पुरुष महोरगगन्धर्वयक्ष-राक्षसभूतपिशाचाः। ज्योतिष्काः सूर्याचन्द्रमसौ ग्रहनक्षत्रप्रकीर्णकतारकाश्च। ....कल्पोपन्नाः कल्पातीताश्च।

चन्द्रप्रभचरित–

चतुर्णिकायभेदेन स्मृता देवाश्चतुर्विधाः।
असुराहिकुमाराद्या दशधा तेषु भावनाः॥
किंनरादिप्रभेदेन व्यन्तराश्चाष्टधा स्मृताः।
सूर्यचन्द्रादिभेदेन ज्योतिष्काः पंचधा स्मृताः॥
वैमानिका द्विधा प्रोक्ताः कल्पातीताश्च कल्पजाः।

१८/४८ से ५० के पूर्वार्ध तक

विषय–कल्पवासी तथा कल्पातीत वैमानिक देवों के निवास-स्थान का उल्लेख–

तत्त्वार्थसूत्र–सौधर्मैशानसानत्कुमारमाहेन्द्रब्रह्मब्रह्मोत्तरलान्तवकापिष्ठशुक्रमहाशुक्रशतारसहस्रारेष्वानत-प्राणतयोरारणाच्युतयोर्नवसु ग्रैवेयकेषु विजयवैजयन्तजयन्तापराजितेषु सर्वार्थसिद्धौ च। ४/१९

चन्द्रप्रभचरित– **...सौधर्मादिषु कल्पेषु कल्पजाः परिकीर्तिताः॥**
नवग्रैवेयकादिस्थाः कल्पातीताः प्रवर्णिताः।
सर्वार्थसिद्धिपर्यन्ताः समृद्धाबोधचक्षुषः॥
१८/५० के उत्तरार्ध से ५१ तक

विषय–सौधर्म आदि सोलह स्वर्गों, इन स्वर्गों के सैकड़ों योजन ऊपर स्थित नव ग्रैवेयकों, ग्रैवेयकों के ऊपर स्थित नव अनुदिश विमानों तथा विजय-वैजयन्त-जयन्त-अपराजित और सर्वार्थसिद्धि इन पाँच पञ्चोत्तरों के देवों की आयु का क्रमशः वर्णन–

तत्त्वार्थसूत्र–सौधर्मैशानयोः सागरोपमे अधिके। सानत्कुमार माहेन्द्रयोः सप्त। त्रिसप्तनवैकादशत्रयोदशपञ्चदशभिरधिकानि तु। आरणाच्युतादूर्ध्वयेकैकेन नवसु ग्रैवेयकेषु विजयादिषु सर्वार्थसिद्धे च।[३] ४/३२

चन्द्रप्रभचरितः–

....द्वौ सागरोपमावायुः सौधर्मैशानकल्पयोः॥
सनत्कुमारमाहेन्द्रकल्पयोः सप्त कीर्तिताः।
ब्रह्म ब्रह्मोत्तरे कल्पे दशैव परिवर्णिताः॥
स्मृता लान्तवकापिष्ठ कल्पयोश्च चतुर्दश।
ततः शुक्रमहाशुक्रकल्पयोः षोडशोदिताः॥
अष्टादश शतारे च सहस्रारे च संमताः।
आनते प्राणते चापि विंशतिः समुदीरिताः॥
आरणाच्युतकल्पे च द्वाविंशतिरनुस्मृताः।
एकैकेन ततो वृद्धिर्यावन्त्रिंशत्त्रयाधिकाः॥ १८/६१-६५

यहाँ सौधर्म और ऐशान स्वर्गों में देवों की आयु दो सागरोपम, सनत्कुमार और माहेन्द्र स्वर्गों में सात सागर, ब्रह्म तथा ब्रह्मोत्तर में दस सागरोपम, लान्तव तथा कापिष्ठ स्वर्गों में चौदह सागरोपम, शुक्र तथा महाशुक्र स्वर्गों में सोलह सागरोपम, शतार तथा सहस्रार स्वर्गों में अठारह सागरोपम, आनत और प्राणत स्वर्गों में बीस सागरोपम तथा आरण और अच्युत स्वर्गों में बाईस सागरोपम आयु बताई है, किन्तु तत्त्वार्थसूत्र में 'अधिक' पद का प्रयोग होने के कारण सभी देवों की आयु चन्द्रप्रभचरित में निर्दिष्ट आयु-प्रमाण से 'कुछ अधिक' बताई गई है। उक्त उद्धरणों में कहा गया है कि इन स्वर्गों के ऊपर ग्रैवेयकों, अनुदिशों तथा पञ्चोत्तरों में क्रमशः एक-एक सागर की आयु बढ़ती जाती है। इस आधार पर प्रथम ग्रैवेयक से लेकर नवम ग्रैवेयक तक देवों की आयु का प्रमाण तेईस सागर से इकतीस सागर तक हो जाता है, नौ अनुदिशों में बत्तीस सागर की और पाँच पञ्चोत्तरों में तैंतीस सागर की आयु हो जाती है।

विषय–धर्म, अधर्म तथा एक जीव के 'असंख्येय' प्रदेश और आकाश के अनन्त प्रदेश–

तत्वार्थसूत्र–असंख्येयाः, प्रदेशा धर्माधर्मैकजीवानाम्।
आकाशस्यानन्ताः। ५/८-९

चन्द्रप्रभचरित

धर्माधर्मैकजीवानामसंख्येयाः प्रकीर्तिताः।
प्रदेशाः सकलज्ञानैर्व्योमानन्तप्रदेशकम्॥ १८/७३

विषय–काल-स्वरूप निरूपण–

तत्त्वार्थसूत्र–वर्तनापरिणामक्रियाः परत्वापरत्वे च कालस्य। ५/२२

चन्द्रप्रभचरित–

वर्तनालक्षणः कालः स स्वयं परिणामिनाम्।
परिणामोपकारेण पदार्थानां प्रवर्तते॥ १८/७४

विषय–पुद्गल-स्वरूप एवं भेद निरूपण–

तत्त्वार्थसूत्र–स्पर्शरसगन्धवर्णवन्तः पुद्गलाः। ...अणवः स्कन्धाश्च। ५/२३, २५

चन्द्रप्रभचरित–

रूपगन्धरसस्पर्शशब्दवान् पुद्गलः स्मृतः।
अणुस्कन्धप्रभेदेन द्विस्वभावतया स्थितः॥ १८/७८

विषय–'आस्रव' का स्वरूप–

तत्त्वार्थसूत्र–कायवाङ्मनः कर्मयोगः। स आस्रवः। शुभः पुण्यस्याशुभः पापस्य। सकषायाकषाययोः साम्परायिकेर्यापथयोः।। ६/१-४

चन्द्रप्रभचरित–

कर्मवामागमद्वारमास्रवं संप्रचक्षते।
स कायवाङ्मनः कर्मयोगत्वेन व्यवस्थितः॥
शुभः पुण्यस्य पापस्य विपरीतः प्रकीर्तितः।
सकषायोऽकषायश्च तस्य द्वौ स्वामिनौ स्मृतौ॥ १८/८२-८३

विषय–ज्ञानावरण और दर्शनावरण, असातावेदनीय तथा सातावेदनीय कर्मों के आस्रव के कारण–

तत्त्वार्थसूत्र–तत्प्रदोषनिह्नवमात्सर्यान्तरायासादनोपघाताज्ञानदर्शनावरणयोः। दुःखशोकतापाक्रन्दनवधपरिदेवनान्यात्मपरोभयस्थानान्यसद्वेद्यस्य। भूतव्रत्यनुकम्पादानसरागसंयमादियोगः क्षान्तिः शौचमिति सद्वेद्यस्य। ६/१०-१२

चन्द्रप्रभचरित–

तत्रासादनमात्सर्यगुरुनिह्नवनादयः।
ज्ञानावृतिदृगावृत्योरास्रवत्वेन वर्णिताः॥
परिदेवनसंतापशोकाक्रन्दवधादयः।
असातवेदनीयस्य कर्मणः समनुस्मृताः॥

सरागसंयमो दानं शौचं क्षान्त्यनुकम्पने।
इत्येवमादयो ज्ञेयाः सातवेद्यस्य कर्मणः॥ १८/८४-८६

विषय–दर्शनमोहनीयकर्म, चारित्रमोहनीय कर्म, नरकायु, तिर्यञ्चायु, मनुष्यायु, देवायु, अशुभनाम कर्म तथा शुभनाम कर्म के आस्रव के कारणों का उल्लेख–

तत्त्वार्थसूत्र–केवलिश्रुतसंघधर्मदेवावर्णवादो दर्शनमोहस्य।

कषायोदयात्तीव्रपरिणामश्चारित्रमोहस्य। बह्वारम्भपरिग्रहत्वं नारकस्यायुषः। मायातैर्यग्योनस्य, अल्पारम्भपरिग्रहत्वं मानुषस्य। ...सरागसंयमसंयमासंयमाकामनिजरा बाल तपांसि दैवस्य। ....योगवक्रता विसंवादनं चाऽशुभस्य नाम्नः। तद्विपरीतं शुभस्य। ६/१३-१६, १७, २२-२३

चन्द्रप्रभचरित–

केवलिश्रुतधर्माणां देवस्य च गणस्य च ।
अवर्णवदनं दृष्टिमोहनीयस्य कीर्तितम्॥
यः कषायोदयात्तीव्रः परिणामः परिजायते।
चारित्रमोहनीयस्य कर्मणः सोऽनुवर्णितः॥
नारकस्यायुषो ज्ञेयो बह्वारम्भपरिग्रहः।
माया बहुविधाकारा तैर्यग्योनस्य कीर्तिता॥
मानुषस्यावगन्तव्यः स्वल्पारम्भपरिग्रहः।
सरागसंयमत्वादि दैवस्य परिवर्णितम्।
विसंवादनमत्यन्तयोगवक्रत्वमित्यपि।
नाम्नोऽशुभस्य विज्ञेयं विपरीतं शुभस्य च॥ १८/८७-९१

विषय–तीर्थंकर नाम कर्म, निम्न गोत्र, उच्च गोत्र तथा अन्तराय कर्म के आस्रव के कारणों का उल्लेख–

तत्त्वार्थसूत्र–दर्शनविशुद्धिविनयसम्पन्नता शीलव्रतेष्वनतिचारोऽभीक्ष्णज्ञानोपयोगसंवेगौ शक्तितस्त्यागतपसी साधुसमाधिर्वैयावृत्यकरणमर्हदाचार्यबहुश्रुत प्रवचनभक्तिरावश्यकापरिहाणिर्मार्ग प्रभावना प्रवचनवत्सलत्वमिति तीर्थंकरत्वस्य। परमात्मनिन्दाप्रशंसे सदसद्गुणच्छादनोद्भावने च नीचैर्गोत्रस्य। तद्विपर्ययोर्नीचैर्वृत्यनुत्सेकौ चोत्तरस्य। विघ्नकरणमन्तरायस्य। ६/२४-२७

चन्द्रप्रभचरित–

विज्ञेयास्तीर्थंकृन्नाम्नो दृक्शुद्ध्याद्याश्च षोडश।
स्वप्रशंसान्यनिन्दादि नीचैर्गोत्रस्य वर्णितम्॥
स्वनिन्दान्यप्रशंसादिरूच्चैर्गोत्रस्य गम्यताम्।
दानादिविघ्नकरणमन्तरायस्य कीर्तितम्॥ १८/९२-९३

विषय–'बन्ध' के कारण–

तत्त्वार्थसूत्र–मिथ्यादर्शनाविरतिप्रमादकषाययोगा बन्धहेतवः। सकषायत्वाज्जीवः कर्मणो योग्यान् पुद्गलानादत्ते स बन्धः। प्रकृतिस्थित्यनुभवप्रदेशास्तद्विधयः। ८/१-३

चन्द्रप्रभचरित–

असम्यग्दर्शनं योगा विरतेश्च विपर्ययः।
प्रमादाश्च कषायाश्च पञ्च बन्धस्य हेतवः।
सकषायतया जन्तोः कर्मयोग्यैर्निरन्तरम्॥
पुद्गलैः सह सम्बन्धो बन्ध इत्यभिधीयते॥
विभेदात्प्रकृतिस्थित्योरनुभागप्रदेशयोः।
जिनागमनदीस्नातैर्विज्ञेयः स चतुर्विधः॥ १८/९५-९७

विषय–प्रकृतिबन्ध के भेद-अभेद–

तत्त्वार्थसूत्र–आद्यो ज्ञानदर्शनावरणवेदनीयमोहनीयायुर्नामगोत्रान्तरायाः। पञ्चनवद्व्यष्टाविंशतिचतुर्द्विचत्वारिंशद्द्विपञ्चभेदो यथाक्रमम्। ८/४-५

चन्द्रप्रभचरित–

ज्ञानदृष्ट्यावृती वेद्यं मोहनीयायुषी तथा।
नामगोत्रान्तरायाश्चेत्यष्टौ प्रकृतयः स्मृताः॥
भेदाः पञ्च नव द्वौ च विंशतिश्चाष्टसंयुताः।
चतुर्द्विचत्वारिंशद् द्वौ पञ्च तासामनुक्रमात्॥ १८/९८-९९

विषय–ज्ञानावरण, दर्शनावरण आदि कर्मों की उत्कृष्ट एवं जघन्य स्थिति–

तत्त्वार्थसूत्र–आदितस्तिसृणामन्तरायस्य च त्रिंशत्सागरोपमकोटीकोट्यः परा स्थितिः। सप्ततिर्मोहनीयस्य। विंशतिर्नामगोत्रयोः। त्रयस्त्रिंशत्सागरोपमाण्यायुषः। अपरा द्वादश मुहूर्ता वेदनीयस्य। नामगोत्रयोरष्टौ। शेषाणामन्तर्मुहूर्ता। ८/१४-२०

चन्द्रप्रभचरित–

ज्ञानावृतिदृगावृत्योर्वेदनीयान्तराययोः।
सागरोपमकोटिनां कोट्यस्त्रिंशत्परा स्थितिः॥
सप्ततिर्मोहनीयस्य विंशतिर्नामगोत्रयोः।
आयुषश्च त्रयस्त्रिंशत्सागरोपमसंमिताः॥
मुहूर्ता वेदनीयस्य द्वादशैवापरा स्थितिः।
स्यान्नामगोत्रयोरष्टौ शेषाश्चान्तर्मुहूर्तकाः॥ १८/१००-१०२

विषय–'प्रदेशबन्ध' स्वरूप निरूपण–

तत्त्वार्थसूत्र–नामप्रत्ययाः सर्वतोयोगविशेषात् सूक्ष्मैकक्षेत्रावगाहस्थिताः सर्वात्मप्रदेशेष्वनन्तानन्तप्रदेशाः। ८/२४

चन्द्रप्रभचरित–

योगभेदादनन्ता ये प्रदेशाः कर्मणः स्थिताः।
सर्वेष्वात्मप्रदेशेषु स प्रदेश इति स्मृताः॥ १८/१०४

विषय–'संवर' स्वरूप वर्णन–

तत्त्वार्थसूत्र–आस्रवनिरोधः संवरः। स गुप्तिसमितिधर्मानुप्रेक्षापरिषहजयचारित्रैः। ९/१-२

चन्द्रप्रभचरित–

आस्रवस्य निरोधो य संवरः स निगद्यते।
कर्म संव्रियते येनेत्येवं व्युत्पत्तिसंश्रयात्॥
चारित्रगुप्त्यनुप्रेक्षापरीषहजयादसौ।
दशलक्षणधर्माच्च समितिभ्यश्च जायते॥ १८/१०६-१०७

विषय–छह प्रकार के बाह्य तप एवं छह प्रकार के आभ्यन्तर तप–

तत्त्वार्थसूत्र–अनशनावमोदर्यवृत्तिपरिसंख्यानरसपरित्यागविविक्तशय्यासनकायक्लेशाः बाह्यं तपः। प्रायाश्चितविनयवैयावृत्त्यस्वाध्यायव्युत्सर्गध्यानान्युत्तरम्॥ ९/१९-२०

चन्द्रप्रभचरित–

उपवासावमोदर्ये वृत्तिसंख्या रसोज्झनम्।
विविक्तवासता कायक्लेशश्चेति बहिर्भवम्।
स्वाध्यायो व्यावृतिर्ध्यानं व्युत्सर्गो विनयस्तथा।
प्रायश्चित्तमिति ज्ञेयमान्तरं षड्विधं तपः॥ १८/११२-११३

विषय–ध्यान-भेद-प्रभेद निरूपण–

तत्त्वार्थसूत्र–आर्तरौद्रधर्म्यशुक्लानि। परे मोक्ष हेतु।

आर्तमनोज्ञस्य सम्प्रयोगे तद्विप्रयोगा च स्मृतिसमन्वाहारः, विपरीतं मनोज्ञस्य। वेदनायाश्च। निदानं च। ...हिंसानृतस्तेयविषयसंरक्षणेभ्यो रौद्रमविरतदेशविरतयोः। आज्ञापायविपाकसंस्थानविचयाय धर्म्यम्। ...पृथक्त्वैकत्ववितर्कसूक्ष्मक्रियाप्रतिपातिव्युपरतक्रियानिवर्तीनि। ९/२८-३३, ३५-३६, ३९

चन्द्रप्रभचरित–

आर्तं रौद्रं च धर्मं च शुक्लं चापि चतुर्विधम्।
ध्यानमाख्यातमर्हद्भिः शुभाशुभगतिप्रदम्॥
अनिष्टसंगमे तस्य वियोगपरिचिन्तनम्।
विप्रयोगे मनोज्ञस्य समागमविचिन्तनम्॥
रोगादिजनितायाश्च वेदनाया मुहुः स्मृतिः।
निदानं चेति चत्वारो भेदाः पूर्वस्य कीर्तिताः॥
रौद्रं हिंसानृतस्तेयविषयप्रतिपालनैः।
चतुर्भिर्जायमानत्वात्कारणैः स्याच्चतुर्विधम्॥
आज्ञाविपाक विचयावपायविचयस्तथा।
संस्थानविचयश्चेति धर्मध्यानं चतुर्विधम्॥
पृथक्त्वादिवितर्कान्तं शुक्लमाद्यमुदीरितम्।
एकत्वादिवितर्कान्तं द्वितीयमनुगद्यते॥

अन्यत् सूक्ष्मक्रियापूर्वं प्रतिपात्यन्तमुच्यते।
चतुर्थं प्रतिपात्यन्तं समुच्छिन्नक्रियादिकम्।। १८/११५-१२१

विषय–

मोक्ष प्राप्ति का उपाय–सम्यग्दर्शन, सम्यग्ज्ञान एवं सम्यग्चारित्र रूप रत्नत्रय

तत्त्वार्थसूत्र–सम्यग्दर्शनज्ञानचरित्राणि मोक्षमार्गः।

चन्द्रप्रभचरित–

कृत्स्नकर्मक्षयो मोक्षो भव्यस्य परिणामिनः।
ज्ञानदर्शनचारित्रत्रयोपायः प्रकीर्तितः।। १८/२३

उपर्युक्त उद्धरणों से स्पष्ट है कि वीरनन्दी ने जीव–अजीव आदि सातों तत्त्वों तथा अन्य जैन धर्म–दर्शन के सिद्धान्तों का वर्णन 'तत्त्वार्थसूत्र' को ही आधार बनाकर किया है*।

सन्दर्भ

१. वीरनन्दी ने जिन भोगभूमियों को उत्तम, मध्यम एवं जघन्य कहा है, उमास्वाति के अनुसार इन क्षेत्रों के नाम क्रमशः देवकुरु, हरिवर्ष तथा हैमवत हैं।

२. महाकवि वीरनन्दी ने भवनवासी, व्यन्तर तथा ज्योतिष्क देवों के सभी भेदों की परिगणना संभवतः विस्तार–भय के कारण नहीं की है, किन्तु तत्त्वार्थसूत्र में ये सभी भेद परिगणित है। उमास्वाति ने वैमानिक देवों के दो भेद तो उल्लिखित किये ही हैं, साथ ही इनके १२ भेद भी स्वीकार किये हैं किन्तु इन बारह भेदों को स्पष्ट नहीं किया है।

३. प्रस्तुत उद्धरण के द्वितीय सूत्र के 'सप्त' पद का 'त्रिसप्तनव .....' इत्यादि तृतीय सूत्र की सभी संख्याओं से सम्बन्ध है।

*१. यह शोधलेख उदीची, संस्कृत शोधपत्रिका, कुमाऊँ विश्वविद्यालय, नैनीताल १९८५/२ में प्रकाशित है।

२. यह शोधलेख, मीता टण्डन, शोधच्छात्रा, संस्कृत–विभाग, कुमाऊँ विश्वविद्यालय, नैनीताल के संयुक्त लेखकत्व में लिखा गया है।

लोकरत्न पन्त 'गुमानी' के हितोपदेशशतक में अर्थगौरव की समीक्षा

किसी अर्थगाम्भीर्यपूर्ण विस्तृत बात को संक्षेप में कहना 'अर्थगौरव' है। कहने के इस ढंग के लिए ही 'गागर में सागर भरना' जैसी सूक्ति प्रसिद्ध है। हमारे साहित्यकारों ने अपनी रचनाओं में 'अर्थगौरव' नामक वैशिष्ट्य को प्रस्तुत करने के लिए श्लेष, समासोक्ति, अप्रस्तुतप्रशंसा, अर्थान्तरन्यास आदि अलङ्कारों का अवलम्ब लिया है; और इनमें भी मुख्यरूप से अर्थान्तरन्यास अलङ्कार को अर्थगौरव का सर्वोत्कृष्ट माध्यम बनाया है। प्रसिद्ध साहित्यशास्त्री आचार्य मम्मट ने इस अलङ्कार का लक्षण इस प्रकार दिया है:–

सामान्यं वा विशेषो वा तदन्येन समर्थ्यते।
यत्तु सोऽर्थान्तरन्यासः साधर्म्येणेतरेण वा॥

–काव्यप्रकाश, १०/१०९

अर्थात् काव्य के जिस स्थल पर सामान्य का विशेष से अथवा विशेष का सामान्य से साधर्म्य या वैधर्म्य द्वारा समर्थन किया जाता है, उस स्थल पर अर्थान्तरन्यास अलङ्कार की स्थिति होती है। इस तरह यह अलङ्कार चार प्रकार का है–(१) साधर्म्य द्वारा सामान्य से विशेष का समर्थन, (२) साधर्म्य द्वारा विशेष से सामान्य का समर्थन, (३) वैधर्म्य द्वारा सामान्य से विशेष का समर्थन तथा (४) वैधर्म्य द्वारा विशेष से सामान्य का समर्थन।

अर्थगौरव और उसके महत्त्वपूर्ण माध्यम अर्थान्तरन्यास की दृष्टि से जब हम लोकरत्न पन्त गुमानी के काव्यों को परखते हैं, तो पाते हैं कि १०२ आर्या छन्दों में निबद्ध 'हितोपदेशशतक' नामक उनका शतक काव्य अर्थगौरव नामक काव्यवैशिष्ट्य का अद्भुत उदाहरण है। इस काव्य कृति के अन्तिम दो श्लोकों को छोड़कर १०० श्लोकों में अर्थान्तरन्यास का 'साधर्म्य द्वारा सामान्य से विशेष का समर्थन' वाला भेद व्याप्त है। अर्थान्तरन्यास के इस भेद की एक और महत्त्वपूर्ण विशेषता है; और वह यह कि इसमें सामान्य कथन सूक्ति का रूप धारण कर लेता है। उदाहरणस्वरूप गुमानिकृत हितोपदेशशतक से दश श्लोक प्रस्तुत हैं :–

(क) **निर्वासितो हितेप्सुर्विभीषणो रावणेन लङ्कायाः।**
तन्नाशहेतुरासीन्नहि निजबन्धुर्विरोद्धव्यः॥

–हितोपदेशशतक, श्लोक सं० ३

रावण ने अपना हित चाहने वाले छोटे भाई विभीषण को लङ्का से निकाल दिया; और वह उसके नाश का कारण बन गया। अतएव अपने बन्धु से विरोध नहीं करना चाहिए।

(ख) **मणिहेतोरभिशप्तः, कृष्णः सत्राजिताथ ऋक्षपतिम्।**
जित्वा ददौ तमस्मै जनापवादाद् भजेद् भीतिम्॥

हितोपदेशशतक, श्लोक सं० ५

सत्राजित् ने श्रीकृष्ण पर मणि की चोरी का आरोप लगाया, उन्होंने ऋक्षराज जाम्बवान् को जीतकर उससे प्राप्त मणि सत्राजित् को दे दी। अतएव व्यक्ति को लोकापवाद से डरना चाहिए।

(ग) **सन्दीपिताग्रपुच्छो, वद्धतनुस्ताडितोऽपि रक्षोभिः।**
लङ्कां मारुतिरदहद्, विपदि विजह्यान्न शूरत्वम्॥

–हितोपदेशशतक, श्लोक सं० ११

राक्षसों के द्वारा जलाये गये, पूँछ के अग्र भाग वाले, बाँधे गये शरीर वाले, पीटे गये भी, हनुमान् ने लङ्का को भस्म कर दिया। अतएव व्यक्ति को चाहिए कि वह विपत्ति में भी पराक्रम को (हिम्मत को) न छोड़े।

(घ) **शिशुपालः क्रतुकाले, हरिमर्हं गर्हयन्नर्होक्त्या।**
तत्क्षणमियाय नाशं, न महान्तं क्वापि गर्हेत॥

–हितोपदेशशतक, श्लोक सं० १६

युधिष्ठिर के यहाँ राजसूय यज्ञ के अवसर पर अग्रपूजा के योग्य श्रीकृष्ण की अपशब्दों से निन्दा करने वाला शिशुपाल उसी समय विनाश को प्राप्त हो गया। अतएव महापुरुष की निन्दा कभी नहीं करनी चाहिए।

(ङ) **जमदग्निना नियुक्तः सद्यो निजघान मातरं रामः।**
निर्दोषः पुनरासीद् गुरूक्तमविचारितं कुर्य्यात्॥

–हितोपदेशशतक, श्लोक सं० २१

अपने पिता जमदग्नि का आदेश पाकर परशुराम ने अपनी माता को तत्काल मार दिया। (पिता से प्राप्त वर के आधार पर माता को जीवित करवाकर) फिर निर्दोष हो गये। अतएव गुरुजनों के वचनों का पालन विना विचारे ही करना चाहिए।

(च) **सङ्कुट्य पादघातैः कालिन्द्याः कालियं कृताम्।**
निरयापयन्मुकुन्दो, दुष्टे दण्डः प्रयोक्तव्यः॥

हितोपदेशशतक, श्लोक सं० २४

श्रीकृष्ण ने पैरों के प्रहार से कूटकर पापी कालियनाग को यमुनानदी से निकाल दिया। दुष्ट पर दण्ड अवश्य लगाना चाहिए।

(छ) **कर्णेन घातयित्वा, घटोत्कचं शक्रशक्तिनिर्मोकात्।**
जीवितमरक्षि पार्थैः, स्वात्मानं सर्वतो रक्षेत्॥

–हितोपदेशशतक, श्लोक सं० ३६

कर्ण के द्वारा इन्द्रप्रदत्तशक्ति के प्रहार से घटोत्कच का वध करवाकर पाण्डवों ने अपने जीवन की रक्षा की थी। व्यक्ति को सब प्रकार से अपनी रक्षा करनी चाहिए।

(ज) **आदिशल्लक्ष्मणहेतोर्मारुतिमानेतुमोषधी रामः।**
ता आनयत्सुदूरात्, धुर्य्यः कार्ये नियोक्तव्यः॥

—हितोपदेशशतक, श्लोक सं० ३९

(मेघनाद के शक्तिप्रहार से मूर्च्छित) लक्ष्मण के लिए औषधी लाने का आदेश राम ने हनुमान् को दिया और वह उन्हें ले भी आए। अतः योग्य व्यक्ति (कार्य को जिम्मेदारी से करने वाले) को ही कार्य में लगाना चाहिए।

(झ) **यज्ञोत्सवे स्वपित्रा, हठादनाकारिता सती गत्वा।**
तनुमजहात् परिभूता, क्वापि न गच्छेदनाहूतः॥

—हितोपदेशशतक, श्लोक सं० ५८

अपने पिता दक्ष द्वारा सम्पन्न किये जाने वाले यज्ञोत्सव में सती विना बुलाये ही जबर्दस्ती चली गई, वहाँ अपमान होने पर उसने अपना शरीर छोड़ दिया। अतः व्यक्ति को विना बुलाये कहीं नहीं जाना चाहिए।

(ञ) **पितॄन्समुद्दिधीर्षन् प्रापय्य क्ष्मां भगीरथो गङ्गाम्।**
पावितवानपरानपि, हितं चरेत् कर्म सर्वेषाम्॥

—हितोपदेशशतक, श्लोक सं० ७१

अपने पितरों का उद्धार करने की इच्छा रखते हुए राजा भगीरथ ने गंगा को पृथ्वी पर पहुँचाकर दूसरों को भी पवित्र कर दिया। इसलिए सभी के लिए हितकारी कार्य करना चाहिए।

उपर्युक्त दश श्लोकों में दस विशेष ऐतिहासिक घटनाओं का समर्थन दस सामान्य सूक्ति वाक्यों—

(क) नहि निजबन्धुर्विरोद्धव्यः; (ख) जनापवादाद् भजेद् भीतिम्; (ग) विपदि विजह्यान्न शूरत्वम्; (घ) न महान्तं क्वापि गर्हेत; (ङ) गुरूक्तमविचारितं कुर्य्यात्; (च) दुष्टे दण्डः प्रयोक्तव्यः; (छ) स्वात्मानं सर्वतो रक्षेत्; (ज) धुर्य्यः कार्ये नियोक्तव्यः; (झ) क्वापि न गच्छेदनाहूतः; तथा (ञ) हितं चरेत् कर्म सर्वेषाम् द्वारा किया गया है। स्थालीपुलाकन्याय से इन दस श्लोकों को देखने से यह अनुमान बड़ी आसानी से हो जाता है कि 'हितोपदेशशतक' के अन्य ९० श्लोकों में भी अर्थान्तरन्यासपरक 'अर्थगौरव' का वैशिष्ट्य विद्यमान है।

हितोपदेशशतक के अर्थगौरव के विषय में उपर्युक्त विवेचन से अधोलिखित तथ्य स्पष्ट होते हैं—

(क) काव्यविधा तथा वर्ण्यविषय की दृष्टि से गुमानी की यह कृति भर्तृहरि के नीतिशतक की कोटि में आती है।

(ख) ए०बी० कीथ ने गुमानिविरचित 'उपदेशशतक' को 'सूक्त्यात्मक तथा उपदेशात्मक काव्य' शीर्षक के अन्तर्गत रखा है और नीतिशतक के अतिरिक्त पण्डितराजजगन्नाथ के भामिनीविलास के साथ इसका उल्लेख किया है।[१] वास्तव में गुमानी की यह कृति सुभाषित ग्रन्थों में विशिष्ट स्थान पाने की अधिकारिणी है।

(ग) संस्कृत साहित्य में अर्थगौरव की दृष्टि से भारवि का 'किरातार्जुनीय' और हिन्दी के रीतिकालीन कवि बिहारी की 'सतसई' इन दो काव्यों को अब तक विशेष रूप से याद किया जाता था। मैं समझती हूँ कि इस लेख के प्रकाशित होने पर तथा 'हितोपदेशशतक' प्रकाशित होने पर गुमानी के अर्थगौरव को भी सहृदय विद्वान् स्मृति का विषय बनाएगें। यह बात और है कि भारवि ने चारों प्रकार के अर्थान्तरन्यास द्वारा अर्थगौरव को प्रतिष्ठित किया है, तथा बिहारी ने प्रायः श्लेषमूलक अप्रस्तुतप्रशंसा (अन्योक्ति) के द्वारा गागर में सागर भरा है, जबकि कविवर गुमानी ने एक ही तरह के अर्थान्तरन्यास से हितोपदेशशतक को अर्थगौरव से परिपूर्ण करने में सफलता पाई है।

(घ) आचार्य मम्मट द्वारा बताये गये काव्य प्रयोजनों[२] की दृष्टि से गुमानिकवि का यह शतक काव्य उन्हें यश दिलाने में समर्थ है; सहृदयपाठकों को व्यवहार की शिक्षा देने में समर्थ है; हितोपदेशपरक सूक्तियों को समझने वालों के अनिष्टों को दूर करने वाला है; आनन्द प्राप्त कराने वाला है; और कान्तासम्मितोपदेश से युक्त है। क्योंकि गुमानी ने रोचक घटनाओं के माध्यम से ऐसे सूक्तिवचन कहे हैं कि व्यक्ति इन्हें व्यवहार में अपनाकर अपना हित कर सकता है। इस तरह गुमानी के इस काव्य का अर्थगौरव वाणी का विलास अथवा मस्तिष्क का व्यायाम मात्र नहीं है अपितु सद्यः ग्राह्य उपदेश है। हमारे इस निष्कर्ष की पुष्टि गुमानी के दो श्लोकों से भी हो जाती है, जो इस हितोपदेशशतक के अन्तिम श्लोक हैं–

स्फुटमार्य्याशतगदितान्, पृथक् प्रमाणीकृतानुदाहरणैः।
शतमेतानुपदेशान् विभावयन् भावयेत् सिद्धिम्॥
कुतुकाय कोविदानां मूढ़मतीनां हितोपकाराय।
निरमात् कविर्गुमानी शतोपदेशप्रबन्धममुम्॥*

सन्दर्भ

१. संस्कृत साहित्य का इतिहास, अनुवादक–मंगलदेव शास्त्री, मुद्रण १९७८, पृ०सं० २९१
२. काव्यप्रकाश, १/२

* यह शोध लेख कवि गुमानी द्विशताब्दी समारोह राष्ट्रिय संगोष्ठी कुमाऊँ विश्वविद्यालय, नैनीताल १९९० में स्वीकृत एवं पठित है।

श्रीकृष्ण की शासनव्यवस्था

राजनीति के अन्तर्गत राजा, राजपरिवार, मन्त्रिमण्डल, राजकीय कर्मचारी, कोष, सेना, न्याय एवं दण्डव्यवस्था और विदेशनीति के अतिरिक्त शासनव्यवस्था का अध्ययन करना परमावश्यक है। 'शासन' शब्द की व्युत्पत्ति 'राज्य करना' अर्थ वाली शास् धातु से ल्युट् प्रत्यय पूर्वक हुई है।[1] शासनव्यवस्था से हमारा तात्पर्य है–शासनप्रणाली, राज्य करने का ढंग। जब हम अपने देश के राजनैतिक इतिहास पर दृष्टि डालते हैं तो पाते हैं कि यहाँ राजतंत्र, प्रजातंत्र (गणतंत्र) सम्राट्तंत्र, भोजतंत्र, कुलीन गणतंत्र आदि विभिन्न प्रकार की शासन प्रणालियों का प्रचलन रहा है। किन्तु सर्वाधिक प्रसिद्धि मिली है–दो शासन प्रणालियों को–राजतंत्र और प्रजातंत्र (गणतंत्र)। राजतन्त्र शब्द का स्पष्ट अर्थ है–राजा का शासन और प्रजातन्त्र का अर्थ है–प्रजा का शासन। हम देखते हैं कि आज भारतवर्ष में अन्य सभी प्रकार की शासनप्रणालियों समेत नृपतन्त्रात्मक शासन का पूर्ण लोप हो चुका है और सम्पूर्ण भारतवर्ष केवल प्रजातन्त्रात्मक शासन से ही शासित है। अब श्रीकृष्ण के जीवन से सम्बन्धित संस्कृत काव्यग्रन्थों से प्राप्त जानकारी के आधार पर शासन-व्यवस्था सम्बन्धी उनके विचार प्रस्तुत किये जा रहे हैं।

यह सर्वविदित ऐतिहासिक सत्य है कि हमारे देश भारतवर्ष में श्रीकृष्ण का आविर्भाव जिस समय हुआ, उस समय को 'महाभारतकाल' कहा जाता है। उस काल में श्रीकृष्ण के फुफेरे भाई और परममित्र युधिष्ठिर ने उनके सहयोग और परामर्श से हस्तिनापुर पर राज्य किया था। वास्तव में उन्होंने युधिष्ठिर के रूप में एक आदर्श राजा हमारे देश को दिया, जिसका आचरण अन्य राजाओं के लिए अनुकरणीय और राजनीति के लक्षणग्रन्थों का उदाहरण बनने योग्य रहा है। हमारे देश का राजनैतिक इतिहास इन दोनों–श्रीकृष्ण और युधिष्ठिर के वर्णन के विना पूर्णता प्राप्त नहीं कर सकता। सभी पौराणिक इतिहासकार इस बात को स्वीकार करते हैं कि युधिष्ठिर के राज्य में नृपतन्त्रात्मक शासन था। श्रीकृष्ण स्वयं भी शासन-व्यवस्था के रूप में नृपतन्त्र को पसन्द करते थे। उनका अधोलिखित कथन इस सम्बन्ध में उनकी मान्यता को पुष्टि प्रदान करता है।

यत्किल देवकृतात्प्रामादिकाद्वापराधात्संप्रत्यराजकं जगदिदमास्ते। न चाराजकं राष्ट्रमिष्टानिष्ट-प्राप्तिपरिहारयोः प्रभवति। तत्रास्मदभिजनेषु बहुषु सन्निहितेष्वप्यस्मन्मातामह उग्रसेन एव तदास्पदेऽभिषेक्तव्य इति जायते मे मनोरथः।[2]

इस कथन में उनका स्पष्ट अभिप्राय यही निकलता है कि अराजकता की स्थिति न केवल किसी एक देशविशेष के लिए, अपितु सम्पूर्ण विश्व के लिए घातक होती है। इस स्थिति में कोई भी राष्ट्र न तो अपना अभीष्ट पा सकता है और न अनिष्ट से बच सकता है। अतः किसी योग्य व्यक्ति को 'राजा' के रूप में नियुक्त किया जाना चाहिए।

इसके अतिरिक्त उनका व्यवहार भी उन्हें राजतन्त्र का ही प्रबल समर्थक सिद्ध करता है। इस सम्बन्ध में पुष्टि हेतु कुछ तथ्य प्रस्तुत हैं–

राज्याभिषेक

राजतन्त्र की सर्वाधिक महत्त्वपूर्ण औपचारिकता है– राज्याभिषेक अर्थात् राजा को राजसिंहासन पर बैठाना। जिससे राजसिंहासन खाली न रहे और राजा के नियन्त्रण के अभाव में अपना राज्य शत्रु के अधिकार में न पहुँच जाय। इसीलिए श्रीकृष्ण ने कंसवध के पश्चात् शीघ्र ही अपने मातामह उग्रसेन को मथुरा के राज्य पर अभिषिक्त किया था।[३]

इसी प्रकार दुर्योधनादि कौरवों का विनाश हो जाने पर उन्होंने हस्तिनापुर राज्य में युधिष्ठिर के राज्याभिषेक की तुरन्त इच्छा प्रकट की थी।[४] क्योंकि वह इस बात से भलीभाँति परिचित थे कि हस्तिनापुर राज्य रहेगा तो दबे हुए शत्रु फिर उठ खड़े होंगे और धर्मराज्यस्थापना का उनका उद्देश्य अधूरा रह जाएगा।

पैतृक राजतन्त्र

श्रीकृष्ण अपने समय में प्रचलित पैतृक राजतन्त्र के समर्थक थे। तदनुसार उनके मत में राजा की मृत्यु के बाद उसके पुत्र को राजा बनाना चाहिए। सम्भवतः वह जनसामान्य की इस मान्यता से सहमत थे कि योग्य पिता के गुण उसके पुत्र में भी आ जाते हैं। इसीलिए राजा का पुत्र राजा बनने के योग्य होता है। इसीलिए हस्तिनापुर के राजा पाण्डु की मृत्यु के बाद युधिष्ठिर को ही राज्याधिकार मिलना चाहिए था। उन्होंने युधिष्ठिर की ओर से दूतकर्महेतु हस्तिनापुर पहुँच कर धृतराष्ट्र और दुर्योधन के समक्ष अपना यही मत प्रकट किया है कि उन्हें अपने पिता पाण्डु का राज्यांश अवश्य मिलना चाहिए। भले ही, उनका यह राज्यांश कोई भी ग्राम हो।[५]

उन्होंने कर्ण को उसका वास्तविक परिचय बताते हुए भी अपना यही मत व्यक्त किया है कि धर्मतः वह पाण्डु का पुत्र है और उनके राज्य का अधिकारी माना जा सकता है।[६] यही कारण है कि वह दुर्योधन को राज्य का अधिकारी नहीं मानते थे, क्योंकि उसके पिता जन्मान्ध होने के कारण राज्य प्राप्त नहीं कर सके थे।

दिग्विजय एवं यज्ञ

उन्होंने युधिष्ठिर को दिग्विजयपूर्वक राजसूय यज्ञ[७] और अश्वमेध यज्ञ[८] करने का जो सत्परामर्श दिया, वह भी उनकी राजतन्त्र विषयक मान्यता का ही पोषक है। ऐसा राजतन्त्र, जिससे सभी छोटे-बड़े राज्य एक सूत्र में बँध जायें और एक सम्राट् के आधिपत्य में अपनी और अपने देश की उन्नति करें।

सम्राट् का पद

श्रीकृष्ण के विचार से जो गुणी राजा अन्य सभी राजाओं को जीत लेता है, वह 'सम्राट्' का पद पाने योग्य हो जाता है। उस स्थिति में अन्य राजा उसके अधीनस्थ हो जाते हैं और उनका राज्य भी उसके राज्य के अन्तर्गत मान लिया जाता है। फलस्वरूप सम्राट् का राज्य साम्राज्य कहलाता है।

उन्होंने पाण्डु के पुत्र युधिष्ठिर को इस पद के सर्वथा योग्य मानकर उन्हें सुझाव दिया कि यदि वह सम्राट् का पद प्राप्त करना चाहते हैं तो अन्य सभी राजाओं, मुख्यरूप से मगधनरेश प्रतापी जरासन्ध, को जीत लें।[९] उन्होंने उनके इस बहुमूल्य सुझाव को मानकर उनके और अपने भाईयों–भीम, अर्जुन, नकुल तथा सहदेव के सहयोग से सब राजाओं पर विजय प्राप्त की और 'सम्राट्' पद प्राप्त किया।

उपर्युक्त विवेचन से यह बात सुस्पष्ट हो जाती है कि श्रीकृष्ण राजतन्त्र को ही उपयुक्त शासनप्रणाली के रूप में ठीक मानते थे। कुछ आधुनिक समालोचक और इतिहासकार यह मानकर चलते हैं कि श्रीकृष्ण का राज्य संघराज्य था और वह इस राज्य के मुख्य थे। यह संघराज्य यादव-वृष्णि-कुकुर-भोज-अन्धक पाँच गणों का सम्मिलित राज्य था।[१०] किन्तु श्रीकृष्ण के वचनों में कहीं भी गण अथवा संघ शब्द राज्य के अर्थ में नहीं मिले हैं। उन्होंने युधिष्ठिर को सहयोग देकर अपनी राजतन्त्रात्मक नीति का ही परिचय दिया है और स्वयं भी दिग्विजय और यज्ञों आदि के द्वारा, द्वारका में स्थित अपने राज्य का संचालन नृपतन्त्रात्मक नीति से ही किया है।[११]

सम्भवतः इन समालोचकों ने महाभारत के शान्तिपर्व में आये हुए श्रीकृष्ण-नारद संवाद को प्रमाण मानकर उनके राज्य को गणतन्त्रात्मक शासन से संचालित मान लिया है। उस संवाद का सारांश इस प्रकार है–

उन्होंने (श्रीकृष्ण ने) देवर्षि नारद से कहा कि उनका इरादा अपने जाति भाइयों को अपने ऐश्वर्य के बल पर अपना दास बनाने का नहीं है; वह भोगने की सामग्रियों में से आधा भाग ही अपने उपयोग में लाते हैं; तथा आधाभाग अपने कुटुम्बियों के उपभोग के लिए छोड़ देते हैं; और उनके कटुवचनों को सहते हैं। किन्तु उन्हें दुःख है तो इस बात का कि उनका वास्तविक सहायक कोई नहीं है क्योंकि उनके बड़े भाई बलराम को अपने बल का घमण्ड है; छोटा भाई सुकुमार होने के कारण परिश्रम करने में असमर्थ है; तथा पुत्र प्रद्युम्न अपने सौन्दर्य पर गर्व करता है। यद्यपि अन्धक और वृष्णिवंश के वीरपुरुषों की सहायता से विजय मिल सकती है, किन्तु उनके पारस्परिक वैमनस्य से विजय प्राप्ति होना असम्भव है।

नारद ने श्रीकृष्ण के गृहकलह के विषय में जानकर अपना मत प्रकट किया कि आपत्तियाँ दो प्रकार की हैं–आभ्यन्तर और बाह्य। ये दोनों भी दो-दो प्रकार की हैं–स्वकृत और परकृत। उन पर आई हुई गृहकलह की आपत्ति आभ्यन्तर है और स्वकृत (खुद मोल ली हुई) है। क्योंकि उन्हें जो ऐश्वर्य मिला, उसे उन्होंने उग्रसेन को दे दिया, जिसे वह वापिस नहीं ले सकते। किसी को दिया हुआ राज्य लेने का तात्पर्य है–युद्ध करना। अतः उन्हें अपनी आपत्ति से जूझने के लिए उपाय करने चाहिए; अपनी शक्ति के अनुसार अन्नदान करना चाहिए; व्यवहार में सरलता, सहनशीलता एवं कोमलता बनाये रखनी चाहिए; तथा पूज्य व्यक्तियों का आदर सत्कार करना चाहिए। वह यादवसंघ के मुखिया हैं, इसलिए उन्हें चाहिए कि वह इसकी रक्षा के लिए इसे फूट से बचायें; गण को वश में करने के लिए बुद्धि, क्षमा, इन्द्रियनिग्रह और धनत्यागादि गुणों को धारण करें।[१२]

अब इस सम्बन्ध में कोई निर्णय लेने के पूर्व 'गण' शब्द के सम्बन्ध में कोशकारों और समालोचकों के विचार जान लेना अनिवार्य है। कोशकारों का मत प्रस्तुत है–

(क) राजा राधाकान्तदेव ने इस शब्द का अर्थ समूह बताया है।[१३]

(ख) वामन शिवराम आप्टे ने 'गण' शब्द का अर्थ बताया है–रेवड़, झुण्ड, समूह, दल, संग्रह।[१४]

(ग) Rev. Thomas Davidson ने इस शब्द के अंग्रेजी पर्याय का अर्थ बताया है–A form of Government without a monarch in which the supreme power is vested in representatives elected by the people.[15]

(घ) Prof. R.C. Pathak के मतानुसार Republic—A state in which the supreme authority is in the hands of the people. A common wealth-Bhargava's concise Dictionary of English Language, Page No. 745.

गणराज्य के विषय में कुछ समालोचकों के विचार इस प्रकार हैं–

(क) डॉ० देवीदत्त शुक्ल–गणराज्य, जिसमें मताधिकार तो जनता के प्रत्येक व्यक्ति को प्राप्त था, परन्तु शासनाधिकार उनके प्रतिनिधियों को वर्गीकरण के आधार पर प्राप्त था।[१६]

(ख) डॉ०ए०एस० अल्तेकर–Gana had a definite constitutionalism meaning and denoted a form of Government were the power was vested not in one, but in a gana or Group of people.[17]

गणराज्यों का समूह ही संघ कहलाता है, इसीलिए इस शब्द के विषय में भी कोशकारों और समालोचकों का मत जानना अनिवार्य है–

'सङ्घ' शब्द के विषय में कोशकारों का मत इस प्रकार है–

(क) राजा राधाकान्तदेव तथा वामन शिवराम आप्टे ने 'सङ्घ' शब्द का अर्थ 'समूह' बताया है।[१८]

(ख) फादर कामिल बुल्के ने 'संघ' शब्द के भाषा के पर्यायवाची शब्द का अर्थ किया है–संघ, राज्यसंघ, संघशासन।[१९]

(ग) प्रो०आर०सी० पाठक ने federate और federation का अर्थ सम्मिलित करना, मिलाना, सन्धि और मेल बताते हुए संघीय शासन का अंग्रेजी रूपान्तर किया है–federal union और इसका अर्थ बताया है–अनेक स्वतन्त्र राज्यों की सन्धि।[२०]

संघराज्य के विषय में कुछ समालोचकों के विचार भी प्रस्तुत हैं–

(क) डॉ० देवीदत्त शुक्ल–संघराज्य, जिसमें एकाधिक गणराज्य मिलकर शासन में समान अधिकार रखते थे।[२१]

(ख) डॉ० ए०एस० अल्तेकर ने गणराज्य के विषय में बताते हुए संघराज्य के विषय में अपना मत इस प्रकार प्रस्तुत किया है–Sangha was another term used precisely in the same sense because it was sharply distinguished from monarchy.[22]

'गण' शब्द और 'संघ' शब्द के विषय में कोशकारों और समालोचकों द्वारा सामान्य अर्थ के सम्बन्ध में और राज्य अर्थ के सम्बन्ध में दी गई जानकारी से यही निष्कर्ष निकलता है कि गण और संघ दोनों का सामान्य अर्थ 'समूह' है अर्थात् ये दोनों शब्द पर्यायवाची हैं। किन्तु राजनीति की

दृष्टि से इन दोनों शब्दों के अर्थों में भिन्नता है। गण 'राज्य' का तात्पर्य एक ऐसा राज्य है, जिसका शासन राजा के हाथ में न होकर, जनता के द्वारा चुने गये व्यक्तियों के हाथ में होता है। संघ (राज्य) का तात्पर्य है–बहुत से गणराज्यों का समूह अर्थात् गणराज्य संघराज्य का अंग हो सकता है उसका पर्याय नहीं।

गणराज्य और संघराज्य सम्बन्धी उपर्युक्त विवेचन को ध्यान में रखते हुए यदि श्रीकृष्ण के राज्य और उनको अभिमत राज्य के विषय में विचार किया जाये तो, यही निष्कर्ष निकलता है कि उनका राज्य गणतन्त्रात्मक शासन से युक्त नहीं था। क्योंकि जब उन्होंने उग्रसेन को मथुरा की राजगद्दी सौंपी और बाद में द्वारका में भी उनको ही आधिपत्य सौंपा तो अपनी प्रजा से अथवा उसके प्रतिनिधियों से इसके लिए मत नहीं माँगा। यदि इतिहासकारों और समालोचकों का मत ग्राह्य मानकर श्रीकृष्ण को संघराज्य का प्रमुख मान भी लें, क्योंकि नारद ने श्रीकृष्ण को 'संघमुख्य'[२३] सम्बोधन दिया है और बुद्धि, क्षमा, इन्द्रियनिग्रह तथा ऐश्वर्यत्याग से 'गण' को वश में करने का उपदेश दिया है,[२४] और उनके समय में गणराज्य और संघराज्यों की सत्ता स्वीकार कर लें क्योंकि भीष्म-पितामह ने युधिष्ठिर को राजधर्म की शिक्षा देते हुए इन दोनों शासनप्रणालियों पर प्रकाश डाला है;[२५] तो भी यह तथ्य निर्विवाद रूप से स्वीकरणीय है कि वह गणराज्य को पसन्द नहीं करते थे। उनका कहना है–

अनायका विनश्यन्ति नश्यन्ति बहुनायकाः।
स्त्रीनायका विनश्यन्ति नश्यन्ति शिशुनायकाः॥

(शेषकृष्ण, कंसवध)

अर्थात् राजा के न होने के कारण राज्य का विनाश हो जाता है; बहुत से राजाओं के होने से राज्य नष्ट हो जाता है; स्त्री के राजा बनने से राज्य की रक्षा नहीं हो सकती; तथा बालक के राजा बना दिये जाने से भी राज्य का विनाश हो जाता है। 'बहुनायकाः' का अभिप्राय अवश्य ही यहाँ पर गणराज्य से है, अर्थात् जहाँ कोई एक राजा राज्य नहीं करता। जनता के द्वारा चुने गये बहुत से प्रतिनिधि शासन चलाते हैं; उनमें वैमत्य होने के कारण राज्य की उन्नति बाधित हो जाती है; और वह विनाशोन्मुख हो जाता है। श्रीकृष्ण और नारद का संवाद यद्यपि गृहकलह के सम्बन्ध में है तथापि आलोचकों के मत को दृष्टि में रखकर उस संवाद को गणराज्य और संघराज्यसम्बन्धी विचारविमर्श का रूप दे दें तो यही पायेंगे कि श्रीकृष्ण ने गणराज्य में सम्भावित दुर्गुणों का वर्णन किया है। नारद ने भी अपने बल से प्राप्त राज्य को उग्रसेन, अक्रूर आदि सजातीय बन्धुओं को देने की उनकी नीति को पसन्द नहीं किया है और उन्हें सलाह दी है कि यादवों का भला करने के लिए शासन की बागडोर वह अपने हाथ में ले लें।[२६] इस प्रकार उन दोनों के गृहकलह सम्बन्धी वार्तालाप को गणराज्य और संघराज्य सम्बन्धी चर्चा मान लें तो भी यही बात सामने आती है कि गणराज्यों में गृहकलह की अधिक सम्भावना रहने से इन राज्यों में भी नृपतन्त्रात्मक शासनप्रणाली लागू कर दी जानी चाहिए।

तानाशाही का विरोध

इस प्रकार यद्यपि श्रीकृष्ण राजतन्त्र और साम्राज्यवाद के समर्थक थे, तथापि यह नहीं समझना

चाहिए कि वह 'तानाशाही' को प्रश्रय देते थे। अन्यथा वह अपने समय के सर्वाधिक शक्तिशाली सम्राट् जरासन्ध को मृत्युदण्ड न देते। सम्राट् जरासन्ध मगधदेश का शासक था, उसने तत्कालीन बहुत से राजाओं को जीतकर अपना वशवर्ती बना लिया था। इसमें से कुछ राजाओं ने स्वेच्छा से उसका आधिपत्य स्वीकार कर लिया था, किन्तु कुछ राजा ऐसे भी थे, जिन्होंने उसका आधिपत्य स्वीकार नहीं किया, फलस्वरूप उसने उनको बलपूर्वक कैद कर लिया था। अतः वह लोकरंजक सम्राट् न होकर तानाशाह मात्र रह गया था। इस अवसर पर उन्हें यह बात समझ में आयी कि अत्याचारी जरासन्ध सम्राट् पद पर आसीन होने के योग्य नहीं है, जबकि धर्मज्ञ युधिष्ठिर सम्राट् पद पर आसीन होने के सर्वथा योग्य हैं। उन्होंने भीम के द्वारा जरासन्ध का वध करवा दिया और युधिष्ठिर को 'सम्राट्' पद पाने में सहयोग दिया। इससे दो उद्देश्य सिद्ध हुए–(पहला) जरासन्ध जैसे तानाशाह के वध से अन्य राजाओं एवं उसके अत्याचार से संत्रस्त प्रजा ने राहत की साँस ली और (दूसरा) युधिष्ठिर के रूप में एक गुणवान् सम्राट् देश को मिला।[२७]

उनका समस्त राजतन्त्र वास्तव में उनके उदार दृष्टिकोण को प्रकट करता है। उनके विचारानुसार सम्राट् पद पाने के लिए अन्य राजाओं को जीतकर अपने वश में करना तो ठीक है किन्तु उनका उनके वंश और उनके राज्य का उन्मूलन करना अनुचित है। वह (राजा) उन्मूलन करना आवश्यक भी समझे तो केवल अत्याचारी और तानाशाह व्यक्ति (राजा) का ही उन्मूलन करे, उसके वंश और राज्य का नहीं। तभी तो उन्होंने अत्याचारी जरासन्ध का तो वध करवा दिया, किन्तु उसके परिवार एवं राज्य को कोई क्षति नहीं पहुँचाई। अपितु उसके ही पुत्र सहदेव को मगधराज्य पर अभिषिक्त कर दिया और युधिष्ठिर का वशवर्ती बना दिया।[२८] जरासन्ध के द्वारा बन्दी बनाये गये राजाओं को उसकी कैद से मुक्त किया और युधिष्ठिर के राजसूय यज्ञ में सहयोग देने का आदेश दिया तथा उन्हें धर्मपूर्वक प्रजापालन का उपदेश भी दिया।[२९] इसी प्रकार उन्होंने करवीरपुर के स्वामी श्रृगाल का तो वध कर दिया। किन्तु उसका राज्य अपने अधीन नहीं किया, अपितु उस पर उसके ही पुत्र शक्रदेव को राजा के रूप में अभिषिक्त कर दिया। (हरिवंशपुराण, विष्णुपर्व, ४४/५६-५९)।

यदि श्रीकृष्ण चाहते तो मगध और करवीरपुर को अपने अधिकार में ले सकते थे; जरासन्ध के द्वारा बन्दी बनाये गये राजाओं के राज्यों को भी हथिया सकते थे; यहाँ तक कि वह यदि चाहते तो हस्तिनापुर को भी अपने अधिकार में ले सकते थे। किन्तु उन्होंने ऐसा नहीं किया। वह तो अन्य राज्यों पर विजय प्राप्त करके/करवाकर उन्हें और उनके स्वामियों को युधिष्ठिर के अधिकार में देते रहे। इतना ही नहीं, राजाओं को भी उन्होंने सम्राट् का दास न मानकर सहयोगी माना है; तानाशाही का उन्मूलन करने में सक्रिय सहयोग दिया है; तथा अपने सामर्थ्य का जरासन्ध की भाँति दुरपयोग नहीं किया है।

निष्कर्ष

उपर्युक्त विस्तृत विवेचन से यही निष्कर्ष निकलता है कि श्रीकृष्ण एक ऐसी शासन प्रणाली को पसन्द करते थे, जिसमें तानाशाही का लेश भी न हो। दिग्विजयपूर्वक राजसूय यज्ञ एवं अश्वमेध यज्ञ द्वारा वह एक ऐसा साम्राज्य बनाना चाहते थे, जिसमें सबकी उन्नति हो, सब एक राजच्छत्र की छाया में, एक राजा के शासन में रहें। किन्तु उनका यह साम्राज्यवाद निरंकुशता का पर्याय कदापि

नहीं था। उन्होंने साम्राज्यवाद को इसीलिए प्रश्रय दिया था, जिससे राजाओं में स्वेच्छाचारिता न बढ़े। इसका उपाय उनकी समझ में यही आया कि राजाओं पर शासन करने वाला भी कोई राजा अर्थात् सम्राट् हो, जो इन राजाओं के राज्य को अपने अधिकार में लेकर उनके राज्य के दुर्गुणों को दूर करे, उनसे ही उनके राज्य का शासन अपनी देख-रेख में करवाये और अपना मुख्य उद्देश्य लोक कल्याण माने।

उन्होंने शासन की सफलता के लिए शासन-प्रणाली की उपयुक्तता के अतिरिक्त राजा की गुणवत्ता, मन्त्रिमण्डल की कुशलता, सेना की युद्धनीति-निपुणता, कोष, उत्तम न्याय और दण्डव्यवस्था तथा हितकारिणी विदेशनीति को भी आवश्यक समझा है। वास्तव में देखा जाय तो उन्हें ऐसी शासन प्रणाली प्रिय थी; जिसमें प्रजा का कल्याण हो; ब्राह्मणों को अध्ययन-अध्यापन की सुविधा हो; धर्म को आश्रय मिले; संस्कृति की रक्षा हो; और राष्ट्र उन्नति करे। अपने इन उद्देश्यों की पूर्त्ति उन्हें उत्तम नृपतन्त्रात्मक शासन-प्रणाली में ही होती हुई दिखाई दी थी*।

सन्दर्भ

१. वामनशिवराम आप्टे, संस्कृत-हिन्दी-कोश, पृ०सं० १०१४

२. शेषकृष्ण, कंसवध, ७/श्लोक १२ के पूर्व और पश्चात् का गद्यभाग।

३. (क) ब्रह्मपुराण, १९४/९
   (ख) पद्मपुराण, षष्ठोत्तरखण्ड, उत्तरार्द्धभाग, श्लोक सं० ३९१ का पूर्वार्द्ध।
   (ग) विष्णु पुराण, ५/२१/९
   (घ) भागवत पुराण, १०/४५/१२
   (ङ) ब्रह्मवैवर्त पुराण, ७२/९५ का पूर्वार्द्ध
   (च) हरिवंश पुराण, विष्णुपर्व, ३५/५२-५४
   (छ) वेदान्तदेशिक, यादवाभ्युदय, १०/९७
   (ज) क्षेमेन्द्र, दशावतारचरित, ८/१९०
   (झ) वही, भारतमंजरी, हरिवंशपर्व, श्लोक सं० ९४५
   (ञ) अगस्त्यपण्डित, कृष्णचरित, पृ०सं० ७७
   (ट) डॉ० रमेशचन्द्र शुक्ल, श्रीकृष्णचरित, ४/१

४. भट्टनारायण, वेणीसंहार, ६/श्लोक १२ का प्रथम चरण एवं ६/४४

५. (क) महाभारत, उद्योगपर्व, १/१५
   (ख) वही, ९५/५४
   (ग) भास, दूतवाक्य, २/२०
   (घ) वासुदेव, युधिष्ठिर विजय, ६/११०-११२

६. महाभारत, उद्योगपर्व, १४०/९-२९

७. (क) भागवतपुराण, १०/७१/३-१२
   (ख) महाभारत, सभापर्व, अध्याय १४ सम्पूर्ण।
   (ग) वेदान्तदेशिक, यादवाभ्युदय, १५/३०
   (घ) क्षेमेन्द्र, भारतमंजरी, सभापर्व, श्लोक सं० ५१-५७
   (ङ) शिवदत्त त्रिपाठी, गद्यभारत, पृ० ५६-५९

८. (क) भागवतपुराण, १/१३/३३-३४
(ख) महाभारत, आश्वमेधिकपर्व, ७१/२३-२६, ८६/९-२१
९. (क) महाभारत, सभापर्व, अध्याय १४, १५/१४-२५, २४/३६-३७
(ख) वासुदेव, युधिष्ठिर विजय, ३/३३-४०, ४५
१०. (क) बाबू वृन्दावनदास, प्राचीन भारत में हिन्दु राज्य, पृ०सं० १४३-१४६
(ख) डॉ० प्रेम कुमारी दीक्षित, महाभारत में राज्य व्यवस्था, पृ० २५९, २६१, २६२
(ग) डॉ० श्यामलाल पाण्डेय, भीष्म का राजधर्म, पृ०सं० १२८, १३१, १३२
(घ) डॉ० देवीदत्त शुक्ल, प्राचीन भारत में जनतन्त्र, पृ०सं० ८४-८६
(ङ) B.P. Roy, Political Ideas and Institutions in the Mahabharata, Page No. 176, 178-182
(च) Dr. A.S. Altekar, State and Government in Ancient India, Page No. 121
११. वेदान्तदेशिक, यादवाभ्युदय, सर्ग २२ सम्पूर्ण।
१२. महाभारत, शान्तिपर्व, ८१/५-१८, २१-२६
१३. शब्दकल्पद्रुम, द्वितीय भाग, पृ०सं० २९२
१४. संस्कृत-हिन्दी-शब्दकोश, पृ० सं० ३३०
१५. Chambers Twentieth Century Dictionary, Page No. 793
१६. प्राचीन भारत में जनतन्त्र, पृ०सं० २३
१७. State & Government in Ancient India, Page No. 109
१८. (क) शब्दकल्पद्रुम, पंचम भाग, पृ०सं० २१९
(ख) संस्कृत-हिन्दी-कोश, पृ०सं० १०५८
१९. अंग्रेजी-हिन्दी-कोश, पृ०सं० २३८
२०. Bhargava's Concise Dictionary of English Language, Page No. 271
२१. प्राचीन भारत में जनतन्त्र, पृ०सं० २३
२२. State & Government in Ancient India, Page No. 109-110
२३. भेदाद् विनाशः संघानां संघमुख्योऽसि केशव।
महाभारत, शान्तिपर्व, ८१/२५ का पूर्वार्द्ध।
२४. महाभारत, शान्तिपर्व, ८१/२६
२५. महाभारत, शान्तिपर्व, १०७/१०, १३, १४, १७, १८, २२-३२
२६. वही, वही, ८१/१३-३०
२७. (क) महाभारत, सभापर्व, १४/७-१४, १८-२९, ३७-५२, ६२-६८
(ख) वासुदेव, युधिष्ठिरविजय, ३/३४
२८. (क) पद्मपुराण, षष्ठोत्तरखण्ड, उ०भा० २५२/पृ०सं० ९११-९१२ का गद्य भाग।
(ख) भागवतपुराण, ७३/४८
(ग) ब्रह्मवैवर्तपुराण, ११३/२५
(घ) महाभारत, सभापर्व, २४/१२-२०, ४०-४३
(ङ) क्षेमेन्द्र, भारतमंजरी, सभापर्व, श्लो०सं० १०९-११०
२९. (क) पद्मपुराण, षष्ठोत्तर खण्ड, उ०भा०, २५२/पृ०सं० ९१२ का गद्य भाग
(ख) भागवतपुराण, १०/अ० ७२-७३
(ग) महाभारत, सभापर्व, २४/३६-३८

* प्रस्तुत शोधलेख ३५वें अखिल भारतीय प्राच्य विद्या सम्मेलन हरिद्वार १९९० में स्वीकृत एवं पठित है।

कोष के विषय में श्रीकृष्ण की राजनीति

'कोष' सप्ताङ्ग राज्य का एक महत्त्वपूर्ण अङ्ग है। राजा को राज्य के प्रत्येक राजकीय कार्य को पूरा करने के लिए 'कोष' अर्थात् संगृहीत धन-सम्पत्ति की आवश्यकता होती है। उसका कोई भी कार्य-ब्राह्मणों का सत्कार करना, सैन्यशक्ति को बढ़ाना, युद्धोपकरणों को खरीदना, प्रजा की सुख-सुविधा की व्यवस्था करना, देश-विदेश की यात्रा करना, कर्मचारियों को वेतन देना, नगर निर्माण करना आदि कोष के विना पूरा नहीं हो सकता। इसलिए राजा को चाहिए कि वह राज्य-शासन को सुचारू रूप से चलाने के लिए धनार्जन करे, अर्जित किये हुए धन को सुरक्षित रखे; और उस धन का सदुपयोग करे।

श्रीकृष्ण के जीवनचरित का अनुशीलन करने से ज्ञात होता है कि उन्होंने यादवों के लिए द्वारकानगरी का निर्माण किया; अपने मित्र युधिष्ठिर के लिए इन्द्रप्रस्थ नगर का निर्माण करवाया; प्रजाकल्याण के लिए अत्याचारियों से युद्ध किये; और करवाये। नगर-निर्माण और युद्ध ये दो ऐसे कार्य हैं, जिनमें पूँजी का विनियोग (इन्वेस्टमेण्ट) बड़ी मात्रा में करना होता है। इसके अतिरिक्त श्रीकृष्ण दिव्यशस्त्रास्त्रसम्पन्न थे; उनकी प्रजा सम्पन्न थी। स्पष्ट है कि श्रीकृष्ण कोष के अर्जन, उसकी वृद्धि आदि से अच्छी तरह परिचित थे। अब प्रस्तुत है 'कोष' के विषय में श्रीकृष्ण के विचार-

श्रीकृष्ण ने राजकीय कोषवृद्धि के जो उपाय बताये हैं, वे हैं-

(क) विजित शत्रुओं की धनसम्पत्ति पर कब्जा करना।

(ख) विभिन्न अवसरों पर राजाओं से उपहारों को प्राप्त करना।

(ग) दिव्यपदार्थों का संग्रह करना।

(घ) धनाध्यक्षों की नियुक्ति।

(ङ) कर-प्राप्ति का प्रयत्न।

(क) विजित शत्रुओं की धनसम्पत्ति पर कब्जा करना

श्रीकृष्ण के व्यवहारानुसार राजा को चाहिए कि जिन शत्रुओं को जीत लिया गया है; अथवा जिनका वध किया गया है, उनकी सम्पत्ति को वह प्राप्त करे, इस सम्पत्ति से अपना कोश समृद्ध करे; और प्रजा को समृद्ध बनाए। उन्होंने कालयवन के वध के पश्चात् उसकी चतुरंगिणी सेना तथा सम्पत्ति को अपने वश में किया; यह सेना और सम्पत्ति उन्होंने उग्रसेन को समर्पित की; और इस सामग्री से द्वारकानगरी को सुव्यवस्थित किया।[1] यहाँ यह बात ध्यान देने की है कि कालयवन और जरासन्ध के सम्मिलित आक्रमण से अपनी प्रजा को बचाने के लिए श्रीकृष्ण ने अपने मन्त्रियों की सलाह से द्वारकानगरी को उपयुक्त स्थान के रूप में चुना। उन्हें नगरी को प्रजा के रहने योग्य बनाना

था; और इस कार्य के लिए उन्हें पूँजी की आवश्यकता थी। फलस्वरूप नीतिज्ञ श्रीकृष्ण ने कालयवन की सम्पत्ति को प्राप्त किया और उस सम्पत्ति से द्वारकानगरी को प्रजा के निवास के योग्य बनाने में समर्थ हो गये।

इसी प्रकार जब उन्होंने प्राग्ज्योतिषेश्वर नरकासुर का उसके साथियों सहित वध किया और उसके वैभवपूर्ण नगर में प्रवेश किया, तब वहाँ से उन्होंने बहुत से बहुमूल्य रत्न, सोलह हजार एक सौ कन्या रत्न, छः हजार श्रेष्ठ गजराज, इक्कीस हजार काम्बोज देशीय अश्व, सोने-चाँदी से भरे हुए कलश और रत्नजटित बहुमूल्य सिंहासन प्राप्त किये। इस समस्त सामग्री को उन्होंने नरक के सेवकों द्वारा द्वारकानगरी में भिजवा दिया; और इसके बाद जलवृष्टि करने वाले भगवान् वरुण के छत्र और मन्दराचल के मणिपर्वत को भी द्वारकानगरी ले जाने के उद्देश्य से पक्षिराज गरुड़ पर रख लिया।[२] सम्भवतः नरक का वध करने के समय द्वारकानगरी निर्माणाधीन थी, लोग उसमें रहने तो लगे थे, किन्तु वह राजधानी का सम्पूर्ण रूप नहीं ले पायी थी। ऐसे समय में नरकासुर के वध के पश्चात् उन्हें जो सम्पत्ति मिली, उससे उन्होंने अपनी द्वारकानगरी को अवश्य ही भव्य बनाया होगा। कालयवन और नरकासुर की सेना, हाथी-घोड़े आदि से श्रीकृष्ण ने अपनी सैन्यशक्ति को बढ़ाया होगा; इनके दास-दासियों को अपने यहाँ कार्यों में नियुक्त किया होगा; भगवान् वरुण के छत्र से उनके राज्य में कभी भी सूखा या अकाल नहीं पड़ा होगा; और मणिपर्वत द्वारका को सदा सम्पन्न बनाता होगा। जहाँ तक सोलह हजार एक सौ कन्यारत्नों का प्रश्न है तो यह सर्वविदित है कि श्रीकृष्ण ने इनसे विवाह किया। श्रीकृष्ण की इस उदारनीति से इन राजकुमारियों के अभिभावक अवश्य ही प्रभावित हुए होंगे और उन्होंने श्रीकृष्ण को अवश्य ही आर्थिक सहयोग दिया होगा।

(ख) विभिन्न अवसरों पर राजाओं के उपहार प्राप्त करना

श्रीकृष्ण की दृष्टि में राजाओं को विवाह, यज्ञ, जन्मदिवस आदि के अवसर पर अन्य उपस्थित राजाओं से मिलने वाले उपहार भी कोश समृद्धि में सहायक होते हैं। उन्होंने कोसलदेश के राजा नग्नजित् की पुत्री नाग्नजिती को 'विवाह सम्बन्धी शर्त को अपने बल-पौरुष से पूरा करके' अपनी पत्नी के रूप में प्राप्त किया। इस अवसर पर नग्नजित् से उन्हें दस हजार गौएँ, नौ करोड़ घोड़े, नौ हजार हाथी, नौ हजार रथ, वस्त्राभूषण सुसज्जित तीन हजार दासियाँ, नौ अरब सेवक और एक विशाल सेना 'दहेज' के रूप में प्राप्त हुई। नग्नजित् से मिले हुए इस उपहार से अवश्य ही श्रीकृष्ण का कोश समद्ध हुआ होगा।[३]

श्रीकृष्ण जानते थे कि उनके प्रिय मित्र और बन्धु पाँच पाण्डव राज्यभ्रष्ट होकर बड़ी चिन्तनीय स्थिति में हैं। इसीलिए जब पांचालनरेश द्रुपद की पुत्री द्रौपदी से पाँचों पाण्डवों का विवाह हुआ, तब उन्होंने उन्हें वैदूर्यमणिजटित आभूषण, वस्त्र, कम्बल, मृगचर्म, रत्न, शय्या, आसन, रथ-अश्व-गजादि वाहन, रत्नजटित पात्र, रूप-यौवन गुण सम्पन्ना दासियाँ, स्वर्णमुद्राएँ और स्वर्ण की ढेरियाँ उपहार-स्वरूप दीं।[४] इसी प्रकार जब अर्जुन और उनकी बहन सुभद्रा का विवाह सम्पन्न हुआ, तब उन्होंने वरपक्ष अर्थात् युधिष्ठिरादि पाँचों पाण्डवों के लिए चार-चार घोड़े और योग्य सारथि वाले एक हजार रथ, दस हजार दुधारू गायें, उत्तम जाति की एक हजार घोड़ियाँ, पाँच सौ काले अयालों वाली और पाँच सौ सफेद अयालों वाली खच्चरियाँ, गुणसम्पन्न एक हजार कन्यायें, वाह्लीक

देश के एक हजार घोड़े, कृत्रिम स्वर्ण और शुद्ध स्वर्ण आदि सामग्री 'दहेज' के रूप में दी। इसके साथ ही उनके बड़े भाई बलराम ने भी इस अवसर पर अर्जुन को 'दहेज' के रूप में एक हजार हाथी दिये।[५] इन दोनों विवाहों के अवसर पर युधिष्ठिरादि को श्रीकृष्ण से जो उपहार मिला, उससे उनके राजकीय कोश और सैन्य शक्ति का संवर्धन अवश्य हुआ होगा।

युधिष्ठिर के राजसूय यज्ञ में सादर आमन्त्रित श्रीकृष्ण जानते थे कि युधिष्ठिर को इस यज्ञ को निर्विघ्न समाप्त करने के लिए पूँजी की आवश्यकता होगी। इसके लिए उन्होंने युधिष्ठिर के भाईयों को दिग्विजय की सलाह दी, क्योंकि उस समय विजित राजाओं से यज्ञ के लिए भेंट मिलती थी। इसके अतिरिक्त इसी अवसर पर उन्होंने भीम और अर्जुन की सहायता से जरासन्ध का वध करके उसके पुत्र सहदेव को मगध के सिंहासन पर बिठा दिया, फलस्वरूप उसने युधिष्ठिर की अधीनता स्वीकार कर ली और युधिष्ठर के लिए रत्न, गाय, भैंस, बकरे, हाथी, घोड़े, वस्त्रादि भी उपहारस्वरूप दिये।[६]

जरासंध वध के पश्चात् ही एक और अद्भुत वस्तु श्रीकृष्ण, भीम, अर्जुन को मिली। यह वस्तु थी इन्द्र का सौदर्यवान् रथ। यह रथ इन्द्र ने चेदिनरेश शिशुपाल को दिया था; उसने यह रथ मगधनरेश को प्रसन्न करने के लिए उन्हें दिया था; बृहद्रथ ने यह रथ अपने पुत्र जरासन्ध को दिया था; और जरासन्ध के वध होने के पश्चात् यह रथ श्रीकृष्ण को मिल गया। इस रथ में दो योद्धा एकसाथ बैठकर युद्ध कर सकते थे; इसमें बैठकर शत्रु पर लगातार प्रहार किया जा सकता था; यह रथ शत्रुओं के लिए अभेद्य था; इसका रंग सुनहरा था; यह रथ विजय दिलाने में समर्थ था; तथा दिव्य घोड़ों और अश्व से युक्त था। जब श्रीकृष्ण ने जरासन्ध के यहाँ से प्राप्त समस्त सामग्री युधिष्ठिर को दी, तब यह भी उन्हें सौंप दिया। युधिष्ठिर ने कृतज्ञता ज्ञापित करने के लिए वह रथ श्रीकृष्ण को ही पारितोषिक के रूप में दे दिया।[७]

(ग) दिव्यपदार्थों का संग्रह करना

श्रीकृष्ण के मतानुसार राजा अपने राज्य में ऐसे पदार्थों का संग्रह करे, जिनके प्रभाव से ही राज्य समृद्ध हो जाय। उन्होंने नरकासुर को मारकर राज्य और प्रजा को समृद्ध बनाने वाले वरुणच्छत्र तथा मणिपर्वत को तो प्राप्त कर ही लिया था। इसके अतिरिक्त स्यमन्तक मणि और पारिजातवृक्ष को प्राप्त करने का प्रयत्न भी उनका इसी दिशा में उठाया गया कदम था।

श्रीकृष्ण के ही राज्य में सत्राजित् नामक सूर्योपासक यादव भी रहता था। भगवान् सूर्य ने प्रसन्नतापूर्वक उसे स्यमन्तक मणि उपहार के रूप में दी थी। इस मणि का प्रभाव यह था कि यह मणि जहाँ रहती थी, वहाँ समय पर वर्षा होती थी, और इससे स्वर्णादि सम्पत्ति की भी प्राप्ति होती थी। श्रीकृष्ण ने अपने राजकीय कोश को समृद्ध करने के लिए इस मणि को प्राप्त करना चाहा। उन्होंने सत्राजित् को सलाह दी कि वह इस मणि को राजा उग्रसेन को दे दे। किन्तु धनलोलुप सत्राजित् और उसके भाई प्रसेनजित् के कारण इस मणि की चोरी का कंलक भी श्रीकृष्ण पर थोप दिया गया। श्रीकृष्ण ने अपना कलंक हटाने के लिए मणि को ऋक्षराज जाम्बवान् से प्राप्त किया और सत्राजित् को सौंप दिया।[८] बाद में सत्राजित् ने अपने अपराध का प्रायश्चित् करने की इच्छा से अपनी पुत्री सत्यभामा और स्यमन्तक मणि श्रीकृष्ण को देनी चाही तो, श्रीकृष्ण ने सत्यभामा को

पत्नीरूप में स्वीकार कर लिया, किन्तु स्यमन्तक मणि नहीं ली। उन्होंने सत्राजित् से स्पष्ट शब्दों में कहा कि उन्हें मणि का कोई लालच नहीं है और न ही वह मणि लेने के अधिकारी हैं। क्योंकि मणि उनको (सत्राजित् को) उपहार रूप में सूर्य ने दी है। वह तो अपने को इस मणि के फल का अधिकारी समझते हैं।[९]

नरकासुर का वध करने के पश्चात् श्रीकृष्ण और सत्यभामा इन्द्रसहित स्वर्ग पहुँचे। वहाँ नन्दनवन में घूमते हुए सत्यभामा की दृष्टि पारिजातवृक्ष पर पड़ी। यह वृक्ष व्यक्ति को पूर्वजन्म का स्मरण दिलाने वाला, प्रसाधन सामग्री उपलब्ध कराने वाला तथा हाथी-घोड़े, धन-दौलत देने वाला था। श्रीकृष्ण ने सत्यभामा की प्रेरणा पाकर वनरक्षकों के निषेध करने पर भी वन से उस वृक्ष को उखाड़ लिया और द्वारका ले जाने के लिए गरुड़ पर रख दिया। वनरक्षकों से यह समाचार जब इन्द्रपत्नी शची को मिला तो उसने अपने पति को श्रीकृष्ण से युद्ध करने की प्रेरणा दी। श्रीकृष्ण और इन्द्र का घोर युद्ध हुआ; विजय श्रीकृष्ण की हुई; इन्द्र श्रीकृष्ण के अधीन हो गया; और उसने उस वृक्ष को द्वारका ले जाने की अनुमति दे दी।[१०]

इस प्रकार श्रीकृष्ण ने अपने राज्य को समृद्ध बनाने के लिए जिस-जिस पदार्थ को आवश्यक समझा, उस-उस को राज्य में लाने का सफल प्रयत्न किया।[११]

(घ) धनाध्यक्षों की नियुक्ति

श्रीकृष्ण के मत में राजा को चाहिए कि वह अपने राज्य के ऐसे व्यक्तियों को धनाध्यक्ष बनाये जो प्रजा को निर्धनता से बचाने का उपाय जानते हों। श्रीकृष्ण ने द्वारकानगरी का निर्माण करने के बाद अपनी राजधानी से निर्धनता समाप्त करने का विचार किया; और शंख नामक यक्ष को बुलाकर ऐसी व्यवस्था करने का आदेश दिया कि प्रजाजनों में कोई निर्धन न रहे। फलस्वरूप शंख के प्रयत्नों से द्वारका का कोई भी निवासी निर्धन न रहा।[१२] यहाँ इस वर्णन को पढ़कर समझ में यह आता है कि श्रीकृष्ण ने शंख नामक यक्ष से ही इस कार्य को करने के लिए इसीलिए कहा होगा कि यक्ष धन के स्वामी कुबेर का प्रतीक है, अत: वह अवश्य ही ऐसी योजनाएँ कार्यान्वित कर सकता होगा, जिससे प्रजा समृद्ध हो। वहाँ पूँजी का ऐसा सन्निवेश कर सकता होगा कि पूँजी में वृद्धि हो जाय। इसके अतिरिक्त श्रीकृष्ण इस बात को भी तो पसन्द नहीं करते थे कि राज्य के दो-चार व्यक्ति पूँजीपति बनकर प्रजा का शोषण करें। उनके आदेश में उनका यही अभिप्राय व्यक्त होता है कि प्रजा में सब समान रूप से समृद्ध हों; कोई अधिक धनी या कोई अधिक निर्धन न हो। आज के हमारे नेता अपने भाषणों में जिस समाजवाद का नारा लगाते हैं, उसे श्रीकृष्ण ने अपने राज्य में लाने का प्रयत्न किया था; और वह अपने इस प्रयत्न में सफल भी हुए थे।

(ङ) कर प्राप्ति का प्रयत्न

श्रीकृष्ण ने कहा है कि राजा को ब्राह्मणों का धन हड़पकर कोशवृद्धि नहीं करनी चाहिए; और नही किसी कार्य में ब्राह्मणों से आर्थिक सहायता (शुल्क, चन्दा आदि) लेनी चाहिए।[१३]

यद्यपि श्रीकृष्ण ने कर लेने के बारे में स्पष्ट रूप से कुछ नहीं कहा है, तथापि ब्राह्मणों के सम्बन्ध में कहा गया उनका उक्त वाक्य अवश्य ही उनके इस आशय को सूचित करने में समर्थ है कि राजा को क्षत्रिय, वैश्य तथा शूद्र से तो कर लेना ही चाहिए, किन्तु उसे ब्राह्मण से कदापि

'कर' नहीं लेना चाहिए। हाँ, यह बात अलग है कि सूत्र रूप में कहे गये इस कथन से 'कर' के प्रकार या मात्रा का निर्धारण क़रना सर्वथा असम्भव है।

निष्कर्ष

उपर्युक्त विवेचन से यह स्पष्ट हो जाता है कि कोश के संदर्भ में श्रीकृष्ण का मत यद्यपि विस्तार से नहीं मिलता, तथापि कोश सम्बन्धी उनकी नीति से कुछ तथ्य अवश्य सामने आ जाते हैं, जो इस प्रकार हैं–

(क) श्रीकृष्ण की दृष्टि में दूसरे राजाओं से जीती हुई वस्तुएँ योद्धाओं को राजकीय कोष में राजा की देखरेख में जमा कर देनी चाहिए जिससे इस सम्पत्ति का सदुपयोग राजकीय कार्यों में ही किया जा सके। इसीलिए उन्होंने कालयवन की सम्पत्ति को प्राप्त करने के पश्चात् राजा उग्रसेन को सौंप दिया था, तथा जरासन्ध वध के पश्चात् मगध से मिली हुई धन-सम्पत्ति युधिष्ठिर को सौंप दी थी। क्योंकि जरासन्ध वध उन्होंने युधिष्ठिर के राजसूय यज्ञ को सम्पन्न करने के लिए ही किया था।

(ख) उनकी दृष्टि में राज्य के किसी व्यक्ति के पास ऐसी वस्तु नहीं होनी चाहिए जो उसे दूसरों की दृष्टि में असामान्य बना दे। ऐसी वस्तु तो राजा को ही प्रजा के कार्य के लिए मिलनी चाहिए। यही कारण है कि उन्होंने सत्राजित् की स्यमन्तक मणि को राजा उग्रसेन के राजकीय कोश में रखना चाहा था। क्योंकि सत्राजित् स्यमन्तक मणि के कारण उनके राज्य का एक विशिष्ट व्यक्ति बनकर उग्रसेनादि के लिए खतरा पैदा कर रहा था। वह इस मणि से केवल अपना ही स्वार्थ सिद्ध कर रहा था, जबकि श्रीकृष्ण की दृष्टि में यह मणि राजकीय कोश में पहुँचकर उसको समृद्ध बना सकती थी; और समय पर जलवृष्टि आदि के द्वारा राज्य को अकालादि प्राकृतिक उपद्रवों से बचाने में समर्थ थी। श्रीकृष्ण का स्यमन्तकमणि सम्बन्धी यह दृष्टिकोण इसलिए भी राज्य के लिए उपयोगी है क्योंकि इस दृष्टिकोण को ध्यान में रखकर अमीरी और गरीबी के लोकहितघातक अन्तराल को दूर किया जा सकता है।

(ग) श्रीकृष्ण की दृष्टि में कलशों से भरा हुआ सोना-चाँदी ही 'कोष' के अन्तर्गत नहीं आता। उनकी दृष्टि में दुधारू गायें-भैंस-बकरी, वेगवान् अश्व-वृषभ-गज, उत्साही योद्धा, गुणसम्पन्न सेवापरायण दास-दासी, रथादि युद्धोपकरण, और यहाँ तक कि राज्य की वनस्पतियाँ भी उसकी सम्पत्ति हैं। वह अवश्य जानते होंगे कि दुधारू पशु, राज्य के नागरिकों को पुष्ट करने का कार्य करते हैं और खेती में सहायता पहुँचाते हैं; वेगवान् अश्व-गजादि युद्धों में सहायता पहुँचाते हैं, उत्साही योद्धा राज्यरक्षा करने में समर्थ होते हैं; सेवापरायण दास-दासियों से राज्य के परिश्रमसाध्य कार्य सुचारू रूप से चलते हैं; रथादि उपकरण योद्धा की शक्ति बढ़ाते हैं; वनस्पतियाँ वातावरण को शुद्ध करती हैं; और सोना-चाँदी धातुएँ तथा सिंहासन राज्य को भव्यता प्रदान करके राजा के योग्य बनाते हैं। यही कारण है कि श्रीकृष्ण ने समय-समय पर इन सबको पाने का प्रयत्न किया और अपने प्रियबन्धु राजा युधिष्ठिर के लिए भी जुटाया। उन्हें और युधिष्ठिर को अपना राज्य सुदृढ़ करने के लिए उपर्युक्त सभी पदार्थ अनिवार्यरूपेण अपेक्षित थे। क्योंकि दोनों का राज्य नये सिरे से स्थापित हुआ था।*

सन्दर्भ

१. (क) ब्रह्म पुराण, १९७/६-७
(ख) विष्णु पुराण, ५/२४/६-७
(ग) भागवत पुराण, १०/५२/८
(घ) हरिवंश पुराण, विष्णु पर्व, ५७/६८-७०
(ङ) क्षेमेन्द्र, भारतमंजरी, हरिवंश, श्लो०सं० १०३५

२. (क) ब्रह्म पुराण, २०२/३०-३५
(ख) विष्णु पुराण, ५/२९/३०-३४
(ग) भागवत पुराण, १०/५०/३६-३७
(घ) हरिवंश पुराण, विष्णुपर्व, ६४/१-४४
(ङ) वेदान्तदेशिक, यादवाभ्युदय, १६/१३३-१४७
(च) क्षेमेन्द्र, भारतमंजरी, हरिवंश, श्लोक सं० ११२९-३२

३. (क) भागवतपुराण, १०/५८/५०-५२
(ख) गर्गसंहिता, द्वारका खण्ड, ८/१७

४. महाभारत, आदिपर्व, १९८ १६-१९

५. महाभारत, आदिपर्व, २२०/४४-५८

६. महाभारत, सभापर्व, २४/पृ०सं० ७४१ (दाक्षिणात्य पाठ, ३४/२३-२५)

७. (क) ब्रह्मपुराण, १२/१५-१७
(ख) महाभारत, सभापर्व, २४/पृ०सं० ७४१ (दाक्षिणात्य पाठ, २४/२३-२५)

८. (क) ब्रह्मपुराण, १६/११-४७
(ख) भागवत पुराण, १०/५६/१-३२, ३८-४४
(ग) हरिवंशपुराण, हरिवंशपर्व, ३८/१३-४७
(घ) वेदान्तदेशिक, यादवाभ्युदय, १४/३

९. भागवत पुराण, १०/५६/४५

१०. (क) ब्रह्मपुराण, २०३/२७-६९, अध्याय २०४
(ख) विष्णुपुराण, ५/३०/३०-८०, ३१/१-१३
(ग) भागवतपुराण, १०/५९/३९-४०
(घ) हरिवंशपुराण, विष्णु पर्व, ६५/६६-७३, अध्याय ६८, ६९ एवं ७३, ७५/४७-६७

११. हरिवंशपुराण, विष्णुपर्व, ७५/६८

१२. (क) हरिवंशपुराण, विष्णुपर्व, ५८/५८-६८
(ख) क्षेमेन्द्र, भारतमंजरी, हरिवंश, श्लो०सं० १०३६

१३. भागवत पुराण, १०/अध्याय ५९ सम्पूर्ण

* प्रस्तुत शोधलेख मेरठ विश्वविद्यालय-संस्कृत शोधपत्रिका XVI-1991-92 में प्रकाशित है।

ध्वनिसिद्धान्त

ध्वनि को काव्य की आत्मा के रूप में प्रतिष्ठित करने के लिए 'ध्वन्यालोक' नामक अनुपम ग्रन्थरत्न का प्रणयन करने वाले आचार्य आनन्दवर्धन भारतीय काव्यशास्त्रियों में विशिष्ट स्थान रखते हैं। उनके ग्रन्थ के अनुशीलन से ज्ञात होता है कि उन्हें 'ध्वनि' नामक इस अद्भुत तत्त्व की स्थापना के लिए कड़ा संघर्ष करना पड़ा। ध्वन्यालोक की पहली कारिका ही उनके इस संघर्ष की परिचायिका है–

काव्यस्यात्मा ध्वनिरिति बुधैर्यः समाम्नातपूर्व-
स्तस्याभावं जगदुरपरे भाक्तमाहुस्तमन्ये।
केचिद् वाचां स्थितमविषये तत्त्वमूचुस्तदीयं
तेन ब्रूमः सहृदयमनः प्रीतये तत्स्वरूपम्॥

–ध्वन्यालोक, १/१

किन्तु यह बड़ी प्रसन्नता की बात है कि उन्होंने इस तत्त्व की प्रतिष्ठा में अद्भुत सफलता प्राप्त की और इससे भी अधिक प्रसन्नता की बात यह है कि प्रतिष्ठा को बनाये रखने में उन्हें ध्वन्यालोक पर लोचन टीका प्रस्तुत करने वाले आचार्य अभिनवगुप्त, काव्यप्रकाशकार आचार्य मम्मट, साहित्यदर्पणकार आचार्य विश्वनाथ, रसगंगाधरकार पण्डितराज जगन्नाथ आदि आचार्यों का प्रबल एवं हार्दिक समर्थन भी मिला।

आचार्य आनन्दवर्धन ने ध्वनि का स्वरूप इस प्रकार बताया है–

यत्रार्थः शब्दो वा तमर्थमुपसर्जनीकृतस्वार्थौ।
व्यंक्तः काव्यविशेषः स ध्वनिरिति सूरिभिः कथितः॥

ध्वन्यालोक, १/१३

आचार्य मम्मट ने ध्वनिकाव्य को उत्तम काव्य की संज्ञा देते हुए उसका लक्षण किया है–

"इदमुत्तममतिशयिनि व्यङ्ग्ये वाच्याद् ध्वनिर्बुधैः कथितः।"

काव्यप्रकाश, १/४ का उत्तरार्द्ध

आचार्य विश्वनाथ ने भी ध्वनिकाव्य को उत्तमकाव्य माना है–

"वाच्यातिशयिनि व्यङ्ग्ये ध्वनिस्तत्काव्यमुत्तमम्"।

साहित्यदर्पण, ४/२

पण्डितराज जगन्नाथ का भी मत है–

शब्दार्थौ यत्र गुणीभावितात्मानौ कमप्यर्थमभिव्यङ्क्तस्तदाद्यम्।

रसगंगाधार, १/२

स्पष्ट है कि आचार्य मम्मट, आचार्य विश्वनाथ तथा पण्डितराज जगन्नाथ ने ध्वनि को उत्तमकाव्य की कोटि में रखते हुए उसका जो स्वरूप बताया है, वह आनन्दवर्द्धन के ध्वनिलक्षण की ही प्रतिच्छाया है। तदनुसार जहाँ अर्थ अपने आप को तथा शब्द अपने अर्थ को गुणीभूत करके उस (प्रतीयमान) अर्थ को अभिव्यक्त करते हैं, उस काव्यविशेष को विद्वान् लोग 'ध्वनि' कहते हैं। अर्थात् काव्य में वाच्यार्थ की अपेक्षा व्यङ्ग्यार्थ की प्रधानता होने पर 'ध्वनि' होती है।

आचार्य आनन्दवर्द्धन ने अपने 'ध्वन्यालोक' में 'बुधैर्यः समाम्नातपूर्वः' इस कथन से यह भी स्पष्ट किया है कि 'ध्वनि' कोई काल्पनिक वस्तु नहीं है। उन्होंने ध्वनि का स्वरूप बताते हुए 'सूरिभिः' शब्द प्रयुक्त किया है और उसका अर्थ विद्वान् बताया है, और विद्वानों में भी सर्वप्रथम स्थान का अधिकारी वैयाकरणों को माना है तथा वाग्देवतावतार आचार्य मम्मट ने भी 'बुधैः' शब्द का प्रयोग करके उसे वैयाकरणों का पर्याय माना है। दोनों आचार्य यह मानते हैं कि 'ध्वनि' शब्द का व्यवहार उन्होंने वैयाकरणों में देखा है।

(क) सूरिभिः कथितः इति विद्वदुपज्ञेयमुक्तिः, न तु यथाकथञ्चित् प्रवृत्तेति प्रतिपाद्यते। प्रथमे हि विद्वांसो वैयाकरणाः, व्याकरणमूलत्वात् सर्वविद्यानाम्। ते च श्रूयमाणेषु वर्णेषु ध्वनिरिति व्यवहरन्ति। तथैवान्यैस्तन्मतानुसारिभिः काव्यतत्त्वार्थदर्शिभिर्वाच्यवाचकसम्मिश्रः शब्दात्मा काव्यमिति व्यपदेश्यो व्यञ्जकत्वसाम्याद् ध्वनिरित्युक्तः।

ध्वन्यालोक, १/१२ कारिका की व्याख्या।

(ख) बुधैर्वैयाकरणैः प्रधानभूतस्फोटरूपव्यङ्ग्य-व्यञ्जकस्य शब्दस्य ध्वनिरिति व्यवहारः कृतः। ततस्तन्मतानुसारिभिरन्यैरपि न्यग्भावितवाच्यव्यङ्ग्यव्यञ्जनक्षमस्य शब्दार्थयुगलस्य।

काव्यप्रकाश, १/४ के उत्तरार्द्ध की व्याख्या।

अतः वैयाकरण श्रूयमाण वर्णों में[१] तथा स्फोटरूप व्यङ्ग्य के व्यञ्जक शब्द में[२] ध्वनि का व्यवहार करते हैं।

आनन्दवर्द्धन के ध्वनिलक्षण की व्याख्या करते हुए अभिनवगुप्त ने भी वैयाकरणों के स्फोटसिद्धान्त के आधार पर ही[३] ध्वनि के पाँच अर्थ किये हैं–

(क) ध्वनति इति ध्वनिः (वाचक शब्द),
(ख) ध्वनति इति ध्वनिः (वाच्यार्थ),
(ग) ध्वन्यते इति ध्वनिः (व्यङ्ग्यार्थ)
(घ) ध्वननमिति ध्वनिः (व्यञ्जना व्यापार) तथा
(ङ) काव्यमिति व्यपदेश्यश्च योऽर्थः सोऽपि ध्वनिः। उक्तप्रकार-ध्वनिचतुष्टयमयत्वात्।[४]

ध्वन्यालोक में आनन्दवर्द्धन ने इस ध्वनितत्त्व की स्थापना के लिए पहले इसके सम्बन्ध में तत्कालीन तीन विरोधों को प्रस्तुत किया है।

(क) अभाववाद

कुछ विद्वान् ध्वनि का अभाव मानते हैं। इस अभाव का प्रतिपादन तीन प्रकार से किया गया है–

(१) शब्द और अर्थ काव्य के शरीर हैं। अनुप्रासादि अलंकार शब्द की चारुता में हेतु हैं; उपमादि अलंकार अर्थ की चारुता के कारण हैं; वर्णसंघटना के धर्म माधुर्यादि गुण भी देखने को

मिलते हैं; उपनागरिकादि वृत्तियाँ और वैदर्भी आदि रीतियाँ भी सुनी गई हैं; इन सबसे अतिरिक्त यह ध्वनि नाम की कौन सी वस्तु है अर्थात् कोई वस्तु नहीं है (ध्वन्यालोक, १/१ कारिका का व्याख्याभाग)।

(२) ध्वनि मान्य नहीं है। शब्दालंकार, अर्थालंकार, गुण, रीति, वृत्ति आदि काव्य के तत्त्व हैं। इनसे भिन्न मार्ग को स्वीकार करने में तो काव्य की हानि होगी क्योंकि सहृदय के हृदय को आह्लादित करने में समर्थ शब्द और अर्थ से युक्त होना ही काव्य का लक्षण है। प्रसिद्ध मार्ग से भिन्न किसी और मार्ग में तो काव्य का लक्षण घटित ही नहीं होता। ध्वनिसिद्धान्त को मानने वाले लोगों में से किन्हीं को सहृदय मानकर यदि ध्वनि में काव्य की कल्पना कर भी ली जाये तो यह सिद्धान्त सभी विद्वानों को मान्य नहीं हो सकता। (क्योंकि सभी विद्वान् अलंकार, गुण, रीति, वृत्ति आदि को ही काव्य का तत्त्व मानते हैं, ध्वनि को नहीं और इनसे सम्पन्न शब्दार्थयुगल को काव्य मानते हैं।) (ध्वन्यालोक, १/१ कारिका का व्याख्याभाग)।

(३) ध्वनि नामक कोई अपूर्व वस्तु है ही नहीं। यदि ध्वनि रमणीयता का ही कारण है तो उसका अन्तर्भाव रमणीयता के उपर्युक्त हेतुओं–अलंकारों, गुणों इत्यादि में ही कर दिया जाना चाहिए। अथवा इन हेतुओं में से किसी एक का नाम 'ध्वनि' रख देने से ही ध्वनिवादियों का काम चल जायेगा अर्थात् वे संतुष्ट हो जायेंगे। और फिर वाणी के अनेक प्रकार सम्भव हैं। इनमें से कोई छोटा-मोटा प्रकार ऐसा भी हो सकता है, जिसकी गणना प्रसिद्ध काव्यलक्षणकारों से छूट गई हो, तो उसी (तुच्छ से) प्रकार को ध्वनि-ध्वनि कहकर झूठी सहृदयता की भावना से नेत्र बन्द करके जो नाचते हैं (अर्थात् ध्वनितत्त्व की स्थापना का बड़ा काम कर दिया है, सोचकर खुश होते हैं) तो उस प्रसन्नता का कोई कारण हमारी समझ में नहीं आता। महान् आचार्यों ने अलङ्कारों के ही हजारों प्रकार बताये हैं और बतायेंगे, किन्तु उन अलङ्कारों की ऐसी दशा नहीं सुनी जाती अर्थात् इतना हो-हल्ला नहीं सुनाई पड़ता। जितना कि इस तुच्छ ध्वनि के लिए आप लोग कर रहे हैं।

स्पष्ट है कि (१) ध्वनि अलंकार, गुण रीति, वृत्ति आदि से भिन्न कोई तत्त्व नहीं है, (२) यदि गुण, अलंकारादि से भिन्न कोई तत्त्व है तो वह काव्य का तत्त्व नहीं है, (३) और गुण, अलंकारादि की भाँति काव्य में कमनीयता का आधान करने वाला है, तो उसका अन्तर्भाव कमनीयता के साधक अलंकारों में विना किसी शोरगुल के हो जाना चाहिए।

अतएव ध्वनि प्रवादमात्र है। उसमें परिशीलन करके प्रस्तुत करने योग्य कोई तत्त्व नहीं है। मनोरथ नामक विद्वान् ने कहा भी है–

यस्मिन्नस्ति न वस्तु किञ्चन मनः प्रह्लादि सालंकृति
व्युत्पन्नै रचितं न चैव वचनैर्वक्रोक्तिशून्यं च यत्।
काव्यं तद् ध्वनिना समन्वितमिति प्रीत्या प्रशंसञ्जडो
नो विद्मोऽभिदधाति किं सुकृतिना पृष्टः स्वरूपं ध्वनेः॥

ध्वन्यालोक, १/१ कारिका के व्याख्याभाग से सम्बद्ध परिकरश्लोक।

भाक्तवाद

कुछ लोगों के मतानुसार ध्वनि अलग से कोई तत्त्व नहीं है, अपितु यह वाच्यार्थ से भिन्न लक्ष्यार्थ अथवा गौण अर्थ ही है जो लक्षणारूपभक्ति से निकलता है। अथवा भक्ति ही ध्वनि का लक्षण अथवा उपलक्षण है।

अलक्षणीयतावाद

कुछ विद्वान् ऐसे भी हैं, जो ध्वनि का लक्षण करने में असमर्थ हैं और इसे वाणी के लिए अगोचर और सहृदयहृदयसंवेद्य ही मानते हैं।

वास्तव में अभाववादी वे हैं, जो ध्वनि नामक कोई पृथक् तत्त्व नहीं मानते हैं; भाक्तवादी आचार्य वे हैं, जो उसे मानकर भी उसका अन्तर्भाव भक्ति (गौणी) में करना चाहते हैं; और अलक्षणीयतावादी आचार्य वे हैं, जो ध्वनि को मानते तो हैं, किन्तु उसका लक्षण नहीं कर सकते।

आचार्य आनन्दवर्धन का मानना है कि ध्वनि का स्वरूप तो सभी सत्कवियों के काव्यों का रहस्य और अत्यन्त सुन्दर है। भले ही सूक्ष्म बुद्धि वाले भी काव्यलक्षणकारों से इसका स्वरूप नहीं देखा गया, किन्तु सहृदय रामायण एवं महाभारतादि लक्ष्यग्रन्थों में उसका व्यवहार तो देख ही सकते हैं। अतएव ध्वनि का न मानना ठीक नहीं है। आनन्दवर्द्धन ने ध्वन्यालोक में स्पष्ट कर दिया है कि ध्वनि है और उपमादि अलङ्कारों से अलग उसकी सत्ता है। वह भक्ति से भी अलग महत्त्वपूर्ण तत्त्व है और उसका लक्षण भी किया जा सकता है। उनके मत में विरोधी पक्षों का खण्डन इसप्रकार किया जा सकता है–

(क) अभाववाद का खण्डन

(१) ध्वनिकार के मतानुसार वाच्य विशेष अथवा वाचक विशेष से अभिव्यक्त अर्थ ध्वनि है। अतएव ध्वनि वाच्यवाचक के चारुत्व हेतुओं-उपमानुप्रासादि अलङ्कारों–से भिन्न सत्ता रखने वाला तत्त्व है। उसे वाच्यार्थ से भी भिन्न करने के ही लिए उन्होंने कहा है–

प्रतीयमानं पुनरन्यदेव वस्त्वस्ति वाणीषु महाकवीनाम्।
यत् तत् प्रसिद्धावयवातिरिक्तं विभाति लावण्यमिवाङ्गनासु॥

ध्वन्यालोक १/४

पाश्चात्त्य काव्यशास्त्री पोप ने भी इस बात को माना है–

In wit, as nature, what affects our hearts
Is not the exactness of peculiar parts;
'T' is not a lip, or eye, we beauty call
But the joint force and full result of all.

ध्वन्यालोक (आचार्य विश्वेश्वर) की भूमिका से साभार।

(२) ध्वनि को मानने पर प्रसिद्ध मार्ग से भिन्न मार्ग मानना पड़ेगा जो काव्यत्व का ह्रास करने वाला है, यह कहना भी अनुचित है, क्योंकि वह केवल (उसका) लक्षण करने वालों में ही प्रसिद्ध नहीं है। वह तो काव्य का सारभूत तत्त्व है। रामायण, महाभारतादि लक्ष्यग्रन्थों के अनुशीलन से यह बात बिल्कुल स्पष्ट हो सकती है। इसलिए ध्वनि को प्रतिष्ठित करने की इच्छा रखने वाले विद्वानों को झूठा सहृदय नहीं कहना चाहिए–

काव्यस्यात्मा स एवार्थस्तथा चादिकवेः पुरा।
क्रौञ्चद्वन्द्ववियोगोत्थः शोकः श्लोकत्वमागतः॥
सरस्वती स्वादु तदर्थवस्तु निःष्यन्दमाना महतां कवीनाम्।
अलोकसामान्यमभिव्यनक्ति परिस्फुरन्तं प्रतिभाविशेषम्॥

ध्वन्यलोक, १/५, ६

(२) ध्वनि को कमनीय तत्त्व मानकर उसका अन्तर्भाव अलङ्कारादि में नहीं किया जा सकता। क्योंकि अलङ्कार वाच्यवाचक पर आश्रित हैं, जबकि ध्वनि व्यङ्ग्यव्यञ्जकभाव पर आश्रित है। उपमा, अनुप्रासादि अलङ्कारों की बात जाने दीजिए, प्रतीयमानार्थ से युक्त समासोक्ति, अप्रस्तुतप्रशंसा, दीपक, अपह्नुति, संकरादि अलङ्कारों में भी उसका अन्तर्भाव नहीं हो सकता। क्योंकि वही प्रतीयमानार्थ ध्वनि की संज्ञा में आता है, जो वाच्यातिशायी हो। इन अलङ्कारों में वाच्यार्थ प्रतीयमानार्थ से प्रधान होता है, अतः इनमें ध्वनि का अन्तर्भाव नहीं हो सकता और प्रतीयमानार्थ की प्रधानता होते ही ये अलङ्कार, अलङ्कार न रहकर ध्वनि का रूप धारण कर लेते हैं और इनका अन्तर्भाव ही ध्वनि में हो जाता है। इस तरह अलङ्कार, गुण, रीति आदि अंग हैं और ध्वनि अंगी है। अंगी में अंगों का अन्तर्भाव होता है और अंगी अंगों की अपेक्षा महत्त्वपूर्ण होता है। फिर व्यङ्ग्य अलङ्काररूप ध्वनि के अलावा ध्वनि के दो भेद और भी हैं—वस्तुध्वनि तथा रसध्वनि। इस दृष्टि से भी अलङ्कारों में ध्वनि का अन्तर्भाव नहीं किया जा सकता।

—ध्वन्यालोक, १/१३, कारिका की व्याख्या में

भक्तिवाद का खण्डन

आचार्य आनन्दवर्द्धन ने ध्वनि के दो भेद बताये हैं—अविवक्षितवाच्यध्वनि तथा विवक्षितान्यपरवाच्यध्वनि। इनमें पहले भेद में लक्षणा (भक्ति) का प्रधानतया उपयोग है और दूसरे भेद में भी लक्षणा के उपयोग को माना जा सकता है तो लक्षणा और ध्वनि में अभेद समझा जा सकता है किन्तु—

(१) ध्वनि का स्वरूप भिन्न होने से, उसमें लक्षणा से अभेद स्थापित नहीं किया जा सकता, वाच्यार्थ से भिन्न और व्यंग्य की प्रधानता से युक्त अर्थ ध्वनि है। जबकि भक्ति केवल उपचारमात्र है जो संकुचित अर्थ से भिन्न अर्थ बताती है। अतः भक्ति ध्वनि का पर्याय उस तरह नहीं बन सकती जिस तरह घट, कलश का पर्याय है।

(२) भक्ति को ध्वनि का लक्षण मानने पर अतिव्याप्ति और अव्याप्ति दोष उत्पन्न हो सकते हैं, अर्थात् लक्षणा (भक्ति) ध्वनि से भिन्न स्थानों में भी हो सकती है और लक्षणा वाचकत्व पर ही आश्रित होने के कारण व्यञ्जकत्वमूलक सम्पूर्ण ध्वनि को व्याप्त भी नहीं कर सकती। जबकि शुद्ध लक्षण वह है, जो लक्ष्य से बाहर भी घटित न हो और सम्पूर्ण लक्ष्य में भी घटित न हो। अभिधापुच्छभूता लक्षणा में ध्वनि का शुद्ध लक्षण बनने का सामर्थ्य नहीं है। वस्तुतः रूढ़ि लक्षणा में ध्वनि नहीं होती और अविवक्षितान्यपरवाच्यध्वनि के अतिरिक्त ध्वनि के अन्य प्रकारों में भक्ति या लक्षणा का लेश भी नहीं होता, इसलिए यह ध्वनि का लक्षण भी नहीं है। अविवक्षितान्यपरवाच्यध्वनि के भी सभी भेदों में व्यङ्ग्य के विना लक्षणा नहीं हो सकती।

(काव्यप्रकाश, ५ कारिका ४७ की व्याख्या में)

(३) भक्ति को ध्वनि के किसी भेद का उपलक्षण भी नहीं माना जा सकता और उससे सम्पूर्ण ध्वनि को लक्षित नहीं किया जा सकता। यदि भक्ति को ध्वनि के किसी भेद का उपलक्षण मानना है तो अभिधा से ही सम्पूर्ण अलङ्कार वर्ग भी लक्षित हो सकता है। अलङ्कारों के अलग-अलग लक्षण और भेद बताने की क्या आवश्यकता है? जिस तरह अभिधेय भी अलङ्कारादि के भामहादि आचार्यों ने लक्षण किये हैं वैसे ही ध्वनि को भक्ति से उपलक्षित न मानकर अलग से ही उसकी स्थापना आवश्यक है।

ध्वन्यालोक, १ /१४-१९

अलक्षणीयतावाद का खण्डन

भाक्तवादियों ने ध्वनि का लक्षण तो किया ही है, चाहे वह लक्षण त्रुटिपूर्ण ही क्यों न हो, इससे यह मान्यता अनुचित हो जाती है कि ध्वनि का लक्षण नहीं हो सकता और फिर ध्वनिवादियों ने अनेक प्रकार से ध्वनि का लक्षण कर दिया है तो अलक्षणीयतावाद भी व्यर्थ है। हाँ, यदि ध्वनि को श्रेष्ठ बताने के लिए वे उसे अनिर्वचनीय मानते हैं, तो हमें भी उनकी बात स्वीकार है। क्योंकि हम भी तो (अर्थात् ध्वनिवादी) ध्वनि को काव्य का सारभूत मानते हैं।

(ध्वन्यालोक,१/१९ के बाद का व्याख्याभाग)

ध्वनि की आवश्यकता

इत्युक्तलक्षणो यो ध्वनिर्विवेच्यः प्रयत्नतः सद्भिः।
सत्काव्यं कर्त्तुं वा ज्ञातुं वा सम्यगभियुक्तैः॥
उक्तस्वरूपध्वनिनिरूपणनिपुणा हि सत्कवयः सहृदयाश्च
नियतमेव काव्यविषये परां प्रकर्षपदवीमासादयन्ति।

(ध्वन्यालोक, ३/४६ तथा उसके बाद का गद्यभाग)

ध्वनि काव्य निरूपण में कुशल सत्कवि और सहृदय अवश्य ही काव्य विषय में विशिष्ट स्थान प्राप्त कर लेते हैं।

आचार्य आनन्दवर्द्धन उन्हीं कवियों को महाकवियों की श्रेणी में रखने के पक्षपाती हैं, जो व्यंग्यार्थ (प्रतीयमानार्थ) रूप ध्वनि से युक्त काव्यप्रणयन में समर्थ हों।[५]

आचार्य आनन्दवर्द्धन यह भी मानते हैं कि उस व्यंग्यार्थ की अभिव्यक्ति में समर्थ शब्द और अर्थ को महाकवि प्रयत्नपूर्वक जानें।[६]

व्यंजक शब्द अथवा व्यंजक अर्थ से व्यंग्यार्थ का बोध कराने वाली, 'ध्वननमिति ध्वनिः' इस व्युत्पत्ति वाली शब्दशक्ति का नाम है व्यंजना। जिस तरह ध्वनि के अन्य रूपों (व्यञ्जक शब्द, व्यञ्जक अर्थ, व्यङ्ग्यार्थ एवं ध्वनिकाव्य) को मानना अनिवार्य है, वैसे ही व्यञ्जनाव्यापार मानना भी अनिवार्य है, क्योंकि यह काव्य में उस कार्य को सम्पन्न करती है जो अभिधा, लक्षणा, तात्पर्या आदि शक्तियों तथा अनुमान, अर्थापत्ति आदि तत्त्व सम्पन्न नहीं कर सकते। साहित्यदर्पणकार विश्वनाथ का कथन है–

विरतास्वभिधाद्यासु ययार्थो बोध्यते परः।
सा वृत्तिर्व्यञ्जना नाम शब्दस्यार्थादिकस्य च॥

(साहित्यदर्पण, २/१२ का उत्तरार्द्ध, १३ का पूर्वार्द्ध)

इसलिए प्रतीयमानार्थ की अभिव्यक्ति कराने वाली व्यंजनावृत्ति का विरोध कदापि उचित नहीं है। क्योंकि (१) अभिधामूलक, विवक्षितवाच्यध्वनि के असंलक्ष्यक्रमव्यंग्य नामक भेद (रसादि) में प्रतीयमानार्थ स्वप्न में भी वाच्य न होने से, उसकी अभिव्यक्ति के लिए व्यंजना मानना अनिवार्य है।[७]

(२) अभिधामूलक विवक्षितान्यपरवाच्य के संलक्ष्यक्रम व्यंग्य नामक भेद (वस्तुध्वनि तथा अलङ्काररध्वनि) को यदि अभिधेय मानें तो कुमारिल भट्ट के मतानुसार अभिधा केवल पदार्थ बोध करा पाती है, वाक्यार्थ बोध के लिए उसे तात्पर्यशक्ति का सहारा लेना पड़ता है, तो वह व्यंग्यार्थरूप

काव्य के वास्तविक अर्थ का बोध कराने में कैसे समर्थ हो सकती है? प्रभाकरभट्ट के मत में भी अभिधावृत्ति केवल सामान्यविशेष रूप अर्थ का ही ज्ञान करा सकती है। इस प्रकार अतिविशेषभूत वाक्यार्थ का ही बोध न करा सकने वाली अभिधा व्यंग्यार्थ का बोध कैसे करा सकती है? अलंकार ध्वनि में तो अंलकार व्यंग्य होकर वाच्यातिशायी हो जाता है और उसकी प्रतीति वाच्यार्थ का विषय नहीं रहती। इस बात को इस लेख में पहले भी स्पष्ट किया गया है। अब बची वस्तुध्वनि, तो वह भी वाच्य नहीं है। क्योंकि इसके उदाहरणों में वाच्यार्थ विधिपरक तो व्यंग्यार्थ निषेधपरक निकलता है, वाच्यार्थ निषेधपरक तो व्यंग्यार्थ विधिपरक निकलता है, वाच्यार्थ और व्यंग्यार्थ का विषय अलग-अलग होता है। उदाहरण के लिए–

(क) **भ्रम धार्मिक विस्त्रब्ध स शुनकोऽद्य मारितस्तेन।**
गोदानदीकच्छकुंजवासिना, दृप्तसिंहेन॥

(ख) **कस्य वा न भवति रोषो दृष्ट्वा प्रियायाः सव्रणमधरम्।**
सभ्रमरपद्माघ्रायिणी वारितवामे सहस्वेदानीम्॥

इसीलिए ध्वन्यालोककार ने प्रतीयमानार्थ को 'अन्यदेव' कहकर उसके सभी भेदों को वाच्यार्थ से भिन्न बताकर वस्तु ध्वनि के उदाहरण दिये हैं। आचार्य मम्मट ने भी काव्यप्रकाश में, स्वरूप, प्रतीति, काल, आश्रय, निमित्त, कार्य, संख्या और विषय की दृष्टि से व्यङ्ग्यार्थ को वाच्यार्थ से भिन्न बताया है।

(काव्यप्रकाश, ५ कारिका ४७ की व्याख्या में)

इसी प्रसंग में साहित्यदर्पणकार आचार्य विश्वनाथ ने व्यंग्यार्थ को वाच्यार्थ से दस प्रकार से भिन्न माना है–

बोद्धृस्वरूपसंख्यानिमित्तकार्यप्रतीतिकालानाम्।
आश्रयविषयादीनां भेदाद्भिन्नोऽभिधेयतो व्यंग्यः॥

साहित्यदर्पण, ५/२

तो वाच्यार्थ का बोध कराने वाली अभिधा उपर्युक्त प्रसंगों में व्यंग्यार्थ की अवबोधिका नहीं बन सकती। अर्थात् व्यंग्यार्थ बोध के लिए व्यंजना को मानना अनिवार्य है।

(काव्यप्रकाश, ५/४७ की व्याख्या से, साहित्यदर्पण, ५/१ कारिका की व्याख्या)

(३) "सोऽयमिषोरिव दीर्घदीर्घतरो व्यापारः" ऐसा कहने वाले भट्टलोल्लट अभिधा से ही व्यंग्यार्थ का जो दावा करते हैं, वह अनुचित है। क्योंकि उनकी बात मानने से तो लक्षणावृत्ति की स्थापना भी संदेह में पड़ जायेगी। अतः अभिधावृत्ति व्यंजनावृत्ति का काम नहीं कर सकती।

(काव्यप्रकाश, ५/४७ कारिका की व्याख्या भाग से, साहित्यदर्पण, ५/१ कारिका की व्याख्या से)

(४) लक्षणावादी आचार्यों के मत में लक्षणा से ही व्यंग्यार्थ की प्रतीति हो सकती है, अतः व्यंजना को मानने की कोई आवश्यकता नहीं है। किन्तु उनका ऐसा मानना अनुचित है। क्योंकि लक्षणा मुख्यार्थबाध के पश्चात् अन्य अर्थ को तो लक्षित कर सकती है, किन्तु लक्षणा का जो प्रयोजन है, उसकी अभिव्यक्ति के लिए तो उसे व्यंजना की शरण में ही जाना पड़ता है। मम्मटाचार्य ने कहा भी है–

यस्य प्रतीतिमाधातुं लक्षणा समुपास्यते।
फले शब्दैकगम्येऽत्र व्यञ्जनान्नापरा क्रिया॥
नाभिधा समयाभावाद् हेत्वभावान्न लक्षणा।
लक्ष्यं न मुख्यं नाप्यत्र बाधो योगः फलेन नो॥
न प्रयोजनमेतस्मिन् न च शब्दः स्खलद्गतिः।
एवमप्यनवस्था स्याद् या मूलक्षयकारिणी॥
प्रयोजनेन सहितं लक्षणीयं न युज्यते।
ज्ञानस्य विषयो ह्यन्यः फलमन्यदुदाहृतम्॥

(काव्यप्रकाश, २/१४ का उत्तरार्द्ध, १८ का पूर्वार्द्ध)

अतः "गंगायां घोषः" आदि उदाहरणों में, शैत्यपावनत्वादि लक्षणा के प्रयोजन अभिधा, लक्षणा, तात्पर्यादि से सिद्ध नहीं हो पाते। उन्हें सिद्ध करने के लिए व्यंजना का आश्रय लेना पड़ता है। क्योंकि "गंगायां घोषः" का लक्ष्यार्थ "गंगातटे घोषः" होने के बाद, संकेतग्रह, मुख्यार्थबाध अन्वयानुपपत्ति आदि के कारण के न रहने से अभिधा, लक्षणा और तात्पर्या का सामर्थ्य भी नहीं रहता और "गंगातटे घोषः" के स्थान पर "गंगायां घोषः" लिखने का प्रयोजन व्यंजनागम्य ही हो जाता है।

(साहित्यदर्पण, ५/१ कारिका की व्याख्या से)

(५) धनिक-धनंजय ने दशरूपक में तात्पर्यावृत्ति को ही काव्य के वास्तविक अर्थ की बोधिका माना है।[८] किन्तु वाक्य में अन्वय मात्र की बोधिका तात्पर्यावृत्ति, जिसकी पहुँच अर्थ की द्वितीय कक्षा तक ही है, चतुर्थ कक्षा में विद्यमान प्रतीयमानार्थ की अवबोधिका कैसे हो सकती है? अर्थात् नहीं हो सकती।

(६) आचार्य महिमभट्ट ने अपने व्यक्तिविवेक में अनुमान से व्यंग्यार्थ की प्रतीति को मानकर व्यंजना को अनावश्यक सिद्ध करने की चेष्टा की है और

भ्रम धार्मिक! विश्रब्धः स शूनकोऽद्य मारितस्तेन।
गोदानदीकच्छकुंजवासिना दृप्तसिंहेन॥

इस उदाहरण में धार्मिक भ्रमण निषेध को व्यंजनागम्य न मानकर अनुमेय माना है। किन्तु अनुमान से व्यंजना का काम नहीं चलाया जा सकता। क्योंकि यहाँ अनुमान का जो हेतु सिंहोपलब्धि है, वह अनैकान्तिक, विरूद्ध और असिद्ध होने के कारण हेतु न होकर हेत्वाभास है। धार्मिक व्यक्ति अथवा वीरव्यक्ति, गुरु के उपदेश अथवा कान्ता के प्रति प्रेम के कारण, कुत्ते से डरता हुआ भी ऐसे स्थान पर जा सकता है, जहाँ सिंह हो और फिर अभिसारिका स्त्री का कथन विश्वसनीय भी नहीं है। प्रमुख प्रतीयमानार्थ के रूप में प्रतिष्ठित रस भी अलौकिक आनन्द की प्रत्यक्ष अनुभूति का विषय होने से अनुमेय नहीं हो सकता।[९]

अतएव व्यंजनावृत्ति एवं उससे अभिव्यक्त होने वाला व्यंग्यार्थ रूप ध्वनि (काव्य) अनिवार्य रूपेण स्वीकरणीय है। इसकी पुष्टि के लिए ध्वन्यालोक, काव्यप्रकाश, साहित्यदर्पण, रसंगगाधरादि ग्रन्थरत्नों में प्रस्तुत किये गये ध्वनि के अनेकानेक भेद देखे जा सकते हैं। यहाँ पर उदाहरण के लिए आचार्य मम्मट सम्मत ध्वनिकाव्य के शुद्ध ५१ भेदों को दर्शाने वाला रेखाचित्र प्रस्तुत है—

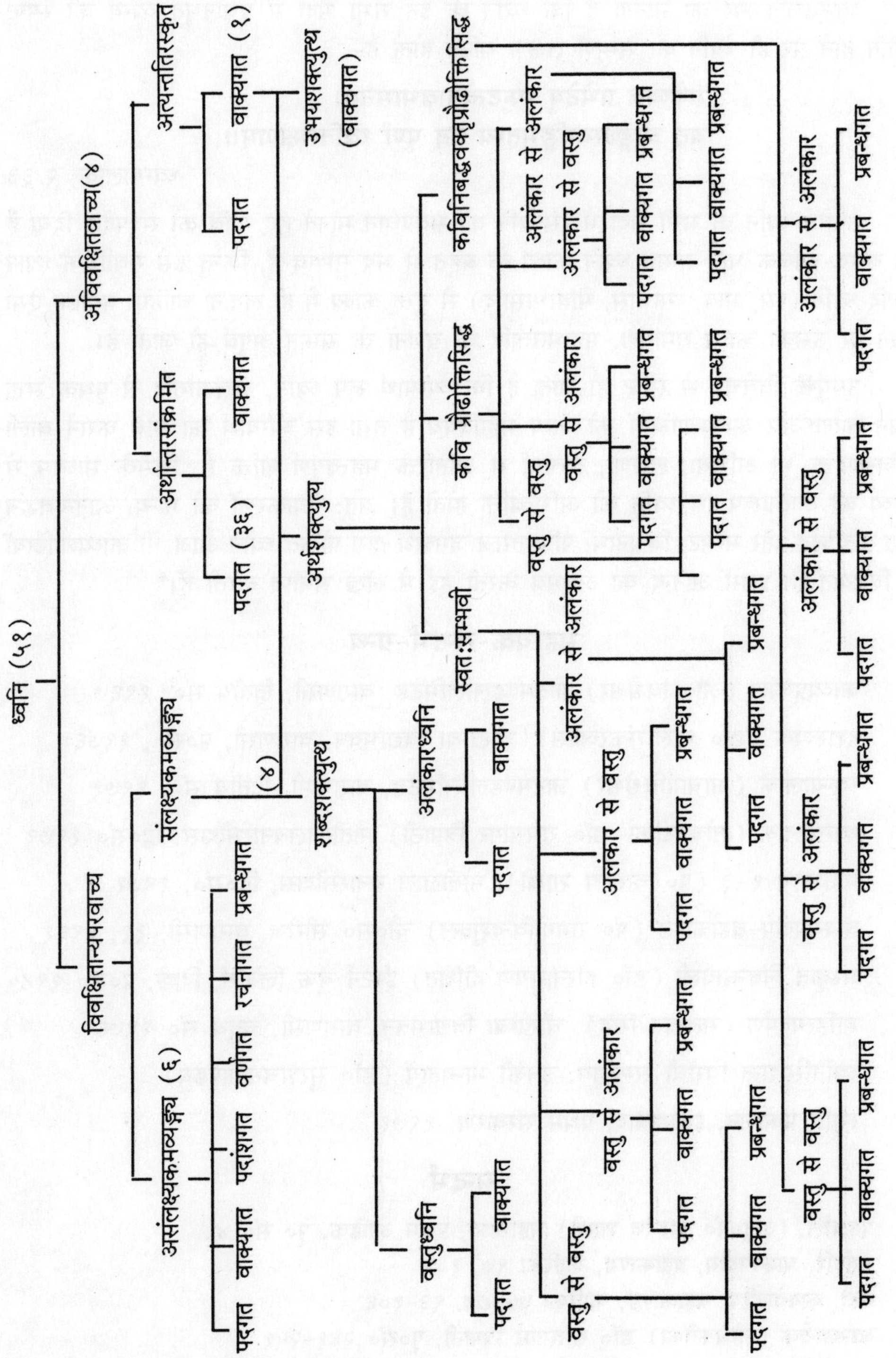
ध्वनि (५१)
अविवक्षितवाच्य(४)
विवक्षितान्यपरवाच्य
अत्यन्ततिरस्कृत
अर्थान्तरसंक्रमित
पदगत
वाक्यगत (१)
पदगत
वाक्यगत
संलक्ष्यक्रमव्यङ्ग्य
असंलक्ष्यक्रमव्यङ्ग्य (६)
पदगत
वाक्यगत
पदांशगत
वर्णगत
रचनागत
प्रबन्धगत
उभयशक्त्युत्थ
(वाक्यगत)
अर्थशक्त्युत्थ
पदगत (३६)
शब्दशक्त्युत्थ
(४)
वस्तुध्वनि
पदगत
वाक्यगत
अलंकारध्वनि
पदगत
वाक्यगत
स्वतःसम्भवी
कवि प्रौढोक्तिसिद्ध
कविनिबद्धवक्तृप्रौढोक्तिसिद्ध
वस्तु से वस्तु
वस्तु से अलंकार
अलंकार से वस्तु
अलंकार से अलंकार
पदगत
वाक्यगत
प्रबन्धगत

ध्वन्यालोककार का मानना है कि ध्वनि के इन सभी भेदों में प्रधानभूत व्यंग्य की स्पष्ट प्रतीति होने पर ही ध्वनि का सम्पूर्ण लक्षण घटित होता है–

सर्वेष्वेव प्रभेदेषु स्फुटत्वेनावभासनम्।
यद् व्यङ्ग्यस्याङ्गिभूतस्य तत् पूर्णं ध्वनिलक्षणम्।।

ध्वन्यालोक, २/३३

उन्होंने ध्वनि के सभी भेदों में रसध्वनि को सर्वप्रधान मानते हुए कवि को सदुपदेश दिया है कि व्यंग्य-व्यंजक भाव सम्पन्न ध्वनि काव्य के बहुत से भेद सम्भव हैं, किन्तु उसे सर्वाधिक ध्यान रसादि ध्वनि (रस, भाव, रसाभास, भावाभासादि) से युक्त काव्य में ही लगाना चाहिए। क्योंकि ऐसा करने पर उसका काव्य रामायण, महाभारतादि के वर्णनों के समान अपूर्व हो जाता है।

उपर्युक्त विवेचन से स्पष्ट हो जाता है कि व्यंग्यार्थ रूप ध्वनि, अलंकारादि से पृथक् सत्ता रखने वाला और काव्यशास्त्रियों को मान्य महाविषय है तथा इस व्यंग्यार्थ का बोध कराने वाली व्यंजनाशक्ति भी अभिधा, लक्षणा, तात्पर्या से अतिरिक्त महत्त्वपूर्ण शक्ति है, जिसके माध्यम से काव्य की आत्मारूप रस ध्वनि की अभिव्यक्ति होती है। अत: वैयाकरणों को मान्य, आनन्दवर्द्धन द्वारा प्रतिष्ठित और मम्मट, विश्वनाथ, पण्डितराज जगन्नाथ द्वारा पोषित ध्वनि आज भी काव्यशास्त्रियों में विख्यात है। इससे आनन्द का अनुभव करती हुई मैं लेख समाप्त करती हूँ।*

सहायक-सन्दर्भ-ग्रन्थ

काव्यप्रकाश (आ० विश्वेश्वर) ज्ञानमण्डललिमिटेड, वाराणसी, द्वितीय सं०, १९६७

दशरूपक (डॉ० भोलाशंकरव्यास), चौखम्बा विद्याभवन, वाराणसी, पं०सं०, १९७६

ध्वन्यालोक (आचार्यविश्वेश्वर) ज्ञानमण्डललिमिटेड, वाराणसी, द्वितीय सं०, १९७१

ध्वन्यालोक (लोचनटीका–डॉ० रामसागर त्रिपाठी) मोतीलालबनारसीदास, द्वि०सं० १९७९

महाभाष्य १-३ (पं० चारुदेव शास्त्री), मोतीलाल बनारसीदास, द्वि०सं०, १९७१

वाक्यपदीप-ब्रह्मकाण्ड (पं० रामगोविन्दशुक्ल) चौ०सं० सीरीज, वाराणसी, ११, १९६१

संस्कृत निबन्धावली (डॉ० हरिनारायण दीक्षित) ईस्टर्न बुक लिंकर्स, दिल्ली, प्र०सं० १९८५

साहित्यदर्पण (सत्यव्रत सिंह), चौखम्बा विद्याभवन, वाराणसी, चतुर्थ सं० १९७६

ध्वनिसिद्धान्त विरोधी सम्प्रदाय: उनकी मान्यतायें (डॉ० सुरेशचन्द्रपाण्डेय)

स्मृति प्रकाशन, इलाहाबाद, प्रथम संस्करण, १९७१

सन्दर्भ

१. पतञ्जलि, (अनु०पं० चारुदेव शास्त्री) महाभाष्य, प्रथम आह्निक, पृ० सं० ४
२. भर्तृहरि, वाक्यपदीय, ब्रह्मकाण्ड, कारिका ९७, १०२
३. वही, वाक्यपदीय, ब्रह्मकाण्ड, कारिका ७५-८४, ९३-१०६
४. ध्वन्यालोक (लोचनटीका) डॉ० रामसागर त्रिपाठी, पृ०सं० २४१-२५१

५. ध्वन्यालोक, १/३ और उसकी व्याख्या।
६. वही, १/७, ८ और उनकी व्याख्या।
७. (क) ध्वन्यालोक, १/कारिका ४ का व्याख्या भाग।
   (ख) काव्यप्रकाश, ५/४७ कारिका के बाद का गद्य भाग।
   (ग) साहित्यदर्पण, ३/२७ का उत्तरार्द्ध।
८. दशरूपक, ४/३७ और उसकी व्याख्या।
९. काव्यप्रकाश ५/४७वीं कारिका की व्याख्या से, साहित्य दर्पण ५/४ की व्याख्या।

* यह शोधलेख एकेडेमिक स्टॉफ कॉलेज, लखनऊ विश्वविद्यालय के ओरियन्टेशन प्रोग्राम १९९१ में स्वीकृत तथा प्रतिष्ठित काव्यशास्त्रीय ग्रन्थ 'भारतीय काव्यशास्त्र मीमांसा' में प्रकाशित है।

कालिदास : एक परिचय

पुरा कवीनां गणनाप्रसङ्गे कनिष्ठिकाधिष्ठितकालिदासः।
अद्यापि तत्तुल्यकवेरभावादनामिका सार्थवती बभूव॥

संस्कृति और धर्म के पोषक, संस्कृत साहित्याकाश के देदीप्यमान सूर्य वाग्देवता सरस्वती के कृपापात्र, कवि कुलगुरु कालिदास से आज न केवल हम भारतीय अपितु अन्य देशवासी भी सुपरिचित हैं। ईशवीय पूर्व प्रथम शताब्दी में भारतवर्ष को गौरवान्वित करने वाले इस कवि ने श्रव्य और दृश्य दोनों काव्य विधाओं पर अपनी लेखनी चलाई है और परिणाम स्वरूप रघुवंश और कुमारसम्भव-दो महाकाव्यों, ऋतुसंहार और मेघदूत-दो गीतिकाव्यों, विक्रमोर्वशीय, मालविकाग्निमित्र तथा अभिज्ञानशाकुन्तल-इन तीन नाटकों अर्थात् सात कृतियों से संस्कृतसाहित्य को समृद्ध किया है। रघुवंश में दिलीप से लेकर अग्निवर्ण तक के रघुवंशी राजाओं का चरित वर्णन किया गया है; कुमारसम्भव में शिव-पार्वती विवाह तथा उनके पुत्र कार्तिकेय द्वारा देवताओं के शत्रु तारकासुर के वध का वर्णन किया गया है; ऋतुसंहार में छह ऋतुओं का मनोहारी चित्रण प्रस्तुत किया गया है; मेघदूत में कुबेर द्वारा शापित यक्ष द्वारा मेघ को रामगिरि आश्रम से अलकापुरी तक के मार्ग का निर्देशन और अपनी पत्नी की विशिष्टताओं का वर्णन करवाया गया है; विक्रमोर्वशीय में ऋग्वेद पर आधारित पुरूरवा-उर्वशी की पावन प्रेम कथा का निरूपण किया गया है; मालविकाग्निमित्र में शुंगवंशीय राजकुमार अग्निमित्र और मालविका का प्रेमचित्रण किया गया है; तथा अभिज्ञानशाकुन्तल में हस्तिनापुर के राजा दुष्यन्त तथा निसर्गकन्या शकुन्तला के पवित्र प्रेम का वर्णन किया गया है।

यूँ तो उनके सभी काव्यों के सभी स्थल मनोहारी हैं और उन पर गद्यकवि बाणभट्ट का कथन-

निर्गतासु न वा कस्य कालिदासस्य सूक्तिषु।
प्रीतिर्मधुरसान्द्रासु मञ्जरीष्विव जायते॥

घटित होता है, किन्तु उनके साहित्य की प्रमुख विशेषताएँ हैं, उनकी उपमाएँ, उनका प्रकृतिप्रेम और उनका शृंगार रस।

उनकी उपमाएँ इसलिए सहृदयहृदयग्राह्य बन जाती हैं क्योंकि वे उपमेय-उपमान के सुन्दर संयोजन के अतिरिक्त श्लेषरहित हैं। उदाहरण के लिए रघुवंश में उनकी सर्वश्रेष्ठ उपमा देखिये-

संचारिणी दीपशिखैव रात्रौ यं यं व्यतीयाय पतिंवरा सा।
नरेन्द्रमार्गाट्ट इव प्रपेदे विवर्णभावं स स भूमिपालः॥

राजकुमारी इन्दुमती के स्वयंवर के आयोजन का दृश्य है। कई देशों के राजा उससे विवाह की आशा से आये हुए हैं। अब इन्दुमती अपना वर चुनने के उद्देश्य से उन सबके सामने से होकर गुजरती है, तो जिस-जिस राजा को छोड़कर वह आगे बढ़ती है, वह-वह राजा उसी तरह विवर्ण हो जाता है, उदास हो जाता है, जिस तरह रात्रि के समय घूमती हुई दीपशिखा के आगे बढ़ जाने पर राजमार्ग की पीछे छूटी हूई अट्टालिका अन्धकार ग्रस्त हो जाती है।

कालिदास ने अपनी इस उपमा में 'दीपशिखा' को उपमान के रूप में प्रस्तुत करने का जो मार्ग अपनाया है, उसने उन्हें कविदीपशिखा की उपाधि दिलवा दी और साहित्यसमाज में 'उपमाकालिदासस्य' सूक्ति भी प्रचलित हो गई।

दिलीप और सुदक्षिणा के बीच में विद्यमान नन्दिनी गौ, दिन और रात्रि के मध्य सन्ध्या के समान सुशोभित हो रही है–

पुरस्कृता वर्त्मनि पार्थिवेन प्रत्युद्गता पार्थिवधर्मपत्न्या।
तदन्तरे सा विरराजधेनुर्दिनक्षपामध्यगतेव सन्ध्या॥

दुष्यन्त जैसे योग्य वर की प्राप्ति से प्रसन्न महर्षि कण्व का उद्गार है–

वत्से! सुशिष्यपरिदत्ता विद्येवाशोचनीया संवृताऽसि।

योग्य शिष्य को दी गई विद्या के समान ही योग्य पति को दी गई शकुन्तला भी कण्व के लिए अब चिन्ता का विषय नहीं रह गई है। योग्य शिष्य विद्या का दुरुपयोग नहीं करता, राजा दुष्यन्त के पास शकुन्तला भी दुःखी नहीं रहेगी।

कालिदास का प्रकृतिप्रेम उनकी सभी कृतियों में दिखाई पड़ता है। किन्तु तीन स्थल उनके इस वैशिष्ट्य को सर्वाधिक अभिव्यक्त करते हैं। पहली बात तो यह है कि ॠतुसंहार तो पूर्णरूपेण प्रकृतिचित्रण पर ही आधारित है। काव्य में उनका वसन्तवर्णन देखिये–

द्रुमाः सपुष्पाः सलिलं सपद्मं स्त्रियः सकामाः पवनः सुगन्धिः।
सुखाः प्रदोषाः दिवसाश्च रम्याः सर्वप्रिये चारुतरं वसन्ते॥

दूसरी बात है कि अभिज्ञानशाकुन्तल में निसर्गकन्या शकुन्तला के प्रति नगरनिवासी राजा दुष्यन्त का आकर्षण वस्तुतः प्रकृति के प्रति मानव के प्रेम का ही स्पष्ट प्रतीक है। तीसरी बात है कि मेघदूत में उन्होंने प्रकृति एवं मानव का तादात्म्य प्रस्तुत करने के लिए ही मेघ को विरही यक्ष का सन्देशवाहक बना दिया है–

"धूमज्योतिः सलिलमरूतां सन्निपातः क्व मेघः
सन्देशार्थाः क्वपटुकरणैः प्राणिभिः प्रापणीयाः।
इत्यौत्सुक्यादपरिगणयन् गुह्यकस्तं ययाचे
कामार्त्ताः हि प्रकृतिकृपणाः चेतनाचेतनेषु॥

इतना ही नहीं प्रकृति उनके काव्य में पूज्य अभिभावक के रूप में भी चित्रित की गई है। मांगलिक कार्यों के अवसर पर उससे भी आशीर्वाद लिया जाता है–

पातुं न प्रथमं व्यवस्यति जलं युष्मास्वपीतेषु या
नादत्ते प्रियमण्डनापि भवतां स्नेहेन या पल्लवं।
आद्ये वः कुसुमप्रसूतिसमये, यस्या भवत्युत्सवः
सेयं याति शकुन्तलेति पतिगृहं सर्वैरनुज्ञायताम्।।

कालिदास के काव्य का तीसरा महत्त्वपूर्ण वैशिष्ट्य है–उनका रसराज श्रृंगार वर्णन। उनकी सातों रचनाओं में रसराज श्रृंगार ही अंगीरस के रूप में वर्णित हुआ है। उनका श्रृंगार रस मर्यादित प्रेम पर आधारित है और जहाँ वह मर्यादा की सीमा का उल्लंघन करने लगता है कि कवि उसे नियन्त्रित कर देते हैं। कुमारसम्भव में अपने मनोहारी रूप से भगवान् शंकर को आकृष्ट करने में असमर्थ पार्वती तप से उन्हें अपने अनुकूल करती हैं कि भगवान् शंकर को भी कहना पड़ता है–

"क्रीतस्तपोभिरितः तवास्मि दासः"।

शकुन्तला के प्रति दुष्यन्त के प्रेम को प्रदर्शित करने वाली उक्ति देखिये–

अनाघ्रातं पुष्पं किसलयमलूनैः कररूहै-
रनाविद्धं रत्नं मधु नवमनास्वादित रसं।
अखण्डं पुण्यानां फलमिव च तद्रूपमनघं
न जाने भोक्तारं कमिह समुपस्थास्यति विधिः।।

उन्होंने भगवान् शंकर के प्रति पार्वती के प्रेम का भी बड़ा शालीन वर्णन किया है–

एवं वादिनि देवर्षौ पार्श्वे पितुरधोमुखी।
लीलाकमलपत्राणि गणयामास पार्वती।।

उनके विरह वर्णन भी सहृदय सामाजिक के मन को द्रवित करने में समर्थ हैं। देखिये यक्षिणी के विरह में यक्ष की कैसी दशा हो जाती है–

त्वामालिख्य प्रणयकुपितां धातुरागैः शिलायाम्
आत्मानं ते चरणपतितुं यावदिच्छामि कर्त्तुम्।
अस्त्रैस्तावन्मुहुरुपचितैर्दृष्टिरालुप्यते मे
क्रूरैस्तस्मिन्नपि सहते संगमं नौ कृतान्तः।।

उपर्युक्त विशिष्टताओं के अतिरिक्त कालिदास की कृतियों की उल्लेखनीय विशेषता है उनकी वैदर्भीरीति। कहा भी गया है–

वैदर्भीरीतिरिष्यते कालिदासो विशिष्यते।

उपर्युक्त सभी उदाहरण इसी रीति में प्रस्तुत किये गये हैं। फिर भी प्रसंगवश एक उदाहरण प्रस्तुत है–

सरसिजमनुविद्धं शैवलेनापि रम्यं
मलिनमपि हिमांशोर्लक्ष्मलक्ष्मीं तनोति
इयमधिक मनोज्ञा वल्कलेनापि तन्वी
किमिव हि मधुराणां मण्डनं नाकृतीनाम्।।

कालिदास के व्यक्तित्व की विशेषता है, उनका भगवान् शंकर के प्रति पूज्यभाव जो स्थान-स्थान पर उनके काव्यों में दिखाई पड़ता है–

वागर्थाविव सम्पृक्तौ वागर्थप्रतिपत्तये।
जगतः पितरौ वन्दे पार्वतीपरमेश्वरौ॥

उन्होंने राजाओं के कर्त्तव्यों की ओर भी पाठक का ध्यान आकृष्ट किया है–

प्रजा प्रजा स्वा इव तन्त्रयित्वा
निषेवते श्रान्तमना विविक्तम्॥

तथा–

प्रजानां भूत्यर्थं स तावद् बलिमगृहीत्।
सहस्त्रगुणमुत्सृष्टुं आदत्ते हि रसं रविः॥

राजा तपोवनों का, गुरुकुलों का संरक्षक है, अतः वहाँ उसे अस्त्र-शस्त्र और राजोचित अहंकार छोड़कर जाना पड़ता है। वहाँ के पशु उसके लिए अवध्य हैं– **भो राजन्! आश्रमोमृगोऽयम् न हन्तव्यो न हन्तव्यः।**

पुत्री के विवाह के अवसर पर सामान्य पिता को जो अनुभूति होती है, वनवासी ऋषि कण्व भी शकुन्तला के पति गृहगमन के अवसर पर उस अनुभूति से अछूते नहीं रह पाते–

यास्यत्यद्य शकुन्तलेति पतिगृहं संस्पृष्टमुत्कण्ठया
कण्ठः स्तम्भितवाष्पवृत्तिः कलुषश्चिन्ताजडं दर्शनम्।
वैक्लव्यं मम तावदीदृशमिदं स्नेहादरण्योकसः
पीड्यन्ते गृहिणः कथं नु तनयाविश्लेषदुःखैर्नवैः॥

ऐसी ही अभिव्यंजनाओं से कवि का अभिज्ञानशाकुन्तल संस्कृत के सभी नाटकों में सबसे श्रेष्ठ स्थान का अधिकारी बना और आचार्य आनन्दवर्द्धन ने अपने ध्वन्यालोक में भी माना है कि ऐसे ही उत्तम काव्यों की रचना करने के कारण कालिदासादि दो तीन अथवा पाँच छः कवि की महाकवि के रूप में गिने जाते हैं।

अन्त में

रम्यान्तरः कमलिनी हरितैः सरोभि-
श्छायाद्रुमैर्नियमितार्क मरीचितापः
भूयात् कुशेशयरजो मृदुरेणुरस्याः
शान्तानुकूलपवनश्च शिवश्च पन्थाः॥

कालिदास की इस मंगलकामना से मैं अपना व्याख्यान समाप्त करने की अनुमति चाहती हूँ।*

सन्दर्भ

* यह शोध लेख अकादमिक स्टाफ कॉलेज, लखनऊ विश्वविद्यालय के ओरियण्टेशन प्रोग्राम में प्रस्तुत किया गया है।

श्रीकृष्ण की कपटयुद्धनीति का औचित्य

प्राचीन भारतवर्ष के महाभारतकालीन इतिहास की चर्चा लोकनायक महापुरुष श्रीकृष्ण के विना व्यर्थ है। तत्कालीन कौरव-पाण्डवयुद्ध में सत्य और धर्म के प्रतीक पाण्डवों की विजय श्रीकृष्ण के अलौकिक और बहुमुखी व्यक्तित्व का ही सुपरिणाम था। कौरव-पाण्डव युद्ध से पहले भी धर्मसंस्थापक श्रीकृष्ण ने अधर्म के प्रतीक कंस, कालयवन, भौमासुर, पौण्ड्रक वासुदेव, शिशुपाल, शाल्व आदि का स्वयं वध करके लोकहित को सुरक्षित करने का प्रशंसनीय प्रयास किया था। इसके बाद जरासंध का वध भीम से करवाया और कुरुक्षेत्र में सम्पन्न होने वाले महाभारत के युद्ध में तो प्रत्यक्ष योद्धा के रूप को छोड़कर पाण्डवों के युद्धमन्त्रित्व से युक्त पार्थसारथि के इतिहासप्रसिद्ध रूप को धारण किया। उनकी युद्धनीति निपुणता से ही कौरवपक्षीय भीष्म, भगदत्त, जयद्रथ, भूरिश्रवा, द्रोण, कर्ण, दुर्योधनादि का पराभव हो सका। जरासन्ध से दुर्योधनादि के वध तक श्रीकृष्ण ने जो युद्धनीति अपनाई, उसकी अनेक लोग निन्दा करते हैं, उनका आरोप है कि जरासन्ध, भीष्म, भगदत्त, द्रोण आदि को श्रीकृष्ण ने अधर्मपूर्वक धोखे से मरवाया जो युद्धनियमों के विरुद्ध है। प्रस्तुत लेख में इन योद्धाओं के वध में श्रीकृष्ण ने जिस कपटयुद्धनीति का आश्रय लिया था, उसका औचित्य क्रमशः प्रस्तुत किया जा रहा है–

भीम द्वारा जरासन्ध वध

श्रीकृष्ण ने मगधनरेश जरासन्ध को अठारह वार युद्ध में पराजित करके क्षीण कर दिया था, क्योंकि वह जानते थे जरासन्ध की सैन्यशक्ति और मित्रशक्ति अभी भी पर्याप्त थी, ऐसी स्थिति में यदि उसका वध कर दिया जाता तो फिर उसके सहायकों का विरोध शान्त करने की समस्या आ जाती। वास्तव में वह जरासन्ध का वध करने के लिए उचित अवसर की प्रतीक्षा कर रहे थे; और युद्धनीतिज्ञों की इस नीति को अपनाना चाहते थे कि बलवान् शत्रु को अपने मित्र से मरवाना चाहिए। श्रीकृष्ण को यह अवसर शीघ्र ही मिल गया, जब वह युधिष्ठिर के राजसूय यज्ञ के अवसर पर हस्तिनापुर पहुँचे। वहाँ पहुँचकर उन्होंने युधिष्ठिर को समझाया कि सभी राजाओं पर विजय पाये विना वह राजसूय यज्ञ करने की अर्हता नहीं रखते अतएव जरासन्ध का दमन करना अनिवार्य है।

जरासन्ध वध की योजना बनाते हुए उन्होंने अपनी युद्धनीति युधिष्ठिर को समझाते हुए कहा है कि सन्नद्ध सेनाओं वाले अत्यधिक बलशाली शत्रु से सम्मुख युद्ध नहीं करना चाहिए; जरासन्ध हमसे बलशाली है अतः उससे कपटयुद्ध ही करना चाहिए, शत्रु पर उस समय आक्रमण करना चाहिए, जब वह सहायकहीन हो; चूँकि इस समय जरासन्ध अपने सहायकों–हंस-डिम्भक-कंस–से रहित है, यह उसके विनाश का उचित अवसर है; इसलिए उसे भीमसेन और अर्जुन की सहायता से मार डालना चाहिए।[१]

श्रीकृष्ण इस तथ्य से सुपरिचित थे कि जरासन्ध ब्राह्मणों का आदर करता है, इसीलिए उन्होंने और भीम तथा अर्जुन ने भी ब्राह्मणवेश धारण कर लिया; और जरासन्ध की राजधानी गिरिव्रज में तोड़-फोड़ मचाते हुए निषिद्ध मार्ग से प्रवेश किया; मगध के शुभसूचक नगाड़ों को फोड़ दिया और चैत्यक तथा पर्वतशिखर को तोड़ डाला।[२]

उन्होंने जरासन्ध से सभाभवन में बैठे हुए राजाओं के समक्ष भेद खुलने की आशंका से भीम अर्जुन की जरासन्ध से वार्ता भी नहीं होने दी।[३] अवसर मिलते ही उन्होंने जरासन्ध के सम्मुख अपना वास्तविक स्वरूप प्रकट कर दिया; उसको, निषिद्ध मार्ग से अपने आगमन को उसके प्रति अपनी शत्रुता का प्रतीक बताया; तत्पश्चात् राजाओं को बन्दी बनाने के उसके कार्य की कटु आलोचना की; उसे चेतावनी दी कि वह राजाओं को कारागृह से मुक्त करे; राजसूय यज्ञ में युधिष्ठिर की अधीनता स्वीकार कर ले; अथवा उनके साथ युद्ध करे।[४]

युद्ध का प्रस्ताव रखने पर गर्वीले जरासन्ध ने भीमसेन को ही अपने साथ युद्ध के उपयुक्त समझा (उसका यही चुनाव श्रीकृष्ण को भी अभिमत था)। जरासन्ध ताल ठोंककर युद्ध करने को तत्पर हुआ कि भीमसेन भी उससे युद्ध करने को सन्नद्ध हो गये; भीम ने युद्ध करते-करते दाँवपेंचों से जरासन्ध को थका दिया, तब श्रीकृष्ण ने भीम को उसे मार डालने की प्रेरणा दी; और उसके शरीर को बीच से चीर डालने का संकेत देकर उसका वध करवा दिया।[५]

इस प्रकार जरासन्ध के वध से श्रीकृष्ण ने प्रशंसनीय युद्धनीति का उदाहरण योद्धाओं के समक्ष रखा। तदनुसार जरासन्ध जैसे शत्रु योद्धा की सेना सर्वप्रथम नष्ट की जानी चाहिए; फिर उसके सहायकों का सफाया किया जाना चाहिए, उसके दुष्कर्मों का वर्णन करके उसका मनोबल घटा देना चाहिए; और अन्त में जब वह निस्सहाय और किंकर्त्तव्यविमूढ़ हो जाय तो उसका वध कर/करवा देना चाहिए।

भीष्मवध

महाभारत युद्ध में भीष्म के अतुलित पराक्रमों से पाण्डवों की सेना के पाँव उखड़ गये। युधिष्ठिर के प्रार्थना करने पर श्रीकृष्ण पाण्डवों के साथ भीष्म के शिविर में उनके वध का उपाय पूछने गए। पाण्डवों के हितैषी श्रीकृष्ण भक्त भीष्म ने बताया कि यदि अर्जुन द्रुपदपुत्र शिखण्डी जो पहले स्त्री था, को आगे रखकर मुझसे युद्ध करे, तभी मेरा वध कर सकता है। क्योंकि मैं उसके स्त्रीभाव का स्मरण करके उस पर प्रहार नहीं करूँगा।[६] तत्पश्चात् पाण्डवों के प्रति वात्सल्यभाव को धारण करने वाले आरदणीय भीष्मपितामह को युद्ध में मार डालने की कल्पना से दु:खी हो जाने वाले अर्जुन को उन्होंने भीष्मवध की प्रतिज्ञा का स्मरण दिलाकर प्रोत्साहित किया। क्योंकि उनका यह स्पष्ट अभिमत है कि वीरक्षत्रिय को युद्धभूमि में अपने से युद्ध करने के लिए शत्रुपक्ष की ओर से आने वाले आततायी शत्रु का वध कर देना चाहिए, भले ही वह अपना सगा-सम्बन्धी क्यों न हो। इसीलिए श्रीकृष्ण के सचेत करने पर अर्जुन भीष्म द्वारा बताए गये उपाय से, उनसे युद्ध करने को तत्पर हो गया; और शिखण्डी के सहारे से भीष्म पर बाणों का प्रहार करके उसने उन्हें रथ से गिराकर मरणासन्न कर दिया।[७]

इस प्रकार भीष्मवध करवाकर श्रीकृष्ण ने विजिगीषु राजा के लिए इस नीति का उपदेश दिया

है कि उसे पापी व्यक्ति का साथ देने वाले प्रत्येक व्यक्ति का वध कर देना चाहिए, भले ही वह अपने आप में निरपराध हो और कितना ही पूज्य हो। इतना ही नहीं, ऐसे व्यक्ति के वध में यदि छल-प्रपञ्च का सहारा भी लेना पड़े, तो हिचकिचाना नहीं चाहिए। क्योंकि ऐसे व्यक्ति का वध यदि न किया गया तो वह पापी व्यक्ति का सबसे बड़ा सहायक सिद्ध हो सकता है। यद्यपि भीष्मपितामह निष्पाप, निरपराध, सच्चरित्र और अवर्णनीय गुणों के आगार थे, तथापि उन्होंने पापी, अधर्मी दुर्योधन का ही पक्ष ग्रहण किया था। वह जानते थे कि पाण्डव राज्य के अधिकारी हैं; धार्मिक प्रवृत्ति वाले हैं; और वास्तव में उन्हें उन्हीं का पक्ष लेना चाहिए, किन्तु उन्होंने जानबूझकर ही पाण्डवों के प्रति होने वाले अन्याय के प्रति उपेक्षाभाव धारण किया; और पापी दुर्योधन के पक्ष से सेनापति के रूप में युद्ध भी किया। यदि वह (श्रीकृष्ण) उन्हें कपट से नहीं मरवाते तो दुर्योधन का पक्ष प्रबल रहता, उसे ही विजय मिलती; और उनके बल पर उसका पापपूर्ण कार्यों को करने का साहस बढ़ता ही रहता। अतः पापी का साथ देने वाले निष्पाप व्यक्ति का वध भी उतना ही अनिवार्य है, जितना पापी व्यक्ति का वध।

भगदत्तवध

प्राग्ज्योतिषपुर के राजा भगदत्त (नरकासुर के पुत्र) ने कौरवों की ओर से युद्ध किया। अर्जुन ने पहले तो उसके सुप्रतीक नामक दुर्दान्त हाथी के मस्तक पर बाणों के प्रहार करके उसे मार डाला; और फिर श्रीकृष्ण के संकेत से कि यद्यपि भगदत्त बड़ा वीर है, तथापि वृद्धावस्था के कारण इसकी आँखे बन्द रहती हैं, अपनी आँखों को खुला रखने के लिए यह शिर पर पट्टी बाँधे रहता है—बाणों के प्रहार से भगदत्त की शिर पर बँधी पट्टी को नष्ट कर दिया; पट्टी नष्ट हो जाने से कुछ भी देख पाने में असमर्थ भगदत्त के वक्षःस्थल को अर्जुन ने अर्धचन्द्राकृतिबाण से विदीर्ण करके उसका वध कर दिया।[८] इस प्रकार श्रीकृष्ण की ही नीति से कौरव पक्ष का एक प्रचण्ड योद्धा मारा गया, अन्यथा जीवित रहने पर यह पाण्डवों के लिए खतरा बना रहता।

भगदत्तवध के द्वारा श्रीकृष्ण ने बताया है कि योद्धा प्रतिपक्षी योद्धा की दुर्बलता से फायदा उठाये। क्योंकि वह उसी प्रकार शत्रु की दुर्बलता को जानकर आसानी से उसको मार सकता है, जिस प्रकार उनके निर्देशन में अर्जुन ने कौरवपक्ष के प्रबल योद्धा भगदत्त के नेत्रविकार के विषय में जानकर उसे मार डाला था।

जयद्रथ वध

अपने पुत्र अभिमन्यु की मृत्यु हो जाने पर जब अर्जुन ने इस नृशंस कार्य को करने वाले कौरवपक्षीय वीरों में सर्वाधिक क्रियाशील सिन्धुराज जयद्रथ का वध करने की प्रतिज्ञा कर ली और इसी प्रतिज्ञा के साथ में उन्होंने यह भी अनुप्रतिज्ञा की कि यदि वह सूर्यास्त के पहले ही जयद्रथ को नहीं मार सकेंगे तो अग्नि में प्रवेश करके अपने प्राण त्याग देंगे, तब श्रीकृष्ण ने उन्हें जयद्रथ की सुरक्षा के लिए किये गए आचार्य द्रोण के प्रबन्ध के विषय में विस्तार से बताया और स्पष्ट किया कि द्रोण का प्रबन्ध इतना अच्छा है; उन्होंने ऐसा अभेद्य व्यूह बनाया है कि प्रतिज्ञा पूरी होने में अवश्य कठिनाई होगी। श्रीकृष्ण ने कौरवपक्षीय तैयारी की ऐसी सूचना अर्जुन को भयभीत करने के लिए नहीं दी थी, अपितु इसीलिए दी थी कि अर्जुन अपनी पूरी शक्ति से युद्ध करने को तत्पर

हो जायँ।[९] श्रीकृष्ण की प्रेरणा से अर्जुन ने जयद्रथ और उसकी सुरक्षा में सन्नद्ध कौरवपक्षीय वीरों पर प्रचण्ड आक्रमण किया। इस समय श्रीकृष्ण ने समझ लिया कि जयद्रथ अर्जुन से भयभीत है और कौरवपक्षीय छः महारथी उसकी रक्षा में सन्नद्ध हैं। ये लोग सायंकाल तक अर्जुन को उलझाये रखना चाहते हैं, ताकि प्रतिज्ञानुसार अर्जुन स्वयं नष्ट हो जायँ। जयद्रथ भी अर्जुन की प्रतिज्ञा के विषय में जानता है और सायंकाल की प्रतीक्षा कर रहा है। क्योंकि वह भी चाहता है कि कब सायंकाल हो और अर्जुन उसको मारने की प्रतिज्ञा पूरी न कर सकें और प्रतिज्ञाभंग होने पर अग्नि में स्वयं प्रवेश करके समाप्त हो जायँ। अतः उन्होंने आवश्यक समझा कि सूर्यास्त का भ्रम इस प्रकार पैदा किया जाय कि केवल जयद्रथ ही समझे कि सूर्यास्त हो गया; और प्रसन्न होकर अर्जुन के चितारोहण का दृश्य देखने के लिए अपने को अर्जुन के सम्मुख स्वयं प्रकट कर दे जिससे अर्जुन उसे मारकर सत्यप्रतिज्ञ हो सकें। उन्होंने अपनी योजना अर्जुन को समझा दी, तत्पश्चात् बहुत से महारथियों की उपस्थिति के बावजूद योजनानुसार जयद्रथ के लिए सूर्यास्त का भ्रम पैदा किया, फलस्वरूप जयद्रथ सामने आया; तब अर्जुन को उसका शिर काटने का आदेश दिया, इसके साथ ही अर्जुन को उसके पिता वृद्धक्षत्र का परिचय देकर सलाह दी कि जयद्रथ का वध इस प्रकार करो, अर्थात् उसका शिर इस प्रकार काटो कि वह उसके पिता की गोद में गिरे और पुत्र के साथ ही वह भी मृत्यु को प्राप्त हो जाय। क्योंकि यदि जयद्रथ का कटा हुआ सिर पृथ्वी पर गिरेगा तो वधकर्त्ता उस तपस्वी वृद्धक्षत्र के शाप से विनष्ट हो जायेगा। फलस्वरूप अर्जुन ने अपने बाणों से जयद्रथ का सिर काटकर, बाणों की सहायता से समन्तपञ्चक क्षेत्र के बाहर तपस्यारत वृद्धक्षत्र की गोद में डाल दिया, युद्धक्षेत्र में इस दृश्य को कोई नहीं देख सका। उधर तपस्यारत वृद्धक्षत्र जब जप करके अचानक उठे तो उनके जाने विना ही वह मस्तक उनकी गोद से पृथ्वी पर गिर पड़ा। फलस्वरूप वृद्धक्षत्र के भी मस्तक के सौ टुकड़े हो गये। इस प्रकार अर्जुन की प्रतिज्ञा भी पूरी हुई तथा उनका जीवन भी अक्षत रहा।[१०] इस पर श्रीकृष्ण ने अर्जुन को बधाई दी; और उनके वीरतापूर्ण कार्यों की प्रशंसा करके उनका मनोबल बढ़ाया।[११]

जयद्रथ वध से सम्बन्धित उपर्युक्त वर्णन से यह सुस्पष्ट हो जाता है कि यदि श्रीकृष्ण जयद्रथ वध में उपर्युक्त प्रकार से क्रियाशील नहीं होते तो इसी बात की सम्भावना ज्यादा होती कि जयद्रथवध नहीं हो पाता और अर्जुन को अपनी प्रतिज्ञा पूरी करने के लिए चितारोहण करना पड़ता। अर्जुन के चिता की अग्नि में भस्म होते ही पाण्डवों की विजय की कोई आशा न रहती। यदि अर्जुन सायंकाल के पूर्व जयद्रथ को मार भी लेते और उसका शिर पृथ्वी पर गिरता, तब भी जयद्रथ के पिता वृद्धक्षत्र के शाप से उनकी मृत्यु हो जाती और अर्जुन की प्रतिज्ञा पूरी हो जाने के पश्चात् भी अर्जुन के अभाव में पाण्डव पक्ष बुरी तरह निर्बल हो जाता। अतः जयद्रथवध में श्रीकृष्ण की भूमिका ने अर्जुन की दो प्रकार से सम्भावित मृत्यु को अपनी दूरदर्शिता से टाला, जयद्रथ का वध कराया और पाण्डवों की विजय की सम्भावना में वृद्धि की।

उपर्युक्त विवेचन से श्रीकृष्ण की यह नीति स्पष्ट हो जाती है कि योद्धा को जयद्रथ जैसे छली व्यक्ति का वध छल से ही करना चाहिए। क्योंकि छली व्यक्ति को धर्मयुद्ध से नहीं जीता जा सकता। इसीलिए अर्जुन के साथ छल करने वाले जयद्रथ को योजनाबद्ध छलनीति से मरवा डाला।

भूरिश्रवावध

सोमदत्तपुत्र भूरिश्रवा दुर्योधन की ओर से युद्ध कर रहा था। उसके पिता सोमदत्त सात्यकि के पिता शिनि में परस्पर शत्रुता थी; और यह शत्रुता पिताओं के साथ पुत्रों में भी पनप चुकी थी। इसीलिए अवसर पाते ही भूरिश्रवा ने प्रतिपक्षी योद्धाओं को परास्त करके थक जाने वाले और अपने गुरु अर्जुन का दर्शन करने की इच्छा रखने वाले सात्यकि को घेर लिया, क्योंकि एक तो वह अपनी पारिवारिक शत्रुता का बदला लेना चाहता था; और दूसरे पाण्डवपक्षीय वीर सात्यकि के वध से श्रीकृष्ण और अर्जुन का उत्साह भंग करना चाहता था। जब श्रीकृष्ण ने देखा कि भूरिश्रवा और सात्यकि के बीच घनघोर युद्ध छिड़ा हुआ है और सात्यकि का जीवन संशय में पड़ गया है तो उनके प्रेरित करने पर मन ही मन भूरिश्रवा की वीरता की प्रशंसा करने वाले अर्जुन ने भी सात्यकि के वध के लिए सन्नद्ध भूरिश्रवा के तलवारयुक्त दाँये हाथ को क्षुरण बाण के प्रहार से काट डाला; और उसको मृतप्राय ही कर दिया।[१२]

यहाँ यह बात ध्यातव्य है कि जिस समय भूरिश्रवा बहुत से योद्धाओं को युद्ध में परास्त करने के कारण थके हुए और अस्त्रशस्त्रहीन सात्यकि से अधर्मयुक्त युद्ध कर रहे थे, उस समय अर्जुन का पूरा ध्यान जयद्रथ पर केन्द्रित था। यदि श्रीकृष्ण अर्जुन का ध्यान भूरिश्रवा और सात्यकि के युद्ध की ओर आकृष्ट नहीं करते तो भूरिश्रवा अवश्य ही सात्यकि का वध कर देते और कई वीरों से जूझने की क्षमता रखने वाले सात्यकि की मृत्यु से पाण्डव पक्ष दुर्बल हो जाता। वस्तुस्थिति तो यह थी कि अर्जुन भूरिश्रवा को धर्मयुद्ध में संलग्न समझकर उसके प्रति अपने मन में प्रशंसनीय भाव धारण कर रहे थे; और उनके और सात्यकि के युद्ध में हस्तक्षेप नहीं करना चाहते थे। क्योंकि नियमानुसार जब दो योद्धा परस्पर लड़ रहे हों तो, किसी तीसरे को उन दोनों में से किसी से भी नहीं लड़ना चाहिए। जबकि श्रीकृष्ण ने अपने वक्तव्य में स्पष्ट कर दिया कि भूरिश्रवा भी नियमविरूद्ध युद्ध कर रहे हैं। क्योंकि नियमानुसार पहले से युद्ध करने के कारण थके हुए योद्धा से युद्ध नहीं करना चाहिए। इसलिए उनकी दृष्टि में सात्यकि को भूरिश्रवा के शिकंजे से बचाना अनिवार्य है, धर्मसंगत है।

अतः उपर्युक्त विवेचन से श्रीकृष्ण की यह नीति स्पष्ट हो जाती है कि युद्धभूमि में लड़ने वाले प्रमुखयोद्धा को चाहिए कि वह अपने पक्ष के अन्य प्रमुख योद्धाओं के लिए भी यथाशक्ति जागरूक रहे और उसकी रक्षा के लिए धर्माधर्म का विचार न करे।

इन्द्रप्रदत्तशक्ति से अर्जुन की रक्षा में श्रीकृष्ण की भूमिका

इन्द्रप्रदत्त शक्ति से अर्जुन की रक्षा के उद्देश्य से श्रीकृष्ण ने अर्जुन को कर्ण के समक्ष जाने से वार-वार रोका और भीमपुत्र घटोत्कच को कर्ण से युद्ध करने के लिए प्रेरित किया। घटोत्कच के मायावी युद्ध से सन्त्रस्त कौरववीरों ने कर्ण को प्रेरणा दी कि वह इन्द्रप्रदत्त शक्ति का प्रयोग घटोत्कच पर करके कौरवसेना को बचाये, कर्ण के पास भी घटोत्कच से छुटकारा पाने का कोई दूसरा मार्ग न था अतः उसने विवश होकर घटोत्कच पर ही इन्द्रप्रदत्तशक्ति (जो उसने अर्जुन के वध के लिए ही सुरक्षित रखी थी) का प्रहार करके उसका वध कर दिया।[१३] इस प्रकार घटोत्कच के माध्यम से श्रीकृष्ण की पाण्डवहितकारी योजना सफल हो गई।

घटोत्कच के वध से श्रीकृष्ण को अत्यधिक प्रसन्नता हुई। घटोत्कच के वध से शोकाकुल पाण्डवों ने श्रीकृष्ण की इस अनवसर प्रसन्नता का उनसे कारण पूछा, तो उन्होंने अपनी हार्दिक प्रसन्नता का कारण बताया कि कर्ण की अमोघशक्ति घटोत्कच पर खर्च हो गई, इसीलिए अब अर्जुन का जीवन सुरक्षित है, अन्यथा सूर्यपुत्र कर्ण अपनी अमोघशक्ति से अर्जुन को ही मारता। अतः घटोत्कच के मारे जाने से अर्जुन की सुरक्षा हुई।[१४] उन्होंने सात्यकि के सामने भी घटोत्कच वध की आवश्यकता पर प्रकाश डालते हुए कहा–दुर्योधनादि प्रतिदिन कर्ण से मन्त्रणा करते थे और उसको यही सलाह देते थे कि इन्द्रप्रदत्त शक्ति अर्जुन पर ही प्रयुक्त करना। यह उनकी ही योजना थी, जो उसने उस शक्ति का प्रयोग घबराहट में घटोत्कच पर कर दिया।[१५]

इस प्रकार घटोत्कचवध के द्वारा श्रीकृष्ण ने राजा के समक्ष अपनी युद्धनीति प्रस्तुत की है कि अपने पक्ष के किसी योद्धा के प्राणों की आहुति देकर यदि अपने पक्ष के ही किसी प्रमुख योद्धा के प्राणों की रक्षा की जा सकती है, तो ऐसी स्थिति में उसे प्रमुख योद्धा की रक्षा कर लेनी चाहिए और उस सामान्य योद्धा के प्राणों की आहुति दे देनी चाहिए।

द्रोणवध

श्रीकृष्ण यह बात अच्छी तरह जानते थे कि युद्ध विद्या के आचार्य द्रोण तभी मारे जा सकते थे, जब वह शस्त्र त्याग कर देते; और शस्त्र त्याग वह तब करते, जब उन्हें अपने पुत्र अश्वत्थामा की मृत्यु का समाचार मिलता। श्रीकृष्ण की योजना के अनुसार भीमसेन ने अपनी ही सेना के मालवनरेश के राजा इन्द्रवर्मा के हाथी को गदा से मारा डाला, इस हाथी का भी नाम 'अश्वत्थामा' था। इसके बाद भीमसेन ने अश्वत्थामा के मरने की घोषणा कर दी। किन्तु द्रोण ने अश्वत्थामा की वीरता और भीमसेन की असत्यवादिता का विचार करके युद्ध जारी रखा और पहले से भी अधिक पराक्रम दिखाया। अन्त में श्रीकृष्ण ने युधिष्ठिर को सलाह दी कि वह अश्वत्थामा की मृत्यु की घोषणा द्रोण के सामने करें, भीम ने भी श्रीकृष्ण के वचनों का अनुमोदन किया। फलस्वरूप सत्यवादी युधिष्ठिर ने द्रोण के समक्ष 'अश्वत्थामा मारा गया' इतने वाक्यांश को उच्चस्वर से और 'इस नाम वाला हाथी' यह वाक्यांश मन्दस्वर से कहा। द्रोण ने उच्चस्वर से कहा गया वाक्यांश ही सुना और पुत्रशोक के कारण किंकर्त्तव्यविमूढ़ हो गए।[१६] तदनन्तर अर्जुनादि ने मना करने पर भी शस्त्रों का परित्याग कर देने वाले आचार्य द्रोण का वध धृष्टद्युम्न ने कर दिया।[१७]

स्पष्ट है कि श्रीकृष्ण की नीति से ही कौरवसेना के महापराक्रमी युद्धविद्याचार्य द्रोण का पराभव हो सका। फलस्वरूप कौरवों की पराजय और पाण्डवों की विजय की आशा होने लगी थी। यदि श्रीकृष्ण द्रोणवधहेतु कपटनीति का आश्रय न लेते तो युद्धविद्या के आचार्य द्रोण युद्ध से विमुख नहीं होते और पाण्डवों की विजय संशय में पड़ जाती।

श्रीकृष्ण ने द्रोणाचार्य का कपटपूर्वक वध करवाने में राजा के समक्ष अपनी इस नीति का आश्रय लिया है कि पापी का साथ देने वाले परमविद्वान्, धर्मवान्, बलवान्, बुद्धिमान और प्रतापवान् व्यक्ति का भी वध विना किसी हिचकिचाहट के कर देना चाहिए। ध्यातव्य है कि द्रोणाचार्य भी भीष्मपितामह की तरह कौरवों के पापपूर्ण आचरण को जानते हुए भी उनका साथ दे रहे थे और पाण्डवों के धर्माचरण से सुपरिचित होकर भी उन्हें नज़रअंदाज़ कर रहे थे। उनकी युद्धविद्या का

लाभ भी पापी कौरवों को ही मिल रहा था। पापी दुर्योधन का साथ देने के कारण उनका धर्माचरण भी अधर्माचरण का रूप धारण कर रहा था। इसलिए उनका वध श्रीकृष्ण की दृष्टि में नितान्त आवश्यक था।

कर्णवध

युधिष्ठिर से स्वीकृति दिलवाने के बाद श्रीकृष्ण ने अर्जुन को कर्णवध के लिए बड़े जोर-शोर से प्रोत्साहित किया। उन्होंने अर्जुन की प्रशंसा करके उनका मनोबल बढ़ाया; कर्ण के सामर्थ्य से भी सचेत किया; उसके (कर्ण के) दुर्गुणों पर भी प्रकाश डाला; उससे पाञ्चालों की भी रक्षा का आदेश दिया; भगवान् शंकर के स्मरण का सुझाव दिया; और विजयश्री की प्राप्ति के लिए आशीर्वाद दिया।[१८]

कृष्ण के मतानुसार अपना अहित करने वाले घायल शत्रु को सँभलने का मौका दिये विना ही मार डालना चाहिए। अतः उन्होंने अर्जुन से कहा कि वह कर्ण को घायल देखकर प्रमाद न करें; अपितु उसका तुरन्त वध कर दें। कृष्ण के वार-वार प्रेरित करने पर अर्जुन ने घायल कर्ण पर अस्त्रों का प्रहार जारी रखा; उनके द्वारा रौद्रास्त्र का प्रयोग करने के अवसर पर कर्ण का रथ पृथ्वी पर धँस गया, तब अर्जुन से रथ को निकालने का समय माँगते हुए कर्ण को कृष्ण ने उसकी करतूतों का स्मरण कराया; और आपत्तिग्रस्त कर्ण पर पुनः दिव्यास्त्रों को चलाने का अर्जुन को आदेश दिया। फलस्वरूप अर्जुन ने कर्ण को रथ को ऊपर उठाने को मौका दिये विना ही अपने अञ्जलिक बाण से उसका वध कर दिया। स्पष्ट है कि यदि कर्ण को पुनः रथारूढ़ होने का मौका मिल जाता तो अर्जुन की विजय एक बार फिर संशय में पड़ जाती।[१९]

इस प्रकार अर्जुन से कर्णवध करवाकर श्रीकृष्ण ने विजिगीषु राजा को इस युद्धनीति की शिक्षा दी है कि पापी शत्रु का साथ देने वाले, स्वाभिमान को छोड़ देने वाले, स्वयं भी पापाचरण करने वाले प्रबल प्रतिपक्षी योद्धा का वध अवश्य कर देना चाहिए, भले ही इसके लिए युद्ध के कुछ नियमों को भी छोड़ना पड़े। क्योंकि कर्ण जैसे प्रतिपक्षी योद्धा का वध रूप साध्य ही महत्त्वपूर्ण होता है, वध का रीतिरूप साधन महत्त्वहीन होता है। फिर पापी का साथ देने वाला भी पापी कहलाता है, इसलिए उसका वध तो पापी के वध से भी पहले कर देना चाहिए, ताकि पापी शत्रु को और अधिक पाप करने के अवसर न मिल पाएँ।

दुर्योधनवध

जब सहदेव के हाथों शकुनि का वध हुआ, तो दुर्योधन भयभीत होकर भागा और प्राण बचाने के लिए जलाशय में छिप गया।[२०] इसके बाद श्रीकृष्ण ने दुर्योधन के वध के उद्देश्य से युधिष्ठिर को सलाह दी कि आप जल में माया का प्रयोग करने वाले (जलस्तम्भनी विद्या से जल को स्तम्भित करने वाले) इस दुष्ट का विनाश जल में माया का प्रयोग करके ही कीजिए। उनके वचनों को सुनकर उन्होंने मायायुक्त उपाय तो नहीं किये, किन्तु आक्षेपपूर्ण वचन कहकर दुर्योधन को फटकारा।[२१] युधिष्ठिर के फटकारने से दुर्योधन सरोवर से बाहर निकला और भीमसेन से युद्ध करने को तत्पर हुआ। श्रीकृष्ण ने भीमसेन को भी उत्तेजित कर दिया और उन्हें दुर्योधन से लड़ने को प्रेरित किया। फलस्वरूप भीम और दुर्योधन का गदायुद्ध आरम्भ हुआ।[२२] उन्होंने अर्जुन के समक्ष अपना

मत प्रस्तुत किया कि पराजित शत्रु युद्धभूमि में पुनः लौटे तो उससे सावधान रहना चाहिए। इस समय भीमसेन को चाहिए कि वह मायायुद्ध से ही मायावी दुर्योधन को पराजित कर दें, अन्यथा युधिष्ठिर की मूर्खता के कारण हम सब को ही पराजय का मुख देखना पड़ेगा। कपटद्यूतक्रीडा के अवसर पर उन्होंने यह प्रतिज्ञा भी की थी कि वह युद्ध में दुर्योधन की जंघाओं को तोड़ देंगे, अतः उन्हें अपनी प्रतिज्ञा पूरी करनी चाहिए। यह बिल्कुल नहीं सोचना चाहिए कि जंघाओं पर प्रहार करना नियमविरूद्ध है। क्योंकि यदि वह दुर्योधन से नियमानुसार युद्ध करेंगे तो उनकी प्रतिज्ञा पूरी नहीं होगी और छली दुर्योधन का वध भी नहीं हो सकेगा।[२३] इसके अतिरिक्त उसकी माता गान्धारी ने भी उसे पहले यह आदेश दिया था कि वह उनके समक्ष निर्वस्त्र होकर आये, जिससे उनकी प्रभावशालिनी दृष्टि से उसका पूरा शरीर वज्र के समान हो जाय और वह किसी से पराजित न हो सके। जिस समय दुर्योधन अपनी माता के आदेश का पालन करने के लिए जाने लगा, उस समय मैंने ही युक्तिपूर्वक उसे जाँघों को ढँककर जाने का परामर्श दिया था (कि पुरुष को किसी के भी समक्ष निर्वस्त्र होकर नहीं जाना चाहिए)। तदनुसार वह माता के समक्ष जाँघों को ढककर ही गया। तपस्विनी गान्धारी आँखों से पट्टी हटाते ही वस्तुस्थिति समझ गई। उन्होंने अपनी दृष्टि के तेज से उसका सारा शरीर तो वज्र के समान बना दिया, किन्तु उसकी जाँघें पूर्ववत ही रहीं। बुद्धिमती गान्धारी ने अपने पुत्र को सचेत किया कि वह शत्रुओं के प्रहार से अपनी जाँघों को सुरक्षित रखे।[२४]

श्रीकृष्ण के वचनों का अभिप्राय (कि इस समय भीम को उसकी प्रतिज्ञा का स्मरण दिलाना है) समझकर अर्जुन ने भीम के सामने अपनी बायीं जाँघ पर ताल ठोंकी। फलस्वरूप उन्होंने (भीम ने) अर्जुन का संकेत समझकर बचने के लिए उछलकर पीछे जाने को तत्पर हुए दुर्योधन की जँघायें तोड़कर उसका वध कर दिया।[२५]

भीम और दुर्योधन के गदायुद्ध के समय श्रीकृष्ण के बड़े भाई बलराम भी उपस्थित थे। भीम के द्वारा दुर्योधन के अन्यायपूर्ण वध से उन्हें बड़ा क्रोध आया। किन्तु श्रीकृष्ण ने उन्हें शान्त करते हुए अपना मत व्यक्त किया कि भीमसेन निर्दोष हैं; उन्होंने तो दुर्योधन के वध की प्रतिज्ञा पूरी की है। और फिर यदि अपना कोई घनिष्ठ मित्र शत्रु को मारकर हमारी सहायता से विजय प्राप्त करता है तो अपनी उन्नति का मार्ग भी प्रशस्त होता है।[२६]

भीम से दुर्योधन का वध करवाने में श्रीकृष्ण ने अपनी इस नीति को राजा के लिए उपयोगी बताया है कि दुर्योधन जैसे मायावी शत्रु का वध माया से ही करना चाहिए।

(क) **मायाविनं तु राजानं मायवैव निकृन्ततु।**

महाभारत, शल्यपर्व, ५८/८ का उत्तरार्ध।

(ख) **मायावध्या किं मायिनः।**

क्षेमेन्द्र, भारतमञ्जरी, गदापर्व, श्लोक सं० ७८ का पू०।

(ग) **मायिनश्च मायावध्या हि भवन्ति।**

शिवदत्तत्रिपाठी, गद्यभारत, पृ०सं० २३५

क्योंकि ऐसे शत्रु को धर्म से जीतना सर्वथा असम्भव होता है। फिर जो शत्रु मायावी होने

के साथ-साथ आततायी, दूसरे की सम्पत्ति को हड़पने वाला, दुष्टों को प्रश्रय देने वाला हो, वह तो हर प्रकार से वध के योग्य है। अगर ऐसे शत्रु का वध नहीं किया जाएगा, तो वह फिर से राज्य में कपट, अत्याचार, भ्रष्टाचार आदि दुर्गुणों को प्रश्रय देगा और धर्म की प्रतिष्ठा पर प्रश्नचिह्न लग जायेगा। यहाँ यह भी स्मरणीय है कि भगदत्त के समान ही दुर्योधन वध में भी उन्होंने उसकी जाँघों की दुर्बलता का ध्यान दिलाकर पुनः इस नीति–शत्रु की दुर्बलता का लाभ उठाकर उसे परास्त करना चाहिए–को अपनाने की आवश्यकता पर जोर दिया है।

श्रीकृष्ण की युद्धप्रणाली देखकर एक और तथ्य हमारे सामने आ जाता है। वह यह कि श्रीकृष्ण ने जब-जब युद्ध किया, तब-तब उसका उद्देश्य एक ही रहा–लोककल्याण। इस लोककल्याणरूपी साध्य को सिद्ध करने के लिए उन्होंने इस बात की परवाह नहीं की कि साधन कैसा हो? इसीलिए उन्होंने प्रकट युद्ध के अतिरिक्त कपटयुद्ध को भी मान्यता दी। कालयवन, भौमासुर, पौण्ड्रक वासुदेव, शिशुपाल, शाल्व, दन्तवक्त्र, शृगाल, निकुम्भ, वज्रनाभ, बाणासुर, हंस-डिम्भक, शल्य आदि को उन्होंने प्रकटयुद्ध में स्वयं परास्त करके अपना युद्धकौशल प्रकट किया है, जबकि जरासन्ध, भीष्म, भगदत्त, जयद्रथ, भूरिश्रवा, द्रोण, कर्ण, दुर्योधनादि को परास्त कराने में अस्त्र-अस्त्र-युद्धकौशल के अतिरिक्त कपटनीति का भी सहारा लिया है और उसे उचित भी माना है। यद्यपि युधिष्ठिर को श्रीकृष्ण का शत्रुओं को समाप्त करने का झूठ बोलकर, शत्रु को धोखा देकर वध करने का यह ढंग पहले पसन्द नहीं आया; किन्तु अन्त में उन्हें भी श्रीकृष्ण की नीति का अनुमोदन करना ही पड़ा।

गतो वैरस्य निधनं हतो राजा सुयोधनः।
कृष्णस्य मतमास्थाय विजितेयं वसुन्धरा॥

महाभारत, शल्यपर्व, ६०/४७

युधिष्ठिर अवश्य ही समझ गये होंगे कि (क) ब्राह्मणवेश में भीम के द्वारा जरासन्ध का वध करवाना, (ख) शिखण्डी को सामने रखकर अर्जुन के द्वारा भीष्म को शरशय्याशायी बना देना, (ग) भगदत्त के मस्तक की पट्टी का रहस्य बताकर अर्जुन से उसका वध करवाना, (घ) सूर्यास्त का भ्रम उपस्थित करके जयद्रथ का वध करवाकर अर्जुन को सत्यप्रतिज्ञ करना, (ङ) अर्जुन के द्वारा भूरिश्रवा की बाँह कटवाकर सात्यकि के लिए उसका वध का कार्य आसान कर देना, (च) उन (युधिष्ठिर) से असत्य वचन कहलवाकर द्रोण को शस्त्रहीन कर देना, (छ) अपने धँसे हुए रथ को पृथ्वी से निकालने में संलग्न युद्ध से विरत कर्ण पर अर्जुन से प्रहार करवाकर उसका वध करवा देना तथा (ज) संकेत देकर भीम के द्वारा दुर्योधन की जँघाओं पर गदा से प्रहार करवाकर उसका वध करना–ये सभी कार्य जो श्रीकृष्ण ने अपनी सामयिक कपटकूटनीति द्वारा सम्पन्न करवाये हैं, पाण्डवों और उनके सहायकों के मात्र शस्त्रविद्याज्ञान से कथमपि सम्पन्न नहीं हो सकते थे। श्रीकृष्ण यह भलीभाँति जानते थे कि योद्धा को, किसी दूसरे योद्धा को धोखे से नहीं मारना चाहिए; दूसरे से किसी योद्धा से युद्ध करने वाले पर शस्त्र नहीं चलाना चाहिए; शस्त्रविहीन योद्धा पर प्रहार नहीं करना चाहिए; अपने युद्धोपकरण ठीक करने वाले या दूसरे कार्य में संलग्न योद्धा को नहीं मारना चाहिए। वह युद्ध के सभी नियमों से परिचित थे। किन्तु जिन व्यक्तियों का वध करने/करवाने में उन्होंने कपट का आश्रय लिया, उन व्यक्तियों का वध अनिवार्य हो गया था। साथ ही उनका

वध विना कपट का सहारा लिए किया भी नहीं जा सकता था। अतः उन्होंने कपट का आश्रय लेना उचित समझा। क्योंकि उनकी यह भी नीति थी कि किसी अच्छे कार्य को सम्पन्न करने के लिए नियमविरूद्ध होना कदापि अनुचित नहीं है। यदि श्रीकृष्ण नियमपालन का कोरा आदर्शवाद सामने रखकर चलते, तो इस भारत में जरासन्ध जैसे तानाशाह, शिशुपाल जैसे अत्याचारी, द्रोण जैसे अर्थदास, कर्ण जैसे दुष्टमित्रप्रेमी और दुर्योधन जैसे भ्रातृद्रोहियों का ही बोलवाला रहता और धर्मात्मा पाण्डवों का राज्य स्थापित नहीं हो पाता। श्रीकृष्ण ने इन सबको अधर्म से मारने के औचित्य पर स्वयं भी प्रकाश डालते हुए कहा है–

नैष शक्योऽतिशीघ्रास्त्रस्ते स सर्वे महारथाः।
ऋजुयुद्धेन विक्रान्ता हन्तुं युष्माभिराहवे॥
नैष शक्यः कदाचित् तु हन्तुं धर्मेण पार्थिव।
ते वा भीष्ममुखाः सर्वे महेष्वासा महारथाः॥
मयानेकैरुपायैस्तु मायायोगेन चासकृत्।
हतास्ते सर्वे एवाजौ भवतां हितमिच्छता॥
यदि नैवविधं जातु कुर्यां जिह्ममहं रणे।
कुतो वा विजयो भूपः कुतो राज्यं कुतो धनम्॥
ते हि सर्वे महात्मानश्चत्वारोऽतिरथा भुवि।
न शक्या धर्मतो हन्तुं लोकपालैरपि स्वयम्।
तथैवायं गदापाणिर्धार्तराष्ट्रो गतक्लमः।
न शक्यो धर्मतो हन्तुं कालेनापीह दण्डिना॥
न च वो हृदि कर्त्तव्यं यदयं घातितो रिपुः।
मिथ्यावध्यास्तथोपायैर्बहवः शत्रवोऽधिकाः॥
पूर्वैरनुगतो मार्गो देवैरसुरघातिभिः।
सद्भिश्चानुगतः पन्थाः स सर्वैरनुगम्यते॥

महाभारत, शल्यपर्व, ६१/६१-६८

और अपनी इस लोक-कल्याणकारी व्यावहरीकरा नीति से युद्ध विद्या और सैन्यव्यवस्था के क्षेत्र में भारतीय राजनीति को जो आलोक दिया; वह अद्भुत है; प्रशंसनीय है; और अनुकरणीय है।*

सन्दर्भ

१. (क) महाभारत, सभापर्व, १७/१-१०, २०/१-८
(ख) क्षेमेन्द्र, भारतमञ्जरी, सभापर्व, श्लोक सं० ३८-५१
(ग) क्षेमेन्द्र, दशावतारचरित, ८/४३३-४३७
(घ) अमरचन्द्रसूरि, बालभारत, सभापर्व, १/७०-७७
(ङ) शिवदत्त त्रिपाठी, गद्यभारत, पृ०सं० ५६-५९

२. (क) महाभारत, सभापर्व, २०/२२, २१/१७-२१
(ख) क्षेमेन्द्र, भारतमञ्जरी, सभापर्व, श्लोक सं० ६१-६६
(ग) क्षेमेन्द्र, दशावतारचरित, ८/४३८
(घ) अमरचन्द्रसूरि, बालभारत, सभापर्व, १/८०-८४

३. महाभारत, सभापर्व, २१/३२-३३
४. (क) महाभारत, सभापर्व, २१/४९-५४
(ख) अमरचन्द्रसूरि, बालभारत, सभापर्व, १/८८-९०
(ग) क्षेमेन्द्र, भारतमञ्जरी, सभापर्व, श्लोक सं० ७६-९०
(घ) शतानन्दकवीन्द्रसुनु, भीमविक्रमव्यायोग, पृ०सं० २०-२२, २५
५. (क) पद्मपुराण, षष्ठोत्तरखण्ड, उत्तरार्ध भाग, पृ०सं० ९११-९१५ का गद्य भाग।
(ख) भागवतपुराण, १०/७२/१५-४८, ७३
(ग) महाभारत, सभापर्व, २४/३-११
(घ) अमरचन्द्रसूरि, बालभारत, सभापर्व, १/९२-१०४
(ङ) अनन्तभट्ट, चम्पूभारत, ४/श्लोक ३ के पहले का गद्य।
(च) क्षेमेन्द्र, भारतमञ्जरी, सभापर्व, श्लोक सं० ९६-११०
(छ) क्षेमेन्द्र, दशावतारचरित, ८/४३९-४४०
(ज) शतानन्दकवीन्द्रसुनु, भीमविक्रमव्यायोग, पृ०सं० ५०
(झ) डॉ० रमेशचन्द्रशुक्ल, श्रीकृष्णचरित, ६/३२-३४
६. (क) महाभारत, भीष्मपर्व, १०७/४१-८८
(ख) क्षेमेन्द्र, भारतमञ्जरी, भीष्मपर्व, श्लोक सं० ४४१-४४७
(ग) क्षेमेन्द्र दशावतारचरित, ८/६७९-६८२
(घ) अमरचन्द्रसूरि, बालभारत, भीष्मपर्व, २/२३०-२३१
७. (क) महाभारत, भीष्मपर्व, १०७/९०-१०७, १०८/५१-६०, ११०/१-३, ११७/१-१०, ११९/१-९१
(ख) क्षेमेन्द्र, भारतमञ्जरी, भीष्मपर्व, श्लोक सं० ४४८-४७९
(ग) क्षेमेन्द्र दशावतारचरित, ८/६८३-६८४
८. (क) महाभारत, द्रोणपर्व, २८/२१-३०, २९/१७, १८, ३७-५१
(ख) वासुदेव, युधिष्ठिर विजय, ७/६०-६५
(ग) अनन्तभट्ट, चम्पूभारत, १०/२५-२९
(घ) दामोदर, राघवपाण्डवीय, ९/२६
९. महाभारत, द्रोणपर्व, अध्याय ७५ एवं ७६
१०. (क) महाभारत, द्रोणपर्व, १४६/६२-७२, १०४-१३६
(ख) वासुदेव, युधिष्ठिरविजय, ७/१२०-१२३
(ग) दामोदर, राघवपाण्डवीय, १०/३७-४१
(घ) अनन्तभट्ट, चम्पूभारत, १०/७४-७९
(ङ) वेदान्तदेशिक, यादवाभ्युदय, २३/४३
(च) क्षेमेन्द्र, भारतमञ्जरी, द्रोणपर्व, श्लोक सं० ५३२-५४३
(छ) क्षेमेन्द्र, दशावतारचरित, ८/७२२-७२४
(ज) अमरचन्द्रसूरि, बालभारत, द्रोणपर्व, ४/२०६-२१३
११. महाभारत, द्रोणपर्व, १४८/२५-३२, ३५-५८
१२. (क) महाभारत, द्रोणपर्व, अध्याय १४२, १४३/३३
(ख) क्षेमेन्द्र, भारतमञ्जरी, द्रोणपर्व, ५११-५२४
(ग) अनन्तभट्ट, चम्पूभारत, १०/६६-७०

१३. (क) महाभारत, द्रोणपर्व, अध्याय १७९
(ख) क्षेमेन्द्र, भारतमञ्जरी, द्रोणपर्व ६६७-६८३
(ग) क्षेमेन्द्र, दशावतारचरित, ८/७२६-७३१
१४. (क) महाभारत, द्रोणपर्व, अध्याय १८०-१८१
(ख) क्षेमेन्द्र, भारतमञ्जरी, द्रोणपर्व, श्लोक सं० ६८४-६९१
(ग) अमरचन्द्र, बालभारत, द्रोणपर्व, ४/९५-१०३
(घ) शिवदत्त त्रिपाठी, गद्यभारत, पृ०सं० २१८
१५. महाभारत, द्रोणपर्व, १८२/३५-४७, १८३/१०-११
१६. (क) महाभारत, द्रोणपर्व, १९०/९-१३, ४६-५९
(ख) कविराज पण्डित, राघवपाण्डवीय, ११/१८
(ग) अनन्तभट्ट, चम्पूभारत, १०/श्लोक ९६ के पहले और बाद का गद्यभाग।
(घ) क्षेमेन्द्र, भारतमञ्जरी, द्रोणपर्व, श्लो०सं० ७१८-७३०
(ङ) क्षेमेन्द्र, दशावतारचरित, ८/७३२-७३४;
(च) शिवदत्तत्रिपाठी, गद्यभारत, पृ०सं० २१९
(छ) अमरचन्द्र, बालभारत, ४/१२७-१३५
१७. (क) महाभारत, द्रोणपर्व, १९२/६५-६८
(ख) अनन्तभट्ट, चम्पूभारत, १०/९७
(ग) क्षेमेन्द्र, भारतमञ्जरी, द्रोणपर्व, श्लो०सं० ७३३-७३७
(घ) क्षेमेन्द्र, दशावतारचरित, ८/७३५
(ङ) भट्टनारायण, वेणीसंहार, ३/२०
१८. महाभारत, कर्णपर्व, ७२/१७-४०, अध्याय ७३, ८२/१०, ८६/२-१६, २३, ६८/१०५-१०६
१९. (क) महाभारत, कर्णपर्व, ९०/९५, १०२, ९१/१-१७, ३२-५१
(ख) वासुदेव, युधिष्ठिरविजय, ८/६३-६५
(ग) क्षेमेन्द्र, भारतमञ्जरी, कर्णपर्व, श्लोक सं० २०३-२१४
(घ) क्षेमेन्द्र, दशावतारचरित, ८/७५३-७६१
(ङ) अमरचन्द्र, बालभारत, कर्णपर्व, १/११०-११४
(च) शिवदत्तत्रिपाठी, गद्यभारत, पृ०सं० २२९-२३०
२०. महाभारत, शल्यपर्व, अध्याय २७, २८, २९/१-३१
२१. वही, वही, ३१/६-३६, ५५-७३
२२. (क) महाभारत, शल्यपर्व, ३२/१०-२६, ६१-६२, ३३/१-२८
(ख) क्षेमेन्द्र, भारतमञ्जरी, गदापर्व, श्लोक सं० १८-२३
२३. (क) महाभारत, शल्यपर्व, ५८/१-२०
(ख) वासुदेव, युधिष्ठिरविजय, ८/८०-८१
(ग) अनन्तभट्ट, चम्पूभारत, १२/१२
(घ) कविराजपण्डित, राघवपाण्डवीय, १३/१७
(ङ) क्षेमेन्द्र, भारतमञ्जरी, गदापर्व, श्लोक सं० ७५-८०
(च) शिवदत्तत्रिपाठी, गद्यभारत, पृ०सं० २३५-२३६
२४. अमरचन्द्र, बालभारत, शल्यपर्व, १/११९-१२१

२५. (क) महाभारत, शल्यपर्व, ५८/२१-४७

(ख) भास, ऊरुभंग, १/२२ के बाद का गद्यभाग।

(ग) क्षेमेन्द्र, भारतमञ्जरी, गदापर्व, श्लो०सं० ८१-८३

(घ) शिवदत्त त्रिपाठी, गद्यभारत, पृ०सं० २३६

(ङ) अमरचन्द्र, बालभारत, शल्यपर्व, १/१२२-१२५

२६. (क) महाभारत, शल्यपर्व, ६०/११-१९ का पूर्वार्द्ध, २४-२६

(ख) क्षेमेन्द्र, दशावतारचरित, ८/७८०

* यह शोधलेख एकेडेमिक स्टाफ कॉलेज, लखनऊ विश्वविद्यालय के रिफ्रेशरफोर्स में स्वीकृत एवं पठित है।

प्रारम्भिक संस्कृत शिक्षण पद्धति

संस्कृत भाषा आदिभाषाओं की जननी है। अन्तःसाक्ष्य एवं बाह्य साक्ष्यों से यह तथ्य सुस्पष्ट हो जाता है कि प्राचीनकाल में यह भाषा केवल ग्रन्थरचना का ही माध्यम नहीं थी, अपितु सामान्य नागरिकों की भी बोलचाल की भाषा थी। भाषावैज्ञानिकों ने भी इस भाषा को भारोपीय भाषा-परिवार की प्रमुख भाषा माना है और अपने सर्वेक्षणों से स्पष्ट कर दिया है कि भारतीय अपभ्रंश भाषाएँ संस्कृत भाषा से ही प्रादुर्भूत हुई हैं।

आज हमें ऐसी भाषा एवं ऐसे साहित्य की आवश्यकता है, जो भारतवर्ष को तथाकथित भौतिकतावाद, आतंकवाद, क्षेत्रवाद, सम्प्रदायवाद, जातिवाद आदि कठिन समस्याओं का सामना करने का सामर्थ्य दे सकें। मैं बड़े विश्वास के साथ कह सकती हूँ कि भारतीय संस्कृति की प्राणभूता और भारतवर्ष के गौरव का प्रतीक संस्कृत भाषा और इस भाषा में रचित साहित्य वर्त्तमान भारत की उपर्युक्त आवश्यकता को अवश्य पूरा कर सकता है।

यह बड़े हर्ष एवं गौरव का विषय है कि वेद, पुराण, रामायण, महाभारत, पद्यकाव्य, गद्यकाव्य आदि साहित्यसंरचना की जो प्रशंसनीय परम्परा हमारे ऋषियों और महाकवियों ने प्रारम्भ की थी, उसका निर्वाह आज के कवि भी कर रहे हैं, और संस्कृत वाङ्मय समीक्षकों के बौद्धिक व्यायाम का विषय बना हुआ है। इसके अतिरिक्त सम्पूर्णानन्द संस्कृत विश्वविद्यालय और बहुत से संस्कृत विश्वविद्यालय, महाविद्यालय, पाठशालादि संस्कृत भाषा के महत्त्व का उद्घोष करते हैं।

किन्तु खेद का विषय है कि पश्चिमी सभ्यता के रंग में रंगे हुए कृतघ्न लोग इस देवभाषा को मृतभाषा कहते हैं, अथवा इसे मात्र पूजा-पाठ का माध्यम मानते हैं। संस्कृत प्रेमियों का हार्दिक दुःख तब और भी बढ़ जाता है, जब उन्हें ज्ञात होता है कि प्रशासन और शिक्षण संस्थाएँ इस भाषा और इसके प्रेरक साहित्य को पाठ्यक्रम में समुचित स्थान नहीं दे रहे हैं, और इसके प्रति उपेक्षा का भाव रखते हैं। इसके अतिरिक्त इस भाषा-साहित्य से शिक्षा पूरी करने वाले आजीविका की दृष्टि से अपने को असुरक्षित महसूस करते हैं। इतना ही नहीं, संस्कृत माध्यम वाली शिक्षण संस्थाओं के छात्र शास्त्रज्ञान में पारङ्गत हो जाते हैं, किन्तु लोकव्यवहार ज्ञान में शून्य ही रहते हैं, फलस्वरूप 'पोंगा पण्डित' की उपहास्यास्पद पदवी से सम्बोधित किये जाते हैं।

इस दुःखद स्थिति से बचने और संस्कृत भाषा-साहित्य को सुप्रतिष्ठित करने के लिए आवश्यक है कि–

(क) जन-जन में इसके महत्त्व और आवश्यकता का प्रचार-प्रसार किया जाए।

(ख) प्रारम्भिक कक्षाओं से इसके शिक्षण की समुचित व्यवस्था की जाए।

(ग) सभी कक्षाओं के पाठ्यक्रमों में इसको उचित स्थान दिया जाए।

(घ) अन्य विषयों से शिक्षा पूरी करने वाले, जो लोग इसके प्रति रुचि रखते हों, उन्हें अलग से इसकी शिक्षा दी जाए।

(ङ) इसके अतिरिक्त संस्कृत माध्यम वाली शिक्षण संस्थाओं में भी मातृभाषा हिन्दी, सामाजिक विज्ञान आदि को पाठ्यक्रम में सम्मिलित किया जाए, जिससे इन संस्थाओं का विद्यार्थी शास्त्रज्ञ होने के साथ-साथ लोकव्यवहारज्ञ भी हो सके।

क्योंकि इस भाषा का अध्ययन-अध्यापन व्यक्तिगत दृष्टि से ही नहीं, अपितु राष्ट्रिय दृष्टि से भी हितकर है। इस भाषा के माध्यम से ही हम अपनी प्राचीन साहित्यिक और सांस्कृतिक विरासत से परिचित होकर उसकी रक्षा-सुरक्षा के लिए प्रयत्नशील हो सकते हैं। इसके साथ-साथ इस भाषा का ज्ञान अन्य भारतीय भाषाओं के ज्ञान में भी सहायक है। अतः इसका ज्ञान परमावश्यक है। अब इसकी प्रारम्भिक शिक्षण पद्धति पर यथाशक्ति और यथामति प्रकाश डालने का प्रयत्न किया जा रहा है।

(क) संस्कृत शिक्षण के दो रूप हो सकते हैं—अनिवार्य तथा वैकल्पिक। जिन शिक्षण संस्थानों का अध्ययन-अध्यापन मातृभाषा के माध्यम से होता है, उनमें संस्कृत-शिक्षण प्रारम्भिक कक्षाओं से ही अनिवार्य रूप से किया जा सकता है और अंग्रेजी भाषा को ही माध्यम बनाने वाली शिक्षण संस्थाओं में इसे वैकल्पिक रूप से सम्मिलित किया जा सकता है। हाँ, इतना ध्यान अवश्य देना चाहिए कि चूँकि संस्कृत भाषा स्थान-विशेष (यथा संस्कृत पाठशाला और संस्कृत प्रेमी विद्वत्समाज) को छोड़कर आजकल बोलचाल की भाषा नहीं रही है। इसलिए पढ़ाई शुरू करते ही विद्यार्थी पर व्याकरण के दुरूह नियमों का बोझ नहीं लादना चाहिए।

(ख) आज घर-घर में जन-जन अंग्रेजी भाषा की चमचमाहट से प्रभावित दृष्टिगोचर होता है। जब वह बालक को बोलना सिखाता है तो उसे हिन्दी भाषा के साथ-साथ अंग्रेजी भाषा के शब्द भी सिखाता है। फलस्वरूप बालक को प्रारम्भ से ही इन भाषाओं को सीखने का वातावरण मिल जाता है। जबकि संस्कृत भाषा का वह नाम तक नहीं जानता। प्रायः छठी कक्षा के कोर्स में उसे इस भाषा का परिचय मिलता है। इस कक्षा में भी उसे संस्कृत भाषा को बोलने की प्रेरणा नहीं दी जाती। छठी कक्षा में इस भाषा का बहुत ही कम भाग हिन्दी के साथ जोड़ दिया जाता है और कला तथा संगीत के साथ इसका वैकल्पिक अध्ययन करवाया जाता है। फलस्वरूप इसको सीखने वालों की संख्या स्वयमेव घट जाती है।

यद्यपि समस्त भारतवासी अभिभावक स्वयं संस्कृत बोलने में असमर्थ होते हैं, इसलिए बालक को संस्कृत बोलने और सीखने के लिए उचित वातावरण नहीं दे सकते, तथापि भारतीय होने के नाते उनका कर्त्तव्य बनता है कि कम से कम इस भाषा के विषय में तो जाने कि यह भी भारत की गौरवशालिनी भाषा है। किन्तु जो लोग संस्कृतज्ञ हैं; संस्कृतभाषी हैं; संस्कृत प्रेमी हैं; संस्कृत के अध्यापक हैं, वे तो 'charity begins at home' की मान्यता के आधार पर अपने घर में इस भाषा-साहित्य को सीखने-समझने, बोलने का वातावरण तैयार कर सकते हैं और अपने आस-पास के लोगों और उनके बालकों को भी इसे सीखने की प्रेरणा दे सकते हैं। जिस तरह शिशु को प्रारम्भ में ही अंग्रेजी शब्द सिखाए जाते हैं, उसी तरह संस्कृत के सरल-सरल शब्द सिखाए जा सकते हैं।

संस्कृत की प्रतिष्ठा के लिए यह भी आवश्यक है कि कक्षा एक से कक्षा पाँच तक विद्यार्थी को इसका मनोरंजनात्मक ज्ञान कराया जाए और कक्षा छः से कक्षा दस तक इसको अनिवार्य विषय के रूप में प्रशासन की ओर से स्वीकृति मिल जाए।

(ग) विद्यारम्भ से कक्षा पाँच तक बालक को संस्कृत शिक्षण हेतु अधोलिखित उपाय व्यवहार में लाये जा सकते हैं।

(१) बालक के विद्यालय जाने से पूर्व ही अभिभावक उसे ऐसे पोस्टर लाकर देते हैं, जिनसे उसे विभिन्न आकृतियों की सहायता से हिन्दी-अंग्रेजी वर्णमाला के अक्षरों और शब्दों का ज्ञान होता है। इन पोस्टरों के माध्यम से बच्चे को संस्कृत वर्णमाला के भी अक्षरों और शब्दों का ज्ञान कराया जा सकता है, यथा–

हिन्दी	अंग्रेजी	संस्कृत
अ से	A से	अ से
अनार	Apple	अजा

इसके साथ ही जैसे अंग्रेजी शब्द का उसे हिन्दी अर्थ बताया जाता है, वैसे ही संस्कृत शब्द का हिन्दी अर्थ बताया जा सकता है, यथा–

Apple माने	और	अजा माने
सेब		बकरी।

(२) इसी तरह हिन्दी और अंग्रेजी की गिनती रटाते समय संस्कृत की गिनती भी रटाई जा सकती है।

(३) बालक को हिन्दी महीने चैत, बैशाख और अंग्रेजी महीने जनवरी, फरवरी के साथ-साथ संस्कृत महीने चैत्र, बैशाख आदि का भी मौखिक अभ्यास कराया जा सकता है।

(४)जब बालक विद्यालय जाए तो शिक्षक श्यामपट्ट पर हिन्दी, अंग्रेजी वर्णमाला के अक्षरों के साथ-साथ संस्कृत वर्णमाला के अक्षरों का भी परिचय दे दें। संस्कृत भाषा और हिन्दी भाषा को एक ही लिपि देवनागरी से लिखा जाता है, इसलिए इसको समझाने में कोई कठिनाई नहीं होगी। इसके अतिरिक्त हिन्दी वर्णमाला के स्वर और व्यंजन वस्तुतः संस्कृत भाषा से ही निःसृत हैं, इसलिए भी हिन्दी के साथ-साथ संस्कृत वर्णमाला सीखना-सिखाना सरल है।

(५) प्राइमरी कक्षा में बालक को हिन्दी-अंग्रेजी दोनों भाषाओं की छोटी-छोटी मनोरंजक कविताओं का गायन सिखाया जाता है, इसी प्रकार इन कक्षाओं में 'गजाननं भूत गणादिसेवितं', त्वमेव माता च पिता त्वमेव' जैसे सरल-सरल श्लोकों का गायन सिखाया जा सकता है।

(६) जब बच्चा लिखना सीखे तो उसे अन्य भाषाओं के शब्दों की ही तरह संस्कृत के पहले दो अक्षर वाले और फिर क्रमशः अधिक अक्षरों वाले शब्द लिखने और बोलने का अभ्यास कराया जा सकता है। संस्कृत भाषा से कुछ परिचित होने पर उसे दो-तीन शब्दों वाले छोटे-छोटे सरल वाक्यों का अभ्यास कराना चाहिए।

(७) शब्दों की ही तरह बालक को एक से दश, एकादश से विंशति इस प्रकार धीरे-धीरे शत (सौ) पर्यन्त गिनती सिखायी जाए।

(८) चौथी-पाँचवी कक्षाओं में आते-आते जब बालक संस्कृत भाषा के शब्दों, वाक्यों और गिनती से परिचित हो जाए तब उसे लिंग, वचन, काल का संक्षिप्त और रोचक परिचय दिया जाए। चित्रों के माध्यम से रोचक और शिक्षाप्रद कहानियाँ छोटे-छोटे वाक्यों में सुनाई जाए।

(९) कक्षा एक से पाँच तक की हिन्दी और अंग्रेजी रीडरों के समान ही संस्कृत रीडर भी तैयार किए जाएँ। संस्कृतनिष्ठ राष्ट्रियगान 'वन्दे मातरम्' भी सस्वर सिखा दिया जाए।

(१०) आजकल बालक रेडियो, दूरदर्शन, वीडियो प्रोजेक्टर आदि उपकरणों से शीघ्र प्रभावित हो जाते हैं। इसलिए संस्कृत भाषा के शिक्षण में इसकी सहायता ली जा सकती है। वैसे तो दूरदर्शन पर यदा-कदा संस्कृत नाटक और परिचर्चाओं को प्रस्तुत किया जाता है और रेडियो पर भी प्रातः और सायंकाल सभाओं में संस्कृत भाषा में समाचार प्रसारित किए जाते हैं, किन्तु ये समस्त कार्यक्रम उनके लिए अनुपयोगी होते हैं जो संस्कृत शिक्षण की प्रारम्भिक स्थिति में होते हैं। मेरे विचार से 'चौराहा' नामक दूरदर्शन धारावाहिक के द्वारा जिस तरह हिन्दी अक्षरों को लिखने बोलने और उनसे बनने वाले शब्दों की मनोरंजक शिक्षा दी जाती है, उसी तरह संस्कृत अक्षरों और शब्दों के भी लिखने बोलने की शिक्षा प्रारम्भिक स्तर पर दी जा सकती है। रेडियो पर भी छोटे-छोटे प्रश्नोत्तरों से संस्कृत भाषा का मौखिक अभ्यास कराया जा सकता है।

मेरे विचार से उपर्युक्त दस उपाय प्रारम्भिक स्तर पर संस्कृत शिक्षण के लिए उपयोगी सिद्ध हो सकते हैं और विद्यार्थी छठी कक्षा में पढ़ते समय इस भाषा से परिचित हो सकता है।

(घ) छठी कक्षा से आठवीं कक्षा तक के विद्यार्थी को अजन्त शब्दों के रूपों, त्रिकालवाची धातुरूपों, अव्ययों, अस्मद्, युष्मद, तत् (स) आदि सर्वनामों, समासों सन्धि से परिचित हो जाना चाहिए। उसमें शिक्षक द्वारा पढ़ाए जाने वाले संस्कृत पाठ समझने की योग्यता होनी चाहिए; छोटे-छोटे संस्कृत वाक्य लिखने बोलने का सामर्थ्य रखना चाहिए; हिन्दी से संस्कृत और संस्कृत से हिन्दी में अनुवाद का ज्ञान होना चाहिए; तथा संस्कृत के उपयोगी मुहावरों और सुभाषितों से परिचित होना चाहिए। एतदर्थ अधोलिखित उपाय व्यवहार में लाए जा सकते हैं—

(१) विद्यार्थी को अजन्त शब्द का अर्थ बताते हुए अजन्त पुल्लिंग, स्त्रीलिंग, और नपुंसकलिंग से सम्बन्धित वचनों और विभक्तियों का लिखित एवं मौखिक अभ्यास कराया जाए।

(२) उसे अस्मद्, युष्मद् तथा तत् (स) – इन सर्वनाम शब्दों के भी रूप सिखाए जाएँ।

(३) उसे बताया जाता कि वर्त्तमान काल के लिए लट् लकार, भूतकाल के लिए लङ्लकार और भविष्यत् काल के लिए लृट्लकार का प्रयोग किया जाता है और तत्पश्चात् भू, गम्, पठ् आदि प्रसिद्ध और आवश्यक क्रियाओं के तीनों वचनों और पुरुषों में रूपों का मौखिक तथा लिखित अभ्यास कराया जाए।

(४) विद्यार्थी को समझाया जाए कि यथा, तथा आदि अव्यय हैं और इनके रूप नहीं चलते।

(५) उसे छोटे-छोटे समासयुक्त पदों, मुख्यरूप से तत्पुरुष समासयुक्त पदों, यथा राजपुरुष, विद्यार्थी, विद्यालय, देवालय आदि का ज्ञान कराया जाए।

(६) विद्यार्थी को दीर्घ और यण् सन्धियों के उदाहरण समझाए जाएँ।

(७) श्रुतिलेख द्वारा लिखने और समझने का सामर्थ्य बढ़ाया जाए।

(८) अनुवाद हेतु कुछ वाक्य उदाहरण के रूप में स्वयं करके विद्यार्थी को इस सम्बन्ध में कक्षाकार्य और गृहकार्य दिया जाए। विद्यार्थी द्वारा किए गए कार्य का यथासमय मूल्याङ्कन किया जाए; उसे उसकी त्रुटियाँ समझाई जाए; और उनसे बचने का निर्देशन दिया जाए।

(९) अनुवाद के माध्यम से सुभाषितों से परिचित कराया जाए। अनुवाद में सहायता के लिए और व्यावहारिक ज्ञान बढ़ाने के लिए संस्कृत भाषा की तिथियों, मासों, व्रत एवं उत्सवों, संवत्सरों को लिखने-बोलने का अभ्यास कराया जाए।

(१०) ध्यातव्य है कि उपर्युक्त नौ उपाय इन कक्षाओं में निर्धारित पाठ्यपुस्तकों के साथ-साथ व्यवहार में लाने जाने चाहिए। इन उपायों को अपनाने के लिए भी अध्यापक को श्यामपट्ट का अधिक से अधिक प्रयोग करना चाहिए। कठिन एवं नवीन शब्दों को श्यामपट्ट पर लिखकर फिर उसका अर्थ विद्यार्थी को समझाना चाहिए। शब्दरूप, धातुरूप, समास और सन्धि भी श्यामपट्ट पर लिखकर ही समझानी चाहिए। मुहावरों और लोकोक्तियों को सरल संस्कृत कथाओं के माध्यम से समझाना चाहिए। पाठ्यक्रम में पञ्चतन्त्र और हितोपदेश की रोचक तथा शिक्षाप्रद कहानियों के अतिरिक्त 'गीता' के कुछ चुने हुए श्लोक अवश्य रखवाने चाहिए।

(ङ) नवम और दशम कक्षाओं में संस्कृत को अनिवार्य विषय के रूप में शासन द्वारा प्रतिष्ठित कराए जाने के साथ-साथ इन कक्षाओं के पाठ्यक्रमों में भी ध्यान देना चाहिए। एतदर्थ-

(१) हलन्त शब्दों, अवशिष्ट सर्वनाम शब्दों, विधिलिङ्लकार और लोट्लकारों, समस्त स्वर-सन्धियों, समासों का ज्ञान करवाया जाए।

(२) अनुवाद हेतु कुछ बड़े और क्लिष्ट वाक्यों और अनुच्छेदों को चुना जाए।

(३) कृदन्त और तद्धित प्रत्ययों तथा कारक नियमों से भी संक्षिप्ततः सुपरिचित करवाया जाए।

(४) छन्दों के नियम सहित श्लोकों का गायन सिखाया जाए और साभिनय संस्कृत कविताओं और छोटे-छोटे दृश्य काव्यों का अभ्यास करवाया जाए।

(५) विद्यार्थियों को संस्कृत में सारांश अथवा विस्तृतांश लिखने का अभ्यास कराया जाए।

(६) पाठ्यक्रम में गद्य-पद्य और नाटकों का समन्वित रूप हो।

(७) इन कक्षाओं में भी चित्रों और श्यामपट्टों के प्रयोग की उपेक्षा न की जाए।

(च) प्रारम्भिक कक्षा से दशमी कक्षा तक संस्कृत शिक्षण के जितने भी उपाय ऊपर बताये गये हैं, वे एक समर्पित शिक्षक ही व्यवहार में ला सकता है। सर्वविदित है कि जनचेतना में शिक्षक का महत्त्वपूर्ण योगदान होता है। अतः संस्कृत शिक्षण हेतु हमारे शिक्षकों और मुख्यरूप से संस्कृत शिक्षकों को चाहिए कि वे स्वयं शुद्ध संस्कृत लिखना और बोलना सीखें। संस्कृत भाषा और साहित्य के प्रति समर्पित हों; विद्यार्थियों के प्रति वात्सल्ययुक्त हों; देश के प्रति निष्ठ हों; अपनी संस्कृति की सुरक्षा के प्रति सचेत हों; और अपने व्यक्तित्व को आधुनिक समाज के योग्य बनाएँ। अपने शिक्षण संस्थानों में, समय-समय पर संस्कृत पद्यों की अन्त्याक्षरी, छन्दोपाठ, कविता-गायन,

संस्कृत रूपकों के अभिनय का समायोजन करें और समय-समय पर ज्ञानवृद्ध व्यक्तियों से मिलते-जुलते रहें। वे संस्कृत शिक्षण की ऐसी पद्धति अपनाएँ जिसमें प्राचीन गुरुकुल पद्धति और वर्तमान कालेजीय पद्धतियों के गुण आ जाएँ और संस्कृत भाषा वर्तमान भाषाओं के ही समकक्ष हो जाए।

(छ) संस्कृत भाषा को प्रतिष्ठित करने के लिए आवश्यक है कि शिक्षाशास्त्री, शिक्षामंत्री, समाजसुधारक और प्रशासन भी सक्रिय होकर इस ओर प्रयत्न करें। संस्कृत विश्वविद्यालयों, महाविद्यालयों, पाठशालाओं, अकादमियों और कालिदास जयन्ती समारोह जैसे आकर्षक तथ्यों के अतिरिक्त भी संस्कृत का प्रचार-प्रसार होना चाहिए। यदि प्रशासन सक्रिय होकर राष्ट्रगौरव की प्रतीक संस्कृत भाषा को पाठ्यक्रम में अनिवार्य स्थान दे दे और पाठ्यसमितियाँ सजग हो जाएँ तो संस्कृत प्रेमी उत्साहित होकर इसके अध्ययन-अध्यापन का प्रयत्न करेंगे और करवायेगें, इसमें वैमत्य नहीं है।

अतएव विद्यार्थी को संस्कृत भाषा की शिक्षा इस प्रकार दी जाए कि वह मातृभाषा हिन्दी के समान ही इसे भी लिखने-बोलने का माध्यम बना सके। वह किसी संस्कृत वक्ता के वक्तव्य को सुगमता से समझ सके और स्वयं भी सरल एवं शुद्ध संस्कृत में लिखकर-बोलकर अपनी भावाभिव्यक्ति इस प्रकार कर सके कि उच्चशिक्षा के समय यदि संस्कृत माध्यम से संस्कृत पढ़ाई जाए, तो उसे कठिनाई न हो और साक्षात्कार अथवा मौखिकी परीक्षा में भी संकोच न हो।

प्रारम्भिक संस्कृत शिक्षण विधि का दूसरा रूप वह है, जिसमें अन्य भाषाओं एवं विषयों का अध्ययन-अध्यापन कर रहे व्यक्तियों को भी इसकी शिक्षा दी जा सकती है। इसके लिए सायंकालीन कक्षाओं, अल्पकालीन पाठ्यक्रमों के द्वारा इसको व्यवहार में लाया जा सकता है। परिपक्व व्यक्ति सुगमता से संस्कृत के महत्त्व को समझ सकता है और अपने परिवार के सदस्यों, पड़ौसियों और मित्रों को भी समझा सकता है। वह उन्हें भी संस्कृत की रोचकता, आवश्यकता, पवित्रता आदि की ओर आकृष्ट करके संस्कृत-भाषा सीखने और इसका उपयोगी साहित्य पढ़ने की प्रेरणा दे सकता है।

मेरा दृढ़ विश्वास है कि हम सबके और मुख्यरूप से समर्पणशील देशभक्त अध्यापकों के सत्प्रयासों से संस्कृत-भाषा आज भी साहित्यिक भाषा होने के साथ-साथ मौखिक अभिव्यक्ति का माध्यम बन सकती है और आचार्य मनु की इस उद्घोषणा को चरितार्थ कर सकती है—

एतद्देशप्रसूतस्य सकाशादग्रजन्मनः।
स्वं स्वं चरित्रं शिक्षेरन् पृथिव्यां सर्वमानवाः॥

और कर्त्तव्य मार्ग से पलायन करते वाले, व्यक्तिवादी संकीर्ण विचारधाराओं के व्यक्तियों को अधोलिखित मूलमंत्रों से कर्त्तव्यों के प्रति उन्मुख कर सकती है—

(क) **संघे शक्तिः कलियुगे।**

(ख) **वसुधैव कुटुम्बकम्।**

(ग) **कर्मण्येवाधिकारस्ते मा फलेषु कदाचन।***

सन्दर्भ

* यह शोधलेख एकेडेमिक कॉलेज, लखनऊ विश्वविद्यालय के रिफ्रेशरकोर्स १९९१ में प्रस्तुत किया गया है।

मुनिश्रीज्ञानसागर की हिन्दी रचनाएँ

राजस्थान के प्रसिद्ध दार्शनिक कवि मुनिश्रीज्ञानसागर ने संस्कृत भाषा के आश्रय से जयोदय, वीरोदय, सुदर्शनोदय, समुद्रदत्तचरित्र, दयोदय, मुनिमनोरञ्जनाशीतिः–छः काव्यग्रन्थों तथा सम्यक्त्वसारशतक और प्रवचनसार (अनुवाद)–दो दार्शनिक ग्रन्थों की रचना की है। इसके अतिरिक्त उन्होंने हिन्दी भाषा में भी साहित्यिक, धार्मिक और दार्शनिक कृतियाँ लिखी हैं। उनकी हिन्दी रचनाएँ चौदह हैं। इनमें से दश प्रकाशित हैं और चार अप्रकाशित हैं। प्रकाशित दश में सात उनकी मौलिक कृतियाँ हैं और तीन टीकाकृतियाँ हैं। अप्रकाशित चार कृतियों में तीन अनुवादकृतियाँ हैं–

(क) मौलिक और प्रकाशित कृतियाँ

(१) ऋषभावतार,
(२) धन्यकुमार का चरित,
(३) पवित्र मानव जीवन,
(४) सरल जैन विवाह विधि,
(५) कर्त्तव्यपथप्रदर्शन,
(६) सचित्त विवेचन और
(७) स्वामी कुन्द–कुन्द और सनातन जैन धर्म।

(ख) टीका कृतियाँ (प्रकाशित)

(१) तत्त्वार्थ सूत्र टीका
(२) विवेकोदय और
(३) समयसार।

(ग) अप्रकाशित कृतियाँ

(१) गुणसुन्दरवृत्तान्त,
(२) देवागमस्तोत्र का हिन्दी पद्यानुवाद,
(३) नियमसार का पद्यानुवाद और
(४) अष्टपाहुड का पद्यानुवाद

यहाँ अतिसंक्षेप में इनका समीक्षोन्मुख परिचय प्रस्तुत किया जा रहा है, जिससे आशा है कि, संस्कृत साहित्य समीक्षाजगत् भी अपने इस उत्कृष्ट साहित्यकार की सम्पूर्ण साहित्यसम्पदा से परिचित हो सकेगा।

मौलिक कृतियाँ

ऋषभावतार

मुनिश्रीज्ञानसागर जी ने महापुराण में वर्णित आदि तीर्थङ्कर भगवान् ऋषभदेव[१] के कथानक के आधार पर अपना यह हिन्दी काव्य लिखा है। इसमें ऋषभदेव के ८ पूर्वजन्मों और वर्त्तमान जन्म का विस्तृत वर्णन है। काव्य के अन्त में ऋषभदेव के यहाँ भरत एवं बाहुवली के जन्म लेने का और ऋषभेदव द्वारा तीर्थङ्कर पद प्राप्ति का वर्णन है।

इस काव्य में सत्रह अध्याय हैं। काव्य की कुल पद्य संख्या ८११ है। ये पद्य रोला, हरिगीतिका इत्यादि हिन्दी के प्रसिद्ध छन्दों में निबद्ध हैं। प्रत्येक अध्याय की समाप्ति पर कवि ने दोहा अथवा कुण्डलिया नामक छन्द प्रयुक्त किये हैं।

काव्य में शृंगार, शान्त, वीर, करुण, अद्भुत, वत्सल आदि रसों का यथास्थान सम्यक् परिपाक हुआ है। काव्य की समाप्ति भक्तिभाव की अभिव्यञ्जना के साथ हुई है।

कवि के इस काव्य में स्थान-स्थान पर उपमा,[२] रूपक,[३] उत्प्रेक्षा,[४] व्यतिरेक,[५] विरोध,[६] परिसंख्या[७] और अपह्नुति[८] आदि अलङ्कारों का सुन्दर प्रयोग दृष्टिगोचर होता है।

काव्य की भाषा सरल, सुबोध और खड़ी बोली है। भाषा अनावश्यक अलङ्कारों के बोझ से दबी हुई नहीं है। इस काव्य में कवि ने सुकुमार शैली का प्रयोग किया है।

इस काव्य में कवि का प्रकृति वर्णन एवं वस्तु-वर्णन भी उल्लेखनीय है। उदाहरण के रूप में विजयार्ध पर्वत,[९] उर्मिमालिनी नदी,[१०] अलकापुरी,[११] पुण्डरीकिणी,[१२] सुसीमा[१३] एवं अयोध्या[१४] के नाम विशेष रूप से उल्लेखनीय हैं।

कवि ने काव्य के माध्यम से जैनधर्म एवं दर्शन के सिद्धान्तों को पाठक तक पहुँचाने का अद्भुत प्रयास किया है, जिनमें प्रोषधोपवास,[१५] ध्यानभेद,[१६] दैगम्बरी-दीक्षा,[१७] पञ्चसमिति,[१८] एकादशव्रत,[१९] मुनिस्वरूप,[२०] एवं द्रव्यस्वरूप[२१] विशेष उल्लेखनीय हैं। यहाँ यह भी उल्लेखनीय है कि कर्मकाण्ड का कवि ने विरोध किया है।[२२]

चूँकि इस काव्य में काव्यशास्त्र सम्मत महाकाव्य के अधिकांश लक्षण दृष्टिगोचर हो जाते हैं, अतः हमें इस काव्य को महाकाव्य की संज्ञा देने में संकोच नहीं करना चाहिए।[२३]

धन्यकुमार का चरित (भाग्योदय)

इस काव्य में धन्यकुमार का जीवन वृत्तान्त बड़े रोचक ढंग से प्रस्तुत किया गया है। धन्यकुमार के विस्तृत वर्तमान जन्म वर्णन के साथ ही उसके दो पूर्वजन्मों का भी वर्णन इस काव्य में किया गया है। इस काव्य का नायक (धन्यकुमार) अद्भुत व्यक्तित्व का स्वामी है। उसके गुणों को देखकर जहाँ उसके अग्रज अन्त-अन्त तक ईर्ष्या की अग्नि में सुलगते रहते हैं, वहीं कुसुमश्री, सोमश्री, सुभद्रा, मञ्जरी, गीतकला, सरस्वती, लक्ष्मीमती और गुणवती ये आठ राजकुमारियाँ एवं श्रेष्ठिपुत्रियाँ उसके व्यक्तित्व से प्रभावित होकर उसकी पत्नियाँ बन जाती हैं।

काव्य में शृंगार, वीर, अद्भुत, करुण इत्यादि रसों की सुन्दर अभिव्यंजना हुई है। किन्तु ये सभी

रस इस काव्य के प्रधान रस शान्त रस के अंग ही हैं। धन्यकुमार के पिता धनसार के दीक्षा ग्रहण करने के पश्चात् काव्य में शान्त रस अबाध रूप से अभिव्यञ्जित हुआ है; और उपर्युक्त सभी रसों की परिणति भी उसी में हुई है।

कवि ने काव्य का प्रणयन कथारम्भ, दुबारा भाग्यपरीक्षा, नगरसेठपदप्राप्ति, गृहत्याग, गृह-कलह, विवाह प्रक्रम, कटुम्ब-समागम, धन्य कौशाम्बी में, धन्ना का समन्वेषण, न्यायप्रियता, कौशाम्बी से प्रस्थान, प्रायश्चित और धन्यकुमार का वैराग्य इन तेरह शीर्षकों में किया है। काव्य में प्रयुक्त समस्त पद्यों की संख्या ८५८ है। ये पद्य कुण्डलिया, हरिगीतिका, अडिल्ल, गीतिका, दोहा, कुसुमलता, छप्पय, गजल, रेखता आदि हिन्दी के छन्दों में निबद्ध हैं। कहीं-कहीं पर कब्वाली नामक गायन शैली भी प्रयुक्त की गई है।

काव्य में दृष्टान्त,[२४] उत्प्रेक्षा,[२५] अर्थान्तरन्यास,[२६] रूपक,[२७] उपमा,[२८] परिसंख्या[२९] और विरोधाभास[३०] अलंकारों की भी छटा यत्र-तत्र दिखाई दे जाती है।

काव्य की भाषा शैली सरल है। कवि ने आवश्यकतानुसार मुहावरे एवं उर्दू के शब्दों का भी प्रयोग किया है।

इस काव्य में नर्मदा नदी,[३१] गंगा नदी,[३२] सोरठ देश[३३] और वाराणसी नगरी[३४] के वर्णन विशेष उल्लेखनीय हैं।

एक स्थल पर जैन धर्म एवं दर्शन के सिद्धान्त भी प्रस्तुत किये गये हैं।[३५]

एक स्थल पर लक्ष्मी के दोषों का भी आकर्षक वर्णन मिलता है।[३६]

कहना न होगा कि इस काव्य के माध्यम से कवि ने मानव को आस्तिकता, कर्मठता, सत्यवादिता, सहिष्णुता, त्यागप्रियता और परोपकार-परायणता की शिक्षा देने के प्रयास में अद्भुत सफलता प्राप्त की है। ऋषभावतार के समान ही यह काव्य भी महाकाव्य की संज्ञा पाने के योग्य है। इस काव्य की समाप्ति सन् १९५६ ई० (वि०सं० २०१३) में हुई थी।[३७]

पवित्र मानव जीवन

प्रस्तुत पुस्तक की भी रचना सरल हिन्दी भाषा में पद्यों में की गई है। पूरी पुस्तक में १९३ पद्य हैं। इस पुस्तक के द्वारा मुनि श्रीज्ञानसागर ने व्यक्तियों को समाज सुधार, परोपकार, आवश्यकतापूर्त्ति, कृषि एवं पशुपालन, भोजन के नियम, स्त्री का कर्त्तव्य एवं उसका समाज में स्थान, बालकों के प्रति अभिभावकों के कर्त्तव्य, आधुनिक दोषपूर्ण शिक्षा-पद्धति, उपवास, गृहस्थ और त्यागी में अन्तर इत्यादि जानने योग्य विषयों का रोचक प्रतिपादन किया है।[३८]

सरल जैन विवाह विधि

हिन्दी भाषा में रचित गृहस्थियों के लिए उपयोगी इस पुस्तक में जैन विवाह विधि वर्णित है। इसमें विवाह के लिए शुभमुहूर्त्त, तीर्थंकरों एवं देवगणों का पूजन तथा पति-पत्नी के परस्पर कर्त्तव्य क्रमशः पद्यों के माध्यम से प्रस्तुत किए गये हैं। इसमें दोहा, सोरठा, त्रोटक, वसन्ततिलका, स्रग्धरा, मन्दाक्रान्ता, आर्या आदि छन्दों का प्रयोग मिलता है। मन्त्रोच्चारण संस्कृत भाषा में है; परन्तु सामान्य नागरिकों की सुविधा के लिए उसका अनुवाद हिन्दी में कर दिया गया है।[३९]

कर्त्तव्यपथप्रदर्शन

इस पुस्तक में ८२ शीर्षकों द्वारा पाठकों को सामान्य व्यवहार की शिक्षा दी गई है। शिक्षा को रोचक बनाने के लिए अनेक कथाओं को भी प्रयुक्त किया गया है। पुस्तक में उल्लिखित नियमों को यदि व्यक्ति आत्मसात् कर ले तो वह कलह से दूर हो सकता है; और सच्चा मानव बन सकता है।[४०]

सचित्तविवेचन

प्रस्तुत पुस्तक में सचित्त (जीवयुक्त) और अचित्त (जीवरहित) पदार्थों का अन्तर समझाया गया है। जिससे मनुष्य को किन-किन खाद्य एवं पेय पदार्थों का सेवन करना चाहिए? और किन-किन का परित्याग करन चाहिए? यह बात पाठक की समझ में आसानी से आ जाती है। बीच-बीच में कुन्द-कुन्दाचार्य के 'तत्त्वार्थसूत्र' आशाधर के 'जैनधर्मामृत' इत्यादि ग्रन्थों के उद्धरण भी, विषय की पुष्टि के लिए ग्रहण किए गये हैं। ग्रन्थ की भाषा-शैली सरल एवं सुबोध है। सामान्य ज्ञान रखने वाला व्यक्ति भी इस पुस्तक को पढ़कर लाभ प्राप्त कर सकता है।[४१]

स्वामी कुन्द-कुन्द और सनातन जैन धर्म

पुस्तक में मुनिश्रीज्ञानसागर ने स्वामी कुन्द-कुन्द का जैनधर्माचार्यों में मूर्धन्य स्थान निर्धारित किया है, साथ ही उनका जीवन परिचय और देशकाल भी बताया है। स्त्रीमुक्ति, केवल-ज्ञान आदि का भी इस पुस्तक में विवेचन किया गया है।[४२]

टीका कृतियाँ

तत्त्वार्थ सूत्र टीका

यह जैन धार्मिकों का सर्वमान्य शास्त्र-ग्रन्थ है। मुनिश्रीज्ञानसागर ने इसकी टीका दश अध्यायों में लिखी है। इस ग्रन्थ के प्रथम अध्याय में सम्यक्त्व, जीव, अजीव, द्रव्य, ज्ञान, निर्मल आत्मा आदि का स्वरूप क्रमशः वर्णित है। दूसरे अध्याय में कर्मों के उपशमन, उपयोग स्वरूप, मन का स्वरूप एवं भेद, स्थावर पदार्थ, जीवों के भेद, लब्धि, स्वरूप, इन्द्रियों के स्वरूप, प्राणी की विभिन्न अवस्थाओं शरीरभेद आदि का वर्णन है। तीसरे अध्याय में भूमि, नरक, समुद्र, द्वीप, देश, पक्षों, मनुष्य, आर्य, म्लेच्छ, जीवों की आयु आदि का परिचय है। चतुर्थ अध्याय में देवों के प्रकार, स्वर्गों के प्रकार, देवगणों का शासन, देवगणों का आचार-व्यवहार, व्यन्तरदेव एवं उनके प्रकार, स्वर्गों में रहने वाले देवगणों की आयु आदि वर्णित है। पाँचवे अध्याय में जीव और अजीव का भेद, द्रव्य के भेद, अणु, स्कन्ध एवं द्रव्य की परिवर्तनशीलता का वर्णन है। छठे अध्याय में योग, उसके भेद, पाँच अव्रत एवं कर्मों के आठ प्रकार वर्णित हैं। सातवें अध्याय में व्रत स्वरूप, पञ्चसमिति, पञ्चमहाव्रत, व्रती पुरुष के भेद, अणुव्रतों के प्रकार, सल्लेखना, व्रतों से दोषों को दूर करना, सचित्त और अचित्त पदार्थ का अन्तर, १९ प्रतिमायें, त्यागोन्मुख श्रावक का आचार-व्यवहार आदि वर्णित है। आठवें अध्याय में बन्धन के कारण एवं उसके भेद वर्णित हैं। इसी अध्याय में ज्ञानावरण, दर्शनावरण, वेदनीय, मोहनीय, आयु, नाम, गोत्र और अन्तराय-ये आठ कर्म घातिया और अघातिया दो भागों में विभक्त होकर आत्मा के गुणों का किस प्रकार हनन करते हैं, वर्णित है। इसी अध्याय में यह भी स्पष्ट किया गया है कि कर्मों के निष्फल होने की स्थिति को निर्जरा कहते हैं। नवम अध्याय

में संवर, गुप्ति, समिति, तप, क्षमा, मार्दव, आर्जव, शौच, सत्य, संयम, त्याग और ब्रह्मचर्य का, अनुप्रेक्षा, २२ प्रकार के परीषहों, विनय, उपाधि, ध्यान एवं उसके भेदों का परिचय कराया गया है। अन्त में दशम अध्याय में मोक्ष का स्वरूप एवं उसकी प्रक्रिया के विषय में विचार किया गया है।

सन् १९५३ ई० (वि०सं० २०९०) को पूर्ण होने वाले[४३] इस ग्रन्थ में मुनिश्रीज्ञानसागर जी ने जैन-धर्म एवं दर्शन के मूलभूत सिद्धान्तों से पाठक को परिचित कराने का प्रशंसनीय प्रयास किया है। बीच-बीच में रोचक उद्धरणों से ग्रन्थ की दर्शन-जन्य रूक्षता कम की गई है।[४४]

विवेकोदय

जैन-दार्शनिक कुन्दकुन्दाचार्य जी की एक अति प्रसिद्ध रचना है—समयसार। 'विवेकोदय' इसी 'समयसार' का हिन्दी पद्यानुवाद है। इसमें १० 'अधिकार' हैं, जिनमें क्रमशः जीव का स्वरूप, जीव के दुःख का कारण, अपने को कर्त्ता समझने का मिथ्याभिमान, शुभ-कर्म, अशुभ-कर्म, बन्धन का कारण, मोक्ष का स्वरूप एवं स्याद्वाद सिद्धान्त का वर्णन है। इस ग्रन्थ में प्रयुक्त पद्यों की संख्या २२६ है, ये सभी पद्य अत्यन्त सरल भाषा में रचे गये हैं। पद्यों के अतिरिक्त इस कृति में जैन-धर्म के सिद्धान्तों की हिन्दी भाषा में ही सरल एवं विस्तृत व्याख्या भी मुनिश्रीज्ञानसागर जी ने कर दी है।[४५]

समयसार

प्रस्तुत ग्रन्थ मौलिक रूप से तो कुन्द-कुन्दाचार्य द्वारा प्राकृत भाषा में लिखा गया है। इसमें दश अधिकार, हैं, जिनके नाम क्रमशः जीवाजीवाधिकार, अजीवाधिकार, कर्तृकर्माधिकार, पुण्यपापाधिकार, आस्त्रव अधिकार, संवराधिकार, निर्जराधिकार, बन्धाधिकार, मोक्षाधिकार और सर्वविशुद्धज्ञानाधिकार हैं। इस ग्रन्थ में कुल ४३७ गाथायें हैं और इस ग्रन्थ पर जयसेनाचार्य ने संस्कृत भाषा में तात्पर्यावृत्ति नाम की टीका लिखी है। पर हमारे महाकवि आचार्य मुनि श्रीज्ञानसागर ने उक्त ग्रन्थ की इसी तात्पर्यावृत्ति पर अपनी हिन्दी टीका लिखी है। संस्कृत एवं प्राकृत को न जानने वाले सामाजिकों के लिए इस ग्रन्थ की यह हिन्दी टीका अतीव उपयोगी है।[४६]

उपर्युक्त ग्रन्थों के अतिरिक्त मुनि श्री की हिन्दी भाषा में रचित चार रचनायें और हैं जो अभी प्रकाशित नहीं हो पाई हैं।[४७] यहाँ अतिसंक्षेप में उनका उपलब्ध परिचय प्रस्तुत है—

गुणसुन्दर वृत्तान्त

यह मुनिश्री का एक रूपक काव्य है। इसमें राजा श्रेणिक के समय में युवावस्था में दीक्षित एक श्रेष्ठिपुत्र के गुणों का सुन्दर वर्णन किया गया है।[४८]

देवागमस्तोत्र का हिन्दी पद्यानुवाद

यह क्रमशः जैन गजट में प्रकाशित हुआ है।[४९] किन्तु आज यह अनुपलब्ध है।

नियमसार का पद्यानुवाद

यह भी क्रमशः जैन गजट में प्रकाशित हुआ है।[५०] किन्तु आज यह अनुपलब्ध है।

अष्टपाहुड का पद्यानुवाद

यह क्रमशः 'श्रेयोमार्ग' में प्रकाशित हुआ है,[५१] किन्तु आज यह भी अनुपलब्ध है।

मुनिश्रीज्ञानसागर की उपर्युक्त सभी रचनाओं को देखने से स्पष्ट हो जाता है कि उनमें संस्कृत भाषा में साहित्य रचने की जितनी क्षमता है, सरल हिन्दी भाषा में भी रचना करने में वह उतनी ही क्षमता रखते हैं। उन्होंने अपने अथक परिश्रम से जैन-दर्शन एवं साहित्य में अपूर्व वृद्धि की है।*

सन्दर्भ

१. महापुराण (आदिपुराण भाग-१)
२. ऋषभावतार, १/५४, ६७, ६/५, १०/२
३. वही, २/३१, ४/४४, ११/२९
४. वही, २/३४, ३/३६, ११/१३
५. वही, २/५३
६. वही, ३/३८, ६/४४
७. वही, ६/२७-३०
८. वही, १०/३८-३९
९. वही, १/६
१०. वही, १/५
११. वही, १/६
१२. वही, २/२
१३. वही, ६/१
१४. वही, ९/१-७
१५. वही, १/७
१६. वही, १/८, ३८, ४२, २/१६, १९, १३/३८, १६/१६
१७. वही, १/५५, २/४८
१८. वही, ३/१
१९. वही, ६/१२
२०. वही, ६/१४-२३
२१. वही, १७/२-७
२२. वही, ४/२१
२३. यह ग्रन्थ श्री दिगम्बर जैन समाज, मदनगंज से सन् १९५७ ई० में प्रकाशित हुआ है।
२४. धन्यकुमार का चरित, २/१, ८/१७
२५. वही, २/११, १९, ३/२८
२६. वही, ३/५२
२७. वही, ४/२, ३४
२८. वही, ५/११, ६/७५, ७७,
२९. वही, ८/२८-२९
३०. वही, १३/१-२
३१. वही, ४/३८-४०

३२. वही, ५/१८-२०

३३. वही, १/४

३४. वही, ५/१७-१९

३५. वही, १२/४९-५२

३६. वही, २/५७, ५८

३७. (क) वही, १३/७५-७६

(ख) यह ग्रन्थ श्री जैन समाज, हाँसी से सन् १९५७ ई० में प्रकाशित हुआ है।

३८. यह ग्रन्थ दिगम्बर जैन महिला समाज, पंजाब से सन् १९५६ ई० में प्रकाशित हुआ है।

३९. यह ग्रन्थ दिगम्बर जैन समाज, हिसार से सन् १९४७ ई० में प्रकाशित हुआ है।

४०. यह ग्रन्थ दिगम्बर जैन पंचायत, किशनगढ़, रैनवाल से सन् १९५९ ई० में प्रकाशित हुआ है।

४१. यह ग्रन्थ श्री जैन समाज, हाँसी से सन् १९४६ ई० में प्रकाशित हुआ है।

४२. इस ग्रन्थ को खजानसिंह विमल प्रसाद जैन, मुजफ्फर नगर ने सन् १९४२ ई० में प्रकाशित कराया है।

४३. श्रीतत्त्वार्थ सूत्र महाशास्त्र की टीका, पृ०सं० १८१

४४. यह ग्रन्थ दिगम्बर जैन समाज, हिसार से सन् १९५७ ई० में प्रकाशित हुआ है।

४५. इस ग्रन्थ को बाबू विश्वम्भरदास जैन, हिसार ने, सन् १९४७ ई० में प्रकाशित कराया है।

४६. यह ग्रन्थ दिगम्बर जैन समाज, अजमेर से सन् १९६९ ई० में प्रकाशित हुआ है।

४७. पं० हीरालाल सिद्धान्त शास्त्री, बाहुबली सन्देश, पृ०सं० १३-१४

४८. पं० हीरालाल सिद्धान्त शास्त्री, दयोदय चम्पू, प्रस्तावना, पृ०सं० थ

४९. वही, वही, वही, पृ०सं० द

५०. वही, वही, वही, वही, वही।

५१. वही, वही, वही, वही, वही।

* यह शोधलेख णाणसायर (ज्ञानसागर)-७, अरिहन्त पब्लिकेशन्स, दिल्ली, १९९२ में प्रकाशित है।

आचार्य चाणक्य की गुप्तचर-नीति

मौर्य राज्य के संस्थापक आचार्य विष्णुगुप्त चाणक्य द्वारा प्रणीत ग्रन्थों तथा उनके जीवन पर आधारित संस्कृत काव्यग्रन्थों का अनुशीलन करने से ज्ञात होता है कि आचार्य चाणक्य की दृष्टि में गुप्तचर का पद राज्य के लिए बड़ा महत्त्वपूर्ण है। इसीलिए उन्होंने अपने ग्रन्थों में गुप्तचरों के विषय में पर्याप्त जानकारी दी है और अपने व्यवहार से भी इनकी उपादेयता पर पर्याप्त प्रकाश डाला है। तदनुसार गुप्तचरों के सम्बन्ध में उनकी सैद्धान्तिक तथा व्यावहारिक नीति प्रस्तुत है–

(क) सैद्धान्तिक नीति

चाणक्य के मत में गुप्तचर की सहायता से राजा दूर की घटनाओं को भी जानने में समर्थ हो जाता है–

दूरस्थमपि चारचक्षुः पश्यति राजा।

चाणक्यसूत्राणि, ४७२

उनके मतानुसार गुप्तचरों के दो भेद हैं–संस्थागत और भ्रमणशील। अब इन दोनों का परिचय इनके उपभेदों सहित प्रस्तुत किया जा रहा है–

संस्थागत गुप्तचर

संस्थागत गुप्तचरों का कार्य है कि राजकीय कर्मचारियों के कार्यकलापों पर दृष्टि रखना। इनके पाँच भेद हैं–कापटिक, उदास्थित, गृहपति, वैदेहिक तथा तापस।

(१) कापटिक

दूसरों के रहस्य को जानने वाला, प्रगल्भ और छात्र की वेशभूषा धारण करने वाला गुप्तचर 'कापटिक' कहलाता है। इसका कार्य है मन्त्री की आज्ञा से राज्य में किसी की भी हानि के विषय में मंत्री और राजा को सूचित करना।[१]

(२) उदास्थित

संन्यासी के वेश में रहने वाले ऐसे गुप्तचर को 'उदास्थित' कहा जाता है, जो बुद्धिमान् और सदाचारी हो। इसका कार्य है–राज्य के अन्य संन्यासियों को वश में करके उन्हें राजा के कार्य में सहायता हेतु तैयार कर लेना।[२]

(३) गृहपतिक

बुद्धिमान्, सदाचारी और निर्धन कृषक के वेश को धारण करने वाला गुप्तचर 'गृहपतिक' कहलाता है। इसका कार्य है–कृषियोग्य भूमि में जाकर अन्य कृषकों को राजा के कार्य हेतु अपने वश में करना तथा ग्रामों के खेत, घर, कुल, वर्ण तथा आय-व्यय पर दृष्टि रखना।[३]

(४) वैदेहिक

निर्धन व्यापारी के वेश को धारण करने वाले गुप्तचर को 'वैदेहिक' कहा जाता है। चाणक्य ने इसमें भी बुद्धिमता और आचरण की पवित्रता इन दो गुणों की विद्यमानता को आवश्यक बताया है। इसको चाहिए कि यह व्यापार योग्य भूमि पर जाए और अन्य व्यापारियोंको अपने वश में कर ले; तथा व्यापारियों, चुङ्गी, सीमाकर, मार्गरक्षाकर आदि की जानकारी हासिल करे।[४]

(५) तापस

शिर मुँड़ाकर या जटा रखकर जीविका हेतु राजा का कार्य करने वाले गुप्तचर को 'तापस' कहा जाता है। इसका कार्य है—यह अपने ही समान वेशभूषा वाले बहुत से विद्यार्थियों के साथ नगर के समीप एक से दो महीने तक रहे; लोगों के सामने हरा शाक या थोड़ा सा अनाज खाकर रहे; और गुप्तरूप से पुष्टिकारी भोजन करे; वैदेहक गुप्तचर और उसके सेवकों की सेवा प्राप्त करे; अपनी शिष्यमण्डली के द्वारा अपने को पूर्णसिद्ध, भविष्यवक्ता और अलौकिक शक्तिसम्पन्न तपस्वी के रूप में विख्यात करवाए; इस कार्य में भ्रमणशील गुप्तचरों की सहायता प्राप्त करे; तथा अपनी भविष्यवाणी को सत्य सिद्ध करके लोगों को वश में करने के लिए मन्त्रियों को तैयार कर ले; कृषक, गोप, व्यापारियों तथा अध्यक्षों का आचरण जाने; और इसके शिष्य चोरी से विभिन्न स्थानों में रहकर शत्रुओं और उनके गुप्तचरों के विषय में जानें।[५]

भ्रमणशील गुप्तचर

चाणक्य ने भ्रमणशील गुप्तचरों के सत्री, तीक्ष्ण और रसद तीन प्रकार बताए हैं। अब इनका संक्षिप्त परिचय प्रस्तुत किया जा रहा है :—

(१) सत्री

चाणक्य की दृष्टि में उन गुप्तचरों को 'सत्री' कहा जाता है, जो राजा के सम्बन्धी न हों, किन्तु जिनका भरण-पोषण राजा के द्वारा हो रहा हो; और जो शिक्षा-शास्त्र, व्याकरणशास्त्र, सामुद्रिकलक्षणशास्त्र, वशीकरण, अन्तर्धानविधि, माया, इन्द्रजाल, आश्रमधर्म, शकुनशास्त्र, पक्षिशास्त्र, कामशास्त्र आदि में निपुण हों। इनका कार्य है कि 'तीक्ष्ण' गुप्तचरों से बाह्य समाचार प्राप्त करके संस्थागत गुप्तचरों को देना।

(२) तीक्ष्ण

अपने देश में धनप्राप्ति के लिए अपने प्राणों की चिन्ता न करते हुए हाथी, बाघ, साँप जैसे हिंसक जन्तुओं से भी खेल में लड़ने वाले गुप्तचर 'तीक्ष्ण' कहे जाते हैं। इनका कार्य यह है कि उच्चपदासीन अधिकारियों के यहाँ छत्र, चामर, जलपात्र, पंखा, खड़ाऊँ, आसन, रथ, अश्वादि पहुँचाने के बहाने उनके सम्पर्क में पहुँचकर उनके बाहरी आचरण पर नजर रखना और उनके आचरण के विषय में 'सत्री' नामक गुप्तचरों को सूचना देते रहना।[६]

(३) रसद

उन भ्रमणशील गुप्तचरों को 'रसद' कहा जाता है, जो किसी से भी, यहाँ तक कि अपने

सम्बन्धियों से भी स्नेह नहीं रखते; क्रूरता और आलस्य जिनके स्वभाव की विशेषता है। राजा को चाहिए कि अपने मन्त्रियों की आन्तरिक गतिविधियों को जानते रहने के लिए इन गुप्तचरों को पाचक, स्नापक (स्नान कराने वाला), संवाहक (देह दबाने वाला), आस्तरक (बिस्तर बिछाने वाला), कल्पक (नाई), प्रसाधक (साज-सज्जा करने वाला), जलाहर्ता आदि के वेश में नियुक्त करे।[७]

स्त्री-गुप्तचर

आचार्य चाणक्य ने स्त्री-गुप्तचरों को भी मान्यता दी है और इनके परिव्राजिका, मुण्डा तथा शूद्रा ये तीन प्रकार बताये हैं। ये तीन प्रकार की गुप्तचरियाँ भी भ्रमणशील गुप्तचरों की कोटि में आती हैं। इनका संक्षिप्त परिचय प्रस्तुत है–

(अ) परिव्राजिका

आजीविका के लिए उत्सुक, निर्धन, विधवा, प्रौढ़ा, ब्राह्मणी, अन्तःपुर में सम्मान पाने वाली एवं संन्यासिनी का वेश बनाकर गुप्तचर का कार्य करने वाली स्त्री 'परिव्राजिका' गुप्तचरी कहलाती है। इसका कार्य है मन्त्रियों और अमात्यों के रहस्य की जानकारी रखना। यदि यह स्वयं मन्त्रियों तथा अमात्यों के आवास में न जा सके तो द्वारपालों तथा अन्य कर्मचारियों की सहायता से अथवा किसी भी बहाने से अन्दर जाकर वहाँ की जानकारी हासिल करे।[८]

(ब) मुण्डा

'परिव्राजिका' के गुणों से ही युक्त, बौद्धभिक्षुकी का वेश बनाने वाली गुप्तचर विभाग की कार्यकर्त्री स्त्री 'मुण्डा' गुप्तचरी कहलाती है। इसका कार्य है 'रसद', 'तीक्ष्ण' आदि गुप्तचरों से प्राप्त गोपनीय समाचार 'कापटिक', 'उदास्थित' आदि गुप्तचरों को देना।[९]

(स) शूद्रा

'परिव्राजिका' के गुणों से ही सम्पन्न धोबिन, भङ्गिन आदि अधमजातीय स्त्रियों का वेश धारण करने वाली गुप्तचर विभाग की सदस्या स्त्री 'शूद्रा' गुप्तचरी कहलाती है।[१०]

इसके अतिरिक्त कुबड़े, बौने, नाटे, गूँगे, बहरे, मूर्ख, अन्धे आदि का वेश धारण करने वाले गुप्तचर पुरुष, नट-नर्त्तक, गायक, वादक, कथावाचक आदि और गुप्तचर स्त्रियाँ रहस्य की सब बातें जानने के लिए प्रयत्नशील हों। गुप्तचर उभयवेतनभोगी बनकर (शत्रु राजा के सेवक बनकर) भी शत्रु राजा के रहस्यों को जानें।[११]

चाणक्य के मतानुसार उपर्युक्त गुप्तचरों के अतिरिक्त सिद्ध वेशधारी ऐसे गुप्तचर भी नियुक्त करने चाहिए जिनका मुख्य कर्त्तव्य सम्मोहिनी विद्याओं और माया के प्रयोग से चारों ओर व्यभिचारियों को वश में करना हो।[१२]

राजा को चाहिए कि वह इन गुप्तचरों के वेश, शिल्प, भाषा तथा कुलीनता के आधार पर तथा अपने प्रति इनकी भक्ति और शक्ति को देखकर इन्हें मंत्री, पुरोहित, सेनापति, युवराज, दौवारिक, अन्तःपुररक्षक, कारागृहाधिकारी राजकराधिकारी, कोषाध्यक्ष, न्यायाधीश, नायक, नगरप्रमुख, खाननिरीक्षक, मन्त्रिपरिषदध्यक्ष, सेनारक्षकाध्यक्ष, दुर्गपाल, राज्यसीमारक्षक तथा वनरक्षक आदि राजकीय कर्मचारियों की गतिविधि को जानने के लिए नियुक्त कर दे।[१३]

गुप्तचरों के कर्त्तव्य

गुप्तचरों का कर्त्तव्य है कि वे शत्रु के गुप्तचरों की जानकारी हासिल करें; राजा के प्रति प्रजा के मनोभावों को जानने का प्रयत्न करें; किंवदन्तियों को ध्यान से सुनें, राजा को अनाज, पशु, सोना-चाँदी देने वाले, सुख-दु:ख में उसका साथ देने वाले, क्रोध करने वाले, बन्धु-बान्धवों, जनता को क्रोध से रोकने वाले लोगों की तुष्टि-अतुष्टि के बारे में जानें; तथा शत्रुपक्ष में जाने को तैयार, क्रोधी, लोभी, भयभीत और अपमानित व्यक्तियों की भी जानकारी रखें।[१४]

(ख) व्यावहारिक नीति

आचार्य चाणक्य के व्यवहार को देखने से इस तथ्य को निस्सन्देह स्वीकार किया जा सकता है कि वह गुप्तचरों की नियुक्ति के विना राज्य की उन्नति, सुरक्षा और समृद्धि का होना असम्भव मानते हैं। उनकी दृष्टि में इनकी सहायता से राजा को अहित से बचाया जा सकता है।[१५] और शत्रु को उसके सहायकों से भिन्न किया जा सकता है।[१६]

उनके मतानुसार वह व्यक्ति गुप्तचर बनने योग्य है, जो विभिन्न देशों की वेशभूषा, भाषा और लिपि जानता हो; सभी कार्य कर सकता हो; अनेक प्रकार के वेश धारण करने में समर्थ हो; शुक्राचार्य प्रणीत दण्डनीति में पारङ्गत हो; चौंसठ कलाओं से युक्त हो; देशभक्त हो; तथा शत्रुपक्ष के विशिष्ट व्यक्तियों को वश में करने में समर्थ हो।[१८] उनके द्वारा गुप्तचरों के रूप में नियुक्त सभी पुरुष उपर्युक्त गुणों से सम्पन्न थे, जिनमें से इन्दुशर्मा को तो उन्होंने प्रधान गुप्तचर के रूप में नियुक्त किया था। इसके अतिरिक्त निपुणक, भागुरायण, सिद्धार्थक, भद्रभट आदि भी उक्त गुणों के कारण उनके द्वारा गुप्तचरों के रूप में नियुक्त किये गए थे।

आचार्य चाणक्य के व्यवहारानुसार हम उनके अभीष्ट गुप्तचरों के कर्त्तव्यों का भी निर्धारण कर सकते हैं। एतदर्थ उनके राजनैतिक जीवन के कुछ प्रसंग द्रष्टव्य हैं–

(क) उन्होंने अपने मित्र ब्राह्मण इन्दुशर्मा को प्रधान गुप्तचर के पद पर नियुक्त किया। उसने उनके निर्देशानुसार जीवसिद्धि नामक क्षपणक (जैन संन्यासी) के रूप में मगध में प्रवेश किया; अपनी योग्यता और आभिचारिक प्रयासों से नन्दों के अमात्य राक्षस को वश में किया; तथा नन्दों द्वारा प्रदत्त स्वर्णमुद्राओं को ठुकराकर अपनी निर्लोभता सिद्ध करके उन्हें भी प्रभावित किया।[१९]

इस प्रसंग को देखने से स्पष्ट हो जाता है कि उनके मतानुसार विजिगीषु राजा के गुप्तचर का कर्त्तव्य है कि वह मुख्य रूप से शत्रु के अमात्यादि प्रधान राजपुरुषों का विश्वास प्राप्त करे; अपने आचरण से शत्रुराजा को भी प्रभावित करे; ताकि शत्रुराज्य की अतिगोपनीय बातों का पता लगाकर वह अपने राजा और राज्य का कल्याण कर सके।

(ख) जब जीवसिद्धि ने राक्षस को अपना अभिन्न मित्र मान लिया और उसे विश्वास हो गया कि वह उसका परामर्श मान लेगा तो उसने उसे (राक्षस को) सलाह दी कि चन्द्रगुप्त को नगर से बाहर निकाल दिया जाए, इसका पाटलिपुत्र में रहना अहितकर है। राक्षस ने उसकी सलाह मानकर चन्द्रगुप्त को नगर से बाहर निकाल दिया। फलस्वरूप जीवसिद्धि का यह उद्देश्य सफल हो गया कि चन्द्रगुप्त सुरक्षित और स्वतन्त्र होकर (चाणक्य से मिलकर, मगधराज्यप्राप्ति के) अपने अभीष्ट लक्ष्य को प्राप्त कर सके।[२०]

जीवसिद्धि के चाणक्यनिर्दिष्ट इस आचरण से गुप्तचर का यह कर्त्तव्य हमारे समक्ष स्पष्ट हो जाता है कि उसे अपने राजा की सुरक्षा और सफलता का विचार करते हुए ही प्रत्येक कार्य करना चाहिए।

(ग) उन्होंने चन्द्रगुप्त के मुख्य गुप्तचरों (पुरुषदत्त, राजसेन और भद्रभट) को नन्द तथा उसके अनुरक्त मन्त्रियों, सैनिकों तथा कार्यकर्त्ताओं की चेष्टाओं को जानने का कार्य सौंपा था। तदनुसार ध्वनित होता है कि उनके मत में गुप्तचरों का कर्त्तव्य है कि वे न केवल शत्रुराजा, अपितु उसके अनुरक्त मन्त्रियों, सैनिकों और कार्यकर्त्ताओं की भी चेष्टाओं पर दृष्टि रखें, जिससे इनसे मिली हुई जानकारी के आधार पर शत्रुराजा को आसानी से पराजित किया जा सके।[२१]

(घ) जीवसिद्धि ने नृत्यांगना के रूप में विषकन्या को बुलाकर पर्वतकवध में चन्द्रगुप्त की सहायता की[२२] तथा चाणक्य द्वारा प्रेषित नृत्यांगना के वेशवाली स्त्री गुप्तचर तथा वैद्य का वेश बनाने वाले पुरुष गुप्तचरों ने राजा नन्द का वध करने में उनकी सहायता की।[२३]

इससे प्रतीत होता है कि चाणक्य के मत में गुप्तचरों को चाहिए कि आवश्यकता होने पर वे वेशभूषा बदलकर भी शत्रुवध में अपने राजा की सहायता करें।

(ङ) आचार्य चाणक्य के अनुसार निपुणक ने उन्हें इस तथ्य से अवगत कराया कि राक्षस ने अपने परिवार को अपने मित्र सेठ चन्दनदास के यहाँ छिपा रखा है, इसके साथ ही सेठ चन्दनदास के घर से प्राप्त राक्षस की नामाङ्कित अँगूठी भी उन्हें दी, ताकि राक्षस का पता लगते ही उसे वश में किया जा सके।[२४]

निपुणक से उपर्युक्त कार्य करवाकर उन्होंने गुप्तचरों के इस कर्त्तव्य को व्यवहार का रूप दिया है कि वे छिपे हुए शत्रु और उसके परिवार की जानकारी अथवा उसके अधिकार की द्योतक मुद्रादि मिले तो उसे भी सुरक्षित रूप से अपने राजा को दे दें, ताकि शत्रु को वश में करने में उस मुद्रादि का भी उपयोग किया जा सके। संस्कृत साहित्य साक्षी है कि चाणक्य ने राक्षस को वश में करने के लिए इसी अँगूठी का सदुपयोग बड़ी चतुराई से किया था।

(च) चाणक्य के ही निर्देशानुसार सिद्धार्थक ने राक्षस के मित्र शकटदास को फाँसी के फन्दे से छुड़ाकर उसकी मित्रता प्राप्त कर ली; उसी के माध्यम से राक्षस और मलयकेतु के पास पहुँच गया; और उनका ही विश्वासपात्र बन गया, ताकि उनकी गतिविधि का विवरण चाणक्य को भेज सके।[२५] इससे व्यञ्जित होता है कि चाणक्य चाहते हैं कि गुप्तचर शत्रु के मित्र से मित्रता करे और उसके माध्यम से शत्रु तक पहुँचे; उसका विश्वासपात्र बने; और फिर उसकी चेष्टाओं की जानकारी अपने असली स्वामी को देता रहे।

(छ) उनके निर्देशानुसार कार्य करने वाले जीवसिद्धि (इन्दुशर्मा) ने अपने एक सेवक को प्राकृत भाषा के कवि के रूप में उनके पास भेजकर उन्हें सावधान किया कि राक्षस चन्द्रगुप्त का वध करना चाहता है। फलस्वरूप उन्होंने चन्द्रगुप्त को सावधान किया कि उसे अपने आप को अभी प्रकट नहीं करना है।[२६]

चाणक्य के इस आचरण से ध्वनित होता है कि उनकी दृष्टि में गुप्तचर का यह भी कर्त्तव्य

है कि वह राजा को भावी संकट से सावधान करे। इसके लिए वह ऐसी भाषा का प्रयोग करे और कराए जिसे दूसरे लोग सुनकर भी न समझ सकें।

(ज) जब राक्षस ने मलयकेतु के साथ मिलकर पाटलिपुत्र को घेरने के सम्बन्ध में मौहूर्त्तिक जीवसिद्धि (इन्दुशर्मा) से युद्धयात्रा का मुहूर्त पूछा तो उसने गणना करके राक्षस द्वारा निर्धारित विजयदायक तिथि में दोष बता दिया; और जब राक्षस ने उससे अन्य मौहूर्त्तिकों से विचार-विमर्श करने के लिए कहा तो वह क्रुद्ध होकर उसके आवास से निकल गया।

जीवसिद्धि के इस आचरण से चाणक्य की यह नीति स्पष्ट हो जाती है कि गुप्तचर अपने राजा के विरूद्ध आचरण करने वाले अर्थात् उस पर आक्रमणादि की तैयारी करने वाले शत्रुओं को, जैसे भी हो गुमराह करता रहे।[२७]

(झ) चाणक्य के निर्देशानुसार क्षपणक जीवसिद्धि (इन्दुशर्मा) ने नन्द के सेनापति वीरभद्र की दुर्बलताओं-मदिरा और स्त्री पर आसक्ति-को जानकर उसे विषयुक्त मदिरा पिलाकर मरवा डाला। अन्यथा प्रकटयुद्ध में उसे पराजित करना दुष्कर कार्य था। क्योंकि वह अप्रतिम योद्धा था।[२८]

चाणक्य का यह आचरण उनके इस मत का द्योतक है कि शत्रुपक्ष के पराक्रमी और प्रकट युद्ध में वश में न आने वाले सेनापति आदि की दुर्बलताओं को जानना और इनका फायदा उठाकर उन्हें विषादि गूढ़ प्रयोगों से नष्ट करना भी गुप्तचरों का कर्त्तव्य है।

(ञ) आचार्य चाणक्य के द्वारा नियुक्त गुप्तचरों की एक प्रशंसनीय विशेषता यह भी थी कि उनकी वास्तविकता का ज्ञान शत्रु को तो हो ही नहीं पाता था, इसके साथ ही उनके अपने पक्ष के लोग भी उनके विषय में नहीं जान पाते थे। उनके प्रधान गुप्तचर क्षपणक जीवसिद्धि (इन्दुशर्मा) ने राक्षस से इस प्रकार मित्रता की कि राक्षस को उसकी वास्तविकता का ज्ञान नहीं हुआ। यहाँ तक कि चाणक्य का दूसरा और योग्य गुप्तचर निपुणक भी, जो इन्दुशर्मा की वास्तविकता को नहीं जानता था, उसकी और राक्षस की मित्रता को वास्तविक समझ बैठा था।[२९]

उपर्युक्त कतिपय उदाहरण चाणक्यसम्मत गुप्तचर के इस कर्त्तव्य को बताने में पूर्ण समर्थ हैं कि उसकी वास्तविकता का ज्ञान किसी को नहीं होना चाहिए। गुप्तचर द्वारा इस कर्त्तव्य का पालन उन्हें इसलिए अभीष्ट होगा कि कार्यसिद्धि होने तक गोपनीयता भङ्ग न हो। क्योंकि यह काफी हद तक सम्भव है कि अपने साथ कार्य करने वाले भी शत्रु के गुप्तचर हो सकते हैं और अपनी गुप्त कार्यप्रणाली को प्रकट करके विजिगीषु की सफलता को असफलता में बदल सकते हैं।

(ट) आचार्य चाणक्य के आदेश से उनके गुप्तचर निपुणक ने पता लगाया कि समस्त प्रजा तो चन्द्रगुप्त पर अनुरक्त है, किन्तु क्षपणक जीवसिद्धि, शकटदास कायस्थ तथा सेठ चन्दनदास उस पर अनुराग नहीं रखते। ये तीनों ही राक्षस के मित्र हैं।[३०] इस प्रकार उसने चाणक्य को अभीष्ट गुप्तचर के इस कर्त्तव्य का पालन किया कि वह प्रजाजनों की राजा के प्रति अनुरक्ति या विरक्ति का पता लगाए।

(ठ) उन्होंने चन्द्रगुप्त के मित्रों को सत्परामर्श दिया कि वे योगियों और संन्यासियों का वेश धारण करें और शत्रु के अधिकार में गए हुए प्रदेशों में पहुँचकर वहाँ के निवासियों को स्वतन्त्रताप्राप्ति के लिए प्रेरित करें।[३१] तदनुसार यह कहा जा सकता है कि उनके मत में प्रजा में

स्वतन्त्रा की ज्योति प्रज्वलित करना, उसे अपनी मातृभूमि को शत्रुओं के शिकंजे से मुक्त करवाने की प्रेरणा देना भी गुप्तचरों का ही कर्त्तव्य है।

स्पष्ट है कि आचार्य चाणक्य की दृष्टि में गुप्तचरों का कर्त्तव्यक्षेत्र समाचारों को गुप्तरूप से जानकर अपने स्वामी के पास पहुँचाने तक ही सीमित नहीं है। उनका मानना है कि शत्रु के प्रयत्नों को विफल करने, शत्रु को उसके सहयोगियों से भिन्न करने, अपने राज्य की प्रजा में जागर्ति लाने आदि कार्यों में भी राजा को सक्रिय सहयोग देना गुप्तचरों का अनिवार्य कर्त्तव्य है।

उनके मतानुसार गुप्तचर का पद बड़े उत्तरदायित्व का है। इस उत्तरदायित्व का निर्वाह करने में प्रमाद करने वाला गुप्तचर दण्डनीय है, भले ही वह मेधावान् और चतुर हो। इसीलिए चन्द्रगुप्त का मित्र तुषारक मारा गया। क्योंकि उसे गुप्तचर के रूप में पाटलिपुत्र भेजा गया था। इस पर राक्षस को सन्देह हो गया था कि वह शत्रुपक्ष का है और उसके कार्य की उपेक्षा करता है। फलस्वरूप जीवसिद्धि ने जो चाणक्य का ही गुप्तचर था, राक्षस के द्वारा इसका वध करवा दिया, ताकि चाणक्य और चन्द्रगुप्त का रहस्य न खुल जाए।[३२]

आचार्य चाणक्य ने उभयवेतनभोगी गुप्तचरों की नियुक्ति राजा के लिए उपयोगी बतायी है। क्योंकि ये शत्रुराजा के यहाँ कार्य करते हुए भी अपने राजा का हितचिन्तन करते हैं। उभयवेतनभोगी गुप्तचर ऐसे व्यक्ति को बनाना चाहिए जो नीतिनिष्णात, विचारक और परिस्थिति देखकर कार्य करने वाला, गुण-दोष जानने वाला, सदा साथ देने वाला, विश्वासपात्र, निर्दोष आचरण करने वाला, कर्त्तव्यनिष्ठ और प्रमादरहित हो। इस दृष्टि से इन्दुशर्मा की उभयवेतनभोगी गुप्तचर के रूप में चाणक्य द्वारा नियुक्ति की गई और उसने अपने उत्तरदायित्व का निर्वाह भी निष्ठा और कुशलता से किया।[३३] राक्षस से मैत्री,[३४] नन्दों के सेनापति वीरभद्र का वध,[३५] विषकन्या द्वारा पर्वतक का वध[३६] तथा मलयकेतु और राक्षस में भेद उत्पन्न करना[३७] आदि इसके ऐसे कार्य हैं, जिनसे चाणक्य को अपने लक्ष्य की प्राप्ति में अत्यधिक सहयोग मिला।

चन्द्रगुप्त के मित्र रुद्रट, कलश, रत्नभाट आदि भी आचार्य चाणक्य के निर्देशानुसार गुप्तचर के रूप में राक्षस की सेवा में संलग्न हैं अतः उभयवेतनभोगी गुप्तचर हैं।[३८] इसी प्रकार सिद्धार्थक और भागुरायण भी इसी कोटि के गुप्तचर हैं, जिन्होंने मलयकेतु और राक्षस को भिन्न करने, चित्रवर्मा-सिंहनाद-पुष्कराक्ष आदि राजाओं का वध करवाकर मलयकेतु को निस्सहाय करके बन्धन में डालने का कार्य करके मगधराज को निष्कण्टक बनाने में महत्त्वपूर्ण योगदान दिया।[३९]

उनका शिष्य सुषेण पर्वतेश्वर का मंत्री था, जो समय-समय पर उन्हें उसकी चेष्टाओं से अवगत कराता रहता था और इसी ने उनके निर्देशानुसार पर्वतेश्वर को नन्दों के विरोध में चन्द्रगुप्त का साथ देने को तैयार कर लिया था।[४०]

उपर्युक्त विवेचन से सुस्पष्ट हो जाता है कि आचार्य विष्णुगुप्त चाणक्य ने अन्य राजकीय कर्मचारियों की अपेक्षा गुप्तचरों की नियुक्ति पर विशेष ध्यान दिया है, क्योंकि मन्त्रयुद्धों में गुप्तचरों का कार्यकौशल ही प्रशासक को सफलता प्राप्त कराने में सहायक होता है।*

सन्दर्भ

१. कौटिलीय अर्थशास्त्र, १/११/३-५
२. वही, १/११/६-११
३. वही, १/११/१२-१३; २/३५/९-१२
४. वही, १/११/१४-१६; २/३५/१३-१४
५. वही, १/११/१७-२५; २/३५/१५-१६
६. वही, १/१२/३, ९
७. वही, १/१२/४, ११
८. वही, १/१२/५, १५-१६
९. वही, १/१२/६, १२
१०. वही, १/१२/६
११. वही, १/१२/११, १९-२०
१२. वही, ४/५/१-१४
१३. वही, १/१२/१, २, ८, १०
१४. वही, १/१२/२६; १/१३/१७, २२-२३
१५. ठाकुरप्रसादमिश्र, चाणक्यचरित, पृ०सं० ७३
१६. विशाखदत्त, मुद्राराक्षस, ३/१३
१७. (क) विशाखदत्त, मुद्राराक्षस, १/श्लो०सं० १६ के पूर्व का संवाद।
(ख) रविननर्त्तक, चाणक्यकथा, श्लो०सं० १५८-१५९
१८. ठाकुरप्रसाद मिश्र, चाणक्यचरित, पृ०सं० २४, २६-२७, ५७-५८
१९. (क) रविनर्त्तक, चाणक्यकथा, श्लो०सं० १६२-१७२
(ख) ठाकुरप्रसादमिश्र, चाणक्यचरित, पृ०सं० ५८
२०. रविनर्त्तक, चाणक्यकथा, श्लो०सं० १७३-१७४
२१. ठाकुर प्रसाद मिश्र, चाणक्यचरित, पृ०सं० ५७-५८
२२. (क) रविनर्त्तक, चाणक्यकथा, श्लो०सं० २४५-२४६
(ख) ठाकुर प्रसाद मिश्र, चाणक्यचरित, पृ०सं० ११७-११८
२३. रामाशीषपाण्डेय, शिखाबन्धन, ६/श्लो० २ से ४ और इनके बीच का संवाद।
२४. (क) विशाखदत्त, मुद्राराक्षस, १/१९ के बाद का संवाद।
(ख) रविनर्त्तक, चाणक्यकथा, श्लो०सं० २८१-२८४
(ग) ठाकुरप्रसाद मिश्र, चाणक्यचरित, पृ०सं० १२७
२५. (क) विशाखदत्त, मुद्राराक्षस, १/२० के बाद का संवाद।
(ख) रविनर्त्तक, चाणक्यकथा, श्लोक संख्या ३०४-३०५
(ग) ठाकुरप्रसादमिश्र, चाणक्यचरित, पृ०सं० १३१
२६. ठाकुरप्रसादमिश्र, चाणक्यचरित, पृ०सं० ७४
२७. (क) विशाखदत्त, मुद्राराक्षस, ४/२० और उसके बाद का संवाद।
(ख) ठाकुरप्रसादमिश्र, चाणक्यचरित, पृ०सं० १३२
२८. ठाकुरप्रसादमिश्र, चाणक्यचरित, पृ०सं० ८८-९०
२९. (क) विशाखदत्त, मुद्राराक्षस, १/१९ के बाद का संवाद।

(ख) ठाकुरप्रसादमिश्र, चाणक्यचरित, पृ०सं० ९८-१०१

३०. (क) विशाखदत्त, मुद्राराक्षस, १/१९ के बाद का संवाद।

(ख) रविनर्त्तक, चाणक्यकथा, श्लो०सं० २८६-२८७

३१. प्रभुदत्तस्वामी, मौर्यचन्द्रोदय, ११/४६

३२. ठाकुरप्रसादमिश्र, चाणक्यचरित, पृ०सं० ७४-७५

३३. (क) विशाखदत्त, मुद्राराक्षस, १/१६ के पहले का संवाद।

(ख) ठाकुरप्रसादमिश्र, चाणक्यचरित, पृ०सं० ७५-७६

३४. (क) विशाखदत्त, मुद्राराक्षस, १/१६ के पहले का संवाद।

(ख) ठाकुरप्रसादमिश्र, चाणक्यचरित, पृ०सं० ५८

३५. ठाकुरप्रसादमिश्र, चाणक्यचरित, पृ०सं० ७४, ८८-९०

३६. (क) रविनर्त्तक, चाणक्यकथा, श्लो०सं० २४५-२४६

(ख) ठाकुरप्रसादमिश्र, चाणक्यचरित, पृ०सं० १३७-१३८

३७. ठाकुरप्रसादमिश्र, चाणक्यचरित, पृ०सं० १३७-१३८

३८. वही, वही, पृ० सं० ७४

३९. (क) विशाखदत्त, मुद्राराक्षस, ४/श्लो०सं० ७ से श्लो० १२ तक के संवाद; पंचम अंक सम्पूर्ण; ६/१५ के पहले का संवाद।

(ख) रविनर्त्तक, चाणक्यकथा, श्लोक सं० ३२२-३३६

(ग) ठाकुरप्रसादमिश्र, चाणक्यचरित, पृ०सं० १३५-१३९

४०. ठाकुरप्रसादमिश्र, चाणक्यचरित, पृ०सं० १०१

* यह शोधलेख विश्वसंस्कृतसम्मेलन, सिंहस्थपर्व, १९९२, उज्जयिनी में वाचन हेतु स्वीकृत है।

महाकवि ज्ञानसागर के काव्यों में अलंकार विधान

अलङ्कार

'अलंकार' शब्द 'अलम्' उपसर्ग पूर्वक कृ धातु से घञ् प्रत्यय के योग से निर्मित हुआ है। इस शब्द का तात्पर्य है—सजाने का उपकरण। काव्यशास्त्रीय दृष्टि से अलङ्कार की परिभाषा इस प्रकार दी जा सकती है—कविता-कामिनी को सुसज्जित करने वाले अनुप्रास-उपमादि उपकरणों को अलंकार कहा जाता है। स्त्री-पुरुष आवश्यकतानुसार ही अपने सौन्दर्य की अभिवृद्धि के लिए अलंकारों का उपयोग करते हैं, किसी-किसी को तो इनको धारण करने की आवश्यकता भी नहीं होती। यदि कोई अनावश्यक रूप से आभूषणों को धारण करता है तो वे भूषण के स्थान पर दूषण का रूप ले लेते हैं और व्यक्ति को उपहास का पात्र बना देते हैं। काव्य में भी अलंकारों की स्थिति बहुत कुछ ऐसी ही है। जब तक ये अलंकार काव्य से प्राप्त आनन्द में बाधा नहीं पहुँचाते, तब तक इनका प्रयोग उचित लगता है। जहाँ सहृदय को अलंकारों की भरमार के कारण रसास्वादन में बाधा होने लगती है वहीं ये अलंकार रुचिकर लगने के स्थान पर बोझ लगने लगते हैं। कहीं-कहीं काव्यों में इनकी उपस्थिति के अभाव में भी आनन्द प्राप्त हो जाता है, अतः ये काव्य के लिए महत्त्वपूर्ण न होकर कवि के कौशल के परिचायक ही हैं। भारतीय काव्यशास्त्रियों की भी अलंकारों के विषय में ऐसी ही धारणा है।[१]

हमारे आलोच्य महाकवि मुनि श्री ज्ञानसागर ने अपनी कविता-कामिनी को सजाने में अनेक अलंकारों का प्रयोग किया है। उनके काव्यों में प्रायः सभी श्लोक अलंकृत हैं। उनके काव्यों का परिशीलन करने से ज्ञात होता है कि उन्होंने अनुप्रास, यमक, श्लेष, उपमा, उपमेयोपमा, अर्थान्तरन्यास, विरोधाभास, अतिशयोक्ति, तुल्ययोगिता, प्रतिवस्तूपमा, दृष्टान्त, निदर्शना, अर्थान्तरन्यास, विरोधाभास, परिकर, परिकरांकुर, सहोक्ति, विकस्वर, संदेह, भ्रान्तिमान्, व्याजस्तुति, समन्वय, परिसंख्या, व्यतिरेक, अतिदेश, उल्लेख, समासोक्ति, अन्योक्ति, तद्गुण, स्वभावोक्ति, अप्रस्तुतप्रशंसा, असंगति, प्रतीप, मालादीपक, यथासंख्य, दीपक, विभावना, पुनरुक्तवदाभास, चित्रालंकार इत्यादि अलंकारों का प्रयोग किया है। अनुप्रास, यमक, उपमा, उत्प्रेक्षा, अपह्नुति उनके विशेष रूप से प्रिय अलंकार हैं। अब उनके काव्यों में प्रयुक्त मुख्य-मुख्य अलंकारों के उदाहरण प्रस्तुत हैं। सर्वप्रथम प्रस्तुत है शब्दालंकारों में अग्रगण्य अनुप्रास—

अनुप्रास

"अनुप्रासः शब्दसाम्यं वैषम्येऽपि स्वरस्य यत्।"

—साहित्यदर्पण, विश्वनाथ, १०/३

मुनिश्रीज्ञानसागर ने अनुप्रास के छेकानुप्रास, वृत्त्यनुप्रास इत्यादि सभी भेदों का प्रयोग अपने

काव्यों में किया है। अन्त्यानुप्रास अस्मदालोच्य कवि की सबसे बड़ी विशेषता है। काव्यों के कुछ अंशों को छोड़कर कवि ने अन्त्यानुप्रास प्रयोग करने का स्तुत्य प्रयास किया है। निम्नलिखित श्लोक में वृत्त्यनुप्रास और अन्त्यानुप्रास की मिली-जुली छटा का अवलोकन कीजिए-

"सपदि विभातो जातो भ्रातो भवभयहरणविभामूर्तेः।
शिवसदनं मृदुवदनं स्पष्टं विश्वपितुर्जिनसवितुस्ते॥"

-जयोदय, ८/९०

यहाँ पर क्रमशः 'तो' वर्ण की तीनवार, 'भ' वर्ण की दो वार, 'दनं' वर्णसमूह की दो वार और 'तु' वर्ण की दो वार आवृत्ति हुई है। साथ ही प्रथम पंक्ति का अन्त्याक्षर 'र्ते' दूसरी पंक्ति में भी आवृत्त हुआ है।

अब देखिए लाटानुप्रास का उदाहरण

"मनोरमाधिपत्वेन ख्याताय तरुणाय ते।
मनोऽरमाधिपत्वेन ख्याताय तरुणायते॥"

-सुदर्शनोदय, ६/२१

प्रस्तुत श्लोक में प्रथम पंक्ति की आवृत्ति दूसरी पंक्ति में हुई है। दोनों पंक्तियों में तात्पर्य का भेद होने के कारण लाटानुप्रास है।

कवि के प्रिय अलंकार अन्त्यानुप्रास की भी एक झलक देख लीजिए

"हे नाथ मे नाथ मनाग्विकारः,
चेतस्युतैकान्ततया विचारः
शत्रुश्च मित्रं च न कोऽपि लोके,
हृष्यज्जनोऽज्ञो निपतेच्च शोके॥
लोके लोकः स्वार्थभावेन मित्रम्,
नोचेच्छत्रुः सम्भवेन्नात्र चित्रम्।
राज्ञी माता मह्यमस्तूक्तकेतूः,
रुष्टः श्रीमान् प्रातिकूल्यं हि हेतुः॥"

-सुदर्शनोदय, ८/१५-१६

यहाँ प्रथम चरण के अन्तिम अक्षर की आवृत्ति दूसरे चरण के अन्त में दृष्टिगोचर हो रही है, इसलिए अन्त्यानुप्रास है।

यमक

"अर्थे सत्यर्थभिन्नानां वर्णानां सा पुनः श्रुतिः।
यमकम्..।

-(काव्यप्रकाश, मम्मट, ९/८३।)

मुनिश्री ज्ञानसागर के काव्यों के परिशीलन से ज्ञात होता है कि उन्होंने यमक के आद्ययमक, युग्मयमक, मुखयमक, पुच्छयमकादि कई भेदों का प्रयोग किया है। यथा-

(क) **"विपल्लवानामिह सम्भवोऽपि न विपल्लवानामुत शाखिनामपि।**
सदा रमन्तेऽस्य विहाय नन्दनं सदा रमन्ते रुचितस्ततः सुराः॥"

–जयोदय, २४/५५

(कवि ने हिमालय का वर्णन किया है। हिमालय में विपत्ति का लेशमात्र भी नहीं है। देवगण नन्दनवन को छोड़कर अपनी स्त्रियों के साथ रुचिपूर्वक रमण करते हैं।)

प्रथम पाद के आदि भाग की द्वितीयपाद के आदिभाग में और तृतीयपाद के आदिभाग की चतुर्थपाद के आदिभाग में आवृत्ति हुई है अतः यह आद्ययमक है।

(ख) **"समाश्रिता मानवताऽस्तु तेन समाश्रिता मानवतास्तु तेन।**
पूज्येष्वथा मानवता जनेन समुत्थसामा नवताऽप्यनेन॥"

–वीरोदय, १७/१२

(जिस पुरुष के द्वारा मानवता का आश्रय लिया गया, उसी के द्वारा मानवता का पूजन हुआ। जिस पुरुष ने आदरणीय व्यक्तियों के प्रति अभिमानरहित व्यवहार किया, उसी ने वस्तुतः मानवता को प्राप्त किया।)

इस श्लोक के प्रथम चरण की आवृत्ति द्वितीय चरण में की गई है अतः मुख नामक यमक है। साथ ही मानवता शब्द की चारों चरणों में भिन्न-भिन्न अर्थों में आवृत्ति की गई है।

उपमा

"उपमा यत्र सादृश्यलक्ष्मीरूल्लसति द्वयोः।"

–कुवलयानन्द, ६

उपमा अलंकार साम्राज्ञी है। उसके साम्राज्ञी पद को मुनिश्री ज्ञानसागर ने अत्यधिक सम्मान दिया है। प्राकृतिक पदार्थों का वर्णन करते समय, नगर-वर्णन करते समय और युद्ध वर्णन के समय उपमाओं का खूब वर्णन किया है। उपमा अलंकार कवि को इतना अच्छा लगता है कि ज्ञान, वैराग्य और दर्शन की चर्चा करते समय भी उन्होंने उसका उपयोग किया है। अपने काव्यों में कभी वह श्लिष्ट उपमाओं का प्रयोग करते हैं और कभी मालोपमाओं की झड़ी लगा देते हैं। लीजिए, प्रस्तुत हैं उनके काव्यों की उपमाओं के कुछ उदाहरण–

"जयः प्रचक्राम जिनेश्वरालयं नयप्रधानः सुदृशा समन्वितः।
महाप्रभावच्छविरुन्नताविधिं यथा सुमेरुं प्रभयान्वितो रविः॥"

–जयोदय, २४/६०

प्रस्तुत श्लोक में जयकुमार उपमेय और सूर्य उपमान हैं। सुलोचना उपमेय और सूर्य की प्रभा उपमान हैं। जिनेश्वरालय उपमेय और सुमेरु पर्वत उपमान हैं। "महाप्रभावच्छविरुन्नतावधिम्" यह साधारण धर्म है। यथा शब्द उपमा का वाचक है। अतएव यहाँ पूर्णोपमा है।

अब कवि की एक श्लिष्ट उपमा प्रस्तुत है

"सालङ्कारा सुवर्णा च सरसा चानुगामिनी।
कामिनीव कृतिर्लोके कस्य नो कामसिद्धये॥

–जयोदय, २८/८२

प्रस्तुत श्लोक में कविकृति उपमेय और कामिनी उपमान है। सालङ्कारा, सुवर्णा, सरसा और अनुगामिनी इत्यादि विशेषण कविकृति और कामिनी दोनों के पक्ष में श्लेष के माध्यम से प्रयुक्त किये जाते हैं। 'इव' उपमावाचक शब्द है।

रानी प्रियकारिणी वर्णन में कवि की मालोपमा देखिये–

"दयेव धर्मस्य महानुभावा क्षान्तिस्तथाभूत्तपसः सदा वा।
पुण्यस्य कल्याणपरम्परेवाऽसौ तत्पदाधीनसमर्थसेवा॥"

प्रस्तुत श्लोक में दया, क्षमा और कल्याणपरम्परा रानी के उपमानरूप में प्रस्तुत किये गए हैं, इसलिए यहाँ पर मालोपमा अलंकार है।

मालवदेश वर्णन में कवि द्वारा प्रयुक्त शिलष्टोपमा का एक उदाहरण प्रस्तुत है–

"....सुप्रसिद्धो मालवनामदेशः स चानेककल्पपादपसंनिवेशतया ललिताप्सरः परिवेषतया च किलापरस्वर्गप्रदेश इव समवभासते।"

–दयोदय, १/श्लोक ९ के बाद का गद्यभाग।

प्रस्तुत गद्यभाग में मालवदेश उपमेय और स्वर्ग उपमान हैं। "अनेककल्पपादपसंनिवेशतया" और "ललिताप्सरः परिवेशतया" श्लेष के माध्यम से साधारण धर्म हैं। इव उपमावाचक शब्द है।

वैसे तो कवि ने अपनी कृति में और भी सुन्दर-सुन्दर उपमायें प्रयुक्त की हैं, उन सबको उद्धृत करना और उनका स्पष्टीकरण करना यहाँ पर सम्भव नहीं। फिर उपमा के उपर्युक्त उदाहरण कवि की उपमाप्रियता के द्योतक हैं ही, अतः अब अन्य अलंकारों के उदाहरण प्रस्तुत किये जाएँगे।

उत्प्रेक्षा

"सम्भावना स्यादुत्प्रेक्षा।"

–कुवलयानन्द, ३२

कवि द्वारा प्रयुक्त अर्थालङ्कारों में उत्प्रेक्षा अलङ्कार का द्वितीय स्थान है। कवि के काव्यों के परिशीलन से लगता है कि मात्रा में भले ही उपमा का स्थान प्रथम हो, किन्तु चमत्कार की दृष्टि से उत्प्रेक्षा ही अलङ्कारों में सर्वोपरि है। प्रस्तुत हैं, उत्प्रेक्षा के कुछ उदाहरण–

सुलोचना के सुन्दर हाथ के सम्बन्ध में कवि की उद्भावना देखिए

"समुत्कीर्णकरावस्था विधिना विधिवेदिना।
तच्छेषांशै कृतान्येवं पङ्कजानीति सिद्ध्यति॥"

–जयोदय, ३/४५

प्रस्तुत श्लोक में हाथ के सौन्दर्यातिशय को प्रकट करने के लिए ही उत्प्रेक्षा को प्रयुक्त किया गया है।

उत्प्रेक्षा के माध्यम से सायंकाल की शोभा का अवलोकन कीजिए

"रवेरथो बिम्बमितोऽस्तगामि उदेष्यदेतच्छशिनोऽपि नामि।
समस्ति पान्थेषु रूषा निषिक्तं रतीश्वरस्याक्षियुगं हि रक्तम्॥"

–जयोदय, १५/१०

अस्त होते हुए सूर्य की लालिमा और उदय होते हुए चन्द्रमा की लालिमा को ध्यान में रखकर कवि ने उक्त हेतूत्प्रेक्षा की है। कामदेव के नेत्रों को सूर्य और चन्द्र के उपमान रूप में प्रस्तुत कर दिया है।

राजा सिद्धार्थ की समृद्धिशालिता और यशस्विता के सम्बन्ध में कवि की उत्प्रेक्षा देखिए–

"हे तात जानूचितलम्बबाहोर्नाङ्गः विमुञ्चेत्तनुजा तवाहो।
सभास्वपीत्थं गदितुं नृपस्य कीर्त्तिः समुद्रान्तमवाप तस्य॥"

–वीरोदय, ३/११

राजा सिद्धार्थ का यश समुद्रपर्यन्त फैल गया है, यह सूचित करने के लिए कवि ने उक्त उत्प्रेक्षा की है।

हेतूत्प्रेक्षा का एक और उदाहरण प्रस्तुत है–

"अहो प्रकटमपि तनयरत्नमपह्रियतेऽमुष्मिन्भूतले
धूर्तजनेन कथं पुनर्ममेहोडुरत्नानि विकीर्य स्थातुं
पार्येतेति किल तान्युपसंहृत्य कुतोऽपिच्छन्नी भवितुं पलायाञ्चक्रे रजनी।"

–दयोदयचम्पू, ३/श्लोक ७ के बाद का गद्यांश।

रात्रिकाल व्यतीत हो जाने पर नक्षत्रगण दृष्टिपथ में नहीं आते, यह प्रकृति का सदा से चला आ रहा शाश्वत नियम है। किन्तु यहाँ पर कवि ने रात्रिगमन और नक्षत्रलोप का कारण बालक का अपहरण बताया है, अतः हेतूत्प्रेक्षा अलङ्कार है।

रूपक

"तद्रूपकमभेदो य उपमानोपमेययोः।"

–काव्यप्रकाश, १०/९३

सर्वप्रथम आपके समक्ष कवि द्वारा वर्णित साङ्गरूपक का एक उदाहरण प्रस्तुत है–

"बकाः पताकाः करिणोऽम्बुवाहाः शरा मयूरास्तडितोऽसिका हा!
दक्कानिनादस्तनितानुवादः सुधीरणं वर्षणमुज्जगाद॥"

–जयोदय, ८/६३

प्रस्तुत श्लोक में ध्वजाओं, हाथियों, बाणों, तलवारों और नगाड़ों की आवाज का क्रमशः बगुलों, बादलों, मोरों, बिजली और बादलों की गर्जना से अभेद स्थापित करने के कारण रूपक अलङ्कार है।

अब देखिए वसन्तऋतु वर्णन के प्रसंग में रूपक का एक उदाहरण–

"मुकुलपाणिपुटेन रजोऽब्जिनी दृशि ददाति रूचाऽम्बुजजिद्दृशाम्।
स्थलपयोजवने स्मरधूर्त्तराड्ढरति तद्धृदयद्रविणं रसात्॥"

–वीरोदय, ६/३४

प्रस्तुत श्लोक में पुष्पों की कलियों, पराग, कामदेव और हृदय का क्रमशः हाथ के दोने, धूल, धूर्त्तराज और धन से अभेद स्थापित किया गया है, इसलिए रूपक अलङ्कार है।

अपह्नुति

"प्रकृतं यन्निषिध्यान्यत्साध्यते सा त्वपह्नुति।"

—काव्यप्रकाश, मम्मट, १०/९६

मुनिश्री ज्ञानसागर द्वारा प्रयुक्त अपह्नुतियाँ—

जयकुमार सुलोचना के सौन्दर्य की प्रशंसा करते हुए कहता है—

"पङ्के जातं जितं मुखेन तव सुकेशि साम्प्रतमसुखेन।
मूर्ध्नि मिलिन्दावलिच्छलेन कृपाणपुत्रीं क्षिपदिव तेन।।"

—जयोदय, १४/४७

प्रस्तुत श्लोक में सुलोचना के सिर पर विद्यमान घुँघराले बालों का निषेध करके वहाँ पर तलवार का स्थापन किया है, इसलिए अपह्नुति अलङ्कार है।

अब शरत्कालीन आकाशवर्णन में अपह्नुति का सुन्दर उदाहरण देखिए—

"तारापदेशान्मणिमुष्ठिमारात्प्रतारयन्ती विगताधिकारां
सोमं शरत्सम्मुखमीक्षमाणा रूषेव वर्षा तु कृतप्रयाणा।।"

—वीरोदय, २१/९

वर्षाकाल में आकाश मेघाच्छन्न रहता है, उस समय चन्द्रमा या तारे कोई भी वस्तु नहीं दिखाई देती। शरत्काल में आकाश स्वच्छ हो जाता है, अत: तब आकाश में चन्द्रमा और तारे दिखाई देते हैं। कवि ने इस प्रस्तुत बात का निषेध करके अब तक चन्द्रमा वर्षा के अधिकार में था और तारे उसकी मुट्ठी में थे, किन्तु शरत्काल के आने से चन्द्रमा वर्षा के अधिकार में न रहा, तब क्रोध में आकर तारों के बहाने से मुट्ठी में भरी मणियों को भी उसने फैंक दिया इस अप्रस्तुत का विधान किया है। तारों के स्थान पर मणियों का स्थापन होने के कारण अपह्नुति अलङ्कार है।

राजा अपराजित द्वारा ऋषि की पूजा में वर्णित अपह्नुति का चमत्कार देखिए—

"समुद्गमद्भृङ्ग भरापदेशादुपात्तपापोच्चयसम्विलोपी।
यस्मैकिलारामवरेण हर्षवरेण पुष्पाञ्जलिरर्पितोऽपि।।"

श्रीसमुद्रदत्तचरित्र, ६/३२

प्रस्तुत श्लोक में पुष्पों के साथ ही रहने वाले भ्रमर उद्यान में इधर-उधर मँडरा रहे थे, इस प्रकृत वस्तु का निषेध करके कवि ने पापसमूह विलीन होरहा था इस अप्रस्तुत वस्तु का स्थापन किया है, इसलिए यहाँ पर अपह्नुति अलङ्कार है।

अर्थान्तरन्यास

"सामान्यं वा विशेषो वा तदन्येन समर्थ्यते।
यत्तु सोऽर्थान्तरन्यास: साधर्म्येणेतरेण वा।।"

—काव्यप्रकाश, (मम्मट) १०/१०९

मुनि श्री ज्ञानसागर को जब भी कुछ तथ्य प्रस्तुत करना होता है, तब वह इसी अलङ्कार का

अवलम्बन ले लेते हैं। किसी व्यक्ति की निन्दा करने में, स्तुति करने में, उपदेश देने में और विनम्र निवेदन करने में इस अलङ्कार के सुन्दर-सुन्दर प्रयोग कवि के काव्यों में दृष्टिगोचर होते हैं।

विशेष का सामान्य से समर्थन का उदाहरण देखिए-

"कवितायाः कविः कर्ता रसिकः कोविदः पुनः।
रमणीरमणीयत्वं पतिर्जानाति नो पिता॥"

-जयोदय, २८/८३

यहाँ पर द्वितीय पंक्ति में सामान्य बात कही गई है, जो कि प्रथम पंक्ति में प्रस्तुत विशेष बात की समर्थिका है। अतएव अर्थान्तरन्यास अलङ्कार है।

देवियों के प्रति प्रियकारिणी के कथन में अर्थान्तरन्यास की छटा देखिए

"न चातकीनां प्रहरेत् पिपासां पयोदमाला किमु जन्मना सा।
युष्माकमाशङ्कितमुद्धरेयं तर्के रुचिं किन्न समुद्धरेयम्॥"

वीरोदय, ५/२२

प्रस्तुत श्लोक की प्रथम पंक्ति में सामान्य बात कही है। उसका समर्थन द्वितीय पंक्ति के विशेष कथन से किया गया है। अतः अर्थान्तरन्यास है।

संसृष्टि अलङ्कार

"सेष्टा संसृष्टिरेतेषां भेदेन यदिह स्थितिः।"

-काव्यप्रकाश, १०/१३९

मुनिश्री ज्ञानसागर के काव्यों में संसृष्टि अलङ्कार के अनेक उदाहरण उपलब्ध हो जाते हैं। इसका कारण यह है कि कवि की कविता प्रायः अनुप्रास अलंकार से अलंकृत है। अनुप्रास के साथ ही साथ अन्य अलंकार भी निरपेक्ष रूप से स्थित हैं। हम उनके काव्यों में शब्दालंकारों, अर्थालंकारों और शब्दार्थालंकारों की इस प्रकार से तीनों प्रकार की संसृष्टि के उदाहरण प्राप्त करते हैं। यहाँ कवि की क्षमता को द्योतित करने के लिए दो उदाहरण प्रस्तुत किये जा रहे हैं-

"मृगी दृशश्चापलता स्वयं या, स्मरेण सा चापलताऽपि रम्या।
मनोजहाराङ्गभृतः क्षणेन, मनोजहाराऽथ निजेक्षणेन॥"

-वीरोदय, ३/२५

प्रस्तुत श्लोक में अन्त्यानुप्रास और यमक की संसृष्टि स्पष्ट ही दृष्टिगोचर हो रही है, अतः यहाँ पर शब्दालंकारों की संसृष्टि है।

दूसरा उदाहरण शब्दार्थालंकार संसृष्टि का है-

"नैर्मल्यमेति किल धौतमिवाम्बरन्तु,
स्नाता इवात्र सकला हरितो भवन्तु।
प्राग्भूभृतस्तिलकवद्रविराविभाति
चन्द्रस्तु चोरवदुदास इतः प्रयाति॥"

-जयोदय, १८/६३

(प्रातःकाल का सुन्दर वर्णन है। आकाश निर्मल होने के कारण धुला हुआ सा प्रतीत होता है। दिशाओं को देखकर ऐसा लगता है, मानों उन्होंने स्नान कर लिया हो, सूर्य प्राची दिशा के राजा के समान प्रकट हो रहा है और चन्द्रमा चोर की भाँति उदास होकर आकाश से प्रस्थान कर रहा है।)

प्रस्तुत श्लोक की प्रथम दो पंक्तियों में उत्प्रेक्षा, द्वितीय दो पंक्तियों में उपमा अलङ्कार निरपेक्ष रूप से विद्यमान हैं, साथ ही अन्त्यानुप्रास की छटा भी स्पष्ट ही दृष्टिगोचर हो रही है। अतः एक ही स्थल पर दो अर्थालङ्कार और एक शब्दालङ्कार की निरपेक्ष स्थिति होने के कारण संसृष्टि नामक अलङ्कार है।

संकर अलङ्कार

"अङ्गाङ्गित्वेऽलङ् कृतीनां तद्वदेकाश्रयस्थितौ।
सन्दिग्धत्वे व भवति सङ्करस्त्रिविधः पुनः॥"

—साहित्यदर्पण, १०/९९

मुनि श्री ज्ञानसागर के काव्यों में ऐसे भी अनेक स्थल हैं, जिनमें अलङ्कारों का सापेक्ष प्रयोग किया गया है। दृष्टान्त रूप में दो स्थल प्रस्तुत हैं—

"वणिक्पथस्तूपितरत्नजूटां हरि प्रियाया इव केलिकूटाः।
बहिष्कृतां सन्ति तमां हसन्तस्तत्राऽऽपदं चाऽऽपदमुल्लसन्तः॥"

—वीरोदय, २/१८

(उस विदेह देश के नगरों में बाजारों की दुकानों के बाहर थोड़ी-थोड़ी दूर पर रत्नों के स्तूपाकार ढेर लगाये गये थे, जो ऐसे प्रतीत होते थे मानों बहिष्कृत आपदाओं का उपहास सा करते हुए लक्ष्मी के क्रीड़ा पर्वत हों।)

प्रस्तुत श्लोक में स्तूपाकार रत्नों के ढेरों की उपमा लक्ष्मी के क्रीड़ा पर्वतों से दी गई है, और साथ ही क्रियोत्प्रेक्षा भी है। यह उत्प्रेक्षा उपमा की सहायिका है। अतः परस्पर अङ्गाङ्गिभाव होने के कारण यहाँ संकर अलङ्कार है।

संकर अलङ्कार का दूसरा उदाहरण देखिए—

"यतः खलु सोऽस्माकं तारुण्यतेजः समुत्तनयाय
तरणिरिवोत्तरायणः, सर्वदेवानुकूलावरण-करण-परायणः
सुललित-मनोरथ-लता-पल्लवननिमित्तमम्बुधरायणः॥"

—दयोदय, २ श्लोक ३१ के पश्चात् का गद्यभाग।

(क्योंकि वह हमारे तारुण्य रूपी तेज को उन्नत करने के लिए उत्तरायण में स्थित सूर्य के समान हैं, सर्वदा अनुकूल आचरण करने वाला है, इसलिए हमारी सुन्दर मनोकामना रूपी लता पल्लव को बढ़ाने वाले जलधर के समान है....।)

प्रस्तुत गद्यभाग में तारुण्य पर तेज का आरोप होने के कारण रूपक अलङ्कार है और मृगसेन धीवर के उपमान रूप में सूर्य को प्रस्तुत करने के कारण उपमा अलङ्कार है। रूपक एवं उपमा दोनों अलङ्कार सापेक्ष हैं, इसलिए संकर अलंकार है।

चित्रालङ्कार

"तच्चित्रं यत्र वर्णानां खड्गाद्याकृतिहेतुता।"

काव्यप्रकाश, ९/८५

मुनिश्री ज्ञानसागर ने अपने काव्यों में न केवल शब्दालंकार और अर्थालंकार प्रयुक्त किये हैं, अपितु चित्रालंकार भी प्रयुक्त किये हैं। उनके काव्यों के परिशीलन से ज्ञात होता है कि उन्होंने सात चित्रबन्धों में अपना कौशल प्रदर्शित किया है, जो इस प्रकार हैं–१. चक्रबन्ध, २. गोमूत्रिकाबन्ध, ३. यानबन्ध, ४. पद्मबन्ध, ५. तालवृन्तबन्ध, ६. कलशबन्ध और ७. हारबन्ध।

मुनिश्री ज्ञानसागर के काव्यों को देखने से ज्ञात होता है कि उन्होंने चक्रबन्ध का प्रयोग केवल "जयोदय" नामक महाकाव्य में किया है। प्रत्येक सर्ग के उपान्त्य श्लोक में चक्रबन्ध प्रस्तुत किये गये हैं, इसलिए कवि के इस काव्य में २८ चक्रबन्ध उपलब्ध होते हैं। उदाहरण के लिए एक श्लोक तथा उससे बनने वाला चक्रबन्ध चित्र प्रस्तुत है–

"कमलामुखीमयमक्षिरश्मिभिः श्रीपरिफुल्लदेहाम्
रसति स्मेयमिमं खलु रमणीधाममनिधिं स्वाधारम्।
ग्रहणग्रहणस्यादौ परमो भविनोरभिविश्रम्भम्
भवतु कवीश्वर लोकाग्रहतो हावपरश्चारम्भः॥"

जयोदय, १०/१२१

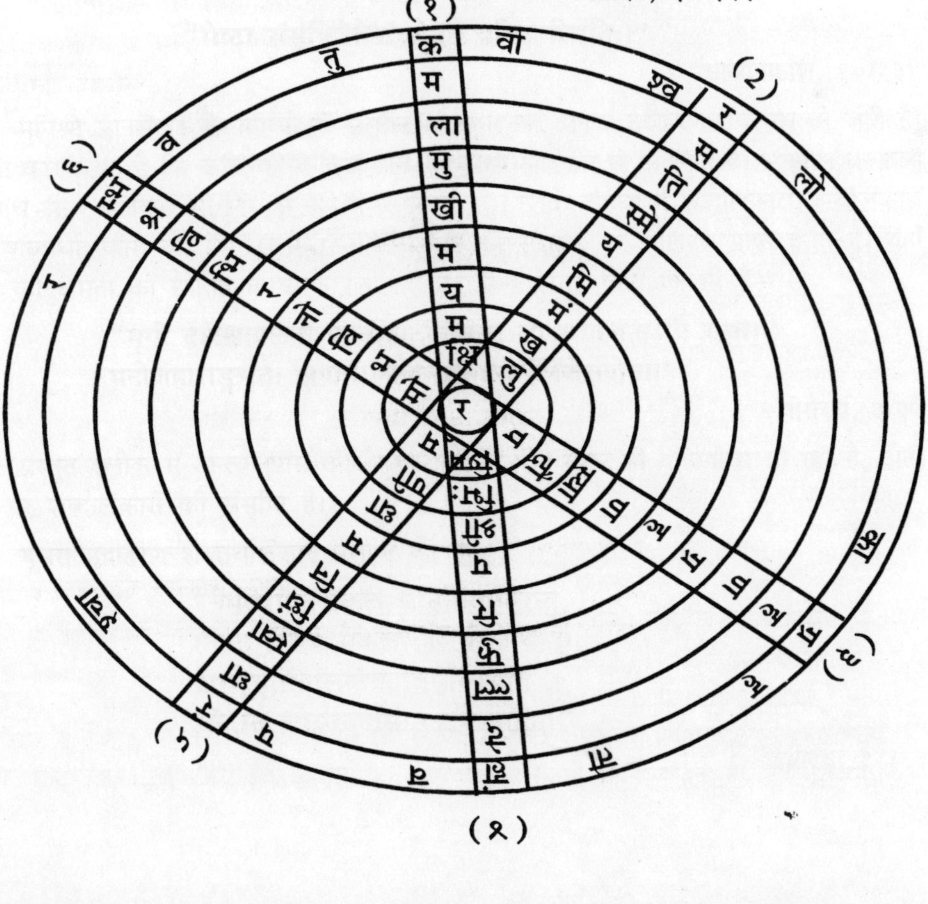

प्रस्तुत चक्रबन्ध के छहों अरों में विद्यमान प्रथमाक्षरों को पढ़ने से "करग्रहारम्भ" शब्द बनता है। यह शब्द इस बात की सूचना देता है कि इस सर्ग में सुलोचना के पाणिग्रहण संस्कार प्रारम्भ होने का वर्णन है।

उपर्युक्त विवेचना से स्पष्ट है कि कवि की अलङ्कारप्रियता कहीं भी रसभंग का कारण नहीं बनी है। उनके चित्रबन्ध उन्हें "आधुनिक माघ" की संज्ञा दिलाने में समर्थ हैं तथा उनका अनुप्रासप्रयोग उन्हें "उपमा कालिदासस्य" के समान "अनुप्रासो ज्ञानसागरस्य" की सूक्ति से विभूषित करने में समर्थ है।*

सन्दर्भ

१. (क) मम्मट कृत "काव्यप्रकाश" ८/६७
(ख) विश्वनाथकृत "साहित्यदर्पण", १०/११

* प्रस्तुत शोधलेख देववाणी परिषद् दिल्ली द्वारा, डॉ० रमाकान्त शुक्ल अभिनन्दन ग्रन्थ 'देववाणी-सुवासः' १९९३ में प्रकाशित है।

चम्पूकाव्यग्रन्थों में 'दयोदयचम्पू' का स्थान

आचार्य मुनिश्रीज्ञानसागर २०वीं शताब्दी के महाकवि हैं। इन्होंने जयोदय, वीरोदय, सुदर्शनोदय, समुद्रदत्तचरित्र ये चार महाकाव्य और 'दयोदय' नामक एक चम्पूकाव्य की रचना की है। यद्यपि आज अनेक कवि संस्कृत साहित्य को अपनी कृतियों से समृद्ध कर रहे हैं, तथापि चम्पूकाव्यों की रचना नहीं के बराबर हो रही है। इस दृष्टि से ज्ञानसागर प्रणीत 'दयोदयचम्पू' अर्वाचीनसंस्कृत साहित्य में विशिष्ट स्थान का अधिकारी काव्य है। इस काव्य में चम्पूकाव्य की विशेषताएँ कहाँ तक दृष्टिगोचर होती हैं, यह जानने के लिए चम्पूकाव्य की विशेषताएँ और उनके आधार पर 'दयोदय' की आलोचना प्रस्तुत है–

अनेक काव्यशास्त्रियों और चम्पूकाव्य का प्रणयन करने वाले कवियों ने अपने-अपने तरीके से 'चम्पूकाव्य' के लक्षण बताये हैं। उनके बताये गये लक्षणों की ही सारभूत विशेषताएँ इस प्रकार हैं:–

(१) गद्य-पद्य-मिश्रित

चम्पूकाव्य वह काव्य होता है, जिसमें गद्य-पद्य दोनों का व्यवहार होता है। चम्पू का यह लक्षण भ्रामक प्रतीत होता है, क्योंकि गद्य-पद्य का मिश्रण नाटक, कथासाहित्यादि में भी मिलता है। साथ ही चम्पूकाव्य के अतिरिक्त गद्य-पद्यमिश्रित काव्य के दो और भी भेद हैं–

(क) विरुदकाव्य–जब किसी राजा की गद्य-पद्य के माध्यम से स्तुति की जाए तो उस काव्य की संज्ञा विरुद होती है। चम्पूकाव्य में राजस्तुतिरूप राजभक्तिभाव का ही वर्णन नहीं होता। उसमें महाकाव्य, कथाकाव्यों के समान ही सरसता, सगुणता आदि विशेषताएँ पाई जाती हैं।

(ख) करम्भक–जो काव्य अनेक भाषाओं में लिखा जाता है, उसे करम्भक कहते हैं। चम्पूकाव्य केवल एक भाषा के माध्यम से प्रस्तुत किया जाता है, इसलिए चम्पूकाव्य करम्भक से भी पृथक् काव्य-भेद है; और करम्भक एवं विरुद की अपेक्षा महत्त्वपूर्ण भी।

साहित्य में संवाद और गद्यभाग की पुष्टि के लिए ही पद्य का प्रयोग होता है, जबकि चम्पू में कवि गद्य एवं पद्य दोनों के प्रति निष्पक्ष होता है। वह कहीं भी गद्य या पद्य को प्रयुक्त कर सकता है। प्रायः चम्पूकाव्यों में गद्य और पद्य की मात्रा समान ही होती है।

संक्षेप में हम कह सकते हैं कि नाटक, कथा-साहित्य, विरुदकाव्य और करम्भककाव्यों में गद्य-पद्य का मिश्रण अवश्य पाया जाता है, किन्तु नाटक में संवाद की पुष्टि के लिए, कथा-साहित्य में किसी पात्र का गुण विशेष दिखाने के लिए, विरुद में राजस्तुति के लिए तथा करम्भक में विविध भाषाओं के माध्यम से पद्यों का प्रयोग गद्य के साथ होता है, इस प्रकार इनमें संवाद, पात्र, राजस्तुति और विविधभाषाज्ञान प्रदर्शन का ही प्राधान्य होता है, शेष बातें गौण होती हैं। अतः गद्य-पद्यात्मक काव्य को चम्पू कहा जाता है, इस कथन में अतिव्याप्ति की संभावना नहीं करनी चाहिए।

२. श्रव्य-काव्य

श्रव्य-काव्य के तीन भेद होते हैं–गद्य, पद्य और चम्पू। चम्पूकाव्य गद्य-पद्यात्मक होकर भी नाटक के समान दृश्य काव्य की श्रेणी में नहीं आता है। वह गद्यकाव्य तथा पद्यकाव्य की तरह श्रव्यकाव्य की ही श्रेणी में आता है।

३. प्रबन्धात्मकता

प्रबन्ध-काव्य वह काव्य है, जिसमें पूरे काव्य में हमें एक कथा का ही विकास मिलता है, अतः चम्पूकाव्य में भी एक कथा के क्रमिक विकास का होना काव्यशास्त्रियों द्वारा स्वीकृत है।

४. वर्णन-प्रधान

अन्य काव्यों के समान ही चम्पूकाव्य में भी प्राकृतिक पदार्थ, वैकृतिक पदार्थ और विविध वृत्तान्तों का वर्णन होना चाहिए।

५. अलङ्कारसुसज्जित

चम्पूकाव्य में शब्दालङ्कारों और अर्थालङ्कारों का प्रयोग होना चाहिए।

६. सरस

'चम्पूकाव्य' काव्य की श्रेणी में आता है, अतः अन्य काव्यों के समान उसमें भी काव्य की आत्मा, रस की विद्यमानता अपेक्षित है।

७. उदात्तनायकोपेत

चम्पूकाव्य की कथा किसी श्रेष्ठ नायक से सम्बन्धित होनी चाहिए।

८. गुण

इसमें यथास्थान प्रसाद, माधुर्य और ओज गुणों का समावेश होना चाहिए।

९. भागों में विभक्त

महाकाव्य सर्गों में निबद्ध होने वाला काव्य है, इसी प्रकार चम्पूकाव्य की कथा भी उच्छ्वास, अंक, लम्ब आदि में विभक्त होनी चाहिए।

१०. चमत्कार प्रधान

चमत्कार का तात्पर्य है–उक्ति की विचित्रता। यह लक्षण प्रायः सभी काव्यों में घटित होता है। किन्तु चम्पूकाव्य में गद्य-पद्य के माध्यम से कवि को दुगुना चमत्कार दिखाने का अवसर प्राप्त हो जाता है। अतः 'चम्पूकाव्य' अन्य काव्यों की तुलना में अधिक चमत्कार प्रधान होता है।

अब देखना यह है कि 'दयोदय' काव्य में 'चम्पूकाव्य' की कौन-कौन सी विशेषताएँ प्राप्त होती हैं–

१. गद्य-पद्य मिश्रण

दयोदय के परिशीलन से ज्ञात हो जाता है कि उसमें गद्य-पद्य का अद्भुत सम्मिश्रण है। कवि

ने गद्य और पद्य का यथेच्छ व्यवहार किया है। कहीं-कहीं पद्यों के अतिशय प्रयोग के मध्य गद्य के दर्शन भी नहीं होते, तो कहीं पर पद्य और गद्य को साथ-साथ प्रयुक्त किया गया है। कवि का न तो गद्य के प्रति विशेष आग्रह है और न पद्य के प्रति। गद्य और पद्य के प्रति निष्पक्ष व्यवहार ही कवि को अभीष्ट है।

२. श्रव्यकाव्यत्व

काव्य की मुख्य रूप से दो विधाएँ हैं–

दृश्य और श्रव्य। चम्पूकाव्य, गद्यकाव्य और पद्यकाव्य रूप श्रव्यकाव्यों का मिश्रण है, अतः वह भी श्रव्य-काव्य ही है, दृश्य नहीं। श्रोता को कभी गद्य का आनन्द मिलता रहे; और कभी पद्य का। 'चम्पूकाव्य' का यह लक्षण 'दयोदय' में घटित होता है।

३. प्रबन्धात्मकता

'दयोदय' में मृगसेन धीवर और घण्टा धीवरी की कथा क्रम से विद्यमान है। इस कथा का स्रोत हरिषेणाचार्य रचित 'बृहत्कथाकोश' है। मृगसेन धीवर एक मुनि के उपदेश से प्रभावित होकर अहिंसा धर्म को स्वीकार कर लेता है; और पत्नी की फटकार सुनकर एक धर्मशाला में पहुँचकर लेट जाता है। वहाँ एक सर्प के डसने से उसकी मृत्यु हो जाती है। पति को ढूँढती हुई घण्टा धीवरी भी उसी धर्मशाला में पहुँचती है; और सर्प के काटने से उसकी भी मृत्यु हो जाती है। धीवर सोमदत्त के रूप में और धीवरी श्रेष्ठी की पुत्री के रूप में उत्पन्न होती है। गुणपाल श्रेष्ठी के बाधक होने पर भी सोमदत्त का विवाह गुणपाल श्रेष्ठी की पुत्री विषा से हो जाता है। सोमदत्त के तेजस्वी व्यक्तित्व से प्रभावित होकर राजा भी अपनी पुत्री का विवाह सोमदत्त से कर देता है; और अपना आधा राज्य भी उसे दे देता है। एक मुनिराज के दर्शन के फलस्वरूप सोमदत्त और उसकी दोनों पत्नियों को वैराग्य हो जाता है। तपश्चरण के फलस्वरूप तीनों को स्वर्ग मिल जाता है। स्पष्ट है कि एक ही कथा के पल्लवित होने के कारण 'दयोदय' प्रबन्धकाव्यगुणोपेत है।

४. वर्णनप्रधान

'दयोदय' में कवि ने प्राकृतिक पदार्थों, वैकृतिक पदार्थों और वृत्तान्तों का प्रसङ्गानुसार वर्णन किया है। प्रातःकाल,[२] रात्रि,[३] शिप्रा नदी,[४] उज्जयिनीनगरी,[५] विषा-सोमदत्त का विवाह,[६] मुनिमाहात्म्य[७] एवं गुणपाल की हठधर्मिता[८] का वर्णन कवि ने अत्यन्त आलङ्कारिक शैली में किया है।

५. अलङ्कारसुसज्जित

कवि ने 'दयोदय' को शब्दालंकारों और अर्थालंकारों से सुसज्जित किया है। अन्त्यानुप्रास,[९] श्लेष,[१०] उपमा,[११] उत्प्रेक्षा,[१२] रूपक,[१३] विषम[१४] आदि अलंकारों की छटा काव्य में विशेष दर्शनीय है। उत्प्रेक्षा का एक उदाहरण द्रष्टव्य है :–

'पश्यन्तु सन्तः किल श्रमणसूक्तमप्यन्यथाकर्तुं
प्रयत्यते स्वार्थपरायणैरितीव सरोजिनी जहासेदानीम्।'

दयोदयचम्पू, ३ श्लोक ७ के पूर्व का गद्यभाग।

६. सरस

वैसे तो 'दयोदय' में शृंगार रस,[१५] वत्सल रस[१६] और भक्तिभाव[१७] का आस्वादन पाठक को यत्र-तत्र होता रहता है। किन्तु कवि की सभी कृतियों की भाँति इस काव्य का अङ्गीरस शान्त[१८] ही है।

७. उदात्तनायकोपेत

'दयोदय' काव्य की कथा एक ऐसे व्यक्ति पर आधारित है, जो अपने पूर्वजन्म में एक ऋषि के उपदेश से प्रभावित होकर अहिंसाव्रत अपना चुका था; और मुनि के आदेशानुसार उसने जाल में आई हुई मछली को जीवन-दान दिया है। अपने वर्तमान जन्म में वह एक मातृपितृविहीन बालक के रूप में गुणपाल की कुदृष्टि से बचता हुआ एक ग्वाले के पास पहुँच जाता है। वार-वार सेठ गुणपाल की दुर्भावना का शिकार होने से बचता है। सेठ गुणपाल की पुत्री विषा और राजकुमारी गुणमाला से उसका विवाह होता है। राजा उसके गुणों पर रीझ कर अपना आधा राज्य उसे सौंप देता है। अन्त में ऋषि का उपदेश सुनकर सोमदत्त को वैराग्य हो जाता है और वह जैन मुनि बन जाता है। इस प्रकार काव्य का नायक सोमदत्त सौन्दर्यशाली, दिव्यगुणोपेत, दयालु और सरलहृदय है। अतः 'दयोदय' की कथा एक निर्मल चरित्र वाले व्यक्ति पर आधारित है।

८. गुणयुक्त

'दयोदय' माधुर्य[१९] और प्रसाद गुण[२०] सम्पन्न रचना है।

९. भागों में विभक्त

प्रायः देखा जाता है कि चम्पूकाव्य उच्छ्वास, स्तबक इत्यादि में विभक्त होता है। हमारे कवि की यह कृति 'दयोदय' भी सात लम्बों में विभक्त है। इन लम्बों के पद्यों में अनुष्टुप्, उपजाति, इन्द्रव्रजा, उपेन्द्रव्रजा, वंशस्थ, वसन्ततिलका, वियोगिनी, द्रुतविलम्बित, शिखरिणी, शार्दूलविक्रीडित आदि छन्दों का प्रयोग किया गया है।

१०. चमत्कार प्रधान

'दयोदय' के परिशीलन से यह ज्ञात होता है कि पहले तो इसकी कथा ही चमत्कारोत्पादक है, फिर स्थान-स्थान पर दृष्टिगोचर होने वाले उक्तिवैचित्र्य से यह चमत्कार और भी बढ़ जाता है। काव्य में पद्यों के माध्यम से[२१] और श्लेष के माध्यम से शाब्दीक्रीड़ा,[२२] प्रसाद माधुर्य गुण एवं अन्योक्ति का मिला जुला चमत्कार[२३] एवं सुभाषित मुक्ताराशि (यथा-किन्नु खलु शृगालोऽपि पञ्चाननतनयाया भर्त्ता भवितुमर्हतीति)[२४] के स्थल यत्र-तत्र दृष्टिगोचर होते हैं।

उपर्युक्त विवेचन से यह स्पष्ट हो जाता है कि काव्यशास्त्रियों द्वारा मान्य चम्पूकाव्य की सभी विशेषताएँ हमें 'दयोदयचम्पू' में मिल जाती हैं। इसके अतिरिक्त इसमें गद्य-पद्य के मिश्रण का जितना प्राधान्य है, उतना और किसी तत्त्व का नहीं। 'विरूदकाव्य' में प्राप्य राजस्तुति का इसमें सर्वथा अभाव है। विविध भाषा में रचित 'करम्भक काव्य' के समान इसमें अनेक भाषाएँ न होकर केवल संस्कृतभाषा है। इसके पद्य संवादों की पुष्टि के लिए नहीं है। कथा साहित्य की भाँति इसमें

पद्य मात्रा विरल न होकर अविरल है। अतः स्पष्ट है कि 'दयोदय' एक चम्पूकाव्य है, जो गद्यपद्यमयी गंगा-यमुना के संगम की जलधारा रूप वाणी से पाठक को आह्लादित करने में पूर्ण समर्थ है।

संस्कृत साहित्य में चम्पूकाव्य की परम्परा मुख्य रूप से त्रिविक्रमभट्ट विरचित 'नलचम्पू' से प्रारम्भ हुई। तत्पश्चात् चम्पूरामायण, चम्पूभारत, यशस्तिलकचम्पू जैसे अनेक चम्पूकाव्यों की रचना हुई। जब हम दयोदयचम्पू को उपर्युक्त चम्पूकाव्यों की दृष्टि से देखते हैं, तो हमें महाकवि ज्ञानसागर का प्रयास सर्वथा नवीन प्रतीत होता है। उपर्युक्त चम्पूकाव्य बृहत्काय है, किन्तु दयोदयचम्पू लघुकाय। उक्त काव्यों में श्लेष तथा परिसंख्या के कठिन प्रयोग हैं, जबकि हमारे कवि इस प्रकार के प्रयोगों से सर्वथा बचे हैं।

ज्ञानसागर जी का यह चम्पूकाव्य संस्कृत के हितोपदेश तथा पञ्चतन्त्र के समान ही शिक्षाप्रद भी है। इस काव्य के माध्यम से कवि ने अहिंसाव्रत पालन की शिक्षा देने के साथ-साथ परोपकार-परायणता, अतिथिवत्सलता आदि गुणों को भी अपनाने की सत्प्रेरणा दी है।

यदि पाठक नलचम्पू आदि प्राचीन चम्पूकाव्यों की तुलना में इस चम्पू को पढ़ें, तो उन्हें अपेक्षाकृत अधिक आनन्द की प्राप्ति होगी। क्योंकि जहाँ नलचम्पू आदि केवल बौद्धिक विलासियों और प्रौढ़ संस्कृत भाषा के ज्ञाताओं के ही परिशीलन का विषय है, वहाँ 'दयोदयचम्पू' को संस्कृत भाषा के साधारण जानकार भी पढ़ सकते हैं।

अतः कविवर ज्ञानसागर का, चम्पूकाव्य परम्परा में यह श्लाघ्य प्रयास है। उन्होंने जहाँ चम्पूकाव्य विधा की समृद्धि की है, वहाँ सहृदय सामाजिकों की इच्छा का भी पूरा ध्यान रखा है। मेरी बलवती मान्यताहै कि यह काव्य संस्कृत साहित्य की प्रेरक और अमूल्यनिधि है।*

सन्दर्भ

१. (क) विश्वनाथ : साहित्यदर्पण, ६/३३६-३३७
   (ख) दण्डी : काव्यादर्श, १/३१
   (ग) हेमचन्द्र : काव्यानुशासन, ८१/९
   (घ) त्रिविक्रमभट्ट : नलचम्पू, १/२४-२५
   (ङ) डॉ० छविनाथ त्रिपाठी : चम्पूकाव्य का आलोचनात्मक एवं साहित्यिक अध्ययन।
२. दयोदयचम्पू, श्रीकृष्ण भारद्वाज, कृष्णा आर्ट प्रेस, नरसिंह गली, ब्यावर, राजस्थान, प्रथम संस्करण, ई० सन्, १९६६, ३ श्लोक ७ के पूर्व के गद्य भाग; ७-९ श्लोक, श्लोक ९ के बाद का गद्य भाग।
३. वही, २/श्लोक ३१ से पूर्व का गद्य भाग एवं श्लोक ३१
४. वही, १/पृ० १० का गद्य भाग।
५. वही, १/१०-११
६. वही, ४/१८-२५
७. वही, १/१८, श्लो० २२ से पूर्व का गद्य भाग और २२-२६; ७/श्लोक १७ के बाद से श्लोक ३७ के बाद के गद्य भाग तक।
८. वही, १/१५
९. वही, १/२६; २/३२; ६/२

१०. वही, ७/२
११. वही, ३/श्लोक ९ और उसके बाद के गद्य भाग।
१२. वही, ३/श्लोक ७ और उसके पूर्व का गद्य भाग।
१३. वही, २/३१
१४. वही, ५/५
१५. वही, ४/१४-१६
१६. वही, ३/श्लोक १० के बाद के गद्य भाग।
१७. वही, ७/पृ० १४३ का गीत।
१८. वही, ७/श्लोक १७ के बाद के गद्य भाग से श्लोक ३८ तक।
१९. वही, ४/२०
२०. वही, १/२३
२१. वही, २/२४
२२. वही, १/श्लोक २१ के बाद का चतुर्थ गद्य भाग।
२३. वही, ४/२१
२४. वही, १/श्लोक ९ के बाद की सूक्ति; ३/प्रथम गद्य भाग की सूक्ति।

* यह शोधलेख णाणसायर (ज्ञानसागर) १९९३ में प्रकाशित है।

आचार्य ज्ञानसागरप्रणीत 'मुनिमनोरञ्जनाशीतिः' का मूल्याङ्कन

भारतवर्ष के राजस्थान प्रान्त के जिला सीकर के अन्तर्गत राणौली ग्राम में, ईशवीय सन् १८९१ को श्रीचतुर्भुज और श्रीमती घृतवरी देवी के घर में 'भूरामल' नाम से जन्म लेने वाले और बाद में 'आचार्य ज्ञानसागर' के नाम से जैनी महात्माओं में विख्यात होने वाले दार्शनिक कवि की अद्भुत कृति है–'मुनिमनोरञ्जनाशीतिः'। इस कृति सहित कवि ने २२ ग्रन्थों की रचना की है, जो जैनधर्म दर्शन को प्रशंसनीय शैली में प्रस्तुत करते हैं।[१] इन कृतियों में, साहित्यिक कृतियों में भी साहित्य के माध्यम से जैनधर्म-दर्शन को प्रस्तुत करने का प्रयास किया गया है और दार्शनिक कृतियों का विषय तो प्रत्यक्षतः जैन धर्म दर्शन ही है। अतः ये सभी कृतियाँ मोक्षपुरुषार्थ की सिद्धि में सहायक हैं।

आचार्य ज्ञानसागर द्वारा प्रणीत, ८१ श्लोकों में उपनिबद्ध 'मुनिमनोरञ्जनाशीतिः' नामक इस आलोच्य कृति का वर्ण्य विषय है– मुनियों का जैन-धर्म-सम्मत आचरण। आचार्य ज्ञानसागर के मतानुसार हिंसा, असत्यभाषण, चोरी, कामासक्ति तथा परिग्रह ये पाँच पाप हैं और मुनि द्वारा सर्वथा त्यांज्य हैं। पञ्चमहाव्रत, पञ्चसमिति, पञ्चेन्द्रियदमन, छः आवश्यक तथा सात शेषगुण इस प्रकार से अट्ठाईस गुण हैं और मुनि द्वारा अनिवार्य रूपेण धारण करने योग्य हैं। इसके साथ ज्ञानसागर जी ने इस कृति में आर्त्तध्यान, रौद्रध्यान, धर्मध्यान का परिचय दिया है; सम्यग्दर्शन, सम्यग्ज्ञान, सम्यक्चारित्र रूप रत्नत्रय का वर्णन किया है; जैन महात्माओं की विभिन्न श्रेणियों मुनि, साधु, यति, वर्णी आदि की सार्थकता को सिद्ध किया है; द्रव्य, क्षेत्र, काल तथा भाव को मोक्ष का कारण माना है। आचार्य ज्ञानसागर द्वारा उपदिष्ट मुनियों के अपनाने योग्य अट्ठाईस गुणों को रेखाचित्र द्वारा प्रस्तुत किया जा रहा है तथा 'मुनिमनोरञ्जनाशीतिः' में वर्णित प्रमुख विषयों का सारणीयक भी प्रस्तुत किया जा रहा है। क्रमशः प्रस्तुत रेखाचित्र और सारणीयक इस तथ्य को सुस्पष्ट करने में समर्थ हैं कि मुनिश्री ज्ञानसागर ने ८१ श्लोकों में उपनिबद्ध इस लघुकाय कृति में जैन-धर्म-दर्शन के महत्त्वपूर्ण विषयों को प्रस्तुत करने में अपनी अद्भुत रचना चातुरी का परिचय दिया है–

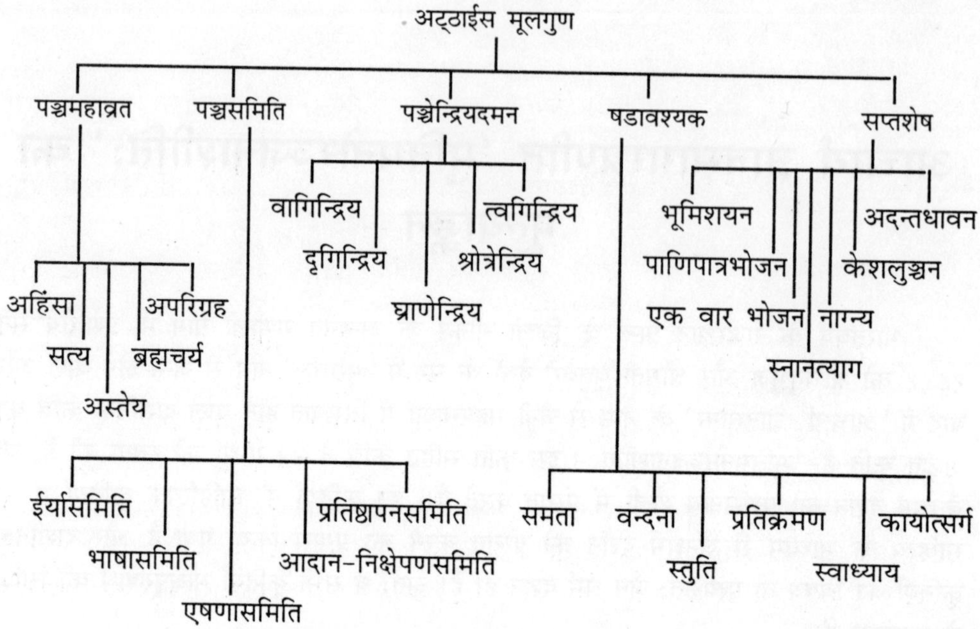

'मुनिमनोरञ्जनाशीतिः' में वर्णित प्रमुख विषय

क्र०सं०	विषय	भेद एवं परिचय
१.	**अट्ठाईस गुण**	(क) **पञ्चमहाव्रत** (१) अहिंसा, (२) सत्य, (३) अस्तेय, (४) ब्रह्मचर्य, (५) अपरिग्रह।
		(ख) **पञ्चसमिति** (१) ईर्यासमिति, (२) भाषासमिति, (३) एषणासमिति, (४) आदान-निक्षेपणसमिति, (५) प्रतिष्ठापनसमिति।
		(ग) **पञ्चेन्द्रियदमन** (१) वागिन्द्रियदमन, (२) दृगिन्द्रियदमन, (३) घ्राणेन्द्रियदमन, (४) श्रोत्रेन्द्रियदमन, (५) त्वगिन्द्रियदमन।
		(घ) **षडावश्यक** (१) समता, (२) वन्दना, (३) स्तुति, (४) प्रतिक्रमण, (५) स्वाध्याय, (६) कायोत्सर्ग।
		(ङ) **सप्तशेषगुण** (१) भूमिशयन, (२) पाणिपात्रभोजन, (३) एक वार का भोजन, (४) स्नानत्याग, (५) नाग्न्य, (६) केशलुञ्चन, (७) अदन्त धावन।
२.	**पञ्चपाप**	(१) हिंसा, (२) असत्यभाषण, (३) स्तेय, (४) स्त्री के प्रति आसक्ति, (५) परिग्रह।

क्र०सं०	विषय	भेद एवं परिचय
३.	**ध्यान**	(क) **आर्तध्यान**– निदान, वेदनाजन्य, अनिष्ठसंयोगज, इष्टवियोगज। (ख) **रौद्रध्यान**– हिंसानन्दी, मृषानन्दी, चौर्यानन्दी, परिग्रहानन्दी। (ग) **धर्मध्यान**– आज्ञाविचयधर्मध्यान, अपायविचयधर्मध्यान, विपाकविचयधर्मध्यान।
४.	**संन्यासिभेद**	(१) मुनि, (२) साधु, (३) यति, (४) वर्णी, (५) योगी, (६) तपस्वी।
५.	**रत्नत्रय**	(१) सम्यग्दर्शन, (२) सम्यग्ज्ञान, (३) सम्यक्चारित्र।
६.	**मुक्ति के कारण**	(१) द्रव्य, (२) क्षेत्र, (३) काल, (४) भाव।

'मुनिमनोरञ्जनाशीतिः' के वर्ण्य विषय का परिशीलन करने से यह सुखद तथ्य हमारे समक्ष आता है कि आचार्य ज्ञानसागर ने इस कृति में मुनियों के आचार-विचार पर जैनधर्म-दर्शन-सम्मत, जो मान्यताएँ प्रस्तुत की हैं, वे हमारे धर्मशास्त्रों, यथा-मनुस्मृति आदि में वर्णित संन्यासी के कर्त्तव्यों से अत्यधिक साम्य रखती हैं। अहिंसादि महाव्रतों को आचार्य मनु ने भी संन्यासी के लिए आवश्यक माना है:–

अहिंसयेन्द्रियासङ्गैर्वैदिकैश्चैव कर्मभिः।
तपसश्चरणैश्चोग्रैः साधयन्तीह तत्पदम्॥

–मनुस्मृति, ६/७५

और जैनधर्म में पञ्चमहाव्रतों के रूप में विख्यात अहिंसा, सत्य, अस्तेय, अनासक्ति और अपरिग्रह को सभी धर्मों एवं दर्शनों में मान्यता प्राप्त है।

आचार्य ज्ञानसागर ने अहिंसा को इन पाँच महाव्रतों में सर्वप्रमुख और धर्म का मूल माना है। उनकी मान्यता है कि अहिंसा से ही शेष व्रत उत्पन्न होते हैं–

पञ्चस्वेषु किल व्रतेषु लसतादादावहिंसाव्रतं,
यस्याभाव इहानुयान्ति न जनुः शेषव्रतानीत्यतः।
प्राणानां व्यपरोपणस्य करणं हिंसा प्रमादेन या,
पुंसः पञ्चसमित्युपेतमनसः किं स्यादसौ सन्नयात्॥
मूलं धर्मतरोरवेहि मतिमन्यन्तादहिंसाव्रतम्।

मुनिमनोरञ्जनाशीतिः, श्लोक सं० १० तथा ११ का प्रथम चरण।

जैनधर्मसम्मत ईर्य्यासमिति भी आचार्य मनु के विचारों का ही अनुमोदन करती है। ईर्य्यासमिति का तात्पर्य है, मुनि का सतर्कता से किया गया विचरण–

(क) **संरक्षणार्थं जन्तूनां रात्रावहनि वा सदा।**
शरीरस्यात्यये चैव समीक्ष्य वसुधां चरेत्॥

–मनुस्मृति, ६/६८

(ख) **संलापादिविवर्जितेन शमिनामीशेन संपश्यता,**
भूम्यग्रं खलु कण्टकादिकमितः प्राप्तं व्यपाकुर्वता।
हस्त्यश्वादिविगाहितेन च पथा नातिद्रुतं धीमता,
वृत्त्यर्थं गमनीयमप्यनुदिनं रात्रौ तु नेतिव्रतात्॥

—मुनिमनोरञ्जनाशीतिः, श्लोक सं० १२

यद्यपि मुनि के लिए एक स्थान पर पाँच दिन से अधिक रहना निषिद्ध है, तथापि वर्षाकाल में उसके लिए विहार का निषेध है। इस समय उसे एक ही स्थान पर रहना चाहिए। जैनियों ने इसे चातुर्मास कहा है और इसका समय श्रावण वदी पञ्चमी से लेकर कार्त्तिक की अमावस्या तक माना है–

पञ्चम्या नभसः प्रकृत्यभवतादूर्जस्विनी या ह्यमा,
तावदघस्त्रशतावधौ निवसतादेकत्र लब्ध्वा क्षमाम्।
एतस्मिन्भवति स्वतोऽवनिरियं प्राणिव्रजैराकुला,
संजायेत ततोऽर्हतां सुमनसोऽसावुञ्जजृम्भे तुला॥

—मुनिमनोरञ्जनाशीतिः, श्लोक सं० १५

चातुर्मास के विषय में जैनधर्मावलम्बियों की यह धारणा सनातन धर्मसंरक्षक आचार्य मनु के मत से ही ग्रहण की गई है–

ग्रैष्यान्हैमन्तिकान्मासानष्टौ भिक्षुर्विचक्रमेत्।
दयार्थं सर्वभूतानां वर्षास्वेकत्र संवसेत्॥

—मनुस्मृति, ६/४५

आचार्य मनु ने मुमुक्षु के लिए समता को आवश्यक लक्षण माना है–

समता चैव सर्वस्मिन्नेतन्मुक्तस्य लक्षणम्॥

—मनुस्मृति, ६/४४ का उत्तरार्ध।

तो आचार्य ज्ञानसागर ने समता को छः आवश्यक गुणों में से एक मानकर मुनियों को उसे अपनाने की प्रेरणा दी है–

जीवाः सन्ति चराः किलैवमचराः सर्वे चिदात्मत्वतः,
एते ते समकक्षतामनुदधत्येतन्न चित्रं यतः।
सत्त्वेनाणुरपीहते सम इयत्येवास्ति वस्तुस्थितिः,
साम्यं सुन्दरमाचरेतदधुना चेदात्मनः सम्मितिः॥

—मुनिमनोरञ्जनाशीतिः, श्लोक सं० ३१

भारतीय संस्कृति की प्रमुख विशेषता है, इसकी विश्वबन्धुत्वभावना। जिसका उद्घोष अधोलिखित पंक्तियों में विशेष रूप से द्रष्टव्य है :–

सर्वे भवन्तु सुखिनः सर्वे सन्तु निरामयाः।
सर्वे भद्राणि पश्यन्तु मा कश्चिद्दुःखभाग्भवेत्॥
कामये दुःखतप्तानां प्राणिनामार्त्तिनाशनम्॥

आचार्य ज्ञानसागर ने भी इस भावना का आदर इस प्रकार किया है–

सर्वे सन्तु निरामयाः सुखयुजः सर्वेऽघविध्वंसिनः,
विद्वांसोऽप्यखिला भवन्तु सुतरामन्योऽन्यमाशंसिनः।
न स्यात्कोऽपि कदापि दुःखिततयाऽऽक्रान्तस्तथात्मभरी,
रित्येवं मनसः क्षमा सुमनसः स्याद् भावना सुन्दरी॥

–मुनिमनोरञ्जनाशीतिः, श्लोक सं० ३७

आचार्य ज्ञानसागर ने साधु की दिनचर्या (मु०म०, ४५) का वर्णन करते हुए उसे स्वाध्यायपूर्वक ध्यान में रत रहने का उपदेश दिया है; आर्त्त तथा रौद्र ध्यान को छोड़कर सबके लिए कल्याणप्रद धर्मध्यान अपनाने की सलाह दी है (मु०म० ४९-५६); चींटी के उदाहरण से स्वावलम्बन की शिक्षा दी है (मु०म० ३२)। ज्ञानसागर जी ने स्त्रियों को भी संन्यस्त होने की स्वीकृति दी है। उनके मत में स्त्री-संन्यासी, जिनको 'आर्यिका' भी कहा जाता है, को दिगम्बरत्व के अतिरिक्त, मुनियों के अपनाने योग्य समस्त गुणों को अपनाना चाहिए, तथा अकेले न रहकर दूसरी आर्यिकाओं के साथ ही रहना चाहिए।

यहाँ विशेषरूप से उल्लेखनीय है कि 'मुनिमनोरञ्जनाशीतिः' के रचयिता में दार्शनिक और कवि का मणिकाञ्चनसंयोग है। इस ग्रन्थ में जैनधर्म और दर्शन के अनुसार मुनियों का आचरण ही प्रमुख वर्ण्य विषय है। इसके बावजूद साहित्यिक पक्ष की भी झलक इस ग्रन्थ में दिखाई पड़ती है। मुनिश्री के अन्य ग्रन्थों की ही भाँति मोक्षपुरुषार्थ के प्रतीक शान्तरस की पुष्टि इस ग्रन्थ में भी हुई है, काव्य की भाषा-शैली को प्रवाहयुक्त बनाने में समर्थ अन्त्यानुप्रास का सदुपयोग अन्य ग्रन्थों की भाँति ही इस ग्रन्थ में भी हुआ है। अन्त्यानुप्रास का एक उदाहरण द्रष्टव्य है–

देवानामधिदैवतं परमिदं नित्यं समाराध्यतां,
साध्यानां च शिरस्सुरत्नमिति यद्यत्नेन संसाध्यताम्।
हीनोऽनेन जनो जगत्यनुभवेदन्याश्रयेणाध्यतां,
साधोरेतदवाध्यमस्तु सकलं चान्यत्पुनर्बाध्यताम्॥

– मुनिमनोरञ्जनाशीतिः, श्लोक सं० ३९

इसके साथ ही ८१ श्लोकों में से ७८ श्लोकों को शार्दूलविक्रीडित छन्द में निबद्ध करना भी ज्ञानसागर जी के कवित्वका सूचक है।

भारतीय संस्कृति में प्रत्येक कार्य के प्रारम्भ में तथा प्रत्येक कार्य के समापन में मङ्गलाचरण का विधान है। आचार्य ज्ञानसागर जी ने भी इस कृति में आदिमङ्गल और अन्त्यमङ्गल की परम्परा का निर्वाह किया है। इस कृति का प्रारम्भ भगवान् ऋषभदेव के आदरपूर्वक स्मरण से हुआ है–

श्रीमन्नाभिनरेशसूनुभवद् भव्यात्मनां भूतये,
सत्कर्माख्यदिनोदयात्प्रथमतो भूमण्डलस्यान्वये।
तिग्मांशुः कृपयाऽस्या तावदुदिता सम्वर्तते साधुता,
भो! भो! मोहमहातमस्ततिरितः किन्नैव सम्यग्धुता॥

–मुनिमनोरञ्जनाशीतिः, श्लोक सं० १

और कृति का अन्त मनु की सन्तान 'मानव' तथा भारतवर्ष के प्रति शुभकामनाओं से किया गया है–

ग्रन्थमेनं समासाद्य निर्ग्रन्थपददायकम्।
मनुजो मानवो भूयात् भारतः प्रतिभारतः॥

वही, श्लोक सं० ८१

यमक अलंकार से सुसज्जित इस अन्त्यमंगलकामना को स्वयं भी भारत और भारतीय के लिए शुभाशंसा के रूप में मानती हुई और आचार्य ज्ञानसागर के प्रति सादर श्रद्धाञ्जलि अर्पित करती हुई मैं लेख को समाप्त करती हूँ।*

सन्दर्भ

१. प्रस्तुत शोधलेख की लेखिका द्वारा, आचार्य ज्ञानसागर की संस्कृत काव्यकृतियों पर, उनकी हिन्दी काव्यकृतियों के परिचय सहित, कुमायूँ विश्वविद्यालय, नैनीताल की पी-एच०डी० संस्कृत उपाधि हेतु प्रस्तुत और स्वीकृत शोध प्रबन्ध 'महाकवि ज्ञानसागर के काव्य' शीर्षक से ईस्टर्न बुक लिंकर्स, ५८२५, न्यू चन्द्रावल, जवाहरनगर, दिल्ली-७ से ईशवीय सन १९८४ में प्रकाशित हो चुका है।

* यह शोधलेख णाणसायर (ज्ञानसागर) नामक जैन शोधपत्रिका के संयुक्ताङ्क (गोम्मटेश अंक) १९९३ में प्रकाशित है।

व्यञ्जना विचार

साहित्यशास्त्र में, शब्द से अर्थ की प्रतीति कराने वाले तथा शब्द और अर्थ को परस्पर सम्बद्ध करने वाले व्यापार को शब्दशक्ति, शब्दवृत्ति और शब्दव्यापार कहा जाता है। काव्यशास्त्रीय ग्रन्थों का अध्ययन करने के पश्चात् यह तथ्य उपस्थित होता है कि काव्यशास्त्रियों ने मुख्यरूप से चार शब्दशक्तियों को माना है–(१) अभिधा, (२) लक्षणा, (३) तात्पर्या तथा (४) व्यञ्जना। इनमें अभिधाशक्ति तो सर्वमान्य शब्दशक्ति है। किन्तु अन्य तीन शक्तियों को अपने अस्तित्व के लिए विरोधियों का सामना करना पड़ा। सर्वाधिक विरोध तो 'व्यञ्जनावृत्ति' का हुआ, जो ध्वनिवादी आचार्यों को अभीष्ट है। काव्यशास्त्रीय दृष्टि से देखा जाए तो शब्दशक्तियों में व्यञ्जनावृत्ति का अर्थावबोध के लिए जो महत्त्व है, वह अन्य शक्तियों का नहीं है। इसलिए इसके बाह्य एवं आभ्यन्तर स्वरूप का समझना साहित्यकारों एवं साहित्यमर्मज्ञों के लिए अत्यन्त आवश्यक है।

'व्यञ्जना' शब्द विशिष्टता अर्थ सूचक 'वि' उपसर्गपूर्वक, स्पष्ट करना, प्रस्तुत करना, चित्रण करना, चमकना, सजाना अर्थ वाली 'अञ्ज्' धातु से, साधन अर्थसूचक 'ल्युट्' प्रत्यय एवं स्त्रीलिंग सूचक 'टाप्' प्रत्यय के योग से बना है।[१] अतः 'व्यञ्जनाशक्ति' का शाब्दिक अर्थ है वह शब्दशक्ति, जो अर्थ को स्पष्ट करे; प्रस्तुत करे; चित्रित करे; चमका दे; और सजा दे।

आचार्य आनन्दवर्धन ने 'ध्वनि' को काव्य की आत्मा कहा है–

'काव्यस्यात्मा ध्वनिः'।

–ध्वन्यालोक, १/१

और व्यंजना को उसका प्राण माना है

'व्यञ्जकत्वैकमूलस्य ध्वनेः'।

–ध्वन्यालोक, १/१८

आचार्य आनन्दवर्धन के उपर्युक्त कथन और उनके सम्पूर्ण ध्वन्यालोक का परिशीलन करने से अनुभव होता है कि उनके लिए 'ध्वनि' की स्थापना जितनी आवश्यक थी, 'व्यञ्जनावृत्ति' की अनिवार्यता की सिद्धि भी उतनी ही आवश्यक थी। आनन्दवर्धन और उनके अनुयायी अभिनवगुप्त ने तो 'ध्वनि' शब्द के वैयाकरणों के स्फोटसिद्धान्त के आधार पर जो पाँच अर्थ किए हैं–

(क) ध्वनति इति ध्वनिः (वाचक शब्द);

(ख) ध्वनति इति ध्वनिः (वाच्यार्थ);

(ग) ध्वन्यते इति ध्वनिः (व्यङ्ग्यार्थ);

(घ) ध्वननमिति ध्वनिः (व्यञ्जना व्यापार) तथा

(ङ) काव्यमिति व्यपदेश्यश्च योऽर्थः सोऽपि ध्वनिः।

उक्तप्रकारध्वनिचतुष्टयमयत्वात्।[२]

'ध्वनन' आदि शब्दों से जिस व्यञ्जना व्यापार को उनमें 'ध्वननमिति ध्वनिः' व्यञ्जनाव्यापार के लिए किया गया 'ध्वनि' शब्द का विश्लेषण भी व्यंजना व्यापार की अपरिहार्यता का द्योतक है। इस सम्बन्ध में एक महत्त्वपूर्ण तथ्य यह भी स्पष्ट होता है कि आनन्दवर्धन ने 'व्यञ्जना' शब्द 'ध्वन्यालोक' में कहीं भी प्रयुक्त नहीं किया है। हाँ, व्यञ्जकत्व, ध्वनन, गमन, अवगमन आदि शब्दों का प्रयोग अवश्य किया है। आचार्य मम्मट ने अपने 'काव्यप्रकाश' में उपर्युक्त शब्दों के साथ-साथ 'व्यञ्जना' शब्द का भी प्रयोग किया है। आचार्य अभिनवगुप्त ने भी 'व्यञ्जना' शब्द का प्रयोग किया है। इसके बाद व्यङ्ग्यार्थ की अवबोधिका शक्ति का नाम व्यञ्जना प्रसिद्ध ही हो गया। आनन्दवर्धन ने 'व्यञ्जकत्व', 'ध्वनन' आदि शब्दों से जिस व्यञ्जना व्यापार को 'ध्वन्यालोक' में प्रतिष्ठित किया, वह व्यापार तब और भी सम्मानित हुआ, जब अभिनवगुप्त, मम्मट, विश्वनाथ, आशाधरभट्ट, विद्यानाथ, विश्वनाथदेव, कविकर्णपूर, आचार्य आनन्द झा आदि काव्यशास्त्रियों ने इसे अनिवार्यरूपेण शब्दव्यापार मान लिया।

अब इस वृत्ति के अस्तित्व का उद्घोष करने वाली काव्यशास्त्रियों द्वारा प्रदत्त, इसकी परिभाषाएँ प्रस्तुत हैं-

(क) आनन्दवर्धन

यत्रार्थः शब्दो वा तमर्थमुपसर्जनीकृतस्वार्थौ।
व्यङ्क्तः काव्यविशेषः स ध्वनिरिति सूरिभिः कथितः॥

—ध्वन्यालोक, १/१३

(ख) अभिनवगुप्त

(१) **ध्वनिर्नामापरो योऽपि व्यापारो व्यञ्जनाश्रयः।**

—ध्वन्यालोकलोचन, पृ०सं० ६०

(२) **विशिष्टशब्दाभिधेयतया विना तस्यार्थस्याव्यञ्जकत्वादिति सर्वत्र शब्दार्थयोरुभयोरपि ध्वननव्यापारः।**

—वही, पृ० सं० १७२

(ग) मम्मट

यस्य प्रतीतिमाधातुं लक्षणा समुपास्यते।
फले शब्दैकगम्येऽत्र व्यञ्जनान्नापरा क्रिया॥
अनेकार्थस्य शब्दस्य वाचकत्वे नियन्त्रिते।
संयोगाद्यैरवाच्यार्थधीकृद् व्यापृतिरञ्जनम्॥
शब्दप्रमाणवेद्योऽर्थो व्यनक्त्यर्थान्तरं यतः।
अर्थस्य व्यञ्जकत्वे तत् शब्दस्य सहकारिता॥

—काव्यप्रकाश, २/१४ का उ०, १५ का पूर्वार्ध, १९, ३/२३

(घ) विश्वनाथ

विरतास्वभिधाद्यासु ययार्थो बोध्यते परः।
सा वृत्तिर्व्यञ्जना नाम शब्दस्यार्थादिकस्य च॥

—साहित्यदर्पण, २/१२ का उ०, १३ का पू०

(ङ) पण्डितराज जगन्नाथ

शब्दार्थौ यत्र गुणीभावितात्मानौ कमप्यर्थमभिव्यङ्क्तस्तदाद्यम्।

—रसगंगाधर, १/पृ०सं० ३६

(च) अप्पयदीक्षित

यत्र वाच्यातिशायिव्यङ्ग्यं स ध्वनिः।

(श्रीधरानन्द ने चित्रमीमांसा की सुधा व्याख्या में इस लक्षण को इस तरह स्पष्ट किया है—

यत्र काव्ये व्यङ्ग्यं व्यञ्जनाप्रतिपाद्यं वस्तु वाच्यातिशायि, वाच्यमित्युपलक्षणम् वाच्यलक्ष्यावति शेतेऽतिक्रामति एवं रूपं भवेत् स ध्वनिः।)

—चित्रमीमांसा, ग्रन्थारम्भप्रकरण, पृ०सं० १३

(छ) नागेशभट्ट

मुख्यार्थबाधनिरपेक्षजनको, मुख्यार्थसम्बन्धाबन्धसाधारणः, प्रसिद्धाप्रसिद्धार्थविषयको वक्त्रादिवैशिष्ट्यज्ञानप्रतिभाद्युदबुद्धसंस्कार विशेषो व्यञ्जना।

—परमलघुमञ्जूषा, पृ०सं० २०

(ज) आशाधरभट्ट

(१) **संकेतशक्यसम्बन्धविभिन्नसहकारिणी।**
वाच्यलक्ष्यातिरिक्तार्थधीहेतुर्वृत्तिरञ्जना॥
अस्त्रमन्त्रितबाणस्य वृत्तिवद् विविधार्थकृत्।
एषा शब्दगतैवार्थानाश्रित्यापि प्रवर्तते॥

—कोविदानन्द, व्यञ्जनानिरूपण, १/२

(२) **शक्यलक्ष्यातिरिक्तार्थबोधिकावृत्तिर्व्यञ्जना।**

—त्रिवेणिका, व्यञ्जनप्रकरण, पृ०सं० २४

(झ) विद्यानाथ

अन्वितेषु पदार्थेषु वाक्यार्थोपस्कारार्थमर्थान्तरविषयः शब्दव्यापारो व्यञ्जनावृत्तिः।

प्रतापरुद्रीयम्, काव्यप्रकरण, पृ०सं० ६८

(ञ) विश्वनाथदेव

वक्त्रादियोगमासाद्य बाधितार्थस्य बोधिका।
वृत्तिर्यत्र भवेत् काचित् स शब्दो व्यञ्जको मतः॥

प्रत्युज्जीवयति स्वकीयविभवैः शक्त्यां परं कुण्ठितं
नानार्थैः सरसीकरोति सहसा सामाजिकानां मनः।
बाधाद् भीतिरहो फलग्रहिलया त्यक्ता परं दूरतः
सेयं वारविलासिनीव विदुषामास्ते हृदि व्यञ्जना॥

—साहित्यसुधासिन्धु, २/१९/२०

(ट) कविकर्णपूर

अभिधालक्षणाक्षेपतात्पर्याणां समाप्तितः।
व्यापारो ध्वननादिर्यः शब्दस्य व्यञ्जना तु सा॥

—अलङ्कारकौस्तुभ, २/२९

(ठ) श्रीकृष्णशर्मा

वाच्यलक्ष्यविभिन्नार्थधीकृद् व्यापृतिरञ्जनम्।

—मन्दारमरन्दचम्पू, पृ०सं० १७९

(डॉ० आनन्दकुमार श्रीवास्तव, आधुनिक संस्कृत काव्यशास्त्र पृ०सं० ११ से साभार उद्धृत।)

(ड) हरिदाससिद्धान्तवागीश

वाच्यलक्ष्येतरार्थबोधिका व्यञ्जना।

—काव्यकौमुदी, पृ०सं० ४३

(आधुनिक संस्कृत काव्यशास्त्र, पृ०सं० ११९ से साभार उद्धृत।)

(ढ) विद्याराम

वाच्योऽर्थो वाऽथ लक्ष्योऽर्थो भूत्वात्मविषये स्फुटः।
व्यञ्जयेत्कञ्चिदन्यार्थं यत्सा च व्यंजना स्मृता॥

—रसदीर्घिका, पृ०सं० ५८

(आधुनिक संस्कृत काव्यशास्त्र, पृ०सं० ११९ से साभार उद्धृत)।

(ण) नरसिंह कवि

अन्तिवेषु पदार्थेषु वाक्यार्थोपस्कारार्थम्
अर्थान्तरविषयशब्दव्यापारो व्यञ्जनावृत्तिः।

—नञ्जराजयशोभूषण, पृ०सं० १६

(त) श्रीकृष्णभट्ट

शक्तिलक्षणाद्यजन्यप्रतीति जनकः शब्दादिनिष्ठो व्यापारो व्यञ्जनेति।

—वृत्तिदीपिका, पृ०सं० १२

(आधुनिक संस्कृत काव्यशास्त्र, पृ०सं० ११९ से साभार)।

(थ) आचार्य छज्जूराम शास्त्री

विरामे सति वृत्तीनां ययाऽन्योऽर्थ प्रकाश्यते।
शब्दनिष्ठार्थ निष्ठा च व्यञ्जनावृत्तिरिष्यते॥

—साहित्यबिन्दु, पृ०सं० ५०

(आधुनिक संस्कृत काव्यशास्त्र, पृ०सं० ११९ से साभार)।

(द) आचार्य आनन्द झा

मुख्यव्यंग्यार्थोपस्कारकतामावहन्नन्यः।
प्रभवेदर्थो यत्र तु तद्ध्वनिसंज्ञं भवेत्काव्यम्॥
यत्रार्थः शब्दो वेत्यत्र प्रोक्तो हि 'वा' कारः
न समुच्चयार्थवाची किन्तु ज्ञेयो विकल्पार्थः॥
एतेन व्यञ्जकता यत्रैकस्यैव नान्यस्य।
नो तत्राप्यव्याप्तिः काव्ये ध्वनिरूपतापन्ने॥

—ध्वनिकल्लोलिनी, २००, २०४-२०५

(ध) पं० राममूर्त्ति त्रिपाठी

प्रमाणान्तर से अप्राप्त, किन्तु शब्दप्रमाण से प्राप्त उस अर्थ के प्रति किया गया व्यापार व्यञ्जना है, जो शब्द की अभिधा, लक्षणा एवं तात्पर्यवृत्ति से उपलब्ध न हो।

—व्यञ्जना और नवीन कविता, पृ०सं० ३५

उपर्युक्त परिभाषाओं से व्यञ्जना की सिद्धि प्रत्यक्ष रूप से हो जाती है, इसके अतिरिक्त आनन्दवर्धन के पूर्ववर्त्ती, जिन्होंने ध्वनि का उल्लेख आनन्दवर्धन सम्मत अर्थ में नहीं किया था तथा परवर्त्ती ध्वनिविरोधियों के कथनों में भी ध्वनि की सिद्धि परोक्ष रूप से हो जाती है और फलस्वरूप व्यञ्जनावृत्ति भी सिद्धवृत्ति के रूप में मान्यता प्राप्त कर लेती है। उदाहरणस्वरूप अग्निपुराण में प्रस्तुत आक्षेपालंकार और पर्यायोक्तालंकार की परिभाषाएँ द्रष्टव्य हैं–

(क) **श्रुतेरलभ्यमानोऽर्थो यस्माद् भाति सचेतनः।**
स आक्षेपो ध्वनिः स्याच्च ध्वनिना व्यज्यते यतः॥

—अग्निपुराण, ३४५/१४

(ख) **पर्यायोक्तं यदन्येन प्रकारेणाभिधीयते।**
एषामेकतमस्यैव समाख्या ध्वनिरित्यतः॥

—अग्निपुराण, ३४५/१८

यहाँ 'ध्वनिना व्यज्यते', 'अन्येन प्रकारेणाभिधीयते', 'ध्वनि' इन पदों में ध्वनि तथा व्यंजना की स्पष्ट सत्ता विद्यमान है।

इसी प्रकार अग्निपुराण के रसनिरूपण प्रसङ्ग में कहे गये–

आनन्दः सहजस्तस्य व्यज्यते स कदाचन।
व्यक्तिः सा तस्य चैतन्यचमत्कार रसाह्वया॥

—वही, ३३९/२

कथन में 'रसाभिव्यक्ति' और 'व्यज्यते' ये दो शब्द व्यञ्जनावाद और ध्वनिवाद के समर्थक हैं।

अग्निपुराणकार के समान ही भामह[3] उद्भट[4] और दण्डी[5] का पर्यायोक्त लक्षण भी ध्वनि तथा व्यंजना की सत्ता का उद्‌घोष करता है।

अग्निपुराणकार और भामह द्वारा प्रदत्त समासोक्ति का लक्षण भी 'गम्यतेऽन्योऽर्थस्तत्समानविशेषण' अपने इस अंश से ध्वन्यालोककार द्वारा प्रदत्त ध्वनि के 'तमर्थं व्यंक्त:' से साम्य रखता है[6]। इसी तरह इन आलङ्कारिकों के अलङ्कार लक्षणों में प्रतीयते, विभाव्यते आदि शब्दों का प्रयोग और एक अर्थ से दूसरे अर्थ का अवबोध होना भी ध्वनि और व्यंजना की सिद्धि करते हैं। प्राय: सभी सादृश्यमूलक अलंकारों में उपमा व्यंजना द्वारा ही अनुभूति का विषय बनती है। किन्तु विस्तार के भय से हम यहाँ इन सभी स्थलों को प्रस्तुत नहीं कर रहे हैं। वस्तुत: इन सबका उल्लेख करने में हमारा यही उद्देश्य है कि इन आचार्यों ने भले ही 'ध्वनि' और उसकी प्राणभूता 'व्यञ्जना' को अलग से परिभाषित नहीं किया, या उसका स्वरूप नहीं बताया, फिर भी इनके ग्रन्थों से 'ध्वनि' और 'व्यञ्जना' के अस्तित्व की प्रतीति हो जाती है। पूर्ववर्त्ती इन आलंकारिकों के ग्रन्थों से प्रभावित होकर ही राजानक कुन्तक ने ध्वनि और व्यञ्जना को मानना नहीं चाहा है, किन्तु उनके अधोलिखित कथन भी 'व्यञ्जना' के अस्तित्व के ही पोषक हैं–

(क) **उभावेतावलंकार्यौ तयोः पुनरलंकृतिः।**
वक्रोक्तिरेव वैदग्ध्यभङ्गीभणितिरुच्यते॥

–वक्रोक्तिजीवित, १/१०

(ख) **प्रतीयमानता यत्र वाक्यार्थस्य निबध्यते।**
वाच्यवाचकवृत्तिभ्यां व्यतिरिक्तस्य कस्यचित्॥

–वक्रोक्तिजीवित, १/४०

इस प्रकार 'व्यञ्जना' को प्रत्यक्षरूप से न मानने वाले काव्यशास्त्री भी अपने वचनों से इसकी सिद्धि परोक्षरूप से कर ही देते हैं।

व्यञ्जना के प्रमुख भेद

ध्वन्यालोककार द्वारा प्रदत्त ध्वनि की परिभाषा से स्पष्ट है कि शब्द और अर्थ दोनों व्यञ्जक होते हैं, अत: व्यञ्जना भी दो प्रकार की है, शाब्दी तथा आर्थी। शाब्दी व्यञ्जना के भी दो भेद हैं–अभिधामूला व्यञ्जना तथा लक्षणामूला व्यञ्जना। इनमें से लक्षणामूला शाब्दीव्यञ्जना का स्वरूप आचार्य मम्मट ने इस प्रकार प्रस्तुत किया है–

व्यङ्ग्येन रहिता रूढौ सहिता तु प्रयोजने।
तत्र व्यापारो व्यञ्जनात्मकः॥
यस्य प्रतीतिमाधातुं लक्षणा समुपास्यते।
फले शब्दैकगम्येऽत्र व्यञ्जनान्नापरा क्रिया॥

–काव्यप्रकाश, २/१३ का उत्तरार्ध, १४, १५, का पूर्वार्ध।

अर्थात् लक्षणा के जो दो भेद होते हैं–रूढिलक्षणा तथा प्रयोजनवती लक्षणा। इनमें से

प्रयोजनवती लक्षणा के प्रयोजन की प्रतीति में व्यञ्जनाव्यापार ही समर्थ होता है। क्योंकि जिस प्रयोजन की प्रतीति कराने के लिए लक्षणाव्यापार का प्रयोग किया जाता है, उस प्रयोजन का अवबोध व्यञ्जना के अतिरिक्त किसी अन्य व्यापार से नहीं हो सकता।

साहित्यदर्पणकार विश्वनाथ ने भी लक्षणामूला व्यंजना का स्वरूप मम्मटसम्मत ही बताया है–

लक्षणोपास्यते यस्य कृते तत्तु प्रयोजनम्।
यया प्रत्याय्यते सा स्याद्व्यञ्जना लक्षणाश्रया।।

—साहित्यदर्पण, २/१५

अभिधामूला व्यंजना का लक्षण मम्मट ने इस प्रकार किया है–

अनेकार्थस्य शब्दस्य वाचकत्वे नियन्त्रिते।
संयोगाद्यैरवाच्यार्थधीकृद् व्यापृतिरंजनम्।।

—काव्यप्रकाश, २/१९

आचार्य विश्वनाथ ने भी अधिधामूला व्यञ्जना के लक्षण में मम्मट से ही सहमति प्रकट की है–

अनेकार्थस्य शब्दस्य संयोगाद्यैर्नियन्त्रिते।
एकत्रार्थेऽन्यधीहेतुर्व्यञ्जना साऽभिधाश्रया।।

—साहित्यदर्पण, २/१४

भर्तृहरि ने अपने वाक्यपदीय में बताया है कि अनेकार्थक शब्दों में उचित अर्थ का निर्णय करने के लिए संयोग, विप्रयोग, साहचर्य, विरोधिता, अर्थ, प्रकरण, लिंग, अन्य शब्द की सन्निधि, सामर्थ्य, औचित्य, देश, काल, व्यक्ति, स्वर, अभिनयादि सहायक बन जाते हैं। इनके आधार पर ही निर्णय हो जाता है कि 'हरि' शब्द के अनेक अर्थों–विष्णु,इन्द्र, सिंहादि–में से कौन सा अर्थ शब्द के अर्थ के रूप में नियन्त्रित होगा।

इस प्रकार भर्तृहरि द्वारा निर्दिष्ट[७] संयोगादि हेतुओं से अनेकार्थक शब्द का किसी एक अर्थ में नियन्त्रण हो जाने पर, वाच्यार्थ (संयोगादि से नियन्त्रित एवं अभिधा शक्ति से निकला हुआ अर्थ) से भिन्न अर्थ की प्रतीति कराने वाली व्यञ्जना को अभिधामूला व्यञ्जना कहते हैं।[८] पण्डितराज जगन्नाथ ने नानार्थक स्थलों में संयोगादि से अर्थ के नियन्त्रित हो जाने पर, अप्राकरणिक अर्थ को अभिधा से ही बोध्य माना है। हाँ, ऐसे स्थलों में व्यङ्ग्य उपमालंकार को अवश्य ही व्यञ्जनागम्य माना है।[९]

आचार्य मम्मट एवं विश्वनाथ ने आर्थी व्यञ्जना का लक्षण इस प्रकार दिया है :–

(क) **वक्तृबोद्धव्यकाकूनां वाक्यवाच्यान्यसन्निधेः।**
प्रस्तावदेशकालादेर्वैशिष्ट्यात् प्रतिभाजुषाम्।
योऽर्थस्यान्यार्थधीर्हेतुर्व्यापारो व्यक्तिरेव सा।।

—काव्यप्रकाश, ३/२१ का उत्तरार्ध, २२

(ख) **वक्तृबोद्धव्यवाक्यानामन्यसंनिधिवाच्ययोः।**
प्रस्तावदेशकालानां काकोश्चेष्टादिकस्य च॥
वैशिष्ट्यादन्यमर्थं या बोधयेत्साऽर्थसम्भवा।

—साहित्यदर्पण, २/१६, १७ का पूर्वार्ध।

स्पष्ट है कि आचार्य विश्वनाथ ने आर्थी व्यञ्जना का लक्षण मम्मट सम्मत ही दिया है अतएव व्यञ्जना आर्थीव्यञ्जना का रूप तब धारण करती है, जब वह वक्ता, बोद्धा, वाक्य, अन्यसन्निधि, वाच्य, प्रस्ताव, देश, काल, काकु, चेष्टादि के वैशिष्ट्य रूप कारणों से किसी अर्थ के द्वारा अन्य अर्थ का बोध कराती है। कवि कर्णपूर, आशाधरभट्ट एवं नरसिंहभट्ट ने भी आर्थी व्यजंना के प्रसंग में वक्तृबोद्धव्यादि के वैशिष्ट्य को कारण माना है।[१०]

अर्थ के—वाच्य, लक्ष्य और व्यङ्ग्य—तीन प्रकार होने से आर्थी व्यञ्जना के भी तीन प्रकार हैं, जिनके सम्बन्ध में मम्मट, विश्वनाथ, कविकर्णपूर तथा आशाधरभट्ट के विचार क्रमशः प्रस्तुत हैं—

(क) **सर्वेषां प्रायशोऽर्थानां व्यञ्जकत्वमपीष्यते।**

—काव्यप्रकाश, २/७ का पूर्वार्ध।

(ख) **त्रैविध्यादियमर्थानां प्रत्येकं त्रिविधा मता।**
अर्थानां वाच्यलक्ष्यव्यङ्ग्यत्वेन त्रिरूपतया सर्वा अप्यन्तरोक्ता व्यञ्जनास्त्रिविधाः।

—साहित्यदर्पण, २/१७ का उ० तथा व्याख्या।

(ग) **अर्थोऽपि व्यञ्जको ज्ञेयः (वाच्यलक्ष्यव्यङ्ग्यास्त्रय एवार्था गृह्यन्ते।**

—अलंकारकौस्तुभ, २/३०

(घ) **एषा शब्दगतैवार्थानाश्रित्यापि प्रवर्तते।**

कोविदानन्द, व्यञ्जनानिरूपण, २ का उ०

कहीं-कहीं पर शब्द और अर्थ दोनों की सम्मिलित व्यञ्जना भी होती है, इसलिए ऐसे स्थलों पर व्यञ्जना को उभयशक्तिमूला व्यञ्जना कहा जाता है।[११] इसके अतिरिक्त साहित्यदर्पणकार ने प्रकृति-प्रत्ययमूला व्यञ्जना को भी माना है।[१२]

व्यञ्जनावादी आचार्यों ने व्यञ्जना के भेद-प्रभेद बताते हुए इस महत्त्वपूर्ण तथ्य को भी प्रस्तुत किया है कि शाब्दी व्यञ्जना में अनेकार्थक शब्द व्यञ्जक होता है, अर्थात् शब्द प्रधान रूप से व्यञ्जक होता है और अर्थ उसका सहकारी व्यञ्जक होता है। आर्थी व्यञ्जना, में शब्द से ही बोध्य (अनुमानादि से नहीं) अर्थ प्रधान रूप से व्यञ्जक होता है तथा शब्द सहकारी व्यञ्जक होता है।[१३]

व्यञ्जना के उदाहरण

व्यञ्जनावृत्ति के लक्षण तथा उसके प्रमुख भेदों का परिचय देने के पश्चात् इस वृत्ति के द्वारा सहृदयसंवेद्य व्यङ्ग्यार्थ से रमणीय कुछ उदाहरण प्रस्तुत हैं।

(क) **सुवर्णपुष्पां पृथिवीं चिन्वन्ति पुरूषास्त्रयः।**
शूरश्च कृतविद्यश्च यश्च जानाति सेवितुम्॥

—ध्वन्यालोक, १/१३ वीं कारिका की व्याख्या के अन्त में प्रस्तुत श्लोक।

प्रस्तुत श्लोक में 'सुवर्णपुष्पां पृथिवीं चिन्वन्ति' का अभिधेयार्थ सोने के फूलों वाली पृथिवी का चयन करते हैं, उसमें से सोने के फूलों को चुनते हैं अनुपपन्न है, क्योंकि फूल चुनने का कार्य पुष्पित लता से ही हो सकता है। पृथ्वी लता नहीं है; स्वर्णिम पुष्प भी नहीं होते हैं; न उनका चयन ही हो सकता है, इसीलिए लक्षणा से अर्थ निकलता है–अत्यधिक धनसम्पत्ति, उसकी सरलता से प्राप्ति; फलस्वरूप सुखसमृद्धि। इस लक्षणा का प्रयोजन है शूरवीर, कृतविद्य और सेवकों की प्रशंसा करना। लक्षणा का यह प्रयोजन व्यञ्जनाशक्ति से ही अवबोध का विषय बनता है; और सहृदय समझ लेता है कि शूरवीर, विद्वान् और सेवक ही सुलभसम्पत्ति को प्राप्त करना और उसका उपभोग करना जानते हैं; निर्वीर्य, विद्याहीन और सेवाभाव रहित व्यक्ति नहीं। अतः इस श्लोक में लक्षणामूला व्यञ्जना का सहृदयहृदयहारी चमत्कार विद्यमान है।

(ख) **सर्वैकशरणमक्षयमधीशधीशं धिया हरिं कृष्णम्।**
चतुरात्मानं निष्क्रियमरिमथनं नमत चक्रधरम्॥

–ध्वन्यालोक, २/२१वीं कारिका से सम्बन्धित उदाहरण।

प्रस्तुत श्लोक में अभिधामूला शाब्दी व्यञ्जना के माध्यम से ही व्यङ्ग्य विरोधालंकार का आनन्द रसिकों की अनुभूति का विषय बना है।

(ग) **पश्य निश्चलनिष्पन्दा विसिनीपत्रे राजते बलाका।**
निर्मलमरकतभाजनपरिस्थिता शंखशुक्तिरिव॥

काव्यप्रकाश, २/७वीं कारिका से सम्बद्ध उदाहरण।

इस श्लोक में निश्चलता बलाकी की आश्वस्तता (इतमीनान) को व्यञ्जना से सूचित करती है, उस आश्वस्तता से निर्जनता व्यञ्जना द्वारा अभिव्यञ्जित होती है। बलाका की आश्वस्तता और फलस्वरूप सूचित जनराहित्य का वर्णन करके नायिका नायक को बताना चाहती है कि यह हमारे मिलने का उपयुक्त स्थान है। अथवा तुम झूठ बोलते हो (कि तुमने यहाँ आकर मेरी प्रतीक्षा की)। वस्तुतः तुम यहाँ नहीं आए, अन्यथा यह बलाका इस तरह निश्चल निष्पन्द होकर नहीं बैठती। प्रस्तुत श्लोक में शब्दबोध्य अभिधेयार्थ के पश्चात् व्यञ्जना से निकलने वाला व्यङ्ग्यार्थ वार-वार व्यञ्जना के द्वारा नवीन और हृद्य व्यङ्ग्यार्थ को बताता है। अतः यहाँ पर आर्थी व्यञ्जना है।

काव्यशास्त्रियों द्वारा उत्तमकाव्य की कोटि में प्रतिष्ठित, प्रधानरूप से (वाच्यार्थ, लक्ष्यार्थ की अपेक्षा) अधिष्ठित व्यङ्ग्यार्थरूप ध्वनिकाव्य[१४] व्यञ्जनावृत्ति के उपर्युक्त प्रकारों के माध्यम से ही सहृदयमनीषियों के आनन्दानुभव का विषय बनते हैं। इतना ही नहीं, वाच्यार्थ के उपकारक व्यङ्ग्यार्थ की प्रतीति व्यञ्जना से ही होती है। यह अलग बात है कि वाच्यार्थोपकारक होने के कारण (गौण हो जाने से) उसकी संज्ञा ध्वनि नहीं बनती।

(क) **यत्र च व्यापार सहायोऽर्थेऽर्थान्तरस्य व्यञ्जकत्वेनोपादीयते स नास्य ध्वनेर्विषयः।**

–ध्वन्यालोक, २/२२ की व्याख्या।

(ख) **किं च वाणीरकुडंग्वित्यादौ**

प्रतीयमानमर्थमभिव्यज्य वाच्यं स्वरूप एव यत्र विश्राम्यति तत्र गुणीभूतव्यङ्ग्ये-ऽतात्पर्यभूतोऽप्यर्थः स्वशब्दाभिधेयः प्रतीतिपथमवतरन् कस्य व्यापारस्य विषयतामवलम्बतामिति।

–काव्यप्रकाश, ५/४७वीं कारिका से सम्बद्ध व्याख्याभाग।

उपर्युक्त विस्तृत विवेचन व्यञ्जना का बाह्य एवं आभ्यन्तर स्वरूप बताने में प्रत्यक्ष और परोक्ष रूप से उसकी सिद्धि करने में समर्थ है। ध्वनिवादियों द्वारा उनके ग्रन्थों में निर्दिष्ट सम्पूर्ण ध्वनिकाव्यभेद-प्रभेद इसी व्यञ्जनावृत्ति के चमत्कार हैं। अतएव काव्य के रमणीयार्थ की अवबोधिका यह व्यञ्जनावृत्ति काव्यशास्त्रियों में मान्य और काव्यकारों में ग्राह्य है।

व्यञ्जनाविरोधियों के आक्षेप तथा उनका निराकरण

आचार्य आनन्दवर्धन द्वारा संस्थापित, आचार्य अभिनवगुप्त द्वारा प्रतिष्ठित, आचार्य मम्मट द्वारा पोषित तथा विश्वनाथ द्वारा समादृत इस व्यञ्जना वृत्ति को लोल्लट, धनिक-धनञ्जय, महिमभट्टादि आचार्यों ने स्वीकृति प्रदान नहीं की। इन विद्वानों का कहना है कि व्यङ्ग्यार्थ का अवबोध अभिधा, लक्षणा, तात्पर्या, अनुमानादि से हो सकता है, उसके लिए व्यञ्जनावृत्ति मानने की आवश्यकता नहीं है। किन्तु व्यञ्जनावादी आचार्यों की बलवती मान्यता है कि ध्वनिकाव्यों में आत्मरूप में सुशोभित व्यङ्ग्यार्थ का ज्ञान, व्यञ्जनावृत्ति के अतिरिक्त, और कोई भी वृत्ति अथवा प्रमाण नहीं करा सकते। अब ध्वनिकाव्य के भेदों में व्यङ्ग्यार्थबोध के लिए व्यञ्जना की आवश्यकता एवं व्यञ्जनाविरोधियों के आक्षेपों पर खण्डनसहित प्रकाश डाला जा रहा है :-

(१) ध्वनिकाव्य का सर्वप्रमुख भेद है-रसादि रूप असंलक्ष्यक्रमव्यङ्ग्य ध्वनि। इस काव्यभेद का वास्तविक अर्थ तो स्वप्न में भी वाच्य नहीं हो सकता। आचार्य मम्मट ने तो इसको प्रतीयमानार्थ का 'वाच्यताअसह' भेद कहा है। क्योंकि अभिधा से निकलने वाला वाच्यार्थ तो वाक्य में उपस्थित वाचक शब्दों का अर्थ होता है। जबकि रसादि ध्वनि में रसरूप अर्थ का ज्ञान वाक्य में उपस्थित शब्दों से नहीं होता। इसमें इस तरह की अन्वयव्यतिरेकव्याप्ति नहीं बन पाती कि जहाँ-जहाँ रसादि शब्दों का प्रयोग नहीं होगा, वहाँ-वहाँ इनकी अभिव्यक्ति भी नहीं होगी। वास्तव में रसादिध्वनि की अभिव्यंजना तदनुकूल विभावानुभावादि के कथन से ही होती है। विभावानुभावादि के अभाव में रसाभिव्यक्ति नहीं होती। इसलिए विभावानुभावादि वाच्य हैं और रसादि व्यङ्ग्य हैं। अतः रसादिरूप प्रतीयमानार्थ को समझने के लिए शब्दों का संकेतग्रह के माध्यम से अर्थ बताने वाली अभिधा शक्ति समर्थ नहीं है।[१५] इतना ही नहीं, इनको अभिधा द्वारा कहना काव्यशास्त्रियों की दृष्टि में रसदोष कहलाता है-

(क) **व्यभिचारिरसस्थायिभावानां शब्दवाच्यता।**
रसे दोषाः स्युरीदृशाः॥

-काव्यप्रकाश, ७/६० के पूर्वार्ध, ६२ का अन्तिमचरण।

(ख) **रसस्योक्तिः स्वशब्देन स्थायिसंचारिणोरपि।**
दोषा रसगता मताः॥

-साहित्यदर्पण, ७/१२ का उत्तरार्ध, १५ का अन्तिम चरण।

(ग) **व्यभिचारिरसस्थायिभावानां शब्दवाच्यता।**
रसे दोषाः स्युरीदृशाः॥

-साहित्यसुधासिन्धु, ५/१२८ का उत्तरार्ध, १३१ का तृतीय चरण।

रसादिध्वनि मुख्यार्थबाध, तद्योग और रूढ़ि अथवा प्रयोजन इन तीनों कारणों के न रहने से लक्षणा द्वारा भी बोध्य नहीं है।[१६] अतएव असंलक्ष्यक्रमव्यङ्ग्यध्वनि के अर्थावबोध के लिए व्यञ्जनावृत्ति मानना अनिवार्य है।

(२) अविवक्षितवाच्यध्वनि के दो भेद हैं–

अर्थान्तरसंक्रमित तथा अत्यन्ततिरस्कृत। इन दोनों भेदों में वाच्यार्थ दूसरे अर्थ में परिणत हो जाता है या अनुपपद्यमान हो जाता है। अतः अर्थसंगति के लिए लक्षणावृत्ति की आवश्यकता होती है। किन्तु इन दोनों भेदों में लक्षणा का प्रयोजन व्यङ्ग्य होने के कारण व्यञ्जनावृत्ति का विषय बन जाता है। क्योंकि यह प्रयोजन संकेतग्रह का विषय न होने के कारण अभिधाशक्ति से नहीं समझा जा सकता और मुख्यार्थबाधादि कारणों के अभाव में लक्षणागम्य भी नहीं है। अतएव व्यञ्जनावृत्ति के द्वारा ही उस प्रयोजन को जाना जा सकता है। इस प्रकार अविवक्षितवाच्यध्वनिकाव्यों में लक्षणा व्यञ्जना के विना व्यर्थ हो जाती है।[१७]

(३) अभिधामूला ध्वनि के शब्दशक्त्युद्भव भेद में, जहाँ अनेकार्थक शब्दों में संयोग-विप्रयोगादि द्वारा वाचकत्व का नियन्त्रण कर दिया जाता है, वाच्यार्थभिन्न अर्थ की प्रतीति व्यञ्जनाव्यापार द्वारा ही होती है, इतना ही नहीं, ऐसे स्थलों पर अभिधेयार्थ और व्यङ्ग्यार्थ में उपमेयोपमानभाव भी व्यञ्जनावृत्ति से ही जाना जा सकता है।[१८]

(४) विवक्षितान्यपरवाच्यध्वनि के अर्थशक्त्युद्भव (वस्तुध्वनि तथा अलंकारध्वनि) नामक भेद को यदि अभिधेय माना जाए, तो कुमारिलभट्टसम्मत अभिहितान्वयवाद के अनुसार अभिधा तो केवल पदार्थ का ही अवबोध करा पाती है, इसके बाद वाक्यार्थावबोध के लिए उसे तात्पर्यावृत्ति का आश्रय लेना पड़ता है। इस तरह जो अभिधाशक्ति वाक्यार्थावबोधन में समर्थ नहीं है, वह वस्तुध्वनि, अलंकारध्वनिरूप व्यङ्ग्यार्थ के अवबोधन में समर्थ नहीं हो सकती।[१९]

इसी प्रसङ्ग में प्रभाकर भट्ट का अन्विताभिधानवाद भी द्रष्टव्य है। जिसके अनुसार अभिधा के द्वारा अन्वित पदार्थों से ही वाक्यार्थ का बोध हो जाता है, पदार्थबोध के लिए अभिधा और वाक्यार्थबोध के लिए तात्पर्या को मानने की आवश्यकता नहीं होती। क्योंकि सामान्यरूप से अन्वितपदार्थ और विशेषरूप से अन्वितपदार्थ संकेतग्रह का विषय नहीं बन सकते। सामान्य विशेष के विना और विशेष सामान्य के विना अस्तित्वरहित होते हैं। इसलिए अभिधावृत्ति सामान्यविशेषभूतार्थ का अवबोध कराती है। किन्तु 'गामानय' आदि वाक्यों में 'गां' और 'आनय' का सामान्यविशेष रूप से अन्वित अर्थ, जहाँ गौ के कर्मत्व को आनयन क्रिया से सम्बद्ध किया जाता है, का बोध कराने के बाद अभिधा व्यक्तिविशेषरूप अतिविशेषार्थ का बोध नहीं करा पाती। क्योंकि अभिधा से 'व्यक्तिविशेष' में संकेतग्रह मानने पर आनन्त्य और व्यभिचार दोष आ जाते हैं। इस दोष से बचने के लिए अतिविशेषार्थ रूप वाक्यार्थ का अवबोध करने के लिए जब अभिधा को तात्पर्यवृत्ति का आश्रय लेना पड़ता है, तब वाक्यार्थरूप वाच्यार्थ से भिन्न प्रतीयमानार्थ रूप काव्य के मर्म का बोध उस अभिधा शक्ति से कैसे हो सकता है? स्पष्ट है कि इस अभीष्टार्थ के बोध के लिए व्यञ्जनावृत्ति को मानना ही होगा।[२०]

अतएव व्यङ्ग्यार्थ बोध का कार्य अभिधावृत्ति से नहीं चल सकता, उसके लिए व्यञ्जनावृत्ति को स्वीकार करना चाहिए।

अभिधावादियों की मान्यता और व्यञ्जना

यद्यपि उपर्युक्त विवेचन से व्यञ्जनावृत्ति काव्यार्थबोध के लिए आवश्यक वृत्ति के रूप में प्रतिष्ठित हो चुकी है, तथापि आचार्य मुकुलभट्ट और आचार्य लोल्लट इस वृत्ति को अनावश्यक मानते हैं और अभिधा को ही सम्पूर्णकाव्यार्थबोध में समर्थ मानते हैं। किन्तु अधोलिखित विवेचन से स्पष्ट हो जाएगा कि व्यञ्जनावृत्ति के प्रति उनकी द्वेषभावना व्यर्थ है:–

(क) अभिधा और लक्षणा दो ही शक्तियों को मानने वाले, लक्षणा का भी अन्तर्भाव अभिधा में करने वाले, व्यञ्जनाविरोधी मीमांसकों का मानना है कि 'नैमित्तिकानुसारेण निमित्तानि कल्प्यन्ते'। तदनुसार व्यङ्ग्यार्थ रूप नैमित्तिक (कार्य) का निमित्त शब्द ही है। आचार्य अभिनवगुप्त एवं आचार्य मम्मट ने मीमांसकों की इस मान्यता का खण्डन किया है। यदि शब्द व्यङ्ग्यार्थ का निमित्त है, तो उसमें निमित्तत्व दो प्रकार का है कारकत्व और ज्ञापकत्व। शब्द अर्थ का उत्पादक नहीं होता है, अर्थ का प्रकाशक होता है अत: उसमें कारकत्व रूप निमित्तत्व नहीं माना जा सकता। शब्द किसी अर्थ का ज्ञापक तब बन सकता है, जब संकेतग्रह आदि से उसका ज्ञान हो सके। यह पहले ही स्पष्ट हो चुका है कि कुमारिलभट्ट और प्रभाकर भट्ट के मत को स्वीकार करने पर अभिधा सामान्यविशेष अर्थ का ही बोध करा पाती है, जब अतिविशेषरूप वास्तविक अर्थ के प्रति भी उसमें ज्ञापकत्व नहीं है, तब अभिधाशक्ति के माध्यम से शब्द व्यङ्ग्यार्थरूप नैमित्तिक का निमित्त (ज्ञापक) कदापि नहीं हो सकता।[२१] रस की अलौकिकता की सिद्धि करते हुए भी आचार्य मम्मट तथा आचार्य विश्वनाथ ने सिद्ध किया है कि रसरूप व्यङ्ग्यार्थ तो अपने अभिव्यंजक विभावादि का भी कार्य और ज्ञाप्य नहीं है।[२२]

(ख) अभिधा के ही पक्षपाती मीमांसक विद्वान् भट्टलोल्लट का मानना है–'सोऽयमिषोरिव दीर्घदीर्घतरो व्यापार:' इति 'यत्पर: शब्द: स शब्दार्थ:' इति। अर्थात् जैसे युद्धभूमि में योद्धा द्वारा छोड़ा गया एक ही बाण शत्रुयोद्धा के कवच भेदने, वक्ष:स्थल विदीर्ण करने और प्राणापहार करने में समर्थ होता है, वैसे ही एक ही अभिधाव्यापार दीर्घ-दीर्घतर होकर वाच्यार्थ, लक्ष्यार्थ, व्यङ्ग्यार्थादि अर्थों के अवबोध में समर्थ है। अतएव अभिधा के अतिरिक्त और शब्दशक्तियों को मानने की कोई आवश्यकता नहीं है। उनका यह भी मानना है कि वाक्य में शब्द जिस अभिप्राय से बोला जाता है, वही अभिप्राय उसका अर्थ है, इस अभिप्राय के अवबोध के लिए व्यंजना अपेक्षित नहीं है। इस दृष्टि से 'नि:शेषच्युतचन्दनस्तनतटम्' आदि उदाहरणों में व्यंजनावादियों ने स्पष्ट किया था कि वाच्यार्थ निषेधपरक है; और व्यङ्ग्यार्थ विधिपरक है। इस व्यङ्ग्यार्थ का बोध व्यंजना से होता है। मीमांसकों के मतानुसार वक्ता का विधिपरक अभिप्राय भी अभिधाशक्ति द्वारा ही वाच्य है।

किन्तु अभिधाशक्ति से व्यङ्ग्यार्थबोध मानना भट्ट लोल्लट की हठधर्मिता ही है। क्योंकि यह कई बार स्पष्ट किया जा चुका है कि अभिधा संकेतग्रह से सम्बन्धित अर्थ का अवबोध कराने के बाद क्षीण हो जाती है। 'यत्पर: शब्द: स शब्दार्थ:' इस वाक्य का अभिप्राय भी भट्ट लोल्लट नहीं समझ पाए हैं। इस वाक्य का तात्पर्य है कि पहले वाक्यों से अप्राप्त अर्थ का विधान आगे के वाक्यों में प्रयुक्त शब्दों के द्वारा होता है। यदि इस वाक्य का तात्पर्य लोल्लटसम्मत ही मान भी लिया जाए

तो 'ब्राह्मण, पुत्रस्ते जात:', 'ब्राह्मण, कन्या ते गर्भिणी जाता' इन वाक्यों में अभिव्यक्त हर्ष अथवा शोक के सूचक शब्द तो हैं नहीं। इसलिए यहाँ 'यत्पर: शब्द: स शब्दार्थ:' इस नियम के लोल्लटसम्मत अर्थ से अभिधा द्वारा निकलने वाला तात्पर्यार्थ नहीं मानना चाहिए। यदि इन स्थलों पर लोल्लट अभिधाव्यापार को ही मानने का हठ करते हैं, तो फिर लक्षणा को भी क्यों मानते हैं? लोल्लट का मत तो मुख्यार्थबाधादि कारणों के आने पर कार्य करने वाली लक्षणा का ही अस्तित्व समाप्त कर देने वाला है। अतएव यह मत सहृदय काव्यशास्त्रियों को कदापि हृद्य नहीं हो सकता।[२३]

(ग) भट्ट-लोल्लट के मत से प्रभावित धनंजय ने तात्पर्यशक्ति को ही काव्य की अवबोधिका शक्ति मानते हुए कहा है–'कार्यपर्यवसायित्वात्तात्पर्यशक्ते:' (दशरूपक, ४/३७वीं कारिका की व्याख्या)। किन्तु वाक्य में अन्वित अर्थमात्र की बोधिका तात्पर्यावृत्ति, जिसकी पहुँच अर्थ की द्वितीय कक्षा तक ही है, चतुर्थ कक्षा में सुशोभित प्रतीयमानार्थ की अवबोधिका कैसे हो सकती है, अर्थात् कदापि नहीं हो सकती। अतएव लोल्लट के ही समान इनका मत भी रुचिकर नहीं है, (साहित्यदर्पण, ५/१ की व्याख्या)।

उपर्युक्त विवेचन से स्पष्ट है कि वाच्यार्थ की अवबोधिका शक्ति अभिधा व्यङ्ग्यार्थ की अवबोधिका नहीं हो सकती। व्यङ्ग्यार्थ वाच्यार्थ से सर्वथा भिन्न है, इसकी अलौकिक रमणीयता और वाच्यार्थ से भिन्नता दिखाने के लिए ही आचार्य आनन्दवर्धन ने कहा है–

प्रतीयमानं पुनरन्यदेव वस्त्वस्ति वाणीषु महाकवीनाम्।
यत् तत् प्रसिद्धावयवातिरिक्तं विभाति लावण्यमिवाङ्गनासु॥

प्रतीयमानं पुनरन्यदेव वाच्यात् वस्त्वस्ति वाणीषु महाकवीनाम्। स ह्यर्थो वाच्यसामर्थ्याक्षिप्तं वस्तुमात्रम्, अलंकार रसादयश्चेत्यनेकप्रभेदप्रभिन्नो दर्शयिष्यते। सर्वेषु च तेषु प्रकारेषु तस्य वाच्यादन्यत्वम्। तथा हि, आद्यस्तावत् प्रभेदो वाच्याद् दूरं विभेदवान्। द्वितीयोऽपि प्रभेदो वाच्याद् विभिन्न: सप्रपञ्चमग्रे दर्शयिष्यते। तृतीयस्तु रसादिलक्षण: प्रभेदो वाच्यसामर्थ्याक्षिप्त: प्रकाशते, न तु साक्षाच्छब्दव्यापार विषय इति वाच्यात् विभिन्न एव।

–ध्वन्यालोक, १/४ तथा व्याख्या।

यहाँ पर आनन्दवर्धन ने प्रतीयमान अर्थात् ध्वनिकाव्य के वस्तु, अलंकार और रस ये तीन प्रकार बताते हुए स्पष्ट किया है कि ये तीनों प्रकार अपने भेद-प्रभेदों सहित वाच्यार्थ से सर्वथा भिन्न हैं। उन्होंने वस्तुध्वनि के उदाहरण देकर वाच्य और व्यङ्ग्य में स्वरूपगत और विषयगत भेद बताए हैं।[२४] उनके मतानुसार–

(१) वाच्यार्थ और व्यङ्ग्यार्थ में भेद के कारण इनके अवबोधक व्यापार भी भिन्न हैं। जहाँ शब्द अपने अर्थ को बताकर दूसरे अर्थ को बताता है, वहाँ 'अपना अर्थ' अभिधा से सिद्ध होता है और दूसरे अर्थ की सिद्धि के लिए व्यञ्जना को ही मानना पड़ता है। यदि इस दूसरे अर्थ को भी वाच्यसामर्थ्याक्षिप्त न मानकर शब्द से ही सम्बन्धित माना जाएगा, तो वह दूसरा अर्थ (व्यङ्ग्यार्थ) कैसे हो सकेगा। अत: वाच्यार्थ साक्षात् शब्द से सम्बन्धित है और व्यङ्ग्यार्थ वाच्यसामर्थ्याक्षिप्त है। इन दोनों अर्थों का यह भेद ही अभिधा और व्यञ्जना की आवश्यकता को सिद्ध कर देता है।

इस प्रकार एक ही शब्द अपने अर्थ का बोध कराता है और वही शब्द दूसरे अर्थ के अवबोध का हेतु बन जाता है। बोध कराना तथा बोध का हेतु बनना ये दो भिन्न बातें हैं। यही कारण है कि वाच्य की सामर्थ्य से आक्षिप्त व्यङ्ग्यरूप दूसरा अर्थ वाच्यार्थ से सर्वथा भिन्न है।[२५]

(२) अभिधाशक्ति से रहित गीतादि के शब्द भी रसादि के अभिव्यञ्जक हो जाते हैं, और इतना ही नहीं शब्दरहित चेष्टा भी व्यञ्जना द्वारा अर्थविशेष की द्योतिका होती है। यथा–

व्रीडायोगान्नतवदनया सन्निधाने गुरूणां
बद्धोत्कम्पं कुचकलशयोर्मन्युमन्तर्निगृह्य।
तिष्ठेत्युक्तं किमिव न तया यत् समुत्सृज्य बाष्पं
मय्यासक्तश्चकितहरिणहारिनेत्रत्रिभागः॥

'नेत्रत्रिभाग' (कटाक्ष) रूप चेष्टा से विशिष्टार्थ का प्रकाशन हुआ है, जो वाक्य में उपात्त शब्द का अर्थ नहीं है।[२६]

(३) यद्यपि व्यङ्ग्यार्थ भी शब्दव्यापार का विषय है, तथापि उसमें वाच्यता नहीं है, अपितु व्यङ्ग्यत्व है। और फिर व्यञ्जनाव्यापार द्वारा निकलने वाला, जो दूसरा अर्थ है, वह वाच्यार्थ को बताने वाले शब्द से भिन्न, शब्द और अर्थ (जो संकेतग्रह के विषय नहीं हैं) से भी बताया जा सकता है। जैसे 'गंगायां घोषः' में गंगा शब्द से शैत्य और पावनत्व रूप अर्थ में संकेतग्रह के अभाव में वाचक-वाच्य सम्बन्ध नहीं है। अतः यहाँ पर अन्य शब्द से अन्य अर्थ की प्रतीति रूप प्रकाशन अभिधा का नहीं, व्यंजना का विषय है।[२७]

(४) आनन्दवर्धन के मतानुसार वाच्य और व्यङ्ग्य में पदार्थ-वाक्यार्थ न्याय-संगत नहीं होता। क्योंकि वेदान्ती और वैयाकरण पदार्थ-प्रतीति को मानते ही नहीं हैं, वे तो अखण्ड-वाक्यार्थ को ही मानते हैं। पदार्थ-वाक्यार्थ न्याय मानने पर घटतदुपादानकारण न्याय मानना होगा। तदनुसार मिट्टी आदि उपादान कारणों से घट बन जाने पर ये कारण अलग से नहीं दिखाई पड़ते, उसी तरह वाक्य और वाक्यार्थ की प्रतीति के बाद पद और वाक्यार्थ की सत्ता भी अलग-अलग नहीं दिखाई पड़ेगी। पदार्थों को वाक्यार्थ से अलग मानने पर वाक्यार्थ की प्रतीति भी नहीं हो पाएगी। क्योंकि पदसमुदाय ही वाक्य और पदार्थसमुदाय वाक्यार्थ है। अतः इनमें पदार्थ वाक्यार्थ का नियम नहीं बन सकता। किन्तु वाच्यार्थ और व्यङ्ग्यार्थ की स्थिति भिन्न है। व्यङ्ग्यार्थ की प्रतीति होने पर भी वाच्यार्थ की प्रतीति समाप्त नहीं होती, अपितु व्यङ्ग्यार्थ की प्रतीति वाच्यार्थ की प्रतीतिपूर्वक ही होती है। अतः वाच्यार्थ और व्यङ्ग्यार्थ में घट-प्रदीपन्याय मानना चाहिए, जैसे घट को प्रकाशित करने के बाद भी दीपक और उसका प्रकाश समाप्त नहीं हो जाता, वैसे ही व्यङ्ग्यार्थ की प्रतीति के बाद भी वाच्यार्थ का अस्तित्व नष्ट नहीं होता। ध्वन्यालोककार ने–

'यथा पदार्थद्वारेण वाक्यार्थः सम्प्रतीयते।
वाच्यार्थपूर्विका तद्वत् प्रतिपत्तस्य वस्तुनः॥

–ध्वन्यालोक १/१०

इस कारिका में जो पदार्थ वाक्यार्थ न्याय प्रस्तुत किया है, उसका उद्देश्य मात्र यह बताना है कि जैसे पदार्थबोध वाक्यार्थबोध का उपाय है, वैसे ही वाच्यार्थ बोध व्यङ्ग्यार्थबोध का उपाय है।

किन्तु पदार्थ वाक्यार्थन्याय में जो कारण-कार्य भाव है, वह वाच्यार्थ-व्यङ्ग्यार्थ में नहीं है, किन्तु वाच्यार्थ व्यङ्ग्यार्थ की सत्ता अलग-अलग अनुभूति का विषय बनती है। वाच्यार्थ और व्यङ्ग्यार्थ की सत्ता एक साथ मानने से वाक्य का 'एकार्थत्वरूप लक्षण' दूषित होने का संदेह भी व्यर्थ है, क्योंकि ध्वनि की परिभाषा अथवा और भी बहुत से स्थलों में काव्यशास्त्रियों ने एक वाक्य के वाच्यार्थ और व्यङ्ग्यार्थ दोनों अर्थ निकलने पर एक को प्रधान और दूसरे को गौण माना है। वाच्यार्थ गौण तथा व्यङ्ग्यार्थ प्रधान होने पर ध्वनिकाव्य और व्यङ्ग्यार्थ गौण तथा वाच्यार्थ प्रधान होने पर गुणीभूतव्यङ्ग्यकाव्य होता है। अतएव एक अर्थ प्रकाशक है, दूसरा प्रकाश्य। दोनों में यह भेद मानने पर दोनों के अवबोधक व्यापारों अभिधा और व्यंजना को भिन्न-भिन्न मानना ही चाहिए।[२८]

(५) अलौकिक पदार्थों के विषय में तर्क करने वाले नैयायिक भी शब्द और अर्थ के सम्बन्ध को संकेतग्रह जनित कृत्रिम सम्बन्ध मानते हैं। अतएव वे व्यंजना विरोधी नहीं हो सकते। वे वाचकत्व के विषय में तर्क कर सकते हैं कि शब्द में वाचकत्व संकेतग्रह के पश्चात् उत्पन्न हुआ, अथवा शब्द में स्वाभाविक वाचकत्व है। किन्तु व्यंजकत्व वाचकत्व के बाद का शब्दव्यापार है, इसलिए उसमें उन्हें सम्मत घट प्रदीप न्याय घटित होगा ही।[२९]

(६) ध्वन्यालोककार के मतानुसार शब्द और अर्थ का वाच्य-वाचक सम्बन्ध नियत सम्बन्ध है, जबकि व्यङ्ग्यव्यंजक भाव सम्बन्ध अनियत सम्बन्ध है। क्योंकि वाच्यार्थ सदैव शब्द से निकलता है; और व्यङ्ग्यार्थ शब्द के अतिरिक्त प्रकरणादि से भी निकलता है। इसलिए शब्द और व्यङ्ग्यार्थ के सम्बन्ध को औपाधिक सम्बन्ध भी कहा जाता है। किन्तु व्यङ्ग्यार्थ के इस औपाधिक धर्म को अवास्तविक मानकर, उपेक्षा का विषय नहीं मानना चाहिए। क्योंकि व्यंजकत्व में लिंगत्वन्याय भी दिखाई पड़ता है। हाँ, यह लिंगत्व (यथा अग्नि में धूम का लिंगत्व) अपने आश्रय में अपनी इच्छानुसार कभी होता है और कभी नहीं होता, किन्तु अपने विषय (अग्नि) में नियत होता है। यही स्थिति व्यंजकत्व की भी है। वह शब्दरूप आश्रय में कभी होता है, और कभी नहीं भी होता है, किन्तु व्यङ्ग्यार्थ रूप विषय में अवश्य होता है। इसलिए व्यंजकत्व का यह लिंगत्व व्यङ्ग्यार्थ के ही प्रति है और उसे वाचकत्व से भिन्न करता है।

मीमांसक शब्द और अर्थ में वाच्यवाचक भाव रूप नित्यसम्बन्ध मानते हैं, इसके अतिरिक्त पौरुषेय एवं अपौरुषेय वाक्यों में भेद मानते हैं। यदि यह नित्यसम्बन्ध के अतिरिक्त व्यङ्ग्यव्यंजकभाव रूप औपाधिक सम्बन्ध भी मान लें, तो पौरुषेय तथा अपौरुषेय वाक्यों में भेद का भी औचित्य सिद्ध हो जाएगा। अन्यथा दोनों वाक्यों से एक ही अर्थ निकलेगा।

व्यवहार में भी देखा जाता है कि पदार्थ अपने स्वभाव को न छोड़ते हुए, दूसरी सामग्री के सम्बन्ध से औपाधिक व्यापार को प्राप्त हो जाते हैं। यथा चन्द्रमा सबको शीतलता पहुँचाने का स्वभाव रखता है, फिर भी विरहीजनों को सन्तप्त करने का उसका औपाधिक स्वभाव भी प्रसिद्ध है। पौरुषेय वाक्यों में शब्द तथा अर्थ का स्वाभाविक सम्बन्ध होने पर भी, औपाधिक सम्बन्ध के रूप में वाच्यातिरिक्त व्यंजकत्व भी मानना पड़ेगा। यह औपाधिक सम्बन्ध संकेतग्रह का विषय नहीं है, अतः व्यङ्ग्य है और व्यञ्जनावृत्ति मानने के अतिरिक्त कोई उपाय नहीं है। हाँ, यह बात और है कि ऐसे वाक्यों में व्यङ्ग्यार्थ वाच्यार्थ से अविनाभूतरूप से सम्बन्धित होता है, उसकी पृथग्विवक्षा नहीं होती, अतः उसे ध्वनि की कोटि में रखना आवश्यक नहीं है। क्योंकि व्यङ्ग्यार्थ की विवक्षा

होने पर ही ध्वनि होती है। वस्तुतः ऐसे स्थलों पर औपाधिक धर्म के रूप में व्यंग्यव्यंजक मानने में ध्वन्यालोककार का उद्देश्य मीमांसकों को इस वृत्ति को स्वीकृति देने के लिए तैयार करने का है (ध्वन्यालोक, ३/३३ की व्याख्या का भाग; साहित्यदर्पण, ५/१ की व्याख्या)।

आचार्यों ने बोद्धा, स्वरूप, संख्या, काल, आश्रय, निमित्त, कार्य, प्रतीति, विषय आदि को भी अभिधा तथा व्यञ्जना का भेदक तत्त्व माना है। इनके कारण भी व्यंजना का मानना अनिवार्य हो जाता है।[२९] इन भेदक तत्त्वों को इस प्रकार समझा जा सकता है:–

(क) बोद्धृभेद

पद और पदार्थ की जानकारी रखने वाले वैयाकरण मात्र वाच्यार्थ के ज्ञानी होने के कारण सामान्य बोद्धा कहलाते हैं, जबकि व्यंग्यार्थ को समझने वाले विदग्ध और सहृदय कहलाते हैं।[३०]

(ख) स्वरूपभेद

काव्य के एक ही स्थल में वाच्यार्थ और व्यङ्ग्यार्थ में स्वरूपगत भेद देखा जाता है। यथा–

भ्रमधार्मिक! विस्रब्धः स शुनकोऽद्यमारितस्तेन।
गोदावरीकच्छकुंजवासिना दृप्तसिंहेन॥

प्रस्तुत उदाहरण में वाच्यार्थ विधिपरक है और व्यङ्ग्यार्थ निषेध परक है। काव्यों के परिशीलन से ऐसे और भी बहुत से उदाहरण मिल जायेंगे, जिनमें वाच्यार्थ और व्यङ्ग्यार्थ भिन्न-भिन्न स्वरूप वाले होते हैं।[३१]

(ग) संख्याभेद

वाच्यार्थ सबके लिए एक ही होता है, किन्तु व्यङ्ग्यार्थ बोद्धा, प्रकरणादि के भेद से अनेक प्रकार का हो जाता है। उदाहरणस्वरूप 'गतोऽस्तमर्कः' का वाच्यार्थ 'सूर्य अस्त हो गया' सबके लिए एक ही है। किन्तु इसका प्रतीयमानार्थ श्रमिक के लिए होगा कि अब कार्यसमाप्त करने का समय है। इसी तरह ग्वाले, अभिसारिका, नायक, माता-पिता, पुत्र-पुत्री सभी की दृष्टि से भिन्न-भिन्न अर्थ होगा।[३२]

(घ) निमित्तभेद

वाच्यार्थ शब्दानुशासन अर्थात् व्याकरण, कोशादि की सहायता से जाना जा सकता है, किन्तु व्यङ्ग्यार्थावबोध के लिए व्याकरण, कोशग्रन्थादि के अतिरिक्त प्रकरणादिज्ञान एवं निर्मल बुद्धि भी आवश्यक है।[३३]

(ङ) कार्यभेद

वाच्यार्थ का ज्ञान सामान्यप्रतीतिमात्र कराता है, जबकि व्यङ्ग्यार्थ का ज्ञान चमत्कार की प्रतीति कराता है।[३४]

(च) प्रतीतिभेद

वाच्यार्थ में केवल शब्दार्थ का ज्ञान होता है, जो चमत्कार रहित होता है, जबकि व्यङ्ग्यार्थ में चमत्कार की सत्ता होती है।[३५]

(छ) कालभेद

वाच्यार्थ का ज्ञान पहले होता है, व्यङ्ग्यार्थ का बाद में (वाच्यार्थ और व्यङ्ग्यार्थ का यही पौर्वापर्य संलक्ष्यक्रमव्यङ्ग्य में दृगगोचर होता है, असंलक्ष्यक्रमव्यङ्ग्य में नहीं होता।[३६]

(ज) आश्रयभेद

वाच्यार्थ की अवबोधिका अभिधा शक्ति केवल शब्द पर ही आश्रित है, जबकि व्यंजना केवल शब्द की ही शक्ति नहीं है, उससे निकलने वाला व्यङ्ग्यार्थ शब्द के अतिरिक्त शब्दैकदेश, शब्दार्थ, वर्ण, प्रकृतिप्रत्यय, संघटना आदि का भी आश्रय लेता है।[३७]

(झ) विषयभेद

वाच्यार्थ और व्यङ्ग्यार्थ के तो विषय भी भिन्न-भिन्न होते हैं। यथा-

कस्य वा न भवति रोषो दृष्ट्वा प्रियायाः सव्रणमधरम्।
सभ्रमरपद्माघ्रायिणी वारितवामे सहस्वेदानीम्॥

इस श्लोक में वाच्यार्थ का विषय है अविनीता नायिका। जबकि व्यङ्ग्यार्थ का विषय (लक्ष्य) अविनीता नायिका के साथ-साथ उसका पति, प्रेमी, सपत्नी, सास, ससुर, सखियाँ, पड़ौसी भी हो सकते हैं।[३८]

आचार्य मम्मट का तो यहाँ तक कहना है कि यदि आप उपर्युक्त भेदक तत्त्वों के रहने पर भी वाच्यार्थ और व्यङ्ग्यार्थ को भिन्न नहीं मानते तो फिर आप नीले और पीले में भी भेद न मानें। इस प्रकार वाच्यार्थ से सर्वथा भिन्न व्यङ्ग्यार्थ की अवबोधिका शक्ति व्यंजना ही है, अभिधा नहीं।[३९] वाच्यार्थ और व्यङ्ग्यार्थ में भेद मानकर तथा व्यञ्जनावृत्ति को स्वीकार करके ही 'कुरुरुचिम्' (जिसका असभ्यार्थ व्यञ्जनाबोध्य है) जैसे दोषोत्पादक उदाहरणों से कवि बच सकता है और अनित्य तथा नित्य दोषों का विभाग कर सकता है।[४०] इसके अतिरिक्त यह समझ सकता है कि भगवान् शंकर के पर्यायवाची कपाली, पिनाकी, शिव, आशुतोष, मृत्युञ्जय आदि शब्दों में से, भयंकरता और दरिद्रता दिखाने की दृष्टि से-

'द्वयं गतं सम्प्रति शोचनीयता समागमप्रार्थनया कपालिनः'

इस उदाहरण में 'कपाली' शब्द का प्रयोग ही समुचित है। 'कपाली' शब्द की भयंकरता और दरिद्रता व्यंजनागम्य ही हैं, अभिधागम्य नहीं।[४१]

इस प्रकार व्यंजनावादी आचार्यों के मतानुसार वाच्यार्थ से सर्वथा भिन्न व्यङ्ग्यार्थ के अवबोध में अभिधा और दीर्घदीर्घतर व्यापार रूप तात्पर्या कदापि समर्थ नहीं है। अतः हमें व्यञ्जनावृत्ति को स्वीकार करना चाहिए।

लक्षणावादियों की मान्यता और व्यंजना

लक्षणावादी आचार्यों का मानना है कि लक्षणा से ही व्यङ्ग्यार्थावबोध हो सकता है, इसलिए व्यंजनावृत्ति को मानना आवश्यक नहीं है। क्योंकि (क) रामोऽस्मि सर्वं सहे इति', 'रामोऽसौ भुवनेषु

विक्रमगुणैः प्राप्तः प्रसिद्धिं पराम्' इन तीन स्थलों में 'राम' का वाच्यार्थ एक ही है दाशरथि राम, जबकि लक्ष्यार्थ क्रमशः–अत्यन्त दुःख सहिष्णु राम, निष्करुण राम और खरदूषणनिहन्ता राम अर्थात् भिन्न–भिन्न हैं। (ख) लक्ष्यार्थ के भी अर्थान्तरसंक्रमित तथा अत्यन्त तिरस्कृत आदि बहुत से भेद हैं। (ग) उसकी प्रतीति भी शब्द और अर्थ पर आश्रित है; तथा वह भी प्रकरणादि से जानने योग्य है। इसलिए प्रतीयमान अर्थ और उसकी अवबोधिका शक्ति व्यंजना को मानना अनावश्यक है।

किन्तु लक्षणावादियों की यह मान्यता निराधार है। लक्षणा का उपचार का आश्रय और व्यंजना का वाच्यसामर्थ्याक्षिप्त होना भले ही एक जैसा लगे, किन्तु व्यंजना लक्षणा से भी (अभिधा की ही तरह) भिन्न है। इनके स्वरूप और विषय इनके भेदक तत्त्व हैं। इन दोनों वृत्तियों का अन्तर अधोलिखित विवरण से समझा जा सकता है:–

(१) लक्ष्यार्थ नानाविध होते हुए भी अनेकार्थक (श्लिष्ट) शब्द के वाच्यार्थ के समान ही नियत हो जाता है, व्यङ्ग्यार्थ (अभिधामूलाव्यंजनागम्य) के समान अनियत नहीं होता। क्योंकि मुख्यार्थ के साथ सम्बन्ध न रखने वाले अर्थ का लक्षणा से अवबोध नहीं हो सकता। जबकि व्यङ्ग्यार्थ प्रकरणादि की विशेषता से नियतसम्बन्ध, अनियतसम्बन्ध और परम्परितसम्बन्ध तीन प्रकार का होता है उदाहरण के लिए–

(क) **श्वश्रूरत्र निमज्जति अत्राहं दिवसकं प्रलोकय।**
मा पथिक रात्र्यन्धक शय्यायां मम निमंक्ष्यसि॥

(ख) **कस्य वा न भवति रोषो दृष्ट्वा प्रियायाः सव्रणमधरम्।**
सभ्रमरपद्माघ्रायिणी वारितवामे सहस्वेदानीम्॥

(ग) **विपरीतरते लक्ष्मीर्ब्रह्माणं दृष्ट्वा नाभिकमलस्थम्।**
हरेर्दक्षिणनयनं रसाकुला झटिति स्थगयति॥

प्रथम श्लोक में वाच्यार्थ और व्यङ्ग्यार्थ का सम्बन्ध एक ही व्यक्ति से है, अर्थात् नियतसम्बन्ध है। दूसरे उदाहरण में वाच्यार्थ का सम्बन्ध एक ही व्यक्ति से है, जबकि व्यङ्ग्यार्थ का सम्बन्ध कई व्यक्तियों से है, अर्थात् वाच्यार्थ और व्यङ्ग्यार्थ में अनियतसम्बन्ध है। तृतीय उदाहरण में वाच्यार्थ से व्यङ्ग्यार्थ का परम्परित सम्बन्ध है। वाच्यार्थ और लक्ष्यार्थ में ऐसे सम्बन्ध नहीं पाये जाते।[४२]

(२) इसके अतिरिक्त इन, अभिधामूला व्यंजना के, उदाहरणों में मुख्यार्थबाध के अभाव में लक्षणा कार्य नहीं कर सकती, तो क्या इनमें व्यंजना द्वारा व्यङ्ग्यार्थबोध आवश्यक नहीं हो गया। अभिधामूला व्यंजना से ही बोध्य रसादिरूप असंलक्ष्यक्रमव्यंग्य तो लक्षणागम्य है ही नहीं, इस बात को प्रस्तुत लेख में पहले भी कहा जा चुका है।[४३]

(३) लक्षणावृत्ति को तो अपने प्रयोजन की सिद्धि के लिए ही व्यंजना का आश्रय लेना पड़ता है, तो वह भला व्यङ्ग्यार्थ का बोध कहाँ करा सकती है। यदि प्रयोजन सिद्धि के लिए लक्षणा को ही समर्थवृत्ति माना जाएगा, तो लक्षणा के लिए पुनः पुनः प्रयोजन की कल्पना, लक्षणा को चमत्कारिणी बनाने वाली प्रयोजनप्रतीति को ही नष्ट कर देगी जो सहृदयों को रुचिकर नहीं लगेगी।

लक्षणा तो मुख्यार्थबाध के पश्चात् उपस्थित होने वाले अर्थ की ही अवबोधिका है। किन्तु जिस प्रयोजन के लिए लक्षणा प्रयुक्त की गई, वह प्रयोजन मुख्यार्थबाधादि के अभाव में लक्ष्य नहीं है, व्यंग्य ही है। अतः आश्रयदात्री व्यंजना का तिरस्कार न करके, उसके आश्रय में आना ही लक्षणा के लिए हितकर है। 'गंगायां घोषः' आदि उदाहरणों में अभिधा द्वारा बोधित मुख्यार्थ बाधित हो जाता है, तब लक्षणा से 'गङ्गातटे घोषः' इस लक्ष्यार्थ की प्रतीति होती है। किन्तु संगत अर्थ की प्रतीति कराने वाली लक्षणा के प्रयोजन, शैत्यपावनत्व की अभिव्यक्ति, संकेतग्रह के अभाव में अभिधा का क्षेत्र नहीं है, अन्वयानुपपत्ति न रहने के कारण तात्पर्या से बोध्य नहीं है, मुख्यार्थबाधादि हेतुत्रय के अभाव में लक्षणा से भी गम्य नहीं है। उस प्रयोजन की अभिव्यक्ति केवल व्यंजना से ही हो सकती है।[४४]

(४) जिस प्रकार अभिधा को संकेतग्रह की अपेक्षा होती है, उसी प्रकार लक्षणा भी मुख्यार्थबाध, मुख्यार्थयोग तथा रूढ़ि या प्रयोजन इन तीन की अपेक्षा रखती है। इसीलिए लक्षणा अभिधा की पुच्छभूता कहलाती है। वस्तुतः अमुख्यरूप से व्यवस्थित वाचकत्व (अभिधा) ही गुणवृत्ति गुणवृत्ति (लक्षणा) है। अभिधा व्यङ्ग्यार्थबोध नहीं करा सकती तो उसी का दूसरा रूप लक्षणा व्यङ्ग्यार्थबोध का, व्यंजनावृत्ति का कार्य कैसे सम्पन्न कर सकती है। लक्षणा अमुख्यतया अर्थावबोधक शब्द व्यापार है और व्यंजना मुख्यतया अर्थावबोधक शब्द व्यापार है। व्यङ्ग्यार्थ के तीनों रूप वस्तु, अलंकार और रस कभी भी अमुख्यतया बोध का विषय नहीं बनते।[४५]

(५) व्यंजना गुणवृत्ति (लक्षणा) का आश्रय तो लेती है, किन्तु तद्रूपा नहीं हो जाती। क्योंकि व्यंजना केवल लक्षणामूला ही नहीं होती, वह अभिधामूला भी होती है। लक्षणा व्यञ्जकत्वरहित स्थलों में भी देखी जाती है, जबकि व्यंजना चारुत्वहेतु के विना नहीं होती। गुणवृत्ति (लक्षणा) वाच्याश्रय (कुन्ताः प्रविशन्ति), व्यङ्ग्याश्रय (गङ्गायां घोषः) के अलावा लक्ष्यार्थ के सम्बन्धमात्र से चारुत्वरूप व्यंग्य की प्रतीति के विना भी हो सकती है।[४७]

(७) लक्षणा शक्ति केवल वाचकत्व पर आश्रित है, जबकि व्यंजना का आधार है व्यञ्जकत्व, जो व्यञ्जक शब्द, व्यंजक अर्थ के अतिरिक्त अवाचक वर्ण और शब्दरहित चेष्टा में भी रहता है।[४८]

(८) लक्षण-लक्षणा में जब एक अर्थ दूसरे अर्थ का बोधक बनता है, तब पहला अर्थ दूसरे अर्थ में ही परिणत हो जाता है। जैसे 'गंगायां घोषः' में गंगा शब्द अपने अर्थ को छोड़कर ही तटरूप अर्थ की प्रतीति कराता है। व्यंजना के द्वारा जब एक अर्थ दूसरे अर्थ का बोध कराता है, तो प्रदीप की भाँति अपने को भी प्रकाशित करता है। यथा—'लीलाकमलपत्राणि गणयामास पार्वती' इस उदाहरण में मुख्यार्थ का बोध अभिधा से हो जाता है; और फिर यही मुख्यार्थ व्यंजना के द्वारा शृंगार रस के व्यभिचारियों लज्जा, अवहित्था को व्यंजित करता है; तथा अपना अस्तित्व भी बनाए रखता है।[४९]

(९) अर्थान्तर संक्रमितवाच्यध्वनि में जहाँ अर्थ अपना परित्याग किये विना ही अर्थान्तर को बताता है, तो वहाँ लक्षणावृत्ति को ही मान भी लिया जाए किन्तु यहाँ प्रश्न उठता है कि जब अर्थ वस्तु, अलंकार और रस को प्रकाशित करता है, तब शब्द का कौन सा व्यापार प्रयुक्त होता है? इसका उत्तर है कि प्रकरणादि से सम्बन्धित शब्द के सामर्थ्य से ही अर्थ व्यंजक है। इसके अतिरिक्त

यहाँ पर शब्द के अर्थ की गति स्खलित न होना, संकेतग्रहादि की अनावश्यकता, दूसरे अर्थ की अलग से प्रतीति होना इन तीन बातों की उपेक्षा नहीं की जा सकती। यदि यहाँ पर ये तीन बातें न होतीं, तो फिर यहाँ अभिधा के बाद लक्षणा की गति हो जाती।[५०] लक्षणामूला ध्वनि में रमणीय व्यङ्ग्यार्थ की प्रतीति कराना ही लक्षणा का कारण है। इन स्थलों में लक्षणा व्यंजना से मिलकर ही सहृदय को आह्लादित कर पाती है, तदेकरूपा होकर नहीं। 'सुवर्णपुष्पां पृथिवीं' इस पूर्वप्रदत्त उदाहरण से स्पष्ट है कि व्यंजना ही लक्षणा के लिए आवश्यक है, लक्षणा व्यंजना के लिए नहीं।[५१] आनन्दवर्धन ने लक्षणा को ही व्यङ्ग्यार्थबोध का व्यापार मानने का हठ करने वालों को उत्तर दिया है कि 'यदि लक्षणा से ध्वनि लक्षित होती है', ऐसा कहा जाता है, तब तो अभिधावृत्ति से समस्त अलंकार वर्ग लक्षित हो जाएगा। फिर प्रत्येक अलंकार का लक्षण करना व्यर्थ ही हो जाएगा। अलंकारवादियों का परिश्रम निष्फल हो जाएगा। अतः व्यङ्ग्यार्थबोध के लिए व्यंजना को मानना अनिवार्य है (ध्वन्यालोक, १/१९ के पूर्वार्ध की व्याख्या)।

(१०) व्यञ्जकत्व वाचकत्व पर भी आश्रित होता है और लाक्षणिकत्व पर भी। तभी इसके दो रूप बनते हैं–अभिधामूलाव्यंजना और लक्षणामूला व्यंजना। यदि व्यंजकत्व किसी एक पर ही आश्रित रहता तो उसे उससे ही अभिन्न मान लिया जाता। किन्तु लक्षणामूलक होने के कारण उसे वाचकत्वरूप नहीं कहा जा सकता और अभिधामूलक होने के कारण गौण नहीं कहा जा सकता। इसके अतिरिक्त–गीतादि रसादिविषयक जो व्यंजकत्व है, उसमें तो वाचकत्व और लाक्षणिकत्व का भी अभाव है। अतएव जब व्यंजना अभिधा और लक्षणा से भिन्न है, तो उसे भिन्न व्यापार मानना ही चाहिए। स्पष्ट है कि व्यंजनावादी आचार्य शब्द की तीन वृत्तियों–अभिधा लक्षणा एवं व्यंजना को मानने के ही अनुरोधी हैं।[५२]

भुक्तिवादियों की मान्यता और व्यंजना

रसनिष्पत्तिके सम्बन्ध में साधारणीकरण सिद्धान्त तथा भुक्तिवाद के संस्थापक आचार्य भट्टनायक अभिधा के पश्चात् भावकत्व और भोजकत्व व्यापार से रस की अभिव्यक्ति करने के पक्षपाती हैं। किन्तु अभिनवगुप्त ने रस को व्यङ्ग्य बताया है और स्पष्ट किया है कि भावकत्व और भोजकत्व दोनों व्यापार अप्रसिद्ध हैं और इन दोनों का कार्य व्यंजनावृत्ति स्वयं करने में समर्थ है। आचार्य मम्मट ने भी अभिनवगुप्त के ही मत का समर्थन किया है।[५३]

उपर्युक्त विवेचन से स्पष्ट है कि अभिधा, लक्षणा तथा तात्पर्या की भाँति व्यंजनावृत्ति भी सम्मान्या वृत्ति और काव्य के उस रसादिरूपरमणीयार्थकी अवबोधिका है, जिसे शेष तीन शक्तियाँ नहीं बता पातीं। साहित्यदर्पणकार विश्वनाथ ने कहा भी है–

वृत्तीनां विश्रान्तेरभिधातात्पर्यलक्षणाख्यानाम्।
अङ्गीकार्या तुर्या वृत्तिर्बोधे रसादीनाम्।

–साहित्यदर्पण, ५/१

वेदान्तियों की मान्यता और व्यंजना

वेदान्तियों के मतानुसार 'ब्रह्मसत्यं जगन्मिथ्या', 'अहं ब्रह्मास्मि', 'तत्त्वमसि' आदि वाक्यों को महावाक्य और अखण्डबुद्धिग्राह्य वाक्यार्थ माना है। क्योंकि इनमें ब्रह्मप्राप्तिरूप अखण्डरस की

अनुभूति होती है। तब उसे इन वाक्यों में क्रिया कारक का विभाग और अभिधा, लक्षणा, व्यंजना आदि शक्तियों की आवश्यकता का अनुभव नहीं होता। क्योंकि जब ब्रह्म सत्य है, तो जगत् और उसके सभी व्यापार मिथ्या हैं। काव्यशास्त्रियों के मत में ब्रह्मज्ञान की दशा में इन वेदान्तियों को अखण्डवाक्य की वाचक और अखण्डबुद्धि से ग्राह्य वाक्यार्थ ही वाच्यार्थ लगता होगा। किन्तु वास्तविक जगत् में आते ही उन्हें भी वाक्य और वाक्यार्थ में पद पदार्थ की कल्पना करनी ही पड़ेगी और शब्दशक्तियाँ भी माननी होंगी। जैसा कि इन वेदान्तियो के ग्रन्थों के अनुशीलन से ज्ञात भी हो जाता है कि 'तत्त्वमसि' आदि महाकाव्यों में अर्थावबोध के लिए भागत्यागलक्षणा (उपादानलक्षणा और लक्षणलक्षणा का मिश्रण) का आश्रय लिया जाता है। अतएव व्यावहारिक जगत् में उन्हें 'निःशेषच्युतचन्दनस्तनतटम्' आदि में विधि को व्यङ्ग्य,'भ्रम धार्मिक विस्रब्धः' में निषेध को व्यङ्ग्य मानना ही चाहिए और इस व्यङ्ग्यार्थ की प्रतीति के लिए व्यंजनावृत्ति को भी मानना चाहिए।[५४]

वैयाकरणों की मान्यता और व्यंजना

वेदान्तियों के समान वैयाकरण भी स्फोटरूप शब्दब्रह्म को मानते हैं और

पदेन वर्णा विद्यन्ते वर्णेष्ववयवा न च।
वाक्यात् पदानामत्यन्तं प्रविवेको न कश्चन॥

—वैयाकरणभूषणसार, स्फोटनिर्णय, ६८

के अनुसार समष्टिरूप से वाक्य का अर्थ मानते हैं और इसे अखण्डवाक्यार्थता का सिद्धान्त कहते हैं। किन्तु वैयाकरण भी व्यवहार के समय प्रकृति, प्रत्यय, उपसर्गादि द्वारा पद पदार्थ के प्रति सखण्डबुद्धि रखते हैं, तो उन्हें भी व्यंजना से निकलने वाले अर्थ को स्वीकार करना होगा।[५५] प्रसिद्ध वैयाकरण नागेशभट्ट ने भी व्यावहारिकता की दृष्टि से व्यंजना को अनिवार्य वृत्ति के रूप में स्वीकार किया है।[५६] इसके अतिरिक्त ध्वनि तथा व्यंजना का स्रोत व्याकरण ही है, इसलिए वैयाकरणों द्वारा व्यंजना का विरोध और उस विरोध के निराकरण की चिन्ता स्वयं ही समाप्त हो जाती है।[५७]

अनुमानवादियों की मान्यता और व्यंजना

ध्वन्यालोककार ने मीमांसकों के लिए व्यंजनावृत्ति की अनिवार्यता सिद्ध करके उसमें लिंगत्वन्याय घटित किया था। इसलिए व्यंजकव्यङ्ग्यभाव को लिंगलिंगिभाव मानकर, व्यङ्ग्यार्थ को व्यंजना के स्थान पर अनुमान का विषय मानना चाहिए। अनुमानवादियों की यह मान्यता ध्वनिवाद के लिए इसलिए महत्त्वपूर्ण है, क्योंकि अनुमानवादी अभिधा और लक्षणा के अतिरिक्त तीसरा शब्दव्यापार तो मानते ही हैं, भले ही उसे व्यंजना के स्थान पर अनुमिति कहते हैं। इसके अतिरिक्त व्यंजकत्व का लिंगत्व व्यङ्ग्यार्थ के प्रति अनियत है। अतएव इनमें लिंगलिङ्गिभाव सदा नहीं रहता। यह भी स्पष्ट किया जा चुका है।

शब्दों के दो विषय हैं—अनुमेय और प्रतिपाद्य। अनुमेयरूप विवक्षा भी दो प्रकार की है—शब्दस्वरूप प्रकाशनेच्छा तथा शब्दार्थप्रकाशनेच्छा। दोनों प्रकार की विवक्षा से श्रोता को केवल यह अनुमान होता है कि वक्ता कुछ कहना चाहता है, किन्तु क्या कहना चाहता है? यह अनुमेय नहीं,

प्रतिपाद्य विषय है। इस प्रतिपाद्यविषय के भी दो प्रकार हैं–वाच्य तथा व्यङ्ग्य। क्योंकि वक्ता कभी अपने अभिप्राय को शब्दों से ही व्यक्त करना चाहता है और कभी विना शब्दों के ही व्यक्त करना चाहता है। शब्दों का यह दोनों प्रकार का प्रतिपाद्य विषय अनुमेय कदापि नहीं हो सकता। यह इस लेख में पहले ही स्पष्ट किया जा चुका है[५८] कि नैयायिक कृत्रिम संकेतग्रह से और मीमांसक अकृत्रिम संकेतग्रह से शब्दार्थ का सम्बन्ध मानते हैं। किन्तु संकेतग्रहजनित अर्थ सदैव प्रतिपाद्य विषय नहीं होता और शब्द तथा प्रतिपाद्य विषय में लिंगलिंगिभाव एवं अनुमानव्यापार की सिद्धि भी नहीं होती। यदि शब्दार्थज्ञान में लिङ्गलिङ्गिभाव मानकर अनुमान से उसकी सिद्धि की जाएगी, तो अर्थ की यथार्थता के कारण उसमें सम्यक्त्व अथवा मिथ्यात्व की प्रतीति नहीं होगी, जो काव्यजगत् में देखी जाती है। अनुमान से व्यङ्ग्यार्थ की सिद्धि करने पर तो 'भ्रम धार्मिक' का अर्थ 'मत घूमो' निकलेगा ही नहीं, क्योंकि इससे वक्ता के कथन में संदेह होगा ही नहीं।

व्यञ्जकत्व, वाच्यवाचकत्व पर आश्रित रहता है, यह तथ्य पहले भी कई बार स्पष्ट हो चुका है। इसलिए उसे भी शब्द का सम्बन्धी कहा जाता है। हाँ, यह सम्बन्ध शब्द से प्रत्यक्षतः न होकर परम्परित सम्बन्ध है। इसलिए वक्ता की विवक्षारूप व्यङ्ग्य में ही शब्द का व्यापार लिङ्गरूप में अनुमान से हो सकता है। (अर्थात् श्रोता अनुमान लगाता है कि वक्ता कुछ कहना चाहता है)। किन्तु उसकी विवक्षा का विषय क्या है? इसका प्रतिपादन वाचकत्व व्यापार से हो सकता है, अथवा दूसरे व्यापार से। यदि प्रतिपाद्य विषय वाच्य है, तो उसका अवबोधक व्यापार वाचकत्व अर्थात् अभिधा हो सकती है और विषय व्यङ्ग्य है तो संकेतग्रह के अभाव में वाचकत्व व्यापार प्रयुक्त नहीं हो सकता। अतएव दूसरा व्यापार मानना होगा और वह व्यापार है–व्यञ्जना।

व्यञ्जकत्व को लिङ्गत्वरूप मानें भी तो यह केवल लिङ्गत्वरूप नहीं होता। यह तो विना अनुमान के घटादि को प्रकाशित करने वाले दीपक में भी पाया जाता है। अतएव न तो वाच्यार्थ वाचक शब्द का अनुमेय है और न व्यङ्ग्यार्थ व्यञ्जक शब्द का अनुमेय है। अतएव वाचक-वाच्यभाव तथा व्यंजकव्यङ्ग्यभाव में लिङ्गलिङ्गिभाव नहीं होता। इसलिए व्यंजना का अन्तर्भाव अनुमान में नहीं हो सकता। वक्ता की विवक्षा को अनुमेय मानकर उसमें जो लिङ्गत्वभाव माना गया था, वह वाच्य नहीं है, वाच्यार्थ की उपाधिमात्र है। यदि प्रतिपाद्य विषय को अनुमेय माना जाएगा तो शब्दार्थ के विषय में उठने वाली शङ्काएँ निराधार हो जायेंगी और अनुमान से सिद्ध ज्ञान यथार्थ होने के कारण नीरस होगा, अतः काव्यत्व से दूर ही लगेगा। अनुमानवादी व्यङ्ग्यार्थ की सत्यता-असत्यता प्रमाणित करने के लिए अनुमान को आवश्यक मानते हैं, तो मानें। क्योंकि जिस प्रकार वाच्यार्थ के स्थलों में उसके सम्यक्त्व की प्रतीति के लिए अनुमान, अर्थापत्ति आदि दूसरे प्रमाण की आवश्यकता होती है, किन्तु वहाँ अभिधाव्यापार की प्रभुता नष्ट नहीं हो जाती। उसी प्रकार व्यङ्ग्यार्थावबोध में इन प्रमाणों से सहायता तो मिलती है, किन्तु व्यंजनाव्यापार का प्रभाव नष्ट नहीं हो जाता। वास्तविकता तो यह है कि काव्य में व्यङ्ग्यार्थप्रतीति के लिए सत्यासत्यपरीक्षण के लिए प्रमाणान्तर पर विचार-विमर्श करना व्यर्थ है। क्योंकि काव्य से शीघ्र आनन्द प्राप्ति के स्थान पर नीरसता का अनुभव होने लगेगा। अतएव अनुमानजन्य लिङ्गिप्रतीति सर्वत्र व्यङ्ग्यप्रतीति नहीं मानी जा सकती।[५९] आचार्य मम्मट ने तो आर्थी व्यंजना में शब्द को ही अर्थ का प्रमाण माना है; और प्रमाणों को नहीं।[६०]

उपर्युक्त विवेचन से स्पष्ट है कि आचार्य आनन्दवर्धन ने अभिव्यक्ति और अनुमिति को पर्याय

नहीं माना। उनके मत में जब वाच्यार्थ ही अनुमान का विषय नहीं है, तो व्यङ्ग्यार्थ कैसे हो सकता है। किन्तु इतना होने पर भी ध्वनिविरोधी आचार्य महिमभट्ट जो आनन्दवर्धन के परवर्त्ती थे, ने ध्वनि और व्यङ्ग्यार्थ को अनुमान का विषय माना है।[६१] आचार्य मम्मट और आचार्य विश्वनाथ ने आनन्दवर्धन द्वारा प्रतिष्ठाप्राप्त व्यंजनाव्यापार को पुनः प्रतिष्ठित करने के लिए महिमभट्ट के मतका विरोध करके अनुमान को, व्यंजना से होने वाले कार्य के लिए असमर्थ माना है। आचार्य विश्वनाथ के अनुसार–

नानुमानं रसादीनां व्यङ्ग्यानां बोधनक्षमम्।
आभासत्वं हेतूनां स्मृतिर्न च रसादिधीः॥

–साहित्यदर्पण, ५/४

अर्थात् रसादिरूप व्यङ्ग्यार्थ के बोधन में अनुमान समर्थ नहीं है। क्योंकि रसादि को अनुमेय मानने में जो हेतु दिए गये हैं। वे वास्तव में हेत्वाभास हैं। इसी प्रकार स्मृति भी रसादि की प्रतीति से भिन्न है।

उपर्युक्त कारिका के अनुसार रस, वस्तु और अलंकार व्यङ्ग्य हैं, अनुमेय नहीं– इस बात को सिद्ध करने के लिए महिमभट्ट के अनुमितिवाद का खण्डन क्रमशः प्रस्तुत है–

(१) व्यक्ति विवेककार महिमभट्ट के अनुसार विभावानुभावादि से रसादि की प्रतीति अनुमान द्वारा ही होती है। क्योंकि विभावानुभावव्यभिचारि आदि की प्रतीति ही रसादि की प्रतीति का साधन है। लोक में ये ही विभावानुभावादि व्यक्तियों के रत्यादि स्थायिभावों के अनुमापक हैं; वैसे ही काव्य में भी रत्यादि के अनुमापक हैं; और रसादि के निष्पादक हैं; इन्हीं से अनुमान द्वारा रत्यादि स्थायिभाव आस्वाद के विषय बनकर रस कहलाते हैं। इस प्रकार विभावादि प्रतीतिरूप साधन और रसादिप्रतीतिरूप और रसानुभूति में साधनसाध्यभाव मानकर उसे रसाभिव्यक्ति के स्थान पर रसानुमिति कहना चाहिए।

इस सम्बन्ध में दो प्रश्न उपस्थित होते हैं–

(क) क्या शब्दों से वर्णित अथवा अभिनय से प्रदर्शित विभावादि की प्रतीति से, रामादिगत रागादिभावों का ज्ञान ही रसरूप में माना जाए, अथवा (ख) काव्य-नाटक में वर्णित-प्रदर्शित विभावादि की भावना से भावित सहृदय सामाजिक के हृदय में उद्‌बुद्ध होने वाला स्वप्रकाशानन्द रस माना जाए? इनमें से पहले प्रश्न का उत्तर यह है कि ठीक है कि विभावादि की प्रतीति से रामादिगत रत्यादि की प्रतीति हो जाती है। किन्तु इससे यह स्पष्ट नहीं हो पाता कि रसानुमिति और रसाभिव्यक्ति एक ही तत्त्व हैं। इसके अतिरिक्त व्यंजनावादी आचार्य रामादिगत रत्यादि की प्रतीति को ही रस नहीं कह देते।

दूसरे प्रश्न का उत्तर यह है कि अनुमान द्वारा विभावादि से स्वप्रकाशानन्दरूप रस की सिद्धि नहीं हो सकती। क्योंकि इसमें अनुमान के दो तत्त्वों-व्याप्ति और सिद्धहेतु का अभाव है। इस बात को इस तरह समझा जा सकता है– यह सहृदय सामाजिक शृंगाररसवान् है। क्योंकि इसमें रामादिगत रत्यादिभाव का ज्ञान उसी प्रकार हो रहा है, जैसे दूसरे सहृदय सामाजिक में। किन्तु रसानुभूति में अनुमान की यह प्रक्रिया इसलिए ठीक नहीं है क्योंकि इसमें 'यत्र-यत्र धूमः तत्र-तत्र वह्निः' के

समान 'यत्र-यत्र रामादिगत इत्यादि प्रतीतिः, तत्र-तत्र श्रृंगार रस प्रतीतिः' जैसी व्याप्ति नहीं बनती। इसके अतिरिक्त किसी भी सामाजिक में रामादिगत रत्यादि की प्रतीति अवश्य विद्यमान है, ऐसी पक्षधर्मता भी नहीं है।

महिमभट्ट ने इसीलिए कहा है कि–'यत्र यत्रैवं विधानां विभावानुभावसात्त्विक सञ्चारिणामभिधानमभिनयो वा तत्र-तत्र श्रृंगारादिरसाविर्भावः' इति सुग्रहैव व्याप्तिः पक्षधर्मता च। इसके साथ ही उनका कहना है कि व्यङ्ग्यार्थ की सामग्री ही अनुमान की सामग्री है, तो रसाभिव्यक्ति के स्थान पर रसानुमितिवाद को ही मानना चाहिए।[६२]

साहित्यदर्पणकार ने महिमभट्ट की इस उक्ति का उत्तर दिया है कि यदि अनुमानप्रक्रिया के अनुसार उपर्युक्त व्याप्ति को मान भी लें तो 'रसध्वनि' की सिद्धि होगी, जो व्यञ्जनावादियों को अभीष्ट है। किन्तु अनुमानवादी आचार्य रसानुमिति को ही रसास्वाद मानते हैं, जबकि व्यञ्जनावादी आचार्य रस को स्वप्रकाशानन्द एकघनचमत्कारात्मक अनुभूति मानते हैं। क्योंकि रामादिगतरत्यादि की प्रतीति ही स्वप्रकाशानन्द रस का हेतु नहीं है। अनुमान की दृष्टि से यहाँ अर्थ से अर्थान्तर की सिद्धि होने के कारण हेत्वाभास भी उपस्थित हो जाता है। प्रमुख प्रतीयमानार्थ के रूप में प्रतिष्ठित रस अलौकिक आनन्द की प्रत्यक्ष अनुभूति का विषय होने के कारण अनुमेय नहीं हो सकता। स्पष्ट है कि रसध्वनि अनुमान का नहीं, व्यञ्जना का विषय है।[६३]

(२) व्यक्तिविवेककार ने वस्तुध्वनि को भी अनुमेय माना है और उसका उदाहरण दिया है–

भ्रम धार्मिक विस्त्रब्धः स शूनकोऽद्य मारितस्तेन।
गोदानदीकच्छकुञ्जवासिना दृप्तसिंहेन॥

आचार्य मम्मट और आचार्य विश्वनाथ ने इस उदाहरण में अनुमानवाद का खण्डन करके इसमें आनन्दवर्धनसम्मत वस्तुध्वनि को ही प्रतिष्ठित किया है। वाच्य से असम्बन्धित अर्थ तो प्रतीत होता नहीं। यदि वाच्य से असम्बद्ध अर्थ की प्रतीति मानी जाएगी, तो अव्यवस्था हो जाएगी। अतएव व्यंग्यव्यंजक सम्बन्ध मानना होगा और व्यंग्य-व्यंजक सम्बन्ध में भी व्याप्ति स्वीकार करनी होगी। यहाँ पर इस प्रकार व्याप्ति बनेगी–बोधक (व्यंजक) अर्थ लिङ्ग, बोध्य (व्यंग्यार्थ) लिङ्गी। बोधक अर्थ का पक्ष में रहना, सपक्ष में रहना और विपक्ष में न रहना। इसलिए यहाँ वाच्यार्थ रूप लिङ्ग से व्यङ्ग्यार्थ रूप लिङ्गी का ज्ञान अनुमान का ही विषय बनता है। किन्तु व्यक्ति विवेककार का मत ठीक नहीं है, क्योंकि–

(अ) घर में कुत्ता नहीं है, इसलिए वहाँ भ्रमण का विधान है और गोदावरी के किनारे सिंह है, इसलिए वहाँ भ्रमण का निषेध है– और यह विधान तथा निषेध अनुमिति का विषय है। अतएव जहाँ-जहाँ भीरु का भ्रमण होता है, वहाँ-वहाँ भय का कारण नहीं होता–यथा गृह; और जहाँ-जहाँ भय का कारण होता है, वहाँ-वहाँ भीरु का भ्रमण नहीं होता। अनुमान द्वारा ही इस अन्वय-व्यतिरेकव्याप्ति के घटित हो जाने से व्यंजना की आवश्यकता नहीं है। महिमभट्ट की यह व्याख्या अनैकान्तिक हेतु से युक्त है। भीरु व्यक्ति भी गुरु अथवा राजा के आदेश से, प्रिया के प्रति अनुराग से, अथवा युद्धादि के समय-भय के कारणों से युक्त स्थानों में जाता है। वीर पुरुष अस्पृश्यता के कारण कुत्ते से भले ही डर जाए, सिंह से नहीं डरता, इसलिए सिंह की उपलब्धि रूप भय का हेतु विरुद्ध भी है।

गोदावरी नदी के किनारे सिंह की उपस्थिति किसी प्रमाण से सिद्ध भी नहीं की गई। कुलटा के कहने से उसकी प्रामाणिकता सन्दिग्ध है, अतः हेतु असिद्ध भी है। दूषित हेतु से साध्य (व्यंग्यार्थावबोध) की सिद्धि न होने के कारण यहाँ अनुमान से कार्य सम्पन्न नहीं हो सकता। इसी प्रकार 'निःशेषच्युतचन्दनस्तनतटम्'। इस उदाहरण में भी चन्दनादि का पुँछना, अधरोष्ठ की लालिमा का नष्ट होना आदि के हेतु आलिङ्गनादि के अतिरिक्त, स्नानादि भी हो सकते हैं।

काव्यों के ऐसे सभी स्थल प्रमाण रहित होने के कारण, व्याप्ति रूप नियतधर्म और त्रिरूपलिङ्ग के अभाव होने के कारण अनुमान का विषय नहीं बनते। इनमें व्यंजनाव्यापार ही संगत है।[६४]

(३) व्यक्तिविवेककार महिमभट्ट तो–

जलकेलितरलकरतलमुक्तपुनः पिहितराधिकावदनः।
जगदवतु कोकयूनोर्विघटनसंघटनकौतुकी कृष्णः॥

इस श्लोक में रूपक अलंकार को व्यंग्य न मानकर अनुमेय मानेंगे। क्योंकि उनके मत में यहाँ अपने दर्शन-अदर्शन से, चक्रवाकमिथुन के संघटन-विघटन का कारण बनने वाला राधिका का मुख चन्द्रमा है, ऐसा अनुमान होता है। किन्तु उनका यह मत असंगत है। क्योंकि चन्द्र के अतिरिक्त दूसरा भी भयंकर पदार्थ अपनी उपस्थिति-अनुपस्थिति से चक्रवाक-मिथुन के संयोग-वियोग का कारण बन सकता है। अत एव चन्द्ररूप हेतु अनैकान्तिक है।

वस्तुध्वनि और अलंकारध्वनि में भ्रमणनिषेध एवं चन्द्रारोप एकान्तिक हेतु के रूप में सिद्ध नहीं हो पाए हैं। इसलिए स्पष्ट है कि व्यंजना का कार्य अनुमान से नहीं हो सकता। वस्तुतः काव्यों में कवि अपनी प्रतिभा के बल से बहुत-सी रमणीय उद्भावनाएँ करता है, जिनकी प्रामाणिकता सिद्ध करने पर हेतु हेत्वाभास में परिणत होकर अनुमान की संभावना को असंभव बना देता है। ऐसे स्थलों में व्यंजना मानते ही सब आपत्तियाँ नष्ट हो सकती हैं और व्याप्ति तथा हेतु की नित्यधर्मिता सिद्ध करने का व्यर्थ परिश्रम नहीं करना पड़ता।[६५]

अनुमान की भाँति ही अर्थापत्ति, सूचनबुद्धि और स्मृति भी व्यंग्यार्थ बोध में असमर्थ है। अत-एव व्यंजना मान्य है।[६६]

महिमभट्ट तो अभिधामूला व्यंजना के उदाहरणों में भी दूसरे व्यंग्यार्थ की सत्ता नहीं मानेंगे। जबकि यहाँ सहृदयश्लाघ्य रमणीय प्रतीयमानार्थ की शोभा अनुभूति का विषय बनती है।[६७] उनके इस दृष्टिकोण को साहित्यदर्पणकार ने 'गजनिमीलिका' ही कहकर उसे प्रमादपूर्ण दृष्टिकोण सिद्ध कर दिया है। विश्वनाथ का तात्पर्य है कि जैसे गर्वोन्मत्त हाथी अपनी छोटी-सी आँखों को सिकोड़कर और भी छोटा कर लेता है, फलस्वरूप वास्तविकता का दर्शन नहीं कर पाता। वैसे ही महिमभट्ट ने भी अनुमान से व्यंग्यार्थावबोध करने की हठधर्मिता के कारण रमणीयता के ऐश्वर्य से युक्त व्यंजना की उपेक्षा कर दी है।[६८]

उपर्युक्त विस्तृत विवेचन से स्पष्ट है कि व्यंजनावृत्ति सम्मान्यावृत्ति है। क्योंकि यह वृत्ति ऐसे स्थलों पर काव्य के मर्मावबोध की अभिव्यक्ति कराती है,, जहाँ अभिधा, लक्षणा, तात्पर्यादि शब्द व्यापारों की गति कुण्ठित हो जाती है। इस शब्दवृत्ति को मानने से एक लाभ और भी होगा, वह यह कि अनुमान, अर्थापत्ति आदि प्रमाणों से अर्थ की सत्यता-असत्यता का परीक्षण करने के नीरस

और व्यर्थ प्रयास की भी अपेक्षा नहीं रहेगी। इसके अतिरिक्त अभिधा, लक्षणा आदि शब्दवृत्तियाँ तथा अनुमान, अर्थापत्ति आदि प्रमाण व्यंजनावृत्ति के सहकारितत्त्व हैं, इसलिए इनमें से किसी में भी व्यंजना का अन्तर्भाव नहीं हो सकता। आचार्य आनन्दवर्धनादि आचार्यों ने व्यंग्यार्थरूप ध्वनि काव्य की प्रतिष्ठा की है और सर्वाधिक, हृद्य, रम्य, आस्वाद्य रसध्वनि को काव्य की आत्मा बताया है। इस रमणीय और काव्य के शीर्षस्थ प्रयोजन के अवबोध के लिए व्यंजनावृत्ति को मानने के अतिरिक्त और कोई उपाय नहीं है।*

सन्दर्भ

१. वामन शिवराम आप्टे, संस्कृत-हिन्दी-कोश, पृ०सं० ९८३

२. (क) भर्तृहरि, वाक्यपदीय, ब्रह्मकाण्ड, कारिका ७५-८४, ९३-१०६
(ख) ध्वन्यालोक, १/१३ की व्याख्या से।
(ग) काव्य प्रकाश, १/४ के उत्तरार्ध की व्याख्या।
(घ) ध्वन्यालोक (लोचनटीका) पृ०सं० २४१-२५१

३. काव्यालंकार, ३/८-९

४. उद्भट, काव्यालंकारसारसंग्रह और लघुवृत्ति की व्याख्या, पृ०सं० ३५९

५. काव्यादर्श, २/२९५

६. (क) अग्निपुराण, ३४५/१६
(ख) काव्यालंकार, २/७९
(ग) ध्वन्यालोक, १/१३

७. वाक्यपदीय, २/३१५-१६

८. (क) काव्यप्रकाश, २/१९ और उसके बाद की व्याख्या।
(ख) साहित्यदर्पण, २/१४ और उसके बाद की व्याख्या।
(ग) अलंकारकौस्तुभ, २/३१ और उसके बाद की व्याख्या।
(घ) कोविदानन्द, व्यंजनानिरूपण, २-४
(ङ) त्रिवेणिका, व्यंजनाप्रकरण, पृ०सं० २५

९. रसगंगाधर, द्वितीय आनन, पृ०सं० २-३४

१०. (क) अलंकारकौस्तुभ, २/३२, ३३
(ख) कोविदानन्द, व्यंजनानिरूपण २, ४
(ग) नञ्जराजयशोभूषण, पृ०सं० २१

११. (क) काव्यप्रकाश, ४/४१ के उत्तरार्ध का पहला भाग।
(ख) साहित्यदर्पण, ४/९ के उत्तरार्ध का पहला भाग।
(ग) नञ्जराजयशोभूषण, पृ०सं० १६
(घ) अलंकारकौस्तुभ, ३/४५
(ङ) कोविदानन्द, व्यंजनानिरूपण, ३ का पूर्वार्ध।

१२. साहित्यदर्पण, २/१७ की व्याख्या में।

१३. (क) काव्यप्रकाश, २/२०; ३/२३
(ख) साहित्यदर्पण, २/१८

१४. (क) ध्वन्यालोक, १/१३

(ख) काव्यप्रकाश, १/४ का उत्तरार्ध।
(ग) साहित्यदर्पण, ४/१ का उत्तरार्ध।
(घ) रसगंगाधर, १/पृ०सं० ३६
(ङ) अलंकारकौस्तुभ, १/६
१५. (क) ध्वन्यालोक, १/कारिका ४ की व्याख्या।
(ख) काव्यप्रकाश, ५/कारिका ४७ की व्याख्या।
(ग) साहित्यदर्पण, ५/१ कारिका की व्याख्या।
१६. (क) काव्यप्रकाश, २/१५ का चतुर्थचरण, १६; ५/४७वीं कारिका के पश्चात् का गद्यभाग।
(ख) साहित्यदर्पण, ५/३ और उसकी व्याख्या।
१७. (क) काव्यप्रकाश, २/१४ का उत्तरार्ध, १५; ५/४७वीं कारिका के बाद का गद्यभाग।
(ख) संस्कृतनिबन्धावली, पृ०सं० ६३
१८. (क) काव्यप्रकाश, २/१९; ५/४७वीं कारिका के बाद का गद्य भाग।
(ख) साहित्यदर्पण, २/१४ की व्याख्या।
१९. (क) काव्यप्रकाश, ५/४७ का गद्यभाग।
(ख) प्रतापरूद्रीय, काव्यप्रकरण, उदाहरण १४ के पूर्व।
२०. (क) काव्यप्रकाश, २/कारिका ६ के बाद की व्याख्या; कारिका ८ के पूर्वार्द्ध की व्याख्या; ५/४७ की व्याख्या।
(ख) संस्कृत निबन्धावली, पृ०सं० ६३
२१. (क) ध्वन्यालोकलोचन, १/पृ०सं० ९५-१००
(ख) काव्यप्रकाश, ५/४७ की व्याख्या का अंश।
२२. (क) काव्यप्रकाश, ४/२७-२८ की व्याख्या के अन्तर्गत।
(ख) साहित्यदर्पण, ३/२०, २१ का प्रथम चरण।
२३. (क) ध्वन्यालोकलोचन, १/पृ०सं० ९४
(ख) काव्यप्रकाश, ५/४७ की व्याख्या का भाग।
(ग) साहित्यदर्पण, ५/१ कारिका की व्याख्या का भाग।
(घ) अलंकारकौस्तुभ, २/२९ की व्याख्या।
(ङ) साहित्यसुधासिन्ध, २/१९ की कारिका के बाद।
(च) कोविदानन्द, व्यंजनानिरूपण, २५-३०
२४. ध्वन्यालोक, १/४ कारिका से सम्बद्ध उदाहरण।
२५. ध्वन्यालोक, १/१३; ३/३३ की व्याख्या का भाग।
२६. ध्वन्यालोक, ३/३३ की व्याख्या का भाग।
२७. (क) ध्वन्यालोक, १/८ के पूर्वार्द्ध की व्याख्या; ३/३३ की व्याख्या।
(ख) काव्यप्रकाश, ५/४७ की व्याख्या।
२८. ध्वन्यालोक, ३/३३ की व्याख्या से।
२९(क). वही, वही।
२९(ख). (क) ध्वन्यालोक, १/४ की व्याख्या।
(ख) काव्यप्रकाश, ५/४७ के पश्चात् का गद्यभाग।
(ग) साहित्यदर्पण, ५/२ की व्याख्या।

(घ) कोविदानन्द, व्यंजनानिरूपण, ३१-३२

३०. (क) ध्वन्यालोक, १/७

(ख) काव्यप्रकाश, ५/४७वीं कारिका के बाद का गद्यभाग।

(ग) साहित्यदर्पण, ५/२ का व्याख्या भाग।

(घ) कोविदानन्द, व्यंजनानिरूपण, ३३ का पूर्वार्द्ध।

३१. (क) ध्वन्यालोक, १/४ से सम्बन्धित उदाहरण।

(ख) काव्यप्रकाश, ५/४७वीं कारिका के बाद की व्याख्या।

(ग) साहित्यदर्पण, ५/२ का व्याख्या भाग।

३२. (क) काव्यप्रकाश, ५/४७वीं कारिका के बाद की व्याख्या।

(ख) साहित्यदर्पण, ५/२ कारिका की व्याख्या।

३३. (क) ध्वन्यालोक, १/१२

(ख) काव्यप्रकाश, ५/४७वीं कारिका के बाद की व्याख्या।

(ग) साहित्यदर्पण, ५/२ कारिका की व्याख्या।

(घ) कोविदानन्द, व्यंजनानिरूपण, ३२ का उत्तरार्ध।

३४. (क) काव्यप्रकाश, ५/४७वीं कारिका की व्याख्या।

(ख) साहित्यदर्पण, ५/२ कारिका की व्याख्या।

३५. (क) काव्यप्रकाश, ५/४७वीं कारिका की व्याख्या।

(ख) साहित्यदर्पण, ५/२ कारिका की व्याख्या।

(ग) कोविदानन्द, व्यंजनानिरूपण, ३१ का उत्तरार्ध।

३६. (क) काव्यप्रकाश, ५/४७वीं कारिका की व्याख्या।

(ख) साहित्यदर्पण, ५/२ कारिका की व्याख्या।

(ग) कोविदानन्द, व्यंजनानिरूपण, ३१ का पूर्वार्ध।

३७. (क) ध्वन्यालोक, ३/३३ की व्याख्या।

(ख) साहित्यदर्पण, २/१७ की व्याख्या; ५/२ की व्याख्या।

(ग) कोविदानन्द, व्यंजनानिरूपण, ३२ का पूर्वार्ध।

३८. (क) ध्वन्यालोक, १/४ की व्याख्या से।

(ख) काव्यप्रकाश, ५/४७ की व्याख्या से।

(ग) साहित्यदर्पण, ५/२ की व्याख्या से।

३९. काव्यप्रकाश, ५/४७ की व्याख्या।

४०. वही, वही।

४१. काव्यप्रकाश, ५/४७ की व्याख्या।

४२. काव्यप्रकाश, ५/४७ से सम्बन्धित व्याख्या एवं उदाहरण।

४३. (क) ध्वन्यालोक, ३/३३ की व्याख्या।

(ख) काव्यप्रकाश, २/१५ का चतुर्थ चरण, १६; ५/४७वीं कारिका के पश्चात् का गद्यभाग।

(ग) साहित्यदर्पण, ५/३ और उसकी व्याख्या।

(घ) कोविदानन्द, व्यंजनानिरूपण, ३४

४४. (क) ध्वन्यालोक, १/१७

(ख) काव्यप्रकाश, २/१४ के उत्तरार्ध से १८ के पूर्वार्ध तक।

(ग) साहित्यदर्पण, २/१०; ५/३
(घ) म०म० गोकुलनाथोपाध्याय, रसमहार्णवः, पृ०सं० १२
(ङ) साहित्यसुधासिन्धु, २/१९ के बाद।
(च) अलंकारकौस्तुभ, २/२९ की व्याख्या में।
(छ) कोविदानन्द, व्यंजनानिरूपण, २१-२३
४५. (क) ध्वन्यालोक, १/१८; ३/३३ की व्याख्या।
(ख) काव्यप्रकाश, ५/४७वाँ कारिका की व्याख्या।
४६. काव्यप्रकाश, ५/४७वीं कारिका की व्याख्या।
४७. (क) ध्वन्यालोक, १/१८ की व्याख्या; ३/३३ की व्याख्या
(ख) काव्यप्रकाश, ५/४७ की व्याख्या।
४८. (क) ध्वन्यालोक, १/१८
(ख) काव्यप्रकाश, ५/४७ की व्याख्या।
४९. ध्वन्यालोक, ३/३३ की व्याख्या।
५०. ध्वन्यालोक, ३/३३ की व्याख्या।
५१. वही, वही।
५२. ध्वन्यालोक, ३/३३ कारिका की व्याख्या।
५३. (क) अभिनवभारती, ६/३१ की व्याख्या।
(ख) काव्यप्रकाश, ४/२७-२८ की व्याख्या।
५४. (क) वेदान्तसार, पृ०सं० ६८-८२
(ख) काव्यप्रकाश, ५/४७वीं कारिका की व्याख्या।
५५. (क) वाक्यपदीय, २/२३९-२४०
(ख) काव्यप्रकाश, ५/४७ की व्याख्या।
५६. परमलघुमञ्जूषा, पृ० सं० २०
५७. (क) वाक्यपदीय, १/७५-८४, ९३-१०६;
(ख) महाभाष्य, १/पृ०सं० ४
(ग) ध्वन्यालोक, १/१३ तथा ३/३३ की व्याख्या;
(घ) काव्यप्रकाश, १/४ की व्याख्या।
५८. प्रस्तुत शोधलेख, पृ०सं० १५९-१६०
५९. ध्वन्यालोक, ३/३३ की व्याख्या।
६०. काव्यप्रकाश, ३/२३
६१. व्यक्तिविवेक, १/१
६२. व्यक्तिविवेक, पृ०सं० ४७७; ३/३१ कारिका
६३. साहित्यदर्पण, ५/४ की व्याख्या।
६४. (क) व्यक्तिविवेक, पृ०सं० ४६४-४६६
(ख) काव्यप्रकाश, ५/४७वीं कारिका की व्याख्या।
(ग) साहित्यदर्पण, ५/४ कारिका की व्याख्या।
(घ) प्रतापरूद्रीय, काव्यप्रकरण, उदाहरण १४
(ङ) साहित्यसुधासिन्धु, २/१९ के बाद

(च) कोविदानन्द, व्यंजनानिरूपण, ३५
(छ) त्रिवेणिका, व्यंजनाप्रकरण, पृ०सं० २७-२८
(ज) अलंकारकौस्तुभ, १/२९ कारिका की व्याख्या।

६५. साहित्यदर्पण, ५/४ कारिका की व्याख्या।

६६. साहित्यदर्पण, ५/४ कारिका की व्याख्या।

६७. (क) व्यक्तिविवेक, पृ०सं० ४७८-४७९
(ख) काव्यप्रकाश, २/१९ का उदाहरण।
(ग) साहित्यदर्पण, २/१४ का उदाहरण; ५/४ की व्याख्या।
(घ) साहित्यसुधासिन्धु, २/१९ का उदाहरण।
(ङ) अलंकारकौस्तुभ, २/२९ का उदाहरण।

६८. साहित्यदर्पण, ५/४ कारिका की व्याख्या।

* प्रस्तुत शोधलेख प्रतिष्ठित काव्यशास्त्रीय ग्रन्थ 'भारतीय काव्यशास्त्र मीमांसा' १९९५ में प्रकाशित है।

सहायक-सन्दर्भ ग्रन्थ

१. अग्निपुराण, महर्षि वेदव्यास, चौखम्बा संस्कृत सीरीज आफिस, वाराणसी, प्रथमसंस्करण, १९६६

२. अभिधावृत्तिमातृका, मुकुलभट्ट, इन्दु प्रकाशन, दिल्ली-७ प्रथम संस्करण, १९७७

३. अभिनवभारती, अभिनवगुप्त, हिन्दी विभाग, दिल्ली विश्वविद्यालय दिल्ली, द्वितीय संस्करण, १९८१

४. अलङ्कारकौस्तुभ, कविकर्णपूर, परिमल पब्लिकेशन्स, दिल्ली-७ प्रथम संस्करण, १९८१

५. आधुनिक संस्कृत काव्यशास्त्र, डॉ० आनन्दकुमार श्रीवास्तव, ईस्टर्न बुक लिंकर्स, दिल्ली-७, प्रथम संस्करण, १९९०

६. काव्यप्रकाश, मम्मट (विश्वेश्वर) ज्ञानमण्डल वाराणसी, तृतीय संस्करण, १९६७

७. काव्यप्रकाश, मम्मट (वामन झलकीकर), भण्डारकर रिसर्च इंस्टीट्यूट पूना, षष्ठ संस्करण, १९५०

८. काव्यादर्श, दण्डी, चौखम्बा विद्याभवन, वाराणसी, द्वितीय संस्करण, १९७२

९. काव्यालंकार, भामह, चौखम्बा संस्कृत संस्थान वाराणसी, द्वितीय संस्करण, १९८१

१०. काव्यालंकारसंग्रह, उद्भट, भण्डारकर इन्स्टीट्यूट पूना, प्रथम संस्करण, १९२५

११. चित्रमीमांसा, अप्पयदीक्षित, चौखम्बा संस्कृत सीरीज आफिस, वाराणसी, प्रथम संस्करण, १९७१

१२. दशरूपक, धनञ्जय, चौखम्बा विद्याभवन, वाराणसी, पञ्चम संस्करण, १९७६

१३. ध्वनिकल्लोलिनी, आचार्य आनन्द झा, कामेश्वर सिंह, दरभंगा, संस्कृत विश्वविद्यालय, दरभंगा, प्रथम संस्करण, १९७८

१४. ध्वन्यालोक, आनन्दवर्धन (विश्वेश्वर), ज्ञानमण्डल लिमिटेड, वाराणसी, द्वितीय संस्करण, १९७१

१५. ध्वन्यालोक लोचनटीका (डॉ० रामसागर त्रिपाठी) मोतीलाल वनारसी दास, प्रथम उद्योत पुनर्मुद्रित संस्करण, १९७९, द्वितीय उद्योत, द्वितीय संस्करण,१९७५, उत्तरार्ध, प्रथम संस्करण १९८३

१६. ध्वनिसिद्धान्त, डॉ० राममूर्त्ति शर्मा, अजन्ता पब्लिकेशन्स, दिल्ली, प्रथम संस्करण, १९८०

१७. ध्वनिसिद्धान्तः विरोधी, उनकी मान्यताएँ, डॉ० सुरेशचन्द्र पाण्डेय। वसुमती प्रकाशन, ६०२ दारागंज इलाहाबाद-६, प्रथम संस्करण, १९७२

१८. नञ्जराजयशोभूषण, अभिनव कालिदास, ऑरियण्टल इन्स्टीट्यूट, बड़ौदा, प्रथम संस्करण, १९३०

१९. नाट्यशास्त्र, भरतमुनि, चौखम्बा संस्कृत संस्थान, वाराणसी, द्वितीय संस्करण, १९८०

२०. परमलघुमञ्जूषा, नागेश भट्ट, कामेश्वरसिंह दरभंगा संस्कृत विश्वविद्यालय, दरभंगा, प्रथम संस्करण, १९८३

२१. प्रतापरूद्रीय, विद्यानाथ, कृष्णदास अकादमी, वाराणसी, प्रथम संस्करण, १९८१

२२. महाभाष्य, पतञ्जलि (१-३ आह्निक) पं० चारुदेव शास्त्री, मोतीलाल बनारसीदास, वाराणसी, द्वितीय संस्करण, १९७१

२३. रसगंगाधर, पण्डितराज जगन्नाथ, चौखम्बा विद्याभवन (प्रथम आनन) तृतीय संस्करण, १९७०, (द्वितीय आनन), तृतीय संस्करण, १९८३

२४. रसमहार्णव, म०म० गोकुलनाथोपाध्याय, कामेश्वरसिंह दरभंगा संस्कृत विश्वविद्यालय, दरभंगा, प्रथम संस्करण, १९८१

२५. वक्रोक्तिजीवित, राजानक कुन्तक, चौखम्बा संस्कृत संस्थान, वाराणसी, तृतीय संस्करण १९८०

२६. वाक्यपदीय, भर्तृहरि, पुण्यपत्तन विद्यापीठ, संस्कृत प्राकृत ग्रन्थमाला, पूना, १९६५

२७. वाग्भटालंकार, वाग्भटाचार्य, श्रीवेंकटेश्वर स्टीम यन्त्रालय, बम्बई, प्रथम संस्करण, १९०५

२८. वृत्तिसमुच्चय (कोविदानन्द, त्रिवेणिका) आशाधरभट्ट, इन्दु प्रकाशन, रूपनगर, दिल्ली-७, प्रथम संस्करण, १९७८

२९. वेदान्तसार, श्रीसदानन्द, चौखम्बा विद्याभवन, वाराणसी, पंचम संस्करण १९६८

३०. वैयाकरणभूषणसार कौण्डभट्ट, पं० तारकेश्वर चतुर्वेदी शास्त्री, वाराणसी, प्रथम संस्करण, १९४७

३१. व्यक्तिविवेक, महिमभट्ट, चौखम्बा संस्कृत सीरीज आफिस, वाराणसी, प्रथम संस्करण, १९६४

३२. व्यञ्जना और नवीन कविता, पं० राममूर्त्ति त्रिपाठी, नागरी प्रचारिणी सभा, वाराणसी, प्रथम, १९५७

३३. व्यञ्जना विमर्श, रविशंकर नागर, वन्दना प्रकाशन, सी-६/१६ मॉडल टाउन, दिल्ली-९, प्रथम संस्करण, १९७७

३४. सरस्वतीकण्ठाभरण, भोजदेव, निर्णयसागर प्रेस, बम्बई, द्वितीय संस्करण, १९३४

३५. संस्कृत निबन्धावली, डॉ० हरिनारायण दीक्षित, ईस्टर्न बुक लिंकर्स, दिल्ली-७, प्रथम संस्करण, १९८५

३६. संस्कृत-हिन्दी कोश, वामनशिवराम आप्टे, मोतीलाल बनारसीदास, वाराणसी, प्रथम संस्करण,१९६६

३७. साहित्यदर्पण, विश्वनाथ, चौखम्बा विद्याभवन, वाराणसी, चतुर्थ संस्करण, १९७६

३८. साहित्यमीमांसा, राजानक रूय्यक, गवर्नमेण्ट प्रेस, त्रिवेन्द्रम, प्रथम संस्करण, १९३४

३९. साहित्यसुधासिन्धु, आचार्य विश्वनाथदेव, भारतीय विद्या प्रकाशन, दिल्ली, प्रथम संस्करण,१९७८

चम्पूकाव्य का स्वरूप एवं उसका क्षेत्र

काव्य के दो प्रमुख भेद हैं–दृश्यकाव्य और श्रव्यकाव्य। दृश्यकाव्य उन्हें कहा जाता है, जो दर्शकों का मनोरंजन करने तथा उन्हें शिक्षा प्रदान करने के लिए अभिनेताओं द्वारा रंगमंच पर अभिनीत किए जाते हैं। दृश्यकाव्य के दश प्रमुख भेद हैं–नाटक, प्रकरण, भाण, व्यायोग, समवकार, डिम, ईहामृग, अंक, वीथी तथा प्रहसन। श्रव्यकाव्य उन्हें कहते हैं, जिन्हें सुना और पढ़ा जाता है। श्रव्यकाव्य के सर्वप्रथम तीन भेद किए जाते हैं–गद्यकाव्य, पद्यकाव्य तथा गद्यपद्यात्मक काव्य।[१] गद्यकाव्य के दो प्रमुख भेद हैं–कथा तथा आख्यायिका। पद्यकाव्य के भी दो प्रमुख भेद हैं–प्रबन्धकाव्य तथा मुक्तक काव्य। गद्यपद्यात्मक अर्थात् मिश्रकाव्य के भी दो भेद हैं–प्रख्यात एवं प्रकीर्ण।[२] यह प्रख्यात भेद ही चम्पूकाव्य है और काव्य की इसी विधा का परिचय प्रस्तुत लेख में दिया जा रहा है।

चम्पूकाव्य का परिचय प्राप्त करने के लिए काव्यशास्त्रियों द्वारा रचे गए इस काव्यविधा के लक्षण, चम्पूकाव्यरचयिताओं द्वारा अपनी रचनाओं में दिए गए इस काव्यविधा के लक्षण और इस काव्यविधा के स्रोत पर विचार करना आवश्यक है।

(क) काव्यशास्त्रियों द्वारा प्रस्तुत चम्पूकाव्य का लक्षण

आचार्य दण्डी

मिश्राणि नाटकादीनि तेषामन्यत्र विस्तरः।
गद्यपद्यमयी काचिच्चम्पूरित्यभिधीयते॥

–काव्यादर्श, १/१३

अग्निपुराणकार

मिश्रं वपुरीति ख्यातं प्रकीर्णमिति च द्विधा।

–अग्निपुराण, ३३७/३८

हेमचन्द्र

गद्यपद्यमयी सांका सोच्छ्वासा चम्पूः।

–काव्यानुशासन, ८/९

विश्वनाथ

गद्यपद्यमयं काव्यं चम्पूरित्यभिधीयते।

–साहित्यदर्पण, ६/३३६ का उत्तरार्ध

विद्यानाथ

गद्यपद्यमयं काव्यं चम्पूरित्यभिधीयते।

—प्रतापरुद्रीयम्, काव्यप्रकरण, ७२ का उत्तरार्ध

अभिनव कालिदास नरसिंह कवि

गद्यपद्यमयं काव्यं चम्पूरित्यभिधीयते।

—नञ्जराजयशोभूषण, ३/पृ०सं० १६

अज्ञात

गद्यपद्यमयी साङ्का सोच्छ्वासा कविगुम्फिता।
उक्तिप्रत्युक्तिविष्कम्भशून्या चम्पूरुदाहृता॥

श्री देवज्ञपण्डितसूर्यप्रणीत नृसिंहचम्पू की भूमिका में
डॉ० सूर्यकान्तशास्त्री द्वारा प्रस्तुत।

उपर्युक्त सभी लक्षणों को देखने से ज्ञात होता है कि सभी काव्यशास्त्री 'गद्यपद्यमयता' को चम्पू की आवश्यक विशेषता मानते हैं। इसके अतिरिक्त कुछ आचार्य अंकों का विभाजन, उच्छ्वासों का विभाजन उक्ति-प्रत्युक्ति का अभाव तथा विष्कम्भक का अभाव आदि को भी चम्पूकाव्य की विशेषताएँ मानते हैं।

(ख) चम्पूकाव्यरचयिताओं द्वारा प्रस्तुत चम्पूकाव्य का लक्षण एवं स्वरूप

त्रिविक्रमभट्ट

संगता सुरसार्थेन रम्या मेरुचिराश्रया।
नन्दनोद्यानमालेव स्वस्थैरालोक्यतां कथा॥
उदात्तनायकोपेता गुणवद्वृत्तमुक्तका।
चम्पूश्च हारयष्टिश्च केन न क्रियते हृदि॥

—नलचम्पू, १/२४-२५

सोमदेवसूरि

न गद्यं पद्यमिति वा सतां कुर्वीत गौरवम्।
किन्तु किंचित्स्वसंवेद्यमन्यत्सुखमिव स्त्रियाः॥

—यशस्तिलकचम्पू, १/२४

हरिचन्द्र

गद्यावली पद्यपरम्परा च प्रत्येकमव्यावहति प्रमोदम्।
हर्षं प्रकर्षं तनुते मिलित्वा द्राक्बाल्यतारुण्यवतीव कन्या॥

—जीवन्धरचम्पू, १/९

भोजराज

गद्यानुबन्धरसमिश्रितपद्यसूक्ति-
र्हृद्या हि वाद्यकलया कलितेव गीतिः।
तस्माद्दधातु कविमार्गजुषां सुखाय
चम्पूप्रबन्धरचना रसना मदीया॥

—चम्पूरामायण, १/३

कृष्णदत्त

येनान्यूनगुणा सुवर्णवलितालङ्कारसम्भाविता।
नानाश्लेषवती चमत्कृतपदा सभ्येन सम्भाव्यसे॥

××× ××× ×××

चम्पूं गुम्फितमुद्यतोऽस्मि यदहं तत्रावलम्बः शिवः॥

—जानराजचम्पू, श्लोक सं० ५ का पूर्वार्द्ध, ६ का उत्तरार्ध।

जीवराज

मदयति मनो मदीयं तनुजघनभारतीरसविलासः।
किमु सुतनु नीरविहारो नहि नहि चम्पूविहारोऽयम्॥

—गोपालचम्पू, अन्तिम पद्य।

वेंकटाध्वरि

पद्यं यद्यपि विद्यते बहु सतां हृद्यं विगद्यं न तद्
गद्यं च प्रतिपद्यते न विजहत्पद्यं बुधास्वाद्यताम्।
आदत्ते हि तयोः प्रयोग उभयोरामोदभूमोदयं
सङ्गः कस्य हि न स्वदेत मनसे माध्वीक-मृद्वीकयोः॥

—विश्वगुणादर्शचम्पूः, उपोद्घात, ४

श्री अण्णयार्य

लोके श्लोकाननेकान् विदधति कृतिनः श्रीकरास्तोकपाका-
नेके गद्यानि हृद्यान्यतिमधुरपदास्वाद्यपद्यानि चान्ये।
पार्श्वाभिव्यक्तमुक्ताफलकलनकनत्पद्मरागोज्ज्वलो स्त्रग्
बन्धच्छायानुबद्धं रचयति कविराडेष चम्पूप्रबन्धम्॥

—तत्त्वगुणादर्शचम्पू, १/४

पद्मराज

पद्यैरनवद्यैरपि-गद्यैर्ललितास्तुद्यैकृतिभिरियं हृद्या।
तुलसीप्रवालविचकिलकलिता मालेव भगवतः शौरेः॥

—बालभागवतचम्पू

अप्पादीक्षित

गुणगणमणिमालालंकृतं गद्यपद्यैः
धरत हृदि बुधेन्द्राः साधु चम्पू-प्रबन्धम्॥

—गौरीमयूरमाहात्म्यम्, उपान्तिम श्लोक।

शरभोजी द्वितीय

पद्यं हृद्यमपीह गद्यरहितं धत्ते न हृद्यास्पदं,
गद्यं पद्यविवर्जितं च भजते नास्वाद्यतां मानसे।
साहित्यं हि तयोर्द्वयोरपि सुधामाध्वीकयोर्योगवत्
सन्तोषं हृदयाम्बुजे वितनुते साहित्यविद्याविदाम्॥

—कुमारसम्भवचम्पू, १/६

आचार्य ज्ञानसागर

सम्पल्लवैः समाराध्या प्रवृत्तालम्बना क्वचित्।
वनितेव लतेवाथ मदुक्तिः प्रीतये सताम्॥

—दयोदयचम्पू, १/८

मिश्रितप्रबंध काव्य 'चम्पूकाव्य' के सम्बन्ध में चम्पूकाव्य रचयिताओं के उपर्युक्त विचारों को देखने के पश्चात् कहा जा सकता है कि लक्षणग्रन्थों में चम्पूकाव्य के लक्षण और स्वरूप को प्रतिष्ठापित करने में उपेक्षा का व्यवहार किया गया, अथवा यह भी कहा जा सकता है कि लक्षणकारों के समक्ष इस काव्यविधा का कोई आदर्श उदाहरण नहीं था, जिसको देखकर वे लक्षण बनाते। यद्यपि चम्पूकाव्यकारों ने भी 'चम्पूकाव्य' का कोई स्पष्ट लक्षण नहीं दिया है, तथापि उनके विचारों को जानकर तथा उनके द्वारा रचित चम्पूकाव्यों का अध्ययन करने के पश्चात् यह तथ्य हमारे सामने आता है कि चम्पूकाव्यकार इस काव्यविधा को इस दृष्टि से महत्त्वपूर्ण मानते हैं कि इसमें पद्यकाव्य अथवा गद्यकाव्य को निरन्तर पढ़ने से अथवा सुनने से एकरसता नहीं आती। क्योंकि इसमें गद्य तथा पद्य का मिश्रित प्रयोग होता है। सुधी समीक्षक और पाठक यह धारणा अपने हृदय में न लाएँ कि चम्पूकाव्यकार गद्यकाव्य अथवा पद्यकाव्य निर्माण में असमर्थ हैं, अपितु इस काव्य के निर्माण में उनका उद्देश्य पाठकों को मिश्रित आनन्द की अनुभूति कराना है।

(ग) समालोचकों की दृष्टि में चम्पूकाव्य का स्वरूप

डॉ० छविनाथ त्रिपाठी

(क) **सालंकृतं सम्बन्धं गद्यपद्यमयं काव्यं चम्पूरित्यभिधीयते।**
(ख) **गद्यपद्यमयं श्रव्यं सम्बन्धं बहुवर्णितम्।**
सालङ्कृतं रसैः सिक्तं चम्पूकाव्यमुदाहृतम्॥

—चम्पूकाव्य का आलोचनात्मक एवं ऐतिहासिक अध्ययन, पृ० सं० ४९

उपर्युक्त मतों की समीक्षा एवं चम्पूकाव्य की विशेषताएँ

(क) गद्य-पद्य-मिश्रण : आशंका और समाधान

प्रायः सभी काव्यशास्त्रियों एवं चम्पूकाव्यकारों ने 'गद्य-पद्यमयता' को 'चम्पूकाव्य' की अनिवार्य विशेषता माना है। किन्तु चम्पूकाव्य की यह गद्य-पद्य मिश्रणात्मक विशेषता कुछ लोगों को भ्रामक तथा अतिव्याप्ति दोष से युक्त प्रतीत हो सकती है। क्योंकि गद्य-पद्य का मिश्रण काव्य की कतिपय अन्य विधाओं में भी मिलता है। अतः इस आशंका का विवेचनपूर्वक समाधान प्रस्तुत किया जा रहा है। हमारे अग्निपुराणकार ने मिश्रित काव्य के जो दो भेद किए हैं[३] उनमें 'ख्यात' शब्द चम्पूकाव्य के लिए और 'प्रकीर्ण' शब्द मुक्तक मिश्रित काव्यों के लिए प्रयुक्त हुआ है। बाद में आचार्य विश्वनाथ ने चम्पूकाव्य के अतिरिक्त मिश्रित काव्य के दो और भी उपभेद प्रस्तुत किए हैं—विरुद और करम्भक।

(१) विरुद काव्य

जब किसी राजा की गद्य-पद्य के माध्यम से स्तुति की जाए तो उस काव्य की संज्ञा 'विरुद' होती है।[४] किन्तु चम्पूकाव्य में केवल राजस्तुति रूप राजभक्तिभाव का ही वर्णन नहीं होता। उसमें तो महाकाव्य तथा गद्यकाव्यों के ही समान सरसता, सगुणता आदि विशेषताएँ पाई जाती हैं।

(२) करम्भक

जो काव्य अनेक भाषाओं में लिखा जाता है, उसे करम्भक कहते हैं।[५] किन्तु चम्पूकाव्य तो केवल एक ही भाषा के माध्यम से प्रस्तुत किया जाता है, इसलिए चम्पूकाव्य के करम्भक में अतिव्याप्त होने का प्रश्न ही नहीं है।

इन दो भेदों के अतिरिक्त 'जयघोषणा' तथा 'आज्ञापत्र' को भी मिश्रित काव्यों की कोटि में माना गया है। इनका संक्षिप्त परिचय इस प्रकार है—

(१) 'जयघोषणा'

जिस रचना में कवि गद्य और पद्य का आश्रय लेकर चारों दिशाओं की सीमा में विद्यमान पर्वतों का क्रमशः वर्णन करता है; गौडी रीति का प्रधानतया उपयोग करता है; वर्ण्य राजा की शूरता की घोषणा बढ़ा-चढ़ा कर करता है; आरम्भ और अन्त के पद्यों में आशीर्वादात्मक वचन प्रयुक्त करता है; नेता से सम्बन्धित दिशा की घोषणा इस प्रकार प्रारम्भ करता है कि उसमें नायक का नाम भी आ जाए; और नायक राजा हो, तो ऐसी रचना को 'जयघोषणा' कहा जाता है।[६] किन्तु चम्पूकाव्य का वर्ण्य विषय केवल नायक की वीरता का ही गुणगान करना नहीं है, अतएव 'जयघोषणा' से वह सर्वथा भिन्न है।

(२) आज्ञापत्र तथा दानपत्र

ताम्रपत्रों तथा शिलालेखों में प्राप्त गद्य-पद्यमय, अलंकारसुसज्जित, उक्तिवैचित्र्यसम्पन्न आज्ञापत्र

और दानपत्र भी मिश्रित काव्य की कोटि में आते हैं। किन्तु चम्पूकाव्य में मात्र राजाज्ञा अथवा दानवर्णन ही नहीं होते, अतएव आज्ञापत्र तथा चम्पूकाव्य परस्पर भिन्न हैं।

वस्तुतः मिश्रित काव्यों में विरुद, करम्भक, जयघोषणा तथा आज्ञापत्रादि का वही स्थान है, जो गद्यकाव्यों में उनके मुक्तक भेदों–वृत्तगन्धोज्झित, वृत्तगन्धि, उत्कलिकाप्राय और चूर्णक का; तथा पद्यकाव्यों में उनके मुक्तक भेदों–मुक्तक, संदानितक, विशेषक, कलापक एवं कुलक का है। अतएव श्रव्यकाव्य के तीन भेदों–गद्य, पद्य तथा मिश्रित काव्यों में चम्पू, कथा-आख्यायिका नामक प्रमुख गद्यकाव्यों के समान और महाकाव्य तथा खण्ड-काव्य नामक पद्यकाव्यों के समान ही प्रमुख मिश्रित काव्य हैं। इस तथ्य को रेखाचित्र के माध्यम से इस प्रकार समझा जा सकता है–

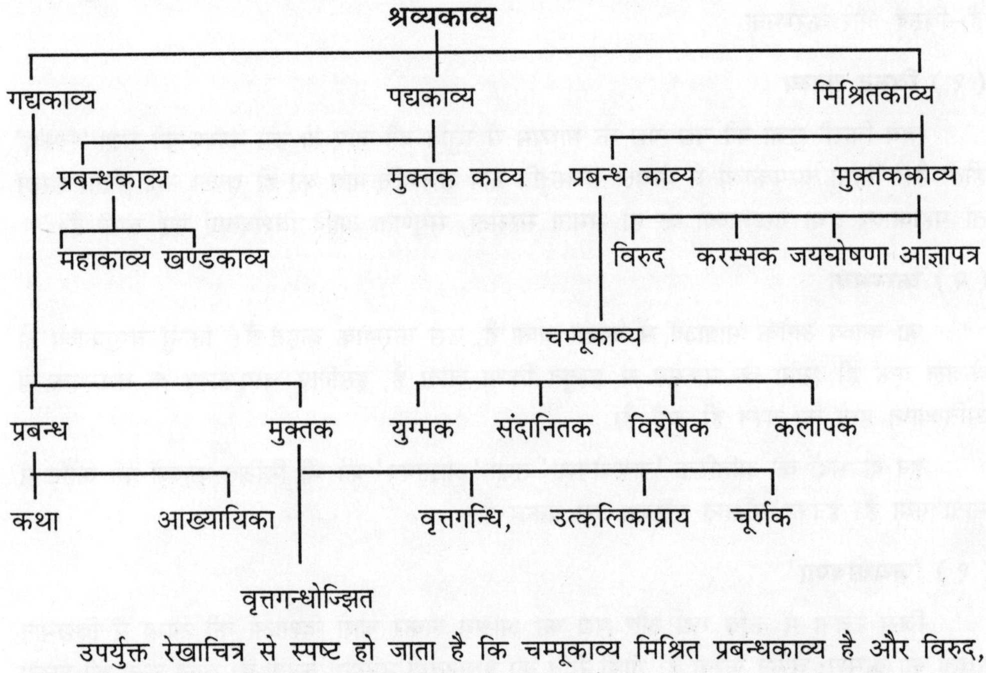

उपर्युक्त रेखाचित्र से स्पष्ट हो जाता है कि चम्पूकाव्य मिश्रित प्रबन्धकाव्य है और विरुद, करम्भक, जयघोषणा और आज्ञा-पत्र मिश्रित मुक्तककाव्य हैं। ये मुक्तक काव्य चम्पूकाव्य के अंग के रूप में प्रयुक्त हो सकते हैं; इनका वर्ण्य विषय चम्पूकाव्य के बहुत से वर्ण्यविषयों में से एक हो सकता है। किन्तु ये मात्र गद्य-पद्यमयता के कारण चम्पूकाव्य से टक्कर नहीं ले सकते।

यद्यपि नाटक भी गद्य-पद्यमय होते हैं, तथापि ये उनसे भिन्न ही माने जाते हैं। चम्पूकाव्य का उल्लेख करते हुए आचार्य दण्डी ने स्पष्ट रूप से कहा है कि–

मिश्राणि नाटकादीनि तेषामन्यत्र विस्तरः।
गद्यपद्यमयी काचिच्चम्पूरित्यपि विद्यते॥

– काव्यादर्शः, १/३१

अर्थात् नाटकादि जो मिश्रित (दृश्यकाव्य) हैं, उनका दूसरे स्थल पर विस्तार से वर्णन होगा।

गद्य-पद्यमयी कोई विशिष्ट रचना चम्पू है और उसकी सत्ता साहित्यजगत् में है। इस प्रकार दण्डी का उपर्युक्त कथन नाटक और चम्पू के मध्य भेदक रेखा खींचता है। क्योंकि नाटकादि दृश्यकाव्य है और 'चम्पू' का उल्लेख श्रव्यकाव्यों के साथ किया गया है। इतना ही नहीं, नाटकादि दृश्यकाव्यों में पद्य संवादों की पुष्टि एवं विशिष्ट घटना की सूचना के लिए प्रयुक्त किए जाते हैं, जबकि 'चम्पू काव्य' में गद्य और पद्य का व्यवहार निष्पक्ष होता है।

पञ्चतन्त्र-हितोपदेशादि प्रसिद्ध उपदेशात्मक कथा साहित्य में भी गद्य-पद्य का मिश्रण होता है। किन्तु इस साहित्य में पद्य संवाद तथा गद्य भाग की पुष्टि के लिए तथा प्रमुख कथा से छोटी-छोटी कथाओं को शृंखलाबद्ध करने के लिए प्रयुक्त किया जाता है, जबकि चम्पूकाव्य में पद्य को गद्य की सेवा नहीं करनी पड़ती। उसमें कवि स्वतंत्रता से कभी गद्य तो कभी पद्य प्रयुक्त करते हैं।

संक्षेप में हम कह सकते हैं कि दृश्यकाव्य, कथासाहित्य, विरुदकाव्य, करम्भक काव्य, जयघोषणा, आज्ञापत्र आदि में गद्य-पद्य का मिश्रण पाया जाता है; नाटक में संवाद की पुष्टि के लिए और कथासाहित्य में उपदेश को प्रभविष्णु बनाने के लिए पद्यों का प्रयोग गद्य के साथ होता है, तथा इसी तरह विरुद में राजस्तुतिनिमित्तक, जयघोषणा में नायक के गुणों के प्रकाशनार्थ और आज्ञा-पत्र में राजा की आज्ञा के प्रचार-प्रसार हेतु गद्य-पद्य मिश्रण के होते हुए भी इन्हें चम्पूकाव्य नहीं कहा जा सकता है। अतएव गद्य-पद्यात्मक काव्य को 'चम्पूकाव्य' कहा जाता है, इस कथन में अतिव्याति दोष का भ्रम नहीं करना चाहिए।

(ख) श्रव्यकाव्यत्व

श्रव्य काव्य के अन्तर्गत तीन काव्य विधाओं को रखा गया है–गद्य, पद्य तथा चम्पू। अतएव चम्पूकाव्य गद्यपद्यात्मक होकर भी नाटकादि के समान दृश्य काव्यों की श्रेणी में नहीं आता। आचार्य दण्डी ने भी दृश्यकाव्यों को मिश्रित काव्य मानकर भी अपने अधोलिखित कथन से नाटकादि दृश्यकाव्यों और चम्पूकाव्य के बीच भेदक रेखा खींच दी है–

मिश्राणि नाटकादीनि तेषामन्यत्र विस्तरः।
गद्यपद्यमयी काचिच्चम्पूरित्यभिधीयते॥

–काव्यादर्श, १/१३

अर्थात् नाटकादि दृश्यकाव्यों का विस्तृत वर्णन अन्यत्र किया जाएगा। गद्यपद्यमयी कोई विशिष्ट रचना तो 'चम्पू' ही कहलाती है।

दण्डी का यह कथन भले ही इस तथ्य का परिचायक है कि उन्हें 'चम्पूकाव्य' के विषय में अधिक जानकारी नहीं थी। फिर भी इस कथन से स्पष्ट हो जाता है कि नाटकादि को उन्होंने मिश्रित काव्य तो माना, किन्तु श्रव्यकाव्यों के मध्य उनका लक्षण-उदाहरण प्रस्तुत नहीं किया। इसीलिए नाटकादि दृश्य काव्यों और चम्पू काव्यों में गद्य-पद्य का मिश्रण ही भिन्न प्रकार का नहीं है, इनमें दृश्यत्व और श्रव्यत्व का विधागत भेद भी है। इसी भेद को स्पष्ट करने के लिए ही अज्ञात लेखक ने 'चम्पूकाव्य' को 'उक्ति-प्रत्युक्ति' और 'विष्कम्भक' से रहित माना है, जो दृश्यकाव्य की

प्रमुख विशेषताएँ हैं।[७] यह सत्य है कि विष्कम्भक-शून्यता चम्पू काव्यों में होती है; किन्तु विश्वगुणादर्शचम्पू, तत्त्वगुणादर्शचम्पू उक्ति-प्रत्युक्ति से सम्पन्न हैं। इसलिए इस विशेषता का चम्पू काव्य में अभाव नहीं मानना चाहिए।

(ग) प्रबन्धात्मकता

प्रबन्ध काव्य वह काव्य है, जिसमें पूरे काव्य में एक ही कथा का विकास होता है। मिश्रित श्रव्य काव्यों में 'चम्पूकाव्य' ही ऐसी काव्य विधा है, जिसमें एक ही कथा का क्रमिक एवं सर्वांगीण विकास उपलब्ध होता है। चम्पूकाव्य की यही प्रबन्धात्मकता उसे अन्य मिश्रित श्रव्य काव्यों–विरुद, करम्भक, जयघोषणा और आज्ञापत्र से भिन्न करती है।। भोजदेव आदि ने भी चम्पूकाव्य को प्रबन्ध काव्य के अन्तर्गत ही माना है।[८]

(घ) वर्णनात्मकता

महाकाव्यों और कथा-आख्यायिकाओं के समान ही चम्पू काव्य में भी वर्णनात्मकता होनी चाहिए। उपलब्ध चम्पूकाव्यों में हमें प्राकृतिक और वैकृतिक पदार्थ-वर्णन के साथ-साथ विविध वृत्तान्तों के वर्णन उपलब्ध हो जाते हैं। यथा–ऋतु वर्णन, समय वर्णन, सूर्य वर्णन, पर्वत वर्णन, नदी वर्णन, नगर वर्णन, भवन वर्णन, विवाह-वर्णनादि। गद्य-पद्यात्मक मुक्तक काव्यों-विरुद, करम्भकादि का कलेवर छोटा होने के कारण उनमें इस विस्तृत विविध वर्णन को स्थान नहीं मिल पाता है।

(ङ) अलंकार सुसज्जित

यद्यपि काव्यशास्त्रियों ने चम्पूकाव्य का लक्षण देते समय, उसमें अलंकारों की मात्रा का निर्धारण नहीं किया है, तथापि चम्पूकाव्यों को पढ़ने से ज्ञात होता है, कि श्लेष के विभिन्न प्रकार और श्लेषानुप्राणित–उपमा, रूपक, व्यतिरेक, विरोधाभास, परिसंख्या आदि अलंकारों का अधिकाधिक प्रयोग चम्पूकाव्य की विशेषता है। चम्पूकाव्यों में श्लेषयुक्त वाणी की महत्ता नलचम्पूकार त्रिविक्रमभट्ट के इस कथन से स्पष्ट हो जाती है–

प्रसन्नाः कान्तिहारिण्यो नानाश्लेषविचक्षणाः।
भवन्ति कस्यचित्पुण्यैर्मुखे वाचो गृहे स्त्रियः॥

–नलचम्पू, १/४

और जानराजचम्पूकार कृष्णदत्त भी अच्छे वर्णों वाले अलंकारों से सुसज्जित तथा नाना प्रकार के श्लेष से सम्पन्न चम्पूकाव्य रचना के पक्षधर हैं–

येनान्यूनगुणा सुवर्णवलितालंकारसम्भाविता।
नानाश्लेषवती चमत्कृतपदा सभ्येन सम्भाव्यसे।

–जानराजचम्पू, श्लोक सं० ५ का उत्तरार्ध।

(च) सरस

काव्यशास्त्रियों ने रसास्वादन के फलस्वरूप होने वाली परमानन्द की अनुभूति को काव्य का प्रमुख प्रयोजन माना है और रस को काव्य की आत्मा माना है। इसलिए श्रव्य काव्य की श्रेणी में

आने वाले चम्पूकाव्य में 'रस' की विद्यमानता अपेक्षित है। चम्पूकाव्य रचयिताओं ने भी अपनी कृतियों में काव्य के इस तत्त्व का ध्यान बड़ी गम्भीरता से रखा है। उदाहरण के लिए प्रेमकथापूर्ण 'नलचम्पू' में शृंगार रस की प्रधानता है; राजा की विजयपरक कथा से सम्बन्धित 'भारतचम्पू' में वीर रस की प्रधानता है; और धार्मिक कथा सम्पन्न 'दयोदय चम्पू' आदि जैन चम्पूकाव्यों में शान्तरस की प्रधानता है। इन चम्पूकाव्यों में अन्य रस भी इन रसों के पोषक के रूप में आए हैं।

(छ) उदात्तनायकोपेत

'चम्पूकाव्य' की कथा किसी श्रेष्ठ नायक से सम्बन्धित होनी चाहिए। नायक को अपने लक्ष्य की प्राप्ति होनी चाहिए। चम्पूकाव्य के अन्य पात्र नायक की लक्ष्यसिद्धि में सहायक होने चाहिए। नायक गन्धर्व, देवता, मनुष्य किसी भी कोटि का हो सकता है। सदाचारी एवं विजिगीषु नायक की दृष्टि से रामायणचम्पू, भारतचम्पू, रुक्मिणीपरिणयचम्पू, नृसिंहचम्पू, दयोदयचम्पू आदि चम्पूकाव्यों का नाम लिया जा सकता है। इन चम्पूकाव्यों को पढ़कर सहृदय पाठकों और सामान्य जनता को भी पुरुषार्थचतुष्टय की सिद्धि की प्रेरणा मिल सकती है।

(ज) गुणयुक्त

रस को काव्य की आत्मा माना गया है और गुणों को रस का धर्म। अतएव भावपक्ष की दृष्टि से गुणों की समुचित व्यवस्था चम्पूकाव्यों के लिए भी उतनी ही आवश्यक है, जितनी अन्य काव्यविधाओं के लिए। यही कारण है कि चम्पूकाव्यकारों ने अपनी कृतियाँ प्रसाद, माधुर्य और ओजगुण युक्त ऐसी शैलियों में प्रस्तुत की हैं, जो रसास्वादन में परम सहायक हैं।

(झ) भागों में विभक्त

चम्पूकाव्य की परिभाषाओं में 'साङ्का' और 'सोच्छ्वासा' शब्द आया है, जिसका अर्थ है कि चम्पूकाव्य अंको तथा उच्छ्वासों में विभक्त होना चाहिए। किन्तु कुछ चम्पू ऐसे हैं, जिनकी कथा विभक्त नहीं है और इसके अतिरिक्त चम्पूकाव्यों का विभाजन केवल उच्छ्वासों में ही नहीं हुआ है। उनका विभाजन स्तवक, लम्बक, उल्लास, आश्वास, काण्ड आदि में भी हुआ है। अतएव आलोचक मान सकते हैं कि 'सांकता' और 'सोच्छ्वासता' चम्पूकाव्य के लिए उपलक्षणात्मक विशेषण हैं। जहाँ तक ऐसे चम्पूकाव्यों का प्रश्न है जो विभाजन रहित हैं, तो उनका कलेवर छोटा होने के कारण उनकी कथा का विभाजन नहीं किया गया है। किन्तु अधिकांश चम्पूकाव्यों की कथा भागों में विभक्त है, भले ही यह विभाजन 'उच्छ्वास' में ही न होकर लम्बक, उल्लास, आश्वास, काण्ड, बिन्दु, परिच्छेद आदि के नाम से हो। अतएव 'भागों में विभक्त होना' भी चम्पूकाव्य की आवश्यक विशेषता है।

(ञ) चमत्कार प्रधान

चमत्कार का तात्पर्य है–उक्ति वैचित्र्य। सामान्य-सी बात को भी कवि इस तरह प्रस्तुत करे कि श्रोता और पाठक का ध्यान काव्य की ओर अत्यधिक आकृष्ट हो। यद्यपि यह लक्षण सभी काव्यों में घटित हो जाता है, किन्तु चम्पूकाव्य में कवि गद्य और पद्य दोनों के माध्यम से दुगुना चमत्कार दिखा सकता है। यही कारण कि नलचम्पू, नृसिंहचम्पू, रामायणचम्पू आदि चम्पूकाव्य कृतियाँ अन्य काव्यरचनाओं की अपेक्षा अधिक चमत्कार प्रधान हैं।

चम्पूकाव्यविधा का स्रोत

प्राय: सभी काव्यविधाओं का स्रोत वैदिक वाङ्मय को माना गया है। गद्यकाव्य, पद्यकाव्य, दृश्यकाव्यादि लौकिक संस्कृत साहित्य वैदिक साहित्य से ही प्रेरित हैं। इसी प्रकार चम्पूकाव्यों की मिश्रित शैली का स्रोत भी हमारा वैदिक साहित्य है। इस दृष्टि से ऐतरेय ब्राह्मण, केनोपनिषद्, प्रश्नोपनिषद् आदि विशेष रूप से उल्लेखनीय है; इसके पश्चात् जातकों में भी मिश्रित शैली को अपनाया गया है; कहीं-कहीं पुराणों में भी मिश्रित शैली दिखाई पड़ती है; तथा हरिषेण द्वारा, समुद्रगुप्त की प्रशष्ति के रूप में प्रस्तुत शिलालेख भी मिश्रित शैली का सुन्दर रूप है।[९]

नलचम्पू, यशस्तिलकचम्पू आदि चम्पूकाव्यों को पढ़ने से ज्ञात होता है कि चम्पू काव्यों में महाकाव्यों के समान वर्णनात्मकता और गद्यकाव्यों के समान समासयुक्त आलंकारिक शैली होती है। अतएव इन काव्यों में श्रव्यकाव्यों की सभी विशेषताएँ मिल जाती हैं। इस प्रकार चमत्कारपूर्ण गद्य-पद्य का ऐसा मिश्रण, जो पाठक को बौद्धिक विलास के साथ-साथ रसानुभूति भी करा सके, चम्पूकाव्य का अनिवार्य लक्षण है। अन्त में कहा जा सकता है कि भावपक्ष और कलापक्ष के मणिकाञ्चन संयोग से युक्त, गद्य-पद्य के चमत्कारपूर्ण मिश्रण से सम्पन्न, प्रबन्धात्मक, विविध वर्णन-सम्पन्न श्रव्य काव्य 'चम्पूकाव्य' है। जो अन्य काव्य विधाओं के समान साहित्य के क्षेत्र में विशिष्ट स्थान पाने का अधिकारी है।*

सन्दर्भ

१. (क) गद्यं पद्यं च मिश्रं च त्रिधैव व्यवस्थितम्।

—काव्यादर्श, १/११

(ख) गद्यं पद्यं च मिश्रं च काव्यादि त्रिविधं स्मृतम्।

—अग्निपुराण, ३३७/८

(ग) गद्यं पद्यं च मिश्रं च काव्यं यत्सा गतिः स्मृता।

—सरस्वतीकण्ठाभरण, २/१८

(घ) तच्च गद्यपद्यमिश्रभेदैस्त्रिधा।

—काव्यानुशासन (वाग्भट)

(ङ) श्राव्यं तु त्रिविधं ज्ञेयं गद्यपद्योभयात्मना।

—मन्दारमरन्दचम्पू, शेषबिन्दु, पृ०सं० १८६

२. अग्निपुराण, ३३७/३८

३. मिश्रं वपुरिति ख्यातं प्रकीर्णमिति च द्विधा।

—अग्निपुराण, ३३७/३८

४. गद्यपद्यमयी राजस्तुतिर्विरुदमुच्यते।

—साहित्यदर्पण, ६/३३७ का पूर्वार्द्ध।

५. करम्भकं तु विविधाभिर्भाषाभिर्विनिर्मितम्।

—साहित्यदर्पण, ६/३३७ का उत्तरार्ध।

६. गद्यः प्रत्येकपद्यान्तैः चतुर्भिर्वर्णयेत् क्रमात्।
अवधित्वेन पूर्वादिचतुर्दिक्सीमपर्वतान्॥

ततः सप्तविभक्त्यङ्कैः सप्तभिर्गौडरीतिकैः।
पद्य-गद्यद्वयं सर्वे जनाःशृणुत मद्वचः।।
शौर्यादिगुणवानेष एवेति भुवि घुष्यताम्।
घुष्यतामिति शब्दान्तैर्नेतुः शौर्यादयो गुणाः।।
घुष्यन्ते यत्र साटोपं सा भवेज्जयघोषणा।
अस्यामाद्यन्तयोः कार्यं पद्यमाशीः समन्वितम्।।
दिशि यस्यामयं नेता तामारभ्यैव घोषयेत्।
नेतुर्नामांकितः श्लोको नायकोऽत्र महीपतिः।।

—डॉ० छविनाथ त्रिपाठी, चम्पूकाव्य का आलोचनात्मक एवं ऐतिहासिक अध्ययन, पृ०सं० २५-२६ से साभार उद्धृत।

७. उक्तिप्रत्युक्तिविष्कम्भकशून्या चम्पूरुदाहृता।।

—श्रीदैवज्ञपण्डितसूर्यप्रणीत नृसिंहचम्पू की भूमिका में डॉ० सूर्यकान्तशास्त्री द्वारा प्रस्तुत।

८. (क) चम्पूप्रबन्धरचना रसना मदीया।

—भोजदेव, चम्पूरामायण, १/३ का चतुर्थचरण।

(ख) बन्धच्छायानुबद्धं रचयति कविराडेष चम्पूप्रबन्धम्।।

—श्री अण्णयार्य, तत्त्वगुणादर्शचम्पू, १/४ का उत्तरार्ध।

(ग) धरत हृदि बुधेन्द्राः साधु चम्पू प्रबन्धकम्।

—अप्पादीक्षित, गौरीमयूरमाहात्म्यम्, उपान्तिम श्लोक।

९. (क) डॉ० छविनाथ त्रिपाठी, चम्पूकाव्य का आलोचनात्मक एवं ऐतिहासिक अध्ययन, पृ०सं० ५७-७६

(ख) नलचम्पू (डॉ० कैलाशपति त्रिपाठी), भूमिका भाग, पृ०सं० २३-२४

* यह शोधलेख प्रतिष्ठित काव्य शास्त्रीय ग्रन्थ भारतीयकाव्यशास्त्रमीमांसा, १९९५ में प्रकाशित है।

सहायक सन्दर्भ ग्रन्थ

१. अग्निपुराण, महर्षि वेदव्यास
२. काव्यादर्श, आचार्य दण्डी
३. काव्यानुशासन, वाग्भट्ट/हेमचन्द्र
४. कुमारसम्भवचम्पू, शरभोजी द्वितीय
५. गोपालचम्पू, जीवराज
६. गौरीमयूरमाहात्म्यम्, अप्पादीक्षित
७. चम्पूरामायण, भोजदेव
८. चम्पूभारत, अनन्तभट्ट
९. चम्पूकाव्य का आलोचनात्मक एवं ऐतिहासिक अध्ययन, डॉ० छविनाथ त्रिपाठी
१०. जानराजचम्पू, कृष्णदत्त
११. जीवन्धरचम्पू, हरिचन्द्र

१२. तत्त्वगुणादर्शचम्पू, श्री अण्णयार्य

१३. दयोदयचम्पू, आचार्य ज्ञानसागर

१४. नलचम्पू, त्रिविक्रमभट्ट

१५. नञ्जराजयशोभूषण, अभिनवकालिदास नरसिंह कवि

१६. नृसिंह चम्पू, श्रीदैवज्ञपण्डितसूर्य

१७. प्रतापरुद्रीयम्, विद्यानाथ

१८. बालभागवतचम्पू, पद्मराज

१९. मन्दारमरन्दचम्पू, कृष्णकवि

२०. यशस्तिलकचम्पू, सोमदेवसूरि

२१. विश्वगुणादर्शचम्पू, वेङ्कटाध्वरि

२२. सरस्वतीकण्ठाभरण, भोजदेव

२३. साहित्यदर्पण, आचार्य विश्वनाथ।

संस्कृतभाषायां भीष्मे महाकाव्यम्

राम-कृष्ण-बुद्ध-महावीर-चाणक्य-चन्द्रगुप्त-हर्षवर्धन-राणाप्रताप-शिवाजि-लक्ष्मीवायी-महात्मगान्धि-जवाहर लाल नेहरु प्रभृतीनां लोकनायकानां प्रेरणाप्रदैर्जीवनचरितैः प्रायेण सर्वे एव भारतवासिनः परिचिताः सन्ति। वयमत्यन्तं गौरवं हर्षं चानुभवामो यद् वयमपि एतासामेव पूज्यविभूतीनां लीलास्थले भारतवर्षे वसामः। एतस्मादप्यधिकं गौरवं हर्षं च वयं तदानुभवामो यदा संस्कृतसाहित्यमधीत्य वयं जानीमो यद् भारतीयसंस्कृतेः प्राणभूतायां संस्कृतभाषायामेषां महापुरुषाणां चरितगानस्य एका अविच्छिन्ना परम्परा वर्तते। फलस्वरूपेण रामायण-महाभारत-रघुवंश-बुद्धचरित-वीरोदय-मुद्राराक्षस-हर्षचरित-वीरप्रतापनाटक शिवराजविजय-गान्धीगीता-नेहरुचरितादीनामनेकेषां काव्यानां संरचना सञ्जातास्ति।

महाभारतकालिकस्य महायोधस्य पितृभक्तस्य राष्ट्रभक्तस्य राजनीतिनिष्णातस्य दृढव्रतस्य कौरव-पाण्डवपितामहस्य भीष्मस्य यशस्वि जीवनचरितमाधृत्य भीष्मचरितनामकमहाकाव्यस्य सर्जनां संस्कृतभाषायां कृत्वा आधुनिकेन संस्कृतसाहित्यकारेण प्रोफेसरहरिनारायणदीक्षितेन उपर्युक्तायाः प्रशंसनीयपरम्परायाः प्रशंसनीयो निर्वाहः कृतोऽस्ति।[१]

इतः पूर्वमपि प्रोफेसरदीक्षितः श्रीमदप्पयदीक्षितचरित-मेनकाविश्वामित्र-श्रीहनुमद्दूत-गोपालबन्धुप्रभृतीनां बहूनां साहित्यिकीनां कृतीनां सर्जनया संस्कृतसाहित्यं समृद्धं कृतवानस्ति। महतो हर्षस्य विषयोऽस्ति यद् बहुमुख्या प्रतिभया सम्पन्नः प्रो० दीक्षितः उत्तरप्रदेशस्य संस्कृताकादम्या द्वारा स्वकीयाय सन्देशकाव्याय श्रीहनुमद्दूताय विशिष्टपुरस्कारेण तथा गोपालबन्धुनामकाय गद्यकाव्याय बाणभट्टपुरस्कारेण सम्मानितोऽपि भूतवानस्ति। तेन द्वाभ्यां शोधग्रन्थाभ्यां बहुभिश्च शोधलेखैः समं छात्राणां कृते उपयोगयोग्यानां पुस्तकानामपि रचना कृतास्ति। अद्यापि चासौ स्वीयया रचनाधर्मितया संस्कृतसाहित्यं समृद्धं कुर्वन् वीणापाणिं मातरं सरस्वतीं सेवमानोऽस्ति।

प्रोफेसर दीक्षितविरचितस्य भीष्मचरितस्य कथावस्तु खनेत्रसंख्यकेषु (२०) सर्गेषु तथा रामनयनाक्षिचन्द्रेषु (१२२३) पद्येषूपनिबद्धमुपलभ्यते। अस्मिन् महाकाव्ये राजकुमारदेवव्रतस्य जन्म, तज्जनन्या गङ्गाया अवसानम्, परशुरामात् शिक्षाग्रहणम्, भीष्मया प्रतिज्ञया देवव्रतस्य भीष्मनाम्ना प्रसिद्धिः, तत्पितुः शान्तनोः मत्स्यकन्यया सत्यवत्या सह विवाहः, चित्राङ्गदविचित्रवीर्यनामकयोः द्वयोर्भ्रात्रोः जन्म, शान्तनोः देहावसानम्, चित्राङ्गदस्य मृत्युः, विचित्रवीर्यस्य काशिराज-तनूजाभ्यां सह विवाहः, विचित्रवीर्यस्य मृत्युः, व्यासेन द्वारा धृतराष्ट्रस्य पाण्डोः विदुरस्य च जन्मानि, तदनन्तरं युधिष्ठिरादीनां पाण्डवानां दुर्योधनादीनां कौरवाणां च जन्मानि, युधिष्ठिरस्य राज्याभिषेकः, पाण्डवानां द्रौपद्या सह विवाहः, कपटद्यूतक्रीडा, पाण्डवानां वनवासः, तत्पश्चात् कुरुक्षेत्रे युद्धारम्भः, भीष्मस्य कौरवसेनानायकत्वम्, तस्य शरशय्याशयनम्, क्रमेण द्रोण-कर्ण-शल्यानां सेनानायकत्वे च कौरवविनाशः, भीमेन द्वारा दुर्योधनस्य वधः, युधिष्ठिरस्य पुना राज्यप्राप्तिः, श्रीकृष्णेन द्वारा शरशय्याशायिनो भीष्मस्य पीडापगमः, भीष्मेण द्वारा युधिष्ठिराय राजधर्मस्य, प्रजाधर्मस्य मोक्षधर्मस्य चोपदेशः, भीष्मस्य

निर्देशानुसारं श्रीकृष्णस्य पाण्डवानां धृतराष्ट्रस्य च तत्समीपे गमनम्, भीष्मस्य महाप्रयाणं चेत्यादयो घटनाः क्रमेण प्रस्तुताः कृताः सन्ति।

प्रोफेसरदीक्षितस्य इमां कृतिं काव्यविधायाः दृष्ट्या दृष्ट्वा मनसि इयं भावना निर्विवादरूपेण स्थापिता भवति यदेषा कृतिः उत्तमकोटिकं महाकाव्यमस्ति। यतो हि अस्यां कृतौ संस्कृतकाव्यशास्त्रकाराणाम् अभीष्टानि प्रायः सर्वाण्येव महाकाव्यलक्षणानि घटितानि भवन्ति। यथा–

(१) विंशतिसर्गबद्धस्य अस्य महाकाव्यस्य प्रारम्भो न केवलेन आशीर्वादात्मकेन नमस्कारात्मकेन च (भीष्मचरितम्, १/१-५, ८-१०) मङ्गलेन कृतोऽस्ति; अपितु कथावस्तुनिर्देशात्मकेनापि मङ्गलेन जातोऽस्ति–

अथाधुना व्यासमुनिं महाकविं
पुराणकर्त्तारमहं मुहुर्मुहुः।
प्रणम्य भीष्मस्य लिखामि जीवनं
करोमि चाशां स दिशं प्रदर्शयेत्॥

–भीष्मचरितम्, १/११

(२) एतस्य कथानकमैतिहासिकमस्ति तथा महाभारतीययुगपुरुषस्य पितामहस्य श्रीभीष्मस्य जीवनचरितमनुसरति।

(३) अस्मिन् महाकाव्ये धर्मार्थकाममोक्षाभिधस्य पुरुषार्थचतुष्टस्य वर्णनं समुपलभ्यते। तत्र च धर्म-मोक्षयोः सिद्धौ विशेषेण प्रकाशः पातितोऽस्ति।

(४) महाकाव्यस्य नायको भीष्मो धीरोदात्तकोटिको नायको वर्तते। गङ्गा-शान्तनुपुत्रोऽसौ भगवद्भक्तो मातापितृभक्तो गुरुभक्तो राष्ट्रभक्तो राजनीतिनिष्णातस्त्यागी तपस्वी धर्मात्मा च वरीवृत्यते।

(५) कविना स्वकीयमिदं महाकाव्यं भारतवर्षवर्णनेन (भी०च० १/१२-१७), हस्तिनापुरवर्णनेन (तदेव, ६/२०-२१), वर्षावर्णनेन (तदेव, ८/१-७), महेन्द्रपर्वतवर्णनेन (तदेव, ४/२९-३८), सरोवरवर्णनेन (तदेव, ४/३९-४०), कुमारोत्पत्तिवर्णनेन (तदेव, १/३५-४०; ११/१-२०, ३०-३७), परशुराममुनिवर्णनेन (तदेव, ४/१५-५२; पञ्चमः सर्गश्च पूर्णः), शोभायात्रावर्णनेन (तदेव ६/१-५४), वनविहारवर्णनेन (तदेव, ७/११-२९), वियोगवर्णनादिना (तदेव, अष्टमः सर्गः पूर्णः; ९/१-१९) च यथावसरं तथा समलङ्कृतमस्ति यथा कथावस्तुनो निरन्तरता रोचकता वा कुत्रापि बाधिता नैव भूतवत्यस्ति। कथावस्तु हृदयं कुर्वतो वियोगवर्णनस्य एकमुदाहरणं दृश्यताम्–

खे खेलन्तं नयनसुभगं पौर्णमासीनिशायां
चन्द्रं दृष्ट्वा नृपनयनयोरागतं वल्लभास्यम्।
स्मारं स्मारं तदतिललितं दुर्लभं चानुचिन्त्य
स्वैरं स्वैरं बत नरपतेः श्वासवेगो विवृद्धः॥

–भी०च०, ८/१०

(६) प्रस्तुते महाकाव्ये कविना वीरो रसः प्रधानरसरूपेण वर्णितोऽस्ति। काव्यनायकेन भीष्मेण द्वारा स्वपितृसुखार्थं निजराज्यसुखत्यागनिमित्तक प्रतिज्ञाया अवसरे तदनन्तरं चाजीवनं ब्रह्मचर्यव्रतपालन-

निमित्तकभीष्मप्रतिज्ञाया अवसरे अस्य रसस्य मर्मस्पृक् परिपाको भूतवानस्ति (भीष्मचरितम्, ९/४६-७१)। एतदतिरिक्तं भीष्मचरिते रसराजस्यशृङ्गारस्य (तदेव, ८/१-२७; ९/१-१९), वत्सलरसस्य (तदेव, २/७-२३) तथा करुणरसस्य (तदेव, १/३४-५१; १३/१८-११) एवं च भक्तिभावस्यापि (तदेव, १/१-९; ५/१-१५; ८/३५-४२; ९/४७-५०, ५८-६८; १९/५०-५१) हृदयानवद्यः परिपाको दर्शनीयतां प्राप्तवानस्ति।

(७) प्रस्तुतेऽस्मिन् काव्ये कविना नाट्यशास्त्रीयाणां पञ्चसन्धीनामपि रमणीयो निर्वाहः कृतोऽस्ति। यथाहि–काव्यनायकस्य भीष्मस्य जन्म-शिक्षा-दीक्षादिवर्णनं (भी०च०, प्रथमसर्गतः षष्ठसर्गपर्यन्तम्) मुखसन्धिर्वक्तुं शक्यते; तदीययौवराज्याभिषेक वर्णनं (भी०च०, ६/६६-६९; ७/१-७) प्रतिमुखसन्धिरूपेण स्वीकर्त्तुं योग्यमस्ति; भीष्मस्य प्रतिज्ञा, सत्यवती-शान्तनुविवाहः, चित्राङ्गदोद्भवः, तस्य राज्याभिषेकः, विचित्रवीर्यस्य जन्म, शान्तनोर्देहावसानं, चित्राङ्गदस्य मृत्युः विचित्रवीर्यस्य राज्याभिषेकः, भोगातिशय्याच्च तस्य मृत्युरित्येतानि स्थलानि गर्भसन्धेः स्थलीं संसूचयन्ति (भी० च०, ९/३९-८५; दशम एकादशो द्वादशश्च सर्गाः, १३/१-११); कौरवाणां पक्षमाश्रित्य सेनापतिरूपेण युद्धं कुर्वतोऽपि धर्मार्थं युध्यतो युधिष्ठिरस्य अभ्युदयं चिन्तयतस्तथा स्वपराजयोपायं बोधयतो भीष्मस्य शरशय्याशयनं (भी०च०, १४/११-३८) विमर्शसन्धेः स्थलं प्रतिभाति; तथा महाकाव्यस्य षोडशः सर्गो निर्वहणसन्धिं संसूचयति, यत्र भीष्मः श्रीकृष्णं क्षमां याचितवानस्ति तथा श्रीकृष्णः तं सान्त्वितवानस्ति।

(८) काव्यशास्त्रकाराणां निर्देशानुरूपमेव कविना भीष्मचरिते सम्पूर्णे सर्गे एकस्यैव छन्दसो योजना कृतास्ति तथा तदन्ते छन्दसः परिवर्तनमपि कृतमस्ति। वंशस्थच्छन्दः कवेः प्रियं छन्दः प्रतीयते। तदतिरिक्तं महाकाव्येऽस्मिन् अनुष्टुप्-आर्या-वसन्ततिलका-द्रुतविलम्बित-मालिन्यादिषु चान्येष्वपि अनेकेषु श्रुतिरमणीयेषु छन्दस्सु पद्यानि विरचितानि सन्ति। अष्टमे सर्गे विरहवर्णनप्रसंगे कविकृतो मन्दाक्रान्ताच्छन्दसः प्रयोगः छन्दःशास्त्रीयदृष्ट्या नितरामेव प्रशंसनीयोऽस्ति।

(९) कविना भीष्मचरितस्य प्रायशः सर्वेषामेव सर्गाणामवसाने आगामिनः सर्गस्य कथा संसूचितास्ति। यथाहि–

अगमदवनिपालः काननं शान्तिकायः
परमतिशयदूनो राजसद्माजगाम।
विजित इव जयार्थी द्यूतकारी गृहं स्वं
विधिगतिरतिचित्रा मानवस्तां न वेत्ति॥

–तदेव, ७/६१

प्रस्तुतेनानेन सर्गान्तिमेन पद्येन कविना आगामिनि सर्गे वर्णयिष्यमाणा शान्तनोर्विरहवेदना अभिव्यञ्जितास्ति। एषा शैली सुतरामेव महाकाव्यानुरूपा वरीवर्त्ति।

(१०) कविना सर्गाणां नामानि तेषु वर्णितप्रमुखघटनानुकूलानि वर्णितविषयानुकूलानि वा कृतानि सन्ति। यथा–प्रथमसर्गस्य नामास्ति 'जननीवियोगः'; यदस्मिन् सर्गे भीष्ममातुः गङ्गायाः स्वर्गगमनवर्णनत्वात्पूर्णतया सार्थकमस्ति।

(११) कविना प्रो० दीक्षितेन स्वकीयं भीष्मचरिताख्यमिदं महाकाव्यं हृदयहारिभिः स्वाभाविकैः अयत्नजैस्तथा रसोपकारकैः अलङ्कारैः समलङ्कृतमस्ति। अनुप्रास-यमक-उपमा-रूपक-उत्प्रेक्षा-

दृष्यन्त-अर्थान्तरन्यासादयोऽलङ्कारा: कवे: प्रिया अलङ्कारा: सन्ति। कवेरभीष्टेष्वलङ्कारेषु केषाञ्चिदलङ्काराणा-मुदाहरणानि दर्शनीयानि सन्ति। यथा–

यमकस्य–

१. **नहि मनागपि पाठनकर्मणि**
कृपणता पणतापि करिष्यते॥ (भी०च०, २/३७, उत्तरार्धम्)

२. **सुरभितं लषते कनकं न क:।** (तदे०, ७/४७ चतुर्थचरण:)

अनयोरुभयोरुदाहरणयो: प्रयुक्तो यमकालङ्कारो भावध्वनेरुपकारकोऽस्ति।

उपमाया:–

जनाभिलाषान् पथि पूरयन्नसौ
मनोमयूरान्परिनर्तयंस्तथा।
नगाधिराजोन्मुखमानसूनवत्
भवन्तमायाति धराहितेच्छुक:॥

–भी०च०, ६/४

प्रस्तुतेऽस्मिन् पद्ये राजकुमारदेवव्रतस्य (भीष्मस्य) उपमा धराहितकारिणा मानसूनेन समं दत्तास्ति।

रूपकस्य–

सुखततिं वितरन्सुखसागर:
जनकचित्तसरोजदिवाकर:।
अथ बभूव स मार्गणहायनो
मधुरजल्पितव्यक्तगिराकर:॥

–(तदेव, २/२०)

अस्मिन्नुदाहरणे प्रयुक्तमन्त्यानुप्रासमिश्रितं रूपकं वत्सलरसस्य पोषकत्वाद् अधिकतरं रूचिकरं जातमस्ति।

अर्थान्तरन्यासस्य–

शश्राम दु:शासन:
नैवान्तं जगाम शाटीप्रान्त:।
भागीरथीप्रवाहं
किं पातुं प्रभवेत् शृगाल:?

–(तदेव, १३/५५)

अत्र विशेषस्य सामान्येन साधर्म्यसमर्थनत्वात् अर्थान्तरन्यासनामालङ्कारो विद्यते।

एकावल्या:–

न तद् गृहं यन्न विलासिनीयुतं

विलासिनी सा न बभूव योत्सुका।
न सोत्सुका या नृपजं ददर्श नो
न साप्तलोका प्रशशंस या न तम्॥
नरोऽपि नो कोऽपि मुदं न यो गतो
न सा मुदासीद् वदने न यागता।
न तन्मुखं यन्न कुमारकीर्त्तकं
न कीर्त्तनं तच्च यशस्करं न यत्॥

–(तदेव, ६/४७-४८)

एतयोरुभयोरुदाहरणयोः कविना राजकुमारदेवव्रतस्य शुभागमनावसरे एकावलीनामकालङ्कारमाध्यमेन हस्तिनापुरस्य नारी-नराणां हर्षोल्लासयोः सुन्दरं वर्णनं कृतमस्ति।

संसृष्टेः –

विनयिना नयिना भवता वयं
बहुसमादरभूमिमवापिताः।
भवदभीप्सितकर्म हि कुर्महे
जगतिनैव तपन्ति गुणप्रियाः॥

–तदेव, २/३६

अस्मिन्नुदाहरणे यमकार्थान्तरन्यासयोः स्फुटं मिश्रणं कवेः संसृष्टिसदृशस्य मिश्रितालङ्कारस्यापि प्रयोगे प्रवीणतामभिव्यनक्ति।

(१२) महाकाव्यस्य काव्यशास्त्रीयलक्षणेषु 'सज्जनानां प्रशंसा' तथा 'दुर्जनानां निन्दा' अपि परिगणिते स्तः। भीष्मचरितेऽपि अनयोः स्थानं दृश्यते। सज्जनप्रशंसाया एकमुदाहरणं द्रष्टव्यमस्ति। तद्यथा–

धनं बलं ज्ञानमसंशयं सतां
सदैव सत्कर्मणि सम्प्रवर्तते।
तदेव सत्कर्म मतं महीतले
तनोति यन्मानवमूल्यमान्यताम्॥

(तदेव, ५/४४)

एवञ्चाधोलिखिते पद्ये विधीयमाना दौर्योधनी निन्दा 'दुर्जननिन्दा' स्वीकर्त्तुं शक्यते–

पितृव्यपुत्रेषु विधाय वञ्चनां
निगूढघातं च विषानलादिना।
सतीं च नारीमपमत्य पामरो
लीनोऽपि तोये किमु रक्षितो भवेत्?॥

–तदेव, १५/४०

इत्थं प्रो० दीक्षितेनापि महाकाव्यकाराणां परम्परानुरूपं मानवेभ्यः सज्जनानुगमनस्य दुर्जनापगमनस्य च साधीयसी शिक्षा सम्प्रदत्तास्ति।

(१३) भीष्मचरिते कविवरेण दीक्षितेन काव्यनायकस्य भीष्मस्य प्रशंसायामनेकानि पद्यानि लिखितानि सन्ति। तत्कृतस्य राजसिंहासनत्यागस्य (तदेव, ९/४७-४९) तथा तत्कृतया आजीवनब्रह्मचर्यव्रतपालनकठिनप्रतिज्ञाया: (तदेव, ९/६०-७३) चारुणा वर्णनेन नायकस्य विजिगीषुताया मनोहरं वर्णनं कृतमस्ति। एतदतिरिक्त कविना दिव्यविधिना नायककृतं प्राणत्यागवर्णनं चारुणा विधिना प्रस्तूय आध्यात्मिकदृष्ट्यापि नायको विजयी घोषितोऽस्ति (तदेव, २०/४२-४४)।

(१४) कविना काव्यस्य नाम 'भीष्मचरितम्' इति कृतमस्ति, यत् काव्यनायकभीष्मस्य सम्पूर्णजीवनवृत्तान्तसम्बद्धाया मनोहराया अनुकरणीयायाश्च छवे: प्रस्तावकत्वात् सर्वथा सार्थकं प्रतिभाति।

इत्थं भीष्मचरिते महाकाव्यस्य सर्वाण्येव लक्षणानि सङ्गच्छन्तेतमाम्। एतस्मादिदं महाकाव्यं सर्वाभिरेव दृष्टिभि: संस्कृतभाषाया उच्चकोटिकेषु महाकाव्येषु स्थानं प्राप्तुमर्हति। एतस्य भाषा सुबोधास्ति; तथास्य शैली माधुर्य-प्रसादाख्यकाव्यगुणसम्पन्ना वैदर्भी विद्यते। कविवरेण दीक्षितेन स्वकीयमहाकाव्यस्य भाषा शैली च स्थाने स्थाने मनोरमाभि: सूक्तिमुक्ताभि: समलङ्कृतास्ति। फलस्वरूपमिदं काव्यं पूर्णतया सहृदयहृदयग्राह्यं संजातमस्ति। यथा-

क. **क्व दयितामरणं हृदयन्तपं**
तनयजन्मसुखं क्व मनोरमम् ?।
उभयमेकपदे वितरन्विधि:
कथय किन्नहि सोऽस्त्यधिनायक:॥

(भी०च०, २/४)

ख. **द्राक्षाकृते किन्तु कदापि लोके**
जनो रसज्ञो विजहाति नाम्रम्॥

(तदेव, १०/१)

ग. **न भाति कर्त्तव्यकथैकपक्षा**
तालीव लोके मम धारणेयम्।

(तदेव, १०/११)

घ. **चिन्वन्ति पापं मरणेऽपि पापिन:।**

(तदेव, १५/४७)

यद्यपि पद्यकाव्येषु संवादानां विशिष्टं स्थानं नैव भवति, तथापि भीष्मचरिते कवि: संवादान् आवश्यकतानुसारं तथा प्रस्तुतवानस्ति यथा गङ्गा-शान्तनु-भीष्म-परशुराम-सत्यवती-श्रीकृष्णप्रभृतीनां पात्राणां चरित्राणि, तेषा संवादै:, सुतरां स्पष्टानि जातानि सन्ति। भीष्मस्य उज्ज्वलचरित्रप्रस्तुतौ परशुराम-भीष्मसंवाद: (तदेव, ४/४६-५३; ५/३२-५०) सत्यवती-भीष्म-दाशराजसंवादाश्च (तदेव, ९/४६-८३) विशिष्टमहत्त्वपूर्णा: सन्ति। काव्यस्य सप्तदशं सर्गमारभ्य ऊनविंशसर्गपर्यन्तं कवि: भीष्मेण द्वारा श्रीकृष्णस्य प्रेरणया युधिष्ठिरस्य च सविनयया प्रार्थनया राजधर्मे, प्रजाधर्मे मोक्षधर्मे च यं प्रकाशमपातयत्, स वस्तुतो संवादो न भूत्वा व्याख्यानमस्ति; तथा स कथावस्तुन: सर्वथानुरूपोऽस्ति। कवेरिदं कौशलमेवास्ति यदस्मिन्नुपदेशात्मकेऽपि स्थले स नीरसताया: कृते मनागपि स्थानं नैव दत्तवानस्ति।

प्रस्तुतं महाकाव्यं न केवलया काव्यशास्त्रीय-दृष्ट्यैव सफलं महाकाव्यमस्ति, अपितु राजनैतिक-सांस्कृतिक-आध्यात्मिकदृष्टिभिरपि इदमत्यधिकं सफलं महत्त्वपूर्णं चास्ति। काव्यस्य सप्तदशः सर्गो नायकस्य भीष्मस्य लोकहितकारिराजनीतिनैपुण्यप्रकटनपूर्वकं कविर्मापि राजनीतिज्ञरूपेण संस्थापयितुं समर्थमस्ति। कविना भीष्ममुखेन शासकेभ्यः शिक्षा दत्तास्ति यत् प्रजारञ्जनं राज्ञां प्रथमं कर्त्तव्यमस्ति (भी०च०, १७/५-१२)। एतदनन्तरं तेन राज्ञां गुणेषु कर्त्तव्येषु च विस्तृतः सर्वाङ्गीणश्च प्रकाशः पातितोऽस्ति। यथा-

क. **न सेवकैर्नाप्यधिकारिभिः समं**
कदापि राजा परिहासमाचरेत्।
प्रतापतूलं परिहासपावको
दन्दह्यते तात! न चात्र संशयः॥
न योजयेद् भूभृदभक्तसेवकान्
न बुद्धिहीनानपि योजयेत्क्वचित्।
यस्मिञ्जने स्यान्मतिभक्तिसंगमः,
तमेव कुर्यान्निजसेवकं सदा॥

(भी०च०, १७/१६, १९)

एतयोः पद्ययोरुक्तमस्ति यद् राज्ञा सेवकैः सह हासः परिहासो वा नैव कर्त्तव्यः, तथा बुद्धि-भक्तियुत एव जनः सेवकत्वेन नियोक्तव्यः। असंशयमेष सदुपदेशोऽद्यतनेभ्योऽपि शासकेभ्यः परमोपयोगी विद्यते।

ख. **न मार्दवं नापि कठोरतां सदा**
श्रयेत्प्रजाभिश्च समं प्रशासने।
कार्यानुसारं मृदुतां कठोरतां
समाश्रयेद् दण्डविधिं प्रपालयन्॥

(तदेव, १७/१४)

आगोऽनुसारं त्वपराधिनो जनान्
शास्त्रीयरीत्याशु नृपो हि दण्डयेत्।
दण्ड्यान्न यो दण्डयतेऽन्यकारणात्
प्रजाजनेभ्यः स नृपो न रोचते॥

(तदेव, १७/३५)

अनयोर्द्वयोः पद्ययोः राज्ञे मध्यमं दण्डविधिं स्वीकर्त्तुं दत्तेनोपदेशेन सहैव एषापि शिक्षा दत्तास्ति यल्लोकरञ्जकेन राज्ञा शास्त्रीयविधिना अपराधिनोऽपराधानुसारं दण्डनीयाः।

अष्टादशे सर्गे कविना भीष्ममुखेन प्रजाजनेभ्यः सन्देशो दत्तोऽस्ति यद् राष्ट्रे अराजकतायाः स्थितिरतिभयङ्करी भवति। अतः प्रजाजनैर्योग्यो राजा चयनीयः; तस्य सहयोगः करणीयः, तस्मै समये करोऽर्पणीयः; उत्कोचदानाद् दूरे भवितव्यम्; उद्यमशीलैर्भवितव्यम्; स्वयं शिक्षितैर्भवितव्यम्; सर्वे चेतरे शिक्षिताः कर्त्तव्याः, यौतकप्रथा समाप्तव्या; स्त्रीपुरुषयोः समानतायै मान्यता प्रदातव्या; पुरुषार्थचतुष्टयं च साधयितव्यम्। छात्रैः गुरुभक्तिपूर्वकं विद्याप्राप्तिः कर्त्तव्या; वैश्यजनैः सामान्यजना नैव लुण्ठितव्याः,

शिक्षकैः जनेषु देशभक्तिभावना जनयितव्या; कार्यालयीयैः कर्मचारिभिः निष्ठापूर्वकं कार्यं कर्त्तव्यम्; सर्वैरेव प्रजाजनैः स्वस्वसत्कर्मजनितसञ्चितपुण्यराशेः किञ्चिद् भागधेयं राज्ञे समर्पयितव्यम्; तथा राज्ञापि सर्वेषामेव प्रजाजनानां रक्षा-सुरक्षयोस्तथा समुन्नतेरुपायाः कर्त्तव्याः।

ऊनविंशे सर्गे मोक्षधर्मनिरुपणं कुर्वता कविना भीष्ममुखेन नास्तिका जना मोक्षस्य अयोग्या घोषिताः सन्ति। आस्तिकेष्वपि जनेषु सुखार्थिनो रागिणः साधनहीनाः अकर्मण्याः केवलं धर्मार्थकामसेविनश्चापि जना मोक्षयोग्या नैव सन्तीति घोषितमस्ति। तेनोक्तमस्ति यत्सांसारिकभावनाविहीना विवेकशीलास्त्यागिनो जना एवं मोक्षं लभन्ते। मोक्षप्राप्तये सांख्यशास्त्रज्ञानं गुरोः प्राप्तव्यम्; त्रिवर्गसेवनानन्तरं मोक्षमार्गोन्मुखैः भवितव्यम्; ममत्वाहङ्काराभ्यां दूरे स्थातव्यम्; कामक्रोधादिषु शत्रुषु विजयः प्राप्तव्यः; तथा तृष्णाविनाशः, वैराग्यभावना, त्यागप्रवृत्तिः, समदर्शिता, निष्काम-कर्मयोगस्तत्त्वानुचिन्तनं चापि मोक्षप्राप्तेरुपायाः सन्ति।

प्रस्तुते महाकाव्ये कविना मातरं पितरं गुरुं देशं च प्रति समादरस्य, धर्मं प्रति पक्षपातस्य, नामकरणसंस्कारस्य, विद्याप्राप्तेः, दीक्षान्तसमारोहादिकस्य च साधु वर्णनं विहितमस्ति; येन काव्यमिदं सांस्कृतिकदृष्ट्यापि महत्त्वपूर्णं जातमस्ति। यथा–

सूर्यो बाह्यं तमो हन्ति
हृदयस्थं च शिक्षकः।
सूर्य-शिक्षकयोर्लोके
को महानत्र संशयः॥
शुभाशुभविमर्शं तु
गुरुरेव प्रयच्छति।
शिशवेऽसारसंसारे
पितरौ जन्म केवलम्॥

(भी०च०, ३/१७-१८)

अनयोः पद्ययोर्यदि अस्माकं भारतीयसंस्कृतेः मूलमन्त्रस्य 'आचार्यदेवो भव' इत्यस्योद्घोषणा जातास्ति तर्हि निम्नलिखिते–

संसारेऽस्मिन् निजतनुसुखापेक्षया जन्मदात्रोः
मातापित्रोः सुखमतितरां रक्षणीयं सुतेन।
तातः प्रीत्या प्रतिवसतु मे राज्यलोभो न धर्म्यः,
राज्यं धर्माय तु भवति नो किन्तु राज्याय धर्मः॥

तदेव, ८/३१

इति पद्ये 'मातृदेवो भव'–पितृदेवो भव' इत्यनयोर्द्वयोर्मूलमन्त्रयोर्ध्वनिः स्फुटं समभिव्यज्यते।

भीष्मचरितस्य उपरि कृतया अनया संक्षिप्तया समीक्षया इदं निर्विवादं सिद्ध्यति यदिदं महाकाव्यं प्रो० दीक्षितमीदृशाधुनिकमहाकविकोटौ स्थापयितुं शक्नोति यः काव्यशास्त्रज्ञः सन् लोकहितकारिणीं राजनीतिमपि जानाति; तथा भारतीयदर्शने भारतीयसंस्कृतौ च स्निह्यति। अस्मिन् महाकाव्ये वर्णिताः गुरु-शिष्ययोः, पिता-पुत्रयोः, देश-देशवासिनोश्च सम्बन्धा अस्माभिः सर्वैरेव भारतीयैर्जनैरनुकरणीया आदर्शाः सन्ति। अयं परमसौभाग्यविषयो यत्प्रो० दीक्षितेन स्वकीयस्यास्य

महाकाव्यस्य हिन्दी-भाषायामनुवादोऽपि स्वयमेव कृतोऽस्ति। फलस्वरूपमिदं महाकाव्यं न केवलानां सहृदयहृदयानां संस्कृतविदुषामेव कृते सद्यः परनिर्वृतिदाने समर्थमस्ति, अपितु सामान्यहिन्दीपाठकानामपि कृते सारल्येन ग्राह्यं जातमस्ति। विंशशताब्द्या इदं भीष्मचरितं महाकाव्यं तथास्य प्रणेतारं प्रो० हरिनारायणदीक्षितं मुदा समभिनन्दयन्त्यहं हृदा शुभकामना अभिव्यनज्मि यदेष कविस्तत्काव्यं च संस्कृतसाहित्ये उत्तरोत्तरं कीर्त्तिकरं स्थानं लप्सीयास्ताम्। प्रसंगेऽस्मिन्निदं ज्ञात्वा यदिदमेव भीष्मचरितं महाकाव्यमधिकृत्य दिल्लीस्थिता राष्ट्रीया साहित्याकादमी प्रो० हरिनारायणदीक्षितं पुरस्कृतवत्यस्ति, मदन्तरात्मा विषयेऽस्मिन् निजकृताः शुभकामनाः फलतीः पश्यन् मोदतेतमाम्।*

सन्दर्भ

१. भीष्मचरितम् (महाकाव्यम्), प्रणेता–प्रो० हरिनारायणदीक्षितः, संस्कृतविभागाध्यक्षः, कुमाऊँ विश्वविद्यालयः, नैनीतालः (उ०प्र०); प्रकाशक–ईस्टर्न बुक लिंकर्स, न्यू चन्द्रावलः, जवाहरनगरम्, दिल्ली-७, प्रकाशनवर्षः १९९१ आकारो डिमाई, पृष्ठसंख्या १६+४४०, मूल्यम् ३०० मुद्राः।

* यह शोधलेख सागरिका संस्कृत शोधपत्रिका, सागर विश्वविद्यालय १९९४-९५/३२-३३ में, स्वरमङ्गला, शोधपत्रिका राजस्थान, १९९५/२०-२२ तथा उपलब्धि पत्रिका, डी०एस०बी० परिसर, नैनीताल (१९९२-९४) में प्रकाशित है।

न्याय एवं दण्डव्यवस्था के विषय में श्रीकृष्ण के विचार

लोकरंजक महापुरुष श्रीकृष्ण के जीवन से सम्बन्धित संस्कृत-ग्रन्थों के परिशीलन से बड़ा हर्ष होता है कि वह न्यायप्रिय शासक थे और अन्य शासकों को भी न्यायपालन की ओर उन्मुख करते थे। वह जानते थे कि राजा को न्याय का पालन करने के लिए आवश्यक है कि वह अधिकारी को उसका अधिकार पाने में सहायता करे; अनधिकारी से अधिकार छीन ले; प्रजा को अपराधोन्मुख न होने दे; अपराधियों को उनके अपराध के अनुसार दण्ड दे; तथा पीडितों की रक्षा करे। उनका तो यहाँ तक कहना है कि अपराधियों को अपराध से न रोकने वाला शासक इनके द्वारा किये गए पाप का भागी बन जाता है (महाभारत, सभापर्व, २२/१०)।

उनके मत में अपने राज्य से अपराधों को हटाने के लिए, समाप्त करने के लिए और प्रारम्भ होने से रोकने के लिए राजा को दो नीतियाँ अपनानी चाहिए। (एक) अपराधियों को दण्ड देना और (दो) अपराधी को चेतावनी देना कि यदि वह अपराध करेगा, तो पाप का भागी होगा और फलस्वरूप नरकादि की प्राप्ति करेगा। अब अपराधोन्मूलन की ये दोनों नीतियाँ प्रस्तुत हैं–

(१) अपराधियों को दण्ड देना या दिलवाना

श्रीकृष्ण ने अपराधियों को दिये जाने वाले तीन दण्डों पर प्रकाश डाला है–(क) बन्धन, (ख) राज्यनिर्वासन तथा (ग) मृत्यु दण्ड। अब इनका सोदाहरण विवेचन प्रस्तुत किया जा रहा है–

(क) बन्धन (कैद)

श्रीकृष्ण की दृष्टि में कुलघातक, पूज्य व्यक्तियों का अनादर करने वाले, अपराधों की ओर ही उन्मुख रहने वाले व्यक्ति को बन्दी बनाकर उसका नियन्त्रण अवश्य करना चाहिए, जिससे कुल विनष्ट होने से बच जाए; पूज्य व्यक्तियों का अनादर न होने पाय; तथा अपराधी प्रवृत्तियों का मार्ग अवरुद्ध हो जाए। इसीलिए उन्होंने भीष्म पितामह, धृतराष्ट्रादि कुरुकुल के वृद्धों को यह परामर्श दिया कि दुर्योधन, कर्ण, शकुनि तथा दु:शासन को बन्दी बनाकर पाण्डवों को सौंप दिया जाए। क्योंकि ये चारों मिलकर अपनी दुश्चेष्टाओं से इस विख्यात कुरुकुल को विनाश के गर्त में धकेल रहे हैं, पूज्य व्यक्तियों की सलाह न मानकर उनके प्रति अनादर व्यक्त कर रहे हैं; सभा में चल रही गोष्ठी का बहिष्कार करके न्याय का तिरस्कार कर रहे हैं; तथा पाण्डवों के प्रति निरन्तर अपराध कर रहे हैं।[१]

उपर्युक्त प्रसंग उस समय का है, जिस समय श्रीकृष्ण युधिष्ठिर की ओर से दूत बनकर उनका राज्याधिकार माँगने कौरवों की सभा में आये। उन्होंने अपने तर्कसंगत कथन से पाण्डवों को न्याय

दिलवाने का प्रयत्न किया। किन्तु दुर्योधन पर उनके कथन का कोई प्रभाव न पड़ा। वह पाण्डवों को उनका राज्याधिकार देने के लिए राजी नहीं हुआ। इतना ही नहीं, वह भीष्मपितामह, द्रोणाचार्य, विदुर आदि का तिरस्कार करके अपने सहयोगियों सहित राजसभा का बहिष्कार करके वहाँ से चल भी दिया।

इस विवेचन से श्रीकृष्ण की यह नीति स्पष्ट हो जाती है कि विध्वंस चाहने वाले दुष्ट अपराधियों को बन्दी बना लेना चाहिए, जिससे उनकी इच्छा मूर्त्तरूप धारण न कर सके और देश विनाश से बच सके। यह हमारा, हमारे देश का, हमारे इतिहास का दुर्भाग्य था कि कुरुकुल के पूज्य जनों ने उनकी दूरदर्शिता से युक्त उचित सलाह नहीं मानी और दुर्योधन, शकुनि, कर्ण और दु:शासन के दुष्कर्मों में सक्रिय सहयोग देकर अपने कुल को विनाश के गर्त में धकेल दिया। यदि श्रीकृष्ण का परामर्श मानकर इन सब दुष्टों को बन्दी बना लिया जाता; पाण्डवों को राज्य सौंप दिया जाता, तो भारतवर्ष के उस समय के बहुत से राजकुल सेनासहित बच जाते, जिनकी आहुति महाभारत युद्ध में कौरवों की दुर्णीति के कारण दे दी गई।

(ख) राज्य निर्वासन

श्रीकृष्ण ने अपराधियों को दिये जाने वाले दण्ड के रूप में "राज्यनिर्वासन" का भी विधान किया है। उन्होंने द्रोणाचार्य के पुत्र अश्वत्थामा के जघन्य कृत्य–उत्तरा के गर्भस्थ शिशु को विनष्ट करने के उद्देश्य से ब्रह्मास्त्र छोड़ने की भर्त्सना की, उसे "बालजीवितघातक" तक कहा और अर्जुन को उसका वध करने का आदेश दिया। यहाँ पर वध करने का तात्पर्य प्राणापहरण करना नहीं है, अपितु अपराधी की सम्पत्ति छीनकर राज्य से उसको निकाल देना ही उसका वध है। ध्यातव्य है कि अश्वत्थामा पहले भी द्रौपदी के सोए हुए पुत्रों की नृशंस हत्या करके उनकी दृष्टि में दण्ड पाने योग्य हो गया था।[२]

(ग) मृत्युदण्ड

श्रीकृष्ण की दृष्टि में सभी जघन्य अपराधों को करने वाले अपराधियों को मृत्युदण्ड ही देना चाहिए। जिससे बढ़ते हुए अपराधों में कमी आ जाए; सीधे-साधे लोग निश्चिन्त होकर जीवन-यापन कर सकें; और दूसरे अपराधी भी अपराध करने का साहस न कर सकें।

(अ) बालकों का अपहरण

श्रीकृष्ण की दृष्टि में बालकों का अपहरण करना जघन्य अपराध है और इस अपराध को करने वाला दुष्ट व्यक्ति मृत्युदण्ड पाने योग्य है। इसीलिए उन्होंने अपने गुरु सान्दीपनी के पुत्र का अपहरण करने के अपराध में लवणसमुद्र में रहने वाले पंचजन राक्षस को मृत्युदण्ड दिया,[३] जिससे कोई भी अपराधी दुबारा इस अपराध को न करे और बालकों के माता-पिता उनके अपहरण की सम्भावना से भयभीत न हों।

(आ) स्त्रियों का अपहरण एवं उनका अपमान

श्रीकृष्ण के मत में अपने प्रति अनासक्त स्त्रियों का अपहरण करना एवं उनका अपमान करना अक्षम्य अपराध है। राजा का कर्त्तव्य है कि वह इस अपराध को करने वाले अपराधियों को

मृत्युदण्ड दे। उन्होंने प्राग्ज्योतिषपुर के राजा नरकासुर का वध इसीलिए किया था, क्योंकि उसने देश-विदेश की उसके प्रति अनासक्त राजकुमारियों का तो अपहरण किया ही था, साथ-साथ त्वष्टा की अल्पायु कन्या का भी अपहरण किया था।[४] उन्होंने शिशुपाल के द्वारा किये गए बभ्रु नामक यादव की पत्नी के और विशाला नरेश की कन्या भद्रा के अपहरण की निन्दा की है।[५] षट्पुर में रहने वाले निकुम्भ नामक दानव को उन्होंने इसीलिए मृत्युदण्ड दिया। उसने भानु नामक यादव की पुत्री भानुमती का उसकी इच्छा के विना छल से अपहरण कर लिया था।[६] इसी प्रकार उन्होंने दुर्योधन द्वारा अपने बड़े भाई युधिष्ठिर की पत्नी द्रौपदी का अपमान करना और उस पर अत्याचार करना भी दण्डनीय अपराध माना है।[७]

इस प्रकार उनके मत में स्त्रीलोलुप व्यक्तियों को मृत्युदण्ड देकर उनसे सम्बन्धित अपराधों को रोकना चाहिए; और स्त्री को खिलौना समझने वालों को स्त्री का आदर करने का 'सबक' सिखाना चाहिए।

(इ) चोरी करना

श्रीकृष्ण का दृष्टिकोण है कि चोरी करने वाला व्यक्ति भी अपराधी है और शीघ्र दण्ड पाने योग्य है। इसलिए जब उन्होंने इन्द्र से सुना कि नरकासुर ने वरुणच्छत्र, मन्दराचल का मणिमय शिखर, देवमाता अदिति के अमृतमय कुण्डल तथा ऐरावत हाथी को चुरा लिया है, तो उन्होंने उसको मृत्युदण्ड देने में जरा भी विलम्ब नहीं किया।[८]

(ई) बालकों की हत्या

श्रीकृष्ण ने बालकों की हत्या का जघन्य अपराध करने वाले दुष्टों के लिए भी मृत्युदण्ड का ही विधान किया है। इसीलिए कंस की आज्ञा से ब्रज के बालकों को मारने के उद्देश्य से आयी हुई पूतना को उन्होंने मृत्युदण्ड दिया।[९] इसी प्रकार उन्होंने अर्जुन को, द्रौपदी के सोए हुए निरपराध पुत्रों को मार डालने वाले और उत्तरा के गर्भस्थ शिशु को ब्रह्मास्त्र से नष्ट करने की कुचेष्टा करने वाले अश्वत्थामा को भी मृत्युदण्ड देने का आदेश दिया। चूंकि ब्राह्मण को मृत्युदण्ड नहीं दिया जा सकता, भले ही उसने बड़े से बड़ा अपराध किया हो। इसीलिए मृत्युदण्ड के विकल्प के रूप में उन्होंने अश्वत्थामा को देशनिर्वासन का दण्ड देने का विधान किया।[१०] इन अपराधियों को दण्ड देकर उन्होंने अन्य बालघातियों को यह शिक्षा दी है कि बालक, जो देश का भविष्य होते हैं, की नृशंस हत्या करने का अधिकार किसी को नहीं है।

(उ) निरपराध व्यक्तियों को बन्दी बनाना

श्रीकृष्ण की दृष्टि में निरपराध व्यक्तियों को बन्दी बनाना सर्वथा अनुचित है। उन्होंने अपने माता-पिता (देवकी-वसुदेव) तथा मातामह (उग्रसेन) को विना किसी अपराध के बन्दी बनाकर कष्ट पहुँचाने वाले कंस को मारकर उन्हें कारागृह से मुक्त किया।[११] मगध नरेश जरासन्ध की राजधानी गिरिव्रज से आए हुए, उसके द्वारा बन्दी बनाए गए राजाओं की ओर से भेजे गए दूत से उन्हें ज्ञात हुआ कि जरासन्ध ने उन निरपराध राजाओं को, जिन्होंने दिग्विजय के अवसर पर उसका आधिपत्य स्वीकार नहीं किया था, को कारागृह में डाल दिया है, तो उन्होंने दूत को "मैं जरासन्ध को शीघ्र

मरवा दूँगा" इस प्रकार का आश्वासन देकर गिरिव्रज वापस भेज दिया;[१२] और जब वह जरासन्ध के वध के लिए भीम और अर्जुन सहित उसकी राजधानी पहुँचे, तो उन्होंने राजाओं को बन्दी बनाने के उसके कार्य को अपराध की संज्ञा दी। उन्होंने जरासन्ध से स्पष्ट शब्दों में कहा कि वह राजाओं को मुक्त कर दे, अन्यथा इस अपराध को करने के फलस्वरूप मृत्युदण्ड पाने को तत्पर रहे।

किन्तु जरासन्ध ने उनके कहने पर भी राजाओं को मुक्त नहीं किया। फलस्वरूप उन्होंने भीमसेन से उसको मृत्युदण्ड दिलवा दिया।[१३]

(ऊ) ब्राह्मणों पर अत्याचार करना

श्रीकृष्ण की दृष्टि में ब्राह्मणों पर अत्याचार करना भी दण्डनीय अपराध है। क्योंकि वह जानते थे कि ब्राह्मण अपने ज्ञान लोक से इस लोक के अज्ञानान्धकार को दूर करते हैं, इसलिए उनकी रक्षा-सुरक्षा करना राजा का आवश्यक कर्त्तव्य है। उन्होंने ब्राह्मणों को सताने वाले दुष्ट अपराधियों को सजा देने के लिए मृत्युदण्ड का विधान किया है; तभी तो उन्होंने ब्राह्मणों के ग्राम को नष्ट करने वाले और सान्दीपनी नामक अपने अवन्तिवासी गुरु के पुत्र का अपहरण करने वाले पंचजन राक्षस को मृत्युदण्ड दिया था।[१४] इसी प्रकार जब उन्होंने सुना कि हंस और डिम्भक नामक दो दुष्ट राजकुमार संन्यास धर्म की निन्दा करते हैं और उन्होंने दुर्वासा सहित बहुत से तपस्वियों को संत्रस्त किया है, तब उन्होंने अविलम्ब उन दोनों को उनके राक्षस साथियों सहित मृत्युदण्ड दे दिया।[१५]

(ऋ) वाक्पारुष्य (कटु वचन बोलना)

श्रीकृष्ण के मत में कटुवचन बोलना भी अपराध है; क्योंकि ये (कटुवचन) श्रोता के मन को दु:खी करते हैं। यही कारण है कि उन्होंने अपने तथा भीष्मपितामह के प्रति कहे गये शिशुपाल के आक्षेपपूर्ण वचनों को तथा उसके द्वारा उन्हें एवं उनके पक्षधर राजाओं को मारने की धमकी देने को अभद्रव्यवहार की संज्ञा दी और उसके इस अपराध को अक्षम्य बताया। अन्त में उसे उसके अपराध के दण्ड के रूप में मृत्युदण्ड भी दे दिया।[१६] उन्होंने पाण्डवों तथा द्रौपदी के प्रति न कहे जाने योग्य कटुवचनों को बोलने का अपराध करने वाले दुर्योधन को भी दण्ड पाने योग्य बताया।[१७] उनका यह भी मत है कि हीनाङ्ग, अधिकाङ्ग, विद्याहीन, वृद्ध, कुरूप, निर्धन तथा जातिहीन व्यक्तियों पर भी आक्षेप नहीं करना चाहिए और नास्तिकता, वेदों की निन्दा, देवताओं पर दोषारोपण आदि अपराधों को भी नहीं करना चाहिए।[१८]

(ॠ) यज्ञ विध्वंस

श्रीकृष्ण के मतानुसार यज्ञ में बाधा पहुँचाने वाले भी अपराधी हैं और इन्हें मृत्युदण्ड मिलना चाहिए। शिशुपाल ने अन्य जघन्य अपराधों के साथ ही यज्ञविध्वंस का भी अपराध किया था। उसने उनके पिता वसुदेव, जो अश्वमेघ यज्ञ की दीक्षा ले चुके थे, का अश्व चुराकर उनके यज्ञ में बाधा पहुँचाई और मृत्युदण्ड का भागी बना।[१९] इसी प्रकार षट्पुर निवासी ब्रह्मदत्त नामक ब्राह्मण, जो वसुदेव के मित्र थे, के अश्वमेध यज्ञ में उसी नगर में रहने वाले निकुम्भ नामक देत्य ने बाधा पहुँचाने की चेष्टा की थी, फलस्वरूप उन्होंने उसे भी मृत्युदण्ड ही दिया।[२०] यज्ञविध्वंस करने वाले अपराधियों को दण्ड देकर उन्होंने राजा को शिक्षा दी है कि वह संस्कृति एवं धर्म के प्रतीक यज्ञों की रक्षा-सुरक्षा करने के लिए इनके सम्पादन में बाधा पहुँचाने वालों को दण्डित करे।

(लृ) द्यूतकपट

श्रीकृष्ण की दृष्टि में द्यूतक्रीडा में कपट का आश्रय लेना दण्डनीय अपराध है। उन्होंने दुर्योधन की राजसभा में स्पष्ट शब्दों में कहा कि द्यूतक्रीडा को न जानने वाले युधिष्ठिर को शकुनि की सहायता से कपट द्यूत में पराजित करना अक्षम्य अपराध है और इस अपराध को करने वाले व्यक्ति को मृत्युदण्ड मिलना चाहिए।

(ए) आग लगाना

श्रीकृष्ण के अनुसार आग लगाकर ग्राम, नगर, भवन आदि को नष्ट करने वाले व्यक्ति को इस अपराध के लिए राजा के द्वारा मृत्युदण्ड दिया जाना चाहिए। जिस समय वह नरकासुर को मारने के लिए प्राग्ज्योतिषपुर पहुँचे, उस समय शिशुपाल ने द्वारका में आग लगा दी। इस अपराध के भी फलस्वरूप उन्होंने उसे मृत्युदण्ड दिया।[२१] वारणावत नामक स्थान के लाक्षागृह में आग लगाकर पाण्डवों को उनकी माता सहित जलाकर मार डालने की दुर्योधनादि की (असफल) कुचेष्टा को उन्होंने अक्षम्य और मृत्युदण्ड पाने योग्य अपराध माना है।[२२] क्योंकि इस अपराध से किसी व्यक्ति विशेष की हानि नहीं होती, अपितु पूरे राज्य की हानि होती है।

(ऐ) विष देना

किसी को मार डालने के उद्देश्य से विष देना भी श्रीकृष्ण की दृष्टि में अक्षम्य अपराध है और राजा को चाहिए कि वह इस अपराध को करने वाले अपराधी को मृत्युदण्ड दे। दुर्योधन ने भी भीमसेन को विष देकर मरवाने की चेष्टा की थी। इसलिए उनकी दृष्टि में उसका यह अपराध अक्षम्य और मृत्युदण्ड पाने योग्य है।[२३]

(ओ) सर्प से कटवाना

किसी को मार डालने के लिए उसे सर्पों से कटवाने का अपराध करने वाला व्यक्ति भी मृत्युदण्ड पाने योग्य है। पाण्डवों से द्वेष करने वाले दुर्योधन ने भीमसेन को मार डालने के गलत इरादे से उन्हें सर्पों से कटवाया था। श्रीकृष्ण ने दुर्योधन को उसके इस अक्षम्य अपराध के कारण भी, मृत्युदण्ड पाने योग्य बताया था।[२४]

(औ) जल में डुबाना

श्रीकृष्ण के अनुसार किसी को मारने के उद्देश्य से, उसके हाथ-पैर बाँधकर जल में डुबाना भी जघन्य अपराध है। दुर्योधन ने भीमसेन से छुटकारा पाने के लिए उन्हें उक्त प्रकार से ही जल में डुबा दिया था। इसीलिए वह उनकी दृष्टि में मृत्युदण्ड पाने का अधिकारी हो गया था।[२५]

(अं) दूसरे की सम्पत्ति पर अधिकार करना

श्रीकृष्ण के मतानुसार किसी दूसरे की सम्पत्ति पर अधिकार करने की चेष्टा करना और अधिकार कर लेना भी अक्षम्य अपराध है। राजा को चाहिए कि वह इन अपराधों को करने वाले व्यक्तियों को मृत्युदण्ड दे। उनकी दृष्टि में वज्र नगर में राज्य करने वाले वज्रनाभ की, इन्द्र की राज्यलक्ष्मी पर अधिकार जमाने की चेष्टा अक्षम्य अपराध थी। इसीलिए उन्होंने उसे मृत्युदण्ड

दिया।[२६] उन्होंने दुर्योधन से कहा कि पाण्डवों की पैतृक सम्पत्ति पर वह हक जमाये हुए है, इसीलिए उसे दण्ड दिया जा रहा है।[२७]

(अः) अपराधी का साथ देना

श्रीकृष्ण की दृष्टि में अपराधी व्यक्ति का साथ देने वाले व्यक्तियों को भी अपराधियों की कोटि में रखना चाहिए। इनको भी वही दण्ड दिया जाना चाहिए, जिसका सम्बन्धित अपराध के अपराधी को दिये जाने का विधान किया गया है। कालयवन, शाल्व, दन्तवक्त्र और विदूरथ को उन्होंने मृत्युदण्ड दिया। क्योंकि वे जरासन्ध और शिशुपाल जैसे अपराधियों को प्रश्रय देते थे; उनके बुरे कार्यों में सक्रिय सहयोग देते थे; और स्वयं भी पापाचरण करते थे। इसी प्रकार भीष्म, द्रोण और शल्य को उन्होंने मृत्युदण्ड दिलवाया। क्योंकि वे धर्माचरण करते हुए भी अपराधी दुर्योधन के पापाचरण में जानबूझकर सहयोग देते थे। वास्तव में अपराधियों और पापाचारियों को सहयोग देने के कारण इनके धर्माचरण का कोई मूल्य नहीं था। ये तो अपनी शक्ति का अपव्यय, पापाचरण की वृद्धि में, कर रहे थे, इसलिए दण्ड पाने योग्य थे। जयद्रथ, कर्ण, शकुनि, दुःशासन उनकी दृष्टि में मृत्यदण्ड पाने के योग्य इसलिए समझे गये, क्योंकि ये न केवल पापी दुर्योधन का साथ दे रहे थे, अपितु स्वयं भी पापाचरण में संलग्न रहते थे (महाभारत, शल्यपर्व, ६१/३९-४६, श्लोक सं० ४७ के पूर्वार्ध और उत्तरार्ध के बीच के दाक्षिणात्य पाठ के प्रारम्भिक दो श्लोक)।

इस प्रकार अपराधियों को मृत्युदण्ड देकर उन्होंने देश का हित चाहने वाले राजाओं को शिक्षा दी है कि वह उपर्युक्त अपराधों को करने वाले अपराधियों को मृत्यु दण्ड देकर अपने राज्य में फैल रही अव्यवस्था और असुरक्षा की स्थिति को सुधारें और अपराधोन्मुख होने वाले व्यक्तियों को चेतावनी दी है कि वे अपराध न करें अन्यथा उनका भी वही हाल होगा, जो उपर्युक्त अपराधियों का हुआ। स्पष्ट है कि मृत्यु से भयभीत होने वाला व्यक्ति यदि अपराध को पूरी तरह नहीं भी छोड़ेगा, तो उसकी मात्रा में तो अवश्य ही कमी करेगा।

(२) अपराधी को चेतावनी देना

लोग अपराध की ओर प्रवृत्त न हों, इसलिए श्रीकृष्ण ने यह भी चेतावनी दी है कि व्यक्ति को अपराध नहीं करना चाहिए अन्यथा उसे नरकादि की प्राप्ति होगी। हमारी संस्कृति में जो स्वर्ग-नरक की परिकल्पना की गई है, वास्तव में उसका उद्देश्य भी व्यक्ति को अच्छे आचरण की प्रेरणा देना है; और अपराधों से बचाना है। उन्होंने कुछ अपराधों का दण्ड नरक प्राप्ति बताया है; कुछ अपराधों को ब्रह्महत्या के समान दण्डनीय बताया है; तथा कुछ अपराधों को भ्रूण हत्या के समक्ष रखा है। अब क्रमशः इनका विवेचन प्रस्तुत किया जा रहा है–

(अ) नरक प्राप्ति कराने वाले अपराध

श्रीकृष्ण के मतानुसार कुछ अपराध ऐसे होते हैं, जिनको करने के फलस्वरूप अपराधियों को नरक की प्राप्ति होती है। अर्थात् ऐसे अपराधों को करने पर राजा द्वारा दिये गये दण्ड ही काफी नहीं होते, व्यक्ति को अपराध के दण्डस्वरूप नरक भी मिलता है। ये अपराध हैं–गुरुजनों का अपमान, पराई स्त्री का अपहरण, स्त्रियों से व्यभिचार, चुगलखोरी, सुलह की शर्त तोड़ना, पराये धन

से जीवन धारण करना, वर्णाश्रम धर्म के नियमों को तोड़ना, पाखण्ड करना, पापाचरण करना एवं पापाचरण में सहयोग देना।[२८]

(आ) ब्रह्महत्या के समान अपराध

श्रीकृष्ण ने कुछ अपराध ऐसे भी बताये हैं, जो ब्रह्महत्या के समान माने जाते हैं। इन अपराधों को करने वाले अपराधियों को वही दण्ड मिलना चाहिए, जो ब्राह्मण की हत्या करने वाले को मिलता है। ये अपराध हैं–ब्राह्मण को भिक्षा के लिए बुलाकर उसे भिक्षा न देना, ब्रह्मवेत्ता ब्राह्मण की जीविका छीनना, क्रुद्ध होकर आश्रम, घर, गाँव अथवा नगर में आग लगाना, प्यासी गायों को पानी के पास पहुँचने से रोकना, वैदिक श्रुतियों और शास्त्रों पर आक्षेप करना, अन्धे, गूँगे, लंगड़े व्यक्ति का धन चुराना, गुरु को तू कहना और उनकी आज्ञा का उल्लंघन करना।[२९]

(इ) भ्रूण-हत्या के समान अपराध

उनके मतानुसार आवश्यकता के विना ही बैलों को गाड़ी में जोतना, ब्राह्मणों पर प्रहार करना और गायों को मारना–ये सभी अपराध भ्रूणहत्या के समान दण्डनीय हैं। इन अपराधों को करने वाले अपराधियों को रौरव नरक की प्राप्ति होती है।[३०]

इस प्रकार श्रीकृष्ण ने यह बताकर कि व्यक्ति को अमुक अपराध के बदले दण्डस्वरूप नरक की प्राप्ति होती है; या ब्रह्महत्या का पाप लगता है; या भ्रूण हत्या के समान पाप लगता है–लोगों को अपराधों की ओर जाने से रोकने का प्रयत्न किया है।

अपवाद

न्यायप्रिय एवं नीतिज्ञ श्रीकृष्ण के मतानुसार कुछ अपराध ऐसे भी होते हैं, जिनके दण्ड को परिस्थिति का अवलोकन करके क्षमा किया जा सकता है, अथवा उनकी कठोरता में कमी की जा सकती है। यथा–

(क) असत्य बोलना

यह सर्वविदित है कि असत्य बोलना अपराध है और इस अपराध को करने वाला दण्ड पाने योग्य है। किन्तु इस सन्दर्भ में श्रीकृष्ण का यह भी कहना है कि यदि असत्य बोलने से सत्य बोलने के बराबर लाभ मिलता हो; धर्म की हानि न होती हो, तो यह अपराध, अपराध नहीं रह जाता। विवाह काल में, रति क्रीड़ा के समय, प्राणों पर संकट आने के समय, सर्वस्व नष्ट होते समय तथा ब्राह्मणों की भलाई के लिए असत्य बोलना सत्य बोलने के समान ही हितकारी होता है; इसलिए इन अवसरों पर बोले गये असत्य पर कोई दण्ड नहीं लगना चाहिए।[३१]

(ख) गुरुजनों को वध का दण्ड देना

श्रीकृष्ण का कहना है कि यदि अपने गुरुजन कोई ऐसा गुरुत्तर अपराध कर दें, जिसके दण्डस्वरूप वध का दण्ड दिया जाता है, तो भी गुरुजनों को यह दण्ड नहीं देना चाहिए। क्योंकि गुरुजनों की हत्या करना स्वयं में एक अपराध है। इस दण्ड के बदले गुरुजनों का अपमान कर देना चाहिए। क्योंकि ये लोग अपमानित होकर अपने को मृतप्राय ही समझते हैं। इसीलिए उन्होंने अर्जुन

को सलाह दी कि वह गाण्डीव धनुष का अपमान रूप अपराध करने के कारण अपने पूज्य भाई युधिष्ठिर का वध न करें अपितु उनका अपमान ही कर दें।[३२]

(ग) आत्महत्या

श्रीकृष्ण ने आत्महत्या करने की भी स्वीकृति नहीं दी है। उनके मतानुसार यदि कोई व्यक्ति अपने को अपराधी मानकर आत्महत्या के द्वारा अपने को दण्डित करना चाहता है, तो उसे अपनी प्रशंसा कर लेनी चाहिए। क्योंकि आत्मप्रशंसा करना आत्महत्या के ही समान है। यही कारण है कि युधिष्ठिर के अपमानरूप अपराध को करने के कारण पश्चात्ताप की अग्नि में जलते हुए तथा तत्फलस्वरूप आत्महत्या के लिए तत्पर अर्जुन को उन्होंने यही परामर्श दिया कि वह आत्महत्या न करे; उसके स्थान पर वह आत्मप्रशंसा कर ले।[३३]

श्रीकृष्ण ने अपराधों एवं दण्डों के अलावा न्याय से सम्बन्धित कुछ और आवश्यक तत्त्वों पर भी प्रकाश डाला है, जिनका विवेचन इस प्रकार है–

(क) उत्तराधिकार

श्रीकृष्ण औरसपुत्र के अतिरिक्त क्षेत्रज और कानीन पुत्र का भी पिता की सम्पत्ति पर अधिकार स्वीकार करते हैं। उनके मत में पाण्डव अपने पिता पाण्डु की राज्यलक्ष्मी के उत्तराधिकारी हैं।[३४] इसी प्रकार उन्होंने कर्ण को पाण्डवों के पक्ष में आने का सत्परामर्श देते हुए बताया है कि वह कन्यावस्था में उत्पन्न होने के कारण कुन्ती के कानीन पुत्र हैं, अतः वह भी पाण्डु की राज्यलक्ष्मी के उत्तराधिकारी हैं।[३५]

(ख) सभासदों का धर्म

श्रीकृष्ण के मत में राज्यसभा में बैठने वाले सभासदों को चाहिए कि वे स्वयं धर्माचरण करें; अधर्माचरण करने वालों को भी धर्माचरण की ओर उन्मुख करें; किसी के द्वारा किये जाते हुए अनुचित कार्यों की उपेक्षा न करें; अधर्म से धर्म को न नष्ट करें; असत्य से सत्य को न दबायें; याचकों की सत्य, धर्मसम्मत और न्यायसंगत माँगों पर ध्यान दें; कष्ट में पड़े हुए लोगों की रक्षा करें; क्रोधादि को जीतें; अधिकारियों को उनका अधिकार दिलवायें; दूसरे का अधिकार छीनने वालों को नियंत्रित तथा दण्डित करें; तथा प्रजा के लिए कल्याणकारी मार्ग को ही स्वीकार करें।[३६]

(ग) प्रमाण

न्याय का पालन करने के लिए राजा (न्यायाधीश) को प्रमाणों की आवश्यकता होती है। श्रीकृष्ण भी राजा की इस आवश्यकता से अनभिज्ञ नहीं थे। उन्होंने इस संदर्भ में तीन प्रमाण बताये हैं–जिनमें वरीयता की दृष्टि से वेदों का स्थान प्रथम है, धर्मशास्त्रों का द्वितीय और लोक व्यवहार का तृतीय। अर्थात् जब राजा को न्यायपालनार्थ प्रमाण की आवश्यकता हो, तो उसे पहले वेदों की बात पर विश्वास करना चाहिए; फिर धर्मशास्त्रों को देखना चाहिए; और अन्त में लोकव्यवहार का अवलोकन करना चाहिए।[३६]

न्यायालय

श्रीकृष्ण के राजनैतिक जीवन से सम्बन्धित संस्कृत ग्रन्थों को देखने से हमें ज्ञात होता है कि

उन्होंने न्यायालय अथवा इसके जैसे किसी दूसरे ऐसे स्थान का संकेत नहीं दिया है, जहाँ राजा याचकों की, सताये हुए व्यक्तियों की अथवा वादियों की बात सुनते हैं और तर्कों तथा प्रमाणों के बाद अपराधियों को दिये जाने वाले दण्ड की घोषणा करते हैं। किन्तु यह मान लेना कि वह न्यायालय की आवश्यकता से अनभिज्ञ थे, भारी भूल होगी। क्योंकि यह वर्णन पहले भी आ चुका है कि जरासन्ध के द्वारा बन्दी बनाये गये राजाओं ने अपना एक दूत न्याय करवाने हेतु उनके पास द्वारका भेजा था; नरकासुर और वज्रनाभ के आतंक से स्वर्ग को बचाने की प्रार्थना लेकर इन्द्र स्वयं उनके पास आये थे; और हंस तथा डिम्भक के सताये हुए महर्षि दुर्वासा अपने आश्रम के अन्य ऋषियों सहित अपनी रक्षा की याचना लेकर उनकी राजसभा में आये थे। उन्होंने इन सबकी बातें ध्यान से सुनी थीं और इनको संत्रस्त करने वाले अपराधियों को दण्डित करके इन सबको भयमुक्त कर दिया था। इससे सिद्ध होता है कि उनकी दृष्टि में राजसभा ही न्यायालय थी। ये दोनों अलग-अलग नहीं थे।

निष्कर्ष

न्याय और दण्ड व्यवस्था से सम्बन्धित उपर्युक्त विवेचन से श्रीकृष्ण की यह नीति स्पष्ट हो जाती है कि राजा को स्वयं न्यायाधीश का कार्य करना चाहिए; अत्याचारियों को उनके किये हुए अपराधों की सजा देकर प्रजा को भयमुक्त करना चाहिए; याचकों की माँग ध्यान से सुननी चाहिए; अशान्ति, असुरक्षा, असुविधा, अराजकता आदि को उत्पन्न करने वाले दुष्ट अपराधियों को मृत्यु दण्ड देकर शान्ति, सुरक्षा, सुविधा और सुशासन का वातावरण बनाना चाहिए, ताकि सामान्य लोग अपराधोन्मुख न हों, और अपराधी भी अपराध करना छोड़ दें।*

सन्दर्भ

१. महाभारत, उद्योगपर्व, १२८/३३-५०

२. (क) भागवतपुराण, १/७/३५-३९, ५३-५४
   (ख) महाभारत, सौप्तिकपर्व, १६/१-४, ८-१६
   (ग) वेदान्तदेशिक, यादवाभ्युदय, २३/५३-५४
   (घ) क्षेमेन्द्र, दशावतारचरित, ८/८३३-८३४

३. (क) ब्रह्मपुराण, १९४/२४-२८
   (ख) विष्णुपुराण, ५/२१/२७-२८
   (ग) भागवतपुराण, १०/४५/४०-४१
   (घ) हरिवंशपुराण, विष्णुपर्व, ३३/१५-१६

४. (क) ब्रह्मपुराण, २०२/८-२१, २०४/१४
   (ख) पद्मपुराण, षष्ठोत्तरखण्ड, उत्तरार्ध भाग, २९४/७५-७८
   (ग) विष्णु पुराण, ५/३१/१५-१८
   (घ) भागवतपुराण,१०/५८/५८, ५९/२१, ३३, ३४
   (ङ) हरिवंशपुराण, विष्णुपर्व, ६३/५-१८, ६४/२४-३८
   (च) गर्गसंहिता, द्वारकाखण्ड, ८/२०
   (छ) वेदान्तदेशिक, यादवाभ्युदय, १६/१३६-१४४
   (ज) अगस्त्यपण्डित, कृष्णचरित, पृ०सं० १०५

५. महाभारत, सभापर्व, ४५/१०-११

६. हरिवंशपुराण, विष्णुपर्व, ९०/१-६४

७. महाभारत, उद्योगपर्व, १२८/८-९, शल्यपर्व, ६१/४३ का पूर्वार्ध।

८. (क) ब्रह्मपुराण, २०२/१०-२१
(ख) पद्मपुराण, षष्ठोत्तरखण्ड, उत्तरार्ध भाग, २९४/४८-६५, ७२-७४
(ग) भागवतपुराण, १०/३९/१-२, २१
(घ) विष्णुपुराण, ५/२९/१-२१
(ङ) हरिवंशपुराण, ६३/३४-१२३
(च) क्षेमेन्द्र, भारतमंजरी, हरिवंशपर्व, श्लोक सं० ११०४-१११४

९. (क) ब्रह्मपुराण, १८४/६-११
(ख) पद्मपुराण, षष्ठोत्तरखण्ड, उत्तरार्ध भाग, २४५/७२-७५
(ग) विष्णुपुराण, ५/४/७-१०
(घ) ब्रह्मवैवर्तपुराण, श्रीकृष्णजन्मखण्ड, २/१०/३१-३२
(ङ) भागवतपुराण, १०/६/२-१३
(च) हरिवंशपुराण, विष्णुपर्व, २/२२-२८

१०. (क) भागवतपुराण, १/७/३५-३९, ५३-५४
(ख) महाभारत, सौप्तिकपर्व, १६/१-४, ८-१६
(ग) वेदान्तदेशिक, यादवाभ्युदय, २३/५३-५४
(घ) क्षेमेन्द्र, दशावतारचरित, ८/८३३-८३४

११. (क) ब्रह्मपुराण, १८१/३४, १९२/७१-७२
(ख) पद्मपुराण, षष्ठोत्तरखण्ड, उत्तरार्धभाग, २४५/११, ३७८-३७९, ३९०
(ग) भागवतपुराण, १०/१/६६, ६९, ४४/३६-३८, ५०
(घ) हरिवंशपुराण, विष्णुपर्व, २/३-५, ३०/७०-८४

१२. भागवतपुराण, १०/७०/२२-३१, ७१/७९

१३. (क) भागवतपुराण, १०/७२/४३-४६
(ख) महाभारत, सभापर्व, २४/१-११

१४. (क) ब्रह्मपुराण, १९४/२४-२८
(ख) विष्णुपुराण, ५/२१/२७-२८
(ग) भागवतपुराण, १०/४५/४०-४१
(घ) हरिवंशपुराण, विष्णुपर्व, ३३/१५-१६
(ङ) परमेश्वरभट्ट, हरिचरित, श्लोक सं० १९७

१५. (क) हरिवंशपुराण, भविष्यपर्व, अध्याय १११-१३०
(ख) वेदान्तदेशिक, यादवाभ्युदय, २१/६५

१६. महाभारत, सभापर्व, ४४/४-३२, ४५/१-२७

१७. महाभारत, उद्योगपर्व, १२८/८, १०, १२

१८. महाभारत, आश्वमेधिकपर्व, ९२/दाक्षिणात्य पाठ श्लोक सं० ८७७-८७९

१९. महाभारत, सभापर्व, ४५/९

२०. हरिवंशपुराण, विष्णुपर्व, अध्याय ८२-८५

२१. महाभारत, उद्योगपर्व, ४५/७, १५
२२. वही, उद्योगपर्व, १२८/१३, शल्यपर्व, ६१/४३ का पूर्वार्ध।
२३. वही, उद्योगपर्व १२८/१५, शल्यपर्व, ६१/४२ का उत्तरार्ध।
२४. महाभारत, उद्योगपर्व, १२८/१५
२५. वही, वही, १२८/१५
२६. हरिवंशपुराण, विष्णुपर्व, अध्याय ९१-९७
२७. महाभारत, उद्योगपर्व, १२८/१७, शल्यपर्व, ६१/४१
२८. महाभारत, आश्वमेधिकपर्व, ९२/दाक्षिणात्यपाठ, श्लोक सं० ७०१-७०४, ८७६
२९. वही, वही, ९२/दाक्षिणात्यपाठ, श्लोक सं० १८-२५
३०. वही, वही, ९२/दाक्षिणात्यपाठ, श्लोक सं० ३५, ६०
३१. वही, कर्णपर्व, ६९/३२-३५, ५९-६६
३२. वही, ६९/८२-८८
३३. वही, वही, ७०/२९
३४. (क) यच्चैभ्योयाचमानेभ्यः पित्र्यमंशं न दित्सति।
तच्च पाप प्रदातासि भ्रष्टैश्वर्यो निपातितः॥
—महाभारत, उद्योगपर्व, १२८/१७

(ख) विचित्रवीर्यो विषयी विपत्तिं क्षयेण यातः पुनरम्बिकायाम्।
व्यासेन जातो धृतराष्ट्र एष लभेत राज्यं जनकः कथं ते॥
—भास, दूतवाक्य, १/२२

३५. महाभारत, उद्योगपर्व, १४०/८-९
३६. वही, वही, ९५/४६-६३
३७. धर्म जिज्ञासमानानां प्रमाणं परमं श्रुतिः। द्वितीय धर्मशास्त्राणि तृतीयं लोकसंग्रहः।
—महाभारत, आश्वमेधिक पर्व, ९२/दाक्षिणात्य पाठ, श्लोक सं० ८५६

* यह शोधलेख अखिल भारतीय प्राच्य विद्या सम्मेलन के ३६वें अधिवेशन (पूना) १९९३ में स्वीकृत एवं पठित है।

आचार्य ज्ञानसागर के साहित्य में प्रकृति चित्रण

प्रकृति शब्द प्र उपसर्ग पूर्वक कृ धातु के योग से निष्पन्न हुआ है। प्र=उत्तम, कृति=रचना, इस प्रकार प्रकृति शब्द का तात्पर्य है, सर्वोत्कष्ट रचना। हम प्रकृति की परिभाषा इस प्रकार दे सकते हैं–'प्रकृति ईश्वर की वह सर्वोत्कृष्ट रचना है, जिसके निर्माण में मानव का कोई योगदान नहीं होता।'

प्रकृति और मानव का ऐसा सम्बन्ध है कि कोई भी मानव उसकी क्रीडाओं से अप्रभावित नहीं रह सकता। गंभीर से गंभीर व्यक्ति भी प्रकृति की गोद में सरसता की अनुभूति करता ही है। जब साधारण मानव-समाज ही प्रकृति नटी के क्रिया-कलापों से इतना प्रभावित होता है तो फिर सहृदय-सामाजिक की तो बात ही क्या है? उसके हृदय की सुकुमार भावनाएँ ही प्रकृति के कार्य-कलापों को देखकर प्रस्फुटित होती हैं। इसीलिए प्रत्येक कवि मानव द्वारा निर्मित पदार्थों की अपेक्षा प्रकृति-वर्णन में अपने हृदय के भावों को उड़ेल कर रख देता है। उसके काव्य का उषागमन किसी निराश हृदय में आशा का सञ्चरण है; हिमालय की ऊँची और दृढ़ चोटियाँ किसी की ऊँची कल्पना और हृदय की दृढ़ता की प्रतीक हैं; सरोवर में खिले हुए कमल किसी के सुकुमार चरणों का स्मरण दिलाते हैं; पूर्णचन्द्र किसी के मुख की आभा को लेकर उदित होता है; पक्षियों का मधुर-कलरव किसी की वीणा का निनाद है–इस प्रकार कवि प्रकृति-नटी के सौन्दर्य का वर्णन करने के साथ ही उसका उपयोग उपमान इत्यादि के रूप में भी कर लेता है।

प्राय: सहृदय-सामाजिक होने के कारण कवि प्रकृति-वर्णन करता ही है, यह बात उपर्युक्त विवेचन से स्पष्ट हो जाती है। फिर किसी भी काव्य में प्रकृति-वर्णन एक अनिवार्य तत्त्व है। प्रकृति-वर्णन काव्य में आई हुई घटनाओं के उपस्थितीकरण के लिए आवश्यक देश-काल और वातावरण का निर्माण करने में सहयोग देता है। कवि अपने काव्य के पात्रों के लिए सुखपूर्ण वातावरण को उपस्थित करते समय प्रकृति की सुकुमारता का वर्णन करता है और पात्रों की दु:खमयी अवस्था में उसी प्रकृति का भीषण रूप भी पाठकों के सामने उपस्थित कर देता है। संयोगावस्था में जो चन्द्रोदय किसी नायक या नायिका के लिए सुखकारी होता है, वियोगावस्था में वही नायक या नायिका की पीड़ा को बढ़ा देता है। इस प्रकार कवि-कृत प्रकृति-वर्णन काव्य में निष्पन्न होने वाले रसकी निष्पत्ति में भी विशेष रूप से सहायक होता है। साथ ही उसके हृदय की सुकुमारता, प्रकृति-प्रेम और वर्णन-कौशल का भी वास्तविक ज्ञान पाठक को हो जाता है। अतएव हम कह सकते हैं कि काव्य में वर्ण्यमान छन्द, अलंकारों के समान ही प्रकृति-वर्णन भी महत्त्वपूर्ण है। प्रकृति-वर्णन से और भी अधिक मनोहारिणी बनी हुई कृतियाँ साहित्यिक प्रकृति-वर्णन के महत्त्व को सिद्ध कर देती हैं।

संस्कृत-साहित्य का विकास जितना अधिक प्रकृति-नटी के अंक में हुआ, उतना राज्याश्रय में नहीं। यही कारण है कि संस्कृत-साहित्य का प्रकृति-वैभव अन्य किसी भी साहित्य के

प्रकृति-वैभव से कहीं बढ़ा-चढ़ा है। कालिदास का 'अभिज्ञान शाकुन्तल' और बाणभट्ट की 'कादम्बरी' इसके ज्वलन्त उदाहरण हैं। अपनी चिर सहचरी प्रकृति के सौन्दर्य का वर्णन करते समय, कवि कभी-कभी तो अपना वर्ण्य-विषय भी भूल जाता है; और काव्य के पूरे के पूरे सर्ग में प्रकृति नटी के ही वैभव का वर्णन करता चला जाता है। यह बात पद्य कवियों में गद्य-कवियों की अपेक्षा अधिक देखी जाती है। क्योंकि गद्य-कवियों का प्रकृति-वर्णन कथा-प्रवाह के अधीन होता है।

हमारे आलोच्य महाकवि मुनिश्री ज्ञानसागर भी अपने काव्यों में स्थान-स्थान पर प्रकृति-नटी के इस रूप-वैभव से प्रभावित हुए हैं। उन्होंने यथासंभव अपने काव्यों में प्रकृति नटी की रूप-सम्पदा का वर्णन किया है। महाकवि का यह प्राकृतिक-वर्णन कृत्रिमता और कल्पना की उड़ान से दूर स्वाभाविकता से ओतप्रोत है। इनके काव्यों में वर्णित रात्रि जहाँ पाठक के हृदय में भीति को उत्पन्न करती है, वहाँ प्रभात-वर्णन एक नवीन-आशा को लिए हुए उपस्थित होता है। एक ओर पाठक ग्रीष्म की भयानकता से कम्पित हो उठता है, तो दूसरी ओर वसन्त का सौन्दर्य उसे आकर्षित कर लेता है। अपने काव्यों में मुनिश्री ज्ञानसागर ने पर्वत, वन, नदी, सरोवर, समुद्र, ऋतु, प्रभात, संध्या, रात्रि इत्यादि प्राकृतिक पदार्थों का वर्णन करते हुए, प्रकृति के प्रति अपने असीम प्रेम को प्रस्तुत किया है।

अब आपके समक्ष इन सभी प्राकृतिक पदार्थों का वर्णन प्रस्तुत किया जायेगा :-

पर्वत वर्णन

पर्वतीय स्थलों के अवलोकन से प्रत्येक व्यक्ति को यह अनुभव होता है कि प्रकृति का जो सौन्दर्य हमें गगनचुम्बी पर्वतों पर देखने को मिलता है, वह अन्यत्र दृष्टिगोचर नहीं होता। इसीलिए सहृदय कवि अपने काव्यों में प्रकृति के इस मनोहारी अंग का वर्णन अवश्य ही करता है। कुछ नहीं तो सूर्योदय या चन्द्रोदय के बहाने ही वह पर्वत-सुषमा का चित्रण कर देता है; या उसे कोई तीर्थस्थान घोषित करके अपने काव्य के पात्रों को वहाँ पहुँचा देता है।

हमारे आलोच्य महाकवि मुनिश्री ज्ञानसागर ने अपने काव्यों में क्रमशः सुमेरु, हिमालय विजायार्ध, काञ्चन और श्रीपुरु-इन पाँच पर्वतों का यथास्थान वर्णन किया है। सर्वप्रथम देवगिरि सुमेरु का वर्णन आपके समक्ष प्रस्तुत है-

सुमेरु पर्वत

इस पर्वत का उल्लेख मुनिश्री ने अपने काव्यों में तीन वार किया है, दो वार वीरोदय में और एक वार जयोदय में। वीरोदय में सर्वप्रथम जम्बूद्वीप की स्थिति को बताते समय सुमेरु पर्वत का वर्णन मिलता है; जिसके अनुसार उसे एक लाख योजन ऊँचा बताया गया है। सुमेरु पर्वत को स्वर्ण-निर्मित माना गया है; इसलिए कवि का यह कथन है कि सुमेरु पर्वत, पृथ्वी को धारण करने वाले शेषनाग रूप दण्ड के ऊपर स्थित सुवर्णकलश के समान है।[१]

इसके पश्चात् कवि ने सुमेरु-पर्वत का वर्णन भगवान् महावीर के जन्माभिषेक के समय किया है। भगवान् महावीर के जन्म के बाद देवगण अभिषेक के उद्देश्य से बालक महावीर को सुमेरु

पर्वत पर ले गये। वह सुमेरु पर्वत चारों ओर वनों से घिरा हुआ था; और उसमें जन-समुदाय को छाया देने वाले फलदार वृक्ष थे, इस प्रकार वह पर्वत पुरुषार्थ-चतुष्टय-समन्वित, जनसुखकारी पुरुष के समान शोभायमान था। उस सुर पर्वत पर सोलह जिन-मंदिर अवस्थित थे; जिस प्रकार नीति-चतुष्टय से समन्वित पुरुष जनता पर शासन करता है, उसी प्रकार वह सुमेरु पर्वत अपने चार वनों से सभी पर्वतों के राजा के रूप में विद्यमान था। देवगणों ने जब भगवान् को सुमेरु पर्वत के उच्चश्रृंग पर अवस्थित किया, तब ऐसा लगता था, मानों किसी के सम्मुख न झुकने वाला सुमेरु पर्वत भगवान् की गरिमा से प्रभावित होकर झुक गया है।[२]

'जयोदय' में सुमेरु-पर्वत-वर्णन से सम्बन्धित वर्णन वहाँ है, जहाँ जयकुमार सुलोचना के साथ तीर्थयात्रा के लिए जाते हैं। सूर्य और चन्द्र को साथ-साथ धारण करता हुआ वह पर्वत जयकुमार को ऐसा लगता है जैसे वह पीताम्बर को धारण करने से देह की लुप्त हो गई वास्तविक छवि वाले और दोनों हाथों में चक्र और शंख धारण करने वाले भगवान् विष्णु का रूप हो। बादलों के विस्तार के संयोग से सुन्दर, ताजे चन्दन से युक्त तलहटी वाला वह पर्वत, अपने आधे शरीर में पार्वती को स्थित करने वाले भगवान् शंकर के समान सुशोभित था।[३]

हिमालय पर्वत

मुनिश्री ज्ञानसागर के काव्यों में हिमालय-पर्वत का वर्णन दो वार मिलता है, एक वार वीरोदय में और एक वार जयोदय में। वीरोदय के एक स्थल पर भारतवर्ष की भौगोलिक स्थिति बताते हुए कवि ने हिमालय का अतिसंक्षिप्त किन्तु आलंकारिक वर्णन किया है, उसे कवि के ही शब्दों में देखिये–

'हिमालयोल्लासि गुणः स एष द्वीपाधिपस्येव धनुर्विशेषः'[४]

(अर्थात् भारतवर्ष के उत्तरपूर्व में हिमालय की स्थिति है, जो भारतवर्ष रूप धनुष की डोरी के समान है।)

सम्भवतः कवि को अन्य स्थल पर इस पर्वत के वर्णन को विस्तार देने की अभिलाषा रही होगी, इसीलिए उसने इस प्रथम स्थल में हिमालय का वर्णन केवल उसकी भौगोलिक स्थिति बताने के लिए ही किया है।

हिमालय वर्णन हमें दूसरे स्थल पर, वहाँ देखने को मिलता है, जहाँ जयकुमार और सुलोचना सुमेरु, कुलाद्रि, श्रीपुरु इत्यादि पर्वतों में भ्रमण करने के बाद इस पर्वत पर पहुँचते हैं। तब वह इस पर्वत के नैसर्गिक-सौन्दर्य से अपनी पत्नी को परिचित कराते हुए कहते हैं–हे प्रिये! बादलों का स्पर्श करने वाला, ऊँची चट्टानों वाला सूर्य की गति को अवरुद्ध करता हुआ यह पर्वत अभ्युदय को प्राप्त कर रहा है। इस पर्वत में सालवृक्ष का वन है। अपनी बर्फ के बहाने ही मानों यह पर्वत शुभ्र-यश को धारण कर रहा है। यहाँ पर जल से परिपूर्ण शुभ्र-बादलों की पंक्ति दृष्टिगोचर हो रही है। देवगण इस पर्वत पर देवाङ्गनाओं के साथ विहार कर रहे हैं। अपने अन्दर मणियों को धारण करने वाला, शिलातलों को प्रकट करने वाला, गुफाओं वाला यह पर्वत ऊँची चोटियों से सुशोभित है। किसी राजा के यहाँ फहराते हुये ध्वजा के वस्त्रों के समान, झरनों से यह पर्वतराज, मानों स्वामित्व पाने का इच्छुक हो रहा है। इस पर्वत की गुफाएँ ऐसी लगती हैं, मानों पहले इन्द्र के वज्र द्वारा किये गये घाव हों।

शब्दालंकार से अलंकृत इसी पर्वत का वर्णन देखिये–

"विपल्लवानामिह सम्भवोऽपि न विपल्लवानामुत शाखिनाम्।
सदा रमन्तेऽस्य विहाय नन्दनं सदा रमन्ते रुचितस्ततः सुराः॥"

–जयोदय, २४/५५,

(अर्थात् इस पर्वत पर विपत्ति के लेशमात्र की भी सम्भावना नहीं है, यहाँ के वृक्षों में पत्तों का अभाव नहीं है। इस पर्वत पर देवगण देवाङ्गनाओं के साथ नन्दन वन को छोड़कर सदैव रमण करते रहते हैं।)

अपनी पत्नी के समक्ष उस पर्वत का वर्णन करके जयकुमार ने देवमन्दिर देखा।[५]

विजयार्द्ध पर्वत

इस पर्वत का कवि ने दो वार उल्लेख किया है, एक वार वीरोदय में और एक वार भद्रोदय में। प्रथम वार तो मात्र इसकी भौगोलिक स्थिति ही बता दी गई है[६] पर दूसरी वार अवश्य ही कवि ने इस पर्वत का कुछ विस्तार से वर्णन किया है–

विजयार्द्ध पर्वत भारतवर्ष के मध्य में स्थित है। अतः यह भारतवर्ष को दो बराबर भागों में विभक्त करता है। उसकी कान्ति कर्पूर की राशि को और आकृति शेषनाग को पराजित करने वाली है। कर्पूर की राशि से भी अधिक श्वेतिमा को धारण करता हुआ यह पर्वत, पृथ्वी रूपी वृद्धा स्त्री की चोटी के समान सुशोभित हो रहा है। इस पर्वत ने अपने विस्तार से आकाश, पृथ्वी, पाताल तीनों लोकों को घेर रखा है। इस पर्वत की दो श्रेणियाँ हैं–उत्तर श्रेणी और दक्षिण श्रेणी। इन दोनों श्रेणियों में विद्याधरों की नगरियाँ अवस्थित हैं। इस पर्वत में वहाँ के राजाओं को विजय दिलाने वाली दो सुरंगे विद्यमान हैं। इसके सुखद वातावरण में विहार करने के लिए विद्याधर-कुमारियाँ आती ही रहती हैं; और यहाँ आकर गीत गाया करती हैं। सुन्दर स्त्री की शोभा को धारण करने वाली इस पर्वत की तलहटी में केले के खम्भे, लीची के पेड़ एवं काश-पुष्प विद्यमान हैं। इस पर्वत के उत्तर में अलकापुरी की स्थिति है।[७]

श्रीपुरु पर्वत

इस पर्वत का वर्णन केवल एक स्थल पर मिलता है। जयोदय महाकाव्य में सुमेरु पर्वत को देखने के बाद जयकुमार की इच्छा श्रीपुरु पर्वत देखने की हुई। जब गजराज अपने शरीर की कान्ति को धारण करने वाले, उस पर्वत की शिलाओं को अपना प्रतिद्वन्द्वी गज समझकर उन पर अपने दाँतों का प्रहार करता है तो वे टूट जाती हैं। उस पर्वत पर विचरते हुये हाथी ऐसे लगते हैं, मानों पृथ्वीपति इस पर्वत की सेवा के लिए उतरे हों।

अनेक मणियों के समूह की कान्ति से इन्द्रधनुष की मनोहारिणी शोभा को वह पर्वतराज बादलों तक फैला रहा है। कहीं-कहीं पर नीलमणियों की कान्ति से उत्पन्न बादलों की भ्रान्ति के कारण असमय में ही मयूर नृत्य करने लगते हैं।

इधर-उधर घूमते हुए चमरी मृगों के बहाने सुन्दर ओसकणों से चमकता हुआ वह पर्वत उत्तम यश को नित्य धारण करता है। इसके स्वच्छ तट पर कहीं-कहीं गुञ्जाफल गिरते रहते हैं। × × × × × ×

गुलाब के फूलों से युक्त वह पर्वत श्यामल, सुवर्ण, लोहित और धवल कान्ति को धारण कर रहा है। गंगा के शुभ्र जल रूप यश से मानों वह पुरु पर्वत श्वेत बनाया गया हो। समीपस्थ गंगा नदी वाले उस पर्वत को देखकर मनस्वियों के हृदय में अमृततुल्य उस गंगा-जल को पीने की इच्छा हो जाती है।[८]

एक स्थल पर कवि ने कञ्चनगिरि का भी उल्लेख किया है।[९]

वास्तव में पर्वत स्वाभिमान के प्रतीक हैं और ये प्रकृति के आवश्यक अंग हैं। कोई भी कवि जब प्रकृति-वर्णन में लीन होता है तो उसका पर्वतीय-प्रकृति-वर्णन अन्यस्थलीय प्रकृति-वर्णन से कहीं अच्छा बन पड़ता है। मुनिश्री ज्ञानसागर ने कथाप्रसंग के अनुसार अपने काव्यों में पर्वतों का उल्लेख मात्र भी किया है और आवश्यकता होने पर उनका विस्तृत वर्णन भी किया है। उनका पर्वत-वर्णन जहाँ उनके भौगोलिक-ज्ञान का परिचय देता है, वहाँ आलंकारिक होने के कारण उनके काव्यशास्त्रीय ज्ञान का भी परिचय देता है।

वन-वर्णन

प्रकृति-वर्णन करते समय पर्वत-वर्णन के बाद वन-वर्णन का क्रम है। क्योंकि प्रायः वन पर्वतीय स्थलों में ही होते हैं। वनों में ऋषि-मुनियों के आश्रम एवं कुटी तथा भिन्न-भिन्न प्रकार के पत्र-पुष्प मन को प्रसन्न रखते हैं साथ ही हिंसक जीवधारियों की उपस्थिति मन में भय भी उत्पन्न करती है। मुनि श्री ज्ञानसागर की रचनाओं में नौ वार वनों का उल्लेख मिलता है—भद्रोदय में एक वार, वीरोदय में चार वार और जयोदय में भी चार वार। इनमें से भद्रोदय में आसनाभिधानवन का,[१०] वीरोदय में सप्तपर्ण, आम्र, अशोक और चम्पक से युक्त वन का,[११] कल्पवृक्ष वन का[१२] केवल नाममात्र के लिए उल्लेख मिलता है तथा वीरोदय में ही एक अन्य स्थल पर वन-सामान्य का एक श्लोक में कुछ आलंकारिक-वर्णन भी मिलता है।[१३] इसी प्रकार जयोदय में हिमालय वर्णन के प्रसंग में सालवन का भी एक श्लोक में उल्लेख मात्र मिलता है।[१४]

वीरोदय में वसन्त-ऋतु-वर्णन के प्रसंग में कवि ने यत्र-तत्र वन की शोभा का उल्लेख किया है—

वसन्त ऋतु में सारा वन-प्रदेश पुष्पों के पराग से युक्त हो रहा है। कोयल रूप पुरोहित, कामाग्नि रूप यज्ञाग्नि, भ्रमर-गुञ्जार रूप वाद्य-ध्वनि वन-देवता और ऋतुराज वसन्त के शुभ-पाणिग्रहण का मनोहारी दृश्य उपस्थित कर रहे हैं। ××× ××× वसन्त ऋतु में वन में गुलाब और कमल के पुष्प विकसित हो रहे हैं। कमलिनी का पराग वायु के वेग से कमल को जीतने वाले हाथों को धारण करने वाली स्त्रियों की आँखों में पड़ रहा है।[१५]

जयोदय में एक स्थल पर काव्य नायक जयकुमार का शरीर वन-शोभा से रोमांचित हो गया है। वन-शोभा से आकृष्ट होकर वह धीरे-धीरे दिशाओं में दृष्टि डाल रहे थे। वहाँ उन्होंने साधुजनों से युक्त, सुन्दर-सुन्दर बागीचों को देखा है और हर्ष का अनुभव किया है।[१६]

सुलोचना से विवाह के पश्चात् जयकुमार गंगा-नदी के तट पर पहुँचे। इस स्थल पर वन-क्रीड़ा के प्रसंग में वन-शोभा का वर्णन मिलता है। गंगा-नदी के सुन्दर तट पर जयकुमार की इच्छा उत्सव मनाने की हुई। वहाँ उन्होंने एक सुन्दर वन देखा। वह वन उस समय कल्पवृक्षों से अतिमनोहारी लग रहा था। सुन्दर-सुन्दर पुष्पों से युक्त वह वन, नन्दन वन के समान पुण्यात्मा

ऋषियों के द्वारा सेव्य था। उस वन में ऊँची-ऊँची शाखाओं वाले वृक्ष थे। वह वन फलों की शोभा से समृद्ध था। उसमें सुन्दर-सुन्दर बिल्व फल थे। ××× ××× अपने मुख से स्पर्द्धा के फल को देने के लिए, खिले हुये पुष्पों को लेने के लिए उत्सुक महिला, भ्रमर के द्वारा पीड़ित होकर सीत्कार कर रही थी। ऐसे उस वन में जयकुमार और सुलोचना सुशोभित हो रहे थे।[१७]

जब जयकुमार-सुलोचना के साथ विवाह करके लौट रहे थे, तब मार्ग में उन्होंने एक सुन्दर वन देखा। उस समय उन्होंने पत्नी सुलोचना से कहा–'यह वन मनुष्य को रोमांचित करने वाला है। हे प्रिये! इस वन की पवित्र वायु, हमारे मार्गजनित श्रम का हरण करने वाली है। इस वन में अंजन वनों से मार्ग की पृथ्वी कुलवनों के समान सुशोभित हो रही है। यहाँ के मोरों की कान्ति तुम्हारे केशों जैसी है। हे मन्दगामिनि! तुमसे ही चलने की शिक्षा यहाँ के हाथी प्राप्त कर रहे हैं और देखने की कला में अपने को तुमसे पराजित पाकर यह मृग भाग रहा है।[१८]

इस प्रकार मुनि श्री ज्ञानसागर के काव्यों में प्राप्त होने वाले वन-वर्णन को देखने से पता चलता है कि कवि ने वन-वर्णन बहुत विस्तृत नहीं किया है, जहाँ किया भी है वहाँ कथा-प्रसंग के अनुसार किया है। मुनिश्री ज्ञानसागर के वन-वर्णन का एक वैशिष्ट्य और है, वह यह कि उनका वन-वर्णन सुकुमारता से ओत-प्रोत है। कहीं भी कवि ने हिंसक पशुओं से होने वाली वन की भयानकता का उल्लेख नहीं किया है। मेरे विचार से यदि कवि वनों की निर्जनता, भयानकता, दुर्गमता और हिंसक पशुओं की उपस्थिति का चित्र खींच कर एक बार पाठक के हृदय को कम्पित कर देता तो उसका वन-वर्णन पूर्णता को प्राप्त हो जाता।

नदी वर्णन

नदी-वर्णन भी कविकृत प्रकृति-वर्णन का एक महत्त्वपूर्ण अंग है। प्रकृति-प्रेमी प्रत्येक सुकवि जहाँ पर्वतों और वनों का आलंकारिक-वर्णन करने में कुशल होता है, वहाँ वसुन्धरा के वक्षःस्थल पर हार के समान सुशोभित नदियों का स्वभावोक्तिपूर्ण वर्णन करने में भी उसकी कुशलता प्रकट हो जाती है।

महाकवि मुनिश्री ज्ञानसागर की रचनाओं में नदियों का उल्लेख आठ वार आया है। दो स्थलों पर भारतवर्ष और अंगदेश की स्थिति बताते समय[१९] कवि ने नदियों का केवल नाम-मात्र के लिए ही उल्लेख किया है। इसके अतिरिक्त एक स्थल पर विदेह देश की नदियों का एक स्थल पर अवन्ती प्रदेश में बहने वाली शिप्रा नदी का, और चार स्थलों पर देवनदी गंगा का वर्णन किया है।

विदेह देश की नदियों का वर्णन करते हुए मुनिश्री लिखते हैं कि 'विदेह देश की नदियाँ स्वच्छ जल वाली थीं; और निरन्तर जल से भरी हुई होकर प्रवाहित होती थीं। उनमें विकसित नीलकमलों के बहाने अपने नेत्रों को खोलकर पृथ्वी मानों उस देश की समृद्धि का अवलोकन करती हैं। समीपस्थ वृक्षों को छोड़कर नीचे समुद्र की ओर जाती हुई नदियों का यह कार्य वैसा ही है जैसे कोई प्रमदा अपने समीपस्थतरुण को छोड़कर किसी वृद्ध पुरुष से मिलने के लिए जाय।[२०]

अवन्ती प्रदेश में बहने वाली शिप्रा नदी का भी कवि ने बड़ा ही आलंकारिक वर्णन किया है–

अवन्ती प्रदेश में शिप्रा नाम की नदी है, जिस के सम्पर्क से शीतल होकर वायु पथिक जनों का पसीना सुखाने में समर्थ होता है। इस नदी में मछलियाँ प्रसन्नतापूर्वक क्रीड़ा करती हैं। अत्यधिक

लहरों से युक्त होने के कारण यह नदी बहुत से सिंहों वाली अटवी की समता करती है। अमृततुल्य जल से परिपूर्ण होने के कारण स्वर्गोपम हो रही है; गम्भीरता को धारण करती हुई ब्रह्मविद्या के समान हो रही है; अपने जल से अपने दोनों किनारों को ऐसे तोड़ रही है, जिस प्रकार एक व्यभिचारिणी स्त्री अपने दोनों कुलों-पितृकुल और पतिकुल को कलंकित करती है।[२१]

यह पहले ही कहा जा चुका है कि देवनदी गंगा का वर्णन मुनिश्री ने चार स्थलों पर किया है। सर्वप्रथम आकाशगंगा का प्रसंग आता है।

भगवान् महावीर के जन्माभिषेक हेतु इन्द्र देवगणों सहित कुण्डनपुर के लिए प्रस्थान करते हैं। मार्ग में देवगण आकाशगंगा के दर्शन करते हैं, उन्हें वह गंगा शुभ्रसलिला होने के कारण ऐसी लगती है, जैसे वह अत्यन्त वृद्ध देवलक्ष्मी की वेणी हो, या स्फटिक मणियों से विरचित स्वर्गलोक के मुख्य द्वार की देहली हो।[२२]

गंगा-नदी के वर्णन से सम्बन्धित दूसरा स्थल वहाँ पर है, जहाँ जयकुमार सुलोचना के साथ काशीनगरी से निकलकर गंगा-नदी के तट पर ठहरते हैं। गंगा नदी पृथ्वी पर विस्तीर्ण, मनोहर और जयकुमार को प्रसन्न करने वाली थी। इस नदी के बहते हुये जल को देखकर जयकुमार को ऐसा लगता है मानों उनके तेज से पिघलती हुई बर्फ हो। ××× ××× इस नदी के किनारे राजहंसों की पंक्ति सुशोभित थी। इसमें अनेक कमल थे। इस प्रकार लहरों से युक्त, जिनवाणी के समान वह नदी संताप को दूर करने वाली थी। कुशाघास से युक्त यह नदी अपने सौन्दर्य से सीता की समता धारण करती थी। नदी के किनारे के वृक्षों में स्थित तोते पथिकों के मन को आकर्षित करते थे। कमलिनियों से युक्त, पक्षियों से शब्दायमान कीर्ति की साक्षात्स्वरूप, यह नदी जगत्त्रय को जीतने की इच्छा करने वाले कामदेव की सेना के समान स्थित थी। कामदेव के द्वारा प्रज्वलित अग्नि से प्रस्फुटित होती हुई चिनगारियों के समान, इस नदी के कमलों के पराग के कण मानों कामदेव की आज्ञा से मनस्वियों के मन को सन्तप्त कर रहे थे। इस नदी के तट पर तिरछी गर्दन वाला बगुला आते हुये मनस्वियों के मन में श्वेत कमल की भ्रान्ति उत्पन्न कर रहा था। इस नदी के तट पर बने हुये शिविर दूर होने के कारण कलहंसों की उपमा को धारण कर रहे थे। जल पीने का इच्छुक घोड़ा, इस नदी के जल में पड़ते हुये अपने प्रतिबिम्ब को देखकर, पिपासा को भूलकर अपनी प्रिया को याद कर रहा था। इस नदी के कमलों से सुवासित जलों से हाथियों का झुंड स्नान कर रहा था। ××× ××× इस नदी के निर्मल जल में पड़ती हुई अपनी छाया को देखकर एक हाथी उसे अपना प्रतिद्वन्दी गज समझकर, उसे मारने के लिए जैसे ही क्रोध से दौड़ा, वैसे ही वह नदी के जल में डूबकर मृत्यु को प्राप्त हो गया। हाथी उस नदी के जल में अपने शरीर के सन्ताप को शान्त कर रहे थे। कोई हाथी इस नदी के जल से कमल-नाल ले रहा था। कोई हाथी अपने सिर पर आदर-सहित धूलि धारण कर रहा था। हाथियों का झुण्ड इस नदी के जल में क्रीड़ा करके उसे व्याकुल कर रहा था। ऐसी पवित्र जल वाली इस नदी के समीप में राजा जयकुमार अपनी सेनासहित ठहरा।[२३]

गंगानदी के वर्णन से सम्बन्धित तृतीय स्थल वह है, जहाँ जयकुमार की वन-क्रीड़ा का वर्णन है।[२४] इसके अतिरिक्त कवि ने गंगा नदी का विस्तृत और सुन्दर वर्णन वहाँ पर किया है, जहाँ सुलोचना डूबते हुए जयकुमार की रक्षा करने के लिए मंत्रों का जाप करती हुई गंगा नदी के जल में प्रविष्ट होती है।[२५] उपर्युक्त नदी वर्णन से ही कवि के कौशल का परिचय सुधी पाठकों को हो

जाएगा, इसलिए इन दो स्थलों से सम्बन्धित नदी वर्णन को विस्तार न देकर मैंने इनका परिचय मात्र कराना ही उचित समझा है।

सरोवर-वर्णन

मुनिश्री ज्ञानसागर की कृतियों के परिशीलन से ऐसा लगता है कि सरोवर-वर्णन की सम्भवतः उन्होंने उपेक्षा कर दी है। कवि ने सरोवर अथवा उसके तीर का वर्णन पाँच वार किया है, पर वह है अत्यन्त संक्षिप्त। विदेह, मालव और अंग देशों की भौगोलिक स्थिति का परिचय कराते समय कवि ने, वहाँ स्थित सरोवरों का उन्हीं देशों की समृद्धि को बताने के लिए उल्लेखमात्र ही किया है।[२६] यदि हम एक स्थल पर उल्लिखित उनके अत्यल्प सरोवर-वर्णन को देखे, तो हम यह कल्पना अवश्य कर सकते हैं कि यदि कवि ऋतु इत्यादि के समान सरोवरों के सौन्दर्य का वर्णन करता, तो उसे सफलता अवश्य ही मिलती। वह लघु उद्धरण द्रष्टव्य है–

“.....सुप्रसिद्धो मालवनामदेशः ..... ललिताप्सरः परिवेषतया च किलापरस्वर्गप्रदेश इव समवभासते।” (दयोदय, १, श्लोक ९ के बाद का गद्यभाग)

(अर्थात् सुन्दर जलाशयों से युक्त वह मालव देश ..... मनोहारिणी अप्सराओं से युक्त स्वर्ग के समान सुशोभित होता है।)

ग्रीष्म-ऋतु-वर्णन-प्रसंग में मुनिश्री ज्ञानसागर ने सरोवर और उसके तीर का भी अतिसंक्षिप्त किन्तु स्वाभाविक चित्रण किया है–

जिस प्रकार श्रेष्ठ राजा के शासन करने पर राज्य में मूर्खों का अभाव होने लगता है, उसी प्रकार सहस्त्ररश्मि भगवान् सूर्य का प्रताप प्रचण्ड होने पर सरोवर का जल भी सूखने लगता है। सरोवर का जल अत्यन्त तप जाता है, इसीलिए भ्रमर कमलों का आश्रय छोड़कर समीपस्थ वृक्षों की लताओं का आश्रय ले लेते हैं। सरोवर के तीर पर राजहंस कमलयुक्त मृणालखण्ड को मुँह में रखकर शोभित होते हैं।[२७]

समुद्र वर्णन

नदी और सरोवर तो जलसम्पदा के छोटे-छोटे रूप हैं, पर जलसम्पदा का वास्तविक सौन्दर्य तो हमें रत्नाकर में ही देखने को मिलता है। मुनिश्री ज्ञानसागर ने भी अपनी रचनाओं में सात वार समुद्र का और दो वार उसके तट का वर्णन किया है। जम्बूद्वीप[२८] और भारतवर्ष की स्थिति बताते हुए[२९] कवि ने उपमान रूप में समुद्र का केवल उल्लेखमात्र ही किया है। वर्षाऋतु वर्णन के प्रसंग में समुद्र का संक्षिप्त वर्णन किया गया है–

वर्षा ऋतु में अत्यधिक जल वाली नदियों के जल को पाकर समुद्र के जल में वृद्धि हो रही है। अत्यधिक जल-ग्रहण करने से उस समुद्र के ऊपरी भाग में फेन-समूह वैसे ही दृष्टिगोचर हो रहा है, जैसे मद्यपान से उन्मत्त पुरुष के मुँह से झाग निकलने लगते हैं।[३०]

भगवान् महावीर के जन्माभिषेक के समय कवि ने समुद्र का विस्तृत वर्णन किया है। नवजात शिशु भगवान् वीर का अभिषेक करने के लिए देवगण उन्हें सुमेरु पर्वत पर ले गये। क्षीरसागर के जल से उनका अभिषेक किया गया। मानों वह समुद्र वृद्धावस्था के कारण ऊपर नहीं जा पा रहा था, इसलिए देवगण ही उसे भगवान् के समीप ले जाकर उस पर बड़ी कृपा कर रहे थे। उसकी

तट-सम्पदा युवती-स्त्री की शोभा को धारण कर रही थी, जिसमें लीची, अखरोट, बहेड़े तथा तिलक जाति के वृक्ष थे; देवगण इस तट-सम्पदा का निरीक्षण कर रहे थे। जिस प्रकार एक वृद्ध पुरुष का शरीर झुर्रियों वाला होता है; वैसे ही समुद्र की तरंगें थीं। कोमल पत्तों और आम्रवृक्षों को विकसित करने वाली शरजाति की घास से युक्त समुद्र की वेला देवताओं के लिए सुखदायिनी हुई। जब देवगण भगवान् के अभिषेक हेतु क्षीरसागर से जल ले जा रहे थे, तब ऐसा लगता था, मानों वह कोई पूज्य वृद्ध व्यक्ति हो। समुद्र के जल को पवित्र करने के लिए ही मानों इन्द्र ने उससे भगवान् का अभिषेक किया। भगवान् के शरीर के लिए उस समुद्र की जल धारा अंजलि के समान अत्यल्प हो गई। उसका जल चारों ओर फैलाकर, दिशाओं की प्रसन्नता को प्रकट-सा करने लगा। ऐसा लगता था, मानों भगवान् की देह से उपकृत एवं प्रसन्न समुद्र इन्द्रपुरी पहुँच रहा हो।[३१]

मुनिश्री ज्ञानसागर ने समुद्र एवं समुद्र तट का जो यह स्वाभाविक चित्र पाठकों के समक्ष प्रस्तुत किया है, यह प्रसंगवश ही है। इसीलिए उनके अन्य प्राकृतिक पदार्थों के वर्णन के समान यह विस्तार नहीं पा सका है। फिर भी उपमा और उत्प्रेक्षा अलंकारों से युक्त होने के कारण यह समुद्र-वर्णन अतीव मनोहर है। यदि कवि इसे और भी विस्तार देता, तो इसकी मनोहारिता में और भी वृद्धि होती।

द्वीप-वर्णन

महाकवि ज्ञानसागर ने अपनी रचनाओं में द्वीपवर्णन चार स्थलों पर किया है। इन चार स्थलों में से दो स्थलों में वर्णन तो क्या किया है, केवल नाममात्र के लिए द्वीपों का उल्लेख कर दिया है- एक तो मालव देश की स्थिति बताते समय जम्बूद्वीप का उल्लेख किया है (दयोदयचम्पू, १ श्लोक ९ के बाद का गद्यभाग) और दूसरा जब भद्रमित्र धनार्जन हेतु घर से प्रस्थान करता है, तब रत्नद्वीप का उल्लेख किया है (श्रीसमुद्रदत्तचरित्र, ३/१७)। वीरोदय में भारतवर्ष की स्थिति बताते हुए कवि ने जम्बूद्वीप का कुछ वर्णन किया है जो इस प्रकार है :-

असंख्य द्वीपों वाली, समुद्र से घिरी हुई पृथ्वी के मध्य में 'जम्बू' नामक सर्वद्वीपशिरोमणि द्वीप प्रतिष्ठित है। इस जम्बूद्वीप के मध्य में एक लाख योजन ऊँचा सुमेरु पर्वत है। जम्बूद्वीप के नीचे शेषनागरूप दण्ड स्थित है; और ऊपर सुवर्ण-कलश के समान सुमेरु पर्वत है, इन दोनों के होने से जम्बूद्वीप छत्र की उपमा को धाारण कर रहा है। इस गोलाकार द्वीप के चारों ओर समुद्र की स्थिति है। इसके सात-क्षेत्रों में, दक्षिण दिशा में स्थित किसी क्षेत्र में भारतवर्ष की स्थिति है (वीरोदय; २/१-५)।

इसी प्रकार अंग देश की स्थिति को बताते समय भी कवि ने पुनः जम्बूद्वीप का वर्णन किया है :-

विद्वानों को आनन्दित करने वाला, द्वीपाधिपति, पर्वतश्रेष्ठ सुमेरुपर्वत को मुकुट के समान धारण करता हुआ, पृथ्वी के मध्य में प्रसिद्ध जम्बूद्वीप स्थित है। यह जम्बूद्वीप पुरुषार्थचतुष्टय का आश्रयस्थान है, अनादिसिद्ध है, विचारशील लोग इसकी चर्चा करते ही रहते हैं। इस प्रकार का यह श्रेष्ठ द्वीप, पुण्यरूप सम्पदा के मंगलदीप की समता को धारण करता है। इसके एक भाग में भरत नामक क्षेत्र की अवस्थिति है (सुदर्शनोदय; १/११-१२)।

ऋतु वर्णन

प्रत्येक मानव के जीवन की कुछ विशिष्ट अवस्थाएँ होती हैं, जिनका क्रम है–शैशवावस्था, बाल्यावस्था, किशोरावस्था, युवावस्था, प्रौढावस्था और वृद्धावस्था। इसी प्रकार प्रकृति देत्री भी कुछ विशिष्ट अवस्थाओं में होकर गुजरती है–ये अवस्थाएँ हैं–शरद्, शिशिर, हेमन्त, वसन्त, ग्रीष्म और प्रावृट्। प्रकृति अपनी इन अवस्थाओं से स्वयं तो प्रभावित होती ही है, साथ ही अपने सम्पर्क में आने वाले प्रत्येक प्राणी को भी प्रभावित कर देती है। फिर सुकुमार हृदय कवि तो उससे कुछ ज्यादा ही प्रभावित होता है। अपने आलोच्य महाकवि मुनिश्री ज्ञानसागर की रचनाओं के परिशीलन से ज्ञात होता है कि प्राकृतिक पदार्थों में यदि किसी पदार्थ ने उन्हें अधिक प्रभावित किया है, तो वह है ऋतु। उन्होंने प्राय: प्रत्येक ऋतु का सर्ग-पर्यन्त वर्णन करने का सफल प्रयत्न किया है। उन्होंने अपने काव्यों में वसन्त, शरद्, हेमन्त, ग्रीष्म और वर्षा का वर्णन किया है। तो लीजिए, सर्वप्रथम ऋतुराज वसन्त का ही अभिनन्दन कीजिए–

वसन्त वर्णन

मुनिश्री की रचनाओं में वसन्त वर्णन दो स्थलों पर मिलता है। ऋतुराज वसन्त वर्णन का प्रथम स्थल तो वह है, जब सिद्धार्थ की रानी प्रियकारिणी गर्भवती होती है। उस समय ऋतुराज वसन्त के आगमन पर कामदेव के बल में वृद्धि हो गई; सूर्य उत्तरायण पर अवस्थित हो गया; पृथ्वी पर चारों ओर फूलों का पराग बिखर गया; वायु इस पराग को वनस्थली में बिखरा रहा है; पुंस्कोकिल का मधुर-स्वर-रूप मंत्रोच्चारण, कामदेव रूप अग्नि, भ्रमरों का गुञ्जन, वन-लक्ष्मी और ऋतुराज के विवाह का दृश्य उपस्थित कर रहे हैं। अशोक वृक्ष पीड़ित-पथिक को मूर्च्छित करके अपने नाम को निरर्थक कर रहा है। चन्दन-वृक्षों की सुरभि से सुरभित मलय-पर्वत से आने वाली हवा उत्तर-दिशा की ओर प्रवहमान हो रही है। एक ओर यह ऋतु स्त्रियों को वन-विहार के लिए प्रेरित कर रहा है, दूसरी, ओर विरही-जनों को संताप दे रहा है। वसन्त-ऋतु में विकसित होती हुई आम्रमञ्जरी कोयल को सुख पहुँचा रही है। खिले हुये पुष्प विश्वविजिगीषु कामदेव के बाण हैं; और कोयल का स्वर प्रयाण-सूचक शंख निनाद है। भ्रमर कामी-पुरुष के समान ही आम्रमञ्जरी का चुम्बन कर रहे हैं। भ्रमरों से शब्दायमान, आम्रमञ्जरी से संयुक्त, सहकार के वृक्ष पथिक जनों को उनकी स्मृति जगाकर पीड़ित कर रहे हैं। पुष्पोत्पत्ति, भ्रमरगुञ्जन, मलयानिल-प्रवहण, नारीचेष्टा, कोकिल स्वर–ये पाँचों पुष्पधन्वा कामदेव के बाण हैं; इन्हीं से कामदेव संसार में विजय प्राप्त करता है; और वियोगी जनों को पीड़ित करता है। विकसित पुष्पों का पराग चारों ओर इस प्रकार फैल रहा है, मानों वसन्तश्री के मुख की शोभा को बढ़ाने वाला चूर्ण हो, या वियोगी जन के शरीर में लगाने वाली भस्म हो, या कामदेव की पताका का वस्त्र हो। भ्रमरों की पंक्ति पथिक-जनों को रोकने वाला अंकुश है, अथवा वनस्थली की सुन्दर वेणी है, या कामरूपी गजराज को बाँधने की श्रृंखला है। पलाश के लाल फूल पथिक को सहज ही में उसकी स्त्री का स्मरण करा देते हैं। सूर्य की मन्दगति को लक्ष्य में रखकर कवि उत्प्रेक्षा करता है कि सूर्य सम्भवत: विभिन्न आभूषणों से सुसज्जित मृगनयनी स्त्रियों के मुख-कमलों का दर्शन करने के कारण ही गगन-मार्ग पर धीरे-धीरे जाता है। भ्रमर और कोकिलों द्वारा मानों कामदेव लोगों को अपने वश में कर रहा है। लवङ्गलता पल्लवित और पुष्पित हो रही है। दक्षिण दिशा से आने वाली वायु मानों सूर्य से वियुक्त दक्षिण-दिशा का नि:श्वास है। कमलिनियों का पराग स्त्रियों की आँखों में पड़ रहा है, ऐसा लगता है मानों कामदेव

ने, स्त्रियों के हृदय रूपी धन को चुराने के लिए उन कमलिनियों को नियुक्त किया है। आम्रवृक्षों में संलग्न भ्रमर आज मानों वियोगी जनों को दु:ख पहुँचाने का पाप करने वाले वसन्त को दु:खी कर रहे हैं। इस वसन्तऋतु में वन-प्रदेश अत्यधिक शोभा से सम्पन्न हो रहे हैं। चारों ओर कामदेव का साम्राज्य फैल रहा है। रसराजशृंगार के आतिथ्य में जनसमुदाय जुट गया है और लोग प्रसन्नता का अनुभव कर रहे हैं।[३२]

दूसरे स्थल पर वन-विहार के पूर्व मानों कवि अपनी शब्दावली से वसन्त का स्वागत करता है-

'स वसन्त आगतो हे सन्तः, स वसन्तः॥
परपुष्टा विप्रवराः सन्तः सन्ति सपदि सूक्तमुदन्तः॥१॥
लताजातिरुपयाति प्रसरं कौतुकसान्मधुरवरं तत्॥२॥
लसति सुमनसामेष समूहः किमुत न सखि विस्फुरदन्तः॥३॥
भूरानन्दमयीयं सकला प्रचरति शान्तेः प्रभवं तत्॥४॥
स वसन्तः स्वीक्रियतां सन्तः स वसन्तः॥
सहजा स्फुरति यतः सुमनस्ता जडतायाश्च भवत्यन्तः॥१॥
वसनेभ्यश्च तिलाञ्जलिमुक्त्वाऽऽह्वयति तु दैगम्बर्यन्तत्॥२॥
सहकारतरोः सहसा गन्धः प्रसरति किन्नहि जगदन्तः॥३॥
परमारामे पिकरवश्रिया भूरानन्दस्य भवन्तः॥४॥[३३]

(वसन्त ऋतु सब प्राणियों का मन लुभाती है। कोयल की मधुर वाणी के साथ ही साथ विप्रवरों के वेदमंत्रों का स्वर भी सुनाई दे रहा है। चारों ओर विभिन्न प्रकार के पुष्प खिल रहे हैं। सारी पृथ्वी पर आनन्द का साम्राज्य हो रहा है।

जाड़े की जड़ता को समाप्त करने वाली इस वसन्त ऋतु का स्वागत करो, जिसमें पुष्प विकसित होते हैं, मनुष्य अधिक वस्त्र पहनना छोड़ देता है। आम्र-वृक्ष की सुरभि चारों ओर फैल रही है। कोयल की वाणी सुनाई दे रही है)।

वर्षा-वर्णन

जब आषाढ-मास में कुण्डनपुर के राजा सिद्धार्थ की पटरानी प्रियकारिणी गर्भवती हुई, उस समय ग्रीष्म-काल से उत्पन्न संताप को दूर करने वाली वर्षा-ऋतु का आगमन हुआ। इस ऋतु का आगमन होने पर पृथ्वी औषधियों, धान्यों और सरकण्डों से युक्त हो गई है। चारों ओर नीलकमल विकसित होने लगे हैं। अत्यधिक जलवृष्टि के कारण लोगों का आवागमन कम हो गया है। सर्प समुदाय में वृद्धि हो गई है। अनेक दिनों के बाद भी सूर्य के दर्शन नहीं हो रहे हैं। सारा संसार एक विशाल सरोवर-सा प्रतीत होता है। मेंढकों का ही स्वर सुनाई दे रहा है, कोयल की ध्वनि कहीं नहीं सुनाई पड़ती है। मेघ गर्जना सुनकर मयूर सुन्दर नृत्य प्रस्तुत कर रहे हैं। बादलों के मध्य में बिजली चमक रही है। ग्रीष्मकाल में समुद्र से लिया गया जल उसी को लौटाया जा रहा है। कभी-कभी ओले भी गिर रहे हैं। कमलोत्पत्ति नहीं हो रही है। यह ऋतु विधवा युवतियों को सन्तप्त कर रही है। कुटज वृक्ष के पुष्पों पर गिरी हुई जल की बूँदें मोतियों के समान प्रतीत होती हैं। वायु अपने प्रचण्ड वेग से चातक के मुख में जाने वाली जल बिन्दु को रोककर उसके ऊपर अत्याचार कर रहा है। रात्रि होने पर जुगनूँ चमक रहे हैं; ऐसा लगता है मानों आकाश का नक्षत्र-समूह मेघों

से पीड़ित होकर पृथ्वी के पास आ गया है। स्त्रियाँ झूला-झूल रही हैं। समुद्र के जल में वृद्धि हो रही है, इसलिए उसमें फेन उत्पन्न हो रहा है। मेघाच्छन्नता के कारण उत्पन्न अन्धकार, दिवस और रात्रि में एकरूपता उत्पन्न कर रहा है, ऐसे समय में चक्रवाकी ही दिवस और रात्रि में भेद करती है। पृथ्वी में नवीन दूर्वाघास के अंकुर उत्पन्न हो गये हैं।[३४]

शीत (हेमन्त) वर्णन

अपने पिता के सम्मुख विवाह के प्रस्ताव को ठुकराकर जब भगवान् महावीर संसार की स्वार्थपरक मूर्खता को दूर करने का विचार कर ही रहे थे कि शीतकाल का आगमन हो गया। सूर्य कन्या राशि को छोड़कर धनराशि पर आ गया है। इन दिनों हिमपात होते समय जब कोई स्त्री कुएँ से जल भरकर आती है, तो बर्फ से उसके बाल इस प्रकार श्वेत हो जाते हैं कि उसके बच्चे भी उसे नहीं पहचानते। लोगों की कान्ति मलिन हो रही है; और वृक्ष नष्ट हो रहे हैं। शीतकालीन वायु स्त्रियों के केशों और वस्त्रों को अस्तव्यस्त कर रहा है। इस समय, चारों ओर से बन्द मकान में शय्या में स्थित धनी पुरुषों को तो कोई कष्ट नहीं है, किन्तु वस्त्र और आवास के अभाव से ग्रस्त दरिद्र व्यक्ति एकमात्र भगवन्नामस्मरण का ही सहारा लेकर रात्रि व्यतीत करता है। ऊँट गालों को फुलाकर तरह-तरह के स्वर कर रहे हैं। वानरों की चंचलता समाप्त हो रही है। शीतकाल ने कामदेव की चेष्टाओं को निष्फल कर दिया है। रात्रि दिन की अपेक्षा बड़ी हो गई है। चारों ओर शीत का साम्राज्य है, उष्णता केवल पृथ्वी के कुँओं में, वट वृक्षों में और सुन्दर स्त्रियों के स्तनों में ही विद्यमान है। परिवार के सब सदस्य अँगीठी का सेवन कर रहे हैं। सम्भवत: सूर्य भी शीत से व्याकुल होकर जल्दी सो कर देर में उठता है, इसीलिए दिन छोटे हो जाते हैं। यह हेमन्त ऋतु सूर्य से युद्ध करके उसकी उष्ण किरणों को स्त्रियों के स्तनों में पहुँचा रही है। वृक्षों के पत्ते गिर रहे हैं; जल की धारा का उल्लेख भी हृदय को कम्पित कर रहा है। मनुष्य सदैव अग्नि के सामने ही बैठने का विचार करते हैं। पक्षियों का संचार रुक गया है। पुरुष अपनी स्त्री के अधर बार-बार चूमने की इच्छा करता है। शीतकाल के कारण नवविवाहिता स्त्री अपने पति से अर्द्ध रात्रि के समय उपेक्षा नहीं रख पाती। यह शीतकाल तुषार के द्वारा सबको पीड़ित कर रहा है। शीत से रक्षा के लिए ही मानों जलों ने भी बर्फ रूप वस्त्र धारण कर लिया है। कुन्द की श्वेत कलियाँ शीत से भयभीत तारागणों के समान प्रतीत होती हैं। शीतकाल के कारण मनुष्यों के दाँत बज रहे हैं। लोग सामने अग्नि और पीठ में सूर्य का सेवन साथ-साथ करने की इच्छा करते हैं। शीतकाल के कारण हिरण, हाथी, सिंह इत्यादि जीव भी अपनी चेष्टाओं में प्रवृत्त नहीं हो पा रहे हैं।[३५]

शरद् वर्णन

सर्वज्ञ भगवान् के दर्शनों के लिए ही मानों शरद् ऋतु का पृथ्वी पर आगमन हुआ। यह ऋतु बादलों से रहित, निर्मल आकाश में तारागणों को धारण करती हुई नवविवाहिता स्त्री के समान सुशोभित हो रही है। लोगों को प्रमुदित करने वाली स्त्री के समान ही इस ऋतु में कमल विकसित हो रहे हैं। शरद-ऋतु में नव-विवाहिता से मिलने वाले आनन्द का आस्वाद कवि के ही शब्दों में कीजिये—

> **"परिस्फुरत्तारकता ययाऽपि सिताम्बरा गुप्तपयोधरापि।**
> **जलाशयं सम्प्रति मोदयन्ती शरन्नवोदयमथाव्रजन्ती॥"**

(वीरोदय, २९/२)

इस ऋतु में साठी धान्य तैयार हो गया है। सूर्य उत्तरायण से दक्षिणायन की ओर जा रहा है। मेघों के सम्पर्क से प्राप्त होने वाला वर्षाकालीन जो जल लोगों के लिए कष्टकारक हो गया था, वही अमृतवर्षी चन्द्रमा की किरणों के सम्पर्क से आस्वाद्य हो गया है।

योगियों की सभा में परमात्मरूप सम्बन्धी शब्द का उच्चारण होता है, तो शरद्-ऋतु में हंसों का शब्द सुनाई देता है। योगियों की सभा में भोगी-जन मौन धारण करते हैं तो शरद्-ऋतु में सर्पभक्षी मयूर भी चुप हो जाते हैं। योगियों की सभा में सज्जनों का समूह स्वर्ग प्राप्ति के लिए प्रयत्नशील होता है तो शरद्-ऋतु में चमकते हुए तारागण आकाश में आगे बढ़ने का प्रयत्न करते हैं।

शरद् ऋतु में विकसित होते हुये कमलों में भ्रमर गुञ्जन कर रहे हैं। पृथ्वी में कीचड़ भी नहीं है। शरत्कालीन पृथ्वी के सौन्दर्य को देखकर ऐसा लगता है मानों कमलमुखी पृथ्वी, भ्रमर रूपी नेत्रों से शरद्-ऋतु के सौन्दर्य का अवलोकन कर रही है।

इस ऋतु में आकाश और सरोवर की छवि तुल्य है। सरोवरों में श्वेत कमल विकसित हो रहे हैं; और आकाश में तारागणों की कान्ति फैल रही है। सरोवर बालहंस से सुशोभित है; आकाश में चन्द्रमा गतिमान् है। आकाश रूपी गृह से मेघों के दोष को चन्द्रिका रूपी निर्मल जल से धो दिया गया है। रात्रि ने मानों वहाँ चन्द्रमा-रूप दीपक रखकर तारागणों रूपी अक्षतों को बिखेर दिया है। बिखरे हुये तारागणों को देखकर ऐसा लगता है मानों शरद्-ऋतु के समीप में चन्द्रमा को जाता हुआ देखकर वर्षा ऋतु क्रोध में आकर मुट्ठी में स्थित मणियों को पटककर वहाँ से चली गई है। धान्य चरने के लिए आया हुआ मृगसमूह, धान्य की रक्षा करने वाली सुन्दर बालिकाओं के मधुर गीतों को सुनकर धान्य को चरना भूल जाता है। हंसों के सुन्दर शब्द से पराजित होकर ही मोर मानों अपने पंखों को उखाड़ कर फेंक रहे हैं। कृषक अपने तैयार धान्य को खलिहानों में एकत्र कर रहे हैं। कामदेव के क्रोध से भगवान् सूर्य भी अप्रभावित नहीं हैं, अतः वह सिंह-राशि को छोड़कर कन्या-राशि पर पहुँच गये हैं। सप्तपर्ण वृक्ष की सुगन्धि से सुगन्धित होकर शरत्कालीन वायु मैथुन करने से शिथिल वधुओं की कामवासना को बढ़ा रही है। पुष्पों से झरने वाले मधुसमूह से युक्त भूमण्डल पर चलता हुआ राहगीर जब देखता है कि भ्रमर कमलिनी का चुम्बन करता है, तो वह अत्यधिक विचलित हो जाता है। कमल समूह पर बैठी हुई भ्रमरपंक्ति ऐसी लगती है मानों शरद् ऋतु द्वारा लिखित कामदेव का प्रशस्तिलेख हो। पुष्पित काँस रूप चँवर, सप्तपर्ण रूप छत्र और हंस स्वर रूप चारणों की विरुदावली कामदेव को सम्राट् बना रहे हैं। इस ऋतु की रात्रि चन्द्रमा सहित अत्यधिक शोभाशालिनी होती है। अन्य ऋतु की रात्रि ऐसी शोभा धारण नहीं करती। ऐसी ही इस सौन्दर्यशालिनी ऋतु में भगवान् महावीर मुमुक्षु हुए।[३४]

ग्रीष्म वर्णन

पूर्वभवों का स्मरण करने के अनन्तर भगवान् के मन में उठने वाले विचार वृद्धि को प्राप्त हुये। उस समय ग्रीष्मकाल का आगमन हुआ; और दिन वृद्धिगत होने लगे। सूर्य की प्रचण्डता पर कवि की उद्भावना देखिये–

"स्वतो हि संजृम्भितजातवेदा निदाघके रुग्ण इवोष्णरश्मिः
चिरादथोत्थाय करैरशेषान् रसान्निगृह्णात्यनुवादि अस्मि॥"

(वीरोदय, १२/२)

(अर्थात् ग्रीष्म ऋतु में बढ़ती हुई सूर्य की गर्मी को देखकर ऐसा लगता है, मानों वह कोई रुग्ण पुरुष हो। जैसे कोई रोगी पुरुष बहुत समय बाद शय्या से उठता है और जठराग्नि बढ़ने से जो कुछ मिले, उसे ही खाने में शीघ्रता से प्रवृत्त हो जाता है, उसी प्रकार यह सूर्य भी पृथ्वी के सब रसों को मानों खा रहा है।)

इस समय वृक्ष अपनी छाया को उसी प्रकार नहीं छोड़ते हैं, जिस प्रकार पुरुष अपनी नव-विवाहिता स्त्री को अपने समीप से नहीं हटाता। गर्म हवा विरहिणी स्त्रियों के उष्ण श्वास के समान प्रवहमान है। पथिक जनों में जलाभिलाषा बढ़ रही है। ग्रीष्म के संताप से व्याकुल हाथी, समीप में सोते हुये सर्प को कमलनाल समझकर अपनी सूँड से खींचने लगते हैं। वियोग से सन्तप्त स्त्री के समान ही पृथ्वी भी सूर्य के ताप से सन्तप्त है।

कुत्तों की लपलपाती जिह्वा को देखकर ऐसा लगता है, मानों उनके भीतर प्रज्वलित अग्नि की ज्वाला जिह्वा के बहाने बाहर आ रही हो। जलाशयों का जल-घटता जा रहा है। सरोवरों के तपते हुये जलों के कारण भ्रमर कमल को छोड़कर लताओं का आश्रय ले रहे हैं। सूर्य के प्रचण्ड ताप के कारण अपने मुख में कमल युक्त मृणाल-खण्ड को धारण करके सपरिवार सरोवर के तीर पर बैठा हुआ राजहंस श्रेष्ठ राजा के समान सुशोभित हो रहा है। सूर्य के प्रखर ताप से सन्तप्त होकर सर्प दीर्घ श्वास छोड़कर अवरुद्ध गति वाला होकर, छाया प्राप्ति की इच्छा से मोर के पंखों के नीचे ही बैठ जाता है, उसे यह ध्यान ही नहीं रहता कि मोर से उसकी शत्रुता है। गर्मी के कारण पक्षीगण छज्जों के नीचे बने हुये घोंसलों में आश्रय ले लेते हैं; और मयूरगण भी किसी वृक्ष की घनी, सरस, भीगी हुई क्यारी में चुपचाप बैठ जाते हैं। गर्मी से सन्तप्त होकर भैंसा अपने अंग की छाया को सघन कीचड़ समझकर उसमें लोट-पोट होने लगता है। किन्तु वहाँ की गर्म धूलि से और भी पीड़ा को प्राप्त करता है। कुछ धनिक लोग खस से युक्त कुटी में निवास करते हैं; कुछ भूमिगत तहखानों में रहते हैं; और मानों निद्रा भी मनुष्यों की दोनों आँखों की पलकों की शरण ले लेती है। वायु तालवृक्ष के डंठलों पर ही पहुँच जाता है; और जल भी सन्तप्त होकर पसीने के बहाने प्रमदाओं के स्तनों की शरण लेता है। यहाँ तक कि कामदेव को भी चन्दन चर्चित नवविवाहित स्त्रियों के स्तनों का आश्रय लेने की आवश्यकता हो जाती है। पथिक की गति अवरुद्ध हो जाती है सूर्य की किरणों से जले हुये भीतरी भाग वाले वृक्षों के कोटरों में पक्षियों के बच्चे प्यास से पीड़ित होकर ऐसे करुण शब्द करते हैं मानों गर्मी से पीड़ित होकर वृक्षों के कोटर ही चिल्ला रहे हों। दिवसों की दीर्घता पर कवि उद्भावना करते हैं–औरों की बात छोड़ दी जाय, हिम का शत्रु सूर्य भी मानों हिमालय की गुफा में विश्राम करके ही आगे जाता है, इसीलिए दिवस बड़े हो जाते हैं। सूर्यास्त के पश्चात् भी पृथ्वी बहुत देर तक गर्म रहती है। वसन्तकाल में जो वायु कमलिनियों की सुगन्धि से सुरभित होकर जनसमुदाय को आनन्दित करता है, आज वही वायु गलियों की धूलि को चारों ओर फेंकता हुआ पागल पुरुष के समान अधीर होकर भ्रमण कर रहा है। लू चल रही है। ग्रीष्म ऋतु उसी पुरुष को नहीं सताती है, जो कि स्त्रियों के सामीप्य से होने वाले सुखों का उपभोग करता है। प्रस्वेद से पूर्ण स्तनों और नाभिप्रदेश वाली स्त्रियाँ सरोवरी के सूख जाने पर कामीजनों के लिए सरसी का सा आचरण कर रही हैं।[३५]

मुनि श्री ज्ञानसागर की कृतियों के ऋतु वर्णन के परिशीलन से हमें उनके प्रकृति-प्रेमी कवि

होने का वास्तविक ज्ञान हो जाता है। शरद् ऋतु और वसन्त ऋतु के वर्णन में जहाँ हम प्रकृति की सुकुमारता पाते हैं, वहाँ ग्रीष्म-ऋतु में प्रकृति की भयंकरता का भी दर्शन होता है। वैसे तो शरत्कालीन आकाश की आभा ही ऐसी निराली होती है कि अनायास ही दर्शक को वह अपनी ओर खींच लेती है, किन्तु महाकवि मुनिश्री ज्ञानसागर जी ने नवविवाहित स्त्री के रूपक द्वारा शरत्काल का जो उत्प्रेक्षापरक चित्र खींचा है, वह भी सहृदय-पाठकों के लिए नयनाभिराम बन गया है। कवि का ग्रीष्म वर्णन भी याथातथ्य से परिपूर्ण है। साथ ही उत्प्रेक्षाओं से सुसज्जित होने के कारण, भयंकर होते हुये भी सुधी पाठकों को आनन्दित करके उसे सहस्त्ररश्मि सूर्य के प्रचण्ड प्रताप से अवगत कराने में भी समर्थ हैं।

काल वर्णन

यह संसार परिवर्तनशील है। यहाँ विद्यमान पदार्थों की एक-सी दशा नहीं रहती। मनुष्य सुख, सुखातिशय, सुख-दु:ख का सम्मिश्रण, दु:ख इत्यादि को समय-समय पर प्राप्त करता है। इसी प्रकार प्रकृति का स्वरूप भी परिवर्तनशील है, कभी प्रकृति नटी के नीलाम्बर में सूर्योदय होता है, कभी चन्द्रोदय। प्रतिदिन प्रकृति प्रभात, दिवस, सन्ध्या और रात्रि इन चार अवस्थाओं से होकर गुजरती है। प्रकृति प्रेमी मुनिश्री ज्ञानसागर ने अपने काव्यों में प्रकृति की इन चारों ही दशाओं का वर्णन कथा प्रसंग के अनुसार किया है। सर्वप्रथम आशा का संचरण करने वाले प्रभात का वर्णन आपके समक्ष प्रस्तुत है–

प्रभात वर्णन

मुनिश्री ज्ञानसागर ने अपनी दयोदय, सुदर्शनोदय और जयोदय नामक तीन कृतियों में प्रभात वर्णन किया है। दयोदय में यह प्रसंग उस समय मिलता है, जब रात्रि में गुणपाल के कहने से एक चाण्डाल सोमदत्त को मारने के लिए एक नदी के तीर पर ले आता है, पर दया उत्पन्न हो जाने के कारण उसे वहीं छोड़कर चला जाता है। जब रात्रि बीत जाती है तो गुणपाल के इस नृशंस कार्य की सूचना सारे संसार को देने के लिए ही मानों मुर्गे शब्द करने लगते हैं। रात्रि की समाप्ति पर नक्षत्र विलीन हो गये हैं; कमलिनी विकसित हो गई है; मनुष्य लोग निरपराध छोटे-छोटे बालकों को मारने के व्यापार में प्रवृत्त हैं, इसीलिए भगवान् सूर्य मानों क्रोध से लाल होकर सहसा प्रकट हो गये हैं। मनुष्यों द्वारा किये जाते हुये इस अधम कार्य को देख पाने में असमर्थ होकर ही मानों कुमुद्वती ने अपने नेत्र बन्द कर लिये हैं। जिस प्रकार कांग्रेस का उदय होने पर भारतवर्ष से अंग्रेजी राज्य का अवसान हो गया, उसी प्रकार सूर्य के उदय होने पर पृथ्वी से अन्धकार भी विलीन हो गया है। प्रात:कालीन पक्षिगणों के कलरव के सम्बन्ध में कवि की यह सुन्दर उद्भावना द्रष्टव्य है–

"तेजोभर्तुस्तमोहर्तु: प्रभावमभिकांक्षिण:।
विरुदावलीमप्यूचुश्चारणा इव पक्षिण:॥"

–दयोदय, ३/९

अर्थात् जिस प्रकार शत्रुओं का नाश करने वाले राजा की स्तुति चारण इत्यादि गाते हैं, उसी प्रकार अन्धकार का विनाश करने वाले सूर्य रूप राजा की ये पक्षिगण स्तुति करने लगे।

पुरुष लोग अपनी स्त्रियों के कोमल भुजबन्धन से निकलकर यथेच्छ रूप से इधर-उधर वैसे ही जाने लगे, जैसे कमल नाल से निकलकर भ्रमर इधर-उधर घूमने लगते हैं।[३६]

सुदर्शनोदय में कवि ने प्रभात वर्णन जिनेन्द्रदेव की प्रातःकालीन उपासना के समय गाये जाते हुए भजनों के माध्यम से किया है–

अरे! देखो यह प्रभातवेला उपस्थित हो गई है, जन्म-मरण रूप सांसारिक कष्ट को दूर करने वाले जिनेन्द्रदेव रूपी भास्कर के उदय से पापपूर्ण रात्रि, शुभचेष्टावली इस भारतभूमि से न जाने किधर को चली गई है। शुभप्रकाश वाले चन्द्रमा के अस्त हो जाने पर आकाश में तारे नहीं दिखाई दे रहे हैं। प्रभात-समय में आकाश में पक्षिगण इधर-उधर घूम रहे हैं। ब्राह्मण लोग स्नानादि दैनिक क्रियाओं से निर्वृत्त होकर देवपूजन के लिए कमलों को तोड़ रहे हैं। इस प्रभातकाल में गुलाबादि पुष्पों के ऊपर मंडराते हुये भ्रमरों की मलिन कान्ति दृष्टिगोचर हो रही है। अतः इस वेला में, भूमण्डल में प्रजा की शान्ति के लिए भगवान् जिनदेव के चरणों की वन्दना करनी चाहिए।[३७]

जयोदय में मुनिश्री ज्ञानसागर ने जब जयकुमार सुलोचना के साथ गंगा-नदी के तट पर ठहरते हैं, वहाँ के प्रभात का बड़े विस्तार के साथ, सुन्दर और स्वाभाविक वर्णन किया है। आपके सामने स्थालीपुलाकन्याय से उस वर्णन से सम्बन्धित कुछ उद्धरण प्रस्तुत हैं–

(क) **'यात्येकतोऽपि तु कुतोऽपि विरज्य राज-**
न्यात्माधिपेऽपरदिशां प्रतियाति राजन्।
सत्पुष्पतल्पमसकौ रजनी दलित्वा
रोषारुणा विकृतवाग्भरतश्छलित्वा॥'

(जयोदय, १८/३२)

प्रभातकाल में एक ओर तो राग रहित चन्द्रमा प्रस्थान कर रहा है, और दूसरी ओर सूर्य भी पूर्व दिशा में पहुँच रहा है। इस समय रात्रि वंचित होने के कारण पुष्पशय्या को विदलित कर रही है और क्रोध से लाल हो रही है।

(ख) **'निस्नेह जीवनतयापि तु दीपकस्य**
संशोच्यतामुपगतास्मि दशा प्रशस्य।
संघूर्णमानशिरसः पलितप्रभस्य
यद्वन्मनुष्यवपुषो जरसान्वितस्य॥'

(जयोदय, १८/३७)

प्रातःकाल के समय, तैल से रहित होने से हिलती हुई शिखा वाला, क्षणिक कान्ति वाला, सुन्दर दीपक शोचनीय-दशा को प्राप्त हो गया है, जैसे प्रेम से रहित, जीवन के थोड़ा अवशिष्ट रहने से, हिलते हुये शिर वाला, श्वेत बालों वाला और वृद्धावस्था से पीड़ित मनुष्य शोक का विषय हो जाता है।

(ग) **'नैर्मल्यमेति किल धौतमिवाम्वरन्तु**
स्नाता इवात्र सकला हरितो भवन्तु।
प्राग्भूभृतस्तिलकवद्रविराविभाति
चन्द्रस्तु चोरवदुदास इतः प्रयाति॥'

(जयोदय, १८/६३)

इस समय धुले वस्त्र के समान आकाश स्वच्छ हो गया है। दिशाएँ ऐसी लग रही हैं, मानों उन्होंने स्नान किया हो। पूर्वदिशारूपी राजा के तिलक के समान सूर्य सुशोभित है; और चन्द्रमा चोर के समान उदास होकर आकाश से प्रस्थान कर रहा है।

दिवस-वर्णन

दिवस-वर्णन केवल वीरोदय में मिलता है, वह भी अत्यन्त संक्षिप्त और केवल दो स्थलों पर। ग्रीष्म-वर्णन के प्रसंग में कवि ने दिनों की दीर्घता पर उत्प्रेक्षा की है-

"प्रयात्यरातिश्च रविर्हिमस्य दरीषु विश्रम्य हिमालयस्य।
नो चेत्क्षणक्षीणविचारवन्ति दिनानि दीर्घाणि कुतो भवन्ति॥'

(वीरोदय, १२/२०)

प्रतीत होता है कि ग्रीष्म ऋतु में हिम का शत्रु होकर भी सूर्य हिमालय की गुफाओं में विश्राम करके आगे बढ़ता है, यदि ऐसा नहीं है तो ये दिन बड़े क्यों हो रहे हैं?

इसी प्रकार शीतकाल में दिनों के छोटे होने के सम्बन्ध में भी कवि की उद्भावना है कि-

"श्यामास्ति शीतकुलितेति मत्वा प्रीत्याम्बरं वासर एष दत्त्वा।
किलाधिकं संकुचितः स्वयन्तु तस्यै पुनस्तिष्ठति कीर्त्तितन्तु॥"

(वीरोदय ९/२९)

ऐसा लगता है मानों इस शीतकाल में यह रात्रि शीत से व्याकुल है, ऐसा समझकर दिवस प्रेमपूर्वक उसे अधिक समय दे देता है; और स्वयं संकुचित होकर बैठ जाता है।

सन्ध्या वर्णन

मुनिश्री ज्ञानसागर ने अपनी दयोदय एवं जयोदय नामक दो कृतियों में दो स्थलों पर सन्ध्या-सुन्दरी का वर्णन किया है। दयोदय-चम्पू में सन्ध्या का वर्णन कवि ने वहाँ पर किया है जहाँ घण्टा नामक धीवरी अपने पति मृगसेन की प्रतीक्षा कर रही है-

सन्ध्या समय हो रहा है; भगवान् सूर्य सम्पूर्ण दिन विना रुके घूमने के कारण थक गये हैं, इसलिए अस्ताचल के उच्चशृंग का सहारा लेकर विश्राम करना चाहते हैं। बहुत देर के बाद दिवस की समाप्ति पर समीप आते हुये सूर्य को स्वीकार करने के लिए मानों अत्यधिक प्रसन्नता का अनुभव करती हुई, खिले हुये अरविन्दों के समूह से निकले हुये रंग से रंगी हुई साड़ी को धारण करती हुई यह पश्चिम दिशा अपने घोसलों को खोजने में तत्पर पक्षियों के द्वारा किये जाते हुये कलरव के बहाने सूर्य के स्वागत में गीत गाती हुई-सी सुशोभित हो रही है।

इस काल में उल्लू पक्षी अपने मन में चोर की तरह प्रसन्नता का अनुभव कर रहा है। चकवी चकवे से वियुक्त हो रही है। कमलिनी अपने अन्दर भ्रमर को बन्द करके कामीपुरुष को अपने आश्रय में शरण देने वाली वेश्या के समान आचरण कर रही है। मूर्ख प्राणी के मन को जिस प्रकार पाप घेर लेता है, उसी प्रकार अन्धकार सारे संसार पर आक्रमण कर रहा है। गायें वन से लौटकर पशुशाला में आ चुकी हैं।[३८]

जयोदय नामक महाकाव्य में गंगा नदी के तट पर वन-विहार के प्रसंग में भी कवि ने सन्ध्या का अत्यन्त विस्तृत वर्णन किया है; जिसका संक्षिप्तीकृत रूप इस प्रकार है-

प्रिय से मिलन को उत्सुक, स्त्रियों के कटाक्षरूपी बाणों से पीटा गया यह लाल सूर्य मानों कमलों के समीप पहुँच गया है। महान् लोग सुख और दु:ख में एक-सा भाव धारण करते हैं; इसी प्रकार सूर्य भी उदय होते समय और अस्त होते समय रक्तवर्ण वाला ही होता है। सूर्य के अस्त होने पर उसके साथ-साथ दिवस भी अवसान को प्राप्त हो रहा है; जो निर्मल स्वभाव वाले लोग होते हैं, वे ही कृतज्ञता को धारण करते हैं। इस समय पश्चिम दिशा की कान्ति मूंगे की शोभा को हरण करने वाली है। भ्रमर कमलों के अन्दर ही बन्द हो गये हैं। ××× ××× सूर्य अस्ताचल को जा रहा है; और चन्द्रमा का उदय हो रहा है, इन दोनों को देखकर ऐसा लगता है, मानों कामदेव अपने दोनों नेत्रों को लाल करके, पथिक जनों पर रोष प्रकट कर रहा है। ××× ××× दिन की समाप्ति पर सूर्य का अभाव हो गया है और चन्द्रमा भी नहीं दिखाई दे रहा है, इसलिए मनुष्यों के नेत्र व्याकुल हो रहे हैं। पक्षिगण अपने-अपने घोंसलों का आश्रय ले रहे हैं। ××× ××× रक्तवर्ण सूर्य को देखकर ऐसा लगता है, मानों दिनभर मदिरा का पान करने से उसका शरीर लाल हो गया है; और किसी मद्यप की भाँति उन्मत्त होकर वह अब गिरना ही चाहता है। इस समय सूर्य पश्चिमी समुद्र में जा रहा है, उन्मत्त भ्रमर कमलों के उदरों में जा रहे हैं। पक्षी अपने घोंसलों में जा रहे हैं; और कामदेव धीरे चलने वाली स्त्रियों की ओर जा रहा है।[३९]

रात्रि वर्णन

मुनिश्री ज्ञानसागर की रचनाओं में रात्रिवर्णन दो वार दयोदय चम्पू में, एक वार सुदर्शनोदय में और दो वार जयोदय में- इस प्रकार से पाँच वार है। दयोदय चम्पू में रात्रि-वर्णन से सम्बन्धित सर्वप्रथम वह स्थल आपके समक्ष प्रस्तुत है, जब घण्टा धीवरी ने अपने पति मृगसेन को क्रोध में आकर घर से बाहर निकाल दिया था।

जिस प्रकार दुर्व्यसन करने वाले लोगों के मन में अन्धकार रहता है, उसी प्रकार यह रात्रि भी अन्धकार से परिपूर्ण है। चार्वाक-दर्शन के पञ्चमहाभूतों के समान रात्रि में भूत-पिशाच क्रियाशील है। जिस प्रकार घने जंगल में जन-संचार नहीं होता, उसी प्रकार रात्रि में भी जन-संचार रुक गया है। सांख्य-दर्शन में मान्य सांख्याचार्य, उलूकतनय की ध्वनि के समान, उल्लू की ध्वनि सुनाई दे रही है। बौद्धमतावलम्बियों की प्रमाणवार्ता के समान, रात्रि में भी करणीय और अकरणीय का विचार नहीं हो पाता। विनियोग-प्रथा के समान डाकुओं को उत्साहित करने वाली रात्रि का रूप भयंकर पिशाचिनी के समान है जिस प्रकार पिशाचिनी अपने गले में हड्डियों की माला को धारण करती है, उसी प्रकार यह रात्रि तारों को धारण कर रही है। पिशाचिनी के हाथ में खप्पर होता है; रात्रि में आकाश में चन्द्रमा है। भूखी पिशाचिनी जैसे भिक्षा माँगने जाती है, उसी प्रकार यह रात्रि सारे में व्याप्त हो गई है।[४०]

रात्रि वर्णन का दूसरा प्रसंग तब मिलता है, जब गुणपाल की आज्ञा से चाण्डाल सोमदत्त को मारने का आश्वासन देता है। पर इस स्थल पर कवि ने रात्रि का उल्लेख मात्र ही किया है।[४१]

सुदर्शनोदय में रात्रि-वर्णन वहाँ मिलता है, जहाँ अभयमती रानी की पण्डिता दासी रानी की आज्ञा से सुदर्शन को श्मशान में से ले आने के लिए जाती है–

कलिकाल रूपिणी, अन्धकारप्रसारिणी रात्रि का आगमन हुआ, जिसमें ज्ञानी महर्षि रूपी सूर्य

का अस्तित्व समाप्त हो गया। कमल मुरझा गये हैं और उन पर भौंरे भी नहीं मँडरा रहे हैं। पक्षिगण सञ्चरण-विहरण बन्द करके वृक्षों में निष्क्रिय होकर बैठे हैं। चौरी, डकैती, भय इत्यादि में वृद्धि हो रही है। अन्धकार के कारण पथिक को मार्ग दृष्टिगोचर नहीं हो रहा है। अन्धकार के विनाशक चन्द्रमा का गगन-मण्डल में प्रादुर्भाव हो गया है। कृष्णपक्ष की ऐसी, कलियुग के समान भयंकर अन्धकार से परिपूर्ण उस रात्रि में वह पण्डिता दासी श्मशान भूमि में गई।[४२]

जयोदय में जिस समय जयकुमार सुलोचना के साथ गंगा-नदी के तट पर रुकते हैं, उस समय से सम्बन्धित रात्रि का वर्णन कवि ने अत्यधिक विस्तार से किया है। कवि के इस रात्रि वर्णन के कुछ मनोहारी उद्धरण प्रस्तुत हैं-

(अ) **'मित्रं समुद्रस्य च पूर्वशैलशृङ्गे तु सीमः कलशायतेऽलम्।**
सिंही सुतस्याप्यरदैर्व्रणन्तु सुधांशुबिम्बस्य पदानि सन्तु॥'

(जयोदय, १५/१५)

(अर्थात् समुद्र का मित्र चन्द्रमा, उदयाचल की चोटी के ऊपर स्थित कलश के समान लग रहा है। उस चन्द्रमा का बिम्ब ऐसा लगता है, मानों राहु के दाँतों का घाव हो।)

(ब) **"रामोऽपि राजा हृतवानिदानीं तारावराजीवनकृद्विधानी।**
निशाचरं सन्तमसं विशालैः सलक्ष्मणोऽसौकरवालजालैः॥"

(जयोदय,१५/७३)

(इस समय तारा के पति बालि के जीवन का विधान करने वाले, लक्ष्मण सहित राम रूप, तारागणों का विधान करने वाले, कलंक से सुशोभित चन्द्रमा ने, विशाल तलवार एवं बाणों के समूह रूप किरणों के विशाल समूह से राक्षस रूप अन्धकार को नष्ट कर दिया।)

(स) **'तमोमयं केशचयं नियम्य मरीचिभिश्चाङ्गुलिभिस्तु सम्यक्।**
विमुद्रिताम्भोरुहनेत्रविन्दुमुखं रजन्याः परिचुम्बतीन्दुः॥'

(जयोदय, १५/७८)

(अर्थात् अपनी किरणों रूपी अङ्गुलियों से, अन्धकार रूप केशसमूह को पकड़कर, चन्द्रमा बन्द कमलों रूपी नेत्रों से निकले हुये जलबिन्दु वाली रात्रि के मुख का अच्छी प्रकार से चुम्बन कर रहा है।)

(द) **'केचिच्द्दृशं केचिदितः कलकं वदन्तु इन्दोरनिमित्तमङ्कम्।**
पिपीलिकानान्तु सुधाकशिम्बं किलावली चुम्बति चन्द्रबिम्बम्॥'

(जयोदय, १५/८२)

(अर्थात् कुछ लोग विना किसी कारण चन्द्रमा के मध्य के धब्बे को खरगोश और कुछ लोग कलंक कहें, किन्तु मीठी फली जैसे सुधा (माधुर्य) के उत्पत्ति स्थान चन्द्रमा को चीटियाँ चूम (चाट) रही हैं।)

जयोदय में एक अन्य स्थल पर भी रात्रि-वर्णन का उल्लेख मिलता है।[४३]

कविकृत प्रकृति की इन चारों दशाओं का वर्णन स्वभावोक्ति से परिपूर्ण हैं। कवि ने

प्रभात-वर्णन, दिवस-वर्णन, सन्ध्या-वर्णन और रात्रि-वर्णन सभी में श्लिष्टोपमा, उत्प्रेक्षा, रूपक आदि मनोरम अलंकारों का प्रयोग किया है। उसका प्रभात-वर्णन न केवल प्राकृतिक सुषमा का ही उन्मीलन करता है, बल्कि भारतवर्ष की दशा का भी बोध करा देता है; और शुभकार्यों की ओर भी प्रेरित करता है। इसी प्रकार कवि का रात्रि-वर्णन यदि कहीं भयोत्पादक है, तो दूसरी जगह वह रमणीक भी है। क्योंकि ज्योत्स्ना से समलंकृत रात्रि कितनी आह्लादक हो जाती है, इसका भी कवि ने अत्यन्त सुन्दर वर्णन किया है।

इस प्रकार उपर्युक्त विवेचन से यह स्पष्ट है कि हमारे आलोच्य महाकवि मुनिश्री ज्ञानसागर ने प्रकृति-वैभव का चित्र खींचने में अद्भुत कुशलता का परिचय दिया है। प्रायः प्रकृति के प्रत्येक भाग का वर्णन उन्होंने अपनी कृतियों में कर दिया है, जो उनके वास्तविक प्रकृति-प्रेम का परिचायक है।*

सन्दर्भ

१. 'सम्विद्धि सिद्धिं प्रगुणामितस्तु पाथेयमाप्तं यदि वृत्तवस्तु।
इतीव यो वक्ति सुराद्रिदम्भोदस्तस्वहस्तांगुलिरङ्गिनम्भोः।।
अधस्थविस्फारिफणीन्द्रदण्डश्छत्रायते वृत्ततयाऽप्यखण्डः।
सुदर्शनेत्युत्तमशैलदम्भं स्वयं समाप्नोति सुवर्णकुम्भम्।।'
—वीरोदय, २/२-३

२. सुरदन्तिशिरः स्थितोऽभवद् घनसारे स च केशरस्तवः।
शरदभ्रसमुच्चयोपरि परिणिष्ठस्तमसां स चाप्यरिः।।
वनराजचतुष्ट्येन यः पुरुषार्थस्य समर्थिना जयन्।
प्रतिभाति गिरीश्वरः स च सफलच्छायविधिं सदाचरन्।।
जिनसद्मसमन्वयच्छलाद् धृतमूर्त्तीनि बिभर्ति यो बलात्।
अपि तीर्थकरत्वकारणान्युपयुक्तानि गतोऽत्र धारणाम्।।
निजनीतिचतुष्टयान्वयं गहनव्याजवशेन धारयन्।
निखिलेष्वपि पर्वतेष्वयं प्रभुरूपेण विराजते स्वयम्।।
गुरुमभ्युपगम्य गौरवे शिरसा मेरुरुवाह संस्तवे।
प्रभुरेषगभीरताविधेः स च तन्वा परिवारितोऽब्निधेः।।
—वीरोदय, ७/१८-२२

३. 'विहाय सासौ विहरन्यमहाशयः शयद्वयं सकलयंश्च सावलः।
बलप्रभुश्चैत्यनिकेतनं प्रति प्रतिष्ठितो मेरुगिरौ विभाविहा।।
परीतपीताम्बरलुप्तदेहरुक् करद्वयी प्रापितचक्रकम्बुकः।
विराजते विष्णुरिवाजतेजसा गिरी रवीन्द्र द्वयतः स उद्वहन्।।
पयोधराभोगसुयोगमञ्जुलां तटीं समन्ताद् हरिचन्दनाञ्चिताम्।
गिरीश्वरः सेवत एव सत्तमां निजार्द्धदेहानुमितां तु पार्वती।।
अथापि जम्बूपपदेऽन्तरीपके स एव सम्यक् खलु कर्णिकायते।
विदेहदेवोत्तरदेशपत्रकैः पयोधिमध्ये श्रिय आसनायते।।
चतुर्गुणीकृत्य जिनालयानसौ सदातनान्दिक्षु महाजनाञ्चितान्।

जिनश्रियः षोडशकारणानि वै विभर्ति भव्यानि च तानि सर्वदा।।
यदन्तिके द्वौ द्विरदौ विमुञ्चतो जलोरुधारामपि नीलनैप्रधौ।
रवीन्दुविम्बे द्वयतोऽब्जदर्पणे वहन्नसौ तल्लभते रमाकृतिम्।।
तथैव सव्येतरनीलनैषधः सटायमानोडुपरम्परः परम्।
गिरीः सनीलाम्बरपीतवाससो विरञ्चिपुत्रस्य विभर्ति सच्छविम्।।
भियेव भव्यो भवभावितच्छलात्स्वयं महोद्यानचतुष्टयच्छलात्।
सुक्त एताः परिवर्तितताकृती विभर्ति धर्मार्थनिकामनिर्वृतीः।।

— जयोदय, २४/४-११

४. वीरोदय, २/७
५. जयोदय, २४/३९-५७
६. वीरोदय, २/८
७. भरतेऽत्र गिरिमहानुरुर्विजयार्द्धो धरणीभृतां गुरुः।
य उदक् समुपस्थितोऽमुतः स्थलतः सम्वलतः प्रवर्तिनः।
स्वयमर्द्धजयाय मध्यमो भरतस्यास्ति च चक्रवर्तिनः।।
स्वरुचा घनसारभारजित् प्रजरत्या अवनेः स भूधरः।
ननुशेषमशेषयन्नहिं पृथुवेणीप्रतिभोऽतिसुन्दरः।।
शिखरैरभिगम्य योऽम्वरं स्वदृषद्भिः सकलं भुवस्तलम्।
त्रिजगत्सु पुनारसातलमयमाक्रामति मूलतोऽचलः।।
तटिनीद्वयतो महीभृति परिणामेन महीयसी सती।
नगरीष्विति राजते वृहन्निहविद्याधरलोकसंग्रहः।।
प्रविभर्ति सुरङ्गयुग्मकं सहजं येन नरेश्वरोऽनकम्।
इत उत्तर सम्भवस्थल-विजयायैति अपैति चोद्वलः।।
इह पर्यटनार्थमागतां खगकन्यासु सुरीं समाहृताम्।
अनिमेष दृशैव पश्यति न परं भेदमुतामरोऽस्यति।।
विपिनेऽस्यकुतोऽपि कौतुकान्मिलितागीतवतीसु तासु का।
अतिमार्दवतो नभश्चरी स्ववभातीव गुणेन किन्नरी।।
रुचिमल्लकुचाञ्चितातटीह पवित्रोद्धविकाशसंकटी।
युवतेः सदृशी महीभृति मृदुरम्भोरुतया मता मती।।
अलकानगरी गरीयसीह गिरावुतरतो नहीदृशी।

—श्रीसमुद्रदत्तचरित्र, २/१-१०

८. जयोदय, २४/१६-३४
९. भद्रोदय, ५/३१
१०. भद्रोदय, ४/६
११. वीरोदय, १३/११
१२. वीरोदय, १३/१३
१३. वीरादेय, १०/२१
१४. जयोदय, २४/३८
१५. वीरोदय, ६/१३-१४, ३४-३७

१६. जयोदय, १/८८-९०
१७. जयोदय, १४/१-१४
१८. जयोदय, २१/४१-४९
१९. (क) वीरोदय, २/८
(ख) सुदर्शनोदय, २/१५
२०. वीरोदय, २/१५-१७
२१. दयोदय, १/पृ०सं० १०
२२. वीरोदय, ३/७-९
२३. जयोदय, १३/५३-११६
२४. वही, १४/४२-४६
२५. वही, २०/४५-७५
२६. (क) वीरोदय, २/१९
(ख) सुदर्शनोदय, १/१९
(ग) दयोदय, १/पृ०सं० ४
२७. वीरोदय, १२/८-१०
२८. वीरोदय, २/४
२९. वीरोदय, २/७, ८/७-८
३०. वीरोदय, ४/२३-२४
३१. वीरोदय, ७/२२-२८, ३३
३२. वीरोदय, ६/१२-३७
३३. सुदर्शनोदय, ६/१-२ गीत।
३४. वीरोदय, २१/१-२०
३५. वीरोदय, १२/१-३०
३६. दयोदय, ३/पृ०सं० ६०-६२
३७. सुदर्शनोदय, ५/प्रथम गीत।
३८. दयोदयचम्पू, २/श्लोक ६ और ७ एवं उनके पूर्व एवं बाद के गद्य भाग।
३९. जयोदय, १५/१-२४
४०. दयोदय, २/श्लोक ३१ से पहले का गद्यभाग एवं श्लोक ३९
४१. दयोदय, ३/पृ०सं० ६०
४२. सुदर्शनोदय, ७/गीत सं० ३
४३. जयोदय, १७/४, ७ आदि।

* यह शोधलेख आचार्य ज्ञानसागर वागर्थ विमर्श केन्द्र, व्यावर १९९५ की ओर से पुस्तकाकार रूप में प्रकाशित है।

आचार्य चाणक्य की व्यावहारिक कोश नीति : संस्कृत साहित्य के आलोक में

भारतवर्ष के महान् राजनीतिज्ञ आचार्य चाणक्य द्वारा प्रणीत राजनीति के ग्रन्थों तथा संस्कृत साहित्य के आधार पर उनके जीवन चरित का अनुशीलन करने से ज्ञात होता है कि वह कोष को सप्तांग राज्य का एक महत्त्वपूर्ण अंग मानते हैं। उनके मतानुसार सभी पुरुषार्थों की सिद्धि अर्थ नामक पुरुषार्थ से होती है और अर्थ पुरुषार्थ की सिद्धि कोष पर निर्भर है तथा राज्य के सभी कार्य कोष से ही सम्पन्न किये जा सकते हैं–

अर्थ एव प्रधान इति कौटिल्यः।
अर्थमूलो हि धर्मकामाविति॥

१/७/१०-११ (कौ०अ०) तथा–

कोशपूर्वाः सर्वारम्भाः। तस्मात्पूर्वं कोशमवेक्षेत्।

२/८/१-२ (कौ०अ०)

अब आचार्य विष्णुगुप्त चाणक्य के जीवन पर आधारित संस्कृत काव्य ग्रन्थों के अनुशीलन के पश्चात् कोश के विषय में उनका व्यावहारिक मत प्रस्तुत है–

कोश की आवश्यकता

भारतवर्ष का इतिहास साक्षी है कि आचार्य चाणक्य ने भारत के पश्चिमोत्तर प्रान्त को म्लेच्छों के अधिकार से मुक्त कराया तथा चन्द्रगुप्त मौर्य को मगध का सम्राट् बनाया। उनके द्वारा सम्पन्न किये जाने वाले ये दोनों महत्त्वपूर्ण कार्य कोश के विना कदापि सिद्ध नहीं हो सकते थे। अतः यह तथ्य निस्सन्देह स्वीकरणीय है कि उनकी दृष्टि में 'कोश' राज्य के सात अंगों में से एक महत्त्वपूर्ण अंग था। उन्होंने अनुभव किया था कि उनके और चन्द्रगुप्त मौर्य के प्रधान शत्रु नन्दों के पास अक्षय और अगम्य 'कोश' थे, इसलिए उन्हें परास्त करना बड़ा कठिन था। क्योंकि राजा कोश से ही अपनी रक्षा-सुरक्षा के साधनों की समुचित व्यवस्था बडी मात्रा में करने में समर्थ हो जाता है।[१] उन्होंने स्वयं भी विन्ध्य पर्वत में पहले से ही विद्यमान 'कोश' को बड़े परिश्रम से प्राप्त किया ताकि वह उसकी सहायता से चन्द्रगुप्त के लिए सेना का संचय कर सके।[२]

कोशवृद्धि के उपाय

आचार्य चाणक्य के आचरण को देखने से ज्ञात होता है कि वह राजा की कोशवृद्धि हेतु जिन उपायों को अपनाना उचित मानते थे, वे हैं–(क) शत्रु राजा का कोश लूटना, (ख) व्यापार की समुचित व्यवस्था करना, (ग) युद्धादि के समय प्रजा को अतिरिक्त कर देने के लिए प्रेरित करना, (घ) छिपे हुए धन का पता करना तथा (ङ) 'कर' प्राप्ति, अर्थदण्ड और मालगुजारी वसूल करना।

(क) शत्रु राजा का कोश लूटना

आचार्य चाणक्य ने नन्दों से अपमानित होकर जब यह निश्चय किया कि मगध का सिंहासन चन्द्रगुप्त के हाथ में सौंपेंगे, तो उन्होंने सबसे पहले उसे गुप्त रूप से नन्दों का कोश लूटने का आदेश दिया। क्योंकि वह इन्दु शर्मा से पहले ही जान चुके थे कि नन्द अक्षयकोश के स्वामी हैं।[३] चन्द्रगुप्त ने भी उनके आदेशानुसार रात्रि के समय राजकीय कोश के रक्षकों को बलपूर्वक परास्त किया; कोश से बहुत-सी धनराशि लेकर बैलगाड़ियों पर लाद दी; प्रातःकाल होते ही गाड़ीवान के वेश में बहुत-से सैनिकों और नगर द्वार रक्षकों को चकमा देते हुए बैलगाड़ियों पर लदी हुई धनराशि सहित नगर से बाहर निकल गया; तथा चाणक्य के पास पहुँच गया।[४]

चाणक्य के उपर्युक्त व्यवहार से ध्वनित होता है कि उन्होंने चन्द्रगुप्त को नन्द का कोश लूटने का आदेश अवश्य ही इसलिए दिया होगा कि उसे मगध सम्राट् बनाने का उनका उद्देश्य धन के अभाव में पूर्ण नहीं हो सकता था। राजनीति के क्षेत्र में सक्रिय रूप से आने के पूर्व वह तक्षशिला में अध्यापक थे, अतः उनके पास धन नहीं था, जिससे वह अपना उद्देश्य पूरा करते। उल्लेखनीय है कि इस कार्य के लिए उन्होंने चन्द्रगुप्त का ही चयन इसलिए किया होगा कि वह उनके शिष्यत्व में आने से पूर्व मगध राज्य का सेनापति था।[५] अतः वह जानता होगा कि कोश कहाँ पर सुरक्षित है। इसके विपरीत नन्दों के भवन की स्थिति से अपरिचित व्यक्ति को यह कार्य सौंपना अत्यधिक श्रमसाध्य और साहसयुक्त होता।

इसके अतिरिक्त यह भी कहा जा सकता है कि नन्दों का कोश लूटने में उनका उद्देश्य उन्हें दुर्बल भी बनाना था। क्योंकि इस बात को उन्होंने स्वीकार किया है कि वे अपने अक्षय कोश के कारण अपराजेय थे और कोश क्षीण होने पर आसानी से परास्त किये जा सकेंगे।

उन्होंने पर्वतनरेश को सलाह दी है कि राजा को अपने कोश में वृद्धि करनी चाहिए और इस कार्य के लिए शत्रु राजाओं को तो जीतना ही चाहिए, साथ-साथ मित्र राजाओं को भी जीतना और वश में करना चाहिए।[६]

(ख) व्यापार की समुचित व्यवस्था

आचार्य चाणक्य के मतानुसार राजा को चाहिए कि वह अपने राज्य में व्यापार की स्थिति ठीक रखे। इस सन्दर्भ में उनका और सेठ चन्दन दास का संवाद द्रष्टव्य है–

चाणक्यः : भोः श्रेष्ठि चन्दनदास, अपि प्रचीयन्ते संव्यवहाराणां वृद्धिलाभाः।

चन्दनदासः : आर्यस्य प्रसादेन अखण्डिता मे वाणिज्याः।[७]

(अर्थात् चाणक्य ने सेठ चन्दनदास से पूछा है कि क्या उसके व्यापार की उन्नति हो रही है? क्या उसे अपने द्वारा दिये जाने वाले ऋणों से ब्याज की समुचित मात्रा प्राप्त हो रही है? और क्या व्यापार में लाभ हो रहा है? चन्दनदास ने भी उन्हें अनुकूल उत्तर दिया है कि उनकी कृपा से उनका वाणिज्य अखण्डित है और निर्बाध रूप में उन्नतिशील है।)

उपर्युक्त संवाद से यह बात ध्वनित हो रही है कि आचार्य चाणक्य व्यापार की उन्नति को भी राजकीय कोश में वृद्धि के लिए आवश्यक मानते थे। यह संवाद है भी उस समय का, जब वह

नन्दों का समूल उन्मूलन करके चन्द्रगुप्त को मगध का सम्राट् बना चुके थे। ऐसी स्थिति में राज्य के व्यापार की स्थिति में परिवर्तन सम्भव भी है और उस परिवर्तन का प्रभाव राजकीय कोश पर भी अवश्य ही पड़ा होगा। इसलिए मगध के व्यापारियों के प्रतिनिधि स्वरूप चन्दनदास से राज्य में व्यापार की स्थिति के विषय में उनका प्रश्न इस बात का ही प्रतीक है कि उनकी दृष्टि में कोशवृद्धि के लिए व्यापार में उन्नति होना आवश्यक है।

(ग) युद्धादि के समय प्रजा को अतिरिक्त धन देने के लिए प्रेरित करना

आचार्य चाणक्य ने चन्द्रगुप्त के नेतृत्व में कार्य करने वाले युवकों को उपदेश दिया कि वे सब शत्रुओं के अधिकार में गये हुए अपने देश के उत्तर पश्चिम भू-भाग में योगियों और संन्यासियों के वेश में जाएँ; वहाँ रहने वाले अपने देशवासियों को इस प्रकार स्वतन्त्रता प्राप्ति के लिए प्रेरित करें कि वे इस महान् कार्य में सहयोग देने के निश्चय से बहुत-सी धनराशि उन्हें (चन्द्रगुप्त और उसके साथियों को) दे दें; तत्पश्चात् उन देशभक्त प्रजाजनों से प्राप्त धन को वे वहीं किसी गुप्त स्थान में छिपा दें।[८] सौभाग्य से प्रजा से धन प्राप्त करने की चाणक्य की यह योजना सफल भी हो गई। उनके उपदेशानुसार कार्य करने वाले युवकों के प्रयत्नों के फलस्वरूप, उत्तरपश्चिम भू-भाग के बहुत-से भारतवासियों ने म्लेच्छों से अपने देश को मुक्त कराने की इच्छा से बहुत-सा स्वर्ण और रत्न तो चन्द्रगुप्त मौर्य को दिये ही, साथ ही अपने शरीर से आभूषण उतार कर भी दे दिये। प्रजा से प्रभूत मात्रा में प्राप्त इस स्वर्ण राशि और रत्न राशि को उसने गोपनीय स्थान में छिपा दिया और अपनी सफलता का समाचार दूत द्वारा आचार्य चाणक्य के पास भेजा।[९]

आचार्य चाणक्य के उपेदश और तदनुसार किये गये चन्द्रगुप्तादि युवकों के प्रयत्नों को देखने से ज्ञात होता है कि उनकी दृष्टि में राजा अच्छे उद्देश्य की सिद्धि को सामने रखकर प्रजा से विना बल प्रयोग के ही आर्थिक सहयोग प्राप्त कर सकता है। चाणक्य जानते थे कि 'कर' प्राप्ति में बल प्रयोग किया जाता है, इसलिए प्रजा उसका भुगतान भय से करती है, अथवा भुगतान न करने के उपाय खोजती है। जबकि स्वतन्त्रता प्राप्ति आदि की ओर प्रेरित किये जाने पर प्रजा स्वेच्छया आर्थिक सहयोग करती है।

(घ) छिपे हुए धन की प्राप्ति

आचार्य चाणक्य ने विन्ध्यपर्वत में पहले से ही विद्यमान धन का पता लगाया और उसे प्राप्त करके चन्द्रगुप्त मौर्य के लिए कोश संगृहीत किया ताकि उसकी सहायता से सेना का संचय किया जा सके।[१०]

चाणक्य द्वारा किया गया यह व्यवहार उनकी इस नीति को स्पष्ट करता है कि राजा को चाहिए कि वह शत्रु से प्राप्त धन, व्यापार की उन्नति से बढ़े हुए धन तथा प्रजा से प्राप्त धन से कोश में वृद्धि करने के साथ-साथ, छिपे हुए धन की प्राप्ति से भी अपने कोश में वृद्धि करने का प्रयत्न करे। ताकि उससे राज्य का कल्याण किया जा सके।

इसके अतिरिक्त प्रजा से कर वसूल करके,[११] अपराधियों से अर्थदण्ड वसूल करके[१२] तथा कृषकों से उनकी भूमि पर लगान वसूल करके[१३] भी कोश में वृद्धि करना चाणक्य को अभीष्ट है।

कोशवृद्धि के नियम

आचार्य चाणक्य मानते हैं कि कोशवृद्धि राज्य के लिए आवश्यक है, किन्तु कोशवृद्धि के लिए (क) राजकीय करों में अनुचित वृद्धि करना, (ख) अर्थदण्ड के लिए निर्धारित धनराशि को दुगुना करना, (ग) कृषकों से अपनी इच्छा से ज्यादा माल गुजारी वसूल करना तथा (घ) राजपुरुषों द्वारा पथिकों को लूटना आदि कदापि उचित नहीं है[१४] क्योंकि कोशवृद्धि के लिए की जाने वाली इन चेष्टाओं से प्रजा पीड़ित होकर विद्रोह कर सकती है। प्रजा को कष्ट पहुँचाकर अपना कोश भरने वाला राजा प्रजारंजन के सर्वप्रमुख कर्त्तव्य से विमुख हो जाता है और प्रजा का आदर पाने में असफल रहता है। अतः उसे चाहिए कि वह प्रजा को कष्ट दिये विना ही कोश में वृद्धि करे।

कोश रक्षा के लिए राजा और राजकर्मचारियों का कर्त्तव्य

आचार्य चाणक्य के मतानुसार राजा का कर्त्तव्य है कि वह प्रजा से प्राप्त 'कर' का उपयोग अपनी व्यक्तिगत आवश्यकताओं की पूर्ति के लिए न करे; तथा राजकीय कोश को भोग विलास में नष्ट न करे। उसके कराधिकारी (समाहर्त्ता आदि) और शुल्काधिकारी को चाहिए कि वह प्रजा से प्राप्त सम्पूर्ण 'कर' और मार्ग शुल्क (चुंगी) को राजकीय कोश में ही जमा करे। 'कर और शुल्क' से प्राप्त धनराशि को अपना समझकर स्वयं न लें। क्योंकि राजकीय कोश राजा के भोग विलास का साधन नहीं होता और राजकीय कर्मचारियों को धनी बनाने का कारण भी नहीं होता। इसका उपयोग केवल प्रजा की रक्षा सुरक्षा और राज्य के कल्याण में ही होना चाहिए।[१५]

सर्वनगरश्रेष्ठी

आचार्य चाणक्य ने चन्द्रगुप्त मौर्य के शासनकाल में सेठ चन्दन दास को सर्वनगरश्रेष्ठी के पद पर नियुक्त किया था।[१६] यद्यपि उन्होंने इस पद के गुण एवं कर्त्तव्यों पर प्रकाश नहीं डाला है, तथापि कहा जा सकता है कि इस पद पर किसी योग्य व्यक्ति की नियुक्ति का उद्देश्य अवश्य ही राजकीय कोश में वृद्धि करना रहा होगा। सम्भवतः इस पद पर नियुक्त व्यक्ति सम्पूर्ण राज्य के सभी व्यापारियों का अधिष्ठाता होगा और व्यापार को उन्नत करना इसका कर्त्तव्य होगा। ताकि राज्य समृद्ध हो और राजकीय कोश में वृद्धि हो।

निष्कर्ष

कोश के विषय में आचार्य चाणक्य के व्यावहारिक मत को प्रस्तुत करने के बाद कहा जा सकता है कि उनके मत में–

कोश से ही राज्य के सब कार्य सम्पन्न हो सकते हैं, इसलिए राजा को कोश प्राप्ति के लिए तथा कोशवृद्धि के सभी समुचित उपाय करने चाहिए।

उनकी दृष्टि में राजकीय कर्मचारियों को रिश्वत लेने से रोककर, चोरों का दमन करके, शत्रुओं का कोश लूटकर, अन्नोत्पादन बढ़ाकर, व्यापार को उन्नत करके ठीक समय पर 'कर' वसूली करके, युद्धादि के अवसर पर प्रजा को धन देने के लिए प्रेरित करके राजा को अपनी कोशवृद्धि करनी चाहिए।

उन्होंने कोशवृद्धि के लिए सर्वनगरश्रेष्ठी आदि राजकीय कर्मचारियों को कर्त्तव्य पालन के लिए प्रेरित किया है।

उनके मतानुसार राजकीय कोश में वृद्धि करने के लिए प्रजा को पीडित नहीं करना चाहिए।

इस प्रकार चाणक्य ने कोशवृद्धि के उपायों पर शासकों के लिए बड़ी उपयोगी जानकारी दी है। जिसे व्यवहार में लाकर शासक अपना कोश समृद्ध करने के साथ-साथ प्रजारंजन के अपने मुख्य कर्त्तव्य का पालन भी आसानी से कर सकते हैं।*

सन्दर्भ

१. ठाकुर प्रसाद मिश्र, चाणक्य चरित, पृ० सं० ७३
२. प्रभुदत्त स्वामी, मौर्यचन्द्रोदय, १७/४५
३. ठाकुरप्रसाद मिश्र, चाणक्यचरित, पृ०सं० ३४
४. वही, वही, पृ०सं० ५६-५७
५. वही, वही, पृ०सं० ३३
६. वही, वही, पृ० १०२
७. विशाखदत्त, मुद्राराक्षस, १/२१ के बाद का संवाद।
८. प्रभुदत्त स्वामी, मौर्य चन्द्रोदय, ११/४६-४७
९. वही, वही, १२/३४-३५
१०. वही, १७/४५
११. ठाकुर प्रसाद मिश्र, चाणक्यचरित, पृ०सं० ३७-३८
१२. वही, वही, पृ० सं० ३७
१३. वही, वही, पृ० सं० ३७
१४. वही, वही, पृ० सं० ३७
१५. वही, वही, पृ०सं० ३७-३८
१६. विशाखदत्त, मुद्राराक्षस ७/१७

* यह शोधलेख अखिल भारतीय प्राच्य विद्या सम्मेलन, ३७वें अधिवेशन (रोहतक), १९९४ में स्वीकृत तथा पठित है।

श्रीकृष्ण की विदेश नीति

प्रत्येक राजा का कर्त्तव्य है कि वह अपने राज्य को उन्नत, समृद्ध, सुदृढ़ और सुरक्षित बनाने का प्रयत्न करे। किन्तु अपने इस कर्त्तव्य को पूरा करने के लिए उसे मंत्रिमण्डल, कोष तथा सैन्यशक्ति को ही पर्याप्त नहीं समझ लेना चाहिए। यदि वह इस कर्त्तव्य को पूरा करना चाहता है तो उसे चाहिए कि वह दूसरे राज्यों से देश और काल के अनुसार सम्बन्ध स्थापित करे; मित्र और शत्रु का अन्तर समझे; राज्यों से मैत्री सम्बन्ध ही स्थापित करने का प्रयत्न करे; शत्रुता को बढ़ावा न दे; दूसरे राज्यों की वस्तुस्थिति को दूतों तथा गुप्तचरों की सहायता से जाने; अपने देश में रहकर शत्रुओं की सहायता करने वाले शत्रु के गुप्तचरों से सावधान रहे; तथा उपाय-चतुष्टय और षाड्गुण्य के सेवन से अन्य राजाओं को वश में करने का प्रयत्न करे।

प्रभुशक्तिसम्पन्न लोकनायक श्रीकृष्ण इस तथ्य से भलीभाँति परिचित थे कि राज्यनिर्माण में और राज्य की स्थिरता में मंत्रिमण्डल, कोष तथा सैन्यशक्ति के अतिरिक्त राजा की विदेशनीति अर्थात् राजा का दूसरे राजाओं से सम्बन्ध सर्वाधिक महत्त्वपूर्ण है। भले ही राजा समुचित सलाह देने वाले मन्त्रियों से युक्त हो; बढ़ते हुए कोष से सम्पन्न हो; और युद्धक्षेत्र में राज्य के लिए मर-मिटने वाले सैनिकों से युक्त हो, किन्तु उसे अन्य राज्यों से अपने सम्बन्धों की उपेक्षा कदापि नहीं करनी चाहिए। क्योंकि जो राजा अन्य राज्यों से अपने राज्य का देश कालानुरूप सम्बन्ध स्थापित नहीं कर पाता, उस राजा का मन्त्रिमण्डल, कोष और सैन्यशक्ति व्यर्थ हो जाती है। श्रीकृष्ण ने आनर्त प्रदेश के समुद्री भाग में जो अपनी द्वारका नगरी बसाई, उसका उद्देश्य भी अन्य राज्यों से सम्पर्क स्थापित करना ही रहा होगा। क्योंकि ऐसे स्थानों में बसे हुए नगरों से वैदेशिक व्यापारों की सम्भावना अधिक रहती है; आवश्यकता पड़ते ही विदेशों से सम्बन्ध स्थापित किया जा सकता है; और शत्रु के आगमन की सूचना होते ही जलमार्ग से सुरक्षित स्थान पर जाया जा सकता है। अब प्रस्तुत है विदेश नीति के सम्बन्ध में श्रीकृष्ण के विचार–

दिग्विजय एवं यज्ञ

श्रीकृष्ण की दृष्टि में दिग्विजय और राजसूय एवं अश्वमेध यज्ञ राजा की विदेश नीति को स्पष्ट करने में सर्वाधिक सहायक हैं। क्योंकि वह जानते थे कि यदि राजा दिग्विजयपूर्वक इन यज्ञों को सम्पन्न करे तो वह विभक्त राज्यों में राजनैतिक एकता स्थापित कर सकता है; मित्र और शत्रु की पहचान कर सकता है; वशवर्त्ती राज्यों को अपने संरक्षण में विकसित कर सकता है; मित्रता को बढ़ा सकता है तथा शत्रुता का विनाश कर सकता है। उस समय राजसूय यज्ञ और अश्वमेध यज्ञ वही राजा कर सकता था, जिसने दिग्विजय प्राप्त कर ली हो। इस प्रकार दिग्विजयपूर्वक राजसूय और अश्वमेध यज्ञ सम्पन्न करने की अर्हता वास्तव में विजयी राजा की राजनीतिक दृढ़ता का ही प्रमाण है। श्रीकृष्ण चाहते हैं कि युधिष्ठिर का राज्य सब राज्यों में सुदृढ़ हो; सर्वोपरि हो;

इसीलिए उन्होंने युधिष्ठिर को राजसूय यज्ञ करने की अनुमति दी थी; और इस यज्ञ की अर्हता पाने के लिए उन्हें दिग्विजय का आदेश दिया था, जिससे अन्य सभी राजा युधिष्ठिर के अधीन होकर उनको कर देने वाले बन जाएँ।[१] कौरवों के विनाश के पश्चात् जब हस्तिनापुर का राज्य पूर्ण रूप से युधिष्ठिर के अधिकार में आ गया, तब श्रीकृष्ण ने युधिष्ठिर के राज्य को सुदृढ़ करने के लिए उन्हें अश्वमेध यज्ञ करने की अनुमति दी थी।[२] उन्होंने स्वयं भी राजसूय यज्ञ की अर्हता पाने के लिए अपने सेनापति सात्यकि के माध्यम से दिग्विजय प्राप्त की थी।[३]

श्रीकृष्ण की विदेशनीति के सन्दर्भ में जब हम उपर्युक्त यज्ञों एवं उनसे सम्बन्धित दिग्विजयों का उल्लेख करते हैं तब स्पष्ट हो जाता है कि दिग्विजय से श्रीकृष्ण का अभिप्राय दूसरे राजा अथवा राज्य का विध्वंस करना नहीं है। दिग्विजय का तात्पर्य है अन्य सभी राज्यों को अपने वश में करके एक साम्राज्य के अधीन कर देना। इसीलिए युधिष्ठिर के राजसूय यज्ञ के अवसर पर जब उन्हें मगधनरेश जरासन्ध का वध अनिवार्य प्रतीत हुआ, तब उन्होंने भीम से उसका वध तो करवा दिया, किन्तु इस अवसर पर उन्होंने मगधराज को कोई क्षति नहीं पहुँचाई, और जरासन्धवध के कारण इस राज्य को अराजकता से बचाने के लिए जरासन्ध के पुत्र सहदेव को ही मगध के सिंहासन पर अभिषिक्त कर दिया।[४] इस प्रकार उन्होंने जरासन्ध पुत्र सहदेव को ही अपना और युधिष्ठिर का वशवर्ती नहीं बनाया; अपितु उसकी प्रजा को भी अपना वशवर्त्ती बना लिया होगा। क्योंकि मगध की प्रजा समझ गयी होगी कि श्रीकृष्ण का उद्देश्य प्रजा का और राज्य का विध्वंस नहीं है। उनका उद्देश्य तो अन्य राजाओं एवं प्रजा पर अत्याचार करने वाले दुष्टों का ही विनाश करना है।

सम्भवतः श्रीकृष्ण दिग्विजयपूर्वक राजसूय यज्ञ और अश्वमेध यज्ञ को इस दृष्टि से भी महत्त्वपूर्ण समझते थे कि इन अवसरों पर राजा का सम्पर्क अन्य राजाओं से होता है और वह आसानी से जान सकता है कि कौन-कौन से राजा उसके मित्र हैं; कौन शत्रु हैं; कौन उसके और शत्रुओं के सम्बन्धों को सुधारने में मध्यस्थ का स्वरूप धारण कर सकते हैं; एवं कौन ऐसे हैं जो उदासीनता का आचरण करते हैं।

प्रभुशक्ति

श्रीकृष्ण की दृष्टि में राजा की प्रभुशक्ति भी अन्य राजाओं से सम्बन्ध स्थापित करने में सहायक है। यह राजा का वह गुण है, जिसके कारण उसके सेवक और प्रजाजन तो उसके वशीभूत हो ही जाते हैं, इसके साथ ही दूसरे राजा, चाहे वे मित्र हों अथवा शत्रु–उसका लोहा मानने को विवश हो जाते हैं। युधिष्ठिरादि पाँचों पाण्डव श्रीकृष्ण की प्रभविष्णुता के कारण ही उनके प्रति समर्पणभाव से युक्त थे।[५] इसके अतिरिक्त भीष्म,[६] द्रोण,[७] धृतराष्ट्र,[८] कृपाचार्य[९] और यहाँ तक कि दुर्योधन ने भी श्रीकृष्ण की प्रभविष्णुता[१०] को स्वीकार किया है।

षाड्गुण्य

श्रीकृष्ण ने षाड्गुण्य–सन्धि, विग्रह, यान, आसन, द्वैधीभाव और संश्रय (युद्ध सम्बन्धी छः नीतियों) का चिन्तन राजा का एक अनिवार्य कर्त्तव्य बताया है। क्योंकि वह अच्छी तरह जानते थे कि जो राजा इन छः गुणों का उपयोग ठीक से करना जानता है, वही राजा अपने राज्य को स्थिर रख सकता है; विरोधियों का सामना कर सकता है; उनसे सावधान रह सकता है; और उनका दमन

कर सकता है। उन्होंने राजनीतिक दृढ़ता के लिए सन्धि को प्राथमिकता देते हुए यह भी बताया है कि जब शत्रु राजा सन्धि करने को सहमत न हो, युद्ध करने के लिए ही कटिबद्ध हो, तब उसके साथ युद्ध(विग्रह) करने में भी पीछे नहीं हटना चाहिए।[११]

उपाय

श्रीकृष्ण के मतानुसार राजा को विजय पाने के लिए, अन्य राजाओं को वश में करने के लिए एवं राजनैतिक स्थिरता के लिए उपाय सप्तक-साम, दान, भेद, दण्ड, माया, उपेक्षा तथा इन्द्रजाल का भी प्रयोग करना चाहिए।[१२] क्योंकि इन उपायों को देशकालानुरूप प्रयोग में लाने से राजा, मित्र राजाओं को वश में कर सकता है और शत्रुओं को जीत सकता है।

द्वादशराज मण्डल

राजा का अन्य राजाओं में से किसी के साथ मित्रता का, किसी के साथ शत्रुता का, किसी के साथ उदासीनता का और किसी के साथ मध्यस्थता का सम्बन्ध होता है। भारत के प्राचीन राजनीतिज्ञों ने राजा के अन्य राजाओं से सम्बन्धों के आधार पर राजाओं के समूह को 'द्वादशराजमण्डल' की संज्ञा प्रदान की है। तदनुसार राजा और उससे सम्बन्धित राजाओं के बारह स्वरूप इस प्रकार हैं-(क) विजिगीषु, (ख) शत्रु, (ग) मित्र, (घ) शत्रु का मित्र, (ङ्) मित्र का मित्र, (च) शत्रु के मित्र का मित्र, (छ) पार्ष्णिग्राह, (ज) आक्रन्द, (झ) पार्ष्णिग्राहासार, (ञ) आक्रन्दासार, (ट) मध्यम एवं (ठ) उदासीन। राजनीतिज्ञ श्रीकृष्ण ने इनमें से छः राजाओं का वर्णन किया है-(क) राजा, (ख) राजा का मित्र, (ग) राजा के मित्र का मित्र, (घ) शत्रु, (ङ) शत्रु का मित्र तथा (च) शत्रु के मित्र का मित्र।[१३] श्रीकृष्ण ने राजाओं के इस वर्गीकरण के द्वारा यह स्पष्ट कर दिया है कि राजा का दूसरे राजाओं से सम्बन्ध या तो मित्रता का ही होता है, या शत्रुता का।

श्रीकृष्ण का मत है कि राजा अपने प्रति समर्पित मित्रों की सहायता करे; और उनसे सहायता ले; शत्रुओं का दमन करे; और मित्र के भी शत्रुओं का दमन करे; मित्रों और शत्रुओं को नीति से वश में करे; तथा शत्रुओं से सावधान रहे।[१४] वह यह बात अच्छी तरह जानते थे कि मित्रों के साथ सहयोग के आदान-प्रदान से राजा अपने राज्य को और मित्र राज्य को उन्नत कर सकता है; सुरक्षित कर सकता है; अन्य राजाओं को वश में कर सकता है; समृद्ध कर सकता है और शत्रुता का उन्मूलन कर सकता है। इसीलिए उन्होंने पाण्डवों के साथ सुदृढ़ मैत्री सम्बन्ध बनाया था और यादवों एवं पाण्डवों की सम्मिलित शक्ति से जरासन्ध, शिशुपाल, निकुम्भ, दुर्योधनादि शत्रुओं को विनष्ट करने का सामर्थ्य प्राप्त किया था।

वैवाहिक सम्बन्ध

श्रीकृष्ण के मत में राजा विवाह सम्बन्धों द्वारा भी दूसरे राज्य से मधुर सम्बन्ध बना सकता है; राजनैतिक स्थिरता प्राप्त कर सकता है। क्योंकि राजा जिस राज्य की राजकुमारी को अपनी पत्नी के रूप में ग्रहण करता है, प्रायः उस राज्य से उसे आर्थिक सहयोग के साथ ही राजनैतिक सहयोग भी मिलता रहता है। श्रीकृष्ण ने रुक्मिणी, जाम्बवती, सत्यभामा, कालिन्दी, मित्रविन्दा, नाग्नजिती,

भद्रा तथा लक्ष्मणा–इन आठ राजकुमारियों से विवाह करके इनके अभिभावकों से सम्बन्ध बनाकर राजनैतिक दृढ़ता ही प्राप्त की थी। क्योंकि इन राजकुमारियों के अभिभावक श्रीकृष्ण के सम्बन्धी हो जाने से उनके हितैषी बनने को विवश हो गये थे।[१५]

विदेश यात्रा

श्रीकृष्ण की दृष्टि में राजा को चाहिए कि वह दूसरे राजाओं की अपने प्रति मनः स्थिति जानने के लिए और उन्हें अपने प्रति अनुकूल बनाने के लिए उनके राज्यों की यात्रा करे। श्रीकृष्ण ने स्वयं भी ऐसी बहुत-सी औपचारिक एवं अनौपचारिक यात्राएँ सम्पन्न की थीं।

जिस समय यह समाचार चारों ओर फैल गया कि पाण्डव लाक्षागृह में जलकर भस्म हो गये हैं, उस समय श्रीकृष्ण पाण्डवों की इस आकस्मिक मृत्यु पर शोक व्यक्त करने गये। वास्तव में तो श्रीकृष्ण को विश्वास था कि पाण्डव सुरक्षित हैं, किन्तु वह शोक व्यक्त करने के बहाने हस्तिनापुर पहुँचकर जानना चाहते थे कि धृतराष्ट्र, दुर्योधनादि की पाण्डवों के प्रति क्या भावना है; उन्हें पाण्डवों की मृत्यु का दुःख है अथवा नहीं है।[१६]

जब पाण्डव इन्द्रप्रस्थ में रहने लगे, तब भी श्रीकृष्ण समय-समय पर उनसे मिलने जाते थे; और युधिष्ठिर के राज्य की स्थिति का परिचय प्राप्त करते थे।[१७]

द्रौपदी के स्वयंवर के अवसर पर वह पांचाल गये। इस यात्रा में श्रीकृष्ण के दो उद्देश्य थे–एक तो पाण्डवों को ढूँढना और दूसरे अन्य राजाओं से मिलना। सौभाग्य से उनकी यह यात्रा सफल भी रही। क्योंकि इस स्वयंवर में ब्राह्मणवेश में अपने वास्तविक स्वरूप को छिपाकर आए हुए पाण्डवों को उन्होंने पहचान लिया; और स्वयंवर के अवसर पर उपस्थित तथा कन्यालाभ न होने से तिरस्कृत अन्य बहुत-से राजाओं की दुर्भावना का परिचय भी प्राप्त किया। श्रीकृष्ण प्रसन्न थे कि उनके प्रिय बान्धव पाण्डव अयोनिजा द्रौपदी को कुलवधु के रूप में प्राप्त कर सौभाग्यशाली हो गये हैं। किन्तु वह जानते थे कि राज्यभ्रष्ट पाण्डव अभी भी निर्बल हैं; निस्तेज हैं; और असुरक्षित हैं। इसीलिए उन्होंने पाण्डवों से मिलकर, उन्हें अपना परिचय दिया, जिससे पाण्डवों का मनोबल बढ़ा।[१८] इस प्रकार इस यात्रा से उन्होंने पाण्डवों को ढूँढकर पूर्णरूप से उन्हें अपना वशवर्त्ती बना लिया और अन्य राजाओं के विषय में भी जानकारी प्राप्त कर ली।

अपने राज्य में आने वाले दूसरे राज्य के राजा के साथ व्यवहार

श्रीकृष्ण के मतानुसार दूसरे राज्य से अपने राज्य में आने वाले राजा के साथ यथोचित व्यवहार द्वारा भी अपनी विदेशनीति को दृढ़ किया जा सकता है। श्रीकृष्ण ने द्वारका आने वाले देवराज इन्द्र का यथोचित सत्कार किया। इतना ही नहीं, देवराज इन्द्र के कहने पर प्राग्ज्योतिषेश्वर भौमासुर का वध जैसा कठिन कार्य करके उन्हें अपने वश में भी कर लिया।[१९]

आवश्यक सामग्री का आदान-प्रदान

श्रीकृष्ण अपने राज्य और दूसरे राज्य के बीच आवश्यक वस्तुओं के आदान-प्रदान के पक्षपाती थे। क्योंकि वह जानते थे कि अपने राज्य की आवश्यकता पर दूसरे राज्य से वस्तुएँ प्राप्त करने और दूसरे राज्य की आवश्यकता पर अपने यहाँ की कोई वस्तु देने–अर्थात् पारस्परिक

लेन-देन से भी दूसरे राज्य से सम्बन्ध सौहार्दपूर्ण हो सकते हैं। उन्होंने द्वारका में बसाये हुए अपने नवीन राज्य के लिए इन्द्र की सुधर्मा नामक 'देवसभा' को मँगवाया;[२०] द्वारका की प्रजा को खुशहाल बनाने के लिए इन्द्र के नन्दन वन से पारिजात वृक्ष प्राप्त किया।[२१] इसी प्रकार नरकासुर की विजय से प्राप्त दिव्य कुण्डलों को उन्होंने देवमाता अदिति को सौंप दिया।[२२] यद्यपि इनके वास्तविक अधिकारी वे स्वयं थे। किन्तु उन्होंने नरकासुर का वध करके इन्द्र को उपकृत किया और देवमाता अदिति के कुण्डल उन्हीं को वापस करके देवगणों का सौहार्द प्राप्त करने में सफल हुए। वह इस बात को अच्छी तरह समझ गये थे कि पाण्डवों के सम्बन्ध से दुर्योधनादि कौरव उनके प्रति दुर्भावना रखते हैं। फिर भी नीतिज्ञ श्रीकृष्ण ने महाभारत के युद्ध के अवसर पर अपनी यादवी सेना दुर्योधन को देकर उसका सौहार्द पाने का प्रयत्न किया; और यह भी सम्भव है कि यादवी सेना जो श्रीकृष्ण के प्रति निष्ठावती थी, दुर्योधन के पक्ष में पहुँचकर भी निष्ठावती रही होगी; तथा उसने श्रीकृष्ण सहित पाण्डवों की सहायता अवश्य की होगी।[२३]

विदेश में रहते हुए स्वदेश की चिन्ता

श्रीकृष्ण के मतानुसार विदेश यात्रा करते समय भी राजा को अपने राज्य की ओर से असावधान नहीं रहना चाहिए। यात्रा के लिए निकलने से पूर्व उसे अपने राज्य में सुरक्षा का प्रबन्ध कर देना चाहिए। इसीलिए अपने गुप्तचरों से जब उन्हें रुक्मिणी स्वयंवर का समाचार ज्ञात हुआ, तब उन्होंने अपने मातामह उग्रसेन तथा अग्रज बलराम को द्वारका नगरी की सुरक्षा का भार सौंपा और स्वयं कुण्डिनपुर की ओर प्रस्थान किया (हरिवंशपुराण, विष्णुपर्व, ४७/१५-१६)। युधिष्ठिर के राजसूय यज्ञ के अवसर पर वह हस्तिनापुर आये; और इस यज्ञ की निर्विघ्न समाप्ति के लिए संलग्न हो गये। किन्तु इस समय भी वह अपनी राजधानी की सुरक्षा के प्रति चिन्तित थे। इसीलिए यज्ञ की समाप्ति होते ही उन्होंने युधिष्ठिर से द्वारका जाने की अनुमति प्राप्त की थी।[२४]

दूत एवं गुप्तचर

श्रीकृष्ण का आचरण इस बात का द्योतक है कि वह दूत एवं गुप्तचर व्यवस्था को विदेश नीति का अनिवार्य अंग मानते थे। क्योंकि वह इस तथ्य से अनभिज्ञ नहीं थे कि अन्ताराज्यीय सम्बन्धों को बनाने या बिगाड़ने में दूतों तथा गुप्तचरों की अहम् भूमिका होती है। राजा स्वयं तो सभी स्थानों पर आ-जा नहीं सकता, इसलिए उसे देश-विदेश की स्थिति का ज्ञान दूत एवं गुप्तचर विभाग से ही हो पाता है। अब विदेशनीति से सम्बन्धित दूत एवं गुप्तचर व्यवस्था के विषय में श्रीकृष्ण के तथ्यपरक कुछ विचार प्रस्तुत किये जा रहे हैं-

(क) हस्तिनापुर के राजा पाण्डु की मृत्यु के पश्चात्, श्रीकृष्ण ने अपने चाचा अक्रूर को हस्तिनापुर, वहाँ की वस्तुस्थिति जानने के उद्देश्य से भेजा और ज्ञात किया कि धृतराष्ट्र और उनके पुत्र दुर्योधनादि ने कुन्ती तथा उनके पुत्रों को उनका राज्याधिकार नहीं दिया है। इतना ही नहीं, वे सब तो कुन्ती और उनके पुत्रों को जीने का अधिकार भी नहीं देना चाहते।[२५] इस प्रकार श्रीकृष्ण ने अक्रूर को गुप्तचर के रूप में भेजकर अपने भाइयों, पाँचों पाण्डवों के विषय में जाना और तदनुसार ही उनकी सहायता करने को कटिबद्ध भी हुए।

(ख) श्रीकृष्ण ने दूतों और गुप्तचरों की नियुक्ति करने के साथ ही 'चक्रायुध' नामक भवन

इसी उद्देश्य से बनवाया था कि गुप्तचर और दूत जब बाहर से आयें, तब इसी भवन में एकत्र हों; संकेत से यहीं पर प्रमुख-प्रमुख पाण्डवों को समवेत करें; और समाचार दें। श्रीकृष्ण को रुक्मिणी स्वयंवर का समाचार इसी भवन में गुप्तचरों से मिला था।[२६] श्रीकृष्ण ने यह व्यवस्था इसीलिए की होगी कि यदि गुप्तचर कोई गोपनीय बात कहे या दूसरे देश के लिए गोपनीय सन्देश ले जाय तो उस बात या सन्देश की गोपनीयता भंग न हो पाये।

(ग) विदर्भ नरेश भीष्मक की पुत्री रुक्मिणी को जब विश्वास हो गया कि उसका भाई रुक्मी, जरासन्ध के प्रभाव में आकर उसका विवाह शिशुपाल से करने को कटिबद्ध है, तब उसने अपने एक विश्वासपात्र ब्राह्मण को श्रीकृष्ण के पास भेजा। इस ब्राह्मण से श्रीकृष्ण को रुक्मिणी की उनके प्रति आसक्ति का तो ज्ञान हुआ ही, इसके साथ ही उन्हें जरासन्ध, रुक्मी, दन्तवक्त्र, शिशुपाल आदि बहुत-से अत्याचारी शासकों के कुचक्र का भी ज्ञान हुआ। श्रीकृष्ण ने उसी ब्राह्मण को रुक्मिणी को आश्वस्त करने के लिए उनके पास सन्देश देकर भेजा और तदनुसार ही रुक्मिणी से स्वयं विवाह करके जरासन्धादि के कुचक्र को व्यर्थ कर दिया।[२७]

(घ) श्रीकृष्ण के प्रति भक्तिभाव रखने वाले देवर्षि नारद को सामान्य बुद्धि के लोग एक कलहप्रिय और घुमक्कड़ व्यक्ति का ही दर्जा देते हैं। किन्तु राजनैतिक दृष्टि से हम उन्हें श्रीकृष्ण का दूत तथा गुप्तचर मान सकते हैं। क्योंकि श्रीकृष्ण के पुत्र प्रद्युम्न के शम्बरासुर द्वारा हरण की सूचना उन्होंने ही श्रीकृष्ण के अन्तःपुर में दी।[२८] इसी प्रकार जब प्रद्युम्न का पुत्र अनिरुद्ध बाणासुर की पुत्री उषा की सखी चित्रलेखा द्वारा अपहृत करके शोणितपुर ले जाया गया और वहाँ उषा के साथ उसका गुप्त विवाह भी सम्पन्न हो गया तथा श्रीकृष्ण का परिवार अनिरुद्ध का पता न पा सका, तो देवर्षि नारद ने ही द्वारका आकर अनिरुद्ध का समाचार श्रीकृष्ण को दिया। फलस्वरूप यादवसेना सहित श्रीकृष्ण ने बाणासुर पर धावा बोल दिया; और उषा सहित अनिरुद्ध को प्राप्त किया।[२९] उन्होंने ही श्रीकृष्ण के पास आकर बताया कि युधिष्ठिर आदि पाण्डव उनकी उपस्थिति में ही राजसूय यज्ञ करना चाहते हैं जिससे यज्ञ की समाप्ति निर्विघ्न हो सके।[३०] इन्द्र का प्रस्ताव लेकर भी नारद ही श्रीकृष्ण के पास द्वारका आये थे।[३१] पारिजात वृक्ष को स्वर्ग से पृथ्वी पर लाने के अवसर पर भी श्रीकृष्ण ने नारद को ही अपना दूत चुना; और नारद के ही दौत्य द्वारा इन्द्र और श्रीकृष्ण के विचारों का परस्पर आदान-प्रदान हुआ।[३२] भ्रमणशील नारद सभी राजाओं के यहाँ आते-जाते थे। एक बार जब वह पौण्ड्रक वासुदेव की राजधानी पहुँचे तो पौण्ड्रक ने उनके समक्ष प्रस्ताव रखा कि चूँकि वह सबसे अधिक ऐश्वर्यशाली और बलशाली हैं, इसलिए वह (नारद) उसकी (पौण्ड्रक की) ही पूजा किया करें, श्रीकृष्ण और इन्द्र की नहीं। किन्तु स्वामिभक्त नारद ने श्रीकृष्ण की प्रशंसा करते हुए पौण्ड्रक की बात को हास्यास्पद ठहरा दिया। फलस्वरूप पौण्ड्रक ने नारद को भला-बुरा कहकर जाने का आदेश दिया। नारद ने श्रीकृष्ण के पास पहुँचकर उन्हें वस्तुस्थिति से अवगत करा दिया। तदनुसार श्रीकृष्ण ने उसके घमण्ड को चूर करने की प्रतिज्ञा कर ली।[३३]

इस प्रकार नारद ने मुनिवेश में ही श्रीकृष्ण के लिए दूत एवं गुप्तचर का कार्य करके उन्हें समय-समय पर देश-विदेश की स्थितियों से अवगत कराया।

(ङ) जरासन्ध के द्वारा बन्दी बनाये गये बीस हजार राजाओं ने अपना एक दूत श्रीकृष्ण के पास इस आशय से भेजा कि वह अत्याचारी जरासन्ध के शिकंजे से उनको मुक्त कराएँ। दूत से

राजाओं का संकट जानकर श्रीकृष्ण ने उद्धव से सलाह माँगी और उद्धव ने युधिष्ठिर के राजसूय यज्ञ के अवसर पर भीमसेन द्वारा नीतिपूर्वक उनको मरवाने की सलाह दी। फलस्वरूप नीतिज्ञ श्रीकृष्ण ने राजाओं द्वारा भेजे गये उस दूत को ही राजाओं के पास यह सन्देश भेजकर कि जरासन्ध के वध से वे सब शीघ्र ही भयमुक्त हो जाएँगे, उन्हें आश्वस्त कर दिया।[३४]

(च) जब युधिष्ठिर ने श्रीकृष्ण से राजसूय यज्ञ की अनुमति माँगी, तो उन्होंने यज्ञ की अनुमति देते हुए उन्हें देश-विदेश के राजाओं की गति विधियों से परिचित कराया। उन्होंने बताया कि इस समय मगधनरेश जरासन्ध अपने पक्षपाती राजाओं–शिशुपाल, दन्तवक्र, भगदत्त, पौण्ड्रक, भीष्मक आदि–के साथ 'सम्राट्' के पद पर आसीन होने का स्वप्न देख रहा है। क्योंकि उसने राजाओं के सौ कुलों को वशवर्त्ती बना लिया है। इनमें से छियासी कुलों को तो उसने कारागृह में डाल दिया है। बस, जैसे ही वह चौदह बचे हुए राजकुलों को कारागृह में डाल देगा; और इन सबको विनष्ट कर देगा, सम्राट् बन बैठेगा। उसके वशवर्त्ती राजाओं में से कुछ को उसने बलपूर्वक अपने अधीन कर लिया है। इस प्रकार वर्तमान काल के राजाओं में सबसे दृढ़ स्थिति जरासन्ध की है। वह मेरे प्रति बैर-भाव रखने के कारण आपका आधिपत्य कदापि स्वीकार नहीं करेगा। क्योंकि हम सभी यादवबन्धु आपके पक्षपाती हैं। दुर्योधनादि भी भले ही यज्ञ के अवसर पर युद्ध न करें, फिर भी हैं तो वे सब भी विरोधी। इसलिए आप राजसूय यज्ञ की योग्यता तभी पा सकते हैं; जब आप सभी राजाओं पर विजय प्राप्त कर लें।[३५] उपर्युक्त वर्णन श्रीकृष्ण के दूत एवं गुप्तचर विभाग की उत्तम कार्यशैली का परिचायक है। इससे युधिष्ठिर के समक्ष यह तथ्य स्पष्ट रूप से आ गया कि इस समय जरासन्ध उनका प्रबल प्रतिद्वन्द्वी है; उसे आसानी से नहीं जीता जा सकता; उसे जीतने के लिए नीति की आवश्यकता है। जीतना तो उन्हें अन्य राजाओं को भी है, किन्तु जरासन्ध को जीत लिए जाने पर अन्य राजा स्वयं ही युधिष्ठिर के वश में हो जाएँगे। अत: जब तक जरासन्ध को पराजित नहीं किया जाएगा तब तक युधिष्ठिर की राजसूय यज्ञ को सम्पन्न करने की इच्छा पूरी नहीं हो सकती।

(छ) श्रीकृष्ण स्वयं भी युधिष्ठिर की ओर से दूत बनकर हस्तिनापुर जाने को तैयार हुए[३६] जिससे वह युधिष्ठिर का सन्धि प्रस्ताव धृतराष्ट्र तथा दुर्योधन के समक्ष रख सकें; कौरवपक्ष का उत्तर प्राप्त करने के साथ-साथ कौरवों की चेष्टाओं से उनके मनोभावों को समझ सकें; और युधिष्ठिर को तदनुसार तैयार रहने को कह सकें।

दूत के रूप में हस्तिनापुर पहुँचकर वह पाण्डवों के प्रति प्रेमभाव रखने वाले विदुर से मिले। उनसे उन्होंने पाण्डवों के प्रति कौरवों की दुर्भावना को समझा; विदुर की बातों को सुनकर यद्यपि वे जान गये थे कि अब सन्धि प्रस्ताव रखना व्यर्थ है; तथापि अपने कर्त्तव्य का पालन करने के लिए उन्होंने दुर्योधनादि के समक्ष सन्धि प्रस्ताव रखने का निश्चय किया।[३७] उन्होंने दुर्योधन की सभा में स्पष्ट किया कि एकता में बड़ा बल होता है। यह वह शक्ति है जो शत्रुओं को अपने राज्य की ओर टेढ़ी नजर से नहीं देखने देती। इसलिए यदि कौरव और पाण्डव सन्धि कर लें; मिलकर राज्य करें; मिलकर ऐश्वर्य का उपभोग करें तो शत्रुओं की ओर से निश्चिन्त हो सकते हैं; अन्यथा दोनों पक्षों कौरवों तथा पाण्डवों को हानि मिलने की ही अधिक सम्भावना है।[३८]

दुर्योधन द्वारा पाण्डवों को राज्य देने के सम्बन्ध में अपनी अस्वीकृति व्यक्त कर देने पर श्रीकृष्ण ने उसे फटकारा और पाण्डवों के विषय में उसकी दुर्णीति की पोल खोल दी। उनके द्वारा

राजसभा में दुर्योधन के पाण्डवों के सम्बन्ध में किये जाने वाले अत्याचार की जानकारी दिया जाना इस बात का द्योतक है कि वह पहले भी गुप्तचरों के माध्यम से दुर्योधन की दुश्चेष्टाओं को जानते रहे थे। इस प्रकार श्रीकृष्ण की दृष्टि में दूसरे राज्य की गतिविधि की जानकारी रखना एक योग्य राजा के लिए परमावश्यक है।[३९]

(ज) अभिमन्यु वध के पश्चात् जब अर्जुन ने जयद्रथ वध की प्रतिज्ञा कर ली, तब श्रीकृष्ण ने अर्जुन को द्रोणाचार्य की युद्धनीति से सावधान किया। क्योंकि उन्होंने अपने गुप्तचरों की सहायता से पता कर लिया था कि आचार्य द्रोण ने जयद्रथ की सुरक्षा के लिए कर्ण, भूरिश्रवा, अश्वत्थामा, वृषसेन, कृपाचार्य और शल्य के सेनापतित्व में अभेद्य व्यूह बनाने की योजना बनायी है।[४०]

(झ) महाभारत युद्ध की समाप्ति के बाद मरणासन्न दुर्योधन के मित्र चार्वाक नामक राक्षस ने युधिष्ठिर को सपरिवार मारने की योजना बनाई। सौभाग्य से उसकी यह योजना निष्फल हो गई और कृष्ण ने नकुल से उनको पकड़वाकर एक बार पुनः अपने गुप्तचर विभाग की कार्यकुशलता का परिचय दिया।[४१]

(ञ) शाल्व नगर के शासक हंस तथा डिम्भक–दो भाइयों ने अपने पिता ब्रह्मदत्त को राजसूय यज्ञ करने की सलाह दी। उनके मित्र जनार्दन ने उनके इस कार्य को अनुचित ठहराया, तो उन्होंने उसे ही दूत बनाकर श्रीकृष्ण के पास भेजा और कहलवाया कि वह 'कर' रूप में उन्हें प्रभूत मात्रा में लवण देने के लिए शीघ्र उपस्थित हों। जनार्दन से हंस और डिम्भक का सन्देश सुनकर श्रीकृष्ण ने अपने यादव बन्धुओं सहित हंस और डिम्भक के इस आचरण का उपहास किया; और उत्तर में कहलवाया कि शंकर प्रदत्त वरदान के कारण गर्वीले उन हंस और डिम्भक का सिर काटकर ही उन्हें बलि दी जाएगी। श्रीकृष्ण ने जनार्दन को हंस और डिम्भक के सन्देश का उत्तर तो दे दिया किन्तु उन्हें लगा कि जनार्दन उनका (श्रीकृष्ण का) भक्त है, वहाँ (शाल्व नगर) पहुँचकर वह श्रीकृष्ण का ही गुणगान करेगा; और फिर लौटकर तो उनके पास आयेगा नहीं; फलस्वरूप वह हंस-डिम्भक के बलाबल से परिचित नहीं हो पायेंगे। इसीलिए उन्होंने सात्यकि को भी जनार्दन के साथ हंस और डिम्भक के पास भेजा। शाल्व नगर पहुँचकर जनार्दन ने श्रीकृष्ण के अद्भुत व्यक्तित्व के वर्णन से हंस को क्रुद्ध कर दिया। तत्पश्चात् सात्यकि ने भी उसे श्रीकृष्ण की ओर से वध की धमकी देकर अपने यादव वीरों की सैन्यशक्ति का परिचय दिया। फलस्वरूप हंस और डिम्भक और भी क्रुद्ध हो गये; श्रीकृष्ण से युद्ध के लिए सन्नद्ध हो गये; तथा किसी भी तरह राजसूय यज्ञ की इच्छा को छोड़ने के लिए तैयार नहीं हुए। जब सात्यकि ने यह सब वृत्तान्त श्रीकृष्ण को बताया, तब श्रीकृष्ण हंस और डिम्भक से लड़ने को तैयार हो गये।[४२]

इस प्रकार उपर्युक्त सभी प्रकृत प्रकरणों के परिशीलन से स्पष्ट होता है कि श्रीकृष्ण के मत में राजा गुप्तचरों एवं दूतों के द्वारा लाए गए दूसरे राज्य के समाचारों के आधार पर उस राज्य के राजा के साथ युद्ध करने या न करने का निर्णय ले सकता है।

निष्कर्ष

उपर्युक्त विवेचन से स्पष्ट हो जाता है कि श्रीकृष्ण ने विभिन्न राज्यों को एक सार्वभौम सत्ता के अन्तर्गत लाने के लिए दिग्विजय एवं यज्ञों की व्यवस्था दी है; विदेशनीति के संचालन के लिए

प्रभुशक्ति की महत्ता पर प्रकाश डाला है; राजा को षाड्गुण्य और उपाय चतुष्टय के प्रयोग का उपदेश दिया है; मित्रों के सहयोग से शत्रुओं के उन्मूलन की सलाह दी है; विवाह सम्बन्धों के द्वारा दूसरे राज्यों से मधुर सम्बन्ध बनाने का परामर्श दिया है; दो राज्यों के बीच सौहार्द स्थापित करने के लिए विदेश यात्रा को भी उपयुक्त साधन बताया है; अपने राज्य में आने वाले अतिथि राजा का समुचित सत्कार करके उसे अपना पक्षधर बनाने की प्रेरणा दी है; आवश्यक वस्तुओं के आदान-प्रदान पर जोर दिया है; विदेश जाने पर भी स्वदेश के प्रति सचेत रहने की शिक्षा दी है; तथा दूतों एवं गुप्तचरों की सहायता से संचार व्यवस्था को सुदृढ़ रखने का परामर्श दिया है, जो राजनीति के क्षेत्र में सदैव महत्त्वपूर्ण एवं उपयोगी माना जाता रहेगा।*

सन्दर्भ

१. (क) भागवतपुराण, १०/७१/३-१२
(ख) महाभारत, सभापर्व, अध्याय १४ सम्पूर्ण।
(ग) वेदान्तदेशिक, यादवाभ्युदय, १५/३०
(घ) क्षेमेन्द्र, भारतमंजरी, सभापर्व, श्लोक सं० ३७-५१
(ङ) शिवदत्त त्रिपाठी, गद्यभारत, पृ०सं० ५६-५९
२. (क) भागवतपुराण, १/१३/३३-३४
(ख) महाभारत, आश्वमैधिकपर्व, ७१/२३-२६, ८६/९-२१
३. वेदान्तदेशिक, यादवाभ्युदय, सर्ग २२ सम्पूर्ण।
४. (क) पद्मपुराण, षष्ठोत्तरखण्ड, उ०भा० २५२/पृ०सं० ९११-९१२ का गद्यभाग।
(ख) भागवतपुराण, ७३/४८
(ग) ब्रह्मवैवर्तपुराण, ११३/२५
(घ) महाभारत, सभापर्व, २४/१२-२०, ४०-४३
(ङ) क्षेमेन्द्र, भारतमंजरी, सभापर्व, श्लोक सं० १०९-११०
(च) अमरचन्द्रसूरि, बालभारत, सभापर्व, १/९५-१०१
५. महाभारत, (क) उद्योगपर्व, १५१/३५-३६; (ख) भीष्मपर्व, १२०/६९-७०; (ग) कर्णपर्व, ८७/११५-११७
६. महाभारत (क) सभापर्व, ३६/२७-३०, ३८/६-२२, ४४/३९-४२; (ख उद्योगपर्व, २५/३-४, २६/२; भीष्मपर्व, १२१/४५
७. महाभारत (क) उद्योगपर्व, २५/१०-१७; द्रोणपर्व, १२२/२१ का पूर्वार्द्ध।
८. महाभारत, उद्योगपर्व, २५/२३-२७
९. महाभारत, शल्यपर्व, ४/१५, २१, ४७-४९
१०. वही, वही, ५/८-९, ११, १२, ६५/२९
११. (क) ब्रह्मपुराण, १९५/१७; (ख) विष्णुपुराण, ५/२२/१७; (ग) भागवतपुराण, १०/७१/५-७, ७२/१५; (घ) हरिवंशपुराण, वि०प० ३९/७-१५; (ङ) महाभारत, सभापर्व १७/७, उद्योगपर्व १५४/७-१५, आश्वमेधिकपर्व ५४/२०-२३; (च) यादवाभ्युदय २०/९२-९४ (छ) युधिष्ठिरविजय, ६/११२-११५
१२. (क) ब्रह्मपुराण, १९५/१७, (ख) विष्णुपुराण, ५/२२/१७; (ग) महाभारत, सभापर्व, ३८/दा०पा०, श्लो०सं० ६०२-६०५, उद्योगपर्व ८९/२६-२७, १३१/१-१६, अध्याय १४०, अध्याय १५०; (घ) दूतवाक्य १/३९-४१; (ङ) दशावतारचरित ८/६२३-६३३; ९२८-९३०; (च) भारतमंजरी, उद्योगपर्व, ८-१०, ४५९-४६५, ४७९-४९७ (छ) यादवाभ्युदय, २२/२९, २३/१८-१९; (ज) युधिष्ठिरविजय,

२/३५, ६/१३३-१३५; (झ) शिवदत्त त्रिपाठी, गद्यभारत, पृ०सं० १५५, १७२; (ञ) राघवपाण्डवीय, ७/५१; (ट) बालभारत, उद्योगपर्व, ३/७३-८०; (ठ) चम्पूभारत, ८/५२-५५

१३. महाभारत, शल्यपर्व, ६०/१३-२०

१४. (क) विष्णुपुराण, ५/१२/१९-२४; (ख) भागवतपुराण, १/२७/२२-२८, १/८/११-१३, १४, १२/१, ७-११, १/१३/३३-३४, १०/५७/१-२; १०/५८/१-१२, २४; १०/७१/२२-४६, ७२/१५-४८; १०/७४/३०-४८, १०/७५/३८-४०; १०/८६/३-९३, १३/५८/२५-२७, ७१-७५; (ग) महाभारत, आदिपर्व, १९८/१४-१९, सभापर्व, १/१०-१४, अ० १४, १५/१४, २५, अ० २०, २१/१-११, २२/७-३१; ३१/६२-६४, २२०/१-१४, उद्योगपर्व, १/१०-२६, ८३/१२-२२, ८४/१-२; १३०/२५-२९; द्रोणपर्व, ७२/६५-७२, १४९/२-४, ३६-३९; सौप्तिकपर्व, १४/१-३, १६/८-१६; शल्यपर्व ६०/१३-२०, ६१/६१-६८, ६२/२०-२६; आश्वमेधिकपर्व, ६९/१६-२४, ७१/१-२, २३-२६, ८६/९-२१; शान्तिपर्व, अ० २९-३१, ३७/२१-२५, ४०/१२-१६; (घ) भारतमंजरी-आदिपर्व, १२८७-१२९१, सभापर्व, श्लोक सं० ३७-५१, १६-१७, उद्योगपर्व, २८९-२९५, शान्तिपर्व, १९१/१९७; (ङ) दशावतारचरित, ८/४२८-४३०, ४३२-४४०; (च) शिशुपालवध, १२/२०-४४; (छ) यादवाभ्युदय, २२वाँ सर्ग सम्पूर्ण, ४३/१-१५; (ज) बालभारत, सभापर्व, १/७१-७७, ८८-८९; (झ) वेणीसंहार, ६/४४ के बाद और ४५ के पूर्व का संवाद, (ञ) परमेश्वरभट्ट, हरिचरित, श्लोक सं० २१९-२२०; (ट) डॉ० रमेशचन्द्रशुक्ल, श्रीकृष्णचरित, सर्ग ५ सम्पूर्ण; (ठ) गद्यभारत,पृ०सं० ५६-५९, ६०-६२, १९४

१५. (क) ब्रह्मपुराण, १६/२५-४८, १९९/१-११; (ख) पद्मपुराण, षष्ठोत्तरखण्ड, उत्तरार्ध भाग, २४७/१४-४३, २४९/५-३५, ३६, ३९-४०; (ग) विष्णुपुराण, ५/२६/१-१२; (घ) भागवतपुराण, १०/५२/२४, अध्याय ५४ तथा ५५.५६/१५-३२.४२-४४, १०/५८/२०-२३, २८-५२, ५६-५७; (ङ) ब्रह्मवैवर्तपुराण, श्रीकृष्णजन्मखण्ड, २/अ० १०५-१०८, (च) हरिवंशपुराण, विष्णुपर्व, अ०५९-६०/१-२७, हरिवंशपर्व, ३८/२७-४३, ४६; (छ) ब्रह्माण्डपुराण, म०भा० उपोद्घातपाद, ३/७१/३४-४३, ५४-५७; गर्गसंहिता, द्वारकाखण्ड, अध्याय ६, ६७, ८/१-११, १४-१६, १८-१९; (झ) भारतमंजरी, हरिवंशपर्व, १०४०-१०७०, (ञ) हरिचरित, श्लोक २१४-२१७, २२०-२२५; (ट) यादवाभ्युदय, १३/२०-४०, १४/५-१९, ५४-५६, ७०; (ठ) अगस्त्यपंडित-श्रीकृष्णचरित, पृ०सं० ८७-८९, ९७-९९; (ङ) डॉ० रमेशचन्द्रशुक्ल-श्रीकृष्णचरित ७/९-३५; (ढ) काशीनाथ शर्मा, रुक्मिणीहरण, ८/४६-८३, ९०-१००, ९/२३/२५, २०/९५/१०१, २१/१-१५; (ण) गद्यभारत, पृ०सं० ३४१, ३५९-३६०

१६. भागवतपुराण, १०/५७/१-२

१७. वही, १०/५८/१, ७१/११-४६

१८. महाभारत, आदिपर्व, १८८/१९-२४, १९०/१९-२५

१९. (क) ब्रह्मपुराण, २०२/१-२१; (ख) पद्मपुराण, षष्ठोत्तरखण्ड, उ०भाग, २४९/४३, ४६-६९, ७१-७८; (ग) विष्णुपुराण, ५/२९/१-२, ७-१०; (घ) भागवतपुराण, १०/५९/१-२२; (ङ) हरिवंशपुराण, वि०प०, ६३/४५-९१, १२४, ६४/५६; (च) वेदान्तदेशिक, यादवाभ्युदय १६/१-९३; (छ) क्षेमेन्द्र भारतमंजरी, हरिवंशपर्व, श्लो०सं० ११०४-११२८; (ज) हरिचरित, श्लो० २२५; (झ) डॉ० रमेशचन्द्र शुक्ल श्रीकृष्णचरित, ८/४८-५३

२०. (क) ब्रह्मपुराण, १९४/१४-१७; (ख) ब्रह्मवैवर्तपुराण, श्रीकृष्णजन्मखण्ड, २/१०४/७७-८१; (ग) विष्णुपुराण, ५/२१/१७; (घ) हरिवंशपुराण, विष्णुपर्व, ५८/७०-७६; (ङ) भारतमंजरी, हरिवंशपर्व, श्लोक सं० १०३७; (च) वेदान्तदेशिक, यादवाभ्युदय, १०/१०७-१०८

२१. (क) ब्रह्मपुराण, २०४/५-१३; (ख) विष्णुपुराण, ५/३०/३३-७६, ३१/७; (ग) भागवतपुराण, १०/५९/३९-४१; (घ) हरिवंशपुराण, विष्णुपर्व, ६४/६६-७३; (ङ) यादवाभ्युदय, १७/३०-१२०; भारतमंजरी, हरिवंशपर्व, श्लो०सं० ११३५-११४२; (छ) शेषकृष्ण, पारिजातहरणचम्पू, ४/४१-४२ तथा पंचम उच्छ्वास सम्पूर्ण।

२२. (क) ब्रह्मपुराण, २०३/४-५; (ख) विष्णुपुराण, ५/२९/३५, ३०/३-५; भागवतपुराण, १०/५९/३८; (घ) हरिवंशपुराण, विष्णुपर्व, ६४/५२, ५६; (ङ) वेदान्तदेशिक, यादवाभ्युदय, १७/५; (च) भारतमंजरी, हरिवंशपर्व, श्लो सं० ११३४

२३. (क) महाभारत, उद्योगपर्व, ७/१६-२४; (ख) भारतमंजरी, उद्योगपर्व, श्लो०सं० ४५-५७; (ग) दशावतारचरित, ८/५८७-५८८; (घ) कविराज, राघवपाण्डवीय ७/१८-१९; (ङ) अनन्तभट्ट, चम्पूभारत, ८/१२ के पहले का गद्यभाग; (च) यादवाभ्युदय, २३/२१-२८; (छ) डॉ० रमेशचन्द्रशुक्ल, श्रीकृष्णचरित, ९/३८-३९

२४. भागवतपुराण, १०/७७/६-७

२५. (क) भागवतपुराण, १०/४८/२९-३५, अध्याय ४९ सम्पूर्ण
(ख) डॉ० रमेशचन्द्रशुक्ल, श्रीकृष्णचरित, सर्ग ५ सम्पूर्ण।

२६. हरिवंशपुराण, विष्णुपर्व, ४७/१-१०

२७. (क) भागवतपुराण, १०/५२/३६-४४, ५३/१-६, अध्याय ५४-५७
(ख) डॉ० रमेशचन्द्रशुक्ल, श्रीकृष्णचरित, ७/९-१६
(ग) काशीनाथशर्मा, रुक्मिणीहरण, ८/१५७-१६०, सर्ग ११ एवं १२

२८. भागवतपुराण, १०/५५/३६-३७

२९. वही, १०/अध्याय, ६३ सम्पूर्ण।

३०. भागवतपुराण, १०/७०/३५-४४

३१. (क) माघ, शिशुपालवध, प्रथमसर्ग।
(ख) यादवाभ्युदय, १५/१-२९

३२. (क) हरिवंशपुराण, विष्णुपर्व, अध्याय ६८-७१
(ख) शेषकृष्ण, पारिजातहरणचम्पू, ३/२५-४६, ४/प्रारम्भ से श्लोक ३६ तक।

३३. हरिवंशपुराण, भविष्यपर्व, अध्याय ९२, ९३/१-५

३४. भागवतपुराण, १०/७०/२२-३१, ७१/२-१०

३५. (क) भागवतपुराण, १०/७१/२२-४६, ७२/१५-४८
(ख) महाभारत, सभापर्व, १४/७-७०, १५/१८-२५
(ग) क्षेमेन्द्र, भारतमंजरी, सभापर्व, श्लोक सं० ३७-५१
(घ) बालभारत, सभापर्व, १/७१-७७
(ङ) गद्यभारत, पृ०सं० ५६-५९

३६. (क) महाभारत, उद्योगपर्व, ७२/८५-८८
(ख) यादवाभ्युदय, २३/१-१५

३७. महाभारत, उद्योगपर्व, अध्याय ९२-९३

३८. वही, वही, ९५/१९-३९

३९. वही, वही, १२८/१-२१

४०. वही, द्रोणपर्व, अध्याय ७५

४१. भट्टनारायण, वेणीसंहार, ६/श्लोक १३ के बाद से श्लोक २२ के बाद तक, श्लोक ४४ के बाद से श्लोक ४५ के पूर्व तक।

४२. हरिवंशपुराण, भविष्यपर्व, अध्याय ११३-११८

* यह शोधलेख शारदापीठ प्रदीप, संस्कृत शोधपत्रिका, द्वारका, गुजरात, १९९५ में प्रकाशित है।

वीरोदय में प्रतिपादित सामाजिक जीवन एवं संस्कृति

राजस्थान प्रान्त के राणौली नामक ग्राम को अपने जन्म से गौरवान्वित करने वाले, जैन धर्म-दर्शन के लब्धप्रतिष्ठ विद्वान्, स्वाध्याय-चिन्तन-मननपूर्वक संस्कृत साहित्य की श्रीवृद्धि करने वाले आचार्य महाकवि ज्ञानसागर बीसवीं शताब्दी के साहित्यकार हैं। उन्होंने संस्कृत तथा हिन्दी भाषा में लगभग २२ ग्रन्थों की संरचना की है, जिनमें से जयोदय, वीरोदय, सुदर्शनोदय, समुद्रदत्त चरित्र, दयोदयचम्पू तथा मुनिमनोरंजनशतक उनकी प्रमुख संस्कृत काव्यकृतियाँ हैं।

जैनियों के चौबीसवें तीर्थंकर भगवान् महावीर के ब्रह्मचर्य, त्याग एवं तप से युक्त दिव्य जीवन को आधार बनाकर कवि ज्ञानसागर ने वीरोदय महाकाव्य का प्रणयन किया है। कवि ने बाईस सर्ग के इस महाकाव्य में भगवान् महावीर के जन्म, उनके ३३ पूर्वजन्म, उनके उपदेश एवं समाधि का बड़ा मार्मिक वर्णन किया है। यह महाकाव्य साहित्य एवं दर्शन के गंगा-जमुनी संगम का अद्भुत उदाहरण है। यह महाकाव्य जैन धर्म एवं दर्शन से सम्बद्ध होने के कारण तदनुकूल ही समाज एवं संस्कृति को प्रतिबिम्बित करता है।

समाज में रहने वाला प्रत्येक व्यक्ति समाज से प्रभावित होता है, कवि भी इस प्रभाव से अछूता नहीं रह पाता। वह देखता है कि समाज की कुछ रीतियाँ, रूढ़ियाँ अनुकूल हैं और कुछ प्रतिकूल; कुछ बातें अनुकरणीय हैं; और कुछ त्याज्य; कुछ मान्य हैं और कुछ केवल ढोंग। फलस्वरूप वह अपनी साहित्यसर्जना के माध्यम से अनुकूल, मान्य एवं अनुकरणीय आदर्शों से युक्त समाज एवं संस्कृति को प्रश्रय देता है और प्रतिकूल, त्याज्य एवं ढोंग स्वरूपिणी कुरीतियों को समाज से बहिष्कृत करने का उपदेश देता है। इस संदर्भ में वीरोदय के आलोक में महाकवि ज्ञानसागर द्वारा प्रतिपादित समाज एवं संस्कृति की कुछ झाँकियाँ प्रस्तुत हैं–

वीरोदय के परिशीलन से ज्ञात होता है कि महाकवि ज्ञानसागर को ऐसा समाज प्रिय है जिसके लोगों को धर्म एवं मानवता के प्रति आस्था हो तथा भारतीय संस्कृति के मूलतत्त्व अधिकाधिक मात्रा में हों। मुनियों का कर्त्तव्य लोगों में कर्म के प्रति चेतना लाना हो; शासक प्रजारंजन करते हुए राज्य करे; वणिग्जन अर्थव्यवस्था को सँभाले; सेवक उपर्युक्त तीनों श्रेणियों के लोगों की सेवा करें। स्पष्ट है कि श्री ज्ञानसागर भारत में प्रचलित वर्ण-व्यवस्था को मानते हैं।[1] परन्तु वह वर्णव्यवस्था को जन्म के अनुसार नहीं, वरन् कर्मों के अनुसार मानते हैं। इसीलिए उन्होंने ब्राह्मणों के कुछ आवश्यक लक्षण बताए हैं, जो इस प्रकार हैं–

ब्राह्मण को सत्य, अहिंसा, अस्तेय, ब्रह्मचर्य और अपरिग्रह का पालन करना चाहिए, तपश्चरण, इन्द्रियसंयम, शोकराहित्य में उसकी प्रवृत्ति होनी चाहिए, उसे छल-प्रपंच से सर्वथा दूर रहना चाहिए; उसमें शान्ति, संयम और शुद्धता की अधिकता होनी चाहिए, प्राणिमात्र के प्रति दया होनी चाहिए; उसे आत्म-चिन्तन करना चाहिए; और परनिन्दा से दूर रहना चाहिए। निस्पृह मन, वचन और काय से शुद्ध अद्वैतभाव की प्राप्ति, रात्रिभोजन का परित्याग करने वाला, एक समय खाने वाला, निर्जन्तुक

जल को पीने वाला पुरुष ही ब्राह्मण कहलाता है। समाज में जिन्हें ब्राह्मण कहा जाता है वे ब्राह्मण नहीं है, वास्तविक ब्राह्मण तो उपर्युक्त गुणों से सम्पन्न रहने वाला व्यक्ति ही होता है।[२]

वीरोदय के माध्यम से माता-पिता, गुरु एवं जिनेन्द्र देव के प्रति भक्तिभाव का वर्णन भी आचार्य ज्ञानसागर जी ने किया है। फलस्वरूप समाज के प्रत्येक व्यक्ति को उपदेश दिया है कि वह अपने से बड़ों का एवं दिव्यविभूतियों का आदर करे। यथा-वीरोदय महाकाव्य के नायक भगवान् महावीर ब्रह्मचर्य व्रत को अंगीकृत करने की इच्छा से पिता के द्वारा प्रस्तुत विवाह के प्रस्ताव को जिस विनम्रता से अस्वीकृत कर देते हैं, वह विनम्रता प्रत्येक भारतीय पुत्र के लिए अनुकरणीय है।[३]

काव्य के प्रारम्भ में कवि ने गुरु के अनुग्रह की चर्चा करते हुए, प्रत्येक व्यक्ति को गुरु के प्रति कृतज्ञतापूर्वक आदरभाव धारण करने का उपदेश दिया है–

ज्ञानेन चानन्दमुपाश्रयन्तश्चरन्ति ये ब्रह्मपथे सजन्तः।
तेषां गुरूणां सदनुग्रहोऽपि कवित्वशक्तो मम विघ्नलोपी॥

वीरोदय, १/६

प्रस्तुत महाकाव्य में ज्ञानसागर ने भगवान् महावीर को नायक के रूप में प्रस्तुत किया है तथा ग्रन्थ के प्रारम्भ में भी जिनेन्द्र देव की स्तुति की है। ये दोनों ही बातें जिनेन्द्रदेव के प्रति महाकवि की दृढ़भक्ति एवं श्रद्धा की परिचायक हैं। महाकवि का यह भक्तिभाव सूचित करता है कि वह समाज में भगवान् जिनेन्द्र देव एवं जैनधर्म के प्रति आस्था भाव को मान्यता देना चाहते हैं।[४] भगवान् जिनेन्द्रदेव की मूर्तियों एवं जिनालयों पर भी कवि की आस्था स्पष्ट है।[५]

कवि ने इन्द्राणी, श्री, ह्री आदि देवियों एवं इन्द्र, कुबेर आदि देवगणों की भी सत्ता स्वीकार की है। जिस प्रकार सनातन धर्म वाले इन देव-देवियों को ब्रह्मा, विष्णु, और महेश के शासन में स्वीकार करते हैं, उसी प्रकार कवि ने अपनी परम्परानुसार इन देव-देवियों को जिनेन्द्रदेव का सेवक बताया है।[६]

इस प्रकार इस महाकाव्य में देवियों द्वारा वर्धमान की माता प्रियकारिणी की सेवा[७] सौधर्मेन्द्र द्वारा भगवान् का जन्माभिषेक[८] कुबेर तथा इन्द्र द्वारा समवशरणमण्डप का निर्माण[९] आदि घटनाएँ देवों और मानवों को एकसूत्र में बाँधने का अत्यन्त प्रशंसनीय प्रयास प्रस्तुत करती हैं और सूचित करती है कि महापुरुष अपनी विशेषताओं से मानवरूप में उत्पन्न होकर भी देववन्द्य हो जाता है। इसके अतिरिक्त देवियों द्वारा गर्भवती माता की सेवा इस भारतीय सांस्कृतिक मान्यता को पुष्ट करती है कि गर्भिणी माता को सब प्रकार से प्रसन्न रखा जाना चाहिए।

हिन्दू संस्कृति के सोलह संस्कारों पर उनकी आस्था है। उनके अनुसार नामकरण, विद्यारम्भ, विवाह इत्यादि संस्कार उचित समय पर ही होने चाहिए।[१०] स्वप्नदर्शन के प्रति भी महाकवि ज्ञानसागर जी की सांस्कृतिक आस्था है। हमारी भारतीय संस्कृति के अनुसार महापुरुष के जन्म के पूर्व कुछ शुभ संकेत प्रकट होते हैं। महापुरुष की माता को सार्थक स्वप्न भी दिखाई देते हैं। तदनुसार तीर्थङ्कर की माता को जन्म से पूर्व सोलह स्वप्न दिखाई देते हैं, जो उत्पन्न होने वाले पुत्र की विशेषताओं का स्पष्ट संकेत देते हैं।[११]

महाकवि ज्ञानसागर का पुनर्जन्म एवं कर्मफल में सुदृढ़ विश्वास है। उनके अनुसार व्यक्ति को पूर्वजन्म में अपने द्वारा किए गए कर्मों का फल दूसरे जन्म में भोगना ही पड़ता है। भगवान् महावीर बनने से पहले वर्धमान के तैंतीस जन्मों का वर्णन इसी मान्यता का प्रतीक है।[१२]

महाकवि ज्ञानसागर ने भारतीय संस्कृति में मान्य पुरुषार्थचतुष्टय के सेवन एवं वर्णचतुष्टय की मान्यता को भी वीरोदय के माध्यम से समर्थन दिया है—

त्रिवर्गभावात्प्रतिपत्तिसारः
स्वयं चतुर्वर्णविधिं चकार।
जनोऽपवर्गस्थितये भवेऽदः
स नाऽनभिज्ञत्वममुष्य वेद॥

वीरोदय, ३/९

आचार्य ज्ञानसागर की अहिंसा, सत्य, अस्तेय, ब्रह्मचर्य तथा अपरिग्रह—इन पाँच महाव्रतों के प्रति विशेष आस्था है। वीरोदय के माध्यम से उन्होंने अहिंसा एवं ब्रह्मचर्य नामक दो महाव्रतों को वीरोदय के माध्यम से अपनाने का सन्देश दिया है।[१३]

भारतीय संस्कृति के प्रति आस्थावान् महाकवि ज्ञानसागर ने कर्मकाण्ड में की जाने वाली हिंसा की कठोर निन्दा की है और 'अजैर्यष्टव्यम्' इत्यादि वेद वाक्यों का सुसंस्कृत एवं अहिंसापरक भावार्थ समझाने का प्रयत्न किया है। उनकी दृष्टि में 'अजैर्यष्टव्यम्' इस वेदवाक्य का तात्पर्य—बकरों से यज्ञ-क्रिया का सम्पादन करना चाहिए—ऐसा नहीं है, अपितु इस वाक्य का तात्पर्य है—'न उगने योग्य पुराने धान्य से यज्ञ करना चाहिए।[१४] इसी प्रकार श्राद्ध, तर्पण आदि कर्मकाण्डीय क्रियाओं का भी जैन धर्म में कोई स्थान नहीं है। वीरोदय के अनुसार आचार्य श्री ज्ञानसागर जी इन क्रियाओं को पुरुषार्थ-चतुष्टयसिद्धि का साधन नहीं मानते।[१५]

भारत की सांस्कृतिक परम्परा के अनुसार वर्षा ऋतु में मुख्य रूप से श्रावण मास में स्त्रियों के झूला-झूलने का विधान है। वीरोदय महाकाव्य में भी इस परम्परा का प्रतिपादन हुआ है।[१६] इसी प्रकार ग्रीष्म ऋतु में पलंग क्रीड़ा द्वारा मनोरंजन का वर्णन भी इस काव्य में उपलब्ध होता है।[१७]

इस महाकाव्य के माध्यम से जैनधर्मावलम्बी गृहस्थों के विषय में विशेष व्यवहार की कुछ अनुकरणीय बातें कवि ने बताई है। तदनुसार गृहस्थ पुरुष को जीविकोपार्जन के लिए कुछ-न-कुछ अवश्य करना चाहिए।[१८] शैशवावस्था में विद्या ग्रहण करके युवावस्था में धर्म का पालन करना चाहिए। उसका मन करुणा एवं निर्मल बुद्धि से युक्त होना चाहिए। परस्त्री में सद्बुद्धि रखनी चाहिए। दूसरे की सम्पत्ति में आसक्ति नहीं करनी चाहिए। वृद्ध जनों की बातों को सुनना चाहिए। अपना आचरण दूसरों के अनुकूल बनाना चाहिए।[१९] गृहस्थ पुरुष को भी जल छानकर ही पीना चाहिए।[२०] इस प्रकार छल प्रपंच से रहित होकर गृहस्थ जीवन सुखपूर्वक व्यतीत करके अन्त में संन्यास ले लेना चाहिए।[२१]

सनातन धर्मावलम्बी न्यायिक लोग ईश्वर को पुरुष का भाग्यविधाता मानते हैं। किन्तु जैन धर्मावलम्बी जन ईश्वर के विषय में कुछ दूसरी ही मान्यता रखते हैं। वे ईश्वर का कर्त्ता होना स्वीकार नहीं करते, क्योंकि यदि ईश्वर को कर्त्ता माना जाये, तो मनुष्य के लिए कोई कार्य शेष ही नहीं रहेगा।[२२]

श्री ज्ञानसागर भी ईश्वर को कर्त्ता नहीं मानते। उनका मत है कि संसार में होने वाले परिवर्तन काल नामक द्रव्य की सहायता की अपेक्षा रखते हैं, ईश्वर कृत नियमन की नहीं।[२३]

इसी प्रकार कोई भी वस्तु न तो उत्पन्न होती है और न नष्ट होती है, उसमें केवल परिवर्तन होता है। चूँकि प्रत्येक वस्तु में वस्तुत्व नाम का एक धर्म होता है अतः वह अपना कार्य करती है। बीज से वृक्ष की और वृक्ष से बीज की उत्पत्ति स्वतः होती है। अतः वस्तु के उत्पन्न होने या नष्ट होने में भी ईश्वर को कारण मानना व्यर्थ है। यदि ईश्वर का इन पदार्थों के परिणमन में प्रभाव पड़ता तो वस्तु के स्वाभाविक धर्म व्यर्थ हो जाते। अतः स्पष्ट है कि ईश्वर संसार का नियन्ता नहीं है।[२४]

इस प्रकार वीरोदय महाकाव्य के परिशीलन से यह भी सुस्पष्ट हो जाता है कि जैन धर्म केवल वानप्रस्थियों के लिए ही नहीं अपितु गृहस्थधर्मावलम्बियों के लिए भी उपयोगी है। महाकवि ज्ञानसागर ने इस काव्य के माध्यम से सदाचरण, आहार-विहार, अतिथिपूजन, देवपूजन, आत्मकल्याण, परोपकार, निःस्वार्थभाव आदि की भी शिक्षा दी है।[२५] इसके साथ ही उनकी मान्यता है कि समाज के प्रत्येक व्यक्ति को अपने-अपने कर्त्तव्य का ज्ञान होना चाहिए। तदनुसार अध्ययनरत विद्यार्थी को अध्ययन करने के साथ-साथ अपने स्वास्थ्य के प्रति भी सचेत रहना चाहिए और प्रत्येक गृहस्थ व्यक्ति को आजीविकोपार्जन अवश्य ही करना चाहिए।[२६]

उपर्युक्त विवेचन से स्पष्ट है कि वीरोदय में प्रतिपादित समाज एवं संस्कृति पूर्णतया जैनधर्मनिष्ठ है। तदनुसार समाज के प्रत्येक व्यक्ति को अच्छे गुणों का आधान करते हुए, अहिंसा एवं ब्रह्मचर्यपूर्वक अपने-अपने कर्त्तव्य का पालन करना चाहिए। भारतीय संस्कृति में मान्य संस्कार, वर्णव्यवस्था, पुरुषार्थ चतुष्टय, आश्रमचतुष्टय, पर्व, मनोरंजन आदि को अपनाना चाहिए, किन्तु हिंसा और पाखण्ड से दूर रहना चाहिए। वीरोदय महाकाव्य में वर्णित ब्रह्मचर्य एवं अहिंसा नामक व्रत समाज के प्रत्येक व्यक्ति को प्राणिमात्र के प्रति दयाभाव से युक्त होने की प्रेरणा देता है तथा जीवन को मर्यादित करने में सहायक होता है। इस प्रकार अहिंसा एवं ब्रह्मचर्य का पालन करके ही व्यक्ति आत्मकल्याण करते हुए लोककल्याण भी कर सकता है। अतएव वीरोदय महाकाव्य में प्रतिपादित समाज एवं संस्कृति के सन्दर्भ में मेरा विचार है कि लोग जैन धर्म को केवल संन्यासियों के लिए निर्धारित न कर लें। यह वह धर्म है जो समाज के प्रत्येक व्यक्ति को अपनाना चाहिए ताकि वह अपने जीवन को सुसंस्कृत एवं परिष्कृत कर सके। इसके साथ ही जैनियों ने ईश्वर को नियन्ता नहीं माना है किन्तु जिनेन्द्र देव तथा जैनधर्म के प्रति उनकी आस्था उन्हें आस्तिक सिद्ध करने में समर्थ है।*

सन्दर्भ

१. वीक्ष्येदृशीमङ्गभृतामवस्था तेषां महात्मा कृतवान् व्यवस्थाम्।
विभज्य तान् क्षत्रिय-वेश्य-शूद्र-भेदेन मेधा-सरितां समुद्रः।।
यस्यानुकम्पा हृदि तूदियाय स शिल्पकल्पं वृषलोत्सवाय।
निगद्य विड्भ्यः कृषिकर्म चायमिहार्थशास्त्रं नृपसंस्तवाय।।
—वीरोदय, १९/१३-१४

२. वही, १४/३५-४३

३. वही, ८/२३, २८-४५
४. वही, १/१-५
५. वही, २/३३-३६
६. वही, पंचमसर्ग तथा सप्तम सर्ग
७. वही, पंचम सर्ग
८. वही, सप्तम सर्ग
९. वही, १३/१-२४
१०. वही, ८/१-६, २२
११. वही, ४/२७, ४०-६१
१२. वही, एकादश सर्ग सम्पूर्ण।
१३. वही, ८/३८, ४३; १५/५३, ५६-६१, ६३; १६/११-३०
१४. वही, १८/५०-५८
१५. वही, १५/१६
१६. वही, ४/२१-२२
१७. वही, १२/२४-२६
१८. वही, १६/१९
१९. वही, १८/२३-३९
२०. वही, १९/२९
२१. वही, १८/४०
२२. (क) वीरस्तुति ७; (ख) सर्वदर्शनसंग्रह, आर्हतदर्शन, पृ०सं० १३३-१३४; (ग) श्रावकाचारसंग्रह (भाग-१) अमितगतिकृत, श्रावकाचार, ४/७७-१००
२३. वीरोदय, १८/२८
२४. वही, १९/३८-४४
२५. वही, ८/२३-४३; १६/१-११
२६. वही, १६/१८-१९

* यह शोधलेख वीरोदय महाकाव्य अनुशीलन विद्वत् संगोष्ठी में स्वीकृत तथा तत्सम्बन्धित ग्रन्थ 'कीर्तिस्तम्भ' १९९५ में प्रकाशित हैं।

महर्षि दयानन्द का जीवन-दर्शन एवं योगदान

आर्यसमाज के प्रतिष्ठापक, महर्षि दयानन्द सरस्वती के महनीय जीवनचरित से न केवल आर्यसमाजी ही परिचित हैं अपितु भारतवर्ष के अतिरिक्त अन्य देशों के भी प्रबुद्ध मनीषी पूर्णत: परिचित हैं। भारतरत्न स्वामिदयानन्द सरस्वती का जन्म भारतवर्ष के काठियावाढ़ प्रान्त में निवास करने वाले पण्डित अम्बाशंकर की पतिव्रता सहधर्मिणी के गर्भ से विक्रम संवत् १८८१ भाद्रपद मास के शुक्लपक्ष की नवमी तिथि, मूल नक्षत्र, प्रीतियोग में तथा बृहस्पतिवार के दिन मध्याह्न के समय हुआ।

प्रत्येक व्यक्ति का जीवन के प्रति विशिष्ट दृष्टिकोण होता है; और महापुरुषों का जीवन के प्रति यह दृष्टिकोण उन्हें मानवसमाज में सर्वोपरि स्थान पर आसीन करा देता है। समाज का प्रत्येक सदस्य उसके बताए हुए आदर्शों को अपने जीवन में उतारना चाहता है। स्वामी दयानन्द सरस्वती भी एक ऐसे महापुरुष हैं, जिनका जीवन-दर्शन सभी भारतवासियों के लिए अनुकरणीय है और जिनके योगदान को इतिहास का विषय माना गया है। प्रस्तुत शोधपत्र में स्वामी दयानन्द सरस्वती के ऐसे ही उत्कृष्ट जीवन-दर्शन तथा योगदान को प्रस्तुत किया जा रहा है–

समाज के प्रति स्वामिदयानन्द जी के विचार

स्वामि दयानन्द जी एक ऐसे समाज को पसन्द करते थे, जिसमें रहने वाले व्यक्तियों में शिष्टता, मानवता, सदाचार तथा धर्म के प्रति अटूट आस्था हो; उनमें भारतीय शिक्षा, सभ्यता एवं संस्कृति के लिए असीम अनुराग हो; सभी व्यक्ति अपने लिए निर्धारित कर्त्तव्यों का पालन निष्ठापूर्वक करें; वेदों एवं ऋषियों के वचनों पर पूर्ण विश्वास करने वाले हों; सत्य भाषण के ही अभ्यासी हों। अपने इसी दृष्टिकोण को मूर्त्तरूप देने के लिए तथा समाज सुधार की दृष्टि से ही उन्होंने भारत के अनेक नगरों में आर्यसमाज की स्थापना करवाई एवं लोककल्याणार्थ आर्य समाज़ के दस नियम भी बनाए[१] जो अधोलिखित हैं–

(१) सब सत्यविद्या और जो पदार्थ विद्या से जाने जाते हैं उन सबका आदि मूल परमेश्वर है।

(२) ईश्वर, सच्चिदानन्द-स्वरूप, निराकार, सर्वशक्तिमान्, न्यायकारी, दयालु, अजन्मा, अनन्त, निर्विकार, अनादि, अनुपम, सर्वाधार, सर्वेश्वर, सर्वव्यापक, सर्वान्तर्यामी, अजर, अमर, अभय, नित्य, पवित्र और सृष्टिकर्त्ता है। उसी की उपासना करनी योग्य है।

(३) वेद सब सत्यविद्याओं की पुस्तक है, वेद का पढ़ना-पढ़ाना और सुनना-सुनाना सब आर्यों का परमधर्म है।

(४) सत्य को ग्रहण करने और असत्य को छोड़ने में सर्वदा उद्यत रहना चाहिए।

(५) सब काम धर्मानुसार अर्थात् सत्य और असत्य को विचार करके करने चाहिए।

(६) संसार का उपकार करना आर्यसमाज का मुख्य उद्देश्य है अर्थात् शारीरिक, आत्मिक और सामाजिक उन्नति करना।

(७) सबसे प्रीतिपूर्वक, धर्मानुसार, यथायोग्य वर्तना चाहिए।

(८) अविद्या का नाश और विद्या की वृद्धि करनी चाहिए।

(९) प्रत्येक को अपनी ही उन्नति में सन्तुष्ट नहीं रहना चाहिए किन्तु सबकी उन्नति में अपनी उन्नति समझनी चाहिए।

(१०) सब मनुष्यों को सामाजिक सर्व हितकारी नियम पालने में परतन्त्र रहना चाहिए और प्रत्येक हितकारी नियम में सब स्वतंत्र रहें।[२]

इसके बाद समाज को शिक्षित करने के उद्देश्य से उन्होंने बालक और बालिकाओं के लिए ऐसी पाठशालाएँ खुलवाईं जिनमें आर्षग्रन्थों एवं वेदों की शिक्षा को विशेष स्थान प्राप्त था।[३]

महर्षि दयानन्द को एक पत्नीव्रती तथा अपनी पत्नी को सन्तुष्ट करने वाले पुरुष ही अभीष्ट हैं।[४]

संस्कृति के प्रति स्वामी दयानन्द जी के विचार

जिस समय स्वामी दयानन्द जी अवतरित हुए, उस समय भारतीय सभ्यता और संस्कृति का ह्रास हो रहा था। एतदर्थ उन्होंने अपना घर छोड़ कर इसकी रक्षा का बीड़ा उठाया–

यस्तत्याज गृहञ्च वैभव-भृतं, स्निग्धं कुटुम्बं क्षणा–
दामृत्योर्वदनञ्च यस्य पितरौ, नो दृष्टवन्तौ क्वचित्।
नित्यं यः प्रविहाय मोहमखिलं, राष्ट्रस्य भवतो रतो,
यस्यानन्द इयाय नाम्नि परतां, पूर्वा दयैवाभवत्॥

यज्ञेश्वर शास्त्री, भारतराष्ट्र रत्नम्, राष्ट्रवादी दयानन्दः

हिन्दू सभ्यता और संस्कृति के प्रति स्वामी जी की दृढ़ आस्था थी। हिन्दू धर्म की प्रचलित बुराईयों को दूर करना उनका ध्येय था। उन्होंने मूर्त्तिपूजा, जातिप्रथा, छूआछूत आदि का प्रबल विरोध किया।[५] उनका मत है कि मूर्त्तिपूजा की अपेक्षा माता-पिता एवं गुरुजनों की पूजा करना ही श्रेयस्कर है और विविध विद्याओं से सम्पन्न ऋषि एवं गुरु ही तीर्थ हैं।[६]

ईश्वर, वेद, वाग्देवी सरस्वती, संस्कृत-भाषा, मातृभूमि, अपने गुरु स्वामी विरजानन्द सरस्वती के प्रति स्वामी जी की अगाध श्रद्धा थी (मेधाव्रत, दयानन्ददिग्विजय ११/२०-७५); वह वेद चतुष्टय, उपवेद चतुष्टय, षड् वेदाङ्ग, षड् उपाङ्ग एवं मनुस्मृति को ही प्रमाणस्वरूप स्वीकार करते थे (वही, १८/३५); संस्कृत भाषा के प्रति वह पूर्णरूपेण समर्पित थे (वही, २०/४२, ४६, ४७; २३/८३)

स्वामी जी गोवध को अनुचित और अधार्मिक मानते थे, उन्होंने गोरक्षा के लिए भी अथक प्रयत्न किए, एतदर्थ उन्होंने अंग्रेज शासकों से अनेक वार वाद-विवाद भी किया।[७] वह जड़ पूजा, ईश्वर की उत्पत्ति, मृतक श्राद्ध, तीर्थस्थान, तिलक आदि के भी प्रबल विरोधी थे।[८]

स्वामी दयानन्द सरस्वती भारतीय नारी की दुर्दशा से अत्यन्त दु:खी थे–

अथ स्त्रियं कामपि पुत्रकं स्वं,
नग्नं कृतं वारिणि मोचयन्तीम्।
निरीक्ष्य दीनां रुदतीं सशोकां
खिद्यन् दयानन्द इदं बभाषे॥
हा भारतीये वसुधे! गतं ते,
लोकातिशायि क्व नु वैभवं तत्।
स्वर्वासिनोऽपि स्पृहयन्ति यस्मै,
पटं मृतायाद्य न हा! ददासि॥

यज्ञेश्वर शास्त्री, भारतराष्ट्ररत्नम्, राष्ट्रवादी दयानन्दः, १८, १९

नारियों के संरक्षण एवं उद्धार के लिए भी प्रयत्न करते रहे और उपदेशामृत से उन्हें सन्मार्ग पर लाने का सत्प्रयास भी करते रहे–

निजार्यजातेस्तनुजादशाऽधुना
नितान्तशोच्या शुभ शिक्षणं विना।
कुरीतिकेल्या ललना महालयं
न भान्ति वत्से? जननीपदं गताः॥
तद्ब्रह्मचारिणी भूत्वा सुलभेव तपोधना।
श्रुतिविद्योपदेशैस्तास्संस्काराय कुलाङ्गनाः॥
मातरो यदि सद्धर्मज्ञानविज्ञानसंस्कृताः।
सद्गुणालङ्कृतास्स्युस्तास्तत्सुतास्तर्हि धार्मिकाः॥
स्वदेशाभ्युदयो नूनं मातृशक्तिविकासनात्।
मानवोज्ज्वलतामूलं स्त्रीमनोभद्रभावना॥
एतदुद्देश्य सिद्ध्यर्थं विरुद्धं मद्व्रतादपि।
आर्षविद्यामृतं दातुं तुभ्यमस्मि समुद्यतः॥

–मेधाव्रत, द०दि०, १३/६९-७३

महर्षि दयानन्द सरस्वती गुरुकुल में जाकर शिक्षा ग्रहण करने को सर्वाधिक प्रश्रय प्रदान करते थे और शिक्षा प्राप्ति के पश्चात् गुरुदक्षिणा देने के विधान को मानते थे[९] महर्षि दयानन्द विश्वविद्यालय रोहतक (हरियाणा) से सम्बद्ध झज्झर गुरुकुल उनकी इसी मान्यता का प्रतीक है तथा संस्कृत भाषा के महत्त्व का उद्घोषक है।[१०]

स्वामी दयानन्द सरस्वती भारतीय मर्यादा के प्रतीक हिन्दू धर्म में मान्य प्रमुख षोडश संस्कारों को भी मानते हैं। अपनी इस मान्यता को मूर्त्तरूप देने के लिए ही उन्होंने 'संस्कारविधिः' नामक ग्रन्थरत्न प्रस्तुत किया।

वह त्यागभावना के पोषक ब्रह्मचर्याश्रम एवं संन्यास आश्रमों के प्रति भी आस्थावान् थे।[११]

राजनीति के प्रति स्वामिदयानन्द जी के विचार

स्वामी दयानन्द सरस्वती ने वेदों में वर्णित तथा मनुप्रोक्त राजनीति को अपनाने की ही शिक्षा प्रशासकों को दी है। इसके लिए उन्होंने सत्यार्थ प्रकाश नामक अपने ग्रन्थ में राजधर्मविषय, सभात्रय-कथन, राजा के लक्षण, दण्डव्यवस्था, राजा के कर्त्तव्य, व्यसनों से दूर रहना, मंत्री-दूतादि राजपुरुषों के लक्षण, दुर्गनिर्माण, युद्ध के प्रकार, राजा द्वारा प्रजा की रक्षा, कर ग्रहण, मन्त्रणा, षाड्गुण्य, मित्र, शत्रु के प्रकार, न्यायालय और वाद-विवाद की विधि तथा विषय आदि का वर्णन वेदसम्मत तथा मनुसम्मत ही किया है।[१२]

देशभक्ति के प्रति स्वामिदयानन्द जी के विचार

देशवासियों को मनुसम्मत तथा वेदसम्मत कार्य करने का उपदेश देना तथा राष्ट्रहित के लिए विभिन्न नगरों में जाकर लोगों को धर्मविरोधी तत्त्वों से सावधान करना स्वामी जी की देशभक्ति का ही प्रतीक है।[१३] देश कल्याण एवं राष्ट्रोन्नति के लिए उन्होंने एक धर्म, एक भाषा तथा एक लक्ष्य के सूत्र को अपनाने की प्रेरणा दी है।[१४]

वेदों के प्रचार से रूढ़िवादिता को दूर करना, जन्मभूमि के प्रति प्रेम, संस्कृत एवं हिन्दी भाषा के सेवन का ही उपदेश देना, स्वराज्यभावना, स्त्री-शिक्षा, गोरक्षा, अछूतोद्धार, दयाभावना, राष्ट्र को निर्धनता से बचाने की चिन्ता, अन्नोत्पादन की चिन्ता, प्राचीन वाणिज्य व्यापार प्रणाली की समाप्ति एवं यान्त्रिकता की चिन्ता, पराधीनता का दु:ख आदि तथ्य भी उनकी देशभक्तिभावना के ही प्रतीक हैं (यज्ञेश्वरशास्त्री, भारतराष्ट्ररत्नम्, राष्ट्रवादी दयानन्द:)।

धर्म के प्रति स्वामिदयानन्द जी के विचार

महर्षि दयानन्द एक महान् सनातन वैदिक धर्म प्रचारक हैं। वैदिक धर्म का प्रचार एवं आर्यजनों की उन्नति के लिए वेदमंत्रों द्वारा ईश्वर की स्तुति करना आदि कार्यों से उनकी धार्मिकता परिलक्षित होती है।

(अ०श०, द० दि०, सर्ग २, ४/२)

काशी पहुँचकर भगवान् विश्वनाथ की प्रार्थना करते समय उन्हें महेश, दयालु, निर्मल, अजर, निर्विकार, सर्वाधार तथा विजयप्रद परमेश्वर आदि नामों से सम्बोधित करना भी उनकी धार्मिकता का द्योतक है।

(वही, ६/१०२)

उन्होंने यज्ञशालाओं का नवनिर्माण करवाकर उनमें वैदिक विधि से यज्ञ करवाना प्रारम्भ किया।

(वही, ६/८; ७/७३; १४/१८७)

दर्शन के प्रति स्वामिदयानन्द जी के विचार

महर्षि दयानन्द ने जीवात्मा, परमात्मा तथा पुनर्जन्म के विषय में बताया है कि जीवात्मा का जो वास्तविक स्वरूप है, उसमें आना तथा जाना स्वाभाविक है; क्योंकि जीव चेतन एवं चंचल होता है। यह अजर अमर जीवात्मा आवागमन के चक्र में माया के द्वारा अमर जीवात्मा आवागमन के

चक्र में माया के द्वारा बँधा रहता है। उसका किसी न किसी समय छुटकारा होना आवश्यक है। इतना ही नहीं मुक्त जीवात्मा पुनः बँधता भी है। जिस प्रकार मनुष्य नए वस्त्र धारण करने के लिए अतीव उत्सुकता के साथ पुराने वस्त्रों का त्याग करता है, ठीक उसी प्रकार जीवात्मा भी पुराने शरीर को छोड़कर नवीन शरीर में प्रविष्ट होने के लिए सदा तत्पर रहता है। फलस्वरूप अवतार भी कर्मों के अनुसार जीवात्मा का होता है, ईश्वर का नहीं। क्योंकि जिस ईश्वर को वेद अकाय, अव्रत कहते हैं, वह अवतरित कैसे हो सकता है। सम्पूर्ण शक्तिमान् ईश्वर यदि एक शरीर में आकर बैठ जाए तो इस जगत् का भरण-पोषण कौन करेगा? ईश्वर तो कर्म-बन्धनों से रहित होता है, जीव को ही अपने किए गए शुभाशुभ कर्मों का फल निश्चय ही भोगना पड़ता है।

स्वामिदयानन्द जी ईश्वर, जीव तथा प्रकृति को अनादि मानते हैं। उनके मत में हृदय ही मंदिर है; ईश्वर आकाश के समान सम्पूर्ण ब्रह्माण्ड में व्यापक है; उसकी अनन्त शक्तियाँ सब ओर फैली हुई हैं; वह अजन्मा, महान् इन्द्र योगयुक्त आत्मा से ही अनुभव करने योग्य है। अतः उपासक को चाहिए कि वह इन्द्रियगण और इनके स्वामी मन को आत्मा में लीन करके योग कला से परमात्मा का साक्षात्कार कर आत्मा के संगतिजन्य आनन्द को भोगे; वह सर्वज्ञ, सर्वशक्तिमान्, अमर ईश्वर आकाश से भी बड़ा है और परमाणु से भी अतिरिक्त है; वह निराकार, अनादि, उज्ज्वल स्वरूप है। उस हृदयस्थ ब्रह्म की उपासना आत्मा द्वारा की जानी चाहिए।

(सत्यार्थ प्रकाश, उल्लास ७; अ०श०द०दि० ८/३१-४४; १४/७२-७५, ८२-९१) मेधा० द०दि०, १५/३२, ३३, २३/४२)

स्वामिदयानन्द जी का योगदान

स्वामिदयानन्द जी ने भारत, भारतीयता, भारतीय समाज एवं संस्कृति के प्रति निष्ठा व्यक्त करते हुए भारतीयों के लिए जो सक्रिय योगदान किया, वह भारत के इतिहास की अपूर्व निधि है। उनके योगदान के प्रमुख प्रमाण इस प्रकार प्रस्तुत किये जा रहे हैं–

(क) स्वामी जी ने उदयपुर में एक परोपकारिणी सभा की प्रतिष्ठा की, जिसके सभापति राणा सज्जन सिंह जी थे, इसके अन्य २२ सदस्य भी चरित्रवान्, सनातनधर्म के परमपोषक और वैदिक विधि के अनुसार आचरण करने वाले थे। इस सभा का उद्देश्य था परमधर्म एवं परमार्थ।[१५]

(ख) समाज सुधार आन्दोलन कीशृंखला में 'आर्यसमाज' की स्थापना का महत्त्वपूर्ण स्थान है। आज भारत में अनेक नगरों में 'आर्य समाज मन्दिर' विद्यमान है। किन्तु स्वामी जी ने इसका सूत्रपात सन १८७५ ई० में बम्बई में प्रथम आर्य समाज की स्थापना करके किया था।[१६] इसके बाद भारत के अनेक नगरों में यथा–अमृतसर, गुरदासपुर आदि में भी आर्यसमाज मंदिर की स्थापना की गई। (मेधाव्रत, द०दि०, २४/८, ९)

(ग) समाज को शिक्षित करने के उद्देश्य से उन्होंने वेदों की शिक्षा देने वाली पाठशालाएँ खुलवाने का निर्णय लिया और इसका श्रीगणेश फर्रुखाबाद में पाठशाला खुलवाकर किया। इसके बाद कासगंज, मिर्जापुर आदि स्थानों में भी अनेक पाठशालाएँ खुलवाईं। सन १८९३ में दिसम्बर माह में स्वामी जी ने काशी में भी सत्यशास्त्र नामक पाठशाला खुलवाई।[१७]

(घ) स्वामिदयानन्द सरस्वती ने भारत के उद्धार हेतु ग्रन्थ रचनारूप योगदान भी किया। उनके द्वारा रचे गए प्रमुख ग्रन्थ अधोलिखित है–

ऋग्वेद भाष्य

ऋषि ने इस भाष्य को प्राचीन आर्य शैली के अनुसार किया है। इसमें निघण्टु, निरुक्त, अष्टाध्यायी आदि आर्ष ग्रन्थों के आधार पर ऋग्वेद के सत्य अर्थ का प्रतिपादन अत्यधिक उत्तम ढंग से प्रकट किया गया है। यह भाष्य संस्कृत तथा हिन्दी दोनों में है।

यजुर्वेदभाष्य

यह भाष्य भी महर्षि ने आर्य शैली के अनुसार संस्कृत एवं हिन्दी भाषा में प्रस्तुत किया है।

ऋग्वेद भाष्य भूमिका

इस ग्रन्थ में वेद प्रतिपाद्य ६० विषयों को मार्मिक ढंग से प्रस्तुत किया गया है। इस ग्रन्थ को भी संस्कृत एवं हिन्दी भाषा में प्रस्तुत किया गया है।

सत्यार्थप्रकाश

यह ग्रन्थ महर्षि दयानन्द की अद्भुत कृति है।

इसमें चौदह समुल्लास हैं। सत्यार्थ प्रकाश में वेदों एवं मनुस्मृति का समस्त सार प्रस्तुत किया गया है। शिक्षा, वर्णाश्रम, संस्कार, राजनीति, ईश्वर, सृष्टि प्रक्रिया, मत मतान्तरों की समीक्षा आदि का वर्णन इस ग्रन्थ में उपलब्ध होता है।

संस्कार विधिः

महर्षि ने गर्भाधान संस्कार से लेकर अन्त्येष्टि संस्कार तक भारतीय संस्कृति में मान्य संस्कारों की विस्तृत विधि एवं महत्त्व बताया है।

पञ्चमहायज्ञविधि

इस ग्रन्थ रत्न में गृहस्थ व्यक्ति के द्वारा प्रतिदिन करने योग्य-ब्रह्मयज्ञ, देवयज्ञ, अतिथियज्ञ, पितृयज्ञ तथा बलिवैश्वदेवयज्ञ–इन पञ्चमहायज्ञों को करने की विधि समझाई गई है।

आर्याभिविनय

इसमें सौ मंत्र हैं, जिनके माध्यम से ऋषि ने आर्यों को ईश्वर की प्रार्थना करने की विधि समझाई है।

गोकरुणानिधि

इस ग्रन्थ में वेद मंत्रों द्वारा अहिंसा के महत्त्व को प्रदर्शित किया है। यज्ञादि में गोहिंसा का खण्डन किया गया है।

आर्योद्देश्यरत्नमाला

आर्यजनों के जीवन के उद्देश्य को लेकर इस ग्रन्थ-रत्न की रचना की गई है।

भ्रमोच्छेदन

काशी के विद्वानों का भ्रम निवारण करने के लिए भ्रमोच्छेदन ग्रन्थ की रचना की है।

भ्रान्ति निवारण

महर्षि ने कलकत्ता के विद्वानों के भी पौराणिक मतों का खण्डन करके उनके भ्रम का निवारण इस ग्रन्थ के माध्यम से किया है।

संस्कृत वाक्य प्रबोध

संस्कृत भाषा के प्रचार-प्रसार के उद्देश्य से इस ग्रन्थ की संरचना की है।

व्यवहारभानु

जगद्-व्यवहार में निमग्न मनुष्यों के लिए पदार्थ ज्ञान किस प्रकार हो, यही सोचकर महर्षि जी ने 'व्यवहारभानु' नामक एक ग्रन्थ बनाया।

वेद-विरुद्ध-मत-खण्डन

स्वामिदयानन्द सरस्वती ने भारतीयों में व्याप्त वेद बाह्य प्रवृत्ति को देखकर उसके खण्डन के लिए इस ग्रन्थ की रचना की है।

स्वामिनारायण मत-खण्डन

गुजरात में स्वामी नारायण मत प्रसारित हो रहा था, यह मत भी वेद विरुद्ध था, इसलिए इस मत का खण्डन करने के लिए महर्षि ने इस ग्रन्थ का निर्माण किया।[१८]

उपर्युक्त विवेचन को देखने से सुस्पष्ट है कि स्वामिदयानन्द सरस्वती ऐसे महापुरुष हैं, जिन्होंने संसार के उपकारार्थ मोक्ष की भी इच्छा नहीं की; वेद-विरोधियों का खण्डन किया; वेदानुरागियों को रक्षा-सुरक्षा प्रदान की; गुरुकुल अनाथालय का संरक्षण बाल-विधवा उन्मूलन, विधवोद्धार आदि लोकोपकारी कार्यों को सम्पन्न किया; आर्य समाज नामक संस्था की प्रतिष्ठा की; तथा ग्रन्थ रत्नों की रचना की।

अन्त में नेता जी सुभाषचन्द्र बोस द्वारा दयानन्द जी के विषय में प्रस्तुत विचारों को लिखते हुए भारत रत्न स्वामिदयानन्द सरस्वती जी को श्रद्धाञ्जलि अर्पित करती हूँ–

महर्षि दयानन्द सरस्वती उन महापुरुषों में से थे, जिन्होंने आधुनिक भारत का निर्माण किया और जो इसके आचार, पुनरुत्थान तथा धार्मिक पुनरुद्धार के उत्तरदाता हैं। हिन्दु समाज का उद्धार करने में 'आर्यसमाज' का बहुत बड़ा हाथ है। स्वामी दयानन्द को मैं एक धार्मिक और सामाजिक सुधारक तथा कर्मयोगी मानता हूँ। संगठन कार्यों में सामर्थ्य और प्रसाद की दृष्टि से आर्यसमाज अनुपम संस्था है।*

सन्दर्भ

१. अखिलानन्दशर्मप्रणीत दयानन्ददिग्विजयम्, ६/६६, ९९, ७/१०२, १११, १४५, ११/१२

२. (क) सत्यार्थप्रकाश, पृ० सं० ४२९

(ख) अखिलानन्दशर्मप्रणीत दयानन्ददिग्विजयम्, ११/८२-९७

३. अ०श० दयानन्ददिग्विजयम्, १/२०-२१, २४-२८

४. वही, १८/३४-३५

५. (क) मेधाव्रतप्रणीत, दयानन्ददिग्विजयम्, १४/२४-२५, ३३-३६, ४१, १३१, १३३, २०/४५
(ख) श्रीनेत्रपाण्डेय, भारत का सरल इतिहास, पृ०सं० ४३२-४३३

६. (क) अ०श० दयानन्ददिग्विजयम्, १/२५-३१, ३७
(ख) मेधाव्रत, दयानन्ददिग्विजयम्, १४/३७; १५/६६-६७

७. मेधाव्रत, दयानन्ददिग्विजयम्, १२/२८-२९, २०/६५, ६६

८. वही, १२/९६-९७; १४/३; २०/७३

९. (क) अ०श०, द०दि०, ३/२, ७-१२, ३०-३८, ७१-७३, (ख) मे०द०दि०, ११/७६; १२/५५

१०. सौभाग्य से २६-१२-९४ से २८-१२-९४ तक महर्षि दयानन्द विश्वविद्यालय में सम्पन्न होने वाले अखिल भारतीय प्राच्य विद्या सम्मेलन के ३७वें अधिवेशन के अवसर पर उक्त गुरुकुल के साक्षात्कार का सौभाग्य इस लेख की लेखिका को मिल चुका है।

११. अ०श०, द०दि०, २/६८, ६९; ३४/१, ५, १४; २३; ८/३४-३६

१२. (क) सत्यार्थप्रकाश, समुल्लास ६
(ख) अ०श०द०दि०, ८/३७, १४/२००-२१४, १५/२३

१३. अ०श०द०दि०, ८/७२-७४

१४. मेधाव्रत, द०दि०, २५/५३

१५. (क) अ०श०द०दि०, १५/७९-८०; १६/१-४५
(ख) रविदत्त गौतम, देवर्षि दयानन्दचरितम्, पृ०सं० १७५-१७६
(ग) आचार्य भगवानदेव, महर्षि दयानन्द, पृ०सं० ९९-१००

१६. (क) सामान्य विज्ञान धर्म सुधार तथा समाज सुधार आंदोलन, पृ०सं० २५४
(ख) अ०श०, द०दि०, ११/८०-८१
(ग) मेधाव्रत, द०दि० २२/१६-१८

१७. (क) आर्यसमाज का इतिहास, प्रथम भाग, पृ०सं० २२०-२२१
(ख) मेधाव्रत, द०दि० २०/६७
(ग) रविदत्त गौतम, महर्षिदयानन्दचरितम्, पृ०सं० ८३

१८. (क) आचार्य भगवानदेव, १२९-१३०
(ख) अ०श०, द०दि०, अष्टम सर्ग
(ग) मेधा०द०दि० २०/६९, २१/३८; ३९, ४०; २२/८३; २४/१; २५/८

* यह शोधलेख डॉ० उर्मिला श्रीवास्तव, अध्यक्ष, संस्कृत विभाग, आर्य कन्या डिग्री कालेज, इलाहाबाद द्वारा सम्पादित एवं 'वेदश्री:' शीर्षकित स्वामी सत्यप्रकाश सरस्वती स्मृत्यभिनन्दनग्रन्थ १९९५ में प्रकाशित है।

महाकवि ज्ञानसागर की दार्शनिक विचारधारा

जयोदय, वीरोदय, सुदर्शनोदय, समुद्रदत्तचरित्र, दयोदय चम्पू आदि संस्कृत काव्यकृतियों के रचयिता महाकवि ज्ञानसागर साहित्य के साथ दर्शन का समन्वय करने के कारण "आधुनिक अश्वघोष" की उपाधि पाने के योग्य हैं। अब उनके द्वारा प्रस्तुत जैन दर्शन से सम्बन्धित तत्त्वों का विवेचन प्रस्तुत है–

स्याद्वाद सिद्धान्त–

यह जैन दर्शन का वस्तु के यथार्थ स्वरूप को जानने में सहायक परम प्रसिद्ध सिद्धान्त है। सभी जैन दार्शनिकों ने इसका विस्तृत वर्णन किया है।[१]

श्री ज्ञानसागर की भी इस सिद्धान्त के प्रति रुचि है। उनके अनुसार प्रत्येक वस्तु में अर्थक्रियाकारिता होती है। अतः निरर्थक वस्तु का अभाव मानना चाहिए। प्रत्येक वस्तु पूर्व रूप को छोड़ती हुई नवीन रूप को धारण करती है किन्तु वह अपने मूल रूप को नहीं छोड़ती। अतः प्रत्येक वस्तु उत्पाद-व्यय-ध्रौव्य इन तीनों रूपों को धारण करती है।[२]

एक ही वस्तु किसी के लिए अपेक्षित और किसी के लिए अनपेक्षित होती है। अतः वस्तु में सत् और असत् दोनों गुण पाये जाते हैं। इन दोनों गुणों की विवक्षा एक ही व्यक्ति नहीं कर सकता इसलिए अस्तिनास्ति के अतिरिक्त वस्तु में अवक्तव्य नामक तीसरा गुण भी पाया जाता है। इस प्रकार (क) अस्ति, (ख) नास्ति, (ग) अवक्तव्य, (घ) अस्ति-नास्ति, (ङ) अस्ति-अवक्तव्य, (च) नास्ति-अवक्तव्य (छ) अस्ति-नास्ति-अवक्तव्य के भेद से वस्तु के एक संयोगी, द्विसंयोगी और त्रिसंयोगी कथन करने से सात धर्म सिद्ध हो जाते हैं। जैन दर्शन में इनको ही सप्तभंग कहा जाता है। प्रत्येक भंग के पूर्व में "स्यात्" पद जोड़ा जाता है, जब व्यक्ति 'स्यादस्ति' कहता है तब अन्य छः धर्मों का स्थान गौण हो जाता है और जब व्यक्ति 'स्यान्नास्ति' कहता है तब 'स्यादस्ति' आदि अन्य छः धर्मों की अप्रधानता हो जाती है। अतः विवक्षापूर्वक वस्तु के धर्मों का कथन ही स्याद्वाद (अनेकान्तवाद और अपेक्षावाद) कहलाता है। इसकी सहायता से हम वस्तु के यथार्थ स्वरूप को जान सकते हैं।[३]

द्रव्य-स्वरूप एवं भेद–

जैन दर्शनानुसार श्री ज्ञानसागर का कहना है कि वस्तु में स्थित ध्रुव नामक विशेषता को गुण कहा जाता है और उत्पाद तथा व्यय नामक विशेषताओं को पर्याय कहा जाता है। गुण एवं पर्याय से युक्त वस्तु का नाम ही द्रव्य है।[४]

जैन दर्शन ग्रन्थों और ज्ञानसागर के काव्यों के परिशीलन से ज्ञात होता है कि कवि ने द्रव्य के भेद इन ग्रन्थों के आधार पर ही किये हैं। उनके अनुसार द्रव्यों के दो प्रकार हैं–सचेतन और अचेतन। चेतन द्रव्य ही स्वयं भोक्ता, स्वतंत्र एवं महत्त्वपूर्ण पदार्थ है। चेतन द्रव्य या जीव के चार

प्रकार हैं–देव, नारकी, मनुष्य और तिर्यंच। इनमें से देव, नारकी और मनुष्य इन तीन जीवों को चर या त्रस जीव कहा जाता है। तिर्यंच जीवों की चर एवं अचर (स्थावर) के भेद से दो कोटियाँ हैं–चर जीव उन्हें कहते हैं, जिनकी एक से अधिक ज्ञानेन्द्रियाँ होती हैं। और अचर जीव उन्हें कहते हैं, जिनकी केवल स्पर्शेन्द्रियाँ होती हैं। इस प्रकार से तिर्यंच जीवों के भेद चार चर और पाँच अचर के भेद से नौ प्रकार होते हैं, जो इस प्रकार हैं–द्वीन्द्रिय, त्रीन्द्रिय, चतुरीन्द्रिय और पंचेन्द्रिय–ये चार चर हैं, पृथ्वीकायिक, जलकायिक, अग्निकायिक, वायुकायिक और वनस्पतिकायिक–ये पाँच एकेन्द्रिय और अचर (स्थावर) हैं। अचेतन द्रव्य के भी पाँच प्रकार हैं–पुद्‌गल, धर्म, अधर्म, आकाश और काल। पुद्‌गल द्रव्य मूर्त होता है, शेष चार अमूर्त हैं। जीव और पुद्‌गल द्रव्यों के गमन का कारण धर्म द्रव्य है और पुद्‌गल को ठहरने में सहायक कारण अधर्म द्रव्य है। समस्त द्रव्यों को अपने भीतर अवकाश देने वाला द्रव्य आकाश द्रव्य है। द्रव्यों के परिवर्तन में निमित्त कारण को काल द्रव्य कहते हैं।[५]

द्रव्यों के भेद से सम्बन्धित रेखाचित्र प्रस्तुत है–

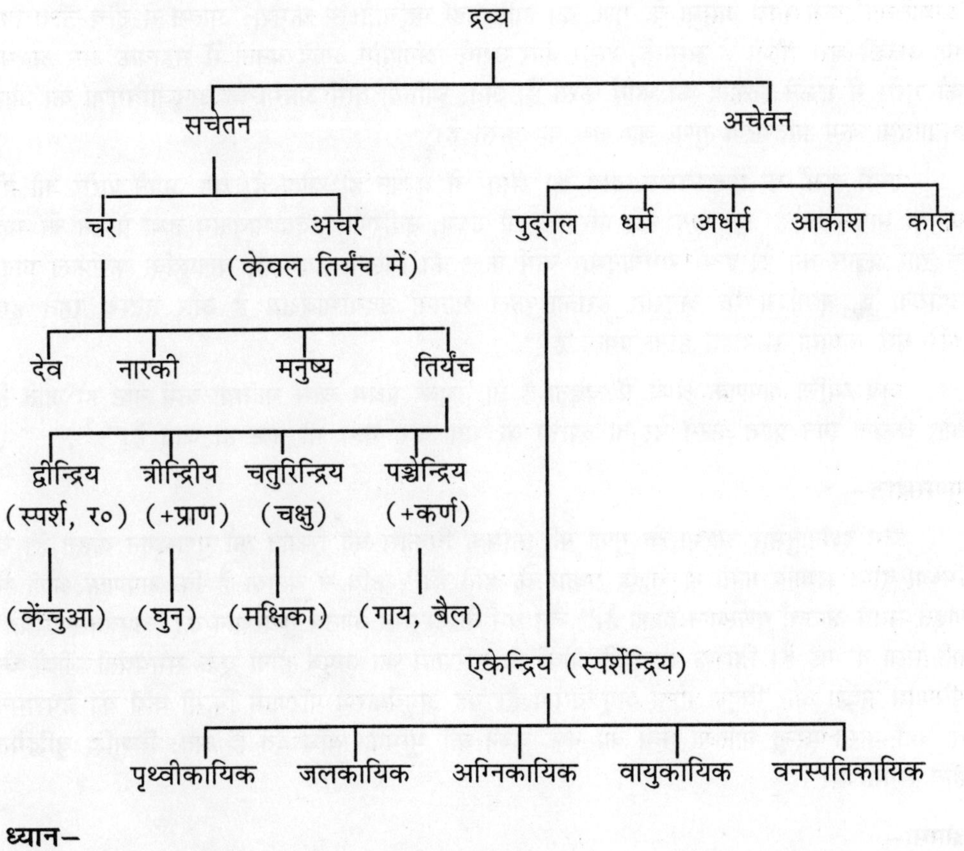

ध्यान–

जैन दर्शनाचार्यों ने ध्यान को आभ्यन्तर तप का एक प्रकार बताते हुए उसके चार भेद किये हैं–आर्त, रौद्र, धर्म्य एवं शुक्ल।[६]

हमारे कवि का भी यही मत है। उनके अनुसार आत्मा के उपभोग में एकाग्रता आना ही ध्यान कहलाता है। ध्यान के आर्त, रौद्र, धर्म्य एवं शुक्ल चार भेद हैं। किंकर्त्तव्यविमूढता रूप शोकातुरता का नाम आर्त ध्यान है। हिंसक कार्यों के प्रति प्रवृत्ति को रौद्र ध्यान कहते हैं। शरीर और आत्मा को भिन्न-भिन्न समझते हुए धार्मिक कार्यों में प्रवृत्ति को ही धर्म में ध्यान कहते हैं। अब जब इसी ध्यान में ध्याता, ध्यान और ध्येय का भेद समाप्त हो जाता है तो इस (धर्म ध्यान) को ही शुक्ल ध्यान कहा जाता है।[७]

कर्म–

जैन धर्म में ज्ञानावरण, दर्शनावरण, वेदनीय, मोहनीय, आयु, नाम, गोत्र एवं अन्तराय–ये आठ कर्म बताये गये हैं।[८]

श्री ज्ञानसागर ने भी इन आठ कर्मों को मानते हुए बताया है कि ज्ञानावरण, दर्शनावरण, अन्तराय और मोहनीय–ये चार 'घातिया' कर्म हैं। आत्मा को ज्ञान, दर्शन एवं शक्ति का उपयोग करने में बाधक और भुलावे में डालने वाले कर्मों को जैन धर्म में 'घातिया' कर्म कहते हैं। 'अघातिया' कर्म सीधे आत्मा के गुणों को हानि नहीं पहुँचाते। ये क्रमशः आत्मा में ऊँच-नीच का भेद अच्छी-बुरी चीजों से सम्पर्क, शरीर और उसके अंगोपांग आदि बनाने में सहायक और आत्मा को शरीर में रोकने इत्यादि का कार्य करते हैं। अतः घातिया कर्म आत्मा के अनुजीविगुणों का और अघातिया कर्म प्रतिजीवी गुणों का क्षय का करते हैं।[९]

इन्हीं कर्मों के फलस्वरूप जीव का संसार में बन्धन हो जाता है। वह अपने शरीर को ही आत्मा मान लेता है। इन कर्मों का परिपाक भी उदय, उदीरणा, उदयाभावक्षय तथा प्रयत्न के भेद से चार प्रकार का है। इनमें समयानुसार कर्म फल का मिलना उदय है, बलपूर्वक कर्मफल पाना उदीरणा है, कर्मोदय के अनुसार उसका फल भोगना उदयाभावक्षय है और तटस्थ रहते हुए धीरे-धीरे कषायों से रहित होना प्रयत्न है।[१०]

जब व्यक्ति क्षपणक श्रेणी में चढ़ता है तो उसके प्रथम चारों घातिया कर्म नष्ट हो जाते हैं और केवल ज्ञान प्राप्त करने पर तो व्यक्ति के शेष चारों कर्म भी नष्ट हो जाते हैं।[११]

गुणस्थान–

जैन दर्शनानुसार आत्मा के गुणों की क्रमिक विकास की स्थिति को गुणस्थान कहते हैं। ये मिथ्या दृष्टि इत्यादि नामों से चौदह प्रकार के होते हैं।[१२] कवि ने बताया है कि क्षपणक श्रेणी में चढ़ते समय आठवाँ गुणस्थान होताा है।[१३] जैन धर्म के अनुसार आठवें गुणस्थान को 'अपूर्वकरणसंयत' की संज्ञा दी गई है। विभिन्न क्षणवर्ती जीवों के परिणाम का अपूर्व होना एक समयवर्ती जीवों के परिणाम सदृश और विदृश होना अपूर्वकरण है। यह अपूर्वकरण परिणाम किसी कर्म का उपशमन तो नहीं करते परन्तु घातिया कर्म को नष्ट करने की भूमिका बाँध देते हैं अतः विशुद्धि वृद्धिगत होने लगती है।[१४]

आत्मा–

श्री ज्ञानसागर ने बताया है कि आत्मा के तीन भेद होते हैं–बहिरात्मा, अन्तरात्मा और परमात्मा। शरीर को ही अपनी आत्मा समझने वाला व्यक्ति 'बहिरात्मा' है। चैतन्य को आत्मा मानने

वाला व्यक्ति 'अन्तरात्मा' है और देह से पृथक् होकर निष्कलंक तथा सच्चिदानन्द स्वरूप परमात्मतत्त्व में लीन रहने वाला व्यक्ति 'परमात्मा' ही है।[१५]

गुप्ति

प्राय: साधु मन, वचन और कार्य की रक्षा करते हैं। यहाँ रक्षा शब्द का आशय संयम लेना चाहिए। साधुओं की इस अवस्था को जैन धर्मावलम्बियों ने मनोगुप्ति, वचनगुप्ति और कायगुप्ति माना है। हमारे कवि ने भी इसी बात को स्वीकार किया है। उनके अनुसार अत्यधिक आवश्यकता होने पर ही मन, वचन और काय का प्रयोग किया जाता है।[१६]

समिति

जैन दर्शन में दिगम्बर जैनी साधुओं के लिए पंच समितियों का विधान किया गया है–ईर्या समिति, भाषा समिति, एषणा समिति, आदाननिक्षेपण समिति और उत्सर्ग समिति।[१७] कवि ने भी इन समितियों पर अपनी आस्था प्रकट की है।[१८] उनके अनुसार सावधानीपूर्वक चेष्टा का नाम ही समिति है।[१९] कवि ने इनका वर्णन भी जैन धर्मानुसार ही किया है। दिन में प्रासुकमार्ग में चार हाथ की भूमि को शुद्ध करते हुए कार्यवश गमन ही ईर्या समिति रूप गति है। भेद, चुगली, कठोरता, परिहास आदि से रहित, हित से युक्त असन्दिग्ध भाषा, भाषा समिति कहलाती है। आहार सम्बन्धी ४६ दोषों से रहित अन्नादि का स्वाध्याय और ध्यानसिद्धि के लिए ग्रहण करना एषणा समिति है। ज्ञान के उपकरण और संयम के उपकरणों का यत्नपूर्वक उठाना और रखना आदान निक्षेपण समिति है। दूरवर्ती, गूढ, विशाल, बाधारहित, शुद्ध पृथ्वीतल पर मलमूत्र का विसर्जन ही उत्सर्ग समिति है। इन समितियों का उपयोग करने से पुरुष अहिंसा, ब्रह्मचर्य आदि व्रतों की रक्षा करने में समर्थ हो जाता है।[२०]

उपयोग

जैन धर्मानुसार कवि ने 'उपयोग' के चार प्रकार बताये हैं। शरीर को ही सब कुछ समझ लेना अशुभोपयोग है। शरीर से आत्मा को भिन्न मानकर विवेकपूर्ण विचार करना शुभोपयोग है। शरीर को आत्मा से भिन्न करने में चेष्टा करने के विचार को शुद्धोपयोग कहते हैं। एक साथ सब पदार्थों का प्रत्यक्षीकरण करना ही परमोपयोग है। परमोपयोग की स्थिति तक आते-आते व्यक्ति 'परमात्मा' की संज्ञा को प्राप्त कर लेता है।[२१]

योग

मन, वचन और काय की आत्मा के प्रति चेष्टा का नाम योग है। जैन धर्म के अनुसार कवि ने इसको दो प्रकार का माना है। शुभ योग और अशुभ योग। अपने शरीर और इन्द्रियों को पुष्ट बनाने के लिए की जाने वाली चेष्टा का नाम अशुभ योग है। अपने साथ औरों के कल्याण के लिए सचेष्ट होना शुभ योग है। अत: हिंसा, निर्दयता, दुष्टता से पूर्ण कार्य, अशुभयोग और अहिंसा, दया और परोपकार से पूर्ण कार्य "शुभ योग" की श्रेणी में आते हैं।[२२]

धर्म-अधर्म एवं पुरुष का कर्त्तव्य

श्री ज्ञानसागर के अनुसार जीव का तामस भाव अधर्म है; और परम्परा को बढ़ाने वाला है। जीव का तात्त्विक भाव ही धर्म है और मोक्ष का कारण है।[२३]

अतएव व्यक्ति को चाहिए कि रागद्वेष से विमुख होकर सन्तोष को धारण करे। मद, मात्सर्य के कारण पुरुष ज्ञेय पदार्थ को जानने में असमर्थ हो जाता है। जब आत्मा क्षोभरहित हो जाती है, तब ज्ञानी व्यक्ति त्रैकालिक पदार्थों को निर्बाध रूप से जान लेता है।[२४] यह संसार क्षणभंगुर है इसलिए सुख, दुःख में समभाव रखना चाहिए।[२५]

प्रमाण

जैन दार्शनिकों ने दो प्रमाण माने हैं–प्रत्यक्ष और अनुमान।[२६] किन्तु कवि ने इन दो के अतिरिक्त स्मृति को भी प्रमाण मान लिया है।[२७]

महाकवि ज्ञानसागर ने अन्त्यानुप्रास शैली में साहित्य के माध्यम से अपने दार्शनिक विचार इस प्रकार प्रस्तुत किये हैं कि पाठक को नीरसता का अनुभव नहीं होता है।[२८]

सन्दर्भ

१. श्रीमन्माधवाचार्य; सर्वदर्शनसंग्रह, आर्हत-दर्शन, पृ० सं० १६९-१७६
२. वीरोदय, १६/१-३
३. वही, ९/४-१७
४. क. समुत्पादव्ययध्रौव्यलक्षण क्षीणकल्मषाः।
गुणपर्ययवद्द्रव्यं वदन्ति जिनपुंगवाः।। –जैन धर्मामृत, ८/४
ख. ध्रुवांशमाख्यान्ति गुणेन नाम्ना पर्येति याऽन्यद्द्वितयोक्तधामा।
द्रव्यं तदेतद् गुणपर्ययाभ्यां यद्वाऽत्र सामान्यविशेषताभ्याम्।। –वीरोदय, १९/१८
५. क. श्रावकाचारांग्रह (भाग-१) यशस्तिलकचम्पू उपासकाध्ययन, १०८-११०
ख. वही, अमितगति श्रावकाचार, ३/१-३३
ग. वही (भाग-२) प्रश्नोत्तर श्रावकाचार, २/१६-३०
घ. जैन-धर्मामृत, ८/१-२४
ङ. नेमिचन्द्रमुनि, द्रव्यसंग्रह, १/१२, २/१५, १७-१९, २१
च. वीरोदय, १९/२४-३८
६. स्वाध्यायः शोधनं चैव वैयावृत्त्यं तथैव च।
व्युत्सर्गो विनयश्चैव ध्यानमाभ्यन्तरं तपः।।
आर्तं रौद्रं च धर्मं च शुक्लं चेति चतुर्विधम्।
ध्यानमुक्तं परं तत्र तपोऽगमुभयं भवेत्।। –जैनधर्मामृत, १२/१४, २२
७. श्री समुद्रदत्तचरित्र, ८/३४-४०
८. ज्ञानदर्शनयो रोधौ वेद्यं मोहायुषी तथा।
नामगोत्रान्तरायौ च मूलप्रकृतयाः स्मृताः।। –जैनधर्मामृत, १०/१२
९. श्री समुद्रदत्तचरित्र, ८/८-१०
१०. वही, ८/११-१८
११. सुदर्शनोदय, ९/८४-८६
१२. मिथ्यादृक् सासनो मिश्रोऽसंयतो देशसंयतः।
प्रमत्त इतरोऽपूर्वानिवृत्तिकरणौ तथा।।
सूक्ष्मोपशान्तसंक्षीणकथाया योग्ययोगिनौ।
गणस्थानविकल्पाः स्युरिति सर्वे चतुर्दशः।।
–जैनधर्मामृत, ६/१-२ एवं इनके पूर्व की प्रस्तावना

१३. वीरोदय, १२/३८

१४. अपूर्वकरणो येषां भिन्नं क्षणमुपेयुषाम्।
अभिन्नं सदृशोऽन्यो वा तेऽपूर्वकरणाः स्मृताः।।
क्षपयन्ति न ते कर्म शमयन्ति न किंचन।
केवलं मोहनीयस्य शमन-क्षपणे रताः।। —जैन धर्मामृत, ११/३

१५. सुदर्शनोदय, ९/७२

१६. क. योगानां निग्रहः सम्यग्गुप्तिरित्यभिधीयते।
मनोगुप्तिर्वचोगुप्तिः कायगुप्तिश्च सा त्रिधा।। —जैन धर्मामृत, ११/३

ख. मनोवचः कायविनिग्रहो हि स्यात्सर्वतोऽमुष्य यतोऽस्त्यमोहौ।
तेषां प्रयोगस्तु परोपकारे स चापवादो मदमत्सरारे:।। —वीरोदय, १८/२७

ग. असमानगुणोऽन्येषां समितिष्वपि तत्परः।
गुप्तिमेषोऽनुजग्राहागुप्तरूपधरोऽपि सन्।। —श्रीसमुद्रदत्तचरित्र, ९/२१

घ. अवसरमुपेत्य वचोगुप्तिमतीत्य भाषासमितिमवलम्बितवान्।
—दयोदयचम्पू, लम्ब ७ श्लोक २८ के पूर्व का गद्यांश।

१७. ईर्याभाषैषणादाननिक्षेपोत्सर्गमेदतः।
तन्निमित्तास्त्रवभावात्सद्यो भवति संवरः।। —जैनधर्मामृत, ११/५

१९. वीरोदय, १८/२७

२०. क. जैनधर्मामृत, ५/८-१३
ख. वीरोदय, १८/२५-२८

२१. श्रीसमुद्रदत्तचरित्र, ८/२१-२४

२२. वही, ८/२५-२९

२३. सुदर्शनोदय, ४/१२

२४. वीरोदय, २०/२-५

२५. दयोदयचम्पू, ७/३५-३७

२६. माधवाचार्य, सर्वदर्शनसंग्रहः, पूर्वपीठिका, पृ०सं० २८

२७. वीरोदय, २०/३६-२१

* यह शोधलेख दि इण्डियन फिलोसोफिकल कांग्रेस ७०वाँ सेशन गुरुकुल कांगड़ी विश्वविद्यालय, हरिद्वार १९९५ में स्वीकृत है एवं तत्सम्बन्धित बुलेटिन में इसका सारांश प्रकाशित है।

जयोदय में शान्तरस

शान्तरस का स्वरूप–

भारतीय काव्यशास्त्रियों की शान्तरस के विषय में अवधारणा है कि सत्त्वगुणसम्पन्न पुरुष के हृदय में स्थित शम नामक स्थायी भाव ही आस्वादन योग्य होकर शान्त रस की पदवी पाता है। इसका रंग कुन्दपुष्प के समान श्वेत है, अथवा चन्द्रमा के समान है, जो सात्त्विकता का द्योतक है। पुरुषों को मोक्ष रूप पुरुषार्थ की प्राप्ति कराने वाले भगवान् नारायण ही इस रस के देवता हैं। संसार की निःसारता, दुःखमयता और तत्त्वज्ञानादि इसके आलम्बन विभाव हैं। महर्षियों के आश्रम, भगवान् के क्रीडाक्षेत्र, तीर्थस्थान, तपोवन, सत्संग आदि इसके उद्दीपन विभाव हैं। यम-नियम, यतिवेष का धारण करना, रोमांच इत्यादि इसके अनुभाव हैं। निर्वेद, स्मृति, धृति, स्तम्भ, जीवदया, मति, हर्ष इत्यादि इसके व्यभिचारी भाव हैं। इस रस का प्रादुर्भाव होने पर व्यक्ति में ईर्ष्या, द्वेष, ममत्व इत्यादि भावों का सर्वथा अभाव हो जाता है। वह सुख-दुःख से रहित एक विलक्षण ही आनन्द की प्राप्ति करता है। इसके अतिरिक्त श्रृंगारादि सांसारिक रस हैं, उनमें हमें धर्म, अर्थ, काम–इन तीन पुरुषार्थों की झलक देखने को मिलती है, किन्तु अलौकिक आनन्द की अनुभूति कराने वाले शान्त रस में हम सर्वश्रेष्ठ पुरुषार्थ-मोक्ष की झलक देखते हैं।श्रृंगार को यदि 'रसराज' की पदवी दी गई है, तो इसे 'रसाधिराज' मानना चाहिए क्योंकि इसके प्रादुर्भाव के समय अन्य सभी रसों की सत्ता इसी में विलीन हो जाती है।[१]

जयोदय में वर्णित शान्त रस–

साहित्यशास्त्रियों के अनुसार किसी भी महाकाव्य में श्रृंगार, वीर या शान्त रस प्रधान रूप में और शेष अप्रधान रूप में वर्णित किये जाते हैं।[२] इस दृष्टि से जयोदय महाकाव्य का आद्योपान्त अनुशीलन करने से यह स्पष्ट हो जाता है कि इस महाकाव्य का अन्तिम भाग तो शान्त रस से सराबोर है ही किन्तु इस रस की अनुभूति पाठक ग्रन्थ के प्रारम्भ में भी थोड़ी बहुत कर सकता है। कवि ने इस काव्य के २५ से २८ सर्ग तक शान्त रस के अतिरिक्त किसी अन्य रस का प्रवेश भी नहीं होने दिया है। अन्य स्थलों पर भी ऐसा लगता है कि श्रृंगारादि रस शान्त रस की चाकरी कर रहे हों और उनके माध्यम से सहृदय पाठक शान्तरस तक पहुँचा हो तथा उनकी शान्तरस से गुप्तमन्त्रणा चल रही हो।

महाकवि के द्वारा प्रस्तुत काव्य का मंगलाचरण ही भक्तिभावानुप्राणित शान्तरस सम्पन्न है–

"श्रियाश्रितं सन्मतिमात्मयुक्त्याऽखिलज्ञमीशानमपीतिमुक्त्या।
तनोमि नत्वा जिनपं सुभक्त्या जयोदयं स्वाभ्युदयाय शक्त्या॥ –जयोदय, १/१

काव्य के नायक जयकुमार इस रस के आश्रय हैं। संसार की निःसारता, परिवर्तनशीलता

आदि आलम्बनविभाव हैं। आदि तीर्थंकर भगवान् ऋषभदेव का उपदेश उद्दीपनविभाव है। वनगमन, रोमांच, यतिवेश धारण करना, दैगम्बरी दीक्षा लेना इत्यादि अनुभाव हैं। हर्ष, स्मृति, दैन्य, मति, तर्क इत्यादि व्यभिचारी भाव हैं।

प्रथम सर्ग में वर्णित मुनिराज भी शान्तरस के आलम्बनविभाव के रूप में दृष्टिगोचर होते हैं–

भुवि महागुणमार्गणशालिना सुविधधर्मधरेण च साधुना।
अभयमङ्गिजनाय नियच्छता यद्यपि मोक्षपरस्वतयास्थितम्॥ –जयोदय, १/९८

धन्याः परिग्रहाद्यूयं विरक्ताः परितो ग्रहात्।
नित्यमत्रावसीदन्ति मादृशाः अबलाकुलाः॥
क्षतकाम महादान नय दासं सदायकम्।
सत्यधर्ममयाऽवामवक्षमाक्ष क्षमाक्षक॥ –जयोदय, १/१०७-१०८

मुनिराज के दर्शन से ही काव्यनायक जयकुमार को सारा संसार तुच्छ प्रतीत होता है–

"क्लेशोत्पत्तितादात्म्य मितोऽहं तव दर्शनात्।
आगस्त्यक्तोऽस्मि संसारसागरश्चुलुकायते॥ –जयोदय, १/१०३

शान्तरस का बीज काव्य का वह स्थल है, जहाँ जयकुमार और सुलोचना को अपने पूर्वजन्मों का स्मरण हो जाता है। यह बीज उस समय अंकुर का रूप धारण कर लेता है, जब तीर्थयात्रा के अवसर पर रविप्रभदेव जयकुमार के सदाचरण की परीक्षा लेता है। इसके बाद तो जयकुमार के हृदय में विद्यमान 'शम' नामक शान्त रस का स्थायीभाव पूर्णरूपेण जाग उठता है। जयकुमार अपने पुत्र का राज्याभिषेक कर देते हैं और तत्पश्चात् वन की ओर चल देते हैं। वह भगवान् ऋषभदेव की शरण में जाते हैं। भगवान् उन्हें उपदेश देते हैं। फलस्वरूप वह सम्पूर्ण सांसारिक पदार्थों को छोड़कर दिगम्बर मुनि बन जाते हैं। कठोर तपस्या के पश्चात् सिद्धि को प्राप्त कर लेते हैं। यहाँ पर शान्त रस वाचामगोचर दशा को प्राप्त कर लेता है।[3]

इस महाकाव्य में प्रस्तुत शान्तरस की अभिव्यंजना कराने वाले कुछ उद्धरण प्रस्तुत हैं–

क. विरक्त जयकुमार के मनोभावों का वर्णन देखिए–

"बहु सुमत्यवरोधिविधेः क्षयप्रशमतः शमतः स्विदयं जनः।
झगिति निर्विविदेऽथ भवच्छिदे क्वचिदचित्तरुचिर्निजसम्विदे॥
अनुभवानिलजालसमीरिते हृदयसारगभीरसरस्वति।
जनिमवापमवापदुदीरिणः स्फुटविचार तरङ्गततिः सती॥
क्षणरुचिः कमला प्रतिदिङ्मुखं सुरधनुश्चलमेन्द्रियकं सुखम्।
विभव एष सुषुप्तिविकल्पवदहह दृश्यमदोऽखिलध्रुवम्॥
युवतयो मृगमंजुललोचनाः कृतरवा द्विरदा मदरोचनाः।
लहरिवत्तरलास्तुरगा दले क्षणत एव न किन्तु चलाचले॥
–जयोदय, २५/१-४

अर्थात् सन्मति रूप ज्ञान को बढ़ाने वाले सांसारिक कर्म को नष्ट करने तथा शम भाव से

सांसारिकता का उच्छेद करने के लिए, आत्मज्ञान प्राप्ति के लिए, संसार के प्रति अरुचिकर अनुभव करने वाले जयकुमार शीघ्र ही विरक्त हो गए। उस समय सांसारिक आपत्तियों को दूर करने वाले जयकुमार के अनुभवरूपी वायुसमूह से प्रेरित हृदय रूपी गहन समुद्र में स्पष्ट विचार रूपी लहरों की पंक्तियों ने जन्म लिया। धन सम्पत्ति प्रत्येक दिशा में चमकने वाली क्षणिक कान्ति वाली बिजली के समान है; इन्द्रियजन्य सुख इन्द्रधनुष के समान चंचल है; तथा यह सम्पूर्ण विभव स्वप्न के समान (असत्य) है। खेद है कि दृग्गोचर होने वाले समस्त पदार्थ अनित्य हैं; सेना में विद्यमान मृगों के सुन्दर नेत्रों के समान नेत्रों वाली युवतियाँ हैं, लहरों के समान चंचल घोड़े हैं; किन्तु ये सभी पदार्थ संसार में क्षणभर में नष्ट हो जाने वाले हैं।

ख. संसार के प्रति विरक्त जयकुमार अपने पुत्र अनन्तवीर्य का राज्याभिषेक करके मोक्ष प्राप्ति की इच्छा से वन की ओर चल पड़े। वन में समवशरण मण्डप में पहुँच कर मोक्ष हेतु जयकुमार ने ऋषभदेव से प्रार्थना की। जयकुमार की प्रार्थना के कुछ पद्य इस प्रकार हैं—

हे देवदोषावरणप्रहीण! त्वामाश्रयेद् भक्तिवशः प्रवीणः।
नमामि तत्त्वाधिगमार्थमारान्न मामितः पश्यतु मारधारा॥

जयोदय, २६/७२

विरागमेकान्ततया प्रतीमः सिद्धौ रतः किन्तु भवान् सुषीम।
विश्वस्य संजीवनमात्मनीनं स्याद्वादमुज्झेत् किमहो अहीन॥

जयोदय २६/७५

अहन्तयास्मिन् वपुषीतियुक्तस्तथा ममत्वाद्विषयेषु रुक्तः।
प्रदोषतोऽस्मात् समुपैति खेदमिहायमस्यास्ति न चात्मवेदः॥

वही, २६/९६

निर्विण्णस्य जयस्य संसृतिपथात् सिद्धिं समिच्छोः पुनः
गम्भीरां समवाप्य सम्मतिमतः पृच्छां स साक्षात्कविः।
मर्मस्पर्शतया प्रबन्धति सतां यं कंचिदीशो विधिं
धिष्ण्योत्तानितसंगतैः स्म महितो नर्मण्यविघ्नो निधिः॥

वही, २६/१०४

अर्थात् राग द्वेष एवं ज्ञानावरण-दर्शनावरण रूप कर्मों से रहित हे देव! भक्ति के वशीभूत होकर बुद्धिमान् व्यक्ति आपका आश्रय लेते हैं। अतएव तत्त्वज्ञान की प्राप्ति के लिए मैं आपको प्रणाम करता हूँ (अर्थात् आपसे निवेदन करता हूँ) कि अब कामदेव के वाणों का समूह मुझ पर न पड़े। हे शोभायमान सर्वांगसम्पन्न! हम सब भक्तगण तो आपको सर्वथा रागहीन समझते हैं किन्तु आप तो सिद्धि (मोक्ष की सिद्धि) में लगे हुए हैं अतएव आपको रागहीन कैसे माना जाय? आप क्या सारे संसार के लिए जीवनी शक्तिस्वरूप अपने स्याद्वाद सिद्धान्त का त्याग कर सकते हैं? कदापि नहीं कर सकते। संसार में रहने वाले व्यक्ति तो यह शरीर मेरा है, तथा ये इन्द्रिय के विषय मेरे हैं—इस प्रकार अहंकार और ममता से युक्त हैं। फलस्वरूप अहंकार और ममत्वरूप अपराध को करने के कारण ही संसार में दुःख का अनुभव करते हैं और आत्मज्ञान प्राप्त नहीं कर पाते।

सांसारिक मार्ग से विरक्त मोक्ष की इच्छा करने वाले बुद्धिमान् जयकुमार के गम्भीर प्रश्नों को सुनकर साक्षात्कवि के समान सज्जनों के पूज्य, परिहास करने में कुशल आदि जिनेन्द्र भगवान् ऋषभदेव ने सत्पुरुषों के मर्म का स्पर्श करने वाली वाणी में जो कुछ कहा, वह प्रबन्धकाव्य के समान है।

ग. भगवान् ऋषभदेव के उपदेश को जयकुमार ने बड़ी श्रद्धा से ग्रहण किया–

"धर्मस्वरूपमिति सैष निशम्य सम्यङ्
नर्मप्रसाधनकरं करणं नियम्य।
कर्मप्रणाशकरशासनकृद्धुरीणं
शमैकसाधनतयाऽर्थितवान् प्रवीणः॥
जगमुर्निर्वृतिसत्सुखं समधिकं निर्देशतातीतियं
यस्मादुत्तमधर्मतः सुमनसस्ते शश्वदुद्भासितम्।
कुज्ञानातिगमन्तिमं स मनसा तेनार्जितः सिद्धये
येनासौ जनिरायतिः सकुशला पंचायतच्छित्तये॥

जयोदय, २७/६५-६६

घ. ऋषभदेव से धर्मस्वरूप सुनकर जयकुमार तपस्वी हो जाते हैं और अपने वस्त्र इत्यादि परिग्रह का परित्याग कर देते हैं। पुनः निवृत्ति के मार्ग पर अग्रसर हो जाते हैं–

"सदाचारविहीनोऽपि सदाचारपरायणः।
स राजापि तपस्वी सन् समक्षोऽप्यक्षरोधकः॥
हैरयैवैरयाव्याप्तं भोगिनामधिनायकः।
अहीनः सर्ववत्तावत्कंचुकं परिमुक्तवान्॥
पंचमुष्टिस्फुरद्दृष्टि प्रवृत्तोऽखिलसंयमे।
उच्चखान महाभागो वृजिनान्वृजिनोपमान्॥
कृताभिसन्धिरभ्यंगनीरागमहितोदयः।
मुक्ताहारतया रेजे मुक्तिकान्ताकरग्रहे॥
प्रायश्चितं चकारैष विनयेन समन्वितम्।
स्वाध्यायसहितं धीरः परिणामानुयोगवान्॥
मारवाराभ्यतीतस्सन्नथो नोदलतां श्रितः।
निवृत्तिपथनिष्ठोऽतिवृत्तिसंख्यानवानभृत्॥

जयोदय, २८/५-११

अर्थात् वह राजा जयकुमार सदा ध्यान, स्वाध्याय आदि उचित आचरण में संलग्न, सदाचार परायण, सुन्दर, तपस्वी, पवित्रात्मा से युक्त एवं इन्द्रियों को नियन्त्रण में रखने वाले थे। फणधारी सर्पों के नायक के समान सुख सम्पत्ति से युक्त मनुष्यों के नायक थे। श्रेष्ठ सर्प के केंचुल के समान अंगरखे (राजसी वस्त्रों) को छोड़ने वाले थे। महाभाग्यशाली, सम्पूर्णरूपेण संयम को धारण करने वाले, पाप के समान काले केशों को पाँच बार में जयकुमार ने उखाड़ दिया। मुक्तिरूपी कान्ता

से विवाह के शुभ अवसर पर शरीर के प्रति वीतराग व्यक्तियों से सुपूजित, आहार का परित्याग करने वाले जयकुमार वैसे ही सुशोभित हुए, जैसे विवाह के अवसर पर वर उबटन एवं जल से सुशोभित एवं मोतियों के हार से सुशोभित होता है। आन्तरिक भावों की प्रेरणा से युक्त धैर्यवान् जयकुमार प्रायश्चित्त एवं विनयसहित स्वाध्याय किया करते थे। लौकिक उपायों से प्राप्त न किये जा सकने वाले, अलौकिक व्यक्तियों द्वारा प्राप्त करने योग्य ऋषियों के समूह को प्राप्त करने के लिए जयकुमार ने उपवास किया। काम के आक्रमण से रहित और अल्प भोजन पर ही आश्रित रहने वाले, मोक्षमार्ग में स्थित होते हुए भी वृत्तिसंख्यान नामक तप से वे युक्त थे।

ङ. तपस्या को अंगीकार कर लेने पर जयकुमार में क्षमाशीलता, मृदुता, सरलता, पवित्रता, निर्भीकता, तेजस्विता, त्याग, वैराग्य, तत्त्वज्ञान के प्रति रूचि इत्यादि गुण वृद्धि को प्राप्त हो जाते हैं–

क्षमाशीलोऽपि सन् कोपकरणैकपरायणः।
बभूव मार्दवोपेतोऽप्यतीव दृढधारणः॥
अप्यार्जवश्रिया नित्यं समुत्सवक्रमङ्गतः।
पावनप्रक्रियोऽप्यासीत्तदा शौचपरायणः॥
श्यामतां नान्वगाच्चित्ते सत्यानुगतवृत्तिमान्।
यमादभीत एवासीत्संयमप्रभयान्वितः॥
असन्तप्तान्तरङ्गोऽपि तपसि प्रणिधिं गतः।
न त्यागमहितोऽप्यासीत्त्यक्ताशेषपरिग्रहः॥
संगीतगुणसंस्थोऽपि सन्नकिञ्चन रागवान्।
वर्णनातीतमाहात्म्यो वर्णितोचितसंस्थितिः॥
श्रीयुक्तदशधर्मोऽपि नवनीताधिकारवान्।
तत्त्वस्थितिप्रकाशाय स्वात्मनैकायितोऽप्यभूत्॥

जयोदय, २८/३५-४०

अर्थात् वह राजा क्षमाशील थे; आत्मा का उपकार करने वाले संयम नियम आदि का सेवन करते थे; मृदुता सम्पन्न थे और दृढ़ धारणा शक्ति से युक्त थे; सरलता की शोभा से सम्पन्न थे; महोत्सवों के क्रम को प्राप्त थे; वायु के समान विचारशील थे; और शुचिता नामक गुण से युक्त थे; मन में मलिनता से रहित थे; सत्यव्रत के पालक थे; यमराज से उत्पन्न होने वाले भय से रहित थे; संयम की कान्ति से युक्त थे; सन्ताप रहित अन्तःकरण से युक्त थे; तपश्चर्या में संलग्न रहते थे; गायन करने योग्य गुणों से युक्त थे; अपरिग्रह धर्म के प्रति रागयुक्त थे; वर्णनातीत माहात्म्य से युक्त थे; और ब्रह्मचर्य से युक्त उचित स्थिति से युक्त थे; सुशोभित होने वाले क्षमा, इन्द्रियदमन आदि दश धर्मों को धारण करने वाले थे; मक्खन के समान सुकोमल थे; सांसारिकता को तुच्छ सिद्ध करने वाली वास्तविक स्थिति को समझने के लिए ही वह आत्मा के साथ एकीकृत हो गये थे।

महाकवि ज्ञानसागर प्रणीत जयोदय महाकाव्य में प्रस्तुत शान्त रस का शास्त्रीय, आध्यात्मिक, सांस्कृतिक सभी दृष्टियों से परिशीलन करने पर हम कह सकते हैं कि जयोदय महाकाव्य में शान्त रस प्रधान रूप में आया है और श्रृंगार, वीर, हास्य आदि अंग रसों से पुष्ट हुआ है, उत्प्रेक्षा,

विरोधाभास आदि अलंकारों से उपकृत हुआ है तथा अपरिग्रह नामक महाव्रत का उद्घोषक है। भारतवर्ष के विचारकों ने जीवन के चार पुरुषार्थ माने हैं–धर्म, अर्थ, काम एवं मोक्ष। धर्म, अर्थ तथा काम प्रवृत्ति मूलक पुरुषार्थ हैं और मोक्ष निवृत्तिमूलक। मानव जीवन का प्रमुख लक्ष्य है–मोक्ष। अतएव धर्मशास्त्रियों की मान्यता है कि धर्म, अर्थ एवं काम के सेवन के पश्चात् व्यक्ति को मोक्षोन्मुख होना ही चाहिए। वस्तुतः पुरुषार्थचतुष्टय का सिद्धान्त सृष्टिचक्र को सुचारु रूप से संचालित करने में सहायक है। क्योंकि जीवन की चतुर्थ स्थिति में व्यक्ति संन्यस्त होता है, तभी वह अपने पुत्रादि को भोगमूलक पुरुषार्थों के सेवन का उत्तरदायित्त्व दे पाता है। मोक्ष पुरुषार्थ ही हमारे साहित्यशास्त्रीय ग्रन्थों में एवं साहित्यिक कृतियों में शान्त रस के रूप में आया है। प्रायः यह रस किसी ऋषि-मुनि के प्रति भक्ति भावना के रूप में प्रकट होता है और बाद में उसी विशिष्ट मुनि के सदुपदेश से शान्त रस के रूप में परिणत हो जाता है। इस रस की चर्वणा मुख्य रूप से जैन धर्म दर्शनपरक साहित्यिक कृतियों में हुई है। महाकवि ज्ञानसागर द्वारा प्रणीत जयोदय महाकाव्य भी शान्तरस के माध्यम से मोक्ष पुरुषार्थ की महत्ता को अभिव्यक्ति प्रदान करने में सफल एक श्रेष्ठ महाकाव्य है।*

सन्दर्भ

१. (क) भरतमुनिकृत नाट्यशास्त्र, ६/८३वीं कारिका के बाद का गद्यभाग और ८४-८७
(ख) विश्वनाथ कृत साहित्यदर्पण, ३/२८५ का उ०-२४९ के पूर्वार्ध तक।

२. शृंगारवीरशान्तानामेकोऽंगी रस इष्यते।
अङ्गानि सर्वेऽपि रसाः सर्वे नाटकसन्धयः।।

–साहित्यदर्पण ६/३१७

३. जयोदय, २४/१०१-१४४, २५वाँ सर्ग, २६/४१-१०४, २७ एवं २८/१-६९

* यह शोधलेख जयोदय महाकाव्य राष्ट्रीय विद्वत् संगोष्ठी, मदनगंज, किशनगढ़ में स्वीकृत एवं तत्सम्बन्धित ग्रन्थ 'जयोदय महाकाव्य परिशीलन में प्रकाशित है।

चाणक्य का राजनैतिक परिवेश

राजनीति के सुविख्यात ग्रन्थ रत्न 'कौटिलीय अर्थशास्त्र' के प्रणेता आचार्य चाणक्य से आज के राजनीतिशास्त्री, इतिहासकार, साहित्यकार एवं मनीषी, बुद्धिजीवी प्राय: परिचित हैं। यह वही महापुरुष हैं जिनसे सहयोग पाकर चन्द्रगुप्त मौर्य ने मौर्य साम्राज्य की संस्थापना की थी। हमारे इतिहाकारों ने चन्द्रगुप्त मौर्य के शासन का समय ई०पू० ३२४ से ई० पू० ३०० बताया है। तदनुसार आचार्य चाणक्य का स्थितिकाल निर्विवाद रूप से ई०पू० चतुर्थ शताब्दी मानना चाहिए।[१]

आचार्य चाणक्य का जन्म गान्धार जनपद के तक्षशिला नामक नगर में हुआ था।[२] जो उस समय का सुविख्यात शिक्षाकेन्द्र था। चाणक्य ने इसी नगर में शिक्षा प्राप्त करके अध्यापन का कार्य प्रारम्भ कर दिया था। उनके विश्वविद्यालय में दूर-दूर से ब्राह्मणकुमार और राजकुमार शिक्षा ग्रहण करने आते थे।[३]

आचार्य चाणक्य जो विष्णुगुप्त और कौटिल्य के नामों से भी जाने जाते हैं, का पहले तो राजनीति से सीधा (व्यावहारिक) सम्बन्ध न था, (यद्यपि अपने शिक्षण संस्थान में वह इस विषय की शिक्षा दिया करते थे)। किन्तु अपनी तेजस्विता और चतुरता के कारण विशेष परिस्थितिवश उन्हें राजनीति में सक्रिय प्रवेश करना पड़ा। उनका यह प्रवेश उस समय भारत के लिए बड़ा महत्त्वपूर्ण रहा। क्योंकि इसी प्रवेश के कारण मौर्य साम्राज्य की संस्थापना हुई; विभिन्न राज्यों के शासकों की देश-हित की घातक आपसी फूट समाप्त हुई; आक्रान्ता यवनों का देश से बहिर्गमन हुआ; और ब्राह्मण (भारतीय) धर्म सुरक्षित हुआ।

जिस विशेष परिस्थिति के कारण उनका राजनीति में प्रवेश हुआ, वह थी मगध के राजा महापद्मनन्द द्वारा उनका अपमान। महापद्मनन्द के शासन काल में ब्राह्मणों की स्थिति बड़ी शोचनीय थी; प्रजा भी उसके अत्याचार से दु:खी थी। यहाँ तक कि उसने कुछ ब्राह्मण मन्त्रियों को कारागार में बन्द भी कर दिया था।[४] इस बात से क्षुब्ध होकर कुछ ब्राह्मणों ने नन्दवंश के विनाश के विषय में सोचा। अपनी योजना के कार्यान्वयन के लिए उत्सुक इन ब्राह्मणों की भेंट सौभाग्यवश प्रखर व्यक्तित्व वाले आचार्य चाणक्य से हुई, जो अपने पैरों को क्षत-विक्षत करने वाले कुशों को नष्ट करने के लिए उनकी जड़ों पर मट्ठा डाल रहे थे।[५]

ब्राह्मणों ने जब चाणक्य से वार्त्तालाप किया तो उनकी समझ में आ गया कि यह तेजस्वी ब्राह्मण नन्दवंश का विनाश अवश्य ही कर सकता है। अत: उचित अवसर समझकर उन्होंने मगध की राजधानी पाटलिपुत्र में सम्पन्न की जाने वाली ब्राह्मण सभा के अध्यक्ष के रूप में चाणक्य को आमन्त्रित कर दिया। पाटलिपुत्र पहुँचकर चाणक्य अपने लिए निर्दिष्ट उच्च स्वर्णसिंहासन पर बैठे। सम्राट् महापद्मनन्द के आगमन पर चाणक्य के अतिरिक्त अन्य सभी ने उठकर सम्राट् का स्वागत किया। सभा में सम्राट् का सिंहासन भी चाणक्य के अध्यक्षीय आसन से नीचा था। चाणक्य के इस

उत्कर्ष को सहन करने में असमर्थ सम्राट् ने क्रुद्ध होकर आचार्य चाणक्य से बहुत से अपशब्द कहे और उन्हें उनकी चोटी पकड़कर सिंहासन से नीचे उतार दिया। तुरन्त ही सम्राट् के हाथ से अपनी चोटी छुड़ाकर, चाणक्य ने उसे खोलते हुए सबके सामने प्रतिज्ञा की कि नन्दवंश का विनाश करके ही इस चोटी को बाँधूंगा।[६]

अब इस कार्य को सम्पन्न करने के लिए चाणक्य को एक योग्य सहायक जो वीर एवं राजगुणसम्पन्न भी हो, की अपेक्षा हुई। सौभाग्य से चन्द्रगुप्त नामक एक राजकुमार उन्हें मिल भी गया, जिसके विषय में, कुछ इतिहासकारों का मत है कि वह महापद्मनन्द की मुरा नामक दासी से उत्पन्न उसका पुत्र था।[७] कुछ इतिहासकारों का मत है कि वह महापद्मनन्द के सेनापति का पुत्र था।[८] कुछ इतिहासकारों का कहना है कि उसका लालन-पालन मोर पालने वालों के बीच हुआ था; और इसी कारण उसे 'मौर्य' कहा जाता है।[९] कुछ इतिहासकार ऐसे भी हैं जो उसे क्षत्रिय मानते हुए कहते हैं कि वह पिप्पलीवन में शासन करने वाले मौर्यगणों का राजकुमार था।[१०]

अस्तु, यहाँ उसके जन्म की कहानी से ज्यादा महत्त्व, उसके और चाणक्य के सम्मिलन का है। इतिहासकार इस विषय में भी एकमत नहीं है। कुछ इतिहासकारों के अनुसार, बालकों के बीच में राजा का अभिनय करते हुए चन्द्रगुप्त ने चाणक्य को प्रभावित किया था और तब से ही चाणक्य ने उसे अपने साथ ले लिया था।[११] कुछ इतिहासकारों का कहना है कि महापद्मनन्द ने अपने सेनापति को मरवा दिया था और उसका पुत्र चन्द्रगुप्त (जो मगध का सेनापति ही बन गया था), राजा से अपमानित होकर चाणक्य के पास उसके आश्रम में पहुँच गया।[१२] किन्तु इतिहासकार इस विषय में एकमत हैं कि चाणक्य और चन्द्रगुप्त में गुरु-शिष्य का सम्बन्ध था और इन दोनों का संयोग बुद्धि-शक्ति के संयोग जैसा ही था। क्योंकि चाणक्य अपनी कूटनीति से नन्दवंश का विनाश करना चाहता था और चन्द्रगुप्त भुजबल से। उस समय चाणक्य का मनोबल इस बात से और भी अवश्य बढ़ गया होगा कि उसी की भाँति उसके शिष्य चन्द्रगुप्त का लक्ष्य भी अत्याचारी, अशिष्ट और ब्राह्मणविरोधी महापद्मनन्द तथा उसके वंश का विनाश करना है। इस प्रकार चाणक्य और चन्द्रगुप्त का यह सम्मिलन, जिसने इन दोनों को एक-दूसरे की कार्यसिद्धि में सम्पूरक बना दिया, भारत के राजनैतिक इतिहास की अति महत्त्वपूर्ण घटना है।[१३]

यह तो हुई चाणक्य की मानसिक परिस्थिति की बात। अब देखना यह है कि जिस समय चाणक्य का आविर्भाव देश के राजनैतिक इतिहास में हुआ, उस समय हमारा भारतदेश किन-किन परिस्थितियों से गुजर रहा था?

चाणक्य और चन्द्रगुप्त के उपर्युक्त निर्णय लेने के समय में, जैसा कि पहले भी कहा जा चुका है, मगध जो भारत का सर्वाधिक शक्तिशाली राज्य था, में महापद्मनन्द अपने आठ पुत्रों सहित राज्य कर रहा था। महापद्मनन्द शैशुनाग वंश के अन्तिम राजा महानन्दी की शूद्रा पत्नी से उत्पन्न हुआ था। उसने महानन्दी और उसके अन्य पुत्रों की नृशंस हत्या करके मगध का सिंहासन हस्तगत किया था।[१४] वह बड़ा वीर और विशाल सेना वाला था। उसने क्रमशः इक्ष्वाकु, पांचाल, हैहय, कलिंग, अश्मक, कुरु और शूरसेन नामक राज्यों को अपने राज्य में सम्मिलित कर लिया था। किन्तु वह और उसके पुत्र कुसंस्कारवशात् अधार्मिक, ब्राह्मणद्रोही और अत्याचारी थे।[१५]

इसके अतिरिक्त देश के अन्य अंग, काशी, कौशल, चेदि, वत्स, मत्स्य, शूरसेन, अश्मक, अवन्ती, केकय, गान्धार, काम्बोज आदि जनपदों में राज्यतन्त्र, कुरु, पाञ्चाल, आग्रेय, कठ, कोन्तेय, पिप्पलीवन, ग्लूचुकायन, मिथिला, नीसा, गोर, अग्निसार, अद्रिज, सौभूति, गगल, शिवि आदि राज्यों में गणतन्त्र था एवं मालव और क्षुद्रक गणराज्यों में संघीय शासन भी विद्यमान था।[१६] किन्तु ये जनपद मगध के समान शक्तिशाली नहीं थे। इनमें शासन करने वाले राजा आपस में ही युद्ध करके देश का अहित कर रहे थे। इनमें से तत्कालीन इतिहास को प्रभावित करने वाले प्रमुख राजा और उनके अधीनस्थ राज्य इस प्रकार हैं–

(क) राजा पोरस के अधीन केकय देश था।[१७]

(ख) गान्धार देश के पूर्वीय भाग पर आम्भि का राज्य था। इसकी राजधानी तक्षशिला थी।[१८]

(ग) गान्धार देश के पश्चिमी भाग में राजा हस्ती राज्य करते थे। इनकी राजधानी पुष्कलावती नगरी थी।[१९]

(घ) हिन्दुकुश के उत्तर में शशिगुप्त नामक राजा का राज्य था।[२०] और

(ङ) वाहीक देश पर राजा पर्वतक अपने पुत्र मलयकेतु के साथ राज्य करते थे।[२१]

उन दिनों केकयनरेश पोरस ने एक बार पूर्वी गान्धार के राजा आम्भि को पराजित किया था। किन्तु उसका राज्य फिर से उसको ही वापिस कर दिया था। आम्भि को इस अपमान जन्य पराजय से बड़ी ठेस पहुँची; वह उस समय की प्रतीक्षा करने लगा, जब वह पोरस को नीचा दिखा पाता।[२२]

भारत के पश्चिमोत्तर भाग में स्थित गान्धार, काम्बोज, पश्चिमी पंजाब, हिन्दूकुश का उत्तरी प्रदेश आदि राज्यों पर से ईरान के राजा दारा के आक्रमण का प्रभाव भी नहीं मिटा था कि मकदूनिया के यूनानी युवराज सिकन्दर ने राज्यारोहण के पश्चात् दिग्विजय की इच्छा से पहले तो ईरान के राजा को पराजित किया और फिर भारतवर्ष पर आक्रमण की योजना बनाई।[२३] इधर आपसी वैमनस्य के कारण इन राज्यों के राजा जब अपने-आपको एक-दूसरे पर विजय-प्राप्ति के अयोग्य समझने लगे, तब उन्होंने देश के मान-अभिमान को तिलाञ्जलि देकर और भारत की भावी दुर्दशा पर ध्यान दिये विना ही सिकन्दर के आक्रमणात्मक आगमन का समाचार सुनकर उसके पास अपने देशवासी किन्तु शत्रु बना लिये गये राजाओं के राज्य पर आक्रमण करने का आमन्त्रण दे दिया। पूर्वी गान्धार देश के शासक आम्भि, जो केकय नरेश पोरस से पहले ही जला-भुना बैठा था, ने अपने अपमान का बदला लेने के लिए सिकन्दर को पोरस के ऊपर आक्रमण करने का पैगाम भेजा और स्वयं भी इस कार्य में उसका सहयोग करने का वचन दिया।[२४]

यह पश्चिमोत्तर भारत के लिए बड़े दुर्भाग्य का और सिकन्दर के लिए बड़े सौभाग्य का समय था। क्योंकि जिस समय सिकन्दर ने भारत पर आक्रमण किया, उस समय भारत के इस भाग के राजाओं में एकता का सर्वथा अभाव था और उनमें वैमनस्य, कलह और संघर्ष आए दिन होते रहते थे। अतः सिकन्दर ने बड़ी सुविधापूर्वक आक्रमण करके पश्चिमोत्तर भारत को जीत लिया। अन्यथा राजाओं में संगठन होने पर तो सिकन्दर भारतवर्ष पर कुदृष्टि डालने का साहस ही कैसे करता? आम्भि ने सिकन्दर को पोरस के विरुद्ध युद्ध करने को भड़काया तो हिन्दुकुश के उत्तर में राज्य

करने वाले शशिगुप्त ने भी, जो ईरानियों के साथ युद्ध करते हुए सिकन्दर से पराजित हो चुका था, सिकन्दर से मैत्री स्थापित करके उसे भारत में आने और आक्रमण करने में सहयोग दिया।[२५]

आम्भि की सहायता से सिकन्दर ने पोरस के राज्य पर आक्रमण कर दिया। पोरस ने बड़ी वीरता से सिकन्दर का सामना किया। किन्तु दुर्भाग्यवश वर्षाकाल उपस्थित होने के कारण पोरस की गज सेना अपना रण कौशल प्रदर्शित न कर सकी और युद्ध में घायल पोरस को सिकन्दर ने नीतिपूर्वक अपने अधीन कर लिया।[२६]

इसके अतिरिक्त निसा नामक गणराज्य और उरूशा राज्य आदि के शासकों ने तो विना युद्ध के ही सिकन्दर की अधीनता स्वीकार कर ली,[२७] जबकि अश्वायन, गौरियों के राज्य, अश्वकायन, पुष्कलावती, अभिसार, ग्लौचुकायन, अदृष्ट, कठ आदि राज्यों को प्राप्त करने में उसे इन राज्यों की वीर सेनाओं का सामना करना पड़ा।[२८]

भारतवर्ष के उपर्युक्त प्रदेशों को जीतने के बाद सिकन्दर ने इन पर अपने क्षत्रपों को नियुक्त कर दिया। इसके बाद सिकन्दर की इच्छा मगध पर आक्रमण करने की हुई। किन्तु निरन्तर युद्ध करने से थके हुए उसके सैनिकों ने आगे बढ़ने से इंकार कर दिया। विवश होकर उसे अपनी जन्मभूमि लौटना पड़ा। लौटते समय भी उसने अपने मार्ग में पड़ने वाले सौभूति, शिवि, अगलस्स, मालव-क्षुद्रक (संघ), अम्बष्ट, क्षतृ, वसाति, मुषिक, शम्भु, ब्राह्मणक आदि जनपदों को अपने अधीन कर लिया।[२९]

यहाँ यह कहना अनुचित न होगा कि सिकन्दर ने भारत पर आक्रमण करके जो विजय पाई, वह कोई विशेष अर्थ नहीं रखती। क्योंकि उसे यह विजय अपने बल पर ही नहीं मिली थी। इसमें भारत के देशद्रोही राजाओं का सहयोग भी उसे मिला था।

जिस समय सिकन्दर गान्धार, केकय, वाहीक आदि राज्यों (जो वर्तमान पंजाब के अन्तर्गत हैं) को जीतकर वहाँ की शासन-व्यवस्था हेतु अपने क्षत्रप नियुक्त कर रहा था, उस समय चाणक्य ने चन्द्रगुप्त की सहायता से मगध पर आक्रमण किया, किन्तु इनकी सेना नन्दों की विशाल सेना का सामना न कर सकी; और इनको पराजय का मुख देख पड़ा।[३०] अब चाणक्य के सामने वस्तुस्थिति स्पष्ट हो गई कि मगध पर थोड़ी-सी सेना द्वारा आक्रमण करके उसे अधीनस्थ करना सरल नहीं है। पहले केकय, गान्धार, मालव, क्षुद्रक, आग्रेय, मद्रक आदि सीमान्त पर स्थित जनपदों को यवनों की दासता से मुक्त करके वहाँ के वीरों को नीतिपूर्वक अपने पक्ष में कर लेना चाहिए। उसके बाद ही सम्मिलित शक्ति से मगध पर आक्रमण करना चाहिए। फलस्वरूप यूनानियों की युद्धनीति से प्रभावित होकर चाणक्य ने चन्द्रगुप्त को सिकन्दर के पास इस उद्देश्य से भेजा कि वह यूनानियों की युद्धनीति सीखे। इस योजना के अनुसार चन्द्रगुप्त ने सिकन्दर के एक सेनापति सिल्यूकस को अपना गुरु भी बना लिया। किन्तु चाणक्य की यह योजना पूरी न हो सकी। क्योंकि चन्द्रगुप्त ने अपने तेजस्वी और असहिष्णु व्यक्तित्व से सिकन्दर को रुष्ट कर दिया और वह वहाँ से निकलकर पुनः आचार्य चाणक्य के पास पहुँच गया।[३१]

भारतीयों के द्वारा यवनों की दासता स्वीकार करना, उनका आपस में युद्ध करना आदि जब आचार्य चाणक्य को पसन्द नहीं आया तो उन्होंने केवल नन्दवंश का विनाश ही अपना लक्ष्य न

मानते हुए यह निश्चय किया कि विदेशियों से इस देश को मुक्त कराया जाय और आपस में कलह करने वाले राजाओं पर विजय प्राप्त करके समस्त भारत पर एकच्छत्र राज्य स्थापित किया जाय। उन्होंने अपमानित चन्द्रगुप्त, जो केवल नन्दवंश का विनाश करना चाहता था, को भी समझाया कि जन्मभूमि को यवनाक्रान्त होने से बचाने के लिए अपने स्वार्थ की तिलांजलि देनी होगी। देश पर एकच्छत्र साम्राज्य स्थापित हो जाने पर स्वार्थ की सिद्धि (नन्दवंश का विनाश और मगध के राज्यसिंहासन की प्राप्ति) भी अवश्य होगी। सिकन्दर के चले जाने के बाद चाणक्य ने नीतिपूर्वक पोरस की सहायता प्राप्त करके, विदेशी शासन के प्रति विद्रोह कर दिया और सिकन्दर के आक्रमण के कारण जिन राज्यों की व्यवस्था छिन्न-भिन्न तथा यवनाधीन हो गई थी, उन पर चन्द्रगुप्त से आक्रमण करवा के यूनानियों को देश से बाहर खदेड़ दिया। इस प्रकार चाणक्य की योजनानुसार चन्द्रगुप्त का मगध के सीमान्त प्रदेशों पर अधिकार हो गया।[३२]

चाणक्य ने अपने मित्र शकटार को, जिसे नन्द ने कारागार में बन्द करा दिया था, बहुत पहले ही कारागार से मुक्त कराकर नन्दसाम्राज्य को एक झटका दे दिया था।[३३] अब तो यवनों के चले जाने पर गान्धार, केकय, वाहीक, कठ आदि जनपदों के वीर सैनिकों को चाणक्य, ने चन्द्रगुप्त की सेना में सम्मिलित कर लिया तथा कश्मीर नरेश पर्वतक और उसके पुत्र मलयकेतु से मैत्री सम्बन्ध स्थापित कर लिया। तदनन्दर चाणक्य ने अपनी मंत्रशक्ति को चन्द्रगुप्त की सैन्यशक्ति से सम्मिलित करके मगध पर भंयकर आक्रमण कर दिया। इस युद्ध में पर्वतक और मलयकेतु भी चाणक्य की सेना में शामिल थे। चाणक्य की सहायता से नन्दवंश का विनाश करने के पश्चात् चन्द्रगुप्त ने मगध का राज सिंहासन प्राप्त कर लिया।[३४]

इस युद्ध के बाद पर्वतक की मृत्यु हो गई। कुछ इतिहासकारों के अनुसार चाणक्य को नीचा दिखाने की दृष्टि से मगध के महामंत्री राक्षस ने यह कार्य किया, जो अत्यधिक कूटनीतिज्ञ था।[३५] इसके साथ ही उसने पर्वतक के पुत्र मलयकेतु को भड़का दिया कि मगध का सिंहासन उसे ही प्राप्त होना चाहिए, किन्तु राक्षस की एक न चली। चाणक्य ने राक्षस के षड्यन्त्र का भेद लिया और मलयकेतु का नियन्त्रण करवा दिया। फलस्वरूप चन्द्रगुप्त उत्तरीभारत का एकच्छत्र सम्राट् हो गया।[३६] चाणक्य के प्रयत्नों से ही चन्द्रगुप्त मौर्य-विजय और एकच्छत्र साम्राज्य के प्रति ऐसा महत्त्वाकांक्षी हो गया कि फिर तो उसने सौराष्ट्र एवं दक्षिण भारत के भी कुछ प्रदेशों जैसे मालवा, काठियावाड, तिनेवली आदि पर भी अधिकार जमा लिया।[३७]

चन्द्रगुप्त को सम्राट् पद पर अभिषिक्त करके चाणक्य राजनीति से विरत होना ही चाहते थे, क्योंकि अब उनकी समस्त इच्छाएँ पूरी हो चुकी थीं; प्रजाजनों में अप्रिय अधार्मिक, ब्राह्मणधर्म के विरोधी तथा महापुरुषों का अपमान करने वाले नन्दवंश का विनाश हो चुका था; देश से यवनों का पलायन हो चुका था; राजाओं की आपसी फूट समाप्त हो गई थी, नन्दों के महामात्य राक्षस के कुचक्रों को दबा दिया गया था; और फिर देश को प्रजारंजक, वीर, स्वाभिमानी, ब्राह्मणधर्म और प्राचीन भारतीय संस्कृति का संरक्षक चन्द्रगुप्त मौर्य जैसा सम्राट् मिल गया था, कि इसी बीच सिकन्दर का सेनापति सिल्यूकस जिसे सिकन्दर के साम्राज्य का आधा भाग मिल चुका था, ने सोचा कि सिकन्दर महान् दिग्विजय के जिस काम को पूरा नहीं कर सका उसे मैं क्यों न पूरा करूँ? बस, अपने इसी निश्चय के अनुसार उसने पश्चिमी एशिया में अधिकार जमाते हुए भारत पर विजय पाने

के लिए सिन्धु नदी को पार कर लिया और चन्द्रगुप्त मौर्य से युद्ध छेड़ दिया। किन्तु चाणक्य और चन्द्रगुप्त के सत्प्रयासों से भारत के पश्चिमोत्तर भाग में अब पहले की भाँति वैमनस्य की स्थिति न होकर दृढ संगठन विद्यमान था और आम्भि जैसे देशद्रोहियों को भी समाप्त कर दिया गया था। इसलिए न तो सिल्यूकस का स्वागत हुआ और न भारत की दृढ़ तथा विशाल सेना से युद्ध करने में उसे सुविधा हुई। स्वयं चन्द्रगुप्त मौर्य ने उससे युद्ध किया और उसे बुरी तरह पराजित किया। चाणक्य की मंत्रणा के अनुसार सिल्यूकस को चन्द्रगुप्त से सन्धि करनी पड़ी। सन्धि की शर्तों के अनुसार सिल्यूकस ने अपनी पुत्री हेलन का विवाह चन्द्रगुप्त से कर दिया और अफगानिस्तान, बलोचिस्तान तथा खैबर के दर्रे से हिन्दुकुश तक विस्तृत समस्त प्रदेश चन्द्रगुप्त को दे दिया। साथ ही पाटलिपुत्र के मंत्रिमण्डल की अनुमति से यूनान का राजदूत 'मेगस्थनीज' भारत में आकर रहने लगा। इससे चन्द्रगुप्त के विदेशियों के साथ राजनैतिक सम्बन्ध और भी दृढ़ हो गये। सिल्यूकस की आवश्यकता को देखते हुए (यूनान पर ओण्टिगोनस नामक शासक ने आक्रमण कर दिया था इसलिए), चन्द्रगुप्त ने उसे ५०० हाथी दे दिये।[३८]

चन्द्रगुप्त द्वारा सिल्यूकस पर विजय प्राप्त करने के साथ ही साथ आचार्य चाणक्य ने स्वयं संन्यास लेने की इच्छा से भूतपूर्व मगधनरेश नन्द के महामंत्री राक्षस को भी, जो नन्दवंश से लगाव रखने के कारण चाणक्य और चन्द्रगुप्त का विरोधी हो गया था, चन्द्रगुप्त का मंत्री बना लिया। यही कारण है कि चाणक्य की ही इच्छानुसार सिल्यूकस से सन्धि के समय राक्षस ने ही चन्द्रगुप्त के मंत्री के रूप में काम किया था।[३९] क्योंकि आचार्य चाणक्य इस बात को अच्छी प्रकार समझ गये थे कि जिस राक्षस के कारण उन्हें मगध पर अधिकार जमाने में विषम परिस्थितियों का सामना करना पड़ा था, वह अवश्य ही कुशल कूटनीतिज्ञ होगा। ऐसे योग्य व्यक्ति को यदि चन्द्रगुप्त का मंत्री बनाकर अपने अनुकूल कर लिया जायेगा तो उसकी कूटनीति राजभक्ति के स्थान पर राष्ट्रभक्ति के लिए प्रयुक्त हो सकेगी।

यद्यपि चन्द्रगुप्त अपनी राज्य प्राप्ति में अप्रतिम मार्ग दर्शन करने वाले अनुपम राजनीतिज्ञ अपने गुरु आचार्य चाणक्य के प्रति असीम श्रद्धा रखता था और उसकी इच्छा उन्हीं को अपना महामंत्री बनाने की थी; कुछ दिनों तक उन्होंने चन्द्रगुप्त का महामंत्री पद सम्भाला भी था; किन्तु राक्षस को अपने तथा चन्द्रगुप्त के अनुकूल बनाकर और चन्द्रगुप्त को समझा-बुझाकर राक्षस को ही महामंत्री के पद पर नियुक्त कराकर भारतवर्ष के वह महापुरुष चाणक्य फिर से अपने आश्रम में पहुँच गये।[४०]

उपर्युक्त विवेचन के आधार पर यह कहा जा सकता है कि आचार्य चाणक्य पहले तो राजनीति के सिद्धान्तों को केवल पढ़ते-पढ़ाते थे। किन्तु उनके सामने ऐसी परिस्थितियाँ आईं कि वह राजनीति के व्यावहारिक क्षेत्र में उतर पड़े। उन्होंने व्यावहारिक राजनीतिजन्य सभी विषम परिस्थितियों पर स्पृहणीय विजय भी पाई। हमें यहाँ पर यह कहते हुए बड़े ही गौरव और हर्ष का अनुभव होता है कि महापुरुष चाणक्य ने अपने अनुपम राजनैतिक ज्ञान द्वारा यवनों को भारत से बाहर निकलवाया; अत्याचारियों, देशद्रोहियों और अधार्मिकों से देश को मुक्त कराया; मित्रों को दुष्टों की कारा से मुक्त कराया, इतना ही नहीं, आवश्यकता पड़ने पर शत्रुभूत कुशल व्यक्तियों को भी मित्र बनाकर उनका तथा देश का उपकार किया; और यह सब उन्होंने स्वार्थवश नहीं किया।

उनका स्वार्थ तो कभी का देश के स्वार्थ में मिल चुका था। यह चाणक्य जैसे महापुरुष की ही कल्पना थी; चेष्टा थी; स्वप्न था कि भारतवर्ष फिर से अपने एकच्छत्र शासन से शासित हो सका। इसके लिए उन्हें अपना आश्रम छोड़ना पड़ा और बहुत से विद्रोही देशद्रोही तत्त्वों का दमन नृशंसता से भी करना पड़ा। किन्तु यहाँ पर उनके लिए व्यक्ति से बड़ा समाज और समाज से बड़ा राष्ट्र था। अपने साध्यभूत राष्ट्र के हित के लिए आक्रामक यवनों का विनाश, नन्दवंशियों का विनाश, पर्वतक का वध आदि अनुचित साधनों को भी उन्हें अपनाना पड़ा। लेकिन हमें यह नहीं भूलना चाहिए कि राष्ट्र के हित के लिए प्रयुक्त की जाने वाली राजनीति के क्षेत्र में साध्य सदैव साधन से बड़ा होता है और फिर भारत और भारतीय संस्कृति की रक्षा-सुरक्षा से बड़ा साध्य क्या होगा? यही कारण है कि आचार्य चाणक्य ने अपने राष्ट्र हित हेतु जो किया, वह सदैव अभिनन्दनीय रहेगा।*

सन्दर्भ

१. (क) श्रीनेत्र पाण्डेय, भारतवर्ष का बृहत् इतिहास, प्रथम भाग, पृ०सं० २३६
   (ख) डॉ० अच्युतानन्द घिल्डियाल, प्राचीन भारतीय आर्थिक विचारक, पृ०सं० १७२
२. (क) वी०एन०लूनिया, प्राचीन भारतीय संस्कृति, पृ०सं० ३९२
   (ख) परमात्माशरण, प्राचीन भारत में राजनैतिक विचार एवं संस्थायें, पृ०सं० ३९२
   (ग) रमेशचन्द्र मजुमदार, प्राचीन भारत, प्रथम भाग, पृ०सं० ८१
   (घ) प्रो० आर०एस० त्यागी, हिन्दू राज्यशास्त्र, पृ०सं० १६४
३. प्रो० आर०एस० त्यागी, हिन्दू राज्यशास्त्र, पृ०सं० १६४
४. सत्यकेतु विद्यालंकार, आचार्य विष्णुगुप्त चाणक्य, पृ०सं० ११५
५. डॉ० अच्युतानन्द घिल्डियाल, प्राचीन भारतीय आर्थिक विचारक, पृ०सं० १६८
६. (क) विशाखदत्त, मुद्राराक्षस, ३/२९
   (ख) बी०एन० लूनिया, प्राचीन भारतीय संस्कृति, पृ०सं० ३९२
   (ग) परमात्माशरण, प्राचीन भारत में राजनैतिक विचार एवं संस्थायें, पृ०सं० ३४
   (घ) श्रीनेत्रपाण्डेय, प्राचीन भारत का बृहत् इतिहास, प्रथम भाग, पृ०सं० २३७
   (ङ) रमेशचन्द्र मजुमदार, प्राचीन भारत, प्रथम भाग, पृ०सं० ८२
   (च) डॉ० अच्युतानन्द घिल्डियाल, प्राचीन भारतीय आर्थिक विचारक, पृ०सं० १६८-१६९
   (छ) प्रो० आर०एस० त्यागी, हिन्दू राज्यशास्त्र, पृ०सं० १६४
   (ज) वी०डी० महाजन, प्राचीन भारत का इतिहास, पृ०सं० २७५
   (झ) ओम् प्रकाश, प्राचीन भारत का इतिहास, पृ०सं० १४१
७. (क) परमात्माशरण, प्राचीन भारत में राजनैतिक विचार एवं संस्थायें, पृ०सं० ३४
   (ख) श्रीनेत्रपाण्डेय, प्राचीन भारत का बृहत् इतिहास, प्रथम भाग, पृ०सं० २३३
   (ग) रमेश चन्द्र मजुमदार, प्राचीन भारत, प्रथम भाग, पृ०सं० ८२
८. पी० रस्तोगी, प्राचीन भारतीय राजनीतिक चिन्तन एवं संस्थायें, पृ०सं० १६५
९. (क) परमात्माशरण, प्राचीन भारत में राजनैतिक विचार एवं संस्थायें, पृ०सं० ३४
   (ख) श्रीनेत्र पाण्डेय, प्राचीन भारत का बृहत् इतिहास, प्रथम भाग, पृ०सं० २३४-२३६
   (ग) रमेशचन्द्र मजुमदार, प्राचीन भारत, प्रथम भाग, पृ०सं० ८२
   (घ) वी०डी० महाजन, प्राचीन भारत का इतिहास, पृ०सं० २७४
१०. (क) श्रीनेत्र पाण्डेय, प्राचीन भारत का बृहत् इतिहास, प्र०भा०, पृ०सं० २३४

(ख) रमेशचन्द्र मजुमदार, प्राचीन भारत, प्रथम भाग, पृ०सं० ८२
(ग) वी०डी० महाजन, प्राचीन भारत का इतिहास, पृ०सं० २७४

११. (क) वी०डी० महाजन, प्राचीन भारत का इतिहास, पृ०सं० २७४-२७५
(ख) ओम्प्रकाश, प्राचीन भारत का इतिहास, पृ०सं० १४०

१२. श्रीनेत्र पाण्डेय, प्राचीन भारत का बृहत् इतिहास, प्रथम भाग, पृ०सं० २३७

१३. (क) वी०एन० लूनिया, प्राचीन भारतीय संस्कृति, पृ०सं० ३९३
(ख) डॉ० राजबली पाण्डेय, प्राचीन भारत, पृ०सं० १५५
(ग) परमात्माशरण, प्राचीन भारत में राजनीतिक विचार एवं संस्थायें, पृ०सं० ३४
(घ) श्रीनेत्रपाण्डेय, प्राचीन भारत का बृहत् इतिहास, प्र०भा०, पृ०सं० २३७-२३८
(ङ) डॉ० अच्युतानन्द घिल्डियाल, प्राचीन भारतीय आर्थिक विचारक, पृ०सं० १६९
(च) प्रो० आर०एस० त्यागी, हिन्दू राज्यशास्त्र, पृ०स० १६५

१४. (क) भागवतपुराण, १२/१/५-९
(ख) डॉ० राजबली पाण्डेय, प्राचीन भारत, पृ०सं० १३३
(ग) श्रीनेत्र पाण्डेय, प्राचीन भारत का बृहत् इतिहास, प्र०भा०, पृ०सं० २२६
(घ) ओम्प्रकाश, प्राचीन भारत का इहिस, पृ०सं० १२६-१२७
(ङ) पी० रस्तोगी, प्राचीन भारतीय राजनीतिक चिन्तन एवं संस्थायें, पृ०सं० १११

१५. (क) डॉ० राजबली पाण्डेय, प्राचीन भारत, पृ०सं० १३३
(ख) ओम्प्रकाश, प्राचीन भारत का इतिहास, पृ०सं० १२७
(ग) पी० रस्तोगी, प्राचीन भारतीय राजनीतिक चिन्तन एवं संस्थायें, पृ०सं० ११५

१६. (क) डॉ० राजबली पाण्डे, प्राचीन भारत, पृ०सं० १३७-१३९
(ख) ओम्प्रकाश, प्राचीन भारत का इतिहास, पृ०सं० १३२-१३६
(ग) पी० रस्तोगी, प्राचीन भारतीय राजनीतिक चिन्तन एवं संस्थायें, पृ०सं० १०६-१०९

१७. (क) वी०एन० लूनिया, प्राचीन भारतीय संस्कृति, पृ०सं० ३७३
(ख) ओम्प्रकाश, प्राचीन भारत का इतिहास, पृ०सं० १३३

१८. (क) वी०एन० लूनिया, प्राचीन भारतीय संस्कृति, पृ०सं० १३३
(ख) ओम्प्रकाश, प्राचीन भारत का इतिहास, पृ० सं० ३७३

१९. ओम्प्रकाश, प्राचीन भारत का इतिहास, पृ०सं० १३३

२०. (क) डॉ० राजबली पाण्डे, प्राचीन भारत, पृ०सं० १४३
(ख) श्रीनेत्र पाण्डेय, प्राचीन भारत का बृहत् इतिहास, प्रथम भाग, पृ०सं० २१९

२१. (क) डॉ० राजबली पाण्डेय, प्राचीन भारत, पृ०सं० १५६
(ख) सत्यकेतु विद्यालंकार, आचार्य विष्णुगुप्त चाणक्य, पृ०सं० २४४
(ग) श्रीनेत्र पाण्डेय, प्राचीन भारत का बृहत् इतिहास, प्रथम भाग, पृ०सं० २३९

२२. (क) वी०एन० लूनिया, प्राचीन भारतीय संस्कृति, पृ०सं० ३७३
(ख) डॉ० राजबली पाण्डेय, प्राचीन भारत, पृ०सं० १४३
(ग) श्रीनेत्र पाण्डेय, प्राचीन भारत का बृहत् इतिहास, प्रथम भाग, पृ०सं० २१९

२३. (क) वी०एन० लूनिया, प्राचीन भारतीय संस्कृति, पृ०सं० ३७०, ३७२-३७३
(ख) डॉ० राजबली पाण्डेय, प्राचीन भारत, पृ०सं० १४०-१४१
(ग) श्री नेत्र पाण्डेय, प्राचीन भारत का बृहत् इतिहास, प्रथम भाग, पृ०सं० २२०
(घ) वी०डी० महाजन, प्राचीन भारत का इतिहास, पृ०सं० २४१
(ङ) ओम्प्रकाश, प्राचीन भारत का इतिहास, पृ०सं० १३१-१३२

२४. (क) वी०एन० लूनिया, प्राचीन भारतीय संस्कृति, पृ०सं० ३७३
(ख) डॉ० राजबली पाण्डेय, प्राचीन भारत, पृ०सं० १४३-१४४
(ग) श्रीनेत्र पाण्डेय, प्राचीन भारत का बृहत् इतिहास, प्रथम भाग, पृ०सं० २१९
(घ) प्रो० आर०एस० त्यागी, हिन्दू राज्यशास्त्र, पृ०सं० १६५
(ङ) वी०डी० महाजन, प्राचीन भारत का इतिहास, पृ०सं० २४६
(च) ओम्प्रकाश, प्राचीन भारत का इतिहास, पृ०सं० १३३

२५. (क) डॉ० राजबली पाण्डेय, प्राचीन भारत, पृ०सं० १४३
(ख) श्रीनेत्र पाण्डेय, प्राचीन भारत का बृहत् इतिहास, प्रथम भाग; पृ०सं० २१९

२६. वी०एन० लूनिया, प्राचीन भारतीय संस्कृति, पृ०सं० ३७३-३७४, ३७६

२७. (क) डॉ० राजबली पाण्डे, प्राचीन भारत, पृ०सं० १४३
(ख) श्रीनेत्र पाण्डेय, प्राचीन भारत का बृहत् इतिहास, प्रथम भाग, पृ०सं० २२०
(ग) ओम्प्रकाश, प्राचीन भारत का इतिहास, पृ०सं० १३३

२८. (क) वी०एन० लूनिया, प्राचीन भारतीय संस्कृति, पृ०सं० ३७३-३७४
(ख) डॉ० राजबली पाण्डेय, प्राचीन भारत, पृ०सं० १४३, १४५
(ग) श्रीनेत्र पाण्डेय, प्राचीन भारत का बृहत् इतिहास, प्रथम भाग, पृ०सं० २२०
(घ) वी०डी० महाजन, प्राचीन भारत का इतिहास, पृ०सं० २४६

२९. (क) वी०एन० लूनिया, प्राचीन भारतीय संस्कृति, पृ०सं० ३७४
(ख) डॉ० राजबली पाण्डेय, प्राचीन भारत, पृ०सं० १४५, १४७-१४८
(ग) श्रीनेत्र पाण्डेय, प्राचीन भारत का बृहत् इतिहास, प्रथम भाग, पृ०सं० २२२-२२३
(घ) प्रो० आर०एस० त्यागी, हिन्दू राज्यशास्त्र, पृ०सं० १६६
(ङ) वी०डी० महाजन, प्राचीन भारत का इतिहास, पृ०सं० २४७-२४८
(च) ओम् प्रकाश, प्राचीन भारत का इतिहास, पृ०सं० १३६-१३७

३०. (क) वी०एन० लूनिया, प्राचीन भारतीय संस्कृति, पृ०सं० ३९४
(ख) डॉ० राजबली पाण्डे, प्राचीन भारत, पृ०सं० १५५
(ग) श्रीनेत्र पाण्डेय, प्राचीन भारत का बृहत् इतिहास, प्रथम भाग, पृ०सं० २३८

३१. (क) डॉ० राजबली पाण्डेय, प्राचीन भारत, पृ०सं० १५६
(ख) परमात्माशरण, प्राचीन भारत में राजनीतिक विचार एवं संस्थायें, पृ०सं० ३४
(ग) श्रीनेत्र पाण्डेय, प्राचीन भारत का बृहत् इतिहास, प्रथम भाग, पृ०सं० २३८
(घ) रमेशचन्द्र मजुमदार, प्राचीन भारत, प्रथम भाग, पृ०सं० ८१
(ङ) प्रो० आर०एस० त्यागी, हिन्दू राज्यशास्त्र, पृ०सं० १६६
(च) वी०डी० महाजन, प्राचीन भारत का इतिहास, पृ०सं० २७६
(छ) ओम्प्रकाश, प्राचीन भारत का इतिहास, पृ०सं० १४१
(ज) पी० रस्तोगी, प्राचीन भारतीय राजनीतिक चिन्तन एवं संस्थायें, पृ०सं० १११

३२. (क) वी० एन० लूनिया, प्राचीन भारतीय संस्कृति, पृ० सं० ३९४
(ख) सत्यकेतु विद्यालङ्कार, आचार्य विष्णुगुप्त चाणक्य, पृ० सं० १५१-१५६
(ग) श्री नेत्रपाण्डेय प्राचीन भारत का बृहत् इतिहास, प्रथम भाग, पृ० सं० २३९
(घ) रमेश चन्द्र मजुमदार, प्राचीन भारत, प्रथम भाग, पृ० सं० ८१
(ङ) प्रो० आर० एस० त्यागी, हिन्दू राज्यशास्त्र, पृ० सं० १६६

(च) वी० डी० महाजन, प्राचीन भारत का इतिहास, पृ० सं० २७६
(छ) ओम्प्रकाश, प्राचीन भारत का इतिहास, पृ० सं० १४१
(ज) पी० रस्तोगी, प्राचीन भारतीय राजनीतिक चिन्तन एवं संस्थायें, पृ० सं० १११

३३. सत्यकेतु विद्यालंकार, आचार्य विष्णु गुप्त चाणक्य, पृ०सं० १५१-१५६

३४. (क) वी०एन० लूनिया, प्राचीन भारतीय संस्कृति, पृ०सं० ३९४
(ख) सत्यकेतु विद्यालंकार, आचार्य विष्णुगुप्त चाणक्य, पृ०सं० २८३-२९०
(ग) डॉ० राजबली पाण्डेय, प्राचीन भारत, पृ०सं० १५७
(घ) श्रीनेत्र पाण्डेय, प्राचीन भारत का बृहत् इतिहास, प्रथम भाग, पृ०सं० २३९
(ङ) प्रो० आर०एस० त्यागी, हिन्दू राज्य शास्त्र पृ०सं० १६६
(च) वी०डी० महाजन, प्राचीन भारत का इतिहास, पृ०सं० २७६
(छ) ओम्प्रकाश, प्राचीन भारत का इतिहास, पृ०सं० १४१
(ज) पी० रस्तोगी, प्राचीन भारतीय राजनीतिक चिन्तन एवं संस्थायें, पृ०सं० १११

३५. सत्यकेतु विद्यालंकार, आचार्य विष्णुगुप्त चाणक्य, पृ०सं० २६७-२८३

३६. (क) वी०एन० लूनिया, प्राचीन भारतीय संस्कृति, पृ०सं० ३९४
(ख) डॉ० राजबली पाण्डेय, प्राचीन भारत, पृ०सं० १५७
(ग) श्रीनेत्र पाण्डेय, प्राचीन भारत का बृहत् इतिहास, प्रथम भाग, पृ०सं० २३९

३७. (क) डॉ० राजबली पाण्डेय, प्राचीन भारत, पृ०सं० १५७
(ख) श्रीनेत्रपाण्डेय, प्राचीन भारत का बृहत् इतिहास, प्रथम भाग, पृ०सं० २४०
(ग) रमेशचन्द्र मजुमदार, प्राचीन भारत, प्रथम भाग, पृ०सं० ८३
(घ) वी०डी० महाजन, प्राचीन भारत का इतिहास, पृ०सं० २७७-२८०
(ङ) ओम्प्रकाश, प्राचीन भारत का इतिहास, पृ०सं० १४०
(च) पी० रस्तोगी, प्राचीन भारतीय राजनीतिक चिन्तन एवं संस्थायें, पृ०सं० १११

३८. (क) सत्यकेतु विद्यालंकार, आचार्य विष्णुगुप्त चाणक्य, पृ०सं० २९७-३२५
(ख) डॉ० राजबली पाण्डेय, प्राचीन भारत, पृ०सं० १५८
(ग) श्रीनेत्रपाण्डे, प्राचीन भारत का बृहत् इतिहास, प्र०भा०, पृ०सं० २४०
(घ) रमेशचन्द्र मजुमदार, प्राचीन भारत, प्रथम भाग, पृ०सं० ८३
(ङ) प्रो० आर०एस० त्यागी, हिन्दू राज्यशास्त्र, पृ०सं० १६६
(च) वी०डी० महाजन, प्राचीन भारत का इतिहास, पृ०सं० २७६-२७७
(छ) ओम्प्रकाश, प्राचीन भारत का इतिहास, पृ०सं० १४२
(ज) पी० रस्तोगी, प्राचीन भारतीय राजनीतिक चिन्तन एवं संस्थायें, पृ०सं० १११
(झ) (i)जयशंकर प्रसाद, चन्द्रगुप्त, नाटक की भूमिका, पृ०सं० २८-२९
(ii) जयशंकर प्रसाद, चन्द्रगुप्त, पृ०सं० १७७

३९. सत्यकेतु विद्यालंकार, आचार्य विष्णुगुप्त चाणक्य, पृ०सं० २९५-२९७, ३२२-३२५

४०. (क) वी०एन० लूनिया, प्राचीन भारतीय संस्कृति, पृ०सं० ३९४
(ख) सत्यकेतु विद्यालंकार, आचार्य विष्णुगुप्त चाणक्य, पृ०सं० २९५-२९७, ३३४

* यह शोधलेख अखिल भारतीय प्राच्य विद्या सम्मेलन के ३८वें अधिवेशन (जादवपुर वि०वि० कलकत्ता १९९६) में स्वीकृत है।

श्री ब्रह्मदत्तवाग्मिविरचित 'पार्थचरितामृतम्' : एक विहङ्गम समीक्षात्मक दृष्टि

कवि परिचय

यह बड़े हर्ष एवं गौरव का विषय है कि आधुनिक युग में भी देववाणी संस्कृत के माध्यम से अपने विचारों को अभिव्यक्ति देने वाले कवियों की कमी नहीं है। श्रीब्रह्मदत्त वाग्मी जी भी ऐसे ही कवियों में अन्यतम है। इनका जन्म १९ दिसम्बर ईशवीय सन् १९१६ में भारत के समृद्ध प्रान्त हरियाणा के ग्राम घामडौज तहसील एवं जिला गुड़गाँव में हुआ था। इनके पिता का नाम श्री कुशलचन्द्रपाराशर एवं माता का नाम श्रीमती रमा देवी था।

श्रीब्रह्मदत्त वाग्मी की प्रारम्भिक शिक्षा वृन्दावन में हुई और उच्चशिक्षा खुर्जा एवं काशी में हुई। भारत के भूतपूर्व प्रधानमंत्री स्वर्गीय श्रीलाल बहादुर शास्त्री, काशी के संस्कृत विद्यापीठ में इनके साथ पढ़ते थे। इन्होंने शास्त्री उपाधि के अतिरिक्त साहित्य, व्याकरण एवं ज्योतिष में आचार्य उपाधि प्राप्त की। संस्कृत विद्वद्गोष्ठी ने इन्हें पी-एच०डी० की मानद उपाधि द्वारा सम्मानित किया। यह सन् १९५२ से १९८३ तक संस्कृत विषय में अध्यापन करते रहे और सेवानिवृत्ति के पश्चात् भी अध्ययन, अध्यापन और काव्य सृजन में संलग्न रहते हैं।

कवि की रचनाएँ

श्री ब्रह्मदत्त वाग्मी की सात रचनाएँ प्रकाशित हो चुकी हैं–(१) अद्भुत पञ्चताकाव्यम् (२) काव्यावतरण, (३) मेडताणी मीरा (४) शुकशोकान्त्र, (५) श्रीस्तवराज, (६)समष्टि सिद्धान्तं तथा (७) पार्थचरितामृतम्।

सम्मान एवं प्रशस्ति

श्रीब्रह्मदत्तवाग्मी जी संस्कृत विद्वद्गोष्ठी द्वारा डॉक्टर की उपाधि द्वारा अलंकृत किये जा चुके हैं; हिन्दी साहित्य सम्मेलन द्वारा सम्मानित हो चुके हैं; श्री वीरेन्द्र नारायण चक्रवर्ती (पूर्व राज्यपाल) हरियाणा द्वारा सम्मानित हो चुके हैं; भूतपूर्व प्रधानमंत्री श्री लाल बहादुर शास्त्री जी द्वारा सम्मानित हो चुके हैं; भूतपूर्व महामहिम राष्ट्रपति आर० वेंकटरमण द्वारा प्रशंसा प्राप्त कर चुके हैं; और वर्तमान में उनके प्रति आदर को मूर्त्त अभिव्यक्ति देने के लिए 'अभिनन्दन ग्रन्थ' प्रस्तुत किया जा रहा है। मैं भी उनके अभिनन्दन हेतु उनके प्रमुख ग्रन्थ 'पार्थचरितामृतम्' की शोधपूर्ण समीक्षा प्रस्तुत कर रही हूँ।

पार्थचरितामृतम् का कथासार एवं कथावस्तु का स्रोत

पार्थचरितामृतम् की कथावस्तु कृष्ण के अनन्य भक्त, कुन्ती के वीरपुत्र अर्जुन के जीवन पर

आधारित है। इस काव्य का स्रोत महर्षि व्यास प्रणीत महाभारत है। कवि ने इस पुण्यकथा को अठारह रत्न एवं नौ सौ चौदह श्लोकों में निबद्ध किया है। प्रथम रत्न में श्रीकृष्ण और अर्जुन के जन्म का वर्णन किया गया है; द्वितीय रत्न में यज्ञोपवीत के पश्चात् द्रोणाचार्य के शिष्यत्व में अर्जुन की शस्त्रविद्या की शिक्षा, गन्धर्व चित्रसेन पर उसकी विजय, माँ कुन्ती का स्मरण, कृष्ण द्वारा उसे पृथ्वी पर आने का उद्देश्य समझाना आदि का वर्णन किया गया है; तृतीय रत्न में गुरु के पास रहते हुए युधिष्ठिरादि का स्मरण, एकलव्य का गुरु द्रोण के पास आना, उनका वात्सल्य प्राप्त करना, अर्जुन का उसके प्रति न्यायसंगत दृष्टिकोण रखना, गुरु द्रोण का एकलव्य का दाहिने हाथ का अँगूठा गुरु दक्षिणा के रूप में ले लेना, एकलव्य का अर्जुन के यथार्थ रूप को जानकर उसके प्रति श्रद्धाभाव रखना आदि बातों का वर्णन किया गयाा है; चतुर्थ रत्न में व्यास का द्रोण के आश्रम में आना, गुरुद्रोण द्वारा उनका स्वागत सत्कार करना, व्यास द्वारा शिष्यों को सदुपदेश देना, कर्ण और अर्जुन के भावी विरोध की घोषणा आदि बातों का वर्णन किया गया है; पञ्चम रत्न में व्यास के वचनों पर अर्जुन का आत्ममन्थन, कर्ण से प्रेमयुक्त बातों एवं विष्णु द्वारा अर्जुन को विरोधी रहित होने का आशीर्वाद देना आदि का वर्णन है; षष्ठ रत्न में माँ एवं भाई का स्मरण, भाईयों के बुलाने पर गुरु द्रोण से आज्ञा लेकर हस्तिनापुर पहुँचना, दुर्योधन आदि दुष्टों के दमन के विषय में विचार-विमर्श का वर्णन किया गया है; सप्तम रत्न में गुप्तसभा का आयोजन और उसमें लिए गए निर्णय के अनुसार दुर्योधनादि विपक्षियों को वश में करने के लिए सर्वप्रथम शान्तिस्थापना का प्रयास वर्णित है; अष्टम रत्न में पाण्डवों की सभा में लिए गए निर्णय के अनुसार भगवान् को मध्यस्थ के रूप में चुने जाने का वर्णन उपलब्ध होता है; नवम रत्न में दुर्योधन का श्रीकृष्ण पर रुष्ट होना, सुई की नोक के बराबर की भूमि न देने का दावा करना, दुःखी अर्जुन को श्रीकृष्ण का समझाना, युधिष्ठिर का भीम को समझाना आदि का वर्णन है; दशम रत्न में वर्णन है–यादवी सेना का दुर्योधन के पक्ष में होना और स्वयं भगवान् श्रीकृष्ण का अर्जुन की ओर होना, अर्जुन के दिव्य तेज की प्रशंसा, अर्जुन की विजय की आशा, अभिमन्यु का वध, भाईयों का दुःख एवं इन्द्रादि की युद्ध में सहायता; एकादश रत्न में शिव और विष्णु का अभेद, रुद्र और अर्जुन का युद्ध, रुद्र का अर्जुन को उपदेश, युद्ध में विजयी होने का आशीर्वाद, कृष्ण के प्रेमयुक्त वचनों से युद्ध के लिए अर्जुन की तत्परता का वर्णन प्रस्तुत किया गया है, द्वादश रत्न में भीष्मादि के युद्ध में दुर्योधन की ओर सम्मिलित होने का कारण, सत्य- असत्य का अन्तर, कुटिलों की कुटिलता को समझना एवं विजय प्राप्ति हेतु अर्जुन का युद्ध के लिए तत्पर हो जाना आदि घटनाओं का चित्रण किया गया है; त्रयोदश रत्न में भीष्म, द्रोण को युद्ध में देखकर मोहाविष्ट अर्जुन को कृष्ण द्वारा समझाकर युद्ध के लिए प्रेरित करने की घटनाएँ प्रस्तुत की गई हैं; चतुर्दश रत्न में श्रीकृष्ण द्वारा अर्जुन को युद्ध के नियम समझाते हुए सहर्ष युद्ध की प्रेरणा दी गई है; पञ्चदश रत्न में देवराज इन्द्र का अर्जुन को आशीर्वाद देना, युद्धवर्णन, द्रोण, दुर्योधन की वीर गति, भीष्म-पितामह का स्वर्ग गमन आदि घटनाओं को प्रस्तुत किया गया है; षोडश रत्न में कर्ण से युद्ध के पश्चात् कर्ण का वध, शल्य का वध वर्णित है; सप्तदश रत्न में महाभारत युद्ध में हुई मानव क्षति के दुःख का, दिवंगत पुरुषों की स्वर्ग में प्रसन्नता का कृष्ण द्वारा वर्णन, वासुदेव के वंश का नष्ट होना, द्वारका में श्रीकृष्ण के दर्शन के पश्चात् उनके आदेश से बदरीनाथ जाने का वर्णन मिलता है; अष्टादश रत्न में अर्जुन आदि पाण्डवों द्वारा श्रीकृष्ण की स्तुति करना, श्रीकृष्ण द्वारा अर्जुन को अपना विरह सहने के लिए शालग्राम की मूर्त्ति देना; शर

प्रहार से श्रीकृष्ण का अपने धाम जाना एवं अर्जुन का भी उनके पार्षद का पद प्राप्त करना आदि घटनाएँ हैं।

पार्थचरितामृतम् की काव्यविधा

श्रीब्रह्मदत्त वाग्मी प्रणीत 'पार्थचरितामृतम्' काव्यशास्त्रीय नियमों के निकष पर रखे जाने पर उच्चकोटि के महाकाव्य की श्रेणी में आता है।[१] इसमें कवि ने सर्ग के स्थान पर रत्न शब्द प्रयुक्त किया है। ये रत्न आठ से अधिक अर्थात् अठारह हैं। महाकाव्य का प्रारम्भ भगवान् विष्णु के नामोल्लेखपूर्वक वस्तुनिर्देश द्वारा हुआ है; इसका कथानक महर्षि व्यास प्रणीत महाभारत एवं उसके एक महान् नायक अर्जुन से सम्बद्ध है; इसमें धर्म और अर्थपूर्वक मोक्ष पुरुषार्थ की सिद्धि का वर्णन है; इसका नायक अर्जुन धीरोदात्त, महान् योद्धा, कृष्णभक्त, इन्द्र के दिव्य अंश से उत्पन्न पाण्डु एवं कुन्ती का मध्यम पुत्र है; इसमें नगर, सायंकाल, युद्ध, राजधर्म आदि का सुन्दर वर्णन है; वीर, शान्त, करुण, भक्ति एवं अद्भुत रसों का परिपाक हुआ है, शान्त रस भक्तिरस से परिपोष पाकर अंगीरस के स्थान पर प्रतिष्ठित हुआ है, पृथ्वी के दुःख को दूर करने के लिए अर्जुन एवं कृष्ण का जन्म मुखसन्धि, कृष्ण के सन्देश का स्मरण करना प्रतिमुखसन्धि, दुर्योधनादि द्वारा कपट आचरण में गर्भसन्धि, युद्ध से अर्जुन का पलायन एवं कृष्ण द्वारा उसे समझाना, विमर्श सन्धि, दुष्टों का दमन एवं स्वर्गारोहण निर्वहणसन्धि है। कवि ने अपने विषय के अनुरूप काव्य के प्रत्येक सर्ग में पृथक्-पृथक् अनुष्टुप्, रथोद्धता, द्रुतविलम्बित आदि छन्द प्रयुक्त किए हैं; सर्ग के अन्त में छन्द बदल भी दिए हैं; काव्य को उपमा, उत्प्रेक्षादि अलंकारों से अलंकृत भी किया है, काव्य के माध्यम से दुष्टनिन्दा एवं सज्जन प्रशंसा की है, काव्य का नाम 'पार्थचरितामृतम्' नायक अर्जुन के नाम पर रखा है, पृथापुत्र होने के कारण पार्थ (अर्जुन) से सम्बद्ध यह नाम सर्वथा सार्थक है और नायक के अलौकिक जीवन चरित का द्योतक है। यह काव्य श्रोता के मन-मस्तिष्क को सन्तुष्ट करने में समर्थ है।

पार्थचरितामृतम् की पात्र योजना

पार्थचरितामृतम् व्यास प्रणीत महाभारत पर आधारित होने के कारण भगवद्वर्ग, देववर्ग, ऋषिवर्ग, राजवर्ग, क्षत्रियवर्ग, स्त्रीवर्ग, शूद्रवर्ग आदि कई प्रकार के पात्रों से सम्पन्न है। कुन्तीपुत्र अर्जुन इस महाकाव्य के धीरोदात्त कोटि के नायक हैं, जो कृष्णभक्त, मातृभक्त, भ्रातृभक्त, गुरुभक्त एवं देशभक्त हैं; अपने पुत्र अभिमन्यु से अत्यन्त स्नेह रखते हैं; युद्ध करने में सर्वथा निपुण हैं; गुरुद्रोण के आश्रम में आए हुए एकलव्य के प्रति उदार दृष्टिकोण रखते हैं–

अत इमं नवमागतबान्धवम्
शरणदानधियात्मजनीकुरु।
इदमशेषशिशिक्षुसमर्थनम्
भवति बुद्धिरनेन कुटुम्बिनाम्॥ –३/४०

व्यासादि पूज्य व्यक्तियों के प्रति आदरभाव रखते हैं–

तत्रार्जुनो व्यासमहर्षिपादौ
संस्पर्श्य तत्रैव शनैः स्थितोऽभूत्।

कर्णस्तु पदावभिवन्द्य दूरात्
दूरस्थितोऽभूद्विनयाऽन्वितोऽपि॥ –४/१६

अपनी माता के प्रति भी उनका अतिशय प्रेमयुक्त आदरभाव व्यक्त होता है; वह कृष्णभक्ति का कारण माता कुन्ती की गोद ही मानते हैं–

प्रकृतिसरलचित्ते ध्येयमेतन्निदानं
त्रिभुवनपतिरनन्यो वासुदेवो मदीयः।
इदमपि तवकुक्षिस्थानमेव प्रधानम्
कथमिव मम गाढस्तादृशो वानुयोगः। –६/४

भगवान् कृष्णवासुदेव के प्रति वह अनन्य भक्ति से युक्त हैं–

धन्योऽहं देव, नीतश्चरणनिलये दत्तबुद्धिप्रसारः
भीतिर्मे श्याम, नष्टा परमकरुणयाक्लेशपुंजो विनष्टः।
नाहं त्वां विस्मरामि क्षणमपि विमले मानसे स्थापयेयं
एवं त्वां विश्वपीठे सततमभिनये देव पश्येयमन्तः॥ –१२/४६

उन्होंने अपनी युद्धनीति से इन्द्र को भी प्रसन्न किया है (१०/१३-१६)। वह दयालु हैं; शत्रु के घमण्ड को चूर करने वाले हैं (१०/३२); आत्मप्रशंसा से दूर रहते हैं; क्रियाकलापों में लगे रहना ही उनकी दिनचर्या है; परिवारकल्याण के लिए धनुष उठाना परम कर्त्तव्य समझते हैं (१०/३४-३५); सहृदय हैं; महाभारत युद्ध के पश्चात् पुरुषयोद्धाओं एवं अपने परिवारजनों के वीरगति को प्राप्त करने पर बालकों और स्त्रियों की करुणदशा से अतिशय दुःख का अनुभव करते हैं (१७/१-१३); अपने शत्रुवत् कर्ण के प्रति भी प्रेम और आदरभाव से युक्त हैं।

पार्थचरितामृतम् के कृष्ण विष्णु के अवतार युधिष्ठिर, अर्जुन आदि को सदुपदेश देने वाले, अर्जुन के मोह को दूर करने वाले और युद्धधर्म एवं राजधर्म की शिक्षा देने वाले हैं। कुन्ती भी अर्जुन को उपदेश देती है कि उनका श्रीकृष्ण के साथ अटूट सम्बन्ध है, इसलिए उन्हें उनके साथ व्यवहार में दृढ़ता लानी चाहिए। श्रीकृष्ण शक्तिशाली है; सर्वतन्त्रस्वतन्त्र है; सज्जनों के लिए सज्जनता और दुर्जनों के लिए दुर्जनता का भाव रखते हैं (२/३०-३५) उन्होंने अपने और अर्जुन के जन्म का प्रयोजन बताया है–भूमि की हितचिन्ता और उसका भार उतारना–

अहं च संभूय ततस्तदन्तिकं
विचारयावो वसुधेहितं हितम्।
तथा तदीयं भरमिष्टदुर्धरं
समुद्धरिष्याव इति व्यचिन्तयम्॥ –१/१४

मोहाविष्ट अर्जुन को वार-वार सचेत करना और सन्मार्ग की ओर उन्मुख करना इनके जीवन का प्रमुख कार्य है। ये राजनीति के परमज्ञाता हैं (१६/४)। तदनुसार शत्रु को छोटा नहीं समझना चाहिए। अर्जुन को वास्तविक स्वरूप दिखाकर उन्होंने उसे शोक और मोह से दूर किया (१७/२०-३८)।

कुन्ती हस्तिनापुर सम्राट् पाण्डु की पत्नी है जिन्हें कृष्ण की बुआ और अर्जुन जैसे श्रेष्ठ धनुर्धर की माता होने का गौरव प्राप्त है। यह अर्जुन को सदैव कृष्ण की शरण में जाने का उपदेश

देती है और कृष्ण के माहात्म्य को समझती है (२/३०-३६)। द्रोण कौरव पाण्डवों के गुरु हैं। अर्जुन के गुणों के कारण उनसे अत्यधिक स्नेह रखते हैं और उन्हें सब पर विजय करने का आशीर्वाद दे देते हैं (६/२०-२९)। महर्षि व्यास ने छात्रों को सदुपदेश देकर राधा सहित कृष्ण के ध्यान का सुझाव दिया है और अर्जुन को उसके भविष्य के विषय में सूचित किया है (४/१२-४७)। एकलव्य द्रोण के प्रति प्रशंसनीय भक्तिभाव से युक्त योग्य धनुर्धर है; गुरु की इच्छा से दाहिने हाथ का अँगूठा उन्हें दक्षिणा के रूप में समर्पित करता है; अर्जुन के प्रति अपना स्वाभाविक प्रेम प्रकट करता है; और उसके लिए शुभकामना व्यक्त करता है (तृतीय रत्न)। दुर्योधन अर्जुन का चचेरा भाई है; वह खल पात्र है; वह कुटिल है; श्रीकृष्ण के प्रति आदरभाव नहीं रखता है (९/१-४); और अन्यायी है; अपने भाईयों का अधिकार छीनने वाला है (९/१४-१६)। इसके अतिरिक्त काव्य में कर्ण की भी वीरता का वर्णन मिलता है।

पार्थचरितामृतम् में वर्णन कौशल

पार्थचरितामृतम् में सभावर्णन (७/१-५) सायंकाल वर्णन (११/१), युद्धवर्णन (पन्द्रहवाँ रत्न) वीरगतिप्राप्त वीरों का स्वर्ग में पहुँचना (१७/१४-२४) आदि का वर्णन है। इसमें उत्तराखण्ड में विद्यमान बदरीनाथ धाम का भी उल्लेख मिलता है–

भ्रातः प्रोक्तं रुद्धात्कंठान्न स्थातव्यं गेहे क्वापि।
गत्वा सेव्यं बद्रीधाम स्वीयं ह्येतद् भौमं तत्त्वम्।। –१७/४३

पार्थचरितामृतम् में भावपक्ष

कवि के इस काव्य पार्थचरितामृतम् में स्थान-स्थान पर भगवान् श्रीकृष्ण का गुणकीर्तन किया गया है इसलिए इस काव्य में भक्तिभाव का प्रचुर मात्रा में होना स्वाभाविक है। शान्त रस इस काव्य का अंगीरस है जो वीररस, करुण रस, वत्सल रस और अद्भुत रस के मर्मस्पर्शी वर्णनों से पुष्ट हुआ है। महाकाव्य में भक्ति के प्रायः सभी रूप भगवद्भक्ति, देशभक्ति, गुरुभक्ति, मातृभक्ति एवं भ्रातृभक्ति देखने को मिलते हैं। इस काव्य में एकलव्य की गुरुभक्ति अनुकरणीय है–

स च पपात गुरोश्चरणाम्बुजे
निखचितश्चरणाग्रमशेषतः।
कठिनहस्ततलावरणाद् गुरुः
विकलतां क्षणमन्वभवत्तदा।। –३/२१

काव्यनायक अर्जुन गुरु द्रोण, भगवान् कृष्ण और माता कुन्ती को ही अपनी बलवत्ता का हेतु मानता है, इस प्रकार उसकी गुरुभक्ति, भगवद्भक्ति और मातृभक्ति की अभिव्यक्ति एक ही स्थान पर हो जाती है–

गुरुवर वरनिष्ठो यश्च द्रोणावदात्तः
परिचलननिरीक्षासंविधाता मुरारिः।
उदरनिलयगोप्त्री जन्मदात्री च कुन्ती
बलमिति मम सर्वं जीवने विप्रविष्टम्।। –६/१०

अर्जुन के ज्येष्ठ भ्राता युधिष्ठिर भी पूर्ण भक्तिभाव से कृष्ण के प्रति समर्पित हैं—

परं वयं स्वामिनि सर्वमूले
समर्पयामो निजकार्यजातम्।
वदाम ओ देव यथाऽतिदेशः
तथैव भूयाद्गतिरस्मदीया॥
अहं स्वयं तत्र समर्पितोऽस्मि
सर्वे मदीया अनुजास्तथैव
न चिन्तयामो भरभालनिष्ठं
सर्वं तदीयं नहि चास्मदीयम्॥ —७/३१-३२

इसी प्रकार इस काव्य में देवताओं की भी श्रीकृष्ण के प्रति भक्ति द्रष्टव्य है। (१८/३३-४२)

प्रस्तुत काव्य वत्सल रस से भी स्थान-स्थान पर ओत-प्रोत है। इसमें शिष्यवत्सलता, पुत्रवत्सलता और अनुजवत्सलता विशेषरूप से उदाहरणीय है। अर्जुन के प्रति कुन्ती के वत्सलरस की झाँकी देखिए—

ददर्श कुन्तीनिजसन्ततीं स्वकां
मनोऽनुभूतिं विकृतिं गतामिव।
चुचुम्ब सा तस्य सनेत्रमाननं
तपोदशाध्यान परासिताम्बरा॥ —१/४१

इसी प्रकार इस काव्य में द्रोण का एकलव्य के प्रति वात्सल्य (३/३१) वर्णन हृदय को छूने वाला है। गुरु के आश्रम से लौटते हुए अर्जुन के प्रति नगर की वृद्धा स्त्रियों का ममत्व वत्सल रस का श्रेष्ठ उदाहरण है—

अहह विगतकालो नव्यतायामुपेतः
शिशुमुखमवलिप्तं पाणिना प्रोञ्छयामः।
सपदि च निलयस्थं क्रीडनेऽपिप्रसक्तं
रुदितमपि निशीथे चन्द्रमालोकयामः॥ —६/२९

युधिष्ठिर का अर्जुन के प्रति प्रेम भी वत्सलरस का द्योतक है—

युधिष्ठिरस्तु स्वयमुत्थितोऽभूत्
तथाऽर्जुनं स्वीये गलेऽभ्यलिङ्गत्।
प्रेमाश्रुणा तस्य गलप्रदेशं
वक्षस्तथा बाहयुगावसिञ्चत्॥ —७/२७

महाभारत युद्ध के पश्चात् विशाल कौरवकुल का विनाश अर्जुन को शोकाकुल कर देता है और काव्य में यह स्थल करुणरस का उदाहरण बन जाताा है (१७/१-१३)। एक श्लोक द्रष्टव्य है—

बाला जाता पितृवियुक्ता योषिद्वर्गो वीरापेतः।
रोदः क्षोभश्चान्तः क्लेशः कुर्युस्तासामन्तसहायम्। —१७/१०

इस काव्य में करुणरस की परिणति भक्ति संवलित शान्तरस में होती है। व्यक्ति अपना स्वरूप पहिचान जाता है; सांसारिकता के प्रति विरक्त हो जाता है; और जीव जहाँ से आया है, वहीं चला जाता है (१८/४३-४५)।

पार्थचरितामृतम् में कलापक्ष

अलंकार

भावपक्ष के अनुरूप कलापक्ष का प्रयोग कवि के काव्य को विशिष्ट स्थान का अधिकारी बना देता है। श्री ब्रह्मदत्त वाग्मी ने 'पार्थचरितामृतम्' को वर्ण्य विषय एवं रस के अनुरूप स्वाभाविक अलंकारों से सुसज्जित किया है। अन्त्यानुप्रास का स्वाभाविक प्रयोग इस श्लोक में द्रष्टव्य है–

कौरववंशोऽभवदवनीतो भैरवघातनिपातैः।
वीरविनाशोऽजायत सर्वो भाविकुदिष्टचपेतैः॥

व्यास द्वारा द्रोण के वर्णन में उपमा का चमत्कार द्रष्टव्य है–

एतौ युगौ ते दृढबाहुदण्डौ
विद्वेषिलोकाय महेन्द्रवज्रौ।
दीनाय निर्नाथजनाय वीर
प्रच्छायिकल्पद्रुममान्यतायाम्॥ –४/९

अर्जुन के प्रति प्रेम में भावविभोर कुन्ती के वर्णन में उत्प्रेक्षा की झलक देखी जा सकती है–

ददर्श कुन्ती निजसन्ततीं स्वकां
मनोऽनुभूतिं विकृतिं गतामिव॥ –१/४१

कृष्णभक्ति से ओतप्रोत पाण्डवों के कथन में रूपकयुक्त दीपक अलंकार की दीप्ति सुशोभित है–

भ्रातर्येषां हृदय कमले षट्पदो वासुदेवः
भूयात्तेषां कथमिह भयं तेजसि क्वान्धकारः।
स्वच्छेऽस्वाच्छ्यं सुरभिनिलये पूतिगन्धावकाशः
स्वस्थेऽस्वास्थ्यं सुगमपटले दुर्भगत्वावकाराः॥ –११/४२

रूपक एवं अनन्वय अलंकार की संसृष्टि का उदाहरण भी दर्शनीय है–

धन्यस्त्वमुद्भासितभानुरम्यः
वीरप्रभोत्पादकभूभिगर्भः।
वीरस्त्वमेवासि तदोपमायाम्
धीरस्त्वमेवासि तवोपमायाम्॥ –४/८

अर्थगौरव गुण को पुष्ट करने के लिए स्थान-स्थान पर अर्थान्तरन्यास अलंकार का भी उपयोग किया गया है–

अवापतां द्वावपि शैशवं सुखं
विवर्णितं तत्तदधीनवर्णने।
न तन्निपिंशामि निपिष्टचूर्णकं
नवं नवं वाञ्छति सर्गसन्ततिः॥ –१/१९

छन्दोयोजना

महाकवि वाग्मी ने अपने महाकाव्य में नियमानुसार सर्गों को विभिन्न छन्दों में निबद्ध किया है। इस प्रकार काव्य में वंशस्थ, अनुष्टुप्, द्रुतविलम्बित, इन्द्रवज्रा, वसन्ततिलका, मालिनी, उपजाति, वैतालीय, शार्दूलविक्रीडित, पञ्चचामर, मन्द्राक्रान्ता, शिखरिणी, भुजङ्गप्रयात, तूणक, स्त्रग्धरा, आर्या, तोटक आदि छन्दों की लय विद्यमान है।

भाषा शैली

कवि की भाषा-शैली रस एवं भाव के अनुरूप है। कवि वैदर्भी शैली के पक्षपाती हैं। अतएव कवि का काव्य माधुर्य एवं प्रसाद्गुण से सम्पन्न है–

जय देव हरे जय देव हरे
जनजीव दयापुर देव हरे।
हृदये सर्वस्य च रोचिरिदम्
भवतोऽभ्युत्पद्य तमो हरतात्॥ –१८/१८

वाग्वैदग्ध्य

काव्य में स्थान-स्थान पर विकीर्ण सूक्तिमुक्ताएँ कवि के वाग्वैदग्ध्य की पुष्टि करती हैं। यथा–

(क) **नियन्ता पातयत्येव दण्डं दण्ड्येषु देहिषु।** २/२५ उत्तरार्ध

(ख) **सशक्तानां हि सम्बन्धो विकारोन्मूलने क्षमः।**
ततो विच्छेदमात्रेण प्रपतन्ति विपत्तयः॥ २/३२

(ग) **जडकणेषु किमाधिनिरूपणम्।** ३/३५

(घ) **नो गौरवं विह्वलभावनायाम्।** ४/२६

(ङ) **बुधा हि संक्षेपतया स्वभावात्।**
भाषां मिताङ्गेन नियोजयन्ति॥ ४/५९

(च) **सहजकुटिललोका निर्दया निर्मलेषु।** ६/४३

(छ) **एकत्र दृष्टं क्व तमश्च तेजः**
एकत्र दृष्टेऽभूतकालकूटे।
शीतोष्णयोश्चैन सुसंगमः क्व
एतद्धि मूले समरोद्भवस्य॥ ७/१८

(ज) **लघु सपत्नमप्यलं विजानता बलानलैः।** –१६/४

(झ) **अशेष लोकनायको भवेद् यदास्य दक्षिणे**
कथं न धीरवीरतां लभेत सिंहमानवः। –१०/३६

संवाद

सनन्दन-कुन्तीसंवाद, कृष्ण-अर्जुनसंवाद, व्यास-द्रोण संवाद, एकलव्य-द्रोणसंवाद, अर्जुन-एकलव्य संवाद अर्जुन-युधिष्ठिरसंवाद, कर्ण-अर्जुनसंवाद आदि इस महाकाव्य के प्रमुख संवाद है।

जीवन दर्शन

आदरणीय कवि का पार्थचरितामृतम् उनके जीवन दर्शन की भव्य एवं शिक्षाप्रद झाँकी प्रस्तुत करता है। उनके मतानुसार गुरु, माता, पिता, बड़े भाई व्यक्ति के वन्द्य हैं। गुरु-शिष्य का सम्बन्ध समाज के लिए उदाहरण बनना चाहिए (४/२४)। पार्थचरितामृतम् में वर्णित अतिथि सत्कार ४/१०-१५) भारतीय सांस्कृतिक परम्पराओं का ही उद्घोष करता है। ब्रह्मचर्य आश्रम में गुरु द्रोण के पास विद्या ग्रहण करने के लिए जाने से पूर्व अर्जुन का यज्ञोपवीत संस्कार भी भारतीय संस्कृति के अनुरूप है (२/१)। व्यास द्वारा अर्जुन और कर्ण के लक्षण बताते समय कवि के खगोलशास्त्र का भी परिचय मिलता है (४/२०, ३७, ४०)। कवि ने शुभशकुन के रूप में अच्छे स्वप्न को भी मान्यता दी है (८/४९)। कवि के मत में चान्द्रायण व्रत भी फलदायक है (१८/१४)।

कवि के काव्य से प्रतीत होता है कि उन्हें ऐसा राज्य अभीष्ट है, जहाँ प्रजा को कष्ट न हो। राजा को सुरक्षा की दृष्टि से गुप्तमन्त्रणा एकान्तस्थल में करनी चाहिए (६/४८); शत्रु को समझने के लिए पहले शान्ति अपनानी चाहिए; इसके बाद शत्रु से अपनी सुरक्षा का प्रबन्ध कर लेना चाहिए; तत्पश्चात् उस पर प्रहार करना चाहिए (७/३५); शत्रु को कभी भी छोटा नहीं समझना चाहिए (१६/४, ५)।

पार्थचरितामृतम् के वर्ण्यविषय के अनुसार कवि वैष्णवधर्म के अनुयायी प्रतीत होते हैं। काव्य का नायक अर्जुन है, तथापि विष्णु के अवतार श्रीकृष्ण का नाम गुणकीर्तन ही कवि का सबसे बड़ा उद्देश्य प्रतीत होता है (२/३०-३५, ४/२२, २३, ८/४६)।

कवि ने अवतारवाद के प्रति भी अपनी मान्यता व्यक्त की है। कृष्ण एवं अर्जुन दोनों भूमि का भार उतारने के लिए अवतीर्ण हुए हैं–

इमे विभूती वसुधा तलं यदा
निजांघ्रियुग्मेन समासिषेदतुः।
तदैव सौभाग्यवतीव सुन्दरी
महीस्वतो भाग्यवती व्यशोभत॥ १/१७

तथा

पार्थ, ध्येयं विशेषेण यदर्थमस्मदागतम्।
भूमेर्भारावताय आवयोरत्र संस्थितिः॥

अत्र जाताः मदोन्मत्ताः मानवावाधशक्त्यः।
तन्नियन्त्रणमाधातुमावयोर्लक्ष्मीक्षितम्।। २/५७, ५८

ब्रह्मदत्त वाग्मी वेदान्तदर्शन के समर्थक हैं–

मित्र मायाचितो लोको न ततो मुक्तिसंभवः।
गर्भादेव वियुक्तोऽसौ न क्षणं स्याद्विनिर्मलः।।
मायायाः परिवारोऽसौ मोहस्यासक्तिसंभवः।
जातमेव जगन्नाम बन्धनं जीववन्दिनः।। २/४९, ५०

किन्तु वह सांख्यदर्शन के भी विरुद्ध नहीं हैं–

समतस्त्वमचिन्त्यमवाच्यपरः
नहि कोऽपि विभो भवतः परतः।
त्वमशेषजगज्जनजीवविभुः
विहितं तव रूपममुत्रनिधिः।। १८/२

उपर्युक्त विवेचन से स्पष्ट है कि ब्रह्मदत्त वाग्मी आधुनिक संस्कृत कवियों के मध्य विशिष्ट स्थान के अधिकारी हैं और पार्थचरितामृतम् महाकाव्यपरम्परा का अद्भुत उदाहरण है। कवि के काव्य में श्रीमद्भगवद्गीता का स्पष्ट प्रभाव दृष्टिगोचर होता है (त्रयोदश रत्न, चतुर्दश रत्न)। उनके कृष्ण महाभारत के कृष्ण के समकक्ष ही धर्मगोप्ता एवं धर्मोपदेष्टा हैं–

अतः पार्थ! हस्तद्वये मोदकौ ते
हुतः स्वर्गमभ्यर्जितो भूमिराज्यम्।
यशश्चेति वीरत्वलभ्यं धारायां
कथं मुञ्चसि स्वर्णकालं हताशः।। १३/२१

इहात्मैव नित्यश्चिरंजीवि वस्तु
नहिच्छिद्यते भिद्यते हन्यते वा।
अतः क्लैव्यमाहत्य युध्यस्व वीर
जयं प्राप्य भुंक्ष्वात्र राज्यं धरायाः।। १३/३२

अन्त में, श्री ब्रह्मदत्त वाग्मी एवं उनके पार्थचरितामृतम् का हार्दिक अभिनन्दन करते हुए मैं इस शोधलेख को समाप्त करती हूँ।*

सन्दर्भ

१. द्रष्टव्य–काव्यादर्श प्रथम परिच्छेद, १४-२२ एवं साहित्यदर्पण, ६/३१५ के उत्तरार्ध से ३२५ के प्रथम परिच्छेद, १४-२२ एवं साहित्यदर्पण, ६/३१५ के उत्तरार्द्ध से ३२५ के पूर्वार्द्ध तक।

* यह शोधलेख प्रो० ब्रह्मदत्तवाग्मी के अभिनन्दनग्रन्थ 'ब्रह्मगवी' में प्रकाशित है तथा अखिल भारतीय प्राच्य विद्या सम्मेलन, ४०वें सेशन (चेन्नई) में १९९० स्वीकृत है।

मुनिश्रीज्ञानसागर रचित (१) जयोदय, (२) वीरोदय, (३) सुदर्शनोदय तथा (४) श्रीसमुद्रदत्तचरित्र जैन महाकाव्य शास्त्रीय निकष पर

भारतवर्ष के दक्षिण स्कन्ध के समान सुशोभित राजस्थान प्रान्त राणाप्रताप, युवराज चूण्डा आदि युद्धवीरों की लीलाभूमि के रूप में प्रसिद्ध होने के साथ-साथ महाकवि माघ जैसे काव्यवीरों की भी रचनास्थली रहा है। इसी प्रान्त को हमारे अलोच्य महाकवि ज्ञानसागर की भी जन्मभूमि होने का सौभाग्य प्राप्त है।

राजस्थान की राजधानी जयपुर के समीप सीकर नामक एक जिला है, जिसमें राणोली नामक एक ग्राम है। इसी ग्राम में रहने वाले छावड़ा गोत्रोत्पन्न सेठ चतुर्भुज और घृतवरी देवी के यहाँ उन्नीसवीं शताब्दी के अन्त में भूरामल नामक बालक का जन्म हुआ और इसी बालक ने अपने अद्भुत व्यक्तित्व एवं कर्त्तृत्व से आगे चलकर महाकवि आचार्य मुनिज्ञानसागर का प्रशंसनीय स्वरूप धारण किया।

हमारे कवि की प्रारम्भिक शिक्षा पं० जिनेश्वरदास जी के पास राणौली ग्राम में हुई और उच्च शिक्षा इन्होंने स्याद्वाद महाविद्यालय, वाराणसी से प्राप्त की। इस महाविद्यालय से संस्कृत साहित्य और जैन दर्शन की शिक्षा प्राप्त करने के साथ ही साथ वाराणसी के ही क्वीन्स कॉलेज से इन्होंने शास्त्रिपरीक्षा भी उत्तीर्ण कर ली। वाराणसी के ही धर्मशास्त्र के प्राध्यापक पं० उमरावसिंह जी से इनको जैन ग्रन्थों के अध्ययन की प्रेरणा मिली और बाद में इन्हीं से कवि ने ब्रह्मचर्य प्रतिभा अंगीकृत करके ब्रह्मचारी ज्ञानानन्द का नाम प्राप्त किया।

स्वावलम्बन पर भूरामल जी को पूर्ण विश्वास था, इसलिए स्वाध्याय और अध्यापन के अतिरिक्त इन्होंने दुकानदारी भी की। किन्तु ब्रह्मचर्य प्रतिभा स्वीकार करने के बाद इन्होंने दुकानदारी का काम अपने भाईयों को सौंप दिया और स्वयं आत्मकल्याण तथा जैन काव्यनिर्माण में लीन हो गए। फलस्वरूप माँ भारती की सेवा करते हुए इन्होंने उनके चरणों में संस्कृत एवं हिन्दी भाषा में रचित अपने २२ ग्रन्थ रूपी पुष्प समर्पित किये।

जैन संस्कृत साहित्य को समृद्ध करते हुए युवावस्था व्यतीत करने वाले ब्रह्मचारी भूरामल जी ने भारत के अनेक स्थानों का भ्रमण किया और क्रमशः क्षुल्लक, मुनि और आचार्य की उपाधियाँ प्राप्त कीं। मुनिश्री विद्यासागर ब्रह्मचारी लक्ष्मीनारायण, मुनिश्री विवेकसागर, क्षुल्लक स्वरूपानन्द ब्रह्मचारी जगनलाल, मुनिश्री विजयसागर, ऐलक श्री सन्मतिसागर, क्षुल्लक सम्भवसागर, क्षुल्लक सुखसागर आदि ने इनके प्रमुख शिष्यों के रूप में स्थान पाया। २२ नवम्बर सन् १९७२ ई० में आचार्य मुनिश्री ज्ञानसागर ने शारीरिक क्षीणता का अनुभव करते हुए अपने आचार्य पद का दायित्व अपने योग्य शिष्य मुनिश्री विद्यासागर को सौंप दिया, जो आज भी अपने महान् गुरु के चरणचिह्नों

पर चलते हुए साहित्यसाधना में संलग्न रहते हैं और जैनधर्म एवं दर्शन के मूर्त्तिमान् स्वरूप हैं। ७ जून १९७३ को हमारे आलोच्य कवि आचार्य मुनि श्री ज्ञानसागर जी महाराज ने अपना पार्थिव शरीर छोड़ दिया और उनका यश:शरीर उनकी रचनाओं और उनके उपदेशों के रूप में आज भी हमारे मध्य विद्यमान है।

कवि द्वारा प्रणीत संस्कृत भाषा की आठ कृतियों में प्रथम छः संस्कृत काव्यकोटि में आती हैं। जयोदय, वीरोदय, सुदर्शनोदय और समुद्रदत्तचरित महाकाव्य हैं; दयोदय चम्पूकाव्य है; तथा मुनिमनोरंजनशतक मुक्तक काव्य है। प्रस्तुत शोधलेख में हमें कवि ज्ञानसागर प्रणीत महाकाव्यों का समीक्षात्मक परिचय क्रमशः प्रस्तुत करना है। इन चारों महाकाव्यों की समीक्षा करने से पूर्व हमें भारतीय काव्य शास्त्र में मान्य महाकाव्य की विशेषताओं को समझना चाहिए–

(१) महाकाव्य में कथावस्तु सर्गबद्ध होनी चाहिए और सर्ग भी आठ से अधिक या उचित आकार वाले होने चाहिए।

(२) प्रारम्भ में आशीर्वादात्मक, नमस्कारात्मक या वस्तुनिर्देशात्मक मंगलाचरण होना चाहिए।

(३) कथानक इतिहास या किसी सज्जन से सम्बद्ध होना चाहिए।

(४) पुरुषार्थ चतुष्टय में से एक की सिद्धि करनी ही चाहिए।

(५) नायक चतुर, उदात्त और उच्चकुलीन होना चाहिए।

(६) नगर, समुद्र, पर्वत, ऋतु, वन, चन्द्रोदय, चन्द्रास्त, सूर्योदय, सूर्यास्त, सन्ध्या, रात्रि, प्रदोष, अन्धकार, दिन, मध्याह्न, जलक्रीड़ा, मधुपान, प्रेमोत्सव, मृगया, वियोग, प्रेम, विवाह, कुमारोत्पत्ति, संवाद, दूताभियान, युद्धयात्रा, नायकाभ्युदय, मुनि, यज्ञ इत्यादि का यथावसर सुन्दर वर्णन होना चाहिए।

(७)श्रृंगार, वीर और शान्त रसों में से कोई एक रस अंगी (प्रधान) होना चाहिए और शेष रस उसी अंगी रस के अंग (सहायक) होने चाहिए।

(८) नाटक के समान पंचसन्धियों (मुख, प्रतिमुख, गर्भ, विमर्श, उपसंहृति) का समावेश होना चाहिए।

(९) प्रायः पूरे सर्ग में एक ही छन्द का प्रयोग होना चाहिए, पर सर्ग के अन्त में छन्द अवश्य बदल जाना चाहिए।

(१०) प्रत्येक सर्ग के अन्त में अग्रिम सर्ग में आने वाली कथा की सूचना होनी चाहिए।

(११) सर्ग का नामकरण उस सर्ग में वर्णित कथा के आधार पर करना चाहिए।

(१२) काव्य को लोकरंजक एवं उत्तम अलंकारों से अलंकृत होना चाहिए।

(१३) दुष्टों की निन्दा और सज्जनों की प्रशंसा होनी चाहिए।

(१४) महाकाव्य को मनोहर बनाने के लिए आवश्यक है कि नायक के गुणों का वर्णन करने के पश्चात् उसके द्वारा उसके शत्रुओं की पराजय का वर्णन हो। साथ ही शत्रु के भी वंश और पराक्रम का वर्णन करना चाहिए, ताकि यह सिद्ध हो जाय कि नायक अपने से हीन व्यक्ति को नहीं, अपितु अपने समान ही बलशाली व्यक्ति को हराने में समर्थ है।

(१५) महाकाव्य का नामकरण कवि, कथावस्तु, नायक या अन्य किसी आधार पर किया जाना चाहिए।[१]

महाकाव्य के उपर्युक्त लक्षणों में से यदि कोई लक्षण महाकाव्य में न घटे, पर उसका प्रतिपाद्य अच्छा हो, उसका वर्णन सहृदय को सहज ही आकृष्ट कर सके तो भी ऐसे काव्य को महाकाव्य की संज्ञा देना उचित ही होगा।[२]

अब क्रमशः इन चारों महाकाव्यों का परीक्षण हम महाकाव्य लक्षण के निकष पर प्रस्तुत कर रहे हैं–

(१) जयोदय

जयोदय महाकाव्य के अनुशीलन से यह स्पष्ट हुआ है कि महाकाव्य की उपर्युक्त वर्णित सभी विशेषताएँ इसमें पाई जाती हैं। विवरण इस प्रकार है–

(१) जयोदय की कथावस्तु २८ सर्गों में निबद्ध है।

(२) प्रारम्भ में मंगलाचरण के रूप में कवि ने जिन देव की वन्दना की है–

"श्रिया श्रितं सनमतिमात्मयुक्त्याखिलज्ञमीशानमपीति मुक्त्या।
तनोमि नत्वा जिनपं सुभक्त्या जयोदयं स्वाभ्युदयाय शक्त्या॥" –१/१

(३) जयोदय का कथानक 'महापुराण' में कहे गये जयकुमार और सुलोचना वृत्तान्त पर आधारित है।

(४) जयोदय महाकाव्य में धर्म, अर्थ, काम, मोक्ष रूप पुरुषार्थ-चतुष्टय का भी यथास्थान वर्णन है।[३] काव्य के अन्त में जयकुमार द्वारा की गई तपस्या मोक्षरूप पुरुषार्थ को सिद्ध करती है।[४]

(५) जयोदय महाकाव्य के नायक जयकुमार हैं। भरत चक्रवर्ती के सेनापति का पद उन्हें प्राप्त है।[५] वह क्षत्रियकुलोत्पन्न हैं। वह धीरोदात्त और चतुर हैं। उनमें राजनीतिज्ञता, चारुता, बुद्धिमत्ता, विद्वत्ता, धार्मिकता, अपराजेयता आदि श्रेष्ठ गुण विद्यमान हैं।

(६) जयोदय में विविध स्थलों का और वृत्तान्तों का सुन्दर वर्णन है। इस महाकाव्य में कवि ने काशी,[६] हस्तिनापुर,[७] और अयोध्या[८] नामक नगरों का यथास्थान वर्णन किया है। कवि ने अपने इस महाकाव्य में पर्वत[९] वन,[१०] सूर्योदय,[११] सूर्यास्त,[१२] चन्द्रोदय,[१३] चन्द्रास्त,[१४] प्रभात,[१५] सन्ध्या,[१६] अन्धकार,[१७] और रात्रि[१८] इन सभी का मनोहारी वर्णन किया है। वनक्रीडा,[१९] मधुपान,[२०] सुरतक्रीडा,[२१] विवाह,[२२] विवाह,[२३] दूताभियान,[२४] संवाद[२५] एवं तीर्थयात्रा[२६] इत्यादि भी कवि द्वारा काव्य में वर्णित किये गए हैं।

जयकुमार 'जयोदय' के नायक हैं। कवि ने इस महाकाव्य में जयकुमार के द्वारा अनेक वार बाह्य और आन्तरिक विपत्तियों के ऊपर प्राप्त विजय का वर्णन किया है।[२६] अन्त में जयकुमार की अपने ऊपर विजय द्वारा कवि ने नायकाभ्युदय को और भी अधिक महत्त्व प्रदान किया है।[२७]

प्रायः सभी धार्मिक काव्यों में ऋषि-मुनियों का वर्णन अवश्य ही होता है। 'जयोदय' जैनधर्म पर आधारित महाकाव्य है। इसमें दो वार मुनियों का उल्लेख मिलता है। सर्वप्रथम जब जयकुमार वनक्रीडा के लिए जाते हैं, तब वहाँ एक तपस्वी पहुँचते हैं।[२८] ऋषि-वर्णन से सम्बद्ध द्वितीय स्थल

वह है जहाँ पर पुत्र का राजतिलक करने के बाद जयकुमार ऋषभदेव के पास जाकर उनसे दीक्षा की याचना करते हैं।[२९]

उपर्युक्त विवरण से यह स्पष्ट है कि 'जयोदय' विविधस्थलीय वर्णन और वृत्तान्तों से सुशोभित है। कवि का यह विविध-वर्णन उसकी सूक्ष्म-दर्शन-शक्ति का परिचायक है।

(७) जयोदय 'महाकाव्य' में स्थान-स्थान पर शृंगार,[३०] वीर[३१] और शान्त[३२] रसों का और भक्तिभाव[३३] का परिपाक देखने को मिलता है।शृंगार रस, वीर रस और भक्तिभाव इस काव्य के अंगीरस-शान्तरस को पुष्ट करने वाले हैं।

(८) जयोदय में पंचसन्धियों का भी निर्वाह किया गया है। जयोदय के प्रथम सर्ग में जयकुमार का परिचय दिया गया है,[३४] अत: वह इस काव्य की 'मुखसन्धि' माना जा सकता है। काव्य के तृतीय सर्ग में दूत काशीनरेश की पुत्री सुलोचना के स्वयंवर का सन्देश लाता है,[३५] इस सर्ग को काव्य की 'प्रतिमुख सन्धि' माना जा सकता है क्योंकि प्रथम सर्ग में सुलोचना का भी उल्लेख आया है[३६] तृतीय सर्ग में पुन: जयकुमार और सुलोचना के विवाह की सूचना मिलती है। काव्य का मुख्य उद्देश्य सुलोचना और जयकुमार के संयोग के पश्चात् जयकुमार में वैराग्य उत्पत्ति है। इस उद्देश्य का सूचक काव्य का २३वाँ सर्ग है जिसमें जयकुमार की मूर्च्छा और पूर्वभव-स्मरण का वर्णन है।[३७] अत: यह सर्ग इस काव्य की 'गर्भसन्धि' के रूप में स्वीकार किया जा सकता है। २४वाँ सर्ग काव्य की 'विमर्शसन्धि' के रूप में विद्यमान है। इसमें एक देव की पत्नी विरहिणी के रूप में जयकुमार को विचलित करने आती है।[३८] तब श्रोता के मन में यह शंका होने लगती है कि कदाचित् जयकुमार अपना लक्ष्य प्राप्त न कर सकें। काव्य के २५वें सर्ग में जयकुमार के वैराग्य का वर्णन है।[३९] अत: यह सर्ग काव्य की 'उपसंहृतिसन्धि' को सूचित करता है।

(९) जयोदय में २८ सर्ग हैं। कवि ने कुछ सर्गों में तो एक ही छन्द को पूरे सर्ग में प्रयुक्त करके अन्तिम श्लोकों में छन्द बदल दिया है, लेकिन अन्य सर्गों में कवि ने छन्दों के स्वतंत्र प्रयोग किये हैं। उन्होंने विशेषरूप से उपजाति,[४०] अनुष्टुप्,[४१] वियोगिनी,[४२] मात्रासमक,[४३] कालभारिणी,[४४] रथोद्धता,[४५] द्रुतविलम्बित[४६] आदि छन्दों का प्रयोग किया है।

(१०) प्राय: प्रत्येक सर्ग में अगले सर्ग में वर्णित घटना की सूचना है। जैसे सप्तम सर्ग में अर्ककीर्ति और जयकुमार के युद्ध की सूचना है, और आठवें सर्ग में दोनों के युद्ध का वर्णन है। सर्गों का नाम भी उनमें घटित घटना के आधार पर रखा गया है। यथा–प्रथम सर्ग में जयकुमार ने मुनि की वन्दना की है–इसलिए इस सर्ग का नाम 'मुनिवन्दनावर्णनसर्ग' है। चतुर्थ सर्ग में स्वयंवर के लिए अर्ककीर्ति भी काशी पहुँचता है, इसलिए इस सर्ग का नाम 'अर्ककीर्तिसमागमसर्ग' है। अष्टादश सर्ग में प्रभातवर्णन होने के कारण सर्ग का नाम 'प्रभातवर्णनसर्ग' रखा गया है।

(११) जयोदय महाकाव्य में दुष्टनिन्दा और सत्प्रशंसा यद्यपि कवि ने सीधे-सीधे नहीं की है, किन्तु काव्य के खलनायक अर्ककीर्ति का पराभव[४७] और जयकुमार के गुणसहित परिचय[४८] में ही दुष्टों की निन्दा और सज्जनों की प्रशंसा छिपी हुई है।

(१२) जयोदय काव्य को कवि ने विविध अलंकारों से सुसज्जित किया है। उनके प्रिय

अलंकार हैं–अनुप्रास,[४९] यमक,[५०] उपमा,[५१] उत्प्रेक्षा,[५२] अपह्नुति,[५३] रूपक,[५४] विरोधाभास,[५५] और चित्रालंकार[५६]।

(१३) जयोदय में जयकुमार के प्रशंसात्मक परिचय में कवि ने अनेक श्लोक लिखे हैं।[५७] उन्होंने नायक का भौतिक अभ्युदय दिखाने के बाद[५८] उसका आध्यात्मिक अभ्युदय भी दिखा दिया है।[५९]

(१४) कवि ने काव्य का नामकरण इस काव्य के नायक के नामानुसार 'जयोदय' रखा है। साथ ही इस काव्य का एक और नाम कवि को अभीष्ट है; वह है सुलोचना-स्वयंवर। कवि ने इस काव्य के ये दोनों ही नाम सार्थक रखे हैं। जयोदय का तात्पर्य है–जय का उदय अर्थात् विजय। यह पहले ही कहा जा चुका है कि जयकुमार की पूर्ण विजय और आध्यात्मिक उन्नति रूप जीवन का मुख्य लक्ष्य ही कवि का मुख्य उद्देश्य है। इस उद्देश्य का निर्वहण भी कवि ने खूब कुशलता के साथ किया है। अतः इस काव्य का 'जयोदय' नाम पूर्णरूपेण ठीक है। इस काव्य की प्रमुख घटना है–जयकुमार और सुलोचना का स्वयंवर। इसी घटना के कारण ही जयकुमार और अर्ककीर्ति का युद्ध होता है; और हमें जयकुमार के पराक्रम का वास्तविक ज्ञान भी हो जाता है। अतः इस काव्य का दूसरा नाम 'सुलोचना स्वयंवर' भी सही है, किन्तु जयोदय जैसा छोटा और सार्थक नहीं। वैसे दोनों ही नाम मान्य हैं।

इस प्रकार इसका आद्योपान्त परिशीलन करने से ज्ञात होता है कि यह एक उच्चकोटि का महाकाव्य है और वृहत्त्रयी की परम्परा में आने योग्य है। इस काव्य में शृंगाररसरूपिणी यमुना और वीररसरूपिणी सरस्वती का शान्तरसरूपिणी गंगा के साथ अद्भुत संगम किया गया है।

इस काव्य में जयकुमार के परिचय, स्वयंवर में राजाओं के एकत्र होने, दासी द्वारा सुलोचना के समक्ष राजाओं का परिचय देने आदि का वर्णन इसे निस्सन्देह नैषधीयचरित के समकक्ष कर देता है। अनवद्य मति मंत्री का अर्ककीर्ति को समझाना भारवि के अर्थगौरव की झाँकी प्रस्तुत करता है। पर्वत-वर्णन, वन-विहार-वर्णन, सन्ध्यावर्णन और प्रभातवर्णन इसे माघ के शिशुपालवध की तुलना में ले जाते हुए लगते हैं।

कालिदास के काव्यों में हमें वन्य-जीवन एवं मुनियों के आचार-व्यवहार की झाँकी यत्र-तत्र मिल जाती है, किन्तु उसका प्रस्तुतीकरण श्रीज्ञानसागर के काव्यों में वर्णित मुनियों के आचार-व्यवहार के समान नहीं है। जयोदय के जयकुमार को गृहस्थाश्रम के सम्बन्ध में उपेदश देने वाले मुनि एवं मोक्षमार्ग में दीक्षित करने वाले तीर्थंकर भगवान् ऋषभदेव के वर्णन कालिदास के काव्यों में वर्णित गुरु वशिष्ठ और महर्षि कण्व के वर्णन से कम महत्त्वपूर्ण नहीं है। बल्कि कहीं-कहीं तो इन जैन मुनियों ने अपने आचार-व्यवहार के कारण वशिष्ठ और कण्व से भी ऊँचा स्थान प्राप्त कर लिया है।

साहित्य के माध्यम से दर्शन को प्रस्तुत करने की कला का अंशमात्र भी हमें सनातनधर्मावलम्बी कवियों में देखने को नहीं मिलता जबकि श्रीज्ञानसागर इस कला में सिद्धहस्त हैं। 'जयोदय' में उद्देश्य है–अपरिग्रह व्रत की शिक्षा देना। पाठक को रुक्षता का अनुभव न हो, इसलिए कवि ने जयकुमार एवं सुलोचना के कथानक के माध्यम से अपना उद्देश्य पूरा कर लिया है।

२. वीरोदय

काव्यशास्त्रियों को मान्य महाकाव्य की विशेषताओं की कसौटी में 'वीरोदय' को कसने से यह ज्ञात हो जाता है कि 'वीरोदय' भी एक महाकाव्य है। अब वीरोदय का महाकाव्यत्व आपके सामने प्रस्तुत है–

(१) वीरोदय की कथावस्तु २२ सर्गों में निबद्ध है।

(२) प्रत्येक कार्य के पूर्ण होने में कोई विघ्न-बाधा न आये, इसलिए व्यक्ति अपनी बाधाओं को दूर करने के लिए प्राय: प्रत्येक कार्य के प्रारम्भ में अपने अभीष्ट की प्रार्थना करता है। महाकवि श्री ज्ञानसागर ने भी सम्भवत: इसीलिए वीरोदय के प्रारम्भ में मंगलाचरण के रूप में श्रीभगवान् की स्तुति की है। मंगलाचरण का एक श्लोक प्रस्तुत है–

"चन्द्रप्रभं नौमि यदङ्गसारस्तं कौमुदस्तौममुरीचकार।
सुखंजनः संलभते प्रणश्यत्तमस्तयाऽऽत्मीयपदं समस्य॥"

–वीरोदय, १/३

(३) भगवान् महावीर जैन धर्म के अन्तिम तीर्थंकर थे। भारतवर्ष में ऋषभदेव के समान ही महावीर जी की भी प्रसिद्धि है। इन्हीं वीर भगवान् के जीवन पर यह काव्य आधारित है। 'वीरोदय' के कथानक का स्रोत 'महापुराण' से लिया गया है।

(४) इस काव्य में 'मोक्ष' रूप पुरुषार्थ की सिद्धि का स्पष्ट ही संकेत है। कवि के कथनानुसार–

"पावानगरोपवने मुक्तिश्रियमनुगतो महावीरः।
तस्या वर्त्मानुसरन् गतोऽभवन् सर्वथा धीरः॥"

वीरोदय, २१/२१

कार्तिक मास की चतुर्दशी तिथि की रात्रि को वीरभगवान् ने मुक्ति-लक्ष्मी का वरण किया।

(५) इस काव्य के नायक लोकविश्रुत भगवान् महावीर हैं। महावीर में एक नायक के सभी गुण विद्यमान हैं। वह परमधार्मिक, अद्भुत सौन्दर्यशाली, सांसारिक राग से दूर, जैन-धर्म के उद्धारक, दु:खियों का कल्याण करने वाले हैं। कुण्डनपुर के राजा सिद्धार्थ और रानी प्रियकारिणी को महावीर के माता-पिता होने का गौरव प्राप्त है।[६०]

(६) वीरोदय में विविध-स्थलों और वृत्तान्तों का भी यथास्थान वर्णन मिलता है। इस काव्य में कवि ने कुण्डनपुर के वैभवपूर्ण वर्णन से हमारे समक्ष एक समृद्ध नगर की झाँकी प्रस्तुत कर दी है।[६१] समुद्र का भी सुन्दर वर्णन यथास्थान किया गया है।[६२] वीरोदय में कवि ने हिमालय,[६३] विजयार्ध,[६४] और सुमेरु[६५] इन तीनों पर्वतों का प्रासंगिक उल्लेख किया है। वीरोदय का सर्वाधिक मनोहारी उसका ऋतुवर्णन है। कवि ने वर्षा,[६६] वसन्त,[६७] शीत,[६८] ग्रीष्म,[६९] शरद्[७०] इन पाँच ऋतुओं का वर्णन इस काव्य में किया है। वीरोदय में भगवान् महावीर के जन्माभिषेक का बड़ा दिव्यवर्णन कवि ने प्रस्तुत किया है।[७१] सर्वप्रथम देवगणों ने और तत्पश्चात् राजा सिद्धार्थ ने भगवान् का जन्माभिषेक धूम-धाम से किया।

वीरोदय में तीन संवाद देखने को मिलते हैं–(क) रानी प्रियकारिणी-राजा सिद्धार्थ का संवाद,[७२] (ख) रानी प्रियकारिणी–देवी–संवाद[७३] और (ग) राजा सिद्धार्थ-वर्द्धमान-संवाद।[७४]

वीरोदय में एक स्थल पर देवगणों की यात्रा का वर्णन है।[७५] इसके अतिरिक्त कवि ने देवालय[७६] और समवसरण-मण्डप[७७] का भी वर्णन अपने इस काव्य में किया है। काव्य में भगवान् के पुनर्जन्मों का वर्णन भी विस्तार से किया गया है।[७८] काव्य के उपसंहार में वर्णित जैन-धर्म एवं दर्शन कवि को सच्चा जैन-धार्मिक सिद्ध करने में समर्थ है।[७९]

उपर्युक्त विवरण से यह स्पष्ट है कि वीरोदय में विविधस्थलीय-वर्णन और वृत्तान्त-वर्णन मिलते हैं। ये सब वर्णन कवि की सूझ-बूझ के परिचायक हैं। कवि ने यथाशक्ति प्रकृति-वर्णन और नगर-वर्णन भी अपने इस काव्य में किया है।

(७) वीरोदय में हमें शृंगार रस,[८०] अद्भुत,[८१] वात्सल्यभाव[८२] और भक्तिभाव[८३] की छटा यत्र-तत्र देखने को मिलती है। लेकिन अंगीरस का स्थान शान्तरस को ही प्राप्त है।[८४] शेष रस एवं भाव इस रस के अंग ही हैं।

(८) वीरोदय पंचसन्धियों की दृष्टि से सफल काव्य है। काव्य के प्रथम सर्ग में वीरभगवान् के जन्म का उल्लेख है,[८५] यह काव्य की मुखसन्धि है। इसके पश्चात् छठे सर्ग में पुनः वीरभगवान् के जन्म का सविस्तार वर्णन है,[८६] यह काव्य की प्रतिमुख सन्धि है। इस काव्य में कवि का प्रमुख उद्देश्य वीरभगवान् की मुक्ति द्वारा शान्तरस की स्थापना करना है। कवि का यह उद्देश्य महावीर द्वारा किये गये विवाह के विरोध में छिपा हुआ है,[८७] यह इस काव्य की गर्भसन्धि है। काव्य के एकादश, द्वादश, त्रयोदश सर्गों में भगवान् अपने पूर्वभवों का विचार करते हैं; उग्र तपस्या करते हैं। इस प्रकार काम-क्रोध इत्यादि आन्तरिक शत्रुओं पर विजय प्राप्त करके कैवल्यज्ञान प्राप्त करते हैं; और गौतम को सदुपदेश देते हैं। काव्य के इन स्थलों को विमर्श-सन्धि कहा जा सकता है।

१२वें सर्ग में कवि ने भगवान् महावीर के समक्ष मोक्षलाभ का उल्लेख किया है[८८] कवि की उद्देश्यपूर्त्ति रूप यह स्थल काव्य की निर्वहण सन्धि है।

(९) छन्दों के निर्वाह में भी इस काव्य में कवि ने कुशलता का परिचय दिया है। इस काव्य में यथाशक्ति छन्दों के नियमों का पालन हुआ है। यथा–प्रथम सर्ग में उपजाति छन्द का उपयोग है; और इस सर्ग का अन्तिम श्लोक मात्रासमक छन्दोबद्ध है। इसके अतिरिक्त कवि ने अनुष्टुप्, इन्द्रवज्रा, उपेन्द्रवज्रा, शार्दूलविक्रीडित, वसन्ततिलका इत्यादि छन्दों का बहुतायत से प्रयोग किया है।

(१०) वीरोदय में प्रत्येक सर्ग के अन्त में अग्रिम सर्गों में आने वाली घटनाओं की ओर संकेत है। उदाहरण के लिए प्रथम सर्ग का ही अन्तिम श्लोक प्रस्तुत है–

"इति दुरितान्धकारके समये नक्षत्रौघसङ्कुलेऽघमये।
अजनि जनाऽऽह्लादनाय तेन वीराह्वयं वसुधास्यदेन॥" वीरोदय, १/३९

इस श्लोक से इस बात की ओर संकेत मिलता है कि अब काव्य में भगवान् महावीर के जन्म, उनके वैराग्य, लोक कल्याण के लिए प्रयत्नशीलता और मोक्ष इत्यादि का वर्णन होगा। कवि ने सर्गों का नाम भी उनमें वर्णित कथाओं के अनुसार किया है। यथा–प्रथम सर्ग का नाम कवि

ने 'प्राक्कथन' रखा है। दूसरे सर्ग में जम्बू-द्वीप, भरतक्षेत्र, भारतवर्ष, कुण्डनपुर इत्यादि का वर्णन है; इसलिए इस सर्ग का नाम कवि ने द्वीप प्रान्तपुराभिवर्णनकर: रखा है। इसी प्रकार तृतीय सर्ग का नाम उसके वर्ण्य-विषय के अनुसार 'श्रीसिद्धार्थतदंगना विवरण:' है।

(११) वीरोदय में कवि ने अनेक उत्तम अलंकारों का प्रयोग किया है। जयोदय की तरह वीरोदय भी अन्त्यानुप्रास से अलंकृत है। यमक,[८९] उपमा,[९०] अपह्नुति,[९१] उत्प्रेक्षा,[९२] भ्रान्तिमान्,[९३] परिसंख्या[९४] आदि अलंकारों की छटा काव्य में विशेष दर्शनीय है।

(१२) काव्य के प्रारम्भ से ही कवि ने सज्जनों की प्रशंसा विस्तार से की है[९५] और दुर्जनों की आलंकारिक आलोचना भी कर दी है।[९६]

(१३) इस काव्य के नायक भगवान् महावीर की कवि ने स्थान-स्थान पर प्रशंसा की है।[९७] काव्य के परिशीलन से यह ज्ञात हो जाता है कि वीरभगवान् युद्धवीर तो नहीं, पर धर्मवीर अवश्य हैं।[९८] उन्हें बाह्य शत्रुओं से युद्ध की कोई आवश्यकता नहीं हुई, हाँ भीतर के शत्रुओं पर विजय प्राप्त करके वीरभगवान् ने मोक्ष प्राप्त कर लिया।[९९] इस प्रकार वीरोदय में नायक का ही अभ्युदय दिखाया है।

(१४) नायक प्रधान इस काव्य का नाम काव्य के नायक के नाम पर ही आधारित है। नायक का नाम है–महावीर; और महावीर के अभ्युदय से शान्तरस की स्थापना ही कवि का लक्ष्य है; इस लक्ष्य का निर्वहण कवि ने बड़ी सूझ-बूझ के साथ किया है। अत: काव्य के नायक और काव्य के लक्ष्य के आधार पर कवि ने इस काव्य का नाम जो 'वीरोदय' वीर का उदय–अभ्युन्नति–रखा, वह सर्वथा उचित है।

इस महाकाव्य के परिशीलन से ज्ञात होता है कि यह काव्य एक ओर तो शैली की दृष्टि से कालिदास के काव्यों की श्रेणी में आ जाता है; और दूसरी ओर दर्शनपरक होने के कारण बौद्ध दार्शनिक महाकवि अश्वघोष के काव्यों के समकक्ष आ जाता है।

जब हम इस महाकाव्य को काव्यशास्त्रीय दृष्टि से देखते हैं तो यह उत्कृष्ट कोटि के महाकाव्य की श्रेणी में आ जाता है। और जब इसकी घटनाओं को देखते हैं तो यह इतिहास ग्रन्थ एवं पुराणग्रन्थ प्रतीत होता है। इसमें धर्म का स्वरूप जिस कौशल से प्रस्तुत किया गया है, उसको देखते हुए यह धर्मशास्त्र ग्रन्थ की श्रेणी में आ जाता है। और काव्य के साथ ही इसमें जैन-दर्शन की भी व्याख्या मिलती है। फलस्वरूप इसमें दर्शनग्रन्थ की भी विशेषताएँ देखने को मिल जाती हैं।

इस काव्य में ब्रह्मचर्य-व्रत के अतिरिक्त अहिंसा एवं अपरिग्रह–इन दो व्रतों की भी शिक्षा बड़े कौशल के साथ दी गई है।

इस काव्य का ऋतु वर्णन माघ के ऋतु वर्णन के समान ही प्रभावशाली है। वर्षा ऋतु का भगवान् के गर्भावतरण के साथ, वसन्त ऋतु का भगवान् के जन्म के साथ, शीत ऋतु का भगवान् के चिन्तन के साथ, ग्रीष्म ऋतु का भगवान् के उग्र तपश्चरण के साथ और शरद् ऋतु का भगवान् महावीर के निर्वाण के साथ वर्णन करके कवि ने ऋतुवर्णन को नई दिशा दी है। श्री ज्ञानसागर के पूर्व के काव्यों में ऋतुओं का ऐसा प्रासंगिक वर्णन देखने को नहीं मिलता। वास्तव में प्रकृति मानव

की चिरसहचरी और उसके विचारों का समर्थन करने वाली है, यह बात महाकवि ज्ञानसागर के इस काव्य को पढ़ने से स्पष्ट हो जाती है।

प्रस्तुत काव्य में देवियों द्वारा वर्धमान की माता प्रियकारिणी की सेवा, सौधर्मेन्द्र द्वारा भगवान् का जन्माभिषेक, कुबेर एवं इन्द्र द्वारा समवसरण मण्डप का निर्माण आदि घटनाएँ देवों और मानवों को एकसूत्र में बाँधने का अत्यन्त प्रशंसनीय प्रयास प्रस्तुत करती हैं। साथ ही ये घटनाएँ यह भी बताती हैं कि महापुरुष अपनी विशेषताओं से मानव रूप में उत्पन्न होकर भी देववन्द्य हो जाते हैं।

इस काव्य का उद्देश्य पाठक को अहिंसा, ब्रह्मचर्य एवं जैन -दर्शन के महत्त्व का ज्ञान कराना है। यदि दर्शन के सिद्धान्तों को सीधे-सीधे प्रस्तुत कर दिया जाता तो सहृदय सामाजिक इसको पढ़ने में नीरसता का अनुभव करते। अतः सामाजिक के लिए इन सिद्धान्त रूपी औषधियों को कवि ने काव्यानन्दरूपी चाशनी से पाग कर प्रस्तुत किया है। कवि अपने इस प्रस्तुतीकरण के प्रयास से दार्शनिकों और कवियों–दोनों की रुचियों को सन्तुष्ट करने में समर्थ हो सका है। अतः कवि का यह काव्य भी संस्कृत-साहित्य की महान् काव्यकृतियों में स्थान पाने योग्य है।

३. सुदर्शनोदय

सुदर्शनोदय के परिशीलन से भी यह स्पष्ट हो जाता है कि यह एक महाकाव्य है, तथापि विद्वानों और सहृदय सामाजिकों की तुष्टि के लिए, महाकाव्य के लक्षणों के आधार पर किया गया सुदर्शनोदय का परीक्षण आपके समक्ष प्रस्तुत है–

(१) सुदर्शनोदय की कथावस्तु नौ सर्गों में निबद्ध है।

(२) इस काव्य के प्रारम्भ में मंगलाचरण के रूप में कवि ने वीरभगवान् की स्तुति की है–

"वीरप्रभुः स्वीयसुबद्धिनावा भवाब्धितीरं गमितप्रजावान्।
सुधीवराराध्यगुणान्वया वाग्यस्यास्ति नः शास्ति कवित्वभावा॥"

–सुदर्शनोदय, १/१

(३) सुदर्शनोदय की कथा का आधार हरिषेणकृत 'बृहत्कथाकोश' का 'सुभगगोपाल' नामक कथानक है।

(४) इस काव्य में भी कवि ने मोक्ष रूप पुरुषार्थ की सिद्धि उपस्थित की है। काव्य के अन्त में उन्होंने कहा है–

"नदीपो गुणरत्नानां जगतामेकदीपकः।
स्तुतांजनतयाऽऽधीतः सः निरंजनतामधात्॥"

–सुदर्शनोदय, ९/८७

(५) इस काव्य का नायक सेठ सुदर्शन है। सुदर्शन में धीरप्रशान्त नायक के सभी गुण हैं। वह चतुर,[१००] परमधार्मिक,[१०१] वैश्यकुलोत्पन्न,[१०२] मनोहर आकृति,[१०३] सुकुमारहृदय[१०४] और दृढ़ व्यक्तित्व[१०५] वाला है। चम्पापुरी के सेठ वृषभदत्त और जिनमति सुदर्शन के माता-पिता हैं।[१०६]

(६) अन्य महाकाव्यों की भाँति सुदर्शनोदय में भी विविध-स्थलों और वृत्तान्तों का

स्थान-स्थान पर उल्लेख मिलता है। अंगदेश,[१०७] चम्पापुरी,[१०८] और अंगदेश के ग्रामों[१०९] का कवि ने प्रसंगानुकूल वर्णन किया है। वसन्तवर्णन,[११०] उद्यानविहारवर्णन,[१११] नायक-नायिका प्रेमवर्णन,[११२] विवाह-वर्णन,[११३] और प्रभात-वर्णन,[११४] रात्रि वर्णन[११५] तथा सुदर्शनोदय की उत्पत्ति का वर्णन[११६] कवि के प्रकृतिप्रेम एवं वर्णन-कौशल के परिचायक हैं।

सुदर्शनोदय में हमें कुछ संवाद भी दृष्टिगोचर होते हैं। यथा-(क) वृषभदेव जिनमति-संवाद,[११७] (ख) वृषभदास-मुनिराज-संवाद,[११८] (ग) वृषभदास-सागरदत्त-संवाद[११९] आदि।

सुदर्शनोदय में मुनियों[१२०] एवं जिनदेव की मूर्ति[१२१] का भी वर्णन मिलता है। कई स्थलों पर कवि ने जैनधर्म के कुछ सारभूत तत्त्वों का वर्णन अपने काव्यों में किया है।

उपर्युक्त विवेचन से स्पष्ट हो जाता है कि सुदर्शनोदय में कवि ने विविध-स्थलीय-वर्णन, प्राकृतिक-पदार्थ-वर्णन, विविध-वृत्तान्त-वर्णन और स्त्री-पुरुषों के मनोवैज्ञानिक चित्रण द्वारा अपनी सूक्ष्म-दर्शन-शक्ति का अद्भुत परिचय दिया है।

(७) सुदर्शनोदय में जिन रसों एवं भावों का वर्णन किया गया है, वे इस प्रकार हैं-

(क) शृंगार रस,[१२२] (ख) वत्सल रस,[१२३] (ग) अद्भुत रस,[१२४] (घ) भक्तिभाव,[१२५] (ङ) शृंगाराभास[१२६] और (च) शान्तरस।[१२७] काव्य के परिशीलन से ज्ञात हो जाता है कि शान्तरस अंगीरस है। शेष रस एवं भाव इसके अंग हैं।

(८) सुदर्शनोदय में यथाशक्ति पाँच सन्धियों का निर्वाह हुआ है। काव्य के द्वितीय सर्ग में ऋषि ने वृषभदत्त और जिनमति के सम्मुख उनके पुत्र होने की घोषणा की है;[१२८] यह काव्य की मुखसन्धि है। तृतीय सर्ग में सुदर्शन की उत्पत्ति का वत्सलरस से परिपूर्ण वर्णन है;[१२९] यह काव्य की प्रतिमुख-सन्धि है। काव्य की चरम परिणति सुदर्शन की मोक्ष-प्राप्ति में है; और काव्य का मुख्य रस है-शान्तरस। काव्य का यह उद्देश्य पिता की विरक्ति के पश्चात् सुदर्शन के मुनि के प्रति कहे हुए विरक्तिपूर्ण वचनों में छिपा हुआ है[१३०] अतः यह स्थल काव्य की गर्भसन्धि है। काव्य में कपिला ब्राह्मणी, अभयमती रानी और देवदत्ता वेश्या के प्रपंचों में जब-जब सुदर्शन पड़ता है,[१३१] तब-तब पाठक को यही लगता है कि सम्भवतः सुदर्शन अपने उद्देश्य को प्राप्त न करे। काव्य के ये सभी स्थल विमर्श-सन्धि के रूप में स्वीकार किये जा सकते हैं। अन्त में सुदर्शन ने सभी विपत्तियों पर विजय प्राप्त की। उन्हें कैवल्यज्ञान भी प्राप्त हुआ, तत्पश्चात् उन्होंने मोक्ष भी प्राप्त कर लिया,[१३२] यह काव्य की 'निर्वहण सन्धि' है, जिसके द्वारा कवि ने अपने उद्देश्य का निर्वाह किया है।

(९) सुदर्शनोदय में कवि छन्दों के प्रति स्वतन्त्र हो गये हैं। केवल पंचम सर्ग में ही अनुष्टुप् और अन्तिम श्लोक में द्रुतविलम्बित छन्द का प्रयोग किया गया है। इस सर्ग में भी बीच-बीच में गीत आ गये हैं। उपजाति, रथोद्धता, वंशस्थ, वसन्ततिलका, शार्दूलविक्रीडित छन्दों का क्रम-रहित प्रयोग इस काव्य में यत्र-तत्र मिल जाता है। उपजाति छन्द का काव्य में सर्वाधिक प्रयोग किया गया है।

(१०) सुदर्शनोदय में ९ सर्ग हैं। प्रत्येक सर्ग का अन्त आगे के सर्ग की सूचना देता है। यथा-

"सार्धसहस्त्रद्वयात्तु हायनानामिहाद्यतः।
बभूवायं महाराजो महावीरः प्रभोः क्षणे।। सुदर्शनोदय, १/४५

काव्य का यह श्लोक धात्रीवाहन की राजधानी चम्पापुरी से ही आगे की कथा सम्बद्ध है, ऐसी सूचना देता है। कवि ने प्रत्येक सर्ग का नामकरण उस सर्ग में वर्णित कथा के आधार पर किया है। यथा–काव्य में प्रथम सर्ग में अंगदेश के धात्रीवाहन का वर्णन है; इसीलिए सर्ग का नाम कवि ने 'देशादेर्नृपतेश्च वर्णनपरः आद्यः सर्गः' रखा है। इसी प्रकार द्वितीय सर्ग में सुदर्शन की माता उसके जन्म से पूर्व कुछ सुन्दर स्वप्न देखती है, जिनका परिणाम सुदर्शन के माता-पिता एक ऋषि से ज्ञात करते हैं, अतः सर्ग का नाम कवि ने 'श्रीयुक्तस्य सुदर्शनस्य जननीस्वप्नादि वाक्सम्मतः द्वितीय सर्गः' रखा है।

(११) सुदर्शनोदय में कवि ने अनेक उत्तम उपमालंकारों का प्रयोग करके अपने प्रबल कला-कौशल का परिचय दिया है। जयोदय एवं वीरोदय की भाँति ही सुदर्शनोदय में भी हमें प्रायः अन्त्यानुप्रास की छटा दृष्टिगोचर होती है। इसके अतिरिक्त यमक,[१३३] श्लेष,[१३५] उपमा,[१३५] उत्प्रेक्षा[१३६] आदि अलंकार प्रमुख रूप से प्रयुक्त किये गये हैं।

(१२) काव्य के प्रारम्भ में ही कवि ने सज्जनों की प्रशंसा मुक्तकण्ठ से की है; कवि के अनुसार सज्जनों की परम्परा विपत्तियों का विनाश करने वाली होती है।[१३७] सुदर्शन का वध करने हेतु वधिक को आज्ञा देने वाले राजा धात्रीवाहन की, एक नागरिक से कवि ने जो निन्दा करवाई है, उससे दुष्टों की ही निन्दा अभिव्यक्त होती है।[१३८]

(१३) महाकाव्य में स्थान-स्थान पर कवि ने सेठ सुदर्शन के गुणों का उल्लेख किया है। सुदर्शन जैन धर्म पर आस्था रखने वाला,[१३९] ऋषि-मुनियों की भक्ति करने वाला,[१४०] अपनी पत्नी मनोरमा से पूर्ण सन्तुष्ट,[१४१] दृढव्यक्तित्व वाला[१४२] और मोक्षरूप पुरुषार्थ की ओर अग्रसर[१४३] है। कवि ने सुदर्शन के जन्म से लेकर निर्वाण तक के सभी वृत्तान्तों का उल्लेख काव्य में कर दिया है। सुदर्शनोदय के परिशीलन से ज्ञात होता है कि सुदर्शन का शत्रु और कोई नहीं, उसका रूप और गुण ही उसके शत्रु हैं। इन्हीं के कारण रानी अभयमती, कपिला ब्राह्मणी और देवदत्ता वेश्या उसके मोक्षमार्ग में बाधक बनती हैं। किन्तु सुदर्शन अपने रूप के प्रति निस्पृह है; अतः वह इन कुटिल स्त्रियों की कुचेष्टाओं के प्रति भी निस्पृह ही बना रहता है; और विजय भी प्राप्त करता है। तीनों ही स्त्रियों को उसके पर्वततुल्य व्यक्तित्व के समक्ष झुकना पड़ता है; और सुदर्शन मोक्षरूप अभ्युदय को प्राप्त कर लेता है।

(१४) सुदर्शनोदय सेठ सुदर्शन की कथा पर आधारित काव्य है। काव्य के नाम से स्पष्ट है कि कवि ने काव्य का नाम नायक के नाम पर रखा है। सुदर्शन इस काव्य का नायक है; और सुदर्शन द्वारा मोक्षरूप पुरुषार्थ की सिद्धि से शान्त रस की संस्थापना ही कवि का मुख्य लक्ष्य है। काव्य के नायक और मुख्य रस के स्थापन के उद्देश्य से ही कवि ने काव्य का नाम सुदर्शनोदय रखा है।

इस महाकाव्य के द्वारा कवि ने पंच नमस्कार मंत्र के महत्त्व से पाठक को अवगत कराने के साथ ही पातिव्रत्य, एकपत्नीव्रत, सदाचार, सम्यक्चरित्र आदि गुणों की भी शिक्षा दी है। इसमें शृंगाररसाभास पर शान्तरस की अद्भुत विजय दिखाई दे रही है।

इस काव्य की सबसे बड़ी विशेषता है–इसके गीत। साहित्य, संगीत एवं दर्शन का अद्भुत सम्मिश्रण काव्य को उत्कृष्ट बनाने में सहायक हैं। अन्तर्द्वन्द्व, प्रसन्नता, भक्ति, प्रेम इत्यादि मनोभावों को प्रकट करने में सहायक विभिन्न राग-रागिनियों की शैलियों में बद्ध इन गीतों का प्रयोग कवि का अद्भुत प्रयास है। कवि के इस काव्य की यह विशेषता हम कालिदास के काव्यों में भी नहीं पाते, फिर अन्य कवियों के विषय में क्या कहा जाए? यद्यपि जयदेव के 'गीत-गोविन्द' में गीत भी संस्कृत-साहित्य में ख्याति प्राप्त कर चुके हैं, किन्तु ये गीत संवादों या घटनाओं के बीच-बीच में न होकर क्रमशः हैं। जबकि हमारे आलोच्य कवि ने विशिष्ट भावों को प्रकट करने के लिए घटनाओं और संवादों के बीच में इन गीतों को प्रयुक्त किया है।

सेठ सुदर्शन के जीवन-वृत्तान्त द्वारा इस काव्य में कवि ने सहिष्णुता की शिक्षा दी है। तीन-तीन वार विपत्ति आ जाने पर और प्राणों की बाजी लग जाने पर भी सेठ सुदर्शन न तो कर्त्तव्य-पथ से डिगे और न उन्होंने अपने प्रति दुर्व्यवहार करने वालों के प्रति कटु वचन कहे। यह सहिष्णुता तो सुदर्शन जैसे महापुरुषों का ही अलंकरण हो सकती है। सामान्य मनुष्य तो किंचित् विपत्ति से ही घबरा जाते हैं, घोर उपसर्गों को सहने की क्षमता उनमें कहाँ?

कवि ने स्थान-स्थान पर मुनियों के आचार, आहार-व्यवहार आदि की शिक्षा अवसरानुकूल दी है। कथा के माध्यम से प्रस्तुत किए जाने के कारण यह शिक्षा कोरा उपदेश न रहकर पाठक के हृदय पर छा जाने की भी क्षमता रखती है।

काव्य के उपजाति, अनुष्टुप्, शार्दूलविक्रीडित आदि छन्द, उपमा, विरोधाभास आदि अलंकार, अन्त्यानुप्रास की तुकबन्दी, सुन्दर पदों वाली भाषा और सुकुमार शैली से समृद्ध कलापक्ष का भावपक्ष के साथ अद्भुत समन्वय इस काव्य की एक अन्यतम विशेषता है।

इस काव्य के पढ़ने से शासक वर्ग यह जान सकता है कि विना विचारे कोई कार्य नहीं करना चाहिए। अपराधों को समाप्त करने के लिए सर्वप्रथम उनको दूर करने के उपाय अपने ही पारिवारिक जनों पर करने चाहिए और वास्तविक अपराधी को ही दण्ड मिलना चाहिए। निरपराध व्यक्ति दण्डित किया जाय, यह बात राजा के हित में नहीं है।

स्पष्ट है कि काव्य, काव्यशास्त्रियों, सामाजिकों, शासकों, दार्शनिकों और धार्मिकों को शिक्षा देने एवं उनको सन्तुष्ट करने में समर्थ है। अतः यह काव्य भी संस्कृत-साहित्य में उच्च स्थान पाने का अधिकारी है।

४. श्रीसमुद्रदत्तचरित्र

महाकाव्य की विशेषताओं द्वारा इस काव्य की परीक्षा करने से यह सिद्ध हो जाता है कि यह भी एक महाकाव्य है। इसमें विद्यमान महाकाव्य सम्बन्धी विशेषताएँ अधोलिखित हैं–

(१) इस काव्य की कथावस्तु ९ सर्गों में निबद्ध है।

(२) इस काव्य के प्रारम्भ में मंगलाचरण के रूप में भगवान् ऋषभदेव, भगवान् वर्द्धमान एवं अन्य तीर्थंकरों की वन्दना की गई है।[१४४]

(३) गुणभद्राचार्य रचित महापुराण इस काव्य के कथानक का स्रोत है। साथ ही हरिषेणाचार्यरचित वृहत्कथाकोश भी है।

(४) कवि के अन्य काव्यों के समान ही यह काव्य भी मोक्ष रूप पुरुषार्थ की सिद्धि करने वाला है।[१४५]

(५) सत्यवादी भद्रमित्र इस काव्य का नायक है, जो एक श्रेष्ठ वैश्य का पुत्र है।[१४६] बाद में वह राजा सिंहचन्द्र,[१४७] ग्रैवेयक के अहमिन्द्र[१४८] और चक्रायुध[१४९] के रूप में भी जन्म ग्रहण करता है। सत्याचरण,[१५०] जैनधर्म के प्रति निष्ठा,[१५१] स्वावलम्बन[१५२] आदि उसके प्रधान गुण हैं।

(६) महाकवि ज्ञानसागर ने इस काव्य को विविध वस्तुओं एवं वृत्तान्तों के वर्णन से इस प्रकार आच्छादित कर दिया है कि कभी-कभी पाठक भ्रान्त होकर मूल कथानक से दूर भी चला जाता है। कवि ने इस काव्य में स्वर्ग,[१५३] नरक,[१५४] अलकापुरी,[१५५] चक्रपुर,[१५६] विजयार्ध-पर्वत,[१५७] राजा ऐरावण और राजकुमारी प्रियंगुश्री का विवाह,[१५८] चक्रायुध का जन्म,[१५९] महाकच्छ की स्तम्बकगुच्छ नगर की यात्रा,[१६०] भद्रमित्र की रत्नद्वीप यात्रा,[१६१] नायकाभ्युदय[१६२] इत्यादि का वर्णन यथास्थान किया है। जैन-धर्म का काव्य होने के कारण इसमें मुनि-वर्णन भी दृष्टिगोचर होता है।[१६३] पात्रों के पूर्वजन्मों और पुनर्जन्म के वृत्तान्त भी इसमें यथास्थान हैं।[१६४] काव्य के अष्टमसर्ग में जैन-धर्म का विस्तृत उपदेश प्रस्तुत किया गया है, और नवम सर्ग में चक्रायुध के उग्र तपश्चरण का वर्णन है।

(७) श्रीसमुद्रदत्तचरित्र में शान्त,[१६५] रौद्र,[१६६] वत्सल[१६७] रसों एवं भक्तिभाव[१६८] का वर्णन मिलता है। इस काव्य में अंगीरस का पद शान्तरस ने ही प्राप्त किया है।

(८) इस काव्य में कवि ने पंचसन्धियों का भी निर्वाह करने का प्रयास किया है। प्रथम सर्ग में भद्रमित्र का उल्लेख काव्य की मुख सन्धि है।[१६९] तृतीय सर्ग में भद्रमित्र की चारित्रिक विशेषताओं का ज्ञान होता है,[१७०] यह काव्य की प्रतिमुख सन्धि है। सत्यघोष नामक राजा के मंत्री से अपना धन पाकर भद्रमित्र एक मुनिराज के दर्शन और उपदेश से प्रभावित होता है,[१७१] यह काव्य की गर्भसन्धि है। क्योंकि इसमें काव्य का मुख्य उद्देश्य 'आगे नायक का वैराग्य एवं सत्य की विजय' छिपा हुआ है। भद्रमित्र की माता द्वारा व्याघ्री के रूप में भद्रमित्र को खा जाना,[१७२] पुनः सिंहचन्द्र के रूप में जन्म,[१७३] नवग्रैवेयक के अहमिन्द्र के रूप में जन्म[१७४] ये सब विमर्श सन्धि से सम्बन्धित स्थल हैं। पुनः पुनः जन्म-मरण के चक्र से ऐसा लगता है कि सम्भवतः नायक मोक्ष न प्राप्त कर सके। अन्त में चक्रायुध (भद्रमित्र) सांसारिक पदार्थों का त्याग करके कैवल्यज्ञान प्राप्त कर लेता है। अतः मोक्ष एवं सत्य की विजय होती है,[१७५] यही काव्य की निर्वहण सन्धि है।

(९) श्रीसमुद्रदत्तचरित्र के परिशीलन से यह स्पष्ट हो जाता है कि कवि ने महाकाव्य विषयक छन्दों के नियमों को अपनाने का पूर्ण प्रयास किया है। काव्य के प्रथम, द्वितीय, चतुर्थ, पंचम, सप्तम और नवम सर्गों में क्रमशः उपजाति, वियोगिनी, वंशस्थ, स्वागता, द्रुतविलम्बित और अनुष्टुप् छन्दों का प्रयोग किया गया है। तृतीय सर्ग में उपजाति, इन्द्रवज्रा और वसन्ततिलका छन्दों का मिश्रित प्रयोग है। प्रत्येक सर्ग के अन्त में छन्द बदला गया है।

(१०) श्री समुद्रदत्तचरित्र में भी अन्त्यानुप्रास की छटा सर्वत्र विद्यमान है। इसके अतिरिक्त कवि ने इस काव्य को यमक,[१७६] उपमा,[१७७] अर्थान्तरन्यास,[१७८] परिसंख्या,[१७९] विरोधाभास[१८०] आदि अलंकारों से सुसज्जित किया है।

(११) प्रस्तुत काव्य के प्रथम सर्ग में कवि ने सज्जनों की प्रशंसा[१८१] एवं दुर्जनों की निन्दा की है।[१८२]

(१२) श्रीसमुद्रदत्तचरित का नायक भद्रमित्र है। इस काव्य में शत्रु रूप में कवि ने सिंहपुर के राजा सिंहसेन के ब्राह्मण-मंत्री सत्यघोष को प्रस्तुत किया है। सत्यघोष भद्रमित्र के रत्नों को हड़पना चाहता है, किन्तु सत्य की विजय होती है; और भद्रमित्र को उसके रत्न प्राप्त हो जाते हैं। सत्यघोष की वास्तविकता सबको ज्ञात हो जाती है, अत: उसे अपदस्थ कर दिया जाता है। भद्रमित्र सत्य के बल पर अपने अन्य तीन जन्मों में भी सुखपूर्वक समय व्यतीत करता है। तत्पश्चात् अपने ऊपर भी विजय प्राप्त करके कैवल्यज्ञानलाभ करता है। भद्रमित्र की इसी विजय द्वारा कवि ने नायकाभ्युदय दिखाया है।

(१३) प्रस्तुत काव्य के कवि ने दो नाम रखे हैं—१. भद्रोदय और २. श्रीसमुद्रदत्तचरित्र। ये दोनों ही नाम काव्य के नायक के नाम पर आधारित हैं। भद्रोदय का तात्पर्य है भद्र (मित्र) की उन्नति। काव्य में भद्रमित्र के भौतिक एवं आध्यात्मिक दोनों ही प्रकार से अभ्युदय प्राप्त करने का वर्णन है; इसलिए इस काव्य का भद्रोदय नाम सार्थक है। भद्रमित्र का दूसरा नाम समुद्रदत्त भी है। काव्य में उसके चार जन्मों का वर्णन मिलता है। चारों ही जन्मों में उसकी चारित्रिक विशेषताओं पर कवि ने प्रकाश डाला है, इसलिए इस काव्य का "श्रीसमुद्रदत्तचरित्र" नाम भी सार्थक है।

इस काव्य में भद्रमित्र नामक काव्य-नायक के जन्मजन्मान्तरों का वर्णन है। इसके माध्यम से कवि ने अस्तेय नामक महाव्रत की शिक्षा दी है और चोरी एवं असत्य भाषण के दुष्प्रभाव से बचने के लिए पाठक को सावधान किया है।

इस काव्य में पुनर्जन्मवाद और कर्मफलवाद का वर्णन इस प्रकार किया गया है कि पाठक पूर्वजन्म और वर्तमान जन्म का तालमेल बिठाते समय वास्तविक कथा भूल जाता है। वैसे भी इस काव्य को रचने का उद्देश्य किसी रोचक घटना विशेष को प्रस्तुत करना नहीं है। कथा तो काव्य के उद्देश्य (अस्तेयकी शिक्षा) की सहायिका के रूप में आई है। सम्पूर्ण काव्य पढ़ने पर एक ही निष्कर्ष निकलता है—सत्यमेव जयते नानृतम्। इसके अतिरिक्त इस काव्य की रचना का दूसरा उद्देश्य है—काव्य के माध्यम से जैन-दर्शन के सिद्धान्तों को प्रस्तुत करना।

दर्शन-प्रधान एवं धर्मोपदेशप्रधान होते हुए भी इस काव्य के कुछ स्थल द्रष्टव्य हैं। यथा—धनार्जन हेतु विदेश जाते हुए भद्रमित्र का अपने माता-पिता से संवाद, रानी द्वारा द्यूत क्रीड़ा से राज्य के पुरोहित की कलई खुलना, राजा की मृत्यु के बाद रामदत्ता का आर्यिका बन जाना आदि। इन सभी घटनाओं में कवि के भावपक्ष का सामर्थ्य स्पष्ट प्रतीत होता है।

श्री ज्ञानसागर के पूर्व ऐसे काव्य नहीं के बराबर रचे गए, जिनमें महाकाव्य और चरितकाव्य की विशेषताएँ साथ-साथ दृष्टिगोचर होती हैं। श्रीसमुद्रदत्तचरित्र ऐसा ही काव्य है।

परिसंख्या, विरोधाभास आदि से अलंकृत, सरल भाषा से सुसज्जित, सुकुमार शैली में प्रस्तुत, उपजाति, द्रुतविलम्बित आदि छन्दोबद्ध इस काव्य का कलापक्ष एवं जन्मवृत्तान्तों का आधिक्य शान्तरस की वर्णना में बाधक नहीं होता है।

अत: यह काव्य आबालवृद्ध सभी के लिए हितोपदेशात्मक है। दार्शनिकों एवं काव्यशास्त्रियों को एक साथ सन्तुष्ट करने वाला यह काव्य वास्तव में संस्कृत साहित्य की अमूल्य निधि है।

स्पष्ट है कि महाकवि ज्ञानसागर के ये चारों महाकाव्य संस्कृत साहित्य में विशिष्ट स्थान के अधिकारी हैं। काव्यों के माध्यम से अहिंसा, सत्य, ब्रह्मचर्य, अस्तेय और अपरिग्रह नामक पंचमहाव्रतों के साथ-साथ जैन धर्म और दर्शन की शिक्षा देने में कवि को अद्भुत सफलता मिली है। मैं कवि और कवि के इन चारों महाकाव्यों का अभिनन्दन करते हुए अपने शोधलेख को समाप्त करती हूँ।*

सन्दर्भ

१. (क) भामह, काव्यालंकार १/१९-२३; दण्डी, काव्यादर्श, १/१४-१९; विश्वनाथ, साहित्यदर्पण, ६/३१५ के उत्तरार्ध से ३२५ के पूर्वार्ध तक।
२. दण्डी, काव्यादर्श, १/२०-२२
३. (क) जयोदय, २४/५८-९८; (ख) वही, १०-१३ सर्ग; (ग) वही, २६-२८ सर्ग
४. वही, २८/१-६८
५. वही, ६/११४;
६. वही, ३/३०;
७. ११/६७, ८६
८. वही, २०/२-६
९. वही, २४/२-५७
१०. वही, २१/४१-६४, १४/४-६
११. वही, १८/१-३२
१२. वही, १५/१-९
१३. वही, १५/९, ७४-८२
१४. वही, १८/६३
१५. वही, १८ वाँ सर्ग
१६. वही, १५/५३-५७
१७. वही, १५/३५-३७
१८. वही, १५/३८-१०८
१९. वही, १४/७-९९
२०. वही, १७वाँ सर्ग
२१. वही, १७वाँ सर्ग
२२. वही, ५, ६, १०, ११, १२ सर्ग
२३. वही, ३/२१-९५, ७/५६-७३, ९/५८-९४
२४. वही, ७वाँ सर्ग
२५. वही, २४वाँ सर्ग
२६. वही, (क) अष्टम सर्ग, (ख) २८वाँ सर्ग
२७. वही, २८/७१
२८. वही, १/७७
२९. वही, २६/७३-७४
३०. वही, २२वाँ और २८वाँ सर्ग
३१. वही, ७/८५-११५, ८वाँ सर्ग
३२. वही, २५-२८ सर्ग

३३. वही, १९वाँ सर्ग, २४/५८-८५
३४. वही, १/२-७६
३५. वही, ३/२१-९५
३६. वही, १/६९-७५
३७. वही, २३/११-९७
३८. वही, २४/१०४-१४७
३९. वही, २५वाँ सर्ग
४०. वही, १/२-३, ५-६, ८-१०, १२, १४, १५-१९
४१. वही, ७/१-५४
४२. वही, १३/१-८१
४३. वही, १४/१-८२, ८७, ९३-९४, ९९
४४. वही, १२/१-८१, ८३-१०८, १२२-१३९
४५. वही, ९/१-९३, ११३, १२२-१२६, १३६, १३९, १४०-१४१, १५४
४६. वही, ९/१-८६
४७. वही, ८/८४, ९५
४८. वही, १/२-७६, १०४-११७
४९. प्रायः सभी सर्ग
५०. वही, २४/५५, २५/९, १४, ४९, ८२-८४
५१. वही, ९/५१, १०/५, १८/३७, ६३
५२. वही, ३/५२, १०/११, १५/५३
५३. वही, १/५२, १३/१०२, २४/३९
५४. वही, ८/६३, २५/३०
५५. वही, २८/५-६५
५६. वही, प्रत्येक सर्ग का उपान्त्य श्लोक एवं २८/७१
५७. वही, १/२-७६, १०४-११७
५८. वही, ८/८४
५९. वही, २८/६६-६८
६०. वीरोदय, ७/३८
६१. वही, २/२१-५०
६२. वही, २/२२-३३
६३. वही, २/७
६४. वही, २/८
६५. वही, २/२, ३, ७/१७-२२
६६. वही, ४/२-२६
६७. वही, ६/१२-३७
६८. वही, ९/१८-४५
६९. वही, १२/१-३१
७०. वही, २१/१-२०

७१. वही, ८/१-७
७२. वही, ४/३४-६१
७३. वही, ५/२७-३४
७४. वही, ८/२२-४६
७५. वही, ७/६-१२
७६. वही, २/३३-३४
७७. वही, १३/१-२५
७८. वही, ११वाँ सर्ग
७९. वही, १६वाँ, १८वाँ, १९वाँ और २०वाँ सर्ग
८०. वही, ४/३७
८१. वही, ६/१०
८२. वही, ८/७, ४६
८३. वही, ४/६३
८४. वही, नवम और दशम सर्ग
८५. वही, १/३९
८६. वही, ६/३८-३९
८७. वही, ८/२३-४५
८८. वही, २१/२२
८९. वही, ३/२५, १७/११
९०. वही, १/३, २०,३/१६, ६/३९
९१. वही, २/४६, ४७, ६/३०, ७/२१, ३०
९२. वही, १/१५, ३/३६, ४३
९३. वही, ७/१०
९४. वही, २/४८-४९
९५. वही, १/१०-१५
९६. वही, १/२१-२६
९७. वही, ६/९, ८/१२-२१, १०/३५
९८. वही, १०/२८-३६
९९. वही, दशमसर्ग, ११/३७-४४, १२/३२-४५, २१/२२
१००. सुदर्शनोदय, ५/१९-२०
१०१. वही, ५ प्रारम्भ के गीत
१०२. वही, ३/१
१०३. वही ३/१५
१०४. वही, ८/१४-१६
१०५. वही, ५/१९-२०, ७/२९-३०, ९/२८
१०६. वही, ३/१-१६
१०७. वही, १/१५-२४
१०८. वही, १/२५-३७

१०९. वही, १/२०-२२
११०. वही, ६/प्रारम्भ के २ गीत, १-४
१११. वही, ६/२-४
११२. वही, ३/४८
११३. वही, ३/४-१०
११४. वही, ५ प्रथम गीत
११५. वही, ७/श्लोक ९ के बाद का दूसरा गीत
११६. वही, २/२९-५०, ३/१-१०
११७. वही, २/१३-२३
११८. वही, २/२९-४०
११९. वही, ३/४५-४७
१२०. वही, ४/१, १६-३८
१२१. वही, ५ पृ०सं० ८२ का गीत
१२२. वही, ३/३५
१२३. वही, ३/९
१२४. वही, ८/१
१२५. वही, ४/४६
१२६. वही, ६/१७
१२७. वही, ८/२५, ३२; ९/८४
१२८. वही, २/२९-४०
१२९. वही, ३/१-१५
१३०. वही, ४/१५
१३१. वही, ५/१-२०, ७/१०-३६, ९/१२-२९
१३२. वही, ९/४८-८६
१३३. वही, ३/१९, ६ सारंगनामराग
१३४. वही, ५ प्रभातकालीनराग
१३५. वही, १/४३
१३६. वही, ३/७
१३७. वही, १/८-९
१३८. वही, ८/३
१३९. वही, ३/३४, पंचम सर्ग के गीत, ७/११
१४०. वही, ४/१५, ४६, ९/२९-३२
१४१. वही, ६/२२
१४२. वही, ७/२९, ८३
१४३. वही, ८/१४-२७
१४४. श्रीसमुद्रदत्तचरित्र, १/१-३
१४५. वही, ७/३०-३३
१४६. वही, १/२९-३०

१४७. वही, ४/९
१४८. वही, ५/१६
१४९. वही, ६/१५
१५०. वही, ४/२-३
१५१. वही, ७/३०
१५२. वही, १/३१-३६, ३/१-४
१५३. ४/३६, ५/१४-१५, ३३
१५४. वही, ४/३७, ५/३४
१५५. वही, २/१०
१५६. वही, ६/१-८
१५७. वही, २/१-९
१५८. वही, २/१-९
१५९. वही, ६/१४-१६
१६०. वही, २/१८-१९
१६१. वही, ३/१५-१७
१६२. वही, ९/१९-३०
१६३. वही, ४/६, ५/२७
१६४. वही, १/३०, ४/९, ५/१६, ६/१४, ४/२९, ४/३२-३३
१६५. वही, ७/१-२४, ९/१-२९
१६६. वही, २/३२
१६७. वही, ३/१०
१६८. वही, ७/२६
१६९. वही, १/२९-३१
१७०. वही, ३/१-४, ७-९, १४, १५, २७, ३१, ३३
१७१. वही, ४/६
१७२. ४/९
१७३. वही, ४/९
१७४. वही, ५/१६
१७५. ९/३०-३१
१७६. वही, १/१५
१७७. वही, ३/१७, ४/२
१७८. वही, ६/६
१७९. वही, ९/५-७
१८०. वही, १/१५, १७-१८, २१-२४
१८१. वही, १/१, १८, २१-२४
१८२. वही, १/१६-१७, १९-२४

* प्रस्तुत शोधलेख राजस्थान संस्कृत अकादमी, जयपुर द्वारा आयोजित राजस्थान में संस्कृत महाकाव्य : एक अनुशीलन नामक संगोष्ठी हेतु आमन्त्रित एवं तत्सम्बन्धित ग्रन्थ में प्रकाशित है।

महामहोपाध्याय श्री पण्डित मथुराप्रसाददीक्षित प्रणीत 'वीरप्रतापनाटकम्' : स्वातन्त्र्यसमर की अद्भुत अभिव्यक्ति

वर्तमान समय में हम अंग्रेजों से भारत को स्वतंत्र करवाने के स्वातन्त्र्य वीरों के सफल एवं प्रशंसनीय प्रयासों के समूह को 'स्वातन्त्र्यसमर' अथवा 'आजादी की लड़ाई' का नाम देते हैं और हम सब भारतवासी इन स्वातन्त्र्य वीरों को बड़ी श्रद्धा एवं आदर से स्मरण भी करते हैं। भारतवर्ष के नागरिक अपने घरों, कार्यालयों, विद्यालयों आदि में–राणाप्रताप, छत्रपति शिवाजी, बहादुरशाह जफर, महारानी लक्ष्मीबाई, महर्षि दयानन्द सरस्वती, सरदार भगतसिंह, चन्द्रशेखर आजाद, रामप्रसाद बिस्मिल, सुभाषचन्द्र बोस, महात्मा गाँधी, पण्डित जवाहरलाल नेहरू, राजेन्द्र प्रसाद, सर्वपल्ली डॉ० राधाकृष्णन्, सरदार बल्लभभाई पटेल, लाला लाजपतराय, स्वामी श्रद्धानन्द आदि के चित्र लगाकर और इनके जन्मदिवस मनाकर इनके प्रति श्रद्धा की अभिव्यक्ति करते हैं। यहाँ यह तथ्य ज्ञातव्य है कि अंग्रेजी शासन के विरुद्ध आवाज उठाने में इन देशभक्त वीरों के अतिरिक्त भारतीय प्रेस, पत्रकार, कवि एवं लेखक, अध्यापक एवं छात्र भी पीछे नहीं रहे। इस दृष्टि से जब हम अपने गौरवपूर्ण समस्त संस्कृत साहित्य का परीक्षण करते हैं तो पाते हैं कि हमारा समस्त संस्कृत साहित्य स्वातन्त्र्य का उद्घोष करता है। स्वातन्त्र्यसमर, जिसका समय ईशवीय सन १८५७ से ईशवीय सन १९४७ तक है, को अपनी आँखों से देखने वाले और उसमें भागीदारी करने वाले तथा स्वातन्त्र्यदेवता के पूजन अर्चन हेतु उसके चरणों में अपनी रचना रूपी पुष्पाञ्जलि समर्पित करने वाले हमारे संस्कृत साहित्यकार हैं–पण्डित अम्बिकादत्तव्यास, श्री अखिलानन्द शर्मा, श्रीश्रीपादशास्त्री हसूरकर, पं० गंगाप्रसाद उपाध्याय, महामहोपाध्याय पण्डित रामावतारशर्मा, मूलशंकर माणिकलाल याज्ञिक, पण्डिता क्षमाराव, श्रीहरिनन्दन भट्ट, महामहोपाध्याय पण्डित मथुराप्रसाददीक्षित आदि।[१] प्राचीन भारत के गौरवपूर्ण इतिहास से भली-भाँति परिचित ये सभी रचनाकार जानते थे कि ईशवीय सन १८५७ के पूर्व मेवाड़नरेश राणाप्रताप, दिल्लीनरेश पृथ्वीराज चौहान, महाराष्ट्ररत्न वीर छत्रपति शिवाजी, ओरछा नरेश वीर छत्रसाल आदि भारतीय वीरों ने अपनी मातृभूमि की स्वतंत्रता के लिए यवनों से संघर्ष किया था। इसीलिए सन १८५७ से सन १९४७ के भारत के संघर्षमय समय में तत्कालीन रचनाकारों ने भारतीयों के हृदय को स्वतंत्रता की भावना से भरने के लिए इन उपर्युक्त वीरों के जीवनचरित को अपनी रचनाओं का वर्ण्यविषय बनाया। इस दृष्टि से महामहोपाध्याय पण्डित मथुराप्रसाद दीक्षित प्रणीत 'वीरप्रतापनाटकम्' का नाम विशेषरूपेण उद्धरणीय है।

पण्डित मथुराप्रसाद दीक्षित की सात रचनाएँ हैं–(१) भारतविजयनाटकम्, (२) वीरप्रतापनाटकम्, (३) पृथ्वीराजविजयनाटकम्, (४) गाँधीविजयनाटकम्, (५) भक्तसुदर्शननाटकम्, (६)

भूभारोद्धरणनाटकम्, तथा (७) शंकरविजयनाटकम्। पण्डित दीक्षित की रचनाओं को देखने से ज्ञात होता है कि इनकी रचनाभूमि वाराणसी है। इनकी प्रायः सभी रचनाएँ वीररस, देशभक्तिभावना और स्वतन्त्रता की भावना से ओत-प्रोत हैं। स्वातन्त्र्य समर के अवसर पर इनके द्वारा प्रणीत 'वीरप्रताप नाटकम्' स्वातन्त्र्यसेनानियों को प्रेरणा देने में उस समय सर्वथा समर्थ हुआ होगा, ऐसा मेरा दृढ़ विश्वास है, तथा आज भी स्वतन्त्रता के स्थायित्व का प्रेरक है, इसमें कोई सन्देह नहीं है।

'वीरप्रतापनाटकम्' की रचना पं० मथुराप्रसाद दीक्षित ने ईशवीय सन १९३५ में की थी तथा इसका हिन्दी अनुवादसहित प्रथम प्रकाशन सन १९६५ में हुआ था।[२] सात अंकों के इस नाटक में स्वतन्त्रता प्राप्ति हेतु, मेवाड़नरेश महाराणा प्रताप द्वारा तत्कालीन मुगलसम्राट् अकबर के विरुद्ध संघर्ष करने की गौरवमयी एवं प्रेरणादायिनी गाथा है।

प्रस्तुत नाटक में स्वतन्त्रता की अनुकरणीय भावना की अभिव्यक्ति के स्थलों की समीक्षापूर्ण चर्चा इस प्रकार है–

(१) ग्रन्थ के प्रारम्भ में ही नाटककार ने इस नाटक की रचना का यही उद्देश्य बताया है कि इससे ब्रिटिश शासन काल में हीनभावना से युक्त और दीन दशा को प्राप्त भारतीय वीरों में शूरता, साहस, सहिष्णुता आदि गुणों का आधान करने के लिए आपत्तिग्रस्त पूर्वकालिक क्षत्रिय वीरों के शूरता, धीरता आदि गुणों के अभिनय द्वारा भावी नवयुवकों में इन सभी गुणों को जगाया जाए–

आज्ञप्तोऽहं विद्वत्परिषदा, यदिदानीं भारते देशे हीनदीनदशामापन्नानां वीराणां शौर्यसाहस-सहिष्णुतादिगुणानामुद्द्योतनाय पराकाष्ठामापत्तिं भजमानानां पौर्वकालिकक्षत्रियाणां शौर्यधैर्याद्यभिनयेन भाविनवयुवकेषु तत्तद्गुणसंपादनाय...........वीरप्रतापनाटकेनोपस्थातव्यमिति।

–वीरप्रतापनाटकम्, १ श्लोक सं० २ के बाद का संवाद

(२) महाराणा प्रताप के पिता राणा उदयसिंह ने मरते समय मेवाड़ राज्य जगन्मल्ल को दे दिया था। प्रताप ने अपने अधिकार को पाने के लिए उससे संघर्ष करना अनुचित समझा। क्योंकि पारिवारिक सदस्यों से संघर्ष का परिणाम होगा क्षत्रियों की शक्ति क्षीण होना। प्रताप का कहना है कि वह अपना अधिकार भी छोड़ सकते हैं, बस वह यही चाहते हैं कि उनकी प्रजा किसी की दास न बने और उनकी जन्मभूमि पर किसी भी यवन की कुदृष्टि न पड़े। (वही, १/६)। पारिवारिक कलह से बचने के लिए ही उन्होंने राणा सगर सिंह के कब्जे में गये चित्तौड़ दुर्ग को वापस नहीं लिया। (२/श्लोक १० से श्लोक ११ तक तथा ७/३ के बाद से ४ के बाद तक)।

(३) अयोग्य व्यक्ति को राज्य का प्रशासन नहीं सौंपना चाहिए, क्योंकि वह प्रजा की रक्षा सुरक्षा करने में असमर्थ होता है; देश को समृद्ध बनाने में अशक्त होता है; तथा राष्ट्र की स्वतन्त्रता की भी रक्षा नहीं कर सकता। राणा सांगा के बाद राणा उदयसिंह मेवाड़ की गद्दी पर बैठे और उनकी अयोग्यता के कारण भारतवर्ष की भूमि का महत्त्वपूर्ण अंश विदेशियों के कब्जे में चला गया (वही, १/१४)।

(४) पण्डित दीक्षित की मान्यता है कि राजसिंहासन का उत्तरदायित्व ऐसे राजकुमार को सौंपना चाहिए, जो आर्यों के गौरव की रक्षा के लिए तन-मन से तत्पर रहे (वही, १/श्लोक सं० १४ के बाद से श्लोक सं० १७ तक)। कवि की यह मान्यता रावतकृष्ण, सालुम्ब, पुरोहित,

ग्वालियर नरेश द्वारा प्रताप का राज्याभिषेक करते समय मूर्त्तिमती भी हुई है (वही, १/श्लोक १७ के बाद से श्लोक १८ के पूर्व तक)।

(५) राजसिंहासन पर आरूढ़ व्यक्ति का परम कर्त्तव्य है कि अपने साथियों के सहयोग से अपनी पृथ्वी की स्वतंत्रता हेतु प्राणपर्यन्त प्रयत्न करे। महाराणा प्रताप ने सिंहासनारूढ़ होते ही प्रतिज्ञा की कि वह शरीर में रक्त की एक भी बूँद रहने तक शरीर में प्राण रहने तक तथा हड्डियों में जरा-सा भी माँस रहने तक अकबर की अधीनता स्वीकार नहीं करेंगे तथा सम्पूर्ण पृथ्वी के स्वातन्त्र्य के लिए प्रयत्न करते रहेंगे-

यावन्मे धमनीमुखेषु रुधिरक्लेदोऽपि सन्तिष्ठते
मांसं वाऽस्थिनि तिष्ठति क्वचिदपि प्राणाः शरीरे स्थिताः।
तावन्म्लेच्छपतेः कथञ्चिदपि न प्राप्स्यामि निघ्नतां
स्वातन्त्र्यस्य पदं समस्तवसुधां नेतुं यतिष्ये भृशम्॥

वीरप्रताप के इस पवित्र कर्त्तव्य में साथ देने के लिए उनके सहयोगी भी प्रतिज्ञा करते हैं-

घर्मबिन्दुरपि यत्र शरीरात्तावकान्निपतितः समरे स्यात्।
तत्र शोणितभवाः शतशः स्युः प्रत्यनीकपृतनासु तटिन्यः॥

-वही, १/२६, २७

(६) स्वातन्त्र्यवीरों का कर्त्तव्य है कि कुमार्गगामिनी वेश्या स्त्रियों को भी सन्मार्गोन्मुख करें। राजसभा में मनोरंजनार्थ उपस्थित वेश्या ने भी वीर प्रताप के स्वातन्त्र्यप्रेम को देखकर प्रतिज्ञा की कि वह अब काषाय वस्त्र धारण करके देशभक्त वीरों को प्रेरित करेगी और कायरों में भी देशभक्तिभाव भरेगी (वही, १/२७ के बाद का संवाद)। यही योगिनी अपने गीत से वीरों को देशभक्त प्रताप के पक्ष में आने के लिए प्रेरित करती है तथा उसी के गीत से भावुक होकर भामागुप्त नामक प्रताप का कोषाध्यक्ष संकटापन्न प्रताप की सहायता करता है (वही, ६/५ और उसके बाद का संवाद।)।

(७) स्वतंत्रता के भक्षक शत्रुओं को जीतने के लिए अपने योग्य भाई बन्धुओं का सहारा लेना हितकर है। इसीलिए सालुम्ब के कहने पर महाराणा प्रताप ने शक्तिसिंह को अपने सभी कार्यों में सहायक मानकर अपनाया। (वही, २/श्लोक २ से श्लोक ३ के बाद तक के संवाद)

(८) अपने ही भाई-बन्धुओं के अधिकार में रहने वाले राज्य के लोभ से शत्रुओं का पक्ष लेना, अपने सम्बन्धियों से विरोध रखना मूर्खतापूर्ण देशद्रोह है और स्वतंत्रता को नष्ट करने वाला है। इसीलिए ऐसे देशद्रोहियों को 'वीरप्रतापनाटक' में निन्दनीय मानकर भारतवासियों को देशद्रोह से दूर रखने की प्रेरणा दी गई है। (क) राणा सगरसिंह राणाप्रताप के चाचा थे। इन्होंने मेवाड़ राज्य के लोभ से अकबर की दासता स्वीकार कर ली और अकबर के कहने से चित्तौड़ दुर्ग पर अधिकार कर लिया। राणा प्रताप ने राणासगरसिंह के चारित्रिक पतन की निन्दा की किन्तु उनके परिवार की हानि के विचार से चित्तौड़ पर आक्रमण नहीं किया (२/३ के बाद का संवाद; २/७ के बाद से श्लोक ११ तक)। (ख) महाराणा प्रताप ने जयपुर के राजा भगवानदास के पुत्र मानसिंह को भी निन्दा का पात्र माना है, क्योंकि उन्होंने अपनी बहिन का विवाह अकबर से कर दिया, इतना ही नहीं, मानसिंह ने तो अकबर का सेनापतित्व भी स्वीकार कर लिया-

रे मानसिंह! पतितोऽसि किमार्यवृत्ते-
र्नीचानुवृत्तिचरितेन धनं कियत्स्यात्।
मानं विहाय यदि जीवसि तर्हि नार्यो
लोकास्त्वदीयचरितानि कथं स्मरेयुः॥

–वही, २/७

मानसिंह के इस आचरण को भारतीय क्षात्रधर्म के विरुद्ध मानकर उससे सम्बन्ध तोड़ लिया गया; उसे अपने साथ बैठाकर भोजनादि करने के योग्य भी नहीं माना गया; अवसर आने पर उसके साथ भोजन न करके उसे अपमानित करके अपने अपमान का बदला लिया गया (वही, २/श्लोक ७ एवं उसके पहले के संवाद तथा ३/श्लोक सं० ३ से श्लोक सं० १० तक)। मानसिंह के द्वारा अकबर पुत्र सलीम का सेनापतित्व स्वीकार करना भी निन्दा का विषय समझा गया है (वही, ४/२० के पूर्व के संवाद)।

(९) वीरप्रताप नाटक में भाईयों के परस्पर कलह को स्वतन्त्रता प्राप्ति एवं मातृभूमि की रक्षा में बाधक समझा गया है और आवश्यकता होने पर मातृभूमि को शत्रुओं के शिकंजे से बचाने के लिए अपने भाई का पुनः प्रेमालिङ्गन किया गया है और वञ्चक शत्रुओं की तथाकथित मित्रता को छोड़ दिया गया है। जो शक्तिसिंह आखेट क्रीड़ा के अवसर पर अपने भाई महाराणा प्रताप के विरुद्ध होकर अकबर से मिल गये थे, वही प्रताप को संकटापन्न देखकर और मातृभूमि को दासता से मुक्त करने के उद्देश्य से प्रताप से क्षमा याचना करके उनके पक्ष को पुनः ग्रहण कर लेते हैं; और अकबर के पक्ष का परित्याग कर देते हैं, इतना ही नहीं, किंसरूर नामक दुर्ग को अपने सैनिकों की सहायता से जीतकर प्रताप को उपहारस्वरूप देते हैं (२/श्लोक सं० २१ से २४ तक)।

(१०) वीरप्रताप नाटक के माध्यम से नाटककार ने यह भी बताया है कि मागध और चारण अपनी प्रेरणास्पद स्तुतियों से देशभक्त नेता एवं उसके सहयोगियों को शौर्य प्रदर्शन के लिए कटिबद्ध करते हैं (वही, १/१९-२३), शत्रुराजसभा में जाकर अपने आचरण से शत्रु राजा का मनोबल कम कर सकते हैं। यथा–**'गुरुपुत्र-श्रूयते कश्चिद् भट्टः** अकबरपरिषदि गत्वा तं तथा तिरस्कृतवान् येन स मृतप्राय एवं सञ्जातः।

इन्दौर नरेशः कथम्?

गुरुपुत्र–कश्चिद् भट्टः अकबरपरिषदि उपेत्य स्वशिरसि स्थितं प्रतापदत्तम् उष्णीषमुत्तार्य आदावर्य्येत्यवदत्। तेन पृष्ठः कथमिममुतार्य्य वन्दसे? ततस्तेनोक्तम्। प्रतापस्यायमुष्णीषो मच्छिरसि। स अनार्यं न वन्दते इत्युक्त्वा प्रचलितः। ततः सर्वे जहयुः; इति भट्टतिरस्कृतो मृत इव अकबरः सञ्जातः। (वही, ४ प्रारम्भ का संवाद)

(११) स्वतंत्रता को चाहने वाले वीर शत्रु का ही सामना नहीं करते अपितु अपने नायक की रक्षा हेतु अपने प्राणों की भी आहुति दे देते हैं। मानसिंह एवं सलीम के नेतृत्व में युद्ध करने वाली मुगल सेना से हल्दी घाटी के प्रसिद्ध युद्ध में संघर्ष करती हुई महाराणा प्रताप की सेना ने घोर युद्ध किया। सालुम्ब, मन्नासिंह चन्द्रावत आदि ने मुगल सैनिकों को काट डाला; मुगल सेना से चारों ओर से घिरे राणाप्रताप को सालुम्ब, कृष्णराव, महेश्वरसिंह आदि ने छुड़ाने का भरसक प्रयत्न किया;

मुगल सैनिकों के प्रचण्ड आक्रमण से सचेत होकर झालार प्रान्त के स्वामी मन्नासिंह ने राणाप्रताप से राज्यचिह्न लेकर राणाप्रताप को भविष्य में स्वतंत्रता सुस्थिर रखने की दृष्टि से युद्ध भूमि से जाने का निवेदन किया और मुगल सैनिकों ने उसे ही प्रताप समझकर उसका वध कर दिया। इसी प्रकार सालुम्ब ने भी अपने प्राणों की आहुति दे दी (वही, ४/श्लोक २० के बाद से श्लोक ३४ के पूर्व तक के संवाद)।

(१२) पराजय का सामना करने पर भी, स्वतंत्रता देवी को पुनः प्रतिष्ठित करने के लिए भूख, प्यास, असुरक्षित आवासादि को भी वीर सहन करते हैं। महाराणा प्रताप निश्चय करते हैं कि अकबर और मानसिंह के अभिमान को नष्ट करने के लिए पुनः युद्ध करेंगे। स्वतन्त्रता प्राप्ति के लिए चिन्तित होकर वह सपरिवार भूख-प्यास सहन करते हुए जावरा प्रान्त के पर्वतीय वन्य प्रदेश में निवास करने लगते हैं (वही, ५/श्लोक ९ के बाद से श्लोक १५ के पूर्व तक)।

(१३) शत्रु पक्ष में रहकर भी कार्य करने वाले देशभक्त वीर अपने विचलित होते हुए नायक को निराश होने से रोक सकते हैं। वीर प्रताप मन्नासिंह, सालुम्ब के वीरगति को प्राप्त हो जाने पर और पुत्री के क्षुधा से व्याकुल होने पर विचलित होकर यवनपति अकबर को सन्धिवार्ता हेतु पत्र लिख देते हैं। जब यह पत्र अकबर के पास पहुँचता है, तो वह मेवाड़ विजयोत्सव प्रारम्भ करने का निर्देश दे देता है। किन्तु अकबर के पक्ष में रहने वाला और वास्तव में प्रताप का पक्षपाती पृथ्वीसिंह कह देता है कि यह पत्र नकली है; प्रताप के नाम से किसी और ने लिखा है। अकबर उसे आदेश दे देता है कि इस पत्र का उत्तर वही लिखे। पृथ्वीसिंह शिलष्ट भाषा में इस प्रकार पत्र लिखता है कि अकबर उस पत्र को सन्धिसमर्थक मानता है, जबकि राणा प्रताप उस पत्र का वास्तविक आशय समझकर अकबर की प्रजा एवं उसके अधीनस्थ सामन्तों एवं व्यापारियों का धन लूट लेते हैं (५/१५ के बाद से २६ के पहले तक के संवाद)।

(१४) स्वतन्त्रता प्राप्ति के लिए प्रयत्नशील और संकटापन्न अपने स्वामी के सहयोग के लिए अपना सर्वस्वसमर्पण करने वाला व्यक्ति भी 'स्वातन्त्र्य वीर' की श्रेणी में आने योग्य है। राणाप्रताप को सपरिवार संकटापन्न देखकर उनका कोशाध्यक्ष भामागुप्त अपना सम्पूर्ण धन उनके चरणों में समर्पित करता है ताकि वह मातृभूमि को छोड़कर न जाएँ; विशाल सैन्य तैयार करें; और शत्रुओं का सामना करें–

'भामागुप्त–अस्माकं भवेदेतद्, युष्माकं वेति विवादः परिहीयताम्। एतत्स्वातन्त्र्यदेवपूजार्थं भवत्पादे निधीयते।

प्रताप–(भामागुप्तस्य बाहुं गृहीत्वा) कोशाधिपते! स्वातन्त्र्यदेवताराधनार्थमेतत्स्वीकरोमि। एतेन मेवाडे चिरस्थायिनीं स्वतन्त्रतां स्थापयिष्यामि।

–वही, ६/६ के बाद से १२ के बाद तक

(१५) अपने पराक्रम से शत्रुओं के मनोबल को कम करना, उसके घनिष्ठ सहयोगियों का मानमर्दन करना, शत्रुपक्ष की स्त्रियों के भी सतीत्व की रक्षा करना भी स्वातन्त्र्य वीरों का कर्त्तव्य है। भामाशाह से प्राप्त धन से महाराणा प्रताप विशाल सेना तैयार करते हैं, आमेर को जीतकर मानसिंह के मान को नष्ट करते हैं; अकबर के परिवार की स्त्रियों को आदरपूर्वक अकबर के ही

पास भिजवा देते हैं; उसकी सेना को रौंदकर मेवाड़ के बहुत से दुर्ग पुनः प्राप्त कर लेते हैं। फलस्वरूप विवश होकर अकबर को सन्धि पत्र लिखना पड़ता है। वह उन्हें स्वतन्त्र मानकर लिखता है–

स्वतन्त्राः सर्वतः सन्तो भवन्तो मम मानिनः।
पूज्याः सीमामनुल्लङ्घ्य शान्तिं कुर्वन्तु विश्वतः॥

–इति भवदीयः प्रियसुहदकबरः (वही, ६/१३ के बाद से २२ के बाद तक; ७ प्रारम्भ से श्लोक १६ तक)।

(१६) स्वातन्त्र्य वीर स्वतंत्रता प्राप्ति के पश्चात् भी उसको स्थिर रखने की दृष्टि से उसको ही देवी मानकर उससे प्रेम करने का निर्देश देते हैं। इसीलिए 'वीरप्रतापनाटकम्' में महाराणा प्रताप भरतवाक्य के रूप में अपनी कल्याणकारिणी भावना अभिव्यक्त करते हैं–

'सर्वे सत्पथगामिनः शिवरताः स्वातन्त्र्यदेवप्रिया
ब्रह्मण्या निजधर्मकर्मकुशला राष्ट्रानुगा मानिनः।
विद्वांसः स्वकदारमात्रनिरता दक्षा दृढप्रत्यया
भूयासुर्वसुधाधिपा नयविदः पुण्ये पुनर्भारते॥'

७/१८

स्वतन्त्रता संग्राम में संस्कृत साहित्य के अद्भुत काव्यरत्न, महामहोपाध्याय पं श्रीमथुराप्रसाद दीक्षित प्रणीत 'वीरप्रतापनाटकम्' की महत्त्वपूर्ण भूमिका है। इस नाटक में प्रस्तुत उपर्युक्त सोलह प्रसङ्गों का समीक्षण करने पर यही निष्कर्ष निकलता है–(१) काव्य की रचना द्वारा देशवासियों में स्वतंत्रता की भावना जगानी चाहिए; (२) अयोग्य व्यक्ति को राज्याधिकार न देकर मातृभूमि की स्वतंत्रता को संकटापन्न होने से बचाना चाहिए; (३) मातृभूमि की स्वतंत्रता के लिए पारिवारिक कलह एवं गृहयुद्ध जैसी घातक स्थितियों से बचना चाहिए; (४) अपने गौरव एवं स्वतंत्रता की सुरक्षा हेतु योग्य व्यक्ति को सिंहासनारूढ़ करने में विलम्ब नहीं करना चाहिए; (५) सिंहासनारूढ़ होते ही नायक एवं उसके सहयोगियों को स्वतंत्रता की रक्षा हेतु सत्य प्रतिज्ञा करनी चाहिए; (६) स्त्रियों का आदर होना चाहिए; और उन्हें भी स्वतंत्रता जैसे धार्मिक यज्ञ में सक्रिय सहयोग देने हेतु प्रेरित करना चाहिए; (७) स्वतन्त्रता को छीनकर देशवासियों को दास बनाने वाले शत्रुओं को जीतने के लिए अपने भाई-बन्धुओं का हार्दिक सहयोग प्राप्त करना चाहिए; (८) अपने देश और देशवासियों से द्वेष रखने वाले दुष्ट देशद्रोहियों से–चाहे वह अपने सगे सम्बन्धी हों–सम्बन्ध तोड़ लेने चाहिए; और उनका मानमर्दन करके उन्हें देशद्रोह हेतु दण्डित करना चाहिए; (९) शत्रुपक्ष से मिलकर अपने बन्धु से द्रोह करने वाले वीर को मातृभूमि के आवाहन पर पुनः प्रायश्चितपूर्वक अपने पक्ष में वापस आ जाना चाहिए; (१०) मागधों, चारणों, वैतालिकों आदि को अपनी प्रशंसाओं से देशभक्त वीरों का मनोबल बढ़ाना चाहिए; और शत्रुओं का मनोबल घटाना चाहिए; (११) स्वतन्त्रता प्राप्ति के लिए प्रयत्नशील सबसे महत्त्वपूर्ण नायक एवं मातृभूमि की रक्षा हेतु सहयोगी वीरों को अपने प्राणों की भी आहुति दे देनी चाहिए; (१२) पराजित हो जाने पर, स्वतंत्रता प्राप्ति के उद्देश्य से क्षुधा-पिपासा, बीहड़ वनों का निवास आदि आपत्तियों को भी सहन करना चाहिए; (१३) बार-बार आपत्तियों से निराश हो जाने वाले वीर नायक को, पुनः उद्बुद्ध एवं उत्साहित

करने के लिए शत्रु पक्ष में कार्यरत किन्तु वास्तव में देशभक्त वीर द्वारा प्रयत्न करने चाहिए; (१४) स्वतंत्रता प्राप्ति में प्रयत्नशील किन्तु संकटापन्न होने के कारण निराश हो जाने वाले वीर नायक की सहायता हेतु, उसके चरणों में सर्वस्व समर्पण करके उसमें आशा एवं उत्साह का संचार करना चाहिए; (१५) शत्रु पक्ष के घनिष्ठ सहयोगियों को पराजित करके शत्रु को विवशकर देना चाहिए कि वह हमारी मातृभूमि की स्वतंत्रता को छीनने की बात स्वप्न में भी न सोच सके; तथा (१६) स्वतंत्रता को देवी मानकर, उसके प्राप्त हो जाने के पश्चात् भी, उसकी प्रतिष्ठा का पूर्ण प्रयत्न करना चाहिए।

इस प्रकार देश की स्वतंत्रता हेतु दृढ़प्रतिज्ञ रहने वाले वीर महाराणा प्रताप की अमर कथा को प्रस्तुत करने वाले इस नाटक में नाट्यशास्त्र के नियमों के अनुसार ऐतिहासिक कथा, महाराणा प्रताप रूप नायक एवं वीर रस को इस प्रकार प्रस्तुत किया गया है कि यह नाटक वीर रस से सम्बद्ध अपने समस्त प्रसंगों से स्वातन्त्र्य वीरों को प्रेरित करने में पूर्ण समर्थ है। यह नाटक शिक्षा देने वाला है कि जिस प्रकार स्वतंत्रताप्राप्ति के लिए राणा प्रताप ने अकबर से संघर्ष किया, उसी प्रकार का संघर्ष भारतीय क्रान्तिवीरों और स्वतंत्रता के सेनानियों को ब्रिटिश साम्राज्य के विरुद्ध करना चाहिए। हमारा सौभाग्य है कि ब्रिटिश साम्राज्य का सूरज अस्त हो चुका है और आज हम अपनी स्वतंत्रता की स्वर्ण जयन्ती मना रहे हैं। हमें चाहिए कि अपनी स्वतंत्रता को अक्षुण्ण रखने के लिए हम इन वीर साहित्यकारों को भी स्वतंत्रता सेनानी मानकर इनकी स्मृति में श्रद्धाञ्जलि अर्पित करें तथा इनकी महती कृतियों से प्रेरणा लेते रहें।*

सन्दर्भ

१. डॉ० हरिनारायण दीक्षित, संस्कृत साहित्य में राष्ट्रिय भावना, पृ०सं० ४९-५८, १४७-२१४

२. डॉ० हरिनारायण दीक्षित, संस्कृत साहित्य में राष्ट्रियभावना, पृ०सं० १८२

* प्रस्तुत शोधलेख अखिल भारतीय प्राच्य विद्या सम्मेलन, ३९वें अधिवेशन, एम०एस० यूनिवर्सिटी ऑफ बड़ौदा, १९९८ में स्वीकृत एवं डॉ० उर्मिला श्रीवास्तव, अध्यक्ष, संस्कृत विभाग, आर्यकन्या डिग्री कॉलेज, इलाहाबाद द्वारा सम्पादित 'स्वातन्त्र्यश्रीः' नामक ग्रंथ (१९९९) में प्रकाशित है।

वेदों के आलोक में राजनीति

वेद भारत के प्राचीनतम ग्रन्थ हैं। हमारी भारतीय संस्कृति की मान्यता के अनुसार वेद अपौरुषेय हैं। इनकी संख्या चार है–ऋग्वेद, यजुर्वेद, अथर्ववेद और सामवेद। ये हमारी सामाजिक, आर्थिक, धार्मिक, दार्शनिक तथा सांस्कृतिक विचारधाराओं के साथ ही साथ राजनैतिक विचारधाराओं के भी आदिम स्रोत हैं। इनमें सभी प्रकार की शासकीय स्थितियों, राजनीति के सभी तत्त्वों–जैसे राजा, अमात्य, विदेशनीति, युद्धनीति, दण्डनीति आदि–की विस्तृत तथा उपयोगी जानकारी मिलती है, जो राजनीतिज्ञों तथा शासकों के लिए प्रेरणा का सार्वकालिक और सार्वदेशिक स्रोत है। अब ऋग्वेद, यजुर्वेद तथा अथर्ववेद के राजनैतिक विचारों का सार प्रस्तुत है–

ऋग्वेद

राजा

प्रजापालन राजा का प्रमुख कर्त्तव्य है (१/१२/२; ३/८१/१; ६/१/६-८)। राजा को चाहिए कि वह अपनी प्रजा के लिए अन्न और धन का समुचित प्रबन्ध करे (१/१२/२; १/५४/११); जल और प्रकाश की व्यवस्था करे (१/५५/६; ७/१८/९); निवासस्थान उपलब्ध कराये (६/४४/१५); शिक्षा का प्रबन्ध करे (७/७/१); उसके हित को समझे (७/७/४); प्रजा कल्याण के लिए राजपुरुषों के साथ में विचारविमर्श करे (७/३९/२); उसकी रक्षा कवच के समान करे; उसका पालन-पोषण करे; उसे शक्तिसम्पन्न करे (१/१७/१-२, ७/३१/६); प्रजापीडक चोर-डाकुओं को नष्ट करे (१/६३/४; ४/४/३-४); प्रजा को समृद्ध बनाये; उसे अपराध से बचाये (१/२७/३-६; ४/१७/१३); उसे सुख पहुँचाने के लिए विविध योजनाएँ कार्यान्वित करे (४/३०/६; ६/४५/३); शत्रु का विनाश करे; धनसंग्रह करे; दुष्टों का दमन करे (४/३०/६-७); नदियों को नियन्त्रित करके बाढ़ से उसकी रक्षा करे (४/३०/१४); उसकी सुरक्षा के लिए उसकी देखभाल करे (६/१/८); उसके हित के लिए उसकी देखभाल करे (६/१/८); उसके हित के लिए हितैषी व्यक्तियों को ही उच्च पद पर नियुक्त करे (७/६/५); उसे रोगमुक्त रखे (१/९९/२); उसे सड़े अन्न देकर अस्वस्थ करने वाले दुकानदारों को दण्ड दे (७/१९/२); नगर की व्यवस्था स्त्रियों की रक्षा के अनुरूप करे (७/५५/५, ८); और यज्ञ के विघ्नों को भी दूर करे (९/७/५)।

राजा को अपने मन्त्री के विचारों से सामंजस्य रखना चाहिए (१/१७/३-४); उसे यश प्राप्ति के लिए यज्ञ करना चाहिए (१/१२६/१; १/१६२/७-१३; ५/२७/५); उसे श्रेष्ठ पुरुषों की सहायता करनी चाहिए; ज्ञानियों को सताने वाले दुष्टों को दण्डित करना चाहिए (१/१३०/८); अपने पुरोहित का सत्कार करना चाहिए; राज्य संचालन में पुरोहितों की सहायता लेनी चाहिए; तथा उनकी रक्षा करनी चाहिए (४/५०/७-९)।

राजा को कपटी व्यक्ति के साथ कपट का आचरण करके उसे नष्ट कर देना चाहिए (१/११/७; १/५१/५; १/८०/७)। उसे शारीरिक, मानसिक और बौद्धिक बलों से युक्त होना चाहिए (१/५१/७; ३/२७/९)। उसे दुष्ट और साधुपुरुष की सही परख होनी चाहिए (१/५१/८)। चोरों और शत्रुओं को दण्ड देकर राजप्रबन्ध द्वारा उनका सुधार करना चाहिए (५/७९/९; ६/२२/१०)।

राजा को शत्रुओं से सावधान रहना चाहिए; उनके अधिकार में गई हुई भूमि को पुनः प्राप्त करने का प्रयत्न करना चाहिए; शास्त्रास्त्रों के प्रयोग से शत्रुओं का विनाश करना चाहिए; दुष्टों और घमण्डियों का दमन करना चाहिए (१/६१/९-१३; ४/४/४; ३/३४/९-१०; ४/५/४-५); तथा राज्य से द्वेष करने वालों, दुष्ट शत्रुओं, लुटेरों, डाकुओं, शत्रुओं से मैत्री करने वालों और समाज का शोषण करने वालों का विनाश कर देना चाहिए (१/५१/६; १/९०/३; ७/१८/१४-१६; ७/१९/१-२; ७/३०/१-२)।

राजा को युद्ध में मिले हुए धन से प्रजा को सन्तुष्ट करना चाहिए; प्रजा की सहायता से राज्यकोष में वृद्धि करनी चाहिए; और प्रजा से 'कर' ग्रहण करने की समुचित व्यवस्था करनी चाहिए (४/१७/११-१३; ७/६/५; १०/१७३/६)।

राजा को सुरक्षा के साधनों की समुचित व्यवस्था करनी चाहिए; राज्य में सर्वत्र गुप्तचरों की नियुक्ति करनी चाहिए; और संगठन शक्ति से देश की रक्षा करनी चाहिए (१/२३/६; १/८०/९; ४/४/३)।

युद्ध करने के लिए राजा के पास अच्छे घोड़े, रथ, उत्तम शस्त्रास्त्र के साथ ही साथ धैर्य तथा वीरता भी होनी चाहिए। उसे सदैव शस्त्रास्त्रों से सज्जित रहना चाहिए; घुड़सवारी सीखनी चाहिए; रथ के लिए योग्य सारथि की नियुक्ति करनी चाहिए; उसे युद्ध में सबसे आगे रहना चाहिए; सेना को प्रोत्साहित करके शत्रुओं का वध करवाना चाहिए (१/५२/१; १/५३/६-७; १/५५/१, ७, ८; १/६३/३-५; १/१०२/९-१०; ५/६१/१०; ७/१८/१३); राज्यविस्तार के लिए बाह्य और आभ्यन्तर शत्रुओं का विनाश करना चाहिए; पराक्रमपूर्ण कार्यों को करना चाहिए; समाजवाद को प्रश्रय देना चाहिए (१/१०३/२-६); वीर प्रजाजनों को युद्ध की शिक्षा देनी चाहिए (१/१०९/७-८); युद्ध में दृढ़ शत्रुओं को भी विचलित करना चाहिए; सहायकों की रक्षा करनी चाहिए; और निर्भय रहना चाहिए (१/१२७/३-५; ३/५४/२३)।

राजा को अपने सेनापति को प्रसन्न रखना चाहिए (५/३७/४); वीरों को संगठित करना चाहिए; उन्हें प्रसन्न रखना चाहिए; उनका पालन-पोषण ठीक से करना चाहिए; और उनका निरीक्षण करना चाहिए (६/२/१७; ६/११/१-२; ७/८/५; ७/५६/४-५, ९); राष्ट्र की सुरक्षा एवं वीरों के निवास के लिए किलों का निर्माण करना चाहिए (७/२०/८)। इस प्रकार शस्त्रास्त्र तथा सेना से युक्त होकर शत्रु के दुर्गों, कपटव्यूहों, नगरों तथा प्राकारों को नष्ट करके उसके धन तथा अन्न पर अधिकार जमा लेना चाहिए; शत्रु की योजनाओं को विफल करने का प्रयत्न करना चाहिए; अपने सैनिकों की शक्ति को शत्रुओं से गुप्त रखना चाहिए; और सहयोगियों की सहायता से शत्रुओं को पराजित करना चाहिए (६/४५/९) १२-१३) ७/६/२; ७/१८/८, १४-१६; ७/१९/३-५; ७/५६/२; १०/१७४/२-३)।

ऋग्वेद के अनुसार राजा में सामर्थ्य, क्षिप्रकारिता, उत्साह, शासन करने की योग्यता, विद्वत्ता,

संस्कृतिप्रियता, दानशीलता, दूरदर्शिता, संकट का सामना करने के लिए तत्परता, स्थिरमति, दृढ़ विचार शक्ति, उत्तम कार्य प्रणाली आदि गुण होने चाहिए। श्रेष्ठ राजा वही है, जो अपने कारीगरों की रक्षा कर सके; कष्ट सहन कर सके; नेतृत्व कर सके; सज्जनों की रक्षा कर सके; दुष्टों का संहार कर सके; अच्छी कामनाओं को पूरा कर सके; स्वावलम्बी हो; विश्वहितैषी हो; और कुशलतापूर्वक राज्यसंचालन करे (१/६१/१-३; १/६३/३-८; ३/५३/९; ३/२९/६; ३/५६/२१; ३/५४/१७; ४/४/४; ५/५८/४; ७/६/२,५; १०/१७३/१, २, ४)।

ऋग्वेद के अनुसार उत्तम गुणों से युक्त स्त्री भी रानी बनकर प्रशासन कर सकती है (७/७५/६)।

प्रजा और प्रजातन्त्र

ऋग्वेद में प्रजा के कर्त्तव्य और प्रजातन्त्र का भी स्पष्ट संकेत मिलता है। प्रजा का कर्त्तव्य है कि वह उत्तम राजा और मन्त्री के अनुकूल आचरण करे (१/१/१७)। प्रजायें स्वयं राष्ट्र में शासन करें; और समाज का शासन, समाज के द्वारा, समाज की उन्नति के लिए हो (१/६०/५)। यदि राजा और राजपरिवार प्रजा को कष्ट दें तो उनको पदच्युत कर देना चाहिए (१/१२२/१५)। राजा को शासन में सहायता देने के लिए राज्य के नागरिकों को तत्पर रहना चाहिए (७/२०/२)।

मन्त्री

मन्त्री का कार्य है—राष्ट्र के अन्दर प्रजा की उत्तम व्यवस्था करना (१/८/६), राजा के विचारों से साम्य रखना (१/१७/३-४) एवं अपने कार्यों से प्रजाजनों का प्रिय हो जाना (१/१/१७)।

पुरोहित

पुरोहित का कार्य है—युद्ध में जाने वाले राजा के लिए स्वस्त्ययन करके उसके हाथों में शस्त्र देना (१/६३/२) और राष्ट्र की स्वतंत्रता के लिए क्षात्रशक्ति का संवर्धन करना (१/८०/१)। पुरोहित राजा एवं राष्ट्र के लिए अत्यन्त महत्त्वपूर्ण व्यक्ति है। क्योंकि इसकी सहायता से ही राजा प्रजा में सम्मान प्राप्त करता है; निश्चिन्तता का अनुभव करता है; राज्य धन-धान्य से युक्त हो जाता है; और भूमि उपजाऊ हो जाती है (४/५०/७-९; ७/३३/६)।

दूत

दूत देश का सम्मानित प्रतिनिधि होता है (१/१६१/४)। इसमें तेजस्विता, वाग्विदग्धता, सत्यप्रियता, संगठनशक्ति, दानशीलता, दक्षता, अहिंसाप्रियता, तपस्वी मित्रों की संगति, शत्रुओं को सन्तप्त करने की योग्यता, प्रगतिशीलता, वीरता आदिगुण होने चाहिए (१/१२/१, ४, १०; ७/२/३; ७/३/१; ७/११/२)। यह अवध्य तथा स्वच्छन्द रीति से भ्रमण करने वाला होना चाहिए (४/९/२)।

गुप्तचर

राज्यव्यवस्था के लिए गुप्तचरों का होना आवश्यक है (१/२३/२-३)। इनका कर्त्तव्य है कि प्रजाजनों, राजकर्मचारियों तथा राज्य में आने वाले बाह्य व्यक्तियों की चेष्टाओं को जानने के लिए राष्ट्र में भ्रमण करें (१/५१/१)।

सेनापति

सेनापति का मुख्य कार्य है—शत्रुओं से युद्ध करके देश का संरक्षण करना (१/८/६)। इसको देश रक्षक वीरों के लिए अन्न की उत्तम व्यवस्था करनी चाहिए (१/९/२) इसको शत्रु-दुर्गभेदक, तरुण, ज्ञानी, अपरिमित बलशाली तथा उत्तम सैन्य-संचालक होना चाहिए (१/११/५; ६/४७/३१)।

सैनिकों के कर्त्तव्य एवं युद्ध

राष्ट्र के सैनिकों में उत्साह, निर्भीकता, प्रभावशालिता आदि गुण होने चाहिए। सैनिकों को ज्ञानियों की सहायता करनी चाहिए (१/१९/७-९; १/६४/२)। इनके पास शत्रुओं का सामना करने के लिए शस्त्रसज्जित, योग्य सारथि से संचालित, वेगवान् अश्वों से युक्त रथ, वेगवान् अश्व, वज्र, धनुष, तरकश और बाणादि उत्तम शस्त्रास्त्र पर्याप्त मात्रा में होने चाहिए। इनके शस्त्रों में शत्रुओं के शस्त्रों से रक्षा करने की सामर्थ्य होनी चाहिए; सैनिकों को दृढ़ता तथा धैर्यपूर्वक शस्त्र धारण करके शत्रुओं का सामना करना चाहिए (१/५/४-६; १/६/५; १/८/२-३; १/३७/२; १/३३/३-४, १४; १/३८/१२; १/६४/८-१०; १/१६६/ ; ५/५४/२, ३; ६/७५/१-८); शत्रु के बड़े-बड़े वीरों का वध कर देना चाहिए; अथवा अपने अधीन कर लेना चाहिए; शत्रुओं को अपनी असावधानी से लाभ उठाने का अवसर नहीं देना चाहिए; उन्हें युद्ध में खदेड़ देना चाहिए; उनके गुप्तचरों को पकड़ लेना चाहिए; उनके मित्रों से दूर रहना चाहिए; अपने देश के प्रदेशों पर बलपूर्वक अधिकार जमाने वाले शत्रुओं के किलों को तोड़ देना चाहिए, तथा उन्हें अपनी बुद्धि का अनुमान नहीं देना चाहिए; तथा शत्रुओं के देश में अशिक्षा का और अपने देश में शिक्षा का वातावरण उत्पन्न करना चाहिए (१/६/५; १/३३/१-१५)।

युद्ध करने वाले सैनिक एक निश्चित उद्देश्य को लेकर चलें; अपने शस्त्रास्त्र को शत्रु सैनिकों से अधिक बलशाली बना दें; शत्रुओं का पूर्ण विनाश करें; प्रजा को निर्भीक बनायें; बालकों का संरक्षण करें (१/३९/१-५, ७-८); क्षात्रशक्ति सम्पन्न होकर मातृभूमि के लिए बलिदान करने को सदैव तत्पर रहें; बल से सब कार्यों को करने का सामर्थ्य रखें; मानवों का हित करें; प्रजाओं को संगठित करें (१/४०/१-३; १/६४/२; २/३०/८-९); ज्ञान-विज्ञान की सहायता से राष्ट्र की रक्षा करें (१/४१/१-३; १/४२/५); राजा की सहायता करें; पापरहित, तेजस्वी और अटल हों; देशद्रोहियों को नष्ट करें; राष्ट्र को धान्य से भरकर राष्ट्र को घेरने वाले शत्रुओं के द्वारा अवरुद्ध नदियों को खोल दें (१/३३/१; १/८०/१-५; ७/१८/११-१२); धर्मयुद्ध करें; आत्म नियन्त्रण करें; शत्रु दल पर भीषण आक्रमण करें; सज्जनों को संरक्षण दें; और प्रजाओं को विनाश से बचायें (१/१६६/१-६)।

सैनिक साथ रहने वाले, आनन्दयुक्त, उत्तमगतिमान् शत्रुओं पर उत्तम रीति से आक्रमण करने वाले तथा प्रजा को शक्तिसम्पन्न बनाने वाले होने चाहिए (२/११/१४)। सैनिकों को सेनापति की सहायता करनी चाहिए (७/१८/११, १९)।

शत्रुओं को सावधान करके मारना चाहिए (२/३०/९); सूर्यास्त के बाद युद्ध बन्द कर देना चाहिए (२/३८/३, ६); अपनी शक्ति बढ़ाते हुए सज्जनविरोधियों को शस्त्र के प्रहार से नष्ट कर देना चाहिए; पक्षभेद करके अलग से गुटबाजी करने वालों और यज्ञादि कार्यों में विघ्न डालकर प्रजा में फूट डालने वालों को भी नष्ट कर देना चाहिए (७/१८/१७-१९); युद्ध से पलायन नहीं करना चाहिए; शत्रुओं को तितर-बितर कर देना चाहिए (७/२०/३); और दुन्दुभियों की ध्वनि से शत्रुओं को भयभीत करना चाहिए (६/४७/३०)।

वीर सैनिकों में संघ शक्ति और उत्तम चरित्र होना चाहिए। ये शस्त्रबल और बुद्धिबल से शत्रुओं का विनाश तो करें किन्तु अपने राष्ट्रवासियों का विनाश न करें; प्रजाजनों से प्रेमव्यवहार करें; सत्यनिष्ठा और शक्ति से सबको प्रभावित करें (७/५६/६-१३)। राष्ट्र के नागरिकों का भी कर्त्तव्य है कि घर, समाज और राष्ट्ररक्षा में समर्थ वीर पुरुषों को रक्षा के कार्य में नियुक्त करवायें (७/१/१-२) तथा सेना के लिए ऐसा धन एकत्रित करें जो विजय और शक्ति का संवर्धन करने वाला हो (१/८/४)।

यजुर्वेद

राजा

राजा का कर्त्तव्य है कि वह दुष्कर्माओं का दमन करे; उनका विनाश करे; पिता के समान प्रजा का पालन करे; न्यायप्रिय सज्जनों की रक्षा करे;[१] प्रजा की स्वीकृति से ही राज्य करे; राज्य की उन्नति करे; न्यायपूर्ण कार्यों में प्रजा का सहयोग प्राप्त करे;[२] योग्य न्यायकर्त्ता बनने के लिए सत्य और धर्म से प्रीति रखे;[३] और स्वयं न्यायाधीश का पद प्राप्त करके न्यायपूर्वक प्रजा की रक्षा करे।[४]

प्रजा ऐसे व्यक्ति को राजा चुने जो विद्वानों का प्रिय, प्रजारञ्जक, राज्य के उत्कर्ष से सबको उत्साहित करने वाला, सभा, सेना और प्रजाजनों की रक्षा करने वाला, पुण्यशाली, प्रशंसनीय स्वरूपवान्, विद्यावान्, विनयी, शूरवीर, तेजस्वी, निष्पक्ष, मित्र, स्वस्थ, बलशाली, पराक्रमी, धीर, जितेन्द्रिय, शास्त्रों के प्रति सश्रद्ध, राज्य रक्षा में समर्थ, दुष्टों से सज्जनों की रक्षा करने वाला, सत्पुरुषों से शिक्षा ग्रहण करने वाला, दुर्व्यसनों से दूर रहने वाला, व्यवहारकुशल, दूतों की सहायता से मनुष्यों के मनोभावों को जानने वाला, न्यायप्रिय, प्रसन्न और पुष्ट सेना वाला, दूरस्थ और समीपस्थ प्रजाजनों पर नजर रखने वाला, युद्धविद्या में कुशल, धन की वृद्धि करने वाला, हाथी-घोड़ों से युक्त, कल्याणकारी आचरण करने वाला, मंत्रियों के साथ विचार-विमर्श करने वाला, पुरुषार्थचतुष्टय का सेवन करने वाला, प्रमाद रहित, अज्ञान को दूर करने वाला, सुख-दुःख को सहने में समर्थ, वीरपुरुषों की सेना से प्रीति रखने वाला, गुणी व्यक्ति का सत्कार करने वाला, शिल्पियों का संग्रह करने वाला, प्रजाओं को अधर्म से रोकने वाला, दुष्टों का संग छोड़ देने वाला और श्रेष्ठों का संग ग्रहण करने वाला हो।[५]

राजा का कर्त्तव्य है कि वह श्रेष्ठ वीरों को सेना में नियुक्त करे;[६] अपराध के अनुसार दण्ड दे; निरपराध को दण्ड न दे;[७] अपनी उन्नति के लिए दूसरों को कष्ट पहुँचाने वाले व्यक्तियों को दण्डित करे;[८] सैनिकों को युद्ध के लिए उत्साहित करके शत्रुओं को निर्मूल करे;[९] अपने सेवकों को नीरोग रखने की चेष्टा करे; एतदर्थ राज्य में औषधियों का समुचित प्रबन्ध करे;[१०] अपने राज्य के क्षत्रिय तथा वैश्यों की उन्नति करे;[११] अपनी उन्नति के लिए धर्मसहित प्रजा की इच्छा पूरी करे;[१२] सेना और सेनापतिका अन्नादि पदार्थों से सत्कार करे;[१३] राजनीति के काय, स्थान और पदार्थों के विषय में पूरी जानकारी रखे; दुष्ट शत्रुओं को दुःख तथा प्रजा को सुख पहुँचाने के लिए तीक्ष्ण शस्त्रों का संचय करे;[१४] राज्य को विघ्नों से रहित करे; प्रजा को अपने अंगों के समान ही महत्त्वपूर्ण समझे,[१५] और आवश्यकता होने पर उसे कर मुक्त भी कर दे।[१६]

राजा और प्रजा

प्रजाजन परस्पर सम्मति से किसी सभापति को राजा बनायें और राज्य पालन के लिए उसे 'कर' दें। राजा दुष्टों को वश में करके प्रजा की रक्षा करे।[१७] प्रजाजन अन्न-जल, शस्त्र-अस्त्र आदि से अपना बल बढ़ाकर, शत्रुओं को मारकर युद्ध विजयी हों। राजा और प्रजाजन दोनों ही युद्ध की तैयारी और शस्त्राभ्यास करें।[१८] राजा प्रजा का हितसाधन करे और प्रजा भी राजा की आज्ञा माने।[१९] सुख प्राप्ति के लिए राजा और प्रजा पारस्परिक विरोध को छोड़ दें।[२०] प्रजाजन केवल राजा के ही अधीन न रहें; वे सभा और सभापतियों से भी राज्यव्यवस्था करवायें।[२१] राजा और प्रजाजन अपने कार्य की सिद्धि के लिए योद्धाओं की रक्षा करें; उन्हें सुविधा सम्पन्न घर दें; खाने-पीने की समुचित व्यवस्था करें; और उनके लिए उत्तम पुरुषों की मैत्री और मनोरंजन के साधन उपलब्ध करें।[२२]

राजपुरुषों के सामान्य गुण

राजपुरुष अपने स्वास्थ्य का ध्यान रखें; व्यभिचारिता से दूर रहें;[२३] नित्य अपना पराक्रम बढ़ाकर शत्रुओं पर विजय प्राप्त करें;[२४] शारीरिक बल से युक्त हों; युद्ध की शिक्षा ग्रहण करें; अस्त्र-शस्त्रों का संग्रह करें; सज्जनों को कष्ट न दें; अपितु उनकी सुरक्षा करें; एवं इस कार्य के लिए सेना को प्रेरित करें;[२५] अपनी प्रजा के बालक, कुमार, गाय, घोड़े और उपकारी व्यक्तियों की हत्या न करें;[२६] पुरुषार्थी को उत्साहित करें; प्राणियों पर दया करें; सेना को शिक्षित करें; चोरों को दण्ड दें; सेवकों की रक्षा करें; वनों को न काटें; कपटी व्यवहार करने वाले चोर-डाकुओं को बुरे कार्यों से रोकें; धर्मात्माओं का पालन करें;[२७] अपने सेवकों की शिक्षा, सम्मान और आहार की समुचित व्यवस्था करें;[२८] बाहुबल से राज्य प्राप्त करें; शूरवीर व्यक्तियों को सेना में भर्ती करें; शत्रु को पछाड़ दें;[२९] रक्षा और अभय धन से सबको सुख पहुँचायें;[३०] राजा की आज्ञा से धर्मात्माओं को प्रोत्साहित करें; हँसी उड़ाने वाले और भय प्रदान करने वालों को दूर करें; शिल्पविद्या की उन्नति करके शिल्पियों से विशिष्ट रचनाएँ करवायें; शिक्षित हाथी-घोड़े रखने वालों से सम्बन्ध बनायें; विद्वानों की संगति प्राप्त करें;[३१] प्रजा से प्राप्त 'कर' को उसी की सुरक्षा और दुष्टों के दमन में लगायें;[३२] और पुरुषार्थ का सेवन करें।[३३]

न्यायाधीश

यजुर्वेद में राजा को स्वयं ही न्यायाधीश का पद ग्रहण करने के बाद भी[३४] बताया गया है कि वही व्यक्ति न्यायाधीश बन सकता है और राज्य तथा प्रजा की रक्षा कर सकता है, जो धार्मिक हो; अपराधियों को दण्ड दे; तथा निरपराधों की रक्षा करे।[३५]

मन्त्री

यजुर्वेद के अनुसार मन्त्री के कर्त्तव्य हैं—कर ग्रहण करना,[३६] राजा और राजकीय कर्मचारियों को व्यसनों से दूर रखना, उन्हें विनय सम्पन्न बनाकर ऐश्वर्य की वृद्धि के लिए प्रोत्साहित करना[३७] तथा सेनापति को सेना के बल से श्रेष्ठों की रक्षा और दुष्टों को प्रताड़ित करने की सलाह देना।[३८]

वैद्य

राजा अपने सभासदों की सहायता से ऐसे व्यक्ति को राज्य और सेना का वैद्य बनाये जो सभी

रोगों और औषधियों का अच्छा जानकार हो; इसके अतिरिक्त धर्मनीति, औषधिदान और हाथ की कुशलता द्वारा रोगों से सेना और प्रजा की रक्षा कर सकता हो।[३९]

सेनापति

सेनापति के पद पर ऐसे व्यक्ति को नियुक्त करना चाहिए जो शत्रुओं को नियन्त्रित करने में कुशल हो; सेना के वीरपुरुषों की रक्षा कर सके; अस्त्र-शस्त्र के प्रयोग में प्रवीण हो; विद्वान् हो; निष्पक्ष हो; और बलशाली हो।[४०] सेनापति अपनी सेना लेकर पहले ही दुष्ट शत्रुओं को घेरकर उन्हें छिन्न-भिन्न कर दे और युद्ध में विजय प्राप्त कर ले।[४१] उसका कर्त्तव्य है कि वह सैनिकों का उचित भरण-पोषण करे; सेना को विभिन्न व्यूहों में सजाकर युद्ध हेतु भेजे; सहयोगियों से मित्रता का व्यवहार करे; युद्धभूमि में सैनिकों को प्रोत्साहित करे;[४२] अपने स्वास्थ्य की रक्षा करे;[४३] और वीरों को शिक्षित करे।[४४] वह युद्धविद्या को जानने वाला, अस्त्र-शस्त्र धारण करने वाला, सज्जनों का प्रिय, दुष्टों का विरोधी, सेनाओं को प्रसन्न रखने वाला, धनुष्-बाण की सहायता से शत्रु को जीतने वाला और शत्रु द्वारा फैंके गये बाणों से अपनी रक्षा करने वाला हो। उसे युद्ध के समय अस्त्र-शस्त्र सामग्री कम होने पर उसकी पूर्त्ति करनी चाहिए;[४५] युद्ध में नीच कर्म करने वालों को रोकना चाहिए; राजा और प्रजा के विरोधियों को दण्डित करना चाहिए; और तीक्ष्ण शस्त्रों से शत्रुओं के सेनाङ्गों को जीतना चाहिए।[४६]

सेना

राजा और राज्य के लिए सेना अपरिहार्य है।[४७] इसलिए सेना में श्रेष्ठ वीरों की नियुक्ति करनी चाहिए।[४८] योद्धाओं को सेनाध्यक्ष के नेतृत्व में शत्रुओं को जीतना चाहिए;[४९] उन्हें दृढ़ प्रत्यञ्चा वाले धनुष् एवं बाणों को धारण करना चाहिए; युद्ध से पलायन करने वालों, योद्धा के माता-पिता, स्त्रियों, युद्ध के प्रबन्धकों और दूतों को नहीं मारना चाहिए; शत्रु तथा उनके सम्बन्धियों को वश में रखना चाहिए; विजय प्राप्ति के लिए जाते समय अपने बल की परीक्षा करके पूर्णसामग्री से सम्पन्न होकर ही युद्ध करना चाहिए; और शत्रु के नियन्त्रण से अपने को बचाना चाहिए।[५०]

अथर्ववेद

राष्ट्र

अपने देश और उसके निवासियों को परतन्त्रता के पाश से मुक्त रखना चाहिए। इस पर आक्रमण करने वाले और कब्जा करने वाले लोग ही इसके शत्रु हैं। इसके अस्तित्व की सुरक्षा के लिए इसमें सत्यप्रिय, उद्योगशील, महत्त्वाकांक्षी, उत्साही, वस्तुस्थितज्ञ, धैर्यवान्, साहसी, तेजस्वी, धर्मनिष्ठ, संयमी, स्वाध्यायशील, शान्त, स्थिरभावसम्पन्न, परोपकारपरायण, ईश्वरभक्त, दक्ष, नियमों का पालन करने वाले, आवश्यक पदार्थों का संग्रह करने वाले, त्यागी, स्वस्थ, दृढांग, दीर्घायु, हितकारी, व्यवहार में मधुर, परस्पर प्रेमयुक्त, निद्रा-तन्द्रा-आलस्य-अज्ञान-द्रोह से रहित, कार्यकुशल और एकता रखने वाले व्यक्तियों का निवास होना चाहिए; इसमें नेता, ज्ञानी, वीर, परोपकारपरायण, संन्यासी, रक्षा करने वाले विद्वान्, ब्राह्मण, शूरवीर, क्षत्रिय, व्यापार में कुशल वैश्य और सेवापरायण शूद्र-सभी प्रकार के मनुष्य होने चाहिए, इसमें जल, वायु, अग्नि, सिंचाई के साधन, धनधान्य, उद्योग, कृषि, उत्तम औषधियाँ और रत्न पर्याप्त मात्रा में होने चाहिए; इसमें व्यक्ति को ज्ञान और यश की प्राप्ति के अवसर

मिलने चाहिए; इसमें प्रजापालन समुचित रीति से होना चाहिए; इसमें प्राकृतिक स्थल शत्रुओं से रहित होने चाहिए; चोर, डाकू, हिंसक जन्तु, विषैले जन्तु और आततायियों का अभाव होना चाहिए; इसमें होने वाली गति-विधियों की जानकारी शत्रुओं को नहीं मिलनी चाहिए; लोग शत्रुओं को पराजित करने वाले होने चाहिए; और इसमें नगर, वन, सभा, परिषद् आदि होने चाहिए।[५१]

राजा

बहुत पहले राजा नहीं था, तब राज्य संचालन के लिए गृहपति, सभा, समिति, मंत्रिमण्डल, पंचायत आदि का निर्माण हुआ।[५२] अथर्ववेद में मनुष्यों का हित करने वाली सभा का नाम नरिष्टा सभा बताया गया है।[५३]

राजा को आत्मविश्वासी, धनवान्, प्रजारक्षक, शत्रु का दमन करने वाला, उत्साही, ज्ञानी, अजेय, दीर्घायु, क्षत्रियों का संरक्षक, श्रेष्ठ व्यक्तियों के कार्यक्षेत्र को विस्तृत करने वाला, बलवान्, धनधान्य का संग्रहकर्त्ता, विशाल और शीघ्रगामी रथ से युक्त, श्रेष्ठ शस्त्रों को धारण करने वाला, कल्याणकारी, निर्भय, स्थिर, प्रभावशाली शत्रुओं का प्रभाव क्षीण करने वाला, सोमरस पीने वाला, सज्जनों का पालक, तेजस्वी और सेना लेकर चढ़ाई करने वालों का दमन करने वाला होना चाहिए।[५४] राजा का परम कर्त्तव्य है कि वह मित्र बनाये; प्रजा को सचेत करे; शत्रु का विनाश करे; विद्वान् लोगों से समय-समय पर मंत्रणा ले; प्रजा के उपभोग की समस्त सामग्री प्रस्तुत करे; और शत्रु को नष्ट करने वाली, ओज और ऐश्वर्य बढ़ाने वाली, आयुष्य और स्वास्थ्य देने वाली, उत्साहवर्धक, विभिन्न प्रकार की औषधियों के रस से बनने वाली 'पर्णमणि' धारण करे।[५५] राजा राज्य के वरिष्ठ व्यक्तियों से सम्पर्क स्थापित करे; और प्रजाजनों के बीच में साधारण व्यक्तियों के समान भ्रमण करते हुए उनकी सामर्थ्य बढ़ाये।[५६] विजयाभिलाषी राजा को शूरवीर, कीर्तियुक्त, प्रजा की समृद्धि को बढ़ाने वाला, राष्ट्र को क्षात्रतेज से सम्पन्न करने वाला और शत्रुओं को पराजित करने वाला बनना चाहिए। श्रेष्ठ राजा वह है जो पशुओं की रक्षा करे और राजकोष की वृद्धि करे।[५७]

राजा का अभिषेक दिव्य जलों से किया जाना चाहिए।[५८]

क्षत्रियेतर प्रजाजन अपनी रक्षा करने में समर्थ नहीं होते। इसलिए उन्होंने राष्ट्र की व्यवस्था और प्रजा की रक्षा के लिए कल्याणकारी राजा चुना।[५९]

प्रजा का कर्त्तव्य है कि वह तेजस्वी व्यक्ति को राजा बनाये और राज्य के हित के लिए बाहर गये हुए राजा को पुनः बुलाये।[६०] प्रजारंजक, चंचलता से रहित, राष्ट्र की उन्नति में तत्पर और विद्वानों की सम्मति से शासन करने वाले व्यक्ति को ही राजा बनाना चाहिए।[६१]

पुरोहित

ज्ञानी पुरोहित का कर्त्तव्य है कि वह राष्ट्रसंवर्धक, 'अभीवर्त' मणि राजा को पहनाते हुए उसे प्रेरित करे कि वह दुर्व्यवहार करने वाले शत्रुओं को पराजित करे।[६२] वह ज्ञान के तेज से राष्ट्र को पराक्रमी बनाये; उत्साही बनाये; शत्रुओं का विनाश करवाये; शस्त्रास्त्रों को तीक्ष्ण बनाने का उपदेश दे; विजय के लिए शुभकामनाएँ व्यक्त करे; और क्षत्रिय, वैश्य तथा शूद्रों को उनके योग्य शिक्षा दे।[६३]

न्यायाधीश

ऐसे व्यक्ति को न्यायाधीश बनाया जाना चाहिए; जो हितकारी, ज्ञानी, सत्कर्मा, शस्त्रधारी, उत्तमवाणीसम्पन्न, बलसम्पन्न, मैत्रीभावसम्पन्न, शुद्धाचरणसम्पन्न, तेजस्वी और मृत्यु से न डरने वाला हो। न्यायाधीश का कर्त्तव्य है कि वह अपराधानुसार दुष्टों को देश से निर्वासित करे; उन्हें लोहे की कील से छिदवाए, कारागार में बन्द करवाए; उन पर शस्त्र प्रहार करवाए; उनको मांस भक्षकों से नुचवाए; उनके विभिन्न अंगों को कटवाए; उन्हें गाय का दूध न पीने दे; जलाकर मरवाए; या वध करवाए।[६४]

करनीति

अथर्ववेद के अनुसार राजपुरुष प्रजा से उसकी आय का सोलहवाँ भाग 'कर' के रूप में ले। इसी 'कर' की सहायता से प्रजा को दु:ख देने वालों को दण्ड दिया जाता है; प्रजा की सामर्थ्य बढ़ाई जाती है; उसको भयमुक्त किया जाता है; उसका अभ्युदय किया जाता है; सज्जनों का पालन किया जाता है; राष्ट्र का विस्तार किया जाता है; वीरों में प्रभविष्णुता की वृद्धि की जाती है; जाति का अस्तित्व स्थिर रखा जाता है; जनता के मनोरथों को पूर्ण किया जाता है; और प्रजा को विनाश से बचाया जाता है। इसी तथ्य को ध्यान में रखकर प्रजा को चाहिए कि वह राजा को 'कर' दे।[६५]

सेना

प्रत्येक क्षत्रिय को प्रसन्न, उन्नतिशील, अश्वारोहण और रथारोहण में कुशल, सोमरस पीने वाला, पुरुषार्थी, प्रयत्नशील, शत्रु पर वेग से आक्रमण करने वाला, जीवन-कलह को दूर करने वाला और शस्त्र धारण करके युद्ध के लिए सदैव तैयार रहने वाला होना चाहिए।[६६] प्रत्येक क्षत्रिय का कर्त्तव्य है कि वह प्रजा को दु:ख, आपसी झगड़े और अभाव से बचाये; तथा उनके ऐश्वर्य, संगठन और दीर्घायुष्य में वृद्धि करे।[६७]

हमें दास बनाने की इच्छा करने वाले, हमें विनष्ट करने के इच्छुक और प्रत्यक्ष या अप्रत्यक्ष रूप से हमसे शत्रुता रखने वाले सभी दुष्टों का विनाश कर देना चाहिए। शत्रुओं को अपने अस्त्र-शस्त्रों का लक्ष्य बनाना चाहिए अथवा उनसे दूर रहना चाहिए। ऐसा प्रयत्न करना चाहिए कि हम शत्रु के शस्त्र प्रहार का लक्ष्य न बन पाएँ।[६८] हमें सताने वाले और अपनी शक्ति बढ़ाकर हमें पराजित करने के इच्छुक शत्रुओं के प्रयत्नों को असफल कर देना चाहिए।[६९] शत्रुओं का वध करने के लिए वज्रादि शस्त्रों का प्रयोग करना चाहिए;[७०] उत्तम भोजन से अपना बल बढ़ाना चाहिए;[७१] ज्ञानी, पराक्रमी, मित्र, न्यायपरायण, धनी तथा अश्वों से युक्त व्यक्तियों सहित शत्रुओं का विनाश करके राज्य की रक्षा करनी चाहिए; रथ, दुन्दुभि और दुन्दुभि का घोष आदि से भी युद्ध में सहायता लेनी चाहिए; शत्रु का बल कम करने का प्रयत्न करना चाहिए; उसे भुजाओं से रहित कर देना चाहिए; भयभीत कर देना चाहिए;[७२] यज्ञ, अग्नि, सोम, पराक्रम और जितेन्द्रियता से शत्रुओं का विनाश करना चाहिए;[७३] शत्रुता करने वाले को अपने से इतना दूर कर देना चाहिए कि वह फिर लौटकर न आ सके;[७४] शत्रु के ऊपर वेग से निर्भयतापूर्वक आक्रमण करना चाहिए;[७५] हिंसक जन्तुओं और लुटेरों का विनाश कर देना चाहिए;[७६] दुष्टों का बल घटाकर उनसे स्त्रियों की रक्षा करनी चाहिए; और घातक शत्रुओं एवं डाकुओं को दण्ड देना चाहिए।[७७]

शत्रु सेना को जलाते हुए, सम्मोहित करते हुए, वेगपूर्वक शस्त्र चलाते हुए, पराक्रम से डराते हुए, देश से हटाते हुए, उसके विरुद्ध होते हुए, जब वह विभिन्न रोगों से ग्रस्त हो, तभी उस पर आक्रमण कर देना चाहिए।[७८] युद्ध के समय सैनिक कवच धारण करके प्रसन्नतापूर्वक युद्ध क्षेत्र में जाएँ; शत्रु के किले को तोड़ें; उसकी सेना को मथें; शस्त्रों का प्रहार करें; उत्साहित हों; युद्धनीति के जाल में शत्रुओं को बाँधकर उन्हें शस्त्रास्त्रविहीन कर दें; और विजय प्राप्त करें।[७९]

माता-पिता का कर्त्तव्य है कि शत्रु का विनाश करने के लिए वे अपने पुत्र के शरीर को बलशाली बनायें।[८०] स्त्रियों का कर्त्तव्य है कि आवश्यकता होने पर वे भी अपना पराक्रम प्रदर्शित करें।[८१] औषधियों के प्रयोग से भी शत्रु को पराजित करने का प्रयत्न करना चाहिए।[८२] दीर्घसूत्री, जल्दबाज और बुराई को न रोकने वालों से कोई कार्य नहीं कराना चाहिए और युद्ध के समय ईश्वर को परम सहायक मानकर शत्रुओं पर विजय पाने का प्रयत्न करना चाहिए।[८३]

विजय प्राप्त करने के लिए आवश्यक है कि हम अपनी मातृभूमि के प्रति श्रद्धालु हों; उसमें योग्य और दैवी गुणों से युक्त सज्जनों को उचित स्थान दिया जाय; हममें संगठन की भावना हो; विरोधियों को भी एकता की शिक्षा मिले; और शासक स्वयं गुणी हो।[८४] इसके अतिरिक्त अथर्ववेद में विजय प्राप्ति के लिए सैनिकों में बल, सामर्थ्य, पराक्रम, व्यूह निर्माण में कुशलता, युद्ध चातुर्य आदि का होना आवश्यक बताया गया है। साथ ही अपने पक्ष के क्षत-विक्षत सैनिकों के लिए औषधि, जल इत्यादि साधनों का प्रबन्ध भी आवश्यक है। शत्रुओं के पास इन सबका अभाव कर देना चाहिए ताकि उस पर विजय पाई जा सके।[८५]

युद्ध के समय वीर सैनिक रक्तवर्ण की ध्वजाओं सहित उठें; तीन सन्धियों वाले वज्र, लोहे के अग्रभाग वाले और सुई की नोक के समान तीक्ष्ण तथा वेगशाली बाण धारण करें; कवच धारण करें; रथ पर चढें; अपनी भुजायें और शस्त्रास्त्र तैयार रखें; शत्रुओं को अन्धकारग्रस्त और संमोहित करें; अपने मित्रों को भी तैयार करके शत्रुओं को घेरकर उन पर आक्रमण कर दें; उन्हें मार डालें; जीवित शत्रुओं को शरण में ले लें; और विभिन्न उपायों से उन्हें भयभीत करके उन पर आधिपत्य जमा लें।*[८६]

सन्दर्भ

१. ६/१, २३, ३७; १२/१७; ३०/५, ९
२. ६/२; १२/६
३. ६/४, ७
४. ८/३, ७, ९, १२; ९/२१; २७/३५
५. ६/३२, ३३; ७/२९, ४५; ८/५०; ९/२५; १०/१७, ३३; १२/१३, १४/२३; १६/६, १३, ५०; २०/१०, ४७-४९, ५२, ८३; २७/४-७; ३७; ३०/३-४; ३३/६, १५, २७, ६२, ६६
६. ७/२९
७. ८/२३; १२/३२-३३
८. ८/४४
९. ८/५३
१०. ९/३; १२/९९
११. १०/११-१२

१२. १२/११६
१३. १६/८
१४. १२/११; १६/१३
१५. २०/८; २७/४
१६. २७/३५
१७. ६/६, २४; ७/३५
१८. ६/८; १६/१२
१९. ७/३०
२०. ९/१०
२१. ६/२५; १६/२०
२२. १६/३५
२३. ८/३९
२४. १२/११२
२५. १६/१, ३; १८/३७
२६. १६/१६
२७. १६/२०-२१
२८. १६/२६, ३४
२९. १२/११२; १६/५३
३०. २१/११
३१. ३०/६-७, ११-१२, १२; ३३/६८
३२. ९/१७
३३. २०/७२, ८३
३४. ७/१७
३५. ९/२५; १२/६३; २०/२
३६. ९/२५
३७. २७/८; ३३/६२
३८. १६/११
३९. वही
४०. ७/२२; ९/२५; १२/३४
४१. ५/३७
४२. ६/१९-२०; ८/५३
४३. ७/३८; २७/३७
४४. १२/८०; १६/१४
४५. १६/३, ७, ९-११, ५१
४६. १८/६९-७१; ३३/६७
४७. ६/३
४८. ७/२९
४९. ९/१३

५०. १६/१०, १५; १८/१७; २०/५३, ८२
५१. अथर्ववेद, १२/१
५२. वही, ८/१०७
५३. वही, ७/१२
५४. वही, ३/६; ६/८८; ७/६२, ८४-८६, ९१-९३
५५. वही, ४/८; ३/५
५६. वही, ३/४, ६-७
५७. ६/९८; ७/५०
५८. ४/८; ३/५
५९. ६/१२८
६०. ३/४/१-५
६१. ६/८७
६२. १/२९
६३. ६/१२५
६४. ८/३; ८/४
६५. ३/२९; ७/१०९
६६. २/५
६७. ७/१०३
६८. ७/१९, ४०, १०८
६९. ७/७०
७०. ५/२०-२१; ६/१२५, १२६-१३४
७१. ६/१३५
७२. ६/१०४; ६/६५-६७
७३. ६/९७
७४. ६/७५
७५. ५/८
७६. ४/३
७७. १/७; ७/९०
७८. ३/१, २
७९. ८/८; १/११८
८०. १/२; ६/६४
८१. १/२७
८२. २/२७
८३. ७/५०
८४. १/१५; ३/८; ६/९४
८५. १०/५
८६. ११/९-१०

* प्रस्तुत शोधलेख गुरुकुलपत्रिका, गुरुकुल कांगड़ी, हरिद्वार १९९९ में प्रकाशित है।

मन्त्रिमण्डल के विषय में श्रीकृष्ण का मत

मानव के शरीर में जो स्थान स्वस्थ मस्तिष्क का है, राजा के राज्य में वही स्थान सुव्यवस्थित मन्त्रिमण्डल का है। जिस प्रकार मस्तिष्क व्यक्ति के मन एवं अन्य इन्द्रियों को नियन्त्रण में रखता है, उसी प्रकार मन्त्रिमण्डल भी राजा एवं उसके राज्य के अंगों को नियन्त्रण में रखता है। जिस प्रकार स्वस्थ मस्तिष्क मन को कोरी भावुकता में बहने से रोकता है, उसी प्रकार कुशल मन्त्रिमण्डल राजा को मनमानी करने से रोकता है। स्पष्ट है कि राजा के मार्गदर्शन और राजकीय कार्यों के उचित संचालन के लिए मन्त्रिमण्डल का होना अनिवार्य है।

श्रीकृष्ण के जीवन से सम्बन्धित संस्कृत वाङ्मय का अध्ययन करने से हमारे समक्ष यह तथ्य स्पष्ट रूप से उजागर होता है कि उनकी दृष्टि में राजा को नियन्त्रित करने के लिए और सुचारु रूप से राज्य संचालन करने के लिए मन्त्रिमण्डल ऐसी अहमियत रखता है, जिसे नज़रअन्दाज़ नहीं किया जा सकता। अब मन्त्रिमण्डल के सम्बन्ध में उनके दुर्लभ विचार प्रस्तुत किये जा रहे हैं–

मन्त्रिमण्डल की आवश्यकता

श्रीकृष्ण ने इस बात का स्पष्ट अनुभव किया कि राजा भले ही बुद्धिमान्, विद्वान्, धर्मशास्त्रज्ञ और राजनीतिज्ञ हो, वह राज्यसंचालन का कार्य अकेला नहीं कर सकता। इस कार्य को सुचारु रूप से सम्पन्न करने के लिए उसकी अपनी योग्यता और सामर्थ्य ही पर्याप्त नहीं होता। क्योंकि इस महत्त्वपूर्ण कार्य को करते समय उसके सामने ऐसी विषम और परस्पर विरोधी परिस्थितियाँ आ जाती हैं कि वह निर्णय लेने में असमर्थ और किंकर्त्तव्यविमूढ हो जाता है। इस समय उसे ऐसे व्यक्तियों की आवश्यकता होती है, जो अपनी बुद्धि से उसकी उलझनों को सुलझा सकें; अपने ज्ञान से उसे कर्त्तव्यपालन के लिए प्रेरित कर सकें; अपने हितकारी वचनों से उसे उचित सलाह दे सकें; और अपनी कार्य क्षमता से उसे प्रजा पालन में सक्रिय सहयोग दे सकें। ऐसे व्यक्तियों को ही राजनीति की भाषा में मन्त्री कहा जाता है और इनके समूह को मन्त्रिमण्डल की संज्ञा दी जाती है। इनका प्रमुख कार्य है–राजा के साथ मन्त्रणा करना।

लोकरंजक श्रीकृष्ण के सम्मुख ऐसी विषम परिस्थितियाँ अनेक बार आई, जब उन्होंने अपने मन्त्रियों से सलाह ली; अथवा स्वयं मन्त्री के रूप में युधिष्ठिरादि को सलाह दी। सर्वप्रथम उन्होंने विरोधी स्थिति का सामना उस समय किया, जिस समय एक ओर तो जरासन्ध के द्वारा बन्दी बनाये गये राजाओं ने अपनी मुक्ति के लिए अपना एक दूत उनके पास भेजा; और दूसरी ओर उन्हें नारद से युधिष्ठिर के राजसूय यज्ञ का समाचार ज्ञात हुआ। उनके यादव बन्धु चाहते थे कि पहले जरासन्ध का वध करके राजाओं को मुक्त किया जाए; जबकि नारद चाहते थे कि वह युधिष्ठिर के राजसूय यज्ञ में पहुँचे। उनकी दृष्टि में ये दोनों कार्य समान महत्त्व रखते थे। फलस्वरूप उन्होंने इस विरोधी स्थिति से निबटने के लिए उद्धव से सलाह माँगी।[1]

युधिष्ठिर के राजसूय यज्ञ के आमन्त्रण के साथ-साथ उन्हें नारद के माध्यम से, देवताओं के द्वारा प्रेषित, शिशुपाल वध से सम्बन्धित आवेदन भी मिला था। उनकी दृष्टि में युधिष्ठिर का आमन्त्रण जितना महत्त्वपूर्ण था, देवताओं का आमन्त्रण भी उतना ही महत्त्वपूर्ण था। उन्होंने अनुभव किया कि यदि वह युधिष्ठिर के राजसूय यज्ञ में जाते हैं, तो इन्द्रादि देवताओं की प्रार्थना तिरस्कृत हो जाएगी और यदि वह देवताओं की प्रार्थना पर शिशुपाल का वध करने के लिए सक्रिय हो जाते हैं, तो युधिष्ठिर के राजसूय यज्ञ में नहीं जा पायेंगे। फलस्वरूप उन्होंने इस समस्या से निबटने के लिए अपने बड़े भाई बलराम और सखा उद्धव से सलाह माँगी[२] और कहा–

"मम तावन्मतमिदं श्रूयतामङ्ग वामपि।
ज्ञातसारोऽपि खल्वेकः सन्दिग्धे कार्यवस्तुनि॥"

–माघ, शिशुपालवध, २/१२

श्रीकृष्ण का यह कथन ही उनके मन में राजा के लिए मन्त्रिमण्डल की आवश्यकता का प्रबल प्रमाण है।

इसी प्रकार उन्हें जब यह ज्ञात हुआ कि द्यूतक्रीड़ा में पराजित होने के कारण राजभ्रष्ट युधिष्ठिर वन में निवास कर रहे हैं तो वह उनके पास पहुँचे। वहाँ द्यूतक्रीड़ा को त्याज्य बताते हुए उन्होंने उस समय युधिष्ठिर से कहा कि यदि वह हस्तिनापुर में होते तो धृतराष्ट्र को उचित सलाह देकर दुर्योधन और शकुनि द्वारा फैलाये गये षड्यन्त्र को विफल कर देते; जिससे उन्हें (युधिष्ठिर को) राज्य सिंहासन से अपदस्थ होकर वन में रहने को विवश न होना पड़ता। स्पष्ट है कि उनकी दृष्टि में एक योग्य सलाहकार और हितैषी मन्त्री के अभाव में ही यह विघटनकारी स्थिति उत्पन्न हुई थी।[३]

मन्त्रियों के गुण एवं कर्त्तव्य

श्रीकृष्ण के मतानुसार राजा ऐसे व्यक्ति को मन्त्री के पद पर नियुक्त करे, जो उसका हित चाहता हो; उसे अच्छी सलाह देने में समर्थ हो; विचारवान्, ज्ञानवान् एवं बुद्धिमान् हो; लोकप्रिय हो; लोकव्यवहारक हो; तथा तेजस्वी हो। उन्होंने नारद के सामने भी मन्त्री के गुणों का वर्णन अपने इस कथन से किया है–

"नासुहृत् परमं मंत्रं नारदार्हति वेदितुम्।
अपण्डितो वापि सुहृत् पण्डितो वाप्यनात्मवान्॥

महाभारत, शान्तिपर्व, ८१/३

(क) उन्होंने उग्रसेन की राजसभा में विकद्रु को प्रधानमन्त्री के रूप में चुना था, क्योंकि वह तेजस्वी, नीतिशास्त्रविशारद तथा हितकारी एवं सत्य वचन बोलने में कुशल थे।[४]

(ख) वह समय-समय पर उद्धव से सलाह लेते थे, जो बृहस्पति के समान बुद्धिमान् थे; जिनकी वाणी अर्थगौरव से परिपूर्ण, सत्यसम्पन्न, नीतिशास्त्र के अनुकूल, दुर्नीति को समाप्त करने वाली, हर्ष को उत्पन्न करने वाली और हृदयंगम करने योग्य थी,[५] जो उनके सच्चे मित्र थे, उनका हित चाहने वाले थे, उचित सम्मति देने में समर्थ थे; विचारवान्, ज्ञानवान् और बुद्धिमान् थे; जिनकी सलाह सब लोग मान लेते थे।[६]

(ग) गुप्तमन्त्रणा के अवसर पर वह अपने बड़े भाई बलराम को भी सादर आमन्त्रित करते थे, जो राजनीति में, आचार्य शुक्र के समान पारंगत थे।[७]

(घ) उन्होंने महान् योद्धा और वयोवृद्ध, जमदग्निपुत्र परशुराम से भी जरासन्ध को पराजित करने के सम्बन्ध में सलाह माँगी थी। क्योंकि वह अपने दीर्घकालीन अनुभव से उन्हें लाभान्वित करने में समर्थ थे।[८]

(ङ) उन्होंने स्वयं भी अपने मित्र युधिष्ठिर का मन्त्री बनना स्वीकार किया।[९] उनके आचरण का परिशीलन करने से यह ज्ञात हो जाता है कि वह मन्त्रियों में जिन गुणों का होना आवश्यक समझते थे, वे सभी गुण उनमें भी विद्यमान थे। इसीलिए युधिष्ठिर उनसे प्रत्येक कार्य के सम्बन्ध में सलाह लेते थे। युधिष्ठिर की दृष्टि में उनके जो गुण हैं; वे हैं–राजा के दोषों को बताना, उसका हित करना, हितकारी तथा प्रियवचन बोलना, काम-क्रोधादि से दूर रहना, राजा को कर्त्तव्य का ज्ञान कराना, सभी कार्यों का परिणाम जानना तथा एक निश्चित सिद्धान्त लेकर कर्त्तव्य पालन करना।[१०] भीम ने 'श्रीकृष्णे नय:' कहकर उनकी राजनीतिनैपुणी की उद्घोषणा की है।[११] उनके प्रिय सखा अर्जुन भी इस तथ्य को हृदय से स्वीकार करते हैं कि एकमात्र श्रीकृष्ण ही ऐसे व्यक्ति हैं, जो कौरवों और पाण्डवों के बीच सन्धि कराने में समर्थ हैं; दोनों कुलों का भला चाहते हैं, तथा धर्म और अर्थ से युक्त, सन्तापनाशक और कल्याणकारी वचन कहना जानते हैं।[१२]

धृतराष्ट्र ने भी इस बात को स्वीकार किया है कि युधिष्ठिर श्रीकृष्ण की कोई बात नहीं टाल सकते। क्योंकि वह (श्रीकृष्ण) विद्वान् हैं; उनके प्रिय हैं; सदा उनके हित में लगे रहते हैं; हितकर, धर्मसम्मत और न्यायसंगत वचन बोलने वाले हैं।[१३]

आचार्य द्रोण का कहना है कि पाण्डवों को पराजित नहीं किया जा सकता। क्योंकि श्रीकृष्ण उनके मन्त्री हैं।[१४] इस प्रकार सारगर्भित, हितकारी, गम्भीर, निर्दोष तथा धर्म और अर्थ से युक्त वचन कहने वाले[१५] श्रीकृष्ण को न केवल पाण्डवों ने ही, अपितु कौरव पक्षीय प्रमुख व्यक्तियों ने भी मन्त्री के रूप में सर्वाधिक योग्य माना है।

श्रीकृष्ण ने मन्त्रियों के उपर्युक्त गुणों के अलावा कुछ कर्त्तव्य भी बताये हैं।

(क) उनका मत है कि मन्त्री को शत्रु के वश में नहीं होना चाहिए; उसे अपना कोई भी भेद शत्रुओं को नहीं बताना चाहिए; उसे सदैव अपने राजा और राष्ट्र का हित सोचना चाहिए; तथा अपने स्वामी की निन्दा नहीं सुननी चाहिए। विदुर उनके इस विचार को जानते थे। इसीलिए उनके हस्तिनापुर आने का समाचार सुनकर जब धृतराष्ट्र ने धन-सम्पत्ति, वस्त्राभूषण, रत्नादि देकर उन्हें अपने वश में करने का निश्चय किया और अपने इस निश्चय को विदुर के समक्ष प्रकट किया तो, उन्होंने उन्हें समझा दिया कि वह आपके द्वारा दिये गये धन से आपके वश में नहीं होंगे और पाण्डवों की निन्दा सुनकर भी उनसे विमुख नहीं होंगे।[१६] यही नहीं, दुर्योधन ने भी इस बात को माना है कि उन्हें धनादि (दान, भेद) से वश में नहीं किया जा सकता।[१७]

(ख) श्रीकृष्ण की दृष्टि में मन्त्री को शिष्टाचार सम्पन्न होना चाहिए। उसे पूज्य व्यक्तियों का आदर करना चाहिए और उनकी आज्ञा से ही सिंहासनादि पर बैठना चाहिए। वह स्वयं इस गुण से युक्त थे। इसीलिए जब वह हस्तिनापुर पहुँचे, तो उन्होंने भीष्म पितामह के प्रति आदर व्यक्त किया;

राजसभा में उपस्थित सभी राजाओं और सभासदों से मिले; धृतराष्ट्र की आज्ञा से ही सिंहासन पर बैठे; और उनकी आज्ञा से ही राजभवन से बाहर आये।[१८]

(ग) उनका यह स्पष्ट अभिमत है कि मन्त्री को राजा की आज्ञा अवश्य माननी चाहिए। यही कारण था कि उन्होंने युधिष्ठिर की आज्ञा से दुर्योधन के समक्ष सन्धि प्रस्ताव रखने का निश्चय किया, अन्यथा वह जानते थे कि वह इस प्रस्ताव को कदापि स्वीकार नहीं करेगा।[१९]

(घ) उनके मतानुसार यदि कोई मन्त्री अपने राजा के कार्य से दूसरे राजा के यहाँ जाय, तो उसे अपना उद्देश्य पूरा हुए विना उसके यहाँ भोजनादि ग्रहण नहीं करना चाहिए। उन्होंने भी, दुर्योधन के द्वारा अपने लिए प्रस्तुत किये गये आतिथ्य को ग्रहण नहीं किया; और उससे स्पष्ट रूप से कहा कि वह इस समय उसके सम्बन्धी के रूप में नहीं आये हैं; अतः अपना उद्देश्य सिद्ध किये विना उसके यहाँ भोजन और आतिथ्य ग्रहण नहीं करेंगे।[२०]

(ङ) उनके मत में मन्त्री को दूसरे राज्य में पहुँचकर वहाँ के अन्य मन्त्रियों और पारिवारिक सदस्यों के विचार भी ज्ञात करने चाहिए। वह भी जब हस्तिनापुर पहुँचे तो उन्होंने न्याय का पक्ष लेने वाले विदुर से कौरवों की जानकारी हासिल की।[२१]

(च) उनकी दृष्टि में मन्त्री का यह अनिवार्य कर्त्तव्य है कि वह राजकार्यों से विमुख होने वाले राजा को पुनः कर्त्तव्य पालन की प्रेरणा दे। उन्होंने, कौरवों पर पूर्ण विजय पाने के बाद, राजकार्य से विमुख होने वाले युधिष्ठिर को राज्यकार्य की ओर उन्मुख किया और सलाह दी कि वह वेद-वेदांग के ज्ञाता, विद्वान्, बुद्धिमान्, धर्मज्ञ, पुरुषार्थी और राजधर्म को जानने वाले भीष्म-पितामह से राजा के कर्त्तव्यों के विषय में जानकारी लें।[२२]

मन्त्रियों की संख्या

श्रीकृष्ण ने जब अपने मातामह उग्रसेन को राजसिंहासन पर बैठाया, तब उन्होंने विकद्रु को मन्त्री के रूप में नियुक्त किया और दश अनुभवी व्यक्तियों की सलाहकार समिति का गठन किया।[२३] उनकी मन्त्रणाओं का परिशीलन करने से ज्ञात होता है कि उन्होंने गुप्त मन्त्रणा के अवसर पर अधिक व्यक्तियों की उपस्थिति पर बल दिया है। वैसे उनकी सलाहकार समिति में दश सदस्यों के उल्लेख से यह बात बिल्कुल निश्चित है कि वह सार्वजनिक मन्त्रणा में कम से कम दश व्यक्तियों की उपस्थिति अनिवार्य रूप से अपेक्षित समझते हैं (क) भा०पु०, १०/७०/४५-४६, ७१/१-१०; (ख) महाभारत, उ०प० १/२०-२६, ९४/४१-४६, ४७ का पूर्वार्द्ध, १४७/३-४; (ग) शिशुपाल वध, सर्ग-२ सम्पूर्ण।

(क) जरासन्ध के यहाँ बन्दी राजाओं की मुक्ति और युधिष्ठिर के राजसूय यज्ञ में पहुँचना—एक ही समय में उपस्थित इन दो कार्यों में से किस कार्य को सम्पन्न किया जाय, इस विषय में उन्होंने उद्धव से ही सलाह ली है।[२४]

(ख) शिशुपाल वध और युधिष्ठिर के राजसूय यज्ञ को सम्पन्न कराना—एक ही समय में उपस्थित इन दो कार्यों के विरोध को समाप्त करने के लिए उन्होंने बलराम और उद्धव के साथ गुप्त मन्त्रणा की है।[२५]

(ग) मत्स्यदेश के राजा विराट की सभा में उन्होंने पाण्डवों के हित के सम्बन्ध में, उस समय वहाँ उपस्थित बहुत से राजाओं को संगठित करके, मन्त्रणा की थी।[२६]

(घ) दुर्योधन की राजसभा में युधिष्ठिर की ओर से सन्धि प्रस्ताव रखते हुए उन्होंने जब देखा कि परशुराम, कण्व और नारद आकाश में खड़े हैं, तो उन्होंने भीष्म से उनको भी सभा में बुलवा लिया,[२७] जिससे उनके उचित प्रस्ताव की पुष्टि हो सके और पाण्डवों को राज्य दिलवाने की उनकी न्यायसंगत इच्छा पूरी हो सके।

(ङ) जब दुर्योधन पाण्डवों को राज्याधिकार देने के लिए सहमत नहीं हुआ, तब श्रीकृष्ण युधिष्ठिर के पास वापस आये और उन्होंने पाण्डवों के साथ गुप्तमंत्रणा की। इस अवसर पर उन्होंने वहाँ उपस्थित विराट आदि राजाओं को हटा दिया।[२८]

उपर्युक्त प्रसंगों से उनकी यह नीति स्पष्ट हो जाती है कि मन्त्री को अपनी उचित सलाह स्वीकृत करवाने के लिए अपने प्रबल समर्थकों को संगठित करना चाहिए और जब गुप्तमन्त्रणा करनी हो, तब विश्वस्त व्यक्तियों के अतिरिक्त अन्य सभी उपस्थित व्यक्तियों को मन्त्रणा स्थल से हटा देना चाहिए, जिससे मन्त्रणा की गोपनीयता की रक्षा हो सके; शत्रु सावधान न हो सके; और उसकी गोपनीय गतिविधियों को न जान सके। क्योंकि गुप्तमंत्रणा में उपस्थित व्यक्तियों की अधिक संख्या गोपनीयता की रक्षा करने में समर्थ नहीं होती।

मन्त्रणास्थल एवं मन्त्रणा का समय

श्रीकृष्ण के मतानुसार राजा को गुप्तमन्त्रणा एकान्त में करनी चाहए। उन्होंने उद्धव और बलराम के साथ अपने राजभवन के सभामण्डप में जिस समय मन्त्रणा की, उस समय इन तीन व्यक्तियों के अतिरिक्त और कोई नहीं था।[२९] इसी प्रकार जब उन्होंने पाण्डवों के साथ हस्तिनापुर की स्थिति से सम्बन्धित मन्त्रणा की, तो वहाँ उपस्थित अन्य व्यक्तियों को वहाँ से हटा दिया,[३०] जिससे मन्त्रणा की गोपनीयता भंग न हो।

उन्होंने गुप्त मन्त्रणा के लिए सूर्यास्त के बाद का समय और रात्रि का समय उपयोगी बताया है। उन्होंने दुर्योधन के समक्ष सन्धिप्रस्ताव रखने के पूर्व विदुर से रात्रि के समय गुप्तमन्त्रणा की।[३१] इसी प्रकार भीष्म को मारने के उपाय के विषय में रात्रि के प्रारम्भिक काल में गुप्तमन्त्रणा की[३२] और हस्तिनापुर में सन्धि प्रस्ताव के अस्वीकृत हो जाने पर जब वह युधिष्ठिर के पास उपलव्य नगर में आए, तो उन्होंने सूर्यास्त होने के बाद पाण्डवों के साथ गुप्त मंत्रणा की।[३३] सार्वजनिक मंत्रणा के सम्बन्ध में उन्होंने कोई निश्चित समय नहीं अपनाया। क्योंकि सार्वजनिक मन्त्रणा में गोपनीयता भंग होने का भय नहीं रहता है।

इस प्रकार उनकी दृष्टि में मन्त्रणा के लिए जहाँ आवश्यकतानुसार मन्त्रियों की संख्या का महत्त्व है, वहाँ देश-काल का भी महत्त्व है। गुप्त मंत्रणाओं के लिए उन्होंने जो स्थान और समय निर्दिष्ट किया है, वह मन्त्र की गोपनीयता की रक्षा के लिए वास्तव में अपरिहार्य है। क्योंकि जनसमूह की उपस्थिति में तो गुप्तमन्त्रणा नहीं की जा सकती; इसलिए इसके लिए तो ऐसा स्थान और समय तय करना चाहिए, जिसमें अन्य लोग दूसरे कार्यों में इस प्रकार व्यस्त हों कि उन्हें मन्त्रणा का पता ही न लग सके। सूर्यास्त के बाद का समय अथवा रात्रि का समय इसके लिए सर्वाधिक उपयुक्त

होता है। क्योंकि इस समय अन्य लोग या तो अपनी अपरिहार्य दैनिकचर्या में व्यस्त रहते हैं; या फिर निद्रामग्न रहते हैं।

मन्त्रणा के विषय

श्रीकृष्ण के मतानुसार राजा को चाहिए कि वह सभी राजकीय कार्यों, जैसे–दो कार्यों में परस्पर विरोध होना, अत्याचारियों से छुटकारा पाना, शत्रुओं पर आक्रमण करना, नगर निर्माण करना, विपक्षियों से सन्धि करना, सेनापति आदि की नियुक्ति करना, युद्धक्षेत्र में अस्त्र-शस्त्र के दाँव-पेंच जानना आदि–में मन्त्रियों से सलाह लें; उनसे मंत्रणा करें। वह स्वयं भी मन्त्रियों के साथ मन्त्रणा करते थे; और उनके द्वारा दी गई सम्मति के अनुसार कार्य भी करते थे।

जब उनके सामने–जरासन्ध द्वारा बन्दी बनाये गये राजाओं की मुक्ति और युधिष्ठिर के राजसूय यज्ञ को सम्पन्न करवाना–ये दो कार्य एक साथ उपस्थित हो गये, तब इनके द्वन्द्व से छुटकारा पाने के लिए उन्होंने उद्धव से सलाह ली, और तदनुसार ही आचरण किया।[३४] इसी अवसर पर शिशुपाल वध का कार्य भी जब उनके सामने उपस्थित हो गया, तो उन्होंने उद्धव और बलराम के साथ गुप्त मन्त्रणा की और उद्धव की नीति सम्मत सलाह के अनुसार ही कर्त्तव्य पालन किया।[३५] इसी प्रकार जिस समय जरासन्ध और कालयवन एक ही समय में मथुरा को आक्रान्त करने के लिए तत्पर थे, उस समय उन्होंने विकद्रु तथा उग्रसेनादि वृद्ध पुरुषों से विचार विमर्श किया और उनकी सलाह से आनर्तप्रदेश में जलदुर्ग के रूप में द्वारका नगरी का निर्माण किया।[३६] जरासन्ध के अठारहवें आक्रमण के समय उन्होंने महर्षि परशुराम की सलाह के अनुसार ही गोमन्त पर्वत को दुर्ग की तरह प्रयुक्त किया और शत्रुओं को परास्त कर दिया।[३७] इसी प्रकार उन्होंने गरुड़ से भी द्वारका नगरी और रैवतक पर्वत को सुरक्षित बनाने के विषय में सलाह प्राप्त की।[३८]

उन्होंने स्वयं भी योग्य मन्त्री के रूप में राजाओं को उचित सलाह दी और हमारे सामने यह तथ्य स्पष्ट रूप से आया है कि उनकी सलाह मानने वाले राजा ने विजय प्राप्त की और न मानने वालों ने पराजय का मुख देखा। अब प्रस्तुत है उनके द्वारा दी गई सलाहों और की गई मन्त्रणाओं के उदाहरण–

(क) राजा युधिष्ठिर कोई भी कार्य उनकी सम्मति लिए विना सम्पन्न नहीं करते थे। उन्होंने राजसूय यज्ञ के सम्बन्ध में अपने मन्त्रियों, भाइयों, ऋषियों और मुनियों से मन्त्रणा की और सभी ने उन्हें इस यज्ञ को सम्पन्न करने के लिए अनुमति दे दी। फिर भी उन्होंने इस महत्त्वपूर्ण कार्य को निश्चयात्मक रूप देने के लिए श्रीकृष्ण को बुलवाया और उनसे इस यज्ञ को सम्पन्न करने का उपाय पूछा। श्रीकृष्ण ने उन्हें सलाह दी कि वह राजसूय यज्ञ करने के पहले जरासन्ध का वध करवायें, तभी 'सम्राट्' पद प्राप्त कर सकेंगे और राजसूय यज्ञ की योग्यता, प्राप्त कर सकेंगे।[३९] यह सर्वविदित ऐतिहासिक तथ्य है कि उनकी मंत्रणा के फलस्वरूप जरासन्ध जैसे दुर्दान्त व्यक्ति का वध नीतिपूर्वक हो सका और युधिष्ठिर 'सम्राट्' पद के अधिकारी बनकर निर्विघ्न रूप से राजसूय यज्ञ करने में समर्थ हो सके।

(ख) पाण्डवों के वनवास की अवधि समाप्त होने पर उन्होंने मत्स्य देश के राजा विराट की सभा में, वहाँ उपस्थित, बहुत से राजाओं को संगठित किया और सारगर्भित एवं हितकारी वाणी में

कौरवों के दुर्व्यवहार का वर्णन किया; पाण्डवों के सदाचार पर प्रकाश डाला; और युधिष्ठिर की ओर से एक दूत को हस्तिनापुर भेजने का प्रस्ताव किया।[४०] उनके द्वारा सम्पन्न की गई यह मन्त्रणा अवश्य ही राजाओं को पाण्डवों के पक्ष में आने के लिए ही की गई थी।

उपर्युक्त दोनों उदाहरण उनके प्रधानमन्त्री के स्वरूप को स्पष्ट करने में समर्थ हैं।

(ग) जब धृतराष्ट्र के आदेश से संजय युधिष्ठिर के पास आया और उसने उन्हें युद्ध से दूर रहने को कहा, तो उन्होंने उसे उत्तर दिया कि वह प्रत्येक कार्य में श्रीकृष्ण की सम्मति लेते हैं। अन्य राजा भी अपने हित के लिए इनसे सलाह माँगते हैं। इस अवसर पर श्रीकृष्ण ने संजय से कहा–यद्यपि पाण्डवों को (कौरव कृत दुर्व्यवहारों को देखते हुए) कौरवों से सन्धि नहीं करनी चाहिए, फिर भी ये पाँच ग्राम ही लेकर शान्ति स्थापना करना चाहते हैं; अन्यथा युद्ध का प्रस्ताव इन्हीं की ओर से होता। अगर कौरव इनके सन्धि प्रस्ताव को नहीं मानते हैं; और विना युद्ध किये कुछ भी नहीं वापस करना चाहते, तो इनको युद्ध ही करना चाहिए; तथापि मैं स्वयं सन्धि के लिए प्रयत्नशील रहूँगा और यदि उन्होंने हमारा सन्धि प्रस्ताव नहीं माना, तो युद्ध अवश्यम्भावी है।[४१] इस मन्त्रणा में उन्होंने संजय के माध्यम से कौरवों को यह चेतावनी दी है कि उन्हें इनका राज्य वापस कर देना चाहिए और इनको दुर्बल नहीं समझना चाहिए।

(घ) युधिष्ठिर ने उनसे प्रार्थना की कि वह हमारी और कौरवों की सन्धि करवाने का प्रयत्न करें।[४२] उन्होंने दुर्योधन को समझाया कि यद्यपि वह कौरवों के समक्ष आपका सन्धि प्रस्ताव रखेंगे, तथापि आपको युद्ध के लिए तैयार रहना चाहिए। क्योंकि सन्धि प्रस्ताव के अमान्य हो जाने की सम्भावना है। हाँ, दूत के रूप में वहाँ जाने का एक लाभ अवश्य ही होगा, वह यह कि उन्हें उन लोगों की सैन्य शक्ति का अनुमान हो जाएगा।[४३] उनकी यह सलाह उनकी नीति को स्पष्ट करती है कि शत्रु का सामना करने को सदैव तत्पर रहना चाहिए।

(ङ) युधिष्ठिर के वचनों के प्रति आदर व्यक्त करने के लिए जब भीमसेन ने भी सन्धि प्रस्ताव का ही अनुमोदन किया, तो उन्होंने उन्हें उनकी प्रतिज्ञा का स्मरण दिलाकर युद्ध के लिए तैयार रहने की ही सलाह दी।[४४] क्योंकि वह जानते थे कि कौरव सन्धि प्रस्ताव स्वीकार नहीं करेंगे, उनसे अपना अधिकार युद्ध के माध्यम से ही प्राप्त करना होगा। इसलिए अपने पक्ष के किसी भी वीर को शत्रु के द्वारा सन्धि प्रस्ताव को स्वीकृत करने की आशा में शिथिल नहीं होना चाहिए। उसे युद्ध के लिए तैयार रहना चाहिए।

(च) हस्तिनापुर पहुँचकर उन्होंने रात्रि के समय विदुर से विचार–विमर्श किया। विदुर ने उनके सन्धि प्रस्ताव सम्बन्धी आगमन को निरर्थक बताया। क्योंकि दुर्योधन दुष्ट, दुराचारी और अन्यायी है, वह उनकी हितकारी सलाह कदापि नहीं मानेगा। श्रीकृष्ण ने उनके वचनों की प्रशंसा की और उनके समक्ष अपने सन्धि प्रस्ताव का औचित्य भी प्रकट किया कि यदि वह कौरवों और पाण्डवों के बीच सन्धि कराने का प्रयत्न नहीं करेंगे, तो उनकी निन्दा होगी।[४५] उनका विदुर से वार्ता करने का उद्देश्य कौरवों की गतिविधि जानना था। उन्होंने समझ लिया था कि उनके द्वारा अब युधिष्ठिर की ओर से सन्धिप्रस्ताव रखना एक औपचारिक कर्त्तव्य मात्र है।

(छ) उन्होंने हस्तिनापुर की कौरव राजसभा में धृतराष्ट्र को सम्बोधित करते हुए अपने आगमन

का प्रयोजन बताया कि वह चाहते हैं कि कौरव और पाण्डवों में विना युद्ध के ही समझौता हो जाए और इस प्रयोजन को सिद्ध करने के लिए आप ही सक्रिय हों। आप पाण्डवों को उनका राज्याधिकार दे दें; अपने पुत्रों को सन्मार्ग पर प्रवृत्त करें; तथा अच्छे लोगों की सलाह लें।[४६]

(ज) धृतराष्ट्र ने भी श्रीकृष्ण को मन्त्रणा देने योग्य समझकर उनसे निवेदन किया कि वह उनके पुत्र दुर्योधन का भी मार्गदर्शन करने की कृपा करें। फलस्वरूप श्रीकृष्ण ने उसे भी समझाया कि वह धर्मात्मा, पराक्रमी, अपराजेय पाण्डवों से मित्रता कर ले और उन्हें आधा राज्य दे दे तथा उपदेश किया–यदि वह अपना कल्याण चाहता है तो उसे उनकी हितकारी सलाह सुननी चाहिए। अधर्माचरण से बचना चाहिए; अपने परिवार, सेवकों और मित्रों का हित करने का प्रयत्न करना चाहिए; अपने पिता, उनके मन्त्री एवं अन्य पारिवारिक सदस्यों की सम्मति के अनुसार अपने ज्ञानी पराक्रमी, उत्साही, बुद्धिमान् और शास्त्रज्ञ सम्बन्धियों से मित्रता कर लेनी चाहिए; उसे अपनी भलाई के लिए, अपनी उन्नति के लिए और शत्रुओं की अधीनता से बचने के लिए मन्त्रियों के शास्त्र-सम्मत उपदेश को ध्यान से सुनना चाहिए; अपने हित के लिए उनकी अप्रिय बात भी सुन लेनी चाहिए; दुर्जनों और सज्जनों की सही पहचान होनी चाहिए; काम-क्रोधादि से बचना चाहिए; धर्म-अर्थ-काम-तीन पुरुषार्थों की सिद्धि के लिए प्रयत्नशील रहना चाहिए; अनुचित उपाय से राज्यादि प्राप्त करने का प्रयत्न नहीं करना चाहिए; तथा हितैषी सुहृदों की सलाह मान लेनी चाहिए।[४७]

(झ) दुर्योधन के द्वारा राजसभा का बहिष्कार किये जाने पर उन्होंने भीष्म, धृतराष्ट्रादि को सलाह दी कि वे दुर्योधन को दु:शासन, कर्ण और शकुनि सहित कैद कर लें। क्योंकि राजा या युवराज कुमार्गगामी हों तो पूज्य व्यक्तियों और मन्त्रियों को उन्हें भी नियन्त्रित करना चाहिए और योग्य व्यक्तियों को राजा के पद पर नियुक्त करना चाहिए।[४८]

ये पाँच (ग-झ) उदाहरण उनका विदेश मन्त्री का स्वरूप प्रकट करने में समर्थ हैं। यह हमारा, हमारे देश का, हमारे इतिहास का दुर्भाग्य है कि उनकी यह मन्त्रणा सफल नहीं हुई। उनकी मन्त्रणा की असफलता ही तत्कालीन भीषण नरसंहार का कारण बनी। यदि पाण्डवों के साथ-साथ कौरव भी उनसे सम्मति लेते, अपना अन्यायपूर्ण आचरण छोड़ देते तो भारत उस भीषण नरसंहार से बच जाता।

(ञ) श्रीकृष्ण के मत में मन्त्री राजा के साथ युद्ध क्षेत्र में जाकर उसे सक्रिय सहयोग भी प्रदान कर सकता है; वहाँ उसे युद्ध सम्बन्धी सलाह भी दे सकता है। हम इस तथ्य को स्पष्ट रूप से समझ सकते हैं कि युधिष्ठिर ने कौरवों पर जो विजय पाई, उसमें श्रीकृष्ण का पार्थसारथित्व ही सबसे बड़ा हेतु है, उनका यह पार्थसारथित्व वास्तव में उनके युद्धमन्त्रित्व पर एक आवरण है। कौरव-पाण्डव युद्ध इस बात का साक्षी है कि युद्ध क्षेत्र में पाण्डव और उनके पक्ष के वीर उनकी सलाह के विना एक भी कदम नहीं चले हैं। उन्होंने युद्ध के प्रारम्भ से अन्त तक युद्धनीतिज्ञ श्रीकृष्ण की सलाह प्राप्त की है और फलस्वरूप विजयी हुए हैं।[४९]

(ट) राजा को महत्त्वपूर्ण पदों पर नियुक्ति हेतु प्रधानमन्त्री से सलाह लेनी चाहिए। कौरव-पाण्डव युद्ध के पहले युधिष्ठिर ने सेनापति पद पर किसी वीर की नियुक्ति करने से पहले उनकी सलाह ली, तो उन्होंने धृष्टद्युम्न का नाम प्रस्तावित किया और तदनुसार उसे ही सेनापति चुन भी लिया गया।[५०]

मन्त्र रक्षा

श्रीकृष्ण का स्पष्ट मत है कि राजा को मन्त्र की रक्षा करनी चाहिए और इसका उपाय है–दुर्जनों का त्याग और सज्जनों से मैत्री–

> **"खलत्यागः सुहृत्प्राप्तिरितीदं कवचद्वयम्।**
> **वहध्वं मन्त्रदेहस्य भेदं परिजिहीर्षवः।।**
>
> –वेदान्तदेशिक, यादवाभ्युदय, २२/२०

क्योंकि दुर्जन किसी का भला नहीं चाहते, उनसे मन्त्रभेद की सम्भावना रहती है, जबकि सज्जन मित्र सब प्रकार से अपने मित्र का भला चाहता है और इसीलिए उसकी गोपनीयता भंग नहीं करता।

मन्त्रणा का महत्त्व

उनके मतानुसार मंत्र के पाँच अंग हैं–सहायक, साधन, देशकाल का विभाग, विपत्ति का प्रतीकार और सिद्धि। इन पाँच अंगों से युक्त मन्त्र की सहायता से ही राजा नीति से बढ़ती हुई राज्यसम्पदा की रक्षा कर सकता है।[५१]

राजा और मन्त्रणा

यद्यपि उपर्युक्त विस्तृत विवेचन से स्पष्ट हो जाता है कि श्रीकृष्ण राजा के लिए मन्त्रणा अत्यन्त आवश्यक मानते हैं, तथापि उनका यह भी मत है कि राजा मन्त्रणा अवश्य प्राप्त करे, किन्तु किसी भी कार्य को क्रियान्वित करने के लिए अन्तिम निर्णय उसी का होना चाहिए।[५२]

निष्कर्ष

इस प्रकार श्रीकृष्ण की दृष्टि में राज्य संचालन के लिए जहाँ एक योग्य राजा की आवश्यकता होती है, वहाँ मन्त्रिमण्डल की आवश्यकता को भी नकारा नहीं जा सकता। उनके मतानुसार वही मन्त्री राजा को राज्य संचालन में सहयोग दे सकता है और उसे नियन्त्रण में रख सकता है, जो सद्गुण सम्पन्न तथा कर्त्तव्यनिष्ठ हो, जो उसे भवन के एक कक्ष में बौद्धिक मन्त्रणा देने के साथ-साथ आवश्यकता होने पर युद्ध क्षेत्र में भी सक्रिय सहयोग दे सके। उन्होंने मन्त्रियों की संख्या, देश और काल पर प्रकाश डालने के साथ ही साथ अपने मन्त्रियों के साथ की गई मन्त्रणाओं से सिद्ध कर दिया है कि राजा को राज्य के और अपने हित के लिए हितैषी मन्त्रियों की सलाह लेनी चाहिए। क्योंकि जो राजा हितैषी मन्त्रियों की सलाह नहीं लेता, दुष्टों की ही बात मानता है, उसको सदैव अपयश, पराजय, अपमान आदि का ही सामना करना पड़ता है। उन्होंने मन्त्रियों का कार्यक्षेत्र राजभवन में की जाने वाली मन्त्रणाओं में ही नहीं माना है, अपितु उन्हें युद्ध क्षेत्र में भी राजा का मार्ग प्रदर्शन करने की प्रेरणा दी है। उनकी दृष्टि में मन्त्रणा करने के बाद मन्त्र रक्षा करना, मन्त्रणा से ही राजकीय सम्पत्ति की रक्षा करना भी राजा का अनिवार्य कर्त्तव्य है। उन्होंने मन्त्रिमण्डल और मन्त्रणा को आवश्यक बताते हुए भी राजा को सलाह दी है कि वह मन्त्रियों से विचार-विमर्श से बाद कर्त्तव्य का निर्धारण स्वयं करे अर्थात् उनकी दृष्टि में राजा में इतना सामर्थ्य होना चाहिए, इतनी विवेक बुद्धि होनी चाहिए कि वह मन्त्रियों के द्वारा दी गई सलाह की परीक्षा कर सके कि सलाह उसे माननी चाहिए अथवा नहीं।

उनके कथनों और आचरण से हमारे सामने उनकी यह नीति भी स्पष्ट हो जाती है कि उन्होंने राजा और मन्त्री के सम्बन्धों की सन्मैत्रीपूर्णता पर बल दिया है। क्योंकि सच्ची मित्रता ही दो व्यक्तियों के पारस्परिक हित का कारण बनती है। सच्चा मित्र ही व्यक्ति को हर देश और काल में सहायता देता है। वह स्वयं पाण्डवों के सच्चे मित्र थे, बन्धु थे, सम्बन्धी थे तभी उन्होंने पाण्डवों की आवश्यकतानुसार उनके प्रधानमन्त्री, विदेश मन्त्री और यहाँ तक कि रक्षामन्त्री का कार्यभार सम्भाला। फलस्वरूप उनके मन्त्रित्व में पाण्डवों को सदा उन्नति, यश और विजय की प्राप्ति हुई। यदि श्रीकृष्ण का सुबुद्ध मस्तिष्क सक्रिय नहीं होता तो युधिष्ठिर की धर्मपरायणता, भीम की बलवत्ता, अर्जुन की धनुर्विद्या और नकुल-सहदेव की योग्यता सर्वथा निरर्थक हो जाती है। यह श्रीकृष्ण का ही सामर्थ्य था, बुद्धिकौशल था, जिसके फलस्वरूप पाण्डवों के गुण प्रस्फुटित हुए और उनके दोष, उनकी दुर्बलताएँ नष्ट हो गई।

इस प्रकार श्रीकृष्ण की मन्त्रिमण्डल सम्बन्धी नीति केवल हमारे भारतवर्ष की ही नहीं, बल्कि विश्व की राजनीति में स्मरणीय और अनुकरणीय स्थान पाने में समर्थ है।*

सन्दर्भ

१. भागवतपुराण, १०/७०/२२-४६
२. माघ, शिशुपालवध, २/१-११
३. महाभारत, वनपर्व, अध्याय १३
४. हरिवंशपुराण, विष्णुपर्व, ३७/९ का पूर्वार्ध, ३९/३-४, ५८/८० का चतुर्थ चरण।
५. माघ, शिशुपालवध, २/२, ६९, ११८
६. भागवतपुराण, १०/७६/७६
७. माघ, शिशुपालवध, २/२
८. हरिवंशपुराण, विष्णुपर्व, ३९/३४-८३
९. भागवतपुराण, १/९/२०, ४९
१०. महाभारत, सभापर्व, १३/४६-५१; उद्योगपर्व, ७२/७७-७८
११. वही, सभापर्व, १५/१३ का प्रारम्भिक अंश।
१२. वही, उद्योगपर्व, ८३/१-४
१३. वही, वही, २२/३८ का उत्तरार्ध, ३९, १२४/२
१४. मन्त्री जनार्दनो यस्य ..... कथं जेष्यसि पाण्डवम्। वही, वही, १३९/१९
१५. (क) महाभारत, उद्योगपर्व, १/१०, १५५/७, १५
(ख) क्षेमेन्द्र, भारतमंजरी, उद्योगपर्व, श्लोक सं० ३४१-४४, ३६८
१६. महाभारत, उद्योगपर्व, अध्याय ८६ एवं ८७
१७. वही, वही, ८८/१-६
१८. वही, वही, ८९/१५-२१
१९. वही, अध्याय ७९
२०. वही, वही, ९१/१०-१२ का पूर्वार्ध १६-१८
२१. महाभारत, उद्योगपर्व, अध्याय ८६ एवं ८७
२२. वही, शान्तिपर्व, ३७/२१-२५, ४६/१७-२३

२३. हरिवंशपुराण, विष्णुपर्व, ५८/८० का चतुर्थ चरण, ८१
२४. भागवतपुराण, १०/७०/४५-४६, ७१/१-१०
२५. माघ, शिशुपालवध, सर्ग-२ सम्पूर्ण
२६. महाभारत, उद्योगपर्व, १/१०-२६
२७. वही, वही, ९४/४१-४६, ४७ का पूर्वार्ध।
२८. वही, वही, १४७/३-४
२९. माघ, शिशुपालवध, २/२-५
३०. महाभारत, उद्योगपर्व, १४७/३-४
३१. वही, वही, ९२/१
३२. वही, भीष्मपर्व, १०७/९-११
३३. वही, उद्योगपर्व, १४७/३-४
३४. भागवतपुराण, १०/७०/४५-४७, ७१/१-१०
३५. माघ, शिशुपालवध, २/१-१०, ११३-११८, ३/१; हरिवंशपुराण; विष्णुपर्व ३९/३४-८३, ४०/४७; ५५/९७-१२५
३६. क्षेमेन्द्र, भारतमंजरी, हरिवंशपर्व, श्लो०सं० १०००-१०१०
३७. हरिवंशपुराण, ३९/३४-८३, ४०/४७
३८. वही, वही, ५५/९७-१२५
३९. (क) भागवतपुराण, १०/७१/२२-४६, १२/१५-४८
(ख) महाभारत, सभापर्व, १३/३६-५१, अध्याय १४, १५/१४-२५
(ग) क्षेमेन्द्र, भारतमंजरी, सभापर्व, श्लोक सं० ३७-५१
(घ) क्षेमेन्द्र, दशावतारचरित, ८/४३२-४४०
(ङ) अमरचन्द्र, बालभारत, सभापर्व, १/७०-७२
(च) शिवदत्त त्रिपाठी, गद्यभारत, पृ०सं० ५६-५९
४०. महाभारत, उद्योगपर्व, १/१०-२६
४१. (क) महाभारत, उद्योगपर्व, २८/१०-१४, अध्याय २९
(ख) क्षेमेन्द्र भारतमंजरी, उद्योगपर्व, श्लोक सं० १३०-१३२
४२. (क) महाभारत, उद्योगपर्व, ७२/६८-७८, ९०-९३
(ख) वासुदेव, युधिष्ठिर विजय, ६/१०५
४३. महाभारत, उद्योगपर्व, अध्याय ७३
४४. (क) वही, वही, अध्याय ७५
(ख) वासुदेव, युधिष्ठिर विजय, ६/८९-९१, ९५
४५. महाभारत, उद्योगपर्व, अध्याय ९२, ९३/१-२१
४६. (क) महाभारत, उद्योगपर्व, अध्याय ९५
(ख) वासुदेव, युधिष्ठिर विजय, ६/१०६-११०
(ग) क्षेमेन्द्र, भारतमंजरी, उद्योगपर्व, श्लो०सं० २४५-३६७
(घ) दामोदर, राघवपाण्डवीयम्, ७/३९-४५
४७. (क) महाभारत, उद्योगपर्व, १२४/८-६२
(ख) वासुदेव, युधिष्ठिरविजय, ६/१११-११५

४८. महाभारत, उद्योगपर्व, १२८/३३-५०
४९. किरण टण्डन, संस्कृत साहित्य में राजनीति, पृ०सं० २१३-२१५
५०. (क) महाभारत, उद्योगपर्व, १५१/३९-४८, ४९ का पूर्वार्ध।
(ख) क्षेमेन्द्र, भारतमंजरी, उद्योगपर्व, श्लोक सं० ३७५
५१. वेदान्तदेशिक, यादवाभ्युदय, २२/२७
५२. महाभारत, सभापर्व, १४/७०

* प्रस्तुत शोधलेख शारदा पीठ प्रदीप शोधपत्रिका, द्वारका गुजरात १९९९ में प्रकाशित है।

अथर्ववेद और चिकित्सा विज्ञान

वेद भारत की अमूल्य तथा मौलिक निधि हैं। इनमें ज्ञान का विशद भण्डार है। इसीलिए केवल भारतवासी ही नहीं, अपितु विदेशी भी वेद के सम्मुख श्रद्धा से नत होते हुए दिखाई देते हैं। इस सम्बन्ध में अथर्ववेद का परिशीलन करने से ज्ञात होता है कि इसमें प्राप्त होने वाले मंत्रों का जन-जीवन से सीधा सम्बन्ध है। इसमें किया गया विशिष्ट औषधियों का वर्णन रोगों को दूर करने में वर्तमान समाज के लिए अतीव उपयोगी है और अथर्ववेद को चिकित्सा विज्ञान एवं वनस्पति विज्ञान का स्रोत सिद्ध करने में समर्थ है। अब इन औषधियों का परिचय प्रस्तुत है–

प्रश्निपर्णी

इस औषधि का उल्लेख रोगकारी कृमि के नाश के सम्बन्ध में किया गया है। विशेषतौर से जिन कृमियों द्वारा शरीर की शक्ति नष्ट होती है, शरीर में रक्त की कमी देखी जाती है, जो शरीर को निर्बल बनाते हैं तथा गर्भ का नाश करते हैं–उसको नष्ट करने के लिए यह औषधि अतीव सहायक सिद्ध होती है। जिस प्रकार अग्नि समीपस्थ वस्तुओं को जलाकर नष्ट कर देती है, उसी प्रकार यह औषधि भी कृमियों को नष्ट करती है।[१]

भाव प्रकाश में इस औषधि के लिए प्रश्निपर्णी, पृथन्यपर्णी, चित्रपर्णी, अहिपर्णी, क्रौष्टुविन्ना, सिंहपुच्छी, कलशी, पावनि, गुहा आदि शब्दों का प्रयोग किया गया है। इस औषधि का प्रयोग त्रिदोष दूर करने में, वृष्य, उष्णवीर्य, मधुररस युक्त, दस्तावर और दाह, ज्वर, तूवास, रक्तातिसार तृष्णा तथा वमन को दूर करने के लिए किया जाता है।[२]

प्रश्निपर्णी को हिन्दी में पिठवन, पिठौनी और पितवन कहा जाता है। यह औषधि नेपाल, अल्मोड़ा, बंगाल, ब्रह्मा, पंजाब तथा गरम प्रदेशों में पाई जाती है। पिठवन क्षुप जाति की वनौषधि है, जिसकी ऊँचाई करीब एक हाथ के बराबर होती है। इसके पत्ते बेलपत्र के समान होते हैं, जो विषमवर्णी सीकों पर लगते हैं। इसके पत्तों का आकार समान न होकर पुनर्नवा के पत्तों के समान छोटा-बड़ा होता है। वसन्त ऋतु में इस औषधि के पेड़ की डण्ठलों के अन्त में जटा निकलती है। इसका रंग हरा होता है। क्रमशः बढ़ने पर नीले रंग के छोटे-छोटे फूल खिले हैं। ग्रीष्म ऋतु में यह औषधि तैयार होती है, उस समय जटाएँ पक जाती हैं तथा सफेद रंग के छोटे-छोटे बीज भूमि पर गिरते हैं।[३]

अपामार्ग

अथर्ववेद में इस औषधि को वनस्पतियों में मुख्य तथा रेचक गुण से युक्त माना गया है। इस औषधि में कई रोगों को दूर करने की सामर्थ्य है। इस औषधि द्वारा कृषि, पशु तथा मनुष्य तीनों में होने वाले रोग दूर किये जाते हैं। क्षेत्रिय रोग, भस्म रोग, बवासीर, चिड़चिड़ापन, भूख-प्यास की

अतिशयता, वन्ध्यापन, नवजात बालक को होने वाले रोग तथा इन्द्रियों से सम्बन्धित रोगों को यह औषधि नाश करती है। रोगी का आक्रोश दूर करने तथा उसकी सहनशीलता बढ़ाने में यह औषधि सहायक सिद्ध हुई है। इसके प्रयोग द्वारा अकारण रोगी का चिल्लाना दूर होता है। दाँत तथा नाखून सम्बन्धी बीमारियाँ दूर होती हैं। इतना ही नहीं रोगी की मूर्च्छा भी इस औषधि के प्रयोग द्वारा दूर होने का उल्लेख अथर्ववेद में मिलता है। इसके द्वारा रोगी के शरीर में आयी हुई रक्त की कमी दूर होती है तथा रोगकारी कृमियों का नाश सम्भव है। इसके द्वारा रोगों का पूर्णनाश होता है। औषधि प्रयोग के पश्चात् रोग का भय शेष नहीं रहता।[४]

भावप्रकाश में इस औषधि के अपामार्ग, शिखरी, अथ:शल्य, मयूरक, मर्कटी, दुर्ग्राहा, किणिही, खरमंजरी आदि नाम वर्णित हैं। इसके गुण हैं तिक्त तथा कटु रसयुक्त, सारक, तीक्ष्ण, अग्निदीपक, पावक, रेचक तथा वमन, कफ, मेदा, वायु, हृदय रोग, अफारा, अर्श, कण्डू, शूल तथा उदर रोग दूर करना माना गया है।[५]

इस औषधि को हिन्दी में खटजीरा, विचिरी, चिरविरा, आँधीझाड़ा कहते हैं तथा अंग्रेजी में प्रीक्ली-चाफ-फ्लावर कहा जाता है। यह भी क्षुप जाति की वनस्पति है, जो कि शहरों, गाँवों तथा जंगलों में विना बोये ही उग जाती है। यह वनस्पति भारतवर्ष के सभी प्रान्तों में पायी जाती है। इसके पत्ते चौलाई के पत्तों के समान गोल तथा नुकीले होते हैं, पत्तों के दूसरी ओर डंडी में सूक्ष्म सफेद रोम होते हैं। पत्तों के पास से ही लगभग एक फुट लम्बी सींक निकलती है, जिसमें कुछ लाल, गुलाबी, पीलापन लिए हुए फूल निकलते हैं। इसी डंडी में काँटेदार छोटे-छोटे बीज लगते हैं, जो उल्टे रहते हैं। जब बीज पक जाते हैं, उनके अन्दर से चावल निकलते हैं, यही अपामार्ग है। यह अपामार्ग लाल रंग का भी होता है।[६]

कुष्ठ (कूठ)

अथर्ववेद के कई स्थलों में एक कुष्ठ नामक औषधि का भी वर्णन प्राप्त होता है। यह औषधि मनुष्य को रोगमुक्त करती है। इसके सेवन द्वारा बल बढ़ता है। इसके द्वारा क्षयरोग दूर होता है। सिर और आँख सम्बन्धी तथा समस्त शारीरिक रोगों को दूर करने में यह औषधि विशेष सहायक सिद्ध होती है। प्राण वायु तथा व्यान वायु के लिए इसे सुखकारी माना गया है। इसकी उत्पत्ति अथर्ववेद में हिमालय पर्वत की ऊँची-ऊँची चोटियों में बताई गई है। इसकी उपयोगिता इससे सिद्ध होती है कि वहाँ वर्णित है कि तत्कालीन समाज में लोग अत्यधिक धन खर्च करके इसको प्राप्त करने हेतु हिमालय जाते थे।[७]

भाव प्रकाश में इस औषधि के लिए कुष्ठ, रोगाह्वय, वाप्य, पारिभाव्य तथा उत्पल नाम प्रयुक्त हुआ है। यह औषधि उष्णवीर्य, कटु तथा तिक्त रस से युक्त होती है। वातरस, वीसर्प, कास, कुष्ठ, वायु तथा कफ आदि रोगों को दूर करती है।[८]

इस औषधि को हिन्दी में कूठ, कूट तथा अंग्रेजी में कोस्टस् रूट कहा जाता है। यह औषधि सिन्धु नदी के किनारे तथा काश्मीर आदि जगहों में उत्पन्न होती है। वह पहाड़ की चोटी पर भी मिलती है।

इसका क्षुप बहुत दृढ़ होता है। डंठल ६-७ फीट तक ऊँचा होता है तथा जड़ की ओर छोटी

अंगुलि के बराबर मोटा होता है। इस वनस्पति के पत्ते २-३ फीट तक लम्बे होते हैं, जिनका विस्तार अनियमित होता है और वे कंगूरेदार होते हैं। इसकी जड़ सुगन्धित होती है। भारतवर्ष में कूठ केवल औषधि के रूप में प्रयुक्त होती है जबकि चीन आदि देशों में रेशमी कपड़े रंगने के भी काम में लायी जाती है।[९]

अंजन

अंजन औषधि से सम्बन्धित विस्तृत जानकारी अथर्ववेद में उपलब्ध होती है। यह औषधि पर्वतों पर उगने वाली वनस्पतियों द्वारा बनायी जाती है। यह औषधि बहुत महत्त्वपूर्ण है। इसके लिए अथर्ववेद में त्रैकाकुद तथा यामुन शब्द प्रयुक्त हुए हैं। यह अंजन आँखों के लिए हितकारी है। इसके द्वारा नेत्र सम्बन्धी समस्त रोग दूर होते हैं। ज्वर, पीलिया, क्षय, कफ विकार, उदावर्त नामक पेट का रोग अथवा सर्प का विष दूर करने में यह औषधि सहायक सिद्ध होती है। अवयवों तथा सन्धि सम्बन्धी कई रोग इस औषधि के प्रयोग द्वारा दूर होते हैं। अथर्ववेद में माना गया है कि इस औषधि के प्रभाव से दुष्ट भाषण, शाप, हिंसा के कर्म तथा अन्य पीड़ाओं का असर नहीं हो, इतना ही नहीं, इसके द्वारा व्यक्ति के हृदय में बुरे विचार नहीं आते, वह दुष्ट कर्म एवं दुष्ट स्वप्न दोषों से दूर रहता है। यह केवल मनुष्यों के लिए ही लाभप्रद नहीं है, अपितु जानवरों के लिए भी हितकारी है।[१०]

भावप्रकाश में अंजन का विस्तृत वर्णन किया गया है। वहाँ उसके प्रकार, प्रयोग तथा निर्माण विधि पर पर्याप्त प्रकाश डाला गया है।

तीन प्रकार के अंजनों का उल्लेख भावप्रकाश में मिलता है—रस रूप, वर्तीरूप और पूर्णरूप। इनमें रस रूप अंजन सबसे बलशाली हैं। इनमें से प्रत्येक के लेखन, रोपण तथा स्नेहन तीन-तीन भेद होते हैं। इस प्रकार कुल मिलाकर नौ प्रकार के अंजन उपलब्ध होते हैं। लेखन अंजन खारा, तीक्ष्ण तथा खट्टे रस वाला होता है। यह नेत्रों, पलकों, शिराओं, कान तथा कपाल की अस्थिगत दोषों को मुख, नाक तथा नेत्रों के माध्यम से बाहर निकालता है। रोपण अंजन कषाय और कटु रसयुक्त होता है। यह स्नेह, स्निग्ध तथा शीतल होता है। वह वर्ण को उत्तम करता है तथा दृष्टि के बल को बढ़ाता है। स्नेहन मधुर रस वाला तथा स्नेहयुक्त होता है। इसके द्वारा भी दृष्टि दोष दूर होते हैं। किस अंजन का परिमाण कितना हो तथा किन-किन वस्तुओं द्वारा इनका निर्माण किया जाता है और किस प्रकार, कितना तथा किस समय अंजन का प्रयोग करना चाहिए, इत्यादि से सम्बन्धित समस्त जानकारी भावप्रकाश में उपलब्ध होती है।[११]

लाक्षा

इस औषधि के लिए अथर्ववेद में सिलाची, स्मरणी, निष्कृति तथा लाक्षा नाम प्रयुक्त हुए हैं। इस औषधि का प्रयोग वर्ण के उपचार हेतु नीरोगता तथा दीर्घायुष्य की प्राप्ति के लिए किया जाता है। इस औषधि के रस का पान करने का भी विधान है। इस औषधि का रंग सुवर्ण के समान पीला होता है। इसकी उत्पत्ति भद्र, पाकर, पीपल, खैर, बड तथा पलाश वृक्षों में मानी जाती है। जिन वृक्षों के पत्तों को बकरियाँ खाती हैं, उनमें भी यह औषधि पायी जाती है। सूर्य की किरणों द्वारा तप्त होकर यह औषधि बाहर आती है।[१२]

भावप्रकाश में इस औषधि के पर्यायवाची शब्द पलंगषा, अलक्त याव, वृक्षामय तथा जतु हैं। यह औषधि शरीर के वर्ण को उज्ज्वल करने वाली, शीतल बल प्रदान करने वाली, स्निग्ध, कषाय रसयुक्त, लघु तथा अनुष्ण होती है। कफ, रक्तपित्त, हिचकी, कास, ज्वर, व्रण, उरः क्षत, वीसर्प, कृमि तथा कुष्ठ रोग को भी यही औषधि दूर करती है। इसके द्वारा व्यंग रोग (खाँई) भी दूर होता है।[१३]

इस सन्दर्भ में यह भी उल्लेखनीय है कि हिन्दी में लाक्षा औषधि को लाख, लाही तथा लाई और अंग्रेजी में लाक या शैल लाक कहते हैं। यह औषधि पुराने वृक्षों तथा बेर, पाकड़, पीपल आदि वृक्षों पर कीड़ों द्वारा उत्पन्न होती है। इनमें से पीपल वृक्ष की लाही सर्वोत्तम मानी जाती है। इस औषधि को वैशाख तथा अश्विन के महीनों में वृक्षों से छुड़ाकर सुखाया जाता है। इस प्रक्रिया में लाक्षा से असंख्य लाल रंग के कीड़े निकलते हैं। जब रस सूख जाता है, उससे साह और बड़ा बनाया जाता है।[१४]

शमी औषधि

अथर्ववेद में शमी औषधि को बालों के लिए उपयोगी माना गया है। इस औषधि का रस प्रयोग में लाया जाता है। इस वनस्पति की सैकड़ों शाखायें होती हैं तथा पत्ते बहुत बड़े-बड़े होते हैं।[१५]

भावप्रकाश में इस औषधि के शक्तुफला, तुंगा, केशहन्त्री, शिवाफला, मंगल्या तथा लक्ष्मी–ये अन्य नाम भी वर्णित हैं। यह औषधि तिक्त, कटु तथा कषाय रसयुक्त होती है तथा शीतल एवं रेचक गुण वाली है। कफ, कास, भ्रम रोग, पूवास, कुष्ठ रोग तथा कृमियाँ इस औषधि से दूर होती हैं।[१६]

इस औषधि को हिन्दी में छोंकर, शमी, सफेद छीकर, छिकुर और छोकरा कहते हैं। यह औषधि पंजाब, सिन्ध, राजपूताना, गुजरात, बुन्देल खण्ड तथा दक्षिण में अधिक पायी जाती है। इसका वृक्ष छोटा तथा शाखायें पतली होती हैं। इसके पत्ते बर्सूर के पत्तों की भाँति होते हैं, पर उनसे जरा छोटे होते हैं। इसकी कलियाँ लम्बी होती हैं।[१७]

पिप्पली

अथर्ववेद में पिप्पली औषधि का बड़ा महत्त्व स्वीकारा गया है। वहाँ वर्णित है कि जिस व्यक्ति को यह औषधि खिलाई जाती है, वह मरता नहीं है। इस औषधि के प्रयोग द्वारा महाव्याधियाँ, वात सम्बन्धी रोग तथा उन्माद आदि रोग दूर होते हैं। इस औषधि से सम्बन्धित एक रोचक बात सामने आयी है और वह यह है कि इसका पता पहले असुरों को तथा तत्पश्चात् देवताओं को हुआ।[१८]

इस औषधि के मागधी, कृष्णा, वैदेही, चपला, कणा, उपकुल्या, ऊषणा, शौण्डी, कोला, तीक्ष्ण तण्डुला आदि अनेक नाम हैं। यह औषधि अग्नि दीपक, वृष्य, पाक में मधुर रस युक्त, रसायन, अनुष्णा, कटुरसयुक्त तथा स्निग्ध होती है। वात तथा कफ का नाश करने वाली है। रेचक गुण से युक्त तथा लघु पाकी है। इसके द्वारा श्वास, कास, उदर रोग, ज्वर, कोढ़, प्रमेह, गुल्म, बवासीर, प्लीहा तथा शूल आदि रोग दूर होते हैं। इस औषधि को कच्चे एवं सूखे दोनों रूपों में प्रयोग में लाया जाता है। शहद तथा गुड़ के साथ उपयोग में लाने का विधान भी पाया जाता है, जिस पर भावप्रकाश में पर्याप्त प्रकाश डाला गया है।[१९]

पिप्पली औषधि को हिन्दी में पीपर, पीपल तथा अंग्रेजी में लांग पीपर कहा जाता है। यह

औषधि नेपाल, आसाम, पहाड़ों में, बंगाल, बम्बई आदि में पाई जाती है। इस औषधि की वनस्पति लतारूप में होती है। अन्य लताओं की भाँति अति विस्तार तक न फैलकर थोड़ी ही दूरी तक इसकी लताएँ फैलती हैं, जो कुछ मोटी और खड़ी-सी होती हैं। उसमें से शाखायें निकलकर भूमि पर गिरती हैं। इसके पत्ते दो या तीन इंच के घेरे में गोलाकार होते हैं, जिनका आकार पान के पत्ते के समान होता है तथा अत्यधिक कोमल होते हैं। इसकी कलियाँ एक इंच या डेढ़ इंच लम्बी और गोल होती हैं।

एक अन्य प्रकार का भी पीपल होता है, उसे पहाड़ी पीपल कहते हैं। यह आसाम और बंगाल में अधिक पैदा होता है। इसकी लता कई फीट तक बढ़ती है तथा सूखने पर आपस में सिमटती हुई प्रतीत होती है। इसके पत्ते उपर्युक्त पीपल के पत्तों से कुछ बड़े होते हैं। इस प्रकार के पीपल का फल डेढ़ इंच लंबाई लिए हुए होता है।

इस प्रकार छोटी व बड़ी दो प्रकार की पीपल की फलियाँ होती हैं, जिनमें से छोटी वाली अधिक गुणकारी मानी जाती हैं।[२०]

रोहिणी–

इस औषधि का नाम अरुन्धती भी है। यह औषधि विशेष तौर पर शरीर में चोट लगने, पीसे जाने तथा शरीर मे जलने में उपयोगी सिद्ध होती है। इसके प्रयोग द्वारा शरीर में माँस, मज्जा तथा रुधिर की मात्रा बढ़ती है। यदि शरीर का कोई अवयव टूट जाता है, तो उसको जोड़ने में यह औषधि उपयोगी होती है। इस औषधि के विषय में प्राप्त वर्णन से निस्सन्देह कहा जा सकता है कि तत्कालीन समाज में इसका प्रयोग टॉनिक के रूप में किया जाता था। अथर्ववेद में अरुन्धती को पशु और पक्षियों के लिए भी उपयोगी माना जाता है। यदि गाय को इस औषधि का सेवन कराया जाय तो यह निश्चित ही अधिक दूध देती है, ऐसा उल्लेख यहाँ मिलता है। इस औषधि का प्रयोग अन्य औषधियों के साथ मिलाकर अथवा स्वतन्त्र रूप से किया जाता है।[२१]

अथर्ववेद में पीपल, दर्भ, सोम, अन्न, जल, चावल तथा जौ–इन सबको दिव्य औषधियाँ कहा गया है। इनके सेवन द्वारा व्यक्ति को दीर्घायुष्य की प्राप्ति होती है। इसके अलावा कुछ औषधियों की जानकारी पशु-पक्षियों द्वारा भी प्राप्त होती है, जिस के लिए अथर्ववेद में पर्याप्त संकेत उपलब्ध हैं।[२२]

जंगिडमणि

यह मणि मनुष्यों तथा जानवरों दोनों के लिए उपयोगी है। इसके प्रयोग द्वारा प्राणी आरोग्य प्राप्त करते हैं। यह अत्यधिक महत्त्वपूर्ण औषधि है, क्योंकि इस विषय में अथर्ववेद में लिखा हुआ मिलता है कि यह औषधि पुरानी तथा नई दोनों औषधियों में श्रेष्ठ है। इस औषधि द्वारा खाँसी, पीठ की बीमारी, शरद् ऋतु में होने वाले ज्वर तथा भस्मक रोग दूर होते हैं। यदि आँखों में अकारण आँसू आते हैं, शरीर में क्षीणता बढ़ती है, अधिक जमुहाई आती है, शरीर में टूटन महसूस होती है तो इन सब दोषों को दूर करने की तथा बल बढ़ाने की सामर्थ्य यह मणि रखती है।

इसके द्वारा रोगकारी कृमियों का भी नाश सम्भव है। अथर्ववेद में इसके विशेष महत्त्व को

स्वीकारा गया है। इसके प्रयोग द्वारा बुद्धिहीनताा के नाश के स्पष्ट संकेत मिलते हैं। इस औषधि द्वारा शत्रु विनाश भी सम्भव है। अथर्ववेद में इस औषधि के लिए अंगिरा शब्द का प्रयोग भी मिलता है। देवताओं तथा ऋषियों के सौजन्य से इस औषधि की प्राप्ति का वर्णन वहाँ मिलता है। इस औषधि को शरीर में धारण किये जाने का विधान है, लेकिन शरीर के किस अवयव विशेष में धारण किया जाय, इस ओर कोई स्पष्ट संकेत अथर्ववेद में नहीं दिये गये हैं। यह औषधि भूमिगत है। वन में प्राय: प्राप्त होती है।[२३]

शंखमणि

शंखविषयक विस्तृत जानकारी अथर्ववेद में प्राप्त होती है। यह शंख समुद्र तथा बड़ी नदियों के उद्‌गम स्थान में पाया जाता है। शंख के भीतर जीव होता है। इसका रंग सामान्यत: सफेद हुआ करता है। इसमें वायु, विद्युत्, सूर्य तथा सुवर्ण के गुणों का समावेश रहता है।

यह मणि अनेक प्रकार के रोगों को दूर करने की सामर्थ्य रखती है। कई सामान्य बीमारियाँ दूर करती है। इसके प्रयोग द्वारा बुद्धिगत दोष दूर होते हैं। रोगकारी कृमियों का नाश भी शंखमणि औषधि द्वारा सम्भव है। यह शरीर जन्य अन्य कई पीड़ाओं को हर कर व्यक्ति को दीर्घायु प्रदान करता है। इस प्रकार यह औषधि अत्यधिक महत्त्वपूर्ण है।

तत्कालीन समाज में इस मणि को शूर वीरों के रथों तथा बाणों की तूणी पर रखे जाने का उल्लेख भी अथर्ववेद में मिलता है, लेकिन औषधि के रूप में इस औषधि का प्रयोग किस प्रकार किया जाय, इस सम्बन्ध में कोई संकेत नहीं मिलते हैं।[२४]

सुश्रुतसंहिता में इस मणि को शीत, स्निग्ध तथा वायु को दूर करने वाला, पित्त आदि विकारों में लाभदायक तथा तेज को बढ़ाने की सामर्थ्य से युक्त माना गया है।[२५]

शतवारमणि

इस मणि में भी सैंकड़ों रोगों को दूर करने की सामर्थ्य है। मुख्य रूप से यह दुष्ट नाम वाले बवासीर आदि रोगों को दूर करती है। यह मणि प्रजनन में सहायक है। रोगकारी कृमियों का नाश करती है। गन्धर्वों तथा अप्सरस् नामक सैंकड़ों रोगों को दूर करने के सन्दर्भ में भी इस मणि का उल्लेख अथर्ववेद में किया गया है। ये दोनों कौन से रोग हैं, पर्याप्त ज्ञान के अभाव में कुछ भी नहीं कहा जा सकता। कुत्तों में होने वाली अनेक बीमारियाँ इस मणि के प्रयोग द्वारा दूर हो जाती हैं।

इस मणि को शरीर में धारण किया जाता है। इस मणि विषयक वर्णन में अथर्ववेद में शतवार मणि के सींग होने का उल्लेख मिलता है। जिसके द्वारा यह राक्षसों को दूर करती है। इन सींगों का बलयुक्त होना माना गया है। ये सींग सोने के होते हैं। अब प्रश्न उठता है कि क्या वास्तव में इस मणि का सींग के आकार में उभरा हुआ कोई भाग होता है अथवा अथर्ववेद में केवल कल्पना की गई है तो इस विषय में पर्याप्त ज्ञान के अभाव में कुछ भी नहीं कहा जा सकता है। यह विशुद्ध रूप से चिकित्सा से सम्बन्धित है, अतएव वैद्य इस पर विचार करके समाज को लाभान्वित कर सकते हैं।[२६]

तेज, बल तथा दीर्घायु की प्राप्ति के सन्दर्भ में अथर्ववेद में अस्तृत तथा दर्भ मणियों का भी

वर्णन मिलता है। सामान्यतः इन दोनों मणियों का प्रयोग युद्ध के दौरान किये जाने का वर्णन मिलता है। शत्रु पर विजय प्राप्त करने में भी इनके विशेष महत्त्व को स्वीकारा गया है।[२७]

इन मणियों के सन्दर्भ में यह उल्लेखनीय है कि ये वानस्पतेय मणियाँ हैं। यही कारण है कि इन्हें औषधि के रूप में स्वीकारा गया है। प्रतीत होता है कि यह मणियाँ वनस्पति विशेष से निर्मित की जाती रही होंगी और इनको तत्कालीन लोग ताबीज आदि की भाँति धारण भी करते रहे होंगे।*

सन्दर्भ

१. अथर्ववेद, ७/११३/१-२
२. भावप्रकाश, प्रथम भाग, गुड़ध्यादिवर्ग, ३४-३५
३. भावप्रकाश, प्रथम भाग, टीकाकार श्री ब्रह्मशंकर शास्त्री, पृ०सं० २६२-२६३
४. अथर्ववेद (क) ४/१७/१-३, ५-८ (ख) ४/१८/५, ७ (ग) ४/१९/२-३, ५
५. भावप्रकाश, प्रथमभाग, गुड्ध्यादिवर्ग, २१९-२२०
६. भावप्रकाश, प्रथम भाग, टीकाकार श्री ब्रह्मदत्त शास्त्री, पृ०सं० ३०५-३०६
७. अथर्ववेद, ५/४/१-२, ६-१०
८. भावप्रकाश, प्रथम भाग, हरीतक्यादिवर्ग, १७३
९. भावप्रकाश, प्रथम भाग, टीकाकार श्री ब्रह्मशंकर शास्त्री, पृ० २०७
१०. अथर्ववेद, ४/९/१-६, ८-१०
११. भाव प्रकाश, प्रथम भाग, धूमपानादिविधि प्रकरण, १९७-२३६
१२. अथर्ववेद, ५/५/२-७
१३. भावप्रकाश, प्रथम भाग, हरीतक्यादिवर्ग, १९५
१४. वही, टीकाकार श्री ब्रह्मदत्त शास्त्री, पृ० २१५-२१६
१५. अथर्ववेद, ६/३०/२-३
१६. भावप्रकाश, प्रथम भाग, पटादिवर्ग, ७२/७३
१७. वही, टीकाकार श्रीब्रह्शंकर शास्त्री, पृ० ३६१
१८. अथर्ववेद, ६/१०९/१-३
१९. भावप्रकाश, प्रथम भाग, हरीतक्यादिवर्ग, ५३-५८
२०. वही, टीकाकार श्री ब्रह्मशंकर शास्त्री, पृ० १७७-१७८
२१. अथर्ववेद, (क) ४/१२/१-७, (ख) ६/५९/१-३
२२. वही, ८/७/१९-२०, २२-२६
२३. वही, (क) २/४/१-५, (ख) १९/३४/१, ३-८, १०, (ग) १९/३५/१-२
२४. अथर्ववेद, ४/१०/१-७
२५. सुश्रुत संहिता, सू० ४६
२६. अथर्ववेद, १९/३६/१-६
२७. अथर्ववेद, (क) १९/२८/१, (ख) १९/४६/१-६

* प्रस्तुत शोधलेख संस्कृत वर्ष, २००० के उपलक्ष में आर्य कन्या डिग्री कालेज इलाहाबाद की राष्ट्रीय शोध संगोष्ठी में स्वीकृत तथा 'वेद विज्ञानश्रीः' २००२ में प्रकाशित है।

व्यंग्यार्थबोध में अभिधा शक्ति की असमर्थता

काव्य शास्त्र में व्यंग्यार्थ बोध के लिए स्वीकृत, आचार्य आनन्दवर्धन द्वारा संस्थापित, आचार्य अभिनवगुप्त द्वारा प्रतिष्ठित, आचार्य मम्मट द्वारा पोषित तथा विश्वनाथ द्वारा समादृत व्यंजनावृत्ति को लोल्लट, धनिक-धनंजय, महिमभट्टादि आचार्यों ने मान्यता प्रदान नहीं की है। इन विद्वानों का कहना है कि व्यंग्यार्थ का अवबोध अभिधा, लक्षणा, तात्पर्या, अनुमानादि से हो सकता है, उसके लिए अलग से व्यंजनावृत्ति को मानने की आवश्यकता नहीं है। किन्तु व्यंजनावादी आचार्यों की बलवती मान्यता है कि ध्वनिकाव्यों में आत्मरूप में सुशोभित व्यंग्यार्थ का ज्ञान, व्यंजनावृत्ति के अतिरिक्त और कोई भी वृत्ति अथवा प्रमाण नहीं करा सकते। अब ध्वनि काव्य के भेदों में व्यंग्यार्थ बोध के लिए व्यंजना की आवश्यकता एवं व्यंजना विरोधियों में मुख्य अभिधावादियों के आक्षेपों पर खण्डनसहित प्रकाश डाला जा रहा है–

(१) ध्वनि काव्य का सर्वप्रमुख भेद है–रसादि रूप असंलक्ष्यक्रमव्यंग्यध्वनि। इस काव्यभेद का वास्तविक अर्थ तो स्वप्न मे भी वाच्य नहीं हो सकता। आचार्य मम्मट ने तो इसको प्रतीयमानार्थ का 'वाच्यता-असह' भेद कहा है। क्योंकि अभिधा से निकलने वाला वाच्यार्थ तो वाक्य में उपस्थित वाचक शब्दों का अर्थ होता है, जबकि रसादिध्वनि में रस रूप अर्थ का ज्ञान वाक्य में उपस्थित शब्दों से नहीं होता। इसमें इस तरह की अन्वयव्यतिरेकव्याप्ति नहीं बन पाती कि जहाँ-जहाँ रसादि शब्दों का प्रयोग नहीं होगा, वहाँ-वहाँ इनकी अभिव्यक्ति भी नहीं होगी। वास्तव में तो रसादिध्वनि की अभिव्यंजना तदनुकूल विभावानुभावादि के कथन से ही होती है। विभावानुभावादि वाच्य हैं और रसादि व्यंग्य हैं। अतः रसादि रूप प्रतीयमानार्थ को समझने के लिए, शब्दों का संकेत ग्रह के माध्यम से अर्थ बताने वाली अभिधा शक्ति समर्थ नहीं है।[१]

इतना ही नहीं, इनको अभिधा द्वारा कहना काव्यशास्त्रियों की दृष्टि में रस दोष कहलाता है–

(क) **व्यभिचारिरसस्थायिभावानां शब्दवाच्यता।**
रसे दोषाः स्युरीदृशाः॥

–काव्यप्रकाश, ७/६० का पूर्वार्ध, ६२ का अन्तिम चरण।

(ख) **रसस्योक्तिः स्वशब्देन स्थायिसंचारिणोरपि।**
दोषा रसगता मताः॥

–साहित्यदर्पण, ७/१२ का उत्तरार्ध, १५ का अन्तिम चरण।

(ग) **व्यभिचारिरसस्थायिभावानां शब्दवाच्यता।**
रसे दोषाः स्युरीदृशाः॥

साहित्यसुधासिन्धु, ५/१२८ का उत्तरार्थ, १३१ का तृतीय चरण।

अतएव असंलक्ष्यक्रमव्यंग्यध्वनि के अर्थावबोध के लिए व्यंजनावृत्ति को मानना अनिवार्य है।

(२) अविवक्षितवाच्यध्वनि के दो भेद हैं–अर्थान्तरसंक्रमित तथा अत्यन्ततिरस्कृत। इन दोनों भेदों में वाच्यार्थ दूसरे अर्थ में परिणत हो जाता है। अतः अर्थसंगति के लिए लक्षणावृत्ति की आवश्यकता होती है। किन्तु इन दोनों भेदों में लक्षणा का प्रयोजन व्यंग्य होने के कारण व्यंजनावृत्ति का विषय बन जाता है। क्योंकि यह प्रयोजन संकेतग्रह का विषय न होने के कारण अभिधाशक्ति से नहीं समझा जा सकता और मुख्यार्थबाधादि कारणों के अभाव में लक्षणागम्य भी नहीं है। अतएव व्यंजनावृत्ति के द्वारा ही उस प्रयोजन को जाना जा सकता है। इस प्रकार अविवक्षितवाच्यध्वनि काव्यों में लक्षणा व्यंजना के विना व्यर्थ हो जाती है।[२]

(३) अभिधामूला ध्वनि के शब्दशक्त्युद्भव भेद में जहाँ अनेकार्थक शब्दों में संयोग-विप्रयोगादि द्वारा वाचकत्व का नियन्त्रण कर दिया जाता है, वहाँ वाच्यार्थ-भिन्न अर्थ की प्रतीति व्यंजनाव्यापार द्वारा ही होती है। इतना ही नहीं, ऐसे स्थलों पर अभिधेयार्थ और व्यंग्यार्थ में उपमानोपमेयभाव भी व्यंजनावृत्ति से ही जाना जा सकता है।[३]

(४) विवक्षितान्यपरवाच्य ध्वनि के अर्थशक्त्युद्भव (वस्तुध्वनि तथा अलंकारध्वनि) नामक भेद को यदि अभिधेय माना जाय, तो कुमारिलभट्टसम्मत अभिहितान्वयवाद के अनुसार तो अभिधा केवल पदार्थ का ही अवबोध करा पाती है, इसके बाद वाक्यार्थबोध के लिए उसे तात्पर्य वृत्ति का आश्रय लेना पड़ता है। इस तरह जो अभिधाशक्ति वाक्यार्थावबोधन में समर्थ नहीं है, वह वस्तुध्वनि, अलंकारध्वनिरूप व्यंग्यार्थ के अवबोधन में समर्थ नहीं हो सकती।[४]

इसी प्रसंग में प्रभाकर भट्ट का अन्विताभिधानवाद भी द्रष्टव्य है। इसके अनुसार अभिधा के द्वारा अन्वित पदार्थों से ही वाक्यार्थ का बोध हो जाता है। पदार्थबोध के लिए अभिधा और वाक्यार्थ बोध के लिए तात्पर्याख्या वृत्ति को मानने की आवश्यकता नहीं होती। क्योंकि सामान्य रूप से अन्वित पदार्थ और विशेषरूप से अन्वित पदार्थ संकेतग्रह का विषय नहीं बन सकते। सामान्य विशेष के विना और विशेष सामान्य के विना अस्तित्वरहित होते हैं। इसलिए अभिधावृत्ति सामान्य विशेषभूतार्थ का अवबोध कराती है। किन्तु 'गामानय' आदि वाक्यों में 'गां' और 'आनय' का सामान्य विशेष रूप से अन्वित अर्थ, जहाँ गौ के कर्मत्व को आनयन क्रिया से सम्बद्ध किया जाता है, का बोध कराने के बाद अभिधा व्यक्तिविशेषरूप अतिविशेषार्थ का बोध नहीं करा पाती। क्योंकि अभिधा से 'व्यक्तिविशेष' में संकेतग्रह मानने पर आनन्त्य और व्यभिचार दोष आ जाते हैं। इस दोष से बचने के लिए अतिविशेषार्थ रूप वाक्यार्थ का अवबोध करने के लिए जब अभिधा को तात्पर्यवृत्ति का आश्रय लेना पड़ता है, तब वाक्यार्थ रूप वाच्यार्थ से भिन्न प्रतीयमानार्थरूप काव्य के मर्म का बोध उस अभिधा शक्ति से कैसे हो सकता है? स्पष्ट है कि इस अभीष्टार्थ के बोध के लिए व्यंजनावृत्ति को मानना ही होगा।[५]

अतएव व्यंग्यार्थबोध का कार्य अभिधावृत्ति से नहीं चल सकता, उसके लिए व्यंजनावृति को स्वीकार करना ही चाहिए।

यद्यपि उपर्युक्त विवेचन से व्यंजनावृत्ति काव्यार्थबोध के लिए आवश्यक वृत्ति के रूप में प्रतिष्ठा पाने के योग्य हो जाती है, तथापि आचार्य मुकुल भट्ट और आचार्य लोल्लट इस वृत्ति को

अनावश्यक मानते हैं; और अभिधा को ही सम्पूर्णकाव्यार्थबोध में समर्थ मानते हैं। किन्तु अधोलिखित विवेचन से स्पष्ट हो जाएगा कि व्यंजनावृत्ति के प्रति उनकी द्वेषभावना व्यर्थ है–

(क) अभिधा और लक्षणा–दो ही शब्दशक्तियों को मानने वाले, व्यंजना विरोधी मीमांसकों का मानना है कि "नैमित्तिकानुसारेण निमित्तानि कल्प्यन्ते।' तदनुसार व्यंग्यार्थरूप नैमित्तिक (कार्य) का निमित्त शब्द ही है। आचार्य अभिनवगुप्त एवं आचार्य मम्मट ने मीमांसकों की इस मान्यता का खण्डन किया है। यदि शब्द व्यंग्यार्थ का निमित्त है, तो उसमें निमित्तत्व दो प्रकार का है–कारकत्व और ज्ञापकत्व। शब्द अर्थ का उत्पादक नहीं होता है, अर्थ का प्रकाशक होता है। अत: उसमें कारकत्व रूप निमित्तत्व नहीं माना जा सकता। शब्द किसी अर्थ का ज्ञापक तब बन सकता है, जब संकेतग्रह आदि से उसका ज्ञान हो सके। यह पहले ही स्पष्ट हो चुका है कि कुमारिलभट्ट और प्रभाकरभट्ट के मत को स्वीकार करने पर अभिधा सामान्यविशेष अर्थ का ही बोध करा पाती है, जब अतिविशेष रूप वास्तविक अर्थ के प्रति भी उसमें ज्ञापकत्व नहीं है, तब अभिधाशक्ति के माध्यम से शब्द व्यंग्यार्थ रूप नैमित्तिक का निमित्त (ज्ञापक) कदापि नहीं हो सकता।[६] रस की अलौकिकता की सिद्धि करते हुए भी आचार्य मम्मट तथा आचार्य विश्वनाथ ने सिद्ध किया है कि रस रूप व्यंग्यार्थ तो अपने अभिव्यंजक विभावादि का भी कार्य और ज्ञाप्य नहीं है।[७]

(ख) अभिधा के ही पक्षपाती मीमांसक विद्वान् भट्ट लोल्लट का मानना है–"सोऽयमिषोरिव दीर्घदीर्घतरो व्यापार:' इति 'यत्पर: शब्द: स शब्दार्थ:' इति। अर्थात् जैसे युद्धभूमि में योद्धा द्वारा छोड़ा गया एक ही बाण शत्रु योद्धा के कवच भेदने, वक्ष:स्थल विदीर्ण करने और प्राणापहार करने में समर्थ होता है, वैसे ही एक ही अभिधाव्यापार दीर्घ दीर्घतर होकर वाच्यार्थ, लक्ष्यार्थ, व्यंग्यार्थादि अर्थों के अवबोध में समर्थ है। अतएव अभिधा के अतिरिक्त और शब्दशक्तियों को मानने की कोई आवश्यकता नहीं है। उनका यह भी मानना है कि वाक्य में शब्द जिस अभिप्राय से बोला जाता है, वही अभिप्राय उसका अर्थ है, इस अभिप्राय के अवबोध के लिए व्यंजना अपेक्षित नहीं है। इस दृष्टि से 'नि:शेषच्युत चन्दनस्तनतटम्' आदि उदाहरणों में व्यंजनावादियों ने स्पष्ट किया था कि वाच्यार्थ निषेधपरक है; और व्यंग्यार्थ विधिपरक है। इस व्यंग्यार्थ का बोध व्यंजना से होता है। मीमांसकों के अनुसार वक्ता का विधिपरक अभिप्राय भी अभिधाशक्ति द्वारा ही वाच्य है।

किन्तु अभिधाशक्ति से व्यंग्यार्थ बोध को मानना भट्टलोल्लट की हठधर्मिता ही है। क्योंकि यह कई बार स्पष्ट किया जा चुका है कि अभिधा संकेतग्रह से सम्बन्धित अर्थ का अवबोध कराने के बाद क्षीण हो जाती है। 'यत्पर: शब्द: स शब्दार्थ:' इस वाक्य का अभिप्राय भी भट्टलोल्लट नहीं समझ पाये हैं। इस वाक्य का तात्पर्य है कि पहले वाक्यों से अप्राप्त अर्थ का विधान आगे के वाक्यों में प्रयुक्त शब्दों के द्वारा होता है। यदि इस वाक्य का तात्पर्य लोल्लटसम्मत ही मान लिया जाए तो 'ब्राह्मण, पुत्रस्ते जात:', 'ब्राह्मण, कन्या ते गर्भिणी जाता'–इन वाक्यों में अभिव्यक्त हर्ष अथवा शोक के सूचक शब्द तो है ही नहीं। इसलिए यहाँ 'यत्पर: शब्द: स शब्दार्थ:' इस नियम के लोल्लट सम्मत अर्थ से अभिधा द्वारा निकलने वाला तात्पर्यार्थ नहीं मानना चाहिए। यदि इन स्थलों पर लोल्लट अभिधाव्यापार को ही मानने का हठ करते हैं, तो फिर लक्षणा को भी क्यों मानते हैं? लोल्लट का मत तो मुख्यार्थबाधादि कारणों के आने पर कार्य करने वाली लक्षणा का ही अस्तित्व समाप्त कर देने वाला है। अतएव यह मत सहृदय काव्यशास्त्रियों को हृद्य नहीं हो सकता।[८]

(ग) भट्ट लोल्लट के मत से प्रभावित धनंजय ने तात्पर्याशक्ति को ही काव्य की अवबोधिका शक्ति मानते हुए कहा है–"कार्यपर्यवसायित्वात्तात्पर्यशक्तेः" (दशरूपक, ४/३७वीं कारिका की व्याख्या)। किन्तु वाक्य में अन्वित अर्थ मात्र की बोधिका तात्पर्याख्यावृत्ति, जिसकी पहुँच अर्थ की द्वितीय कक्षा तक ही है, चतुर्थ कक्षा में सुशोभित प्रतीयमान अर्थ की अवबोधिका कैसे हो सकती है, अर्थात् कदापि नहीं हो सकती। अतएव लोल्लट के ही समान इनका मत भी रुचिकर नहीं है (साहित्यदर्पण, ५/१ की व्याख्या)।

उपर्युक्त विवेचन से स्पष्ट है कि वाच्यार्थ की अवबोधिका शक्ति अभिधा व्यंग्यार्थ की अवबोधिका नहीं हो सकती। व्यंग्यार्थ वाच्यार्थ से सर्वथा भिन्न है, इसकी अलौकिक रमणीयता और वाच्यार्थ से भिन्नता दिखाने के लिए ही आचार्य आनन्दवर्धन ने कहा है–

"प्रतीयमानं पुनरन्यदेव वस्त्वस्ति वाणीषु महाकवीनाम्।
यत् तत् प्रसिद्धावयवातिरिक्तं विभाति लावण्यमिवांगनासु॥

–प्रतीयमानं पुनरन्यदेव वाच्यात् वस्त्वस्ति वाणीषु महाकवीनाम्। स ह्यर्थो वाच्यसामर्थ्याक्षिप्तं वस्तुमात्रम्, अलंकार रसादयश्चेत्यनेकप्रभेदप्रभिन्नो दर्शयिष्यते। सर्वेषु च तेषु प्रकारेषु तस्य वाच्यादन्यत्वम्। तथा हि, आद्यस्तावत् प्रभेदो वाच्याद् दूरं विभेदवान्। द्वितीयोऽपि प्रभेदो वाच्याद् विभिन्नः सप्रपंचमग्रे दर्शयिष्यते। तृतीयस्तु रसादिलक्षणः प्रभेदो वाच्यसामर्थ्याक्षिप्तः प्रकाशते, न तु साक्षाच्छब्दव्यापारविषय इति वाच्याद् विभिन्न एव।

–ध्वन्यालोक, १/४ तथा व्याख्या।

यहाँ पर आनन्दवर्धन ने प्रतीयमान अर्थात् ध्वनिकाव्य के वस्तु, अलंकार और रस–ये तीन प्रकार बताते हुए स्पष्ट किया है कि ये तीनों प्रकार अपने भेद-प्रभेदों सहित वाच्यार्थ से सर्वथा भिन्न हैं। उन्होंने वस्तुध्वनि के उदाहरण देकर वाच्य और व्यंग्य में स्वरूपगत और विषयगत भेद बताये हैं।[९] उनके मतानुसार–

(१) वाच्यार्थ और व्यंग्यार्थ में भेद के कारण इनके अवबोधक व्यापार भी भिन्न हैं। जहाँ शब्द अपने अर्थ को बताकर दूसरे अर्थ को बताता है, वहाँ 'अपना अर्थ' अभिधा से सिद्ध होता है और दूसरे अर्थ की सिद्धि के लिए व्यंजना को ही मानना पड़ता है। यदि इस दूसरे अर्थ को भी वाच्यसामर्थ्याक्षिप्त न मानकर शब्द से ही सम्बन्धित माना जाएगा, तो वह दूसरा अर्थ (व्यंग्यार्थ) कैसे हो सकेगा? अतः वाच्यार्थ साक्षात् शब्द से सम्बन्धित है और व्यंग्यार्थ वाच्यसामर्थ्याक्षिप्त है। इन दोनों अर्थों का यह भेद ही अभिधा और व्यंजना की आवश्यकता को सिद्ध कर देता है।

इस प्रकार एक ही शब्द अपने अर्थ का बोध कराता है और वही शब्द दूसरे अर्थ के अवबोध का हेतु बन जाता है। बोध कराना तथा बोध का हेतु बनना–ये दो भिन्न बातें हैं। यही कारण है कि वाच्य के सामर्थ्य से आक्षिप्त व्यंग्यरूप दूसरा अर्थ वाच्यार्थ से सर्वथा भिन्न होता है।[१०]

(२) अभिधाशक्ति वाचक शब्दों से ही अर्थ को सिद्ध करती है। जबकि व्यंजनाशक्ति वाचक शब्दों के अतिरिक्त अवाचक गीतध्वनियों (आलापादि) और शब्द रहित चेष्टाओं से भी विशिष्ट अर्थ का अवबोध कराने में समर्थ है। उदाहरण के लिए–

"व्रीडायोगान्नतवदनया सन्निधाने गुरूणां
बद्धोत्कम्पं कुचकलशयोर्मन्युमन्तर्निगृह्य।
तिष्ठेत्युक्तं किमिव न तया यत् समुत्सृज्य वाच्यं
मय्यासक्तश्चकितहरिणीहारिनेत्रविभागः॥

–यहाँ 'नेत्रविभाग' (कटाक्ष) रूप चेष्टा से विशिष्टार्थ का प्रकाशन हुआ है, जो वाक्य में उपात्त शब्द का अर्थ नहीं है।[११]

(३) यद्यपि व्यंग्यार्थ भी शब्द व्याचार का विषय है, तथापि उसमें वाच्यता नहीं है, अपितु व्यंग्यत्व है। और फिर व्यंजना व्यापार द्वारा निकलने वाला जो दूसरा अर्थ है, वह वाच्यार्थ को बताने वाले शब्द से भिन्न, शब्द और अर्थ (जो संकेत ग्रह के विषय नहीं हैं) से भी बताया जा सकता है। जैसे 'गंगाया घोषः' में गंगा शब्द से शैत्य और पावनत्व रूप अर्थ को बताया जाता है। यहाँ शब्द और अर्थ में संकेत ग्रह के अभाव में वाचक-वाच्य सम्बन्ध नहीं है। अतः यहाँ पर अन्य शब्द से अन्य अर्थ की प्रतीतिरूप प्रकाशन अभिधा का नहीं, व्यंजना का विषय है।[१२]

(४) आनन्दवर्धन के मतानुसार वाच्य और व्यंग्य में पदार्थ-वाक्यार्थन्याय संगत नहीं होता। क्योंकि वेदान्ती और वैयाकरण पदार्थ-प्रतीति को मानते ही नहीं हैं, वे तो अखण्ड वाक्यार्थ को ही मानते हैं। पदार्थ-वाक्यार्थन्याय मानने पर घटतदुपादानकारणन्याय मानना होगा। तदनुसार मिट्टी आदि उपादान कारणों से घट बन जाने पर ये कारण अलग से नहीं दिखाई पड़ते, उसी तरह वाक्य और वाक्यार्थ की प्रतीति के बाद पद और वाक्यार्थ की सत्ता भी अलग-अलग नहीं दिखाई पड़ेगी। पदार्थों को वाक्यार्थ से अलग मानने पर वाक्यार्थ की प्रतीति भी नहीं हो पाएगी। क्योंकि पद समुदाय ही वाक्य और पदार्थसमुदाय वाक्यार्थ है। अतः इनमें पदार्थ-वाक्यार्थ का नियम नहीं बन सकता। किन्तु वाच्यार्थ और व्यंग्यार्थ की स्थिति भिन्न है। व्यंग्यार्थ की प्रतीति होने पर भी वाच्यार्थ की प्रतीति समाप्त नहीं होती, अपितु व्यंग्यार्थ की प्रतीति वाच्यार्थ की प्रतीतिपूर्वक ही होती है। अतः वाच्यार्थ और व्यंग्यार्थ में घट-प्रदीपन्याय मानना चाहिए। जैसे घट को प्रकाशित करने के बाद भी दीपक और उसका प्रकाश समाप्त नहीं हो जाता, वैसे ही व्यंग्यार्थ की प्रतीति के बाद भी वाच्यार्थ का अस्तित्व नष्ट नहीं होता। ध्वन्यालोककार ने–

"यथा पदार्थद्वारेण वाक्यार्थः सम्प्रतीयते।
वाक्यार्थपूर्विका तद्वत् प्रतिपत्तस्य वस्तुनः॥

–ध्वन्यालोक, १/१०

इस कारिका में जो पदार्थवाक्यार्थन्याय प्रस्तुत किया है, उसका उद्देश्य मात्र यह बताना है कि जैसे पदार्थ बोध वाक्यार्थ बोध का उपाय है, वैसे ही वाच्यार्थबोध व्यंग्यार्थ बोध का उपाय है। किन्तु पदार्थ-वाक्यार्थन्याय में जो कारण-कार्यभाव है, वह वाच्यार्थ-व्यंग्यार्थ में नहीं है। क्योंकि पदार्थ-वाक्यार्थ की सत्ता अलग-अलग नहीं होती, किन्तु वाच्यार्थ में नहीं है। क्योंकि पदार्थ-वाक्यार्थ की सत्ता अलग-अलग नहीं होती, किन्तु वाच्यार्थ-व्यंग्यार्थ की सत्ता अलग-अलग अनुभूति का विषय बनती है। वाच्यार्थ और व्यंग्यार्थ की सत्ता एक साथ मानने से वाक्य का 'एकार्थत्वरूप लक्षण' दूषित होने का सन्देह भी व्यर्थ है, क्योंकि ध्वनि की परिभाषा अथवा और भी बहुत से स्थलों में

काव्य शस्त्रियों ने एक वाक्य के वाच्यार्थ और व्यंग्यार्थ–दोनों अर्थ निकलने पर एक को प्रधान और दूसरे को गौण माना है। वाच्यार्थ गौण तथा व्यंग्यार्थ प्रधान होने पर ध्वनि काव्य और व्यंग्यार्थ गौण तथा वाच्यार्थ प्रधान होने पर गुणीभूतव्यंग्य काव्य होता है। अतएव एक अर्थ प्रकाशक है, दूसरा प्रकाश्य। दोनों में यह भेद मानने पर दोनों के अवबोधक व्यापारों–अभिधा और व्यंजना को भिन्न मानना ही चाहिए।[१३]

(५) अलौकिक पदार्थों के विषय में तर्क करने वाले नैयायिक भी शब्द और अर्थ के सम्बन्ध को संकेत ग्रहजनित कृत्रिम सम्बन्ध मानते हैं। वे दीपक को घटादि पदार्थों का व्यंजक मानते हैं। अतएव वे व्यंजना विरोधी नहीं हो सकते। वे वाचकत्व के विषय में तर्क कर सकते हैं कि शब्द में वाचकत्व संकेतग्रह के पश्चात् उत्पन्न हुआ, अथवा शब्द में स्वाभाविक वाचकत्व है। किन्तु व्यंजकत्व वाचकत्व के बाद का शब्द व्यापार है, इसलिए उसमें उन्हें सम्मत घट-प्रदीपन्याय घटित होगा ही।[१४]

(६) ध्वन्यालोककार के मतानुसार शब्द और अर्थ का वाच्य-वाचक सम्बन्ध नियत सम्बन्ध है, जबकि व्यंग्यव्यंजकभाव सम्बन्ध अनियत सम्बन्ध है। क्योंकि वाच्यार्थ सदैव शब्द से निकलता है; और व्यंग्यार्थ शब्द के अतिरिक्त प्रकरणादि से भी निकलता है, इसलिए शब्द और व्यंग्यार्थ के सम्बन्ध को औपधिक सम्बन्ध भी कहा जाता है। किन्तु व्यंग्यार्थ को, इस औपधिक धर्म को अवास्तविक मानकर उपेक्षा का विषय नहीं मानना चाहिए। क्योंकि व्यंजकत्व में लिंगत्व (यथा अग्नि में धूम का लिंगत्व) अपने आश्रय में अपनी इच्छानुसार कभी होता है और कभी नहीं होता, किन्तु अपने विषय (अग्नि) में नियत होता है। यही स्थिति व्यंजकत्व की भी है। वह शब्दरूप आश्रय में कभी होता है; और कभी नहीं भी होता है, किन्तु व्यंग्यार्थरूप विषय में अवश्य होता है। इसलिए व्यंजकत्व का यह लिंगत्व व्यंग्यार्थ के ही प्रति है और उसे वाचकत्व से भिन्न करता है।

मीमांसक शब्द और अर्थ में वाचकवाच्य भावरूप नित्यसम्बन्ध मानते हैं, इसके अतिरिक्त पौरुषेय वाक्यों में भेद मानते हैं। यदि यह नित्यसम्बन्ध के अतिरिक्त व्यंग्यव्यंजकभावरूप औपधिक सम्बन्ध भी मान लें, तो पौरुषेय तथा अपौरुषेय वाक्यों में भेद का भी औचित्य सिद्ध हो जाएगा। अन्यथा दोनों वाक्यों से एक ही अर्थ निकलेगा।

व्यवहार में भी देखा जाता है कि पदार्थ अपने स्वभाव को न छोड़ते हुए, दूसरी सामग्री के सम्बन्ध से औपधिक व्यापार को प्राप्त हो जाते हैं। यथा–चन्द्रमा सबको शीतलता पहुँचाने का स्वभाव रखता है, फिर भी विरही जनों को सन्तप्त करने का उसका औपधिक स्वभाव भी प्रसिद्ध है। पौरुषेय वाक्यों में शब्द तथा अर्थ का स्वाभाविक सम्बन्ध होने पर भी, औपधिक सम्बन्ध के रूप में वाच्यातिरिक्त व्यंजकत्व को भी मानना पड़ेगा। यह औपधिक सम्बन्ध संकेतग्रह का विषय नहीं है, अतः व्यंग्य है और व्यंजनावृत्तिगम्य है। अतः मीमांसकों को भी व्यंजनावृत्ति मानने के अतिरिक्त कोई उपाय नहीं है। हाँ, यह बात और है कि ऐसे वाक्यों में व्यंग्यार्थ वाच्यार्थ से अविनाभूतरूप से सम्बन्धित होता है, उसकी पृथग्विवक्षा नहीं होती, अतः उसे ध्वनि की कोटि में रखना आवश्यक नहीं है। क्योंकि व्यंग्यार्थ की विवक्षा होने पर ही ध्वनि होती है। वस्तुतः ऐसे स्थलों पर औपधिक धर्म के रूप में व्यंग्यव्यंजक मानने में ध्वन्यालोककार का उद्देश्य, मीमांसकों को इस वृत्ति को

स्वीकृति देने के लिए तैयार करने का है (ध्वन्यालोक, ३/३३ की व्याख्या का भाग; साहित्य दर्पण, ५/१ की व्याख्या)।

आचार्यों ने बोद्धा, स्वरूप, संख्या, काल, आश्रय, निमित्त, कार्य, प्रतीति, विषय आदि को भी भेदक तत्त्व माना है। इनके कारण भी व्यंजना का मानना अनिवार्य हो जाता है।[१५] इन भेदकतत्त्वों को इस प्रकार समझा जा सकता है--

(क) बोद्धभेद

पद और पदार्थ की जानकारी रखने वाले व्याकरण मात्र वाच्यार्थ के ज्ञानी होने के कारण सामान्य बोद्धा कहलाते हैं, जबकि व्यंग्यार्थ को समझने वाले विदग्ध और सहृदय कहलाते हैं।[१६]

(ख) स्वरूपभेद

काव्य के एक ही स्थल में वाच्यार्थ और व्यंग्यार्थ में स्वरूपगत भेद देखा जाता है। यथा–

"भ्रम धार्मिक! विस्रब्धः स शुनकोऽद्यमारितस्तेन।
गोदावरीकच्छकुंजवासिना दृप्तसिंहेन॥

प्रस्तुत उदाहरण में वाच्यार्थ विधिपरक है और व्यंग्यार्थ निषेधपरक है। काव्यों के परिशीलन से ऐसे और भी बहुत से उदाहरण मिल जाएँगे जिनमें वाच्यार्थ और व्यंग्यार्थ भिन्न-भिन्न स्वरूप वाले होते हैं।[१७]

(ग) संख्याभेद

वाच्यार्थ सबके लिए एक ही होता है, किन्तु व्यंग्यार्थ बोद्धा, प्रकरणादि के भेद से अनेक प्रकार का हो जाता है। उदाहरणस्वरूप–'गतोऽस्तमर्कः' वाच्यार्थ–'सूर्य अस्त हो गया'–सबके लिए एक ही है। किन्तु इसका प्रतीयमानार्थ श्रमिक के लिए होगा कि अब कार्य समाप्त करने का समय है, जबकि ग्वाले, अभिसारिका, नायक, माता, पिता, पुत्र, पुत्री–सभी की दृष्टि से इसका भिन्न-भिन्न अर्थ होगा।[१८]

(घ) निमित्तभेद

वाच्यार्थ शब्दानुशासन अर्थात् व्याकरण, कोशादि की सहायता से जाना जा सकता है किन्तु व्यंग्यार्थावबोध के लिए व्याकरण, कोश ग्रन्थादि के अतिरिक्त प्रकरणादि ज्ञान एवं निर्मलबुद्धि भी आवश्यक है।[१९]

(ङ) कार्यभेद

वाच्यार्थ का ज्ञान सामान्य प्रतीति मात्र कराता है, जबकि व्यंग्यार्थ का ज्ञान चमत्कार की प्रतीति कराता है।[२०]

(च) प्रतीति भेद

वाच्यार्थ में केवल शब्दार्थ का ज्ञान होता है, जो चमत्कार रहित होता है, जबकि व्यंग्यार्थ में चमत्कार की सत्ता होती है।[२१]

(छ) काल भेद

वाच्यार्थ का ज्ञान पहले होता है, व्यंग्यार्थ का बाद में (वाच्यार्थ और व्यंग्यार्थ का यह पौर्वापर्य संलक्ष्यक्रमव्यंग्य में दृष्टिगोचर होता है, असंलक्ष्यक्रमव्यंग्य में नहीं होता।)[२२]

(ज) आश्रय भेद

वाच्यार्थ की अवबोधिका अभिधा शक्ति केवल शब्द पर ही आश्रित है, जबकि व्यंजना केवल शब्द की ही शक्ति नहीं है, उससे निकलने वाला व्यंग्यार्थ शब्द के अतिरिक्त शब्दैकदेश, शब्दार्थ, वर्ण, प्रकृतिप्रत्यय, संघटना आदि का भी आश्रय लेता है।[२३]

(झ) विषयभेद

वाच्यार्थ और व्यंग्यार्थ के तो विषय भी भिन्न-भिन्न होते हैं। यथा–

"कस्य वा न भवति रोषो दृष्ट्वा प्रियायाः सव्रणमधरम्।
सभ्रमरपद्माघ्रायिणि, वारितवामे, सहस्वेदानीम्॥

इस श्लोक में वाच्यार्थ का विषय है अविनीता नायिका। जबकि व्यंग्यार्थ का विषय (लक्ष्य) अविनीता नायिका के साथ-साथ उसका पति, प्रेमी, सपत्नी, सास, ससुर, सखियाँ, पड़ौसी आदि भी हो सकते हैं।[२४]

आचार्य मम्मट का तो यहाँ तक कहना है कि यदि आप उपर्युक्त भेदक तत्त्वों के रहने पर भी वाच्यार्थ और व्यंग्यार्थ को भिन्न नहीं मानते तो फिर आप नीले और पीले में भी भेद न मानें। इस प्रकार वाच्यार्थ से सर्वथा भिन्न व्यंग्यार्थ की अवबोधिका शक्ति व्यंजना ही है, अभिधा नहीं।[२५]

वाच्यार्थ और व्यंग्यार्थ में भेद मानकर तथा व्यंजना वृत्ति को स्वीकार करके ही 'रुचिङ्कुरु' (जिसका असभ्यार्थ व्यंजनाबोध्य है) जैसे दोषोत्पादक उदाहरणों से कवि बच सकता है और अनित्य तथा नित्य दोषों का विभाग कर सकता है। इसके अतिरिक्त वह समझ सकता है कि भगवान् शंकर के पर्यायवाची–कपाली, पिनाकी, शिव, आशुतोष, मृत्युंजय आदि–शब्दों में से भयंकरता और दरिद्रता दिखाने की दृष्टि से–

"द्वयं गतं सम्प्रति शोचनीयता समागमप्रार्थनया कपालिनः"

इस उदाहरण में 'कपाली' शब्द का प्रयोग ही समुचित है। 'कपाली' शब्द की भयंकरता और दरिद्रता व्यंजनागम्य ही है, अभिधागम्य नहीं।[२६]

इस प्रकार व्यंजनावादी आचार्यों के मतानुसार वाच्यार्थ से सर्वथा भिन्न व्यंग्यार्थ के अवबोध में अभिधाशक्ति और दीर्घदीर्घतर व्यापाररूप तात्पर्या कदापि समर्थ नहीं है। अतः हमें व्यंजनावृत्ति को स्वीकार करना ही चाहिए।*

सन्दर्भ

१. (क) ध्वन्यालोक, १/कारिका ४ की व्याख्या।
(ख) काव्यप्रकाश, ५/कारिका ४७ की व्याख्या।
(ग) साहित्यदर्पण, ५/१ कारिका की व्याख्या।

२. (क) काव्यप्रकाश, २/१४ का उत्तरार्ध, १५; ५/४७वीं कारिका के बाद का गद्यभाग।
(ख) संस्कृतनिबन्धावली, पृ०सं० ६३
३. (क) काव्यप्रकाश, २/१९; ५/४७वीं कारिका के बाद का गद्यभाग।
(ख) साहित्यदर्पण, २/१४ की व्याख्या।
४. (क) काव्यप्रकाश, ५/४७ का गद्यभाग।
(ख) प्रतापरूद्रीय, काव्यप्रकरण, उदाहरण १४ के पूर्व।
५. (क) काव्यप्रकाश, २/कारिका ६ के बाद की व्याख्या; कारिका ८ के पूर्वार्ध की व्याख्या; ५/४७ की व्याख्या।
(ख) संस्कृतनिबन्धावली, पृ०सं० ६३
६. (क) ध्वन्यालोकलोचन, १/पृ०सं० ९५-१००
(ख) काव्यप्रकाश, ५/४७ की व्याख्या का अंश।
७. (क) काव्यप्रकाश, ४/२७-२८ की व्याख्या के अन्तर्गत।
(ख) साहित्यदर्पण, ३/२०, २१ का प्रथम चरण।
८. (क) ध्वन्यालोकलोचन, १/पृ०सं० ९४
(ख) काव्यप्रकाश, ५/४७ की व्याख्या का भाग।
(ग) साहित्यदर्पण, ५/१ कारिका की व्याख्या का भाग।
(घ) अलंकारकौस्तुभ, २/२९ की व्याख्या।
(ङ) साहित्यसुधासिन्धु, २/१९ की कारिका के बाद।
(च) कोविदानन्द, व्यंजनानिरूपण, २५-३०
९. ध्वन्यालोक, १/४ कारिका से सम्बद्ध उदाहरण।
१०. ध्वन्यालोक, १/१३; ३/३३ की व्याख्या का भाग।
११. वही, ३/३३ की व्याख्या का भाग।
१२. (क) ध्वन्यालोक, १/८ के पूर्वार्ध की व्याख्या; ३/३३ की व्याख्या।
(ख) काव्यप्रकाश, ५/४७ की व्याख्या।
१३. ध्वन्यालोक, ३/३३ की व्याख्या से।
१४. ध्वन्यालोक, ३/३३ की व्याख्यो से।
१५. (क) ध्वन्यालोक, १/४ की व्याख्या।
(ख) काव्यप्रकाश, ५/४७ के पश्चात् का गद्यभाग।
(ग) साहित्यदर्पण, ५/२ की व्याख्या।
(घ) कोविदानन्द, १/७
१६. (क) ध्वन्यालोक, १/७
(ख) काव्यप्रकाश, ५/४७वीं कारिका के बाद का गद्यभाग।
(ग) साहित्यदर्पण, ५/२ का व्याख्या भाग।
(घ) कोविदानन्द, व्यंजनानिरूपण, ३३ का पूर्वार्ध।
१७. (क) ध्वन्यालोक, १/४ से सम्बन्धित उदाहरण।
(ख) काव्यप्रकाश, ५/४७वीं कारिका के बाद की व्याख्या।
(ग) साहित्यदर्पण, ५/२ का व्याख्या भाग।
१८. (क) काव्यप्रकाश, ५/४७वीं कारिका के बाद की व्याख्या।
(ख) साहित्यदर्पण, ५/२ कारिका की व्याख्या।
१९. (क) ध्वन्यालोक, १/१२; (ख) काव्यप्रकाश, ५/४७वीं कारिका के बाद की व्याख्या; (ग) साहित्यदर्पण, ५/२ कारिका की व्याख्या; (घ) कोविदानन्द, व्यंजनानिरूपण, ३२ का उत्तरार्ध।

२०. (क) काव्यप्रकाश, ५/४७वीं कारिका की व्याख्या।
(ख) साहित्यदर्पण, ५/२ कारिका की व्याख्या।

२१. (क) काव्यप्रकाश, ५/४७वीं कारिका की व्याख्या।
(ख) साहित्यदर्पण, ५/२ कारिका की व्याख्या; (ग) कोविदानन्द, व्यंजनानिरूपण, ३१ का पूर्वार्ध।

२२. (क) काव्यप्रकाश, ५/४७वीं कारिका की व्याख्या
(ख) साहित्यदर्पण, ५/२ कारिका की व्याख्या।
(ग) कोविदानन्द, व्यंजनानिरूपण, ३१ का पूर्वार्ध।

२३. (क) ध्वन्यालोक, ३/३३ की व्याख्या
(ख) साहित्यदर्पण, २/१७ की व्याख्या; ५/२ की व्याख्या
(ग) कोविदानन्द, व्यंजनानिरूपण, ३२ का पूर्वार्ध।

२४. (क) ध्वन्यालोक, १/४ की व्याख्या से।
(ख) काव्यप्रकाश, ५/४७ की व्याख्या से।
(ग) साहित्यदर्पण, ५/२ की व्याख्या से।

२५. काव्यप्रकाश, ५/४७ की व्याख्या।

२६. काव्यप्रकाश, ५/४७ की व्याख्या।

* प्रस्तुत शोधलेख संस्कृत वर्ष २००० के उपलक्ष में, संस्कृत विभाग, कुमाऊँ विश्वविद्यालय, नैनीताल द्वारा विश्वविद्यालय अनुदान आयोग के सहयोग से आयोजित राष्ट्रिय शोध संगोष्ठी में पठित है तथा 'वाक्तत्त्व-विमर्शः' २००२ में प्रकाशित है।

सहायक सन्दर्भ ग्रन्थ

१. अभिधावृत्तिमातृका, मुकुलभट्ट, इन्दु प्रकाशन, दिल्ली-७, प्रथम संस्करण, १९७७

२. काव्यप्रकाश, मम्मट (विश्वेश्वर) ज्ञानमण्डल, वाराणसी, तृतीय संस्करण, १९६७

३. काव्यप्रकाश, मम्मट (वामन झलकीकर), भण्डारकर रिसर्च इन्स्टीट्यूट, पूना, षष्ठ सं०, १९५०

४. दशरूपक, धनंजय, चौखम्बा विद्याभवन, वाराणसी, पंचम संस्करण, १९७६

५. ध्वन्यालोक, आनन्दवर्धन (विश्वेश्वर) ज्ञानमण्डल लिमिटेड, वाराणसी, द्वितीय सं०, १९७१

६. ध्वन्यालोक-लोचनटीका (डॉ० रामसागर त्रिपाठी) मोतीलाल बनारसीदास, प्रथम उद्योत, पुनर्मुद्रित संस्करण, १९७९

७. व्यंजना और नवीन कविता, पं० राममूर्त्ति त्रिपाठी, नागरी प्रचारिणी सभा, वाराणसी, प्र०सं० १९५७

८. व्यंजनाविमर्शः रविशंकर नागर, वन्दनाप्रकाशन, सी-६/१६, मॉडल टाऊन, दिल्ली-९, प्र०सं० १९७७

९. संस्कृतनिबन्धावली, डॉ० हरिनारायण दीक्षित, ईस्टर्न बुक लिंकर्स, दिल्ली-७, प्रथम संस्करण १९८५

१०. साहित्यदर्पण, विश्वनाथ, चौखम्बा विद्याभवन, वाराणसी, चतुर्थ संस्करण, १९७६

११. साहित्य सुधा सिन्धु, आचार्य विश्वनाथदेव, भारतीय विद्याप्रकाशन, दिल्ली, प्रथम संस्करण, १९७८

'विद्याष्टकम्' : एक परिचय

भारत के ऋषि-मुनियों ने आदिकाल से मानव को अहिंसा, सत्य, अस्तेय, ब्रह्मचर्य तथा अपरिग्रह नामक पञ्च महाव्रतों का पालन करने का उपदेश दिया है। क्योंकि इन ऋषि-मुनियों का अनुभव रहा है कि सम्पूर्णनिष्ठा के साथ इन महाव्रतों का पालन करने वाला व्यक्ति सबका मित्र बन जाता है; सबके लिए, पूज्य बन जाता है; उसके मन, वचन और कार्यों की पवित्रता सबका विश्वास जीत लेती है; उसकी वाणी उपदेशामृत का रूप धारण कर लेती है; वह अद्भुत शक्ति, आदरणीय आकर्षण और आत्मबल से सम्पन्न हो जाता है; उसमें त्रिकालज्ञता, दूरदर्शिता, आदि अनुपम गुण उदित हो जाते हैं; तथा वह अपने संयमित आचरण से समाज में एक विशिष्ट स्थान प्राप्त कर लेता है। ऐसे ही एक विशिष्ट व्यक्ति हैं-आचार्य मुनिश्री १०८ विद्यासागर जी। विद्यासागर जी ने अपने गुरु आचार्य मुनिश्री १०८ ज्ञानसागर जी महाराज के सान्निध्य में रहकर उन्हीं की भाँति पञ्च महाव्रतों को निष्ठापूर्वक अपनाया। इस प्रकार भारतवर्ष के मैसूर प्रान्त के बेलगाँव जिले के सदलगा ग्राम में दिनांक १० अक्टूबर, ई० सन् १९४६ को उत्पन्न विद्याधर, दिनांक ई० सन् १९६८ को मुनि विद्यासागर बने। बड़ी प्रसन्नता का विषय है कि महाव्रती, विद्वान् आचार्य विद्यासागर जी से प्रेरणा पाकर उनके शिष्य मुनिश्री नियम सागर जी ने 'विद्याष्टकम्' शीर्षकित एक लघु संस्कृत काव्यकृति, उन्हीं के प्रति भक्ति भावना की अभिव्यक्ति करते हुए निर्मित की है।

मुनिश्री नियमसागर जी प्रणीत, प्रोफेसर डॉ० पी०एन० कवठेकर द्वारा सम्पादित, प्रदीप जैन काँसल द्वारा प्रकाशित तथा जिला-गुना (म०प्र०) के ब्रह्मचारी विवेक भैया द्वारा प्रेषित 'विद्याष्टकम्' को प्राप्त करके और उसका परिशीलन करके हमें अत्यन्त हर्ष हुआ। इस कृति का आद्योपान्त अध्ययन करने के पश्चात् हमारी यह अवधारणा बनी है कि वर्त्तमान समय में यह कृति न केवल संस्कृत वाङ्मय की श्रीवृद्धि करने में समर्थ हुई है, अपितु वर्त्तमान में, क्षीण होती हुई, गुरु भक्ति भावना को पुनः जागरित करने में भी सफल है।

शिष्य के अन्तःकरण को अज्ञानान्धकार से मुक्त करके उसमें ज्ञान की ज्योति का आधान करने वाले आचार्य/गुरु की स्तुति करने की परम्परा भारतवर्ष में प्राचीन काल से चली आ रही है। 'तैत्तिरीयोपनिषद्' का वचन 'गुरुदेवो भव' इस तथ्य का प्रमाण है। वैदिक काल के पश्चात् उत्तर वैदिक काल और लौकिकसंस्कृत साहित्य के रचना काल में भी गुरु महिमा का गान होता रहा है। हमारे संस्कृत साहित्य में अनेकत्र गुरुमहिमा का उद्‌घोष करने वाले पद्य अथवा पद्यसंग्रह मिल जाते हैं। यथा-शिवमहिम्नस्तोत्र, दुर्गासप्तशती, रामरक्षास्तोत्र, दामोदरस्तोत्र, ईश्वरशतक, गायत्रीलहरी, महावीरजिनस्तवन, स्तवमाला, स्तुतिकुसुमाञ्जलि, स्तुतिविद्याजिनशतक आदि।

सदाचारी, विद्वान् और सुयोग्य शिष्य इस बात को अच्छी तरह जानता और मानता है कि गुरु की कृपा दृष्टि के विना वह अपने जीवन में अभीष्ट किसी भी वस्तु को प्राप्त नहीं कर सकता।

उसकी तो यही मान्यता है कि यदि ईश्वर एवं ब्रह्मलोक की प्राप्ति करनी है तो सर्वप्रथम गुरु का अभिवादन करना चाहिए; उसे प्रसन्न करने का सर्वात्मना प्रयत्न करना चाहिए, तथा उससे लौकिक वैदिक आध्यात्मिक ज्ञान को प्राप्त करना चाहिए।

(क) **लौकिक वैदिक वाऽपि तथाऽऽध्यात्मिकमेव च।**
आददीत यतो ज्ञानं तं पूर्वमभिवादयेत्॥
इमं लोकं मातृभक्त्या पितृभक्त्या तु मध्यगम्।
गुरुशुश्रूषया त्वेवं ब्रह्मलोकं समश्नुते॥

—मनुस्मृति, २/११७, २३३

(ख) **प्रसन्ने गुरौ सर्व देवाः प्रसन्नाः**
प्रसन्ने गुरौ सर्वमन्त्राः प्रसन्नाः।
प्रसन्ने गुरौ सर्वयोगाः प्रसन्नाः
प्ररुष्टे गुरौ सर्व एते प्ररुष्टाः॥

—डॉ० हरिनारायणदीक्षितरचित गद्यकाव्य गोपालबन्धु, पृ०सं० ७

इस प्रकार शिष्य के योगक्षेम की चिन्ता करने वाले, महाव्रतों का पालन निष्ठा से करने वाले जीवन पथ को आलोकित करने वाले गुरुदेव के उपकार का ऋण चुकाना लौकिक शिष्य के लिए प्रायः असम्भव ही है—

विधाय नित्यं हि दयां दयालुः
कृत्वा कृपां यश्च सदा कृपालुः।
शिष्याय बोधं हि गुरुः प्रदत्ते
यं निष्कृतिस्तस्य न कापि लोके॥

—डॉ० हरिनारायणदीक्षितरचित गद्यकाव्य 'गोपालबन्धुः, पृ०सं० ३५

किन्तु मुनिश्री नियमसागर जी बड़े सामर्थ्यवान् एवं सौभाग्यशाली हैं कि उन्होंने अपने गुरु विद्यासागर जी के चरणों में, सर्वस्व समर्पण की भावना से, 'विद्याष्टकम्' नामक काव्यकुसुमाञ्जलि अर्पित करते हुए 'ऋषि ऋण' नामक भारतीय संस्कृति में प्रसिद्ध ऋण से मुक्त होने का प्रशंसनीय प्रयास किया है। गुरुभक्तिभावना से विभोर होते हुए उन्होंने कहा है कि यक्षादि देवताओं से प्रशंसनीय, लोकहित में संलग्न, अविनाशी, महाकवि, रक्षक, अत्यन्त पवित्र गुरु (आचार्य विद्यासागर जी) की मैं सादर वन्दना करता हूँ—

विमुक्तश्चासि वाधार निरतीर्णो रामकः शुचिः।
निरारम्भोऽसि धाताऽसि स्तुतयक्षोऽमरः कविः॥

—विद्याष्टकम् के अन्तर्गत, प्रशस्तिपर्व, ३

मुनिश्रीनियमसागर जी इस कृति के पूर्व 'रत्नत्रयस्तुतिशतक' नामक कृति की रचना कर चुके हैं। इस कृति में सम्यग्दर्शन, सम्यकचरित्र एवं सम्यग्ज्ञान-रूप जैन दर्शन के प्रसिद्ध तीन रत्नों की महिमा प्रस्तुत की गई है। इस कृति के अधोलिखित श्लोक—

'वाराधारर! धारावा राक्षलाक्ष! क्षलाक्षराः।
धालाः! य! नो नोऽयलाधा रक्ष नोऽज्ञज्ञ! नोऽक्षर॥

–र०त्र०स्तु०श०, श्लोक, सं० २०२

के अक्षरों में ही परिवर्तन करते हुए इन्हीं अक्षरों से कवि ने अपनी अद्भुत कृति 'विद्याष्टकम्' की रचना की है। इसके साथ ही दिगम्बर जैनाचार्य स्वामी समन्तभद्र द्वारा प्रणीत 'स्तुतिविद्याजिनशतक' इस काव्य कृति का साहित्यिक प्रेरणा स्रोत है। इसके पूर्व आचार्य ज्ञानसागर जी महाराज एवं आचार्य विद्यासागर जी महाराज भी अपने-अपने गुरुजनों एवं आचार्यों के प्रति भक्ति-भावना का प्रदर्शन अपने-अपने काव्यों के माध्यम से कर चुके हैं और आज भी जैन एवं जैनेतर विद्वान् गुरु की स्तुतिपरक कृतियाँ प्रस्तुत कर रहे हैं। यथा पं० महेन्द्रकुमार द्वारा विरचित 'श्रीज्ञानसागरदशकं स्तोत्रम्', भागचन्द्र भागवतविरचित 'सुधासागर अष्टक', पं० महेन्द्र कुमार महेशविरचित 'श्रीसुधासागर पञ्चकं स्तोत्रम्', आदि।[१] किन्तु 'विद्याष्टकम्' आजकल की स्तुतियों एवं आरतियों से सर्वथा भिन्न है। इस स्तुतिकाव्य को कवि नियमसागर जी ने चित्रालंकार के चमत्कार से अद्भुत बना दिया है।

चित्रालंकार शब्दालंकार का एक भेद है, जिसमें वर्ण-विन्यास के वैचित्र्य के द्वारा वर्णों को विविध रूपों में रखते हुए, चित्रों की सृष्टि की जाती है, और रचनाकार इस अलंकार के प्रयोग से पाठक और श्रोता को चमत्कृत करने का प्रयत्न करता है। ध्वनिवादी आचार्यों ने इस अलंकार का प्रयोग करने से महाकवियों ने रोका है। क्योंकि सहृदय पाठक का मन मस्तिष्क शब्दों के चमत्कार में उलझकर क्लान्त और श्रान्त हो जाता है, फलस्वरूप रसरूप आत्मतत्त्व के संस्पर्श से वंचित हो जाता है। 'विद्याष्टकम्' के आठ श्लोकों की रचना कवि नियमसागर जी ने केवल आठ अक्षरों और तीन स्वरों से की है और इन श्लोकों को वर्णविन्यास की विशिष्ट लिपि से आठ चित्रबन्धों के रूप में प्रस्तुत किया है। अतएव इस लघुकाय काव्यकृति को समझना अत्यन्त दुर्लभ कार्य है। किन्तु कवि ने इन सभी श्लोकों की संस्कृत और हिन्दी टीका लिखने के साथ-साथ, चित्रबन्धों को समझने की भी विधि समझा दी है। इसलिए इस काव्यकृति की दुरुहता समाप्त हो गई है और यह काव्यकृति सहृदय भक्त पाठक के हृदय को छूने में समर्थ हो गई है।

कवि अपनी रचना के द्वारा 'सद्यः परनिवृत्ति' रूप प्रयोजन की सिद्धि के लिए उसमें रसपोषक गुणालंकारों को प्रयुक्त करता है और इन्हीं के माध्यम से वह अपना कलाकौशल भी प्रकट करता है। अपने कलाकौशल को प्रकट करने के लिए चमत्कारयुक्त अलंकरण की प्रवृत्ति कवि में आदिकाल से ही देखी गई है। वैदिक ऋचाओं में भी अलंकारयुक्त वाणी के निदर्शन स्थान-स्थान पर मिल जाते हैं। मन्त्रदृष्टा ऋषि अर्थालंकारों के समान ही शब्दालंकारों को भी अपने सूक्तों में प्रयुक्त करते थे।[२] रामायण महाभारत आदि प्राचीन काव्य ग्रन्थों में वर्ण कौतुक से अन्त्यानुप्रासादि अलंकारों की सृष्टि की गई है;[३] निरर्थक शब्दों से पाठकों और श्रोताओं के हृदय को आनन्दित करने का प्रयत्न किया गया है;[४] विशिष्ट शब्दों के प्रयोग से वर्ण्यवस्तु के वैशिष्ट्य को व्यक्त किया गया है;[५] यमकादि अलंकारों से वर्णों की अनेक रूपेण आवृत्ति करके विशिष्ट अर्थच्छटा प्रकट की है,[६] श्लेष के माध्यम से अनेकार्थक पद्य रचनाओं से पाठक के हृदय को चमत्कृत करने का प्रयास किया है;[७] एकाक्षर, द्व्यक्षर आदि चित्रालंकार के प्रयोग से काव्य की विशिष्ट विद्या का साक्षात्कार करवाया है;[८] वर्णों को लिपि के माध्यम से सर्वतोभद्रबन्ध, पद्मबन्धादि आकृतियों में परिणत कर दिया है।[९]

संस्कृत साहित्य साक्षी है कि भक्तकवि भी अन्य अलंकारों के साथ ही चित्रालंकारों को प्रयुक्त करने में बड़े सिद्धहस्त रहे हैं। इस दृष्टि से स्वामी समन्तभद्र द्वारा रचित 'स्तुतिविद्याजिनशतक' का उदाहरण दिया जा सकता है। जो स्तोत्र साहित्य के अन्तर्गत होने के बावजूद सर्वतोभद्र चित्रालंकार के आदिम उदाहरण के रूप में प्रसिद्ध है। महाकवि ज्ञानसागर जी ने भी अपने वीरोदय महाकाव्य में 'पद्मबन्ध' द्वारा गुरु के प्रति प्रणाम निवेदन किया है।[१०] इसी प्रकार नियमसागर जी ने 'विद्याष्टकम्' के माध्यम से श्लेषानुप्रणित चित्रालङ्कार के प्रति अपने आकर्षण को व्यक्त किया है। 'विद्याष्टकम्' के आठ श्लोकों को विशिष्ट लिपि के द्वारा क्रमशः सर्वतोभद्रबन्ध, भारतदेशबन्ध, कलश बन्ध, श्रीफलबन्ध, स्वस्तिकबन्ध, रेडक्रॉसबन्ध, टेपरिकार्डर बन्ध और चतुरक्षर बन्ध–इन आठ चित्र बन्धों का साधन बनाया है। इसके अतिरिक्त इन्हीं आठ चित्रबन्धों के द्वारा सर्वतोभद्र कल्पद्रुमबन्ध, मृत्युकूपबन्ध, सिद्धचक्रबन्ध, समकोणबन्ध, मुरजबन्ध, रजतसंयमोत्सव वर्षाङ्कबन्ध, जन्मदिनांक बन्ध, दीक्षादिनांकबन्ध तथा पदप्राप्तिदिनांकबन्ध–इन नौ चित्रबन्धों की संरचना की है। 'विद्याष्टकम्' के आठ श्लोकों के बाद उपसंहारात्मक दो और श्लोक हैं, जिनमें कवि ने चित्रांलकार का प्रयोग न करके, माधुर्य एवं प्रसादगुण से उत्कृष्ट रूप धारण करने वाली भक्तिभावना को ही व्यक्त किया है। यथा–

विद्यासागरश्रीदेवं नित्यं संस्तौति यो मुदा।
स सम्प्राप्य सदा शुद्धिमात्मनोऽरं शिवं व्रजेत्॥

–विद्याष्टकम्, उपसंहार, श्लोक सं० २

'विद्याष्टकम्' के साथ ही नियमसागर के द्वारा प्रणीत 'प्रशस्तिपर्व' के सत्रह श्लोक भी ग्राह्य हैं। कवि ने विद्याष्टकम् के आठों श्लोक एवं प्रशस्तिपर्व के सत्रह श्लोक–इस प्रकार से २५ श्लोकों के समूह को विशिष्ट वर्णविन्यास द्वारा 'विश्वचक्रबन्ध' के रूप में प्रयुक्त करके पाठकों को एवं सहृदय समालोचकों को आश्चर्यमिश्रित आनन्दानुभूति प्रदान की है। प्रशंसनीय तथ्य यह है कि श्लोकों की संस्कृत टीका, हिन्दीटीका, विभिन्न चित्रों की संरचना भी मुनिश्री नियमसागर ने स्वयं ही की है।

इस प्रकार 'विद्याष्टकम्' के आठ, उपसंहार के दो, मंगलाचरण का एक और 'प्रशस्ति पर्व के सत्रह–इस प्रकार से मात्र अट्ठाईस पद्यों वाली इस सार्थक कृति के रचयिता मुनि श्री नियमसागर जी महाराज का हम हार्दिक अभिनन्दन करते हैं। इस कृति के सम्पादन का महत्त्वपूर्ण उत्तरदायित्व का सफलतापूर्वक निर्वाह करने वाले प्रो० पी०एन० कवठेकर जी भी साधुवाद के पात्र हैं। 'विद्याष्टकम्' के पद्यों का हिन्दी पद्यानुवाद प्रस्तुत करने वाले ऐलक सम्यकत्व सागर जी भी प्रशंसा के पात्र हैं। इस कृति को प्रकाश में लाने का कार्य प्रदीप जैन कांसल ने किया है। फलस्वरूप ग्रन्थ की विषयवस्तु के साथ ही उसका बाह्यकलेवर भी सहृदयक विद्वानों के लिए प्रशंसा का विषय बनने में समर्थ है। हम ईश्वर से प्रार्थना करते हैं कि भक्ति की गंगा और ज्ञान की कालिन्दी का अद्भुत समन्वय अपने ग्रन्थ 'विद्याष्टकम्' के माध्यम से प्रस्तुत करने वाले 'मुनिश्री नियम सागर जी' के सभी मनोरथ पूर्ण करें।*

सन्दर्भ

१. ये स्तुतियाँ आचार्य ज्ञानसागर प्रणीत 'वीरोदय' महाकाव्य पर आधारित संगोष्ठी के मूर्त्तरूप 'कीर्त्तिस्तम्भ नामक स्मारिका में संकलित 'श्रद्धाञ्जलि' के नाम से संकलित है।

२. धूरसि धूर्व धूर्वन्तं धूर्वं तं योऽस्मान् धूर्वति तं धूर्वं यं वयं धूर्वामः।
देवानामसि वह्नितमं सस्नितमंपप्रितमं जुष्टतमं देवहुतभम॥

—यजुर्वेद १/८

३. वहन्ति वर्णन्ति नदन्ति भान्ति, ध्यायन्ति नृत्यन्ति समाश्चरन्ति।
नद्यो घना मत्तगजा वनान्ताः, प्रियाविहीनाः शिखिनः प्लवङ्गमाः॥

—वा०रा०

४. रामाभिषेके मदविह्वलायाः कराच्च्युतो हेमघटस्तरुण्याः।
सोपानमासाद्य चकार शब्दं ठं ठं ठं ठं ठं ठं ठं ठं ठं ठं ठं ठं ठः॥

—सरस्वतीकण्ठाभरण, २/३ सं० ६५

५. जटाकटाहसम्भ्रमं भ्रमन्निलिम्पनिर्झरी,
विलोलवीचिवल्लरी विराजमानमूर्धनि।
धगद्धगद्धगज्ज्वलल्ललाटपट्ट पावके,
किशोरचन्द्रशेखरे रतिः प्रतिक्षणं मम॥

—शिवताण्डवस्तोत्र, १

६. नवपलाशपलाशवनं पुरः स्फुटपरागपरागतपङ्कजम्।
मृदुलतान्तलतान्तमलोकयत् स सुरभिं सुरभिं सुमनोभरैः॥

—शिशुपालवध, ६/२

७. अप्रगल्भा पदन्यासे जननीरागहेतवः।
सन्त्येके बहुलालापाः कवयो बालका इव॥

—नलचम्पू, १/६

८. न नोननुन्नो नुन्नोनो नाना नाननना ननु।
नुन्नोऽनुन्नो ननुन्नेनो नानेना नुन्ननुन्ननुत्॥

—किरातार्जुनीयम् १५/१४

९. सकारना नारकास कायसाद दसायका।
रसाहवा वाहसार नादवाद दवादना॥

—शिशुपालवध, १९/२७

१०. विनयेन मानहीनं विनष्टैनः पुनस्तु नः।
मुनये नमनस्थानं ज्ञानध्यानधनं मनः॥

—वीरोदय, २२/३९

*१. प्रस्तुत शोधलेख गुरुकुल पत्रिका, गुरुकुल कांगड़ी, हरिद्वार २००१ में प्रकाशित है।

२. यह शोधलेख डॉ० हरिनारायण दीक्षित, प्राक्तन प्रोफेसर एवं अध्यक्ष, संस्कृत विभाग, कुमाऊँ विश्वविद्यालय, नैनीताल के संयुक्त लेखकत्व में लिखा गया है।

रीतिसिद्धान्त और सम्प्रदाय

काव्य का आत्मतत्त्व

वामन प्रथम आचार्य हैं जिन्होंने स्पष्ट रूप में काव्य के आत्मतत्त्व की बात उठायी और 'रीतिरात्मा काव्यस्य' की घोषणा की। वामन से पूर्व काव्य के मूलभूत तत्त्व को रेखांकित करने के प्रयास न हुए हों, ऐसी बात नहीं। काव्यशास्त्र के आदि आचार्य भामह ने काव्य के उत्कर्षकारी तत्त्व के रूप में अलंकारों की स्थापना अवश्य की, किन्तु उन अलंकारों के सारतत्त्व के रूप में 'वक्रोक्ति' की खोज की।[१] इनके बाद आचार्य दण्डी ने अलंकारों को काव्य-शोभाकर धर्म मानते हुए उनके अन्तर्गत उपमा आदि प्रचलित अलंकारों को तो लिया ही, दश गुणों का भी विस्तृत निरूपण किया, किन्तु उनकी दृष्टि भी जब सारतत्त्व की खोज की ओर बढ़ी तो उन्होंने कहा कि यद्यपि समस्त अलंकार रस का निषेचन करते हैं, फिर भी अग्राम्यता इस भार को विशेष रूप से वहन करती है।[२] वास्तव में देखा जाय तो भामह की वक्रोक्ति और दण्डी की अग्राम्यता में कोई मौलिक अन्तर नहीं है।

इस प्रकार स्पष्ट है कि काव्य के अनिवार्य मौलिक सारतत्त्व के अनुसन्धान के लिए आचार्य आरम्भ से ही प्रयत्नशील रहे थे, किन्तु काव्यात्मा की स्फुट रूप से प्रतिष्ठा सर्वप्रथम वामन ने ही की तथा रीति को काव्य का आत्मतत्त्व ठहराया, किन्तु आगे चलकर आनन्दवर्धन ने काव्य के आत्मतत्त्व पर जब अधिक सूक्ष्मता से विचार किया तो वामन की उपर्युक्त स्थापना उन्हें अत्यन्त स्थूल और अस्फुट प्रतीत हुई। इसलिए उन्होंने कहा-पहले कुछ लोगों के लिए यह काव्यतत्त्व अर्थात् ध्वनि स्फुट रूप से स्फुरित था। उन लोगों ने काव्यतत्त्व को भली प्रकार व्यावृत करने में समर्थ न होने के कारण ही रीतियों का सम्प्रवर्तन किया। तात्पर्य यह कि आनन्दवर्धन ने काव्यात्मा के रूप में ध्वनि की स्थापना की और कहा कि काव्य का चारुत्व ध्वनि के द्वारा ही प्राप्त किया जा सकता है। ध्वनिकार के अनुसार वामन को काव्यतत्त्व की अवधारणा समुचितरूपेण नहीं हो सकी थी। इसलिए उन्होंने रीति को काव्य की आत्मा मान लिया।[३] ध्वनिकार का यह मत अत्यन्त सारगर्भित है। वास्तव में देखा जाय तो काव्यात्मा के विवेचन की प्रक्रिया में स्थूल से सूक्ष्म की ओर यात्रा स्पष्ट दिखायी देती है। वामन ने रीति को काव्यात्मा माना और रीति का अर्थ किया-विशिष्ट अर्थात् शब्द और अर्थ के गुणों से युक्त पद-रचना।

शब्द और अर्थ विभिन्न गुणों से युक्त पदरचना निश्चय ही काव्य का अनिवार्य गुण है। किन्तु उसे आत्मतत्त्व के रूप में प्रतिष्ठित नहीं किया जा सकता, क्योंकि इस पदरचना की और भी अधिक सूक्ष्म एवं अनिवार्य विशेषता है, जिसके दो आयाम हैं। उसके एक आयाम की खोज आनन्दवर्धन ने 'ध्वनि' के रूप में की और दूसरे आयाम की खोज भामह ने 'वक्रोक्ति' के रूप में की। जिसका पल्लवन आगे चलकर कुन्तक ने किया और स्पष्ट शब्दों में कहा जाय तो काव्य की पदरचना

विशिष्ट तथा रसावह इसीलिए नहीं होती कि वह शब्दार्थ के गुणों से युक्त है (विशेषो गुणात्मा), अपितु इसलिए होती है कि उसके सम्प्रेषण में एक प्रकार की वक्रता विद्यमान होती है और उसके अर्थ में 'प्रतीयमानता' होती है।

ध्वनिकार तथा लोचनकार दोनों ने रीति के स्थान पर ध्वनि और रस को काव्यात्मा के रूप में प्रतिष्ठित किया अर्थात् ध्वनिकार ने तो इतना ही कहा है कि इस व्यंग्यव्यंजक भाव के विवेचनमय काव्यलक्षण के ज्ञात हो जाने पर शब्दतत्त्व के आश्रित उपनागरिका आदि तथा अर्थतत्त्व के आश्रित कैशिकी आदि प्रसिद्ध वृत्तियाँ रीति की पदवी को प्राप्त होती हैं। किन्तु लोचनकार ने इसकी स्पष्ट व्याख्या करते हुए लिखा है कि रीति गुणों में ही पर्यवसित है, क्योंकि कहा है–"विशेषो गुणात्मा" और गुण रस में पर्यवसित हो जाते हैं। क्योंकि पहले ही कहा जा चुका है कि श्रृंगार ही मधुर होता है।[४] इसी प्रकार नागरिका आदि वृत्तियाँ भी रसों में विश्रमित होती हैं। नागरिका श्रृंगार में, परुषा रौद्र में, कोमला हास्य में। इस प्रकार रीति गुणों में पर्यवसित होती है और वृत्तियाँ भी रसों में पर्यवसित हो जाती हैं। वास्तव में वृत्तियों का विभाजन भी रचना-शैली के आधार पर ही किया गया है। इसीलिए ध्वनिकार ने उपनागरिका आदि वृत्तियों का पर्यवसान रीतियों में मान लिया।

ध्वनिकार ने रीति के अनिवार्य तत्त्व गुण को अपने विवेचन में एक दूसरे प्रकार से भी निरूपित किया है, उन्होंने ध्वनि को प्रकाशित करने वाले पाँच कारण माने-वर्ण, पद, वाक्य, संघटना और प्रबन्ध।[५] वास्तव में देखा जाय तो वर्ण काव्य का लघुतम संघटक है और प्रबन्ध महत्तम। तात्पर्य यह कि वर्णों के उचित संयोग से पद, पदों के संयोग से वाक्य और वाक्यों के संयोग से संघटना अर्थात् रचनाशैली और रचनाशैली के संयोग से प्रबन्ध बनता है। काव्यरचना के सम्पूर्ण चक्र में वामन की रीति संघटना के स्थान पर आती है, इसलिए ध्वनिकार ने उसे गुणों के आश्रित कहा है। उनका कथन है कि गुणों के आश्रित यह त्रिविध संघटना रसों को व्यक्त करती है।[६] इस प्रकार ध्वनिकार ने वामनोक्त काव्यात्मा रीति को काव्य-रचना के संघटक तत्त्वों में से एक के स्थान पर प्रतिष्ठित करके आत्मा के स्थान पर ध्वनि की स्थापना की।

वामन का रीति सिद्धान्त

रीति शब्द की परिभाषा और स्वरूप की व्याख्या करने के कारण ही आचार्य वामन को रीति सम्प्रदाय का संस्थान माना जाता है। यद्यपि इससे पूर्व भी भामह एवं दण्डी ने रीति की चर्चा अवश्य की है। वामन के अनुसार काव्य की आत्मा रीति है[७] और वह रीति विशिष्ट पदरचना है।[८] विशिष्ट का अर्थ गुणों की सम्पन्नता से है।[९]

वामन के अनुसार गुण काव्य में शोभा उत्पन्न करने वाले हैं।[१०] उन गुणों को भी वामन ने शब्द और अर्थ के रूप में विभक्त किया है। अत: वामन के मत में शब्द तथा अर्थ के चमत्कार या सौन्दर्य से युक्त पदरचना ही रीति है। गुण काव्य में नित्य हैं[११] और अलंकार अनित्य। अतएव नित्य गुणों को ही वामन रीति का प्रधान तत्त्व स्वीकार करते हैं। यह रीति भी वामन के मत में स्वतन्त्र न होकर गुणाश्रित है। वह रीति वैदर्भी, गौडी और पांचाली-तीन प्रकार की होती है।[१२]

रीतियों के आधार के सम्बन्ध में वामन स्वयं शंका उपस्थापित करते हैं कि भिन्न-भिन्न पदार्थों की भाँति काव्यगुणों की उत्पत्ति भी क्या देश विशेष में होती है, और स्वयं समाधान प्रस्तुत करते

हैं कि ऐसा नहीं है। वैदर्भी, गौडी और पांचाल देशों में इन रीतियों का नामकरण इसलिए किया गया है क्योंकि विदर्भ, गौड और पांचाल देशों में इन रीतियों का प्रयोग वास्तविक रूप में दृष्टिगोचर होता है न कि इसलिए कि इन देशों का उपर्युक्त रीतियों पर विशेष प्रभाव है।[१३]

वामन प्रसंगवश इन तीन रीतियों में गुणों के आधार पर अन्तर स्पष्ट करते हुए कहते हैं- समग्र गुणों से युक्त अर्थात् ओज-प्रसादादि दश गुणों से सम्पन्न वैदर्भी रीति है।[१४] उसी वैदर्भी रीति की प्रशंसा कवियों ने की है। इस प्रशंसा का कारण यह है कि इस रीति में काव्य-दोषों का अभाव, सर्वगुणसम्पन्नता तथा वीणा के स्वर के सदृश श्रवण मनोहरता होती है–

अस्पृष्टा दोषमात्राभिः समग्रगुणगुम्फिता।
विपंचीस्वरसौभाग्या वैदर्भी रीतिरिष्यते।।[१५]

वामन के टीकाकार गोपेन्द्र वामन के मत को और स्पष्ट करते हुए कहते हैं कि वैदर्भी रीतियुक्त काव्य वीणा के षड्जादि स्वरों की भाँति मनोहर होता है। षड्जादि स्वरों के कारण ही वीणा का स्वर मधुर एवं आह्लादक होता है। इन स्वरों के अभाव में वीणा का क्वणनमात्र मनोरंजक नहीं होता। संगीतरत्नाकर में कहा गया है–

श्रुत्यन्तर भावी षः शब्दोऽनुरणनात्मकः। स्वतोरंजयति श्रोतृ- चित्तं सस्वर उच्यते अर्थात् सुनने के उपरान्त जो शब्दों का अनुरणन होता है, वही श्रोता के मन को आनन्दित करने वाला स्वर होता है। यह स्वर शब्द षड्जादि स्वरों के अर्थ में रूढ हो गया है,[१६] और भी सुकवि, वक्ता, सुन्दर अर्थ और शब्दानुशासन अर्थात् व्याकरण पर अधिकार होने पर भी जिस वैदर्भी रीति के अभाव में कविवाणी से काव्य मधु की वृष्टि नहीं होती, उसी को विद्वानों ने वैदर्भी रीति कहा है।[१७]

इस श्लोक में 'मधु' शब्द का मुख्यार्थ असम्भव होने के कारण सहृदयों के द्वारा आस्वाद्य-सम्पूर्ण सौन्दर्ययुक्त रस विविक्षित है, ऐसा वामन के टीकाकार गोपेन्द्र का मत है।[१८]

वैदर्भीरीतिसन्दर्भे कालिदासः प्रगल्भते इस उक्ति के आधार पर वामन कालिदास प्रणीत 'शाकुन्तलम्' का उदाहरण वैदर्भी रीति के सन्दर्भ में देते हैं–

गाहन्तां महिषा निपानसलिलं शृंगैर्मुहुस्ताडितं,
छायाबद्धकदम्बकं मृगकुलं रोमन्थमभ्यस्तु।
विस्त्रब्धं कुरुतां वराहविततिर्मुस्ताक्षतिः पल्वले
विश्रान्तिं लभतामिदं च शिथिलज्याबन्धमस्तद्धनुः।।

यह शकुन्तला को देखने से उत्कण्ठित एवं वशीभूत तथा आखेटक्रीडा से खिन्नमन वाले राजा दुष्यन्त का कथन है। इस श्लोक में वामन के अनुसार समग्रगुण सम्पन्नता है, जैसा कि टीकाकार गोपेन्द्र ने स्पष्ट भी किया है-यहाँ पर ओज, प्रसादादि गुणों की चरमावस्था है, 'शिथिलज्याबन्धम्' में बन्ध के गाढ होने के कारण ओज गुण है। 'छायाबद्धकदम्बकं मृगकुलम्' में बन्ध की गाढता एवं शिथिलता का सम्मिश्रण होने से प्रसादगुण है। 'महिषानिपानसलिलम्' में वर्णों की मसृणता के कारण श्लेष शब्दगुण है। 'गाहन्ताम्' से आरम्भ जिस मार्ग से श्लोक प्रारम्भ किया है, उसी मार्ग से उपसंहार के कारण मार्ग का परित्याग नहीं किया गया है, अतएव समता नामक शब्दगुण है। 'गाहन्ताम्' में आरोह एवं 'महिषाः' में अवरोध होने के कारण समाधि शब्दगुण है। 'शृंगैर्मुहुस्ताडितम्'

में पृथक्पदत्व होने के कारण माधुर्य शब्द गुण है। 'रोमन्थमभ्यस्यतु' में बन्ध की कोमलता के कारण सौकुमार्य शब्दगुण है। 'शिथिलज्याबन्धमस्मद्धनुः' में बन्ध की विकटता के कारण उदारता शब्दगुण है। उपर्युक्त श्लोक में पदों की उज्ज्वलता के कारण कान्ति शब्दगुण है। अर्थ की स्पष्टता के कारण इस प्रसंग में अर्थव्यक्ति शब्दगुण है।[१९]

इस प्रकार उपर्युक्त श्लोक वामन के मत में समग्रगुणसमन्वित होने के कारण वैदर्भी रीति का उदाहरण है।

वामन के मत में गौडी रीति में ओज और कान्ति-ये दो ही गुण पाये जाते हैं[२०] इस गौडी रीति में वामन के अनुसार माधुर्य और सौकुमार्य गुणों का अभाव होने से समासबहुलता तथा उग्रपद देखे जाते हैं। समस्त तथा अत्यधिक उग्रपदों से युक्त ओज तथा कान्तिगुणों से सम्पन्न रीति को रीति विशेषज्ञ गौडी रीति कहते हैं।

समस्तात्युदभटपदामोजः कान्तिगुणान्विताम्।
गौडीयामिति गायन्ति रीतिं रीतिविचक्षणाः।।[२१]

वामन गौडी रीति का उदाहरण देते हैं-

दोर्दण्डांचितचन्द्रशेखरधनुर्दण्डावभंगोद्यत-
ष्टंकारध्वनिरार्यबालचरितप्रस्तावनाडिण्डिमः।
द्राक्पर्यस्तकपालसंपुटमितब्रह्माण्डभाण्डोदर-
भ्राम्यत्पिण्डितचण्डिमा कथमहो ना चापि विश्राम्यति।।[२२]

भगवान् राम के हस्त से उत्थित शिव के धनुः के दण्ड के टूटने से उत्पन्न तथा आर्य राम के बालचरित रूप प्रस्तावना का उद्घोष करने वाली टंकार की ध्वनि, सहसा कंपित पृथ्वी तथा आकाशरूप सम्पुटों में व्याप्त ब्रह्माण्डरूप भाण्ड के मध्य निरन्तर घूमने के कारण अति भयंकर होकर आज भी आश्चर्य है कि शान्त क्यों नहीं हो रही है?

इस उदाहरण में बन्ध की गाढता, उज्ज्वलता तथा समासबहुलता एवं वीररस होने के कारण ओज एवं कान्ति गुण हैं।

इसी प्रकार पांचाली रीति वामन के अनुसार माधुर्य और सौकुमार्य गुणों से युक्त होती है। इस रीति में गाढत्व तथा समासबहुलता का अभाव होता है।[२३] इसके प्रमाणस्वरूप वामन श्लोक भी देते हैं-

अश्लिष्टश्लथभावां तां पूरणच्छाययाश्रिताम्।
मधुरां सुकुमारां च पांचालीं कवयः विदुः।।[२४]

मधुर और सुकुमार पदों से युक्त रीति को कविगण पांचाली रीति कहते हैं। उदाहरण-

ग्रामेऽस्मिन् पथिकाय नैवः वसतिः पान्थाऽधुना दीयते
रात्रावत्र विहारमण्डपतले पान्थः प्रसुप्तो युवा।
तेनोत्थाय खलेन गर्जति घने स्मृत्वा प्रियां तत्कृतम्
येनाद्यापि करंकदण्डपतनाशंकी जनस्तिष्ठति।।[२५]

हे पथिक, इस ग्राम में पथिक को अब स्थान नहीं दिया जाता है क्योंकि रात्रि में यहाँ एक बौद्धविहारमण्डप के नीचे एक युवक सोया था। मेघों के गरजने पर प्रिया का स्मरण करके (विरहजन्य दुःख के सहन न कर पाने के कारण) उसने वह किया जिससे आज की ग्रामवासी पथिकवध के दण्ड की आशंका से त्रस्त हैं।

पथिक की मृत्यु के अमंगलवाची होने से अनुचित होने के कारण तृतीय पद में 'तत्कृतम्' का प्रयोग किया गया है। गाढत्व एवं समासबाहुल्य के अभाव के कारण तथा माधुर्य एवं सौकुमार्य गुणों के होने के कारण यह पांचाली रीति का उदाहरण है।

काव्य में रीतियों का वही स्थान है जो चित्र में रेखाओं का होता है। जिस प्रकार रेखाओं के मध्य चित्र अवस्थित होता है और रेखायें होते हुए भी दृष्टिगोचर नहीं होतीं, उसी प्रकार काव्य इन तीन रीतियों में प्रतिष्ठित होता है, ऐसा वामन का मन्तव्य है।[२६] वामन के अनुसार वैदर्भी, गौडी और पांचाली- इन तीन रीतियों में से सर्वगुणसम्पन्न होने के कारण कवियों को वैदर्भी रीति में ही काव्य रचना करनी चाहिए।[२७] अन्य रीतियाँ गौडी और पांचाली ग्राह्य नहीं है, क्योंकि गौडी रीति में ओज और कान्ति तथा पांचाली रीति में माधुर्य और सौकुमार्य ये दो-दो गुण ही पाये जाते हैं।[२८] जिसके कारण इन रीतियों से युक्त काव्य आह्लादकारी नहीं होता जितना कि वैदर्भी रीति के प्रयोग से सहृदय हृदय आनन्दित होता है। कुछ विद्वानों के मत में अन्य दोनों गौडी एवं पांचाली रीतियों का प्रयोग वैदर्भी रीति तक पहुँचने में सहायक होता है। वामन इस मत का दृढता से खण्डन करते हुए कहते हैं कि जिस प्रकार सन की सुतली बाँटने वाला अभ्यासी तसर या रेशम के सूत को बुनने में दक्षता प्राप्त नहीं कर सकता है।[२९] उसी प्रकार ये दोनों रीतियाँ वैदर्भी रीति के प्रयोग में सहायक नहीं हो सकतीं, क्योंकि अतत्त्व का अभ्यासी व्यक्ति तत्त्व को भी प्राप्त नहीं कर सकता।[३०]

वह वैदर्भी भी, शुद्ध वैदर्भी, वामन के मत में होती है, जिसमें समासयुक्त पदों का प्रयोग नहीं होता।[३१] उस वैदर्भी रीति में जो अर्थगुण सम्पत्ति होती है, वही सहृदयसंवेद्य होने के कारण आस्वादगम्य होती है।[३२]

वामन के मत में उस वैदर्भी रीति के माध्यम से सामान्य अर्थ भी सुस्वाद्य हो जाता है और अर्थगुण संपदा से युक्त वैदर्भी रीति के प्रयोग में तो अतिविशिष्टता आ ही जाती है।[३३] वामन वैदर्भी रीति के प्रयोग को तो अति विशिष्ट रचना बताते हैं। जिससे असत् विषय भी सत् की तरह प्रतिभासित होता है। अमृतवृष्टि के सदृश वह वैदर्भी रीति सहृदयों के कर्णगोचर होकर चित्ताह्लादक होती है।

'आनन्दयत्यथ च कर्णपथं प्रयाता चेतः सताममृतवृष्टिरिवप्रविष्टा।'[३४] वैदर्भी रीति की महत्ता को वामन और स्पष्ट करते हुए कहते हैं कि काव्यात्मक वाक्य में शब्द सम्पत्ति वैदर्भी रीति में रसवर्षिणी सी प्रतीत होती है और इस रीति के प्रयोग के कारण नीरस वस्तु भी सरस हो जाती है। कोई सहृदय हृदय संवेद्य ऐसा पाक इस वैदर्भी रीति में उदित होता है जो सहृदयों को आनन्दमग्न कर देता है-

वचसि यमधिगम्य स्पन्दले वाचकश्रीर्वितथमवितथत्वं यत्र वस्तु प्रयाति।
उदयति हि स तादृक् क्वापि वैदर्भीरीतौ, सहृदय हृदयानां रंजकः कोऽपि पाकः।[३५]

वामन के काव्य के नित्य एवं अनिवार्य गुणों के प्रसंग में 'काव्यपाक' की परिकल्पना की है। रीति के सन्दर्भ में आचार्य भरत के काव्यपाक से वामन के काव्यपाक की तुलना करने पर दोनों

की परिकल्पना में कोई मौलिक भेद प्रतीत नहीं होता। भरतमुनि के अनुसार रंगमंच पर रस उसी प्रकार निर्मित होता है जैसे पाकशाला में भोजन। जैसे नाना, व्यंजन, औषधि और अन्य द्रव्य के संयोग से रसनिष्पत्ति होती है, वैसे ही नाना भावों से उपगत होते हुए भी स्थायी भाव ही रसत्व को प्राप्त करते हैं।[३६] यहाँ स्पष्ट रूप से मुनि यह बताना चाहते हैं कि जैसे भोजन में अनेक व्यंजनों का मिश्रण होते हुए भी कोई विशिष्ट स्वाद ही प्रधान होता है, उसी प्रकार रस में भी प्रमुख स्वाद स्थायीभाव का होता है और विभावादि उसके उपकारक होते हैं। वामन के अनुसार गुणों की स्फुटता और साकल्य को काव्यपाक कहा जाता है। ऐसा काव्यपाक आम्रपाक के समान रोचक होता है।[३७] इसके विपरीत जिसमें केवल सुप्, तिङ् का संस्कारमात्र होता है और जिसकी वस्तु भी नीरस हो, उसे वृन्ताकपाक कहते हैं। ऐसे पाक की सहृदय लोग अत्यन्त निन्दा करते हैं।[३८] इनमें से शब्दगुण तो अभिव्यक्ति भंगिमाओं से सम्बद्ध हैं, जैसे उदारता नामक गुण के समावेश से पद, नृत्य करते हुए से प्रतीत होते हैं और अर्थगुण भाव की प्रकृति का उद्घाटन करते हैं, जैसे-अर्थगुण के संस्पर्श से वस्तु का स्वभाव स्फुट हो जाता है।

तात्पर्य यह कि भरमुनि जिस प्रकार नाट्य रूपी पाक की आस्वाद्यता के लिए विभावादि का संयोग अनिवार्य मानते हैं, उसी प्रकार वामन काव्यरूपी पाक की आस्वाद्यता के लिए शब्दार्थ गुणों के साकल्य को आवश्यक मानते है। 'रीति' इन्हीं गुणों पर आधारित है। अतः वामन की स्थापना है कि रीति के विना काव्य में रस का संचार नहीं हो सकता। इसलिए उन्होंने रीति को काव्य की आत्मा माना। किन्तु रीति को काव्यात्मा मानने का तात्पर्य रस के आत्मत्व का खण्डन करना नहीं है। रस-संचार या आस्वाद्यता रीति के विना सम्भव नहीं। अतः यदि रस काव्य का प्राण है तो रस का प्राण है रीति-ठीक उसी प्रकार जैसे भरतोक्त तत्त्व के मौलिक तत्त्व विभावादि हैं। वामन ने जो काव्यांगों का वर्णन किया है, उसमें भरतोक्त विभावादि की सम्पूर्ण सामग्री आ जाती हैं। फिर उनके द्वारा रस-विरोधी दृष्टिकोण कहाँ रह जाता है? लोक और इतिहासादि के विभावों का चयन किया जा सकता है। स्थायी और संचारी भावों तथा वर्ण्य विषयों की उपलब्धि हो सकती है। व्याकरण, कोश, छन्द, गीत आदि काव्य के अनुमान अर्थात् शब्द भंगिमाओं की प्रस्तुति में सहायक हो सकते हैं। अभ्यास और गुरुसेवा इन सबका उचित समावेश किया जा सकता है और इन सबके मिल जाने पर रस निष्पत्ति नहीं होगी। इस प्रकार पूर्वाग्रह छोड़ देने पर आचार्य वामन को भी रस विरोधी आचार्यों की पंक्ति में खड़ा नहीं किया जा सकता। वामन ने भरतोक्त नाट्यरसों को एक अर्थगुण 'कान्ति' में मान लिया, मात्र इसलिए ये रस विरोधी नहीं हो सकते। क्योंकि थोड़े से भावों की एक मिश्रित और उपचित अवस्था जिसमें शृंगारादि सम्पूर्णरूप से दीप्त हो जाय, अर्थ का एक प्रकारमात्र मानी जा सकती है, पूरे काव्य की आत्मा उसको स्वीकार नहीं किया जा सकता। वामन ने जो तीन रीतियाँ स्वीकार कीं, उनमें से वैदर्भी रीति को अर्थगुणसम्पदा के कारण ही श्रेष्ठ माना और रस उन अर्थगुणों में से एक के अन्तर्गत आ ही जाता है।[३९]

वास्तव में वामन की दृष्टि एक स्वस्थ समीक्षक की दृष्टि है। और इन्होंने जो रीति की प्रतिष्ठा की, वह रस के स्थान पर नहीं, अपितु रस के अनिवार्य साधन के रूप में और इसी अनिवार्यता के कारण उसे काव्य की आत्मा स्वीकारा।

रीति, वृत्ति, नाट्यवृत्ति, प्रवृत्ति एवं काव्यमार्ग

वामन ने रीति शब्द का प्रयोग विशिष्ट पदरचना के अर्थ में किया है[४०] और उसका विभाजन प्रदेशगत नाम पर किया है। पदरचना के वर्गीकरण का प्रयास आरम्भ से ही आचार्यों ने भिन्न-भिन्न रूपों में किया है। पदरचना के अतिरिक्त विभिन्न प्रदेशों के आचार-विचार और रहन-सहन के वर्गीकरण का प्रयास भी मिलता है। भरतमुनि के नाट्यशास्त्र में प्रवृत्ति के नाम से यह वर्गीकरण प्राप्त होता है। उन्होंने आवन्ती, दाक्षिणात्य, पांचाली और औड्रमागधी-ये चार प्रकार की प्रवृत्तियाँ मानी थीं।[४१] और इनके द्वारा यह निर्देश किया था कि इन-इन प्रदेशों के लोग किस प्रकार का आचार-व्यवहार करते हैं?

नाट्यशास्त्र में भी भरतमुनि ने नाट्वृत्तियों का निर्देश नाट्य की माता के रूप में किया है। ये नाट्यवृत्तियाँ विविधप्रकार की नाट्यशैलियाँ ही हैं। आगे चलकर इसी आधार पर काव्य-वृत्तियों का आविष्कार हुआ। काव्य-वृत्तियों के वर्गीकरण का आधार शैली ही है।

काव्यशास्त्र के आदि आचार्य भामह के समय में काव्यप्रकारों का वर्गीकरण प्रदेशों के आधार पर किया जाता था। इनके समय में वैदर्भ और गौड दो प्रकार के काव्य प्रचलित थे। वैदर्भ को गौड की अपेक्षा श्रेष्ठ माना जाता था। भामह ने इस प्रकार का भेद नहीं माना और स्पष्ट कहा कि वैदर्भ काव्य स्पष्ट, लघु और कोमल होते हुए भी यदि पुष्टार्थ और वक्रोक्ति से युक्त नहीं है तो वह मात्र श्रुतिमधुर होगा। इसके विपरीत अलंकारयुक्त ग्राम्यतारहित अर्थवान्, न्याय्य और जटिलतारहित गौडीय काव्य भी श्रेष्ठ होगा।[४२]

दण्डी ने वैदर्भ और गौड को मार्ग नाम दिया है और गौडी की अपेक्षा वैदर्भ को श्रेष्ठ माना है।[४३]

आचार्य कुन्तक ने काव्यमार्गों का निर्देश किया है किन्तु उनका वर्गीकरण प्रदेशों के आधार पर नहीं है; उनके अनुसार केवल तीन ही मार्ग हैं। न दो न चार। सुकुमार, विचित्र और मध्यम।[४४] देशभेद के आधार पर मार्गभेद उचित नहीं। उसका आधार कवियों का स्वभावभेद ही होना चाहिए। यद्यपि कविस्वभाव भेदमूलक होने से भी मार्गों का अनन्तत्व है परन्तु उसकी गणना असम्भव होने से त्रैविध्य ही युक्तिसंगत है।

निष्कर्षतः कहा जा सकता है कि काव्यरचना की शैली का वर्गीकरण विभिन्न प्रकार से किया जाता रहा है। इनमें से प्रदेश विशेष के नाम पर वर्गीकरण की प्रवृत्ति अनेक आचार्यों ने अपनायी है और अनेक ने उसका खण्डन किया है।

वृत्ति तथा प्रवृत्ति

वृत्ति शब्द का सामान्य अर्थ जीविका या व्यापार है। परन्तु नाटक की वृत्तियों की कल्पना का मूल आधार वाचिक तथा आंशिक अभिनय है। समाज में प्राणियों के भाव या चेष्टाओं का अनुकरण काव्य में किया जाता है। इसीलिए भरतमुनि ने वृत्तियों को समस्त कवियों की माता माना है- 'सर्वेषामेव काव्यानां काव्यस्य मातृका इति।' उन्होंने नायकादि की मन, वाणी और शरीर की विभिन्न प्रकार की चेष्टाओं को ही वृत्ति कहा है। वृत्तियाँ मुख्य रूप से चार हैं- भारती, सात्वती, कैशिकी तथा आरभटी। ये वृत्तियाँ नाट्यरचना में उपयोगी होती थीं।[४५]

इन वृत्तियों को संघटना के धर्म विशेष ओज, माधुर्यादि गुणों से अभिन्न कहा गया। अतएव वृत्तियों की जो स्वतन्त्र सत्ता थी, वह समाप्त हो गयी। प्रतिहारेन्दुराज का कथन है कि भामह द्वारा अनुप्रास नामक भेद के रूप में उपनागरिका तथा ग्राम्या नामक दो वृत्तियों की उद्‌भावना की गयी थी।[४६] आचार्य रुद्रट ने पाँच वृत्तियाँ–मधुरा, प्रौढा, परुषा, ललिता तथा भद्रा मानीं।[४७] किन्तु मुख्यतः ये वृत्तियाँ अनुप्रास से ही सम्बन्धित हैं। इन सभी वृत्तियों में रुद्रट ने विविध प्रकार के अक्षरों (वर्णों) का विधान बताया है। मधुरा वैदर्भी रीति के या उपनागरिका वृत्ति के समकक्ष होगी। इससे स्पष्ट हो जाता है कि वृत्तियाँ दो प्रकार की हैं- अनुप्राससम्बन्धी तथा नाट्यसम्बन्धी। आनन्दवर्धन दोनों ही वृत्तियों को समान महत्त्व देते हैं। प्रथम प्रकार की भारती आदि चार नाट्यवृत्तियाँ रसानुकूल अर्थ का सन्निवेश करती हैं और द्वितीय प्रकार की परुषा, उपनागरिका तथा ग्राम्या रसानुगुण शब्दयोजना में सहायक होती हैं। अतः दोनों ही महत्त्वपूर्ण एवं ग्राह्य हैं। इसलिए रसभंग के कारणों में उन्होंने वृत्तियों के अनुचित सन्निवेश की भी गणना की है।[४८]

इस सम्बन्ध में आनन्दवर्धन की मान्यता यह है कि वे रचना को पद एवं वर्ण दो भागों में विभक्त कर पदों की दृष्टि से असमासा, मध्यमसमासा तथा दीर्घसमासा रचनाओं में क्रमशः तीन प्रकार की 'संघटना' स्वीकार करते हैं और वर्णों की दृष्टि से भट्टोद्भट की परुष, उपनागरिका तथा ग्राम्या (कोमला) वृत्तियों को मान्यता देते हैं।

उक्त संघटना और वृत्ति की समष्टि का स्वरूप ही वामन की रीति है। अभिनवगुप्त ने इसे और अधिक स्पष्ट किया और वृत्तियों के अर्थवृत्ति तथा शब्दवृत्ति दो भेद मानकर प्रथम के अन्तर्गत भरत द्वारा मान्य कैशिकी, सात्वती, आरभटी और भारती नामक चारों वृत्तियों को स्थान दिया तथा शब्दवृत्ति के उपनागरिका, परुषा तथा कोमला नामक भेद किये जिनका मम्मट द्वारा वैदर्भी, गौडी और पांचाली रीतियों के साथ समन्वय कर दिया गया। मम्मट द्वारा जो रीतियों और वृत्तियों का समन्वय किया गया उसका पंडितराज जैसे विद्वानों पर ऐसा प्रभाव पड़ा कि उन्होंने वैदर्भी रीति को वैदर्भी वृत्ति कहा।

निष्कर्ष रूप में कहा जा सकता है कि रीति और वृत्ति में विशेष अन्तर नहीं है। वृत्तियों में अर्थयोजना पर विशेष बल दिया जाता है। यह भी कैशिकी आदि में ही और रीतियों में शब्दयोजना पर। जिस प्रकार शब्द से अर्थ या अर्थ से शब्द पृथक् नहीं किये जा सकते, उसी प्रकार रीति और वृत्ति भी संयुक्त हैं।

प्रवृत्ति का प्रयोग सर्वप्रथम भरत ने किया। भरत के अनुसार नाना देशों के वेश भाषा तथा आचार का ख्यापन करने वाली प्रवृत्ति है।[४९] इसप्रकार प्रवृत्ति केवल भाषा से ही सम्बन्धित न होकर वेश तथा आचार से भी सम्बन्धित है जबकि रीति का सम्बन्ध केवल भाषा से ही हैं। प्रवृत्ति आचार-व्यवहार से सम्बन्ध रखती है और रीति बोलने तथा लिखने से सम्बन्धित है। प्रवृत्ति का आधार बाह्य है और रीति का आन्तरिक। प्रवृत्ति का आधार भौगोलिक ही प्रतीत होता है जबकि रीति कविस्वभाव से सम्बन्धित है। इसलिए राजशेखर ने इसे 'वेशविन्यासक्रमः प्रवृत्तिः' ऐसा माना है। जबकि रीति को 'वचनविन्यासक्रमो रीतिः कहा है।[५०] राजशेखर ने 'काव्यमीमांसा' के तृतीय अध्याय में काव्यपुरुष की उत्पत्ति के प्रसंग में प्रवृत्ति, वृत्ति तथा रीतियों से सम्बन्धित विचित्र तथा रोचक कथा दी है। उनके अनुसार ब्रह्मलोक में ऋषियों और देवताओं के मध्य किसी विषय पर विवाद

हो जाने पर निर्णयार्थ ब्रह्मा ने सरस्वती को ब्रह्मलोक भेजा। इसके उपरान्त सरस्वतीपुत्र काव्यपुरुष उसे चारों दिशाओं में खोजता हुआ माता गौरी के पास पहुँचा। पार्वती ने उसे प्रेम-बन्धन से बाँधने के लिए 'साहित्य-विद्यावधू' की सृष्टि की। इसके उपरान्त वह काव्यपुरुष रूठ कर आगे चल दिया जिसके पीछे काव्यविद्यावधू तथा स्नातकमुनि चल रहे थे। सर्वप्रथम वह वंगदेश पहुँचा। वहाँ के निवासियों ने 'साहित्य विद्यावधू' के वेश का अनुसरण किया। इस वेश का नाम औड्रमागधी प्रवृत्ति हुआ तथा 'साहित्यविद्यावधू' के नृत्यगान का जो अनुकरण स्त्रियों ने किया वही 'भारती वृत्ति' कही गयी। पर इन सबसे काव्यपुरुष आकर्षित नहीं हुआ और उसने जो कुछ भी वार्तालाप किया उससे दीर्घसमास, अनुप्रास तथा योगवृत्ति अर्थात् अभिधावृत्ति की परम्परा प्रकट होती थी। इस प्रकार की काव्यरचना को गौडी रीति कहा गया। इसके उपरान्त वह पांचाल देश गया। वहाँ की स्त्रियों ने विशेष रूप से वधू का अनुसरण किया। यह पांचाल मध्यमाप्रवृत्ति कही जाती है। अब तक काव्यपुरुष का मन साहित्यवधू की ओर कुछ-कुछ आकृष्ट होने लगा था। वधू ने काव्यपुरुष को आकर्षित करने के लिए जो नृत्य, गीत और वाद्य का प्रदर्शन किया उसे सात्वती वृत्ति कहा गया। उसे ही कुटिल गति हो जाने पर आरभटी वृत्ति भी कहते हैं। इस प्रकार कुछ प्रसन्न होकर काव्यपुरुष ने जो अल्प समास, अल्प अनुप्रासयुक्त पदावली तथा लाक्षणिक प्रयोग किये, उसी को पांचाली रीति कहा गया। इसके उपरान्त उस पुरुष के अवन्तिदेश की ओर जाने पर 'वधू' के वेश का स्त्रियों द्वारा अनुकरण करने को 'आवन्तीप्रवृत्ति' कहा गया। अतः अवन्ती देश की दो वृत्तियाँ हुई-सात्वती और कैशिकी। इसके उपरान्त पुरुष के दक्षिणदिशा की ओर चलने पर 'वधू' के वेश का जो स्त्रियों ने अनुकरण किया, उसे 'दाक्षिणात्यप्रवृत्ति कहा गया। यहाँ आने तक काव्यपुरुष साहित्यविद्यावधू की ओर पूरी तरह आकर्षित हो चुका था। अतः उसने जो वेश धारण किया, उसका अनुकरण पुरुषों ने तथा 'वधू' ने जिस वेश को धारण किया था, उसका अनुकरण स्त्रियों ने किया। वधू ने दक्षिण देश में जो विचित्र नृत्यगीतवाद्य तथा विलासक्रियाएँ कीं उसे कैशिकी वृत्ति कहा गया। अब सरस्वतीपुत्र 'काव्यपुरुष' साहित्यविद्यवधू की ओर आकृष्ट होकर वशीभूत हो गया था। अतः उसने प्रसन्नचेता होकर यथास्थान अनुप्रासयुक्त, समासरहित और अभिधावृत्ति गर्भ में है जिसके, ऐसी वाणी का जो प्रयोग किया, उसे वैदर्भी रीति कहा गया। उन-उन देशों के वेशविन्यासक्रम को ही राजशेखर रीति कहते हैं।[५१]

इस पूरे कथानक का तात्पर्य यह है कि भारतवर्ष के पूर्वभाग अर्थात् गौडदेश में औड्रमागधीप्रवृत्ति, भारतीवृत्ति और गौडीया रीति का प्रयोग काव्यरचना में होता है। पांचालदेश में पांचाली-मध्यमाप्रवृत्ति, सात्वती या आरभटी वृत्ति तथा पांचाली रीति ही काव्यरचना में विशेषरूप से प्रयुक्त होती है। अवन्तिदेश में आवन्ती प्रवृत्ति, सात्वती और कैशिकी वृत्ति का प्रयोग तथा दक्षिण में दक्षिणात्य प्रवृत्ति, कैशिकी वृत्ति और वैदर्भी रीति में ही विशेष रूप से काव्यरचना होती है। पूर्व दिशाओं में 'साहित्यवधू' 'काव्यपुरुष' को उतना आकृष्ट नहीं कर पाती जितना धीरे-धीरे पांचाल देश में और उससे भी अधिक दक्षिण देश में। अन्त में दक्षिण दिशा में काव्यपुरुष वधू के मोहपाश में आसक्त होकर जिस वाणी का प्रयोग करता है, वही वैदर्भी रीति है।

राजशेखर के रूपक के इस प्रसंग में वामन का यह मत पुष्ट होता है कि रीतियों का नामकरण उन-उन देशों में इसी प्रकार की रचना की प्रधानता से हुआ न कि इन देश-विशेष में ही इन रीतियों

की रचना की क्षमता है। गौडी रीति की अपेक्षा पांचाली और पांचाली की भी अपेक्षा वैदर्भी रीति उत्तरोत्तर श्रेष्ठ मानी गयी तथा अवन्तिदेश की ओर गमन करने पर प्रवृत्ति तथा वृत्ति का उल्लेख तो प्राप्त होता है परन्तु रीति का नहीं। जिससे देशों के अनेक होने पर भी उनकी रीतियों का अन्तर्भाव इन्हीं में हो जाता है।

मार्ग

आचार्य कुन्तक का कहना है कि रीति का सम्बन्ध साक्षात् कवि से है, देश विशेष से नहीं। इसलिए प्राचीन नामों के स्थान पर नवीन नामों को आचार्य कुन्तक ने उद्‌भासित किया। उनके अनुसार काव्य में सुकुमार मार्ग, विचित्र मार्ग और मध्यम मार्ग ये तीन मार्ग होते हैं।[५२] इस प्रसंग में कुन्तक ने तीनों ही मार्गों को अत्यधिक स्पष्ट करते हुए इनका बहुत सुन्दर विवेचन किया है, जो इस प्रकार है-

कवि की अम्लान प्रतिभा से उद्भिन्न, नवीन शब्द और अर्थ से मनोहर; अयत्नविहित स्वल्प अलंकारों से युक्त पदार्थ के स्वभाव की रक्षा के लिए, आहार्यकौशल की उपेक्षा करने वाला, रसादिपरमार्थज्ञ, मनःसंवाद सुन्दर सुकुमार मार्ग है।[५३] इस मार्ग से कविगण उसी प्रकार जाते हैं, जैसे फूलों से खिले वन में होकर भ्रमर।[५४] जहाँ कवि एक ही अलंकार से सन्तुष्ट न होकर मणियों के जडाव के समान एक के बाद एक अलंकार जोड़ते जाते हैं वहाँ विचित्र मार्ग होता है। रत्नों की विकरण छटा से भासुर भूषणों से आच्छादित कान्ता का शरीर जो और भूषित हो जाता है, वैसे ही अनेक अलंकारों से जहाँ पुराने कवियों द्वारा वर्णित वस्तु भी केवल उक्तिवैचित्र्य मात्र से सौन्दर्य को प्राप्त करायी जाती है, जहाँ प्रतिभा के प्रयोग से अन्य प्रकार की वस्तु भी अन्य प्रकार की हो जाती है, वहाँ किसी कमनीय वैचित्र्य से भावों के स्वभाव का सरस वर्णन किया जाता है, वह विचित्र मार्ग है। सुभटों के मनोरथ जैसे खड्‌गधारा पर चलते हैं, वैसे ही कवि इस मार्ग पर चलते हैं।[५५] मध्यम मार्ग में सुकुमार और विचित्र दोनों मार्गों की सम्पत्ति समान रूप से स्थित होती है।[५५] इन तीनों मार्गों में सौभाग्य तथा औचित्य नामक दोनों गुण उज्ज्वल अर्थात् अत्यन्त स्पष्ट चमकते हुए पद, वाक्य और प्रबन्ध तीनों में व्यापक रूप से रहते हैं।[५७]

कुन्तक ने वामनोक्त देशाश्रित रीति-विभाजन के स्थान पर काव्याश्रित मार्गनिर्देश करके एक वैज्ञानिक विवेचन का स्तुत्य प्रयास किया है। उन्होंने एक तो देशों के आधार पर रीति या मार्ग के वर्गीकरण का विरोध किया और दूसरे इसप्रकार वर्गीकृत की गयी रीतियों में तर-तम के भेद को मिथ्या घोषित किया। उनके अनुसार वैदर्भी को श्रेष्ठ मानने पर अन्य रीतियाँ व्यर्थ हो जाएँगी और ऐसा कौन मनुष्य होगा जो उत्तम वस्तु को छोड़कर अधम या मध्यम को ग्रहण करेगा? क्योंकि काव्यरचना कोई दरिद्र का दान नहीं है।[५८]

स्पष्ट ही कुन्तक का वर्गीकरण वामन की अपेक्षा अधिक वैज्ञानिक है। उनके अनुसार तीन प्रकार की काव्यशैलियाँ हो सकती हैं। एक में वस्तु में सहज सौन्दर्य का उन्मेष होता है तो दूसरे में अलंकारों द्वारा सामान्य वस्तु को भी खरात पर चढाकर चमकीला बनाया जाता है और तीसरी में सहज एवं यत्नसाध्य दोनों प्रकार के सौन्दर्य का समन्वय होता है। इस प्रकार कुन्तक के अनुसार सहज, अलंकृत तथा सहजालंकृत में तीन प्रकार की शैलियाँ हो सकती हैं। निश्चय ही वामन इतनी

स्पष्टता के साथ वैदर्भी, गौडी और पांचाली रीतियों के स्वरूप का उद्घाटन नहीं कर सके हैं; फिर भी इतना तो कहा ही जा सकता है कि वामन ने अपने पूर्ववर्ती भरत, भामह और दण्डी की शैली-विभाजन की परम्परा को अधिक व्यवस्थित स्वरूप प्रदान किया और आगे आने वाले कुन्तक जैसे आचार्यों के लिए मार्ग प्रशस्त किया जिस पर चलकर वे अपने मार्गों की स्थापना कर सके।

वामनपूर्व रीति की परम्परा

भारतीय काव्यशास्त्र के आदि ग्रन्थ भरत के नाट्यशास्त्र में रीति का उल्लेख स्पष्ट रूप से तो नहीं है किन्तु उसमें चार प्रवृत्तियों का उल्लेख अवश्य मिलता है, जिनमें रीति का पूर्वाभास खोजा जा सकता है। भरत के अनुसार नाट्यप्रयोगों के लिए आवन्ती, दाक्षिणात्य, पांचाली तथा औड्रमागधी- ये चार प्रवृत्तियाँ है।[५९] प्रवृत्ति की परिभाषा करते हुए भरत ने कहा है कि प्रचलित नाना देशों के वेश, भाषा और आचार और वार्त्ता का जो कथन करती है, उसे प्रवृत्ति कहते हैं- ''पृथिव्यां नानादेशवेशभाषाचारवार्त्ता: ख्यापयतीति प्रवृत्ति:''। इस प्रकार भरतोक्त प्रवृत्ति के अन्तर्गत अनेक देशों के आचार, विचार, भाषा, रहन-सहन इत्यादि का ज्ञान प्रवृत्ति के अन्तर्गत आ जाता है। यद्यपि वामनोक्त रीति केवल भाषा से सम्बन्ध रखती है, फिर भी ऐसा अनुमान लगाया जा सकता है कि रीति की परिकल्पना प्रवृत्ति के आधार पर ही की गयी होगी। अर्थात् हो सकता है कि भरत के नाट्यशास्त्र में प्रवृत्तियों का उल्लेख देखकर परवर्ती विद्वानों के मन में यह विचार आया हो कि काव्य, भाषा और शैली का विवेचन ही प्रदेशगत आधार पर किया जा सकता है।

नाट्यशास्त्र के उपरान्त 'बाणभट्ट' के 'हर्षचरित' में रीति का संकेत मिलता है। हर्षचरित के आरम्भ में बाणभट्ट ने लिखा है कि उत्तरभारत के लोग प्राय: श्लेष का प्रयोग करते हैं, पश्चिम भारत के लोग अर्थ को महत्त्व देते हैं। दाक्षिणात्य उत्प्रेक्षा को प्रधान मानते हैं और गौड़ लोग आडम्बर के प्रेमी हैं। किन्तु वाणभट्ट का मत है कि इन चारों शैलियों का समन्वय ही काव्य को श्रेष्ठ बनाने में समर्थ होता है। उनके अनुसार नवीन अर्थ, अग्राम्या जाति, अक्लिष्ट श्लेष, स्फुटरस, विकट अक्षरबन्ध-यह समस्त गुण एकसाथ मिलना कठिन है।[६०]

भामह के काव्यालंकार में रीतियों का स्पष्ट उल्लेख मिलता है किन्तु उन्होंने रीति शब्द का प्रयोग न करके काव्य शब्द का प्रयोग किया है। इन्होंने काव्यभेदों के अन्तर्गत वैदर्भ और गौड की चर्चा की और कहा कि अन्यों के मत से वैदर्भ और गौड में अन्तर है किन्तु हमारे मत में वैदर्भ ही गौडीय है। दोनों को अलग-अलग मानना गड्डलिकाप्रवाह है। भामह ने इस प्रकार श्रेष्ठ काव्य को ही महत्ता प्रदान की है। उनका निर्भ्रान्त मत है कि अलंकारयुक्त, अग्राम्य, अर्थवान्, न्याय्य, अनाकुल गौडीय मार्ग भी श्रेष्ठ है और इन गुणों से रहित होकर वैदर्भ मार्ग भी श्रेष्ठ नहीं है।[६१]

भामह के सम्बन्ध में एक विशेष बात यह उल्लेखनीय है कि उन्होंने गुणों की स्वतन्त्र रूप से विवेचना की है। उनकी दृष्टि में गुणों का सम्बन्घ वैदर्भ और गौड काव्यों से नहीं, अपितु सत्काव्य मात्र से है।

रीति का सबसे प्रथम व्यवस्थित विवेचन दण्डी में मिलता है। यद्यपि रीति शब्द का प्रयोग उन्होंने भी नहीं किया है। दण्डी के अनुसार परस्पर अत्यन्त सूक्ष्म भेदवाले वाणी के अनेक मार्ग हैं। इनमें से वैदर्भ और गौडीय मार्गों का अन्तर स्पष्ट है। श्लेष, प्रसाद, समता, माधुर्य, सौकुमार्य,

अर्थव्यक्ति, उदारत्व, ओज, कान्ति और समाधि-ये दशगुण वैदर्भमार्ग के प्राण हैं। गौड मार्ग में प्राय: इनका विपर्यय लक्षित होता है।[६२]

इसके आगे दण्डी एक महत्त्वपूर्ण बात कहते हैं। वह यह कि तत्त्वत: ये दोनों मार्ग अलग-अलग हैं और उनका वर्णन कर दिया गया है। किन्तु प्रत्येक कवि में इनके भेदों की जो भिन्न-भिन्न स्थिति है, उसका निरूपण सम्भव नहीं।

वामन को रीति विवेचन से सम्बन्धित उपर्युक्त परम्परा उत्तराधिकार में मिली थी। इसी के आधार पर उन्होंने अपने सिद्धान्त का भवन निर्मित किया। अभी तक रीति शब्द का प्रयोग किसी आचार्य ने नहीं किया था। भरत ने उसे प्रवृत्ति कहा था, भामह ने काव्य और दण्डी ने मार्ग। रीति शब्द 'रीङ्' धातु से बना है और इसका अर्थ है-गति, मार्ग और पद्धति। भामह ने काव्य की परिभाषा तो की थी, पर दण्डी ने मार्ग की कोई विशेष परिभाषा नहीं की थी। भरत की प्रवृत्ति की परिभाषा अत्यन्त व्यापक थी। अत: रीति की जो परिभाषा वामन ने की है, वह भी मौलिक ही है। उनके अनुसार रीति का अर्थ है विशिष्ट पदरचना-''विशिष्टपदरचनारीति:''।

विशिष्ट शब्द की परिभाषा करते हुए वामन ने कहा –"विशेषो गुणात्मा" अर्थात् विशिष्ट से तात्पर्य गुणसम्पन्न होने से है। गुण काव्यशोभाकर धर्म है। इस प्रकार दण्डी ने गुणों को रीति का आधार मानकर जिस परम्परा काआरम्भ किया था, उसे वामन ने एक विशेष शास्त्रीय व्यवस्था प्रदान की। साथ ही उन्होंने गुणों को नित्य और अलंकार को अनित्य मानकर गुणों को रीति का अनिवार्य तत्त्व स्वीकार किया और दण्डी के विवेचन को अधिक स्पष्ट बनाया।

वामन ने वैदर्भी, गौडी और पांचाली-ये तीन रीतियाँ मानीं। उनके पूर्ववर्ती दण्डी ने दो ही काव्यमार्ग माने-वैदर्भ और गौडीय। इसी प्रकार भामह ने भी इन्हीं नामों से दो प्रकार का काव्य स्वीकार किया। किन्तु वामन ने सम्भवत: भरतोक्त प्रवृत्तियों के आधार पर पांचाली नामक तीसरी रीति को मान्यता प्रदान की। यद्यपि भरत और बाणभट्ट दोनों ने चार प्रदेशों के आधार पर प्रवृत्तियों और काव्यशैलियों का वर्णन किया है, किन्तु वामन ने सम्भवत: अपने समय में प्रचलित आवश्यकताओं को देखते हुए तीन ही रीतियों को मान्यता प्रदान की। वैदर्भी को गौडी की अपेक्षा श्रेष्ठ मानने की परम्परा बहुत दिनों से चली आ रही थी। दण्डी ने उसे स्पष्ट स्वीकार किया था और वामन ने भी इसी मत को मान्यता प्रदान की।

पाश्चात्त्य आलोचकों ने रीति शब्द के लिए स्टाइल शब्द प्रयुक्त किया है। कोशग्रन्थों में इसके अर्थ शैली, ढंग, तरीका, पद्धति, प्रणाळी, विशेषता, फैशन, डिजाइन, बनावट, शलाका, सुई, वर्त्तिका आदि दिये गये हैं।[६३] ऐसा प्रतीत होता है कि रीति शब्द का यही पर्याय Style आज शैली (लेखन-शैली) के रूप में प्रयुक्त हो रहा है, जो काव्य के कलापक्ष से सम्बद्ध है तथा भावपक्ष का पोषकतत्त्व है। आश्चर्यजनक प्रसन्नता का विषय है कि अरस्तू, डिमेट्रियस, शोपेनहावर, प्रोफेसर मरी, स्टिवेन्सेन, वाल्टर रेले, क्विण्टिलियन, विंचेस्टर आदि पाश्चात्त्य काव्यशास्त्रियों ने 'रीति' के सम्बन्ध में Style के रूप में जो अपने विचार व्यक्त किये हैं, वे भी भारतीय मनीषियों से पर्याप्त साम्य रखते हैं। विस्तारभय से यहाँ उन्हें उल्लिखित करना सम्भव नहीं है।*

संदर्भ-सूची

१. सैषा सर्वत्र वक्रोक्तिः अनयार्थो विभाव्यते।
यत्नोऽस्यां कविनां कार्यः कोऽलंकारोऽनया विना।। –काव्यालंकार, २/८५
२. कामं सर्वोऽप्यलंकारो रसमर्थे निषिंचतु।
तथाप्यग्राम्यतैवेनं भारं वहति भूयसा।। –काव्यादर्श, १/६२
३. अस्फुटस्फुरितं काव्यतत्त्वमेतद्यथोदितम्।
अशक्नुवद्भिर्व्याकर्तुं रीतयः सम्प्रवर्तिताः।। –ध्वन्यालोक, ३/४७
४. ध्वन्यालोक, ३/४८ की लोचनटीका
५. यस्त्वलक्ष्यक्रमव्यंग्यो ध्वनिर्वर्णपदादिषु।
वाक्ये संघटनायां च स प्रबन्धेऽपि दीप्यते।। – ध्व०लो०, ३/२
६. सा संघटना रसादीन् व्यनक्ति गुणानाश्रित्य तिष्ठन्तीति। –ध्व० लो०, ३/६ की व्याख्या
७. रीतिरात्मा काव्यस्य, का० सू० वृ०, १/२/६
८. विशिष्टा परदचना रीतिः, का० सू० वृ०, १/२/७
९. विशेषो गुणात्मा, का० सू० वृ०, १/२२/८
१०. काव्यशोभायाः कर्त्तारो धर्मा गुणाः, का० सू० वृ०, ३/१/१
११. पूर्वे नित्याः, का० सू० वृ०, ३/२/३
१२. सा त्रेधा वैदर्भी गौडीया पांचाली चेति, का० सू० वृ०, १/२/९
१३. विदर्भादिषु दृष्टत्वात् तत्समाख्या, का० सू० वृ०, १/२/१०
१४. समग्रगुणा वैदर्भी, का० सू० वृ०, १/२/११
१५. का० सू० वृ०, १/२/११
१६. का० सू० वृ०, १/२/११, कामधेनु।
१७. वही, १/२/११
१८. वही, १/२/११, कामधेनु।
१९. वही, १/२/११, कामधेनु।
२०. ओजः कान्तिमती गौडीया, का० सू० वृ०, १/२/१२
२१. वही, १/२/१२ की वृत्ति
२२. वही, १/२/१२ की वृत्ति
२३. माधुर्यसौकुमार्योपपन्ना पांचाली, का० सू० वृ०, १/२/१३
२४. का० सू० वृ०, १/२/१३ की वृत्ति
२५. वही
२६. एतासु तिसूषु रीतिषु रेखास्विव चित्रं काव्यं प्रतिष्ठितमिति, का० सू० वृ०, १/२/१३
२७. तासां पूर्वा ग्राह्या गुणसाकल्यात्, का० सू० वृ०, १/२/१४
२८. न पुनरितरे स्तोकगुणत्वात्, का० सू० वृ०, १/२/१५
२९. न शणसूत्रवानाभ्यासे त्रसरसूत्रवानवैचित्र्यलाभः, का० सू० वृ०, १/२/१८
३०. तच्च, न, अतत्त्वशीलस्य तत्त्वानिष्पत्तेः, का० सू० वृ०, १/२/१७
३१. सा पि समासाभावे शुद्धवैदर्भी, का० सू० वृ०, १/२/१९
३२. तस्यामर्थगुणसम्पदास्वाद्या, का० सू० वृ०, १/२/२०
३३. तदुपारोहादर्थगुणलेशोऽपि, का० सू० वृ०, १/२/२१

३४. का० सू० वृ०, १/२/२१ की वृत्ति।

३५. का० सू० वृ०, १/२/२१ की वृत्ति।

३६. यथानानाव्यंजनौषधिद्रव्यसंयोगाद्रसनिष्पत्तिः, तथा नानाभावोपगमाद्रसनिष्पत्तिः। यथा गुडादिभिर्द्रव्यैर्व्यंजनै-रोषधीभिश्च षड् रसा निर्वर्त्यन्ते, एवं नानाभावोपहिता अपि स्थायिनो भावा रसत्वमाप्नुवन्ति।

—ना० शा०, पृ० ७१

३७. गुणस्फुटत्वसाकल्य काव्यपाकं प्रचक्षते।
चूतस्य परिणामेन स चायमुपमीयते।। —का० सू० वृ०, ३/२/१५ की वृत्ति।

३८. सुप्तिङ् संस्कारसारं यत् क्लिष्टवस्तुगुणं भवेत्।
काव्यं वृन्ताकपाकं स्याज्जुगुप्सन्ते जनास्ततः।।
—का० सू० वृ०, ३/२/१५ की वृत्ति।

अन्यविद्वानों द्वारा वैदर्भी रीति की प्रशंसा—

— तत्त्वस्पृशस्ते कवयः पुराणां श्रीभतृमेण्ठप्रमुखा जयन्ति।
निस्त्रिंशधारा सदृशेन येषां वैदर्भमार्गेण गिरः प्रवृत्ताः।।
—नवसाहसांकचरित, १/५

—अनभ्रवृष्टिः श्रवणामृतस्य सरस्वती विभ्रमजन्मभूमिः।
वैदर्भीरीतिः कृतिनामुदेति, सौभाग्यलाभः प्रतिभूः पदानाम्।
— विक्रमांकदेवचरितम्, १/९

— आदिः स्वादुषु या परा कवयतां काष्ठां यदारोहणे,
याते निःश्वसितं नवापि च रसा यत्र स्वदन्तेतराम्।
पांचालीति परम्परापरिचितो वादः कवीनां परम्,
वैदर्भी यदि सैव वाचि किमितः स्वर्गेऽपवर्गेऽपि वा।

—नलचरितनाटक, अंक २

धन्यासि वैदर्भि गुणैरुदारैर्यया समाकृष्यत नैषधोऽपि।
इतः स्तुतिः का खलु चन्द्रिकाया यदब्धिमप्युत्तरलीकरोति।। — नैषधीयचरितम्, ३/११६

३९. दीप्तरसत्वं कान्तिः, का० सू० वृ०, ३/२/१५

४०. विशिष्टपदरचनारीतिः, का० सू० वृ०, ३/२/१५

४१. ना० शा०, ६/२५-२६

४२. अलंकारवदग्राम्यमर्थ्यं न्याय्यमनाकुलम्।
गौडीयमपि साधीयो वैदर्भमिति नान्यथा।। — का० लं०, १/३३

४३. इति वैदर्भमार्गस्य प्राणा दशगुणाः स्मृताः।
एषां विपर्ययः प्रायो दृश्यते गौडवर्त्मनि।। —का० द०, १/४२

४४. सम्प्रति तत्र ये मार्गाः कविप्रस्थानहेतवः।
सुकुमारो विचित्रश्च मध्यमश्चोभयात्मकः।।
— व० जी०, १/२४

४५. ना० शा०, ६/२४-२५

४६. भामहो हि ग्राम्योपनागरिका वृत्तिभेदेन द्विप्रकारमेवानुप्रासं व्याख्यातवान्-
—उद्भट के टीकाकार प्रतिहारेन्दुराज द्वारा १/२ की लघुवृत्ति।

४७. मधुरा प्रौढा परुषा ललिता भद्रेतिवृत्तयः पंच।
वर्णानां नानात्वादस्येति यथार्थनामफला:।। — का० लं०, २/१९

४८. रसस्य स्याद्विरोधाय वृत्त्यनौचित्यमेव च।

– ध्व० लो०, ३/१९

४९. पृथिव्यां नानादेशवेशभाषाचारवार्त्ताख्यापयतीति प्रवृत्तिः।

– ना० शा०, १४/३६ के आगे

५०. का० मी०, तृ० अ०, पृ० २२

५१. एकदा तु ब्रह्मर्षिवृन्दारकयोः श्रुति विवादे....... वचनविन्यासक्रमोरीतिः।

–का० मी०, तृ० अ०, पृ० १८–२२

५२. सम्प्रति तत्र ये मार्गाः कविप्रस्थानहेतवः।
सुकुमारो विचित्रश्च मध्यमश्चोभयात्मकः।।

– व० जी०, १/२४

५३. अम्लानप्रतिभोद्भिन्न नवशब्दार्थबन्धुरः।
अयत्नविहितस्वल्पमनोहारिविभूषणः।।

– व० जी०, १/२५

५४. सुकुमाराधिपः सोऽयं येन सत्कवयो गता।
मार्गेणोत्फुल्लकाननेनैव षट्पदाः।।

– व० जी०, १/२९

५५. व० जी०, १/३५–४३

५६. वही, १/५१

५७. वही, १/५७

५८. न च रीतीनामुत्तममधममध्यमत्वभेदेन.........दरिद्रदानादिवत् काव्यं करणीयतामर्हति।

–व० जी०, १/ २४ की वृत्ति।

५९. ना० शा०, १४/३६

६०. हर्षचरितम्, १/७–८

६१. का० लं०, १/३५

६२. का० द०, १/४०–४२

६३. (क) भार्गवाज़ स्टेण्डर्ड इल्यूस्ट्रेटेड डिक्शनरी, पृ० ८८९
(ख) अंग्रेजी हिन्दी कोश (फादर कामिल बुल्के), पृ० ६६८

* प्रस्तुत शोधलेख डॉ॰ राकेश गुप्त अभिनन्दन ग्रन्थ काव्यचिन्तन २००१ में प्रकाशित है।

उपनिषद् एवं प्राचीन भारत में शिक्षा

भारतीय संस्कृति में मानव-जीवन को चार भागों में विभक्त किया गया है-ब्रह्मचर्याश्रम, गृहस्थाश्रम, वानप्रस्थाश्रम तथा संन्यासाश्रम। इनमें से ब्रह्मचर्याश्रम तथा विद्यारम्भ, उपनयन, वेदारम्भ और समावर्तन- ये चार संस्कार हमारी प्राचीन शिक्षाप्रणाली से सम्बन्धित है। हमारे प्राचीन भारतीय मनीषी मानव-जीवन में शिक्षा के महत्त्व को जानते और मानते थे। शिक्षा शब्द 'शिक्ष विद्योपादाने' धातु से 'अ' एवं 'टाप्' प्रत्यय संयुक्त करके निष्पन्न हुआ है और इसका अर्थ है शिक्ष्यते विद्योपादीयतेऽनयेति शिक्षा। अर्थात् जिस प्रणाली से विद्यार्थी विद्या प्राप्त करता है, उसे शिक्षा कहते हैं। प्राचीन भारतीय साहित्य में शिक्षा को प्रशंसनीय बनाने वाले सभी तत्त्व पर्याप्त मात्रा में उपलब्ध हो जाते हैं। इस दृष्टि से जब हम उपनिषत्साहित्य का सिंहावलोकन करते हैं, तो पाते हैं कि उसमें विद्यार्थिजीवन से सम्बन्धित संस्कार, गुरुशिष्य का सम्बन्ध, गुरु के गुण-कर्त्तव्य, शिष्य के गुण-कर्त्तव्य एवं शिक्षा के विषय आदि महत्त्वपूर्ण विषयों की चर्चा स्थान-स्थान पर हुई है। शिक्षा की दृष्टि से उपनिषद् शब्द का अर्थ समझना भी महत्त्वपूर्ण है। उपनिषद् शब्द की व्याख्या इस प्रकार है :-

'उपनिषादयति सर्वानर्थकसंसारं विनाशयति संसारकारणभूतामविद्यां च शिथिलयति। ब्रह्म च गमयति इति उपनिषद्।

अर्थात् जो समस्त अनर्थों को उत्पन्न करने वाले संसार का नाश करती है, संसार की कारणभूत अविद्या को शिथिल करती है तथा ब्रह्म की प्राप्ति कराती है, वह उपनिषद है। यह रहस्यभूत आत्मतत्त्व का भी बोध कराने वाली विद्या है, इसलिए भी उपनिषद् नाम सार्थक है। वेदों के अन्त में होने के कारण इनको वेदान्त भी कहा जाता है। उपनिषदों की संख्या १०० से अधिक है। इनमें से ईशोपनिषद्, कठोपनिषद, मुण्डकोपनिषद्, बृहदारण्यकोपनिषद्, तैत्तिरीयोपनिषद्, छान्दोग्योपनिषद् आदि कुछ ऐसे उपनिषद् हैं, जिनमें उपर्युक्त विषय मुख्यरूप से प्रस्तुत किये गये हैं।

शिक्षा के द्वारा विद्या प्राप्त करने से अमृतत्व की प्राप्ति होती है-

अविद्यया मृत्युं तीर्त्वा विद्ययामृतमश्नुते।

-ईशावास्योपनिषद्, ११

विद्या का प्रमुख स्रोत है वैदिक साहित्य। और जब शिष्य विद्या की शिक्षा गुरु से ग्रहण करता है, तब ऐसी ही शिक्षा से सांसारिक अभ्युदय एवं निःश्रेयस् की प्राप्ति होती है।

मुण्डकोपनिषद् के अनुसार संसार में अभ्युदय दिलाने वाली विद्या अपरा है तथा सांसारिक बन्धन से छुटकारा दिलाने वाली विद्या अपरा है-

अथ परा यया तदक्षरमभिगभ्यते। -१/५

प्राचीन भारतीय शिक्षा प्रणाली के सन्दर्भ में विद्यार्थिजीवन से सम्बद्ध तीन संस्कारों के संकेत उपनिषत्साहित्य में मिलते हैं। यथा कठोपनिषद् में कहा गया है–

तिस्रो रात्रीर्यदवात्सीर्गृहे मे अनश्नम् ब्रह्मन्नतिथिर्नमस्या।

–१/९ का पूर्वार्ध

अर्थात् (यम ने नचिकेता से कहा कि) हे ब्रह्मन्! आप हमारे मान्य अतिथि हैं; और तीन रात्रि तक हमारे घर में विना खाये-पिये रहे। इस मन्त्र का अर्थ जब हम यम को गुरु तथा नचिकेता को शिष्य मानकर करते हैं तो अथर्ववेद की अधोलिखित पंक्ति का साम्य प्रतीत होता है :–

आचार्य उपनयमानो ब्रह्मचारिणं कृणुते गर्भमन्तः।
तं रात्रीस्तिस्त्र उदरे बिभर्त्ति तं जातं द्रष्टुमभिसंयन्ति देवाः।

–अथर्ववेद, ११//५/३

अर्थात् आचार्य शिष्य को तीन रात्रियों तक अपने आश्रम में रखते हैं, तो उसका दूसरा जन्म होता है। इसके बाद उपनयन संस्कार करके वह उसे ब्रह्मविद्या का उपदेश देते हैं।

बृहदारण्यकोपनिषद् में उपनयन संस्कार का स्पष्ट संकेत मिलता है–

गौतम तीर्थेनेच्छासा उपैम्यह भवन्तमिति वाचा ह स्मैव पूर्व उपयन्ति स होपायनकीर्त्योवास॥

– ६/२/७

राजा प्रवाहण ने गौतम से कहा कि वह शास्त्रसम्मत विधि से मुझसे विद्या ग्रहण करें। तब गौतम ने कहा कि ठीक है, मैं आपके पास शिष्य भाव से आता हूँ। (ब्राह्मण होने के कारण) गौतम ने केवल वाणी से ही राजा का शिष्यत्व स्वीकार किया, सेवा आदि के द्वारा स्वीकार नहीं किया।

इसी प्रकार उपनयन संस्कार की आयु एवं ब्रह्मचर्याश्रम में रहने की अवधि की चर्चा भी उपनिषत्साहित्य में हुई है–

श्वेतकेतुर्हारुणेय आस तं ह पितोवाच श्वेतकेतो वस ब्रह्मचर्यम्। न वै सौम्यास्मत्कुलीनोऽननूच्य ब्रह्मबन्धुरिव भवतीति।

स ह द्वादशवर्ष उपेत्य चतुर्विंशतिवर्षः सर्वान् वेदानधीत्य महामना अनूचानमानी स्तब्ध एयाय।

–छान्दोग्योपनिषद्, ६/१/१, २

श्वेतकेतु से उसके पिता आरुणि ने कहा कि वह ब्रह्मचर्याश्रम में निवास करे। फलस्वरूप श्वेतकेतु ने बारह वर्ष की अवस्था में उपनयन संस्कार कराकर ब्रह्मचर्याश्रम में निवास किया और चौबीस वर्ष की अवस्था में सम्पूर्ण वेदों का अध्ययन करके वह वापस लौटा।

उपनिषदों में वेदारम्भ संस्कार के लिए आचार्य द्वारा शिष्य के साथ यज्ञवेदी पर आकर मंगलाचरण करने, देवताओं का पूजन करने एवं तत्पश्चात् शिष्य को उपदेश देने का भी विधान है। तैत्तिरीयोपनिषद् में वेदारम्भ हेतु गुरु शिष्य को इस प्रकार उपदेश देते हैं–

ऋतं च स्वाध्यायप्रवचने च। सत्यं च स्वाध्यायप्रवचने च। तपश्च स्वाध्यायप्रवचने च। दमश्च स्वाध्यायप्रवचने च। शमश्च स्वाध्यायप्रवचने च। अग्नयश्च स्वाध्यायप्रवचने च।

अग्निहोत्रं च स्वाध्यायप्रवचने च। अतिथयश्च स्वाध्यायप्रवचने च। मानुषं च स्वाध्यायप्रवचने च। प्रजा च स्वाध्यायप्रवचने च। प्रजनश्च स्वाध्यायप्रवचने च। प्रजातिश्च स्वाध्यायप्रवचने च।

—शिक्षावल्ली, नवम अनुवाक

अर्थात् शिष्य को सृष्टि के नियमों को समझते हुए यथायोग्य सदाचार का पालन करना चाहिए; तपश्चर्या अर्थात् सात्त्विक श्रम सहित अध्ययन एवं अध्यापन करना चाहिए; इन्द्रियों का दमन करते हुए अध्ययन एवं अध्यापन करना चाहिए; मन का नियन्त्रण करते हुए अध्ययन एवं अध्यापन करना चाहिए; यज्ञ के लिए अग्नि का चयन करते हुए अध्ययन एवं अध्यापन करना चाहिए; अग्निहोत्र करते हुए अध्ययन एवं अध्यापन करना चाहिए; अतिथिसत्कार करते हुए, अध्ययन एवं अध्यापन करना चाहिए; मनुष्योचित लौकिक व्यवहार करते हुए अध्ययन एवं अध्यापन करना चाहिए; शास्त्रविधि से गर्भाधान संस्कार सम्पन्न करते हुए स्वाध्याय एवं अध्यापन करना चाहिए; तथा कुटुम्ब का अभ्युदय करते हुए अध्ययन एवं अध्यापन करना चाहिए।

गुरुकुल से लौटते समय सम्पन्न किये जाने वाले समावर्तन संस्कार के विषय में भी उपनिषत् साहित्य में पर्याप्त जानकारी मिलती है। इस समय आचार्य शिष्य को भी जो उपदेश देते हैं, उसकी दृष्टि से तैत्तिरीयोपनिषद् की शिक्षावल्ली का एकादश अनुवाक विशेष रूप से द्रष्टव्य है—

वेदमनूच्याचार्योऽन्तेवासिनमनुशास्ति। सत्यं वद धर्मं चर। स्वाध्यायान्मा प्रमदः। आचार्याय प्रियं धनमाहृत्य प्रजातन्तुं मा व्यवच्छेत्सीः। सत्यान्न प्रमदितव्यम्। धर्मान्न प्रमदितव्यम्। भूत्यै न प्रमदितव्यम्। स्वाध्यायप्रवचनाभ्यां न प्रमदितव्यम्। देवपितृकार्याभ्यां न प्रमदितव्म्।

मातृदेवो भव। पितृदेवो भव। आचार्य देवो भव। अतिथिदेवो भव। यान्यनवद्यानि कर्माणि। तानि सेवितव्यानि। नो इतराणि। यान्यस्माकं सुचरितानि। तानि त्वयोपास्यानि। नो इतराणि। ये के चास्मच्छ्रेयांसो ब्राह्मणाः। तेषां त्वयाऽऽसनेन प्रश्वसितव्यम्। श्रद्धया देयम्। अश्रद्धया देयम्। श्रिया देयम्। ह्रिया देयम्। भिया देयम्। संविदो देयम्।

अथ यदि ते कर्मविचिकित्सा वा वृत्तविचिकित्सा वा स्यात्। ये तत्र ब्राह्मणाः सम्मर्शिनः। युक्ता आयुक्ताः। अलूक्षाः धर्मकामाः स्युः। यथा ते तत्र वर्तेरन्। तथा तत्र वर्तेथाः। अथाभ्याख्यातेषु। ये तत्र ब्राह्मणाः सम्मर्शिनः। युक्ता, आयुक्ताः। अलूक्षा धर्मकामाः स्युः। यथा ते तेषु वर्तेरन्। तथा तेषु वर्तेथाः। एष आदेशः एष उपदेशः। एषा वेदोपनिषत्। एतदनुशासनम्। एवमुपासितव्यम्। एवं चैतदुपास्यम्।

अर्थात् आचार्य अपने आश्रम में रहने वाले ब्रह्मचारी विद्यार्थी को, वेद का भलीभाँति अध्ययन कराकर, उसे लौकिक व्यवहार ज्ञान हेतु सदुपदेश देता है कि सदा सत्य बोलना, झूठ का सहारा न लेना; धर्म का आचरण करना; वेदादि का अध्ययन करने में किसी भी प्रकार की लापरवाही मत करना; अपने आचार्य को गुरुदक्षिणा देने के लिए उनकी इच्छानुसार ही धन लाकर प्रेमपूर्वक देना; फिर उनकी अनुमति पाकर ही गृहस्थाश्रम में प्रवेश करके सन्तानपरम्परा का विच्छेद न करना; सत्यमार्ग से विचलित मत होना; धर्ममार्ग से विचलित मत होना; समस्त शुभ लौकिक कर्मों का निष्ठापूर्वक अनुष्ठान करने में प्रमाद नहीं करना; धनप्राप्ति को बढ़ाने के साधनों के विषय में प्रमाद न करना; स्वाध्याय एवं अध्यापन के नियम की अवहेलना नहीं करना; यज्ञादि देवकार्य एवं

श्राद्धतर्पणादि पितृकार्य सम्पन्न करने में भी प्रमाद नहीं करना; तुम अपने माता, पिता, आचार्य एवं अतिथि का आदर उनके प्रति देवबुद्धि रखते हुए करना; संसार में जो निर्दोष कर्म हैं, उन्हीं को करना; इनके अतिरिक्त जो दूषित कर्म हैं, उन्हें नहीं अपनाना; गुरुजनों के जो अच्छे कार्य हों, उन्हें ही अपनाना; उनके जो अच्छे कार्य न हों, उन्हें नहीं अपनाना; जो कोई हमसे श्रेष्ठ ब्राह्मण आदि पूज्य पुरुष आयें, उनको आसनादि देकर अपनी शक्ति के अनुसार सादर उनकी सेवा करना; उन्हें श्रद्धापूर्वक दान देना; अश्रद्धापूर्वक दान नहीं देना; अपनी आर्थिक स्थिति के अनुसार ही दान देना; लज्जा और भय से युक्त होकर दान देना; विवेकपूर्वक दान देना; अब यदि उपर्युक्त कर्त्तव्य को करने में कोई आशङ्का हो अथवा सदाचार के विषय में कोई आशङ्का हो तो, जो उत्तम परामर्श देने वाले, कुशल, अच्छे कर्म एवं सदाचार में पूर्णरूप से लगे हुए, स्निग्ध स्वभाव वाले एवं धर्म की कामना करने वाले ब्राह्मण हों; वे (उन सन्देहयुक्त स्थानों में) जैसा आचरण करते हों, वैसा ही आचरण करना; यही शास्त्र का आदेश है और यही गुरुजनों का पुत्रों एवं शिष्यों के प्रति उपदेश है; यही वेदों का रहस्य है; और यही परम्परागत अनुशासन है, इसीका अनुष्ठान करना चाहिए तथा इसी सदाचार का पालन करना चाहिए।

इस प्रकार वेदाध्ययन के प्रारम्भ और अन्त में आचार्य शिष्य को उद्‌बोधित करते हुए उन्हें सदाचार, संयम, शील, सत्य, स्वाध्याय, सत्संग और सन्मार्ग दर्शन की शिक्षा अनुपम रीति से प्रदान करते हैं। वे शिष्य को धर्म से नियन्त्रित अर्थ और काम का सेवन करते हुए मोक्षोन्मुख जीवन जीने का निर्देश देते हैं। वे उसे अन्धानुकरण से बचने का उपदेश देते हुए सन्देहास्पद स्थलों पर मनीषियों से भी सन्मार्गदर्शन प्राप्त करने का सुझाव देते हैं।

बृहदारण्यकोपनिषद् में भी वर्णन है कि देव, असुर एवं मनुष्य प्रजापति के इन तीन पुत्रों ने, जब उनके यहाँ ब्रह्मचर्यपूर्वक निवास किया और फिर उनसे उपदेश के लिए प्रार्थना की तो प्रजापति ने उन्हें 'द' अक्षर का उपदेश दिया, जिसका अर्थ क्रमशः–इन्द्रियदमन, दया एवं दान है। (५/२/१, २, ३)।

समावर्तन संस्कार सम्पन्न लेने के पश्चात् उपदेष्टा आचार्य को कृतज्ञ अन्तेवासियों द्वारा धन्यवाद देने की भी परम्परा उपनिषत्साहित्य में वर्णित है। शिष्यों ने ऋषि पिप्पलाद की पूजा की और उनके उपदेश हेतु उन्हें धन्यवाद दिया–

'ते तमर्चयन्तस्त्वं हि नः पिता योऽस्माकमविद्यायाः परं पारं तारयसीति नमः परमऋषिभ्यो नमः।

प्रश्नोपनिषद्, ६/८

गुरु का महत्त्व एवं कर्त्तव्य

उपनिषत्साहित्य में गुरु के उपदेश के विना विद्या ग्रहण करना लगभग असम्भव ही माना गया है। शिष्य गुरु की कृपा दृष्टि से लौकिक ही नहीं, आध्यात्मिक ज्ञान भी प्राप्त कर सकता है–

यदा सद्गुरुकटाक्षो भवति तदा भगवत्कथाश्रवणध्यानादौ श्रद्धा जायते। तस्माद्धृदयस्थिता कामाः सर्वे विनश्यन्ति। तस्माद्धृदयपुण्डरीककर्णिकायां परमात्माविर्भावो भवति। ततो दृढतरा वैष्णवी भक्तिर्जायते। ततो वैराग्यमुदेति। वैराग्याद्बुद्धिविज्ञानाविर्भावो भवति। अभ्यासात्तज्ज्ञानं क्रमेण परिपक्वं भवति। पक्वविज्ञानाज्जीवन्मुक्तो भवति। ततः शुभाशुभकर्माणि सर्वाणि सवासनानि नश्यन्ति।

–त्रिपाद्विभूतिमहानारायणोपनिषद्, ५

इसलिए ऐसे गुरु और आचार्य की आवश्यकता है, जो विद्या एवं विद्यार्थी का हित चाहते हैं। एतदर्थ ईश्वर से प्रार्थना करना भी आचार्य का कर्त्तव्य है–

'यथाऽऽपः प्रवता यान्ति यथा मासा अहर्जरम्।
एवं मां ब्रह्मचरिणो धातरायन्तु सर्वतः स्वाहा।
प्रतिवेशेऽसि प्र मा भाहि प्र मा पद्यस्व।।

–तैतिरीयोपनिषद्, चतुर्थ अनुवाक

अर्थात् जिस प्रकार समस्त नदियाँ नीचे की ओर वहते हुए समुद्र में जाकर मिल जाती हैं, तथा महीने दिनों का अन्त करने वाले संवत्सररूप काल में विलीन हो जाते हैं; हे विधाता, उसी प्रकार सभी ब्रह्मचारी मेरे पास आएँ ताकि मैं उनको विद्याभ्यास करा सकूँ। आप तो सबके विश्रामस्थान हैं; अब मेरे लिए दिव्यस्वरूप को प्रकाशित कीजिए और मुझे प्राप्त हो जाइए।

गुरु का परम कर्त्तव्य है कि अपनी शरण में आने वाले, प्रशान्तचित्तवाले, मन तथा इन्द्रियों पर विजय प्राप्त करने वाले जितेन्द्रिय शिष्य को ब्रह्मविद्या का सभी तत्त्वों सहित उपदेश दे, जिससे वह अविनाशी, नित्य, पुरुष रूप परमात्मा को प्राप्त कर सके–

तस्मै स विद्वानुपसन्नाय सम्यक्प्रशान्तचित्ताय शमान्विताय।
येनाक्षरं पुरुषं वद सत्यं प्रोवाच तां तत्त्वतो ब्रह्मविद्याम्।।

–मुण्डकोपनिषद्, १/२/१३

गुरु का कर्त्तव्य है कि वह योग्य शिष्य को ही विद्या प्रदान करे। संहितोपनिषद् में विद्या ने ब्राह्मण के पास आकर कहा कि मैं तुम्हारी सम्पत्ति हूँ, मेरी रक्षा करो; योग्य व्यक्ति को ही उपदेश दो, अयोग्य को नहीं; तभी मेरी सत्ता रहेगी–

विद्या ह वै ब्राह्मणमाजगाम गोपाय मा शेवधिष्ठोऽहमस्मि।

गुरु को चाहिए कि वह ऐसे शिष्य को ब्रह्मविद्या का ज्ञान प्रदान करे, जो निष्काम भाव से कर्म करने वाले, वेदार्थ के ज्ञाता, ब्रह्म के उपासक और श्रद्धा से युक्त, स्वयं एकर्षि नामक अग्नि में नियमपूर्वक हवन करते हों तथा जिन्होंने विधिपूर्वक सर्वश्रेष्ठ व्रत का पालन किया हो; जिन्होंने व्रत का पालन नहीं किया, वे ब्रह्मविद्या पढ़ने के अधिकारी नहीं हैं–

क्रियावन्तः श्रोत्रिया ब्रह्मनिष्ठाः स्वयं जुह्वत एकर्षिं श्रद्धयन्तः।
तेषामेवैतां ब्रह्मविद्यां वदेत शिरोव्रत विधिवद्यैस्तु चीर्णम्।।
तदेतत्सत्यमृषिरङ्गिरा पुरोवाच नैतदचीर्णव्रतोऽधीते।

–मुण्डकोपनिषद्, ३/२/१०, ११

उन्हें चाहिए कि वे शिष्यों की हित का कामना करते हुए हवन करें; उनकी यही, शुभकामना होनी चाहिए कि ब्रह्मचारी शिष्य मेरे पास आयें; ब्रह्मचारी कपटरहित हों; ब्रह्मचारिगण प्रामाणिक ज्ञान को ग्रहण करने के योग्य हों; ब्रह्मचारी इन्द्रियों का दमन करने वाले हों; ब्रह्मचारी मन को वश में करने वाले हों :–

आमायन्तु ब्रह्मचारिणः स्वाहा। विमायन्तु ब्रह्मचारिणः स्वाहा। प्रमायन्तु ब्रह्मचारिणः स्वाहा। दमायन्तु ब्रह्मचारिणः स्वाहा। शमायन्तु ब्रह्मचारिणः स्वाहा।

–तैत्तिरीयोपनिषद्, शिक्षावल्ली चतुर्थ अनुवाक

शिष्य के गुण एवं कर्त्तव्य

उपनिषत्साहित्य में शिष्य के कर्त्तव्यों एवं गुणों पर भी पर्याप्त प्रकाश डाला गया है –शिष्य का परमकर्त्तव्य है कि वह अपनी अज्ञानता को स्वीकार करते हुए गुरु के प्रति भक्तिभाव धारण करे:–

यस्य देवे परा भक्तिर्यथा देवे तथा गुरौ।

–श्वेताश्वतरोपनिषद्, ६/३३

छान्दोग्योपनिषद् में भिक्षावृत्ति (४/३/५–७) एवं गुरु के पशुओं को चराना (४/४/५) विद्यार्थी के लिए अनिवार्य कर्त्तव्य माना गया है। इसके साथ ही गुरु की यज्ञीय अग्नि की रक्षा करना आदि और गुरु की सेवा के पश्चात् अवशिष्ट समय में वेदाध्ययन करने का नियम भी उपर्युक्त उपनिषद् में उल्लिखित है :–

आचार्यकुलाद् वेदमधीत्य यथाविधानं गुरोः कर्मातिशेषेणाभिसमावृत्य कुटुम्बे शुचौ देशे स्वाध्यायमधीयानो धार्मिकान्विदधदात्मनि सर्वेन्द्रियाणि सम्प्रतिष्ठाप्य.......। –८/१५/१

विद्वान् शिष्य के लिए भी योग्य गुरु से शिक्षा ग्रहण करना आवश्यक है। ब्रह्मा ने सृष्टि के आरम्भ में विष्णु से विद्या ग्रहण की थी–

यो ब्रह्माणं विदधाति पूर्वं यो वेदांश्च प्रहिणोति तस्मै।

–श्वेताश्वतरोपनिषद्, ६/ १८

अपना कल्याण चाहने वाले शिष्य को पहले बताये गए सकाम कर्मों के फलस्वरूप इस लोक और परलोक के समस्त सुखों की भलीभाँति परीक्षा करके अर्थात् विवेकपूर्वक उनकी दुःखरूपता एवं अनित्यता को समझकर भोगों से विरक्त हो जाना चाहिए; उन्हें परमात्मा का वास्तविकतत्त्वज्ञान प्राप्त करने के लिए, हाथ में समिधा लेकर श्रद्धा और विनयभाव से ऐसे सद्गुरु की शरण में जाना चाहिए, जो वेदों के रहस्य को भलीभाँति जानते हों; और परब्रह्म परमात्मा में स्थित हों:–

(क) **परीक्ष्य लोकान्कर्मचितान्ब्राह्मणो**
निर्वेदमायान्नास्त्यकृतः कृतेन।
तद्विज्ञानार्थं स गुरुमेवाभिगच्छेत्
समित्पाणिः श्रोत्रियं ब्रह्मनिष्ठम्॥

– मुण्डकोपनिषद्, १/२/१२

(ख) ब्रह्मपरा ब्रह्मनिष्ठाः परं ब्रह्मान्वेषमाणा एष ह वै तत्सर्वं वक्ष्यतीति ते ह समित्पाण्यो भगवन्तं पिप्पलादमुपसन्ना। – प्रश्नोपनिषद्, १/१

शिष्य में तप, ब्रह्मचर्य और श्रद्धा आदि गुण आवश्यक हैं। ऋषि पिप्पलाद के कथनानुसार श्रद्धापूर्वक तप करता हुआ और ब्रह्मचर्यव्रत का पालन करता हुआ ही शिष्य गुरु से जिज्ञासा शान्त करने का अधिकारी बन जाता है और तप, श्रद्धापूर्वक ब्रह्मचर्य का पालन करते हुए अध्यात्मविद्या प्राप्त करके परमात्मा को प्राप्त कर लेता है और मुक्त हो जाता है :–

तान्ह स ऋषिरुवाच भूय एव तपसा ब्रह्मचर्येण श्रद्धया संवत्सरं संवत्स्यथ यथाकामं

प्रश्नान्पृच्छत यदि विज्ञास्यामः सर्वं ह वो वक्ष्याम इति॥ अथोत्तरेण तपसा ब्रह्मचर्येण श्रद्धया विद्ययाऽऽत्मानमन्विष्यादित्यमभिजयन्ते। एतद्वै प्राणानामायतनमेतदमृतमभयमेतत्परायणमेतस्मान्न पुनरावर्तन्त इत्येष निरोधस्तदेष श्लोकः॥ – प्रश्नोपनिषद्, १/२, १०

आचार्यकुल में रहने वाले ब्रह्मचारी को तीन धर्मस्कन्धों को अपनाने की आवश्यकता पर बल दिया गया है, ये तीन धर्मस्कन्ध अर्थात् धर्म के आधार हैं– यज्ञ, अध्ययन, दान रूप प्रथम स्कन्ध, तप दूसरा स्कन्ध तथा आचार्यकुल में रहकर अपने शरीर को नियमों का पालन करते हुए क्षीण करना तीसरा स्कन्ध हैं–

त्रयो धर्मस्कन्धा यज्ञोऽध्ययनं दानमिति प्रथमस्तप एवं द्वितीयो ब्रह्मचार्याचार्यकुलवासी तृतीयोऽत्यन्तमात्मानमाचार्यकुलेऽवसादयन्सर्व एते पुण्यलोका भवन्ति ब्रह्मसंस्थोऽमृतत्वमेति।

–छान्दोग्योपनिषद्, २/२३/१

अध्ययन काल में ब्रह्मचारी में मेधा, धारणाशक्ति, रोगराहित्य, वाक्चातुर्य्य, उपदेश के प्रति निष्ठा आदि आवश्यक गुण होने चाहिए। ईश्वर के प्रति आस्थावान् विद्यार्थी इन्हीं गुणों का आधान करने के लिए ईश्वर से प्रार्थना करता है :–

यश्छन्दसामृषभो विश्वरूपः। छन्देभ्योऽध्यमृतात्सम्बभूव। स मेन्द्रो मेधया स्पृणोतु। अमृतस्य देव धारणो भूयासम्। शरीर मे विचर्षणम्। जिह्वा मे मधुमत्तमा। कर्णाभ्यां भूरि विश्रुवम्। ब्रह्मणः कोशोऽसि मेधया पिहितः। श्रुतं मे गोपाय।

–तैत्तिरीयोपनिषद्, शिक्षावल्ली, ४/१

अर्थात् जो वेदों में सर्वश्रेष्ठ है; विश्वरूप है; अमृतस्वरुप वेदों से प्रधानरूप में प्रकट हुआ है; वह सबके स्वामी इन्द्र मुझे मेधा से सम्पन्न करें; हे देव! आपकी कृपा से मै अमृतमय परमात्मा को हृदय में धारण करने में समर्थ हो सकूँ; मेरा शरीर रोगरहित एवं स्फूर्त्तियुक्त हो; मेरी जिह्वा मधुर स्वर से आपके मधुर नाम का गुणगान करते हुए मधुर भक्तिरस से युक्त हो जाए; मैं अपने गुरु के उपदेश को ध्यानपूर्वक सुनुँ; हे प्रणवरूप इन्द्र! आप लौकिक बुद्धि से ढकी हुई निधि हैं, आपसे प्रार्थना है कि आप मेरे सुने हुए उपदेश की रक्षा करें।

कठोपनिषद् के अनुसार यमराज ने नचिकेता की परीक्षा ली, तभी उन्हें ब्रह्मविद्या का अधिकारी माना–

स त्वं प्रियान् प्रियरूपांश्च कामानभिध्यायन्नचिकेतोऽत्यसाक्षीः।
नैतां सृङ्कां वित्तमयीमवाप्तो यस्यां मज्जन्ति बहवो मनुष्याः।
दूरमेते विपरीते विषूची अविद्या या च विद्येति ज्ञाता।
विद्याभीप्सिनं नाचिकेतसं मन्ये न त्वा कामा बहवोऽलोलुपन्त॥
कामस्याप्तिं जगतः प्रतिष्ठां दृष्ट्वा धृत्या धीरो नचिकेतोऽत्यस्राक्षीः॥
एतच्छ्रुत्वा सम्परिगृह्य मर्त्यः प्रवृह्य धर्म्यमणुमेतमाप्य।
स मोदते मोदनीयं हि लब्ध्वा विवृतं सद्म नचिकेतसं मन्ये॥

–कठोपनिषद्, १/२/३, ४, ११, १३

उन्होंने नचिकेता को सम्बोधित करते हुए कहा कि हे नचिकेता तुमने प्रिय लगने वाले और सुन्दर रूप वाले लौकिक और पारलौकिक भोगों को भलीभाँति सोच-समझकर छोड़ दिया है; तुम इस सम्पत्ति रूपी जंजीर के बन्धन में नहीं पड़े; तुम विद्या प्राप्ति के वास्तविक अधिकारी हो, क्योंकि कल्याण मार्ग पर चलते हुए तुम्हें भोग भी नहीं लुभा सके; सभी प्रकार के भोगों से सम्पन्न, जगत् का आधार यज्ञ का चिरस्थायी फल, निर्भयता की अवधि, वेदों, वेदों में गाई गई प्रतिष्ठा वाले स्वर्गलोक को भी तुमने धैर्यपूर्वक छोड़ दिया; अतः मेरी दृढ मान्यता है कि तुम बहुत बड़े बुद्धिमान् हो,....... तुम ब्रह्मप्राप्ति के उत्तम अधिकारी हो।

गुरु-शिष्य के सम्बन्ध

उपनिषदों में गुरु-शिष्य के परस्पर सम्बन्ध के विषय में भी स्पष्ट वर्णन मिलता है :-

ऊँ सह नाववतु। सह नौ भुनक्तु। सह वीर्यं करवावहै। तेजस्वि नावधीतमस्तु। मा विद्विषावहै।

अर्थात् हे ईश्वर! आप हम गुरु और शिष्य दोनों की साथ-साथ सब प्रकार से रक्षा करें; हम दोनों का साथ-साथ पालन-पोषण करें; हम दोनों साथ-साथ बल प्राप्त करें; हम दोनों के द्वारा पढ़ी गई विद्याएँ तेजयुक्त हों तथा हममें कभी भी द्वेष न हो।

तै० उ० में भी आया है -

सह नौ यशः। सह नौ ब्रह्मवर्चसम्। -१/३

तैत्तिरीयोपनिषद् की शिक्षावल्ली का प्रारम्भ ही इस भावना से हुआ है कि गुरु एवं शिष्य दोनों को सूर्य, वरुण, अर्यमा, इन्द्र, बृहस्पति, विष्णु तथा वायु की वन्दना ब्रह्मरूप में करनी चाहिए, क्योंकि ये सभी देववृन्द इन दोनों के प्रीतिवर्धक, हितप्रद, योगक्षेमनिर्वाहक इसलिए अवश्य ही आराध्य हैं। सुन्दर एवं सुखद प्रज्ञाशक्ति एवं प्राणशक्ति की समुपलब्धि के लिए देवाराधनगुरुशिष्य का परम कर्त्तव्य है।

प्रथम अनुवाक।

उपनिषदों में गुरु से प्राप्त विद्या को ही महत्त्वपूर्ण माना है:-

आचार्याद् ह्येव विद्या विदिता साधिष्ठा प्रापति।

-छान्दोग्योपनिषद्, ४/९/३

उपनिषद् साहित्य में अध्ययन-अध्यापन के लिए निर्धारित विषयों की भी सूची दी गई है। छान्दोग्योपनिषद् में नारद एवं सनत्कुमार संवाद के अवसर पर ऋग्वेद, यजुर्वेद, सामवेद, अथर्ववेद, इतिहास-पुराण, व्याकरण, श्राद्ध, कल्प, गणित, उत्पातज्ञान, निधिशास्त्र, तर्कशास्त्र, नीतिशास्त्र, देवविद्या, निरुक्त, ब्रह्मविद्या, भूतविद्या, क्षत्रविद्या, नक्षत्रविद्या, सर्पविद्या, नृत्य, संगीत आदि विषयों की सूची मिलती है। -७/१/१-५; ७/२/१

सीतोपनिषद् के अनुसार समस्त वेद-वेदाङ्ग एवं लौकिक विद्या को शिक्षा माना गया है।

इस प्रकार शिष्य को चाहिए कि वह पूर्णनिष्ठा से विद्या को पढ़े और उसे आत्मसात् करे,

उसकी स्थिति ऐसी नहीं होनी चाहिए कि चारों वेद, धर्मशास्त्रादि को पढ़कर भी आत्मज्ञान से रहित हो, जिस प्रकार से पकवान के निरन्तर सम्पर्क में ही रहने वाली दर्वी (कलछी) को पकवान का स्वाद पता नहीं चल पाता। अर्थात् शिष्य को जड़ता से रहित होना चाहिए–

अधीत्य चतुरो वेदान् धर्मशास्त्राण्यनेकशः।
आत्मानं नैव जानन्ति दर्वी पाकरसं यथा॥

–मौक्तिकोपनिषद्, २/१/६५

इसी प्रकार आचार्य भी शिष्य को अपने सर्वज्ञ होने का मिथ्या आभास न दे, अपितु ऋषि पिप्पलाद के समान निर्भीक होकर शिष्यों से कह सके कि तुम मुझसे प्रश्न पूँछना, किन्तु मैं तुम्हें उनके उत्तर तभी दे सकूँगा, जब उनका उत्तर जानता होऊँगा (प्रश्नोपनिषद्, १/२)।

उपर्युक्त विवेचन से स्पष्ट हो जाता है कि हमारे उपनिषत्साहित्य में गुरु को गौरव को बढ़ाने वाले गुण, शिष्यों की पात्रता, शिष्यों की विद्यानिष्ठा एवं गुरुनिष्ठा के अतिरिक्त आचार्य की शिष्यों की शिक्षणसंस्था में प्रवेश की चिन्ता, छात्रावास से सम्पन्न आवासीय विश्वविद्यालय, दीक्षान्त समारोह, पाठ्यक्रम, शिक्षा का महत्त्व आदि विषयों पर महत्त्वपूर्ण जानकारी मिलती है। उपनिषदों की शिक्षा-प्रणाली पुस्तकीय ज्ञान का पक्ष नहीं लेती, उससे एक ब्रह्मचारी विद्यार्थी को योग्य एवं समर्थ सामाजिक गृहस्थ बनाने का भी निर्देशन मिल जाता है।

अन्त में, मैं यह कहकर अपना शोधलेख समाप्त करती हूँ कि हमारी प्राचीन भारतीय संस्कृति की संरक्षिका तत्कालीन शिक्षा प्रणाली प्रशंसनीय एवं अनुकरणीय है तथा भारतीय संस्कृति के आधार तत्त्वों का अपने अन्दर धारण करने वाला हमारा उपनिषत्साहित्य भी हमारे द्वारा पठनीय एवं परिशीलनीय है।*

सन्दर्भ

* यह शोधलेख 'उपनिषत्श्रीः' नामक शोधलेखसंग्रह, इलाहाबाद, २००१ में प्रकाशित है।

वामन एवं मम्मटसम्मत काव्यगुणों की समीक्षा

गुणों की विद्यमानता ही गुणसम्पन्न वस्तु अथवा व्यक्ति को अन्यवस्तुओं अथवा व्यक्तियों से पृथक् करती है। गुणों की मात्रा भी व्यक्तियों का समाज में स्थान निर्धारित करती है। काव्यपुरुष के गुणों का चिन्तन भी काव्य के प्रादुर्भाव से ही प्रारम्भ हो गया होगा। जब से काव्यसमीक्षा का सिद्धान्त काव्यशास्त्र (Poetics) सत्ता में आया, तब से तो गुणों की चर्चा अनिवार्य हो गई। भरतमुनि से लेकर आज तक गुणों के स्वरूप, उनकी संख्या, काव्य में उनकी अनिवार्य स्थिति आदि विषयों पर अनेक काव्यशास्त्रियों ने अपने -अपने विचार रखे। इस क्षेत्र में काव्यालंकारसूत्रवृत्तिकार आचार्य वामन एवं काव्यप्रकाशकार आचार्य मम्मट का योगदान अविस्मरणीय है। अतएव इन दोनों विद्वान् आचार्यो को अभीष्ट गुण सम्बन्धिनी विचारधारा की संक्षिप्त समालोचना करने का प्रयत्न किया जा रहा है।

आचार्य भरतमुनि की गुणविषयक मान्यता–
एते दोषाहि काव्यस्य मया सम्यक् प्रकीर्तिताः।
(एत एव विपर्यस्ता गुणाः काव्येषु कीर्तिताः।)
गुणविपर्ययादेषां माधुर्यौदार्य लक्षणाः।

के अनुसार आचार्यों ने गुणों को दोषाभाव या दोषविपर्यय मान लिया है। किन्तु गुणों और दोषों का अस्तित्व एक के अभाव के आधार पर नहीं है। इनका अस्तित्व पृथक् पृथक् मानना होगा। आचार्य वामन एवं आचार्य मम्मट के गुण एवं दोष विवेचन से भी इनकी पृथक् पृथक् सत्ता स्पष्ट हो सकती है अस्तु।

आचार्य वामन के पूर्ववर्ती आचार्यों– मुख्यरूप से उद्भट एवं दण्डी– ने काव्य के दो तत्त्वों-गुण एवं अलंकारों को अभिन्न मान लिया। गुणों को अलंकारों से अलग करने का क्रान्तिकारी कदम सर्वप्रथम आचार्य वामन ने उठाया और आगे चलकर आचार्य मम्मट ने उसको और भी स्पष्ट कर दिया। आचार्य वामन ने गुणों का स्वरूप बताते हुए कहा है–

काव्यशोभायाः कर्त्तारो धर्माः गुणाः तदतिशयहेतवस्त्वलंकाराः। ये खलु शब्दार्थयोः धर्माः काव्यशोभां कुर्वन्ति ते गुणाः। ते चौजः प्रसादादयः। ओजः प्रसादादीनां तु केवलानामस्ति काव्यशोभाकरत्वमिति। पूर्वे नित्याः। पूर्वे गुणा नित्याः। तैर्विना काव्यशोभानुपपत्ते।

–काव्यालंकारसूत्रवृत्ति, ३/१/१-३

अर्थात् काव्यशोभा को उत्पन्न करने वाले धर्म गुण हैं, जबकि अलंकार काव्यशोभा को बढ़ाने वाले तत्त्व हैं। जो शब्द और अर्थ के धर्म हैं और काव्य में शोभा को (उत्पन्न) करते हैं, वे गुण हैं। वे हैं– ओज प्रसादादि .... ओज प्रसादादि का धर्म है– केवल काव्यशोभा करना। और पूर्व अर्थात् ये गुण नित्य हैं, इनके विना काव्यशोभा की उपपत्ति नहीं मानी जा सकती।

स्पष्ट है कि वामन के मत में पहले तो गुण काव्य में शोभा का आधान कर देते हैं और

अलंकार इसी शोभा को बढ़ा देते हैं। अर्थात् यदि गुण ही नहीं होंगे तो अलंकार अपना कार्य नहीं कर सकेंगे, इस प्रकार अलंकारों का अस्तित्व भी गुणों पर ही आश्रित है। उन्होंने गुणों को शब्द का और अर्थ का नित्य धर्म माना है, रस का नहीं। वह तो यहाँ तक मानते हैं कि रस कान्तिनामक गुण के अंग हैं–

दीप्तरसत्वं कान्तिः।

–का०सू० वृ० ३/२/१५

आचार्य वामन के मत में तो काव्य की आत्मा रीति भी काव्यगुणों के ही आधीन है–

रीतिरात्मा काव्यस्य। विशिष्टा पदरचना रीतिः। विशेषो गुणात्मा

– वही, १/२/६-८

ध्वनिवादी आचार्य आनन्दवर्धन के मत का अनुसरण करते हुए आचार्य मम्मट ने काव्यगुणों को रस का धर्म मानते हुए कहा है कि –

ये रसस्यांगिनो धर्माः शौर्यादय इवात्मनः।
उत्कर्षहेतवस्ते स्युरचलस्थितयोगुणाः॥

–काव्यप्रकाश, ८/६६

अर्थात् जो रसरूप अंगी (आत्मा) के धर्म उसी प्रकार से हैं, जिस प्रकार शौर्यादि आत्मा के धर्म हैं; जो रस के उत्कर्ष के कारण हैं और जिनकी रस के साथ अपरिहार्य स्थिति है, गुण कहे जाते हैं।

मम्मट के मत में काव्यगुणों का स्पष्ट स्वरूप जानने के लिए उनके अलंकारलक्षण को भी देखना अनिवार्य है। उनका मत है–

उपकुर्वन्ति तं सन्तं येऽङ्गद्वारेण जातुचित्।
हारादिवदलङ्कारास्तेऽनुप्रासोपमादयः॥

–वही, ८/६७

स्पष्ट है कि आचार्य मम्मट ने भी वामन के समान ही गुणों को अलङ्कारों से अलग एवं काव्य के आवश्यक तत्त्व के रूप में प्रतिष्ठा दी है। किन्तु गुण और अलङ्कार में भिन्नता तथा गुणों के स्वरूप के विषय में मम्मट का मत वामन के मत से सर्वथा भिन्न है। वामन ने गुणों को शब्दार्थ का धर्म माना है, जबकि आचार्य मम्मट ने गुणों को रस का धर्म माना है। आचार्य वामन ने गुणों को काव्यशोभा का उत्पादक धर्म माना है और अलङ्कारों को उस शोभा में अभिवर्धक धर्म माना है, जबकि आचार्य मम्मट ने गुणों को रस का उत्कर्षक धर्म माना है। यही कारण है कि उन्होंने अलंकारों को शब्द और अर्थ के माध्यम से रस का उपकारक तत्त्व माना है।

मम्मटने अपने काव्यलक्षण में 'सगुणौ' 'अनलंकृती पुनः क्वापि' विशेषणों को प्रयुक्त किया है जो कि गुणों की काव्य में अपरिहार्यता एवं अलंकारों की यदा-कदा उपकारकता को सूचित करते हैं। आचार्य वामन ने गुणों को नित्य और अलंकारों को अनित्य धर्म माना है। आचार्य मम्मट गुणों को रस का ऐसा धर्म मानते हैं जिनकी उनमें अचल स्थिति होती है। कहा जा सकता है कि गुण तो रस के धर्म हैं, किन्तु अलंकार शब्दार्थ के। गुण योग्य वर्णो से अभिव्यक्त जरूर होते हैं, किन्तु उन्हीं पर आश्रित नहीं होते – **अतएव माधुर्यादयो रसधर्माः समुचितैर्वर्णै व्यंज्यन्ते न तु वर्णमात्राश्रयाः (काव्यप्रकाश)।**

काव्यगुणों की संख्या के विषय में भी मुख्यरूप से दो मत प्रचलित हुए १. दशगुणवाद एवं २. त्रिगुणवाद। दशगुणवाद के प्रवर्तक हैं– आचार्य भरत एवं त्रिगुणवाद के प्रवर्तक हैं– भामह। गुणों की संख्या के विषय में आचार्य वामन ने भरत के मत को ही मानते हुए दशगुणों को शब्द और अर्थ के भेद से बीस गुणों के रूप में मान्यता दे दी तो आचार्य मम्मट ने भामह सम्मत तीन गुणों को ही माना है। अब वामन सम्मत शब्दगुणों एवं अर्थगुणों का संक्षिप्त परिचय अधोलिखित है–

शब्द गुण

(एक) ओज

वामन के मतानुसार रचना में गाढत्व होने की स्थिति में ओजगुण होता है –**गाढबन्धत्वमोजः**- (का० सू० वृ० ३/१/५)। विद्वानों के मतानुसार संयुक्ताक्षर, निरन्तर रकार का प्रयोग, वर्गों के प्रथम और द्वितीय वर्णों का तृतीय और चतुर्थ वर्णों के साथ, प्रथम और तृतीय वर्णों के संयोग तथा समास में से यह गाढत्व उत्पन्न होता है।

(दो) प्रसाद

रचना की शिथिलता होने पर प्रसाद नामक शब्दगुण की स्थिति होती है - शैथिल्यं प्रसादः (वही, ३/१/१६)। वामन का मानना है कि उसे ओज का विपर्यय रूप दोष नहीं मानना चाहिए अपितु इस प्रसादगुण को ओजमिश्रित होना चाहिए, तब इसमें दोषत्व नहीं रहेगा।

(तीन) श्लेषगुण

जहाँ पर शब्दों की मसृणता के कारण अनेक पद (भिन्न होते हुए भी) एक जैसे प्रतीत हों, तो वहाँ पर वामन सम्मत श्लेष नामक शब्दगुण होता है–**मसृणत्वं श्लेषः** (का०सू०वृ०, ३/१/११)।

(चार) समता गुण

जब कवि जिस मार्ग से अथवा शैली से रचना प्रारम्भ करता है और फिर उसी शैली से उसका समापन भी करता है तब यह मार्गभेद वामन के मत से समता शब्दगुण कहलाता है–**'मार्गभेदः समता** (वही, ३/१/१२)।

(पाँच) समाधि गुण

आरोह-अवरोह ही वामन सम्मत समाधिगुण कहा जाता है। आरोह का अवरोह और अवरोह का आरोह होने पर समाधि नामक शब्दगुण होता है– **आरोहावरोहक्रमः समाधिः** (वही, ३/१/१३)

(छः) माधुर्यगुण

पृथक्पदत्व माधुर्य नामक शब्द गुण है। इसमें दीर्घ समास का अभाव होता है– **'पृथक्पदत्वं माधुर्यम्** (वही, ३/१/२१)।

(सात) सौकुमार्यगुण

आचार्य वामन के मतानुसार अजरठत्व ही सौकुमार्य है। अजरठत्व का अर्थ है कर्णप्रिय कोमल वर्ण– **'अजरठत्वं सौकुमार्यम्'** (वही, ३/१/२२)।

(आठ) उदारतागुण

वामन के मतानुसार रचना की विकटता ही उदारता नामक शब्दगुण है जिसमें वर्ण नृत्य करते हुए प्रतीत होते हैं- **'विकटत्वमुदारम्** (वही, ३/१/२३)

(नौ) अर्थव्यक्तिगुण

अर्थव्यक्ति नामक शब्दगुण रचना में अर्थ का स्पष्ट ज्ञान करता है। अर्थात् जहाँ रचना सुनते ही पदार्थ की प्रतीति होने लगती है, वहाँ अर्थव्यक्ति नामक शब्द गुण होता है- अर्थव्यक्ति-**हेतुत्वमर्थव्यक्तिः** (वही, ३१/१/२४)

(दस) कान्तिगुण

वामन के अनुसार रचना की उज्ज्वलता ही कान्ति नामक शब्दगुण है। उज्ज्वलता का अभिप्राय है-नवीनता। इस गुण के विना कवि की रचना प्राचीन छाया के समान प्रतीत होती है-

औज्ज्वल्यं कान्तिरित्याहुगुण गुणविशारदाः।
पुराणचित्रस्थानीयं तेन बन्ध्यं कवेर्वचः (वही, ३/१/२५)।

अर्थगुण

(एक) ओज

अर्थ की प्रौढता ही ओज नामक अर्थगुण है- **अर्थस्य प्रौढिरोजः** - (का० सू० वृ० ३/२/२)।

(दो) प्रसाद

अर्थ की स्पष्टता ही प्रसाद नामक अर्थगुण है- **अर्थवैमल्यं प्रसादः** (वही, ३/२/३)।

(तीन) श्लेषगुण

अनेक क्रियाओं का क्रम चमत्कार रूप कौटिल्य, अनुल्वणत्व अर्थात् प्रशस्तता एवं उपपत्ति इन चार अर्थों के लिए प्रयुक्त घटना ही श्लेष नामक अर्थगुण है -**घटनाश्लेषः** (वही, ३/२/४)।

(चार) समता गुण

वामन के अनुसार समता तब अर्थगुण बनती है, जब विषमता का अभाव हो - **'अवैषम्यं समता** (वही, ३/२/५)।

(पाँच) समाधिगुण

अर्थ का दर्शन ही दृष्टि है और जब वह अर्थ दृष्टि समाधिमूलक हो, तो उसे समाधि नामक अर्थगुण कहा जाता है- **अर्थदृष्टिः समाधिः** (वही, ३/२/६)।

(छः) माधुर्यगुण

वर्णन करते करते जब कवि अर्थ को चरमोत्कर्ष पर पहुँचा देता है, तो उक्तिवैचित्र्य की स्थिति आ जाती है, यही उक्तिवैचित्र्य माधुर्य नामक अर्थगुण है-**उक्तिवैचित्र्यं माधुर्यम्** (वही, ३/२/११)।

(सात) सौकुमार्य गुण

अर्थ की कठोरता का अभाव ही सौकुमार्य नामक अर्थगुण है -**अपारुष्यं सौकुमार्यम्** (वही, ३/२/११)।

(आठ) उदारतागुण

वामन के मतानुसार ग्राम्यत्व का अभाव ही उदारता नामक अर्थगुण है।

–अग्राम्यत्वमुदारता (वही, ३/२/१३)

(नौ) अर्थव्यक्तिगुण

वर्णनीय वस्तुओं के स्वभाव की स्पष्टता ही अर्थव्यक्ति नामक अर्थगुण है- **वस्तुस्वभावस्फुटत्वमर्थव्यक्तिः** (वही, ३/२/१४)।

(दस) कान्तिगुण

शृंगारादि रस जिस रचना में दीप्त हैं, वह रचना हुई दीप्तरस। यही दीप्तरसत्व वामन के मत में कान्ति नामक अर्थ गुण है- **दीप्तरसत्वं कान्तिः** (वही, ३/२/१५)।

वामनसम्मत दशगुणविषयक धारणा को आचार्य मम्मट ने नहीं माना। उन्होंने आनन्दवर्धन के मतानुसार-माधुर्य, ओज और प्रसाद गुण-तीन गुण ही माने। ध्वन्यालोककार ने इन तीनों गुणों को चित्त की वृत्तियों-द्रुति, दीप्ति एवं व्याप्ति के आधार पर पारिभाषित किया है। आचार्य मम्मट ने भी इन्हीं के मत पर अपनी स्वीकृति की मोहर लगा दी है। गुणों की संख्या एवं उनके स्वरूप में विषय में मम्मट की धारणा अधोलिखित है-

(एक) माधुर्यगुण

मम्मट के मतानुसार माधुर्य गुण चित्त की द्रुति (द्रवीभाव) का कारण है और शृंगार रस में रहने वाला आह्लादस्वरूप है। सम्भोग शृंगार रस के अतिरिक्त यह गुण करुण, विप्रलम्भ शृंगार एवं शान्त रसों में उत्तरोत्तर उत्कर्षावस्था को प्राप्त करता है। अर्थात् शान्तरस में चित्त सर्वाधिक द्रवित होता है–

आह्लादकत्वं माधुर्यं शृंगारे द्रुतिकारणम्।
करुणे विप्रलम्भे तच्छान्ते चातिशयान्वितम्॥

–काव्यप्रकाश, ८/६६ का उत्तरार्ध, ६९ का पूर्वार्ध।

(दो) ओजगुण

ओजगुण चित्त के विस्तार रूप दीप्ति का कारण है। यह वीररस में रहता है और उससे भी अधिक रहता है क्रमशः बीभत्स एवं रौद्र रस में। इसका कारण यह है कि वीररस का आश्रय व्यक्ति जिगीषा भाव से युक्त होता है; बीभत्स रस का आश्रय व्यक्ति घृणास्पद से विमुख हो जाता है; और रौद्ररस में वह अपकारक की हिंसा के लिए भी कटिबद्ध हो जाता है-

दीप्त्यात्मविस्तृतेर्हेतुरोजो वीररसस्थितिः॥
बीभत्सरौद्ररसयोस्तस्याधिक्यं क्रमेण च।

–वही, ८/६९ का उत्तरार्ध एवं ७० का पूर्वार्ध।

(तीन) प्रसादगुण

प्रसाद काव्य के सभी रसों के गुण के रूप में मान्य है। आचार्य मम्मट के मतानुसार, सूखी लकड़ी में आग के समान तथा स्वच्छ वस्त्र में जल की भाँति जो गुण, रस से चित्त को सहसा ही व्याप्त कर लेता है, उसे प्रसाद गुण कहा जाता है। इस प्रकार इसमें माधुर्य एवं ओज दोनों गुणों की विषेषताएँ विद्यमान हैं। शुष्क इन्धन में सहसा व्याप्त होने वाली अग्नि के समान यह गुण ओजगुण मिश्रित रसों के आश्रय से चित्त को सहसा व्याप्त कर देता है और स्वच्छ वस्त्र में व्याप्त जल के समान माधुर्यगुणसम्पन्न रसों से सहृदय आश्रय के हृदय को सराबोर कर देता है–

शुष्केन्धनाग्निवत् स्वच्छजलवत्सहसैव यः।।
व्याप्नोत्यन्यत्प्रसादौऽसौ सर्वत्र विहितस्थितिः।।

–वही, ८/७० का उत्तरार्ध, ७१ का पूर्वार्ध।

आचार्य मम्मट ने–(**माधुर्यौजःप्रसादाख्यास्त्रयस्ते न पुनर्दश**) (वही, ८/६८ का पूर्वार्ध)- कहकर और तीन गुणों को मान्यता देकर दशगुणवाद का खण्डन किया और बाद में दशगुणों में से कुछ को इन तीन गुणों में अन्तर्भूत माना; कुछ को दोषाभाव माना; तथा कुछ गुणों को तो दोषरूप ही मान लिया–

केचिदन्तर्भवन्त्येषु दोषत्यागात्परे श्रिताः।
अन्ये भजन्ति दोषत्वं कुत्रचिन्न ततो दशः।।

–वही, ८/७२

मम्मट के मतानुसार श्लेष, समाधि, उदारता, ओजोमिश्रित शैथिल्यरूप प्रसाद–इन चार शब्दगुणों का अन्तर्भाव–वामन एवं मम्मट को अभीष्ट ओज गुण में हो जाता है; माधुर्य को साक्षात् स्वीकार कर लिया गया है; अर्थव्यक्ति नामक शब्दगुण प्रसादगुण में आ जाता है; मार्गाभेद रूप समता कहीं कहीं दोष बन जाता है; अपारुष्यरूप सुकुमारता एवं औज्ज्वल्यरूप कान्ति आदि कष्टत्व, ग्राम्यत्व आदि दोषों के अभावरूप होने से गुण नहीं कहे जा सकते है। अतएव दशशब्दगुण मान्य नहीं हैं।

इसी प्रकार अर्थ की प्रौढिरूप ओज वैचित्र्य मात्र है, उसके विना भी काव्य की संरचना हो सकती है, अतः वह गुण नहीं है। अर्थवैमल्यरूप प्रसाद, उक्तिवैचित्र्य रूप माधुर्य, अपारुष्यरूप सुकुमारता और अग्राम्यत्वरूप उदारता नामक अर्थगुण तो वास्तव में दोषाभाव हैं; अर्थव्यक्ति नामक अर्थगुण स्वभावोक्ति अलंकार में, कान्ति नामक अर्थगुण रसध्वनि एवं गुणीभूतव्यंग्य में अन्तर्भूत हो सकती है; अर्थश्लेष भी विचित्रता मात्र है; अर्थवैषम्यरूप समता दोषाभाव मात्र है, तथा अर्थदृष्टिरूप समाधि भी गुण नहीं है। अतएव वामनसम्मत दश अर्थगुण भी, मम्मट की दृष्टि में, अलग अस्तित्व के अधिकारी नहीं हैं (काव्यप्रकाश, ८/७२ की व्याख्या)।

अपने त्रिगुणवाद की स्थापना एवं दशगुणवाद का खण्डन करने के लिए ही आचार्य मम्मट ने वर्ण, समास एवं रचना को उन तीनों गुणों का व्यंजक बताया है। उनका मत है कि अपने शिर पर स्थित अपने–अपने वर्ग के अन्तिम (पंचमाक्षर–ङ्, ण्, न्, म्) वर्णों से युक्त, टवर्ग से भिन्न शेष स्पर्श वर्ण (कवर्ग, चवर्ग, टवर्ग, तवर्ग एवं पवर्ग), ह्रस्व रकार तथा णकार, समास रहित अथवा अल्प समास वाली संघटना माधुर्य गुण में व्यंजक होती है। कवर्ग, चवर्ग, तवर्ग तथा पवर्ग के प्रथमाक्षरों क, च, त, प और तृतीयाक्षरों- ग, ज, द, ब, वर्णों के साथ वर्ग के द्वितीय अथवा चतुर्थ अक्षरों,

अर्थात् प्रथमाक्षरों के साथ द्वितीयाक्षरों एवं तृतीयाक्षरों के साथ चतुर्थाक्षरों का व्यवधानरहित प्रयोग, रेफ के योग से युक्त तुल्य वर्णों का योग, टवर्ग, श ष आदि वर्ण, दीर्घ समास एवं उद्धत रचना ओजगुण की अभिव्यंजक है। जिन वर्णों, समासों, रचनाओं के सुनने मात्र से, शब्द से ही अर्थ का ज्ञान हो जाता है, वे सभी प्रसादगुण के अभिव्यंजक हैं। (काव्यप्रकाश, ८/७३ का उत्तरार्ध, ७४, ७५, ७६)। इस प्रकार मम्मट सम्मत गुणों के स्वरूप को ध्यान से समझने पर वामन के दशगुणवाद का परिहार हो जाता है।

काव्यशास्त्र के इतिहास को देखने से ज्ञात होता है कि वर्णों के प्रयोग की विचित्रता, समास की मात्रा एवं रचना के स्वरूप के आधार पर ही प्रायः आचार्यों ने वैदर्भी, पांचाली एवं गौडी रीति को व्याख्यायित किया है। इसी तथ्य को ध्यान में रखकर आचार्य वामन के -काव्यशोभायाः कर्त्तारौ धर्माः गुणाः कथन का भी खण्डन मम्मट की दृष्टि में हो सकता है। तदनुसार आचार्य वामन का मत है- रीतिरात्मा काव्यस्य, सा त्रैधा वैदर्भी गौडीया पांचाली चेति, समग्रगुणा वैदर्भी। अब प्रश्न उठता है कि क्या कुछ गुणों से ही काव्यव्यवहार हो जाता है अथवा समस्त गुणों से। अब यदि समस्त गुणों से ही काव्यव्यवहार होगा तो समस्त गुणों से रहित दो-दो गुणों से सम्पन्न पांचाली और गौडी रीतियाँ काव्य की आत्मा का पद कैसे पा सकती हैं? यदि कुछ ही गुणों से काव्यव्यवहार हो सकता है तो नीरस उदाहरणों में भी अनीप्सित काव्यव्यवहार होने लगेगा।

अब मम्मट के काव्यलक्षण में आए हुए सगुणौ शब्द एवं उनके गुण लक्षण में रसस्यांगिनः शब्द को देखने से ऐसा लगता है कि उन्होंने अपने सिद्धान्त-गुण तो रस के ही धर्म हैं, शब्द और अर्थ के नहीं-का खण्डन कर दिया है। इस आपत्ति का निराकरण करने के लिए ही मम्मट ने कहा है-

गुणवृत्त्या पुनस्तेषां वृत्तिः शब्दार्थयोर्मता।

—काव्यप्रकाश, ८/७१ का उत्तरार्ध।

अर्थात् गुण यद्यपि रस के अंग हैं तथापि गौण रूप से उनकी स्थिति शब्द और अर्थ में भी मान ली जाती है।

जिस प्रकार शौर्यादिगुण आत्मा में रहते हैं, उसी प्रकार माधुर्यादि काव्यात्मक गुण रस में रहते हैं। शौर्यादि का स्थान अँगुली, हाथ, पैर नहीं हो सकते, वैसे ही माधुर्यादि को बताने के लिए एक शब्द ही पर्याप्त नहीं होता। यद्यपि गुणों की स्थिति आत्मा में होती है, तथापि उनकी अभिव्यक्ति शरीरावयवों से ही होती है। जब कोई सच्चा शूरवीर शत्रु को देखता है तो उसके भुजदण्ड फड़क उठते हैं, त्योरी चढ़ जाती है। कोई करुणानिधि जब माता को पुत्र से वियुक्त होते हुए देखता है तो वह रो पड़ता है। इसी प्रकार जब काव्य में माधुर्यादि गुणों की अभिव्यक्ति करानी होती है तो शब्दार्थ से उसकी अभिव्यक्ति हो जाती है। परन्तु गुण कुछ ही समय के लिए शरीर के अंगों से दिखाए जा सकते हैं शेष समय वे रस रूप आत्मा में ही रहते हैं।

कभी-कभी आकार से हृष्ट-पुष्ट लगने वाले व्यक्ति को हम शूरवीर कह देते हैं। संयोग से वह वीर भी होता है। इसी प्रकार कभी-कभी सरल, मनोहर, सुसज्जित पदशय्या वाले काव्य को माधुर्य गुण से युक्त बता देते हैं, यथा-

(१) **सरसिजमनुबिद्धं शैवलेनापि रम्यं**
मलिनमपि हिमांशोर्लक्ष्मलक्ष्मीं तनोति।

इयमधिकमनोज्ञा वल्कलेनापि तन्वी
किमिव हि मधुराणां मण्डनं नाकृतीनाम्॥

(२) **अपसारय घनसारं कुरुहारं दूर एव किं कमलैः।**
अलमलमालि मृणालैरितिवदति दिवानिशं बाला॥

प्रस्तुत प्रथम उदाहरण में प्रसाद गुण और द्वितीय उदाहरण में माधुर्य गुण-दोनों ही उनमें अभिव्यक्त होने वाले क्रमशः संयोग शृंगार एवं वियोग शृंगार का उत्कर्ष करते हैं, तथापि इन गुणों की अभिव्यंजना इनमें आए हुए सरल एवं मधुर शब्दों से उसी प्रकार हुई है, जैसे नेत्रों द्वारा हृदय में अवस्थित करुणा का भाव अभिव्यंजित हो जाता है, हृदय में विद्यमान शूरता, करुणा, दानशीलता, विद्वत्ता आदि गुणों की अभिव्यक्ति शरीर से होती है और रस में स्थित माधुर्य, ओज, प्रसाद गुण उस काव्य में आए हुए अनुरूप शब्दों से अभिव्यंजित होते हैं। परन्तु जिस प्रकार शूरता आदि गुण सदैव शरीर में विद्यमान न होकर मन में ही स्थित होते हैं तथैव माधुर्यादि गुण भी सदैव शब्दों से व्यक्त न होकर रस में ही रहते है। अतएव शब्दार्थ में गुणों की स्थिति गौण है ओर रस में प्रधान। यही कारण है कि मम्मट ने काव्य को सगुण कहा है। सगुण शब्द और अर्थ से अभिप्राय है–गुणाभिव्यंजक होना और गुणाभिव्यंजक होने का तात्पर्य है-रसाभिव्यंजन में समर्थ होना।

उपर्युक्त विस्तृत विवेवन से स्पष्ट है कि वामन-गुणों को काव्य की शोभाका उत्पादक धर्म मानते हैं, जबकि आचार्य मम्मट गुणों को रस का उत्कर्षक धर्म मानते हैं; वामन ने गुणों को शब्द एवं अर्थ का धर्म माना है, जबकि आचार्य मम्मट गुणों को रस का धर्म मानते हैं। उनकी दृष्टि में गुण शब्दार्थ के भी धर्म हैं किन्तु गौण रूप से। वामन भी गुणों को काव्य का नित्य धर्म कहते हैं। दोनों ही आचार्य अलंकारों के विना भी काव्य की सत्ता के पक्षधर हैं; दोनों ही आचार्य दोषाभाव को गुण न मानकर, गुणों की सत्ता अलग से स्वीकार करते हैं जहाँ तक वामन के दशगुणवाद और गुणों को शब्दार्थ का धर्म मानने की बात है तो इसका कारण है उनका रीति को काव्य की आत्मा मानना। चूँकि मम्मट गुणों को रस का धर्म मानते हैं तो इसका मुख्य कारण है उनका रसरूप ध्वनि को काव्य की आत्मा मानना। निष्पक्ष भाव से यह कहा जा सकता है कि माधुर्य, ओज और प्रसाद गुण रस को दृष्टि में रखकर स्वीकार किए गए हैं। किन्तु सभी जानते हैं कि सुन्दर शब्दावली एवं रमणीयार्थ भी सहृदयों को ग्राह्य हैं ही। लौकिक जीवन में भी वीरता, प्रेम, करुणा, वत्सलता आदि से युक्त व्यक्ति की देहयष्टि भी कमनीय हो तो उसका व्यक्तित्व अपेक्षाकृत अच्छा माना जा सकता है। हाँ, दीप्तरसत्वं कान्तिः के द्वारा कान्ति गुण से समस्त रसों को तिरस्कृत करना ठीक नहीं है, तथापि समाधि आदि वामन सम्मत कुछ गुणों पर पुनः विचार करना न्यायसंगत है।*

सन्दर्भ

* प्रस्तुत शोधलेख प्रो० पी० जी० लाले के ७५ वें जन्मदिवस समारोह से सम्बद्ध अभिनन्दन ग्रन्थ 'प्रमोदसिन्धु' में मानसम्मान प्रकाशन, पुणे २००३ में प्रकाशित है तथा संस्कृत काव्यशास्त्र वर्त्तमान प्रवृत्तियाँ एवं आगामी दिशाएँ शीर्षकित राष्ट्रीय संगोष्ठी गुरुकुल कांगड़ी विश्वविद्यालय, हरिद्वार, २००३ में स्वीकृत है।

गढ़वाल मण्डल के प्रमुख ऐतिहासिक संस्कृत कवि

बदरीनाथ, केदारनाथ, रुद्रप्रयाग, देवप्रयाग, कर्णप्रयाग आदि तीर्थस्थलों से पवित्र, गंगा, यमुना, शारदा, काली आदि नदियों से सिंचित उत्तरांचल का गढ़वाल मण्डल संस्कृत कवियों की रचनास्थली रहा है। इन कवियों में पण्डित उर्वीदत्त शास्त्री, पण्डित बालकृष्ण भट्ट एवं श्रीकृष्ण सेमवाल- इन तीन कवियों का नाम मुख्य रूप से लिया जा सकता है। इन तीनों ही कवियों की रचनाएँ इतिहासपरक हैं। अब कालक्रमानुसार इन तीनों कवियों का परिचय एवं इनका कर्तृत्व संक्षेप में प्रस्तुत है–

(एक) पं० उर्वीदत्त शास्त्री

पण्डित उर्वीदत्त शास्त्री जी का जन्म ईशवीय सन १८६८ में गढ़वाल मण्डल के अन्तर्गत श्रीनगर से सम्बद्ध डाँग ग्राम में हुआ था। इनके पिता का नाम पण्डित बद्रीदत्त था। यह वैद्य थे। वैद्यराज पं० बद्रीदत्त के चार पुत्र थे-प्रथम ज्योतिष विज्ञान के पण्डित शामाप्रसाद, द्वितीय- भवदेव, तृतीय श्री उर्वीदत्त और चतुर्थ- भैरवदत्त। पं० उर्वीदत्त जी का बाल्यकाल श्रीनगर में बीता और यहीं इनकी प्रारम्भिक शिक्षा भी हुई। गढ़वाल मण्डल में उच्चशिक्षा की व्यवस्था न होने के कारण उर्वीदत्त जी ने लाहौर के संस्कृत महाविद्यालय से उच्च शिक्षा ग्रहण की। शास्त्री परीक्षा उत्तीर्ण करने के बाद जब यह गढ़वाल वापिस आए तो तत्कालीन टिहरीनरेश महाराज कीर्तिशाह ने इन्हें अपना दरबारी पण्डित बना दिया। इन्होंने संस्कृत विद्यालय में अध्यापन भी किया। इनके तीन विवाह हुए थे। प्रथम दो पत्नियों से तो कोई सन्तान नहीं हुई, तृतीय पत्नी से एक पुत्र एवं एक पुत्री उत्पन्न हुई, किन्तु खेदजनक तथ्य है कि ये दोनों सन्तानें भी कालकवलित हो गईं। इनका देहावसान २६ जून ईशवीय सन १९३६ को हो गया। हाँ, इनके भाईयों की सन्ततियाँ जीवित हैं।

पण्डित उर्वीदत्त जी साहित्य रचना में कुशल होने के साथ-साथ ज्योतिष, व्याकरण, कर्मकाण्ड के अतिरिक्त संस्कृत, अंग्रेजी एंव उर्दू भाषा के भी जानकार थे। इनकी रचनाओं का संक्षिप्त परिचय अधोलिखित है–

(क) ऋतुवर्णन

कालिदास के ऋतुसंहार से प्रेरित होकर कवि उर्वीदत्त शास्त्री जी ने 'ऋतुवर्णन' नामक कृति में छहों ऋतुओं का वर्णन किया है। दुर्भाग्य से आज यह कृति उपलब्ध नहीं है।

(ख) एडवर्डवंशम्

यह पन्द्रह सर्गों में विभक्त महाकाव्य है, इसकी रचना कवि ने १९१० ई० सन के आस-पास की थी। इस महाकाव्य में प्रारम्भ से ईशवीय सन १९०३ तक के भारत के ब्रिटिश शासन के

राजनैतिक घटनाचक्र का वर्णन प्रस्तुत है। इसके अतिरिक्त इस काव्य का प्रारम्भ ईशामसीह से ५५ वर्ष पूर्व जूलियस सीज़र नामक राजा की वीरता एवं क्रूरता के वर्णन से किया गया है। ईशवीय सन ४३ में प्लूटियस भी इंग्लैण्ड आया और जूलियस सीज़र की भाँति उसने भी ब्रिटिश नागरिकों को ईसाई बनाया। ईशवीय सन १०४२ से ईशवीय सन १९०३ के मध्य लन्दन की राजगद्दी पर क्रमशः सात बार एडवर्ड नाम वाले व्यक्तियों का राज्याभिषेक होने के कारण ही इस महाकाव्य का नाम ' एडवर्डवंशम्' है।

इस महाकाव्य में ईसाई धर्म के प्रचार-प्रसार, गिरिजाघरों के निर्माण के लिए किये गये संघर्ष एवं ब्रिटिश राज्य के अन्य राज्यों से युद्ध का भी चित्र खींचा गया है। हेनरी, ऐलिजावेथ, सोफिया, जार्ज प्रथम, जार्ज द्वितीय, जार्ज तृतीय, रानी विक्टोरिया, फ्रांस के राजा नेपोलियन आदि तत्कालीन राजकीय व्यक्तियों का चरित्रचित्रण भी किया गया है।

इंग्लैण्ड में योग्य राजाओं के अभाव में कामनवेल्थ की स्थापना की भी चर्चा है। अन्तिम पन्द्रहवें सर्ग में एडवर्ड सप्तम के राज्याभिषेक एवं भारतीय राजाओं की इस समारोह में उपस्थित रहने का विस्तृत विवरण है।

(ग) सुल्तानजहाँ विनोद महाकाव्य

इक्कीस सर्गों के इस महाकाव्य की रचना कवि ने सन १९२६ ई० के आसपास की। कवि ने इस रचना में भूपाल नरेशों का परिचय प्रस्तुत किया था। किन्तु कवि का यह ग्रन्थ भी प्रकाशन-मुद्रण की व्यवस्था के अभाव में विलुप्त हो गया।

इस प्रकार खेदजनक तथ्य है कि कवि उर्वीदत्त शास्त्री जी के कवित्व पर-एडवर्डवंशम् के आधार पर ही प्रकाश डाला जा सकता है। कवि की ईश्वर एवं गुरुजनों के प्रति आस्था का प्रतीक एक श्लोक प्रस्तुत है-

"प्रणोमि वाचं जगदादिहेतुम्
गुरूंश्च मुख्यान् करुणाद्रिभावान्?
एषां प्रसादेन परोक्षवृत्तं
प्रादुष्कृतं विष्वगिवाविभाति॥

-एडवर्डवंशम्, १/१

कवि पुरुषार्थी व्यक्तियों को पसन्द करते थे। इसलिए उन्होंने नेपोलियन बोनापार्ट की प्रशंसा की है-

ततः कियत्स्वेव दिनेसु दौर्बलः
स्वतन्त्र राज्यं विनिवर्त्य यत्नतः।
नैपोलियन फ्रान्सजनाधिपोऽभवत्
सुपौरुषाद्याय कुताःसुखं भुवि॥

– वही, १०/१९

इस रचना के माध्यम से कवि ने राजाओं को प्रजा की रक्षा-सुरक्षा, धन का समुचित उपयोग आदि की भी शिक्षा दी है।

(दो) बालकृष्ण भट्ट

शोधकर्त्ताओं के मतानुसार दक्षिण भारत में तेलंग नामक गाँव के निवासी, बल्लभ सम्प्रदाय से सम्बद्ध श्री गोविन्दभट्ट उत्तराखण्ड में केदारनाथ और बदरीधाम की यात्रा के लिए आए और फिर गढ़वाल में ही रहने लगे। इनके वंशज जाखौली पट्टी, पत्रालय जाखाल भरदार, टिहरी गढ़वाल में रहते थे। इनके ही वंशजों में ज्योतिष एवं कर्मकाण्ड के प्रकाण्ड पण्डित श्री तारादत्त भट्ट एवं मूँगा देवी के तीन पुत्रों में सबसे ज्येष्ठ पुत्र का नाम था-बालकृष्ण भट्ट। इनका जन्म ९ दिसम्बर, १९०७ ई० में हुआ। अपने पिता-पितामह के समान ज्योतिष और वैद्यक पर इनका भी पूरा अधिकार था। इन्होंने अन्य भी प्रसिद्ध विद्वानों से ज्योतिष विज्ञान की शिक्षा प्राप्त की। इन शास्त्रों की समुचित जानकारी प्राप्त करने के लिए इन्होंने पौखारी ग्राम निवासी तारादत्त बहुगुणा एवं नागपुर निवासी नारायण दत्त शास्त्री के पास संस्कृत ऐसोसिएशन से प्राज्ञ, विशारद, शास्त्री, विद्यालंकार, प्रथमा, मध्यमा, काव्यतीर्थ एवं साहित्याचार्य की उपाधियाँ प्राप्त कीं।

सर्वप्रथम इन्होंने सन १९२३ ई० तक केदारनाथ संस्कृत विद्यापीठ उखीमठ, तत्पश्चात् केदारनाथ संस्कृत महाविद्यालय, शोणितपुर गुप्तकाशी में ग्यारह वर्ष तक अध्यापन किया। अध्ययन के साथ-साथ इनके लेखन एवं स्वाध्याय आदि कार्य भी चलते रहते थे। उपर्युक्त स्थानों के अतिरिक्त रघुनाथ कीर्ति संस्कृत महाविद्यालय, देवप्रयाग, टिहरीगढ़वाल में ये प्रधानाचार्य पद पर रहे। भारत विभाजन के कारण इनकी अनुसन्धान की इच्छा पूरी नहीं हुई। बाद में बदरीनाथ राजकीय महाविद्यालय, टिहरी के प्रधानाचार्य का कार्य बड़ी कुशलता से किया। इनका देहावसान अपनी जन्मभूमि जखौली में १० जनवरी १९७४ ई० को हो गया। इन्होंने संस्कृत एवं हिन्दी भाषा में २६ ग्रन्थों की रचना की जिनमें से प्रमुख काव्यकृतियों का परिचय इस प्रकार है-

(क) कनकवंशमहाकाव्य

प्रस्तुत महाकाव्य में सत्ताईस सर्ग हैं। यह चार भागों में विभक्त है। इस काव्यकृति में कवि ने गढ़वाल के वह्नि परमार वंशीय कनकपाल आदि साठ राजाओं के वंश परम्परागत शास्त्रकाल का सुन्दर वर्णन किया है; यहाँ के प्रसिद्ध तीर्थस्थानों-मुख्यरूप से बदरीनाथ धाम एवं केदारनाथ धाम का भी वर्णन किया है। गढ़वाल की संस्कृति, सभ्यता का भी चित्रण प्रस्तुत करने वाला यह काव्य उत्तरप्रदेश सरकार द्वारा पुरस्कृत हो चुका है।

(ख) स्वतन्त्रभारतम्

पूर्वपीठिका एवं उत्तरपीठिका-इन दो भागों में विभक्त इस खण्डकाव्य में कांग्रेस का संक्षिप्त इतिहास यवनशासकों द्वारा भारत की दुर्दशा, स्वतन्त्रता प्राप्ति के लिए किए गए प्रयत्न तथा भारत विभाजन की समस्या आदि घटनाओं का वर्णन किया गया है। भारतवर्ष के प्रति अनुराग रखने-वाले कवि भट्ट का यह काव्य भी उत्तरप्रदेश सरकार से पुरस्कृत हुआ है।

(ग) कूर्मासना स्तवक सतकम्

इस शतक काव्य में कवि ने अपनी आराध्या कुलदेवी कूर्मासना की स्तुति की है।

(घ) जगदम्बाशतकम्

उत्तरप्रदेश शासन से पुरस्कृत इस शतक काव्यकृति में भगवती जगदम्बा के गुणों का वर्णन किया गया है।

(ङ) तपोवनशतकम्

तपोवन नाम से प्रसिद्ध तपस्वी यतिवर के चरित से सम्बद्ध यह शतक काव्य भी उत्तरप्रदेश शासन से पुरस्कृत हो चुका है।

(च) शिवशतकम्

इस शतक काव्य में महाकवि ने भगवान् शिव की सौ पद्यों में स्तुति की है।

(छ) शारदाशतक

यह शतक काव्य माँ सरस्वती की स्तुति से सम्बद्ध है।

(ज) कालीशतक

इस शतक में रक्तबीजसंहारिणी माँ काली की स्तुति की गई है।

(झ) नव्यभारतम्

इस नाट्यकृति में गढ़वाल का परिचय, टिहरीनरेश नरेन्द्र शाह के शासनकाल में प्रजा की स्थिति एवं भारत की स्वाधीनता का वर्णन किया गया है।

इसके अतिरिक्त भट्ट जी ने काव्यप्रबन्ध, अनुवाददीपिका, कर्मकाण्ड संस्कार, पितृकर्मपद्धति, देवीपूजापद्धति, व्रतार्चन कथाविधि शान्तिपद्धति, सदाचारचन्द्रिका, जातकदीपिका, कालिदास जन्मभूविलास, आर्यों का आदिदेश गढ़वाल, जातिप्रकाश आदि कृतियों की भी रचना की है। अपह्नुति अलंकार से सुसज्जित कवि का एक पद्य द्रष्टव्य है –

नतेऽचलाः प्रत्युतरत्नराशयो
गुहा न चेता उततापसालयाः।
नोताशिलः सन्त्युत सिद्धपीठिका
वनानि नो तान्युत चार्थपेटिकाः॥

कनकवंशम्, १/३६

(तीन) श्रीकृष्ण सेमवाल

वर्त्तमान समय में दिल्ली संस्कृतअकादमी के सचिव पद को सुशोभित करने वाले श्रीकृष्ण सेमवाल का जन्म ईशवीय सन १९४४ में गढ़वाल के चमोली जनपद के ग्राम ह्युण (यमुनानगर, पत्रालय, गुप्तकाशी) में हुआ। आपके पिता का नाम श्री नाथोराम सेमवाल था। आपने उत्तराखण्ड विद्यापीठ, ज्वालापुरीय गुरुकुल महाविद्यालय में उच्चशिक्षा प्राप्त की। गुरुकुल कांगड़ी, रोहतकीय गौड़ ब्राह्मण महाविद्यालय, दिल्ली प्रशासन में उच्चतर माध्यमिक विद्यालय में संस्कृत अध्यापन कार्य किया। आपके द्वारा रचे गये संस्कृत काव्यग्रन्थों में मुख्य हैं आपके शतकत्रय–इन्दिराकीर्त्तिशतकम्,

हिमाद्रिपुत्राभिनन्दनकाव्यम् तथा भीमशतकम्। इस समय भी आप साहित्यसेवा में संलग्न हैं और दिल्ली संस्कृत अकादमी की संस्कृतमंजरी नामक त्रैमासिक पत्रिका का सम्पादन कर रहे हैं। आप द्वारा रचित शतकत्रय का संक्षिप्त परिचय प्रस्तुत है–

(क) इन्दिराकीर्त्तिशतकम्

कवि ने भारत की पूर्व प्रधानमन्त्री श्रीमती इन्दिरा गान्धी के जन्म दिवस पर इस कृति द्वारा उनका अभिनन्दन किया है। सन १९७६ में भारतीय भाषा संगम, नई दिल्ली से प्रकाशित इस शतक काव्यकृति में इन्दिरा छन्द में श्रीमती इन्दिरा गान्धी की यशस्विनी जीवन गाथा प्रस्तुत की है। भारतवर्ष के इलाहाबाद नगर में नेहरू परिवार के निवास आनन्दभवन में जवाहरलाल नेहरू की पुत्री इन्दिरा प्रियदर्शिनी के जन्म, बाल्यावस्था में ही भारत को अंग्रेजों के शासन की अधीनता में देखकर दुखित उनका वानरी सेना का संगठन, विद्याध्ययन, मातृवियोग, विवाह, दोनों पुत्रों (राजीव, संजय) का जन्म, असमय में ही पति की मृत्यु का शोक, नीतिज्ञ पिता के निर्देश में राजनीति की शिक्षा, विदेश भ्रमण, कांग्रेस के अध्यक्ष पद पर नियुक्ति, पिता (जवाहरलालनेहरू) की मृत्यु, लालबहादुशास्त्री जी के प्रधानमन्त्रित्व में सूचना मन्त्री का पद प्राप्त करना, ताशकन्द में प्रधानमन्त्री लालबहादुर शास्त्री की मृत्यु के पश्चात् प्रधानमन्त्री के पद पर आरूढ होना, स्वार्थी नेताओं को पहिचान कर अपनी पार्टी से निष्कासित करना, बैंकों का राष्ट्रीयकरण, देशकल्याण के लिए प्रिवीपर्स हटाना, निर्धनता उन्मूलन करने का प्रयास, हरिजनों-दलितों की कल्याणकामना, बंगलादेश की मुक्ति के प्रंसग में पाकिस्तानी शासकों को पराजित करना एवं दण्डित करना, आर्यभट्ट नामक उपग्रह का प्रेक्षण, अणुपरीक्षण, भारत की स्थिति को देखकर आपात्काल की घोषणा करना, बीससूत्रीय कार्यक्रम की घोषणा करना, दहेजप्रथा का विरोध करना आदि महत्त्वपूर्ण घटनाओं के विवरण से युक्त इस कृति में कवि ने सरल भाषा-शैली में वीररस के पोषक कर्णप्रिय अलंकारों का प्रयोग किया है। अनुप्रास का सुन्दर प्रयोग द्रष्टव्य है–

विवशता गता दीनता गता
कुटिलता गता हीनता गता।
चपलता गता रुढिता गता
तव सुशासने क्षुद्रता गता॥

–श्लोक सं० ६९

भारतवर्षवर्णन में शब्दों का चयन भी मनोमोहक है–

विपिनवाटिकापुष्पभूषिते गिरिगुहागुरुग्रामगर्विते।
सरससागरागारराजिते मधुरिमाञ्चिते भव्यभारते॥

–श्लोक सं० ४

(ख) हिमाद्रिपुत्राभिनन्दनकाव्यम्

यह रचना श्रीकृष्ण सेमवाल द्वारा गुणसम्पन्न राजनेता, उत्तरप्रदेश के पूर्व मुख्यमन्त्री श्री हेमवतीनन्दन बहुगुणा जी के ६२ वें जन्मदिवस पर प्रस्तुत की गई है। इसका प्रथम प्रकाशन ईशवीय

सन १९८० में श्री हेमवतीनन्दन बहुगुणा जन्मदिवस समारोह समिति, दिल्ली द्वारा किया गया। कवि ने बहुगुणा जी के गुणों की सराहना करते हुए उनके दीर्घ जीवन के लिए शुभकामना करते हुए शिखरिणी, मन्दाक्रान्ता, वसन्ततिलका, इन्दिरा, इन्द्रवज्रा आदि विविध छन्दों में १०३ पद्यों में उनकी संक्षिप्त जीवनी इस लघुकाव्य में प्रस्तुत की है। गढ़वाल में बुधाणी गाँव में रेवतीनन्दन जी के यहाँ विक्रमसंवत् १९७६ के वैशाख मास की शुक्लपक्ष की एकादशी तिथि के दिन बहुगुणा जी का जन्म हुआ। इनकी प्रारम्भिक शिक्षा चौखम्बा पर्वत के निकट गुप्तकाशी एवं उखीमठ और बाद में देहरादून में हुई; इन्होंने अंग्रेजों के कुशासन के विनाश के लिए छात्रों में जनजागरण का बीड़ा उठाया; इलाहाबाद में भी शिक्षा ग्रहण करने गये; वहाँ पर भी अपनी क्रान्ति से इन्होंने अंग्रेजों को भयभीत कर दिया। बहुगुणा जी अपने परिवार से दूर होकर स्वतन्त्रता प्राप्ति की चेष्टा में लग गये। वह कारागृह भी गये; इन्होंने भूमिगत आन्दोलन किया; अंग्रेजी शासन को पसन्द न करने वाली कमला देवी से इनका विवाह हो गया; इनके विजय और शेखर दो पुत्र हुए। बाद में इन्दिरा गान्धी जी के सहयोग के लिए इन्होंने राष्ट्रिय कांग्रेस दल के महामन्त्री, संचारमन्त्री एवं उत्तरप्रदेश के मुख्यमन्त्री पद की जिम्मेदारी संभाली। षड्यन्त्रकारियों के कारण इन्दिरा जी का साथ छूटा, फिर आपको जनतापार्टी में रसायन पेट्रोलियम उर्वरक विषयक मन्त्रिपद मिला, आपने प्रधानमन्त्री बनने वाले चौधरी चरणसिंह को भी सहयोग दिया और उस समय भी मन्त्री बने। इस पद को छोड़कर पुनः प्रजातान्त्रिक कांग्रेस दल का पुनर्गठन किया, इक्कीस सूत्रीय कार्यक्रम का प्रस्ताव रखा और इन्दिरा गान्धी के कहने पर पुनः उन्हें सहयोग किया और पार्टी के मुख्य महासचिव बने। हिमालय के समान अटल और गुणवान् हेमवतीनन्दन बहुगुणा जी के विषय में कवि के उद्‌गार द्रष्टव्य हैं–

नगानां स्वामी त्वं हिम निलयवासस्त्वमपि भोः?
गुणानां सिन्धुस्त्वं परमकठिनोऽप्यौषधिनिधिः।
परैरुग्रं तप्तो व्यथितहृदयस्त्वं न नमसि
हिमालयस्त्वं धन्यो बहुगुण! जगत्यां विजयसे॥

– हि० पु० ७४

(ग) भीमशतकम्

बाबासाहब भीमराव अम्बेदकर की जन्मशती के अवसर पर श्रीकृष्ण सेमवाल द्वारा रचित एक सौ दो पद्यों में निबद्ध 'भीमशतकम्' का प्रथम प्रकाशन सन १९९१ में दिल्ली संस्कृत अकादमी से हुआ। इस कृति में भीमराव अम्बेडकर का जीवन परिचय प्रस्तुत किया गया है। महाराष्ट्र प्रदेश में रत्नगिरी नामक जिले में आम्बावडे नामक ग्राम में गुणवान्, महरकुल के मालोजी सकपाल रहते थे, इनके पुत्र का नाम था रामजी सकपाल- यह देशभक्त शिक्षक थे। इनका विवाह भीमादेवी से हुआ। भीमराव अम्बेदकर इन्हीं के पुत्र थे। अपने विद्यार्थी जीवन में शिक्षकों एवं साथी छात्रों के दुर्व्यवहार से और समाज में भी जातिभेद से इन्हें बहुत दुःख हुआ–

वाणीसमाना गमनं समानं
दृष्टिः समाना हृदयं समानम्।
भावा समानाः हसनं समानं
ततोऽस्पृश्त्वं कथमत्र जातौ॥

–भीमशतकम्, श्लोक सं० २७

(क्योंकि मनुष्यों में वाणी, गति, दृष्टि, हृदय, भाव, हँसना, मित्रता, शत्रुता आदि बातें समान हैं, इसलिए उनमें अस्पृश्यता क्यों?)

फलस्वरूप उन्होंने जातिप्रथा को समाप्त करने के लिए प्रतिज्ञा की, पण्डित अम्बेडकर से शिक्षा ग्रहण करने के कारण उनका नाम भीमराव अम्बेडकर हो गया। विद्याध्ययन के लिए यह बम्बई भी गये और सभी कठिनाईयाँ सहन करके भी कक्षाओं में प्रथम स्थान प्राप्त किया। इन्होंने उच्च शिक्षा कृष्णा केलुस्कर जी के निर्देशन में प्राप्त की। इनका विवाह रामाबाई के साथ हुआ। बड़ौदा के राजा की सहायता से यह पुनः उच्चशिक्षा में संलग्न हो गये और बाद में उन्हीं राजा के यहाँ कार्य करने लगे। किन्तु वहाँ भी जातिवाद की बुराई को देखकर बम्बई आ गये एवं जातिवाद के निवारण हेतु कटिबद्ध हो गये। विधिशास्त्र की शिक्षा के लिए विदेश गये और लौटकर बम्बई में महाविद्यालय में आचार्य रूप में अध्यापन कार्य प्रारम्भ किया; अस्पृश्यता निवारण के लिए भी इन्होंने दलितों को शिक्षित करने हेतु विद्यालयों की स्थापना की और जनसम्पर्क, पत्रपत्रिकाओं, भाषणों से उन्हें प्रेरित किया। दलितों की सेवा के लिए ही उन्होंने शिक्षक पद को छोड़कर बहिष्कृत हितकारिणी संस्था का विकास किया, इनके ज्ञान से प्रभावित होकर जवाहरलाल नेहरू ने इन्हें विधिमन्त्री बनाया, इन्होंने भारत के संविधान निर्माण में अविस्मरणीय सहयोग दिया; बाद में हिन्दुओं के व्यवहार से दुःखी होकर, अपने समर्थकों सहित इन्होंने बौद्धधर्म स्वीकार कर लिया।

उत्तरांचल के प्रमुख भाग गढ़वाल मण्डल से सम्बद्ध उपर्युक्त तीनों संस्कृत रचनाकारों के जीवन एवं उनकी कृतियों का संक्षिप्त परिचय इस तथ्य का प्रतीक है कि भारत देश के अन्य भागों की भाँति यहाँ भी विद्वज्जन संस्कृत काव्यरचना एवं सारस्वत साधना में संलग्न रहते आये हैं। काल्पनिक कथाओं के साथ-साथ इतिहास एवं राजनीति की प्रमुख घटनाओं एवं व्यक्तियों के जीवन परिचय को भी इन काव्यकारों ने अपनी रचनाओं का आधार बनाया है। शोधार्थी इस मण्डल के अन्य रचनाकारों के भी कर्तृत्व से जिज्ञासु जनों को परिचित कराएँगे, इस आशा से लेख समाप्त करती हूँ।*

सन्दर्भ

* प्रस्तुत शोधलेख अखिल भारतीय प्राच्य विद्या सम्मेलन के ४१ वें अधिवेशन (श्री जगन्नाथ संस्कृत वि० वि० श्रीविहार पुरी उड़ीसा) २००२ में स्वीकृत है।

उत्तरांचल के प्रमुख संस्कृत काव्यकार

भारतवर्ष का अभिनव राज्य उत्तरांचल आदिकाल से ही ऋषियों, मुनियों, साहित्यकारों एवं शास्त्रज्ञों की लीलास्थली रहा है। आदिकवि महर्षि वाल्मीकि, कृष्णद्वैपायन व्यास, महाकवि कालिदास, महाकवि बाणभट्ट आदि कवियों ने अपनी रचनाओं में बदरीनाथ, केदारनाथ, हरिद्वार, कनखल, कूर्माचल आदि पवित्र स्थानों का किसी न किसी रूप में उल्लेख किया है। इस तथ्य से स्पष्ट हो जाता है कि ये सभी ऋषि एवं कवि उत्तरांचल के भूगोल से भलीभाँति परिचित थे तथा इनके समय में यहाँ (उत्तरांचल में) ऋषियों की तपस्या, विद्वानों की शास्त्रचर्चा एवं कवियों की साहित्य रचना की सम्भावना से इन्कार नहीं किया जा सकता। मुख्यरूप से कुमाऊँ के विद्वानों में सर्वप्रथम नाम श्री हरिहर का है, इन्होंने पारस्कर ऋषि के गृह्य सूत्र पर अपनी टीका प्रस्तुत की थी। इस ऋषिकल्प विद्वान् का समय सातवीं शताब्दी है, जो महाकवि बाणभट्ट के समकक्ष माना जा सकता है। खेद का विषय है कि इसके बाद यहाँ के रचनाकारों का विशिष्ट परिचय नहीं मिल पाता। किन्तु ईसा की सोलहवीं शताब्दी से आजतक उत्तरांचल के विद्वान् संस्कृत वाङ्मय की विविध विधाओं में अपनी रचनाधर्मिता को प्रमाणित करते रहे हैं। मैं अपने इस लेख में यहाँ के प्रमुख संस्कृत काव्यकारों का परिचय प्रस्तुत कर रही हूँ।

१. राजा रुद्रचन्द

चन्दवंशचूडामणि राजा रुद्रचन्द संस्कृत भाषा के प्रौढ एवं प्रतिभाशाली कवि थे। इनके पिता कल्याणचन्द कुमाऊँ के शासक थे। जिनकी असमय मृत्यु के कारण रुद्रचन्द जी १५६८ ई० में गद्दी पर बैठे। पण्डित विश्वेश्वर पाण्डेय एवं पण्डित अनन्तदेव ने अपने-अपने ग्रन्थों में इनका स्मरण किया है (क- आर्यासप्तशती, ६१-६२, स्मृति कौस्तुभ, श्लोक सं० ७)। रुद्रचन्द की तीन कृतियाँ हैं, जिनका अब प्रकाशन हो चुका है- उषारागोदय नाटिका, श्यैनिक शास्त्र तथा त्रैवर्णिकधर्म निर्णय।

उषारागोदय नाटिका शोणितपुरनरेश वाणासुर की पुत्री उषा एवं श्रीकृष्ण पौत्र अनिरुद्ध के विवाह की पौराणिक कथा पर आधारित है। इस नाटिका पर हर्ष की रत्नावली का पर्याप्त प्रभाव है। वसन्तवर्णन इस रचना की प्रमुख विशेषता है।

२. शिवकवि

शिवकवि कूर्माचल के चन्द राजा कल्याणचन्द के शासनकाल सन १७२९-१७४७ के राजपुरोहितकुल में उत्पन्न काश्यपगोत्रीय पाण्डेय ब्राह्मण हैं। इनके पिता पं० विश्वरूप राजा वाजवहादुरचन्द के राजदरवार में (१६३८-१७७८) में प्रतिष्ठित थे। इनकी दो रचनाएँ मानी गई हैं- कल्याणचन्द्रोदय एवं कूर्माचलकाव्य। इनमें से सात वर्ग वाला कल्याणचन्द्रोदय ही प्रकाशित हुआ है।

३. लक्ष्मीपति पाण्डेय

लक्ष्मीपति पाण्डेय–'अब्दुल्लाचरित' एवं 'फर्रुखसियरचरित' नामक दो ऐतिहासिक काव्यग्रन्थों की रचना से संस्कृत साहित्यकारों में प्रसिद्ध हैं। इनका समय १६६० ई० के पास का है। यह प्रख्यात पर्वतीय कवि विश्वेश्वर पाण्डेय के चाचा हैं। विश्वरूप पाण्डेय जी के पुत्र लक्ष्मीपति, अल्मोड़ा के पाटियाग्राम के पाण्डेय ब्राह्मण थे। इनके ग्रन्थों में स्पष्ट संकेत है कि इन्होंने अपने चाचा लक्ष्मीधर (विश्वेश्वर के पिता) से शिक्षा-दीक्षा ग्रहण की थी। इनकी रचनाओं में अरबी-फारसी, उर्दू आदि भाषाओं का प्रयोग इन्हें बहुभाषाविद् सिद्ध करता है। इनकी तीन कृतियाँ हैं–फर्रुखसियरचरित, अब्दुल्लाचरित, यागेश्वर माहात्म्य। फर्रुखसियरचरित एवं अब्दुल्लाचरित– ये दोनों रचनाएँ एक दूसरे की पूरक हैं और वस्तुतः ये दोनों काव्य पतनोन्मुख मुगल साम्राज्य का सुन्दर चित्र खींचते हैं।

फर्रुखसियरचरित १८३७ श्लोकों का ऐतिहासिक प्रबन्ध काव्य है। इसका सर्वप्रथम प्रकाशन १९५९ ईशवीय सन में प्राच्यवाणी कलकत्ता से हुआ और इसका सम्पादन यतीन्द्र विमल चौधुरी ने किया था। इसका एक और नाम 'नृपनीतिगर्भवृत्तम्' भी है। मुगल बादशाहों में -सम्राट् फर्रुखसियर के चरित को आधार मानकर लिखे जाने के कारण इसका नाम 'फर्रुखसियरचरित' है। यह सम्पूर्ण काव्य अनुष्टुप् छन्द में, तीन भागों में विभक्त करके लिखा गया है।

अब्दुल्लाचरित का सम्पादन भी यतीन्द्र विमल चौधुरी ने किया है। इसका प्रथम प्रकाशन १९४७ ई० में प्राच्यवाणी, कलकत्ता से ही हुआ है। १८वीं शताब्दी के पूवार्ध में प्रणीत यह काव्यग्रन्थ गद्य-पद्य मिश्रित एक ऐतिहासिक चम्पूकाव्य है। यह पूरा ग्रन्थ १८०४ अनुच्छेदों में है। इसमें भी अनुष्टुप् छन्द का प्रयोग है। इसमें गद्य की अपेक्षा पद्यों की मात्रा अधिक है। काव्य के प्रारम्भिक ५०० श्लोकों में भारतीय स्मृतियों, उपनिषदों, पुराणों एवं धर्मशास्त्रानुसार गृहस्थों एवं राजाओं के कल्याण के लिए नीति एवं आचार-व्यवहार की शिक्षा का वर्णन किया गया है। काव्य में स्थान-स्थान पर रामायण, महाभारत, पंचतन्त्र, गीता, कुरान, याज्ञवल्क्य स्मृति और हितोपदेश की सूक्तियाँ भी उद्धृत की गई हैं। इस काव्य में अब्दुल्ला एवं उसके छोटे भाई हुसैन अली का राजाओं के नियोक्ताओं के रूप में वर्णन है। राज्यप्रतिष्ठापक अब्दुल्ला का वजीर के रूप में निष्पक्ष चरित्रांकन करने के साथ ही हुसैन अली, मुहम्मद शाह के चरित्रों पर प्रकाश डाला गया है।

पं० लक्ष्मीपति पाण्डेय के दोनों काव्य बाणभट्ट, हर्षचरित, नवसाहसांकचरित, हम्मीरकाव्य, सुदर्शनचरित, पृथ्वीराजविजय, गउडवहो आदि ऐतिहासिक काव्यों की परम्परा में विशिष्ट स्थान के अधिकारी हैं।

यागेश्वरमाहात्म्य की पाण्डुलिपि इण्डिया ऑफिस, लन्दन में सुरक्षित है। इसमें दारुकावनस्थल के मध्य में विद्यमान यागेश्वर के माहात्म्य का वर्णन किया गया है। जो द्वादशज्योतिर्लिंग के बीच मान्य है।

४. आचार्य विश्वेश्वर पाण्डेय

उत्तरांचल के संस्कृत काव्यकारों में आचार्य विश्वेश्वर पाण्डेय का सर्वाधिक महत्त्वपूर्ण स्थान है। इनको उत्तरांचल का बाणभट्ट कहना भी अनुचित न होगा। इन्होंने अपने पिता का परिचय मन्दारमंजरी नामक अपनी गद्यकृति में इस प्रकार प्रकार दिया है–

जयति यथाजातानां वाग्जातसुजातपारिजातश्रीः।
श्रीलक्ष्मीधरविबुधावतंस चरणाब्जरेणुकणः॥

पं० लक्ष्मीधर पाण्डेय अल्मोड़ा के अन्तर्गत पाटियागाँव के निवासी भारद्वाज गोत्रीय ब्राह्मण थे। वृद्धावस्था में काशी जाकर भगवान् शंकर की आराधना के फलस्वरूप पुत्र की प्राप्ति होने के कारण, उसका नाम विश्वेश्वर पाण्डेय रखा। पं० विश्वेश्वर ने अपने पिता से ही सम्पूर्ण शास्त्रों का ज्ञान प्राप्त किया है। विद्वानों के मतानुसार एवं इनकी कृतियों के साक्ष्यानुसार इनका समय ईशवीय सन १६८०-१७५० के बीच अर्थात् १८ वीं शताब्दी का पूर्वार्ध ठहरता है। इनके द्वारा की गई नैषध एवं रसमंजरी की टीका से पता चलता है कि इनके परशुराम एवं जयकृष्ण नामक दो पुत्र थे। इनका संस्कृत वाङ्मय की सभी विधाओं पर समान अधिकार था। इनकी प्रमुख काव्यकृतियों का परिचय अधोलिखित है–

(क) मन्दारमंजरी

बाणभट्ट प्रणीत कादम्बरी के समान यह एक सुन्दर गद्यकाव्य है। इसका पूर्वार्ध श्रीविश्वेश्वर की रचना है और उत्तरार्ध के विषय में किंवदन्ती है कि यह भाग उनके किसी शिष्य की कृति है। इसका पूर्वार्ध तारादत्त पन्त की कुसुमाख्या टीका सहित पर्वतीय प्रकाशन मण्डल, काशी से प्रकाशित है। इसमें पुष्पपुरी नगरी के राजा राजशेखर-रानी मलयवती के अतिरिक्त चित्रभानु एवं मन्दारमंजरी तथा राक्षस मानसकेतु और मदयन्तिका की प्रेमकथा का वर्णन है। इसकी कथावस्तु कादम्बरी से समानता रखती है और वर्णनशैली सुबन्धु की वासवदत्ता के समान है। अतएव इसमें भावपक्ष का तिरस्कार करके कलापक्ष को प्रधानता दी गई है। श्रृंगार, करुण एवं अद्भुत रस प्रस्तुत किये गये हैं और परिसंख्या, रूपक, उपमा, विरोध, श्लेषादि अलंकारों का आश्रय लिया गया है। यह रचना कवि के विविध शास्त्रज्ञान की भी परिचायिका है।

(ख) आर्यासप्तशती

यह मुक्तकाव्य है। इसमें ७६४ आर्या छन्द हैं। गोवर्धनाचार्य की आर्यासप्तशती से यह सर्वथा भिन्न है। इसमें अकारादि क्रम से शकार पर्यन्त अक्षरों के आधार पर आर्याछन्द की रचना की गई है।

(ग) श्रृंगारमंजरी

यह कवि का शौरसेनी तथा महाराष्ट्र प्राकृत भाषा में लिखा गया सट्टक नामक उपरूपक है। राजशेखर की कर्पूरमंजरी के बाद की महत्त्वपूर्ण कृति है। आचार्य बलदेव उपाध्याय ने इस कृति की अत्यधिक प्रशंसा की है।

(घ) रोमावलीशतक

श्रृंगारिक १०० पद्यों का उत्प्रेक्षालंकारपरक शतककाव्य है।

(ङ) होलिकाशतक

यह हास्य-व्यंग्य प्रधान काव्य है। इसमें १०० पद्यों में होली एवं वसन्तोत्सव में होने वाले आमोद-प्रमोद का श्रृंगारपरक हास्य प्रस्तुत किया गया है।

(च) लक्ष्मी विलास

इसमें सौ से अधिक पद्यों में लक्ष्मी की आराधना की गई है। यह रचना प्रकाशित है।

(छ) षड्ऋतुवर्णनम्

इसमें ऋतुओं का तथा प्रकृति की दशाओं का आलंकारिक वर्णन है।

(ज) अभिरामराघव

आचार्य विश्वेश्वर ने अपने इस नाटक के उदाहरण अपने अलंकारग्रन्थों में दिए हैं।

(झ) नवमालिकानाटिका

चार अंकों में उपनिबद्ध इस नाटिका में अवन्तिनरेश एवं अंगराजपुत्री नवमालिका की प्रणयकथा का चित्रण है।

(ञ) रुक्मिणीपरिणय

इस नाट्यकृति का उल्लेख संस्कृत साहित्यकारों ने किया है। इसके उदाहरण कवि ने अपने अलंकारग्रन्थों में दिये हैं।

इसके अतिरिक्त आचार्य विश्वेश्वर ने व्याकरण सिद्धान्त-सुधानिधि, न्यायदीधिति प्रवेश, तर्ककुतूहल, अलंकारकौस्तुभ, अलंकारमुक्तावली, अलंकारप्रदीप, रसचन्द्रिका की रसमंजरी टीका, कवीन्द्रकर्णाभरण, नैषधीयचरित की टीका आदि कृतियों की भी रचना की है।

५. सुकृतिदत्त पन्त

पिथौरागढ़ जनपद में उप्राडा ग्राम निवासी भारद्वाज गोत्रीय पाण्डेय ब्राह्मण, बाद में नेपाल में स्थायी रूप से रहने वाले रमापति जी के वंश में पं० सुकृतिदत्तपन्त जी हुए। इन्होंने कार्त्तवीर्योदय नामक महाकाव्य के प्रत्येक सर्गान्त पद्य में अपने माता-पिता का उल्लेख नैषधकार श्रीहर्ष की शैली में किया है। इनका समय विक्रम संवत् १७७९-१८३२ (ईशवीय सन १७१८-१८८१) के बीच माना गया है। कार्त्तवीर्योदय के अतिरिक्त इनकी दक्षिणकालीस्तोत्र नामक कृति भी है। कार्त्तवीर्योदय १८ वीं शती के प्रारम्भ का महत्त्वपूर्ण सोलह सर्ग का महाकाव्य है। यह किरातार्जुनीय एवं नैषधीयचरित से भी साम्य रखता है। इसमें भारवि के समान अर्थगौरव एवं दण्डी के पदलालित्य का सुन्दर समन्वय है। अनुप्रास-यमक की मिश्रित छवि दखिए-

जनता न नता न भूपतेरहिता नो रहिता न सम्पदा।
न हिताः सहिता न च श्रिया न रमा नाचरमा रमातरम्॥

—कार्त्तवीर्योदय, २/३

अर्थचमत्कृति का उदाहरण की द्रष्टव्य है-

चित्रं तु शब्दस्मृति भाग्जनोऽपि वृद्ध्या गुणं न प्रतिवेधतीह।
ह्रस्वोऽपि संबुद्धिशादगुणादयः संबुद्धिनाशे न करोति यत्नम्॥

६. पण्डित त्रिलोचन जोशी

पण्डित त्रिलोचन जोशी का जन्म अल्मोड़ा जनपद के चीनाखान नामक स्थान में ईशवीय सन १७३९ में हुआ था। इनके पिता पं० लक्ष्मीपति जोशी ज्योतिषादि शास्त्रों के प्रसिद्ध ज्ञाता थे। इनका जन्म लक्ष्मीपति जी की दूसरी पत्नी श्रीमती ललितामंजरी से हुआ। इनकी प्रमुख संस्कृत रचनाएँ हैं-भक्तिप्रबन्धकाव्य, बदरीश लीला, साहित्यसार, सिद्धान्तसंग्राहक निर्णय आदि। 'भक्तिप्रबन्ध' इनका उपलब्ध काव्य है। यह श्रीकृष्ण की भक्तिभावना से परिपूर्ण धर्म, अर्थ, काम, मोक्ष रूप चार तरंगों में विभक्त है- प्रथम धर्माख्य तरंग में १०३, अर्थाख्य तरंग में १०३, कामाख्य तरंग में १८८, मोक्षाख्य तरंग में १७५ इस प्रकार कुल मिलाकर ५७१ पद्य हैं। इस ग्रन्थ का प्रकाशन पण्डित श्रीकृष्ण जोशी ने सन १९१२ में किया था। इस रचना में भगवान् श्रीकृष्ण को सब देवों में सर्वश्रेष्ठ मानकर कवि ने कहा है–

रुक्मिणीनायकं गोपिकाबल्लभं कृष्णचन्द्रं भजे।
राधिकावल्लभं देवकीबालकं कृष्णचन्द्रं भजे॥
वेणुना भूषितं वालकैरावृतं कृष्णचन्द्रं भजे।
गुंजयाभूषितं चन्द्रकैराजितं कृष्णचद्रंभजे॥

–४/९२

७. लोकरत्नपन्त गुमानी

लोकरत्नपन्त गुमानी का जन्म काशीपुर (नैनीताल) में ईशवीय सन १७९१ में हुआ। इनके पिता का नाम देवनिधि पन्त एवं माता का नाम देवमंजरी था। इन्होंने प्रारम्भिक शिक्षा अपने पितामह पं० पुरुषोत्तम पन्त से ग्रहण की; इसके बाद उन्होंने अपने चाचा पण्डित राधाकृष्ण वैद्यराज से शिक्षा प्राप्त की; तत्पश्चात् परमहंस परिव्राजकाचार्य के शिष्य बने; तथा क्लौन निवासी हरिदत्त ज्योतिर्विद से विद्या ग्रहण की। छत्तीस वर्ष की आयु में विवाह किया। इनके दो पुत्र थे- रामदत्त एवं गंगादत्त। भक्त, दार्शनिक एवं बहुशास्त्रविद् इस कवि का देहावसान सन १८४६ में हो गया था। इनकी उपलब्ध काव्यकृतियों का संक्षिप्त परिचय इस प्रकार है–

(क) देवतास्तोत्राणि

इस कृति में कवि गुमानी ने वीस पद्यों में प्राचीनकाल से ही भारतवर्ष में मान्य देवी-देवताओं की स्तुति की है। दण्डक छन्द का सर्वाधिक प्रयोग किया है।

(ख) श्रीरामसहस्त्रगणदण्डकः

इस रचना में एक हजार गणों अर्थात् तीन हजार अक्षरों में निबद्ध दण्डक नामक विशालकाय छन्द के माध्यम से राम के सम्पूर्ण जीवन को प्रस्तुत करने का स्तुत्य प्रयास किया गया है।

(ग) रामभक्तिमहिमा

श्लेष अलंकार के माध्यम से १२७ आर्यायों में विष्णु के सभी अवतारों में राम का रूप मानकर राम के प्रति अपनी अगाध भक्ति का परिचय कवि ने दिया है।

(घ) भक्तविज्ञप्तिसार

यह वसन्ततिलका छन्द में निबद्ध १०१ पद्य की ऐसी रचना है, जिसमें कवि ने राम को द्रवित करने का प्रयास किया है। इस रचना को मुक्तक काव्य और स्तोत्र काव्य की कोटि में रखा जा सकता है।

(ङ) विज्ञप्तिसार

इसमें २९ पद्य पृथिवी और अन्तिम पद्य मालिनी छन्द में निबद्ध है, इसका विषय है– अर्थान्तरन्यास अलंकार के माध्यम से भगवान् राम के प्रति विनम्र निवेदन।

(च) रामाष्टपदी

इसमें राम के गुणों का गान करने वाले दश पद्य हैं।

(छ) गंगार्या

इस कृति में १०२ आर्याएँ हैं। इस शतक काव्य में कवि ने पुण्यसलिला भागीरथी का माहात्म्य प्रकट किया है।

(ज) जगन्नाथाष्टकस्तोत्रम्

भुजंगप्रयात नामक छन्द में निबद्ध दश छन्दों में से आठ पद्यों में भगवान् जगन्नाथ की स्तुति की है और अन्तिम दो पद्यों में स्तोत्र के माहात्म्य पर प्रकाश डाला गया है।

(झ) हितोपदेशशतक

अर्थगौरव से युक्त यह कृति काव्यविधा एवं विषय की दृष्टि से नीतिशतक के समकक्ष ठहरती है। पौराणिक एवं ऐतिहासिक आख्यानों और अर्थान्तरन्यासपरक सूक्ति द्वारा कवि ने व्यक्ति को व्यवहारोपदेश दिया है।

(ञ) दुर्जनदूषणम्

इसमें ४२ आर्याओं में दुर्जनों की निन्दा की गई है।

उपर्युक्त कृतियों के अतिरिक्त अंगरेजराज्यवर्णन, राजांगरेजस्य राज्यवर्णनम्, लाटद्वयप्रकरण आदि काव्यकृतियों के साथ-साथ गुमानी ने पंचपंचाशिका, ज्ञानभैषज्यमंजरी, सद्रङ्गाष्टकम्, चतुः सारिकावर्णनम्, गंजफाक्रीडावर्णनम्, तमाखुपत्रमहिमा आदि कृतियों में अध्यात्म, आयुर्वेद, शतरंज, चौसर आदि के प्रति अपने ज्ञान को अभिव्यक्ति दी है। 'गद्यराजः' भी राम के जीवन से सम्बद्ध है और गद्यकौशल को अभिव्यक्त करने में समर्थ है। कवि ने संस्कृत हिन्दी भाषा तथा संस्कृत-कुमाऊँनी भाषाबद्ध एवं संस्कृत-नेपाली भाषाबद्ध रचनाएँ भी प्रस्तुत की हैं। हिन्दी एवं कुमाऊँनी में भी इनकी रचनाएँ उपलब्ध होती हैं। इनकी अंगरेजराज्यवर्णनम्, काशीपुरवर्णन आदि हिन्दी रचनाएँ तथा हिसालु की प्रशंसा तथा गंगावली के सुकाल एवं अकाल से सम्बद्ध कुमाऊँनी कविताएँ विशेष रूप से उल्लेखनीय हैं।

इनकी रचनाओं से स्पष्ट है कि राम को यह अपना आराध्य देवता मानते हैं, अर्थान्तरन्यास इनका प्रिय अलंकार है, तथा आर्याछन्द इनका अभीष्ट छन्द है।

यह प्रसन्नता का विषय है कि इनकी और भी कृतियाँ प्रकाश में आने की आशा है।

८. तारादत्त पन्त

१८७६ में जन्मे श्री तारादत्त पन्त उत्तरांचल के पिथौरागढ़ जनपद के ग्राम वरसायत के निवासी थे। इनके पिता का नाम श्री दुर्गादत्त एवं माँ का नाम भागीरथी था। इन्होंने अपनी रचनाओं में अपनी माँ के प्रति अनन्यभक्ति प्रकट की है। प्रारम्भिक शिक्षा प्राप्त करने के बाद काशी में विविध शास्त्रों का अध्ययन किया, पं० नित्यानन्द पन्त जी आपके गुरुजनों में प्रमुख थे। आपने साहित्याचार्य एवं व्याकरणतीर्थ उपाधियाँ प्राप्त की और बनारस हिन्दू विश्वविद्यालय से सम्बद्ध रणवीर संस्कृत महाविद्यालय में अध्यापन किया। आपकी योग्यता से प्रभावित होकर काशी पण्डित मण्डली ने आपको विद्वत् परिषद् के अमात्य पद से सम्मानित किया। काशी के अतिरिक्त हरिद्वार तथा ऋषिकेश में भी अध्ययन-अध्यापन किया। १९६८ में आपका देहावसान हो गया। इनकी संस्कृत काव्यकृतियों का संक्षिप्त परिचय इसप्रकार है–

(क) सूर्यचरित महाकाव्य

यह षोडश सर्गों का ऐसा महाकाव्य है, जिसमें भारत के विभिन्न देशों, नदियों, पर्वतों, ऋतुओं का वर्णन होने के साथ-साथ मानवजीवन पर पड़ने वाले उन प्रभावों का भी वर्णन है, इसमें ऋतुवर्णन मात्र प्रकृतिवर्णन नहीं है, अपितु उसमें मानवप्रकृति, धार्मिक आचार-विचार, पर्वोत्सव, आयुर्वेद, पुराण, भूगोल, खगोल, ज्योतिष, साहित्य आदि की दृष्टि से भी ऋतुओं का महत्त्व बताया गया है। प्रथम सर्ग में गोललक्षण, सूर्य की गति के परिणाम, द्वितीय सर्ग में नवखण्डात्मक भूमि में अन्यतम भारत तथा उसके बीच कुमारिका देश का वैशिष्ट्य, तृतीय सर्ग में लंका से भारतवर्ष मार्ग में ऋतुराज वसन्त का प्रादुर्भाव, चतुर्थ सर्ग में ऋतुकुटुम्ब, पंचम-षष्ठ सर्ग में ग्रीष्म, सप्तम-अष्टम में वर्षाऋतु, नवम में शरदऋतु, दशम में हेमन्त, एकादश में शिशिर, द्वादश-त्रयोदश-चतुर्दश में ऋतुराज वसन्त का सुन्दर वर्णन, पंचदश सर्ग में गिरिदुर्ग और षोडश में गिरिदुर्गप्रवेश आदि का वर्णन है। 'ऋतुकुटुम्ब' शीर्षकित चतुर्थ सर्ग काव्य का सर्वाधिक सुन्दर सर्ग है। इसमें कवि ने सभी ऋतुओं को कुटुम्ब माना है और इन ऋतुओं का राजा वसन्त, राज्ञी शरद को मानकर कहा है–

वसन्तनृपस्तस्य राज्ञी शरत्सा
स्वकान्तेन सप्तं यतः सा प्रसूते।
प्रिया वल्लभेन वाभिमुखस्यभाजौ
वपुः शीलशोभा विशेषैः समानौ।।

–४/१

(ख) दाशरथिनाटक

संस्कृत टीका एवं अनुवादसहित यह सात अंकों का नाटक है। भारतोद्धार, संस्कृत भाषा में कूर्माचल का इतिहास के अतिरिक्त मंदारमंजरी, चरकसंहिता, रसार्णवसंहिता, अष्टांगहृदय, भावप्रकाश आदि की भागीरथी टीका, मानसखण्ड का हिन्दी अनुवाद, गुमानी की ज्ञानभैषज्यमंजरी का सम्पादन, अनेक संस्कृत पत्रिकाओं का सम्पादन आदि भी आपके महत्त्वपूर्ण कार्य हैं।

९. श्रीकृष्णजोशी

पण्डित त्रिलोचन जोशी एवं श्री भवानन्द कवि की वंशपरम्परा में जन्म लेने वाले, धर्माधिकारी

एवं विद्याभूषण आदि पदों को सुशोभित करने वाले पण्डित श्रीकृष्ण जोशी क। जन्म अल्मोड़ा के चीनाखान मोहल्ले में सन १८८३ ई० को पं० बद्रीदत्त जी के घर हुआ। इन्होंने बाल्यकालीन शिक्षा अल्मोड़े से ही सम्पन्न करने के बाद, म्योर सेन्ट्रल कालेज तथा प्रयाग विश्वविद्यालय से बी० ए०, एल० एल० बी० उपाधियाँ ली थीं। साहित्यसर्जना के साथ-साथ राष्ट्रिय आन्दोलनों में भी इन्होंने सक्रिय भाग लिया। ईशवीय सन १९१० में आपने हरिद्वार में ऋषिकुल ब्रह्मचर्याश्रम की स्थापना की; और उसके मुख्य अधिष्ठाता वने; १९१२ में नैनीताल, बम्बई, कलकत्ता, अहमदाबाद के न्यायालयों में वकालत की; दिल्ली कांग्रेस में कुमाऊँ का प्रतिनिधित्व किया; नैनीताल बैंक के निर्माण में सक्रिय सहयोग दिया; बंगभंग आन्दोलन में पुरुषोत्तम दास टण्डन आदि के साथ गुप्तवास किया। सन १९२७ में मदनमोहन मालवीय जी के आग्रह पर अन्य सभी कार्यों को छोड़कर बनारस हिन्दू विश्वविद्यालय के प्राच्य विद्या धर्मविज्ञान संकाय में बीस वर्षों तक धर्माध्यक्ष के पद पर सुशोभित हुए। इसी समय अखिल भारतीय सनातन धर्ममण्डल का पुनर्गठन किया और उसका सचिव पद स्वीकार किया; १९१७ में इन्होंने भारत धर्ममहामण्डल काशी से विद्याभूषण की उपाधि प्राप्त की; भारतीय पंचांग का संशोधन किया; उत्तरप्रदेश संस्कृत परिषद् को कई वर्षों तक आपका आशीर्वादात्मक सहयोग मिला; विद्यार्थीकोश की स्थापना के साथ अनेक पर्वतीय धर्मशालाओं के निर्माण में अपूर्व योगदान दिया।

वृद्धावस्था में ये उत्तरांचल आ गये। नैनीताल आने के बाद पुनः राजस्थान के राजा आरनोद के पुत्र को पढ़ाया। उनके द्वारा प्रदत्त जागीर का मोह छोड़कर पुनः नैनीताल न्यायाधीश एवं वकील के रूप में कार्यरत हुए, इसी बीच पत्नी एवं दो पुत्रियों के आकस्मिक निधन से संसार के प्रति विरक्त हो गये। ८ जून १९६९ को आपका देहावसान हो गया। खेद है कि आपके गुणी पुत्र श्री गरुडध्वज जोशी जी का भी २००१ ईशवीय सन में देहान्त हो गया।

श्रीकृष्ण जोशी जी सर्वतोमुखी प्रतिभा के धनी थे, इन्होंने काव्य की प्रायः प्रत्येक विधा की सर्जना की, इसके अतिरिक्त दर्शन, ज्योतिष, दर्शन, मनोविज्ञान, आयुर्वेद, होम्योपैथी आदि विषयों पर भी रचनाएँ की हैं; लोकोक्तियों, वंशावलियों एवं पाण्डुलिपियों का दुर्लभ संग्रह किया है। इनके नाटकों की कथाएँ मत्स्यपुराण, महाभारत, वाल्मीकीय रामायण एवं के० एम० मुंशी के उपन्यास लोपामुद्रा एवं लोमहर्षिणी पर आधारित हैं। आपके कुछ ग्रन्थ प्रकाशित हैं। इनकी प्रमुख काव्यकृतियों का परिचय प्रस्तुत है-

(क) श्रीकृतार्थकौशिक

१९७५ में अखिल भारतीय संस्कृत परिषद, लखनऊ से प्रकाशित छः अंक के इस नाटक में वैदिक युगीन भारतवर्ष की छवि प्रस्तुत की गई है। राजा गाधि के पुत्र विश्वामित्र की कथा, विश्वामित्र का दस्युओं से युद्ध, दस्यु राजकुमारी उग्रा एवं अगस्त्यमुनि की पुत्री रोहिणी से विवाह, सुदास तथा कार्त्तवीर्यादि राजाओं को युद्ध में पराजित करना आदि घटनाएँ इसमें वर्णित हैं। कौशिक (विश्वामित्र) के सभी कार्य सम्पन्न होने के कारण नाटक का नाम श्रीकृतार्थकौशिक सार्थक है और 'गाधिपुत्र शब्द से महात्मा गांधी शब्द की समानता दिखलाते हुए कवि ने अपनी कृति को स्वातन्त्र्यसमर से सम्बद्ध करने का स्तुत्य प्रयास किया है।

(ख) श्रीकृष्णमहिम्नस्तोत्र

५६ श्लोकों में भगवान् श्रीकृष्ण की सुन्दर भावपूर्ण स्तुति प्रस्तुत की गई है, भगवान् श्रीकृष्ण के विभिन्न रूपों का चित्रण प्रस्तुत पद्य में द्रष्टव्य है–

शिशुः पित्रोर्नित्यं सखिषु च कुमारः कृतिरतः
किशोरो नारीणां सदसि तरुणो वीरसमितौ।
बुधेषु प्रौदस्त्वं भवसि च विरक्तेषु जरठः
परं ब्रह्मज्ञानां सदसि निरवस्थो विजयसे॥

–श्लोक सं० ४२

(ग) श्रीराममहिम्नस्तोत्र

७४ शिखरिणी छन्दों में भगवान् राम की अलौकिकता का वर्णन प्रस्तुत कृति में किया गया है। कवि ने भगवान् राम एवं जगज्जननी सीता को सांख्यदर्शन के पुरुष-प्रकृति के रूप में प्रस्तुत किया है। भगवान् राम में लीन होने की कामना इस प्रकार है–

मम वचसि पुनीते वर्ततां नाम रामो
मनसि शुचिनि सुप्तौ जागरे वास्तु रामः।
विचरतु मम चित्ते सद्विचारेषु रामः।
स्फुरति सति शरीरे रोमरोमेषु रामः॥

– पद्य सं० ७

(घ) यमपराजय

सावित्रीसत्यवान की लोकविश्रुत कथा पर आधारित सात अंकों का नाटक है–यम पराजय। इसकी एक पाण्डुलिपि अखिलभारतीय संस्कृत परिषद् लखनऊ और दूसरी प्रति गरुडध्वज जोशी के पास होने की सूचना है।

(ङ) परशुरामचरितम्

जमदग्नि के छोटे पुत्र परशुराम के जीवनचरित पर आधारित दश अंकों का नाटक है। इस नाटक में सुदास की बहिन लोमहर्षिणी को सहस्रबाहु से बचाना, चित्ररथ की सहायता के कारण शंकित पति की आज्ञा से पितृभक्त परशुराम द्वारा रेणुका का वध, वरदान में पुनः पिता से माता एवं भाइयों को जीवित करने की प्रार्थना, लोमहर्षिणी से विवाह, सहस्रबाहु द्वारा जमदग्नि के आश्रम पर आक्रमण, परशुराम द्वारा सहस्रबाहु का वध आदि प्रमुख घटनाओं का वर्णन है।

इसके अतिरिक्त इन्होंने स्यमन्तक महाकाव्य, अखण्डभारतम्, पृथुचरित, भारतमहिमा, कालिकाकेलि, काव्यमीमांशास्त्रम्, चरित्रमीमांसा, युधिष्ठिरकथा आदि काव्यकृतियों तथा अंतरंगमीमांसा (मनोविज्ञान) एवं परमतत्त्वमीमांसा (दर्शनग्रन्थ) की भी रचना की है।

१०. बालकृष्णभट्ट

शोधकर्त्ताओं के मतानुसार दक्षिण भारत में तेलंग नामक गाँव के निवासी, बल्लभ सम्प्रदाय से सम्बद्ध श्री गोविन्दभट्ट उत्तराखण्ड में केदारनाथ और बदरीनाथ धाम की यात्रा के लिए आए

और फिर गढ़वाल में ही रहने लगे। इनके वंशज-जखौली पट्टी, पत्रालय जाखाल भरदार, टिहरी गढ़वाल में रहते थे। इनके ही वंशजों में ज्योतिष एवं कर्मकाण्ड के प्रकाण्ड पण्डित श्री तारादत्त भट्ट एवं श्रीमती मूँगा देवी के तीन पुत्रों में सबसे ज्येष्ठ पुत्र का नाम था- बालकृष्ण भट्ट। इनका जन्म ९ दिसम्बर, १९०७ ई० में हुआ। अपने पिता-पितामह के समान ज्योतिष और वैद्यक पर इनका भी पूरा अधिकार था। इन्होंने अन्य भी प्रसिद्ध विद्वानों से ज्योतिष विज्ञान की शिक्षा प्राप्त की। इन शास्त्रों की समुचित जानकारी प्राप्त करने के लिए इन्होंने पोखारी ग्राम निवासी तारादत्त बहुगुणा एवं नागपुर निवासी नारायण दत्त शास्त्री के पास संस्कृत का अध्ययन किया । लाहौर, इन्दौर, बंगाल संस्कृत ऐसोशिएशन एवं बिहार संस्कृत ऐसोशिएशन से इन्होंने प्राज्ञ, विशारद, शास्त्री, विद्यालंकार, प्रथमा, मध्यमा, काव्यतीर्थ एवं साहित्याचार्य की उपाधियाँ प्राप्त कीं।

सर्वप्रथम इन्होंने सन १९२८ ई० तक केदारनाथ संस्कृत विद्यापीठ, उखीमठ, तत्पश्चात् केदारनाथ संस्कृत महाविद्यालय, शोणितपुर गुप्तकाशी में ग्यारह वर्ष तक अध्यापन किया। अध्ययन के साथ-साथ इनके लेखन एवं स्वाध्याय आदि कार्य भी चलते रहते थे। उपर्युक्त स्थानों के अतिरिक्त रघुनाथ कीर्ति संस्कृत महाविद्यालय, देवप्रयाग, टिहरी गढ़वाल में ये प्रधानाचार्य पद पर रहे। भारत विभाजन के कारण इनकी अनुसन्धान की इच्छा पूरी नहीं हुई। बाद में बदरीनाथ राजकीय संस्कृत महाविद्यालय, टिहरी के प्रधानाचार्य का कार्य बड़ी कुशलता से किया। इनका देहावसान अपनी जन्मभूमि जखौली में १० जनवरी १९७४ ई० को हो गया। इन्होंने संस्कृत एवं हिन्दी भाषा में २६ ग्रन्थों की रचना की जिनमें से प्रमुख काव्यकृतियों का परिचय इस प्रकार है-

(क) कनकवंश महाकाव्य

प्रस्तुत महाकाव्य में सत्ताईस सर्ग हैं। यह चार भागों में विभक्त है। इस काव्यकृति में कवि ने गढ़वाल के वह्नि परमार वंशीय कनकपाल आदि आठ राजाओं के वंश परम्परागत शासनकाल का सुन्दर वर्णन किया है; यहाँ के प्रसिद्ध तीर्थस्थानों-मुख्य रूप से बदरीनाथ धाम एवं केदारनाथ धाम का भी वर्णन किया है। गढ़वाल की संस्कृति, सभ्यता का भी चित्रण प्रस्तुत करने वाला यह काव्य उत्तरप्रदेश सरकार द्वारा पुरस्कृत हो चुका है।

(ख) स्वतन्त्रभारतम्

पूर्वपीठिका एवं उत्तरपीठिका-इन दो भागों में विभक्त इस खण्डकाव्य में कांग्रेस का सामाजिक इतिहास यवनशासकों से भारत-विभाजन की समस्या आदि घटनाओं का वर्णन किया गया है। भारतवर्ष के प्रति अनुराग रखने वाले कवि भट्ट का यह काव्य भी उत्तरप्रदेश सरकार से पुरस्कृत हुआ है।

(ग) कूर्मासना स्तवक शतकम्

इस शतक काव्य में कवि ने अपनी आराध्या कुलदेवी कूर्मासना की स्तुति की है।

(घ) जगदम्बाशतकम्

उत्तरप्रदेश शासन से पुरस्कृत इस शतक काव्यकृति में भगवती जगदम्बा के गुणों का वर्णन किया गया है।

(ङ) तपोवनशतकम्

तपोवन नाम से प्रसिद्ध तपस्वी यतिवर के चरित से सम्बद्ध यह शतक काव्य भी उत्तरप्रदेश शासन से पुरस्कृत हो चुका है।

(च) शिवशतक

इस शतक काव्य में महाकवि ने भगवान् शिव की सौ पद्यों में स्तुति की है।

(छ) शारदाशतक

यह शतक काव्य माँ सरस्वती की स्तुति से सम्बद्ध है।

(ज) कालीशतक

इस शतक में रक्तबीजसंहारिणी माँ काली की स्तुति की गई है।

(झ) नव्यभारतम्

इस नाट्यकृति में गढ़वाल का परिचय टिहरीनरेश नरेन्द्र शाह के शासनकाल में प्रजा की स्थिति एवं भारत की स्वाधीनता का वर्णन किया गया है।

इसके अतिरिक्त भट्ट जी ने काव्यप्रबन्ध, अनुवाददीपिका, कर्मकाण्डसंस्कार, पितृकर्मपद्धति, देवीपूजापद्धति, पूजापद्धति, व्रतार्चनकथाविधि, शान्तिपद्धति, सदाचारचन्द्रिका, जातक दीपिका, कालिदास जन्मभूविलास, आर्यों का आदिदेश गढ़वाल, जातिप्रकाश आदि कृतियों की भी रचना की है। अपह्नुति अलंकार से सुसज्जित कवि का एक पद्य दृष्टव्य है–

नतेऽचलाः प्रत्युतरत्नराशयो
गुहा न चेता उततापसालयाः।
नोताश्शिलः सन्त्युत सिद्धपीठिका
वनानि नो तान्युत चार्थपेटिकाः॥

–कनकवंश, १/५८

११. पद्मशास्त्री

कवि पद्मशास्त्री का जन्म पिथौरागढ़ जिले में विद्यमान कनालीछीना नामक ब्लाक में सिंगाली नामक गाँव में १७ नवम्बर १९३५ में हुआ। संस्कृत साहित्य के अनुरागी श्री बद्रीदत्त ओझा जी इनके पिता थे तथा इनकी माता का नाम श्रीमती इन्द्रादेवी था। अपने दादा एवं नाना के परिवार के अच्छे संस्कारों का पूर्ण प्रभाव पद्मशास्त्री जी पर पड़ा। पद्मशास्त्री अपने भाई-बहिनों में सबसे ज्येष्ठ हैं। इनकी प्रारम्भिक शिक्षा सिंगाली में ही हुई थी। इन्होंने प्रथमा की परीक्षा हरियाणा राज्य के समीप विद्यमान जगाधरी के सनातन धर्म संस्कृत कालेज से, अपने नाना के पास रहकर उत्तीर्ण की। इसके बाद मूल रूप से चम्पावत के निवासी, सनातन धर्म संस्कृत महाविद्यालय व्यावर के प्राचार्च पं० रघुवरदत्त जोशी की प्रेरणा से इन्होंने पूर्वमध्यमा, उत्तरमध्यमा, शास्त्री एवं आचार्य की परीक्षाएँ उत्तीर्ण कीं। १९५७ में इन्होंने साहित्यरत्न की उपाधि प्राप्त की। इसके बाद राजकीय जैन गुरुकुल हायर

सैकेण्डरी में अध्यापन कार्य करते हुए जयपुर विश्वविद्यालय से बीएड परीक्षा उत्तीर्ण की; आयुर्वेदाचार्य, काव्यतीर्थ आदि परीक्षाएँ उत्तीर्ण करके इसी भाषा का डिप्लोमा भी ले लिया।

इनका विवाह सिंगाली ग्राम से सन्निकट आगाँव की निवासिनी गोविन्दी देवी से हुआ। इनकी कृतियों का परिचय इस प्रकार है–

(क) लेनिनामृतम्

यह पन्द्रह सर्गो का वीररस से परिपूर्ण महाकाव्य है। इस काव्य के नायक लेनिन हैं। इसमें जारशासन के विरुद्ध रूसी जनता की पीड़ा एवं उससे मुक्ति पाने का प्रेरक कथानक है, जो विश्व के सभी मानवों को स्वतन्त्रता का पाठ पढ़ाने में समर्थ है।

(ख) स्वराज्यम्

यह वीररस से युक्त पाँच सर्गों का खण्डकाव्य है। इसमें मुगलों के आक्रमण, उनके शासन, अंग्रेजों से भारत की मुक्ति, देश विभाजन, चीन का आक्रमण आदि घटनाओं का वर्णन प्रस्तुत किया गया है। इसके एक अनुप्रास की छटा द्रष्टव्य है–

विगता नु विहायसागता क्व गताः सम्प्रति नोगता गताः।
कुगता नुगता नवागता न गतास्ते कथमत्र वागताः॥

–३/७५

यह खण्डकाव्य प्रशंसनीय राजनैतिक कृति है।

(ग) सिनेमाशतकम्

यह १०१ श्लोकों का शतक काव्य है। इसमें कवि ने पाठकों को सिनेमा के गुण–दोषों का परिचय दिया है।

(घ) मदीया सोवियत यात्रा

सोवियत भूमि नेहरू पुरस्कार समिति तथा नोवस्ती प्रेस एजेन्सी के निमन्त्रण पर पद्मशास्त्री जी ने १५ दिन की अपनी सोवियत यात्रा का वर्णन अपनी इस कृति में किया है। मास्को, ताशकन्द, उजबेकिस्तान आदि स्थानों का सुन्दर चित्रण एवं सोवियत की राजनैतिक, आर्थिक, शैक्षिक नीति पर भी प्रकाश डाला है।

(ङ) लोकतन्त्र विजय

यह एक अंक का व्यायोग नाम रूपक है। इसमें इन्दिरागांधी द्वारा बताये गए बीस सूत्री कार्यक्रमों का वर्णन किया गया है और रूस तथा भारत की मैत्री पर प्रकाश डाला गया है।

(च) बंगलादेश विजय

यह भी एक अंक का व्यायोग नामक रूपक है। इसमें पाकिस्तानियों द्वारा शेख मुजीब के अपहरण एवं बंगला देश पर आक्रमण आदि घटनाओं का वर्णन किया गया है। इन्दिरा गांधी द्वारा शत्रुओं को परास्त करने एवं लोकतन्त्रप्रणाली लागू करने का वर्णन किया गया है।

साहित्य के क्षेत्र में अपने योगदान के लिए कवि पद्मशास्त्री जी को अनेक पुरस्कार मिले, जिनमें १९६० में अखिल भारतीय विद्वत्परिषद् द्वारा विद्याविभूषण की उपाधि, राजस्थान साहित्य अकादमी द्वारा स्वराज्यखण्डकाव्य के लिए ५००रु, स्वर्णपदक एवं प्रशस्तिपत्र, लेनिनामृतम् के लिए उत्तरप्रदेश शासन द्वारा २५०० का विशिष्ट पुरस्कार प्रमुख हैं।

(१२) श्रीकृष्णसेमवाल

वर्त्तमान समय में दिल्ली संस्कृत अकादमी के सचिव पद को सुशोभित करने वाले श्रीकृष्ण सेमवाल का जन्म ईशवीय सन १९४४ में गढ़वाल के चमोली जनपद के ग्राम ह्यूण (यमुनानगर, पत्रालय, गुप्तकाशी) में हुआ। आपके पिता का नाम श्री नाथोराम सेमवाल था। आपने उत्तराखण्ड विद्यापीठ, ज्वालापुरीय गुरुकुल महाविद्यालय में उच्चशिक्षा प्राप्त की। गुरुकुल कांगड़ी, रोहतकीय गौड़ ब्राह्मण महाविद्यालय दिल्ली प्रशासन में उच्चतर माध्यमिक विद्यालय में संस्कृत अध्यापन कार्य किया। आपके द्वारा रचे गये संस्कृत काव्यग्रन्थों में मुख्य हैं आपके शतक-इन्दिराकीर्त्तिशतकम्, हिमाद्रिपुत्राभिनन्दनकाव्यम् तथा भीमशतकम्। इस समय भी आप साहित्यसेवा में संलग्न हैं और दिल्ली संस्कृत अकादमी संस्कृतमंजरी नामक त्रैमासिक पत्रिका का सम्पादन कर रहे हैं। आप द्वारा रचित शतकत्रय का संक्षिप्त परिचय प्रस्तुत है–

(क) इन्दिराकीर्त्तिशतकम्

कवि ने भारत की पूर्व प्रधामन्त्री श्रीमती इन्दिरा गांधी के जन्मदिवस पर इस कृति द्वारा उनका अभिनन्दन किया है। सन १९७६ में भारतीय भाषा संगम, नई दिल्ली से प्रकाशित इस शतक काव्यकृति में इन्दिरा छन्द में श्रीमती इन्दिरा गांधी की यशस्विनी जीवनगाथा प्रस्तुत की है। भारतवर्ष के इलाहाबाद नगर में नेहरूपरिवार के निवास आनन्दभवन में जवाहरलाल नेहरू की पुत्री इन्दिरा प्रियदर्शिनी के जन्म, बाल्यावस्था में ही भारत को अंग्रेजों के शासन की अधीनता में देखकर दुखित उनका वानरी सेना का संगठन, विद्याध्ययन, मातृवियोग, विवाह, दोनों पुत्रों (राजीव, संजय) का जन्म असमय में ही पति की मृत्यु का शोक, नीतिज्ञ पिता के निर्देश में राजनीति की शिक्षा, विदेश भ्रमण, कांग्रेस के अध्यक्ष पद पर नियुक्ति, पिता (जवाहरलालनेहरू) की मृत्यु, लालबहादुशास्त्री जी के प्रधानमन्त्रित्व में सूचना मन्त्री का पद प्राप्त करना, ताशकन्द में प्रधानमन्त्री लालबहादुशास्त्री की मृत्यु के पश्चात् प्रधानमन्त्री के पद पर आरूढ होना, स्वार्थी नेताओं को पहिचान कर अपनी पार्टी से निष्कासित करना, बैंको का राष्ट्रीयकरण, देशकल्याण के लिए प्रिवीपर्स हटाना, निर्धनता उन्मूलन करने का प्रयास, हरिजनों-दलितों की कल्याणकामना, बंगलादेश की मुक्ति के प्रसंग में पाकिस्तानी शासकों को पराजित करना एवं दण्डित करना, आर्यभट्ट नामक उपग्रह का प्रेक्षण, अणुपरीक्षण के लिए भारत की घोषणा करना, दहेजप्रथा का विरोध करना आदि महत्त्वपूर्ण घटनाओं के विवरण से युक्त इस कृति में कवि सरल भाषा-शैली में वीररस के पोषक कर्णप्रिय अलंकारों का प्रयोग किया है। अनुप्रास का सुन्दर प्रयोग द्रष्टव्य है–

विवशता गता दीनता गता
कुटिलता गता हीनता गता।

चपलता गता रुढिता गता
तव सुशासने क्षुद्रता गता॥

—श्लोक सं० ६९

भारतवर्षवर्णन में शब्दों का चयन भी मनोमोहक है—

विपिनवाटिकापुष्पभूषिते गिरिगुहागुरुग्रामगर्विते।
सरससागरागारराजितेष मधुरिमाचिते भव्यभारते॥

—श्लोक सं०४

(ख) हिमाद्रिपुत्राभिनन्दनकाव्यम्

यह रचना श्रीकृष्ण सेमवाल द्वारा गुणसम्पन्न राजनेता, उत्तरप्रदेश के पूर्व मुख्यमन्त्री श्री हेमवतीनन्दन बहुगुणा जी के ६२ वें जन्मदिवस पर प्रस्तुत की गई है। इसका प्रथम प्रकाशन ईशवीय सन १९८० में श्रीहेमवतीनन्दनबहुगुणा जन्मदिवस समारोह समिति, दिल्ली द्वारा किया गया। कवि ने बहुगुणा जी के गुणों की सराहना करते हुए उनके दीर्घ जीवन के लिए शुभकामना करते हुए शिखरिणी, मन्दाक्रान्ता, वसन्ततिलका, इन्दिरा, इन्द्रवज्रा आदि विविध छन्दों में १०३ पद्यों में उनकी संक्षिप्त जीवनी इस लघुकाव्य में प्रस्तुत की है। गढ़वाल में बुधाणी ग्राम में रेवतीनन्दन जी के यहाँ विक्रमसंवत् १९७६ के वैशाख मास की शुक्लपक्ष की एकादशी तिथि के दिन बहुगुणा जी का जन्म हुआ। इनकी प्रारम्भिक शिक्षा चौखम्बा पर्वत के निकट गुप्तकाशी एवं उखीमठ और बाद में देहरादून में हुई; इन्होंने अंग्रेजों के कुशासन के विनाश के लिए छात्रों में जनजागरण का बीड़ा उठाया; इलाहाबाद में भी शिक्षा ग्रहण करने गये, वहाँ पर भी अपनी क्रान्ति से इन्होंने अंग्रेजों को भयभीत कर दिया। बहुगुणा जी अपने परिवार से दूर होकर स्वतन्त्रता प्राप्ति की चेष्टा में लग गये। वह कारागृह भी गये; इन्होंने भूमिगत आन्दोलन किया; अंग्रेजी शासन के विरुद्ध गठित कांग्रेस की सदस्यता ग्रहण की; इसी बीच अंग्रेजी शासन को पसन्द न करने वाली कमला देवी से इनका विवाह हो गया; इनके विजय एवं शेखर-दो पुत्र हुए। बाद में इन्दिरा गांधी जी के सहयोग के लिए इन्होंने राष्ट्रिय कांग्रेस दल के महामन्त्री, संचारमन्त्री एवं उत्तरप्रदेश के मुख्यमन्त्री पद की जिम्मेदारी संभाली। षड्यन्त्रकारियों के कारण इन्दिराजी का साथ छूटा, फिर आपको जनतापार्टी में रसायन पैट्रोलियम उर्वरक विषयक मन्त्रिपद मिला, आपने प्रधानमन्त्री बनने वाले चौधरी चरणसिंह को भी सहयोग दिया और उस समय भी मन्त्री बने। इस पद को छोड़कर पुनः प्रजातान्त्रिक कांग्रेस दल का पुनर्गठन किया, इक्कीस सूत्रीय कार्यक्रम का प्रस्ताव रखा और इन्दिरागांधी के कहने पर पुनः उन्हें सहयोग किया और पार्टी के मुख्य महासचिव बने। हिमालय के समान अटल एवं गुणवान् हेमवतीनन्दन बहुगुणा जी के विषय में कवि के उद्गार द्रष्टव्य हैं—

नगानां स्वामी त्वं हिमनिलयवासस्त्वमपि भोः?
गुणानां सिन्धुस्त्वं परमकठिनोऽप्यौषधिनिधिः।
परैरुग्रं तप्तो व्यथितहृदयस्त्वं न नमसि
हिमालयस्त्वं धन्यो बहुगुण! जगत्यां विजयसे॥ —हि० पु० ७४

(ग) भीमशतकम्

बाबासाहब भीमराव आम्बेडकर की जन्मशती के अवसर पर श्रीकृष्ण सेमवाल द्वारा रचित एक

सौ दो पद्यों में निबद्ध ' भीमशतकम्', का प्रथम प्रकाशन सन १९९१ में दिल्ली संस्कृत अकादमी से हुआ। इस कृति में भीमराव अम्बेडकर का जीवन परिचय प्रस्तुत किया गया है। महाराष्ट्र प्रदेश में रत्नगिरि नामक जिले में आम्बावडे नामक ग्राम में गुणवान्, महरकुल के मालोजी सकपाल रहते थे, इनके पुत्र का नाम था रामजी सकपाल, यह देशभक्त शिक्षक थे। इनका विवाह भीमादेवी से हुआ। भीमराव अम्बेडकर इन्हीं के पुत्र थे। अपने विद्यार्थी जीवन में शिक्षकों एवं साथी छात्रों के दुर्व्यवहार से और समाज में भी जातिभेद देखकर इन्हें बहुत दुःख हुआ–

वाणीसमाना गमनं समानं
दृष्टिः समाना हृदयं समानम्।
भावा समानाः हसनं समानं
ततोऽस्पृश्यत्वं कथमत्र जातौ॥

–भीमशतकम्, श्लोक सं० २७

(क्योंकि मनुष्यों में वाणी, गति, दृष्टि, हृदय, भाव, हँसना, मित्रता, शत्रुता आदि बातें समान हैं, इसलिए उनमें अस्पृश्यता क्यों?)

फलस्वरूप उन्होंने जातिप्रथा को समाप्त करने के लिए प्रतिज्ञा की, पण्डित अम्बेडकर से शिक्षा ग्रहण करने के कारण इनका नाम भीमराव अम्बेडकर हो गया। विद्याध्ययन के लिए यह बम्बई भी गये और सभी कठिनाईयाँ सहन करके भी कक्षाओं में प्रथम स्थान प्राप्त किया। इन्होंने उच्च शिक्षा कृष्णा केलुस्कर जी के निर्देशन में प्राप्त की। इनका विवाह रामाबाई के साथ हुआ। बड़ौदा के राजा की सहायता से यह पुनः उच्चशिक्षा में संलग्न हो गये और बाद में उन्हीं राजा के यहाँ कार्य करने लगे। किन्तु वहाँ भी जातिवाद की बुराई को देखकर बम्बई आ गये एवं जातिवाद के निवारण हेतु कटिबद्ध हो गये। विधिशास्त्र की शिक्षा के लिए विदेश गये और लौटकर बम्बई में महाविद्यालय में आचार्य रूप में अध्यापन कार्य प्रारम्भ किया; अस्पृश्यता निवारण के लिए भी इन्होंने दलितों को शिक्षित करते हेतु विद्यालयों की स्थापना की और जनसम्पर्क, पत्रपत्रिकाओं, भाषणों से उन्हें प्रेरित किया। दलितों की सेवा के लिए ही उन्होंने शिक्षक पद को छोड़कर बहिष्कृत हितकारिणी संस्था का विकास किया, इनके ज्ञान से प्रभावित होकर जवाहरलालनेहरू ने इन्हें विधिमन्त्री बनाया, इन्होंने भारत के संविधाननिर्माण में अविस्मरणीय सहयोग दिया; बाद में हिन्दुओं के व्यवहार से दुःखी होकर, अपने समर्थकों सहित इन्होंने बौद्धधर्म स्वीकार कर लिया।

१३. डॉ० मथुरादत्तपाण्डेय

उत्तरांचल राज्य के अल्मोड़ा जिले के कुमाल्ट ग्राम से सम्बद्ध डॉ० मथुरादत्त पाण्डेय का भी संस्कृत साहित्य की श्रीवृद्धि में विशिष्ट योगदान है। एम०ए०, पीएच०डी०, शास्त्री उपाधि प्राप्त डॉ० मथुरादत्त पाण्डेय ने पंजाब सरकार के उच्चशिक्षा विभाग में अध्यापन करते हुए अवकाश प्राप्त किया, तत्पश्चात् एक वर्ष विश्वेश्वरानन्द वैदिक अनुसन्धान संस्थान होशियारपुर में संयुक्त निदेशक के पद पर रहे। १९६१-१९६५ कोलम्बो योजनाधीन भारतसरकार की ओर से नियुक्त होकर विश्वविद्यालय, काठमाण्डू, नेपाल में अध्यापन कार्य किया। महर्षि महेश योगी की ओर से आमन्त्रित होकर हॉलेण्ड में तीन मास तक संस्कृत शिक्षण कार्य में व्यस्त रहे। इनके पल्लवपंचकम्, द्यावापृथिवीयम् तथा कारगिल(कालगिरिः) शीर्षकित तीन संस्कृत एकांकी संग्रह प्रकाशित हैं। इनके

शोधप्रबन्ध का शीर्षक है-नेपाली और हिन्दी के भक्तिकाव्य का तुलनात्मक अध्ययन। अहोरात्र, प्रणय और परिणय, कुहराई गुफाएँ, दुर्गाचरित आदि इनकी हिन्दी रचनाएँ हैं।

(क) पल्लवपंचकम्

इस एकांकी संग्रह का स्वयं पाण्डेय जी ने प्रथमवार १९८१ में प्रकाशन किया है। इस संग्रह में पाँच एकांकी हैं–

१. कालिदासकाव्यसम्भवम्

यह एकांकी महाकवि कालिदास के मेघदूतम् नामक गीतिकाव्य पर आधारित है। इसमें यक्ष के स्थान पर कालिदास, यक्षिणी के स्थान पर मालिनी, मेघ के स्थान पर मेघराज और रामगिरि के स्थान पर चित्रकूट आदि पात्रों एवं स्थानों का वर्णन करके रूपककार पाण्डेय ने रूपक को मौलिकता प्रदान की है।

२. नारदमोहिनीयम्

यह एकांकी इतिहास–पुराणों में विख्यात नारदमोह की कथा का सुन्दर नाट्य रूपान्तर है। जिसमें भगवान् विष्णु द्वारा नारद के कामविजय से सम्बद्ध अभिमान को नष्ट करने का वर्णन है।

३. राजदूतम्

इस एकांकी में नेपाल में भारत के राजदूत श्री हरीश्वरदयाल को श्रद्धांजलि दी गई है। इसकी कथा १९६४ की उस दुःखद घटना पर आधारित है, जब चीन ने भारत से विश्वासघात किया था। भगवान् शंकर की प्रेरणा से हरीश्वरदयाल द्वारा अपने प्राणों के उत्सर्ग के चित्रण से देशभक्तिभाव की सुन्दर अभिव्यक्ति की गई है।

४. शुद्धाज्यम्

इस एकांकी में वाणिज्य एवं पारिवारिक जीवन में एवं इनके साधनों में नैतिकता के अभाव का चित्रण किया गया है। पर्वतीय परिवारों में घृतसंक्रान्ति (भाद्रपदमास) की बड़ी मान्यता है, इस सांस्कृतिक पक्ष को भी इस कृति में प्रकट किया गया है।

५. कामोऽस्मि

'काम' का मानव जीवन में महत्त्वपूर्ण स्थान है। इस रूपक में कवि ने समलैंगिकता को भी प्रदर्शित किया है। इसके अतिरिक्त यह रूपक यह भी बताता है कि वासना प्रेम में होती है किन्तु वासना ही प्रेम नहीं होती।

(ख) द्यावापृथिवीयम्

पाँच एकांकियों वाले इस एकांकीसंग्रह का प्रकाशन १९९५ में पंचकूल्या, हरियाणा से कवि द्वारा ही हुआ है। जो स्वर्ग एवं पृथिवी के बीच समन्वय के प्रतीक हैं और वैदिक तथा पौराणिक आख्यानों पर आधारित हैं।

१. ऐलोर्वशीयम्

पुरुरवा उर्वशी का आख्यान पद्यात्मक एकांकी के रूप में प्रस्तुत है। मुख्य रूप से अनुष्टुप् छन्द का प्रयोग किया गया है।

२. देवोयाति भुवनानि पश्यन्

ऋग्वेद की ऋचाओं पर आधारित सूर्य-सरण्यू का विवाह, सूर्य-छाया का विवाह, सरण्यू से यम-यमी, अश्विनीकुमार, छाया से शनि आदि का जन्म आदि घटनाओं के माध्यम से विषम विवाह की समस्या पर भी प्रकाश डाला गया है।

३. सामयिकी

यह एकांकी ऋग्वेद के दशम मण्डल के यम-यमी संवाद पर आधारित है। इसमें भाई-बहिन के विवाह को निषिद्ध बताया गया है तथा भाई यम के शाप से बहिन यमी के यमुना बन जाने का भी वर्णन है।

४. उत्कोच

ऋग्वेद के सरमा पणि संवाद पर आधारित रूपक में उत्कोच नामक सामाजिक बुराई अभिमान को नष्ट करने का वर्णन है। वृहस्पति की चुराई हुई गायों को खोजने के लिए इन्द्र सरमा नामक कुतिया को नियुक्त करते हैं। उसे ज्ञात हो जाता है कि पणिजनों ने इस दुष्कृत्य को किया है। इस रूपक में पणिगणों द्वारा सरमा को उत्कोच दान, सरमा का वध, क्षमायाचनापूर्वक गायों को छोड़ना, युद्ध, उत्कोच (घूस) लेने के कारण सरमा का दोनों ओर से दण्डित होना और पणि तथा देवताओं में सन्धि होने की घटनाएँ वर्णित हैं।

५. प्रसूनं मदीयं सरोजं त्वदीयं

इस एकांकी की कथा विष्णुपुराण की कथा पर आधारित है। राजा ज्यामघ युद्ध में शत्रु पर विजय प्राप्त करके वहाँ की राजकुमारी को लाता है और पत्नी को सलाह देता है कि उससे हमारे होने वाले पुत्र का विवाह होगा। रानी इस बात का विरोध करती है तो राजा कहता है कि जैसे नारी का विवाह अपने से दुगुनी उम्र के पुरुष से हो सकता है, उसी प्रकार पुरुष का विवाह भी अपने से दुगुनी उम्र वाली स्त्री से हो सकता है।

(ग) कालगिरिः (कारगिल)

इसका प्रकाशन भी डॉ० मथुरादत्त पाण्डेय द्वारा सन २००० में किया गया है। इसमें भी पाँच एकांकी हैं-

१. अहोसापत्यं कवितावनितयोः

पाँच दृश्यों के इस एकांकी में रूपककार ने समाज में उन लोगों को सावधान किया है, जो वास्तविकता से दूर रहते हैं, शीतल नामक कवि कविता कामिनी में ही रत होकर गार्हस्थ्य धर्म की उपेक्षा करता है तो दूसरा परिमल अपनी पत्नी के रूप पर ही आसक्त है, उसके अन्तःकरण की उपेक्षा करता है। नाट्यशिल्प पाश्चात्त्य नाट्यशिल्प से प्रभावित है।

२. प्रायश्चित्तम्

यह रूपक १९८५ के पूर्व पंजाब राज्य में खालसाराज्य की तथाकथित स्थापना के लिए चलाए गए आतंकवादियों के सशस्त्र आन्दोलन पर आधारित है। जनप्रीतसिंह नामक एक आतंकवादी अपने साथी आतंकवादियों-अमरसिंह एवं जयसिंह के द्वारा मारे जाते हुए हिन्दू परिवार की रक्षा करना चाहता है और अपनी बाल्यकाल की प्रेमिका लता के धिक्कारने पर आतंकवाद का रास्ता छोड़ना चाहता है। अन्त में हिन्दू परिवार की रक्षा करते हए आतंकवादी जयसिंह को गोली मार देता है और स्वयं भी अमरसिंह की गोली का शिकार बन जाता है। रूपक के माध्यम से कवि ने बताया है कि बेरोजगार युवकों को दुष्ट लोग किस प्रकार आतंकवाद की ओर उन्मुख कर देते हैं।

३. अक्षि परिचयः

अभिनय के योग्य इस रूपक में नेत्र प्रत्यारोपण की अभिनव शिक्षापद्धति का चित्रण किया गया है। सोमदत्त नामक युवा दुर्घटनाग्रस्त होकर, हर्षवर्धन नामक कारचालक के नेत्रों से ही दुनियाँ देखता है। इसी चिकित्सालय में उसकी पत्नी शिरोवेदना की चिकित्सा के लिए भर्त्ती है, और सोमदत्त को बड़े प्रेम से देखती है। फलस्वरूप सोमदत्त की पत्नी रुष्ट हो जाती है। चिकित्सकों के समझाने पर, अपने पति की सुचिकित्सा के लिए वह ईर्ष्याभाव छोड़ देती है। बाद में चोट लगने पर सोमदत्त की अपनी याददाश्त वापस आ जाती है और वह पुनः अपनी पत्नी से सामान्यरूप से प्रेम करता है और इनके परिवार वाले हर्षवर्धन की पत्नी कीर्ति को भी अपने घर में आश्रय दे देते हैं।

४. जीवन्मृतः

इस रूपक में भ्रष्टाचार से युक्त इस युग में जीवित व्यक्ति भी दुश्मनों के द्वारा मृतक के रूप में घोषित कर दिया जाता है। न्यायालय में इन्हीं त्रुटियों की भाँति अज्ञानी भी संस्कृत साहित्य को यथार्थ-जीवन से विमुख मानकर प्रलाप करते रहते हैं।

५. कालगिरिः

सन १९९९ में ग्रीष्मऋतु में काश्मीर राज्य के उत्तर में विद्यमान कारगिल नामक पर्वतीय क्षेत्र पर पाकिस्तानी सैनिकों द्वारा छल से आक्रमण का जो प्रयास किया गया और उसका जो परिणाम हुआ उसे सारा संसार भारत पाक युद्ध के रूप में जानता है। उसी घटनाचक्र को लेकर रूपक लिखा गया है। यह पर्वत सदा हिम से ढका होने के कारण शीताधिक्य से योद्धाओं की महती संख्या को काल का ग्रास बना गया, इसलिए भी इस रूपक का नाम कालगिरि रक्खा गया है। प्रायः नेताओं की स्वार्थलिप्सा का फल सैनिकों और नागरिकों द्वारा अनुभव किया जाता है। इसमें पाकिस्तान के सैनिकों की क्रूरता, स्वाभाविक द्वेष और भारतीयों में कृपालुता तथा उदारता का चित्रण किया गया है। युद्ध न हो, इस दृष्टि संयुक्त राष्ट्र संघ की स्थापना हुई। रूपक को दूरदर्शन की दृष्टि से लिखा गया है।

उत्तरांचल के दोनों भागों कुमाऊँ एवं गढ़वाल से सम्बद्ध उपर्युक्त प्रमुख रचनाकारों के अतिरिक्त काव्य एवं काव्येतर विषयों पर अपनी लेखनी प्रयुक्त करने वाले अनेक विद्वान् हैं। इनमें-वृत्तरत्नाकर प्रणेता -केदारपाण्डेय, दीपशतक प्रणेता रामदत्त पन्त, राघवनैषधीय प्रणेता-हरदत्त सूरि, वृत्तसार

रचयिता तारानिधि पन्त, ज्योतिश्चन्द्रार्क: तथा रुद्रप्रदीप के रचनाकार पं० रुद्रदत्त जोशी, भागवत टीकाकार-पं० रघुवरदत्त जोशी आदि का नाम मुख्य रूप से उल्लेखनीय है। आज भी इस राज्य के अनेक विद्वान् काव्यरचना, काव्यमीमांसा एवं अपने पूर्वजों के वाङ्मय के शोध में संलग्न हैं। शोधलेख के कलेवर की दृष्टि से उन सबकी चर्चा नहीं कर पा रही हूँ। अस्तु, वाग्देवी माँ सरस्वती से प्रार्थना है कि यहाँ के विद्वान् रचनाकार भारतवर्ष में ही नहीं, विश्व में अपने क्षेत्र का गौरव बढ़ाएँ। मैं उन सभी विद्वान् सहायकों के प्रति आभार व्यक्त करती हूँ जिन्होंने इस शोधलेख हेतु सामग्री उपलब्ध करवाने में मेरी सहायता की है। इसी अविस्मरणीय सहायता को ही शोधलेख के प्रसंगों के रूप में स्वीकार किया जाय।*

सन्दर्भ

* यह शोधलेख, डॉ० सी० एम० अग्रवाल, इतिहास विभाग, कुमाऊँ विश्वविद्यालय द्वारा सम्पादित 'उत्तराञ्चल के सान्निध्य में' २००४ नामक ग्रन्थ में प्रकाशित है।

प्राचीन भारत में पर्यावरण चेतना

हमारा प्राचीन संस्कृत साहित्य इस तथ्य का साक्षी है कि स्वच्छ पर्यावरण जगत् के समस्त प्राणियों के दीर्घायुष्य के लिए परमावश्यक है। हमारे प्राचीन ऋषि-मुनि, कवि-लेखक, चिकित्सक-अध्यापक आदि पर्यावरण की शुद्धि के विषय में पूर्णरूपेण जागरूक थे। हमारे प्राचीन संस्कृत साहित्यकी -"माता भूमिः पुत्रोऽहं पृथिव्याः" एवं "जननी जन्मभूमिश्च स्वर्गादपि गरीयसी"- इन प्रसिद्ध सूक्तियों का अभिप्राय ही यह है कि पृथिवी वात्सल्ययुक्त माँ की भाँति हमारा पालन-पोषण करती है तो हमारा भी कर्त्तव्य बनता है कि हम अपनी जननीरूपिणी पृथिवी की सर्वतोभावेन रक्षा-सुरक्षा करें; उसे इतना स्वच्छ और सुन्दर बना दें कि वह रोग-शोक से रहित स्वर्ग के समान बन जाए। एतदर्थ हमारा कर्त्तव्य है कि हम पर्यावरण के सभी अवयवों के प्रति आदरभाव रखें; उनकी शुद्धि के विषय में प्रयत्न करें; उनमें सन्तुलन बनाये रखने के लिए सतत परिश्रम करें; और ईश्वर से प्रार्थना करें कि ये सभी तत्त्व हमें सुख-शान्ति प्रदान करें।

हमें बड़े गौरव और प्रसन्नता का अनुभव होता है कि हमारे प्राचीन भारतीय साहित्य में पर्यावरण के सभी आवश्यक अवयवों के प्रति आदरभाव व्यक्त किया गया है; और वैदिक साहित्य में तो अग्नि, वायु, आकाश, जल, पृथिवी-इन पंचमहाभूतों को देवता मानकर, अनेक सूक्तों के माध्यम से इनकी स्तुति की गई है; इसके अतिरिक्त इन पंचमहाभूतों के संरक्षक के रूप में इन्द्रादि देवताओं से भी प्रार्थना की गई है। वैदिक साहित्य में पृथिवी को माता कहकर पूजा गया है-

माता भूमिः पुत्रोऽहं पृथिव्याः -अथर्ववेद, १२/१२

संसार को शस्य सम्पन्न और निवास के योग्य बनाने वाले पर्जन्य (जल बरसाने वाले मेघ) को पिता मानकर उससे अपने पालन की प्रार्थना की गई है :-

(क) **पर्जन्यः पिता स उ नः पिपर्तु।**

-अथर्ववेद, १२/१२

(ख) **प्रवाता वान्ति पतयन्ति विद्युत**
उदोषधीर्जिहते जिन्वते स्वः।
इरा विश्वस्मै भुवनाय जायते
यत्पर्जन्यः पृथिवीं रेतसावति॥
दिवो नो वृष्टिं मरुतो ररीध्वम्
प्र पिन्वत वृष्णो अश्वस्य धाराः।
अर्वाङेतेन स्तनयित्नुनेह्यपो
निषिञ्चन्नसुरः पिता नः॥

-ऋग्वेद, पर्जन्यसूक्त, ५/९/४, ६

अर्थात् पर्जन्य हमारे पिता हैं; वह हमारा रक्षण-संरक्षण करें। जब पर्जन्य अपने जल से पृथिवी की रक्षा करता है, तब हवाएँ चलती हैं; बिजलियाँ कड़कती हैं; औषधियाँ अंकुरित होती हैं; और अन्तरिक्ष जल की बूँदों की वृष्टि करता है, फलस्वरूप यह पृथिवी सभी प्राणियों के हित का सम्पादन करने में समर्थ हो जाती है। हे हवाओ! तुम हमारे लिए अन्तरिक्ष से जल की वर्षा करो; वर्षा करने वाले मेघों से जल की धाराओं को गिराओ। हे पर्जन्य! तुम गरजते हुए मेघों के साथ हमारे पास आओ और (हमारी पृथिवी को) जल से सींच दो। तुम्हीं हमें जल देने वाले हो और पिता के समान हमारा पालन करने वाले हो।

सर्वविदित है कि नदियाँ पर्यावरण को सुखद, सुन्दर एवं आर्द्र बनाती हैं; अपने दिव्य जल से कृषि कार्य में सहायता पहुँचाती हैं। बादलों से बरसने वाला जल एक निश्चित अवधि में ही पृथिवी को उपलब्ध होता है, जबकि नदियों का जल पृथिवी में रहने वाले प्राणियों को सदैव उपलब्ध होता रहता है। नदियों की इसी उपयोगिता को समझकर ही वैदिक साहित्य में इनको माता एवं भगिनी का स्थान देकर इनकी पूजा की गई है–

(क) **गावेव शुभ्रे मातरा रिहाणे।**

(ख) **ओ षु स्वसारः कारवे श्रृणोत।**

–ऋग्वेद, ३/३३/१, ९

वायु जगत् का प्राणतत्त्व है। इसके विना प्राणियों के अस्तित्व की कल्पना ही नहीं हो सकती। इसी के कारण पर्यावरण का एक नाम वातावरण है। महर्षि वाल्मीकि इसके माहात्म्य का उद्घोष अपने आर्षकाव्य में करते हैं–

वायुः प्राणः सुखं वायुर्वायुः सर्वमिदं जगत्।
वायुना सम्परित्यक्तं न सुखं विन्दते जगत्॥

–रामायण, ७/३२/६२

पर्यावरण की रक्षा-सुरक्षा में वनों एवं वृक्षावलियों का भी पर्याप्त योगदान रहता है। इसीलिए यजुर्वेद में कहा गया है–

अरण्यानां पतये नमो नमः।

–शुक्लयजुर्वेद, ५/२०

भवभूति ने भी में वन को देवी वासन्ती के रूप में प्रस्तुत करके वन के प्रति अपना स्नेह एवं आदर अभिव्यक्त किया है–

अपि जनस्थानवनदेवता त्वं वासन्ती?

–उत्तररामचरित, द्वितीय अंक

पर्यावरण को प्राणिमात्र के लिए हितकारक बनाने के लिए आवश्यक है कि हम इसकी शुद्धि एवं संरक्षण का प्रयत्न करें; और प्राकृतिक पदार्थो के सन्तुलन को बनाए रखें; और उनके साथ मनमाना व्यवहार न करें। हमारे संस्कृत साहित्य में वातावरण की शुद्धि, अच्छी फसल की प्राप्ति और प्राणियों का पालन-पोषण आदि की दृष्टि से यज्ञों के माहात्म्य का उद्घोष किया गया है–

(क) पर्जन्यः भूमिः जिन्वन्ति दिवं जिन्वन्ति चाग्नयः।

—अथर्ववेद

(ख) अग्निहोत्रं जुहुयात् स्वर्गकामः।

— ऐतरेय ब्राह्मण

(ग) अग्नो प्रास्ताहुतिः सम्यगादित्यमुपतिष्ठते।
आदित्याज्जायते वृष्टिर्वृष्टेरन्नं ततः प्रजाः॥

—मनुस्मृति, ३/७६

(घ) अन्नाद्भवन्ति भूतानि पर्जन्यादन्नसंभवः।
यज्ञाद्भवति पर्जन्यो यज्ञः कर्मसमुद्भवः॥

—श्रीमद्भगवद्गीता, ३/२४

(ङ) दुदाहे गां स यज्ञाय सस्याय मघवा दिवम्।
संपद्विनिमयेनोमौ दधतुर्भुवनद्वयम्॥

—रघुवंश, १/२६

(च) हविरावर्जितं होतस्त्वया विधिवदग्निषु।
वृष्टिर्भवति शस्यानामवग्रहविशोषिणाम्॥

—रघुवंश, १/६२

प्राकृतिक पदार्थों के सन्तुलन के विषय में इन्द्र के सत्प्रयासों को ऋग्वेद में इन्द्रसूक्त के माध्यम से प्रस्तुत किया गया है—

पृथिवीं व्यथमानामदृंहद्यः
पर्वतान्प्रकुपिताँ अरम्णात्।
अन्तरिक्षं विममे वरीयो यो
द्यामस्तभ्नात्स जनास इन्द्रः॥

—ऋग्वेद, इन्द्रसूक्तः, २/१२/२

अर्थात् जिसने काँपती हुई पृथिवी को स्थिर किया; जिसने चलायमान पर्वतों को शान्त किया; जिसने विस्तृत अन्तरिक्ष को नापा; और जिसने द्युलोक को ऊपर ही रोक दिया, हे जनो! वही इन्द्र है। प्रस्तुत ऋचा में भूकम्प, भूस्खलन, उल्कापात, विद्युत्पतन आदि आपत्तियों से जगत् की रक्षा करने का स्पष्ट संकेत है।

जगत् को जल की मात्रा आवश्यकतानुसार ही उपलब्ध होनी चाहिए। अतिवृष्टि, अनावृष्टि, बाढ़, सूखा, प्रदूषित जल आदि जलसम्बन्धिनी आपदाएँ हैं। इनसे जगत् को बचाने के लिए भी हमारे संस्कृत साहित्य में इन्द्र, पर्जन्य, नदी आदि देवताओं से प्रार्थना की गई है। अवरुद्ध जल प्रदूषित हो जाता है तथा उसका सेवन प्राणियों के लिए अहितकर होता है। ऋग्वेद में वर्णन मिलता है कि इन्द्र ने ही अवरुद्ध जल को नदियों का रूप देकर उसे प्राणियों के लिए सुलभ कराया (ऋग्वेद, इन्द्रसूक्त, २/१२/३; विश्वामित्र नदी सूक्त सामवेद, ३/३३/७)। पर्जन्य से प्रार्थना की गई है कि वह अपेक्षित

जलवृष्टि के पश्चात् अपनी वृष्टि को रोक ले (ऋग्वेद, पर्जन्यसूक्त, ५/८३/१०)। नदियों से भी विनम्र निवेदन किया गया है कि उनका जल इस प्रकार बहे कि मार्ग में चलने वाले वाहनों की गति अवरुद्ध न हो; यह जल राष्ट्र के अच्छे कार्यों में प्रयुक्त हो; दोषरहित हो; तथा बाढ़ आदि के रूप में अनावश्यक वृद्धि प्राप्त न करे–

उद्व ऊर्मिः शम्या ह-
न्त्वापो योक्त्राणि मुञ्चत।
मा दुष्कृतो व्येनसा-
घ्न्यौ शूनमारताम्॥

–ऋग्वेद, ३/३३/१३

वन और वृक्षावलियाँ भी पर्यावरण की सुरक्षा की दृष्टि से संरक्षणीय हैं। क्योंकि वन और वृक्ष ही पर्वतों की रक्षा करते हैं; वायुमण्डल को शुद्ध बनाते हैं; और हमें औषधियाँ एवं विभिन्न उपयोगी वनस्पतियाँ प्रदान करते हैं (वाल्मीकिरामायण, ३/६७/१५; ६/१०/३८; कुमारसम्भव, १/७)। हमारे ऋषि-मुनि भी इस तथ्य से सुपरिचित थे। उन्होंने वनों का माहात्म्य समझने की दृष्टि से ही पृथिवी से प्रार्थना की है कि उसमें विद्यमान वन प्राणियों के लिए सुखदायक हों–

अरण्यं ते पृथिवी स्योनमस्तु।

–अथर्ववेद, १२/११

तथा वृक्षारोपण का भी निर्देश दिया है–

वनस्पतिं वने आस्थापयध्वम्।

–अथर्ववेद

दैवतानि च यान्यस्मिन् वने विविध पादपे।
नमस्करोम्यहं तेभ्यो भर्तुः शंसत मां हृताम्॥

–वाल्मीकिरामायण, ३/४९/३२

किन्तु वन हमारे लिए तभी सुखकारक हो सकते हैं जब हम वनों को नष्ट करने वाली आसुरी शक्तियों को दण्डित करें; उनकी रक्षा के लिए वनपाल नियुक्त करें; उन्हें पुत्रवत् मानकर उनका लालन-पालन, रक्षण-संरक्षण करें; पारिवारिक सदस्यों के समान उनकी कुशलक्षेम पर प्रश्न करें; उनके सुख-दुःख में सम्मिलित हों; तथा विदालेते समय उनकी भी आज्ञा प्राप्त करें। ताटका और मारीच ने मलद और करुण नामक जनपदों के वन्यप्रदेशों को उजाड़ दिया। श्रीरामचन्द्र ने इनको दण्डित किया। फलस्वरूप वह वन कुबेर के वन के समान फिर से सुन्दर हो गया–

मुक्तशापं वनं तच्च तस्मिन्नेव तदाहनि।
रमणीयं विवभ्राज यथा चैत्ररथं वनम्॥

–वाल्मीकिरामायण, १/२६/३५

वाल्मीकि ने राजाओं को वनसंरक्षण के लिए वनपाल की नियुक्ति का भी परामर्श दिया है (वा० रा०, ४/११/४२, ५/१३/६३) तत्कालीन ऋषि-मुनि तो पुत्र के समान वन की रक्षा स्वयं करते थे–

वनेऽस्मिन् मामके नित्यं पुत्रवत् परिरक्षिते।

—वाल्मीकिरामायण, ४/११/५७

शिव, पार्वती एवं सीता ने भी वृक्षों का लालन-पालन पुत्रवत् ही किया है–

अमुं पुरः पश्यसि देवदारुं पुत्रीकृतोऽसौ वृषभध्वजेन।
यो हेमकुम्भस्तननिः सृतानां स्कन्दस्य मातुः पयसां रसज्ञः॥

—रघुवंश, २/३६

पयोघटैराश्रमबालवृक्षान्संवर्धयन्ती स्वबलानुरूपैः।
असंशयं प्राक्तनयोपपत्तेः स्तनंधयप्रीतिमवाप्स्यसि त्वम्॥

—रघुवंश, १४/७८

कतिपयकुसुमोद्गमः कदम्बः प्रियतमया परिवर्धितोऽयमासीत्।

—उत्तररामचरित, ३/२० का पूर्वार्ध

वसिष्ठ ने महर्षि भारद्वाज से उनके कुशलक्षेम के विषय में पूछने के साथ ही उनके आश्रम के पेड़-पौधों तथा पशु-पक्षियों के कुशल समाचार को भी पूछा था :–

वसिष्ठो भरतश्चैनं पप्रच्छतुरनामयम्॥
शरीरेऽग्निषु शिष्येषु वृक्षेषु मृगपक्षिषु॥

—वाल्मीकिरामायण, २/९०/८

महर्षि विश्वामित्र ने भी वसिष्ठ के आश्रम में पहुँचकर वनस्पतिसमूह की कुशलक्षेम जानना अपना कर्त्तव्य समझाा था: –

विश्वामित्रो महातेजा वनस्पतिगणे तदा।
सर्वत्र कुशलं प्राह वसिष्ठो राजसत्तमम्॥

—वाल्मीकिरामायण, १/५२/ ५

महाकवि कालिदास की शकुन्तला तो वृक्षों को जल पिलाए विना स्वयं जल नहीं पीती थी; अलङ्करण के प्रति रुचि होने पर भी वह वृक्षों के कोमल पत्तों को नहीं तोड़ती थी; और वृक्षों में पुष्पों की उत्पत्ति देखकर उत्सव का अनुभव करती थी। इसीलिए महर्षि कण्व ने वनदेवताओं और तपोवन के वृक्षों से निवेदन किया था कि पतिगृह को जाती हुई शकुन्तला को वे सभी अनुमति प्रदान करें–

भो भोः संनिहितदेवतास्तपोवनतरवः!
पातुं न प्रथमं व्यवस्यति जलं युष्मास्वपीतेषु या
नादत्ते प्रियमण्डनापि भवतां स्नेहेन या पल्लवम्।
आद्ये वः कुसुमप्रसूतिसमये यस्या भवत्युत्सवः
सेयं याति शकुन्तला पतिगृहं सर्वैरनुज्ञायताम्॥

— अभिज्ञानशाकुन्तलम्, ४/९

शकुन्तला स्वयं भी अपनी विदावेला में अपनी सखी वनज्योत्स्ना से गले मिलने की प्रार्थना करती है (अभिज्ञानशाकुन्तलम्, चतुर्थ अङ्क)।

हमारे संस्कृत साहित्य में राजा को पर्यावरण संरक्षण का उत्तरदायित्व सौंपा गया है। प्रकृति प्रेमी एवं पर्यावरणसंरक्षण के पक्षपाती महाकवि कालिदास की मान्यता है–

(क) **प्रवर्ततां प्रकृतिहिताय पार्थिवः।**

–अभिज्ञानशाकुन्तलम्, ७/३५

(ख) **आशास्यमीतिविगमप्रभृति प्रजानां**
संपत्स्यते न खलु गोप्तरि नाग्निमित्रे॥ – मालविकाग्निमित्र, ५/२०

अर्थात् राजा सन्तति के समान ही प्रकृति (पंच महाभूत, औषधी, वनस्पति आदि) की रक्षा करे। राजा को पूरी सावधानी वरतनी चाहिए कि उसके शासनकाल में प्रजा को महामारी, अतिवृष्टि, अनावृष्टि, टिड्डीदल, चूहे, तोते, शत्रुओं का आक्रमण आदि आपत्तियों का सामना न करना पड़े।

हमारे संस्कृत साहित्य में ईश्वर से प्रार्थना की गई है कि हमारे राष्ट्र में ब्राह्मण ज्ञानसम्पन्न हों; राष्ट्ररक्षक क्षत्रिय शूरवीर शस्त्रास्त्रकलाकुशल, शत्रुनाशक तथा महारथी हों; गौएँ पयस्विनी हों; बैल बली हों; अश्व द्रुतगामी हों; स्त्रियाँ सर्वगुणसम्पन्न हों; रथी योधाओं में विजय प्राप्त करने की इच्छा बलवती हो; युवक निर्भीक एवं सुशील हों; मेघ आवश्यकतानुसार वृष्टि करें; औषधियाँ फलें-फूलें; अभीष्ट वस्तुओं की प्राप्ति होती रहे; प्राप्त वस्तुएँ सुरक्षित बनी रहें; पृथिवी अनाजयुक्त हो; और सबके मन को आह्लादित करने वाली हवाएँ प्रवाहित हों–

(क) **आब्रह्मन् ब्राह्मणो जायताम्; आ राष्ट्रे राजन्यः**
शुर इशव्योऽतिव्याधो महारथो जायताम्;
दोग्ध्री धेनुर्वोढाऽनड्वानाशुः सप्तिः पुरन्ध्रिर्योषा जिष्णू
रथेष्ठाः सभेयो युवाऽस्य यजमानस्य वीरो जायताम्;
निकामे निकामे नः पर्जन्यो वर्षतु; फलवत्यो न
ओषधयः पच्यन्ताम्; योगक्षेमो नः कल्पताम्॥

–यजुर्वेद, २२/२२

(ख) **क्षीरिण्यः सन्तु गावो भवतु वसुमती सर्वसम्पन्नसस्या।**
पर्जन्यः कालवर्षी सकलजनमनोनन्दितो वान्तु वाताः॥
मोदन्तां जन्मभाजः सततमभिमता ब्राह्मणाः सन्तु सन्तः।
श्रीमन्तः, पान्तु पृथ्वीं प्रशमितरिपवो धर्मनिष्ठाश्च भूपाः॥

–मृच्छकटिक, १०/६०

(ग) **क्ष्मापालाः क्षीणतन्द्राः क्षितिवलयमिदं पान्तु ते कालवर्षा**
वार्वाहाः सन्तु राष्ट्रं पुनरखिलमपास्तेति संपन्नसस्यम्।
लोके नित्यप्रमोदं विदधतु कवयः श्लोकमाप्तप्रसादं
संख्यावन्तोऽपि भूम्ना पर कृतिषु मुदं संप्रधार्य प्रयान्तु॥

–महावीरचरित, ७/४२

पंचमहाभूत, औषधि, वनस्पति और सभी देवता हमारे लिए और हमारे पर्यावरण के लिए शान्तिदायक और सुखदायक हों, एतदर्थ वेदों में शान्तिसूक्त गाये गये हैं–

पृथिवी शान्तिरन्तरिक्षं शान्तिर्द्यौः शान्तिरापः शान्तिरोषधयः शान्तिर्वनस्पतयः
शान्तिर्विश्वे मे देवाः शान्तिः सर्वे मे देवाः शान्तिः शान्तिः शान्तिः

–अथर्ववेद, १९/९/१४

उपर्युक्त उद्धरणों में अभिव्यक्त प्रार्थनाओं एवं शुभकामनाओं का स्पष्ट अर्थ है कि सृष्टि पंचमहाभूतों से निर्मित हुई है। अतएव इसका पर्यावरण विशुद्ध होने के लिए आवश्यक है कि ये पञ्चमहाभूत जगत् को सन्तुलित करने के लए उचित अनुपात में पवित्रता के साथ प्रस्तुत हों। जब ये पाँचों शान्तिदायक अर्थात् कल्याणकारी होंगे, तभी पर्यावरण भी मानवोपयोगी होगा।

महाकवि कालिदास ने प्रार्थना की है कि भगवान् शङ्कर-जल, अग्नि, होता, सूर्य, चन्द्र, आकाश, पृथ्वी एवं वायु-अपनी इन आठ मूर्त्तियों से सबका कल्याण करें। पर्यावरण को मानवोपयोगी बनाने के लिए भगवान् शङ्कर से प्रार्थना करते हुए हम महाकवि के शब्दों को मूलरूप में प्रस्तुत करते हुए लेख की इति कर रहे हैं–

"या सृष्टिः स्रष्टुराद्या वहति विधिहुतं या हविर्या च होत्री
ये द्वे कालं विधत्तः श्रुतिविषयगुणा या स्थिता व्याप्य विश्वम्।
यामाहुः सर्वबीजप्रकृतिरिति यया प्राणिनः प्राणवन्तः
प्रत्यक्षाभिः प्रपन्नस्तनुभिरवतु वस्ताभिरष्टाभिरीशः॥

–अभिज्ञानशाकुन्तलम्, १/१*

सन्दर्भ

*१. यह शोधलेख शारदापीठ प्रदीप वार्षिक शोधपत्रिका, गुजरात द्वारका के अङ्क २९, ई॰ सन २००४ में प्रकाशित है।

२. यह शोधलेख प्रोफेसर हरिनारायण दीक्षित, अध्यक्ष, संस्कृत विभाग कुमाऊँ विश्वविद्यालय, नैनीताल के संयुक्त लेखकत्व में लिखा गया है।

मुनिश्रीनियमसागर विरचित 'विद्याष्टकम्' काव्य की काव्यशास्त्रीय समीक्षा

विधा की दृष्टि से काव्य के सर्वप्रथम दो भेद हैं– दृश्यकाव्य एवं श्रव्यकाव्य। श्रव्यकाव्य के अन्तर्गत वे काव्य आते हैं, जिन्हें केवल सुना अथवा पढ़ा जाता है। श्रव्यकाव्य के भी तीन प्रमुख भेद हैं– पद्यकाव्य, गद्यकाव्य एवं गद्यपद्यात्मक काव्य। इनमें से पद्यकाव्य के भी दो प्रमुख भेद हैं-महाकाव्य एवं खण्डकाव्य। खण्डकाव्य की अत्यन्त प्रचलित विधा है-स्तोत्रकाव्य, जिसका अर्थ है, ऐसा काव्य, जिसमें भक्तकवि अपनी कविता के माध्यम से अपने आराध्य की स्तुति करता है–

स्तवः स्तोत्रं स्तुतिर्नुतिः।

–अमरकोश, १/६/११

अग्निपुराणकार ने प्रशस्ति को उभयालङ्कार की कोटि में मानते हुए उसका लक्षण दिया है–

प्रशस्तिः परवन्मर्मद्रवीकरणकर्मणः।
वाचोयुक्तिर्द्विधा सा च प्रेमोक्तिस्तुतिभेदतः।
प्रेमोक्तिस्तुतिपर्यायौ प्रियोक्ति गुणकीर्त्तने।।

–अग्निपुराण, ३४५/३-४

भक्त अपने आराध्य के प्रति प्रेमयुक्त वचन कहता है, अथवा उसकी प्रशंसा करता है। अतएव अग्निपुराणकार के उपर्युक्त वचन भी स्तोत्रकाव्य के लक्षण का बीज माने जा सकते हैं। स्तोत्रकाव्य का लक्षण चाहे जो हो, काव्य की यह विधा हमारे संस्कृत साहित्य की अनुपम एवं सहृदयहृदयस्पर्शी विधा है।

हमारी भारतीय संस्कृति की प्रमुख विशेषताएँ हैं– आस्तिकता, देवतावाद, आध्यात्मिकता, महान् व्यक्तियों के प्रति आदर आदि। इन सभी विशेषताओं का मूर्त्तरूप हमें भारत के स्तोत्रकाव्यों में देखने को मिलता है। स्तोत्रकाव्य की प्रंशसनीय परम्परा हमारे यहाँ वैदिक साहित्य से प्रारम्भ हुई है। वेदों में इन्द्र, अग्नि, विष्णु, वरुण, मरुद्गण, सूर्य, उषा, पृथिवी, पर्जन्य, नदी, द्यौ, अन्तरिक्ष, प्रजापति आदि को देवता मानकर उनकी प्रशंसा में सूक्त गाये गए हैं और उनसे अपने कल्याण की कामना की गई है। इसके पश्चात् लौकिक संस्कृत साहित्य एवं हिन्दी साहित्य में भी स्तोत्रकाव्यों की रचना निरन्तर होती रही है और आज भी हो रही है। भक्त कवियों की सृजनशीलता के फलस्वरूप ही, देवीभूषण, दुर्गासप्तशती, सौन्दर्यलहरी, अमृतलहरी, लक्ष्मीलहरी, स्तोत्ररत्नावली, स्तोत्ररत्नाकर, भक्तामरस्तोत्र आदि स्तोत्रकाव्यकृतियाँ तथा स्तोत्रसंग्रह देखने को मिलते हैं। सन्तज्ञानेश्वर, नामदेव, कबीरदास, सूरदास, तुलसीदास, नरसिंह मेहता आदि भक्तकवियों की वाणी भी स्तोत्रकाव्य

के रूप में मान्य हैं तथा काव्य के प्रमुखप्रयोजन 'अनिष्टनिवारण' ('शिवेतरक्षतये' काव्यप्रकाश, १/२) की सिद्धि का साधन भी हैं। यह हमारे लिए बड़े हर्ष एवं गौरव का विषय है कि जैन भक्तकवियों ने भी स्तोत्रकाव्य की इस परम्परा को बढ़ाने में सहयोग दिया है। यथा स्वामी समन्तभद्र प्रणीत स्तुतिविद्या या जिनशतक, आचार्य मुनिश्रीज्ञानसागर प्रणीत भक्तिसंग्रह आदि।

इस दृष्टि से जब हम आधुनिक जैन विद्वान् और भक्तकवि मुनिश्री नियमसागर जी प्रणीत 'विद्याष्टकम्' का अनुशीलन करते हैं, तो पाते हैं कि यह भी संस्कृत खण्डकाव्य के 'स्तोत्रकाव्य' नामक भेद के अन्तर्गत आ जाता है। यह 'विद्याष्टकम्' अपने नामकरण की दृष्टि से हिन्दी साहित्य के प्रख्यात भक्त कवि तुलसीदास के 'रामचरितमानस' के अन्तर्गत ही विद्यमान 'रुद्राष्टकम्' नामक शिवस्तुति के समकक्ष ठहरता है तो भाषा-शैली की दृष्टि से जैन भक्तकवि आचार्य स्वामी समन्तभद्र के 'स्तुतिविद्या' नामक स्तोत्रकाव्य से प्रेरित होकर लिखा गया है। इस ग्रन्थरत्न में विद्वान् कवि नियमसागर ने अपने गुरु आचार्य विद्यासागर जी की प्रशंसापरक स्तुति आठ श्लोकों में प्रस्तुत की है, उन्होंने ये आठों श्लोक अनुष्टुप् छन्द में निबद्ध किये हैं; इसके अतिरिक्त उपसंहारात्मक दो और भी श्लोक अनुष्टुप् छन्द में प्रस्तुत किये है; इसके बाद स्वरचित 'रत्नत्रयस्तुतिशतकम्' नामक काव्य के १०२ पद्य को संस्कृत एवं हिन्दी टीका सहित प्रस्तुत किया है, जो इस अनुपम कृति की सर्जना का बीज है–

वारा धा रर! धारा वा–
राक्षलाक्ष! क्षलाक्षराः।
धालाः! य! नो नोऽयलाधा
रक्ष नोऽज्ञा! नोऽक्षर॥

– रत्नत्रयस्तुतिशतकम्, पद्य सं० १०२

इसके पश्चात् 'विद्याष्टकम्' की संस्कृत एवं हिन्दी टीका लिखने के पूर्व शार्दूलविक्रीडित छन्द में मङ्गलाचरणात्मक श्लोक लिखकर भारतीय साहित्य एवं संस्कृति के आदि मंगल की परम्परा को अपनाया है–

विद्यासागर विश्ववन्द्यश्रमणं चित्राष्टकैः संस्तुवे
सर्वोच्चं यमिनं विनम्य परमं सर्वार्थसिद्धिप्रदम्।
ज्ञानध्यान तपोऽभिरक्तमुनिपं विश्वस्य विश्वाश्रयम्
साकारं श्रमणं विशाल-हृदयं 'सत्यं शिवं सुन्दरम्'॥

विद्याष्टकम् के साथ ही कवि ने 'प्रशस्तिपर्व' नामक स्तुतिकाव्य को भी सत्रह श्लोकों में प्रस्तुत किया है। इसका पहला पद्य कन्नड़ भाषा में, दूसरा पद्य हिन्दी भाषा में, तीसरे से चौदहवें पद्य तक-बारह पद्य संस्कृत भाषा में अनुष्टुप् छन्द में, पन्द्रहवाँ और सोलहवाँ-दो पद्य संस्कृत भाषा में आर्या छन्द में और अन्तिम सत्रहवाँ पद्य प्राकृत भाषा में गाथा छन्द में निबद्ध है। इस सम्पूर्ण ग्रन्थ की संस्कृत टीका, हिन्दी टीका, हिन्दी अनुवाद, चित्रबन्धों को पढ़ने की विधि कवि श्री नियमसागर जी ने स्वयं ही प्रस्तुत करके सहृदय पाठकों का उपकार किया है। यहाँ तक कि चित्रबन्ध एवं अन्य चित्र भी नियमसागर जी द्वारा बनाए गए हैं। ग्रन्थ के अन्त में जैन-धर्म-दर्शन से सम्बद्ध पारिभाषिक शब्द एवं उनका अर्थ देकर तथा दिगम्बर मुनि और उनके आचरण पर प्रकाश डालकर ग्रन्थ को

परमोपयोगी बना दिया है।

यदि किसी कृति को काव्यकोटि में प्रतिष्ठित किया गया है, तो उसकी प्रतिष्ठा को सिद्ध करने के लिए आवश्यक है कि हम उसके भावपक्ष, कलापक्षादि की परीक्षा करें।

यह तथ्य ऊपर आ चुका है कि इस कृति में नियमसागर जी ने अपने गुरु आचार्य श्रीविद्यासागर जी को काव्यनायक पद पर प्रतिष्ठित करके, उनके प्रति अपनी अनुपम भक्तिभावना का प्रदर्शन किया है। हमारे भारतीय काव्यशास्त्रियों ने देवविषयक एवं गुरुविषयक भक्ति को भावपक्ष के भावकाव्य नामक द्वितीय भेद के अन्तर्गत रखा है–

(क) **रतिर्देवादिविषया व्यभिचारी तथाञ्जितः।**
भावः प्रोक्तः।

–मम्मट, काव्यप्रकाश, ४/३५, ३६ का प्रथम चरण का अंश।

(ख) **सञ्चारिणः प्रधानानि देवादिविषया रतिः।**
उद्बुद्धमात्रः स्थायी च भाव इत्यभिधीयते॥

–विश्वनाथ, साहित्यदर्पण, ३/२६०-२६१

किन्तु बाद में श्रीकृष्ण को अपना आराध्य मानने वाले लोगों ने भक्तिभाव को परिपुष्ट स्थायी भाव अर्थात् रसरूप में प्रतिष्ठित करने का भी बीड़ा उठाया। मेरे विचार से, भक्ति को रस मानने की प्रेरणा, उन्हें अवश्य ही काव्यादर्श की निम्न उक्ति से मिली होगी–

भक्तिमात्रसमाराध्यः सुप्रीतश्च ततो हरिः।

तथा **प्राक् प्रीतिर्दर्शिता सेयं रतिः शृंगारतां गता।**

–काव्यादर्श, २/२७७, २८१

भक्ति को रस मानने वाले प्रतिनिधि आचार्य हैं– रूपगोस्वामी। उन्होंने अपने उद्देश्य की सिद्धि करने के लिए 'हरिभक्तिरसामृतसिन्धुः' नामक अद्भुत ग्रन्थरत्न का निर्माण किया। उन्होंने भक्ति के विषय में कहा है–

(क) **ब्रह्मानन्दो भवेदेष चेत् परार्द्धगुणीकृतः।**
नेतिभक्तिः सुखाम्भोधेः परमाणुतुलामपि॥

–भक्तिरसामृतसिन्धुः, पूर्वविभागे प्रथमा सामान्य भक्तिलहरी।

(ख) **यथा दध्यादिकं द्रव्यं शर्करामरिचादिभिः।**
संयोजनविशेषेण रसालाख्यो रसो भवेत्॥
तदत्र सर्वथा साक्षात् कृष्णाद्यनुभवाद्भुतः।
प्रौढानन्दचमत्कारो भक्तैः कोऽप्यनुरस्यते॥

–वही, २/५/६४-६५

इस प्रकार रूपगोस्वामी के मतानुसार भक्तिरस भी अन्य रसों की भाँति प्रपाणकरसन्यायानुसार तैयार होकर भक्तों के द्वारा आस्वादन किया जाता है।

वास्तव में तो भगवच्चरणों में अपना सम्पूर्ण अस्तित्व समर्पित करने वाले भक्त को इससे कोई अन्तर नहीं पड़ता कि साहित्यशास्त्रीय समालोचक उसकी कृति में अभिव्यक्त आत्मतत्त्व को भक्तिभाव कहे अथवा रस माने। इस सन्दर्भ में आचार्य विश्वनाथ का यह कथन बड़ा ही सुन्दर एवं सारगर्भित है–

न भावहीनोऽस्ति रसो न भावो रसवर्जितः।
परस्परकृता सिद्धिरनयो रसभावयोः॥

–साहित्यदर्पण, ३/२६०-६१ के अन्तर्गत।

भक्तिरस अथवा भक्तिभावविषयक चर्चा के आलोक में हम 'विद्याष्टकम् को मुनिश्रीनियमसागर द्वारा अपने गुरु आचार्य विद्यासागर के चरणों में समर्पित भक्तिरस का अष्टदल कमल मान सकते हैं। भक्तिरस के अतिरिक्त इस कृति में शान्तरस की भी चर्वणा स्थान-स्थान पर देखने को मिलती है।

भारतीय काव्यशास्त्रियों ने व्यङ्ग्यार्थ प्रकाशन के आधार पर ही काव्य के तीन भेद किये हैं– उत्तमकाव्य (ध्वनिकाव्य), मध्यमकाव्य (गुणीभूतव्यङ्ग्यकाव्य) तथा अधमकाव्य (व्यङ्ग्यरहित चित्रकाव्य) :–

प्रधानगुणभावाभ्यां व्यङ्ग्यस्यैवं व्यवस्थिते।
उभे काव्ये ततोऽन्यद् यत्तच्चित्रमभिधीयते॥
चित्रं शब्दार्थभेदेन, द्विविधं च व्यवस्थितम्।
तत्र किञ्चिच्छब्दचित्रं, वाच्यचित्रमतः परम्॥
रसभावादिविषयविवक्षाविरहे सति।
अलङ्कार निबन्धो यः, स चित्रविषयो मतः॥

–आनन्दवर्धन, ध्वन्यालोक, ३/४२-४३

एवं इनकी व्याख्या के अन्तर्गत विद्यमान पद्य।

चित्रकाव्य के विषय में अन्य विद्वानों के मत अधोलिखित हैं–

(क) **शब्दार्थालङ्क्रियाश्चित्रमार्गाः सुकरदुष्कराः।**

–दण्डी, काव्यादर्श, ३/१८६

(ख) **शब्दचित्रं वाच्यत्रिमव्यङ्ग्यं त्ववरं स्मृतम्।**
शब्दार्थचित्रं यत्पूर्वं काव्यद्वयमुदाहृतम्।
गुणप्राधान्यतस्तत्र स्थितिश्चित्रार्थशब्दयोः॥

–मम्मट, काव्य प्रकाश, १/५; ६/१

(ग) **चित्रं नीरसमेवाहुर्भगवद्विषयं यदि।**
तदा किञ्चिच्च रसवद्यथेक्षोः पर्वचर्वणम्॥

–कविकर्णपूर, अलङ्कारकौस्तुभ, ७/२१४

(घ) **यदव्यङ्ग्यमपि चारु तच्चित्रम्।**

– अप्पयदीक्षित, चित्रमीमांसा

(ङ) **चित्रं तु काव्यं शब्दार्थालङ्कारचित्रतया बहुविधम्। तत्प्रपञ्चोऽप्यलङ्कारप्रकरणे व्यक्तीभविष्यति।**

–विद्यानाथ, प्रतापरूद्रीय, २/६८ के पहले।

उपर्युक्त कथनों का सारांश यही है कि उत्तमकाव्य में व्यङ्ग्यार्थ की स्फुट प्रतीति होती है और अलङ्कार की अस्फुट प्रतीति होती है, जबकि अधमकाव्य या चित्रकाव्य में अलङ्कारों की स्फुट प्रतीति होती है, तथा रसादि की अस्फुट प्रतीति होती है। जिस प्रकार उत्तम काव्य में अलङ्कारों की सम्भावना से इनकार नहीं किया जा सकता, उसी प्रकार चित्रकाव्य में रसभावादि की सम्भावना से भी मुँह नहीं मोड़ा जा सकता –

अत्र स्फुटो न कश्चिदलङ्कारः, रसस्य च प्राधान्यान्नालङ्कारता। चित्रमिति गुणालङ्कारयुक्तम्। अव्यङ्ग्यमिति स्फुटप्रतीयमानार्थरहितम्।

–मम्मट, काव्यप्रकाश, प्रथम उल्लास।

चित्रकाव्य के सम्बन्ध में भारतीय काव्यशास्त्रियों के उपर्युक्त मन्तव्य के आलोक में 'विद्याष्टकम्' का परीक्षण करने के पश्चात् कहा जा सकता है कि यह एक श्रेष्ठ चित्रकाव्य है। कवि कर्णपूर ने ऐसे चित्रकाव्य की प्रशंसा की है, जो भगवद्-गुरु-विषयक रति (रूप भक्ति) से सम्पन्न हो (अलङ्कारकौस्तुभ, ७/२१४); जबकि अवशिष्ट काव्य नीरस हैं। चूँकि 'विद्याष्टकम्' में शब्दचित्र की प्रधानता है, इसलिए इसे चित्रकाव्य के प्रथमभेद शब्दचित्रकाव्य के अन्तर्गत मानना चाहिए। 'विद्याष्टकम्' के सम्पादक, संस्कृत-भाषा-साहित्य के सहृदय विद्वान् कवि प्रो० डॉ० प्रभाकर नारायण कवठेकर ने भी इसे चित्रकाव्य की कोटि में रखा है (विद्याष्टकम्, सम्पादकीय, पृ० सं० XII-XVII)। जैन संस्कृत विद्वान् कवियों में स्वामी समन्तभद्र का 'जिनशतक' (स्तुतिविद्या) संस्कृत-चित्रकाव्यों की परम्परा में सर्वप्रथम स्मरणीय है। इसके अतिरिक्त शब्दचित्र और अर्थचित्र-चित्रकाव्य के इन दोनों भेदों - के अनेक उदाहरण संस्कृत साहित्य में देखने को मिल जाते हैं। यथा- महाकवि भारविकृत 'किरातार्जुनीयम्', महाकवि माघकृत-शिशुपालवधम्, श्रीहर्षप्रणीत-'नैषधीयचरितम्' नीतिवर्माप्रणीत-कीचकवधम्, श्रीवत्साङ्करचित-यमकरत्नाकर आदि। इन कृतियों में यमक, अनुप्रास, श्लेष, एकाक्षरबन्ध, द्व्यक्षर बन्ध, चक्रबन्ध आदि शब्दार्थचित्रों का चमत्कार स्थान-स्थान पर देखने को मिलता है। 'राघवपाण्डवीयम्' अर्थचित्र का सुन्दर उदाहरण है। आचार्य नियमसागर के गुरु आचार्य विद्यासागर जी के गुरु पूज्य श्री आचार्य ज्ञानसागर ने भी अपने संस्कृत काव्यग्रन्थों में शब्दचित्रों के उदाहरण अनुप्रास, अन्त्यानुप्रास, यमक, श्लेष, चित्रबन्धों के माध्यम से प्रस्तुत किये है। चित्रकाव्य की इसी परम्परा में 'विद्याष्टकम्' लिखकर श्री नियमसागर जी ने अद्‌भुत योगदान दिया है। इस काव्य की रचना उन्होंने अपने ग्रन्थ 'रत्नत्रयस्तुतिशतक' नामक ग्रन्थ के एक ही श्लोक (सं० १०२) के आधार पर की है।

अब यदि हम इस कृति को कलापक्ष की दृष्टि से देखें तो हम पाएँगे कि कवि ने इसमें श्लेषानुप्राणित चित्रालंकार के माध्यम से अपनी कला-कुशलता का सुन्दर प्रदर्शन किया है।[१] चित्रालङ्कार भारतीय काव्यशास्त्र में प्रतिष्ठित काव्यभेद चित्रकाव्य का ही एक प्रकार है। काव्यशास्त्रियों

ने इसका लक्षण इस प्रकार किया है–

(क) **वक्रोक्तिरनुप्रासो यमकं श्लेषस्तथा परं चित्रं शब्दस्यालङ्कारा:।**

–रुद्रट, काव्यालङ्कार, २/१३

(ख) **भङ्ग्यन्तरकृततत्क्रमवर्णनिर्मितानि वस्तुरूपाणि।**
साङ्कानि विचित्राणि च रच्यन्ते यत्र तच्चित्रम्॥
तच्चक्रखड्गमुसलैर्वाणासनशक्तिशूलहलैः।
चतुरङ्गपीठविरचितरथतुरगगजादिपदपाठैः॥

–वही, ५/१, ३३

(ग) **तच्चित्रं यत्र वर्णानां खड्गाद्याकृतिहेतुता।**

सन्निवेशविशेषेण यत्र न्यस्ता वर्णाः खड्ग-मुरज-पद्माद्याकारमुल्लासयन्ति तच्चित्रं काव्यम्। कष्टं काव्यमेतदिति दिङ्मात्रं प्रदर्श्यते।

–मम्मट, काव्यप्रकाश, ९/८५ और व्याख्या

(घ) **अतः स्थूलबुद्धिलालनीयत्वाद् वाचकशब्दबहिर्भावाच्च**
नात्र कविभिरादरः कार्य इति मन्तव्यम्।
आरोप्य लिपिवर्णानां साम्याद् वाचकवर्णताम्।
खड्गबन्धादिकं चित्रं काव्यालङ्कार इष्यते॥

–काव्यप्रकाश की संजीवनी टीका पृ० सं० ३८-३९

(ङ) **वर्णस्थानस्वराकारगतिबन्धान् प्रतीह यः।**
नियमस्तद् बुधैः षोढा चित्रमित्यभिधीयते॥

–भोज, सरस्वतीकण्ठाभरण, २/१०९

(च) **वर्णानां खड्गाद्याकृतिहेतुत्वे चित्रम्।**

–रुय्यक, अलङ्कारसर्वस्व, पृ०सं० ३०

(छ) **स्वरव्यञ्जन-स्थान गत्याकारनियमच्युतगूढादिचित्रम्।**

–हेमचन्द्र, काव्यानुशासन, ५/४

(ज) **पद्मादिलिपिवर्णवच्चित्रम्।**

–शोभाकर मिश्र, अलङ्काररत्नाकर

(झ) **पद्माद्याकारहेतुत्वे वर्णानां चित्रमुच्यते।**

–विश्वनाथ, साहित्यदर्पण, १०/१३ का पू०

(ञ) **पद्माद्याकारहेतुत्वे वर्णानां चित्रमुच्यते।**

–विद्यानाथ, प्रतापरूद्रीय, ७/४०९-४१३

उपर्युक्त लक्षणों का सारांश इस प्रकार है कि भारतीय काव्यशास्त्रियों के मतानुसार चित्रालङ्कार शब्दालङ्कार है। लिपि के वैशिष्ट्य से जहाँ वर्णों से अस्त्र-शस्त्र, आभूषणादि के चित्र बन जाते हैं वहाँ चित्रालङ्कार होता है। वर्ण, स्थान, स्वर, आकार, गति और बन्ध की दृष्टि से यह छः प्रकार

का है। इस प्रकार यह अलङ्कार लिपिगत होते हुए भी, शब्द और लिपि का तादात्म्य सम्बन्ध होने से शब्दालङ्कार की कोटि में निर्विवादरूपेण आ जाता है। इसके साथ ही ध्वनिवादी आचार्यों ने इसको बहुत पसन्द न करते हुए भी इसका अस्तित्व स्वीकार किया है।

विद्वत्सम्मत इस चित्रालङ्कार की दृष्टि से जब हम 'विद्याष्टकम्' की परीक्षा करते हैं तो पाते हैं कि कवि मुनिश्री नियमसागर ने मात्र आठ व्यञ्जन एवं तीन स्वरों में इस अनुपम कृति की रचना की है। ये आठ अक्षर एवं तीन स्वर कविप्रणीत 'रत्नत्रयस्तुतिशतक' के श्लोक सं० १०२ में भी विद्यमान हैं। 'रत्नत्रयस्तुतिशतक' के इस श्लोक में चित्रालंकार का 'सर्वतोभद्रकल्पवृक्षबन्ध' नामक बन्धभेद घटित हुआ है। यह बड़ा अद्भुत एवं प्रशंसनीय तथ्य है कि इसी पद्य के अक्षरों में ही स्थान परिवर्तन करके कवि ने 'विद्याष्टकम्' के आठ श्लोकों की संरचना की है। प्रत्येक श्लोक द्वारा लिपि के वैशिष्ट्य से एक-एक चित्रबन्ध की रचना हो जाती है और सर्वप्रथम क्रमशः आठचित्रबन्ध बन जाते हैं-सर्वतोभद्रबन्ध, भारतदेशबन्ध, कलशबन्ध, श्रीफलबन्ध, स्वस्तिकबन्ध, रेडक्रॉस बन्ध, टेपरिकॉर्डरबन्ध एवं चतुरक्षरबन्ध। इसके अतिरिक्त इन्हीं श्लोकों के मिश्रण से अन्य चित्रबन्धों की भी रचना हो जाती है। यथा-सर्वतोभद्रकल्पवृक्षद्रुमबन्ध में एक श्लोक से ही अन्य सात श्लोकों की उपस्थिति हो जाती है। 'मृत्युकूपबन्ध' में 'रत्नत्रयस्तुतिशतक' का श्लोक एवं 'विद्याष्टकम्' का प्रथम श्लोक साथ-साथ प्रस्तुत हुआ है। 'सिद्धचक्रबन्ध' का निर्माण 'रेडक्रॉसबन्ध' का निर्माण करने वाले 'विद्याष्कम्' के छठे श्लोक से हुआ है। 'समकोणबन्ध' अथवा 'एल बन्ध' में भी छठे श्लोक को ही पाँच अक्षरों में निबद्ध किया गया है। 'मुरजबन्ध' को भी 'रेडक्रासबन्ध' नामक छठे श्लोक से ही निर्मित किया गया है। प्रथम श्लोक को चौंसठ अक्षरों के रूप में लिखकर, उसमें २५ अंक का चित्र तैयार किया गया है और इस चित्र में अन्दर छठे श्लोक को व्यवस्थित किया गया है। इस प्रकार प्रथमश्लोक (सर्वतोभद्र से सम्बद्ध) और छठे श्लोक (रेडक्रॉस बन्ध से सम्बद्ध) की सहायता से 'रजत संयमोत्सव वर्षाङ्क (२५) बन्ध का निर्माण किया गया है। 'विद्यासागर जी' का जन्म ईशवीय सन १० अक्टूबर १९४६ को हुआ था, उनके जन्म दिवस को दर्शाने वाले 'जन्म दिनाङ्क बन्ध' में हमें एक साथ ही 'रत्नत्रयस्तुतिशतक' के श्लोक सं १०२ और 'विद्याष्टकम्' के प्रथम, षष्ठ और अष्टम श्लोकों की छटा दिखलाई दे जाती है। आचार्य विद्यासागर जी ने अपने गुरु आचार्य श्री १०८ ज्ञानसागर जी से दिनाङ्क ३० जून, सन १९६८ को दीक्षा प्राप्त की थी। एतदर्थ 'दीक्षा दिनाङ्क बन्ध' का निर्माण किया गया है। इसमें भी 'रत्नत्रयस्तुतिशतक' के १०२ वें पद्य के साथ 'विद्याष्टकम्' के पहले, छठें और आठवें श्लोक का मिश्रण विद्यमान है। आचार्य विद्यासागर जी ने २२ नवम्बर, सन १९७२ को अपने गुरु आचार्य ज्ञानसागर जी से आचार्य पद प्राप्त किया था। इस विशिष्ट घटना को दर्शाने के लिए भी 'रत्नत्रयस्तुतिशतक' के १०२ वें श्लोक और 'विद्याष्टकम्' के प्रथम, षष्ठ और अष्टम श्लोकों के विशिष्ट वर्णविन्यास द्वारा 'पदप्राप्तिदिनाङ्कबन्ध' की संरचना हुई है। इस प्रकार 'विद्याष्टकम्' के मूल श्लोकों के वर्णों को विशिष्ट प्रकार से विन्यस्त करने पर जहाँ सर्वतोभद्र, भारतदेश, कलश, श्रीफल, स्वस्तिक, रेडक्रास, टेपरिकर्डर एवं चतुरक्षर की आकृति बन जाती है, वहीं इन्हीं श्लोकों के पदों में परिवर्तन के द्वारा एवं इनमें परस्पर मिश्रण से क्रमशः सर्वतोभद्रकल्पवृक्ष, मृत्युकूप, सिद्धचक्र, समकोण (एल्), मुरज, रजतसंयमोत्सववर्षाङ्क, जन्मदिनाङ्क, दीक्षादिनाङ्क एवं पदप्राप्तिदिनाङ्क की आकृतियाँ बन जाती हैं। अतएव 'विद्याष्टकम्' के आठ श्लोकों के माध्यम से

कवि नियमसागर जी ने सत्रह चित्रबन्ध (चित्रालङ्कारों) को प्रस्तुत कर दिया है। 'विद्याष्टकम्' के पश्चात् कवि नियमसागर जी ने 'प्रशस्तिपर्व' को सत्रह श्लोकों में प्रस्तुत किया है। तीसरे से सोलह तक अर्थात् चौदह पद्य संस्कृत में लिखे गये हैं। सत्रहवाँ पद्य प्राकृत भाषा में लिखकर उसकी संस्कृतच्छाया भी दी गई है। तीसरे से चौदह पद्य तक बारह श्लोकों में अनुष्टुप् छन्द प्रयुक्त किया गया है। पन्द्रहवाँ और सोलहवाँ पद्य आर्या छन्द में निबद्ध है तथा सत्रहवाँ पद्य गाथा छन्द में निबद्ध है। इस प्रशस्तिपर्व में नियमसागर जी ने पुनः गुरु विद्यासागर जी की स्तुति की है। यथा-

मह्यां परो यमी वीर! त्वं विद्यासागरः सुधा।
दृष्टगस्त्वां सुराऽऽराध्यं कं रक्तं नौमि वा भुवि॥

–प्रशस्तिपर्व, श्लोक सं० ४

इसके अतिरिक्त 'प्रशस्तिपर्व' में स्वामी कुन्दकुन्दाचार्य को भी श्रद्धा से स्मरण करके प्रणाम किया गया है–

वागीशं योऽक्षमानेशं वन्दे सद्धर्मचालितम्।
महन्तं कुन्दकुन्दं दिग्वस्त्र एनं करण्डकम्॥

–प्रशस्तिपर्व, श्लोक सं० १४

महाकवि नियमसागर ने 'प्रशस्तिपर्व' के तीसरे श्लोक से सोलहवें श्लोक तक अर्थात् चौदह श्लोकों को अंग्रेजी वर्णमाला के अक्षरों से चिह्नित करके स्पष्ट किया है कि लिपिवैशिष्ट्य अथवा पठनक्रम से क्रमशः रचयिता 'नियमसागर' का नाम, कृति 'विद्याष्टकम्' का नाम, रत्नत्रयस्तुतिशतक का श्लोक सं० १०२, 'विद्याष्टकम्' के आठों श्लोक, 'विद्याष्टकम्' का रचनाकाल, 'विद्यासागराय नमः' मन्त्र, 'फार आनन्द मिलतो वाचा' मराठी भाषा की सूक्ति, 'The End' अंग्रेजी भाषा का ग्रन्थ समाप्ति सूचक वाक्य, 'समन्तभद्राय नमः' मन्त्र, एवं 'प्रशस्ति गुना की है' हिन्दी भाषा द्वारा रचनास्थली गुना की सूचना प्राप्त हो जाती है। इस प्रकार प्रशस्तिपर्व के सत्रह, रत्नत्रयस्तुतिशतक का एक और 'विद्याष्टकम्' के आठ-श्लोक मिलकर २६ श्लोकों की उपस्थिति 'प्रशस्तिपर्व' के माध्यम से हो जाती है। 'विद्याष्टकम्' और 'प्रशस्तिपर्व' के पश्चात् महाकवि नियमसागर जी ने अत्यन्त अद्भुत 'विश्वचक्रबन्ध' प्रस्तुत किया है। इस बन्ध में 'विद्याष्टकम्' के आठ, प्रशस्तिपर्व के सत्रह, मङ्गलाचरण का एक- इस प्रकार के पचीस पद्य एवं 'प्रशस्तिपर्व' के लिपिवैशिष्ट्य से उपलब्ध होने वाले उपर्युक्त सभी महत्त्वपूर्ण तथ्य भी प्रस्तुत किए गए हैं। चक्रबन्ध के शीर्ष भाग पर आचार्य ज्ञानसागर जी एवं चित्र के चारों ओर आचार्य विद्यासागर जी की चार मुद्राएँ अंकित की गई हैं। 'प्रशस्तिपर्व,' एवं विश्वचक्रबन्ध में संस्कृत, प्राकृत, हिन्दी, कन्नड, अंग्रेजी भाषाओं के वाक्यों एवं शब्दों की उपलब्धि होने के कारण इस कृति को 'भाषाश्लेषयुक्त' भी मानना चाहिए। इस प्रकार 'विद्याष्टकम्' श्लेषानुप्राणित चित्रालङ्कार का उत्कृष्ट उदाहरण है। इस ग्रन्थ में भारतदेश बन्ध, रेडक्रासबन्ध, टेपरिकर्डरबन्ध, रजतसंयमोत्सववर्षाङ्कबन्ध, जन्मदिनाङ्कबन्ध, दीक्षादिनाङ्कबन्ध, पदप्राप्तिदिनाङ्कबन्ध, समकोणबन्ध आदि चित्रबन्धरूप चित्रालङ्कार नियमसागर जी द्वारा चित्रकाव्य के क्षेत्र में अद्भुत अभिनव योगदान के रूप में मान्य होने ही चाहिए। वाग्विदग्ध कवि की भाषा-शैली विषय वस्तु एवं शब्दचित्रकाव्य के अनुकूल ही है।

गुरु की स्तुति का प्राधान्य होने से यह ग्रन्थ भारतीय संस्कृति को संजीवित करने में परम सहायक है। कवि दिगम्बर जैनधर्म को मानने वाला है और जैन धर्म-दर्शन के विभिन्न सिद्धान्तों पर उसकी परम आस्था है।

यह बड़ी प्रसन्नता का विषय है कि श्रीमान् ऐलक सम्यक्त्वसागर जी ने 'विद्याष्टकम्' के आठ श्लोकों से सम्बद्ध २४, उपसंहारात्मक २ श्लोकों से सम्बद्ध २ एवं 'विश्वचक्रबन्ध' से सम्बद्ध एक अत: २७ हिन्दी पद्यों को प्रस्तुत किया है। इन २७ हिन्दी पद्य रूप २७ नक्षत्रों से 'विद्याष्टकम्' रूप अष्टदिशाओं का समूहरूप सम्पूर्ण विश्व और भी सुशोभित हो गया है।

आदरणीय प्रोफेसर डॉक्टर प्रभाकर नारायण कवठेकर जी ने अठारह पृष्ठों में इस ग्रन्थ के पाठकों एवं समीक्षकों के लिए बहुमूल्य सामग्री प्रस्तुत कर दी है।

उपर्युक्त विस्तुत विवेचन से सुस्पष्ट हो जाता है कि मुनिश्रीनियमसागर ने 'विद्याष्टकम्' में चित्रकाव्य के माध्यम से गुरु की स्तुति प्रस्तुत की है। आठ श्लोकों के माध्यम से आठ चित्र बन्ध प्रस्तुत करते हुए मात्र आठ अक्षरों वाली इस कृति का 'विद्याष्टकम्' एवं 'अष्टाक्षरी विद्याष्टकम्' नाम सर्वथा सार्थक हे। स्तुति एवं भक्ति का स्रोत हृदय है और श्लेषानुप्राणित चित्रबन्ध की संरचना मस्तिष्क के गम्भीर चिन्तन का परिणाम है। काव्यशास्त्रियों और समालोचकों के कथन प्राय: चित्रबन्ध को कठिन काव्य की श्रेणी में रखकर महाकवियों को इनके प्रयोग से बचने की प्रेरणा दिया करते है। किन्तु इस ग्रन्थ में भावपक्ष एवं कलापक्ष का सुन्दर समन्वय किया गया है। हृदय मस्तिष्क के नीरस कार्यों में सरसता का आधान करता है और मस्तिष्क भावुकता में बहकर अपनी क्षति करने वाले हृदय को संयमित करता है। ऐसी ही स्थिति इस ग्रन्थ में विद्यमान भावपक्ष और कलापक्ष की भी है। हाँ, 'प्राधान्येन व्यपदेशा भवन्ति' के नियमानुसार और प्राचीन भारतीय साहित्यशास्त्रियों के मतानुसार यह काव्य 'शब्दचित्रकाव्य' की संज्ञा प्राप्त करने में समर्थ है, 'ध्वनिकाव्य' की नहीं।

मैं 'विद्याष्टकम्' एवं इसके रचयिता मुनिश्री नियमसागर जी का हार्दिक अभिनन्दन करती हूँ; भगवान् जिनेन्द्र देव से प्रार्थना करती हूँ कि वह नियमसागर जी को उनका अभीष्ट मनोरथ प्रदान करें; प्रोफेसर पी० एन० कवठेकर जी का साधुवाद करती हूँ; ऐलक सम्यक्वसागर को धन्यवाद देती हूँ; विद्यासागर जी की प्रणामसहित स्मृति करती हूँ; तथा आचार्य ज्ञानसागर जी को श्रद्धाञ्जलि के रूप में यह लेख समर्पित करती हूँ।*

सन्दर्भ

१. द्रष्टव्य, प्रस्तुत लेख की लेखिका का ग्रन्थ 'महाकवि ज्ञानसागर के काव्य : एक अध्ययन'।

* यह शोधलेख शारदापीठ प्रदीप वार्षिकशोध पत्रिका गुजरात द्वारका में प्रकाशनार्थ प्रेषित है।

राजशेखर और साहित्यिक आदान-प्रदान

मनुष्य एक सामाजिक प्राणी है और समाज में रहते हुए वह लेन-देन के सिद्धान्त से बच नहीं सकता। वह अपने पूर्वजों एवं समकालीन व्यक्तियों से परम्पराओं, आदर्शों, शिक्षाओं एवं बहुत सी भौतिक वस्तुओं को प्राप्त करता है। समाज का सदस्य होने के कारण कवि भी इस लेन-देन के व्यवहार से अछूता नही रहता । हम देखते हैं कि महाकवि भास, महाकवि कालिदास, महाकवि भारवि, महाकवि माघ, महाकवि कुमारदास, महाकवि बाणभट्ट आदि ने अपने पूर्ववर्ती एवं समकालीन रचनाकारों के कथानक, भाषाशैली आदि का बड़ी सुन्दरता से ग्रहण किया है तथा समकालीन रचनाकारों एवं परवर्ती रचनाकारों को अपनी भाषा शैली आदि से प्रभावित भी किया है। यद्यपि कुछ विद्वान् यह मानते हैं कि अपने पूर्ववर्ती अथवा समवर्ती कवियों से भाषाशैली, शब्द, अर्थ आदि का आहरण करना चोरी है-

साहित्यपाथोनिधिमन्थनोत्थं काव्यामृतं रक्षत हे कवीन्द्राः।
यदस्य दैत्या इव लुण्ठनाय काव्यार्थचौराः प्रगुणीभवन्ति॥

विक्रमांकदेवचरित, १/११

तथा पण्डितराज जगन्नाथ तो इस साहित्यिक आदान-प्रदान की अपेक्षा सर्वथा मौलिकता के ही पक्षपाती हैं-

निर्माय नूतनमुदाहरणानुरूपं काव्यं मयाऽत्र निहितं न परस्य किंचित्।
किं सेव्यते सुमनसां मनसापि गन्धः कस्तूरिकाजननशक्तिभृता मृगेण॥

– पण्डितराजजगन्नाथ, रसगंगाधर, प्र० आ०

किन्तु वास्तविकता तो यह है कि जो महत्ता मौलिक कृति की है, वही महत्ता उस पुरातन कृति की है, जिसे महाकवि, अपने सामर्थ्य से, सुवर्ण को नित नये सुन्दर डिजाइन में ढालने वाले स्वर्णकार की भाँति, सर्वथा नवीन एवं मनोहारी रूप प्रदान कर देता है। हाँ, इतना अवश्य है कि जब कोई कवि किसी अन्य कवि की कृति से प्रभावित होकर लिखे तो ऐसा लिखे कि पढ़ने-सुनने वाला वाह-वाह कर उठे। हाँ, किसी और कवि की रचना को अथ से इति तक पूरी की पूरी अविकल रूप से अपनी कहना तो निस्सन्देह चोरी है और जघन्य कृत्य की भी श्रेणी में आता है। किन्तु रामायण की कथा पर आधारित प्रतिमानाटकम्, रघुवंश, जानकीहरण, महावीरचरितम्, उत्तररामचरितम् आदि तथा महाभारत के कथानक पर आधारित मध्यमव्यायोग, दूतवाक्यम्, अभिज्ञानशाकुन्तलम्, नलचम्पू, नैषधीयचरितम् आदि सुन्दर कृतियों को कौन सहृदय विज्ञ व्यक्ति साहित्यिक चोरी के अन्तर्गत रखने का दुस्साहस कर सकता है?

कवि एवं काव्यशास्त्रीय आचार्य राजेशखर ने अपने काव्यशास्त्रीय ग्रन्थ काव्यमीमांसा[१] में इस

प्रकार के आदान को 'हरण' संज्ञा से सम्बोधित किया है और बड़े विस्तार से इस ग्रन्थ के एकादश, द्वादश एवं त्रयोदश अध्याय में शब्दहरण एवं अर्थहरण को भेद-प्रभेद एवं उदाहरणों से समझाया है। उन्होंने यह भी स्पष्ट किया है कि कवि अपने समय में उपलब्ध रचनाओं से इस प्रकार 'हरण' करे कि अनुचित न लगे, एतदर्थ उन्होंने हरण के दो प्रकार बताए हैं- त्याज्य एवं अनुग्राह्य। अर्थात् समाज में कोई भी व्यक्ति किसी दूसरे व्यक्ति की ग्रहण करने योग्य बातों को ही ग्रहण करता है ताकि उसके व्यक्तित्व में निखार आये न कि उसका व्यक्तित्व दूसरे की प्रतिच्छाया लगे। इसी प्रकार कवि के लिए भी दूसरे कवि की रचनाओं की सभी बातें लेने लायक नहीं होतीं तथा ग्रहण की गई बातों में उसे नवीनता लानी ही होती है। यद्यपि कोई कवि कितने प्रकार का आदान करता है, इसकी कोई सीमा नहीं है, तथापि कुछ समालोचकों ने अपनी समीक्षाशील लेखनी द्वारा बताया है कि कवि कथानक, शब्द, विषय, शैली, छन्द, दृश्य, वस्तु (पदार्थ) का आहरण मुख्य रूप से करता है।[२]

जहाँ तक प्रस्तुत शोधलेख के सन्दर्भ में राजशेखर का मत देखें तो उन्होंने आदान अर्थात् हरण के मुख्य रूप से दो भेद माने हैं-शब्द का आदान तथा अर्थ का आदान। अब संक्षेप में इनका समीक्षात्मक परिचय प्रस्तुत है-

शब्द का आदान

जब कवि दूसरे कवि की रचनाओं से शब्दों अथवा शब्दों के समूहरूप सम्पूर्ण वाक्य का आदान करते हैं तो इसको शब्दाहरण या शब्दादान कहते हैं। राजशेखर ने अपने काव्यमीमांसा नामक ग्रन्थ में इसके पाँच प्रकार माने हैं- पद, पाद, अर्ध, वृत्त एवं प्रबन्ध।[३] शब्दादान के ये भेद सोदाहरण प्रस्तुत हैं-

(क) **पदहरण**-जहाँ पर कवि पूर्वरचना से एक या दो पद आहृत करता है, उसे पदहरण कहते हैं। यथा-

१. **हलमपारपयोनिधिविस्तृतं प्रहरता हलिना समरांगणे।**
निजयशश्च शशाक कलामलं निरवधीरितमाकुलमासुरम्॥

—काव्यमीमांसा, एकादश अध्याय

२. **दलयता विशिखैर्बलमुन्मदं निरवधीरितमाकुलमासुरम्।**
दशसुदिक्षु च तेन यशः सितं निरवधीरितमाकुलमासुरम्॥

—वही, एकादश अध्याय।

यहाँ पर यमक के माध्यम से प्रथम श्लोक के शिलष्ट पद का दूसरे श्लोक में आदान बड़ी सुन्दरता से हुआ है। आकुल के दो अर्थ हैं-व्याकुल तथा कुलाचलपर्यन्त। इसी प्रकार आसुरम् का एक अर्थ है-राक्षस, दूसरा है देवलोक पर्यन्त।

(ख) पादहरण

जहाँ पर कवि की रचना में पूर्ववर्ती कवि के श्लोक का पूरा-पूरा चरण आहृत हो जाता है, उसे पादहरण कहते हैं। यथा-

१. **इत्युक्तवानुक्तिविशेषरम्यं,**
मनः समाधाय जयोपपत्तौ।
उदारचेता गिरिमित्युदारां,
द्वैपायनेनाभिदधे नरेन्द्रः॥

—भारवि, किरातार्जुनीय, ३/१०

२. **इत्युक्तवानुक्तिविशेषरम्यं,**
रामानुजन्मा विरराम मानी।
संक्षिप्तमाप्तावसरं व वाक्यं,
सेवाविधिज्ञैः पुरतः प्रभूणाम्॥

पादहरण के विषय में राजशेखर की यह भी मान्यता है कि ऐसे पाद का हरण तो ठीक़ है जो प्रसिद्ध हो किन्तु ऐसे पाद का हरण ठीक नहीं जिससे अपनी प्रतिभा कलंकित हो।

(ग) अर्धहरण

आधे श्लोक का आदान 'अर्धहरण' कहलाता है। यथा-

१. **पादस्ते नरवर! दक्षिणे समुद्रे**
पादोऽन्यो हिमवति हेमकूटलग्ने।
आक्रामत्यलघु महीतलं त्वयीत्थं
भूपालाः प्रणतिमपास्य किन्नु कुर्यः॥

२. **पादस्ते नरवर! दक्षिणे समुद्रे**
पादोऽन्यो हिमवति हेमकूटलग्ने।
इत्थं ते विधृतपदद्वयस्य राजन्
आश्चर्यं कथमिव सीवनी न भिन्ना॥

यहाँ पर प्रथम श्लोक के पूर्वार्ध का द्वितीय श्लोक में उसी तरह हरण कर लिया गया है।

(घ) वृत्तहरण

शब्दहरण के भेदों को गिनाते समय तो राजशेखर ने वृत्तहरण को चतुर्थ स्थान पर रखा है किन्तु उसका विश्लेषण उन्होंने क्यों नहीं किया, यह बात समझ में नहीं आती।

(ङ) प्रबन्धहरण

प्रबन्धहरण का तात्पर्य है-किसी दूसरे कवि की रचना को अपना बता देना। किन्तु राजशेखर का मानना है कि किसी के प्रबन्धकाव्य या मुक्तक काव्य का पूर्ण रूपेण हरण करके अपना बताना तो दोषपूर्ण है, चोरी है और किसी भी तरह मान्य साहित्यिक आदान की कोटि में नहीं रखा जा सकता तथा इसप्रकार की हरकत करते वाला व्यक्ति कवि कदापि नहीं कहा जा सकता। इतना ही नहीं, काव्यमीमांसाकार के मत में किसी कवि की कृति को धन देकर खरीदना भी दोषपूर्ण है।[४]

अर्थ का आदान

महाकवि अपने अतिरिक्त अन्य कवियों से 'अर्थ' का भी आदान किया करते हैं। अर्थ का यह आदान अर्थ के तीन प्रकारों के अनुरूप ही तीन प्रकार का है- अन्ययोनि (दूसरे के द्वारा उत्पादित), निह्नुतयोनि (जिसकी उत्पत्ति छिपी हो), अयोनि (जो कवि द्वारा स्वयं उद्‌भावित किया गया हो)। उनमें से अन्ययोनि के दो भेद हैं- प्रतिबिम्बकल्प और आलोकप्रख्य; निह्नुतयोनि के भी दो प्रकार हैं-तुल्यदेहितुल्य एवं परपुरप्रवेशसदृश। अयोनि नामक अर्थ एक ही प्रकार का है।[५]

अन्ययोनि अर्थ के भेदोपभेदों का परिचय एवं उनका आदान

(१) अन्ययोनि का प्रथम भेद है प्रतिबिम्बकल्प। राजशेखर के मतानुसार कवि पूर्व कवि के काव्य का सम्पूर्ण अर्थ ले ले और वाक्यसंरचना में अन्तर कर दे और इस प्रकार दोनों वाक्यों में तात्त्विक भेद की प्रतीति न हो तो ऐसे अर्थहरण को प्रतिबिम्बकल्प कहते हैं-

अर्थः स एव सर्वो वाक्यान्तरविरचनापरं यत्र।
तदपरमार्थविभेदं काव्यं प्रतिबिम्बकल्पं स्यात्॥

—काव्यमीमांसा, पृ० सं०१६१

उदाहरणार्थ-

(क) **ते पान्तु वः पशुपतेरलिनीलभासः**
कण्ठप्रदेशघटिताः फणिनः स्फुरन्तः।
चन्द्रामृताम्बुकणसेकसुखप्ररूढै-
यैरंकुरैरिव विराजति कालकूटः॥

(ख) **जयन्ति नीलकण्ठस्य कण्ठे नीला महाहयः।**
गलद्‌गंगाम्बुसंसिक्तकालकूटांकुरा इव॥

यहाँ पर प्रथम पद्य का सम्पूर्ण अर्थ दूसरे पद्य में ग्रहण कर लिया गया है।

प्रतिबिम्बकल्प के आठ उपभेद भी राजशेखर ने अपने ग्रन्थ में बड़े विस्तार से द्वादश अध्याय में प्रस्तुत किये हैं और इन उपभेदों के नाम हैं- व्यस्तक, खण्ड, तैलबिन्दु, नटनेपथ्य, छन्दोविनिमय, हेतुव्यत्यय, संक्रान्त, सम्पुट। राजशेखर ने काव्य की ओर प्रवृत्त होने वाले मनीषियों को सचेत भी कर दिया है कि अन्ययोनि नामक अर्थ का प्रतिबिम्बकल्प नामक आहरण कवि के कवित्व को तिरस्कृत करने वाला है अतएव इससे सर्वथा बचना चाहिए-

सोऽयं कवेरकवित्वदायी सर्वथा प्रतिबिम्बकल्पः परिहरणीयः॥

(काव्यमीमांसा, पृ० सं०१७२)

(२) अन्ययोनि का दूसरा भेद है- आलेख्यप्रख्य। राजशेखर के मतानुसार पूर्व कवि की रचना में नये कवि द्वारा कुछ संस्कार कर दिये जाने पर जब वही रचना प्राचीन रचना से भिन्न प्रतीत होती है तो अर्थ को जानने वाले लोग उसे आलेख्यप्रख्य काव्य कहते हैं-

कियताऽपि यत्र संस्कारकर्मणा वस्तु भिन्नवद्भाति।
तत्कथितमर्थचतुरैरालेख्यप्रख्यमिति काव्यम्॥

— काव्यमीमांसा, पृ० सं० १६१

उपर्युक्त (प्रतिबिम्बकल्प से सम्बद्ध) उदाहरणों में बदलाव करके आलेख्यप्रख्य नामक आहरण का भेद बन सकता है यथा-

जयन्ति धवलव्यालाः शम्भोर्जूटावलम्बिनः।
गलद्गंगाम्बूसंसिक्तचन्द्रकन्दांकुरा इव॥

आलेख्यप्रख्य के भी आठ उपभेद हैं- १.समक्रम, २. विभूषण-मोष, ३.व्युत्क्रम, ४. विशेषोक्ति, ५. उत्तंस, ६. नट-नेपथ्य, ७. एक-परिकार्य और ८. प्रत्यापत्ति। आचार्य राजशेखर ने अन्ययोनि के इस आलेख्यप्रख्य नामक आहरण के प्रकार को कवियों के लिए ग्राह्य माना है (काव्यमीमांसा, त्रयोदशोऽध्याय)।

निह्नुतयोनि के भेदोपभेदों का परिचय एवं उनका आदान

१. निह्नुतयोनि का प्रथम भेद है- तत्तुल्यदेहिवत् अर्थात् जिस काव्य में विषय का भेद होने पर अत्यन्त सादृश्य के कारण दूसरे काव्य से अभेद की प्रतीति हो उसे तत्तुल्यदेहिवत् नामक आदान कहा जाता है-

विषयस्य यत्र भेदेऽप्यभेदबुद्धिर्नितान्तसादृश्यात्।
तत्तुल्यदेहितुल्यं काव्यं बध्नन्ति सुधियोऽपि॥

उदाहरणार्थ-

(क) **अवीनादौ कृत्वा भवति तुरगो यावदवधिः**
पशुर्धन्यस्तावत्प्रतिवसति यो जीवति सुखम्।
अमीषां निर्माणं किमपि तदभूद्गधकरिणां
वनं वा क्षोणीभृद्भवनमथवा येन शरणम्॥

–काव्यमीमांसा, द्वादश अध्याय

(ख) **प्रतिगृहमुपलानामेक एव प्रकारो**
मुहुरुपकरणत्वादर्घिताः पूजिताश्च।
स्फुरति हतमणीनां किन्तु तद्धाम येन
क्षितिपतिभवने वा स्वाकरे वा निवासः॥

–काव्यमीमांसा, द्वादश अध्याय।

इन दोनों उदाहरणों में विषय में वैभिन्न्य के बाबजूद उनके प्रस्तुतीकरण की प्रणाली के कारण साम्य की प्रतीति हो रही है।

आचार्य राजशेखर ने तत्तुल्यदेहिवत् नामक आदान के जिन आठ प्रकारों की चर्चा अपने ग्रन्थ में लक्षण एवं उदाहरण सहित की है, वे इस प्रकार हैं– विषयपरिवर्त, द्वन्द्वविच्छिति, रत्नमाला, संख्योल्लेख, चूलिका, विधानापहार, माणिक्यपुंज तथा कन्द। राजशेखर ने अपने पूर्ववर्ती आचार्यों के

मत से सहमत होते हुए इस मार्ग को भी कवि के लिए अनुकरणीय बताया है (काव्यमीमांसा, त्रयोदश अ०)

२. निह्नुतयोनि का दूसरा भेद है– परपुरप्रवेशसदृश। जहाँ काव्यों के मूल में तो साम्य हो किन्तु प्रबन्धरचना सर्वथा भिन्न हो, उसे परपुरप्रवेशसदृश कहा जाता है और इस प्रकार आहरण सत्कवियों के लिए ग्रहण करने योग्य है –

मूलैक्यं यत्र भवेत्परिकरबन्धस्तु दूरतोऽनेकः।
तत्पुरप्रवेशप्रतिमं काव्यं सुकविभाव्यम्॥

—काव्यमीमांसा, पृ० सं० १६३

उदाहरणार्थ–

(क) **यस्यारातिनितम्बिनीभिरभितो वीक्ष्याम्बरं प्रावृषि**
स्फूर्जद्गर्जितनिर्जिताम्बुधिरवस्फाराभ्रवृन्दाकुलम्।
उत्सृष्टप्रभाभिषेणनभयस्पष्टप्रयौदाश्रुभिः
किंचित्कुंचितलोचनाभिरसकृद् घ्राताः कदम्बानिलाः॥

—काव्यमीमांसा, द्वादश अध्याय।

(ख) **आच्छिद्य प्रियतः कदम्बकुसुमं यस्यारिदारैर्नवं**
यात्राभंगविधायिनो जलमुचां कालस्य चिह्नं महत्।
हृष्यद्भिः परिचुम्बितं नयनयोर्न्यस्तं हृदि स्थापितं
सीमन्ते निहितं कथंचन ततः कर्णावतंसीकृतम्॥

– काव्यमीमांसा, द्वादश अध्याय।

इन दोनों उदाहरणों में युद्ध रोक देने वाले वर्षाकाल के आने के कारण राजा की शत्रुवनिताओं ने अपना सौभाग्य समझा, क्योंकि अब उनके पति उनके समीप ही रहेंगे-यह मूल एक ही है, किन्तु प्रस्तुतीकारण का ढंग भिन्न-भिन्न है।

आचार्य राजशेखर ने इस भेद के भी आठ उपभेदों की चर्चा अपनी काव्यमीमांसा में की है। ये उपभेद हैं– हुड्डयुद्ध, प्रतिकंचुक, वस्तुसंचार, धातुवाद, सत्कार, जीवजीवक, भावमुद्रा, तद्विरोधी।

अयोनि अर्थ एवं उसके भेद

जैसा कि पहले बताया जा चुका है कि अयोनि अर्थ कविप्रतिभाजन्य अर्थ है। राजशेखर ने उसके तीन प्रकार बताये हैं– लौकिक, अलौकिक, लौकिकालौकिक। इनमें से अलौकिक अर्थ वाला उदाहरण प्रस्तुत है–

देवी पुत्रमसूत नृत्यत गणाः किं तिष्ठतेत्युद्भुजे।
हर्षाद् भृंगिरिटावुदाहृतगिरा चामुण्डयालिंगिते।
पायाद्वो जितदेवदुन्दुभिघनध्वानप्रवृत्तिस्तयो-
रन्योन्यांकनिपातजर्जरजरत्स्थूलास्थिजन्मा रवः॥

—काव्यमीमांसा, द्वादश अध्याय।

राजेशखर सम्मत शब्दहरण एवं अर्थहरण से सम्बद्ध उपर्युक्त संक्षिप्त विवेचन में अर्थ के भी अनेक प्रकार हमने देखे। संलग्न रेखाचित्र से भी उनको समझा जा सकता है-

राजशेखरसम्मत आदान के प्रमुख भेद

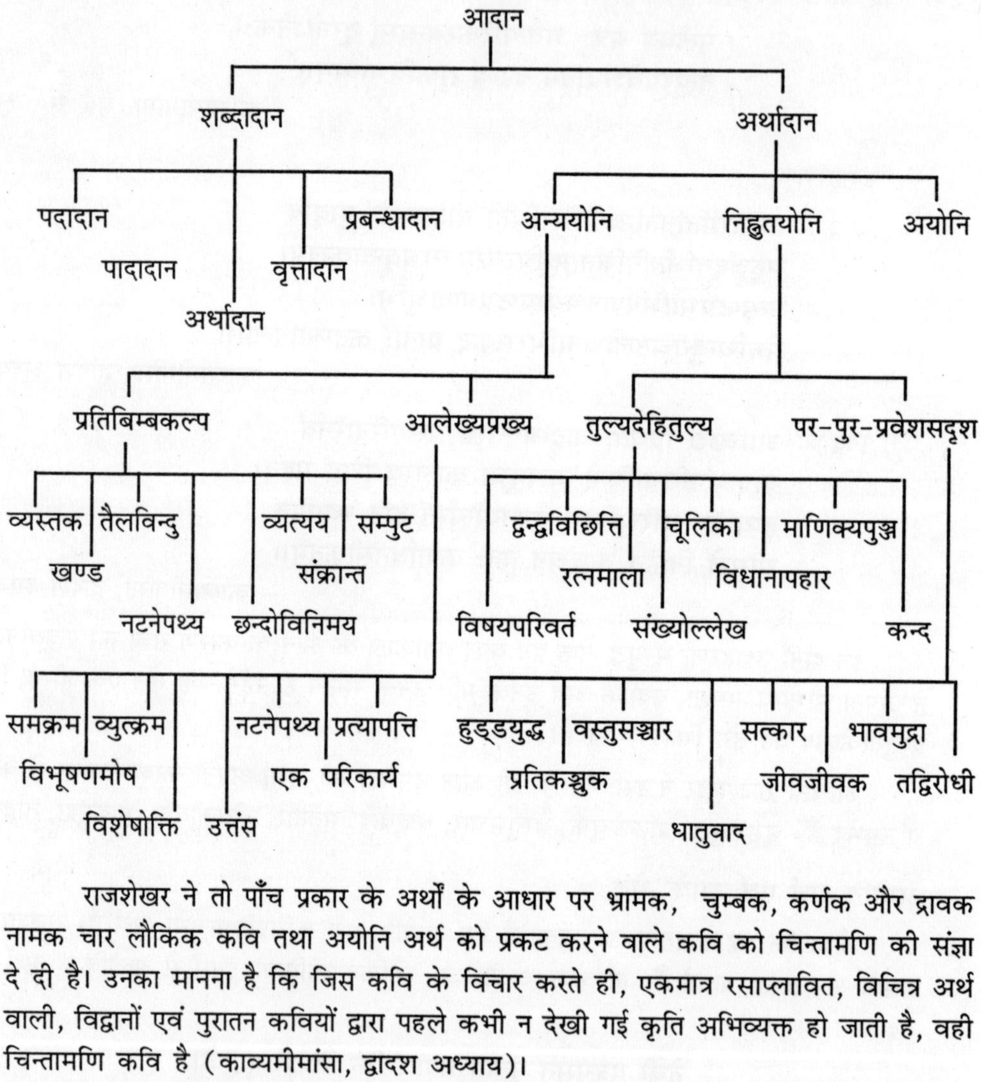

राजशेखर ने तो पाँच प्रकार के अर्थों के आधार पर भ्रामक, चुम्बक, कर्णक और द्रावक नामक चार लौकिक कवि तथा अयोनि अर्थ को प्रकट करने वाले कवि को चिन्तामणि की संज्ञा दे दी है। उनका मानना है कि जिस कवि के विचार करते ही, एकमात्र रसाप्लावित, विचित्र अर्थ वाली, विद्वानों एवं पुरातन कवियों द्वारा पहले कभी न देखी गई कृति अभिव्यक्त हो जाती है, वही चिन्तामणि कवि है (काव्यमीमांसा, द्वादश अध्याय)।

आचार्य राजशेखर ने माना है कि कवियों और व्यापारियों का काम विना लिए नहीं चल सकता, किन्तु जो अपनी इस चोरी, इस हरण को छिपा सकता है, वही आनन्द का अनुभव कर सकता है और प्रशंसा का पात्र बन सकता है। कुछ कवि मौलिक अर्थ के उत्पादक होते हैं, कुछ पुराने अर्थ में परिवर्तन कर देते हैं, कुछ पुराने अर्थ को अपने अर्थ से आच्छादन करने वाले होते हैं तथा कुछ अनेक प्रकार के काव्यार्थो को दूसरों से ग्रहण कर लेते हैं, किन्तु जो प्राचीन

शब्दार्थोक्तियों में कुछ नवीनता देखते हैं और स्वयं (अपनी प्रतिभा से) भी कुछ नया लिखते हैं, वे ही महाकवि होते हैं–

(क) **नास्त्यचौरः कविजनो नास्त्यचौरो वणिग्जनः।**
स नन्दति विना वाच्यं यो जानाति निगूहितम्॥

(ख) **उत्पादकः कविः कश्चित्कश्चिच्च परिवर्त्तकः।**
आच्छादकस्तथा चान्यस्तथा संवर्गको परः॥

(ग) **शब्दार्थोक्तिषु यः पश्येदिह किंचन नूतनम्।**
उल्लिखत्किंचन प्राच्यं मन्यतां स महाकविः॥

– काव्यमीमांसा, एकादश अध्याय

इस प्रकार अपने ग्रन्थ के इन तीन अध्यायों में राजशेखर ने शब्दहरण एवं अर्थहरण के विषय में विस्तृत व्याख्या प्रस्तुत करते हुए, किस प्रकार शब्द एवं अर्थ का आदान करना चाहिए, इसका भी सदुपदेश काव्यमार्गोन्मुख व्यक्ति को दे दिया है। प्रस्तुत लेख को संक्षिप्त करने की दृष्टि से शब्दहरण के अन्य भी उपभेदों और अर्थहरण के बत्तीस मार्गों के लक्षण, उदाहरण प्रस्तुत नहीं हो पाये हैं। अस्तु, राजशेखर का काव्य का आदान प्रकार ही काव्य का प्रदान बन सकता है, इसमें संशय नहीं है। हाँ, लेने-देने की प्रतिभा होनी चाहिए। आनन्दवर्धन ने कहा भी है–

सरस्वती स्वादु तदर्थवस्तु निःष्यन्दमाना महतां कवीनाम्।
अलोकसामान्यमभिव्यनक्ति परिस्फुरन्तं प्रतिभाविशेषम्॥

– ध्वन्यालोक, प्रथम उद्योत।*

सन्दर्भ

१. शोधलेख में डॉ० गंगासागर राय द्वारा व्याख्यात, चौखम्बा विद्याभवन, वाराणसी से प्रकाशित काव्यमीमांसा (द्वि० सं०) का अबलम्ब लिया गया है।
२. गद्यकाव्यसमीक्षा, डॉ० हरिनारायण दीक्षित, पृ० सं० १५६
३. शब्दहरणमेव तावत्पंचधा-पदतः, पादतः, अर्द्धतः, वृत्ततः, प्रबन्धतश्च।
– काव्यमीमांसा, द्वादश अध्याय।
४. काव्यमीमांसा, पृ० सं० १५६- १५७
५. वही, पृ० सं० १६१

* यह शोधलेख गुरुकुल पत्रिका, गुरुकुलकाँगड़ी हरिद्वार में प्रकाशनार्थ प्रेषित है।

स्वातन्त्र्योत्तर संस्कृत साहित्य में महात्मा गाँधी

आदिकाल से ही भाषा मानव के विचारों की अभिव्यक्ति का सर्वाधिक महत्त्वपूर्ण एवं अत्यावश्यक माध्यम है। भाषा के ही माध्यम से लिखे गए वाङ्मय के आधार पर हम उन घटनाओं, स्थानों, कालों एवं चरित्रों से भी सुपरिचित हो जाते हैं, जिनका ज्ञान हमें प्रत्यक्षदर्शी के रूप में नहीं हो पाता है। संसार की भाषाओं में सर्वोपरि देववाणी संस्कृत भाषा के माध्यम से रचे गए वाङ्मय की अद्‌भुत परम्परा में वैदिक साहित्य के पश्चात् लौकिक संस्कृत साहित्य की सर्जना की अजस्रधारा निरन्तर प्रवहमाण है। हमें हर्ष मिश्रित गर्व है कि हम संस्कृत साहित्यकारों एवं अनुकरणीय चरितवाले महानायकोंकी रचनाभूमि एवं लीलास्थली भारतवर्ष के निवासी हैं। यहाँ के साहित्य के विशिष्ट माध्यम संस्कृत भाषा से हमें वैदिकयुग के अग्नि, इन्द्र, वरुण, विष्णु, वायु, पृथिवी, पर्जन्य आदि देवताओं का; पौराणिक युग के त्रिदेव-ब्रह्मा, विष्णु, महेश एवं इनके विभिन्न अवतारों का; मातृशक्ति की प्रतीक-त्रिदेवी-दुर्गा, लक्ष्मी, सरस्वती का; नारद, याज्ञवल्क्य, वशिष्ठ, विश्वामित्र, अगस्त्य, जमदग्नि, व्यास आदि देवर्षियों-ब्रह्मर्षियों एवं महर्षियों का; रामायण-महाभारत युग के राम, कृष्ण, युधिष्ठिर, अर्जुन, द्रोण, अश्वत्थामा, राधा, रुक्मिणी, कुन्ती, द्रौपदी आदि का; परवर्ती युग के चाणक्य, चन्द्रगुप्त मौर्य, पुष्यमित्र शुंग, अशोक, महाराणाप्रताप, छत्रपति शिवाजी, लक्ष्मीबायी, तात्याटोपे, आधुनिक युग के महात्मा गाँधी, लाला लाजपतराय, सुभाषचन्द्र बोस, सरदार भगतसिंह, चन्द्रशेखर आज़ाद, रामप्रसाद विस्मिल, जवाहरलालनेहरु, मदन मोहन मालवीय, सम्पूर्णानन्द, सरदारबल्लभभाई पटेल, लाला लाजपतराय, डॉ० राजेन्द्रप्रसाद, डॉ० राधाकृष्णन्, डॉ० जाकिरहुसैन, श्रीमती इन्दिरागान्धी आदि लोकनायकों का प्रेरणादायक अनुकरणीय जीवनपरिचय मिलता है।

यह दुःखद तथ्य सर्वविदित है कि भारत को पहले मुगलसाम्राज्य की और उसके बाद ब्रिटिश साम्राज्य की दासता अनेक वर्षों तक सहन करनी पड़ी। इस दासता से क्षुब्ध अन्तःकरण वाले भारत के हुतात्मा वीरों- महाराणा प्रताप, छत्रपति शिवाजी, वीर छत्रसाल, पृथ्वीराज चौहान, महारानी लक्ष्मीबायी, तात्या टोपे, भगतसिंह, चन्द्रशेखर आज़ाद, अशफाक उल्ला, गणेश शङ्कर विद्यार्थी, बालगंगाधर तिलक, महात्मागान्धी, पण्डित जवाहरलाल नेहरु, लाला लाजपतराय आदि-ने मुगलों एवं अंग्रेजों से अपने देश को मुक्त करवाने का प्रशंसनीय एवं सफलतम प्रयास किया। १८५७ ईशवीय सन में ब्रिटिशों के विरुद्ध जब स्वातन्त्र्यसमर का सूत्रपात हुआ तब भगतसिंह आदि क्रान्तिकारी वीरों ने अंग्रेजों से लोहा लेने के लिए हिंसा का भी अवलम्ब लिया, किन्तु पोरबन्दर गुजरात में जन्म लेने वाले, मोहनदास कर्मचन्द गांधी ने अहिंसा के साथ, सत्य, अत्याचारपूर्ण स्वच्छन्द कानून के प्रति असहयोग, ईश्वर भक्ति एवं रामराज्य के आदर्श का अवलम्ब लेकर अपनी भारतमाता को गुलामी की जंजीरों से मुक्त करवाकर राष्ट्रपिता महात्मा गाँधी के रूप में ख्याति प्राप्त की और त्रेतायुग के मर्यादापुरुषोत्तम भगवान् श्रीराम, द्वापरयुग के लीलापुरुषोत्तम भगवान् श्रीकृष्ण, मौर्ययुग के बुद्ध,

विष्णुगुप्तचाणक्य, भगवान् महावीर की भाँति ही आधुनिक युग में राष्ट्रपिता महात्मागाँधी भी संस्कृत साहित्यकारों के चरितनायक के रूप में स्वीकृत हो गए।

संस्कृत साहित्य का अनुशीलन करने से ज्ञात हो जाता है कि स्वतन्त्रताप्राप्ति के पूर्व काव्यरचना करने वालों के समान ही स्वतन्त्रताप्राप्ति के पश्चात् भी काव्यरचना करने वाले कवियों ने महात्मागाँधी को अपने काव्य के प्रमुख नायक के रूप में मनोनीत किया तथा कुछ कवि ऐसे भी हैं, जिन्होंने स्वतन्त्रताप्राप्ति से सम्बन्धित अपने काव्यों में स्वतन्त्रतासेनानियों का वर्णन करते हुए अन्य लोकनायकों के साथ महात्मा गान्धी का भी स्मरण किया है। मुख्यरुप से पण्डिता क्षमाराव द्वारा प्रणीत 'सत्याग्रहगीता' से लेकर मुतुकुलम् श्रीधर प्रणीत 'नवभारतम्' नामक महाकाव्य की सुदीर्घ परम्परा में महात्मागान्धी के लोकविश्रुत जीवन का सुन्दर प्रेरणास्पद चित्रण किया गया है। अब स्वतन्त्रताप्राप्ति के पश्चात् रचे गये महात्मा गान्धी से सम्बद्ध प्रमुख संस्कृत काव्यों का संक्षित परिचय प्रस्तुत है :–

(क) स्वराज्यविजय

आधुनिक संस्कृत साहित्यकारों में विशिष्ट स्थान की अधिकारिणी पण्डिता क्षमाराव की गान्धी जी से सम्बन्धित कृतियाँ सत्याग्रह गीता एवं उत्तरसत्याग्रहगीता तो स्वतन्त्रताप्राप्ति के पूर्व ही प्रकाशित हो चुकी थीं किन्तु उनकी स्वराज्यविजय नामक कृति का लेखन ईशवीय सन १९४९ एवं प्रकाशन १९६२ में हुआ। इस ऐतिहासिक काव्य में ५४ अध्याय १७४० पद्य अनुष्टुप् छन्दोबद्ध हैं। इस महान् कृति में देशविभाजन, सेवाग्राम में रहते हुए महात्मा गान्धी द्वारा अहिंसा का उपदेश किया जाना, भारत को स्वतन्त्र कराने के लिए अनेक विदेशी शासकों से वार्त्तालाप, हिरोशिमा-नागासाकी शहरों में किए गए दुष्प्रहार, हिन्दु-मुस्लिम एकता, अन्त्यजवर्ग को सम्मान दिलवाना, राम नाम के माहात्म्य का उपदेश, कारागृह की यातना सहना, नाथूराम गोडसे द्वारा, प्रार्थना सभा में जाते हुए महात्मागान्धी की, गोलीमारकर हत्या कर देना आदि मार्मिक एवं महत्त्वपूर्ण घटनाओं का वर्णन किया गया है।

महाकाव्य की परम्परागत विशेषताओं में नवीनता का आधान करते हुए लेखिका ने खलनिन्दा, सज्जनप्रशंसा, ऐतिहासिक वस्तु का ग्रहण करना, नायक के रूप में महात्मागान्धी की प्रतिष्ठा करना, अनुप्रास-यमक-उपमा-रूपक-अर्थान्तरन्यास आदि अलङ्कारों का स्वाभाविक प्रयोग करते हुए, रौद्र, भयानक एवं करुणरस से पुष्ट वीररस की उत्साहवर्धिनी धारा से काव्य को राष्ट्रियभावना के महान् अभिव्यञ्जक के रूप में प्रस्तुत करने में सफलता प्राप्त कर ली है। स्वराज्य प्राप्ति रूप धर्म की सिद्धि होने के कारण इस काव्य का नाम 'स्वराज्यविजय' सर्वथा सार्थक है।

(ख) गान्धी गीता

यद्यपि श्रीनिवासताडपत्रीकर प्रणीत गान्धीगीता की रचना ईशवीय सन १९३२ में हो चुकी थी, और श्रीमद्भगवद्गीता की तरह इसमें भी अठारह अध्याय थे, तथापि सन १९४८ में इसमें छः अध्याय और जोड़कर इसे चौबीस अध्याय वाला बना दिया गया। इसीलिए इस कृति को स्वतन्त्रता प्राप्ति के पश्चात् लिखे गए .गान्धीपरक संस्कृत काव्यों में माना जा सकता है। इस कृति में नमककानून के विरोध में डाँडी मार्च, परतन्त्रता को अभिशाप मानते हुए उससे मुक्ति पाने का प्रयास, सेवाभाव को राष्ट्रधर्म बताना, निष्कामकर्म का उपदेश देना, ब्रिटिशशासन से भारतराष्ट्र की क्षति,

विदेशी वस्तुओं के बहिष्कार के लिए असहयोग आन्दोलन, अपनी संस्कृति के अनुसार जीवन-यापन करना, राष्ट्रविरोधी कार्यों से सर्वथा दूर रहना, सर्वधर्मसमभाव, परोपकार, नेतागणों के सत्प्रयासों से भारत की परतन्त्रता से मुक्ति की आशा करना, अनेक वार गाँधीजी का कारागृह जाना, अंग्रेजों की कूटनीति एवं हठधर्मी नेताओं के कारण भारतविभाजन, फलस्वरूप साम्प्रदायिक दंगे, नाथूराम गोडसे द्वारा बापू की हत्या आदि महत्त्वपूर्ण घटनाओं का वर्णन मिलता है। यद्यपि यह काव्य सर्गों में विभक्त न होकर अध्यायों में विभक्त है तथापि इसके महाकाव्यत्व में कोई कमी प्रतीत नहीं होती। महात्मागान्धी को बड़ी श्रद्धा से प्रारम्भ में ही स्मरण किया गया है-

कर्मचन्दसुतं धीरं मोहनं लोकनायकम्।
महात्मानं सतां श्रेष्ठं गान्धीं वन्दे जगद्गुरुम्॥

— गान्धीगीता, १/२

इस महनीय कृति में खलनिन्दा, सज्जनप्रशंसा, ऐतिहासिक कथावस्तु, महात्मागान्धी की नायक के रूप में प्रतिष्ठा, अंग्रेजशासन की खलनायक के रूप में व्याख्या की गई है। अनुष्टुप् छन्द का बाहुल्य होते हुए भी शार्दूलविक्रीडित, उपजाति, शालिनी, इन्द्रवज्रा आदि छन्दों का प्रयोग कवि के छन्द-ज्ञान का परिचायक है। वीररस के अतिरिक्त शान्त एवं करुण रसों का परिपाक कृति को सहृदयहृदयग्राह्य बनाने में समर्थ है। श्रीकृष्ण द्वारा अर्जुन को उपदेश देने की तरह, इसमें गान्धी द्वारा भारतवासियों को, भारत को अंग्रेजों की दासता से मुक्त कराने के लिए, उपदेश दिया गया, अतएव इसका 'गान्धीगीता' नाम भी पूर्णतया सार्थक है।

(ग) श्रीमहात्मगान्धिचरितम्

पञ्जाब के स्यालकोट में जन्मे स्वामिभगवदाचार्य ने प्रसिद्ध गान्धीगाथा को भारतपारिजातम्, पारिजातापहार, पारिजातसौरभम् नामक तीन भागों में विभक्त करके विशाल महाकाव्य की रचना की है। इस महाकाव्य के तीनों भागों को मिलाकर इसमें ७५ सर्ग तथा ५, ५११ श्लोक हैं। राष्ट्रियभावना एवं अन्ताराष्ट्रियभावना से परिपूर्ण इस महती कृति का कथानक स्वामिश्रीभगवदाचार्य ने गाँधी जी की आत्मकथा एवं दिल्ली डायरी को आधार मानकर लिखा है। वंशस्थ, मालिनी, इन्द्रवज्रा, प्रहर्षिणी, मञ्जुभाषिणी, अनुष्टुप्, मत्तमयूरम्, उपजाति, शिखरिणी आदि छन्दों में अपना काव्य निबद्ध करके महाकाव्य के शास्त्रीय नियमों के अनुसार सर्गान्त में छन्द-परिवर्तन किया गया है; करुण, रौद्र, वात्सल्य, वीभत्स आदि रसों से अंगीरस वीररस को पुष्ट किया गया है। अनायास ही आ जाने वाले अनुप्रास, यमक, उपमा, रुपक, अतिशयोक्ति, अर्थान्तरन्यास से सुसज्जित आवश्यक वर्णनात्मकता से युक्त यह एक महत्त्वपूर्ण महाकाव्य कृति है।

(घ) गान्धिविजयनाटकम्

उत्तरप्रदेश के हरदोई जिले के मूलनिवासी, राष्ट्रियभावनापरक दृश्यकाव्यों की रचना करने वाले, बहुशास्त्रज्ञ मथुराप्रसाद दीक्षित प्रणीत 'गान्धिविजयनाटकम्' दो अङ्कों का दृश्यकाव्य है। प्रथम अङ्क में बालगङ्गाधरतिलक द्वारा स्वतन्त्रताप्राप्ति के लिए किए जाने वाले प्रयत्न, मालवीय जी द्वारा विदेशी वस्त्रों का परित्याग करके स्वदेशी वस्त्र धारण करने की प्रेरणा देना, महात्मा गाँधी का वकालत के लिए दक्षिण अफ्रीका जाना, नील की खेती करने वाले भारतीयों पर किए जाने वाले

गोरों के अत्याचारों को सुनकर उनके पक्ष में वकालत करना, अपने व्यवहार से प्रसन्न भारतीयों द्वारा प्रदत्त आभूषणादि उपहारों को भारतीयों के लिए ही समर्पित करना आदि महत्त्वपूर्ण घटनाओं का वर्णन है। द्वितीय अङ्क में भारतीयों को नील की खेती से मुक्त करवाना, विद्यालयों में भारतीयों के प्रवेशनिषेध का विरोध करना, गोरों को भारत छोड़ने के लिए विवश करना, मालवीय जी के सहयोग से विदेशी वस्त्रों को जला देना, नमक कानून का उल्लंघन, जलियाँवाला काण्ड की मालवीय जी द्वारा आलोचना, भारतविभाजन आदि इतिहासप्रसिद्ध दृश्यों का प्रस्तुतीकरण किया गया है।

यद्यपि इस कृति में दो ही अङ्क है तथापि नान्दीपाठ में महात्मागान्धी की चरणवन्दना की गई है। गान्धी के अतिरिक्त मालवीय, नेहरू, राजेन्द्रप्रसाद तथा दिव्य स्त्रीपात्र के रूप में भारतमाता एवं राष्ट्रियभावना को उजागर करते हुए वीररस को पुष्ट किया गया है; सरल संस्कृत का प्रयोग है और प्राकृतभाषा के स्थान पर हिन्दीभाषा के प्रयोग से नाटक आधुनिक युग में अत्यन्त प्रासंगिक हो गया है; पाँचों सन्धियों का निर्वाह करके अन्त में भरतवाक्य द्वारा सबकी मङ्गलकामना की गई है। फलस्वरूप इस रूपक को नाटक की संज्ञा दी जा सकती है।

(ङ) श्रीगान्धिचरितम्

यह बिहार प्रान्त के हथुआ नामक स्थान में जन्म लेने वाले श्री साधुशरण मिश्र द्वारा रचित एवं १९५२ ईशवीय सन में प्रकाशित उन्नीस सर्गों का महाकाव्य है। महात्मा गान्धी के जीवन से सम्बद्ध इस काव्य का प्रारम्भ भी महात्मागान्धी के चरण-कमलों की वन्दना रूप पारम्परिक मंगलाचरण से हुआ है–

नमः परमकल्याणसन्दोहामृतवर्षणे।
श्रीमद्गान्धिपदद्वन्द्वराजीवाय सुशर्मणे।।
महात्मन् क्वातिमहच्चरित्रमगाधसिन्धूपममद्वितीय।
क्वाऽहं मन्दमतिर्न गन्तुं तत्पारमीशोऽस्य विना कृपाभिः।।

–१/२-३, ४

क्रिप्स, ओडायर, जार्ज पञ्चम, नाथूराम गोडसे की निन्दा रूप खलनायकवर्णन तथा महात्मागान्धी, मालवीय, सरोजिनी नायडू, घनश्यामदास विड़ला, सुभाषचन्द्र बोस आदि के सत्कार्यों का वर्णन करना रूप सज्जनप्रशंसा की गई है। महाकाव्य का कथानक महात्मा गान्धी की आत्मकथा पर आधारित है। कवि ने इस काव्य में शास्त्रीय नियमों की चिन्ता किए विना, स्वतन्त्रतापूर्वक अनुष्टुप्, उपजाति, उपेन्द्रवज्रा, वसन्ततिलका, मालिनी, वंशस्थ, द्रुतविलम्बित, शार्दूलविक्रीडित आदि छन्दों में पद्यों को निबद्ध किया है। अनुप्रास, रूपक, उत्प्रेक्षा, दृष्टान्त, अर्थान्तरन्यास, निदर्शना, विरोधाभास, एकावली आदि अलङ्कार काव्य के रसों के अनुकूल हैं; धर्मवीर अङ्गीरस है तथा करुण, रौद्र, भयानक, वत्सल, भक्तिरस आदि अङ्गरस भी काव्य को हृदयस्पर्शी बनाने में समर्थ हैं। आवश्यकतानुसार प्राकृतिक एवं वैकृतिक वर्णन भी कवि की वर्णनकुशलता का परिचायक है। पाँचों सन्धियों से संगठित इस काव्य का प्रमुख उद्देश्य है– स्वतन्त्रता प्राप्ति एवं राष्ट्रभक्ति। इस काव्य में मुख्य रूप से महात्मा गान्धी की चारित्रिक विशेषताओं पर प्रकाश डालते हुए उनके द्वारा भारत को स्वतन्त्र कराने के प्रयत्नों का चित्रण होने के कारण, इसका नाम 'श्रीगान्धिचरितम्' सर्वथा सार्थक है।

(च) श्रीगान्धिचरितम्

मुजफ्फरपुर जिले के श्री ब्रह्मानन्द शुक्ल द्वारा विरचित 'श्रीगान्धिचरितम्' एक खण्डकाव्य है। एक सौ ग्यारह पद्य वाले इस काव्य में गान्धी के विख्यात जीवनपरिचय के साथ-साथ रामनाम तथा सत्यनिष्ठापूर्वक रामराज्य की स्थापना का स्वप्न संजोया गया है। दरिद्रता के दु:ख से छुटकारा पाना, ईश्वरभक्ति, राष्ट्रियभावना, वेदों के प्रति आस्था, एकता-सत्य-अहिंसा की महत्ता, देश के कल्याण के लिए अपने सर्वस्व का समर्पण कर देना आदि उपयोगी एवं अनुकरणीय आचरण का उपदेश देकर इस छोटी कृति को भी कवि ने अत्यन्त प्रशंसनीय बना दिया है। करुणरस पूर्वक वीररस का परिपाक राष्ट्रभक्तों को उत्साहित करने में समर्थ है।

(छ) श्रीगान्धिगौरवम्

उत्तरप्रदेश के नैमिषारण्य नामक तीर्थस्थान के समीप हरदोई जिले के सण्डीला नामक नगर में जन्म लेने वाले श्रीशिवगोविन्दत्रिपाठी द्वारा प्रणीत 'श्रीगान्धिगौरवम्' में आठ सर्ग एवं छ: सौ अस्सी पद्य हैं। महाकाव्य के लिए आचार्यों द्वारा मान्य आवश्यक लक्षणों से युक्त इस महाकाव्य में इसके नायक महात्मा गान्धी के अतिरिक्त पण्डित गोविन्दबल्लभपन्त, मदनमोहनमालवीय, फीरोजशाह मेहता आदि सत्पात्रों की प्रशंसा की गई है तथा लार्ड कर्जन के अत्याचार, मुसलमानों का हिन्दुओं के साथ किया गया नृशंसतापूर्वक व्यवहार, जिन्ना का भारत-विभाजन का सफल प्रयत्न, नाथूराम गोडसे द्वारा महात्मा गांधी की हत्या करना आदि की आलोचना की गई है। इस काव्य का कथानक महात्मागान्धी की आत्मकथा एवं श्रीभगवदाचार्य के विशालकाय काव्य 'श्रीमहात्मगान्धिचरितम्' के आधार पर प्रस्तुत किया गया है। इसमें महात्मागान्धी के सम्पूर्ण जीवन वृत्तान्त एवं स्वतन्त्रताप्राप्ति का वर्णन किया गया है। काव्य में प्रमुख नायक महात्मा गान्धी हैं; अंग्रेज प्रशासकवर्ग प्रतिनायक है। इस महाकाव्य के पद्यों को कवि ने अनुष्टुप्, इन्द्रवज्रा, इन्द्रवंशा, उपजाति, उपेन्द्रवज्रा, दोधक, भुजंगप्रयात, मन्दाक्रान्ता, मालिनी, वंशस्थ, वसन्ततिलका आदि प्रचलित छन्दों में निबद्ध किया है; करुण, भयानक, रौद्र एवं वात्सल्य रसों के प्रभावोत्पादक सन्निवेश सहित अंगीरस वीररस का परिपाक किया है; रूपक, उत्प्रेक्षा, अनुप्रास, अर्थान्तरन्यास, दृष्टान्त, विशेषोक्ति, रूपकातिशयोक्ति अलङ्कारों से काव्य को सजाया है; मुख, प्रतिमुख आदि पञ्चसन्धियों में भलीभाँति संगठित कथानक वाले इस काव्य का नाम काव्य के नायक महात्मागान्धी के नाम पर रखा है; पुरुषार्थ चतुष्टय के सेवन एवं सिद्धि का यथास्थान वर्णन होते हुए भी स्वतन्त्रताप्राप्ति रूप धर्मपुरुषार्थ की सिद्धि प्रधानरूपेण की है। लघुकाय होने पर भी यह काव्य पर्याप्त प्रभावोत्पादक एवं प्रशंसा के योग्य है।

(ज) भारतराष्ट्ररत्नम्

उत्तरप्रदेश में मेरठ जिले के निवासी पण्डित यज्ञेश्वरशास्त्री ने झाँसी की रानी लक्ष्मीबायी, महर्षि दयानन्द, बालगंगाधरतिलक आदि प्रसिद्ध लोकनायकों पर आधारित २१ कविताओं के संग्रह को 'भारतराष्ट्ररत्नम्' शीर्षक से प्रस्तुत किया है। १९६९ में प्रकाशित ४४५ पद्यों वाली इस कृति में 'राष्ट्रपिता महात्मा गान्धी' शीर्षक से ३१ पद्य राष्ट्रपिता महात्मा गान्धी के जीवन पर आधारित हैं। इस मुक्तक काव्य में एकता, स्वदेशाभिमान, समता की भावना का विकास करके अस्पृश्यता, परतन्त्रता को समाप्त करने की प्रेरणा दी गई है; श्रम, सत्य, उद्यम, आत्मनिर्भरता आदि गुणों की

प्रशंसा की गई है। प्रसाद गुण सम्पन्न इस मुक्तककाव्यकृति में राष्ट्रोन्नति के लिए भारतीय जनता को प्रेरित करना ही कवि का प्रमुख लक्ष्य है।

(झ) गान्धिगौरवम्

उत्तरप्रदेश के धवलपुर नामक स्थान में जन्म लेने वाले, अपनी रचनाशीलता से संस्कृत भाषा की सेवा करने वाले डॉ० रमेशचन्द्र शुक्ल प्रणीत 'गान्धिगौरवम्' नामक खण्डकाव्य की रचना एवं प्रकाशन गान्धी जन्म शताब्दी ईशवीय सन १९६९ में हुआ है। १२५ पद्यात्मक इस प्रबन्ध खण्डकाव्य में महात्मागान्धी द्वारा किए आत्माभ्युदयात्मक एवं राष्ट्रभावनापरक कार्यों का माधुर्यगुणयुक्त शैली में वर्णन किया गया है। काव्य के माध्यम से राष्ट्रपिता महात्मा गान्धी को अभीष्ट-सदैव अपनी संस्कृति एवं सभ्यता का पालन करना, स्वदेशी वस्तुओं का ही सेवन करना, नारी-शिक्षा का प्रयत्न करना, राष्ट्रभाषा का स्वाभिमानपूर्वक प्रयोग करना, कुटीर-उद्योगों को बढ़ावा देना, एकता-अहिंसा-उत्साहादि गुणों को अपनाना, शत्रु के प्रति भी सद्भाव रखना, राष्ट्र की रक्षा करने हेतु सदैव तत्पर रहना, विश्वबन्धुत्व की भावना रखना, रामराज्य का स्वप्न साकार करने को सचेष्ट रहना आदि तथ्यों को प्रस्तुत किया है। वीररसप्रधान इस काव्य में छन्द एवं अलङ्कार भी भावानुरूप ही हैं। अनुप्रास का एक सरस उदाहरण द्रष्टव्य है-

जयतु जयतु, गाँधी विश्ववन्द्यो महात्मा,
श्रयतु श्रयतु लोकस्तत्पथं सत्यनिष्ठम्।
वसतु वसतु चित्ते राष्ट्रभक्तिर्नराणां
वहतु वहतु शश्वद् विश्वबन्धुत्व गङ्गा॥

— पद्यसंख्या-१२५

इसके अतिरिक्त डॉ० रमेशचन्द्र शुक्ल ने 'चारुचरितचर्चा' नामक गद्यकाव्य में लगभग १०० महापुरुषों एवं राष्ट्रनेताओं के बीच में महात्मा गान्धी के अनुकरणीय जीवन का भी परिचय दिया है।

(ञ) गान्धिगाथा

राजस्थान प्रान्त के जयपुर जिले से सम्बन्धित डॉ० मधुकरशास्त्री ने गान्धिगाथा नामक खण्डकाव्य की रचना की है। पूर्ववर्ती काव्यों की भाँति गान्धी जी के परिचित जीवनवृत्त से सम्बद्ध इस कृति को दो भागों में विभक्त किया गया है- पूर्वभाग में महात्मागांधी का जीवन २४७ पद्यों में तथा उत्तरभाग में उनके सिद्धान्त एवं विचार १०९ पद्यों में प्रस्तुत किये गए है। वीररस प्रधान, प्रसाद गुणोपेत इस प्रशंसनीय खण्डकाव्यकृति का प्रकाशन ईशवीय सन १९७३ में हुआ है।

(ट) गान्धिनस्त्रयो गुरवः शिष्याश्च

उत्तरप्रदेश के रायबरेली जिले के अन्तर्गत शाहटोला नामक स्थान के निवासी श्री द्वारकाप्रसाद त्रिपाठी की गद्यरचना 'गान्धिनस्त्रयो गुरवः शिष्याश्च' का प्रकाशन १९७६ में हुआ है। इस रचना के माध्यम से गांधी जी के तीन बन्दर रूप गुरुओं के बुरा मत देखो (न पश्येदप्रियम्); बुरा मत सुनो 'न शृणुयादप्रियम); बुरा मत कहो (नब्रूयादप्रियम्) रूप तीन सिद्धान्तों से समाज को बुराईयों से

बचाने का उपदेश दिया गया है। उनकी शिष्यमण्डली में से –डॉ० राजेन्द्र प्रसाद, जवाहरलाल नेहरु, विनोबा भावे-इन तीन शिष्यों को प्रमुख स्थान दिया गया है। विधा की दृष्टि से यह कृति लघु आख्यायिका की कोटि में आती है। इसमें गान्धी के जन्म से लेकर उनकी हत्या तक का परिचित वृत्तान्त है तथा गुरुशिष्य की सांस्कृतिक परम्परा-प्रकाशन का प्रयास किया गया है। इसके अतिरिक्त कुरीतियों से बचना, सन्मार्ग पर चलना, मधुरभाषण, संस्कृति-सभ्यता की रक्षा, समाज के उत्थान में स्त्री का स्थान, सभी धर्मों का सम्मान करना, अहिंसात्मक मार्ग को अपनाना, देश की स्वतन्त्रता-समृद्धि के लिए सर्वस्वसमर्पण कर देना आदि राष्ट्रपिता को प्रिय सिद्धान्तों को पुष्ट किया गया है। रौद्र एवं करुण रसों के वर्णन से काव्य के प्रमुख रस वीररस की पुष्टि हुई है। काव्य को सर्वजनग्राह्य बनाने के लिए सरल भाषा-शैली का प्रयोग किया गया है।

(ठ) बापू

Natioinal Book Trust of India से प्रकाशित श्री एफ० सी० फ्रिटास द्वारा अंग्रेजी में रचित 'बापू' नामक कृति का संस्कृत अनुवाद करके गद्यकाव्यकृति का 'बापू' ही शीर्षकित रूप डॉ० किशोर नाथ झा ने दिया है। इस रचना का प्रकाशन ई० सन १९७६ में हुआ है। काव्यविधा की दृष्टि से इसे उत्तमकोटि की आख्यायिका माना जा सकता है। वैदर्भी शैली में रचित यह कृति राष्ट्रप्रेम की परिचायिका है। प्रसादगुणसम्पन्न इस रचना में महात्मागान्धी द्वारा सत्य एवं अहिंसा के द्वारा भारतविजय का वर्णन करके उन्हें राष्ट्रपिता की महती उपाधि से सम्मानित किया गया है। पिता को ही बापू कहने की परम्परा के कारण इस काव्य का नाम सर्वथा सार्थक है। नाटकीय सन्धियों का निर्वाह करते हुए वीररस एवं राष्ट्रियभावना का सुन्दर वर्णन होने के कारण यह कृति काव्यों में विशेषस्थान की अधिकारिणी है।

(ड) श्रमगीता

महाराष्ट्र प्रान्त के नागपुर नामक स्थान के निवासी देशभक्त, विविध भाषाविद्, संस्कृत भाषा की सेवा में लगे रहने वाले डॉ० श्रीधर भास्कर वर्णेकर जी द्वारा रचित 'श्रमगीता' नामक खण्डकाव्य का प्रकाशन १९७७ ईशवीय सन में हुआ है। राष्ट्रिय भावना से ओत-प्रोत, श्रम के महत्त्व का गीत प्रस्तुत करने वाली इस कृति में १८८ पद्य हैं। जिस प्रकार श्रीमद्भगवद्गीता में श्रीकृष्ण ने अर्जुन को कर्म योग का उपदेश दिया है। उसी प्रकार इस कृति में देश की दशा से चिन्तित राजेन्द्र प्रसाद, राधाकृष्णन्, सरदार बल्लभ भाई पटेल, जवाहरलाल नेहरु के निवेदन करने पर महात्मा गान्धी उन्हें श्रम का माहात्म्य समझाते हैं। उनका मानना है कि स्वावलम्बी, स्वस्थ एवं समृद्ध बनने के लिए श्रम पर आस्था रखना अनिवार्य है। वस्तुतः इस कृति का वर्ण्यविषय श्रम गीता का कर्मयोग है और श्रम के माध्यम से राष्ट्र की उन्नति राष्ट्रभक्तिभावना पूर्वक वीररस का परिचायक है क्योंकि श्रम के लिए वीररस के स्थायिभाव उत्साह का उद्बुद्ध होना अनिवार्य है। श्रीधरभास्कर वर्णेकर ने परिश्रमी व्यक्ति को सर्वश्रेष्ठ माना है–

जयन्ति ते कलावन्तः सन्तत श्रम नैष्ठिकाः।
येषां अद्भुतनिर्माणैर् जगदेतद् अलङ्कृतम्।।

–श्लोक सं० ६९

इस लघुकाय सुन्दर कृति की भाषा-शैली एवं भाव श्रीमद्भगवद्गीता तथा नीतिशतक से प्रभावित एवं प्रभावोत्पादक हैं।

उपर्युक्त ग्रन्थों के अतिरिक्त जयराम शास्त्री प्रणीत 'गान्धिबान्धवम्' नामक २२ सर्गों का महाकाव्य, बोम्मकण्ठी रामलिंग शास्त्री प्रणीत 'सत्याग्रहोदयः' नामक रूपक, यतीन्द्र विमल चौधुरी द्वारा प्रणीत भारतजनकम् नामक रूपक, श्रीमती रमा चौधुरी द्वारा रचित भारततातम् नामक रूपक, नागराजन् प्रणीत 'गान्धिविजय' नामक पाँच अङ्क वाला रूपक आदि रचनाएँ गान्धी जी के जीवन को लक्ष्य बनाकर लिखी गई हैं।

भारत की स्वतन्त्रता एवं राष्ट्रिय भावना से ओतप्रोत अनेक ऐसे ग्रन्थ हैं जिनमें गान्धी जी के जीवन को तो आधार नहीं बनाया गया है तथापि उनमें गान्धी जी की चर्चा या उल्लेख अवश्य मिल जाता है। जैसे बालकृष्णभट्ट प्रणीत-स्वतन्त्रभारतम्, विश्वनाथ केशवछत्रे रचित-अपूर्व शान्ति संग्रामः, रामनिरीक्षण सिंह रचित- स्वाधीनभारतम्, द्विजेन्द्रनाथ विद्यामार्त्तण्ड प्रणीत-स्वराज्यविजयम्, श्रीरुद्रदत्तपाठकप्रणीत- भारतीयरत्नचरितम्, श्रीरामकैलाश पाण्डेय चरित-भारतम्, पुल्लेल श्रीरामचन्द्र रेड्डी प्रणीत सुसंहतभारतम्, श्यामवर्णद्विवेदिविरचित-विशालभारतम् श्रीकृष्णलालरचित-शिञ्जारवः, कृ० वा० चितले रचित-भारतस्वातन्त्र्यम्, के०एस्० नागराजन् प्रणीत-भारतवैभवम्, मुतुकुलम् श्रीधररचित-नवभारतम्, रेवाप्रसाद द्विवेदी रचित-स्वातन्त्र्यसंभवम् आदि।

स्वतन्त्रताप्राप्ति के पश्चात् लिखे गए महात्मगान्धी जी से सम्बद्ध काव्यों में पोरबन्दर, सेवाग्राम, साबरमती आश्रम, दक्षिण अफ्रीका भारतवर्ष एवं उसके विभिन्न प्रान्त, विभिन्न नगरों, नदियों, प्राकृतिक पदार्थों का वर्णन भी यथावसर मिलता है। सूर्योदय, सूर्यास्त, चन्द्रोदय, रात्रि, ऋतु आदि का वर्णन रसों के परिपोष की दृष्टि से हुआ है।

उपर्युक्त सभी काव्यों में भारत की दीर्घकालीन परतन्त्रता पर दुःख व्यक्त किया गया है; स्वतन्त्रता प्राप्ति के लिए अथक प्रयत्न किए गए हैं; गान्धी जी को अभीष्ट अहिंसा, असहयोग आन्दोलन, सत्यनिष्ठा पूर्वक भारत के देशवासियों के हृदय में मातृभूमि के प्रति प्रेमभाव जागरित किया गया है; देश भक्तिभाव रूप धर्म पुरुषार्थ की सिद्धि की गई है; धर्मवीरता, कर्मवीरता को प्रोत्साहन दिया गया है; अर्थ, काम, मोक्ष-इन तीन पुरुषार्थों को गौण फलों के रूप में सिद्ध करने का सफल प्रयास किया गया है; रामराज्य-स्थापना की प्रबल आकाङ्क्षा, ईश्वरभक्ति, स्त्रीशिक्षा, अस्पृश्यतानिवारण आदि सामाजिक उन्नति के उपायों का भी वर्णन किया गया है।

उपर्युक्त विवरण से स्पष्ट है कि स्वतन्त्रता प्राप्ति के पूर्व की रचनाओं के समान स्वतन्त्रताप्राप्ति के पश्चात् की रचनाओं में भी राष्ट्रपिता महात्मा गान्धी के जीवन को आधार बनाया गया है। इस प्रकार स्वतन्त्रताप्राप्ति के पश्चात् के उपलब्ध संस्कृत साहित्य में गान्धी को लेकर प्रत्येक काव्यविधा पर कवियों की कृतियाँ मिल जाती हैं जो गाँधी एवं उनको मान्य सिद्धान्तों की प्रासंगिकता को पुष्ट करती हैं।*

सन्दर्भ

* यह शोधलेख प्रोफेसर डॉ० ए०एल० प्रजापति सम्मान निधिद्वारा सम्पादित 'Post Independence Sanskrit Literature : A Critical Study नामक' ग्रन्थ में प्रकाशनार्थ प्रेषित है।

सन्दर्भ ग्रन्थ सूची

१. स्वराज्यविजय:, पण्डिता क्षमाराव, १९६२ ई० सन
२. गान्धीगीता, श्रीनिवास ताडपत्रीकर, १९४९ ई० सन
३. श्रीमहात्मगान्धिचरितम्, श्रीमद्‌भगवदाचार्य, १९५१ ई० सन
४. गान्धिविजयनाटकम्, श्री मथुराप्रसाद दीक्षित
५. श्रीगान्धिचरितम्, श्री साधुशरण मिश्र, १९५२ ई० सन
६. श्रीगान्धिचरितम्, ब्रह्मानन्द शुक्ल, १९६४ ई० सन
७. श्रीगान्धिगौरवम्, शिवगोविन्द त्रिपाठी, १९६९ ई० सन
८. भारतराष्ट्ररत्नम्, यज्ञेश्वर शास्त्री, १९६९ ई० सन
९. गान्धिगौरवम्, रमेशचन्द्र शुक्ल, १९६९ ई० सन
१०. गान्धिगाथा, मधुकर शास्त्री, १९७३ ई० सन
११. गन्धिनस्त्रयो गुरव: शिष्याश्च, द्वाराकाप्रसाद त्रिपाठी, १९७६ ई० सन
१२. बापू, किशोरनाथ झा, १९७६ ई० सन
१३. श्रमगीता, श्रीधरभास्कर वर्णेकर, १९७७ ई० सन
१४. स्वतन्त्रभारतम्, बालकृष्णभट्ट, १९५८ ई० सन
१५. स्वतन्त्रभारतम्, उ० पी० बालकृष्णभट्ट, १९६९ ई० सन
१६. श्रीगान्धिबान्धवम्, जयराम शास्त्री, १९५९ ई० सन
१७. अपूर्व शान्तिसंग्राम:, विश्वनाथ केशव छत्रे, १९५२ ई० सन
१८. स्वाधीनभारतम्, रामनिरीक्षण सिंह, १९५९ ई० सन
१९. भारतीयरत्नचरितम्, रुद्रदत्तपाठक, १९६२ ई० सन
२०. सुसंहतभारतम्, पुल्लेल श्रीरामचन्द्र रेड्डी
२१. विशालभारतम्, श्यामवर्ण द्विवेदी, १९६७ ई० सन
२२. शिञ्जारव:, कृष्णलाल, १९६६ ई० सन
२३. भारतस्वातन्त्र्यम्, कृ० वा० चितले, १९६९ ई० सन
२४. संस्कृत साहित्य में राष्ट्रिभावना, डॉ० हरिनारायण दीक्षित, १९८४ ई० सन
२५. आधुनिक संस्कृत साहित्य का इतिहास, बलदेव उपाध्याय, २००० ई० सन
२६. महातमागान्धीपरक संस्कृत काव्य, डॉ० कुमुद टण्डन, १९९१
२७. संस्कृत महाकाव्यों का समालोचनात्मक अध्ययन- डॉ० रहसबिहारी द्विवेदी, २००१ ई० सन

आचार्य चाणक्यसम्मत शासनव्यवस्था की प्रासङ्गिकता

'शासन' शब्द राज्य करना अर्थ वाली शास् धातु से ल्युट् प्रत्ययपूर्वक निष्पन्न हुआ है।[1] शासन-व्यवस्था से हमारा अभिप्राय है–शासन प्रणाली, राज्य करने का तरीका, राज्य करने का ढंग। अपने देश के प्राचीन राजनैतिक इतिहास का अनुशीलन करने से ज्ञात होता है कि यहाँ राजतन्त्र, प्रजातन्त्र (गणतन्त्र), सम्राट्तन्त्र, भोजतन्त्र, कुलीनगणतन्त्र आदि विभिन्न प्रकार की शासन-प्रणालियों का प्रचलन रहा है। किन्तु सर्वाधिक प्रसिद्धि मिली है, दो शासन प्रणालियों को–राजतन्त्र एवं प्रजातन्त्र (गणतन्त्र)। राजतन्त्र शब्द का स्पष्ट अर्थ है–राजा का शासन और प्रजातन्त्र शब्द का अर्थ है–प्रजा का शासन। हम देखते हैं कि आज भारतवर्ष में अन्य सभी प्रकार की शासन-प्रणालियों समेत नृपतन्त्रात्मक शासन प्रणाली भी पूर्णरूपेण लुप्त हो चुकी है तथा समस्त भारतवर्ष केवल प्रजातन्त्र से ही शासित है। किन्तु भारतवर्ष के प्राचीन इतिहास एवं संस्कृत वाङ्मय का परिशीलन करने से ज्ञात होता है कि कौटिल्य के नाम से विख्यात आचार्य विष्णुगुप्त चाणक्य विश्व के सभी राजनीतिज्ञों में सर्वश्रेष्ठ माने जाते हैं और राजतन्त्र नामक शासन प्रणाली के पक्षधर हैं। भारतीय इतिहास से परिचित आधुनिक विद्वान् इस प्रजातन्त्रात्मक युग में भी इस तथ्य को हृदय से स्वीकार करते हैं कि आचार्य चाणक्य ने चन्द्रगुप्त मौर्य के रूप में भारत को एक योग्य शासक ही नहीं दिया था, अपितु उस समय को राजतन्त्र का स्वर्णिम युग भी बना दिया था।

भारतवर्ष एवं उसकी प्रजा की रक्षा-सुरक्षा के लिए अनवरत प्रयत्नशील आचार्य विष्णुगुप्त चाणक्य द्वारा प्रणीत ग्रन्थों–कौटिल्य अर्थशास्त्र, चाणक्यसूत्राणि, चाणक्यनीतिदर्पण, लघुचाणक्य एवं वृद्धचाणक्य-का अध्ययन करने तथा उनके जीवनचरित के आधार पर रचे गए–मुद्राराक्षस, चाणक्यकथा, चाणक्यचरित, शिखाबन्धनादि–संस्कृत काव्यग्रन्थों का परिशीलन करने के पश्चात्–शासनव्यवस्था से सम्बन्धित आचार्य चाणक्य का अभिमत अधोलिखित रूप में समझा जा सकता है :–

आचार्य चाणक्य ने अपने ग्रन्थों में चार प्रकार की शासन व्यवस्थाओं का वर्णन किया है–(क) राजतन्त्र, (ख) द्वैराज्य, (ग) वैराज्य तथा (घ) संघराज्य। किन्तु इन चारों व्यवस्थाओं में राजतन्त्र को ही उन्होंने सर्वाधिक श्रेष्ठ शासनव्यवस्था माना है। उनकी मान्यता को पुष्टि देने के लिए इन चारों प्रकार की शासनप्रणालियों के सम्बन्ध में उनके एवं उनके जीवन पर काव्य रचने वाले काव्यकारों के विचार प्रस्तुत हैं :–

(अ) राजतन्त्र

वस्तुतः 'कौटिलीय अर्थशास्त्र' का निर्माण आचार्य चाणक्य ने 'राजतन्त्र' को ही दृष्टि में रखकर किया है, उनका मत है–

सर्वशास्त्राण्यनुक्रम्य प्रयोगमुपलभ्य च।
कौटिल्येन नरेन्द्रार्थे शासनस्य विधिः कृतः॥ कौ०अ०, २/१०/६५

आचार्य चाणक्य को मान्य राजतन्त्र की पुष्टि हेतु कुछ तथ्य प्रस्तुत हैं :–

(क) राजा की आवश्यकता एवं महत्ता

आचार्य चाणक्य का स्पष्ट अभिमत है कि राजारहितराज्य मत्स्यन्याय नामक दुर्दशा का शिकार हो जाता है। जबकि दण्डधारी राजा के शासन में बलवान् अपने बल का दुरुपयोग निर्बलों को सताने में नहीं कर पाते हैं और प्रजा कर्त्तव्य पालन की ओर उन्मुख हो जाती है। उन्होंने राजा को सप्ताङ्गराज्य का केन्द्र माना है।[२] चन्द्रगुप्त मौर्य को मगध का सम्राट् बनाने का उनका सफल प्रयत्न उनके इसी मत की पुष्टि करता है।[३] इसके साथ ही उनका कथन कि–

विनैकमीशं प्रबलं क्षितीशं
देशे शुचौ श्रीमति भारते नः।
म्लेच्छा यदेच्छन्ति तदैवं दैवी-
मिमां भुवं निर्भयमाक्रमन्ते॥

–प्रभुदत्तस्वामी, मौर्यचन्द्रोदय, १२/४३

भी शासनव्यवस्था के रूप में उनको मान्य राजतन्त्र का ही पोषक है।

(ख) राजा की सुरक्षा

आचार्य चाणक्य ने राजा के पद को सर्वाधिक महत्त्वपूर्ण मानते हुए कहा है कि राजा को अपनी रक्षा-सुरक्षा के सभी उपाय करने चाहिए। उसे गुप्तचरों की सहायता से अपने मन्त्रियों के मनोभावों को जानना चाहिए; भोजन, वाहन, उद्यान, वन आदि की परीक्षा करवाकर विश्वस्त पुरुषों के साथ ही इनका सेवन करना चाहिए; यहाँ तक कि तपस्वी और सिद्धपुरुषों से मिलते समय भी सशस्त्र पुरुष को अपने साथ रखना चाहिए; दूसरे राजा के दूत से मिलते समय भी अपनी मन्त्रिपरिषद् साथ रखनी चाहिए; दण्डधारी रक्षकों से सुरक्षित मार्ग पर ही चलना चाहिए; भीड़ में एकाकी नहीं जाना चाहिए; तथा शत्रुओं द्वारा किए जाने वालो उपद्रवों से भी अपनी रक्षा करनी चाहिए।[४] मन्त्रियों का भी परम कर्त्तव्य है कि वे आभ्यन्तर तथा बाह्य शत्रुओं से राजा की रक्षा करें।[५]

आचार्य चाणक्य के व्यवहारानुसार राजा को आत्मरक्षा के सभी प्रयत्न करने चाहिए।[६] उन्होंने स्वयं भी सवार्थसिद्धि नन्द, राक्षस, पर्वतक, मलयकेतु तथा राक्षस द्वारा प्रेषित शिल्पी दारुवर्मा, अभयदत्त वैद्य, प्रमोदक, वीभत्सक, विषकन्या आदि से चन्द्रगुप्त की रक्षा करके अपनी इस नीति को व्यावहारिक रूप दिया है कि मन्त्रियों को भी राजा की रक्षा-सुरक्षा हेतु सदैव सावधान रहना चाहिए। इस प्रकार उनकी दृष्टि में राजा का पद राज्य के लिए बड़ा महत्त्वपूर्ण है और उन्हें मान्य 'राजतन्त्र' नामक शासनपद्धति का परिचायक है।[७]

(ग) पैतृक राजतन्त्र

चाणक्य का मत है कि राजद्रोह आदि पुरुषों के दोषों से रहित, राजा का राज्य उसके पुत्र और पौत्र तक चलता रहता है :–

एवमस्य पुत्रपौत्राननुवर्तते राज्यमपास्तपुरुषदोषमिति। कौ०अ०, ५/१/६६

आचार्य चाणक्य का यह वाक्य उन्हें पैतृक राजतन्त्र का समर्थक सिद्ध करता है। उन्होंने राजकुमारों के प्रति राजा के जो कर्त्तव्य बताये हैं–यथा उन्हें अनुशासन में रखना, उनके स्वास्थ्य का ध्यान रखना, शिक्षा का समुचित प्रबन्ध करना आदि, वे भी पैतृक राजतन्त्र-सम्बन्धिनी उनकी मान्यता को ही पुष्ट करते हैं। उनका स्पष्ट अभिमत है कि विरक्त पुत्र को बन्धन में रखना चाहिए; आत्मबलसम्पन्न पुत्र को सेनापति अथवा युवराज के सम्मानित पद पर नियुक्त करना चाहिए।[८] किन्तु पैतृक राजतन्त्र से उनका यह अभिप्राय कदापि नहीं है कि राजा अपने दुर्बुद्धि पुत्र को भी राज्य सौंपे। इस विषम परिस्थिति में उसे चाहिए कि वह अपने (दुर्बुद्धि) पुत्र के पुत्र (अर्थात्) पौत्र को राज्य का उत्तराधिकारी बनाने का प्रयास करे; पुत्री के पुत्र को राजा बनने के योग्य बनाये। सामान्य परिस्थिति में ज्येष्ठ पुत्र को ही राज्यभार सौंपे; दुर्बुद्धि पुत्र को नियन्त्रित करे; तथा विपरीत आचरण करने वाले पुत्र को मरवा डाले।[९]

आचार्य चाणक्य ने पैतृक राजतन्त्र के स्थायित्व का उत्तरदायित्व प्रधानमन्त्री को सौंपा है। एतदर्थ उसे चाहिए कि राजा के ऊपर आने वाली–अस्वस्थता, मृत्यु, शत्रुओं का आक्रमण आदि-विपत्तियों की आशङ्का होते ही उसके प्रिय और हितकारी मित्रों से परामर्श करके एक अथवा दो महीने में एक बार राजा के दर्शन प्रजा को कराने की व्यवस्था करे; प्रजा में राजा की यज्ञादि कार्यों से सम्बन्धित व्यस्तता की सूचना प्रसारित करवा दे; दर्शन के लिए निर्धारित समय पर राजा की वेशभूषा में किसी अन्य विश्वस्त पुरुष को प्रजा, मित्रों और शत्रुओं के दूतों के सामने उपस्थित कर दे; किसी अन्य कार्य के बहाने से राजकुमारों, राजपरिवार के प्रमुख सदस्यों और राजप्रमुखों को एकत्र करके अपने वश में कर ले; राजा की मृत्यु होते ही राजकुमार को युवराज के रूप में प्रजा के सामने उपस्थित कर दे; और इस कार्य का विरोध करने वाले सामन्तों का दमन कर दे।

यदि युवराज का चयन राजा ही मृत्यु से पहले ही कर दिया गया हो, तो (उसकी मृत्यु होते ही) उस युवराज को राज्य का भार पूर्ण रूप से सौंपने के बाद ही राजा की मृत्यु का समाचार प्रकाशित करे।

यदि राजा की मृत्यु शत्रु के देश में ही हो जाए तो मन्त्री को चाहिए कि वह अपने राजा के कृत्रिम शत्रु, किन्तु वास्तविक मित्र राजा के माध्यम से शत्रु के साथ सन्धि कराने का प्रयत्न करे। इस अवसर पर शत्रु के देश में विद्यमान अपने कोश और सेना की रक्षा का प्रयत्न, अपने राजा के विश्वस्त सामन्त की सहायता से, करना चाहिए; अथवा अपने राजा की मृत्यु होते ही किसी राजकुमार को युवराज के पद पर अभिषिक्त करके शत्रु पर प्रत्याक्रमण की तैयारी कर लेनी चाहिए। इस प्रकार मन्त्री का कर्त्तव्य है कि राज्य में एकैश्वर्य शासन प्रणाली को ही लागू करवाये।

आत्मगुणसम्पन्न राजकुमार के अभाव में व्यसनी राजकुमार, राजकुमारी, राजकुमारी के पुत्र, गर्भिणी रानी को राज्य का भार, अनुभवी व्यक्तियों की सलाह के बाद सौंपा जा सकता है। प्रधानमन्त्री को चाहिए कि राज्याभिषेक के बाद मन्त्रियों, सैनिकों, दुर्गाध्यक्षों एवं राष्ट्र के प्रमुख-प्रमुख कर्मचारियों के वेतन में वृद्धि कर दे; भविष्य में भी राजकुमार की ओर से वेतनवृद्धि का आश्वासन देकर उन्हें राजकुमार के अनुकूल कर ले; व्यसनग्रस्त राजकुमार को भी शिक्षा-दीक्षा से आत्मगुणसम्पन्न बनाने का प्रयत्न करे।

स्पष्ट है कि आचार्य चाणक्य एक ही वंश के शासकों का राज्य पर उत्तराधिकार मानते हैं। उनका प्रबल मत है कि राज्य का उत्तराधिकारी राजा के परिवार का ही कोई व्यक्ति होना चाहिए। यह अधिकार किसी बाह्य व्यक्ति को कदापि नहीं मिलना चाहिए। भले ही कुछ समय के लिए व्यसनी राजकुमार, राजकुमारी अथवा गर्भिणी रानी को ही अधिकार सौंपना पड़े; और जब राजपरिवार में से ही कोई राजकुमार युवराज बनने की या राजा बनने की योग्यता अर्जित करले, तब उसे राज्य का भार सौंप दे।[१०]

चन्द्रगुप्त मौर्य को मगधसम्राट् बनाकर आचार्य चाणक्य ने पैतृक राजतन्त्र को व्यावहारिक मान्यता प्रदान की है। क्योंकि चन्द्रगुप्त सर्वार्थसिद्धि नन्द का, मुरा नामकी दासी से उत्पन्न मौर्य नामक पुत्र का पुत्र था, अतः उसका पौत्र था। इस प्रकार मगध के राजसिंहासन पर उसका भी अधिकार सिद्ध हो जाता है। सर्वार्थसिद्धि नन्द के नौ पुत्र मगध राज्य के वास्तविक उत्तराधिकारी थे, किन्तु प्रजापीडक होने के कारण चाणक्य के मतानुसार 'युवराज' पद के योग्य नहीं थे। चन्द्रगुप्त के राज्य को निष्कण्टक बनाने के लिए और प्रजा के हित को ध्यान में रखते हुए आचार्य चाणक्य ने उनका वध करवा दिया।[११] मगध राजसिंहासन के इच्छुक पर्वतक को विषकन्या के द्वारा मरवा दिया;[१२] तथा उसके भाई वैरोचक को राज्याभिषेक के बहाने से मरवा दिया;[१३] और उसके पुत्र मलयकेतु को भयभीत करके मगध की राजधानी पाटलिपुत्र को छोड़ने के लिए विवश कर दिया,[१४] जिससे चन्द्रगुप्त निष्कण्टक होकर मगध का सिंहासन प्राप्त कर सके। स्पष्ट है कि कवियों ने भी चाणक्य को पैतृक राजतन्त्र का ही पक्षधर सिद्ध किया है। आचार्य चाणक्य की इस मान्यता का कारण यह भी हो सकता है कि बाह्य व्यक्ति सम्बन्धित राज्य की प्रजा के रहन-सहन से शीघ्र परिचित नहीं हो पाता, इसके अतिरिक्त वह उस राज्य को अन्तःकरण से अपना मानेगा, यह भी आवश्यक नहीं है।

(घ) राज्याभिषेक

आचार्य चाणक्य ने राज्य को अराजकता से बचाने के लिए युवराज की नियुक्ति के साथ-साथ उसके अभिषेक की भी चर्चा की है–

(अ) **कुल्यकुमारमुख्योपग्रहं कृत्वा वा कुमारमभिषिक्तमेव दर्शयेत्।** –वही, ५/६/१८

(आ) **कुमारमभिषिच्य वा प्रतिव्यूहेत।** –वही, ५/६/२५

(इ) **राजपुत्रमात्मसम्पन्नं राज्ये स्थापयेत्।** –वही, ५/६/३८

(ई) **तथेत्यमात्यः कुमारं राजकन्यां गर्भिणी देवीं वाधिकुर्वीत।**
बन्धुसम्बन्धिनां मित्रामित्रदूतानां च दर्शयेत्॥ –वही, ५/६/४६-४७

(उ) **कन्यायां समानजातीयादपत्यमुत्पाद्य वाभिषिञ्चेत्।** –वही, ५/६/५३

उपर्युक्त वाक्यों से स्पष्ट हो जाता है कि आचार्य चाणक्य के मतानुसार राज्याभिषेक राजतन्त्र की एक ऐसी औपचारिकता है, जिसके सम्पन्न होने से राजसिंहासन खाली नहीं रहता; प्रजा अपने आप को सुरक्षित समझती है; मित्र अपने को शक्तिशाली समझते हैं; और शत्रु भी राज्य पर कुदृष्टि लगाने में सङ्कोच का अनुभव करते हैं।

संस्कृत साहित्यानुसार आचार्य चाणक्य के निर्देशानुसार चन्द्रगुप्त मौर्य ने अपने साथियों के सहायोग से ग्रीक देश के आक्रान्ताओं को पराजित किया और उससे अधिष्ठित पाञ्चाल देश को प्राप्त किया। इस अवसर पर चाणक्य ने उसे राजमुकुट पहनाया; उसके शिर के ऊपर राजच्छत्र स्थापित किया; शुभकामनाओं सहित राजसिंहासन पर बैठाया; और तत्पश्चात् दोनों हाथों में चँवर को लेकर प्रजा सहित उसकी जय-जयकार की; चन्द्रगुप्त ने उनको प्रणाम किया; और उनके हाथ से दण्ड लिया।[१५]

इसी प्रकार नन्दों का वध करने के पश्चात् मगध के राजसिंहासन पर उन्होंने चन्द्रगुप्त को बैठाया। इस अवसर पर उसे राजच्छत्र धारण करने का निर्देश किया; उसके शिर पर मुकुट रखा; विद्वानों के साथ अभिषेक के मन्त्र पढ़े; तीर्थों से लाये हुए जल से उसका अभिषेक किया; और अन्त में स्वयं उसकी आरती भी उतारी।[१६]

इन दोनों उदाहरणों में चाणक्य के द्वारा चन्द्रगुप्त को शीघ्रातिशीघ्र राजसिंहासन में बैठाने का उपक्रम वर्णित है। इस शीघ्रता का कारण है कि रिक्त सिंहासन पर कोई शत्रु का अथवा अनधिकारी व्यक्ति कब्जा न कर सके।

(ङ) राष्ट्रध्वज

आचार्य चाणक्य के निर्देशानुसार ही पाञ्चालदेश पर विजय पाने के पश्चात् चन्द्रगुप्त ने वहाँ के राजभवन पर विद्यमान ग्रीकध्वज को उतार कर अपने राष्ट्रध्वज को प्रतिष्ठित किया और उसे श्रद्धापूर्वक प्रणाम किया।[१७]

उपर्युक्त प्रसंग में आचार्य चाणक्य का व्यवहार उनके इस मत को प्रकट करता है कि राष्ट्रध्वज भी राजतन्त्र का प्रतीक है, जिसको देखकर दर्शक यह जान सकते हैं कि इस स्थान पर अमुक देश के राजा का आधिपत्य है।

(च) औषधि

आचार्य चाणक्य ने अपने आश्रम में दीक्षान्त समारोह के आयोजन के अवसर पर अपने शिष्य धर्मधर से सम्राट्करण औषधि मँगवाई, ताकि चक्रवर्त्ती सम्राट् बनने योग्य चन्द्रगुप्त को उसका सेवन करवाकर उसे पुष्ट कर सके।[१८]

आचार्य चाणक्य का उपर्युक्त व्यवहार बताता है कि उनके मतानुसार राजा बनने के योग्य व्यक्ति को ऐसी औषधि का सेवन करना चाहिए, जो बल-बुद्धि-विद्या-आयु को बढ़ाने वाली हो। सम्राट्करण औषधि से उनका तात्पर्य सम्भवतः ऐसे टॉनिक से है, जिसका सेवन करके वह हर प्रकार की आपत्तियों से निबट सके; अत्यधिक समर्थ हो सके; और उन्नति के प्रशस्त मार्ग पर चल सके।

(छ) राजा के गुण

आचार्य चाणक्य ने राजतन्त्र और एकच्छत्र शासन की दृढ़ता के लिए राजा और युवराज का आत्मसम्पन्न होना आवश्यक बताया है। उनका कहना है-

(क) **अनुशासद्धि धर्मेण व्यवहारेण संस्थया।**

न्यायेन च चतुर्थेन चतुरन्तां महीं जयेत्॥ –कौ०अ० ३/१/६

(ख) **राजपुत्रमात्मसम्पन्नं राज्ये स्थापयेत्।** –वही, ५/६/३८

(ग) **आत्मवांस्त्वल्पदेशोऽपि युक्तः प्रकृतिसम्पदा।**

नयज्ञः पृथिवीं कृत्स्नां जयत्येव न हीयते॥ –वही, ६/१/१८

अर्थात् आत्मसम्पन्न राजकुमार पर ही राज्य का भार डालना चाहिए। क्योंकि आत्मसम्पन्न, अमात्यादि प्रकृतिसम्पत्ति से युक्त और नीतिज्ञ राजा छोटे से देश का स्वामी हेतु हुए भी सम्पूर्ण पृथ्वी को जीत लेता है और कभी हानि प्राप्त नहीं करता है।

आत्मसम्पन्न से तात्पर्य है, राजा का गुणसम्पन्न होना। राजा के गुणों की चार कोटियाँ हैं–(क) आभिगामिक गुण, (ख) प्रज्ञागुण, (ग) उत्साहगुण तथा (घ) विशिष्ट गुण। इन चारों गुणों से सम्पन्न राजकुमार ही राजा बनने योग्य है।[१९]

आचार्य चाणक्य के चन्द्रगुप्त मौर्य के विषय में अपने विचार इस प्रकार हैं–

(क) **नन्दैर्वियुक्तमनपेक्षितराजराजै-**

रध्यासितं च वृषलेन वृषेण राज्ञाम्।

सिंहासनं सदृशपार्थिवसंगतं च

प्रीतिं परां प्रगुणयन्ति गुणा ममैते॥

–विशाखदत्त, मुद्राराक्षस, ३/१८

(ख) **इयं पृथ्वी वीरभोग्या। चन्द्रगुप्तः चक्रवर्त्तिलक्षणसमन्वितः सर्वथा अस्य राज्यस्य कृते उपयुक्तः।**

–रामाशीष पाण्डेय, शिखाबन्धनम्, ३/१५ के बाद का संवाद।

उपर्युक्त कथनों से स्पष्ट हो जाता है कि आचार्य चाणक्य ने चन्द्रगुप्त को मगध का साम्राज्य सौंपने का सङ्कल्प मात्र इसलिए नहीं किया कि वह उनका शिष्य, उनका भक्त और उनका पक्षधर था; उन्होंने उसे मगध का साम्राज्य इसलिए सौंपा, क्योंकि वह चक्रवर्त्ती सम्राट के लक्षणों से युक्त था, गुणसम्पन्न था, श्रेष्ठ था। उसकी दृष्टि में राजा की गुणसम्पन्नता ही वास्तव में राजतन्त्र की दृढ़ता कायम कर सकती है।[२०]

(ज) चक्रवर्त्तिक्षेत्र और सम्पूर्ण पृथ्वी पर विजय

आचार्य चाणक्य ने चक्रवर्ती सम्राट् के शासन के योग्य देश को चक्रवर्त्ति क्षेत्र कहा है और इसका परिमाण बताया है–हिमालय पर्वत से दक्षिण समुद्र तक लम्बा और पूर्व समुद्र से पश्चिम समुद्र तक चौड़ा एक हजार योजन के विस्तार वाला देश–

देशः पृथिवी! तस्यां हिमवत्समुद्रान्तरमुदीचीनं।

योजनसहस्रपरिमाणं तिर्यक्चक्रवर्त्तिक्षेत्रम्॥ –वही, ९/१/१७–१८

इसके अतिरिक्त उन्होंने धर्म, व्यवहार, लोकव्यवहार और न्याय–इन चारों की सहायता से शासन करते हुए राजा को चार समुद्रों से घिरी हुई पृथ्वी पर विजय प्राप्त करने में समर्थ बताया है (कौ०अ०, ३/१/५५)। उन्होंने चार विशिष्ट मार्गों से पृथ्वी पर विजय का उपदेश दिया है, ताकि विजिगीषु राजा, राजा की द्वादशराजमण्डल पर विजय एवं शत्रुओं का उन्मूलन हो जाना। इस प्रकार चक्रवर्त्ति क्षेत्र और सम्पूर्ण पृथ्वी पर विजय भी राजा के एकच्छत्र शासन अर्थात् राजतन्त्र का ही प्रतीक है। (वही, १३/४/६९-८१)

आचार्य चाणक्य भारतवर्ष के उत्तरपश्चिम भूभाग पर यवनों का अधिकार देखकर बहुत खिन्न थे। उन्होंने अनुभव किया कि यदि यवनों को नहीं रोका गया तो सम्पूर्ण आर्यावर्त पर म्लेच्छों का आधिपत्य हो जाएगा। उन्होंने आर्यावर्त को म्लेच्छों से बचाने के लिए भारत में, दुष्टों का दमन करने में समर्थ, दिक्पालों के अंश से उत्पन्न चक्रवर्ती सम्राट् के एकच्छत्र शासन की आवश्यकता का अनुभव किया। अपनी इस आवश्यकता की पूर्ति के लिए उन्होंने चन्द्रगुप्त मौर्य को ही नियुक्त करना चाहा, जिसके प्रशंसनीय शासनकाल में रत्नगर्भा वसुन्धरा और साम्राज्यलक्ष्मी चिरकाल तक अपना अस्तित्व सुरक्षित रख सकी।[२१]

इस प्रकार आचार्य चाणक्य ने एकच्छत्र शासन का समर्थन करके भी राजतन्त्र सम्बन्धी अपनी मान्यता की पुष्टि की है। उन्होंने एकच्छत्र शासन को इसलिए भी अच्छा बताया है, क्योंकि इस प्रणाली में एक सम्राट् के आधिपत्य में अन्य राजा राज्य की उन्नति कर सकते हैं। जबकि राज्य के अलग-अलग भागों में अलग-अलग राजाओं का शासन होने से उस-उस भाग की ही उन्नति होती है। एक राजा को दूसरे राजा के राज्यांश की उन्नति से कोई सम्बन्ध नहीं होता। इसके अतिरिक्त पारस्परिक कलह की भी सम्भावना बढ़ जाती है। अतएव राजा के लिए एकच्छत्र साम्राज्य का शासक बनने के लिए आवश्यक है कि वह छोटे-छोटे राज्य जीतकर पहले शक्तिसञ्चय कर ले, ताकि बड़े राज्य को जीतने में आसानी हो जाए।

(झ) जीते हुए राज्य की प्रजा के प्रति आचरण

यदि विजिगीषु (विजेता राजा) चाहता है कि जीते हुए राज्य पर उसके शासन की जड़ें मजबूत हों, तो वहाँ की प्रजा को वश में करना चाहिए। एतदर्थ उसे अपने गुणों को प्रदर्शित करते हुए, राजा के लिए कल्याणकारी कार्य करने चाहिए; विद्रोही व्यक्तियों को प्रसन्न करने का प्रयत्न करना चाहिए; विजित राज्य के देवी-देवताओं के प्रति आस्था व्यक्त करनी चाहिए; गुप्तचरों की सहायता से शत्रुओं के दुर्गुणों तथा अपने गुणों का प्रचार-प्रसार करवाना चाहिए; विद्वानों को धन दिलवाना चाहिए; कैदियों को मुक्त करवा देना चाहिए; धार्मिक आचरण की स्थापना करनी चाहिए; शत्रु के दुर्गाध्यक्ष, राष्ट्राध्यक्ष तथा दण्डाध्यक्ष का स्थानान्तरण करवा देना चाहिए; शत्रु के उपकारी मन्त्रियों तथा पुरोहितों को अलग-अलग स्थानों पर भिजवा देना चाहिए; विजिगीषु राजा के वध के लिए राज्य में रहने वाले दुष्टों को उपांशुदण्ड अर्थात् गोपनीय रीति से वधादि के द्वारा शान्त करवा देना चाहिए; अपने देश के लोगों एवं शत्रु द्वारा कारागृह में बन्द किये गये अनुभवी लोगों को विभिन्न पदों पर नियुक्त कर देना चाहिए; जीत लिए गए एवं मृत शत्रु के, ऐसे वंशज, जो राज्यप्राप्ति के लिए सचेष्ट हों, को सामदानादि से वश में करना चाहिए; अपने जिस गुण से जीता हुए राज्य मिले, उस गुण को बढ़ाना

चाहिए; उसे इतना अच्छा आचरण करना चाहिए कि विजित राज्य की प्रजा उस पर मुग्ध हो जाए और उसे अपना राजा मानने में सङ्कोच न करे। (कौ०अ०, १३/अध्याय ५)।

संस्कृत साहित्य के आलोक में आचार्य चाणक्य को अभीष्ट राज्य की स्थिरता और जीते हुए राज्य के प्रति राजा के आचरण के विषय में जो विचार व्यक्त हुए हैं, वे इस प्रकार हैं–

(एक) आचार्य चाणक्य ने चन्द्रगुप्त को कौमुदी महोत्सव मनाने से रोकते हुए सचेष्ट किया कि राजा को राज्य की स्थिरता के लिए योग्य मन्त्री की सलाह लेनी चाहिए; उसका विश्वास करना चाहिए; अपने सेवकों को विरक्त होने से रोकना चाहिए; संकट के समय उत्सवादि नहीं मनाने चाहिए। क्योंकि विरक्त सेवक शत्रु से मिलकर उसको शक्तिशाली बना सकते हैं और संकट के समय उत्सवादि में लीन होने वाले राजा की असावधनी का फायदा शत्रु उठा सकते हैं।[२२]

(दो) पाञ्चाल राज्य पर चन्द्रगुप्त को राजा के रूप में नियुक्त करके चाणक्य ने वहाँ के लोगों को भोग-विलास से बचने, बुद्धि एवं बल से राज्य की रक्षा करने तथा आर्यावर्त के कल्याण के लिए चन्द्रगुप्त को सहयोग देने का संकल्प लेने का सन्देश दिया। जिससे चाणक्य का मत स्पष्ट हो जाता है कि राज्यप्राप्ति के बाद उसकी रक्षा में प्रजा का भी सहयोग अपेक्षित है।[२३]

(तीन) राज्य की रक्षा-सुरक्षा और स्थिरता के लिए आवश्यक है कि राष्ट्रभाषा, राष्ट्रसभ्यता तथा राष्ट्रसंस्कृति की प्रतिष्ठा हो।[२४]

(चार) आचार्य चाणक्य इस बात को अच्छी तरह समझते थे कि चन्द्रगुप्त का राज्य राक्षस को वश में करके और प्रधानमन्त्री बनाकर ही स्थिर हो सकता है। एतदर्थ उन्होंने हर सम्भव प्रयास किए और सौभाग्य से उसमें सफल भी हो गए।[२५]

(पाँच) प्रजा को अपने अनुकूल करने के लिए ही चाणक्य ने दिवङ्गत पर्वतक का श्राद्ध करने की अनुमति दी।[२६]

(छः) उन्होंने राक्षस के अमात्य बन जाने पर पर्वतक पुत्र मलयकेतु को मुक्त करके, उसीके राज्य में उसे प्रतिष्ठित भी कर दिया,[२७] जिससे राक्षस प्रसन्न हो जाए; मलयकेतु अपना वैरभाव भूल जाए और दोनों ही कृतज्ञता व्यक्त करते हुए चन्द्रगुप्त का सहयोग करते रहें।

(सात) राक्षस के मन्त्री बनने की प्रसन्नता व्यक्त करते हुए उसके मित्र सेठ चन्दनदास को उन्होंने 'सर्वनगरश्रेष्ठी' के पद पर नियुक्त कर दिया,[२८] जिससे राक्षस को विश्वास हो जाए कि चन्द्रगुप्त उसके और उसके मित्रों का ही पक्ष लेता है और फलस्वरूप वह मगधराज्य की रक्षा पूरे मन से करने को तत्पर हो जाए। इस प्रकार आचार्य चाणक्य की दृष्टि में उच्चपदस्थ राजकीय कर्मचारी को अपने आचरण से अनुकूल करना भी राज्य की स्थिरता के लिए आवश्यक है।

(आठ) राक्षस के मन्त्री बनने के अवसर पर ही राज्य के बन्दियों को मुक्त कर दिया। अपने इस आचरण से राजा राज्य की स्थिरता में सहयोग प्राप्त कर सकता है।

(आ) द्वैराज्य

द्वैराज्य का तात्पर्य है–दो राजाओं से शासित राज्य। 'द्वैराज्य' की स्थिति तब आती है, जब पिता–पुत्र अथवा भाई–भाई में एक राज्य का शासक बनने के लिए संघर्ष हो जाए; फलस्वरूप पिता और पुत्र अथवा भाई–भाई दोनों को राज्य का शासक समान रूप से मान लिया जाये। चाणक्य ने इस स्थिति को इसलिए ज्यादा हानिकारक नहीं बताया है। क्योंकि पिता–पुत्र और भाई–भाई का कलह एक पारिवारिक समस्या है; और इस कलह को राज्य का हित चाहने वाले मन्त्री आसानी से सुलझा सकते हैं।[२९] किन्तु यदि मन्त्री इस समस्या को नहीं सुलझा पाते हैं, तो एक सिंहासन के दो उम्मीदवारों के कलह के परिणामस्वरूप राजपरिवार और राज्य नष्ट हो सकता है। इसलिए यह स्थिति शासन–प्रणाली के रूप में अच्छी नहीं कही जा सकती।

इस शासन प्रणाली के विषय में आचार्य चाणक्य के व्यवहार की समीक्षा भी द्रष्टव्य है। उन्होंने नन्दवंश को समाप्त करने और मगध का राज्य चन्द्रगुप्त मौर्य को सौंपने की प्रतिज्ञा की। साधनहीन चन्द्रगुप्त इस गुरुतर कार्य को एकाकी नहीं कर सकता था। अतएव उन्होंने पर्वतक के समक्ष प्रस्ताव रखा कि यदि इस कार्य में उसकी सेना का पूर्ण सहयोग मिल जाए तो, कार्यसिद्धि के पश्चात् मगध का आधा राज्य उसे दे दिया जाएगा। योजनानुसार विजय मिलने के पश्चात् पर्वतक का वध करवा दिया; उसके पुत्र मलयकेतु को पाटलिपुत्र छोड़ने के लिए विवश कर दिया; उसके भाई वैरोचक को भी मरवा दिया।[३०]

उपर्युक्त प्रसङ्ग में स्पष्ट हो जाता है कि वह द्वैराज्य नामक शासन प्रणाली को न तो सिद्धान्त रूप में पसन्द करते थे और न व्यावहारिक रूप में।

(इ) वैराज्य

वैराज्य का तात्पर्य है–राजारहित राज्य। 'वैराज्य' की स्थिति तब आती है, जब शत्रु राजा किसी राज्य को जीत ले। यह स्थिति चाणक्य की दृष्टि में हानिकारक है। क्योंकि राज्य को जीतने वाले राजा, उसमें शासन करने वाले राजा को नष्ट करके, राज्य को राजारहित बना देता है; जीते हुए राज्य को भी 'यह मेरा राज्य नहीं है' इस दुर्भावना के वशीभूत होकर लूटता है; (इसे तो मैंने जीता है, सोचकर) अपने राज्य में मिला लेता है; किसी दूसरे राजा को बेच देता है; अथवा प्रजा को अपने प्रति विरक्त हुआ देखकर विजित राज्य को लूटने के बाद छोड़कर चला जाता है।[३१] इस प्रकार 'वैराज्य' की स्थिति में एक राजवंश निर्मूल हो जाता है; राज्य भी शत्रुराज्य में मिलकर अस्तित्वहीन हो जाता है; अथवा अराजकता से उत्पन्न मत्स्यन्याय आदि दुर्दशा का शिकार हो जाता है। यह स्थिति द्वैराज्य की स्थिति से अधिक हानिकारक होती है।

आचार्य चाणक्य के एक गुप्तचर ने उनको सूचित किया कि चन्द्रगुप्त मौर्य ने भारत के उत्तरपश्चिम प्रान्त से यवनों को खदेड़ दिया है और वहाँ की प्रजा को इस तरह प्रभावित किया है कि वह उसे वैराज्य को समाप्त करके वैभवपूर्ण स्वराज्य की स्थापना करने में सफल मानने लगी है–

जेता रिपूनेष सुरेशशौर्यः
सूर्योऽरितामिस्त्र हरोऽपरोऽयम्।
वैराज्यमुत्सार्य पुनः स्वराज्यं
प्राज्यं प्रतिष्ठापयिताऽविता नः॥

–प्रभुदत्तस्वामी, मौर्यचन्द्रोदय, १२/३३

इसके अतिरिक्त उनकी दृष्टि में दुष्टों का राज्य भी वैराज्य ही है। इसी वैराज्य की स्थिति को समाप्त करके वह भारत में चिरकाल के लिए आर्य राज्य की स्थापना करने में सफल भी हो गए थे।[३२]

(ई) संघराज्य

संघराज्य के विषय में आचार्य चाणक्य का कथन है–

कुलस्य वा भवेद्राज्यं कुलसंघो हि दुर्जयः।
अराजव्यसनाबाधः शश्वदावसति क्षितिम्॥ –कौ०अ० १/७/५५

अर्थात् जिस राजा के बहुत से पुत्र हों और उसका उन सब पर समान स्नेह हो तो वह बड़े पुत्र को ही राज्य सौंपे अथवा राज्य पर पूरे कुल अर्थात् सभी पुत्रों का अधिकार हो। राजपुत्रों के ऐसे संगठित समूह-कुल संघ पर विजय पाना शत्रुओं के लिए बड़ा दुष्कर है। इसकी शासन अवधि भी दीर्घ हो सकती है। आचार्य चाणक्य ने दो प्रकार के संघों की चर्चा की है–१. वार्ताशस्त्रोपजीवी तथा २. राजशब्दोपजीवी।[३३] इसके अतिरिक्त उन्होंने 'संघमुख्य' के कर्त्तव्यों का भी वर्णन किया है।[३४]

आचार्य चाणक्य ने संघराज्यों के विषय में विजिगीषु राजा को सुझाव दिया है कि वह हर सम्भव उपाय से संघ को अपने वश में करे। संघ संगठन शक्ति के द्योतक हैं, उन्हें प्रकटयुद्ध में नहीं जीता जा सकता, इसलिए उन्हें कूटयुद्ध से दबाना चाहिए; और ऐसा प्रयत्न करना चाहिए कि संघों पर भी विजिगीषु राजा का ही अधिकार हो।[३५]

आचार्य चाणक्य के समय में मगध राज्य का शासन सर्वार्थसिद्धि नन्द के हाथ में था और उसने अपने नौ पुत्रों को राज्य का उत्तराधिकारी घोषित कर दिया था। आचार्य चाणक्य ने प्रजापीडक इन नौ नन्दों का विनाश करके किसी योग्य पुरुष को राजमुकुट पहिनाने की प्रतिज्ञा की थी।[३६]

स्पष्ट है कि आचार्य चाणक्य द्वैराज्य और वैराज्य नामक शासन प्रणालियों को तो दोषपूर्ण मानते ही हैं और संघराज्यों का अन्तर्भाव भी विजिगीषु के राज्य में करने के पक्षपाती हैं। क्योंकि संघ शासन प्रणाली राज्य के स्थायित्व के लिए भले ही उत्तम हो, किन्तु उसमें भी संघ के किसी न किसी सदस्य में सत्ता पाने की इच्छा जागरित होते ही गृहकलह हो सकता है, जो राज्य की सत्ता और प्रजा के कल्याण के लिए कदापि लाभदायक नहीं है। इस प्रकार आचार्य चाणक्य कुलपरम्परा प्राप्त 'राजतन्त्र' के प्रबल विचारक समर्थक और संस्थापक हैं। किन्तु उनका 'राजतन्त्र' निरङ्कुशता का पर्याय कदापि नहीं है। उनके अनुसार श्रेष्ठ राजतन्त्र प्रणाली वह है, जिसमें छोटे-छोटे राज्य भी विजिगीषु के राज्य में मिलकर एक विशाल साम्राज्य का रूप धारण कर लें। इस विशाल साम्राज्य पर विजिगीषु सम्राट् का एकच्छत्र शासन हो और वह प्रजा के सुख को अपना सुख माने; प्रजा के हित को ही अपना हित माने तथा पिता के समान उसकी रक्षा-सुरक्षा का प्रबन्ध करे–

(क) **प्रजासुखे सुखं राज्ञः प्रजानां च हिते हितम्।**
नात्मप्रियं हितं राज्ञः प्रजानां तु प्रियं हितम्॥ —कौ०अ० १/१९/३९

(ख) **सर्वत्र चोपहतान्पितेवानुगृह्णीयात्।** —वही, ४/३/५४

यदि आचार्य चाणक्य 'राजतन्त्र' को निरङ्कुशता का पर्याय मानते तो पर्वतक पुत्र मलयकेतु को उसका राज्य न लौटाते। जब उन्होंने देखा कि चन्द्रगुप्त एकच्छत्र सम्राट् बन गया है; राक्षस ने चन्द्रगुप्त के प्रधानमन्त्री का पद स्वीकार कर लिया है, तब उन्होंने मलयकेतु को मुक्त करने के साथ-साथ उसका राज्य भी उसे लौटा दिया तथा चन्द्रगुप्त का वंशवर्त्ती बना दिया।[३७] इस प्रसङ्ग में यदि वह चाहते तो मलयकेतु का राज्य भी चन्द्रगुप्त को ही सौंप सकते थे।

आचार्य चाणक्य निरङ्कुशता के अतिरिक्त स्वेच्छाचारिता, तानाशाही के भी प्रबल विरोधी थे। नन्दवंश का विनाश उन्होंने प्रजा को स्वेच्छाचारिता तथा तानाशाही से बचाने के लिए ही किया था।

इस प्रकार आचार्य विष्णुगुप्त चाणक्य राज्य और प्रजा के हित को दृष्टि में रखकर ऐसे राजतन्त्र को पसन्द करते थे, जो कुल परम्परागत हो; निरङ्कुशता से रहित हो, जिसमें विजिगीषु राजा अन्य सब राजाओं को जीतकर एक विशाल और समृद्ध साम्राज्य की स्थापना करे; स्वयं सम्राट् बने; अन्य राजाओं को संरक्षण प्रदान करे; किन्तु तानाशाहों का उन्मूलन अवश्य करे; अन्य राज्यों का भी शासन अपनी देख-रेख में करवाते हुए समस्त प्रजा का कल्याण करे।

आज विश्व के अधिकांश राज्यों में 'प्रजातन्त्र' नामक शासन प्रणाली है और 'राजतन्त्र' का जो रूप हमें संस्कृत साहित्य में देखने को मिलता है, उसका व्यावहारिक रूप आज दृष्टिगोचर नहीं होता। किन्तु इसका यह अभिप्राय नहीं लेना चाहिए कि चाणक्यसम्मत 'राजतन्त्र' वर्तमान के सन्दर्भ में सर्वथा अप्रासङ्गिक है। क्योंकि आचार्य चाणक्य की राजनैतिक मान्यताएँ प्रायः सार्वदैशिक तथा सार्वकालिक महत्त्व रखती हैं; चाणक्यसम्मत राजतन्त्र नामक शासनप्रणाली की बहुत सी लोकरञ्जक एवं राष्ट्र हितकारक बातें आज की इस प्रजातन्त्रात्मक शासनप्रणाली के राष्ट्राध्यक्षों, प्रशासकों तथा मन्त्रियों के लिए भी अत्यन्त उपादेय हैं। मेरी धारणा है कि उनको अपनाने से हमारे देश की संस्कृति, सभ्यता सुरक्षित हो सकती है; प्रजा प्रसन्न हो सकती है; सज्जनों का संरक्षण हो सकता है; तथा राष्ट्र और भी अधिक सुखी एवं समृद्ध हो सकता है।

आज पूरे विश्व में अराजकता की स्थिति है; सभी राज्य परमाणु शक्तियों का दुरुपयोग करके विधाता द्वारा बनाई हुई मानव सृष्टि का विनाश करने पर तुले हुए हैं; वैज्ञानिकों के ज्ञान का उपयोग मानवहित में नहीं हो रहा है; आतंकवादियों के रूप में आसुरी प्रवृत्तियाँ जन्म ले रही हैं; धर्म और संस्कृति का ह्रास हो रहा है; प्रजाजन अपने स्वर्णिम अतीत को भुलाकर आधुनिकता के चक्र में फँस रहे हैं; बालक कुशिक्षा प्राप्त कर रहे हैं, ऐसी स्थिति में आवश्यक है कि सज्जनों को संरक्षण प्रदान करने वाली और दुराचारियों का विनाश करने वाली राजतन्त्र शासन प्रणाली को अपनाया जाय ताकि न केवल भारतवर्ष अपितु पूरा विश्व अराजकता की स्थिति से बच सके और मानव जाति का हित हो।

सन्दर्भ

१. वामनशिवराम आप्टे, संस्कृत हिन्दी कोश, पृ०सं० १०१४.
२. (क) कौटिलीय अर्थशास्त्र, १/४/१६-१९; १/१३/६-९; ८/१/१२-१४; ८/२/१;
(ख) चाणक्यसूत्राणि, ३७०-३७१.
३. विशेष विवरण हेतु द्रष्टव्य-संस्कृत साहित्य में राजनीति : श्रीकृष्ण और चाणक्य के सन्दर्भ में (लेखिका-डॉ० किरण टण्डन) पृ०सं० १३०-१३३.
४. कौ०अ० १/१०/३०; १/१७/१-३, ४३; १, अध्याय २० और २१.
५. वही, ५ अध्याय ६.
६. (क) ठाकुरप्रसाद मिश्र, चाणक्यचरित, पृ०सं० ७४, १११.
(ख) रामाशीष पाण्डेय, शिखाबन्धन, अंक ५.
७. (क) विशाखदत्त, मुद्राराक्षस, १/१६ के पहले का संवाद।
(ख) ठाकुरप्रसाद मिश्र, चाणक्यचरित, पृ०सं० ११७-११८, १२०, १२१.
(ग) रविनर्त्तक, चाणक्यकथा, श्लोक सं० २४२-२४४.
८. कौ०अ०, १/१७/५, २३-२८, ३२-४५; ६/१ अध्याय।
९. वही, १/१७/४६-५४; १/१८/१९-८०.
१०. वही, ५/अध्याय-६.
११. (क) विशाखदत्त, मुद्राराक्षस, १/१३.
(ख) रविनर्त्तक, चाणक्यकथा, श्लोक सं० १८०, २०४.
(ग) ठाकुरप्रसाद मिश्र, चाणक्यचरित, पृ०सं० ५५, ११६.
१२. (क) विशाखदत्त, मुद्राराक्षस, १/१६ के पहले का संवाद।
(ख) रविनर्त्तक, चाणक्यकथा, श्लोक सं० २४३-२४६.
(ग) ठाकुरप्रसाद मिश्र, चाणक्यचरित, पृ०सं० ११७-११८.
१३. (क) विशाखदत्त, मुद्राराक्षस, २/१५ के बाद का संवाद।
(ख) रविनर्त्तक, चाणक्यकथा, श्लोक सं० २७३-२७७.
(ग) ठाकुरप्रसाद मिश्र, चाणक्यचरित, पृ०सं० १२४-१२५.
१४. (क) विशाखदत्त, मुद्राराक्षस, १/६ के पहले का संवाद।
(ख) रविनर्त्तक, चाणक्यकथा, श्लोक सं० २५६-२६२.
(ग) ठाकुरप्रसाद मिश्र, चाणक्यचरित, पृ०सं० १२२.
१५. प्रभुदत्त स्वामी, मौर्यचन्द्रोदय, १४/५०-५१; १६/५२-५३, ६०.
१६. (क) विशाखदत्त, मुद्राराक्षस, ३/१८.
(ख) ठाकुरप्रसाद मिश्र, चाणक्यचरित, पृ०सं० १२५.
(ग) रामाशीष पाण्डेय, शिखाबन्धन, ६ श्लोक ४-५ के पहले और बाद का संवाद।
१७. प्रभुदत्तस्वामी, मौर्यचन्द्रोदय, २१/५७.
१७. प्रभुदत्तस्वामी, मौर्यचन्द्रोदय, १४/४७-४८.
१८. रामाशीष पाण्डेय, शिखाबन्धन, ३/५ के बाद का संवाद।
१९. कौ०अ० ६/१/६.
२०. विशेष विवरण हेतु द्रष्टव्य-संस्कृत साहित्य में राजनीति : श्रीकृष्ण और चाणक्य के सन्दर्भ में, पृ०सं० १५६-१५८.
२१. (क) ठाकुरप्रसाद मिश्र, चाणक्यचरित, पृ०सं० ११-१२.
(ख) प्रभुदत्तस्वामी, मौर्यचन्द्रोदय, १२/४३; १५/६०-६३.
(ग) विशाखदत्त, मुद्राराक्षस, ३/१९.

२२. विशाखदत्त, मुद्राराक्षस, ३/१९ के बाद का संवाद; तथा २४ के बाद का संवाद।
२३. प्रभुदत्तस्वामी, मौर्यचन्द्रोदय, १५/५३-५४, ५९.
२४. वही, वही, २५/३५, ४१-४५, ५१.
२५. (क) विशाखदत्त, मुद्राराक्षस, १/१३ के बाद का संवाद।
(ख) वही, वही, ३/२५ और इसके बाद का संवाद; ९/२ श्लोक ९ से १७ और इनके बीच का संवाद।
(ग) ठाकुरप्रसाद मिश्र, चाणक्यचरित, पृ०सं० ९५-९६, १४४-१४६.
२६. (क) विशाखदत्त, मुद्राराक्षस, १/२० के पूर्व का संवाद।
(ख) ठाकुरप्रसाद मिश्र, चाणक्यचरित, पृ०सं० १२५.
२७. (क) विशाखदत्त, मुद्राराक्षस, ७/१६ के बाद का संवाद।
(ख) रविनर्त्तक, चाणक्यकथा, श्लोक सं० ३४९.
(ग) ठाकुरप्रसाद मिश्र, चाणक्यचरित, पृ०सं० १४५.
२८. (क) विशाखदत्त, मुद्राराक्षस, ७/१६ के बाद का संवाद।
(ख) रविनर्त्तक, चाणक्यकथा, श्लोक सं० ३४९.
२९. कौ०अ०, ८/२/९.
३०. (क) विशाखदत्त, मुद्राराक्षस, १/१६ के बाद का संवाद; २/१५ के बाद का संवाद।
(ख) रविनर्त्तक, चाणक्यकथा, श्लोक सं० १७९-१८२, २५९-२६०, २६९-२७७.
(ग) ठाकुरप्रसाद मिश्र, चाणक्यकथा, पृ० २२.
३१. कौ०अ० ८/२/१०-१२.
३२. मौर्यचन्द्रोदय १२/४२.
३३. कौ०अ० ११/१/५-६.
३४. वही, ११/१/७८.
३५. वही, ११/१/१, ७-७६.
३६. (क) रविनर्त्तक, चाणक्य कथा, श्लोक सं० १४९.
(ख) ठाकुरप्रसाद मिश्र, चाणक्यचरित, पृ०सं० ५५.
३७. (क) विशाखदत्त मुद्राराक्षस, ७/१६ के बाद का संवाद।
(ख) रविनर्त्तक, चाणक्यकथा, श्लोक सं० ३४९.
(ग) ठाकुरप्रसाद मिश्र, चाणक्यचरित, पृ०सं० ९६-९७.

* प्रस्तुत लेख उत्तराञ्चल संस्कृत अकादमी, हरिद्वार में होने वाली शोधसंगोष्ठी में स्वीकृत है।

आचार्य ज्ञानसागर की कृतियों के सांस्कृतिक पक्ष

आचार्य मुनिश्री ज्ञानसागर बीसवीं शताब्दी के जैनधर्म दर्शनावलम्बी साहित्यकार हैं। इनका जन्म राजस्थान के राणोली नामक ग्राम में हुआ था। इन्होंने स्याद्वाद महाविद्यालय से संस्कृत साहित्य एवं जैन दर्शन की उच्च शिक्षा प्राप्त की तथा क्वीन्स कालेज से शास्त्रिपरीक्षा उत्तीर्ण की। शिक्षाकाल में ही जैन साहित्य के निर्माण और उसके प्रचार-प्रसार का व्रत लेने वाले कवि ज्ञानसागर ने आजीवन ब्रह्मचर्य धारण करने की प्रतिज्ञा ले ली। इन्होंने दाँता (रामगढ़) नामक स्थान में संस्कृत अध्यापन का कार्य भी किया। इस प्रकार अध्ययन-अध्यापन एवं साहित्यसर्जना ही इनकी दिनचर्या बन गया। फलस्वरूप इन्होंने बाईस ग्रन्थ लिखे, जिनमें आठ ग्रन्थ संस्कृत भाषा में हैं तथा चौदह ग्रन्थ हिन्दी भाषा में हैं। इन ग्रन्थों के नाम इस प्रकार है–जयोदय, वीरोदय, सुदर्शनोदय, श्रीसमुद्रदत्तचरित्र, दयोदयचम्पू, मुनिमनोरञ्जनाशीति, प्रवचनसार, सम्यक्त्वसारशतक, ऋषभावतार, गुणसुन्दरवृतान्त, भाग्योदय, जैनविवाहविधि, कर्त्तव्यपथप्रदर्शन, सचित्तविवेचन, तत्त्वार्थसूत्रटीका, विवेकोदय, देवागमस्त्रोत का हिन्दी अनुवाद, नियमानुसार का पद्यानुवाद, अष्टपाहुड का पद्यानुवाद मानवजीवन, स्वामी कुन्दकुन्द्र और सनातन जैन धर्म तथा समयसार इनमें से संस्कृत भाषा में लिखे गए प्रथम आठ ग्रन्थों के सांस्कृतिक पक्ष को प्रस्तुत करना ही लेख का उद्देश्य है।

सम् उपसर्गपूर्वक कृ धातु से क्तिन् प्रत्यय लगाकर निष्पन्न हुए संस्कृति शब्द का शाब्दिक अर्थ है–उत्तम प्रकार से किया गया कार्य। डॉ० के०एम० मुन्शी ने संस्कृति के विषय मे अपने विचार व्यक्त करते हुए कहा है–

हमारे रहन-सहन के पीछे जो हमारी मानसिक अवस्था, जो मानसिक प्रकृति है। जिसका उद्देश्य हमारे जीवन को परिष्कृत शुद्ध और पवित्र बनाना है। तथा अपने लक्ष्य की प्राप्ति करना है। वही संस्कृति है। संस्कृति जीवन के प्रति हमारा दृष्टिकोण है।

हमारी विश्ववन्द्या भारतीय संस्कृति की मूलमूत विशेषताएँ हैं–प्राचीनता, आध्यात्मिकता, आस्तिकता, धर्मपरायणता, देवतावाद, अवतारवाद, कर्मफल एवं पुनर्जन्मवाद, यज्ञों के प्रति आदरभाव, पुरुषार्थ-चतुष्ट्य, वर्णाश्रम व्यवस्था, षोडश संस्कार, विश्वकल्याण कामना समन्वयभावना, अंहिसा, परोपकार परायणता, निष्कामकर्म योग, त्यागभावना, सदाचारपालन आदि।

महाकवि आचार्य ज्ञानसागर की कृतियों का अनुशीलन करने से ज्ञात होता है कि प्राचीन भारतीय संस्कृति के प्रति उनकी गहन आस्था है। वह वेद-वेदाङ्गों की शिक्षा पर विश्वास करते हैं।[१] परन्तु उन्होंने कर्मकाण्ड में की जाने वाली हिंसा की कठोर निन्दा की है। और 'अजैर्यष्टव्यम्' इत्यादि वेदवाक्यों का सुसंस्कृत एवं अहिंसापरक भावार्थ समझने का प्रयत्न किया है। उनके मतानुसार 'अजैर्यष्टव्यम्' इस वेदवाक्य का तात्पर्य 'बकरों से यज्ञ-क्रिया' का सम्पादन करना चाहिए ऐसा नहीं है। अपितु इस वाक्य का तात्पर्य है-न बनने योग्य पुराने धान्य से यज्ञ करना चाहिए।'[२]

कवि का पुनर्जन्म एवं कर्मफल में सुदृढ विश्वास है उनके अनुसार अपने पूर्वजन्म में जो जैसा करता है। दूसरे जन्म में उसको उसी के अनुसार फल भोगने पड़ते हैं। सोमदत्त ने पूवर्जन्म में एक मछली को जीवनदान दिया था, अतः वर्त्तमान जन्म में वह वार-वार मृत्यु के मुख से बचता रहा।[३] दूसरी ओर श्रीभूत पुरोहित ने एक वैश्य पुत्र का धन हड़पने का प्रयत्न किया था, इसलिए वह वार-वार कुयोनियों में जन्म लेकर भटकता रहा।[४]

श्रीजिनेन्द्र देव के प्रति श्रीज्ञानसागर के हृदय में दृढ़भक्ति है। उनके संस्कृतभाषा में लिखे गए प्रत्येक ग्रन्थ का शुभारम्भ श्री जिनदेव की ही स्तुति से हुआ है।[५] उदाहरण के लिए एक स्तुति प्रस्तुत है।

नमाम्यहं तं पुरुषं पुराणमभूद्युगादौ स्वययेव शाणः।
विधोऽसिपुत्र्यादुरित च्छिदर्थमुत्तेजनायातितरां समर्थः॥
श्रीवर्द्धमान भुवनत्रये तु विपत्पयोधेस्तरणाय सेतुम्।
नमामि तं निर्जितमीनकेतुं नमामितो हन्तुं यतोऽघहेतुः॥

-श्रीसमुद्रदत्तचरित्र, १/१-२

उनके काव्यों के नायक भी जिनेन्द्रदेव के ही भक्त हैं।[६] इसके अतिरिक्त पात्रों के द्वारा किया गया जिनदेव का पूजन भी कवि की भगवान् जिनेन्द्र में आस्था को अभिव्यक्त करता है।

भगवान् जिनेन्द्र देव की मूर्त्तियाँ एवं जिनालयों पर कवि की आस्था नितान्त स्पष्ट है।[७] जयोदय महाकाव्य में तीनों सन्ध्याओं में अर्हन्त का स्मरण करने का उपदेश दिया गया है और भगवान् अर्हन्त की भक्ति को मोक्षप्रदायिनी माना गया है। (जयोदय, २/३८) इसका नायक जयकुमार प्रायः जिनेन्द्रदेव को याद करता रहता है। (वही, ६/११,१०/९५-९६, १२/१,१० १९८-१९९, १८/६२)। प्रायः सनातनधर्मावलम्बी हिन्दुओं की बालिकाएँ अपने विवाह के अवसर पर सर्वप्रथम गौरी पूजन के लिए जाती है। परन्तु कवि ने ऐसे अवसर पर जिनपूजन करने की ही प्रेरणा दी है। जयकुमार की नायिका सुलोचना अपने विवाह के अवसर पर श्रीजनदेव के ही पूजन हेतु जाती है। (जयोदय, ५/६१)।

मन्त्र शक्ति पर भी कवि का विश्वास है। 'णमो अरिहंताणं' इस मन्त्र के बल से ही एक ग्वाले ने सेठ के पुत्र के रूप में जन्म लिया और जिनभक्ति के फलस्वरूप मोक्ष भी प्राप्त किया (सुदर्शनोदय, ४/२६-२७)। गारुडिक ने अपनी मन्त्रशक्ति से ही राजा सिंहसेन को काटने वाले दुष्ट सर्प की पहिचान की (श्री समुद्रदत्तचरित्र, ४/१२-१४)।

कवि ज्ञानसागर ने इन्द्राणी, श्री, ही आदि देवियों एवं इन्द्र, कुबेर इत्यादि देवगणों की भी सत्ता स्वीकार की है। जिस प्रकार सनातन धर्मावलम्बी इन देव-देवियों को ब्रह्मा, विष्णु और महेश के शासन में स्वीकार करते हैं। उसी प्रकार कवि ने अपनी परम्परानुसार इन देव-देवियों को जिनेन्द्रदेव का सेवक बताया है। (वीरोदय, पञ्चम एवं सप्तम सर्ग)। अरहन्त, सिद्ध, आचार्य, उपाध्याय, साधु को भी देवपद से सम्बोधित किया गया है। (जयोदय, २/२४,२७)।

कवि ज्ञानसागर ने मानव जाति के अतिरिक्त एक और जाति बताई है-व्यन्तर एवं व्यन्तरी। कवि के अनुसार जब कोई प्रतिशोध की भावना से आत्मघात करता है। तब उसका इसी योनि में जन्म होता है। इस योनि का स्वभाव प्रतिपक्षी के साथ दुर्व्यवहार करने का ही होता हैं।[८]

श्री ज्ञानसागर को ज्योतिर्विद् तथा ज्योतिषविद्या दोनों पर पूर्ण विश्वास है। उनके मतानुसार प्रत्येक शुभकार्य के लिए दैवज्ञों से अथवा स्वयं मुहूर्त्त जान लेना चाहिए[९]।

हिन्दु-संस्कृति के सोलह संस्कारों पर आचार्य ज्ञानसागर की गहन आस्था है। उनके अनुसार नामकरण विद्यारम्भ विवाह इत्यादि संस्कार उचित समय पर ही होने चाहिए[१०] विवाह के अन्तर्गत प्राचीन काल में मान्य स्वयंवर प्रथा का सुन्दर वर्णन कवि ने जयोदय महाकाव्य के तीसरे से नौवें सर्ग तक बड़े विस्तार से किया है। इसके अतिरिक्त उबटन, मङ्गलकलश की स्थापना, वरमाला, वर को मण्डप में बुलवाना, मन्त्रोच्चारण पूर्वक पाणिग्रहण करवाना, बारात का हर्ष और उत्साह से स्वागत करना, कन्यादान, अग्निकुण्ड के समक्ष वर-वधू की सप्तपदी, हर्षमय वातावरण में विधिविधान सहित वर-वधू को विदा करना आदि बातों का वर्णन यह बताता है कि कवि को प्राचीनकाल से चली आ रही इन परम्पराओं पर पूरा विश्वास है।[११]

स्वप्न-दर्शन पर भी कवि को अपनी पूर्वपरम्परा के अनुसार ही अत्यधिक विश्वास है। तीर्थङ्कर की माता पुत्र जन्म से पूर्व सोलह स्वप्न देखती है।[१२] अन्त: केवली की माता पुत्रजन्म से पूर्व पाँच स्वप्न देखती है।[१३] महाकवि की मान्यता है कि ये स्वप्न, उत्पन्न होने वाले पुत्र की विशिष्टताओं का स्पष्ट संकेत दे देते हैं।[१४]

श्री ज्ञानसागर ने व्यक्ति के पूर्वजन्मों को भी स्वीकार किया है। उनके प्रत्येक काव्य में पात्रों के पूर्वजन्मों से सम्बन्धित कथाएँ इस तथ्य की पुष्टि करती हैं।[१५]

ज्ञानसागर जी राजा एवं मुनिजनों को राष्ट्र का सम्माननीय व्यक्ति मानते हैं। राजा जिस मार्ग से भी निकले, प्रजा को उसका स्वागत करना चाहिए।[१६] त्याग की साक्षात् मूर्त्ति मुनि तो न केवल जनसामान्य के ही, अपितु राजा के भी पूज्य होते हैं।[१७]

वह त्यागोन्मुख भोग पर ही विश्वास करते हैं।[१८] हिन्दु संस्कृति के अनुसार वह यह भी मानते हैं कि पुत्र के राज्याभिषेक के पश्चात् पुरुष को तपस्या हेतु वन में चला जाना चाहिए।[१९]

वह अतिथि वत्सल भी हैं। सोमदत्त का पालक पिता गोविन्द ग्वाला गुणपाल के विषय में विना जाने ही उसका अतिशय सत्कार करता है। और सोमदत्त को भी उसकी सेवा में नियुक्त कर देता है[२०] जयोदय में भी 'अतिथि देवो भव' भारतीय संस्कृति के मूलमन्त्र को अपनाया गया है। सुलोचना के स्वयंवर में आए हुए राजाओं का राजा अकम्पन द्वारा स्वागत सत्कार एवं जयकुमार द्वारा बारातियों का स्वागत भी अपने माङ्गलिक कार्यों में आए हुए अतिथियों के सम्मान की सत्प्रेरणा देता है।[२१]

कवि ने जलक्रीडा, पतङ्गक्रीडा, एवं शतरञ्ज क्रीडा के सन्दर्भ में भी अपने ज्ञान का परिचय दिया है[२२] जो उसकी मनोरंजनप्रियता का परिचायक है।

कवि के अनुसार विवाह के समय कन्या को सुन्दर वस्त्राभूषणों से सजाना चाहिए।[२३] विवाहादि के शुभ अवसरों पर मंगलगीतों के गायन का भी प्रबन्ध होना चाहिए[२४]।

भारतीय त्यौहारों में भी श्री ज्ञानसागर को आस्था है। इसलिए उन्होंने वर्षाऋतु के शुभागमन पर झूला-झूलने[२५] तथा वसन्तोत्सव में वनविहार[२७] का उल्लेख अपने काव्यों में किया है।

हमारे महाकवि ज्ञानसागर सङ्गीतप्रिय भी हैं। भारतीय परम्परानुसार उनका विश्वास है कि राग

एवं ताल में निबद्ध भजनों के गायन से देवता अवश्य ही भक्त की पुकार सुन लेते हैं। अत: जहाँ कहीं भी उनके मन में भक्तिभाव जागरित हुआ है। वहाँ उन्होंने सङ्गीतमय भजन अपने इष्टदेव को सुनाये हैं।[२८] उनके मतानुसार सङ्गीत हमारे मनोभावों एवं अन्तर्द्वन्द्व के प्रस्तुतीकरण में सहायक होता है।

महाकवि ज्ञानसागर की प्राचीनकाल में प्रतिष्ठित वर्णव्यवस्था पर अटूट आस्था है। वह वर्णव्यवस्था के आधार पर ही विवाह संस्कार को मान्यता देने के पक्षपाती हैं। जयोदय में जयकुमार और सुलोचक तथा सुदर्शनोदय में सुदर्शन एवं मनोरमा के विवाह इसी तथ्य के परिचायक हैं। उनके मतानुसार व्यक्ति को अपनी वर्णव्यवस्था के अनुसार ही जीविकोपार्जन करना चाहिए। क्षत्रियों की आजीविका शस्त्रधारण करना है। ताकि बलवान् निर्बल को न मार सकें, वैश्यों की आजीवका कृषि राजाओं के आय-व्यय का हिसाब रखना, जीवनोपयोगी वस्तुओं का आयात-निर्यात है; तथा शूद्रों की आजीविका के साधन हैं–घटादि निर्माण रूप शिल्प नाचना-गाना प्रजा की सेवा आदि।[२९]

यद्यपि ज्ञानसागर के काव्यों में मोक्षरूप पुरुषार्थ ही प्रमुखरूपेण प्रतिबिम्बित हुआ है तथापि पुरुषार्थ चतुष्टय की चर्चा भी उसमें यत्र-तत्र हो जाती है। जयकुमार की कथा को तो कवि ने चारों पुरुषार्थों को देने वाली माना है।[३०] तथा वीरोदय में भी पुरुषार्थ चतुष्टय एवं वर्णचतुष्टय को मान्यता प्रदान की हैं।[३१]

आचार्य ज्ञानसागर के सभी काव्यों में अहिंसा, सत्य, अस्तेय, ब्रह्मचर्य एवं अपरिग्रह रूप पाँचों महाव्रतों के प्रति गहन आस्था व्यक्त करते हुए उन्हें धर्मरूपी वृक्ष का आवश्यक अंग बताया गया है।[३२]

इस प्रकार भारतीय संस्कृति के अधिकांश तत्त्व तो आचार्य ज्ञानसागर के काव्यों में प्रतिबिम्बित हो जाते है। किन्तु कर्मकाण्ड के प्रति उनकी जरा भी आस्था नहीं हैं।[३३]

गुरु के प्रति भी कवि को आस्था है। उनके काव्यों में गुरु निर्मम, निश्चल, अगणित गुणों से युक्त, संसार सागर का अन्त करने वाले, पापों को नष्ट करने वाले हैं।[३४]

महाकवि ज्ञानसागर ने स्याद्वाद सिद्धान्त, समवशरण मण्डप, जैनेश्वरी दीक्षा आदि का वर्णन करके भी अपने काव्यों का सांस्कृतिक पक्ष प्रबल किया हैं।[३५]

इस प्रकार स्पष्ट हो जाता है कि ज्ञानसागर की काव्य कतियों के सांस्कृतिक पक्ष वास्तव में प्रशंसनीय हैं; अनुकरणीय हैं; सम्पूर्ण मानवसमाज के लिए कल्याणकारक हैं।*

सन्दर्भ

१. सुदर्शनोदय, ३/३०-३१.
२. वीरोदय, २२/५०-५१.
३. दयोदयचम्पू, १/ श्लोक १२ के बाद तीसरा गद्यभाग, ३/ श्लोक ७ के बाद दूसरा गद्यभाग, ४/११, ४/ श्लोक १४ के पूर्व का गद्यभाग, ६/१२.
४. श्री समुद्रदत्तचरित्र, ३/२८-३२, ४/५, ३५; ५/३२, ३४.
५. जयोदय, १/१, वीरोदय, १/१ सुदर्शनोदय, १/१, श्री समुद्रदत्तचरित्र, १/१, दयोदयचम्पू, १/१ सम्यक्त्वसार शतक, १/१.

६. (क) जयोदय, २४/५८-६०.
(ख) सुदर्शनोदय, ५/प्रारम्भ के ८ गीत।
७. वीरोदय, २/३३-३६
८. (क) जयोदय, २/१४२-१४३; (ख) सुदर्शनोदय, ८/३५; ९/७६-८४.
९. दयोदयचम्पू, ४ श्लोक १७ के पूर्वका गद्यांश।
१०. (क) वीरोदय, ८/२२.
(ख) सुदर्शनोदय, ३/१५ तथा २९.
११. जयोदय, ६/२३; १०/४, ६ एकादशसर्ग द्वादशसर्ग, १-२१
१२. वीरोदय, ४/२७.
१३. सुदर्शनोदय, २/१४-१८
१४. (क) वीरोदय, ४/४०-६१; (ख) सुदर्शनोदय, २रु३९-४०.
१५. (क) जयोदय, २३/१०-१७.
(ख) वीरोदय, ११/१-३७
(ग) सुदर्शनोदय, ४/१७-३७.
(घ) श्री समुद्रदत्तचरित्र, ४/२२-३७
(ङ) दयोदयचम्पू, लम्ब १ श्लोक ११ के बाद चौथे गद्यांश से दूसरे लम्ब तक।
१६. जयोदय, ११/५१-५२.
१७. श्रीसमुद्रदत्तचरित्र, ६/३४.
१८. वही, ४/६.
१९. जयोदय, २१/९७; २६/३८; सुदर्शनोदय, ४/१४; श्री समुद्रदत्तचरित्र, ६/३३.
२०. दयोदयचम्पू, चतुर्थ लम्ब
२१. जयोदय, ३/२१-२७; ५/६; ८/२८.
२२. (क) जयोदय चतुर्दश सर्ग।
(ख) वीरोदय, १२/२४-२६.
(ग) श्रीसमुद्रदत्तचरित्र, ३/४१-४२.
२३. जयोदय, १०/१५-२२.
२४. वहीं, १०/१५-२२.
२५. वहीं, ५/६.
२६. वीरोदय, ४/२१-२३.
२७. सुदर्शनोदय ६ प्रारम्भ के चार गीत एवं १-३ श्लोक।
२८. सुदर्शनोदय, ६। श्लोक २४ के बाद का गीत।
२९. जयोदय, १२/११२-११४, सुदर्शनोदय, २/१-३; २७वाँ सर्ग।
३०. जयोदय, १/२.
३१. वीरोदय, ३/९.
३२. सुदर्शनोदय, ९/७०.
३३. जयोदय, २/८८, वीरोदय, १५/६१.
३४. जयोजदय, १/७८-१००, २/३, २/६८, २/९०, २७वाँ सर्ग।
३५. जयोदय, २७-२८ सर्ग।

* प्रस्तुत शोधलेख संस्कृत विभाग कुमाऊँ विश्वविद्यालय, नैनीताल में (दिसम्बर, २००१) व्याख्यान के रूप में पठित।

अभिराजराजेन्द्रमिश्रविरचित 'वामनावतरणम्' की समीक्षा

कवि परिचय

आधुनिक संस्कृत साहित्य को अपनी प्रशंसनीय कृतियों से समृद्ध करने वाले त्रिवेणीकवि डॉक्टर राजेन्द्र मिश्र के व्यक्तित्व एवं कर्तृत्व से प्राय: सभी सहृदय संस्कृतानुरागी विद्वज्जन परिचित हैं। इनका जन्म २ जनवरी, १९४३ ईशवीय सन में भारतवर्ष के महान् प्रान्त उत्तरप्रदेश के जनपद जौनपुर के ग्राम द्रोणीपुर में हुआ था। इनके पिता का नाम स्वर्गीय पण्डित दुर्गाप्रसाद मिश्र तथा माता का नाम स्वर्गीया श्रीमती अभिराजी देवी है। माता अभिराजी के पुत्र होने के कारण 'अभिराज' इस उपाधि से साहित्यजगत् में प्रसिद्ध कवि राजेन्द्र मिश्र ने एम॰ ए॰, डी॰ फिल्॰ आदि उपाधियाँ इलाहाबाद विश्वविद्यालय से प्राप्त कीं; तथा डी॰ लिट्॰ की मानद उपाधि विक्रमशिला विश्वविद्यालय से प्राप्त की।

इन्होंने १० दिसम्बर, ईशवीय सन १९६६ से सितम्बर, १९८३ तक लेक्चरर के रूप में तथा १९८३ ईशवीय सन १९८३ से २१ जनवरी, १९९१ तक रीडर के रूप में इलाहाबाद विश्वविद्यालय के संस्कृत विभाग में अध्यापन किया; इसी बीच अप्रेल १९८७ से मार्च १९८९ तक भारत सरकार द्वारा उदयन यूनिवर्सिटी डेनपसार, बाली (इण्डोनेशिया) में विजिटिंग प्रोफेसर के रूप में नियुक्त किए गए। २२ जनवरी ईशवीय सन १९९१ से ३० जून २००३ तक हिमाचल प्रदेश विश्वविद्यालय, शिमला के संस्कृत-विभाग में प्रोफेसर एवं अध्यक्ष पद का उत्तरदायित्व इन पर रहा। इसके साथ ही यह डीन तथा कार्यकारिणी सभा के सदस्य भी रहे। सम्प्रति सम्पूर्णानन्द संस्कृत विश्वविद्यालय, वाराणसी के कुलपति पद पर विराजमान हैं। इसके साथ ही अनेक विश्वविद्यालयों की, पाठ्यक्रमसमिति के सदस्य के रूप में भी सक्रिय हैं।

अत्यन्त गौरव एवं प्रसन्नता का विषय है कि अध्यापन एवं प्रशासन से सम्बद्ध अनेक उत्तरदायित्वों का निर्वाह करते हुए भी इन्होंने संस्कृत भाषा में दो महाकाव्यों, पन्द्रह खण्डकाव्यों, छः नवगीतसंग्रहों, आठ एकांकी संग्रहों, दो नाटिकाओं, दो नाटकों, छः कथासंग्रहों, चम्पूसंग्रह, पाँच शोधग्रन्थों की रचना की है, छः पाठ्यपुस्तकें भी तैयार की हैं; इसके अतिरिक्त अनेक ग्रन्थों, अभिनन्दनग्रन्थों का सम्पादन कार्य किया है; हिन्दी, भोजपुरी, अंग्रेजी, जावीभाषा में भी इन्होंने अनेक रचनाएँ की है; और आज भी अध्ययन-अध्यापन-लेखन में निरन्तर संलग्न हैं। इनका अधिकांश साहित्य प्रकाशित हो चुका है।

उत्तरप्रदेश संस्कृत अकादमी, दिल्ली संस्कृत अकादमी से अनेक वार पुरस्कार प्राप्त करने वाले डॉ॰ मिश्र मध्यप्रदेश संस्कृत अकादमी से कालिदाससम्मान, साहित्यअकादमी अवार्ड, के॰ के॰

बिड़ला फाउण्डेशन का वाचस्पति-सम्मान, भारतीय भाषा परिषद्, कलकत्ता का कल्पवल्ली पुरस्कार, महामहिम राष्ट्रपति सम्मान सहित अनेक पुरस्कार एवं सम्मान प्राप्त कर चुके हैं। विभिन्न विश्वविद्यालयों के शोधार्थी आपकी रचनाओं पर शोधकार्य कर चुके हैं; तथा आज भी कर रहे हैं। राजस्थान संस्कृत अकादमी से सन १९९१ में पुरस्कृत डॉ॰ मिश्र के 'वामनावतरणम्' की समीक्षा प्रस्तुत है-

'वामनावतरणम्' की कथावस्तु का स्रोत एवं कथासार

वामनावतरणम्[१] की कथावस्तु श्रीमद्भागवतमहापुराण एवं वामनपुराण में उपलब्ध भगवान् विष्णु के वामनावतार वृत्तान्त पर आधारित है। जिसमें वामनरूपधारी भगवान् विष्णु द्वारा, तीन पग भूमि माँगने के बहाने से, प्रह्लादपौत्र दैत्यराज बलि के अभिमान को नष्ट किया गया है।[२] महाकवि मिश्र ने श्रीमद्भागवत के बलिनिग्रह प्रसंग के अतिरिक्त अपने चाचाजी, प्रो॰ आद्याप्रसाद मिश्र, प्राक्तन कुलपति, इलाहाबाद विश्वविद्यालय से, इसी पुराण से सम्बद्ध सम्पन्न हुए वार्त्तालापों के माध्यम से, इस महाकाव्य को प्रस्तुत करने के लिए प्रेरणा प्राप्त की है।[३] कवि ने इस पवित्र कथानक को सत्रह सर्गों तथा आठ सौ अड़तालीस (८४८) श्लोकों में उपनिबद्ध किया है। प्रथम सर्ग में पारम्परिक मंगलाचरण करने के बाद कवि ने अपना परिचय देकर वामनावतरणम् को प्रस्तुत करने का उद्देश्य प्रकट किया है; द्वितीय सर्ग में इन्द्र से परास्त बलि को शुक्राचार्य द्वारा समझाना, उसे विश्वजित् यज्ञ करने का निर्देश देना, यज्ञ के फलस्वरूप रथ तथा शस्त्रास्त्र प्राप्त करना, शुक्र एवं प्रह्लाद के आशीर्वाद से इन्द्र के साथ युद्ध के लिए बलि का अमरावती को प्रस्थान करना आदि घटनाओं का वर्णन किया है; तृतीयसर्ग में अमरावती पहुँचकर बलिद्वारा स्वर्ग का सौन्दर्य देखना, वहाँ विद्यमान नन्दनवन की शोभा का आनन्द लेना, तत्पश्चात् युद्ध के लिए सन्नद्ध होकर शुक्राचार्य प्रदत्त शङ्ख को फूँकना आदि घटनाओं को प्रस्तुत किया है; चतुर्थ सर्ग में देवगुरु बृहस्पति के परामर्श से इन्द्र का देवताओं सहित अमरावती को छोड़कर पर्वत-कन्दराओं में चले जाना तथा स्वर्ग पर दैत्यराज बलि का शासन हो जाना आदि वृत्तान्त प्रस्तुत किए हैं; पञ्चम सर्ग में- अपने इन्द्रादि पुत्रों की पराजय से दु:खी अदिति को उनके पति महर्षि काश्यप द्वारा समझाना और भगवान् विष्णु की आराधाना करने का निर्देश देना, अदिति द्वारा की गई व्रत-पूजा के फलस्वरूप प्रसन्न विष्णु द्वारा-उसके पुत्र के रूप में जन्म लेकर, उसके दु:खों को दूर करने का आश्वासन देना आदि घटनाओं का वर्णन किया है; षष्ठ सर्ग में-विष्णु का देवमाता अदिति के पुत्र के रूप में जन्म लेना, बाललीलाओं से सबका मन मोहना, पाँचवे वर्ष में ऋषि काश्यप द्वारा उनके यज्ञोपवीत संस्कार के आयोजन के प्रारम्भ का वर्णन किया है; सप्तमसर्ग में-महर्षि काश्यप द्वारा धूमधाम से भगवान् बटुवामन के यज्ञोपवीत संस्कार के सम्पन्न किए जाने का वर्णन किया है; अष्टम सर्ग में-विद्याध्ययन के पश्चात् वामन का अपनी माता से बलि के विषय में सुनकर उसके दमन का निश्चय करना, गुप्तचरों से उसका पता लगाकर, नर्मदा के तट पर शुक्राचार्य के निर्देशानुसार अश्वमेध यज्ञ करने वाले बलि के पास पहुँचना और बलि के द्वारा आदर सत्कार पूर्वक अभीष्ट वस्तु माँगने का निवेदन करना आदि बातों को प्रस्तुत किया है; नवमसर्ग में-भगवान् वामन द्वारा राजाबलि के पूर्वजों की प्रशंसा करने के पश्चात् तीन पग भूमि की याचना से सबको आश्चर्यान्वित करने की पौराणिक घटना को लिखा है; दशमसर्ग में-दैत्यगुरु शुक्राचार्य द्वारा राजा बलि को, वामन के वास्तविक विष्णुरूप का परिचय देकर सावधान करना,

किन्तु राजा बलि द्वारा दान देने के निश्चय सहित विष्णु के समक्ष पहुँचना आदि का चित्रण किया गया है; एकादशसर्ग में-बलि के द्वारा वामन को दानदेने का संकल्प शुक्राचार्य के सम्मुख प्रकट करना, क्रुद्ध शुक्राचार्य के शाप देने के बावजूद भी विष्णु को धरित्री का दान करना आदि घटनाओं को प्रस्तुत किया है; द्वादशसर्ग में-भगवान् वामन के द्वारा विराटरूप धारण करके दो पग में पृथ्वी तथा अन्तरिक्ष को नापना और तीसरे पग के लिए स्थान माँगना, दानवों द्वारा भगवान् के संकल्प को समझने के पश्चात् उन्हें मारने के लिए उद्यत हो जाना, दानवराज का उन्हें रोक देना, गरुड द्वारा दानवराज को वारुणास्त्र से बाँध देना, दानवराज द्वारा अपनी दानवीरता की कीर्त्ति को अक्षुण्ण रखने के लिए उन वामन को तीसरा पैर अपने शिर पर ही रखने का निवेदन करना आदि घटनाओं का वर्णन किया है; त्रयोदश सर्ग में-वामनरूपधारी भगवान् विष्णु के चरणों में समर्पित बलि के द्वारा उनकी स्तुति करना और अपनी रक्षा के वृत्तान्त का वर्णन किया है; चतुर्दश सर्ग में-दैत्यराज बलि के सांसारिक आसक्तिरहित आत्मसमर्पण भाव से प्रसन्न भगवान् वामन द्वारा बलि को भविष्य में इन्द्र पद पाने का आशीर्वाद देना, उसे सुतल लोक का राज्य देना, भविष्य में गर्व न करने और विष्णुभक्तों को पीडित न करने का निर्देश देना, वरुणपाश से उसे मुक्त कर देना, परम भगवद्भक्त प्रह्लाद का भी भगवान् विष्णु की स्तुति करना आदि घटनाओं को वर्णन किया है; पञ्चदश सर्ग में-भगवान् वामन द्वारा ऋत और सत्य का माहात्म्य बताते हुए, उपलब्ध सम्पत्ति को परोपकारार्थ-सर्वोदयार्थ व्यय करने का उपदेश प्रस्तुत किया है; षोडश सर्ग में -भगवान् वामन की कृपा प्राप्त करके राजा बलि का परिवारसहित सुतल लोक में जाना, भगवान् द्वारा शुक्राचार्य को यज्ञदोष दूर करने का निर्देश देना, शुक्राचार्य द्वारा प्रभु के शरणागत होकर उनकी स्तुति करना आदि घटनाओं का वर्णन है; तथा सप्तदश सर्ग में वामन की कृपा से इन्द्र को पुनः अमरावती का साम्राज्य मिलना, भगवान् वामन का अभिनन्दन, शासनव्यवस्था के लिए इन्द्र द्वारा अपने नवीन मन्त्रिमण्डल का गठन, स्वर्गलोक मे शास्त्रों एवं ललित कलाओं का निर्माण आदि घटनाओं का वर्णन करके भगवान् कृष्ण द्वेपायन व्यास को धन्यवाद देते हुए तथा काव्य के नायक एवं अङ्गीरस का परिचय देकर काव्य की इतिश्रीकर दी है।

वामनावतरणम् की काव्यविधा

अभिराज राजेन्द्रमिश्रविरचित 'वामनावतरणम्' काव्यशास्त्रीय मानदण्डों के निकष पर परीक्षित किए जाने पर उत्कृष्ट कोटि के महाकाव्य की श्रेणी में आता है।[४] वामनावतरणम् आठ से अधिक, अर्थात् सत्रह, सर्गों वाला महाकाव्य है; इसका प्रारम्भ सरस्वती, वेदों, प्राचीन विद्वानों, वाल्मीकि, व्यास, कालिदास, भवभूति, भारवि, बाणभट्ट, हर्ष, भट्टि को नमस्कारपूर्वक हुआ है; इसका कथानक महर्षि वेदव्यास प्रणीत वामनपुराण तथा भागवतपुराण में विद्यमान विष्णु के वामनावतार एवं दैत्यराज बलि के मानमर्दन से सम्बद्ध वृत्तान्त पर आधारित है; इसमें धर्म एवं अर्थ पुरुषार्थ की सिद्धि पूर्वक मोक्षपुरुषार्थ की सिद्धि का वर्णन है; इसके नायक दिव्यकोटि के धीरोदात्तावस्थावाले देवराज इन्द्र हैं; इसमें यज्ञमहिमा, यज्ञसम्पादन, युद्धयात्रा, अमरावती, नन्दनवन आदि का वर्णन है; वीर, भक्ति, वत्सल, अद्भुतादि रसों के परिपाकपूर्वक शान्त रस अङ्गीरस के स्थान पर स्थापित है; देवताओं के उपकारार्थ वामनावतार की सूचना मुखसन्धि, बलि द्वारा विश्वजित् यज्ञ सम्पन्न करने के बाद स्वर्गारोहण की तैयारी तथा गुरु बृहस्पति द्वारा इन्द्र को अमरावती छोड़कर पर्वत-कन्दराओं का आश्रय

लेना प्रतिमुखसन्धि के अन्तर्गत है; अदिति द्वारा विष्णु की आराधाना, विष्णु का अदिति के पुत्र वामन के रूप में जन्म लेना, भगवान् का यज्ञोपवीत संस्कार होना, उनका बलिदमन का निश्चय कर लेना, बलि का अश्वमेध यज्ञ करना, वामन का अश्वमेघस्थल पर पहुँचना, बलि द्वारा वामनावतारधारी विष्णु का स्वागत, उनकी तीन पग भूमि की याचना को पूरा करने का संकल्प, शुक्राचार्य का विष्णु के वास्तविक स्वरूप का वर्णन करते हुए इस कार्य से बलि को रोकना आदि वृत्तान्त गर्भसन्धि के अन्तर्गत हैं; बलि द्वारा विष्णु को तीन पग धरित्री दान करने का संकल्प पुनः लेना, विष्णु द्वारा दो पग में अन्तरिक्ष एवं पृथिवी को नापने के बाद स्थान शेष न रहने पर बलि द्वारा तीसरे चरण को अपने शीश पर रखने का निवेदन करना, गरुड द्वारा बलि को वारुणास्त्र से बाँध लेना, बलि द्वारा भगवान् की स्तुति करना, बलि का सुतल लोक जाना, इन्द्र का पुनः स्वर्गाधिपति बन जाना आदि घटनाएँ विमर्श सन्धि के अन्तर्गत हैं; भगवान् वामन की कृपा से स्वर्ग एवं पृथ्वी का वातावरण पुनः व्यवस्थित एवं सुखद हो जाना निर्वहरण सन्धि के अन्तर्गत है; विषय के अनुरूप प्रत्येक सर्ग में पृथक्-पृथक् मालिनी, वसन्ततिलका, उपजाति, वियोगिनी आदि छन्द प्रयुक्त किए गए हैं; सर्ग के अन्त में छन्द बदले भी गए हैं; काव्य को उपमा, रूपक, वक्रोक्ति, अर्थान्तरन्यासादि अलङ्कारों से सजाया गया है; काव्य के माध्यम से दुष्टों की निन्दा एवं सज्जनों की प्रशंसा भी की है; काव्य का नाम भगवान् विष्णु के वामन अवतार की कथा से सम्बद्ध होने के कारण 'वामनावतरणम्' रखा गया है, जो सर्वथा सार्थक एवं नायक के अलौकिक जीवनचरित का परिचायक है। इस प्रकार भगवान् विष्णु का नाम-सङ्कीर्तन करने वाला यह काव्य पाठक एंव श्रोता के मन को आनन्दित करने में समर्थ है।

वामनावतरणम् की पात्रयोजना

इस महाकाव्य की कथा भागवतपुराण एवं वामनपुराण पर आधारित होने के कारण अपने से सम्बद्ध भगवद्वर्ग, देववर्ग, ऋषिवर्ग एवं दैत्यवर्ग के अनेक पात्रों से सम्पन्न है। किन्तु भगवान् वामन, देवराज इन्द्र एवं दैत्यराज बलि इस महाकाव्य के प्रमुख पात्र हैं। भगवान् विष्णु, अपने अन्य अवतारों की भाँति, इस वामनावतार में भी साधुजनों के उपकारार्थ, असाधुजनों के विनाशार्थ और धर्मसंस्थापनार्थ अवतरित हुए हैं। वह अपने पिता महर्षि काश्यप एवं माता अदिति के प्रति आदरवान् हैं; माता अदिति के दुःखनिवारण एवं अग्रज देवराज इन्द्र की स्वर्ग के सिंहासन पर पुनः प्रतिष्ठा कराने के उद्देश्य से, अपने बल एवं दानवीरता पर गर्व करने वाले बलि का दर्पदलन करते हैं, उससे प्राप्त स्वर्ग के राज्य को अपने बड़े भाई इन्द्र को सौंप देते हैं; अपनी अलौकिक दण्डनीति से, अपनी शरण में आ जाने वाले उस दैत्यराज को प्राणों एवं एंश्वर्य से विहीन न करके, उसे सुतल लोक का राज्य देकर भविष्य में इन्द्र पद प्राप्त करने का भी आशीर्वाद दे देते हैं। इस प्रकार भगवान् वामन इस महाकाव्य के ऐसे प्रमुख सत्पात्र की कोटि में आते है, जो पापी व्यक्ति को हानि पहुँचाए विना ही उसे निष्पाप कर देते हैं और समस्त सांसारिक वस्तुओं के प्रति निस्पृह एवं मोक्ष पुरुषार्थ के प्रतीक हैं।

वामनावतरणम् महाकाव्य के दूसरे महत्त्वपूर्ण पात्र हैं-देवराज इन्द्र। स्वर्ग साम्राज्य की पुनः प्राप्ति रूप अर्थपुरुषार्थरूपी काव्य के फल को प्राप्त करने के कारण लौकिक एवं काव्यशास्त्रीय दृष्टि से यही काव्य के नायक हैं। बलशालिता, गुरुभक्ति, राज्य-संचालनकुशलता, शास्त्रज्ञता,

कृतज्ञता, भगवद्भक्ति आदि गुणों से सम्पन्न होने के कारण यह धीरोदात्त नायक की कोटि में आते हैं। अपने गुरु बृहस्पति के कथनानुसार-भोगविलास की प्रवृत्ति के कारण पुण्यक्षय होने के फलस्वरूप स्वर्ग के अधिकार से रहित होकर तपश्चर्या में संलग्न हो जाते हैं और अपना राज्य पुनः प्राप्त करते हैं।

काव्य का तीसरा महत्त्वपूर्ण पात्र है- दैत्यराज बलि। यह गुरुभक्ति, वीरता, दानवीरता, यज्ञप्रेम, प्रतिज्ञापालन, अतिथिपरायणता आदि गुणों से सम्पन्न है। किन्तु देवताओं को नृशंसता से पीड़ित करना, उनकी सम्पत्ति पर अधिकार जमा लेना, अपनी दानवीरता का गर्व करना आदि दुर्गुणों के कारण यह प्रतिनायक (५) की कोटि में रखा जा सकता है।

देवमाता अदिति अपने पुत्रों के लिए निरन्तर चिन्तित रहने वाली पुत्रवत्सला माता हैं; पतिपरायणा नारी हैं; अपने पति की आज्ञानुसार विष्णु की आराधना के लिए व्रत रखती हैं; और वामन भगवान् की माँ बनने का सौभाग्य प्राप्त करती हैं। देवगुरु बृहस्पति देवताओं के भोगविलास को पसन्द नहीं करते हैं; उनके कल्याणार्थ उन्हें तपपूर्वक विष्णु की भक्ति की प्रेरणा देते हैं। दैत्यगुरु शुक्राचार्य अपने शिष्य दैत्यराज बलि को क्रमशः विश्वजित् यज्ञ और तत्पश्चात् अश्वमेध यज्ञ की प्रेरणा देते हैं; भगवान् विष्णु के वास्तविक स्वरूप के ज्ञाता हैं, किन्तु अपने कर्त्तव्यपालन के कारण बलि को, वामन के लिए धरित्री का तामस दान करने से रोकते हैं। बलि के पितामह परम विष्णुभक्त प्रह्लाद में बलि के अच्छे कार्यों के लिए उसके प्रति शुभकामना तथा भगवान् विष्णु के प्रति असीमित भक्तिभावना है।

वामनावतरणम् में वर्णन कौशल

वामनावतरणम् में विश्वजित् यज्ञवर्णन (२/११-१७), युद्धयात्रा (२/१८-४२), अमरावती वर्णन (२/४३-४७; ३/१, २६-४१), नन्दनवनवर्णन (३/६-२४), यज्ञोपवीत संस्कार वर्णन (षष्ठ सर्ग, सप्तम सर्ग), विष्णु का विराटस्वरूप (द्वादश सर्ग), सुतललोक वर्णन (१४/२२-२३) आदि से कथानक को सज्जित किया गया है। वामनावतरणम् की रचनास्थली बालीद्वीप की राजधानी डेन्पसार का भी उल्लेख कवि ने किया है-

प्रशान्तसागरोल्लोलकल्लोलस्पर्शमेदुरे।
राजधानीपदारूढे डेन्पसारपुरेऽमले॥

—१७/६३

वामनावतरणम् में भावपक्ष

इस महाकाव्य में भगवान् के वामनावतार का वर्णन होने के कारण भक्तिरस की गङ्गा का स्वाभाविक प्रवाह दृग्गोचर होता है। ग्रन्थ का प्रारम्भ सरस्वती को प्रणाम करने के साथ ही हुआ है-

जयति वरदवाणी ह्लादिनी सत्कवीनां
कवनकुवलयाङ्कक्रीडदालेखगन्धा ।
यदनुकृतिकृतार्था सार्थसार्थाऽमितार्था
प्रभवति नियुतार्था शेमुषी सज्जनानाम् ॥

—१/१

तथा सम्पूर्ण काव्य विष्णु के प्रति भक्तिभाव से ओत-प्रोत है; स्थान-स्थान पर उनके अवतारों का श्रद्धापूर्वक स्मरण किया गया है (१०/७-११; १३/४८-५२; १४/४४); बृहस्पति (४/२७, २९), महर्षि काश्यप (५/२२-२३), बलि (१०/४१-४४; एकादश सर्ग), प्रह्लाद (१४/३१-४४) आदि के कथनों में विष्णु के प्रति भक्तिरस की प्रशंसनीय अभिव्यञ्जना हुई है। यथा-

चित्रं नूनं काङ्क्षितं ते प्रगूढं
स्वारस्यन्ते कर्मणाञ्चापि चित्रम् ।
सर्वात्मा त्वं सर्वदृष्टिश्च सर्वं
भक्ताभीष्टः कल्पवृक्षस्वभावः॥

-१४/३८

महर्षि काश्यप द्वारा अदिति को पृथ्वी के प्रति भी भक्तिपूर्वक प्रणाम करने का निर्देश दिया गया है (५/२५-२६); बलि (२/३-५) एवं इन्द्र (४/८-१०) की गुरुभक्ति भी अनुकरणीय है। इसके अतिरिक्त भी इस काव्यमें भक्तिरस के अन्यरूप-यथा-वेदादिग्रन्थों के प्रति भक्ति (१/४,५), संस्कृत भाषा के प्रति भक्ति (१/१७), मातृभक्ति एवं भातृभक्ति (१७/२), की झलक भी देखने को मिल जाती है, साथ ही साथ प्राचीन संस्कृतकाव्यकारों के प्रति भी भक्ति की भावना की स्पष्ट अभिव्यक्ति इस काव्य में हुई है (१/७, ८)।

इस काव्य में स्थान-स्थान पर पुत्रवत्सलता, शिष्यवत्सलता तथा भक्तवत्सलता के भी उदाहरण विद्यमान हैं। यथा-अदिति की इन्द्रादि के पराभव के कारण चिन्तायुक्त मनःस्थिति (५/१-३, १२-१५), बालक वामन की बालक्रीड़ाओं एवं उपनयन संस्कार (६/२०-३७, ७/३२-३६) का वर्णन पुत्रवत्सलता के उदाहरण हैं; शुक्राचार्य का राजा बलिको समझाना (२/६-१४, १८), गुरुबृहस्पति का राजा इन्द्र को उनके आचरण की समीक्षासहित अपनी रक्षा का निर्देश देना (४/१६-३१) शिष्यवत्सलता के प्रसङ्ग हैं; इनके अतिरिक्त विष्णु द्वारा अदिति को सान्त्वना देना (५/४४-४७), बलि को ऋत और सत्य के माहात्म्यवर्णनपूर्वक सत्कर्मों की ओर प्रेरित करना, राजधर्म की शिक्षा देना, भविष्य में इन्द्रपद प्राप्त करने का आशीर्वाद देना एवं सुतल लोक का राज्य प्रदान करना (१४/१-३०; पन्द्रह सर्ग), शुक्राचार्य को सम्बोधित करना (१६/६-७) आदि सभी प्रसङ्ग भक्तवत्सलता के द्योतक हैं। भक्तों को आपत्तियों से छुड़ाने में प्रयत्नशील विष्णु का उत्साह वीररस के ही रूप में परिणत हो गया है, तथा दानवराज बलि की दानवीरता रूप रस भी अत्यधिक मात्रा में परिपुष्ट हो गया है (दशमसर्ग, एकादश सर्ग)। त्रिपदधरित्री नापने के अवसरपर वामन भगवान् का विराट रूप अद्भुत रस का आलम्बन है (१२/१-२०)। हम जानते हैं कि हमारे समस्त पुराण ग्रन्थों सहित महाभारत का अङ्गीरस शान्त है, इसी प्रकार भगवान् वामन की पौराणिक गाथा पर आधारित इस काव्य का भी अङ्गीरस शान्त है, जो व्यक्ति को ऋत एवं सत्य की शिक्षा देता हुआ, उसे उसके वास्तविक स्वरूप का परिचय करा देता है और ऋत को नष्ट करने वाली आसुरी प्रवृत्ति को रोक देता है। कवि द्वारा स्वयं ही कहा गया है-

शान्तोऽङ्गी रस आसुरीं प्रशमयन् वार्तामृतध्वंसिनीम्।

इसका कारण है, इस काव्य में भी धर्मपूर्वक अर्थपुरुषार्थ सेवन करना और अपने धर्म का

पालन करते हुए, मोक्षोन्मुख होने का संकेत मिलना। बलि एवं शुक्र का भगवान् के शरणागत हो जाना मोक्षमार्ग की ओर चलने का उपक्रम है। इसके साथ ही भोग-विलास एवं सुख-समृद्धि से सम्पन्न अमरावती में शास्त्रज्ञ ऋषियों ने महान् अभ्युदय (अर्थात् मोक्ष) देने में समर्थ शास्त्रों का निर्माण किया (१७/५१)। भगवान् वामन का चरित्र भी शान्तरस को पुष्ट करने वाला है।

वामनावतरणम् में कलापक्ष

भावपक्ष के अनुरूप कलापक्ष का प्रयोग कवि और उसके काव्य को विशिष्ट स्थान का अधिकारी बना देता है। डॉ॰ मिश्र ने वामनावतरणम् को उसके भक्तिपावन वर्ण्यविषय एवं शान्त के सर्वथा अनुरूप ही कलापक्ष के तत्त्व प्रयुक्त करके सजाया एवं सँवारा है।

यथा–

अलङ्कार

वामनावतरणम् में कवि ने अनुप्रास, वक्रोक्ति, उपमा, रूपक, उत्प्रेक्षा, दृष्टान्त, निदर्शना, विरोधाभास, प्रतिवस्तूपमा, समासोक्ति, दीपक, विशेषोक्ति, अप्रस्तुतप्रशंसा आदि अलङ्कारों को प्रयुक्त किया है। वृत्त्यनुप्रास एवं अन्त्यानुप्रास से सज्जित पद्य द्रष्टव्य है :–

'मणिहर्म्यगवाक्षनिष्पतद्घनधूमावरणतिरस्कृताः।
अभिसाररताः सुराङ्गनाः ससुखं यत्र चरन्त्यशङ्किताः॥

–३/३२

अधोलिखित पद्य का उपमा अलङ्कार भक्तिभावना को पुष्ट करने में समर्थ है–

यथा नु पीतं परितस्समग्रं
समीक्षते पाण्डुरुजावसक्तः।
ददर्श सर्वं स तथा नरेन्द्र–
श्चराचरं विष्णुमयं समक्षम्॥

–११/४५

विद्याप्राप्त कर लेने वाले कुमार वामन की शोभा विरोधाभास अलङ्कार के माध्यम से द्रष्टव्य है–

कुमारभावोऽप्यकुमारभावनो
लघुत्वकायोऽप्यलघुत्वचिन्तनः।
अजन्मबन्धोऽपि सजन्मबन्धनोऽ
प्यमानवः सन्नपि मानवः प्रभुः॥

–८/५

दैत्यराज बलि के मानमर्दन के माध्यम से आज के ऐसे मानव- जो दूसरों की सम्पत्ति को अपना मान बैठे हैं; सामर्थ्य से अधिक दान देने का ढोंग करते हैं; अथवा अपने बल और सम्पत्ति का दुरुपयोग दूसरों को तिरस्कृत करने के लिए करते हैं- भी मानमर्दन के योग्य हैं, ऐसी शिक्षा द्वारा अप्रस्तुत प्रशंसा अलङ्कार व्यङ्ग्य रूप में प्रस्तुत हुआ है।

छन्दोयोजना

कविश्रेष्ठ मिश्र ने अपने महाकाव्य में काव्यशास्त्रीय नियमानुसार मालिनी, उपजाति, वियोगिनी, द्रुतविलम्बित, तोटक, भुजङ्गप्रयात, अनुष्टुप्, वंशस्थ, इन्द्रवज्रा, भुजङ्गप्रयात, पृथ्वी, शालिनी, अपरवक्त्र, रथोद्धता, वसन्ततिलका, स्रग्धरा, पञ्चचामर, शार्दूलविक्रीडित आदि छन्द प्रयुक्त किये हैं। इस काव्य में कवि ने उपान्त्य दो श्लोकों में अलग छन्द प्रयुक्त किए हैं और अन्त्य दो श्लोक सभी सर्गों में परिचयात्मक तथा शार्दूलविक्रीडित छन्द में निबद्ध हैं।

भाषा-शैली

'वामनावतरणम्' में कवि की भाषा-शैली शान्तरस एवं भक्तिरस के सर्वथा अनुरूप है, अर्थात् माधुर्य तथा प्रसाद गुणसम्पन्न वैदर्भीशैली में ही यह काव्य प्रस्तुत हुआ है। एक उदाहरण द्रष्टव्य है–

दिवसे-दिवसे च हरिस्तवने
मनसा विनतेन रतिं द्रढयेत्।
शृणुयाच्चरितं कलुषान्तकरं
जुहुयाच्च यथाविधि भीतिभरम्।

–५/२९

वाग्वैदग्ध्य

प्रस्तुत महाकाव्य में स्थान-स्थान पर अर्थान्तरन्यास अलङ्कार के उदाहरण के रूप में प्रस्तुत सूक्तिमौक्तिक कवि के वाग्वैदग्ध्य की अभिव्यञ्जना कर देती हैं। यथा–

(क) **सजलधरणिगर्भे सुप्तबीजस्य हन्त**
प्रभवति किल रोद्धुं कोऽङ्कुरप्रक्रियां ताम्।

–१/१८

(ख) **क्रमागमोऽयं न विरोद्धुमिष्टः**
सुखस्य दुःखस्य च सृष्टसृष्टिः॥

–२/७

(ग) **स्फुटतेजो हि प्रताप उच्यते।**

–३/४५

(घ) **क्व नु संघर्षमुपेक्ष्य गौरवम्।**

–३/४७

(ङ) **न ध्वांक्षलीलां प्रतनोति हंसः।**

–९/३

(च) **विहाय परमेश्वरं जगति सर्वमेवास्थिरम्।**

–१२/२८

संवाद

बलि-शुक्राचार्य संवाद, अदिति-काश्यप संवाद, इन्द्र-बृहस्पतिसंवाद, अदिति-विष्णु संवाद, बलि-वामन संवाद आदि इस महाकाव्य के प्रमुख संवाद हैं।

जीवन दर्शन

राजेन्द्र मिश्र का वामनावतरणम् कवि के जीवन-दर्शन की मनोहर एवं अनुकरणीय झाँकी को प्रतिबिम्बित करता है, तदनुसार गुरु, माता, पिता, बड़े भाई प्रत्येक व्यक्ति के पूज्य हैं। बलि द्वारा वामन का सत्कार करना अतिथिसत्कारपरायणता का रोचक प्रसंग है (८/२७-३४)। भगवान् वामन का, जातकर्म एवं यज्ञोपवीत संस्कार वर्णन भारतीय सांस्कृतिक परम्परा का ही द्योतक है (६/१९, ३४-४८, सप्तमसर्ग, ८/१-४)। कवि केशवतोषणव्रत (५/२३-२४) को पुत्र प्राप्ति का दिव्य साधन मानते हैं।

वामनावतरणम् में स्थान-स्थान पर राजधर्म का उपदेश मिलता है। कवि ने माना है कि वह भूतल में व्याप्त राजनीति का वर्णन अपने काव्य में करना चाहते हैं। (१/४२), उनके अनुसार स्वर्गोपम राज्य की प्राप्ति के इच्छुक विजिगीषु राजा को विविध उपायों से प्रजा के दुःख दूर कर देने चाहिए; (१/४४-४५) कोश एवं दण्ड के प्रयोग से प्रतापी बनना चाहिए; शत्रुओं को नष्ट करना चाहिए; कर्त्तव्यनिष्ठ होना चाहिए (३/४५-४७); व्रत, तपश्चर्या, अश्वमेधादि से पुण्यार्जन करना चाहिए; अत्यधिक भोगाविलास से बचना चाहिए (४/१९-२२); तामस दान नहीं करना चाहिए (१०/२९-३२)। अमरावती को पुनः प्राप्त करने के बाद इन्द्र द्वारा मन्त्रिमण्डल का गठन भी कवि के राजनैतिक दृष्टिकोण को स्पष्ट करने वाला है (१७/१, १०-२८)।

वामनावतरणम् के अनुसार कवि वैष्णवधर्म को मानने वाले हैं। उनके पात्र बृहस्पति, इन्द्र, अदिति, काश्यप, बलि एवं शुक्राचार्य भी विष्णु नाम सङ्कीर्तन में तत्पर रहते हैं।

कवि की अवतारवाद पर भी आस्था है। उन्होंने स्थान-स्थान पर भगवान् विष्णु के मत्स्य, कूर्म, वराह, नृसिंह अवतारों का तो वर्णन किया ही है और इस काव्य की रचना तो भगवान् विष्णु के वामनावतार के आधार पर ही की है।

काव्य का परिशीलन करने पर कवि गीता, सांख्यदर्शन तथा मुख्यरुप से वेदान्तदर्शन के समर्थक लगते हैं। प्रभु की निःस्पृहता से सांख्यदर्शन की पुष्टि होती है तो अधोलिखित–

मन्ये मोहस्तेऽधुनाऽस्ति प्रणष्टो
निष्कामं ते चित्तमाकाशशुभ्रम्।
नाहंकारस्साम्प्रतं बाधते त्वां
सामञ्जस्यं मन्मयं मानसे ते।।

–१४/२८

पद्य वेदान्तदर्शन का प्रतिबिम्बन करता है।

स्पष्ट है कि अभिराज राजेन्द्र मिश्र आधुनिक संस्कृत कवियों के बीच विशिष्ट स्थान के अधिकारी हैं। परम्परागत काव्यशास्त्रीय मानदण्डों पर उनके द्वारा विरचित वामनावतरणम् नामक यह

महाकाव्य भी आधुनिक संस्कृत महाकाव्यों में अग्रगण्य है; स्थान-स्थान पर कालिदास एवं श्रीहर्ष के प्रभाव को दर्शाता है; कवि की संगीतप्रियता तथा संगीतज्ञान का द्योतक है; कपट, शठता, छल, वञ्चना, दीनता, सद्धर्मनाश, दूसरे का धन चुराना आदि दोषों को दूर करने की प्रेरणा देने वाला है; अपनी सम्पत्ति का सदुपयोग करने की शिक्षा देने वाला है; पाठक एवं श्रोता को व्यवहारज्ञान देने वाला है; प्रभुनामसङ्कीर्त्तन से अमङ्गलविनाश करने वाला है; तथा भक्तिरससंवलित शान्तरस वर्णन से लोकोत्तर आनन्द प्रदान करने वाला है।*

सन्दर्भ

१. अक्षयवट प्रकाशन, २६ बलरामपुर हाउस इलाहाबाद-२, प्रथम संस्करण, १९९४ ई० स०
२. क-श्रीमद्भागवतपुराण, ८/१५-२३ अध्याय।
   ख-वामनपुराण, अध्याय २३-३१; अध्याय ७७, ७८, ८८-९४
३. वामनावतरणम् महाकाव्य की भूमिका।
४. द्रष्टव्य-काव्यादर्श, प्रथम परिच्छेद, १४-२२; तथा साहित्यदर्पण, ६/३१५ के उत्तरार्ध से ३२५ के पूर्वार्धतक।
५. लुब्धो धीरोद्धतः स्तब्धः पापकृद्व्यसनी रिपुः।
   —दशरुपक, २/९

* प्रस्तुतशोधलेख ४२वें अखिल भारतीय प्राच्यविद्या सम्मेलन, सम्पूर्णानन्द संस्कृत विश्वविद्यालय, वाराणसी (नवम्बर, २००४) हेतु स्वीकृत एवं सम्मेलन में पठित है।